Die Hassell-Tagebücher
1938—1944

Deutscher Widerstand 1933—1945

Zeitzeugnisse und Analysen

Herausgegeben von Karl Otmar von Aretin,
Ger van Roon und Hans Mommsen

Die
Hassell-Tagebücher
1938–1944

Ulrich von Hassell

Aufzeichnungen vom Andern Deutschland

Nach der Handschrift revidierte
und erweiterte Ausgabe
unter Mitarbeit von
Klaus Peter Reiß
herausgegeben von Friedrich
Freiherr Hiller von Gaertringen

im
Siedler Verlag

Inhaltsverzeichnis

Geleitwort von Hans Mommsen   11
Biographische Daten   19
Einführung   20
Bemerkungen zur Edition   41

Die Tagebücher

1938   49

Sudeten-Krise: Am Rande des Krieges gegen die halbe Welt · Bei Henderson; im Konfliktfall marschiert England; Chamberlains letzter Versuch, den Krieg zu verhindern · Mussolini als Friedensmacher · Brutale Politik bringt Hitler Erfolg (Münchener Abkommen); Größenwahn · Einschwenken Mussolinis · Schwerlastender Eindruck der Juden-Verfolgungen („Reichskristallnacht") · Zum Kirchenkampf in Österreich · Fritsch resigniert · Erstes Treffen mit Beck · Hitlers „glücklichstes Weihnachten"

1939   77

Goebbels rügt Hans Grimm · Vorgänge um Schachts Entlassung · Einmarsch in Prag: Zeichen offenbarer Hybris · Sorgen über Volkstumspolitik in Rumänien und Südtirol · Kritik an Aktion „Lebensborn" · Angriff auf Polen wahrscheinlich · Bei Henderson: „Tollhaus oder Krankenhaus?"; intensive Unterstützung seiner Friedensbemühungen · Pakt mit Sowjets verschärft Kriegsgefahr · Einfall in Polen: Hitler und Ribbentrop wollten diesen Krieg · SS-Brutalitäten in Polen · Reise im Auftrag des AA zu skandinavischen Regierungen · Erstes Treffen mit Goerdeler · Wiederholte Beratungen mit ihm, Popitz und Beck über Umsturz-Möglichkeiten · Politische Gespräche mit Bosch · Bürgerbräu-Attentat: Bevölkerung gleichgültig · Hitler plant West-Offensive unter Verletzung belgischer und holländischer Neutralität; schwere Bedenken auch bei Militärs

1940 157

*Offensive im Norden? · Mussolini nachdrücklich gegen
Kriegsausweitung · Weitere Beratungen über Maßnahmen bei
Umsturz · Schändliche Zustände in Polen · Göring spielt auf
zwei Klavieren · In Arosa: Übergabe eines Statements für Lord
Halifax (Grundgedanken zur Beendigung des Krieges) · Zum
Europa-Besuch von Sumner Welles · Greuelregiment der SS ·
Vertrauensmann Osters erhält in Rom entgegenkommende
englische Erklärungen · Der Angriff im Westen: das Ende aller
Friedenschancen · Halder: „jetzt" keine Umsturz-Aktion ·
Dänemark und Norwegen · Neues Treffen mit Bryans · Die
Erfolge der West-Offensive ändern nichts am Charakter des
Systems · In Berlin: haltloses Triumphieren, Weltverteilungs-
pläne · Frankreich kapituliert · Der Kampf zwischen Deutschen
und Engländern als europäischer Selbstmord · Italienischer
Einmarsch in Griechenland · In Polen systematische Ausrottung
der Juden, Verfolgung der Intelligenz · Bischof Wurm
protestiert gegen Tötung „unheilbarer" Geisteskranker ·
Katastrophe droht*

1941 223

*Italienische Schlappen in Albanien und Nordafrika · Frankreichs
schwierige Lage · In Arosa (über C. Burckhardt) englische
Friedensfühler · Offensive gegen Rußland droht · Trostlose
Position von Brauchitsch und Halder, nur technische Handlanger · Zum Verfall der deutschen Justiz · Krise im Südosten ·
Eroberung des Balkans: Zerstörung Europas schreitet fort ·
Empörende Befehle zur Brutalisierung des bevorstehenden Ruß-
landfeldzuges; öffnet das der Generalität die Augen? · Kontakte
mit Stallforth · Haushofer bei C. Burckhardt in Genf: Frieden
mit England noch denkbar, aber ohne Hitler · Wirkung des
England-Fluges von Heß · Haushofer verhaftet · Der Angriff
auf Rußland · Käme Systemwechsel zu spät? · C. Burckhardt
reist nach England; vorbereitendes Gespräch mit ihm bei
Langbehn · Moralischer Erfolg der Predigten von Galens · In
besetzten Ländern wachsen Haß und Not, schamloses Vorgehen
gegen Juden · Aussichten, den verbrecherischen Wahnsinn zu
beenden, immer geringer Rückschläge in Rußland; Brauchitsch
als „Sündenbock" abgesetzt; Pearl Harbor · Zahlreiche Besprechungen über Grundfragen des Systemwechsels; Suche nach
mehr Kontakt zur Arbeiterschaft · Aussprache mit „Jüngeren" ·
Neue Regierung hätte Liquidatorrolle; trotz Möglichkeit des
Scheiterns muß gehandelt werden*

1942 293

Führungskrise der Wehrmacht; „reizendes Kränzchen" bei Absetzung von Brauchitsch · Reise nach Brüssel und Paris (mit Falkenhausen und Witzleben einig) · In Genf Aussprache mit C. Burckhardt; seine Eindrücke aus England · Fortschreitende Zerstörung aller Werte · Massenmorde an Juden in Rußland · Phantastische Pläne zur Aufteilung von Südrußland · Geistiger Tiefstand Hitlers · Warnung vor Überwachung durch SD · Beck als Zentrale konstituiert · Bormanns teuflischer Haß auf das Christentum · Lager der kleineren Nationen · In Sofia Gespräch mit König Boris, in Budapest mit Ministerpräsident Kallay · Labile Lage in Rumänien · Warnungen auch aus dem AA · Weiteres Visum verweigert · Vormarsch in Afrika kommt zum Stehen · Schwere Kämpfe in Rußland; Entlassung mehrerer Generäle; Stalingrad beginnt, ein „Verdun" zu werden · Katastrophale Entwicklung der Justiz · Gärung an der Peripherie nimmt zu · Blutterror in der Tschechei, drakonische Maßnahmen in Frankreich · Bei Umsturz gehören unsere Schweinereien vor unser Tribunal · Gedrückte Stimmung in Berlin · Alle üblen Aussichten dürfen Systemwechsel nicht hindern · Schwere Niederlage in Afrika; Paulus-Armee in Stalingrad eingeschlossen · SS-Greuel im Warschauer Ghetto · Nevile Hendersons Tod; ein Zeuge weniger (gegen Ribbentrop) · Verschwörung um Schulze-Boysen aufgedeckt

1943 345

Reibungen und Gegensätze untereinander · Wichtige Aussprache mit den „Jungen" · Brückenschlag zwischen den Generationen nötig · Stalingrad: die Verantwortung Hitlers · Trotz aller Bemühungen keine Initialzündung der Militärs · Erneute Warnung vor Überwachung · Oster abgelöst, Dohnanyi verhaftet · Studentenverschwörung in München aufgedeckt · Äußere Niederlage und innere Katastrophe rücken näher · Auf Stalingrad folgt Tunis · In Polen haust SS beschämend; Massenvergasung von Juden · In Brüssel Aussprache mit gefährdetem Falkenhausen und H. Stülpnagel · Bischof Wurm protestiert gegen Kirchenverfolgung und Greueltaten in besetzten Gebieten · Nun auch Vorzensur von Vorträgen · Außenpolitischer Rückblick · Mussolini durch eigene Leute abgesetzt; Badoglio und König zwischen den Stühlen · Alliierte erobern Sizilien · Rückschläge im Osten · Luftbombardement von Hamburg · Immer wieder Beratung, auch mit Gewerkschaftsvertretern, über Möglichkeiten für Regimewechsel · „Mühlespiel" zwischen West und Ost? · Konflikte in Skandinavien · Finnische Friedensbestrebungen In Bulgarien drohen Verwicklungen · Gesteigerte Macht bei Himmler · Popitz denkt in der Not an SS als Umsturz-Instrument; bedenklicher Plan · Wiedereinsetzung von Mussolini verlängert Krieg · Italien von Hitler in trostlose Lage hineingehetzt · In Bordeaux Gespräch mit Blaskowitz; in Paris Treffen mit Hofacker · Stürmische Lage-Verschlechterung · Große russische Erfolge · Schwere Luftangriffe auf Berlin · Um uns ein Meer von Haß · Falkenhausens Position in Brüssel gefährdet · Dohnanyi und Oster unter Anklage, Teil der Angriffe gegen Canaris · Abwegige Debatten über Postenverteilung nach Regimewechsel · Zusammenhalten als band of brothers · Umsturz bevorstehend, aber abgeblasen · Wagen rollt in den Abgrund; die Pflicht, dennoch zu handeln

1944   417

Zur Rußland-Politik Hitlers · Lage im Osten bedenklich verschlechtert · Kiep, Moltke und andere verhaftet, Popitz scharf überwacht, ebenso Goerdeler · Nervosität · Treffen mit Stauffenberg · Kapitulations-Aufruf von Seydlitz aus russischer Gefangenschaft an deutsche Truppen; Hitlers Gegenaktion: verstärkte weltanschauliche Schulung der Wehrmacht · Finnland will Schluß machen · Bulgarien und Rumänien immer labiler; Ungarn durch deutsche Besetzung vergewaltigt · Differenzen im alliierten Lager, aber keine Friedensaussichten; Systemwechsel dennoch unabdingbar · Alliierte Offensive in Italien kommt voran · Invasion in Nordfrankreich · Goebbels am Ende seines Lateins · Zunehmende Zerstörungen durch Luftangriffe; kritische Ernährungslage · Schamlose Parteijustiz · Katastrophe zeichnet sich ab · Deutscher Rückzug im Osten; steigender Materialmangel · Die V-1 als Verzweiflungstat · Invasion gewinnt Boden · Tragischer Zustand in Italien · Terror in Dänemark · Besuch in Friedrichsruh; Gedanken über Bismarck · Deutsche Generalität im Westen resigniert · Schwerer Luftangriff auf München verzögert Fahrt nach Berlin · Keine Post, keine Zeitung, kein Telefon

Nach dem 20. Juli
- Letzter Brief Ulrich v. Hassells — 440
- Bericht Ilse v. Hassells — 443

Anhang
- Dokumente aus dem Umkreis der Tagebücher — 449
- Verzeichnis der Abkürzungen — 466
- Anmerkungen — 467
- Verzeichnis der nicht aufgenommenen Textstellen — 618
- Zeittafel — 628
- Personenregister — 635

Hans Mommsen
Geleitwort

Die facettenreiche Geschichte des Widerstands gegen Hitler stellt einen unentbehrlichen Bestandteil der nationalen Überlieferung dar. Die Geschichtswissenschaft hat unmittelbar nach dem Zusammenbruch von 1945 damit begonnen, vom Handeln derjenigen zu berichten, die sich gegen das nationalsozialistische Terrorregime gestellt haben. Mit dem Fortgang der Forschung ergab sich eine ungewöhnlich große Variation der Ausgangslagen, der Motive und der Handlungsmöglichkeiten der einzelnen, wobei die Grenze zwischen Widerstand und Verweigerung einerseits, Widerstand und alternativer Politik andererseits fließend war. Eine bloß dualistische Betrachtungsweise, die das „andere Deutschland" der von fanatischen Nationalsozialisten verführten Nation gegenüberstellte, wich bei genauerer Kenntnis der inneren Strukturen des Dritten Reiches einer Interpretation, die bemüht ist, die unterschiedlichen oppositionellen Kräfte und Strömungen von ihrem Handlungshorizont aus zu deuten. Die Motive und Denkhaltungen, die bei den oppositionellen Kräften unterschiedlicher politischer Couleur anzutreffen waren, stellen einen Spiegel der wirklichen Verhältnisse unter der nationalsozialistischen Herrschaft dar, und sie besitzen auch deshalb besonderes geschichtliches Interesse.

Aus diesen Überlegungen heraus entstand die Forderung, die Quellen und Aufzeichnungen, die vom deutschen Widerstand Zeugnis ablegen, in wissenschaftlich verläßlicher Form herauszugeben und dort, wo angemessene Editionen versäumt wurden, durch kommentierte Neuausgaben der interessierten Leserschaft zugänglich zu machen. Es besteht die Hoffnung, durch die Publikation grundlegender Quellenwerke und umfassender Monographien die Widerstandsforschung auf den Boden verläßlicher Editionen zu stellen und sie damit intensiv voranzutreiben. Diese Absicht verfolgt auch die vorliegende Neuausgabe der Hassell-Tagebücher, die durch die mühevolle Überprüfung der bisher vorliegenden Veröffentlichung durch Ilse von Hassell von 1946 an Hand der Originale möglich wurde. Sie ist Friedrich Freiherrn Hiller von Gaertringen und Klaus Peter Reiß (†) zu verdanken.

Die Tagebuchaufzeichnungen Ulrich von Hassells sind in diesem Bande für den Zeitraum von 1938 bis 1944 nunmehr fast vollständig ediert. Sie stellen ein einzigartiges Dokument zur Geschichte des Dritten Reiches dar. Die Bedingungen, unter denen sich der konservative Widerstand zum Umsturz und zur Durchführung des Attentats gegen Hitler entschloß, die Beweggründe und Hoffnungen der Verschwörer werden darin eindringlich geschildert. Zugleich spiegeln die Tagebuchnotizen den eskalierenden Zerfall der öffentlichen Moral im Dritten Reich und werfen, weit über den Kreis der engeren Opposition gegen das NS-Regime hinaus, Licht auf Einstellung und Mentalität der deutschen Oberschicht in den entscheidenden Jahren der Vorbereitung und Durchführung des Zweiten Weltkriegs. Sie lassen die Gründe hervortreten, warum viele der hohen Beamten, Militärs, Diplomaten, Geschäftsleute und Intellektuellen über verstohlene Kritik an den innenpolitischen Zuständen im Dritten Reich und an der wachsenden moralischen Verwilderung nicht hinauskamen und nicht die innere Energie aufbrachten, sich dem Dienst für das Regime zu entziehen. Die Tagebücher stellen mithin eine Fundgrube für denjenigen dar, der sich anschickt, die inneren Verhältnisse unter dem Nationalsozialismus zu begreifen.

Ulrich von Hassell erwies sich in mancher Hinsicht als Opfer der Illusion der konservativen Bündnispartner Hitlers, diesen in ihrem Sinne steuern zu können. Bis zum Februar 1938 hatte er als Botschafter am Quirinal gedient und war durch eigenständige Vorschläge und politische Initiativen hervorgetreten. Seine Abberufung aus Rom und sein Ausscheiden aus dem diplomatischen Dienst erfolgten im Zusammenhang mit der Entlassung Neuraths, doch war die Entscheidung auf Grund italienischen Drängens schon Wochen zuvor gefallen, da Hassell, der gegenüber Italien eine größere diplomatische Flexibilität für notwendig hielt, die Gunst Benito Mussolinis verloren hatte.[1]

Für Hassell bedeutete das Ausscheiden aus dem diplomatischen Dienst das Ende einer aussichtsreichen politischen Karriere. Er hatte bis dahin verschiedentlich mit Neurath divergiert; unüberbrückbar war jedoch der Gegensatz zu Joachim von Ribbentrop, dem er zu Recht mangelnden Professionalismus vorwarf; die mit dem Antikominternpakt eingeschlagene politische Linie, die eine Konfrontation mit Großbritannien heraufbeschwor, widersprach Hassells politischen Grundüberzeugungen.

Ulrich von Hassells außenpolitische Vorstellungen waren in der spätwilhelminischen Periode begründet worden.[2] Nach 1918 setzte er sich für die Wiedererlangung der Hegemonie des Deutschen Reiches in Mitteleuropa ein und machte sich insbesondere zum Anwalt einer aktiven Südosteuropapolitik. Auch nach seiner Botschafterzeit hielt er an dieser Perspektive fest. Er warnte hingegen vor einer Vergewaltigung der südosteuropäischen Nationen, die sich nur dann einer deutschen Suprematie unterstellen würden, wenn sie nicht den Eindruck ständiger Bevormundung hätten. Andererseits hielt er sowohl die Zerschlagung der tschechoslowakischen Republik als auch den Anschluß Österreichs und die 1939 geschaffene Grenzziehung gegenüber dem geschlagenen Polen für definitiv. Ähnlich wie Goerdeler hoffte er, die territorialen Erwerbungen des Reiches beibehalten zu können; ebendies sah er durch die Maßlosigkeit des Expansionsstrebens und die verbrecherischen Züge der Hitlerschen Politik gefährdet.

Die Inhumanität, die in den Vernichtungsmaßnahmen gegen Juden, Polen und Angehörige der Ostvölker besonders hervortrat, weckte seinen schärfsten Widerspruch und machte ihn zu einem unerbittlichen Gegner des Regimes. Er warf dem Nationalsozialismus vor, die innere „Bolschewisierung" der Nation zu betreiben; seine Tagebuchaufzeichnungen enthalten vielfältige Informationen über die fortschreitende Zersetzung der öffentlichen Institutionen und die Auflösung eines geordneten Regierungssystems. Von den nichtnazifizierten Eliten verlangte er entschiedene Schritte zur Wiederherstellung staatlicher Autorität. Seiner Verachtung der plebejischen Wurzeln des Regimes legte er keine Zügel an. Er neigte dazu, die in seinen Augen subalterne Bereitschaft vieler Angehöriger der Oberschicht, sich den Bedingungen des Regimes anzupassen und Mißstände hinzunehmen, vor allem unter moralischem Gesichtspunkt zu verurteilen. Der Zusammenhang, der zwischen dem sich gerade bei den gehobenen Schichten ausbreitenden Antisemitismus und Antibolschewismus einerseits und dem Gefühl, einen sozialen Statusverlust erlitten zu haben, bestand, wurde von ihm nicht näher analysiert.

In seinem Tagebuch zeichnete Ulrich von Hassell ein ungeschminktes Bild der nationalsozialistischen Herrschaft, die durch Großtuerei, Verlogenheit, Korruption, sachliche Unfähigkeit und Selbstüberschätzung Hitlers und seiner Satrapen geprägt war. All das stand aus seiner Sicht in einem unaufhebbaren Gegensatz zu dem Selbstverständnis und den Qualitätskriterien der traditionellen Führungsschicht. Da diese, wie Hitler in den späten Tiraden im Führerbunker unter der Reichskanzlei bitter beklagte, einen gewissen sozialen Bewegungsspielraum besaß, erlaubten gesellschaftliche Kontakte ohne besondere konspirative Vorkehrungen den Aufbau eines sozialen Umfeldes der engeren Verschwörung. Hassell spielte dabei eine wichtige Rolle. Das hohe Ansehen, das er dank seiner Herkunft, seiner diplomatischen Erfahrung, seiner umfassenden Bildung und Gesinnungsfestigkeit besaß, erleichterte es ihm, vielfältige Kontakte zu Inhabern von Führungspositionen zu pflegen und sich eine für die damaligen Verhältnisse erstaunlich zutreffende Kenntnis der politischen Vorgänge zu verschaffen, insbesondere auf außenpolitischem Gebiet.

Von Hassells Aufzeichnungen strafen alle Vorstellungen Lügen, als hätte das Regime auf einer auch nur annähernd geschlossenen politischen Willensbildung beruht. Statt dessen zeigen die Tagebuchnotizen, wie sehr die Herrschaftsausübung auf dauernder Improvisation, auf mangelnder Koordination der Führungsentscheidungen und auf sachlicher und moralischer Bedenkenlosigkeit der Inhaber der militärischen, administrativen und diplomatischen Führungspositionen beruhte. Hassell schildert eindrücklich, daß sich auf allen Ebenen des Regimes, abgesehen von wenigen Nischen, in denen die ältere staatliche Tradition lebendig blieb, eine Gesinnung breitmachte, die aus Anpassung, ideologischer Verblendung, aber auch moralischem Zynismus und politischer Resignation heraus der zunehmenden Verstrickung in unerhörte Verbrechen und der sich abzeichnenden militärischen Katastrophe mit Gleichgültigkeit begegnete. Hassell übte schärfste Kritik an dem vielfach offen zur Schau gestellten Opportunismus hoher Funktionsträger des Regimes, die intern an den Mißständen des Regimes Kritik übten, ohne daraus persönliche Konsequenzen zu ziehen.

Er machte die Erfahrung, daß es allenthalben an Zivilcourage mangelte und daß sich diejenigen, die auf Grund der von ihnen eingenommenen Position die Verpflichtung gehabt hätten, gegen den Verfall von Staat und Gesellschaft, gegen „Entseeltheit" und „Kulturlosigkeit" einzutreten, allzu häufig als willenlose Befehlsempfänger entpuppten. Selbstkritisch sprach er vom „furchtbaren Verwüsten des deutschen Charakters, der ohnehin oft genug Neigung zu sklavenhafter Art gezeigt" habe.[3] Insbesondere der höheren Generalität machte er Kadavergehorsam und mangelnde Entschlossenheit zum Vorwurf, den Anmaßungen Hitlers rechtzeitig entgegenzutreten. Seine Kritik an den „Josephs" spiegelt die zunehmende Enttäuschung darüber, daß sich an der Spitze der Wehrmacht niemand fand, der die Notwendigkeit zum Handeln begriff und den persönlichen Mut dazu aufbrachte.

Innerhalb der Bewegung des 20. Juli nahm Ulrich von Hassell eine eigenständige Position ein. Er stand mit Johannes Popitz und Jens Jessen auf deren rechtem Flügel. Im Unterschied zu Popitz versprach er sich nichts von dem Versuch, Himmler für die Verschwörung gewinnen zu wollen. Hassell folgte dabei einerseits der pragmatischen Erwägung, daß es aussichtslos sei, in einem solchen Falle die Tolerierung der Westmächte zu gewinnen; andererseits lehnte er den Reichsführer-SS, den er neben Hitler und Goebbels für die Verbrechen des Regimes in erster Linie verantwortlich machte, aus grundsätzlichen Erwägungen heraus ab. Seine ausgesprochene Betonung rechtsstaatlicher Prinzipien und seine Forderung, zur christlichen Sittlichkeit zurückzukehren, schlossen ein derartiges Zweckbündnis aus.

Aus der Perspektive des an den monarchischen Traditionen des Kaiserreichs festhaltenden Diplomaten betrachtete Hassell auch Goerdelers Verfassungspläne mit beträchtlicher Skepsis. Er bezeichnete Goerdeler, so sehr er dessen Initiative und Engagement anerkannte, wegen seines Festhaltens an liberalen Grundsätzen als „eine Art Reaktionär". Nicht ganz zu Unrecht konstatierte er einen Mangel an kritischer Distanz und nüchterner Abwägung der gegebenen Möglichkeiten; Goerdelers optimistische Grundhaltung vermochte er nicht zu teilen. Auch seine wirtschaftspolitischen Auffassungen hielt er für weitgehend überholt.

Goerdelers Plan, die Restauration der Hohenzollernmonarchie, die er als solche nicht ablehnte, in unmittelbarem Zusammenhang mit dem Putsch zu betreiben, nahm er mit großer Zurückhaltung auf, da er einen solchen Schritt erst nach langer psychologischer Vorbereitung für möglich hielt. Er unterschied sich von Goerdeler, dem er nicht zu unrecht Sanguinismus unterstellte, auch darin, daß er für den Umsturzfall mit wesentlich größeren Widerständen der Bevölkerung rechnete. Geradezu absurd erschien ihm Goerdelers vorübergehende Erwägung, unmittelbar nach dem Umsturz ein Plebiszit zu veranstalten. Er selbst dachte mit Popitz daran, ein Direktorium mit der Leitung der Regierungsgeschäfte zu betrauen und schrittweise zu einem konstitutionellen System zu gelangen, das in mancher Hinsicht der Verfassung des Horthy-Ungarns glich.

Für Hassell stellten die Vorgänge nach dem November 1918 eine fundamentale Fehlentwicklung dar, weil es nicht gelungen war, zwischen den konservativen Kräften und der Sozialdemokratie zu einem Ausgleich zu gelangen. Wie viele Konservative war er von der Notwendigkeit sozialer Reformen überzeugt, ohne daß er im einzelnen dargelegt hatte, wie diese aussehen sollten. Typisch für seine Sehweise war die Kritik an Papen, sich nicht für soziale Reformen eingesetzt zu haben.

Hassells 1939 verfaßte Studie „Das Ringen um den Staat der Zukunft" sah unter Berufung auf den Selbstverwaltungsgedanken des Freiherrn vom Stein eine „geordnete Mitarbeit des Volkes an Regierung und Verwaltung" in einem berufsständischen Sinne vor.[4] Auch in dem im Anhang veröffentlichten „Programm" von 1940 finden sich Anklänge an den Selbstverwaltungsgedanken des Freiherrn vom Stein, den Hassell, wie er schon 1918 betonte, gegen den „mechanischen Parlamentarismus" ins Spiel bringen wollte. Er verknüpfte das Selbstverwaltungsprinzip mit berufsständischen Ideen, ohne am Primat der Staatsräson zu rühren. Aus den Erfahrungen vom November 1918 leitete er die Forderung ab, die Arbeiterschaft verstärkt zur Stützung des Staates heranzuziehen. Gedankengänge dieser Art waren sowohl bei den preußischen Konservativen als auch beim Neokonservativismus Oswald Spenglers anzutreffen. Hassell verknüpfte sie mit einer Kritik am liberal-parlamentarischen System und bezweifelte, „ob die großen Demokratien es überhaupt noch fertigbringen werden, den Anschluß an die stürmisch voranschreitende Zeit zu gewinnen und aus sich heraus menschliche und staatliche Lebensformen zu schaffen, die der modernen Entwicklung gerecht werden".[5]

Ulrich von Hassell selbst verstand sich als „Realpolitiker", jedoch nicht in dem Sinne, wie die Nationalsozialisten zur Rechtfertigung eines prinzipienlosen und nur auf kurzfristige Vorteile bedachten Düpierens außenpolitischer Partner diesen Begriff in Anspruch nahmen. Er konnte sich dabei auf Otto von Bismarck berufen, den er zeitlebens verehrte. Trotz der Stärke der wilhelminischen Tradition, die bei Hassell, dem Schwiegersohn von Tirpitz, lebendig war, teilte er die im späten Kaiserreich verbreitete Bismarckkritik nicht. Er war stets bestrebt, von einer nüchternen Analyse der gegebenen politischen Situation auszugehen.

Hassell beteiligte sich an den Bemühungen, zwischen der Gruppe um Goerdeler und dem Kreisauer Kreis zu vermitteln und die Spannungen zwischen der jüngeren und der älteren Generation zu verringern. Er teilte manche Bedenken der Kreisauer gegen Goerdeler, und er stimmte mit deren Grundlinie überein, Vertreter der Arbeiterschaft einzubeziehen, während er Leuschners Gewerkschaftsplänen distanziert gegenüberstand.[6] Mit Fritz-Dietlof von der Schulenburg empfand er manche Gemeinsamkeiten, während er die angelsächsischen Einflüsse bei Moltke und Trott und das starke gesinnungsethische Moment des Kreisauer Kreises mit Skepsis betrachtete. Er war gleichwohl überzeugt, daß man in einem Boot sitze, und er versuchte, als Vermittler zu fungieren.

Ursprünglich war Ulrich von Hassell als Minister des Äußeren vorgesehen gewesen. In der letzten Phase der Attentatsvorbereitungen fiel die Entscheidung jedoch zugunsten des Grafen Friedrich Werner von der Schulenburg, der als ehemaliger Botschafter in Moskau über gute Beziehungen zur Sowjetunion verfügte. Hassell, der darauf hinwies, daß der Eindruck einer Ämterrivalität nicht aufkommen dürfe und der Schulenburg loyal gegenüberstand, schloß zwar Friedensfühler mit Stalin nicht grundsätzlich aus, war aber ein eindeutiger Vertreter der Option für die Westmächte.

Die erweiterte Fassung der Tagebuchaufzeichnungen zeigt, daß die bei aller Hochachtung bestehende Skepsis gegenüber Goerdeler insbesondere dessen Neigung betraf, den inneren Umschwung durch Initiativen vor allem von britischer Seite in Gang zu bringen. Hassell hat immer wieder betont, daß Systemänderungen nicht von außen her induziert werden dürften, sondern allein deutsche Sache sein müßten. Dabei spielte nicht nur ein ausgeprägtes nationales Motiv eine Rolle, sondern auch die Überlegung, daß die innere Glaubwürdigkeit einer Umsturzregierung in einem solchen Falle stark angetastet werden würde und sie Gefahr liefe, als bloßes Werkzeug der Alliierten zu erscheinen. Er fürchtete immer mehr, daß eine Situation eintreten könne, in der sich die Niederlage Deutschlands abzeichnete, die Westmächte aber entschlossen waren, den Gegner vollständig niederzuringen. Hassell betonte die Tragik, die darin liege, weder eine Niederlage noch einen Sieg Deutschlands wünschen zu können. Er hoffte, die westlichen Alliierten von der Notwendigkeit eines wirtschaftlich und militärisch starken Deutschland in der Mitte Europas überzeugen zu können, wobei er, ähnlich wie die Mehrheit der Verschwörer, die britische Furcht vor dem bolschewistischen Rußland überschätzte. Auf lange Sicht hinaus glaubte er an die Möglichkeit einer Kurskorrektur von innen und empfand aufs bitterste den Konflikt der Solidaritäten, als ihm klar wurde, daß eine Regimeänderung nicht die Kriegsniederlage abwenden würde.

Die Tagebücher atmen wachsende Verzweiflung über die innere und äußere Situation Deutschlands, vor allem aber über den Prozeß der moralischen Korrumpierung. Die intime Kenntnis, die Hassell über die Führungsgruppen des Dritten Reiches besaß, wenn man von den Stäben

Himmlers, Goebbels' und Bormanns absieht, ermöglichte es ihm, ein ernüchterndes Bild der Herrschaft von Eitelkeit, fehlender Zivilcourage, moralischer Verdrängung und persönlichem Versagen zu zeichnen, auf drastische Weise personifiziert in Hermann Göring, auf den Hassell anfänglich noch gewisse Hoffnungen gesetzt hatte. Tiefe Enttäuschung empfand er darüber, daß der ihm lange freundschaftlich verbundene Staatssekretär von Weizsäcker nicht den Absprung zu wirklicher Opposition fand. Es war keine Schwarzmalerei, sondern ein wirklichkeitsgetreues Bild, das Hassell widergab, wenn er allenthalben von Kritikern der Verhältnisse, von Skeptikern, Desillusionierten und inneren Emigranten sprach. Hassell registrierte sorgfältig, wie frühe Anhänger Hitlers auf den Diktator und dessen Politik mit Unsicherheit reagierten, ohne sich von seiner Ausstrahlung freimachen zu können. Immer wieder wird die Schizophrenie herausgestellt, die in der Gleichzeitigkeit von Verzweiflung und Wunschdenken lag – selbst bei Hitlers engsten Gefolgsleuten. Die Flucht vor der Wirklichkeit war aber nicht auf Hitler und die engere Führungsgruppe beschränkt, sondern eine allgemeine Erscheinung. Hassell, der sich davon freihielt, war eben deshalb im Grunde weithin isoliert. Bemerkenswert ist seine zutreffende Einschätzung Adolf Hitlers: Hassell diagnostiziert intellektuelle Mittelmäßigkeit, menschliche Kälte und monomanische Geltungssucht sowie eine Mischung von „brutaler Großmannssucht und Schwäche".

Die Unerbittlichkeit, mit der Hassell die verbrecherischen Züge des Regimes entlarvte, nicht zuletzt im Zusammenhang mit Judenverfolgung und Holocaust, hebt sich grundlegend von der sonst vorherrschenden Neigung zur Verdrängung unbequemer Wahrheiten ab. Das von Hassell gezeichnete Bild der inneren Verhältnisse des Regimes ist somit nicht die Widerspiegelung der Skepsis eines stellungslos gewordenen Politikers. Hassell identifizierte sich nach wie vor mit der deutschen Nation, und gerade aus patriotischem Motiv heraus wurde er deren schärfster Kritiker.

Obwohl Hassell größte Energie darauf verwandte, Einfluß auf die politische Entwicklung zu nehmen, vermied er es, Kompromisse einzugehen, die seine persönliche Integrität in Frage stellten. Vor allem in den frühen Jahren nahm er maßgebenden Einfluß auf die politischen Planungen des Widerstandskreises um Beck und Goerdeler, wobei er vor allem als außenpolitischer Berater fungierte. Bis 1943 stand er im Zentrum der politischen Beratungen und wirkte an der Abfassung grundlegender Dokumente des Umsturzes mit.[7] Sein Tagebuch bezeugt die zahlreichen Kontakte zu den Mitverschwörern. Danach stand Ulrich von Hassell offenbar mehr am Rande des Geschehens. Er war nun nicht mehr unmittelbar an der Vorbereitung des Umsturzes beteiligt, die von einer kleinen Gruppe im Umkreis Claus Schenk von Stauffenbergs getragen wurde, und scheint auch nicht mehr informiert worden zu sein. Das erklärt sich nicht allein aus den immer schwieriger werdenden äußeren Bedingungen der Staatsstreichsvorbereitung; vielmehr waren auch politisch-taktische Überlegungen im Spiel, die eine Rücksichtnahme auf die politische Linke erforderlich machten.

Die innere Geschlossenheit, Unabhängigkeit und Entschiedenheit der Persönlichkeit Ulrich von Hassells vermag die konsequente Haltung zu erklären, die er dem NS-Regime gegenüber einnahm. Dabei war nicht ein Anflug von Unterordnung unter die neue herrschende Elite zu erkennen. Als freier Edelmann betrachtete er Hitler aus wachsender Distanz. Sein menschliches Urteil über ihn war vernichtend. Die analytische Schärfe, mit der er Persönlichkeiten und politische Strukturen des Regimes sezierte, setzte sich in Handlungswillen um, so hoffnungslos die äußeren Bedingungen auch immer waren. Gerade aus einer ungebrochenen konservativen Tradition heraus gewann von Hassell den inneren Abstand von einer angemaßten Führungsschicht, die er als „ein Konsortium" hinstellte, „das nur noch um seine Selbstbehauptung" auf Kosten des Volkes kämpfe. Nüchtern durchschaute er Eitelkeiten und Machtrivalitäten, verzeichnete aber zugleich seismographisch den Abgrund des Verbrechens, den das Regime auftat. Hassells Tagebücher — seine wichtigste Hinterlassenschaft — lehren uns, das Dritte Reich nicht aus der Perspektive falscher Dämonisierung zu sehen, sondern als einen Prozeß innerer Auflösung, der mit der Freisetzung riesiger außengeleiteter Energien verknüpft war und zu einer Eskalation zügelloser Gewalt und unerhörter Verbrechen führte.

1 Vgl. Gerhard L. Weinberg: The Foreign Policy of Hitler's Germany. Starting World War II, 1937–1939, Chicago 1980, S. 56, 60.
2 Vgl. den biographischen Essay von Gregor Schöllgen in: Rudolf Lill/Heinrich Oberreuter (Hrsg.): 20. Juli. Portraits des Widerstandes, Düsseldorf 1984, S. 135–146. Eine umfassende Biographie stellt ein wichtiges Desiderat der Forschung dar.
3 S. unten S. 196.
4 Vgl. Gregor Schöllgen: Wurzeln konservativer Opposition. Ulrich von Hassell und der Übergang vom Kaiserreich zur Weimarer Republik, in: GWU 8 (1987), S. 478–489.
5 U. v. Hassell: Das Ringen um den Staat der Zukunft, in: Schweizer Monatshefte 44 (1964/65), S. 315.
6 Vgl. Hans Mommsen: Gesellschaftsbild und Verfassungspläne des deutschen Widerstands, in: Hermann Graml (Hrsg.): Widerstand im Dritten Reich. Probleme, Ereignisse, Gestalten, Frankfurt a.M. 1984, S. 63 f., 78.
7 Die im Nachlaß Popitz aufgefundenen Entwürfe, darunter das „Gesetz über die Wiederherstellung geordneter Verhältnisse im Staats- und Rechtsleben" sowie die „Richtlinien zur Handhabung des Gesetzes über den Belagerungszustand", sind im Anhang, S. 449 ff., abgedruckt. Zur Aufstandsplanung vgl. Hans Mommsen: Verfassungs- und Verwaltungsreformpläne der Widerstandsgruppen des 20. Juli 1944, in: Jürgen Schmädecke/Peter Steinbach (Hrsg.): Der Widerstand gegen den Nationalsozialismus, München 1985, S. 75 ff.

Ulrich v. Hassell
— Biographische Daten —

Am 12. 11. 1881 in Anklam/Pommern geboren als Sohn des Oberstleutnants Ulrich v. Hassell und Margarete v. Hassell, geb. v. Stosch

1899 Abitur in Berlin (Prinz-Heinrich-Gymnasium)

Studium der Rechtswissenschaften in Lausanne, Tübingen und Berlin

1903 Referendar-Examen in Berlin

Juristischer Vorbereitungsdienst, z. T. am deutschen Amtsgericht in Tsingtau
1907 Leutnant d. Res. (2. Garde-Rgt. z. F.)

1908 Assessor-Examen in Berlin

Sprachstudien in England

1909 Eintritt in das AA

9. 1. 1911 Heirat mit Ilse v. Tirpitz
 Kinder: 1912 Almuth, 1913 Wolf Ulrich, 1916 Johann Dietrich, 1918 Fey

1911—1914 Genua / Vizekonsul

8. 9. 1914 in der Marneschlacht schwer verwundet (Herzschuß)

1916 Regierungsrat in Stettin

1917—1919 Direktor des Verbandes der preußischen Landkreise / Berlin

1919—1921 Rom (Quirinal) / Botschaftsrat

1921—1926 Barcelona / Generalkonsul

1926—1930 Kopenhagen / Gesandter

1930—1932 Belgrad / Gesandter

1932—1938 Rom (Quirinal) / Botschafter
 17. 2. 1938 abberufen, in den Wartestand (z. D.) versetzt
 10. 2. 1943 in den Ruhestand (a. D.) versetzt

1940—1943 im Vorstand des Mitteleuropäischen Wirtschaftstages / Berlin

1943—1944 im Institut für Wirtschaftsforschung, Berlin

29. 7. 1944 durch die Gestapo verhaftet

8. 9. 1944 zum Tode verurteilt und in Berlin-Plötzensee hingerichtet.

Einführung

Vor über vier Jahrzehnten wurde im Rundfunk über das Urteil des alliierten Gerichtshofes gegen Hauptverantwortliche des nationalsozialistischen Regimes berichtet. Im direkten Anschluß daran folgte – unter dem Titel „Vom Andern Deutschland" – ein Kommentar zu den Tagebüchern von Ulrich v. Hassell, die soeben in der Schweiz publiziert worden waren. Die betonte Gegenüberstellung der beiden Meldungen unterstrich, daß nun ein erstes gewichtiges Zeugnis des äußeren und inneren Widerstandes gegen Hitler vorlag.

Der ehemalige Botschafter v. Hassell hatte zu den führenden Köpfen des deutschen Widerstandes gegen die nationalsozialistische Gewaltherrschaft gehört. Wenige Tage nach dem Aufstand vom 20. Juli 1944 war er verhaftet und vom Volksgerichtshof am 8. September 1944 zum Tode verurteilt worden – zugleich mit dem ehemaligen Oberbürgermeister von Leipzig, Goerdeler, dem Gewerkschaftsführer Leuschner, dem Rechtsanwalt Wirmer und dem ehemaligen Reichstagsabgeordneten Lejeune-Jung. Das Urteil gegen Hassell wurde noch am gleichen Tag vollstreckt.

Der ersten Publikation der Tagebücher wurde der Titel „Vom Andern Deutschland" gegeben, ein Wort, das sich bei Hassell selbst bereits im August 1939 findet.[1] Seit 1946, als sie in der Schweiz und bald darauf in Deutschland, den USA und anderen Ländern erschienen, gehören sie zu den wichtigsten historischen Quellen für die deutsche Opposition im Dritten Reich und die Vorbereitungen des Aufstands vom 20. Juli 1944.

Die 1946 veröffentlichten tagebuchartigen Aufzeichnungen Hassells, die in der vorliegenden Neuausgabe wesentlich erweitert abgedruckt werden, umfassen die Zeit vom 13. September 1938 bis 13. Juli 1944. Hassell hat seine Notizen in unregelmäßigen Abständen niedergeschrieben, oft nur flüchtig, in Eile, durch Reisen oder andere Störungen unterbrochen, zunehmend beeinträchtigt durch die Folgen des Luftkrieges. Trotz der Erschwernisse führte er die Tagebücher fort, auch dann noch, als ihn Nachrichten erreichten, daß er überwacht werde – zunächst nur gelegentlich, in den letzten Jahren auf Schritt und Tritt. Unverkennbar ging es dem Verfasser darum, angesichts der stürmischen, schließlich sich überstürzenden Entwicklung seine Eindrücke festzuhalten. „In ihrer wehrlosen Unmittelbarkeit, so wie sie zu uns gekommen sind",[2] bilden die Aufzeichnungen ein politisches und menschliches Dokument ersten Ranges.

Ihr Verfasser war ein erfahrener, im In- und Ausland angesehener Diplomat, der über ein ungewöhnlich sicheres politisches Urteil verfügte und dank vielfältiger Kontakte einen ausgezeichneten Überblick über die Geschehnisse im Dritten Reich besaß. In seinen Tagebuchblättern haben sich dramatische Ereignisse über mehr als fünfeinhalb schicksalsvolle

Jahre niedergeschlagen. Vor allem aber bezeugen die Eintragungen „Existenz und Charakter einer sehr verschiedene politische Gruppierungen umfassenden Bewegung, deren Repräsentanten, in Militär und Beamtenschaft, im Bürgertum und in den Gewerkschaften am nachdrücklichsten von den Verbrechen des Regimes – und ganz gewiß nicht erst vor seinem offenbaren Scheitern – in einen sittlich begründeten Widerstand gezwungen wurden".[3]

Hassell hat seinem Lande auf vielen Außenposten gedient: als Vizekonsul in Genua (1911 bis 1914), als Botschaftsrat und Geschäftsträger in Rom (1919 bis 1921), als Generalkonsul in Barcelona (1921 bis 1926) sowie als Gesandter in Kopenhagen (1926 bis 1930) und in Belgrad (1930 bis 1932). 1932 wurde er zum deutschen Botschafter am Quirinal in Rom ernannt.

Der Erste Weltkrieg hatte für diese Laufbahn eine Zäsur gebracht. Am 8. September 1914 durch Herzschuß schwer verwundet,[4] arbeitete Hassell nach langer Rekonvaleszenz seit 1916 in der inneren Verwaltung als Regierungsrat und Kommunalreferent in Stettin. 1917 bis 1919 war er als Direktor des Verbandes der preußischen Landkreise in Berlin tätig, eine Funktion, die ihn mit wirtschaftlichen Problemen und dem System der Selbstverwaltung in enge Berührung brachte, die ihm aber auch die Möglichkeit bot, sich mit weitergespannten innenpolitischen Fragen zu befassen.[5] Im Zusammenhang mit der Entstehung der DNVP gründete er die „Staatspolitische Arbeitsgemeinschaft", angeregt durch Zuschriften auf seinen Artikel im „Roten Tag" vom 24. November 1918: dort hatte er als Ziel des Neubeginns „den Volksstaat" bezeichnet, in dem wirklich „das schaffende Volk, Landwirtschaft, Industrie und geistige Arbeit, Arbeiter und Arbeitgeber, die politischen Geschicke mitbestimmen". Zwei Gedankengänge standen dabei im Vordergrund und sind für Hassells spätere Erwägungen zur innenpolitischen Zukunft wieder bedeutsam geworden: die Lösung der sozialen Frage, die er im Sinne einer „Sozialpolitik auf dem Boden der christlichen Weltanschauung" forderte, und die Heranziehung des Staatsbürgers zur politischen Verantwortung durch Selbstverwaltung, verbunden mit berufsständischer Organisation.

Im Herbst 1919 trat Hassell erneut in den auswärtigen Dienst. Der sozialdemokratische Außenminister und spätere Reichskanzler Müller sandte ihn nach Rom, wo Hassell die deutsche diplomatische Vertretung wiederaufbauen sollte. Die langjährige diplomatische Tätigkeit Hassells diente – wie er selbst oft betont hat – dem Ziel einer friedlichen europäischen Zusammenarbeit; dabei war er von dem Wunsch erfüllt, für Deutschland in der Mitte der europäischen Völkerfamilie gesunde Entwicklungsbedingungen herbeizuführen. Nur mit einem lebensfähigen Deutschland konnte seiner Überzeugung nach, das von vielen Kriegen erschütterte Europa zur Genesung und Einheit gelangen. Dieses Leitmotiv bestimmte auch sein Handeln als Botschafter in Rom; es wurde von ihm schon in seiner ersten Unterredung mit Mussolini am 15. November 1932 ausgesprochen.[6]

Hassell liebte Italien und bewunderte seine Kultur, nicht zuletzt als profunder Kenner Dantes. Nach seiner Auffassung waren beide Länder schon durch ihre gemeinsame Geschichte zur freundschaftlichen Kooperation berufen. So trat Hassell unermüdlich für eine enge wirtschaftliche und kulturelle Zusammenarbeit beider Länder ein. Die für den europäischen Frieden notwendige Ergänzung sah er in seiner Verständigung mit England und Frankreich. Deshalb setzte er sich für das Vorhaben ein, die vier Nationen in einem Friedenspakt zusammenzuführen, ein Projekt, mit dem er bald nach Übernahme des Botschafterpostens konfrontiert wurde, das aber bei der neuen deutschen Regierung unter Hitler zunehmend auf Zurückhaltung stieß. Dieser sogenannte Viererpakt wurde am 6. Juni 1933 in Rom unterzeichnet; die Ratifizierung scheiterte jedoch sowohl an der französischen wie an der deutschen Seite.[7]

Der Austritt aus dem Völkerbund, den Hitler am 14. Oktober 1933 vollzog, war ein folgenschweres Ereignis: Die Ära der kontinuierlichen Fühlungnahmen, in scheinbar bruchloser Fortsetzung der Weimarer Revisionspolitik, ging zu Ende. Der Einfluß der sachkundigen Diplomaten mußte mehr und mehr den sprunghaften, eigenmächtigen Entschlüssen Hitlers weichen; aus den mühseligen multilateralen Verhandlungen ging er zu einem System bilateraler Beziehungen über, um den eigenen Zielen größeren Spielraum zu verschaffen.[8] Die erste Aktion im Sinne der bilateralen Bündnisstrategie bildete der Nichtangriffspakt mit Polen vom 26. Januar 1934. Er wurde von Hitler als Schlag gegen die alliierte Ostpolitik gefeiert, verursachte aber das Wiederaufleben der Spannungen mit Rußland und leitete in Moskau eine Phase der Westorientierung ein.[9]

Die außenpolitische Lage des NS-Regimes verschlechterte sich auch im Süden. Als eine der Ursachen für das gespannte Verhältnis zu Italien nannte Hassell in mehreren Berichten den von Hitler — ohne Rücksicht auf die bestehenden Einwände Mussolinis — vorangetriebenen Anschluß Österreichs. Bereits bei seinem ersten Besuch in Rom kurz vor Ostern 1933 hatte Göring, entgegen der ausdrücklichen Warnung Hassells, die deutschen Anschlußwünsche vorgetragen und damit Mussolinis Empfindlichkeit schwer getroffen. Das von Franz von Papen angeregte Treffen der beiden Diktatoren am 13. Juni 1934 in Venedig hatte zwar zu einem offenen Gedankenaustausch geführt, aber keinerlei positive Abreden gebracht. Vielmehr verstärkte sich der Eindruck, daß Mussolini daran festhielt, ein deutsches Vorrücken bis zum Brenner zu verhindern, die Selbständigkeit Österreichs zu garantieren und ergänzend hierzu die italienische Position im Südosten, insbesondere in Ungarn, auszubauen. Auf die Gefahren einer derartigen Riegel-Politik Italiens zusammen mit Österreich und Ungarn machte Hassell in offiziellen Berichten mehrfach aufmerksam; er plädierte für ein Stillhalten in der Österreich-Frage und regte statt dessen eine aktive deutsche Wirtschaftspolitik im Südosten an, um auf dieser Basis zu einer einvernehmlichen Kooperation mit Italien zurückzufinden.

Nichts davon wurde in Berlin aufgegriffen. Die NS-Agitation gegen Österreich lief ungehemmt weiter, was die Regierung Dollfuß erst recht an die Seite Italiens trieb. Die Nachricht von den Ereignissen am 30. Juni 1934, die Ermordung der SA-Führung und weiterer unliebsam gewordener Personen, nahm Mussolini, wie Hassell ohne jede Beschönigung berichtete, mit höchstem Befremden auf; der sogenannte „Röhmputsch" verstärkte seine Bedenken gegen die Methoden des Regimes. Wenig später, am 25. Juli, wurde Dollfuß ermordet, unmittelbar vor einem mit Mussolini verabredeten Besuch in Rom. Am Tag des Wiener NS-Putsches ließ der Duce im Einverständnis mit Frankreich und Jugoslawien Truppen am Brenner bereitstellen. Als dann im Januar 1935 ein italienisch-französisches Abkommen zustande kam, schien ein Tiefpunkt der deutsch-italienischen Beziehungen erreicht und die Isolierung Hitlers perfekt zu ein. Daran änderte sich nichts, um so weniger, als Hitler am 16. März 1935 die allgemeine Wehrpflicht verkündete. Zwei Monate später schlossen Frankreich und Rußland einen Beistandspakt.

So kritisch die internationale Situation für Hitler auch war, es gab auch eine Reihe von Elementen, auf denen sich aufbauen ließ. Im Zuge der englischen Appeasement-Politik kam im Juni 1935 das deutsch-englische Flottenabkommen zustande, dessen Absprachen über die Flottenstärken weniger bedeutsam waren als die Tatsache, daß England die Verletzungen des Versailler Vertrages (allgemeine Wehrpflicht, Aufrüstung) offenkundig nicht nur tolerierte, sondern Hitler sogar als Vertragspartner anerkannte.[10] Der Abessinien-Krieg schließlich, ein imperialistisches Abenteuer Mussolinis, erwies sich als erster Baustein einer deutsch-italienischen Wiederannäherung. Der Völkerbund, dem Abessinien angehörte, zeigte sich ebenso kraftlos, wie die englisch-französischen Maßnahmen gegen die italienische Expansion sich als unwirksam erwiesen. Gleichwohl hatte für Mussolini die wohlwollende Zurückhaltung Hitlers wichtige Bedeutung, zumal sich Abessinien erbittert verteidigte. Mussolini fühlte sich als Gegenleistung zu einer grundsätzlichen Schwenkung veranlaßt und entschloß sich, wie Hassell am 6. Januar 1936 dem Auswärtigen Amt mitteilte, seine Einwände gegen Hitlers Österreich-Pläne wesentlich moderater als bisher zu formulieren.[11]

Inzwischen wirkte sich der spanische Bürgerkrieg als zusätzlicher Faktor auf die neue Konstellation in Mitteleuropa aus; Mussolini engagierte sich militärisch auf Seiten Francos und gab Hitler damit Gelegenheit, das deutsch-italienische Zusammenspiel durch Entsendung deutscher Truppen nach Spanien zu intensivieren. Hitler nutzte die neue Interessengemeinschaft mit Mussolini und die sich auch in Spanien abzeichnende englisch-französische Passivität, indem er mit einem ebenso überraschenden wie riskanten Einmarsch deutscher Truppen am 8. März 1936 in das entmilitarisierte Rheinland erneut einen flagranten Bruch des Versailler Vertrages beging. Hassell sah schon damals erstaunlich klar, daß Zeitpunkt und Methode des Hitlerschen Vorgehens allgemeine Elemente seiner Außenpolitik waren, die für die Zukunft Schlimmes ahnen ließen: die Unfähigkeit, Ruhe zu halten, den „unwiderstehlichen Drang ... aus der Passivität herauszutreten". Das Risiko dabei stand in keinem Verhältnis zum Zweck des Unternehmens.[12]

Völkerbund und Westmächte nahmen die Rheinland-Besetzung ohne gewichtige Gegenmaßnahmen hin, und in Spanien beschränkten sie sich darauf, das Eingreifen italienischer und deutscher Truppen mit der Entsendung einiger schwacher Militär-Kontingente zu beantworten. Diese offensichtliche Hilflosigkeit ermunterte die beiden Diktatoren geradezu, im Blick auf weitere Erfolge näher aneinander zu rücken. Die „Achse Berlin-Rom", das bildhafte Wort vom Angelpunkt der Politik in Europa, wurde von Mussolini im November 1936 erstmals programmatisch als Ausdruck des Machtanspruchs der „Achsenmächte" gebraucht.

Von da an nahm die deutsch-italienische Kooperation konkretere und bald enthusiastische Formen an. Für den deutschen Botschafter am Quirinal wurde allerdings immer klarer, daß Hitler und sein unheilvoller außenpolitischer Ratgeber Ribbentrop die deutsch-italienische Freundschaft zu einem festen weltanschaulichen und militärischen Verbund umgestalten wollte. Hassell hat bei Hitler und Neurath wiederholt und mit aller Deutlichkeit gegen die Blockpolitik Stellung bezogen. Unter anderem hatte er im Dezember 1936 eindringlich davor gewarnt, die Kooperation Italiens mit Deutschland als dauerhaft anzusehen. Die Möglichkeit eines Wandels in Italien sei nicht auszuschließen — durch Druck oder verlockende Angebote der westlichen Großmächte. Anzeichen sprächen dafür, daß deren Solidarität gegenüber der deutsch-italienischen Allianz stärker sei als vielfach angenommen. Jedenfalls gelte es, ihren gemeinsamen Anstrengungen, „die faschistischen Staaten als Störenfriede zur Vernunft zu zwingen", vorzubeugen; Ziel der deutschen Außenpolitik müsse sein: „das Verwerfen aller Blockpolitik, daher das lebhafte Bestreben, mit England, wenn möglich auch mit Frankreich, zur Verständigung zu gelangen".[13] Ferner hatte Hassell am 18. Februar 1937 dem AA gegenüber zum Ausdruck gebracht, daß er es für falsch halte, anstelle einer realistischen Bewertung der politischen Gegebenheiten sich von der Vorstellung einer weltanschaulichen Gemeinsamkeit beider Länder leiten zu lassen. Die Sympathie für den Nationalsozialismus in Italien sei „heute mehr äußerlich als innerlich, mehr amtlich als privat vorhanden, wobei Judenpolitik und Kirchenpolitik ihre besondere Rolle spielen."[14]

Ribbentrop setzte jedoch den Plan eines Dreierpaktes zwischen Deutschland, Italien und Japan bei Hitler durch. Er erschien in der zweiten Oktoberhälfte 1937 in Rom und erreichte in den von ihm allein geführten Verhandlungen die Zustimmung Mussolinis. Die in den Vordergrund gerückte weltanschauliche Begründung einer solchen Kombination war — erst recht hinsichtlich Japans — nach Hassells Auffassung irreal und deshalb als bloße Bemäntelung der machtpolitischen Zielsetzung durchschaubar. Ribbentrop habe, wie Hassell am 25. Oktober 1937 empört an Außenminister v. Neurath schrieb, ihm gegenüber „keinen Zweifel darüber gelassen, daß er an einen fest auf gemeinsamer Weltanschauung der drei Völker gegründeten Block denke, der sich klar den demokratischen Westmächten und den Sowjets gegenüberstelle". Hassell kommt zu dem Ergebnis: „Hier handelt es sich um eine Neuorientierung der deutschen Außenpolitik, die auf Anregung niemanden anderem [sic] als des Botschafters in London [Ribbentrop] sich *bewußt* gegen England stellen will und einen Weltkonflikt geradezu ins Auge faßt."[15] Wie sich 1939 zeigen sollte, war das eine durchaus zutreffende Vorausschau. Die Warnungen verhallten.

Schon mit dem propagandistisch glanzvoll gestalteten Staatsbesuch Mussolinis im September 1937 war der deutsch-italienische Schulterschluß vor aller Öffentlichkeit bekräftigt worden. Einen Monat später wurde der Beitritt Italiens zum sogenannten Antikominternpakt zwischen Deutschland — durch Ribbentrop repräsentiert — und Japan unterzeichnet. Über die aggressive Ausrichtung des Paktes konnte in der westlichen Welt kein Zweifel sein. Hassell hatte sich in der Auseinandersetzung als entschiedener Gegner dieser Politik erwiesen; im Februar 1938 wurde er von seinem Posten abgelöst und zur Disposition gestellt.[16]

Im Zuge der Sudetenkrise, mit der die hier veröffentlichten Tagebucheintragungen Hassels beginnen, verschärfte sich sein Urteil über die Hitlersche Außenpolitik, die mit offener Gewaltandrohung und flagrantem Vertragsbruch in einen für Deutschland und Europa verhängnisvollen Krieg hineintrieb. Bereits die Notizen im Herbst 1938 belegen indes, daß ihn die Judenverfolgungen nicht weniger empörten, „die schwere Sorge um Deutschlands inneres Leben, das immer vollständiger und eiserner von einem solcher Dinge fähigen System erfaßt wird". Das gleiche Entsetzen finden wir in den späteren Aufzeichnungen über die planmäßigen Grausamkeiten, vor allem über die Aktionen der SS in den besetzten Ländern. Die unerhörten Befehle zur Brutalisierung der Kriegführung in Rußland nannte Hassell „eine Karikatur der deutschen Militärjustiz". Sie alarmierten ihn ebenso wie die Nachrichten über die Tötung von Geisteskranken. Hassells Notizen belegen eindrücklich seine Empörung über die Zerstörung des Rechtsstaates, ebenso seine Verzweiflung darüber, daß das Regime alle christlichen Grundsätze mißachtete und die Kirchen in wachsende Bedrängnis brachte.

Aus solchen hier nur skizzenhaft wiedergegebenen grundsätzlichen Motiven heraus reifte Hassells Entschluß, den Sturz Hitlers und des nationalsozialistischen Systems ohne Rücksicht auf die damit verbundene persönliche Gefährdung aktiv zu betreiben. „Dem klar erkannten Verhängnis zu wehren, war dem echten Patrioten legitime Pflicht. Aber um daraus politische Konsequenzen zu ziehen, bedurfte es namentlich für die Angehörigen einer Schicht und einer Generation, die besonders eng an den Staat gebunden war und der Verschwörertum von Haus aus denkbar fern lag, ungewöhnlicher Charakterstärke und der vorausgegangenen Gewissenserschütterung."[17]

Nach seiner Ablösung in Rom war sich Hassell bewußt, daß es einer Kapitulation gleich käme, wenn er sich nun aus dem öffentlichen Leben zurückziehen würde. Wer „draußen" blieb, hatte kaum Chancen, den gefährlichen Lauf der Dinge zu steuern. Als „Prototyp des Nichtgewünschten", wie er selbst schrieb, fand er allerdings bei zahlreichen Wirtschaftsunternehmen verschlossene Türen. Trotz seiner prinzipiellen Verurteilung des Systems bemühte er sich schließlich um eine Stellung im öffentlichen Dienst. Um gemeinsam mit Gleichgesinnten aktiv an Umsturzplänen mitwirken zu können, brauchte Hassell eine Basis in Berlin. Im Vorstand des Mitteleuropäischen Wirtschaftstages bot sich ihm eine Aufgabe, die Wohnsitz und Büro in der Reichshauptstadt ermöglichte und die ihm eine gewisse Freizügigkeit verschaffte.

Hassell besaß einen außergewöhnlich breitgefächerten Bekanntenkreis im In- und Ausland, den er sorgfältig pflegte und ständig erweiterte; die Tagebücher vermitteln davon ein eindrucksvolles Bild. Vorrangige Bedeutung hatte seine enge Verbindung zu oppositionellen Gruppen in Berlin. Dabei kam ihm zustatten, daß er den Chef des Amtes Ausland/Abwehr, Canaris, schon aus gemeinsamen Tagen in Barcelona kannte. Mit Kurt Frhr. v. Hammerstein bestand eine alte familiäre Freundschaft. Verbindungen zu anderen „hohen" Militärs kamen hinzu, so etwa der persönliche Kontakt zu dem im Rüstungswesen maßgeblich tätigen General Thomas. Das wichtige Anliegen, Brauchitsch und Halder für den Umsturz zu gewinnen, ließ sich nur von Berlin aus verfolgen. Auch mit Großadmiral Raeder kam es zu verschiedenen Gesprächen. Eine alte Verbindung Hassells zu Göring wurde bei dessen erstem Besuch in Rom erneuert, wo Göring als eigenwilliger Emissär Hitlers auftrat. Im August 1939 erhielt der Kontakt zu Göring im Zusammenhang mit den Versuchen der Opposition, den Krieg zu verhindern, eine gewisse Bedeutung, obwohl sich bald herausstellte, daß Göring ein unzuverlässiger Faktor war.

Zu Hassells Gesprächspartnern gehörten des weiteren führende Persönlichkeiten aus der evangelischen Kirche, aus Wissenschaft und Wirtschaft, ferner Journalisten, Künstler und Schriftsteller. Hassell hatte darüber hinaus zahlreiche gute Bekannte bei den diplomatischen Missionen in Berlin und unterhielt verschiedene persönliche Kontakte zum Auswärtigen Amt; der Verbindung mit Ernst v. Weizsäcker, der seit April 1938 als Staatssekretär im AA eine gewichtige Position im Räderwerk des Regimes innehatte, kam dabei besondere Bedeutung zu. Die kollegiale und familiäre Beziehung, die in die Kopenhagener Zeit zurückreichte, blieb während der vierziger Jahre nicht frei von Spannungen, die aber immer wieder überbrückt werden konnten. Hassells freundschaftliche Beziehung zum britischen Botschafter Nevile Henderson, den er aus Belgrad kannte, bewährte sich besonders in den dramatischen Krisentagen des Sommers 1939. Im Tagebuch schildert Hassell seine von Weizsäcker angeregten intensiven Bemühungen mit Henderson, den Frieden zu erhalten. Sie waren zum Scheitern verurteilt, weil, wie sich Hassell überzeugen mußte, Hitler und Ribbentrop von diesem Krieg nicht ablassen wollten.[18]

Wenn Hassell in oppositionellen Kreisen als außergewöhnlich gut unterrichteter Mann galt, dann war das zu einem wesentlichen Teil seinem subtil geknüpften und von ihm meisterlich benutzten Informationsnetz zu danken. Für jeden Widerstand gegen die NS-Diktatur war es entscheidend wichtig, sich nicht von den offiziellen, häufig propagandistisch verfälschten Zeitungs- und Rundfunkmeldungen täuschen zu lassen, sondern verläßliche Informationen zu erhalten und ein zutreffendes Bild der Lage zu gewinnen. Ungezählte Eintragungen Hassells zeigen, daß es ihm rasch gelang, wichtige Entwicklungen frühzeitig zu erkennen; wenige Anhaltspunkte genügten ihm, um den Kern einer Sache zu erfassen und mit abgewogenem, am ethischen Maßstab orientierten Urteil im allgemeinen richtig zu bewerten. Der Leiter des amerikanischen Geheimdienstes in Zürich, A. W. Dulles, meinte hierzu. „Hassell hatte nicht immer recht in seiner Beurteilung ..., aber im großen und ganzen hatte er recht in seiner Einschätzung des Nazi-Wahnsinns, und er hatte auch recht zu einem Zeitpunkt, als viele in England, Frankreich und Amerika die Dinge falsch beurteilten." Wie verführerisch es für ein traditionelles nationales Empfinden auch sein mochte, Hassell ließ sich vom Siegestaumel und von den militärischen und außenpolitischen Erfolgen nicht blenden: „Einige seiner bittersten Zeilen wurden geschrieben, als die Nazis die Herren Europas waren."[19] So notierte Hassell unmittelbar nach dem Sieg über Frankreich, der Triumph Hitlers ändere „nichts am inneren Charakter seiner Erscheinung und seiner Taten und an den grauenhaften Gefahren, denen nun alle höheren Werte ausgesetzt sind. Ein dämonischer Spartakus kann nur zerstörend wirken, wenn nicht noch rechtzeitig die Gegenwirkung eintritt."[20] Diese „Gegenwirkung" mit aller Kraft zu fördern, blieb sein Ziel.

Hassells Reisen ins Ausland – vor allem auf dem Balkan – standen meist im Zusammenhang mit seinen Aufgaben beim Mitteleuropäischen Wirtschaftstag; er nutzte diese Besuche, um aktuelle Informationen über die jeweilige politische Situation zu erhalten. Die Gestapo ließ ihn dabei zum Teil minutiös observieren; sie verfolgte seine Aktivitäten mit wachsendem Mißtrauen und legte ihm bei Paß- und Visa-Fragen zunehmend Hindernisse in den Weg. Verschiedene Reisen in die Schweiz konnte Hassell damit begründen, daß sein älterer Sohn schwer krank in Arosa lag. Bei diesen Krankenbesuchen fanden zwei Treffen mit einem britischen Gewährsmann statt; ihm übergab Hassell ein für Lord Halifax bestimmtes handschriftliches Statement, das Grundgedanken der Opposition für die baldige Beendigung des Krieges enthielt.[21] Wiederholt dienten Vorträge etwa in Paris, Brüssel oder Bordeaux als Vorwand, um auf führende deutsche Militärs im Sinne des Widerstands einzuwirken und ihnen klarzumachen, daß ihre Unterstützung die unentbehrliche Voraussetzung eines Umsturzes war.

Schon zu Lebzeiten ist Hassell Unvorsichtigkeit bei seinen Äußerungen vorgeworfen worden, unter anderem – postum dann auch auf seine Tagebücher bezogen – von Ernst v. Weizsäcker. Die Tagebuch-Notizen hätten zwar, selbst wenn der Gestapo nur einige Seiten in die Hände gefallen wären, trotz der verwendeten Decknamen verheerende Folgen für alle darin Genannten haben können. Ein großer Teil der Tagebücher war aber fortlaufend in die Schweiz verbracht, ein kleiner Teil auf dem ausgedehnten Anwesen Hassells in Ebenhausen bei München sorgfältig versteckt und schließlich vergraben worden; sie sind, anders als manche Aufzeichnungen aus Widerstandskreisen, bis zum Ende verborgen geblieben.

Im übrigen muß gesagt werden, daß Vorsicht allein kein Rezept sein konnte, um so etwas wie eine Widerstandsfront aufzubauen. Ohne den in der Diktatur gefährlichen Mut, die eigene Meinung zu äußern, ließen sich Zweifelnde nicht überzeugen, Zögernde nicht als Bundesgenossen gewinnen. Nach dieser Maxime hat Hassell im Gespräch gehandelt. Auch in Vorträgen und zahlreichen Aufsätzen, die er in den Kriegsjahren veröffentlichte, war er stets bemüht, „einiges zu sagen", Kritik an bestimmten Maßnahmen des Regimes zumindest in verhüllter Form einfließen zu lassen. Zugeständnisse an den „Zeitgeist" freilich waren in der Diktatur unerläßlich, oft genug auf Betreiben der Redakteure (sogar in der Schweiz); vieles konnte überhaupt nicht oder nur zwischen den Zeilen, durch Anspielung oder Analogie, gesagt werden. „Ich schreibe unter Eiertänzen", heißt es einmal im Tagebuch. Mehrfach wurden die Aufsätze vor Druckfreigabe einer amtlichen Zensur unterworfen und mußten daraufhin geändert werden. Ribbentrop hat im März 1943 einen Aufsatz Hassells schlichtweg nicht erscheinen lassen.

Vor diesem Hintergrund wird verständlich, daß sich manche Formulierungen Hassells erst bei näherem Zusehen als Kritik an der Politik des Regimes entschlüsseln lassen. Beispielsweise spricht Hassell in einem Aufsatz „Die Knochen des pommerschen Musketiers" (1942) von einem „Großdeutschen Wirtschaftsgebiet in Südosteuropa". Einige Zeilen weiter heißt es geradezu beschwörend, Hand in Hand mit dieser allmählich gesteigerten Zusammenarbeit sei „jedem einzelnen Südost-Volke das Gefühl der Sicherheit seiner unangetasteten Eigenständigkeit einzuflößen, bei verbürgten Lebensrechten fremden Volkstums in jedem einzelnen

Staat". Hassell fügt ausdrücklich hinzu, es müsse dahingestellt bleiben, ob und welche politischen Maßnahmen hierzu erforderlich seien. Beziehungsreiche Wendungen, die 1942 als scharfe Kritik an Hitler gedeutet werden mußten, der kurz zuvor im Donauraum das Land neu verteilt und, wie Hassell im Tagebuch (Mai 1941) vermerkt, ein „wahres Chaos" angerichtet hatte.

In einem 1944 publizierten Aufsatz „Gedanken über die Niederlande und das Reich" unterstrich Hassell mit Blick auf Belgien und Holland erneut seine Auffassung, die Parole der Zukunft sei eine organisierte, auf Ausgleich beruhende europäische Zusammenarbeit. Das habe nichts mit deutscher imperialistischer Expansion zu tun; es liege im europäischen Interesse, den kleineren Staaten Lebensfähigkeit und Eigenständigkeit zu erhalten. Solche freimütigen und unzweifelhaft aufrichtigen Äußerungen standen in krassem Gegensatz zu den eigentlichen, wenn auch gelegentlich verschleierten Ambitionen des Regimes.

Bis zum Schluß kreisen Hassells Überlegungen, wie seine Aufzeichnungen zeigen, immer wieder um die europäische Mittellage Deutschlands. Es komme darauf an, notiert er im Dezember 1943, „den Leuten auf der anderen Seite klarzumachen, daß ein gesunder deutscher Faktor in ihrem eigenen Interesse liegt"; die entscheidende Voraussetzung dafür sei ein unabhängiges Deutschland und das bedeute den „vollkommenen Bruch mit der Linie Hitler".

Bereits lange bevor sich Rückschläge für das Regime oder gar seine Niederlage abzeichneten, begannen die konspirativen Überlegungen, welche Vorbereitungen für einen Staatsstreich zu treffen seien und wie eine neue Regierung zu handeln habe. Die ersten Notizen Hassells hierzu — aus Gesprächen mit Goerdeler und Popitz — finden sich im Oktober 1939. Dabei standen in erster Linie die brutalen Verstöße des totalen Staates gegen Recht, Menschenwürde und Moral vor Augen, die „tierische Barbarei" in der Rassenfrage und der „teuflische Haß gegen das Christentum", wie Hassell eindringlich formuliert, die radikale Beseitigung jeglicher Kontrolle staatlicher Maßnahmen und die bedenkenlose Zerstörung einer unabhängigen Justiz. Die Wiederherstellung des Rechtsstaates war deshalb ein zentrales Motiv. Der Widerstand richtete sich — auf Hassell trifft dies in besonderem Maße zu — nicht gegen den Staat, sondern wurde im Namen des Staates geleistet:[22] gegen den totalitären Despotismus und die Willkür Hitlers, der unsägliches Unglück über Europa gebracht und den deutschen Namen mit Fluch und Schande beladen hatte. Mit den Worten Hassells: „Es gibt wohl nichts Bittereres im Leben, als ausländische Angriffe gegen das eigene Volk als berechtigt ansehen zu müssen."[23]

Was die Vorbereitung eines Staatsstreichs damals angesichts der totalen Macht der NS-Diktatur bedeutete, welche Gefahren sich aus dem allgegenwärtigen Partei- und Polizeiapparat ergaben und welche Erschwernisse zu überwinden waren, das kann man sich heute kaum mehr vergegenwärtigen. Die Probleme und zwingenden Erfordernisse für eine neue Regierung lassen sich nur begreifen und richtig einschätzen, wenn die Umstände der Zeit gehörig bedacht werden. Die Tagebücher vermitteln wie kaum eine andere historische Quelle ein einzigartiges Bild davon, nicht zuletzt von den ständigen Zweifeln, ob die Kräfte des Widerstandes überhaupt ausreichen würden, um das Regime zu stürzen. Trotz dieser Ungewißheit mußten Maßnahmen für das Handeln nach dem Staatsstreich entwickelt werden. Hier können lediglich einige Gesichtspunkte beleuchtet werden.

Über die Beratungen im Widerstand ist nur weniges schriftlich niedergelegt worden. Manches ist in Verlust geraten, manches stammt aus den Anfangszeiten des Krieges. Schon deshalb können aus den überlieferten Papieren Schlußfolgerungen über das, was die Verschwörer 1944 nach einem Umsturz getan hätten, nur sehr begrenzt gezogen werden. Das gilt auch für das sogenannte „Programm", das vermutlich Anfang 1940, also vor der Besetzung Dänemarks, der Landung in Norwegen und insbesondere vor Beginn der West-Offensive abgefaßt worden ist und das erste Formulierungen für Sofortmaßnahmen nach einem Aufstand enthält. Das „Programm" verdeutlicht die Zwangslage und den engen Spielraum der Verschwörer.

Überhaupt darf bei den schriftlichen Zeugnissen des Widerstands nicht übersehen werden, daß es sich in der Regel nicht um ausgewogene und abgeschlossene Konzeptionen handelte, sondern um skizzenhafte und vorläufige Entwürfe.[24] Erst nach einem erfolgreichen Umsturz konnte über den Aufbau des Staates auf breitem Fundament entschieden werden. Die Vertreter des Widerstands waren in höchstem Maße isoliert; so hat auch Hassell, seinen Aufzeichnungen zufolge, nur in kleinstem Kreise erörtern können, welche Prioritäten von einer neuen Regierung zu setzen wären. Eine eingehende Diskussion zwischen den Widerstandsgruppen über das Für und Wider war vor dem Umsturz nahezu ausgeschlossen. Unter diesem Gesichtspunkt erhält die Aussprache im Januar 1943 zwischen „Älteren" (Beck, Goerdeler, Hassell, Popitz und Jessen) und „Jüngeren" aus dem Kreisauer Kreis (Moltke, Yorck, Gerstenmaier und anderen) geradezu singuläre Bedeutung;[25] wenngleich die Debatte über Grundfragen eines Neuanfangs damals keineswegs zu Ende geführt wurde, bestand Einigkeit über die Dringlichkeit des Staatsstreichs. Bei dieser Aussprache und anderen Gelegenheiten bewährte sich Hassell als Vermittler: Er hielt daran fest, daß in den prinzipiellen Fragen ein Brückenschlag zwischen den Generationen erforderlich sei.

So hat Hassell verschiedentlich bei Überlegungen mitgewirkt, wie nach dem Sturz des Diktators die Staatsspitze besetzt werden müsse, um einer neuen Regierung Autorität und breite Akzeptanz zu verleihen. Hassell war im Kaiserreich aufgewachsen und hatte auf seinen diplomatischen

Posten in Spanien, Dänemark, Jugoslawien und Italien die konstitutionelle Monarchie – wenn auch in unterschiedlichen Formen – kennengelernt. Seinen Tagebuch-Aufzeichnungen läßt sich entnehmen, daß er eine Wiederherstellung der Monarchie in Deutschland gleichwohl mit erheblicher Zurückhaltung beurteilte.[26] Mehrere Gespräche mit Trott, Schulenburg und anderen „Jüngeren" im Dezember 1941 hatten Hassell darin bestärkt, daß es gelte, jeden Anklang von „Reaktion" zu vermeiden. Ein Regierungschef, dessen Name als Erlösung und Programm wirke, sei sehr wünschenswert. Da ein derartiger Name fehle, bleibe nichts übrig, als ohne „solche populäre Persönlichkeit zu handeln, denn gehandelt werden müsse, und zwar bald". Von da an wird der monarchische Gedanke in den Aufzeichnungen nicht mehr erwähnt.[27]

In dem erwähnten sogenannten „Programm" aus dem Jahre 1940 war keine Restitution der Monarchie geplant. Vielmehr hatten die Verfasser dieses Entwurfs vorgesehen, als „höchste Gewalt" nach dem Umsturz vorläufig eine „Regentschaft" einzusetzen, ein Drei-Männer-Gremium, dem sie umfassende Vollmachten übertragen wollten. Die Regentschaft sollte tätig bleiben, „bis es möglich sein wird, ein geordnetes Verfassungsleben wieder aufzubauen." Zur Vorbereitung des Staatsaufbaus sollte ein Verfassungsrat Vorschläge erarbeiten, um eine „Mitarbeit des Volks und eine Kontrolle des Staatslebens auf der Grundlage der örtlichen und körperschaftlichen Selbstverwaltung sicherzustellen".

In unseren Tagen ist dieses Dokument als Beleg für die autoritäre Einstellung seiner Verfasser angesehen worden; sie hätten eine zwar modifizierte, aber doch klar diktatorische Regierungsform angestrebt. Demgegenüber erscheint noch einmal der Hinweis angebracht, daß der rudimentäre Charakter des überkommenen Entwurfs von 1940 es verbietet, aus seinem Inhalt auf gefestigte, auch in den Folgejahren fortbestehende Vorstellungen zu schließen. Ihn an den Normen des späteren Grundgesetzes zu messen, wäre ebenso verfehlt. In einer ersten Übergangszeit bis zum Wiederaufbau eines geordneten Verfassungslebens war es schlechterdings unumgänglich, „autoritär" zu regieren; die Vorstellung, man hätte aus der Diktatur unmittelbar in die Demokratie überwechseln können, gehört in den Bereich der Utopie.[28] Dabei fällt ins Gewicht, daß die Verschwörer – jedenfalls 1940 – nach einem Umsturz mit schweren Auseinandersetzungen bis hin zum Bürgerkrieg zu rechnen hatten. Um der zu erwartenden Wirren Herr zu werden, brauchte die Regierung für die erste Phase Durchschlagskraft.

Die Frage nach dem Demokratieverständnis der zum Aufstand Entschlossenen hat in der zeitgeschichtlichen Forschung eine beachtliche Rolle gespielt. Dabei ist anzumerken, daß an den Beratungen über das Handeln nach dem Umsturz – zumindest in dem engeren Freundeskreis um Beck, Goerdeler, Hassell, Popitz, Jessen – kein ausgesprochener Verfassungsrechtler teilgenommen hat. In Erinnerung an die Spätzeit der

Weimarer Republik beurteilte Hassell ähnlich wie Angehörige des Kreisauer Kreises und Politiker der SPD sowie der Deutschen Demokratischen Partei die Chancen für eine Rückkehr zur parlamentarischen Regierungsform skeptisch. Karl Otmar v. Aretin erinnert mit Recht daran, daß „auch der überzeugteste Demokrat . . . am Prinzip der ‚Demokratie' irre werden" mußte, wenn er berücksichtigte, daß „die NSDAP nicht durch einen Putsch, sondern auf demokratischem Weg stärkste Partei geworden war. Auch lähmte das Bewußtsein, in der Minderheit zu sein; es schien undenkbar, daß sich das deutsche Volk von Hitler und seiner Ideologie so schnell abwenden werde."[29]

Mit vielen anderen im Widerstand hat Hassell mehrfach hervorgehoben, daß das „Mitwirken der Regierten" zu gewährleisten sei. Bereits 1939 hatte er die Meinung vertreten, daß sich der politische Sinn in der Schule der Selbstverwaltung bilden solle. Anknüpfend an Gedanken des Freiherrn vom Stein formulierte er: „Erst durch die Mitarbeit an den eigenen Angelegenheiten örtlich begrenzter Art sollte der politische Mensch die Reife und Vollmacht erhalten, auch in Dingen des Staates mitzubestimmen." Ein „Filtriersystem" berufsständischer Art, vom kleinen zum großen Verbande aufsteigend, sollte parlamentarischen Fehlentwicklungen wie in der Weimarer Zeit entgegenwirken und zu einem auf freier Mitwirkung des Volks beruhenden, organischen Staatsaufbau führen.[30] In dieser Auffassung spiegeln sich Hassells Skepsis über das Prinzip des liberalen Parlamentarismus und die Absicht, wirksamere Integrationsformen an die Stelle des Parteienstaats zu setzen. Der Selbstverwaltungsgedanke spielte auch in den Planungen des Kreisauer Kreises eine zentrale Rolle.[31] Hassell hat sich im Tagebuch dazu nicht im einzelnen geäußert, wie überhaupt derartige Erwägungen in der isolierten Lage der Verschwörer kaum eingehender erörtert, ausgeformt und abgewogen werden konnten.

Ein anderes gewichtiges Problem für eine Umsturzregierung lag darin, daß es das selbstverständliche Gebot der Stunde war, sich scharf vom NS-System zu distanzieren und zugleich eine sofortige breite Unterstützung bei der Bevölkerung anzustreben, einer Bevölkerung, die zum großen Teil am nationalsozialistischen „Gedankengut" nichts auszusetzen fand. Neben die mit allen Mitteln der Demagogie betriebene Propaganda, die anfänglich Erfolg an Erfolg reihte, trat der Terror; jede dem Regime zuwiderlaufende Meinung wurde unterdrückt. „Terror und Erfolg reichten sich die Hand", wie Marion Gräfin Dönhoff einmal prägnant formuliert hat. In diesem Umfeld, das eine breit organisierte Opposition in Deutschland nicht zuließ, stand jeder Versuch, der Diktatur die Macht zu entwinden, vor fast unlösbaren Problemen.

Goerdeler und ebenso Hassell haben die schmale Basis des Widerstandes, etwa aus einer Art „elitären" Bewußtseins heraus, keineswegs verkannt. Daß zu ganzen Schichten der Bevölkerung, insbesondere zur

Arbeiterschaft, keine eigentliche Verbindung bestand, war eine ständige Sorge. Die Schwierigkeiten, trotz der immer strenger werdenden Überwachung und des ausgefeilten Spitzelsystems den notwendigen Kontakt zu Gleichgesinnten zu bekommen, ja diese als solche überhaupt zu erkennen, lassen sich von heute aus kaum nachvollziehen. Die gewerkschaftlichen Organisationen mußten seit Mai 1933 als zerschlagen gelten. Im Oktober 1941 notiert Hassell als große, ungelöste Frage, wo man die Leute finde, deren Namen in der Arbeiterschaft einen guten Klang haben. Goerdeler gelang es, engeren Kontakt zu dem ehemaligen Gewerkschaftsführer Leuschner zu knüpfen und ihn für sein „Schattenkabinett" als Innenminister zu gewinnen. Die Beratungen mit Leuschner und Jakob Kaiser hatten maßgeblichen Einfluß auf Goerdelers kurz vor dem 20. Juli 1944 aufgestellte Liste der Männer, die nach dem Umsturz Regierungsverantwortung übernehmen sollten.[32] 1942 schloß sich Carlo Mierendorff, ein Sprecher der jüngeren Generation, dem Kreisauer Kreis an; dank seiner Vermittlung konnte das ursprüngliche Mißtrauen der Sozialisten gegenüber der Verbindung Leuschners mit Goerdeler jedenfalls teilweise beseitigt werden.[33] Hassell selbst führte, vermittelt durch Rechtsanwalt Wirmer, eingehende Gespräche mit mehreren Persönlichkeiten aus Gewerkschaftskreisen, unter anderem – trotz wechselnder Verschlüsselung der Namen im Tagebuch unverkennbar – mit Jakob Kaiser und Wilhelm Leuschner. Alle diese Fühlungnahmen wurden nicht zuletzt von der Absicht getragen, die insgeheim fortbestehenden gewerkschaftlichen Zellen zur Unterstützung des Staatsstreichs heranzuziehen. Trotz der aktiven Mitwirkung führender Sozialisten blieb die Verschwörung von der Masse der Arbeiterschaft isoliert; über deren Haltung bei einem Putsch gab es nur – weitgehend skeptische – Vermutungen.[34]

Nicht zuletzt aus diesem Grund widersprachen Hassell und andere dem Plan Goerdelers, sofort nach dem Umsturz ein Plebiszit durchzuführen. Wenn die Bevölkerung den Umsturz mit Mehrheit ablehnte, wäre dies einem Scheitern gleichgekommen. In der Tat war die Hoffnung auf ein positives Echo eine Rechnung mit vielen Unbekannten. Das änderte allerdings nichts daran, daß für den Erfolg des Staatsstreichs eine möglichst breite Resonanz im In- und Ausland schlechthin entscheidend war. Deshalb schien Hassell und seinen Freunden der einzige Weg der: auf eine plebiszitäre Legitimation vorerst zu verzichten, aber als neue Regierung mit einer „mannhaften" Konzeption für die nächste Zukunft aufzutreten; den Diktator beseitigen, die Untaten des Regimes, insbesondere den Rassenwahn, verurteilen, Recht und Sitte wiederherstellen, nach innen Chaos und Bürgerkrieg verhindern, nach außen baldigst Frieden schließen. Soweit es die Lage zuließ, sollte dabei der Fortbestand des gewandelten Deutschlands bewahrt werden.

Die Frage der künftigen Grenzen Deutschlands blieb im Widerstand strittig. Die Auffassungen darüber haben mehrfach gewechselt: im Zuge der sich kontinuierlich verschlechternden Situation wurden die Erwartungen immer mehr reduziert. Hassell selbst hat sich, nachdem sein Statement vom Februar 1940 in England unbeantwortet geblieben war, weitgehend darauf beschränkt, die für den Frieden Europas unerläßliche Fortexistenz Deutschlands in seiner Mittellage zwischen West und Ost zu betonen. Zunehmende Resignation wird deutlich, wenn Hassell im März 1943, nach der Niederlage von Stalingrad, schreibt, daß die schwere Krise nicht den Systemwechsel gebracht habe, „der allein uns noch wenigstens die Möglichkeit eines erträglichen Friedens, eine innere Gesundung und eine Genesung Europas bringen könnte".

Vieles von dem, was über die Grenzen im Osten, hinsichtlich des Sudetenlandes oder Österreichs von verschiedenen Persönlichkeiten aus dem Widerstand gesagt wurde, wirkt heute illusionär. Indes wird man zugeben müssen, daß ein von vornherein erklärter Verzicht auf gewonnene Gebiete für eine Staatsstreich-Regierung, die sich auf das Militär stützen mußte und die gegen die Propaganda des NS-Regimes anzugehen hatte, ausgeschlossen schien.[35] Zudem war es außerordentlich schwer, ein zutreffendes Bild über mögliche Zugeständnisse der Gegenseite zu erhalten. Beispielsweise notiert Hassell Anfang 1942, Carl Burckhardt habe ihm über längere Gespräche mit Persönlichkeiten in England berichtet. Auf die Frage nach deutschen Grenzvorstellungen habe Burckhardt angedeutet, es würden wohl die Grenzen von 1914 angestrebt werden. „Das scheint ein gewisses Erstaunen (wegen Bescheidenheit) erregt zu haben." Die Nachrichten über die Stimmung im Ausland waren nicht nur bruchstückhaft, sondern vielfach, mitunter auch aus dem Munde eines weitgereisten, erfahrenen Politikers, nicht verläßlich. Bei den spärlichen Informationssträngen zum Ausland und angesichts der betonten Zurückhaltung — insbesondere im offiziellen England — gegenüber Fühlungnahmen aus dem Kreis der Opposition erhielt jede einigermaßen vertrauenerweckende Mitteilung großes Gewicht; das erklärt Fehlschlüsse über die Bereitschaft sowohl des Westens wie des Ostens, mit einer Staatsstreich-Regierung wenigstens zu verhandeln. Man hat verschiedentlich behauptet, Chancen im Ausland seien dadurch verschüttet worden, daß es der Widerstand versäumt habe, seine Kontakte mit dem Ausland zu koordinieren; anstatt sich auf eine einheitliche Sprachregelung zu einigen, hätten viele Köpfe mit vielen Zungen gesprochen. Eine solche Auffassung verkennt die konspirativen Möglichkeiten unter der NS-Diktatur, vor allem die Folgen der ständig strenger werdenden Überwachung: Zusammenkünfte am „runden Tisch" waren nun einmal nicht möglich.

Von früh an hat Hassell die Meinung vertreten, daß der Umsturz „unsere Sache" sein müsse; eine vom Ausland aufgezwungene Aktion werde einen völlig anderen Charakter haben und sich nachteilig auswirken. Er war sich durchaus einer notwendigen Selbstreinigung bewußt: „Unsere Schweinereien gehören nur vor unser Tribunal" (Dezember 1942). Seine

Sorge war jedoch, daß ein mehr oder weniger ultimatives Verlangen des Auslandes, den Umsturz durchzuführen, nur als verbrämte Forderung nach Kapitulation verstanden werden könnte, eine Forderung, der sich vor allem die Wehrmacht entschieden widersetzen würde. Nach einheitlicher Auffassung der Opposition war aber der Aufstand gegen Hitler und dessen Sturz nur im Verbund mit dem Militär denkbar.

Die Hoffnung auf das Handeln der führenden Generalität durchzieht die Hasselschen Tagebücher wie ein roter Faden. Demgegenüber steht seine von Jahr zu Jahr schärfer werdende Kritik an der Passivität der „Josephs", wie das Schlüsselwort für Generale lautete. Die Feststellung unter dem Datum des 23. Januar 1943 drückt Hassells bittere Enttäuschung aus: „Wenn die Josephs den Ehrgeiz hatten, mit ihrem Eingreifen so lange zu warten, bis klar ersichtlich ist, daß uns der Gefreite in den Abgrund führt, so hat sich dieser ihr Traum erfüllt. Das Schlimme ist nur, daß auch *unsere* sichere Voraussicht sich bestätigt hat, es werde dann zu spät und jedes neue Regime eine Liquidations-Kommission sein."

Die schwerwiegenden Probleme eines militärischen Aufstandes mitten im Kriege und angesichts der Machtmittel der Diktatur dürfen nicht unterschätzt werden. Der Umsturz konnte sich nicht auf Hitlers Hauptquartier und Berlin beschränken, sondern mußte im ganzen Land, in den besetzten Gebieten und an der Front gleichzeitig wirksam werden, sollte er gegenüber SS, Polizei und Parteiapparat Erfolg haben. Die Erfordernisse eines flächendeckenden Organisationsnetzes stellten die mit der Vorbereitung des Umsturzes befaßten Offiziere vor außerordentlich diffizile Aufgaben. Im Geheimen waren Vorkehrungen zu treffen, damit nach der Beseitigung Hitlers die Wehrmacht sofort zur Übernahme auch der vollziehenden Gewalt eingesetzt werden konnte. Dazu mußte man sich der durchaus nicht feststehenden Bereitschaft zahlreicher regionaler und zentraler Befehlshaber versichern. Es blieb jedoch nichts anderes übrig, als die Kommandogewalt in den wichtigsten Funktionen, wie es am 20. Juli 1944 dann tatsächlich geschah, Generälen zu übertragen, die Hitler zuvor ihres Amtes enthoben hatte. Das war von vornherein ein bedenklicher Unsicherheitsfaktor. Wie die Tagebücher ausweisen, bemühten sich Hassell und seine Freunde deshalb mit großer Intensität darum, in erster Linie Brauchitsch solange er Oberbefehlshaber des Heeres war, und seinen Generalstabchef Halder für den Widerstand zu gewinnen. Letztlich blieben alle Versuche in dieser Richtung ohne durchschlagenden Erfolg. Am 16. Juni 1941, sechs Tage vor dem Angriff auf Rußland, fragten sich Hassell und seine Freunde vergebens, ob Hitlers verbrecherische Befehle bezüglich eines „brutalen Vorgehens der Truppe gegen die Bolschewisten nicht endlich ausreichen, um der militärischen Führung über den Geist des Regimes, für das sie fechten, die Augen zu öffnen". Aber die Generäle handelten nicht.

Im ganzen war Hassells Empörung über die Passivität der „Josephs" durchaus berechtigt; allerdings hatte er unverkennbar stets nur die obersten Ränge im Auge, bei denen „der Gehorsam durch eigenes Urteil und politische Verantwortung" ergänzt werden müsse. Sarkastisch, wie oft, formulierte Hassell im Januar 1940: „Diese Generäle, die die Regierung stürzen wollen, verlangen deren Befehl, um zu handeln." Drei Jahre später heißt es: „Kein Feldmarschall handelt so, wie es ihm eine höhere Pflichtauffassung gebieten würde." Gewiß, dieser scharfen Kritik ließe sich die eine oder andere einschränkende Bemerkung hinzufügen; dazu gehört, daß Hassell die Probleme des notwendigerweise weitverzweigten militärischen Aufstandes nicht voll übersehen konnte. Aber alles in allem gilt, was der ehemalige Generalinspekteur der Bundeswehr, de Maizière, im Blick auf die Problematik des militärischen Widerstandes einmal ausgesprochen hat: „Je größer der Verantwortungsbereich ist, den ein Mann zu tragen hat, um so strenger, ja unerbittlicher sind die Maßstäbe, die der rückschauende Betrachter an den Handelnden zu legen versucht ist."[36]

Angesichts der wachsenden Sorge, daß es zu einer Umsturzaktion aus der Wehrmacht heraus nicht mehr komme, wurde „in der Verzweiflung", wie Hassell am 9. Juni 1943 vermerkt, „immer häufiger die Möglichkeit erörtert, wenn alle Stricke reißen, sich der SS zum Sturz des Regimes zu bedienen." Wie fragwürdig der Gedanke auch sein mochte, durch einen „Prätorianer-Aufstand" das Machtpotential des Regimes zu spalten, für eine abgewogene Beurteilung sind die alarmierenden Ereignisse dieser Monate zu bedenken. Der Aufstand der Münchener Studenten, deren „prachtvollen, tief sittlichen" Aufruf Hassell gelesen hatte, war gescheitert; gescheitert waren ferner, im März 1943, zwei Attentatsversuche von Offizieren. Die Gestapo war kurz darauf erstmals in eine Zentralstelle der militärischen Verschwörung, das von Canaris geleitete Amt Ausland/Abwehr eingedrungen; Dohnanyi wurde verhaftet, Oster mußte abgelöst werden.

Die Summe dieser niederdrückenden Nachrichten veranlaßte Popitz im August, die Möglichkeiten eines SS-Putsches zu sondieren. Auch Tresckow, einer der aktivsten Männer im Widerstand, soll einen solchen Plan für realisierbar gehalten haben. Hassell hatte bereits Anfang Juni erhebliche Bedenken geäußert. Er bezweifelte, daß sich Himmler auf ein solches Spiel überhaupt einlassen würde und daß er nach Beseitigung Hitlers, wie Popitz beabsichtigte, selbst ausgeschaltet werden könnte. Vor allem stellte sich Hassell die Frage, „welche Wirkung dies Verfahren im Ausland" haben würde, „für das grade die SS den Teufel verkörpert".[37] Einige Tage zuvor hatte er erfahren, daß die SS in Polen „in unvorstellbar beschämender Weise" Massenvergasungen von Juden durchführte. Die von Popitz mit persönlichem Mut betriebene Separat-Aktion kam jedoch über eine erste, negativ verlaufende Fühlungnahme mit Himmler nicht hinaus.

In Anbetracht aller Fehlschläge und der offenkundigen Aussichtslosigkeit, „das Rollen in den Abgrund" aufzuhalten, kann es nicht überraschen, daß sich in den Tagebüchern gegen Ende die Zeichen der Niedergeschlagenheit mehren. Aufbrechende Gegensätze und bittere Kritik untereinander sind menschlich nur zu verständlich. Andererseits bemühte sich Hassell, die Auseinandersetzungen im Freundeskreis nicht überhand nehmen zu lassen; dazu sei, wie er im Januar 1943 schrieb, „die Zahl der Brauchbaren zu gering und die Qualität der Genannten zu groß". So war es als Mahnung zu verstehen, wenn er von einem Zusammenhalten der „band of brothers" sprach.

Die stürmische Lageverschlechterung im November 1943 verstärkte die Zweifel, ob es „nicht schon zu spät sei, so daß es richtiger wäre, die Katastrophe ablaufen zu lassen". Hassell war, wie er als Antwort auf diese schwierige Hauptfrage festhält, mit Beck und ebenso mit Goerdeler einig: „Trotz allem ist es schon aus *sittlichen* Gründen für die deutsche Zukunft *erforderlich*, wenn auch nur irgendwelche Möglichkeit und Aussicht besteht, noch vorher den Versuch zu machen."[38]

Anmerkungen
(Hinweise auf den Text der Tagebücher = TB)

1 Vgl. das Gespräch mit Henderson am 15. 8. 1939, TB, S. 111.
2 Martin Hürlimann: Vorwort des Verlegers zur Erstausgabe (Atlantis). Zürich 1946, S. 5.
3 Vgl. Hans Rothfels: Geleitwort zur Taschenbuchausgabe der Tagebücher, Fischer-Bücherei. Frankfurt/M. 1964.
4 Bei der schweren Verwundung in der Marneschlacht am 8. September 1914 war die Kugel im Herzmuskel steckengeblieben; sie konnte damals nicht entfernt werden und wuchs dann im Körpergewebe fest. Am Tage seiner Hinrichtung in Plötzensee, am 8. September 1944, schrieb Hassell an seine Frau: „Heute vor 30 Jahren habe ich meine französische Kugel bekommen, die ich bei mir trage."
5 Vgl. zu der Gedankenwelt Hassells in diesen Jahren eingehend: Gregor Schöllgen: „Wurzeln konservativer Opposition", in: Geschichte in Wissenschaft und Unterricht, 38. Jg. (1987), S. 478ff.
6 Vgl. Marc Poulain: Die deutsch-italienischen Beziehungen von der Jahreswende 1932/33 bis zur Stresa-Konferenz. Dissertation. Frankfurt a.M. 1971, S. 45f.
7 Ebenda, S. 75.
8 Vgl. Karl Dietrich Bracher: Die deutsche Diktatur. Entstehung, Struktur, Folgen des Nationalsozialismus. Köln/Berlin 1980, S. 316f.
9 Ebenda, S. 319.
10 Bracher (ebenda, S. 323) urteilt zutreffend, daß man dabei ähnlichen Täuschungen erlag wie der Vatikan bei Abschluß des Konkordats mit dem Dritten Reich.
11 Die Erklärung Mussolinis ging dahin, daß sich Italien einer Regelung des deutsch-österreichischen Verhältnisses auf Basis formeller Unabhängigkeit und enger deutsch-österreichischer außenpolitischer Zusammenarbeit weder unmittelbar noch mittelbar widersetzen würde. Vgl. Esmonde Robertson: „Zur Wiederbesetzung des Rheinlandes 1936", in: Vierteljahrshefte für Zeitgeschichte, 1962, S. 187.
12 Vgl. ebenda.
13 Vgl. Politischer Bericht an das AA vom 18. 12. 1936 (Az. der Deutschen Botschaft in Rom: 5855/36), zitiert in persönlicher Aufzeichnung Hassells (undatiert, sehr wahrscheinlich Ende Oktober 1937).
14 Vgl. Bericht an das AA (Az. der Deutschen Botschaft in Rom: 637/37), zitiert in persönlicher Aufzeichnung Hassells (wie Anm. 13).
15 Schreiben an Neurath, zitiert in persönlicher Aufzeichnung Hassells (wie Anm. 13).
16 Die Ablösung Hassels war unzweifelhaft darauf zurückzuführen, daß er sich der machtpolitisch gemeinten Verbindung zwischen Deutschland und Italien widersetzt hatte. Leitende Faschisten sollen ihm deshalb den Spitznamen „il freno" (die Bremse) beigelegt haben. Nicht zuletzt war es in diesem Zusammenhang mehrfach zu kontroversen Disputen mit Ribbentrop gekommen, also mit dem Mann, der zugleich mit der Ablösung Hassels neuer Außenminister wurde. Mitgespielt haben dürfte, daß Hassel in deutschen Parteikreisen nicht als Nationalsozialist galt. Seit 1. 11. 1933 war Hassell Mitglied der

NSDAP aufgrund eines den Parteieintritt fordernden, schriftlichen Ersuchens der Auslands-Abteilung der NSDAP, „auf Veranlassung des Herrn StSekr. Dr. Lammers in der Reichskanzlei". Goebbels hatte schon am 4. 6. 1933, während seines ersten Besuchs in Rom, in seinem Tagebuch (Bd. II, S. 426) Hassell als „begeisterungslosen Spießer" bezeichnet und seinen Eindruck in die Worte gefaßt „muß weg". Ähnlich die Tagebuch-Notiz von Goebbels unter dem 15. 1. 1938 (Bd. III, S. 403): „Ein richtiger Nazi muß nach Rom." – Am 20. 9. 1937, vier Tage vor dem Besuch Mussolinis in Berlin, erhielt Hassell in einem Eilverfahren den Rang eines NSKK-Brigadeführers, obwohl er kein Mitglied dieser Organisation war und für sie auch später nie tätig wurde. Ohne diese Uniformierung wäre er bei dem Staatsbesuch der einzige offizielle deutsche Vertreter „in Zivil" gewesen, ein Eindruck, der damals untragbar erschien. Aus dem gleichen Grunde hatte man Außenminister v. Neurath im September 1937 ehrenhalber zum SS-Gruppenführer ernannt. – Ribbentrop hat als neuer Außenminister alsbald eine besondere Uniform für den Auswärtigen Dienst eingeführt.

17 Vgl. Hans Rothfels (wie Anm. 3), S. 6.
18 Vgl. TB, 10. 9. 1939, S. 123.
19 Vgl. Allen Welsh Dulles: Vorwort zur amerikanischen Ausgabe der Tagebücher (Doubleday). New York, 1947.
20 Vgl. TB, 24. 6. 1940, S. 199.
21 Vgl. TB (Aufzeichnung), 23. 2. 1940, S. 171.
22 Hans Buchheim: Ansprache zum 20. Juli 1982 in Berlin, Stauffenbergstraße.
23 Vgl. TB, 25. 11. 1938, S. 62.
24 In diesem Sinne auch Bracher (wie Anm. 8), S. 475.
25 Vgl. TB, 22. 1. 1943, S. 347.
26 Vgl. TB, 21. 12. 1941, S. 290f.
27 Vgl. TB, 21. 12. 42, S. 289f., und Hans Rothfels: Deutsche Opposition gegen Hitler, Frankfurt/M. 1986, S. 126.
28 Karl Otmar v. Aretin: „Der deutsche Widerstand gegen Hitler", in: Ulrich Cartarius (Hrsg.): Opposition gegen Hitler. Berlin 1984, S. 20.
29 Ebenda, S. 23.
30 Hassell: Der organische Staatsgedanke des Freiherrn vom Stein, in: Weiße Blätter, Jg. 1939, S. 249–256, Zitat S. 256; ferner: Das Ringen um den Staat der Zukunft, in: Schweizer Monatshefte 1939, S. 20; vgl. auch Schöllgen (wie Anm. 5) zu der lange zurückreichenden Beschäftigung Hassells mit diesem Gedanken. In einem Aufsatz vom September 1918 hatte er gefordert, „zunächst die Selbstverwaltung organisch aufzubauen und dann auf ihrer Grundlage die Volksvertretung ebenso organisch erwachsen zu lassen".
31 Ger van Roon: „Staatsvorstellungen des Kreisauer Kreises", in: Der Widerstand gegen den Nationalsozialismus. München 1985, S. 567.
32 Elfriede Nebgen: Jacob Kaiser. Der Widerstandskämpfer. Stuttgart 1967, S. 165ff.
33 Vgl. Hans Mommsen: Beilage zu „Das Parlament", B 50/86, vom 12. 12. 1986, S. 10.
34 Vgl. Hans Mommsen: „Gesellschaftsbild und Verfassungspläne", Köln/Berlin 1966, S. 75.
35 Vgl. Bracher (wie Anm. 8), S. 474.
36 Vgl. Frankfurter Allgemeine Zeitung vom 10. 9. 1987.
37 Vgl. TB, 9. 6. 1943, S. 369.
38 Vgl. TB, 13. 11. 1943, S. 405.

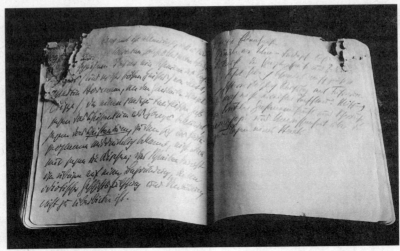

Bemerkungen zur Edition

Diese persönlichen Tagebücher fast ein halbes Jahrhundert nach ihrer Niederschrift aufs neue herauszugeben, erfordert besondere editorische Maßnahmen. Die bisherigen Ausgaben fußten durchwegs auf einer Abschrift, die 1946 unter erheblichem Zeitdruck hergestellt worden war. Die Aufzeichnungen Hassells werden nunmehr, nach sorgfältigem Vergleich mit dem Original, in einer Form vorgelegt, die dem wissenschaftlichen Bedürfnis nach Verläßlichkeit des Textes Rechnung trägt. Vieles, was im Jahre der Erstveröffentlichung 1946 als bekannt vorausgesetzt werden konnte, muß im Jahre 1988 erklärt und erläutert werden. Die historische Forschung hat zu zentralen Fragen dieses grundlegenden Dokuments aus dem deutschen Widerstand in oft kontroversen Diskussionen Stellung genommen; darüber will der Leser ebenfalls informiert werden, auch wenn er nicht erwartet, daß alle historischen Fragen, die sich aus dem neu vorgelegten Text ergeben, schon beantwortet werden können. So erklären sich der umfangreiche Anmerkungsteil und die erhebliche Erweiterung des Personenverzeichnisses, das mit seinen biographischen Angaben eine zusätzliche Kommentierung bietet. Die zeitgeschichtliche Einordnung der Ereignisse wird durch eine Zeittafel im Anhang erleichtert.

Der Text folgt grundsätzlich den handschriftlich geführten Originaltagebüchern. Hassell hat wegen des damaligen Papiermangels für seine Eintragungen ganz unterschiedliches Schreibpapier verwendet: Schulhefte, Wachstuchhefte, Taschenbücher, kleine Notizblocks, ein unbenutztes Fahrtenbuch, Rückseiten einer überholten Inventarliste, mehrere Bündel von losen Blättern; das Format reicht von DIN A4 bis DIN A7. Insgesamt, ohne Rücksicht auf Art und Format gezählt, umfassen die Tagebücher 34 Einzelstücke, ein Konvolut, dessen äußeres Erscheinungsbild einen Hinweis auf die außergewöhnlichen Umstände gibt, unter denen dieses Zeugnis „Vom Andern Deutschland" entstand und überliefert werden konnte. Die Handschrift des Autors, der sich der deutschen Schrift bediente, die Namen jedoch, wie in seiner Generation üblich, lateinisch schrieb, ist im allgemeinen ohne größere Schwierigkeiten lesbar. Editorische Maßnahmen sind in der üblichen Form gekennzeichnet: kurze, meist erläuternde Zusätze werden in eckige Klammern [ ] eingefügt, Punkte ohne eckige Klammer bezeichnen eine vom Autor im Text gelassene Lücke.

Große Aufmerksamkeit mußte der richtigen Zuordnung der Aufzeichnungen zum Datum ihrer Niederschrift gelten. Angesichts der Vielgestalt der „Tagebücher" keine leichte Aufgabe, bei deren Lösung in der ersten und allen bisher folgenden Ausgaben mehrere Irrtümer unterlaufen waren. In einigen Fällen hatte sich auch der Autor selbst im Datum geirrt.

Hassell hat seine Eintragungen in einfacher Form datiert: „1. 12. 39", dabei häufig den Ort hinzugefügt. Die Angaben wurden in der Edition vereinheitlicht und, wo dies zweifelsfrei möglich war, ergänzt. Das Datum jeder Eintragung steht auf einer eigenen Zeile; dagegen verbleiben Tagesangaben, die Teil der Darstellung sind, im fortlaufenden Text. Die zeitlichen Intervalle machen die Unregelmäßigkeit der Eintragungen sichtbar. Insbesondere waren es Warnungen vor staatspolizeilicher Überwachung, die mitunter größere Unterbrechungen der Notizen verursachten, so zum Beispiel zwischen dem 27. April und dem 1. August 1942. Auch das zeigt etwas von den kaum noch vorstellbaren Bedrängnissen, denen der Autor ausgesetzt war.

Wortlaut und Schrift lassen häufig die Flüchtigkeit und Eile der Notizen erkennen. Orthographie und Interpunktion wurden nicht mit der gleichen Sorgfalt wie in einem zu publizierenden Manuskript beachtet; sie werden daher, wie üblich, behutsam den heutigen Regeln angeglichen. Eine Eigenwilligkeit Hassellscher Schreibweise, der mit dem längeren Aufenthalt in romanischen Ländern erklärbare Wegfall des „h" in Teater, Teorie, Sympatie usw., sei zumindest erwähnt; in die Edition wurde sie nicht übernommen. Dagegen wurden Besonderheiten beibehalten, die zeigen, daß der Autor in der Umgangssprache notierte – z. B. „grade", „weggehn" u. ä. Personennamen sind gelegentlich unrichtig geschrieben. Nur wo die Identifizierung nicht gesichert ist, wird in einer Anmerkung darauf eingegangen, im übrigen die korrekte Schreibweise stillschweigend eingesetzt. Auch sonstige Flüchtigkeiten wurden zur Erleichterung der Lektüre beseitigt, mit der gleichen Absicht übliche Abkürzungen wie „z. B.", „u. a.", „m. E." stillschweigend aufgelöst und die Absätze im Text vermehrt. Abgekürzte Namen werden unter Verwendung von [ ] vervollständigt, es sei denn, dem Leser kann bei häufiger Wiederholung und zweifelsfreier Zuweisung zugemutet werden, die Anfangsbuchstaben selbst zu ergänzen.

Konspirative Aufzeichnungen waren im Dritten Reich ein gefährlicher Gegenstand. Schon die schlichte Aufzählung der Teilnehmer einer Zusammenkunft konnte lebensbedrohend werden. Hassell ist sich dessen zunehmend bewußt geworden. Ab Oktober 1939 begann er, die Namen seiner Gesprächspartner zu „tarnen", z. B. mit „mein Besucher" oder nur durch Anfangsbuchstaben, oder sie ganz wegzulassen (Lücke im Text). Später verwendete er Decknamen, zunächst fallweise, bald aber mehr oder minder regelmäßig, bisweilen wurden sie gewechselt, teils aus Vorsicht, teils wegen fehlender Erinnerung. Dabei baute er eine Gedächtnisstütze ein, öfter als reine Wortspielerei (Stauffenberg = Zollerntal, Oster = Hase, Gerstenmaier = Roggenmüller), nicht selten aber nur für den Verfasser auflösbar: Langbehn = zunächst Kurzfuß oder Cortegambe, dann Walcher, weil er in seinem Haus am Walchensee von Hassell verschiedentlich aufgesucht wurde; Popitz = Gärtner, weil der Gesandtschaftsgärtner in Belgrad Popović hieß; Olbricht = Barceloneser Pfarrer, in Erinnerung an den gleichnamigen Pfarrer der deutschen Kolonie in Barcelona; Schacht = Herzvetter, weil er Hassell 1930 in Kopenhagen besucht und dabei auch seinen dortigen Vetter, einen Kaufmann Hertz, gesprochen hatte.

Die Häufung dieser sich ständig wiederholenden Tarnbezeichnungen und ihrer Entschlüsselung erschwert etwas die Lektüre. Eine Vereinfachung hätte zur Lesbarkeit beigetragen; aber im Vordergund mußte die Korrektheit der Wiedergabe des Originals stehen. Deshalb werden zur Wahrung der Authentizität in der Neuausgabe die verwendeten Decknamen beibehalten und in [ ] entschlüsselt. Einige wenige in der Erstausgabe erfolgte Fehldeutungen konnten korrigiert werden, in vereinzelten Fällen ist eine zweifelsfreie Auflösung nicht gelungen. Bei Lücken im Text wurden Namen, soweit zweifelsfrei möglich, in [ ] ergänzt.

Das Wissen um die Gefährlichkeit der Tagebücher hatte auch Folgen für den Erhaltungszustand der Originale. Da ein Teil der Aufzeichnungen für mehrere Monate im Garten des Anwesens in Ebenhausen bei München vergraben war, haben zahlreiche Seiten an den Rändern bis hin zur Unlesbarkeit einzelner Worte durch Feuchtigkeit und Mäusefraß gelitten. Aber auch bewußte Tilgungen des ursprünglichen Textes liegen vor. So hat Hassell selbst Eintragungen durch Ausschneiden aus dem Original beseitigt oder durch mehrfaches Durchstreichen unlesbar gemacht, meist mit der erkennbaren Absicht, Gesprächspartner nicht zu belasten. Ähnliche Tilgungen im Original müssen aber auch nach seinem Tode vorgenommen worden sein. Tilgungen werden in der Neuausgabe mit < > gekennzeichnet.

Die Neuausgabe weicht stellenweise von dem bisherigen, in allen Auflagen gleichen Wortlaut ab. Einige Abweichungen ergeben sich dadurch, daß Passagen aus Aufsätzen, Berichten und Briefen Hassells, die bei der Erstveröffentlichung in den fortlaufenden Tagebuchtext eingearbeitet waren, nun unter Klarstellung der Quelle abgedruckt sind; vereinzelt mußte ein Abdruck von Einfügungen unterbleiben, weil keine Quellen von Hassells Hand – vermutlich Briefe – auffindbar waren. Ferner haben der Schweizer Verleger Max Hürlimann und Frau Ilse v. Hassell 1946 bei der Druckvorbereitung das Original redigiert, häufig aus stilistischen, gelegentlich aus inhaltlichen (auch terminologischen) Gründen, in Einzelfällen wohl auch mit Rücksicht auf die Besatzungsmächte oder aus der Sorge vor Fehlinterpretationen. Darüber hinaus wurden erhebliche Kürzungen vorgenommen und nicht selten die Reihenfolge der Eintragungen umgestellt.

Auf dem gesicherten Boden des nun vorliegenden authentischen Textes erhält der Leser ein Bild Hassells, das, verglichen mit der Erstausgabe, nahezu unverändert ist und doch, rein quantitativ, weit darüber hinausgeht. Ein Vergleich der beiden Fassungen kann nur zu der Feststellung führen, daß die Varianten in der Erstausgabe gegenüber dem korrekten Text — so sehr sie der Historiker kritisieren mag — im Rahmen einer sich auf die Tagebücher im ganzen stützenden Gesamtinterpretation wenig ins Gewicht fallen. Auf eine Dokumentation der Varianten, die einen umfangreichen philologischen Apparat erfordert hätte, wurde deshalb verzichtet.

Im übrigen darf nicht vergessen werden, welche hohe Dringlichkeit 1946 der Publikation dieses Zeugnisses vom deutschen Widerstand zukam. Es war die erkärte Absicht von Ilse v. Hassell, Denken und Wirken ihres Mannes, das sie mit politischer Leidenschaft begleitet hatte, so früh wie möglich der Öffentlichkeit bekanntzumachen; daß sie diese Absicht unter den widrigen Umständen der ersten Nachkriegszeit in wenigen Monaten verwirklichen konnte, bleibt eine ungewöhnliche Leistung. Aus ihrer eigenen Kenntnis der Vorgänge hielt sie auch einige Zusätze zum Text für angebracht; diese erscheinen in der Neuausgabe in den Anmerkungen.

Die neue Edition der Tagebücher umfaßt etwa 87 Prozent des Originals, während die bisherige Ausgabe auf etwa 54 Prozent beschränkt war. Nach wir vor wird, dem allgemeinen Konsens entsprechend, auf rein persönliche Äußerungen verzichtet, insbesondere auf Notizen zur Privatsphäre der Familie oder nahestehender Personen. Solche Bemerkungen, etwa über Krankheiten, Theatervorstellungen, Verwandtenbesuche u. ä., finden sich öfters ganz unvermittelt neben wichtigen politischen Überlegungen oder Notizen zu bedeutsamen Aussprachen. Anders ist verfahren worden, sofern diese Eintragungen für die zeitgeschichtliche Bewertung erwähnenswert erscheinen. Deshalb durfte auch — angesichts der humanistischen Prägung von Hassells Persönlichkeit — das im Original sich spiegelnde Bild seiner kulturellen Interessen nicht unzulässig verkürzt werden. Wiederholungen sind in der Neuausgabe wie üblich entfallen, wenn nicht in der Tatsache der Wiederholung eine Bedeutung liegt. Mehrfach unterliefen dem Verfasser offenbar nur deshalb Wiederholungen, weil die bereits vorliegenden Aufzeichnungen versteckt oder in der Schweiz waren und daher nicht nachgelesen werden konnten. Alle diese Kürzungen sind durch [...] gekennzeichnet; im Anhang (S. 618 ff.) werden sie inhaltlich knapp skizziert.

Die vorliegende, um fast zwei Drittel der urspünglichen Ausgabe erweiterte Edition enthält zahlreiche Eintragungen, von denen man 1946 annahm, daß sie ohne Bedeutung seien und daß sie den Kern der Tagebücher überwuchern würden. Diese relativ strenge Auswahl hat Anlaß zu Zweifeln gegeben, ob wesentliche Eintragungen, die Ulrich v. Hassell und seinen Kreis in weniger günstigem Licht erscheinen lassen, unterdrückt worden seien. Die neu publizierten Passagen, immerhin ein Drittel des Originals, runden das Bild des Verfassers in diesen sechs schicksalshaften Jahren ab. Ein bisher nicht publiziertes Wachstuchheft (DIN A6), das

Eintragungen vom Herbst 1943 enthält, wurde erst bei Überprüfung des Gesamtkonvoluts für die Neuausgabe aufgefunden; es wurde nach den gleichen Grundsätzen wie die übrigen Hefte ediert.

Im Abschnitt „Nach dem 20. Juli" folgt als letztes Zeugnis von Hassells Hand der Abschiedsbrief an seine Frau, geschrieben in den wenigen Stunden zwischen Todesurteil und Hinrichtung. Ergänzend wird der in den bisherigen Ausgaben enthaltene Bericht Ilse v. Hassells über die Ereignisse nach dem 20. Juli 1944, leicht gekürzt, beigefügt.

Der für die Neuausgabe maßgebende Grundsatz, nur Texte aufzunehmen, die nachweislich auf Ulrich v. Hassell zurückgehen und die dem Herausgeber im Original vorlagen, gilt nicht für den Anhang. In der Erstausgabe waren als Anhang das „Gesetz über die Wiederherstellung geordneter Verhältnisse im Staats- und Rechtsleben" und die „Richtlinien zur Handhabung des Gesetzes über den Belagerungszustand" aufgenommen worden, die Cornelia Schulz-Popitz im wesentlichen ihrem Vater, Johannes Popitz, zugeschrieben hat; ferner enthielt die Erstausgabe das dort Ulrich v. Hassell zugeschriebene sogenannte „Programm", dessen Wortlaut heute allein noch durch den Druck im Herbst 1946 überliefert ist. Bei allen drei Papieren ist nicht nachgewiesen, ob und inwieweit Hassell an ihrer Formulierung tatsächlich mitgewirkt hat. Unter diesem Vorbehalt wurden die Texte dennoch, in Anlehnung an die Erstausgabe, im Anhang wieder abgedruckt.

1938

Berlin, 17. 9. 38. Eisenbahn Berlin-Weimar.
Internationale Gewitterstimmung. Innen wachsende Depression unter dem Druck der Parteiherrschaft und der Kriegsfurcht. Heydrich in Nürnberg wieder in voller Pracht. Reden Hitlers alle demagogisch mit scharfen Angriffen gegen die gesamte Oberschicht gesalzen, so auch die Schlußrede beim Parteitag, die in wildem Polterton vorgetragen wurde.[1] Der gesteigerte Haß gegen die Oberschicht ist besonders hervorgerufen durch die Warnungen der Generäle (außer Keitel) vor dem Kriege. Hitler ist sehr geladen gegen sie und beschimpft sie als „feige". Zugleich nimmt die Abneigung gegen selbständige Charaktere zu. Wer nicht kriecht, gilt als hochmütig. Das ist auch der Kern meiner Lage. Heydrich hat Plessen in Rom ausdrücklich gesagt, bei ihnen gelte ich allgemein als hochmütig.

Ein Adjutant von Ribbentrop hat Frau Schöningh ebenfalls gesagt, ich sei doch sehr aufgeblasen geworden; auch könne mich Ribbentrop nicht leiden. Andererseits erzählte mir vorgestern Keitel, er habe Ribbentrop die Übernahme von Muff in die Diplomatie vorgeschlagen, worauf Ribbentrop erwidert habe, sie hätten doch Leute, die ihnen noch näher dran wären, zum Beispiel müsse doch für mich etwas geschehen!

Ich habe allen Leuten, die mir erreichbar sind, gesagt, daß dieser Standpunkt der „Versorgung" für mich nicht in Frage kommt. Mich interessiert nur, ob man mich *braucht*. Die Sache muß nun bald geklärt werden, sowohl bei mir „in petto" wie nach außen. „In petto" insofern, als ich mir in den letzten Wochen immer häufiger die Frage vorgelegt habe, ob man einem so unmoralischen System überhaupt dienen darf, andererseits die geringe Chance, überhaupt etwas zu machen, vermindert sich noch, wenn man „draußen" ist. Nach außen wird die Sache brennend, weil mir Schmitt[2] eine zunächst freilich einmalige Aufgabe für die deutschen Versicherungsgesellschaften (Verhandlungen mit der spanischen Regierung über die Behandlung der Aufruhrschäden) angeboten hat, und jetzt Herbert Göring[3] (dazu bin ich in Berlin) im Einverständnis mit Schacht den Vorschlag macht, er wolle, wenn ich einverstanden bin, der Olex (Anglo-Iranier) raten, den freien Generaldirektor-Posten (der gut dotiert ist) mit mir zu besetzen. Hinter dem Unternehmen steht die englische Admiralität. Zweck der Olex ist Lieferung von Öl an Deutschland (auch Vierjahresplan). Nach Ansicht von Schmitt und [Herbert] G[öring] ist keinerlei Interessenkonflikt gegeben, das heißt, ich hätte nicht englische, sondern in erster Linie deutsche Interessen zu wahren. Anders natürlich im Kriegsfalle. Überhaupt hängt das ganze Projekt natürlich von der politischen Lage ab. 99% der Menschen würden bei diesem Angebot keine Sekunde schwanken. Mir wird es sauer, aber ich werde doch grundsätzlich Bereitschaft erklären. [. . .]

Ich kam Dienstag, den 13. abends an. [...] Mittwoch früh verschiedene Verabredungen. Um 12 Uhr 45 bei Raeder, der diesmal wieder sehr beeindruckt durch Hitlers Außenpolitik war. Er habe eben auch Glück, und das müsse man haben. Allerdings hatte er die (falsche) Nachricht erhalten und etwas vorschnell bereits an die Kommandostellen weitergegeben, die Tschechei habe mobilisiert, womit sie sich natürlich scharf ins Unrecht gesetzt hätte. Nachmittags ließ er mir dies Bulletin schleunigst dementieren.

Die tatsächliche politische Lage war Mittwoch früh die, daß Hitlers Montagsrede außenpolitisch, trotz großen Polterns, alle Türen offen gelassen und nur auf das Selbstbestimmungsrecht hingedeutet hatte. Die zielstrebige Brutalität der Politik Hitlers hat wieder alle den Krieg scheuenden Großmächte Schritt für Schritt zurückgedrängt, so daß heute schon Engländer und Franzosen ganz friedlich die Volksabstimmung erörtern — vor wenig Monaten noch eine unglaubliche Sache. Daß H[itler] in Wirklichkeit mehr will, steht auf einem andern Brett. Trotz dieses schrittweisen Weichens der Westmächte war bei meiner Ankunft die Lage so, daß der Krieg zu 90 Prozent wahrscheinlich schien, auf der Basis des leichtsinnigen Glaubens Ribbentrops und anderer, England werde nicht marschieren.

Nun kam der große coup de scène der Chamberlain-Reise. Einerseits wieder ein Riesenerfolg des Hitlerschen Aufklotzens, andererseits der stärkste denkbare moralische Druck Englands auf Deutschland. [14. 9.] Ich war, zunächst ohne davon zu ahnen, zum Frühstück allein bei Henderson.[4] H[enderson] war sehr offen und freundschaftlich, zugleich aber offenbar erregt. Er entwickelte mir glaubwürdig den englischen Standpunkt dahin: 1. Mit allen Kräften, auch unter Opfern, den Frieden zu erhalten suchen; 2. *Wenn* Deutschland Gewalt anwendet und Frankreich sich genötigt sieht, einzugreifen, [wird England] unbedingt mit Frankreich marschieren. Er klagte bitter über Rib[bentrop], der die Hauptschuld trage, wenn man heute zwischen E[ngland] und D[eutschland] noch nicht weiter sei, und meinte im übrigen, daß alles gut gehen könnte, wenn das Naziregime nicht diesen furchtbaren Haß gegen sich in der ganzen Welt und besonders auch in E[ngland] erzeugte. Schließlich rückte er damit heraus, daß er einen letzten großen Versuch gemacht und das englische Kabinett veranlaßt habe, Chamberlains Besuch beim Führer anzubieten. Gestern abend sei das beschlossen worden, heute morgen um 8 Uhr habe er Weizsäcker (Woermann) benachrichtigt und jetzt warte er auf die Antwort. Leider sei R[ibbentrop] beim Führer. Er telephonierte dann so, daß ich es hören konnte, mit Göring in Karinhall, setzte ihm die Sache auseinander und sagte ungefähr: „Sie werden zugeben, daß es eine Sache von größter Bedeutung ist, wenn der siebzigjährige englische Ministerpräsident bereit ist, noch heute zum Führer zu fliegen." G[öring] habe geantwortet: „Ja, natürlich!" und versprochen, sofort an den Obersalzberg zu telephonieren. H[enderson], der mich auf Stillschweigen vereidigte, bat mich dann, als er hörte, daß ich abends Keitel sehen würde, ihm zu sagen, was er mir dargelegt hätte. Das tat ich und war erstaunt, zu bemerken, daß K[eitel] offenbar der Wille Englands, im Konfliktfalle zu marschieren, überraschte. Überhaupt zeigte er sich in der Unterhaltung sehr unpolitisch und stellte sehr leichtsinnige Milchmädchenrechnungen über die Chance eines Krieges an, auch dann, wenn England auf der anderen Seite stehe. Weizsäcker,[5] dem ich das heute erzählte, meinte, K[eitel] sei einfach zu dumm, um solche Dinge zu verstehen. Die Familie Keitel zeigte sich wesentlich nüchterner als er. Die Tochter erzählte, viele junge Offiziere meinten, es sollten doch erst mal die „Braunen" ins Feuer gehen, die jetzt das Maul so aufrissen.

Abends mit Ilse Göring[6] in der Volksoper (Trovatore). Sie war sehr verständig im Urteil wie immer und voller Sorge über die Geistesart Hitlers.

Donnerstag vormittag bei Schacht,[7] der von äußerstem wirtschaftlichem und finanziellem Pessimismus und völlig ablehnend gegenüber dem Regime war. Gleich zu Anfang bezeichnete er H[itler] als einen Schwindler, mit dem E[ngland] vergeblich versuchen werde, bindende Abmachungen zu treffen. Überhaupt sei Ch[amberlain]s Schritt ein Fehler, denn er werde den Krieg doch nicht vermeiden. Heute traf ich Sch[acht] im A[uswärtigen] A[mt], wo er sich zu der, meines Erachtens, unsinnigen Behauptung verstieg, wenn Hitler jetzt nur die deutschen Randgebiete bekomme, so sei das in Wahrheit eine schwere Niederlage seiner Außenpolitik! Wirtschaftlich pumpten wir uns mehr und mehr aus, die heimlichen Devisen usw. (aus Österreich usw.) seien schon in leichtfertiger Weise restlos verbraucht, in Wahrheit seien wir schon im Minus. Und was die Reichsfinanzen angehe, so sei der Zustand schon so, daß wiederholt Kassen fällige Ansprüche nicht hätten begleichen können. Ich machte einen vorsichtigen Hinweis auf seine eigene Verantwortung, worauf er meinte, für diese Dinge trage er keine. „Minister" sei heute keine Realität mehr, man werde nicht einmal informiert. Er wisse nicht, wie die Leute anders wie durch Papierdrucken aus der Sache herauskommen wollten, und wenn man das von ihm verlange, so würde er eben gehen.

Im ganzen war seine Ansicht, daß ein Staat, der auf so unmoralischen Grundlagen arbeite, nicht mehr lange bestehen könnte. Ich wandte ein, daß viele unmoralische Regime sehr lange bestanden hätten, zum Beispiel die gegenwärtige französische Republik. Das bestritt er insofern, als Korruption usw. in diesen Systemen zwar geübt werde, aber grundsätzlich doch verurteilt werde, so daß also der Staat an sich die sittlichen Normen anerkenne. Bei uns liege jetzt aber ein Regime vor, das zum Beispiel in der Justiz unsittliche Grundsätze offiziell aufstelle. Darin liegt etwas Richtiges.

Übrigens soll Goebbels ziemlich in Ungnade sein, weil seine Weibergeschichten mit den vom Propagandaministerium abhängigen Schauspielerinnen usw. allmählich doch ein zu großer Skandal würden. Hitler sei auch wütend, weil G[oebbels] sich von seiner Frau scheiden lassen wolle. Erzählt wird, daß G. auf Grund seiner Kenntnis der Volksstimmung gegen die leichtfertige Kriegspolitik sei.

Mittags bei Inge Schickart gefrühstückt, die mit ihrem netten Mann von der anfänglichen Hitler-Begeisterung sehr abgekommen ist. [...]

Nachmittags bei Widenmann [bis 1914 Marineattaché in London]. Er sprach aus, was unzählige Leute denken, daß man als Deutscher heute in einem tragischen Konflikt sei, wenn die Aufklotzpolitik H[itler]s zu einem Erfolg führe, weil man nicht an den Segen solcher Erfolge glauben könne.

Abends bei Brauchitsch[8] in Dahlem. Sie meinten, daß ihr Vetter [der Oberbefehlshaber des Heeres] und die Armee mit dem in Sachen Fritsch bisher Erreichten durchaus nicht zufrieden wären.

Leider ist die Position des Offizierskorps rapide gesunken. Grade bei einem gegen die Warnungen der Generäle erzielten Erfolge besteht die Gefahr, daß nun die Partei auch freien Anspruch auf die Armee bekommt.

Im Amt sah ich noch Nostitz,[9] der Grausiges über die Fragen erzählte, die R[ibbentrop] immer in erster Linie beschäftigen (Placement usw.) und den armen Klagenfurter Hahn, der auch auf Parteiintrigen z[ur] D[isposition] gestellt worden ist und jetzt Kurierzensur betreibt! Dann Freitag, den 16. gegen Mittag Woermann, der mir kurz über das Ergebnis des Ch[amberlain] Besuches berichtete. R[ibbentrop] sei ergrimmt, weil er nicht zugezogen worden sei. In der Besprechung habe H[itler] „die Abtrennung" der deutschen Gebiete als nunmehr einzige Möglichkeit verlangt. Das Wort „Plebiszit" scheint nicht gefallen zu sein. Ch[amberlain] habe persönlich Verständnis gezeigt, aber sich (und seinen Leuten sowie den Franzosen) natürlich alles vorbehalten. Weizsäcker sagte mir heute, Ch. habe scheinbar nicht mit der wünschenswerten Klarheit ausgesprochen, daß E[ngland] im Gewaltfalle marschieren würde, offenbar unter dem Eindruck, daß es weiter friedlich gehen würde. Ich fragte heute Weizsäcker, ob Gefahr bestände, daß die Zustände in der Tsch[echoslowakei] ein deutsches Einmarschieren herbeiführten. Er meinte nein; die Pressemeldungen seien künstlich aufgebauscht und großenteils Schwindel. — Zur Zeit stehe der Barometer auf friedliche Mittel. Aber man erkenne oben wohl, welche Differenzen noch entstehen könnten. Woermann bestätigte mir ebenso wie Weizsäcker, daß R[ibbentrop] absolut nicht glauben wolle, daß E[ngland] eventuell marschieren würde.

Ich schließe hier gleich an, daß ich heute kurz vor der Abreise noch Eisenlohr [Gesandter in Prag] sprach, den man hergerufen hat, um die deutsche Vertretung in Prag „dünner" erscheinen zu lassen, was er meines Erachtens mit Recht mißbilligte; er gehöre grade jetzt dorthin. Er war über die ganze Methode der Politik sehr besorgt, ja deprimiert und meinte, daß die Sache, auch wenn jetzt noch ein Erfolg erzielt würde, auf die Dauer unmöglich gut gehen könne. Ich hätte daher allen Anlaß, mich in Reserve zu halten.

Am 16. Freitag Frühstück bei Prinzessin Friedrich Sigismund [von Preußen]. Der Bruder Christian [Prinz zu Schaumburg-Lippe] hatte grade geübt (als Hauptmann) mit guten Eindrücken von den Leuten und den älteren Offizieren, besonders dem Kommandeur, aber problematischen von den jungen Offizieren, die der Erziehung dringend bedürften, aber nicht genügend erzogen würden. [. . .]

Sonnabend 17. nachmittags in Weimar. – Dante-Gesellschaft. Aus der Hochspannung in eine Traumwelt.

Wittenmoor, 29. 9. 38.

In Weimar – [Hotel] Erbprinz, eine wahre Oase –, in Roßla bei Stolbergs, Warnitz; von dort ein Nachmittag und Abend in Hohenlübbichow, eine Nacht bei Winterfeldts in Menkin – alles mit Ilse und Fey, die mich im Auto in Weimar abholten. Dann hierher[10] über Berlin mit Aufenthalt dort am 27.

In Berlin dicke Luft, weil die Sudetensache doch nicht so glatt geht, wie manche Leute dachten. Obwohl die Tschechen den Engländern und Franzosen grundsätzlich die Abtretung der deutschen Gebiete an uns zugesagt haben, stehen wir am Rande des Krieges, des Weltkrieges, weil unsere Forderungen bezüglich der Prozedur (sofortige Räumung und Besetzung der überwiegend deutschen Gebiete durch deutsche Truppen) den Westmächten, schon aus Prestigegründen, unannehmbar sind. Bei dieser Lage, das heißt, angesichts des Ablaufs des deutschen Ultimatums an die Tschechen am Mittwoch, den 28. um 2 nachmittags und, für den Fall unbefriedigter Antwort, angedrohter deutscher Mobilisation standen die Aussichten für den Krieg nach Ansicht François-Poncets, die er Dienstag jemand äußerte, auf 90 gegen 10. Ich traf morgens nach Ankunft im Adlon Kanitz (früheren Ernährungsminister), der von chaotischer Stimmung infolge des plötzlich allen klar werdenden Ernstes berichtete. Der SS Dohna-Finckenstein hatte ihm grade erzählt, „die Anderen" (Frankreich und England) „hätten uns verraten", und „wir müßten uns jetzt die deutschen Gebiete mit Gewalt nehmen!" Im AA war nichts zu erfahren. Frühstück mit Heinrici, Popitz, Tischbein (Meckl[enburg]) und Sybel (Landbund) im Continental. Sehr gedrückte Stimmung. Popitz, sehr bitter, meinte, es ginge mit wachsender Wut gegen die obere „Schichte" (wie Hitler das nennt). Die Gefahr dieser Tendenz ist ungeheuerlich, nachdem H[itler] anfängt, auch die Offiziere („die feigen meuternden Generale") zu dieser verworfenen Gesellschaft zu rechnen. Jeden anständigen Menschen packt der physische Ekel, wie sich der aktive Finanzminister Popitz ausdrückte, wenn er Reden hört wie die letzte pöbelhafte

[Rede] von Hitler im Sportpalast.[11] (Wir hörten sie am Rundfunk [bei Oskar v. d. Osten] in Warnitz). Selbst wenn diese Methoden Erfolge haben, können sie auf die Dauer zu nichts Gutem führen. Vor dem Frühstück sah ich noch Stauß, der einer der ersten Wirtschaftler war, die zu Hitler gingen, jetzt in höchster Sorge und Angewidertheit.

Nachher Ullo Osten, der lange als Offizier in Spanien war. Er lobte die Italiener und klagte über den Zustand unseres ganzen Heerwesens, dessen Organisation an allen Ecken und Kanten lückenhaft und voller Versager sei. Alle vernünftigen Offiziere seien über die Unfertigkeit der Armee und über die Leichtfertigkeit einig, die es bedeutet, unter solchen Umständen mit dem Kriege zu spielen. Einen Generalstabschef haben wir, seit Beck sich grollend (und aufrecht) zurückgezogen hat,[12] überhaupt nicht. Keitel wird immer mehr als völlig urteilslos und schwach erkannt (Stauß meinte, er sei unfähig, die Dinge auch nur zu verstehen). Brauchitsch schlägt den Kragen hoch und sagt: „Ich bin Soldat und habe zu gehorchen."

[. . .]

Gestern [28. 9.] kritischer Tag erster Ordnung.[13] Ich empfand morgens die Lage als fast hoffnungslos. Wir saßen in Wittenmoor bei Udo Alvensleben mit Kamekes dauernd am Rundfunk. Die deutsche Unterrichtung über die Lage im höchsten Grade unwahrhaftig. Man leugnete frischfröhlich Ultimatum und angedrohte Mobilisation, um den zugestandenen Aufschub nicht zugeben zu müssen. Ebenso wurde verschwiegen, daß Mussolini auf englische Bitte eingegriffen hatte, und [man] stellte die heutige Viererzusammenkunft als freiwillige Initiative Hitlers dar.

Wie wird sich heute Mussolini verhalten? Ich glaube nicht, daß er Hitler vorbehaltlos sekundieren wird, sondern daß er, froh bei der nun klar vor aller Augen stehenden mächtigen Koalition gegen uns, alles tun wird, um den Krieg zu vermeiden, um zu einem Hitlers Prestige wahrenden Kompromiß zu kommen und selbst als Friedensmacher und arbiter mundi nach Rom zurückzukehren.

Wenn die Sache jetzt gut geht („it is allright this time", wie Chamberlain dem Volke zurief), so bringt Hitler die deutschen Gebiete in die Scheune, erzielt also einen neuen großen Erfolg. Aber die Frage ist, ob dieser Erfolg nicht durch den ganzen Verlauf einen ganz anderen Charakter erhalten hat wie die bisherigen. Hitler muß jetzt fühlen, daß er uns an den Rand des Kriegs gegen die halbe Welt gebracht hat und daß diejenigen recht hatten, die an den Ernst Englands usw. glaubten. Die Welt — von den Deutschen allerdings nur der Teil, der außer den deutschen amtlichen Nachrichten andere gehört hat — wird einen sehr schlechten Geschmack im Munde behalten, und der Haß gegen die Hitlerschen Methoden muß tief gefressen haben.

Wird Hitler jetzt zum ersten Male bei seiner Gottähnlichkeit bange werden? Er hat nicht wie bei allen bisherigen großen Schlägen frei nach seiner Inspiration handeln können, auf die er blind vertraut, sondern Druck von außen ist wirksam geworden. Man fragt sich, wenn der Vorgang wirklich eine Art innere Erschütterung bei ihm hervorruft, wie sich das auswirken wird. Es kann sein, daß er sie sich durch verstärktes Toben abreagiert, und zwar nach innen, das heißt, gegen die verhaßte, warnende Oberschicht. Aber es ist heute noch nicht zu übersehen, ob wir nicht an einer ganz anderen, tieferen Wende stehen. Außenpolitisch wird wichtig werden, wie das Verhalten Mussolinis sich auf die Achse und auf Hitlers Einstellung zum Duce auswirkt.

Ebenhausen, 1. 10. 38.
Beherrschend und eins der wenigen wirklich echten Dinge ist die ungeheure Erleichterung des ganzen Volks, richtiger, aller Völker, über den abgewendeten Krieg — obwohl die Deutschen, jedenfalls in ihrer erdrückenden Mehrheit, gar nicht ahnen, wie nahe sie daran waren. In Berlin, London, Paris, Rom werden die vier Matadoren mit gleicher stürmischer Begeisterung als „peace maker" empfangen. Materiell hat die brutale Politik Hitler einen neuen großen Erfolg gebracht, während die Franzosen doch einigen Anlaß hätten, sich vor den Tschechen zu schämen.

Wir waren vorgestern nachmittag von Wittenmoor aus mit Udo A[lvensleben] bei der alten Fürstin Bismarck. Schönhausen und sie darin ein großer Eindruck, aber fast ein tragischer. Sie meinte, ihr Schwiegervater gelte heute schon gar nichts mehr, werde im Gegenteil systematisch verkleinert. Letzteres ist richtig und angesichts sowohl der Geistesart unserer Leute wie der Tatsache des erreichten Anschlusses natürlich. Ich sagte der Fürstin aber aus voller Überzeugung, daß Bismarck diesen Sturm siegreich überstehen würde. Sie, die anfangs < > Hitlers hocherfreut war, denkt heute über ihn und seine Methoden ähnlich wie Popitz. Es war noch der Philosoph R. Kassner da, ein geistvoller Mann, voll tiefer Erbitterung über die kulturellen Verwüstungen des Dritten Reichs.

Ich empfinde mich auch heute nicht als Bundesgenosse der „Intellektuellen", sondern erblicke in der Tatsache, daß *alle* Menschen von geistigem Gehalt in diese Allianz gedrängt werden, eine falsche Front. Aber ich glaube mit der Fürstin Bismarck, daß ein System, das so verlogene und brutale Methoden anwendet, keinen Segen bringen kann. Wenn sie allerdings ebenso wie General Beck und tausend andere *daraus* den baldigen Sturz ableitet, so kann ich diese Prognose nicht oder noch nicht als genügend begründet ansehen.

Gestern nachmittag auf der Heimfahrt bei Alvensleben in dem wunderbaren Neugattersleben. [. . .] Dann kam noch Werner Alvensleben, der berühmte „Herr v. A." vom 30. Juni [1934],[14] der inzwischen aus der Haft entlassen und in ein Jagdhaus in Pommern verbannt worden ist, ein undurchsichtiger Mann, mehr Verschwörer und Abenteurer als Politiker.

[. . .] Interessant war, daß er bei Hammerstein (General) gewesen war, der ihm erzählte, daß der Finanzminister [Schwerin-]Krosigk ihn aufgesucht (oder getroffen?) und brühwarm von einer Audienz bei Hitler, ausgerechnet am Mittwoch Nachmittag [den 28. 9.], berichtet hätte, K[rosigk] sei mit Neurath und Göring zu Hitler gegangen, um ihm in ernstester Form die Unmöglichkeit eines Krieges darzulegen, auf den H[itler] losging. K[rosigk] habe insbesondere betont, daß wir finanziell im Grunde schon jetzt fertig seien, also keinesfalls einen Krieg durchhalten könnten. H. scheint sich ziemlich abweisend verhalten zu haben, als das historische Telephon Mussolinis hineinplatzte, das ihn zwang, nachzugeben.[15]

Ebenhausen, 10. 10. 38.
Am 4. nach Berlin gefahren, zur Beisetzung der armen, reizenden Prinzessin Friedrich Sigismund, die mit 41 Jahren, nach kurzer Grippe, an Herzschwäche ihr Leben lassen mußte. Es war einfach erschütternd. Für uns persönlich ein großer Verlust; für mich war die „principessa della luna" in Berlin immer ein guter Kamerad voll Charme und Leben. Ihr Tod reißt überhaupt eine große Lücke, sie war ein so gutes Element, eine Brücke zwischen alt und neu, alt und jung, zwischen Hof und Welt, dazu war ihr Haus eins der wenigen, das in gutem Stil „empfing". Ihre anfängliche Burschikosität war immer mehr abgemildert worden. – Die Beisetzung fand unter riesiger Teilnahme, von der Kirche in Nicolskoe aus im Glienicker Park statt. Es war eigentlich wunderschön – dieser strahlend bunte Herbsttag über den Havelseen und dann der Weg durch den alten Park. Aber bedrückend war der Eindruck der Unwirklichkeit: der vierspännige Trauerwagen mit violettem Samt und den seidenen preußischen Königswappen, dahinter die Fülle der preußischen, dänischen und anderen Prinzen, viele mit dem Orangeband des Schwarzen Adlers, als erster der Kronprinz – das Ganze ein Schemen. [. . .]
Ich fuhr mit General v. Kleist, Kommandant von Hannover (früher Dieters Kommandeur), zurück. Er war sehr erbittert über die Leichtfertigkeit, mit der wir in den letzten Monaten Politik gemacht haben, und besorgt wegen der Entwicklung der Armee. Eigentlich hätte es, wenn man uns am 28. wirklich in den Krieg gestürzt hätte, keinen anderen Weg zur Vermeidung einer Katastrophe für Deutschland gegeben, wie den, die führenden Politiker militärisch zu verhaften.[16]
Die Vorgänge vom 27. und 28. 9. treten immer klarer als ein Augenblick größter Lebensgefahr hervor. Wir haben ein gradezu frevelhaftes Spiel gespielt. Es ist aber zu fürchten, daß der erreichte Erfolg, mag er auch kleiner sein als geplant, den, vielleicht dicht vor dem Wanken stehenden Größenwahnsinn wieder befestigt hat; ein Wüten gegen die bedenkliche „Oberschichte" ist wahrscheinlich, obwohl sie vollkommen Recht behalten hat. Außerdem ist durchaus nicht sicher, daß H[itler] nicht bald wieder nach außen offensiv wird.

Wie Weizsäcker mir erzählte, hat er [Hitler] schon wieder Äußerungen getan, daß das tschechische Problem binnen weniger Monate doch noch total liquidiert werden müsse (Abkneifen an der engen Stelle). Weizsäcker < > war innerlich ganz erschüttert über H[itler]s Methoden und über seinen leichtsinnigen, oberflächlichen, unsachlichen Chef R[ibbentrop.] Er meinte, er könne sich nicht vorstellen, daß diese Geschichte noch lange funktioniere. Übrigens hat er Ribbentrop vorgeschlagen, mir den diplomatisch-außenpolitischen Teil der neuen Grenzfestsetzung zu übertragen, aber die Antwort erhalten: „Das geht nicht!"

W[erner] Alvensleben hat die Vorgänge vom 27./28. wohl nicht ganz genau wiedergegeben, wenn auch im Kern richtig. Krosigk scheint gar nicht zu H[itler] vorgedrungen zu sein, sondern sich nur schriftlich geäußert zu haben. Neurath und Göring scheinen bei dem Mussolini-Telefon nicht unmittelbar anwesend gewesen zu sein. Weizsäcker kochte vor Wut über die Faulheit und den Mangel an Verantwortungsgefühl Neuraths. Der Herr Präsident des Geheimen Kabinettrats habe sich in der kritischen Zeit überhaupt nicht gerührt, sondern die Hirsche vorgezogen. Erst am Dienstag [27. 9.] habe er, W[eizsäcker], es fertiggebracht, ihn heranzutelegrafieren: N[eurath] behauptet allerdings, von selbst gekommen zu sein.

Ich schätze, daß Mussolini bei Chamberlains (übrigens von Daladier herbeigeführter) Aufforderung[17] die größte Erleichterung seines Lebens empfunden hat. Wenn er sich auch konstant geweigert hatte, sich intern für uns zu verpflichten, so hatte er sich doch nach außen sehr weit vorgewagt und hätte Mittwoch um zwei Uhr vor dem Dilemma gestanden, entweder zu marschieren oder 1915 zu wiederholen.[18]

Die Ungarn scheinen etwas hereinzufallen (relativ natürlich) — sie haben zu ängstlich operiert!

Eine große Zukunftsfrage tut sich im Osten auf: die ruthenische; für Polen eine Schicksalsfrage erster Ordnung.[19]

Am 6. abends bei Stauß gegessen. Er hatte Geburtstag. Schacht war auch da und beherrschte nachher, im leider „großen Kreise", eine oberflächliche und witzelnde Unterhaltung durch seine wahrhaft ätzenden Angriffe auf das System, dem er doch schließlich an verantwortlicher Stelle angehört. Politisch war er im Privatgespräch mit mir unklar und voller Widersprüche. Seine hübsche und kluge Nichte (Tochter des Arztes), die mich am 8. im Auto bis Nürnberg brachte, sagte mir, sie sitze bei dieser Art ihres Onkels, Säure zu spritzen, stets auf Kohlen. [...]

Zu einem Flüsterskandal wächst sich immer mehr Goebbels' Benehmen aus. Es scheint, daß nicht er, wie ich früher hörte, sondern seine Frau sich scheiden lassen will, was Hitler verbietet. Neulich hat die Schauspielerin Lida Baarová in angeheitertem Zustande eine peinliche Szene provoziert, indem sie G[oebbels] bedroht hat: „Mit mir kannst du nicht so einfach umspringen wie mit den anderen!" Überschrift: Wiederherstellung des Familienlebens, ebenso Wiederherstellung des Berufsbeamtentums.[20]

Freitag, den 7. [. . .] Abends Deutscher Club. Bodo Alvensleben präsidierte. Ich saß zwischen dem Ehrengast des Abends, Glaise-Horstenau, und dem früher deutschnationalen Politiker Oberst von Xylander. Glaise erzählte ganz interessant und nüchtern. Als ich die alte österreichische Verwaltung lobte, meinte er, sie werde jetzt restlos zerschlagen, ohne etwas Ordentliches an ihre Stelle zu setzen. Nachher hielt er einen Vortrag, der wesentlich „frommer" war als das Gespräch [. . .]. Ein echter Österreicher in seiner liebenswürdigen Gewandtheit, seinem humorvollen Sarkasmus und seiner leichten Selbstpersiflage nebst übertriebener Bescheidenheit, um nicht zu sagen: Servilität („der Führer war sehr gnädig in der Audienz!"). Mir gegenüber behauptete er, daß ihm sein mutiges „die Ansicht sagen" in den kritischen Tagen nachher die Reichsstatthalterschaft gekostet habe.

Vorgestern Abend bei Bruckmanns, die voller Sorge über die psychologische Auswirkung des Erfolges bei H[itler] sind.[21]

Ebenhausen, 15. 10. 38.
Großes Pasticcio in Wien. [Kardinal] Innitzer, der unglückseligste aller Taktiker, hat im Stephansdom eine Predigt vor Tausenden gehalten, mit an sich normaler Ermahnung besonders an Jugendliche, ihre religiösen Pflichten zu erfüllen, aber dazu einigen unzweckmäßigen Wendungen.[22] Darauf große Begeisterung und Demonstration vor dem Palais, wie mir Glaise-Horstenau heute bei Bruckmanns sagte, mit Rufen nach Naziart, aber mit umgekehrtem Vorzeichen (die Zürcher [Zeitung] sagt: „Wir wollen unseren Führer sehen"), und törichterweise Absingen des Dollfußliedes. Folge: organisierte Gegendemonstration besonders der Hitlerjugend, mit schweren Gewalttaten gegen das Palais, die Einrichtung und auch gegen Personen. Ein Geistlicher wurde zum Fenster hinausgeworfen, mit gebrochenen Schenkeln. Das Bezeichnende und Tolle an der Sache ist das Verhalten der Polizei, die den Pöbel stundenlang frei gewähren ließ. Glaise meint: aus Angst vor der Partei, weil man annahm, daß letztere die Sache organisiert hätte. Die Partei stände eben über dem Staat. Glaise war der Ansicht, daß die Kirche in Österreich durch ihr völliges Sichfestlegen auf Dollfuß und Schuschnigg schwer gesündigt habe. Daher sei ein großer Teil des Volks stark ablehnend und ein weiterer gleichgültig. Trotzdem bedauerte er natürlich das Wiederaufflammen des Kampfes gegen die Kirche, eingeleitet durch eine unerhört scharfe Rede Bürckels.[23] Glaise war überhaupt sehr trübe gestimmt über die Entwicklung in Österreich. Es sei heute einfach ein Räuberstaat. Ein Faktor, der sich dagegen stellen könnte, sei nicht vorhanden – Seyß[-Inquart] schon gar nicht. Es sei zu fürchten, daß Leopold Bürckels Nachfolger werde. Bürckel selbst betreibe Hausmachtpolitik wie ein mittelalterlicher Herzog: er wolle Gauleiter einer „Groß-Pfalz" werden und Bayern durch Vorarlberg „entschädigen".
Vielleicht ist die Bürckelrede ein Auftakt der innerpolitischen neuen

Kampagne. Dagegen spricht, daß die Rede in der deutschen Presse unterschlagen wird; es scheint, daß Hitler das Verhalten der Behörden in Wien mißbilligt. Trotzdem fürchte ich ein innerpolitisches Abreagieren der „Schlappe" in München, als die Hitler offensichtlich, trotz des erzielten großen materiellen Erfolges, den Ablauf empfindet.

H[itler] war vorgestern [13. 10.] anderthalb Stunden bei Bruckmanns zu Hugo Bruckmanns 75. Geburtstag (mit abscheulichem Blumenangebinde). Er sei „menschlich" und nett gewesen. Aber alles, was er gesagt hat, deutet klar darauf hin, daß er das Eingreifen der Mächte nicht verwunden hat und lieber seinen Krieg gehabt hätte. Besonders über England hat er sich erbost gezeigt – daher die unbegreiflich rüde Rede in Saarbrücken.[24] Der zuverlässige Freund sei Mussolini, der unbedingt „marschiert" sein würde, so wie er – H[itler] – seinerseits im entsprechenden Falle dasselbe für M[ussolini] tun würde.

M[ussolini] hätte das tun müssen, weil er im Fall eines Abschlachtens des Nationalsozialismus in Deutschland auch verloren sein würde. Hierin steckt etwas Richtiges: trotzdem ist mir nicht so sicher, welchen Entschluß M[ussolini] an dem für ihn furchtbaren Dilemmatag des 28. 9. gefaßt hätte, nachdem er erkannt hatte, daß auch England in den Krieg eintreten würde. Hitler umgekehrt ist offenbar nach München nur gegangen, *weil* M. ihn dazu aufforderte, womit dessen Heeresfolge im Falle Hitlers Ablehnung mindestens sehr zweifelhaft würde. Fr[au] Br[uckmann] hat Hitler gefragt, ob er sich denn nun nicht doch freue, daß kein Blutvergießen nötig geworden sei. Das habe H. nur knurrend und nur halb bejaht. Auf Zweifel, die Frau Br. bezüglich der Stimmung des deutschen Volkes zum Kriege geäußert hatte, hat H. erwidert, bedenklich seien nur die oberen Zehntausend gewesen, „das Volk" habe einmütig hinter ihm gestanden! Ob er das wirklich glaubt? Dann hätte man ihn wieder unerhört belogen. Ein Wunder wäre das bei seiner Umgebung nicht, nachdem sogar der schon totgesagte Brückner wieder in voller Funktion ist.

Hitler hat ferner behauptet, nach wie vor überzeugt zu sein, daß England und Frankreich im Gefühl ihrer Schwäche keinesfalls marschiert wären. *Wenn* sie es aber getan hätten, so würde doch der Sieg auf unserer Seite gewesen sein, hauptsächlich weil unsere Luftmacht doppelt so stark wie die vereinigte französisch-englische, ja sogar auch russische sei!

Es ist klar, daß H[itler] mit äußerster Leichtfertigkeit an den Krieg herangetrieben hat, und man kann kaum glauben, daß das jetzt völlig vorbei sein soll, auch wenn er heute zu Glaise etwas in dem Sinne gesagt hat: wir müssen jetzt brav sein.

Ebenhausen, 23. 10. 38.
N[ostitz] kam aus Berlin und bestätigte die Nachrichten über Hitlers Stimmung insofern, als er berichtete, daß Ribbentrop offensichtlich verstimmt herumlaufe, weil es nicht zur Anwendung von Gewalt gekommen

sei. Schmitt, bei dem wir am letzten Sonntag waren, hatte auch den Eindruck, daß Hitler nur ganz kurz Ruhe geben werde. Er könne gar nicht anders, als wieder einen neuen Schlag ins Auge zu fassen.

Vorläufig steht aber die ungarische Frage[25] im Vordergrunde, die vor etwa zehn Tagen beinah zur militärischen Aktion geführt hätte. Für die Zukunft aber brodelt schon das ukrainische Problem im Topfe.

[...] Alle Bedenken werden neu vermehrt durch die Nachricht, daß Göring sich wegen Überbeanspruchung von allen öffentlichen Veranstaltungen zurückziehe und bitte, an ihn keine Eingaben außerhalb seiner Geschäftsbezirke zu richten. Warum das grade jetzt? Hat er sich durch seine Warnungen doch unbeliebt gemacht?

Bruckmanns waren gestern zum Frühstück hier. Er ist ein kluger, gebildeter Mann, der interessant aus seinem Leben (Moltke, Menzel, Houston St. Chamberlain) erzählt.

[...] Frau Br[uckmann] war sehr bedrückt über Erzählungen aus dem Beamtenlager in Tölz, von dem neulich schon Bismarck-Plathe berichtete. Der Leiter hat an einen Teilnehmer, der erwähnte, daß er von sieben Generationen Offizieren abstammte, die schamlose Ansprache gerichtet: „Aha, also etwas dekadent, stupide und arrogant"; und als zwei andere Teilnehmer den Mut hatten, hiergegen Stellung zu nehmen und zu erwähnen, daß ihre Väter auch Offiziere wären, hat der Lümmel nachher noch gesagt: „Na, Ihr drei werdet gute Karriere machen!"

Bei einer anderen Gelegenheit hat der Leiter gefragt, wer denn noch irgendeiner Kirche angehöre; als sich 24 von 25 meldeten, hat er das als Blamage für seinen Kursus bezeichnet und erklärt, ganz überrascht zu sein, daß es noch so viele Trottel gäbe.

Ebenhausen, 24. 10. 38.

Rintelen [Militärattaché in Rom], nach seiner Operation auf dem Rückweg nach Rom, erzählte, daß Hitler in der Tat sehr geladen auf die Generale sei, die allzu unvorsichtig ihrer Ansicht bezüglich unserer Unfähigkeit, einen Weltkrieg zu führen, Ausdruck gegeben hätten. Er verlange ihre Verabschiedung, gegen die Brauchitsch nun mit aller Kraft kämpfen müsse. Davon sei Brauchitsch so in Anspruch genommen, daß er erklärt habe, für „unwichtigere" (?) Sachen, nämlich die von General Pariani immer und immer wieder vergeblich angeregten Generalstabsbesprechungen für den Fall eines gemeinsamen Krieges, keine Zeit zu haben. R[intelen] kritisierte mit Recht, daß man in solchem gefährlichen Augenblick, wie Ende September, da man alles auf die Karte Italien setzte, für solche Kooperation auch nicht das geringste vorbereitet habe. Auch Keitel habe sich ablehnend verhalten, weil der Führer der Meinung sei, unter den heutigen Verhältnissen könne man keine Pläne für irgendeinen Mobilmachungsfall entwerfen, weil man doch nicht wisse, wie die Lage dann sein werde! Als ob das früher anders gewesen wäre! [...]

R[intelen] berichtete ferner, daß Beck am 1. 9. seinen Abschied eingereicht, aber nicht erhalten habe. Jedenfalls werde er nicht wieder Generalstabschef, und Br[auchitsch] bemühe sich, Hitler wenigstens so weit zu bekommen, daß B[eck] für ein Armeekommando im Kriege vorgesehen werde. Von seinem Nachfolger Halder meinte er, er sei ein sehr guter Soldat, aber kaum ein großes Kaliber.

Adam, der oberste Führer im Westen, habe sich auch unbeliebt gemacht, indem er sehr begründeter Weise auf die ihm zur Verfügung stehenden unzureichenden Kräfte und auf die völlig unfertigen Befestigungen hingewiesen habe. [...]

Ebenhausen, 4. 11. 38.
Becks und Rundstedts Verabschiedung jetzt öffentlich. Rundstedt wohl auch wegen „Feigheit"? Keitel Generaloberst.

Je mehr Distanz man von „München" gewinnt, desto klarer wird, daß die erstaunliche Entwicklung (mit ihrer plötzlich akuten Kriegsgefahr wegen Lappalien und ihrem ebenso schnellen friedlichen Abschluß durch Eingreifen Ch[amberlains], D[aladiers], M[ussolinis] nur erklärt werden kann dadurch, daß Hitler Gewalt anwenden *wollte*, sei es lokalisiert, sei es notfalls auch gegen die Westmächte, und daß D. und Ch. dies wußten oder fühlten, weshalb sie die Notleine zogen und andererseits in der Sache sehr weit nachgaben. Die Welt steht immer noch in starrem Staunen vor den Ereignissen, erleichtert durch den Frieden, verblüfft über Hitlers Erfolge und beunruhigt für die Zukunft. Man fragt sich:

1) wozu wird der Rüstungswettlauf führen?
2) was wird Hitler jetzt unternehmen?
3) was wird Mussolini tun, der in den letzten Krisen immer nur Sekundant war, um nun auch für Italien etwas einzuheimsen?

Sprecher[26] gibt in den „Schweizer Monatsheften" einer weitverbreiteten nebelhaften Stimmung Ausdruck, wenn er von der „seltsamen Erscheinung" Hitler spricht.

Prinzessin Bona von Bayern (geb. Genua) erzählte gestern bei uns, Mussolini habe H[itler] carrément erklärt, Italien könne nicht marschieren, und habe ihn dadurch zum Einlenken gezwungen. Wenn das stimmt, so erscheinen Hitlers dauernde Beteuerungen, daß M[ussolini] sich als einziger treuer Freund bewährt habe, in eigentümlichem Licht.

Der Wiener Schiedsspruch Ribbentrop-Cianos[27] hat zum ersten Male seit dem Kriege, vielleicht in der Geschichte, zu deutschfeindlichen Kundgebungen der Ungarn vor der deutschen Gesandtschaft in Budapest geführt, unter demonstrativen Huldigungen für den Duce. Man fragt sich, ob vielleicht aus dem Münchner Frieden sich neue Gruppierungen entwickeln und wann sich der erste Anlaß eines deutsch-italienischen Gegensatzes zeigen wird.

Die neue Tschechoslowakei ist ein womöglich noch ungesunderes Gebilde als die alte, besonders der Ostzipfel. Dort entsteht ein Zustand, der die Quelle größter Konflikte werden kann. Setzt Hitler auf die Ukraine? Der Wiener Schiedsspruch hat im kleinen Ähnlichkeit mit den Pariser Vorortverträgen nach dem Weltkrieg.

Ebenhausen, 25. 11. 38.
Ich schreibe unter dem schwer lastenden Eindruck der niederträchtigen Judenverfolgung nach der Ermordung vom Raths.[28] Seit dem Weltkriege haben wir noch niemals so an Kredit in der Welt verloren wie dieses Mal, und das kurz nach den größten außenpolitischen Erfolgen. Aber meine Hauptsorge ist nicht die Auswirkung im Auslande, also irgendwelcher Rückschlag außenpolitischer Art, jedenfalls nicht für den Augenblick. Die Schwäche und Zerfahrenheit der sogenannten großen Demokratien ist dazu zu ungeheuerlich. Beweis der Abschluß der deutsch-französischen Anti-Kriegvereinbarung[29] grade im Augenblick der wildesten Weltentrüstung gegen Deutschland, im Augenblick zugleich des englischen Ministerbesuchs in Paris. – Die wirklich schwere Sorge bezieht sich auf unser inneres Leben, das immer vollständiger und eiserner von einem solcher Dinge fähigen System erfaßt wird. Goebbels hat wohl selten mit einer Behauptung so wenig Glauben gefunden (obwohl es im Inlande wohl Leute gibt, die darauf hereingefallen sind) wie mit der, daß eine spontane Volkswut die Gewalttaten verübt und nach wenigen Stunden gestoppt worden sei. Zugleich hat er sich dem überzeugenden Gegenargument ausgesetzt, daß es – wenn dergleichen ungehindert geschehen könne – um die Staatsautorität schlecht bestellt sein müsse. Tatsächlich unterliegt es keinem Zweifel, daß es sich um einen amtlich organisierten, zu ein und derselben Nachtstunde in ganz Deutschland losgelassenen Judensturm handelt[30] – eine wahre Schande! Naive Parteifunktionäre haben das auch ruhig zugegeben. Einer hat Hans Dieter gegenüber mangelhafte Vorbereitung für militärische Einquartierung mit seiner angestrengten Tätigkeit beim Pogrom entschuldigt. Ein Bürgermeister hier in der Nähe hat Pfarrer Weber sein Leid geklagt, und zwar schon am Mittwoch, dem 9., daß er gegen einen anständigen Juden vorzugehen Befehl habe, und hat hinzugefügt, daß am 10. alle Synagogen in Deutschland brennen würden. Man hat sich auch nicht geschämt, Schulklassen zu mobilisieren (in Feldafing sogar mit Ziegelsteinen auszurüsten); in einem Dorf in Schwaben, erzählte Leyen, hat der katholische Lehrer sich breitschlagen lassen, der evangelische sich geweigert.

Es gibt wohl nichts Bittereres im Leben, als ausländische Angriffe auf das eigene Volk als berechtigt ansehen zu müssen. Übrigens unterscheidet man draußen ganz richtig zwischen dem wirklichen Volk und der Schicht, die diese Sache zu verantworten hat. Aber es ist nicht zu leugnen, daß die niedrigsten Instinkte angestachelt worden sind; die Auswirkung, grade bei der Jugend, muß zum Teil widerlich gewesen sein. Ein Trost ist, daß diesmal die Entrüstung über das Geschehen nicht nur die überwältigende Mehrheit der Gebildeten erfaßt hat, sondern ganz weite Kreise des Volkes. Mir scheint, daß man oben ganz dunkel fühlt, welch schlechten Dienst man der Sache des Nationalsozialismus geleistet hat. Leise Rückzieher sind erkennbar, und das „Schwarze Korps" haut blindwütig auf die „Meckerer" ein, fälschlich behauptend, es seien wieder nur die verfluchten Gebildeten.

Am meisten haben sich alle anständigen Menschen geschämt, Namen wie Gürtner und Schwerin-Krosigk unter den Beschlußfassern über die Strafmaßnahmen gegen die Juden zu lesen. Sie merken wohl gar nicht mehr, wie sie sich entwürdigen und wie sie als Feigenblatt dienen.

Wir erlebten die schlimmsten Tage grade in der Schweiz, bei Willes, in einer Atmosphäre, die sich von dieser Schweinerei wie Wasser vom Feuer unterscheidet. [...]

Vorgestern bei Leyens ([sie eine geborene] Ruffo) in Unterdießen. Sie erzählten von der ungünstigen Entwicklung der Stimmung in Italien, unter dem Eindruck vor allem der zunehmenden Kopiertendenz Mussolinis uns gegenüber. Scherzwort: Mussolini sei der Gauleiter des Gaus Italien. — Mackensen sei steif und ungeschickt.

Ein auf der Hochzeitsreise anwesender belgischer Ruffo hatte grade die Judentage in Deutschland miterlebt und er war natürlich entsetzt; er ist verhaftet worden, nur weil er einen Augenblick vor einem verwüsteten Laden stillgestanden ist. Nach seinen Erzählungen muß der Zustand der mobilisierten belgischen Armee heiter gewesen sein. Im Schloß seines Schwiegervaters haben Soldaten *und* Offiziere sich stiermäßig betrunken und alles zerschlagen, so daß man sich Hilfe suchend an das nächste Generalkommando wenden mußte. — An der Front gegen Frankreich hätten belgische Soldaten Plakate mit „Vive Hitler!" aufgerichtet.

Ebenhausen, 27. 11. 38.
Bruckmanns und [Karl] Alex[ander] v. Müllers zum Tee hier. Das Entsetzen über die schamlosen Judenverfolgungen ist bei ihnen so groß wie bei allen anständigen Menschen. Durch und durch treue Nationalsozialisten, die in Dachau wohnen und bisher trotz allem „durchgehalten" haben, sind nach Erzählung B[ruckmann]s jetzt restlos erledigt, nachdem sie die teuflische Barbarei mitangesehen haben, mit der die SS die unglücklichen verhafteten Juden gepeinigt haben. [Günther] Schmitt (SS-Verfügungstruppe) erzählte übrigens, Himmler habe erst am 9. abends von der bevorstehenden Aktion gegen die Juden — neuer Beweis für die Organisierung! — gehört, sie mißbilligt und deshalb der Verfügungstruppe für zwei Tage Kasernenarrest befohlen. Einzelne SS [Leute] und SS Verbände haben sich natürlich überall beteiligt, ganz abgesehen von der Gestapo, die die Verhaftungen durchführte. Eigentlicher Träger war die SA. In einem Schloß des Grafen Görtz, dessen Frau jüdisches Blut hat, haben die Banden wie die Räuber gehaust.

Zwischen dem Statthalter [richtig: Gauleiter] Wagner und dem Polizeipräsidenten v. Eberstein sollen Diskussionen stattgefunden haben, wer „es eigentlich gewesen sei" – schlechtes Gewissen.

Unterhaltung mit B[ruckmann] und Professor A. v. M[üller], was man tun könnte, um den Abscheu gegen diese Methoden zum Ausdruck zu bringen. Leider ergebnislos: ohne Macht hat man kein wirksames Mittel; einzige Folge wäre vielmehr Mundtotmachen oder Schlimmeres. Grade die Gelehrtenwelt, die anfangs in guter strategischer Position war, hat diese mit eigner Schuld längst verloren.

Die Armee hat auch enorm eingebüßt (politisch). Außer Beck und Rundstedt ist auch Adam des Kommandos der Gruppe enthoben, weil er zu freimütig auf die Mängel der Westarmee hingewiesen hat. Beck ohne neue Verwendung.

Anderes Thema der Unterhaltung der sonderbare politische Wandel bei Mussolini in Richtung der Kopie Hitlers. Als Italiener wäre ich besorgt.

Ebenhausen, 28. 11. 38.
Russisch-polnischer Verständigungsversuch[31] unter dem für beide gefährlichen Druck der ukrainischen Frage. Neue Sturmecke in Europa.

Sehr interessanter Artikel des bisher so deutschfreundlichen, jetzt stark abgekühlten Lord Lothian im Observer. Er hat erfaßt, daß Hitler in der tschechoslowakischen Frage Gewalt anwenden *wollte* und daran verhindert worden ist. Klarer als Lord Lothian kann man die Gesamtlage zwischen „Totalitären" und „Demokratien" nicht erkennen und darlegen. Er hofft, daß sich Sittlichkeit und Freiheit gegenüber der brutalen Gewalt schließlich durchsetzen werden, auch in den totalitären Staaten selbst.

Ich wurde heute, wie schon oft, gefragt, wie das plötzliche Einschwenken Mussolinis auch in das weltanschauliche Kielwasser Hitlers zu erklären sei. Es ist die alte Geschichte: Wer A sagt, muß auch B sagen. Der deutsche Block ist über Nacht so gewaltig geworden, daß M[ussolini] irgendeine Möglichkeit, sich, gestützt auf die Westmächte, gegen ihn zur Wehr zu setzen, nicht mehr sah. Also dann, lieber „total" mit von der Partie sein! In der Rassenfrage hat er zum Beispiel sich früher nicht genug lustig machen können über die Ideen von der „überlegenen nordischen Rasse" (der berühmte Aufsatz, nach dem logisch dann die Lappländer die Träger der höchsten Kultur sein müßten; oder seine zornige Erklärung: „Ich fühle mich nicht als Angehöriger einer inferioren Rasse!"[32]) – jetzt hat er entschlossen volte face gemacht und kurzerhand die Italiener (einschließlich also der braven Arabo-Sizilianer) zu Angehörigen der nordischen Rasse erklärt.

Ebenhausen, 29. 11. 38.
Professor v. Bissing und Karo hier. B[issing] hat vor einem Jahr wegen der Kirchensache sein goldenes Parteiabzeichen zurückgeschickt. Beachtenswerter, aber leider vereinzelter Mut. Er und Karo, dem man im Oktober den Paß abgenommen hat, ohne daß er ihn, obwohl ehrenhalber „Reichsbürger", zurückerhalten hätte, waren sehr gedrückt über unsere Kulturschande, meinen aber beide, daß die letzten Vorgänge wenigstens den Vorteil hätten, weitgehend Klarheit geschaffen zu haben.

B[issing] hat ein besonders ungünstiges Urteil über Göring als Charakter. — Zwischen SA, deren Chef [Lutze] anständig und deren Mitglieder meist brave Spießer, und der arrivistischen, prätorianerhaft-egoistischen SS sei ziemlicher Krach.

Ebenhausen, 1. 12. 38.
Besuch bei Cossmann,[33] der hier „hinter dem Walde" wohnt. Er liest keine Zeitung, hört kein Radio und vergräbt sich in die Wissenschaften: jetzt sähe er erst, wie viel er versäumt und noch zu studieren habe! Das Gerücht, er sei nochmals verhaftet worden, dementierte er. Dagegen habe ihm die Gemeindeverwaltung durch den Gemeindediener, offenbar in freundlicher Absicht, während der kritischen Tage geraten zu verreisen, was er getan habe.

Es ist erniedrigend, diesen tapferen Kämpfer für die deutsche Ehre als Geächteten zu sehen. Im Gefängnis hat er gesessen, weil ihn ein Mann, den er einst vom Hungertode gerettet hat, verleumdet hat. Natürlich monatelang ohne Verfahren. Er erzählte, daß ihn die Gefängniswärter, Beamte alten Schlages, nett behandelt hätten. Aber was sie ihm absolut glaubwürdig über andere Fälle mitgeteilt hätten und was er inzwischen von nahen Bekannten und Verwandten als unmittelbar erlebt authentisch gehört habe, das spotte jeder Beschreibung. Für ihn sei es, besonders seit den letzten Ereignissen, der schlimmste Gedanke, daß die Grundlage seines ganzen Kampfes gegen die Greuellügen der Gegner, nämlich daß Deutsche solcher Bestialitäten gar nicht fähig seien, erschüttert sei.

Allerdings seien die Ausführenden (das heißt natürlich gehören hierzu die Leitenden) die moralisch tiefststehende deutsche Schicht, nämlich der halbgebildete kleine und mittlere städtische Mittelstand (wozu meines Erachtens die Handwerker im allgemeinen nicht gehören).

Wir sprachen über den Justizminister Gürtner,[34] den er seit langem kennt. Er meinte, daß dieser todunglücklich, aber in einer unlösbaren Zwangslage sei. Ginge er ab, so müßte er das Schlimmste befürchten, weil er zu viel wisse.

Interessante Rede von Ciano. Er streicht Mussolinis Rolle im September als entscheidenden Friedensmacher heraus, der H[itler] bewogen habe, im kritischen Augenblick vierundzwanzig Stunden zu warten. Ob H. angenehm sein wird, daß so vor aller Welt sein Einlenken auf Druck Mussolinis festgestellt wird, kann man bezweifeln. Gleichzeitig stellt C[iano] heraus, daß M[ussolini] unbedingt mit H[itler] gegangen sein würde. Auch das kann man bezweifeln, aber es kostet jetzt nichts, verpflichtet H. zur Gegenleistung und wirkt als Drohung auf die Westmächte. E[ngland] wird kühl-freundlich behandelt. Frankreich völlig „geschnitten", und Polen–Ungarn erhält die Mahnung, sich ruhig zu verhalten.[35]

Daladier hat gegen den Generalstreik gesiegt. Wird daraus nun wirklich eine Befestigung der Demokratie folgen? In Ungarn kriselt es weiter zwischen Liberal-Konservativen und Fortschrittlichen, zwischen Fortschrittlichen und Nazis. In Rumänien hat man Codreanu „auf der Flucht" erledigt.[36] In ganz Europa ringt die konstitutionelle Form mit der totalitären.

Ebenhausen, 3. 12. 38.
Bei der Cianoschen Mahnung an Ungarn und Polen muß übrigens die Reserve gemacht werden: „pourvu que cela (nämlich diese Einstellung zum heraufziehenden ukrainischen Problem) dure". Im Vordergrund steht jetzt – nach den an eine allgemein gefaßte Bemerkung von Ciano angeschlossenen organisierten italienischen Kundgebungen Richtung Tunis und Korsika – diese Frage. Auch wenn dieser Vorstoß auf die zweifellos vorhandenen Ziele zunächst nur als Erpressung gemeint ist, kann die Lage ernst werden. M[ussolini] hat es wohl satt, Sekundant zu sein und kann uns über Nacht in eine sehr gefährliche Sekundantenrolle drängen. Ich bin gespannt, wie sich angesichts der „Corsica"-Demonstrationen die Angelegenheit der deutsch-französischen Friedenserklärung weiter entwickeln sollte, ohne daß entweder die „Achse" ramponiert wird oder das Pariser Dokument totes Papier bleibt.

Ebenhausen, 11. 12. 38.
[Der Korrespondent] Heymann, der gestern [aus Rom] hier war, meint, die Achse würde halten. Ich fragte ihn, wie sich die 120prozentige Haltung der „M[ünchner] N[euesten] N[achrichten]" und eines überlegten Mannes wie Wirsing erkläre, woraufhin er erzählte, daß das Blatt täglich Hitler vorgelegt werde und deshalb in enger Beziehung zur SS stehe.

H[eymanns] Eindruck von der Stimmung in Deutschland, das er drei Wochen durchreist, war sehr finster. Hannah Nathusius, die heute hier war, erzählte von Äußerungen junger, aktiver Offiziere, die ganz offen Attentatswünsche erörtert hätten. Ähnlich berichtete neulich Leyen von einem Aufenthalt von Offizieren der Luftwaffe in Pommersfelden, daß diese in Gegenwart der fremden Luftattachés eine tolle Sprache über das Dritte Reich geführt hätten.

Gestern mit Plessens gefrühstückt. Er machte eine phantastische Beschreibung von den Zuständen im [Auswärtigen] Amt, wo unter der wilden Führung R[ibbentrops] alle Nervenstricke zu reißen begännen. Die neuen, jungen Diplomaten sollten übrigens à la „Ordensburg" geschult werden, das heißt ohne sachliche Kenntnisse. [. . .] Sie [Frau v. Plessen] bestätigte, daß Schulkinder von Lehrern mit Knüppeln ausgerüstet worden sind, um am 9. 11. [1938] Juden die Läden zu zerstören.

Berlin, 20. 12. 38.
Die Tage in Berlin — bei eisiger Kälte — stehen unter trüben Eindrücken, persönlich [Erkrankung des älteren Sohnes], sachlich unter der von allen anständigen und nachdenkenden Menschen schwer empfundenen Last der beschämenden Vorgänge im November. Man spricht überhaupt von kaum etwas anderem. Unsere Regenten sind sich offenbar über die verheerende Wirkung dieser gemeinen und dummen Aktion durchaus klar. In camera caritatis wird sie auch von der Mehrzahl der Verantwortlichen verurteilt, man schiebt sich, mehr oder weniger offen, gegenseitig die Schuld zu und versucht verschämt kleine Korrekturen anzubringen. An der Sache ändert das gar nichts. Im Gegenteil, man hat den Eindruck, daß der Paroxysmus auf allen Gebieten sich dynamisch weiterentwickelt, nach innen und außen, und man muß dem neuen Jahre wie einem dunklen Verhängnis entgegensehen. Das schlimmste ist vielleicht, daß Göring, der die Juden-Aktion am schärfsten und offensten vor allen Ministern und vor allen Gauleitern verurteilt hat, nicht den Absprung gefunden hat, nun auch seine Mitwirkung zu verweigern und mit Brauchitsch unter dem Arm, ein grundsätzliches Stop zu gebieten. Das wäre ein sehr günstiger psychologischer Moment für solchen Start gewesen, der ihn mit einem Schlage zum offenen Exponenten aller guten Kräfte in Deutschland gemacht hätte. Es scheint wahr zu sein, daß er ungefähr gesagt hat, dies sei die letzte Schweinerei, die er mit seinem Namen gedeckt habe. Aber das erinnert an den Leutnant im Kaffeehaus, der eine Ohrfeige bekommt und schreit: „Mein Herr, noch so an Watschen und Sie werden mir mit der Waffe Genugtuung leisten!" (Oder an die englisch-französische Politik gegenüber den Hitlerschen „Offensivstößen"). G[öring] ist eben doch mehr „Fassade" als „Mauer", erstirbt vor Hitler und hat Angst vor Himmler und Heydrich. Jedenfalls ist eine große Chance verpaßt.

Ankunft am Mittwoch, den 14. abends mit einer Stunde Verspätung. Rasch in den Frack geworfen, um noch nach Tisch beim Vorstandsessen des Deutschen Klubs im neuen Hause (das heißt im alten des Klubs von Berlin, früherer Hochburg der wohlhabenden Berliner Wirtschaftler, das heißt auch zahlreicher Juden) zu sein. Neurath und Krosigk, beide, wie mir schien, etwas bekniffen in ihrer trostlosen Rolle, waren da, auch eine ganze Anzahl Offiziere. Von Unterhaltungen erwähnenswert die mit Fischer Reichskreditgesellschaft, der über die Entwicklung entsetzt ist, und mit Bodo Alvensleben. Letzterer ist noch relativ optimistisch, indem er auf die Armee hofft. Er bezeichnete den anwesenden Kommandierenden General des III. Korps [Hoepner] als besonders brauchbar.

Am Donnerstag, dem 15., früh bei Stauß, um ihm meinen gesteigerten Wunsch zu wiederholen, mich in der Wirtschaft zu betätigen und dabei auch meine allzu schmale finanzielle Basis etwas zu verbreitern, nachdem ich überzeugt sei, daß man mich im Dienst nicht mehr wolle, ich selbst aber nach den November-Ereignissen keine Lust mehr hätte, ein solches Unternehmen draußen zu vertreten. Dann bei Herbert Göring. [. . . Er] erzählte, daß Thyssen auf Staatsrat und Reichstag verzichtet habe,[37] besonders wegen des organisierten Versuchs, den aktiven Regierungspräsidenten Schmid (den sogenannten „Schweineschmid") in Düsseldorf in seiner Wohnung totzuschlagen. Schmid, der eine nicht ganz arische Frau hat, ist mit Mühe durch eine Hausmeistersfrau versteckt und gerettet worden.

Frühstück bei Weizsäckers mit dem falschen Magistrati,[38] Dieckhoff und Ritter, sowie einem klugen Schweizer Bankier Rickenbach. Sehr nett Erbachs. Aber im ganzen vorsichtige AA.-Atmosphäre. Immerhin erzählten D[ieckhoff] und R[itter] ganz interessant über die amerikanischen Verhältnisse und Stimmungen. W[eizsäcker] sagte mir, Ribbentrop habe gemeint, es habe ja keinen Zweck mich zu empfangen, da er mir doch nichts Neues sagen könne! Übrigens hat er den seit fast einem halben Jahr aus China zurückgekehrten Botschafter Trautmann überhaupt noch nicht gesprochen; er will abweichende Ansichten ebenso wenig hören wie sein Herr und Meister. Der Betrieb im Amt scheint ans Unerträgliche zu grenzen: ein wildes Gehetze, bei dem demnächst alle Nerven reißen. Auch die höchsten Beamten, vielleicht ausgenommen in begrenztem Maße Weizsäcker, wissen von den politischen Zielen und Linien nichts. [. . .]

Bei Kurt Hammerstein [früherem Chef der Heeresleitung]. Er ist so ungefähr das Negativste gegenüber dem Regime der „Verbrecher und Narren", das man sich vorstellen kann, hat auch wenig Hoffnung auf die geköpfte und entmannte Armee. Brauchitsch sei gut, soldatisch besonders, aber ohne politische Ader und ohne Macht, infolge der jetzigen, bewußt angelegten Konstruktion des Oberkommandos. Gegen Abend kam Wilmowsky[39] zu mir und besprach sehr verständnisvoll, aber nach wie vor vage wirtschaftliche Möglichkeiten mit mir, besonders bezüglich des Südostens. Im übrigen erzählte er von der in gradezu wahnwitzigem Tempo betriebenen weiteren Aufrüstung, der man nur mit größter Sorge zusehen könne. – Abends bei Brauchitsch gegessen; sie wollen mich das nächste Mal gemütlich mit dem Vetter [dem General] zusammenbringen.

Freitag, 16., morgens [. . .] traf ich Stieve, der genau in dem Augenblick, in dem ich mir selbst überlegte, ob nicht das verwaiste Präsidium der Deutschen Akademie[40] für mich etwas wäre, mit diesem Gedanken herauskam. [. . .] Dann zu Weizsäcker. Er machte eine ziemlich bedenkliche Beschreibung von der Ribbentropschen oder Hitlerschen Außenpolitik, die offensichtlich auf den Krieg los wolle; man schwanke nur, ob gleich gegen England, indem man sich dafür noch Polens Neutralität erhalte, oder zuerst im Osten zur Liquidation der deutsch-polnischen und der ukrainischen Frage, sowie natürlich der Memelsache, die aber nach Hitlers Ansicht keiner Waffengewalt, sondern nur eines eingeschriebenen Briefes an [den litauischen Staatspräsidenten in] Kaunas bedürfe. Zur Zeit sei scheinbar die unmittelbare Aktion noch einmal zurückgestellt.

Im Vorzimmer traf ich den langen Sahm, der abgesägt werden soll, und [Carl] Burckhardt-Danzig. Dieser war begreiflicherweise nicht sehr freudig gestimmt, meinte, er spiele die Rolle des Beys von Tunis und wolle lieber fort. Die Danziger Naziführer, besonders Forster, seien wenig angenehme Leute, vor allem lögen sie ihn dauernd an. Er lobte dagegen den Königsberger Gauleiter Koch, der zeitweise ebenfalls im Vorzimmer saß und mir den Eindruck einer Persönlichkeit machte.[41] Für Ribbentrop ist bezeichnend, daß er B[urckhardt] zunächst warten ließ und ihm dann sagen ließ, er möchte sich doch kurz fassen, da er wenig Zeit habe. B. erwiderte dem Attaché höflich-spöttisch, er werde den Herrn Minister nur fünf Minuten in Anspruch nehmen. Er kam dann nachher heraus und erzählte mir, daß R[ibbentrop] ihn gebeten habe, doch noch zu bleiben. Das verstehe ich; aber ich würde es an B[urckhardt]s Stelle nicht tun. Ich fragte ihn nach Rauschning (wegen seines neuen Buchs[42]) und er meinte, daß R[auschning] sicher ein sehr kluger Mann, aber in etwas krankhafter Verbitterung sei.

Im AA noch Hentig gesehen. Er sagte mit Recht, das ganze Klagen über die Verhältnisse habe keinen Zweck. Die Lage sei so bedrohlich, daß angefangen werden müsse, das Handeln vorzubereiten. Aber wie? Es gibt ja keine Möglichkeit, eine Aufnahmestellung zu schaffen. H. meinte, das einzig Positive in dieser Richtung, was es gäbe, ist die Überwachung der gesamten Partei durch die Abwehrabteilung (Canaris) der Wehrmacht.

[. . .]

Nachher bei Olga Rigele [. . .]. Olga ist gänzlich verzweifelt, natürlich wird sie von allen Seiten bestürmt, auf ihren Bruder [Hermann Göring] einzuwirken.[43]

Am Sonnabend, 17. 12. [. . .] Um 10 Uhr bei Neurath, der in einem Zimmer Wilhelmstraße 74 untergebracht ist, eine unwürdige Rolle. Er soll in die Reichskanzlei übersiedeln, was aber nichts ändert. Er machte einen resignierten Eindruck, verdeckt durch anders klingende Redensarten. Interessant war, daß die Türken (bei denen er Atatürk hatte begraben helfen) ihm gesagt hatten, Sowjetrußland sei nicht mehr weit vom Auseinanderfall.

Zum Frühstück bei Kamekes. [. . .] Er erzählte von Kerrls [Reichsminister für kirchliche Angelegenheiten] Taktik, eine Synode einzuberufen, um die evangelische Kirche in Ordnung zu bringen, auf der Basis: äußere Dinge ganz getrennt von den geistlichen — erstere (Finanzen!) in der Hand des Staats.[44] Als Vorsitzenden habe Kerrl sich Winnig ausgedacht, der aber, zum Teil auf Kamekes Betreiben abgelehnt habe, weil das Ganze ein Leim sei: denn mit den Finanzen habe der Staat alles in der Hand. Meiser, Wurm, Marahrens hätten abgelehnt, so daß die Sache auf die altpreußische Union beschränkt sei. Statt Winnig habe sich nun leider Wilmowsky gewinnen lassen. Der preußische Finanzminister Popitz,[45] mit dem ich heute nebst Heinrici, Kempner, Tischbein und Sybel frühstückte, war anderer Ansicht: Kerrl sei zwar kein orthodoxer Mann, aber doch ein Christ, der Hitler – was für einen Parteigenossen allerhand sei – vierkant erklärt habe: „Wenn Ihr Kurs gegen das Christentum geht, so folge ich nicht." Außerdem sei K[errl] ein ehrlicher Kerl. Zwar glaube er, Popitz, auch nicht, daß die Synode ein Erfolg werde, aber es sei taktisch falsch, sich von vornherein zu versagen, um so mehr, als die Deutschen Christen wütend auf K[errl] und gegen die Synode seien.

Popitz hat übrigens nach dem Pogrom Göring um seinen Abschied gebeten, der versprochen habe, dieses Gesuch an den Führer weiterzugeben. Er, P[opitz], habe wenigstens das Bedürfnis gefühlt, so zu handeln, nachdem die Verantwortlichen: Gürtner, [Schwerin-]Krosigk, Neurath als Reichsminister wieder schmählich versagt hätten. Neurath sei einfach faul und indolent: er habe ihn, P[opitz], der mit ihm die Sache besprechen wollte, sagen lassen, er könne jetzt nicht, und zwar durch einen Sekretär oder dergleichen. Das sieht N[eurath] in der Tat durchaus ähnlich. P. erzählte, er habe die Sache mit Göring in offenster Weise besprochen und deutlich auf Görings zukünftige Stellung und die Unmöglichkeit, so etwas mitzumachen, hingewiesen. G[öring] sei tief erregt und offenbar ganz überzeugt gewesen. Aber zum Letzten reicht es eben nicht, weil er von Hitler völlig abhängt und Furcht vor Himmler und Heydrich hat. Dabei habe G. diesen gegenüber zum Beispiel eine ganz grobe Sprache geführt und gesagt, er werde jetzt auch etwas verbrennen, nämlich die ihm verliehenen Ehrenuniformen der SA und SS. (Ebenso hat er die Gauleiter so angefahren, daß das ganze Haus gedröhnt hat.[46] Ilse G[öring] erzählte mir gestern interessanterweise, daß die anständigen Gauleiter nachher untereinander die Berechtigung dieser Sprache absolut anerkannt hätten).

Ich fragte P[opitz] nach Himmlers Haltung in der Judensache, die mir undurchsichtig scheine. P. bestätigte das: H. habe sich ein raffiniertes Alibi geschaffen, indem er Hitler schriftlich oder drahtlich erklärt hätte, er könne die Befehle nicht ausführen. Da er keine Antwort erhielt, hat er sie dann doch ausgeführt. Er kann jetzt sagen, daß er getan hat, was er konnte. Es sind also ganz strikte Befehle durch Hitler selbst gegeben worden; die Regierungspräsidenten hatten hektographierte, ins einzelne gehende Zerstörungsanweisungen (I[lse] G[öring]). P[opitz] hat Göring gesagt, die Verantwortlichen müßten bestraft werden. Antwort: „Mein lieber Popitz, wollen Sie den Führer bestrafen?"

[...]

[Sonntag, den 18.,] nachmittags in Achterberg bei Soltau, um Fritsch[47] zu besuchen, dem die Wehrmacht vorläufig dieses reizende Gutshaus auf dem Übungsplatz zur Verfügung gestellt hat. Lange politische Unterhaltung. Seine Quintessenz: „Dieser Mann — Hitler — ist Deutschlands Schicksal im Guten und im Bösen. Geht es jetzt in den Abgrund — und das glaubt auch Fritsch — so reißt er uns alle mit. Zu machen ist nichts." Ich ging etwas dagegen an, aber habe selbst für die Hoffnung, daß sich noch Möglichkeiten zeigen, die Reise vor dem Abgrund aufzuhalten, wenig Unterlagen. F. hält Göring für einen ganz besonders schlimmen Genossen, der ununterbrochen ein falsches Spiel treibe. Gegen ihn habe er schon 1934 angefangen zu arbeiten, das heißt, nach dem 30. Juni, weil er in ihm einen Putschisten oder mindestens den künftigen Oberbefehlshaber erblickt habe, welchen Posten er, G., selbst systematisch anstrebte.

Insofern bestätigte F[ritsch] die von mir neulich wiedergegebene Darstellung vom frühen Einsetzen des Kampfes gegen ihn; dagegen sei es nicht richtig, daß er, F., von G. ein Einschreiten gegen die Verbrecher vom 30. 6. gefordert habe; die Denunziation sei dann im Zuge des einerseits von G., andererseits von Himmler und Heydrich geführten Kampfes gegen ihn zum ersten Male im Jahre 1935 erfolgt. F. hält für wahrscheinlich, daß auch die Blombergehe absichtlich herbeigeführt wurde. F. ist mehr und mehr überzeugt, daß G. in der Sache ein lang angelegtes Spiel gespielt habe. Auch das schließliche Herbeiführen des Geständnisses des Denunzianten im Kriegsgericht durch G. sei wahrscheinlich abgekartet gewesen. Was die Erschießung des Denunzianten angeht, so hat F. nachträglich Zweifel bekommen (auf Grund verschiedener Nachrichten), ob sie überhaupt stattgefunden hat. Wenn nein, so würde das beweisen, daß die beiden H. [Himmler und Heydrich] sich den Kerl als „Alibi" gegen G. aufheben.[47a]

Interessant für die Entwicklung G[öring]s ist, daß er im Frühjahr 1934 noch F[ritsch] gewissermaßen als Bundesgenossen gegen die immer bedrohlicher werdende SA wünschte, wobei er betonte, der Kampf sei um so mehr im Interesse der Armee, als nunmehr an die Spitze der Gestapo ein hinausgeworfener Offizier (Heydrich) trete, der das Offizierskorps hasse. Auf F.s Frage, wie es denn möglich sei, daß solcher Mann solchen Posten erhalte, habe G. erwidert, der Führer habe entschieden.

Montag, den 19., früh bei [Schwerin-]Krosigk. Menschlich nett wie immer. Aber aller Champagner ist heraus. Sicher fühlt er sich nicht wohl in seiner Haut. Vor sich selbst sucht er sein Verhalten damit zu rechtfertigen, daß es vor allem nötig gewesen sei, die Sache in einen „legalen Kanal" zu leiten. Gerade [das] ist falsch. — (Eben traf ich auf dem Bahnhof Frau Himer-Warschau, die als erster gebildeter Mensch, den ich gesehen habe, sogar das Pogrom verteidigt: auf einen groben Klotz habe ein grober Keil gehört!).

Um zwölf Uhr bei Woermann im Auswärtigen Amt. Etwas kraftlos und sehr vorsichtig. Er sprach sein Bedauern aus, daß mein Aufsatz über die Achse nicht als opportun habe angesehen werden können. Ich erwiderte, daß ich das durchaus nicht einsehen könnte. Von Interesse ist, daß er erzählte, Magistrati habe ein sonderbares Papier übergeben des Inhalts, daß die Tunis-Kundgebungen durchaus volksspontan und nicht von oben gemacht seien!! Die italienische Regierung wolle auch in der Frage jetzt gar nicht offensiv werden. Dann fahre das Schriftstück fort, „um auf ein anderes Thema zu kommen", so sei Italien gern bereit, sich bei der Verständigung Deutschland-England nützlich zu machen. Mir scheint, Italien hat Wind über unsere Kriegspläne bekommen und will sich auf alle Fälle eine Art Alibi schaffen, damit es nachher nicht heißt, die italienischen Mittelmeeransprüche seien die Ursache des Konflikts. Nebenbei arbeitet Italien weiter an der Isolierung Frankreichs.

Frühstück bei Schacht. Er kommt leider immer mehr in den Ruf (so äußern sich auch Beck, Popitz, Fritsch), anders zu reden wie er handelt, das heißt, einen zugesagten Standpunkt nachher nicht zu verfechten. Auch im Gespräch mit mir war eine Art innerer Bruch gut zu merken. Er kam grade aus England, wo er keinerlei Politik, sondern nur Wirtschaft sowie einen Plan über die finanzielle Ermöglichung der Judenauswanderung (Plan Warburg) erörtert habe.[48] Die Engländer wollten sehr gerne mit uns arbeiten, vorher aber Klarheit über unsere politische Linie haben. Popitz, dem ich dies erzählte, sagte mit Recht, diese Klarheit sollten sie eigentlich allmählich haben. Schacht sieht natürlich unsere Entwicklung auch wirtschaftlich, trotz allen „Prosperierens", sehr schwarz an. Für sich selbst nimmt er den Standpunkt ein, daß er auf dem jetzigen Posten aushalten müsse, bis man ihm Unmögliches zumute (zum Beispiel Inflation). Das Buch von Rauschning hatte er sich in Basel gekauft und fand es ganz hervorragend.[49]

Nachmittags Beck besucht. Feiner, kluger Kopf und anständiger Soldat. Die ganze Entwicklung ekelt ihn an, und der Kriegsleichtsinn der führenden Leute empört und entsetzt ihn. Er sprach besonders über das frevelhafte Spielen mit dem „sicher nur ganz kurzen Kriege". Offenbar hat er noch einmal eine Denkschrift über die tatsächlichen Bedingungen eines Krieges ausgearbeitet.[50] Ich vergaß übrigens zu erwähnen, daß Sch[acht] die englische Dekadenz absolut leugnet,[51] mit unsern Nerven würde es im Falle der großen Probe viel schlechter aussehen. So auch Beck.

Abends mit Ilse Göring im Deutschen Theater (Minna von Barnhelm), gute Aufführung; besonders glänzend Theodor Loos als Riccaut. Die arme Trägerin des Namens G[öring] ist sehr geschlagen durch die Ereignisse und in Angst um Inneres und Äußeres ihres Schwager-Onkels. Emmy habe sich in der ganzen Zeit tadellos benommen und offen und kräftig ihre Meinung gesagt.

Dienstag, den 20. um 11 beim japanischen Botschafter Oshima, der einen sehr festen klaren Eindruck macht. < > [. . .]

Ebenhausen, 25. 12. 38.
Ich vergaß die ganz pikante Einzelheit zu erwähnen, daß die Ermordung Codreanus unmittelbar nach König Karls [Carol II.] Besuch bei Hitler diesen veranlaßt hat, anzuordnen, daß die soeben verliehenen rumänischen Orden zurückgegeben würden; der dem Kronprinzen verliehene deutsche Orden wurde ihm nicht ausgehändigt. — Der Kampf des Königs gegen den „Hitlerismus" in seinem Lande und für seine eigene Diktatur gewinnt eine grundsätzliche Bedeutung, freilich in den Grenzen, die durch die „orientalischen" Verhältnisse in Rumänien gezogen werden. Ähnlich liegt die Sache in Ungarn.

Nach Rückkehr aus Berlin sofort abends bei Schoens [früherem Gesandten in Budapest], um Welczeck [deutscher Botschafter in Paris] zu treffen. Dieser beschrieb sehr anschaulich das Auftreten Ribbentrops in Paris, das als Leitstern das eigene, geradezu pathologische Geltungsbedürfnis, verbunden mit kindischer Eitelkeit gewesen sei. Alles, was zu seinen Ehren geschah, habe auf sein Verlangen so großartig wie möglich aufgezogen werden müssen, „wenn irgend angängig eine Nummer stärker als beim Empfang des Königs von England". W[elczeck] hatte den Eindruck, daß R[ibbentrop] einfach als verrückt zu bezeichnen sei. W[elczeck] meinte bezüglich Frankreichs, daß nicht Daladier, sondern Bonnet der starke Mann sei.

Vorgestern bei Bruckmanns. Frau B[ruckmann] ist immer stärker verzweifelt über die Entwicklung des Mannes, für den sie alles eingesetzt hat [Hitler]. Sie klammert sich noch an die Restbestände ihrer sentimentalen Anhänglichkeit und ihrer Hoffnungen, aber in ihrem Verstand hat sie ihn gänzlich abgeschrieben. Neben den Gemeinheiten gegen die Juden empört sie besonders die immer weitergehende Hetze (Schwarzes Korps) gegen den armen Spann.[52]

Ebenhausen, 29. 12. 38.
Gestern nachmittag bei Schmitt [früherem Wirschaftsminister] in Tiefenbrunn. Sein Sohn Günther hat (im Gegensatz zum verdient erfolgreichen Wolfgang Fontaine) das Cecil-Rhodes-Stipendium nicht bekommen; Vater und Sohn glauben — und sind darüber empört —, daß der Grund in der SS-Zugehörigkeit nebst Kirchenaustritt liegt. Wenn das zutrifft, so wäre es durchaus zu verstehen, denn das Komitee hat die Pflicht, Leute nach E[ngland] zu schicken, die dort nicht anstoßen. [. . .] Im übrigen war Schmitt über die innere und wirtschaftliche Lage genau so verzweifelt wie wir alle; besonders eben darüber, daß der historische Augenblick des Judenpogroms, der Entwicklung Halt zu gebieten, von Göring trotz besserer Erkenntnis und von der Armee mangels politischer Kraft nicht benutzt worden ist.

Wenn es Hitler gelänge, nun bei weiterer Passivität der Westmächte, im Osten gegen Polen und Sowjetrußland einen neuen Erfolg zu erzielen und in Gestalt der Ukraine ein großes Wirtschaftsgebiet Deutschland dienstbar zu machen, so werde die Dampfwalze eben weiterrollen, die wirtschaftliche Krise hinausgeschoben oder vermieden werden und die Zerstörung aller ethischen Werte ihren Fortgang nehmen. Bezüglich der Judensache behauptete er, Hitler habe zwar auf Goebbels' Antrieb eine allgemeine Zustimmung zu Vergeltungsmaßnahmen gegeben, sei aber durch deren tatsächlichen Umfang und Charakter selbst überrascht und peinlich berührt worden. Göring habe das leider verkannt und geglaubt, dem klaren Willen des Führers gegenüberzustehen. Diese Darstellung ist meines Erachtens schief.

Ich fragte Schmitt, ob er irgendeine Möglichkeit zu einer Aufnahmestellung und innerhalb der Partei geeignete Persönlichkeiten hierfür sähe. Schmitt meinte, etwas Positives könne er nicht erkennen, obwohl heute noch, vielleicht aber nicht mehr lange, Göring mit der Armee zusammen stark genug sein würden, Hitler zu isolieren und ihm ihren Willen aufzuzwingen. Hierzu sagte ich, daß G[öring] offenbar nicht der Mann dazu sei, auch Angst vor Himmler und Heydrich habe, die Armee aber sei ohne Kopf. Schmitt fügte hinzu, er habe von einem führenden Wirtschaftler Andeutungen gehört, als wenn doch Anfänge einer Aufnahmestellung vorhanden seien; Genaueres wisse er nicht. Innerhalb der Partei hält er Goebbels für den gefährlichsten, ähnlich Heydrich. Dagegen will er Himmler nicht ganz aufgeben; allerdings habe der einige Tollpunkte (Kirche), in denen mit ihm nicht zu reden sei, aber im übrigen erkenne er sicherlich viele Gefahren richtig. Unter den Gauleitern seien einige ausgesprochene Halunken oder reine „bravi", andere seien besser. Zu den Schlimmsten zählt er Streicher, Mutschmann, den Münchner Wagner, Schwede, auch Sprenger, zu den besseren vor allem Köhler-Baden, Wagner-Schlesien und Terboven, harmlos sei Murr, problematisch Koch [Ostpreußen]. Berlin-Görlitzer sei übel und bestechlich. Kaufmann-Hamburg ließ er auch gelten.[53]

Abends mit Pietzsch bei Bruckmanns. Thema das gleiche. Pietzsch schilderte die gefährliche wirtschaftliche Entwicklung, das heißt die maßlose und in stürmischem Tempo fortgehende Überspannung aller Kräfte. Das jetzige Versagen der Bahnen in der Weihnachtszeit sei typisch für den Gesamtzustand. Charakteristisch für die deutsche Lage sei die Tatsache, daß das ganze Land heute sozusagen mit Ruinen bedeckt sei, nämlich mit angefangenen Bauten aller Art, die nicht fortgeführt werden könnten. Die Verschlechterung der Qualität auf allen Gebieten sei der sinnfällige Ausdruck nicht nur des Warenmangels, sondern in Wahrheit auch der Teuerung. Die steuerliche Belastung sei heute schon derart, daß ein wahrer Unternehmergewinn und eine echte Kapitalbildung ausfielen. Ley ginge eben konsequent auf die Sozialisierung los und Hitler verstände nichts von der ganzen Sache, wolle auch nicht über Wirtschaft sprechen; er habe ihn seit anderthalb Jahren nicht gesprochen. – Dazu komme die Korruption. Ein Mann wie der Staatssekretär Reinhardt versteuere 350 000 Mark Einkommen und habe noch viel mehr, weil er von jedem Exemplar einer Veröffentlichung, die jeder Finanzbeamte zu erwerben gezwungen werde, einen hohen Betrag erhalte. Ein ähnlicher Skandal seien die Verdienste von Amann auf der Basis der Partei ([Vertrieb von] „Mein Kampf"). Die Umgebung Hitlers bleibe unerschütterlich. Einer der Anwesenden erzählte von den Schweinereien, die Schaub und Brückner [Adjutanten Hitlers] gemacht haben. Folge eine Zeit der Ungnade, dann aber wieder im vollen Flor. Nach Ansicht von Frau Bruckmann bleibt der Schlimmste, eine Art böser Geist („Caliban") der Photograph Hoffmann; auf welcher Basis sein Verhältnis zu H[itler] beruht, bleibt dunkel.

Am 23. war Heß zwei Stunden bei Bruckmanns. Sie erzählten, daß er so gedrückt gewesen sei wie noch nie. Er habe keinen Zweifel darüber gelassen, daß er die Judenaktion völlig mißbillige: er habe das auch in energischer Form „dem Führer" vorgetragen und ihn angefleht, die Sache zu unterlassen, aber leider völlig vergeblich. (Das widerlegt am besten die Schmittsche Version.) Als den eigentlichen Urheber hat Heß Goebbels bezeichnet. [...]

Hitler ist am 24. 12. bei B[ruckmann]s gewesen, aber nur eine halbe Stunde. Offenbar ist kein richtiges Gespräch in Gang gekommen. Er habe sich „sehr befriedigt" gegeben und hat ins Gästebuch (unter meinen und Heß' Namen) eingeschrieben: „Mein glücklichstes Weihnachten". Ich weiß nicht, ob das wirklich seiner innersten Empfindung entspricht. Jedenfalls möchte ich glauben, daß er es im Jahre 1939 nicht einschreiben wird; vielmehr zeigen sich immer mehr Momente, die das Wort in einem andern Sinn wahrmachen können, als es gemeint ist. [...]

Die italienische offiziöse Presse fährt Frankreich gegenüber weiter im Rückwärtsgang: den status quo im Mittelmeer wolle man gar nicht antasten. [...]

In Buchan: „Augustus" viele bemerkenswerte Worte: „A revolution if it is to endure, must be in large part a reaction, a return to inbred modes of thought which have been neglected" oder über eine hinter der Zeit herhinkende Oberschicht: „much pride of ancestry, but without hope of posterity". Und: „being too much governed, men had forgotten how to govern themselves."[54]

[...]

Frau Br[uckmann] sagte noch, daß Hitler nach ihrer Kenntnis seiner Persönlichkeit gegen anständige Leute so rücksichtslos vorgehe, weil er von ihnen keine Gegenwehr erwarte, während er die Unanständigen immer wieder schone und in Gnaden annehme, weil er vor ihnen Angst habe.

1939

Ebenhausen, 17. 1. 39.
Besuch von Hans Grimm: wegen eines in Arbeit befindlichen Buchs, in dem Tirpitz vorkommt. [...] Grimm berichtete sehr anschaulich von der Beschnüffelung und Verfolgung, der er ausgesetzt sei.[1] Vor einiger Zeit sei er dringend zu Goebbels nach Berlin gerufen worden. Da er sich nicht wohl gefühlt habe, habe er zunächst geantwortet, er könne nicht kommen. Er habe kein Telephon und habe daher auf nochmaliges telephonisches Zitat seine Sekretärin in die Post geschickt, die mit einem im Auftrage des „Staatssekretärs" Hanke sprechenden Oberregierungsrat gesprochen habe. Schließlich habe er hinfahren müssen und sei von G[oebbels] in Gegenwart eines ihm unbekannten Mannes in SS-Uniform empfangen worden. G. habe ihn sofort in maßloser Weise angebrüllt und ihm vorgeworfen, daß er gegen den Nationalsozialismus sei. Die vorgebrachten Belege seien einfach lächerlich gewesen: zunächst ein zweieinhalb (!) Jahre vorher an Frick, also einen nationalsozialistischen Minister, frei und offen geschriebener Brief über einen unglaublichen Prügelvorfall in seiner, Grimms, Heimat, die durch einen SS-Obersturmführer herbeigeführt worden sei. Dann, daß er seine Briefe nicht mit „Heil Hitler" schlösse. Ferner, daß er nicht zur Schriftstellertagung nach Weimar gekommen sei. Endlich, daß er durch eine Sekretärin einem „im Auftrage des Staatssekretärs" (man muß diesen grotesken „Staatssekretär" kennen) sprechenden Oberregierungsrat geantwortet und sich erlaubt habe, statt nach Berlin zu fahren, Hanke (der nämlich dort in der Gegend herumreiste!) zum Tee einzuladen! Wenn er sich nicht anders stelle, werde er ihn zerbrechen, und wenn das Ausland noch so sehr schreie, genau wie er Furtwängler gebrochen habe; Schriftsteller stecke er ins Konzentrationslager auf vier Monate, und ein zweites Mal kämen sie überhaupt nicht wieder heraus! Dies sei eine loyale Warnung, auf die er hören möge! — Gr[imm] sagte, er habe den Eindruck unglaublicher Niedrigkeit gehabt: das sei eine Ebene, auf die man sich eben nicht begeben könne. Den Grund des Vorstoßes erblickte er in der Angst der Partei, daß, nachdem der Schuß in der Judensache hinten zum Lauf herausgegangen sei, im Lande eine Zellenbildung stattfinde. Damit mag er recht haben, aber nicht in dem Sinne, daß Goebbels, wie Gr. annahm, bei ihm hätte das Terrain abtasten wollen, sondern meiner Ansicht nach als Einschüchterungsversuch. Gr. sagte, er habe erwidernd lediglich die Konsistenz der Vorwürfe bestritten, erklärt, daß er „Heil Hitler" als Briefschluß nicht schön fände, und vor allem betont, daß er nichts von Loyalität bemerken könne, sondern nur Gewalt und Druck.
Gr[imm] hat sich dann bei einer hohen Persönlichkeit, die Heß nahe-

steht, erkundigt, ob er etwas dagegen unternehmen könne, aber die Antwort erhalten, er möge sich ja ruhig verhalten, sonst werde er wie eine Fliege an der Wand zerquetscht werden. Er will nun versuchen, bei Göring als Schirmherrn der preußischen Akademie ein Disziplinarverfahren gegen sich zu erreichen. Dabei wird schwerlich ein Erfolg zu erzielen sein. Der ganze Vorfall zeigt, welche Methoden bei uns allmählich selbstverständlich werden und welcher Haß gegen Persönlichkeiten auch dann oder grade dann besteht, wenn sie in Wahrheit bessere „Nationale Sozialisten" sind als die ganze Parteihierarchie.

Am 19. 1. Frühstück bei [Karl] Haushofers. Der Mann gefällt mir ebensowenig wie früher, maßlos von sich erfüllt und stark Konjunkturist. Bruckmann hatte wohl neulich recht, wenn er Haushofers Person als den größten draw back bei Übernahme des Präsidiums der Deutschen Akademie bezeichnete. Haushofer scheint übrigens vor allem gegen einen stärkeren Einfluß des Auswärtigen Amtes in der Deutschen Akademie eingestellt zu sein. < >

Grimm sagte neulich auch, es sei doch sonderbar, wenn er heute einem Mann aus dem Kreise der alten „Frankfurter Zeitung" begegne, so fühle er unglaublicherweise eine Art Bundesgenossenschaft. Politics make strange bed fellows. < >

Ebenhausen, 30. 1. 39. Fahrt nach Berlin 22.–28. 1. 39.
In der Bahn Giulia Borghese, Prof. Kehr, Prof. Lehnich. Mit Kehr langes historisch-philosophisches Gespräch. Er sieht deutlich den geistigen Niedergang, im übrigen betrachtet er die Dinge aus der Distanz des Geschichtsforschers und des alten Mannes. Lehnich, alter Nazi und höchster Funktionär im Filmwesen, sehr lebhaft und offen. Ganz erschlagen durch den Abgang Schachts meinte er, nun seien alle Dämme gebrochen. Die einzige Möglichkeit, dem wirtschaftlichen Zusammenbruch zu entgehen, erblickte er sonderbarer- und optimistischerweise in einer wirtschaftlichen Beherrschung der Ukraine. Gestern erzählte Herr v. Praun (BMW), daß auf einem Schulungstag der Partei für Werkangehörige usw. der Leiter ausgeführt habe: Rußland bestehe aus 29 Staaten, die jetzt alle einzeln von unseren Leuten unterwühlt würden; der Bolschewismus werde so zusammenbrechen und mit ihm die Einheit Rußlands. Alle 29 Staaten würden dann schreien: „Führer, schick uns Führer!" Nach dieser fabelhaften Belehrung haben die 80 Leute sich ein Lied vorsagen lassen müssen, das sie dann nachsprechen, später nachsingen mußten, zunächst sitzend, dann stehend und schließlich auf der Stelle marschierend, um am Nachmittag im Zuge zu vieren durch die Straße stampfend das Lied im Chore zu schmettern. Praun meinte übrigens, in seinem Geschäft gebe es kaum Nazis, keinen SA- oder SS-Mann, und es herrsche eine Mordswut auf Ley. Er bestätigte, daß SA- und SS-Leute in der Nacht vom 9. zum 10. [11. 38] antreten mußten, Stangen mit Bleikugeln erhielten, um dann nach einer

Liste von Laden zu Laden zu ziehen, worauf dann der Anführer nach jeder Tat gleichmütig auf seinem Zettel einen Namen ausgestrichen hätte. Spontan!

Lehnich erzählte von dem schamlosen Treiben Goebbels' im Filmwesen. Filme mit Lida Baarová (seiner Mätresse) seien ausgepfiffen worden. Der Schauspieler Fröhlich habe Lida Baarová geohrfeigt, weil er ältere Rechte auf sie beanspruche. (In Berlin hörte ich aus sehr guter Quelle, daß das Gerücht, Goebbels selbst sei von Fröhlich verprügelt worden, durchaus zutreffend sei.[2] Stoßgebet: „Lieber Gott, laß mich zwanzig Minuten fröhlich sein!" Anderer Goebbelswitz: „Warum ist die Viktoria mehrere Meter höher gestellt? Damit Goebbels nicht heran kann!") Luise Ullrich, der Goebbels eine Wohnung einzurichten anbot, habe sich geweigert und sich beschwert.

Solche Leute wollen Deutschland reformieren. Dabei scheint die vorübergehende Ungnade, in die G[oebbels] bei Hitler geraten war, wieder völlig vorüber zu sein. Ebenso ist der wegen üblen Lebenswandels (er wurde in einem Bierhause wegen einer Weibersache verprügelt) auf einen Nebenposten gestellte (nicht etwa abgesetzte) bayrische Staatssekretär Esser in diesen Tagen wieder hoch erhoben und als Staatssekretär ins Propagandaministerium versetzt worden, wo er denn ja auch hingehört.

Es ist bemerkenswert, wie die regierenden Herren anfangen, übereinander zu sprechen. Als die Generale vor einiger Zeit Streicher wegen seiner Beschimpfung des Adels forderten, wehrte der Parteirichter Buch den Auftrag ab mit der Begründung, daß Streicher in der Partei als nicht normal gelte.[3] Ich habe früher erzählt, daß Göring mir in Florenz sagte, Ley (also einer der allerhöchsten „Hoheitsträger") habe Narrenfreiheit. Jetzt hat Göring von Goebbels gesagt, jetzt habe er sich vielleicht doch endlich das Genick gebrochen.

[. . .]

Dienstag 24. Frühstück im Conti, mit dem Popitzkreise (Heinrici, Kempner, Tischbein). Alles unter dem Eindruck von Schachts Abberufung.[4] Man orakelt, wie Funk nun weiter wirtschaften will. Allgemeine Meinung, daß in irgendeiner Form Inflation unvermeidlich. Über die Wirkung, wenigstens die unmittelbare, besteht angesichts der Binnenwährung und der autoritativen Preis- und Lohnregulierung Unklarheit. Popitz hat auf sein Göring vorgetragenes Abschiedsgesuch natürlich keine Antwort erhalten. Als ich ihn danach fragte, meinte er, für ihn sei entscheidend, ob Goebbels bleibe. Ich glaube, er braucht sich dieserhalb nicht zu beunruhigen.

Nachmittags bei Frau von Weizsäcker. Sie war politisch unorientiert, und ich hatte bei ihr, wie am Donnerstag bei ihrem Mann, den Eindruck, daß sie beide, ähnlich wie [Schwerin-]Krosigk und andere „Beamte", immer mehr „entmarkt" werden. Es war die hübsche neue holländische Gesandtin de With da und Gundi W[eizsäcker]. Letztere erzählte, daß der

„Stürmer" Jutti Bodelschwingh angepöbelt habe, weil sie eine schwerkranke Jüdin besucht hätte. Solche Leute gehörten nach Sowjetrußland.
[. . .]
Mittwoch, 25. 1. [. . .] bei Schacht. Ich fand ihn in offenbarer starker innerer Erregung. Seine Begrüßungsworte: „Sie ahnen nicht, wie glückselig ich bin, so aus der Sache herauszukommen!" klangen nicht ganz echt. Mein Eindruck war, daß der Schlag ihn unerwartet getroffen und ihm zunächst die Sprache etwas verschlagen hat. Es ist ein Jammer und, wenn man will, eine Tragik, daß der Mann, der uns durch rechtzeitigen Abgang ungeheuer hätte nützen, ja retten können, jetzt wie ein schlechter Angestellter hinausgeworfen worden ist. Als ich sagte, die Initiative sei doch wohl seine gewesen, donnerte er: „Im Gegenteil, hinausgeworfen hat er mich!" Nach seiner Darstellung[5] hat er im Dezember schon eine etwas frostige Unterhaltung mit H[itler] gehabt, in der dieser ihm sagte, er wolle mit ihm im Januar einmal die ganze Finanzfrage besprechen; er wisse übrigens jetzt, wie man es mache, um Geld zu beschaffen, die Werte seien ja da. Schacht habe erwidert, da er ihm demnächst ein Memorandum überreichen wolle, könne das ja in die Besprechung einbegriffen werden. Dieses Memorandum mit der Pointe: „Die Ausgaben müssen so gehalten werden, daß sie durch Steuern und Anleihen normal gedeckt werden können", habe er am 7. Januar an H[itler] gesandt, gefolgt nach einigen Tagen von einem mit ihm, Sch., verabredeten ähnlichen Memorandum Schw[erin-]Krosigks. Dann Schweigen; – bis er auf den 20. Januar 9 Uhr 15 zu Hitler bestellt und von ihm mit den Worten empfangen wurde: „Herr Reichsbankpräsident, ich habe Sie zu mir gebeten, um Ihnen Ihre Abberufung zu übergeben!", wobei er dieses Papier hervorgezogen habe. Sch. habe darauf geschwiegen. Dann habe H., der in der ganzen, vier oder fünf Minuten dauernden Unterhaltung kein Wort zur Sache (Memorandum!) gesagt habe, ihm vorgeworfen, daß er sich in den Nationalsozialismus nicht wirklich eingepaßt habe. Beweis: er habe bei einem Fest der Angestellten der Reichsbank gesagt, die Vorgänge vom 9. 11. (Judenpogrom) seien eine Schande. Schacht will erwidert haben: „Mein Führer, wenn ich gewußt hätte, daß Sie diese Vorgänge billigen, so hätte ich geschwiegen!" Sicherlich eine gute Antwort.

Dann hat Sch[acht], wie er erzählt, auf seine doch wohl nicht zu leugnenden Dienste während der sechs Jahre hingedeutet, worauf H[itler] erklärt habe, daß er diese durchaus anerkenne und ihn grade deshalb als Minister behalten wolle, sofern (und das ist ein einzigartiger Zusatz im Munde Hitlers, der Schacht offenbar los sein wollte) er, Schacht, nicht selbst wünsche, ganz abzugehen. Auf meine sofortige, gespannte Frage, was er darauf geantwortet habe, sagte Schacht: „Ich habe geschwiegen!" und fuhr fort: „Sie sehen mich an, als wollten Sie sagen, ich hätte dies Angebot annehmen sollen!" Ich: „In der Tat wäre das wohl sehr zu überlegen gewesen, und es würde mich sehr interessieren, Ihr Motiv dafür kennenzulernen, daß Sie es nicht taten." Schacht ging mit in die Seite gestützten Armen einige Augenblicke umher und sagte dann: „Ich wollte keine Brücke abbrechen, er sollte das tun!" — was mich gar nicht überzeugte. Schacht bemerkte noch, daß Hitler offenbar den Spaltpilz in das Bankdirektorium habe tragen wollen, indem er von den 16 von 17 Mitgliedern, die das Memorandum unterschrieben hatten, nur zwei entlassen habe. Die Hauptwut Schachts richtete sich begreiflicherweise auf Brinkmann, dann auf die ganze Wirtschaft, die sich sehr feige benommen habe. Keiner, außer dem Vorstand der Deutschen Bank, habe ihm geschrieben, telegrafiert oder ihn besucht. [Schwerin-]Krosigk habe Funk gratuliert und ihm, Schacht, beim ersten Zusammentreffen kein Wort gesagt.

Wir sprachen dann über die Lage. Er vertrat den Standpunkt, daß auch die autoritäre Leitung die Auswirkung einer Inflation — auch einer verschleierten — auf Löhne und Preise nicht verhindern könne, besonders, da die autoritäre Leitung dulde, daß von allen Seiten „auf Befehl des Führers" an der zu kurzen Decke gezerrt werde: der eine solle Flugzeuge, der andere Straßen, der dritte Kanonen usw. bauen, und alles übrige sei ihm „wurscht".

Ich höre übrigens, daß Wiedemann auch ganz brüsk von H[itler] persönlich hinausbefördert worden ist,[6] interessanterweise ebenfalls mit dem Zusatz: „falls Sie den Posten annehmen wollen." Von einer beachtlichen Seite wurde hinzugefügt, H[itler] habe ihm gesagt, er wolle ihm Konflikte zwischen seiner eigenen Auffassung und „der des Führers" ersparen. Das würde meine Vermutung bestätigen, daß Ribbentrop mit dahintersteckt, mit dem W. erheblich disharmonierte.

Gegen Mittag besuchte mich Wilmowsky wegen seiner Ideen bezüglich meiner Betätigung in südosteuropäischen Sachen. Er erzählte, daß unter den Wirtschaftsführern beraten werde, ob man wegen Schachts Abgang etwas bei Hitler unternehmen solle, aber es werde sicher nichts herauskommen. W. kam grade von seinem kirchlichen Laienrat, dem er — statt Winnig — auf Kerrls Wunsch präsidiert. Er war sehr stolz, daß er einen einstimmigen Beschluß herbeigeführt habe: zunächst solle eine Vorsynode ernannt, dann Gemeindewahlen ausgeschrieben und schließlich von den Gemeindekirchenräten eine verfassunggebende Synode gewählt werden. Er gab der Sache zwanzig Prozent Aussichten. Auf meinen Einwand, ob man diesen Leuten überhaupt helfen solle, erwiderte er, wir seien eben so erzogen, daß wir das doch immer wieder tun würden. Dibelius habe ihm allerdings gesagt, die Sache sei eben die, daß er, W., Vertrauen zu Kerrl habe, während er, Dibelius, glaube, daß er ein falsches Spiel treibe. — [. . .]

Frühstück bei den guten Pecoris mit Giulia Borghese. Ich fühlte mich wie in Rom! Ich hatte Giulia Borghese übrigens Dienstag vormittag mit viel Vergnügen durch Pergamonmuseum und Kaiser-Friedrich-Museum geführt. [. . .]

Nachmittag bei Helene Heinrici. Es war noch ein Vetter Heinricis da, General Heinrici, der an den Vorträgen teilnimmt, die von den Parteigrößen vor der Generalität gehalten werden. Ribbentrop hätte ganz gut und klar gesprochen, aber nichts Aufregendes gesagt. Göring hat, wie ich von irgend jemand hörte, mit Sportpalastargumenten gefuchtelt. [. . .]
Donnerstag, 26. [. . .] Um 12 bei Weizsäcker. Er meinte, das Barometer stehe auf Frieden, auch im Osten, wo man höchstens mit Polen etwas unternehmen wolle. Dagegen stehe die vollständige Erledigung der Tschechei immer noch auf dem Programm, aus militärischen Gründen. [. . .]
Nachmittags Tee bei Olga Göring. Etwas ruhiger als das letzte Mal. [. . .] Olga erzählte fabelhafte Dinge vom Fall Goebbels. Sie, Frau Goebbels, sei bei Emmy erschienen, um über „den Teufel in Menschengestalt" ihr Leid zu klagen: er, Goebbels, aber bei Hermann, um weinend darzulegen, wie kalt sie sei und wie nötig er andere Freuden brauche. Hermann sei ganz beeindruckt gewesen und habe Emmy gesagt, man müsse doch auch diese Seite der Sache sehen. Irgendwelches Gefühl für Verantwortung und Dekorum geht den Leuten ab, ganz abgesehen von der Niedertracht, die Abhängigkeit der Schauspielerinnen auszunutzen. Olga wußte nicht, ob an den Nachrichten, daß H[ermann] G[öring] Kanzler werden solle, etwas sei.

Abends bei meinem Regimentskameraden Brauchitsch mit dem Oberbefehlshaber samt seiner neuen, gewöhnlichen, aber scheinbar recht energischen Frau. Er wirkt soldatisch und klug, geht wenig aus sich heraus und wird, wenn er etwas länger spricht, eine Art Befangenheit nicht recht los. Daß er sich bei Hitler sehr durchsetzt, kann ich mir schwer vorstellen. Von der Rede Hitlers vor den Generalen[7] war er ziemlich angetan! Offenbar hat er sehr geschickt für deren Psychologie von der „alten Oberschicht" gesprochen, die durch schlechten, nicht herrenmäßigen Einstrom heruntergekommen sei und nun durch Zusammenschmelzen mit den neuen Elementen der nationalsozialistischen Erziehung wieder brauchbar gemacht werden müsse. — B[rauchitsch]s Leitmotiv: das Gute wird sich doch durchsetzen. — Die neuen Bestimmungen über die pro- und postmilitärische Funktion der SA hat er offenbar selbst mitgeschmiedet.[8] Gedanke: die SA unter militärischen Einfluß zu bringen. Er meinte selbst, es sei ein Risiko; man müsse sehen, wer sich durchsetze. Auf alle Fälle ist die Maßnahme von ihm aus vor allem gegen die SS gerichtet, deren Führer wütend sei: Also Machtkampf; wenn er ihn entschlossen führt, kann etwas daraus werden.

Freitag, 27. Kaisers [80.] Geburtstag, der totgeschwiegen wird. Kameke hielt übrigens vorgestern eine kleine Rede. [. . .]

18. 2. 39.
Stapellauf des „Bismarck" mit oberflächlicher Rede Hitlers.[9] Viele werden die Huldigung vor dem eisernen Kanzler als Zeichen seines Verständnisses für Tradition ansehen. In Wirklichkeit ist das nur Schein, übrigens an einigen Stellen der Rede auch deutlich zu erkennen. Wohin die Reise geht, zeigt die schamlose Anpöbelung von „Oberschicht" und „Bürokratie" durch den offenbar wieder in Gnaden angenommenen Schweinehund Goebbels. Waffenlos stehen alle anständigen Menschen dem gegenüber.
— Der Reichstagsabgeordnete von Sybel (früher Landbund) ist von der Gestapo abgeholt worden; wie Carl Heinrici, den wir gestern zufällig trafen und zu dessen (und des aktiven Finanzministers Popitz) Frühstückskreis er gehört, erzählte, auf Denunziation eines persönlichen Feindes wegen regimefeindlicher Äußerungen.

Unerfreuliche Debatten zwischen uns, Wolf [Tirpitz], Raeder, Seebohm, Trotha über die Frage, wer beim Stapellauf des „Tirpitz" reden und wer taufen soll. Mutter T[irpitz] sträubt sich heftig. Gegen ein Hervortreten des Namens Hassell bestehen Bedenken!! Im übrigen spielt der Kampf der alten Seeoffiziere gegen Trotha hinein, dem man Würdelosigkeit gegenüber der Partei vorwirft und deshalb das Reden verwehren möchte.[10] [...]

Der Tod des Papstes [Pius XI. am 10. 2. 39] wird von der deutschen Presse, offenbar auf Weisung, anständig kommentiert. Gleichzeitig aber wird (wegen eines Streites über Lehrstuhlbesetzung) die katholisch-theologische Fakultät in München geschlossen.[11] Das Unerträgliche in solchen Fällen ist, daß die Öffentlichkeit natürlich nur die eine Seite zu Gehör bekommt. Nach der italienischen offiziösen Presse zu schließen, will Ciano einen milden religiösen Papst, vermutlich um eine Verständigung mit dem Dritten Reich zu ermöglichen.

Außenpolitisch ziemliche Bewegung, einerseits durch die Einnahme Barcelonas und damit Näherrücken eines Endes des Bürgerkriegs,[12] andererseits durch ein offenbares Stocken des japanischen Vormarsches in China, aber gleichzeitiges Besetzen von Hainan. In Spanien hat ein deutliches Konspirieren von Franco mit den Engländern stattgefunden, welch letztere unter allen Umständen eine Besetzung Menorcas durch Italiener verhindern wollten und verhindert haben. Folge: von Franco nicht autorisierte Fliegerangriffe der Italiener von Mallorca aus auf Mahon. Die Dinge komplizieren sich dort offensichtlich.

In China gehen manche Anzeichen dahin, daß die Japaner ein südliches Rumpfchina unter Tschiang Kai-schek schließlich doch dulden und ihrerseits nur den Rest, aber diesen fest in die Hand nehmen könnten. Das wäre nach Wolfs [Tirpitz] Ansicht eine Art partie remise mit in the long run besseren Chancen für die Chinesen.

[...]

25. 2. 39.
Es zeichnet sich mehr und mehr ab, daß England und Frankreich die Taktik verfolgen, durch höchst gesteigerte Rüstungen und gleichzeitige Solidaritätserklärungen [6. 2. 39] einen „Friedensdruck" auf die Totalitären auszuüben; sie scheinen an den Erfolg zu glauben – gleichzeitig versucht England, zur wirtschaftspolitischen Verständigung mit Deutschland zu kommen.[13] Der „Temps" sagt zu letzterem, nicht ganz mit Unrecht vom Ententestandpunkt, daß England aufpassen möge, nicht durch wirtschaftliche Hilfe die deutsche Rüstungskapazität zu steigern.

Roosevelt verfolgt eine etwas andere Methode, die allerdings zu einem hohen Prozentsatz inner-, das heißt wahlpolitischen Charakter hat, nämlich den unvermeidlichen Krieg mit den angriffslustigen Totalitären an die Wand zu malen.

Nach der „Volksstimme", das heißt zum Beispiel meinem etwas schwatzhaften Friseur zu urteilen, geht die Stimmung bei uns reißend bergab. Es würde auch von hohen Parteifunktionären in einer Tonart und mit einer Unbekümmertheit geschimpft, die unerhört seien. Ich fragte: „Worüber denn hauptsächlich?" Antwort: „Über alles!" Vor allem sei „Joseph" [Goebbels] der Stein des Anstoßes. Aber überhaupt das Neben- und Gegeneinander von Partei und Staat ginge nicht so weiter. Dann das Auftreten der Bonzen, unter ihnen auch wieder Goebbels an der Spitze. [. . .]

Ernster zu nehmen Erzählungen von Rommel (Assessor bei der „Allianz") gestern abend. Er betreibt besonders die Versicherung der Kommunalbeamten gegen Folgen von dienstlichen Fehlgriffen und reist dauernd bei den Gemeindeverwaltungen umher. Es sei unglaublich, was ihm dort schon in den ersten fünf Minuten über die Zustände, vor allem in finanzieller Hinsicht, erzählt würde, oft von alten Kämpfern. Auf dem Lande sehe es, vor allem wegen des Mangels an Arbeitskräften, ganz trostlos aus. Er wisse von einem Teilnehmer, daß Darré bei einer Tagung des bayerischen Landesbauernrats, als er auf die sachlichen Klagen der Bauern nur dumme Sprüche gemacht hätte, schwer verprügelt worden sei! [. . .]

1. 3. 39.
In der kritischen wirtschaftlichen Lage nach Schachts Abgang ist nun die Reichsbank glücklich ohne Leitung: Brinkmann, den Schacht der Felonie beschuldigt, hat einen Nervenzusammenbruch erlitten und ist bis auf weiteres auf Urlaub. [. . .]

Widenmann behauptete zu wissen, daß Ribbentrop in Warschau mit seinen Vorschlägen völlig abgefallen sei. Dann hätten also die Polen doch nicht, wie Weizsäcker glaubte, „Tinte gesoffen". Es wäre interessant zu wissen, ob Ciano sich auf der Fahrt nach Warschau (weder hin, noch zurück) in Deutschland nicht aufgehalten hat, weil die Italiener im Trüben fischen wollen *oder* weil er den deutschen Auftrag kaschieren wollte.[14]

22. 3. 39.
Die mir im Januar schon von Weizsäcker als bevorstehend bezeichnete Aktion gegen die Tschechei hat nun stattgefunden, glänzend durchgeführt, zur völligen Überraschung der Welt, die entsetzt den Mund aufsperrt. Ein äußerer Erfolg ohnegleichen. Trotzdem wird mir angst und bange dabei. Es ist der erste Fall offenbarer Hybris, das Überschreiten aller Grenzen, zugleich jedes Anstands. Letzteres zum Beispiel durch den Golddiebstahl dokumentiert, eine Verletzung materiell aller bisher verkündeten und aller gesunden nationalen Grundsätze, formell aller Regeln von Treu und Glauben. Duff Cooper: „Dreimal meineidiger Verräter!"[15] Auch wenn unmittelbar alles gut geht, glaube ich nicht, daß diese Sache auf die Dauer anders als unheilvoll ausgehen kann.

England reagiert am stärksten und scheint eine feste Abwehrfront gegen uns schmieden zu wollen. Aber da der Wille zum Letzten überall fehlt, worauf eben Hitler baut, wird wohl nichts passieren. Aber der Punkt ist überschritten, an dem Talleyrand Napoleon verließ.

Das Gold war ihm wohl sehr nötig, kann aber nur vorübergehend helfen. Es ist fast tragikomisch, daß Brinkmann einen Nervenzusammenbruch erlitten hat, die Reichsbank also in diesem Augenblick ohne wirkliche Leitung ist. Schacht wird von Nemesis sprechen. Brinkmann soll in einer Bar gefunden worden sein, das Orchester dirigierend. Auch scheint er allen Lehrlingen tausend Mark Monatslohn zugesprochen und andere Verfügungen in Versen getroffen zu haben.

Stapelauffrage überraschenderweise dahin erledigt, daß Ilse taufen soll. Also doch!
[...]

Ebenhausen, 3. 4. 39.
Vom 25. 3. bis gestern in Berlin bzw. Wilhelmshaven, zuerst zur Einsegnung von Alfred Tirpitz, dann zu Besprechungen in Berlin, schließlich zum Stapellauf des „Tirpitz". – Einsegnung recht eindrucksvoll durch Gollwitzer (statt Niemöller), der mir gut gefiel. Verschiedentlich Hinweise auf den armen Niemöller und die sonstigen Opfer; Frau Niemöller kam nachher kurz zu Tirpitzens, wo der alte [Professor] Sering in voller Pracht gegen unsere politischen Methoden sprühte, während Frau v. Keudell, die intellektuelle Städterin, mehr Nazi ist, als mit ihrer Natur auch nur annähernd vereinbar. Ihr Mann schwankendes Rohr. Am Vorabend mit E[rika] Rheinbaben in einem nicht erschütternden französischen Film: sie meinte, im allgemeinen sei doch alles entsetzt über den Gang der Dinge, der als unheimlich empfunden werde. Am Abend nach der Einsegnung bei Kamekes. Er war völlig verzweifelt über die mutwillige Zerstörung aller ethischen Werte und Einrichtungen ad majorem gloriam der Gleichschaltung. Beispiel: die sinnlose und in Wahrheit ersatzlose Vernichtung der Bahnhofsmission zugunsten der NSV. Widerstand aller Stellen, die sämtlich die Gefährlichkeit dieser Operationen erkennen, höchst

schwächlich. Sobald Heß bzw. sein Stab befiehlt, bricht alles zusammen. Kameke sagte, das Leben beginne für jeden empfindsamen Menschen ganz unerträglich zu werden. Er klammert sich in mir unbegreiflicher Weise an astrologische Vorhersagen eines baldigen Endes.

Der trotz aller Widerstände durchgesetzte Vertrag mit Rumänien [23. 3. 39] (und die Memelsache) haben in Deutschland begreiflichen Eindruck gemacht und bei manchen die durch die Tschechensache ausgelöste Sorge wieder zurückgedrängt. Aber abgesehen davon, daß der Vertrag mit Rumänien zunächst nur ein Rahmen ist — allerdings ein schöner —, wird immer klarer, daß grade diese beiden Ereignisse (Rumänien und Memel) im ganzen Osten noch alarmierender gewirkt haben als die Tschechensache. Die Sowjets und Polen sind stärker an den Westen herangerückt, nachdem Stalin noch vor kurzem sich als Feind der westlichen Kapitalisten gebärdet hatte, von denen er sich nicht mit Deutschland auseinanderhetzen lassen werde, am allerwenigsten durch ein leeres Gespenst wie die angeblichen deutschen Ukrainepläne.[16] In Polen wächst die Angst vor uns rapide, und England hat, entgegen aller Tradition, eine Art Garantie an Polen gegeben [31. 3. 39], die dies veranlassen kann, in die Front gegen Deutschland einzuschwenken (typisch für die Engländer ist aber wieder, daß die „Times" sofort einen einschränkenden Kommentar lieferte).[17] Bedenkt man, daß wie auch Fey [Tochter] aus Italien schreibt, dort die Stimmung gegen uns fast wieder wie 1934 ist, so muß man die Entwicklung als sehr bedrohlich ansehen. Keitel, um das vorwegzunehmen, bestätigte mir beim Frühstück auf der „Scharnhorst" die starke Verschnupfung in Italien, einmal, weil wir angeblich Italiens Einfluß in Jugoslawien auszuschalten suchten (was ganz unwahr sei), sodann, weil die Tschechensache sie doch sehr überraschend getroffen und unheimlich berührt habe. Ley, mit dem ich auch über die Stimmung in Italien sprach, wo er vor kurzem gewesen war, wollte das mit fadenscheinigen Gründen nicht wahrhaben; er machte mir wieder einen sehr üblen Eindruck. Keitel erzählte übrigens noch, daß Wohlthat aus Rumänien außer dem Rahmenvertrag noch geheime Zusagen mitgebracht habe.[18]

Montag, den 27., traf ich bei Schwendemann, mit dem ich über meine Spanienfahrt sprach, Kiep, der grade aus England (Überwachungs-Kommission über den spanischen Handel, die natürlich aufgeflogen ist) zurückkam. Er war sehr stark beeindruckt durch die völlig ausnahmslos rabiat antideutsche Stimmung. Nach seiner Ansicht sind die E[ngländer] nichts weniger als dekadent und schlapp, sondern fest entschlossen, mit dem Nachgeben Schluß zu machen. Es fragt sich nur immer, ob sie militärisch so weit sind, wirklich losschlagen zu können, wenn Deutschland wieder aggressiv wird.

[. . .]

Abends sehr reizende Aufführung von „Madame sans Gêne" (Käthe

Dorsch).[19] Ilse Göring war durch die äußeren Erfolge doch beeindruckt und eher positiver. Sie meinte, Hermann sei während der Tschechensache von Hitler persönlich ganz auf dem laufenden gehalten worden und habe das Vorgehen voll gebilligt. Für Ilse Göring ist der Teufel Heydrich. Alles übrige sei zu ertragen: Himmler selbst sei gänzlich unbedeutend und im Grunde harmlos.

Dienstag, den 28. Nach der spanischen Stunde (!) Besuch bei Canaris, der im Begriff stand, nach Spanien zu fliegen. Ich habe ihn über meine Pläne unterrichtet, und er will mit Franco usw. sprechen. – Dann bei Raeder. [...] Auf meine Frage, ob Hitler, bei seinem Vorschlag Ilses, Widerstand gezeigt habe, meinte er, nein, aber er habe gemerkt, daß da etwas sei. Wenn er, Raeder, sie nicht sofort vorgeschlagen habe, so sei das so zu erklären, daß er gehört habe, an meinem Abgang sei sie irgendwie auch beteiligt; Näheres wisse er nicht. Ich habe ihn ins Bild gesetzt. Bei der ganzen Geschichte sehe ich noch nicht ganz durch.

Frühstück im Conti mit Popitz, Heinrici, Sybel, der aus dem Konzentrationslager heraus ist und so wie ein vom Urlaub Zurückgekehrter nun wieder fröhlich mit dem preußischen Finanzminister speiste! Tischbein, Kempner, Planck. Allgemeines Entsetzen über die jammervolle Rolle [Schwerin-]Krosigks bei dem neuen Finanzplan. Planck machte einen recht klugen Eindruck, ein Mann, mit dem etwas anzufangen ist. Er erzählte, daß er Brinkmann im Sanatorium besucht habe. Dieser habe ihn abgeholt und dann am Auto gesagt, er bäte, ihn noch kurz zu entschuldigen, da er gewöhnt sei, noch einen Habicht und einen Sperber zu schießen.[20]

4. 4. 39.
Am Mittwoch, dem 29. [...] wegen Spanien bei Ullo Osten in der Abwehrabteilung, wo ich auch Fritz Rüggeberg (Barcelona) traf, der nach Ausscheiden aus der I.G. [Farben] dort arbeitet. Sie orientierten mich gut über Spanien. Besprechungen im Auswärtigen Amt während dieser Tage mit den Referenten Schwendemann und Sabath sowie Wiehl und Weizsäcker über meine Spanienfahrt. [...][21]

Frühstück bei Weizsäckers. Magaz mit Tochter, Schuberts; Kamphöveners (nette Frau). [...] Ich vergaß, daß nachmittags Düring bei mir war [...][22] und dann der Historiker Peter Rassow – voller Sorgen. Mittwochnachmittag besuchte mich übrigens Wirths von der „Deutschen Zukunft" und bat um Mitarbeit. Es ist typisch für die innere Unwahrheit unserer Verhältnisse, daß er, dessen Blatt hundertprozentig schreibt, hundertprozentig kritisch war.

Freitag früh ab nach Wilhelmshaven. Widenmann und ich trafen Ilse, Almuth, Dieter auf dem Lehrter Bahnhof, dazu den ganzen Schwung alter Seeoffiziere, viele alte Freunde.

5. 4. 39.
Es versteht sich, daß wir alle nur mit halber Freude nach Wilhelmshaven fuhren.[23] Die Lage ist so, daß Hitler mit seinen letzten Aktionen uns absolut in die Rolle des „Menschenfeindes" manövriert hat. Jeder neue Schritt — und es ist psychologisch unwahrscheinlich, daß wir auf die Dauer ruhig bleiben — kann die Katastrophe herbeiführen. Der „Tirpitz"-Stapellauf steht so in dem Zeichen erklärter Feindschaft gegen England, was die Tirpitzsche Politik falsch interpretieren und zu Unrecht ausnutzen heißt. [...]

Von den Fahrgästen des Zuges und überhaupt Teilnehmern am Stapellauf zu erwähnen: [...] Souchon, mit dem ich Erinnerungen an Genua 1914 (wo er beim Frühstück auf König Umberto! trank)[24] austauschte; Reuter, ein reizender Mann; [...] Seebohm voller Humor und zugleich bitteren Spotts über die Partei. Als outsider fuhr Dieckhoff mit; ich aß mit ihm auf der Rückfahrt zu Abend. Er hat vorläufig keine Aussicht, nach Washington zurückzukehren. Ich fragte ihn nach den amerikanisch-deutschen Pro-Nazikundgebungen, denen er jede Bedeutung absprach. Sehr witzig und unterhaltsam der österreichische General Bardolff und Minister Glaise-Horstenau, beide in preußischer Generalsuniform, in der sie sich gegenseitig erstaunt-belustigt musterten. Die österreichische Leichtigkeit, die beide besitzen, ist ein Element, das dem „Altreich" recht nützlich sein könnte. [...] Im Hotel sahen wir unseren alten Freund Pecori aus Rom. Abends großes Essen im Kasino, gegeben vom Kommandierenden Admiral der Station [Nordsee], Saalwächter, neben dem Ilse saß. Wie die meisten Seeoffiziere sehr stramm „pro", begeistert über die Machtpolitik. Ich saß neben der Frau des Oberwerftdirektors v. Nordeck geb. Arnim und meinem alten Ostasiengenossen Admiral Goehle. [...]

Am 1. herrliches Wetter, so daß der Stapellauf, der technisch wegen der Enge des Bassins schwierig war, aber tadellos glückte, ein fabelhaftes Schauspiel war. Das Gros der Ehrengäste stand auf der Tribüne unter der Kanzel, Ilse bei H[itler] (mit Raeder, Brauchitsch, Oberwerftdirektor) auf der Taufkanzel, von der auch Trotha sprach. [...] — Ilse machte ihre Sache glänzend, und das Wort „Tirpitz" kam schmetternd heraus, so daß ich ihr nachher zur Freude der Versammlung einen Kuß geben mußte. H[itler] war betont liebenswürdig zu ihr, küßte ihr viermal die Hand. Unterhaltung über Seerüstung und dergleichen.

[...] Um 2.30 [Uhr] Herrenfrühstück auf „Scharnhorst". Ich unterhielt mich vorher mit Himmler über unseren früheren Chauffeur Schuhknecht, der bei ihm hinausgeflogen ist. Schuhknechts Darstellung, die wenig schmeichelhaft für Herrn und Frau Himmler ist, kennen wir.[24a] Himmler zeigte sich gar nicht sehr „volksgemeinschaftlich", sondern biß sehr den Herrschaftsstandpunkt heraus. Interessant war, daß er, der oberste Chef der Gestapo, mir zu erzählen wagte, Schuhknecht habe über uns aus der Schule plaudern wollen; da sei er aber bei ihm an den Rechten gekommen; sowas lehne er absolut ab. „Der Mann soll bei mir servieren, aber nicht von seiner früheren Herrschaft schwatzen!" Ich saß zwischen Keitel und Reuter, gegenüber Brauchitsch, der sehr freundschaftlich war. [...]

Ley mißfiel mir wieder im höchsten Grade. Von der Unterhaltung H[itler]s hörte ich nicht viel. Alle waren erschüttert über den Eindruck seiner Umgebung: Hoffmann, Brückner usw. Die Sache war ohne Herzenstakt gemacht. Er kam, grüßte, setzte sich, sprach mit seinen Nachbarn und verschwand, wie er gekommen war. Mit keinem der von weither gekommenen alten Offiziere sprach er ein Wort oder sah ihnen auch nur ins Auge.

[Im Mai 1939 Spanienreise für die Münchner Rückversicherung].

Ebenhausen, 30. 5. 39. Fahrt nach Berlin und Hannover, Mai 1939. Ankunft am Montag, dem 22. abends. Mir fiel unterwegs mit Schrecken ein, daß Ciano noch in Berlin war, ausgerechnet im Adlon. Der frühere Botschafter in Rom schlich sich also wie der Dieb in der Nacht nach Berlin hinein, um ja Ciano und seinen Leuten nicht zu begegnen. Diese waren grade schon nach Dahlem zu Ribbentrop abmarschiert. Von dem Monsterbankett, das dort in Ribbentrops Villa, das heißt im Garten in Riesenzelten unter phantastischem Aufwand besonders an Blumen, gegeben wurde, erzählte mir am Dienstag Ilse Göring, ebenso von dem für uns nicht erstaunlichen unministerlichen Benehmen Cianos dabei. Da der programmäßige Frühling ausgeblieben war, mußten Hunderte von elektrischen Öfen für die Erwärmung sorgen.

Detalmo Pirzio Biroli, der als Verehrer von Fey uns hier einige Tage besucht hat, erzählte Wunderdinge von der schlechten Stimmung in Italien, sowohl in innerpolitischer Beziehung wie uns gegenüber. [...] Es scheint, daß besonders das Vorhandensein zahlreicher Deutscher, vor allem Gestapoleute, Flugtechniker usw., Ärger erregt, aber nur als Symptom. Die Hauptsache ist natürlich das beobachtete völlige Einschwenken Mussolinis in unser Kielwasser. Scherzwort: „Si staba meglio sotto Mussolini".[25] Man fürchtet den Krieg. Einige Hoffnung setzt man noch, grade wegen des soeben geschlossenen Bündnisses, auf eine gewisse Bremswirkung Mussolinis, der wohl wissen werde, daß Italien weder militärisch noch materiell noch moralisch einen Weltkrieg durchfechten könne. Detalmo Pirzio Biroli macht auf Grund eigener Erfahrungen als Reserveoffizier erstaunliche Beschreibungen vom schlechten Zustande der Armee, sowohl bezüglich Ausrüstung wie der Indolenz und Unfähigkeit der Durchschnittsoffiziere. Er behauptet, daß im Faschismus zwei Richtungen im Kampfe liegen, eine „gute", zur Zeit kaltgestellte (Grandi, Balbo, de Vecchi, de Bono), und eine „böse" — herrschende — (Ciano, Starace, Farinacci). Mussolini gerate mehr und mehr unter Cianos Einfluß und werde selbst durch Frau Petacci gefesselt.

[Dienstag, 23. 5.] [. . .] Gegen Mittag besuchte mich Wilmowsky. Er behauptet, sein Gedanke, mich für die deutsche Wirtschaft im Südosten zentral einzuschalten, habe jetzt nach anfänglich sehr schlechten Aussichten erheblich mehr Wahrscheinlichkeit. Leider sei Ilgner, der bei I.G. [Farben] dafür maßgebende Mann, wieder krank. — Wilmowsky sah die wirtschaftliche Lage nach wie vor als unerträglich gespannt an. In der Kirchensache hat er sich weiter bemüht, nachdem sein Vermittlungsvorschlag zunächst im Schubkasten Kerrls verschwunden war; es sähe jetzt dafür etwas besser aus: die Godesberger Erklärung der Deutschen Christen[26] werde weitgehend als Fehlschlag empfunden. Ich kann seine Hoffnungen nicht teilen und sehe für die evangelische Kirche sehr schwarz. Man *will* sie erdrosseln.

Frühstück bei Frau v. Weizsäcker mit Gundi und Carl Friedrich. Er war nicht da. [. . .] Ich besuchte ihn selbst nachmittags. [. . .] W[eizsäcker] wirkte alt und angegriffen. Im Vordergrund steht für ihn die Tendenz, einen Krieg zu vermeiden. In dieser Hinsicht ist er jetzt optimistischer. Hat die englisch-amerikanische Aktion, so sonderbar und ungeschickt sie im einzelnen angesetzt war, doch den Erfolg gehabt, unsere Leute zur Vorsicht zu veranlassen? W. schien an ein Zustandekommen des englisch-französischen Bündnisses mit Sowjetrußland noch nicht recht zu glauben. Japan zeigt sich seinerseits bisher wenig geneigt, stärkere Bindungen uns und Italien gegenüber zu übernehmen. [. . .]

Mittwoch früh 1 Uhr Frühstück mit Kameke. Er hat eine Kur gebraucht, die auch seine Nerven aufgebessert hat. Das hindert nicht, daß er tief unglücklich über die innere, vor allem die geistige und kirchliche Entwicklung ist. Ein noch bestehender Faktor nach dem anderen werde zerschlagen. Ich sah übrigens Weiber — so muß man sagen — vom NS-Bahnhofsdienst, die die brave Bahnhofsmission ersetzen sollen und die Grauen erregen können, so schludrig und wenig Vertrauen erweckend wirkten sie.

Gegen Mittag besuchte ich Henderson. Der arme Kerl erzählte, daß er Krebs im Munde gehabt habe, hoffte aber durch Radiumnadeln gerettet zu sein.[27] Politisch ist er natürlich sehr geschlagen. Man wirft ihm in England vor, daß er sich von uns an der Nase habe herumführen lassen. Es ist begreiflich, daß er über Hitlers Wortbruch sehr hart sprach: jedem einzelnen Wort, das er in Berchtesgaden, Godesberg und München gesprochen, habe er zuwidergehandelt. Jeder Kredit sei zerstört. Auch glaube er, daß das Einstecken der Tschechei auch sachlich ein schwerer Fehler vom deutschen Standpunkt aus sei. Natürlich hatte er auch die überall durchsickernden Nachrichten über die zunehmenden Spannungen in der Tschechei, die brutale Unterdrückungspolitik Franks und die Ohnmacht Neuraths erhalten. (Übrigens ist auch in Österreich Seyß-Inquart gänzlich kaltgestellt). Ich äußerte Zweifel an der Zweckmäßigkeit der englischen Politik, die mir nach dem 15. 3. etwas die Ruhe verloren zu haben

scheine, und kritisierte vor allem die Verbindung mit den Sowjets, die Englands moralische Position schwäche. Mir schien, daß Henderson dabei auch gar nicht wohl war, aber er meinte, England habe keinen anderen Ausweg gehabt, um Hitler Halt zu gebieten. Im übrigen äußerte er die Ansicht, daß noch immer eine deutsch-englische Verständigung möglich sei, wenn wir nur wirklich wollten, was er bezweifelte. Ich empfahl ihm, einmal ernsthaft mit Göring zu sprechen.
[...]

31. 5. 39.
In Hannover sehr gemütlich bei Fontaines. Er erzählte von den Schwierigkeiten heutiger Wirtschaftsführung. Überall stößt man sich an einengenden Vorschriften, braucht Genehmigungen, plagt sich mit der immer rigoroser werdenden Besteuerung usw. Ein ungeheurer Aufwand für unproduktive Arbeit und entsprechender Leerlauf. — In der Justiz stürmischer Rückgang der Prozesse, aber nicht aus erfreulichen Gründen, sondern weil in einem immer größeren Prozentsatz aller Sachen Staat oder Partei beteiligt sind, gegen die zu prozessieren hoffnungslos ist.
[...]
Am Freitag 2. 6. zuerst nach Nienburg gefahren, dort von Fritz Bodelschwingh in seinem kleinen Auto nach seiner Pfarre Schlüsselburg. [...] F[ritz] B[odelschwingh] machte eine trostlose Beschreibung vom Zustande der Kirche, die in sich uneinig, vom nationalsozialistischen Staate allmählich erdrosselt wird. Führung fehlt. Ich fragte nach dem Onkel,[28] der auch, so vortrefflich er ist, keine Handhabe mehr sieht. Bodelschwingh und seine Gesinnungsgenossen sehen nur noch den Weg unverdrossener, treuer Gemeindearbeit und Fühlung mit gleichgesinnten Amtsbrüdern. Aber wie lange wird man das noch zulassen und wo bleibt das Ganze? Soll das Ergebnis eine Katakombensekte sein? *In* der Gemeinde natürlich auch schon Denunziationen usw. Einmal hat er schon „gesessen", und im Anschluß an das Schließen der Betheler Akademie hat man bei ihm Haussuchung gemacht.
Über die politische Stimmung sagte er, vorherrschend werde immer mehr völlige Gleichgültigkeit der nicht persönlich am Regime Interessierten. Die Hauptnazis seien überall die alten Sozialisten und Kommunisten, mit natürlich in Wahrheit unveränderter Gesinnung. Hauptziel: ihr Mütchen an den Besitzenden kühlen.
[...]

20. 6. 39.
Schlagendes Beispiel für die zitternde Angst der deutschen Schriftleiter sind die Streichungen in meinem Spanienartikel.[29] Herr Wirths denkt genau wie jeder nicht ganz benebelte Mensch und komponiert die „Deutsche Zukunft", als wäre Goebbels der Chefredakteur. In meinem Aufsatz

sind sorgfältig die wenigen Rosinen, die ich unter dem Zwang der Verhältnisse nur drin gelassen hatte, herausgebohrt worden, alles Stellen, bei denen eine kühne Phantasie irgend etwas Ähnliches wie einen selbständigen Gedanken herauslesen könnte; auch alles, was nach leiser Kritik an Franco oder nach einem Vergleich mit den Nationalsozialisten schmecken könnte.

Immer stärkere Spannung in der Tschechei: Neurath ohnmächtig. Ein „Oberlandrat" (mein K[orps]br[uder] Watter) hat anschaulich die üblen Zustände an Schmoller geschildert. Für alles gibt [es] zwei Behörden, von denen die eine, die tschechische, froh sein darf, wenn sie nicht von der andern verhaftet wird. Dort und in Österreich entsteht dank der brutalen Naziherrschaft wieder der alte süddeutsche Begriff des „Preiß", den man haßt, obwohl das alte, echte Preußentum nichts mit der Sache zu tun hat. Bezeichnende Geschichtchen: Zwei Österreicher in Wien im Café, erster: „Hm". Zweiter nach langer Kunstpause: „Hm". Erster nochmals: „Hm". Zweiter: „No, die Türken sind wir halt auch los geworden." Ebenfalls in Wien: Eine alte Frau, ein über die Straße gespanntes Transparent betrachtend: „Ich kann halt nöt lesen, was da steht!" Ein SS-Mann: „Da steht: ,wir sind frei geworden!'" Die Frau: „Ach, sind die Preiß wieder fort?"

Wilde Rede von Goebbels in Danzig:[30] Auftakt zur Gewaltlösung oder vorläufig Bluff?

Internationale Lage immer gespannter. Die englische Politik wirkt wie ein Greis, der sich nicht zu helfen weiß. Während die Sowjets in Erkenntnis dieser Lage Erpressung treiben und England im verzweifelten Streben, einen Pakt in den Hafen zu bringen, eine Position nach der anderen preisgibt, behandeln die Japaner, vermutlich in Kooperation mit Deutschland und Italien, das große britische Reich, wie früher eine Großmacht Haiti zu behandeln pflegte.

Ribbentrop nach allen Nachrichten bei H[itler] der einflußreichste Mann.

In Deutschland nimmt die Überspannung der Kräfte täglich zu. Gestern Vortrag des rumänischen Deutschtumführers Fabritius[31] vor geladenem Kreise (Partei und VDA [Volksbund für das Deutschtum im Ausland]). Von der praktischen Arbeit der Volksgruppe und ihrem Kampf erzählte er leider nur wenig. *Was* er *darüber* sagte, war verständig und ganz interessant. Er warnte sehr scharf vor der falschen Erziehung, die man den zur Schulung ins Reich geholten jungen Deutschen zuteil werden lasse. Wenn man fortfahre, sie an viel zu große Verhältnisse und Vorstellungen zu gewöhnen, statt sie zu einfachen, spartanischen Bauern zu erziehen, so werde man mehr schaden als nützen. Auch die Notwendigkeit, den Kirchenkampf zu vermeiden, betonte er stark. Die Volkstumsarbeit baue gradezu auf den Einrichtungen der evangelischen Kirche auf. Diese sei jetzt ein Herz und eine Seele mit der nationalsozialistischen Volkstumsführung, Bischof Glondys Parteigenosse.[32] Mitten drin glitt Fabritius dann wieder grotesk aus, wenn er sagte: Wir sind jetzt so stark in der evangelischen Kirche, daß wir, wenn wir wollten, ganz nach Belieben evangelische, katholische oder jüdische Messen lesen lassen könnten! Hinsichtlich der katholischen Kirche war er kritischer. Immerhin machte er die ganz lustige abschließende Bemerkung: „Meine Herren, wir wollen ja in Rumänien gar nicht alles allein machen. Bringen Sie doch erst einmal im Reich die Kirchenfrage in Ordnung, dann werden wir schon folgen!"

Die Hauptsache in seinem Vortrag war aber der politische Teil, und der war schlimmste milchmädchen-imperialistische Demagogie. Das einzige, worauf es ankomme, sei dem deutschen Volk, dessen Einheit ohne Rücksicht auf Grenzen Adolf Hitler als erster verkündet habe, den nötigen Raum zu schaffen, sowohl aus militärischen wie aus wirtschaftlichen Gründen. Auf die verschiedenen Völker im Donaubecken könne dabei keine Rücksicht genommen werden. Nach dem alten österreichischen System der Militärgrenze aus siedelnden Soldaten müsse man die einzelnen Inseln des deutschen Volkstums durch Dämme verbinden. Das „Brackwasser", das in den so entstehenden Bassins entstände, müsse man dann eben „ausschöpfen". Vor Umsiedlung solle man keine Angst haben – die Ungarn verdienten keine Rücksicht [. . .]. Die „Eiserne" [Garde] sei erledigt: statt auf Ideen sei sie auf einen Mann (hört, hört) eingeschworen gewesen, und so sei der Gegenschlag einfach gewesen. Calinescu nannte er den „Tschekameister" des Königs. Vom deutschen Standpunkt aus sei es gut, daß die Bewegung tot sei. Alles, was Ungarn, Rumänien usw. stärken oder gesund machen könnte, sei uns schädlich und müßte von uns verhindert werden. Auch wirtschaftlich sollten wir nur ja keine Illusionen haben; so lange unsere Unterhändler da seien, ginge alles prachtvoll. Nachher würden wir doch betrogen.

Ich möchte wohl wissen, wie dieser Paroxysmus, der auf zum Teil richtigen, tatsächlichen Unterlagen ein politisches Gebäude aus Papiermaché aufrichtet, gegen das die „Alldeutschen" Realpolitiker waren, auf die zum großen Teil urteilslosen Zuhörer gewirkt hat. Ich glaube verheerend.

Nachher saß ich noch mit dem netten, klugen Berthold (VDA), Fabritius und dem Lehrer Florian Krämer aus Veprovac in Jugoslawien (seines Bruders Jakob Sohn ist mein Patenkind) zusammen. F. war jetzt der ruhigste, vernünftigste Mann. Als er fortgegangen war, fragte ich B., wie der agitatorische Teil der Rede zu erklären sei, worauf er sagte: „Ganz einfach! F. war eine Woche in Berlin und dauernd unter der Dusche von Himmler, Lorenz usw." Ich kann mir das gut vorstellen: der kämpfende Auslandsdeutsche ist *natürlich* begeistert, wenn man ihm erzählt, man werde das ganze Land bis zu den Karpathen und zur Donau einstecken und die Deutschen zu Herren des Landes machen.[33] Man fragt sich nur, ob Himmler, Lorenz usw. diesen armen Kerls blauen Dunst vormachen oder selbst wirklich solchen wilden Imperialismus betreiben. Für letzteres sprechen die meisten Anzeichen. Berthold sah die Dinge natürlich viel nüchterner an, wenn auch immerhin nicht ohne geheime Hoffnung, daß alles doch so kommen würde. Er mag sogar recht haben, daß, wenn die Dinge so weitergehen wie bisher, eine solche ausgreifende deutsche Eroberungspolitik *möglich* ist. Aber auf die Dauer gut gehen kann sie nicht. Dabei haben wir immer noch alle Chancen, bei vernünftiger Politik die Vormacht in dem ganzen Gebiet zu werden, *ohne* die fremden Volkstümer zu zerstören oder zu haßerfüllten Sklaven zu machen. [. . .]

Berthold und Krämer berichteten, daß offensichtlich Deutschland Slowenien und Kroatien den Italienern als Einflußgebiet überlassen habe. Diese träfen alle Vorbereitungen, um dort aufs Ganze zu gehen. Also: Liquidierung von Jugoslawien. Ob [Prinzregent] Paul[34] in Berlin eine Umstellung erreicht hat, ist die Frage. B. und K. behaupteten, wir hätten vergeblich versucht, bei den Italienern Südsteiermark für uns zu retten, und erst recht sei keine Möglichkeit für Gottschee gewesen. Krämer bestätigte, daß die Serben jetzt einen glühenden Haß gegen die Deutschen empfänden. Der „Deutsche Tag" in Apatin habe durch Gendarmerie vor der Volkswut geschützt werden müssen. [. . .]

21. 6. 39.
Gestern abend suchten mich durch Vermittlung von Berthold (VDA) zwei Südtiroler Führer, Dr. Tinzl aus Schlanders und Franceschini, jetzt Reichsdeutscher, in Wien wohnhaft, auf.[35] Ich hatte ihnen sagen lassen, daß ich Privatmann und ohne Einfluß sei, sie bestanden aber darauf zu kommen, um sich auszusprechen und Rat zu holen. Ich finde die Lage grotesk, daß ich, der ich jahrelang und schon vor Rom nichts anderes getan habe, wie für die Zusammenarbeit mit Italien zu arbeiten, um dann mit dem lächerlichen Vorwurf, nicht genügend pro Achse zu sein, abberufen zu werden,[36] jetzt von den Südtirolern als Vertrauensmann behandelt werde. Es scheint mir ein Beweis für die Richtigkeit und Klarheit der von mir vertretenen Linie zu sein, daß ich während der Arbeit draußen keinen Augenblick das Vertrauen der Südtiroler eingebüßt habe. Sie verstanden die politische Notwendigkeit der Freundschaft mit Italien, die ich in der schlechten Zeit gegen alle verfochten habe, vertrauten aber darauf, daß ich nicht für zeitliche politische Kombinationen deutsches Volkstum opfern würde. Schließlich liegt die Sache ähnlich wie in Jugoslawien, wo ich das Gestrüpp auf dem Wege einer Annäherung zwischen Belgrad und Berlin ausgeräumt und das volle Vertrauen Alexanders I. gewonnen habe, ohne das der deutschen Volksgruppe einzubüßen.
[. . .]
F[ranceschini] und T[inzl] waren ganz zerbrochen über die Eindrücke in Deutschland. Auf Instruktion von „oben" wage überhaupt niemand mehr, mit ihnen sachlich zu sprechen. Obergruppenführer Lorenz, der Leiter der Volksdeutschen Mittelstelle, habe ihnen ausdrücklich erklärt,

er dürfe sich mit Südtirol nicht mehr befassen. Der einzige, der F. noch angehört hat, teils selbst, teils durch Gritzbach, ist Göring.[37] [. . .] Jetzt sei nun alles verschüttet, nachdem der reichsdeutsche Ortsgruppenleiter Kaufmann auf Befehl Ettels einen natürlich völlig abwegigen „Gepäckmarsch" mit der (reichsdeutschen) Ortsgruppe nach Meran veranstaltet habe und dabei verhaftet worden sei. Hitler habe über diesen Zwischenfall getobt, verlangt, daß niemand mehr auch nur das Wort Südtirol ausspreche und daß sofort alle Reichsdeutschen (vor allem natürlich Österreicher, zum Teil mit großen in Südtirol festgelegten Vermögenswerten) aus Südtirol herausgeholt und im übrigen die Umsiedlung der Südtiroler in die Wege geleitet würde. Eine Stelle, ausgerechnet in Innsbruck, sei bereits errichtet, besetzt mit Leuten, die die Verhältnisse überhaupt nicht kannten. Die Oberleitung sei Himmler übertragen, der die Sache mit Attolico unmittelbar durchführen solle, offenbar zwangsweise. Sie, die Südtiroler, könnten nicht einmal erfahren, wie verfahren werden solle. Es würde alles mit einer unglaublichen Oberflächlichkeit betrieben, zugleich mit einem die wilhelminische Zeit weit übertreffenden Byzantinismus.

F[ranceschini] fügte hinzu, am schlimmsten sei auf dem Gebiete Ribbentrop, der – ein Beweis seiner Unwissenheit – neulich in einer Unterhaltung mit Deutschen aus Slowenien, die die Südsteiermark retten wollten, erklärt habe, das sei unmöglich, weil er eben einen 25jährigen Pakt mit Slowenien geschlossen habe:[38] wobei er nämlich Slowenen und Slowaken verwechselte. F[ranceschini] und T[inzl] waren über die wilden imperialistischen Pläne, die Fabritius vorgestern verzapft hatte, schon im Bilde. Sie fürchteten, man wolle die Südtiroler in den Ostraum verfrachten. Nachdem Hitler das Volkstum als Basis proklamiert habe, habe er zunächst entgegen diesem laut verkündeten Grundsatz die Tschechei eingesteckt und opfere nun die deutschen Südtiroler. Die Wirkung auf das Gesamtdeutschtum außerhalb der Reichsgrenzen müsse furchtbar sein. Was sie selbst angehe, so würde ihnen nichts übrigbleiben, [als] sich von dieser Politik loszusagen und von sich aus ihr Selbstbestimmungsrecht in Anspruch [zu] nehmen, wobei sie, aus leicht ersichtlichen Motiven, die Zustimmung der Westmächte finden würden. Er, F., sei entschlossen, in Berlin, wo er zu Gritzbach vorzudringen hoffe, damit zu drohen.

Ich erzählte F[ranceschini] und T[inzl], daß ich schon vor einigen Jahren Göring in Rom, als er die Opferung der Südtiroler auf dem Altar der deutsch-italienischen Freundschaft ins Auge gefaßt habe, auf die grundsätzliche Bedeutung, das heißt auf die Wirkung auf die Volksdeutschen in der ganzen Welt hingewiesen hätte; das habe ihm damals sichtlich Eindruck gemacht. Ich selbst stände nach wie vor auf dem Standpunkt, daß die Südtiroler für die großpolitischen deutschen Interessen gewiß Opfer bringen müßten, daß man aber nicht für zeitliche politische Kombinationen eine solche Ausrottung des Volkstums in einem alten deutschen Lande vornehmen dürfe. So etwas sei vielleicht in der Türkei möglich, aber nicht in Tirol. [. . .] F. meinte noch, daß, wenn man nur die *freiwillige* Umsiedlung erleichtern würde, das schon bedauerlich genug, aber immerhin noch erträglich sei. Aber die *zwangsweise* Umsiedlung in Zusammenarbeit mit den italienischen Behörden sei doch unausdenkbar. Als ich T. und F. meine Erinnerung von 1920 an die „Italiener" deutscher Zunge erzählte, sagte T. bitter: „Jetzt ist es nun so weit, daß wir uns freuen würden, wenn wir Italiener blieben."

Ebenhausen, 23. 6. 39.
In den letzten Monaten dauernd unerfreuliche Berichte von Fey aus ihrem Arbeitslager bei Münnerstadt. Eine starre, törichte Führerin, die unsinnige Anforderungen stellt, die Gesundheit dadurch gefährdet und psychologisch dauernd fehlgreift. Alles hat in letzter Zeit aufgeatmet, als sie auf Urlaub war und eine vernünftige Unterführerin sie vertrat. Jetzt hat diese ein anderes Lager bekommen. Folge: völliges Durcheinander; außerdem sieht man dauernd in den Zimmern „Männerhosen". Das ist freilich noch nichts gegen Fälle, die heute Major Blattmann und der Maler Erbslöh erzählten. Ein Mädchen hat den Eltern aus dem Lager geschrieben: „Bitte, schlagt mich nicht, wenn ich mit einem Kind heimkomme, sonst zeige ich Euch an!" Ein anderes junges Mädchen hat aus einem Lager (Arbeits- oder Schulungs-) geschrieben, die Führerin habe einer Mutter mitgeteilt, zu ihrer Freude würden demnächst deren Tochter und fünf andere Mädchen aus dem Lager dem Führer ein Kind schenken.[39]

Man sieht, daß die Verwahrlosung immer größer wird. Außerdem aber sprechen immer mehr Anzeichen dafür, daß es oben anfängt zu rappeln. Die Bau- und Festwut ist jetzt so groß und die finanzielle Enge andererseits so fühlbar geworden, daß — man sollte es nicht für möglich halten — ein „Verein zur Förderung von Großveranstaltungen" gegründet worden ist, „der unserem Führer, der bisher großzügig alle diese Sachen bezahlte, diese Sorge abnehmen soll". Also eine neue Form der Erpressung anstelle unpopulärer Steuern. Bei dem früheren Staatssekretär von Kühlmann ist ein Werber in Uniform mit dickem Mercedes gewesen, Bruckmann ist schriftlich gepreßt worden, beide übrigens vergeblich. Beitrag jährlich 300 bis 500 Mark: Aufnahmegebühr 250 Mark oder so ähnlich. Statt jährlicher Beiträge auch einmalige Zahlung von mehreren tausend Mark erlaubt. Der Mann hat K[ühlmann] gesagt, er habe schon 1100 Mitglieder in Bayern geworben. Die Angst ist eben enorm. Bei dieser Finanzierung sind phantastische Dinge möglich. Ein zweites Haus der Kunst wird gegenüber dem ersten gebaut. Da sollen riesige Nachbildungen in Nymphenburger Porzellan von Wagen Platz finden, die der Führer im Festzuge der Kunst selbst begutachtet und als „künstlerisch wertvoll" qualifiziert hat. Die Manufaktur hat die Hände über diesem Auftrag gerungen. Ebenso soll eine drei Meter hohe, in Silber getriebene Minerva als bleibendes Zeugnis deutschen Kunstgewerbes angefertigt und dort aufgestellt werden.

Bei Bruckmanns gestern sehr lohnende Unterhaltung mit dem Herausgeber der „Weißen Blätter" Baron Guttenberg; ein kluger, klarer, mutiger Mann.[40] [. . .]

Ebenhausen, 4. 7. 39.

Der Erntehilfsdienst der Studenten, der durch die Überspannung aller Volkskräfte nötig geworden ist, hat erstaunlich offenen Widerstand gefunden, wenigstens bei den Münchnern und, wie man hört, auch den Heidelberger Studenten, die es satt sind, daß der ordentliche Arbeitsbetrieb immer illusorischer wird. Das Interessante an den Kundgebungen ist, daß so etwas überhaupt möglich ist, noch dazu ohne Organisation, die sich natürlich ausschließt. In einer Studentenversammlung ist der Parteiredner ausgepfiffen, in einer anderen sogar mit Eiern beworfen worden, mit folgendem Abschub von etwa zehn Studenten nach Dachau. Nachts sind in den Gängen der Universität Inschriften „Nieder mit Hitler" und Vergleiche mit Napoleon, dessen Herrschaft auch bald ein Ende genommen habe, angebracht worden.

Allgemeine Zunahme der nervösen Spannung und Angst vor dem Kriege, dem als Fatum entgegengesehen wird. Der Ton gegen England, vor allem in einem Goebbels-Artikel, spottet jeder Beschreibung. Man schämt sich als Deutscher.

Übers Wochenende mit Ilse und Hans-Dieter über Nürnberg und Bamberg nach der Salzburg bei Neustadt (Fränkische Saale) zu Guttenberg, zurück über Würzburg. Wunderbarer Mondscheinabend am Dom in Bamberg, der künstlich bestrahlt war. Im Garten der Residenz Rokokokonzert. Überall sehr reges, ernstes kirchliches Leben. [. . .]

G[uttenberg] und seine Frau, geb. Schwarzenberg, ausgezeichnete Leute. Zu Gast ihr Schwager Peter Revertera, einstiger nazi*freundlicher* Sicherheitsdirektor von Salzburg, jetzt zur Belohnung hier konfiniert,[41] eigentlich nördlich der „Mainlinie", die zu diesem Zwecke wieder aktiviert ist, durch besondere Gunst aber unmittelbar südlich bei seinem Schwippschwager. Er muß sich jeden zweiten Tag bei der Gendarmerie melden, die aber persönlich sehr nett sind und mit ihm zusammen schimpfen. Aus dem Bezirk darf er sich nicht rühren. Beschreibung des Zustandes in Österreich, wo die Gestapo kommandiert, finster. [. . .]

Sehr lohnende Unterhaltungen mit G[uttenberg] über seine „Weißen Blätter" und sich ergebende bescheidene Möglichkeiten. Abends kam noch aus der Nähe Gleichen (Ring) mit zweiter Frau, Hamburgerin, der ziemlich verworren Politik redete, und Gerd Finckenstein (Trossin) mit Frau. Mit letzterem am Morgen danach noch ganz nützliche Gespräche. [. . .]

Dieter erzählte zum Kapitel der unehelichen Kinder, daß er in einem pfälzischen Ort selbst die Bekanntmachung des Bürgermeisters gelesen habe, über einen ihm zur Verfügung stehenden Fonds, aus dem Mädchen, die dem Führer ein Kind schenken wollten, unterstützt werden können; sie und der Papa müssen sich vorher melden. „Wiederherstellung der Familie als sittliche Grundlage des Volkes!!"

Ebenhausen, 11. 7. 39.
Gestern Unterhaltung mit Prinz Konstantin [von Bayern]. Ausgezeichneter Eindruck. Seine Erzählungen aus dem Arbeitsdienst gehen dahin, daß er kaum einen hundertprozentigen Nationalsozialisten gefunden habe. Alles sei durch die Parteiherrschaft geärgert oder gelangweilt, schimpfe über die durch die Politik hervorgerufenen wirtschaftlichen Nöte und ersehne eine Änderung. Motive natürlich sehr verschiedenartig. Die meisten setzen die Hoffnung auf die Wehrmacht als einzigen intakten Faktor. Die Funktionäre führten öffentlich eine ganz andere Sprache als im Privaten, auch grade ihm als Prinzen gegenüber. Im übrigen seien alle Grade unter dem Feldmeister höchst minderwertig; für Geld, Essen, Autofahrten und dergleichen sei alles zu haben. Ein Monteur habe ihm gesagt, wenn nur Krieg käme, dann würde die Wehrmacht die Sache in die Hand bekommen. Jeder, der abgesägt werde, wie zum Beispiel Fritsch, habe sofort Position, weil man annehme, daß der Betreffende Selbständigkeit gezeigt habe.

Gerüchte wollen wissen, daß vor zehn Tagen ein coup gegen Danzig geplant gewesen, aber durch Göring und die Generäle gegen einen tobenden Hitler zu Fall gebracht worden sei.[42] [. . .]

Ebenhausen, 13. 7. 39.
Zum Tee bei Professor W. Goetz mit den früheren Ministern Hamm und Geßler. Erörterung der Notwendigkeit von Aufnahmestellungen für den Fall, daß die Geschichte schief geht. G[eßler] überzeugt, daß man für diesen Fall auf die Monarchie losgehen müsse. Aber wie? Von der Wehrmacht, so wie sie heute ist, erwartet G[eßler] nicht viel, da alle selbständigen Köpfe systematisch entfernt worden seien. Hammerstein, Fritsch und Beck seien auch im Mobilmachungsfalle für keine Kommandos vorgesehen. G[eßler] war mehrere Wochen in England und hat viele Leute von Bedeutung gesehen.[42a] Er hat den Eindruck, daß wir die Engländer wirklich aufgerüttelt haben. Sie seien jetzt entschlossen, es zur Entscheidung zu bringen, wenn wir noch irgendwo vorstoßen, haben allerdings immer noch eine leise Hoffnung, daß wir, durch ihr Sich-Aufraffen beeindruckt, nachgeben und uns verständigen würden. Wenn nicht, so sei man entschlossen, mit Hitler und seinen Leuten keinen Frieden zu machen. Besonders heftige Ausdrücke habe er über Göring gehört. Goebbels sei nach englischer Ansicht für sie nicht mit Gold zu bezahlen. [. . .] Die Briefe des früher als deutschfeindlich anerkannten, jetzt fälschlich als

deutschfreundlich geltenden King Hall würden auch in fremde Sprachen übersetzt und zum Beispiel nach Deutschland versandt. Goetz, Hamm und Geßler hatten welche bekommen (mit Rauschning-Zitaten; Rauschning ist verkürzt ins Englische übersetzt), H[amm] und G[eßler] haben sie vorsichtig sofort der Polizei übergeben! King Hall hat G[eßler] gesagt, das richtige System sei, wahre Tatsachen kurz zu berichten, dann könne man gelegentlich auch eine dicke Lüge dazwischen „plazieren". Unser (Goebbels') System, zu lügen und ab und zu dazwischen die Wahrheit zu sagen, sei verkehrt. — Der Kriegsplan ginge offenbar dahin, mit allen Kräften an den Alpen, zur See und in Afrika sich auf Italien zu stürzen (gegen Deutschland defensiv), diesen als schwach betrachteten Gegner zu vernichten und nach Sturz Mussolinis unter Erhaltung der Dynastie zum Sonderfrieden zu zwingen.

Ebenhausen, 18. 7. 39.
Durch ein merkwürdiges Zusammentreffen erschien ausgerechnet am Morgen nach meiner Unterhaltung mit Geßler der Goebbelssche Artikel über die King-Hall-Briefe.[43] Er stellt das Pöbelhafteste dar, was wohl jemals aus dem Munde eines deutschen Ministers geflossen ist. Man schämt sich, daß so etwas als Sprache des amtlichen Deutschland zu gelten hat. Inzwischen habe ich auf Umwegen den betreffenden King-Hall-Brief bekommen. Ich finde ihn durchaus schlecht. Um so unbegreiflicher erscheint die riesige Aufmachung des Großangriffs auf ihn. Die einzige Erklärung liegt in der Tendenz, jeden Tag etwas zu unternehmen, um das englische Prestige herabzuwürdigen. Viele Leute, auch Gebildete finden natürlich, „Goebbels habe es ihm tüchtig gegeben". — In London große Mosley-Versammlung, von der englischen Presse zwar nicht, wie in letzter Zeit meist, gänzlich totgeschwiegen, aber bagatellisiert. Die Frage ist, ob wirklich etwas dahinter ist. Sollte der Mann von uns bezahlt werden? In Paris sind deutsche Bestechungen in der französischen Presse herausgekommen, die die oft erstaunlich weiche Haltung französischer Zeitungen, auch des „Temps", erklären würden. [Kapitän] Scheibe war hier und erzählte, wie unerhört nach der Machtergreifung die formellsten Versprechungen an die Deutschnationale Partei gebrochen worden sind.[44] Das hat sie sich freilich selbst zuzuschreiben.

Ich erörtere mit Verlegern (auf die Anregung des Braunschweiger Vieweg) die Frage einer Tirpitz-Biographie.

Alles lebt in Kriegsfurcht. Zwischen Rußland und den Westmächten die alte Leier.

Ebenhausen, 22. 7. 39.
Vor einigen Tagen Bruckmanns bei uns. Angewidert durch den Goebbels-Artikel. Alles sei der vielen Feste und Fahnen überdrüssig. „All die roten Fetzen in der Ludwigstraße!" sagte Hitlers treueste Freundin, und *er*

meinte, am Tage des Festzuges der Kunst habe es „ihm so recht aus dem Herzen geregnet". Augenzeugen machen eine groteske Beschreibung vom Zustand der Hitlertribüne beim Festzuge; man habe bei dem strömenden Regen den blauen „Himmel" darüber durch Stangen stützen müssen, worauf sich dann von diesem Zeltdach wahre Bäche in die Tribüne ergossen hätten. Hitler sei sehr schlechter Laune gewesen — seinen Regenmantel habe er seiner „Freundin" Fräulein Braun hinübergeschickt.

Glaise[-Horstenau] hat B[ruckmann]s gesagt, bei einer Volksabstimmung in Österreich würden jetzt nicht 10 Prozent für Hitler stimmen.

Papen sei, wie seine Verwandten Steffens behaupten, tatsächlich in Moskau![45] Ich bin noch nicht überzeugt.

Ebenhausen, 1. 8. 39.
Guttenberg war hier und erzählte von der rohen Behandlung Reverteras durch die Gestapo. Obwohl seine Frau einen sehr schweren Autounfall mit Gehirnerschütterung gehabt hat, kann er auf seine Bitte, hinreisen zu dürfen, keine Antwort erreichen.

Guttenberg berichtete ferner, daß der Schriftleiter des „Fränkischen Kuriers" im Propagandaministerium von hoher Stelle über die Lage unterrichtet worden sei. Ob noch Bluff dabei ist, bleibt fraglich, mir scheint kaum. Danach solle es etwa am 20. August gegen Polen losgehen (zusammen mit Litauen, dem wir offenbar Wilna versprochen haben). Kurz vorher solle die übliche Propaganda so wie bei der Sudetensache aufgezogen werden. Der Entschluß sei gefaßt worden, nachdem „endlich" Mussolini zugesagt habe mitzugehen. Hitler habe ihm dafür mit dem besonderen Zusatze gedankt, er schätze das um so höher, als Italien den ersten starken Stoß auszuhalten haben würde. Allerdings habe Mussolini erklärt, sofern Rußland sich den Westmächten verpflichte, könne er den Krieg nicht verantworten; er habe dabei vor allem auf die Schwarze-Meer-Flotte hingewiesen. Letzteres ist mir nicht ganz plausibel. Der Mann im Propagandaministerium scheint auch angedeutet zu haben, daß das vielleicht eine Ausrede sei. Sollte die Lage sich so entwickeln, so würde Hitler seine Forderungen vor aller Welt anmelden, aber ihre Durchsetzung um zwei Jahre verschieben.

Wenn diese Mitteilungen stimmen, so hätte also Molotow das Schicksal der Welt in der Hand.

In der „Neuen Zürcher Zeitung" ist ein erstaunlich offener Aufsatz des „Deutschen Volkswirts" über die Fehler und Gefahren unserer Wirtschaftsführung, vor allem der Ausgabenpolitik, abgedruckt. Sachkunde könne durch Begeisterung nicht ersetzt werden.

Viele Nachrichten über die üblen Zustände in der Tschechei, vor allem die brutalen Methoden Franks.

G[uttenberg]s Quelle hat hinzugefügt, was ich zu erwähnen vergaß, daß auf Spanien vorläufig als aktiven Faktor nicht zu rechnen sei. „Immerhin" würden die Spanier Gibraltar beunruhigen. Also doch aktiv?

Ilse von Hassell

Das Haus in Ebenhausen/Isartal

Als Botschafter in Rom

Ulrich und Ilse von Hassell mit Tochter Almuth im Garten der Deutschen Botschaft in Rom

Hassells Tochter Fey Pirzio Biroli mit ihren beiden Söhnen

Die Söhne Wolf Ulrich und Johann Dietrich

In Spanien brodelt es im übrigen. Uneigo de Llano ausgebootet. Sonderbare öffentliche Äußerungen auch anderer. — In meinem Spanienartikel stand ein vorsichtiger Hinweis auf solche Möglichkeiten, den die Schriftleitung aus Angst gestrichen hatte.

Ebenhausen, 3. 8. 39.
Allgemeine Kriegspsychose. Man kann sagen: die Lage ist als Ergebnis des „Antikomintern"-Pakts so, daß Molotow die Geschicke der Welt in der Hand hält.

Man könnte auf den Gedanken kommen, daß die Sowjets durch ihr zögerndes Verhalten es darauf ablegen, den europäischen Krieg herbeizuführen.
[...]

Ebenhausen, 7. 8. 39.
Mitteilungen von N[ostitz] (AA): Zur Zeit ist die dritte und letzte Welle der Teilmobilisation gegen Polen im Gange. Am 26. oder 27. August („Ypsilontag") soll alles stehen. Der Entschluß, ob marschiert werden soll oder nicht (verbunden mit schlagartiger Flottenaktion gegen Gdingen), ist aber noch nicht gefaßt. An oberster Stelle sehr übler Gemütszustand und Schwanken (zum ersten Male!). Daher Ordre und Contreordre, so zum Beispiel bezüglich einer ursprünglich geplanten Art Flottendemonstration vor Danzig. Ribbentrop benimmt sich wie ein größenwahnsinniger Verrückter, unerträglich im Amt, hat keinen Freund. Großkampf mit Goebbels, schlecht mit Göring, neuerdings auch mit Heß nicht mehr auf gutem Fuß. Weizsäcker bezeichnet N[ostitz] als einzige Säule der Vernunft und Ruhe, vor dem auch Ribbentrop noch Respekt hat. [...]

Interessant, daß Kriebel, den Ribbentrop selbst zum Personalchef gemacht hat, Stein und Bein über ihn schimpft. Göring scheint noch am vernünftigsten, will aber, wie ich heute von anderer Seite hörte, „nicht wieder als ‚Feigling' verschrien werden". Von den Generalen sei nichts zu hoffen. Von Keitel ganz zu schweigen, sei auch Brauchitsch ganz in den Händen der Partei, von der er erhebliche Summen angenommen habe, um sich mit seiner ersten Frau auseinanderzusetzen. Klaren Kopf behielten wenige: Halder, Canaris, Thomas.
[...]

Ribbentrop sei wochenlang in Ungnade bei Hitler gewesen, wie man höre, 1. weil er ihn über England falsch unterrichtet habe, 2. weil er ihm geraten habe, zuerst die Tschechei und dann Danzig zu machen.

Mit den Sowjets schwebe nichts Ernsthaftes, obwohl Hitler nach vielen Anzeichen die Verständigung wünsche. In einer Unterredung mit Schulenburg, in der dieser deutlich auf die wünschenswerte „Normalisierung" hingewiesen habe, sei Molotow sehr zurückhaltend gewesen. (Papen nach N[ostitz] niemals in Moskau).

Wirtschaftliche und finanzielle Lage nach Ansicht nüchterner Sachverständiger (Reichskreditgesellschaft u. a.) einfach katastrophal. Schwerste Unterbilanz auf zahlreichen Gebieten: Finanzen, viele Rohstoffe.

Der ungarische Ministerpräsident [Graf Teleki] hat vor kurzem an Hitler und Mussolini ein sonderbares Schreiben gerichtet, Ungarn werde im Falle eines allgemeinen Konflikts seine Politik der der Achsenmächte angleichen. Während man noch über den Sinn der Botschaft grübelte, sei ein Nachtrag gekommen, um Mißverständnisse zu vermeiden füge man hinzu, daß im Falle eines deutsch-polnischen Konflikts Ungarn nicht marschieren könne.[46]

Horthy habe einem alten österreichischen Kameraden neulich gesagt, er glaube, daß die Tage der Achse demnächst gezählt sein würden; in solchem Falle würde Ungarn klar zu Italien halten. Wenn die Geschichte wahr ist, so entspricht sie sicher der ungarischen Stimmung, aber ob dieser Wille vor den Realitäten bestehen würde, ist eine andere Frage. N[ostitz] meinte, daß Jugoslawien in letzter Zeit mehr zu den Westmächten hinüberdrehe. Auf meine Andeutung, daß dazu wohl auch einiger Grund vorliege (deutsch-italienische Abreden), zeichnete er nicht.

Das Hauptereignis der letzten Zeit, daß Attolico vor zehn bis zwölf Tagen bei Ribbentrop (vorher bei Weizsäcker) und anschließend beim Führer gewesen ist, mit einer Botschaft des Duce etwa folgenden Inhalts:[47] Die für den 4. 8. angesetzte Zusammenkunft Duce-Führer auf dem Brenner habe nur Zweck, wenn etwas dabei herauskomme. Und dieses Etwas könne nach der ganzen Lage nichts anderes sein wie der Entschluß, eine Konferenz zu Sechsen (Italien, Deutschland, Frankreich, England, Spanien, Polen) einzuberufen, um sowohl die italienisch-französischen Streitfragen wie die deutsch-polnischen zu lösen. Wenn man das jetzt nicht tue, so würde man es in vier oder sechs Wochen tun *müssen*. Diese Botschaft schlug wie ein Blitz ein. Der erste (meines Erachtens ganz grundlose) Trost war ein überhörtes Telefongespräch Ciano-Attolico, in dem ersterer mit größter Energie seine Bündnistreue unterstrich. Die zweite Hoffnung war, daß Attolico mehr geredet hätte, als er Auftrag hatte. (Er habe auch im September [1938] aus eigener Machtvollkommenheit im friedlichen Sinne gearbeitet.) Aber Weizsäckers Bericht über die Klarheit und Bestimmtheit der Ausführungen ließ dann für diese Möglichkeit keinen Raum. (Für mich ganz ausgeschlossen.) Vor wenigen Tagen habe man nun eine vorläufig ausweichende Antwort gegeben. Man überlege jetzt, wie es scheine, ob man die polnische Sache auch ohne Italien machen könne.

Die ganze Aktion sieht mir sehr nach einem der häufig vorkommenden persönlichen Impulse Mussolinis aus, dem plötzlich durch irgendeinen Umstand die ganze Schwere der Lage für Italien aufgeleuchtet hat. Wenn er in Berlin Widerstand findet, läßt er ihn [den Vorschlag] unter Umständen einfach wieder unter den Tisch fallen. Auch dann zeigt aber sein Vorschlag, wie es wirklich steht.

Ich habe gestern mein Promemoria aus Anlaß des Anti-Komintern-Dreierpakts[48] noch einmal durchgelesen, weil mir dieser Ribbentropsche Pakt der Anfang der Politik des großen Abenteuers zu sein scheint, die bis zum September ganz erfolgreich war, aber dann auf eine immer gefährlichere Bahn geriet, geraten mußte. Ich glaube, ich habe damals die Lage richtig gekennzeichnet.

10. 8. 39.
Der Benzin- und Materialmangel, auch an manchen Nahrungsmitteln, noch *ehe* der Krieg angefangen hat, dazu die dauernden, sich zum Teil widersprechenden Eingriffe in das Wirtschaftsleben erzeugen Mißstimmung und Defaitismus in einem Grade, der bedenklich stimmt. Es wird so laut und so unvorsichtig geschimpft wie nie zuvor. Ilse war heute, um Hafer zu holen, bei der Bayrischen Genossenschaft in [Wolfratshausen] und wurde in Gegenwart der Arbeiter von dem Leiter gradezu überschüttet. Ebenso gings uns gestern bei unserer Autowerkstatt in Starnberg. — Die Presse hetzt gegen Polen: Thema aber nicht „Greuel", die ein Einschreiten erfordern, sondern „polnische Unverschämtheit", die Kriegsgefahr hervorrufe. Es klingt noch nicht nach Beschaffung des Kriegsanlasses. Ich sah Montag im Haus der Kunst ein Bild, das eine Gruppe des 109. Grenadierregiments in der Tankschlacht bei Cambrai darstellt. Ein SA-Mann sagte zum andern: „Das ist einfach überwältigend", und damit hatte er recht. Wirksamer kann man nicht *gegen* den Krieg Propaganda machen. Ausstellung sonst recht mäßig; meist „Nachempfundenes". Einige gute Skulpturen, meist von Künstlern der älteren Generation (Galatea von Klimsch); ebenso Porträtgemälde, zum Beispiel Samberger. Interessant das Publikum: es staut sich in der schönen Sonderschau Arthur Kampf (Friedrich der Große; 1813) und ein anderer Teil in den Räumen, wo meist schaurige Aktdarstellungen hängen. Eine pöbelhaft drastische Leda. Der comble der Unbedeutendheit Zieglers Urteil des Paris.
Sonntag 6. 8. 39 bei Mfflings ([Herausgeber der alldeutschen Zeitschrift] „Deutschlands Erneuerung"); sie eine anziehende Russin (Gräfin Grabbe) mit an Marina d'Albizzi erinnernder (und mit ihr verwandter) Tochter. Ich erzählte, daß ich einmal wieder im Paléologue lese, eine zeitgemäße Lektüre. Sie hatte den Kriegsausbruch in Petersburg mitgemacht und erinnerte einen kreideweißen Zaren! [...] Müffling, Typ des deutschen Idealisten, ist seinerzeit mit fliegenden Fahnen zur Partei gegangen. Jetzt ist er bitter enttäuscht und angewidert, spricht von Untermenschen, die uns regieren. Vorgestern Tee mit Fräulein Tomara, meiner römischen Freundin. Anziehende, kluge Russin, Korrespondentin des „New York Herald Tribune".[49] Diese Russen nehmen nach allem, was sie erlebt haben, nichts mehr tragisch. Sie haben kein Vaterland mehr und beobachten „historisch-philosophisch". Vertreibung von einzelnen und ganzen Stämmen aus der Heimat ist ihnen nichts Erstaunliches. Trotzdem war sie tief

beeindruckt von dem, was sie in dem unglücklichen Südtirol gesehen hatte. Von den Italienern hält sie nicht allzuviel, das heißt politisch-militärisch. Sie wären es müde, immerfort „als Löwen zu leben". Sehr gut gesagt! Übrigens hat gestern ein Italiener, angeblich Offizier, der in Hohenschäftlarn auf Sprachurlaub ist, unserm Reitknecht Filippo gesagt, Mussolini sei nicht mehr auf der Höhe; er habe auch Pech mit Mitarbeitern gehabt. „Wir warten auf Umberto, der wird alles in die Reihe bringen." So etwas habe ich aus italienischem Munde noch nicht gehört.

Ilse hat Filippo gefragt, wen er wählen würde: Mussolini oder Casa Savoia. Ohne Besinnen hat er erwidert: „Natürlich Casa Savoia!"

Fräulein Tomara hat keine guten Eindrücke in Deutschland gehabt; die Stimmung sei seit einem Jahr sehr heruntergegangen. Im AA hätte man ihr gesagt, Krieg und Frieden ständen 30 (Krieg) zu 70. Sie behauptet, im AA gehört zu haben, daß in Italien in allen großen Behörden Deutsche säßen. Sehr gute Eindrücke hat sie im Gegensatz zum vorigen Jahr in Frankreich gehabt: „Recueillement!" Man sehe auch einem Krieg gefaßt entgegen, weil man das Gefühl habe, es sei alles, zum Beispiel auch der Luftschutz für Frauen und Kinder, gut organisiert. – In Amerika heftige Kriegsstimmung; sie meint, diesmal würden die Amerikaner schneller eingreifen. Roosevelt würde, wenn er sich präsentiere, wiedergewählt werden. Er und besonders auch seine Frau seien sehr populär. Die Stimmung der reisenden, das heißt wohlhabenden, um ihr Geld besorgten Amerikaner fiele nicht so ins Gewicht.

Gestern bei Steffens gefrühstückt. Baronin Steffens bleibt dabei, daß Papen in Moskau war; seine eigene Tochter habe es ihr erzählt. Unsere Zagreber Freundin Grete Sellačić war da und erzählte Wunderdinge von der Abneigung gegen Deutschland, die im Gegensatz zu unserer Zeit herangewachsen sei. Am meisten böses Blut mache die Nazi-Agitation (für „Heimkehr ins Reich") in Slowenien, in Kroatien sei mehr faschistische Agitation zu bemerken.

11. 8. 39.
Heute sollen Ciano und Ribbentrop in Salzburg zusammenkommen. Es kann sein, daß dort die Würfel fallen, ob Krieg oder Frieden wird.

Tee bei Hüglin mit R[obert] A. Bosch, Onkel des I.G. Bosch. Alter Mann den Jahren nach; aber lebhaft, klug und energisch, guter Typ des Wirtschaftskapitäns seiner Generation. Man kann sich schwer vorstellen, daß unter heutigen Verhältnissen sich solche Persönlichkeiten entwickeln könnten. Er hält die Wirtschaftspolitik und überhaupt das Regierungssystem des Dritten Reichs für verderblich, die führenden Leute für im Grunde unfähig und ohne sittliche Grundlage. In einer Besprechung mit Hitler 1933 hatte er einen sehr ungünstigen Eindruck. Er gibt zu, sich über die mögliche Lebensdauer eines solchen Systems getäuscht zu haben. Auf meine Frage, ob wir sehenden Auges in den Abgrund stürzen müßten, machte er Andeutungen über im Gange befindliche Bemühungen, für den Fall einer schweren Krisis eine Aufnahmeposition zu schaffen;[50] er schien mir aber nichts Wirkliches zu wissen und hatte eine geringe Meinung von den politischen Fähigkeiten der Armee und der Industrie, besonders der rheinisch-westfälischen, die zufrieden sei, wenn sie verdiene, und restlos auf Hitler hereingefallen sei. – Er hat großen Landbesitz und meinte, die Landwirtschaft ginge rapide zurück. – Einen Krieg würden wir beginnen in einer Lage, in der wir ihn 1918 hätten aufgeben müssen. Außerdem glaube er, nach vierzehn Tagen würde das ganze Volk rebellieren. Wie sich das ereignen sollte, wußte er auch nicht.

Tübingen – Stuttgart – Berlin – Westerland

Westerland, 17./18. 8. 39.
Politische Lage. Der strategische Gedanke der „Anderen" ist offenbar der, die „Friedensfront" (mit Sowjetrußland) zustande zu bringen und dann uns und Italien vor die Alternative zu stellen, *entweder* gewisse Bedingungen anzunehmen und Garantien zu geben, um auf diese Weise den jetzigen für die Welt unerträglichen Hochspannungszustand zu beenden oder mit bewaffneter Reaktion zu rechnen. Aus dieser Lage hat Mussolini die Folgerung gezogen, daß besser Deutschland und Italien die Initiative zu einer Konferenz ergreifen sollten. Ciano hat diesen Vorschlag nach Salzburg und dem [Obersalz-]Berg gebracht und vollkommene Ablehnung gefunden. Die Panne ist so groß, daß man sich nicht einmal auf ein Kommuniqué hat einigen können. Ich höre, daß Mussolini seinen Standpunkt etwa dahin formuliert hat, er müsse im Falle unserer Ablehnung uns die Verantwortung für die Folgen überlassen.[51] Tatsächlich ist er nicht mehr frei. [. . .] Mir scheint, daß Mussolini seinem Ciano in Erkenntnis der üblen Lage die Zügel wieder aus der Hand genommen hat.

Ganz anders geht Hitler vor. Grade die Konferenzgefahr veranlaßt ihn, um so stärker aufzutrumpfen. Er will noch in letzter Minute in die Vorhand kommen. Das gefährlichste Spiel hat begonnen, das sich denken läßt. Der Krieg mit Polen steht mit hoher Wahrscheinlichkeit bevor, und ich kann nicht glauben (was Hitler vorgibt zu tun), daß die Westmächte neutral bleiben. Manche Leute meinen, wir müßten durch solche Katastrophe eines Weltkrieges mit zu 80 Prozent wahrscheinlicher Niederlage hindurch, um im Innern zu gesunden Verhältnissen zu kommen. Ich kann diese letztere Hoffnung nicht teilen und halte das Ganze für ein unverantwortliches Risiko, mag man die Sache vom nationalsozialistischen Standpunkte oder vom entgegengesetzten ansehen. Alle klarsehenden Menschen sollten alles tun, um den Krieg zu vermeiden. Man fragt sich nur, was man tun kann. Der ideale Augenblick des Eingreifens wäre der unmittelbar vor oder bei Kriegsausbruch, aber praktisch gesehen bedeutet das Warten bis dahin allein schon ein furchtbares Risiko, um so mehr, als offenbar von der gegenwärtigen Wehrmachtführung nichts zu erwarten ist. Die letzten Reden von Brauchitsch und Raeder überbieten sich in byzantinischem Bramarbasieren.[52] Einen Versuch, auf friedlichem Wege zu Danzig zu kommen, aber in Wahrheit wohl mehr, um sich ein Alibi zu schaffen und England, wie er meint, ein Eingreifen zu erschweren, hat Hitler noch gemacht, indem er den Völkerbundskommissar Burckhardt empfangen und veranlaßt hat, den Engländern über die von Hitler gehörten Ideen zu berichten.[53] Das Ergebnis ist mir noch nicht bekannt. Wilde Sprache der Presse gegen Polen und über angebliche „Hirngespinste" eines Konferenzgedankens sprechen eher für einen negativen Ausgang.

In Tübingen pessimistische Stimmung hinsichtlich der Möglichkeit, Korpshaus und Vermögen zu retten. An der Absicht der Partei (in ihrer studentischen Form), sich aller dieser Werte zu bemächtigen, ist nicht zu zweifeln. Die Kameradschaften als Fortsetzer der Tradition sind höchst problematisch, ganz besonders, wenn, wie im Falle Suevia, genügender Nachwuchs für eine eigene Kameradschaft fehlt. Außerdem wäre die Genehmigung höchst zweifelhaft, und vor allem verlangt man eine Mindestzahl von dreißig, womit die völlige Verwässerung unausbleiblich ist. Grade die alten, einst begeisterten Nazis unter den Korpsbrüdern sind jetzt völlig umgewandelt und von tiefstem Mißtrauen erfüllt. Sie setzen bei allen Parteischritten von vornherein das Gegenteil von Integrität und von Wahrheitsliebe voraus.

Tübingen ohne bunte Mützen ein trauriger Eindruck. Dabei präsentierte sich die Stadt, so schön sie nur konnte. Ich erwachte morgens davon, daß irgendwo „Wachet auf, so rufet uns die Stimme" geblasen wurde. Vor mir lag in strahlender Sonne der Marktplatz mit dem alten Rathaus und dem Brunnen, auf dessen Rand wir in der Nacht zum ersten Mai unseren Salamander rieben. Ich stieg dann aufs Schloß und sah die Lande um den Neckar in voller Pracht zu meinen Füßen liegen. In der Stadt strömten die Leute zur Stiftskirche, deren Glocken ihren Klang so recht getrost und unbeirrt erschallen ließen. Alles ein Bild in sich gesammelten wirklich deutschen Wesens.

[...]

Einer der ersten Menschen, die ich in Berlin traf, war Magistrati. Er war offensichtlich preoccupato. Auf meine Frage bestätigte er, daß er mit in Salzburg und Berchtesgaden war. Es sei, betonte er, sehr interessant gewesen. Ich meinte, es seien schwierige Fragen auf dem Tapet. Ja, sehr schwierige! Aber, fragte ich, es ist doch gut gegangen? „Ja", meinte er sehr zögernd, „ja, ich denke gut".[54]

Um zehn Uhr am Montag, den 14. bei Goerdeler in seinem Hospiz am Askanischen Platz. Endlich einmal ein Mann. Frisch, klar, aktiv. Vielleicht ein bißchen sanguinisch; auch hört man allgemein, er sei unvorsichtig, werde übrigens ziemlich überwacht. Auf alle Fälle eine Wohltat, einmal mit solchem Mann zu sprechen, der nicht „meckert", sondern handeln will. Natürlich sind ihm wie uns allen die Hände gebunden, und er ist verzweifelt über die Entmannung der Armee seit dem 4. Februar 38. Trotzdem glaubt er, daß es im Lande, wenn auch verstreut und ohne Organisation, schon wieder „Faktoren" gebe. Er sieht die Entwicklung des Dritten Reichs nach innen und außen, moralisch und wirtschaftlich im schwärzesten Licht. Wir waren einig, daß ein Weltkrieg keine Lösung, sondern die furchtbarste Katastrophe wäre. Was man an Einfluß habe, müsse man dagegen einsetzen.

[...]

Im Hotel Adlon erschien nochmals Goerdeler mit seinem Kampfgenossen Dr. Gisevius, den ich schon einmal bei Herbert Göring getroffen hatte. Gisevius war früher bei der Gestapo, dann wirtschaftlich tätig, jetzt wieder Beamter (Regierungsrat). Goerdeler und andere loben ihn über den grünen Klee. Zweifellos klug, unterrichtet und aktiv. Mir noch nicht ganz durchsichtig. Da ich mit Wolf T[irpitz] verabredet war, frühstückten wir zu vieren, wobei wenig herauskam, im Esplanade. Dort war eine wahre Börse: Dirksen, Stauß, Richard H. Wolff, Mann, H. Poensgen. Letzterer meinte, sechs Wochen sei die äußerste Grenze unserer Kriegsrohstoffe.

[...]

Ich fragte Dirksen, ob er auf Urlaub oder gerufen da sei, worauf er höhnisch sagte: „Natürlich bin ich auf den Obersalzberg gerufen!"

Nachmittags Tee bei Weizsäckers in ihrem neuen, recht schönen Palais neben dem grünen Garten des Kruppgebäudes. Er war ziemlich abgekämpft. Sein Chef macht ihm große Sorge. Über die Vorgänge in Salzburg hat er ihn nur ziemlich dürftig telefonisch unterrichtet. Er warf – mit Recht – die Frage auf, was die Italiener nun eigentlich nach der erhaltenen Absage überhaupt tun wollten. Sie sind im Grunde nicht mehr frei.

Abends allein bei Beck gegessen. Sehr feiner, anziehender, kluger Mann. Leider hat er eine sehr geringe Meinung von den führenden Leuten der Wehrmacht. Er sieht daher keinen Punkt, an dem man ansetzen könnte, obwohl er von der Verderblichkeit der Politik des Dritten Reichs fest überzeugt ist. – Sowohl mit ihm wie mit Goerdeler habe ich den Gedanken besprochen, unter der Firma „Beirat der Weißen Blätter" <> zusammenzukommen. Ich bin aber davon abgekommen, das in Neustadt zu tun. Berlin ist besser. Die Dinge haben sich im übrigen seit meinen Unterhaltungen mit Guttenberg so zugespitzt, daß kaum noch Zeit für solche Umwege bleibt.

Dienstag, den 15. morgens bei Schacht in seiner neuen Junggesellenwohnung. Er war sehr mobil, aufgemöbelt durch seine Reisen und schien mir sicher, daß er bald gerechtfertigt als Sieger dastehen würde. Er behauptete, auch Funk, bei dem er vor einigen Tagen vier Stunden gewesen sei, erkenne jetzt, daß sich die Wirtschafts- und Finanzpolitik des Reichs in einer Sackgasse befinde. Vom Staatssekretär Reinhardt habe neulich jemand gesagt, er komme ihm vor wie der Clown im Zirkus, der immer hinter dem Jongleur herlaufe und ihn nachzumachen suche, und er habe Angst, daß er sich noch einmal das Genick brechen werde; darauf habe er erwidert: „Der Clown bricht sich nie das Genick, wohl aber der Jongleur." Nach Schachts Ansicht kann man nichts tun wie aufmerksam abwarten, die Entwicklung gehe ihren eisernen Gang. Ich habe nur die Sorge, daß während des Abwartens – schon seit langem – große Werte endgültig zerstört werden und eines Tages eine vollständige Katastrophe da sein kann. Sch[acht] sprach sich günstig über Goerdeler aus. Ich vergaß zu bemerken, daß G[oerdeler] behauptete, Göring habe sehr wenig mehr zu sagen; bei Hitler regierten Himmler, Ribbentrop und Goebbels.

[...]

Um 12 Uhr 30 bei Henderson. Er empfing mich mit den Worten: „Tollhaus oder Krankenhaus?" Ich antwortete: „Wohl eher Tollhaus!" Über Salzburg war er offenbar noch nicht im Bilde, meinte, das Ergebnis sei wohl mehr in Richtung Krieg als Frieden; zwischen Polen und Deutschland seien in letzter Zeit Noten gewechselt worden, die das Schlimmste befürchten ließen. Nach mir wurde Attolico gemeldet. Ich bin neugierig, ob der schon angedeutet hat, daß Italien Frieden wolle, aber leider ... Ich sagte Henderson, eine der gefährlichsten Vorstellungen sei die, England werde mit Hitler überhaupt nicht mehr verhandeln, sondern nur mit dem „anderen" Deutschland. Wenn sich in Deutschland dieser Gedanke festsetze, so müsse das Ergebnis sein, daß sich ganz Deutschland hinter Hitler im Kriegswillen zusammenschließe. H[enderson] erwiderte, so liege es nicht; es sei immer noch eine Verständigung zwischen Hitler und England möglich, wenn er auf gewisse Grundsätze eingehe. Auf meine Frage, ob hierzu die Räumung von Prag gehöre, gab er eine Antwort, aus der klar hervorging, daß er solche Forderung mindestens für sehr wahrscheinlich halte. Jedenfalls bezeichnete er im Laufe des Gesprächs den Einmarsch nach Prag als das entscheidende Übel. Jetzt sei es unmöglich, daß Chamberlain mit seinem Regenschirm noch einmal angeflogen komme. Gewiß würden die Engländer lieber mit Leuten wie Neurath oder mir verhandeln, aber auch jetzt seien sie noch bereit, mit Hitler zu besprechen [sic!], *wenn* er gewisse Garantien gebe. Ich sagte H[enderson], die Folge der europäischen Fehler, zu denen ich sowohl unsere Blockbildung wie vor allem Englands Werben um Moskau rechnete, sei die Arbiterrolle der Sowjets. Dem stimmte er zu.[55]

[...]

Nachmittags kam Gisevius in großer Aufregung zu mir. Die Oberbefehlshaber seien gestern auf dem Berg dahin von Hitler informiert worden, daß er gegen Polen losschlagen wolle,[56] zu dem Zwecke werde er den Parteitag abblasen.[57] Die entsprechenden Provokationen der Polen, vor allem in Oberschlesien, würden jetzt losgehen. Er (Hitler) glaube nicht, daß die Westmächte eingreifen würden. Wenn das trotzdem geschehe, würde er allerdings den Kurs ändern; er werde sich hierüber in nächster Zeit Gewißheit verschaffen. Ich erwiderte G[isevius], bei letzterem könnte ich mir nichts vorstellen, worauf er meinte, er auch nicht; seiner Ansicht nach sei das auch gar nicht ernst gemeint und eine Lüge, die er den Soldaten versetzt hätte, um sie zu beruhigen. G. meinte, man solle jetzt noch nicht sein Pulver verschießen und die stärkste Einflußnahme auf die Militärs versuchen, weil die Aktion noch verpuffen würde, aber nachher im entscheidenden Augenblick nicht wiederholt werden könnte. Goerdeler sei, gestützt auf die Unterhaltung mit mir, allerdings für sofortiges Hingehen zu Brauchitsch usw. Ich erwiderte, nach seinen Mitteilungen sei auch ich dafür, *direkte* Aktionen noch zurückzustellen; ich würde aber durch Mittelsmann auf Brauchitsch dahin einwirken, daß mit einem Eingreifen der Westmächte mit höchster Wahrscheinlichkeit zu rechnen sei. G. meinte, die Tage vor dem 27. [August] würden die entscheidenden sein, etwa vom 22. an. Die Hauptsensation, die G. brachte, ist aber folgende: eine durchaus sichere Person, die das Telegramm an Schulenburg selbst gelesen habe, berichte, daß Hitler Sch[ulenburg] beauftragt habe, nochmals eine Verständigung mit Molotow zu versuchen und mitzuteilen, daß Hitler bereit sei, zu Stalin zu fahren! Mir blieb der Mund offen. G. meinte, Stalin werde ihn sicher einladen![58] Das geschieht im Augenblick der Anwesenheit der Militärmissionen in Moskau. Wenn es wahr ist, zeigt es, daß Hitler alle Ruhe verloren hat.

Nachmittagstee mit Frau v. Brauchitsch [Kusine des Generalobersten]. Ich machte sie scharf gegen den Krieg und bat sie, ihrem Vetter zu sagen, ich sei überzeugt, daß bei einem Angriff auf Polen die Westmächte eingreifen würden. Sie versprach, es ihm zu sagen und telefonierte mir am nächsten Morgen, sie habe Gelegenheit gehabt, es zu tun. B[rauchitsch] habe sie groß angesehen, nichts geantwortet und mich grüßen lassen. Ich hatte mich morgens selbst bei ihm angemeldet, aber von der Adjutantur (Dame) die Antwort bekommen, er sei sehr überlastet. [. . .]

Interessanterweise erzählte mir abends in Frohnau Elisabeth A[lbers]-Sch[önberg], ihre Bekannte, Fräulein v. Oven, die in einer anderen Abteilung des Kriegsministeriums arbeitet, habe sich telefonisch nach meinem Aufenthalt und dessen Zweck erkundigt und dabei erzählt, man habe auch im AA angefragt, ob ich noch aktiv sei, aber die Antwort erhalten, ich sei z[ur] D[isposition gestellt]. Das würde, wenn es von Brauchitsch selbst ausgeht, beweisen, daß mit ihm nichts aufzustellen ist; entweder hat er Angst oder er versteht nicht, worum es geht und daß ich ihn nicht anpumpen will.

Die heutigen Zeitungsnachrichten klingen nach weiterer Verschärfung. Bemerkenswert, daß Oberschlesien als Schauplatz polnischen Terrors hervortritt, was Gisevius vorhergesagt hatte.

Berlin, 27. 8. 39.

Dieser Tag, an dem die abgesagte Tannenbergfeier[59] stattfinden sollte, kann einmal in die Geschichte als der Tag einer ganz großen Entscheidung eingehen, denn von dem, was Henderson heute aus London zurückbringt, wird es wesentlich abhängen, ob es zum Weltkriege kommt oder nicht.

Die äußerste Verschärfung der Lage ist durch unseren Pakt mit den Sowjets eingetreten [23. 8. 39]. Gisevius hat eine richtige Information gehabt, wenn er auch vielleicht Hitler statt Ribbentrop verstanden hat. Welche Rolle Papen dabei gespielt hat, habe ich noch nicht feststellen können. Das Zustandebringen des Pakts hat in der ganzen Welt als ein taktischer Meisterzug gewirkt, zugleich als Beweis völliger Skrupel- und Grundsatzlosigkeit der beiden Diktatoren.[60] Die Erwartung, daß die Westmächte nun nachgeben würden und ebenso Polen, hat sich nicht erfüllt. Strategisch ist die Auswirkung vielmehr gewesen, England klar zu machen, daß es ums Ganze geht und daß ein weiterer Prestigeverlust für die Westmächte gradezu eine Katastrophe wäre. Daher sofortiger Abschluß eines fast vorbehaltlosen Bündnisses mit Polen.[61] Ferner sind alle Elemente in Europa, die in uns noch einen Schutzwall oder Angriffsfaktor gegen den Bolschewismus erblicken, von uns innerlich abgeschwenkt, wobei noch offen bleibt, wie weit der Pakt lediglich ein unaufrichtiges Auskunftsmittel beider autoritärer Regime darstellt, wie weit ein endgültiges Zusammenrücken auf der Basis weiterer Nationalisierung der Sowjets und weiterer Bolschewisierung des Nazismus. Sodann ist mit Japan wenn nicht ein Bruch, so doch eine ganz erhebliche Abkühlung zu verzeichnen.[62] Endlich ist der Kredit unserer Politik wenn möglich noch weiter gesunken.

Natürlich trat zunächst der außerordentliche taktische Erfolg in Erscheinung, im deutschen Volk als Wiederaufnahme des historischen Drahts nach Rußland begrüßt, vor allem aber als Steigerung der Friedensaussicht. Was Italien betrifft, so mag der Pakt zunächst als Mutstärkung im Sinne der Achse gewirkt haben. Das hat aber nicht vorgehalten. Das innere Schwächegefühl und die Angst vor der Unabsehbarkeit unserer als abenteuerlich empfundenen Politik hat aber bald wieder die Oberhand gewonnen. Denn die Sensation der letzten Tage für alle, die an die effektive italienische Hilfe glaubten, war vorgestern abend ein Brief Mussolinis an Hitler, der ein Eingreifen Italiens im Weltkriege von gewissen deutschen Zusagen bezüglich Rohstoffen und Kriegsmaterial abhängig machte,[63] ausgerechnet in dem Augenblick, in dem, wie M[ussolini] sicherlich wußte, die Mobilmachung in großem Maßstabe grade befohlen und der Einmarsch in Polen für die ersten Morgenstunden der Nacht angeordnet worden war. Die Wirkung dieser Nachricht scheint besonders auf den Antikomintern-Probolschewiken, einstigen Anglo- und jetzt Italomanen Ribbentrop die einer Bombe gewesen zu sein. Mir nicht ganz begreiflicher Weise scheint auch Hitler immer noch auf unmittelbare militärische Hilfe Italiens gerechnet, sondern [= aber] auch sein eigenes Losgehen davon abhängig gemacht zu haben. Denn die Folge war das Abblasen der ganzen Sache. Wenn, wie anzunehmen, den Engländern usw. sowohl die Befehle wie ihre Rücknahme, vielleicht auch die italienische Haltung bekanntgeworden sind, muß das als Zeichen deutscher Schwäche ausgelegt werden und könnte zur Versteifung führen.

Die Frage steht jetzt so, ob die Friedenssehnsucht der Westmächte trotzdem noch groß genug ist, um Hitler auf friedlichem Wege Konzessionen zu gewähren, die er vor dem Volk als Erfolg aufmachen kann und die ihm also den Rückzug ermöglichen. Bedenklich bleibt ein solches Abblasen schon erteilter Befehle psychologisch auf alle Fälle. Auch ist der erstrebte Überraschungserfolg damit weggefallen. Henderson, der mit einem Papier von uns nach London geflogen ist, hat gefragt, ob es denn noch rechtzeitig sei, wenn er heute zurückkomme, worauf man ihm etwa geantwortet habe, man hoffe – aber jedenfalls sei äußerste Beschleunigung am Platze.

Als ich [am 25. 8.] aus Westerland ankam [. . .], traf ich als ersten den jungen Kessel, der aushilfsweise im AA arbeitet und mir die erwähnten alarmierenden Nachrichten gab – um sie dann spät abends auf Grund der neuen Lage schriftlich zurückzunehmen. Tee mit Brauchitsch. [. . .] Frau v. B[rauchitsch] meinte, der Vetter [Oberbefehlshaber des Heeres] handle mir gegenüber nur so vorsichtig, weil er von Himmler sehr stark bespitzelt werde.

Gegen Abend bat mich Wiehl ins Auswärtige Amt, weil bei Kriegsausbruch geplant wird, den Botschafter Ritter und mich als Sondermissionare in einige neutrale Hauptstädte (Skandinavien, Holland, Belgien, Schweiz) zu schicken, um auf volle Aufrechterhaltung der Wirtschaftsbeziehungen zu drücken. Ich machte einige Bemerkungen über die unerhörte Art meiner Absägung, die mir das nicht grade erleichtere und fragte, ob Ribbentrop überhaupt unterrichtet und einverstanden sei. Schließlich erklärte ich mich „im Sinne einer Mobilmachungsordre" bereit. Anwesend noch Clodius.

Abends im „Weißen Saal" der „Begrüßungsabend" [des Internationalen Archäologen-Kongresses]. Angesichts der Lage eine Groteske. Engländer, Franzosen, Polen u. a. waren schon abberufen worden. Langweiliges Konzert, während die Gedanken ganz woanders weilten. Neben mir der ganz ordentliche Unterstaatssekretär Zschintzsch und der Präsident des Instituts Schede, hinter mir Paribeni, Miglioli und andere Italiener, die mich freudig begrüßten.

Nachher Essen, ich an Rusts Tisch, der laut und mehrfach taktlos den Hausherrn macht. Ein stummer Blickwechsel mit Popitz ließ uns einmal fast die Fassung verlieren. Neben mir der ganz nette bulgarische Unterrichtsminister und Paribeni, der fröhlich mit dem Messer aß. Das Ganze in diesen Räumen (Schlütersaal) mit Restaurationsbetrieb von Lutter und Wegener eine Karikatur. Lange Unterhaltung mit Burmeister vom studentischen Austauschdienst über etwaige Zusammenfassung dieser Einrichtung und der Deutschen Akademie unter meiner Leitung. Noch ganz vage und in weitem Felde. Viele Bekannte. [. . .]

Sonnabend morgen AA bei Wiehl mit Ritter und Clodius. Alles hängt in der Luft, furchtbares Durcheinander der Befehle. Reichstag innerhalb weniger Stunden, ja Minuten dreimal einberufen und wieder abgesagt. Lage unklar. Ich ging nachher mit Weizsäcker zur Reichskanzlei, der meinte, die Chancen für den Frieden sehen etwas besser aus, wir würden doch vielleicht unsere Ansprüche zurückstecken. Im Korridor des AA sprach ich kurz Attolico, der offensichtlich schwer preoccupato war. Dann kurzer Besuch beim neuen Personalchef Kriebel (alter Offizier und alter Kämpfer, mit zwei Seelen). Vor- oder nachmittags kurzer Besuch bei Etzdorf. Es ist grotesk, daß die Leute alle zu mir kommen, um mir zu sagen (angesichts der Italiener), ich hätte die Sache doch richtig beurteilt. Das ist vielleicht richtig, aber nicht als Anti-Italiener, sondern als Pro-Italiener, weil ich mir darüber klar war, daß man nicht zuviel verlangen dürfte. Das „Zuviel" zerstört nur leider dann auch das im richtigen Maß Vorhandene. Was ich erarbeitet habe, wird durch die Überspannung verdorben.[63a] Frühstück mit Stauß, auf dessen Anregung eingeladen von einem bedeutenden amerikanischen Industriellen Bedaux, den Stauß sehr hoch stellte. [. . .] Ich hatte versucht, Goerdeler zu sehen, ist aber ab nach Schweden!?[64] Abends in Frohnau [Albers-Schönberg].

Mir ist ziemlich klar, daß die Bolschewiken im gleichen Sinne, in dem sie die Verhandlungen mit den Westmächten verschleppt haben, den Pakt mit uns gemacht haben, nämlich um uns zu ermutigen und Europa aufeinander zu hetzen.

Berlin, 27. 8. 39, nachmittags.
Allerhand Nachrichten von dem jungen Kessel, Nostitz und anderen, aber unkontrollierbar. Jedenfalls herrscht oben „Zustand", das Volk ist in höchster Unruhe und Sorge. Jeder Chauffeur fragt einen, ob es Krieg gibt. Die Mobilisierung rollt weiter, Kriegstrauungen weinender Paare. Bezugsscheine, Lebensmittelmangel, alles schon ehe es losgeht.

Frühstück bei Beck. Famoser Mann, in großer Sorge, niedrigste Meinung von den Akteuren.

Über den Inhalt unseres Vorschlages an England konnte ich Authentisches nicht erfahren. Am plausibelsten: Laßt uns mit Polen [uns] allein auseinandersetzen, dann machen wir nachher mit euch ein großzügiges allgemeines Arrangement.

Was Mussolini betrifft, so ist nach N[ostitz] die Lage so, daß wir uns damit abgefunden haben, daß er nicht mitmacht; er soll aber so tun, als wenn!! Er scheint auch persönlich verstimmt zu sein. Nostitz behauptet, man suche jemand, den man zum Ausbügeln hinschicken könnte.[65] Ob ich jemand wüßte? Groteske Zumutung. Ich weiß auch keinen. Jemand sagte mir heute, ich sei gefährdet; man spräche von meinem Hiersein in dem Sinne, daß ich mich vorbereitete, bei einer Pleite das Rettungswerk mit zu übernehmen. Interessant, daß man von so etwas überhaupt spricht.

Berlin, 29. 8. 39.
„Zwischen den Schlachten." Die Welt mobilisiert weiter, das normale Leben der Völker und der internationale Verkehr werden mehr und mehr abgedrosselt. Die Angst im Volke vor dem Kriege steigt immer höher. Da in England und Frankreich auch die Regierungen alles tun wollen, um den Krieg zu vermeiden, so liegt hier das Moment, das für Hitler in aller Schwäche und Isoliertheit der Lage noch immer das Herausholen eines Teilerfolges ermöglicht, den er vor der Nation als das erzielte und erstrebte Ergebnis seiner bis an den Rand des Krieges führenden kalten Entschlossenheit aufmachen könnte. — Gestern morgen gab Weizsäcker die Parole aus, die Spannung sei unvermindert. Wir bereiteten also Ritters und meine Reise weiter vor. Im übrigen wartet alles auf die Antwort der Engländer. Henderson ist zurück (seit gestern abend). Ribbentrop verbreitete gestern, die Sache stände günstig. Die Einberufung des Parlaments auf heute spricht kaum für eine sehr nachgiebige englische Haltung.[66] Andererseits sind offenbar unsererseits auf Grund der gestern abend spät von Henderson an Hitler gemachten Mitteilungen noch keine Entschlüsse gefaßt worden, die den Krieg unvermeidlich machen.

Gestern abend im Kino widerlicher Eindruck des Ausnutzens menschlichen Unglücks zu Propagandazwecken: Vorführen weinender Frauen mit Kindern, die mit tränenerstickter Stimme die Leiden in Polen schildern. Das Publikum blieb ganz passiv, ebenso gab es bei militärischen Bildern nur einen ganz schwachen, von der Menge nicht aufgenommenen Beifall.

19 Uhr. Die Gesamtlage scheint mir in dem Sinne entspannt zu sein, daß der Prozentsatz der Kriegswahrscheinlichkeit etwas gesunken ist. Grade weil die Maßnahmen der Mobilmachung nun schon seit relativ langer Zeit im Gange sind, vermindert jeder Tag die Kriegswahrscheinlichkeit — so wie eine zu früh aufgemachte Champagnerflasche abgestanden wird. Gefahrenmomente sind natürlich noch genug vorhanden. Es fragt sich, ob es Hitler gelingt, im Verhandlungswege so viel herauszuschlagen, daß er einen Erfolg daraus machen kann. Das erste Bulletin war heute Magistrati, den ich vorm Adlon traf, sichtlich guter Laune (vermutlich weil er sich der italienischen Neutralität sicher fühlt). Er wies auf die Flak gegenüber dem Adlon und meinte, dies Bild sehe er nun zum dritten Male in seiner Berliner Zeit. Er beurteilte die Kriegschance mit 80 Prozent, meinte nur, es sei immer die Sorge, ob die Polen auf englisch-

französischen Druck Vernunft annehmen würden. Meine Auslandsinformation sind dänische Zeitungen, die recht gut unterrichtet sind. „Politiken" schrieb, die Reichstagsabgeordneten seien von Berlin abgefahren in dem Gefühl, daß Hitler die schwerste Krise seiner Laufbahn durchmache. Ich ging dann ins AA zu Wiehl, der aus der Morgenbesprechung die Parole mitbrachte: „Nur wenig Aussicht auf Erhaltung des Friedens". Mir scheint, daß da etwas Taktik dabei ist — *so* sieht es doch wohl nicht aus.

Die Antwort der Engländer scheint ungefähr dahin zu gehen, daß sie gern zu der von Hitler gewünschten Generalverständigung bereit seien, vorher müsse aber der deutsch-polnische Streit von beiden in freier Verhandlung auf dem Boden der Gleichberechtigung mit den nötigen Garantien beigelegt werden, unter Wahrung beider Interessen, wofür sie ihre Hilfe anböten. Nach Popitz sollen auch positive Hinweise für die Art der Lösung gegeben worden sein. (Vielleicht haben diese den Pessimismus im AA hervorgerufen.) Hitler hat Henderson Antwort für heute in Aussicht gestellt.

Ich besuchte Henderson gegen Mittag. Er war etwas angestrengt — begreiflicherweise —, aber nicht ganz pessimistisch. Während Hitler das letzte Mal auf dem Obersalzberg wild von englischen Erdrosselungsplänen gegen Deutschland gefabelt habe (er, Henderson, hätte am liebsten gesagt: alles Unsinn!), sei er diesmal viel zugänglicher gewesen. Henderson skizzierte die englische Antwort ähnlich wie oben angegeben. Hitler müsse jetzt zeigen, ob er ein Dschingis-Khan sein wolle oder ein wirklicher Staatsbaukünstler. England wolle den Frieden, aber sei absolut zum Krieg entschlossen, wenn wir Gewalt anwendeten. Die Gefahr liege in der unheilvollen Ratgeberschaft Ribbentrops, der schon Unglück genug angerichtet hätte. Ohne den Gewalttakt gegen Prag würde jetzt alles leicht zu regeln sein. Hitler habe ihm das letzte- oder vorletztemal auf dem Obersalzberg vorwurfsvoll gesagt: „Und dabei habe ich Ihnen meinen besten Mann geschickt!" Darauf habe er nur schweigen können. Heute nehme Göring an den Beratungen teil, das sei ein gutes Zeichen.

Frühstück mit Popitz, Tischbein, Heinrici, Kempner, Sybel. Letzterer erzählte als Reichstagsabgeordneter von der Ansprache Hitlers am Sonntag [27. 8. 39], bei der er einen sehr elenden Eindruck gemacht hätte.[67] Hitler habe erklärt, gewisse Minimalforderungen müsse er unbedingt erfüllt bekommen, wenn er auf Krieg verzichten wolle, nämlich: Danzig heim ins Reich und „Lösung" der Korridorfrage. Letztere könne auch in Etappen erfolgen. Also sehr bescheiden! Warum veröffentlicht er dann den Brief an Daladier, in dem er den Korridor carrément fordert? Über den Russenpakt habe H[itler] gesagt, er ändere nichts an seiner grundsätzlich antibolschewistischen Politik; man müsse den Teufel auch mit Beelzebub vertreiben, jedes Mittel gegen die Sowjets sei ihm recht, also auch solch [ein] Pakt. (Das ist seine typische Auffassung von „Realpolitik".) Von den Italienern habe er gesagt, wir dürften ihr Verhalten nicht

mißverstehen, es liege auch in unserem Interesse. Das klingt stark nach sauren Trauben. Popitz gab der Überzeugung Ausdruck, die ganze Sache sei eine Riesenpleite. ἐγένετο μεγάλη πλεῖτε habe ihm ein Klassiker gesagt. Das gelte auch dann, wenn es gelänge, noch einen Anstandserfolg herauszuschlagen. Nach der ersten Freude über den erhaltenen Frieden werde die innere Faulheit der Lage sich wieder auswirken, und es gelte von nun an auf der Wacht zu stehen, damit die Sache aufgefangen werde.
[. . .]
Heute morgen besuchte mich Frau v. Brauchitsch, um mir zu sagen, es sei besser, vorläufig gar keine Beeinflussung des Generals zu versuchen; er sei besonders durch den Einfluß seiner 200 Prozent rabiaten Frau sehr stark auf die Nazis eingeschworen.

Tee bei Olga Rigele. Sie hatte bei ihrem Bruder [Hermann Göring] gegessen, der ziemlich viel Hoffnung auf Erhaltung des Friedens geäußert habe.[68]
[. . .]

Berlin, 30. 8. 39.
Ich vergaß gestern zu erwähnen, daß Henderson auf das Stichwort Italien mit Betonung sagte: „Die Italiener? Die wollen Frieden! Weiter nichts!"

Über die englische Antwort hörte ich gestern abend noch authentisch, entgegen Popitz' Behauptung, daß keine territorialen Probleme meritorisch behandelt werden. Bei der Verständigung mit Polen müßten die polnischen „Interessen" (nicht „Rechte") gewahrt werden.[69] In unserer gestern übergebenen Antwort wird (nach A. Kessel) in hochnäsiger Form die Verhandlung mit Polen in der Weise akzeptiert, daß sofort ein Pole herkommen möge (in 24 Stunden, wobei nicht klar wurde, ob binnen 24). K[essel] meinte im übrigen, Ribbentrop sei schon wieder kriegslustiger. Auch er fürchtet, daß unsere an sich ziemlich sichere politische Niederlage nicht groß genug sein werde, um heilsam zu wirken.

Nostitz erzählte mir noch, daß Hitler Ciano auf dem Berg hochfahrend die Leviten gelesen und proklamiert habe, wir hätten die Italiener gar nicht nötig.[70] Die Antwort hat er jetzt bekommen.

Ins AA kam heute aus dem Wirtschaftsministerium die Nachricht, Krieg gebe es nicht, weitere Vorbereitungen seien unnütz. Über diese Leichtfertigkeit mit Recht Entrüstung. Weizsäcker erklärte in meiner Gegenwart Wiehl am Telefon, die Leute müßten besoffen sein; die Spannung sei unverändert groß. – Man wartet nun, ob die Polen kommen. Wenn Ribbentrop sich wieder obenauf fühlt und sich durchsetzt, wird man ihnen, wenn sie kommen, unannehmbare Forderungen stellen. [. . .]

Mit Dieckhoff gefrühstückt, der überzeugt ist, daß Roosevelt ununterbrochen auf England drücke festzubleiben.

Berlin, 31. 8. 39.
Gestern Abend bei Petersdorff. Es war noch ein alter Ostasiat, Freund Kriebels, da, namens Schubert oder Schubarth [Schubart]. Ich hatte wieder den Eindruck, daß in der gegenwärtigen Krisis zum ersten Male Elemente einer Art Götterdämmerung oder Götzendämmerung der Partei fühlbar werden.

Heute morgen, 7.25 Uhr, rief mich Weizsäcker an und bat mich „wegen meines Auftrags" auf 8.40 Uhr zu sich. Er empfing mich mit der Mitteilung, daß Ribbentrop zunächst Bedenken gegen meine Verwendung zu der Sache erhoben habe, worauf er, W[eizsäcker], gesagt habe, derartiges müsse jetzt zurücktreten; nach einiger Zeit < > habe R[ibbentrop] dann die Mission genehmigt. Ich begnügte mich damit zu erwidern, ich drängte mich wahrhaftig nicht danach. Dann erklärte W., diese Angelegenheit sei nur ein Vorwand für ihn gewesen. Es handle sich für ihn um folgendes: Da die Polen bisher geschwiegen hätten, habe Ribbentrop in letzter Nacht Henderson kommen lassen, ihn angeschrien, daß diese verzögernde Taktik der Engländer und Polen unwürdig sei; die deutsche Regierung sei bereit gewesen, einen sehr entgegenkommenden Vorschlag zu machen, den er H[enderson] vorlas und der im wesentlichen enthielt: Danzig ins Reich, aber entmilitarisiert, Volksabstimmung im Hauptteile des Korridors und je nach Ergebnis ein deutscher Ost-West-Verkehrsweg oder ein polnischer Süd-Nord-Weg nach Gdingen, das polnisch bliebe. Aber diese gewiß bescheidene Forderung sei natürlich erledigt, da kein polnischer Unterhändler gekommen sei, und so bliebe Deutschland nichts übrig, als sich selbst sein Recht zu holen. Nach dieser unfreundlich, aber nicht in Form eines Bruchs verlaufenen Audienz habe Hitler laut zu erkennen gegeben, nun habe sich die andere Seite eklatant ins Unrecht gesetzt, und es könne also heute nachmittag losgehn. W[eizsäcker] beurteilte die Lage äußerst ernst: es stehe wieder wie am Freitag [25. 8.]. Man müsse sich fragen, ob wir wirklich wegen zweier Wahnsinniger in den Abgrund stürzen müßten. Natürlich sei man bei Hitler vor nichts sicher; es sei nicht ganz auszuschließen, daß er im letzten Augenblick doch zurückschrecke. Wir waren aber darüber einig, daß das kaum noch anzunehmen sei, nachdem er doch am Freitag tatsächlich den Entschluß zum Krieg gefaßt und die Befehle erteilt hatte. Bei dieser Sachlage sehe er nur noch eine Hoffnung, nämlich, daß Henderson den polnischen Botschafter und seine eigene Regierung unverzüglich bewege, noch heute vormittag auf Warschau einzuwirken, sofort einen bevollmächtigten Unterhändler zu entsenden oder wenigstens noch vormittags durch Lipski bei Ribbentrop anzukündigen. Ob ich „privat" auf Henderson in diesem Sinne einwirken könne und ob ich vielleicht auch Göring vor übereilten Entschlüssen Hitlers warnen könnte. Göring müßte man zu verstehen geben, daß Ribbentrop der Totengräber des Reichs und des Nationalsozialismus sein würde. Karinhall würde in Flammen aufgehen! Ich erklärte mich bereit, mein Heil zu versuchen.

Mein Eindruck war, daß Ribbentrop und natürlich Hitler mit verbrecherischer Leichtfertigkeit das höchste Risiko für das deutsche Volk in den Kauf nehmen, um noch einen ihr Prestige wahrenden, verhältnismäßig kleinen Erfolg in den Hafen zu bringen, natürlich wieder im Sinne einer Etappe. Für mich selbst war maßgebend, daß zunächst alles darauf ankäme, den Weltkrieg zu vermeiden.

Ich traf Henderson, der um vier Uhr ins Bett gekommen war, beim ersten Frühstück. Er war vor allem erschüttert über die rüde Art Ribbentrops, der offenbar den Ehrgeiz habe, für diesen Krieg die unheilvolle Rolle Berchtolds zu spielen.[71] Die ultimative Art unserer letzten Schachzüge zerstöre die besten Bemühungen, den Frieden zu erhalten. Ich legte ihm die Sachlage dar, indem ich betonte, daß ich ganz privat, ohne Auftrag, nur in dem Wunsche käme, zu einer friedlichen Lösung beizutragen und ihm die ungeheure Bedeutung der nächsten Stunden klarzulegen. Er hatte noch in der Nacht sowohl mit London wie mit Lipski Fühlung aufgenommen und wollte sich weiter bemühen. Die Hauptschwierigkeit bestände in unserer Art und Weise, die von den Engländern verlange, die Polen herumzukommandieren wie dumme Jungen. Ich sagte ihm, die polnische Taktik, sich schweigend zu verhalten, sei auch unmöglich. Diese slawische Art, die er ja aus Petersburg kenne, sei gefährlich. Er meinte wehmütig, er wollte, es wären noch jene Zeiten − in denen er, warf ich mit einem kümmerlichen Versuch zu scherzen ein, seinen Botschafter beinah erdrosselt hätte;[72] wie mir schiene, [habe er] jetzt Lust, andere Leute zu erdrosseln. Henderson sagte zum Schluß, es würde so leicht möglich sein, zwischen England und Deutschland Verständigung zu erreichen, wenn nur dieser unheilvolle R[ibbentrop] nicht wäre, mit dem es niemals möglich sein würde.

Ich ging dann etwa um 9.30 Uhr zu Olga Rigele, sagte ihr, daß die Lage furchtbar ernst wäre, und bat sie, mich mit Hermann [Göring] in Verbindung zu bringen, was die Gute unter Tränen sofort tat. Es gelang ihr, ihn auf seinem „Gefechtsstand", wie er sich nachher ausdrückte, zu fassen, und ich hatte ein ziemlich eingehendes Gespräch mit ihm. Er fragte sofort, ob ich wegen der Italiener mit ihm sprechen wollte, was ich verneinte, indem ich ihm darlegte, ich sei infolge einer Mission, die ich im Kriegsfalle übernehmen sollte, ungefähr im Bilde über die Lage, andererseits mit Henderson befreundet, der sich mit allen Kräften bemühe, den Frieden zu erhalten. G[öring] fragte, warum er denn dann bei den letzten Unterredungen so patzig gewesen sei. Ich antwortete, ich glaubte nicht, daß das seine Absicht gewesen sei, aber vielleicht könnten eben gewisse Leute schlecht zusammen. G. sagte, er möge ihn gern, er sei aber so langsam. Ich erwiderte, er sei natürlich ein Engländer und kein Romane, jedenfalls sei er nach Kräften bemüht. G. meinte, unser Vorschlag sei doch wahrlich bescheiden, worauf ich erwiderte, er sei aber doch als überholt bezeichnet worden. G. wurde darauf sehr lebhaft und fragte, wie H. zu dieser Ansicht komme, der Vorschlag sei doch nur dann überholt, wenn kein polnischer Unterhändler komme. Ich antwortete, das sei sehr wichtig, ich würde es sofort H. sagen und ihn drängen, sich weiter in der Richtung anzustrengen. G.: „Ja, er muß aber sofort kommen." Ich: „Das wird doch technisch unmöglich sein, es muß doch genügen, wenn die Polen erklären, sie würden einen schicken." G.: „Ja, gut, aber er muß sehr schnell kommen. Sagen Sie das, was Sie von H[enderson] gehört haben, gleich dem Außenminister!" Ich: „Ich weiß nicht, ob ich das tun kann, aber ich werde es jedenfalls Weizsäcker sagen."

Mein Eindruck war, daß G. tatsächlich Frieden will.[73] Olga erzählte mir vorher weinend, er habe sie neulich umarmt und ihr gesagt, nun siehst du, alle sind für den Krieg, nur ich, der Soldat und Feldmarschall, nicht! Warum sitzt aber der Mann in diesem Augenblick in Oranienburg? Und Brauchitsch und Halder fliegen beim Westwall herum. Unerhörte Leichtfertigkeit eines militärischen Führers in solchem Augenblick.

Ich ging sofort wieder zu Henderson und sagte ihm, was Göring erklärt hatte. Er war höchst interessiert und schrieb sich das Wichtigste auf. Dann zu Weizsäcker, dem ich meine Schritte berichtete.

Nach einer Stunde ließ mich W[eizsäcker] wieder bitten. Henderson habe um den Text unserer Vorschläge gebeten, um für die Polen etwas in der Hand zu haben. Offiziell dürfe er sie ihm nicht geben. Ob ich wohl meinte, ihm den Inhalt genauer mitteilen zu können (das heißt ihm das Papier eventuell auch in die Hand zu geben). Das Dokument lag vor mir auf dem Tisch. In diesem Augenblick kam ein Telefon von Ribbentrop und gleich danach ein zweites, beide des Inhalts, man dürfe H[enderson] die Vorschläge nicht geben, er werde ihn selbst anrufen und ihm sagen, den Polen wäre ja ausdrücklich erklärt worden, sie würden die Vorschläge bekommen, *wenn* sie einen Bevollmächtigten schickten. Wir waren bei dieser Sachlage einig, daß es unmöglich sei, Henderson nun unter der Hand die Vorschläge zu geben oder genauer mitzuteilen. R. hat W. untersagt, mit H. Verbindung zu nehmen, und hat hinzugefügt, Hitler habe angeordnet, alles „abzuwimmeln". W. sah darin den Beleg dafür, daß Hitler und R. den Krieg wollen, indem sie sich einbilden, sich durch die Vorschläge ein Alibi geschaffen zu haben. Das letztere scheint mir unsinnig, wenn man die Vorschläge den Polen nicht gibt. R. hat ferner mitgeteilt, es würde in der nächsten halben Stunde entschieden, ob man die Vorschläge veröffentliche. Wenn das zur Erörterung steht, ist ganz unbegreiflich, warum man sie H. nicht geben will, es sei denn, man will den Krieg. W. erzählte, daß Rom sich mit London bemühe zu vermitteln: Mussolini habe nach London erklärt, es müsse ein fait nouveau geschaffen werden, und das beste sei, wenn Polen Danzig an Deutschland vorweg abtrete. W. war sehr zweifelhaft, ob die Polen das tun würden. London hat seinerseits die Italiener wissen lassen, es handle sich eigentlich nur noch um den Ehrenpunkt, ob wir Lipski riefen oder er von selbst komme.

In diesem Sinne besprach ich mit W., ob ich vielleicht noch einmal zu H. gehen sollte, um ihn zu veranlassen, Lipski aus dem Loch zu holen. Wir kamen aber überein, daß H. ja die Lage genau kenne und ohnehin alles tun werde. Vielleicht gehe ich doch noch hin.

Nachmittags. Ich bin noch hingegangen und traf ihn vor der Botschaft. Ich habe ihm gesagt, alles komme darauf an, daß Lipski sich melde, und nicht mit Phrasen, sondern der Erklärung der Verhandlungsbereitschaft — aber *sofort*. Er wollte sich gleich wieder dafür einsetzen. Ferner habe ich H[enderson] darauf aufmerksam gemacht, daß Göring eingetroffen sei. (Der junge Kessel hatte ihn grade einfahren sehn.)

Im AA hatte ich Moltke [Botschafter in Warschau] getroffen und mit ihm Frühstück im Adlon verabredet. Als ich ins Hotel kam, erschien in höchster Besorgnis Kessel, um mir zu sagen, Lipski habe sich gemeldet, es bestände aber große Lust, ihn nicht zu empfangen. Da mir ähnliches einige Minuten vorher Moltke gesagt hatte, versuchte ich zunächst telefonisch durch Olga Rigele auf Hermann Göring einzuwirken, mit der Bitte, mich wenn möglich zu hören. Letzteres gelang allerdings nicht. Kessel erklärte, es bestände höchste Gefahr. Weizsäcker habe ihm gesagt, am besten wäre es, Mussolini zu veranlassen, sofort noch einmal an Hitler zu telefonieren; ob ich nicht zu Attolico gehen könnte? Letzteres war mir nicht sehr sympathisch, aber angesichts der Lage erklärte ich mich bereit. Attolico empfing mich sofort, schwor, seinerzeit alles für mich getan zu haben! und versprach mir absolutes Stillschweigen über unsere Unterhaltung. Er verstand sofort, worauf es ankam. Daß Lipski sich gemeldet hätte, wußte er noch nicht, und versprach, sofort mit Rom zu telefonieren.[74]

Berlin, 1. 9. 39.
Gestern Frühstück mit Moltke. Abends bei unserem Brauchitsch gegessen. Ich beklagte, daß an einem Tage solcher Entscheidungen der Oberbefehlshaber [des Heeres] abwesend sei. In der Nacht werden die „Vorschläge" bekanntgemacht. Heute um 10 Uhr hörte ich (vorher im AA wegen meiner Reise) von meinem Adlonzimmer aus die schwache Hitlerrede.[75] Auf der Straße wenig Menschen, nur offizielle Begeisterung der Absperrung.

[. . .]

Ich nehme den jungen Teddy Kessel, der vorübergehend (bei Twardowski) im AA arbeitet, weil d[ienst]u[nfähig], als Adjutanten mit nach Norden.[76]

10. 9. 39. Fahrt Berlin–Bamberg.
Nach meiner Rückkehr aus Skandinavien erste Nachricht: Heinrich Weizsäcker gefallen. Ich besuchte gestern Nachmittag den Vater, der mich sehr rührte. Er hat neulich zu jemand gesagt, seine Lage sei besonders beneidenswert: zwei, wahrscheinlich bald drei Söhne im Felde, vergeblich für

den Frieden arbeitend, in der Geschichte wahrscheinlich als einer der Kriegsmacher verewigt. Daß er das Gegenteil war, kann ich bezeugen, ohne daß er freilich ein Mann von Durchschlagskraft war; oder muß man sagen: von Durchschlagskraft sein *konnte*?

Mein abschließender Eindruck über die Ereignisse der Woche bis zum 1. 9. ist folgender: Hitler und Ribbentrop wollten den Krieg gegen Polen, Ribbentrop hat ihn mit oder ohne, wahrscheinlich *mit* Autorisation Hitlers absichtlich dadurch entscheidend gefördert, daß er die Henderson vorgelesenen Vorschläge ihm zu geben ausdrücklich verbot, dieselben Vorschläge, die noch am gleichen Tage veröffentlicht wurden. Diese Vorschläge enthüllten sich damit als ein – übrigens verunglückter – Alibitrick. H[itler] und R[ibbentrop] haben bei dem Entschluß, gegen Polen Krieg zu machen, das Risiko des Krieges gegen die Westmächte bewußt übernommen, verbunden bis in die letzten Tage hinein mit einer in der Temperatur schwankenden Illusion, sie würden doch noch neutral bleiben. Die Polen haben ihrerseits in polnischem Dünkel und slawischem Treibenlassen im Vertrauen auf England und Frankreich alle etwa noch vorhandenen Chancen, den Krieg zu vermeiden, versäumt. Die Londoner Regierung, die mit ihrer Garantiepolitik und Anbandelei an die Sowjets unter dem Eindruck des 15. März eine unbesinnliche [sic!], aber sicher keine offensive Kriegspolitik getrieben hat und deren Botschafter alles getan hat, um den Frieden zu erhalten, hat in den allerletzten Tagen das Rennen aufgegeben und eine Art vogue le galère gemacht. Frankreich ist sehr viel zögernder den gleichen Weg gegangen. Mussolini hat sich alle Mühe gegeben, den Krieg zu vermeiden. Sein Vermittlungsvorschlag vom 2. 9. konnte nicht mehr Erfolg haben, weil England nicht mehr zurück konnte oder wollte. Die Haltung Frankreichs an diesem Tag war undurchsichtig. Hitler hat [den Vorschlag] angenommen, erstens, weil er sich so gut wie sicher war, daß England nicht zustimmen würde, zweitens aber vielleicht auch deshalb, weil er nun endlich darüber klar war, daß E[ngland] und F[rankreich] marschieren würden, wenn es zum Kriege kam.

Im Volk ist trotz aller Kriegsmaßnahmen im Innern das Gefühl für die Realität des Krieges noch nicht durchgedrungen. Man ist überwiegend stumpf und betrachtet die Sache noch als eine Art Parteiunternehmen. Die Leistungen des Heeres und der überraschend schnelle Zusammenbruch der polnischen Verteidigung erregen natürlich Stolz und Freude, aber keine wirkliche Begeisterung. Weizsäcker sagte, nach seiner Nachricht herrsche bei Hitler Erobererstimmung; er beurteile daher die Chance, nach Niederwerfung Polens in einem psychologischen Augenblick noch zum Frieden zu kommen, sowohl bei uns wie übrigens auch bei den Engländern, deren einzige Chance im langen Kriege liege, als sehr gering. Ich hatte nachmittags die vier nordischen Gesandten besucht und bei Scheel, dem Norweger, die Meinung gehört, vielleicht könne eine polnische Regierung nach dem Fall Warschaus Frieden anbieten und damit eine Lösung ermöglichen. Weizsäcker hielt das für sehr unwahrscheinlich, wenigstens von seiten einer *wirklichen* polnischen Regierung, nicht einer von uns eingesetzten sham-Regierung. – Ich habe Weizsäcker gesagt, auf dem Schemel im Amt zu sitzen, käme für mich nicht in Frage, ebensowenig wirtschaftliche Verhandlungen.

Mittags hörte ich im Restaurant Kroll mit Ilse Göring Hermanns zum Teil für die Masse recht wirksame, zum Teil sehr demagogische, im ganzen, wie Zahle [dänischer Gesandter] mit Recht sagte, viel zu lange Rede, an der interessant die immer wieder wiederholten Friedenswinke an England waren. – Abends mit Pietzsch im Adlon gegessen. Er war bei längerer Kriegsdauer wirtschaftlich sehr pessimistisch und klagte über den Dilettantismus. Auf eine Bemerkung von mir, man müsse hoffen, daß diese Krise wenigstens zu einer inneren Reinigung führe, meinte er trübe, wenn es gut gehe, sei es nicht zu erwarten, und wenn es schlecht ginge, erst recht nicht.

[. . .]

Wolf [Tirpitz] brachte mich an die Bahn. Viele Japaner (Mil[itär?]) im Zuge, die, wie der anwesende Geschäftsführer der deutsch-japanischen Gesellschaft erzählte, empört über die deutsche Russenpolitik seien.

Meine nordische Reise habe ich in Briefen an Ilse beschrieben, das Sachliche steht in den Telegrammen, Kommuniqués, einer ergänzenden Aufzeichnung und den Zeitungen. Es ging so gut, wie es gehen konnte. Gutes Wetter ermöglichte eine wahre Blitzreise: von Freitag 1/2 4 (ab Berlin) bis Dienstag 4 Uhr vier Demarchen in vier Hauptstädten. Zum Schluß ein Ferientag in Stockholm, weil das AA kein Sonderflugzeug schickte.[77] Sehr schön die Flüge zwischen Stockholm und Helsinki. Grade beim Fluge nach Kopenhagen über das schöne friedliche deutsche Land erschien der Krieg unvorstellbar.

Die Stimmung der Bevölkerung überall schlecht für uns, besonders in Norwegen und Schweden. In Stockholm wurde die Gesandtschaft, grade als ich da war, angespuckt. Kopenhagen heimatlich [. . .]. In Stockholm [. . .] ganz interessante Unterhaltung mit dem italienischen Gesandten Soragna, der auf meine Frage nach etwaiger Vermittlung Mussolinis im geeigneten Augenblick das ablehnte: Italien habe selbst Ansprüche, die es durchsetzen wolle, beim Vermitteln käme nichts für Italien heraus! – Die politischen Eindrücke waren natürlich am besten in Finnland, wo der Außenminister Erkko mich abends mit recht bemerkenswerten Wirtschaftlern (Ryti – Reichsbank, Ramsay – Schiffahrt, Solitander – Holz und Titoäinnen (?) – Landwirtschaftliche Erzeugnisse) einlud – er selbst auch bemerkenswert! Frau in Rußland geborene Engländerin! Dann in Dänemark; Schweden und Norwegen recht problematisch. Die Gesandtschaften belustigend verschieden [. . .]. Alle Regierungen „links" und dem Nationalsozialismus innerlich feindlich. Die Staatsminister in Oslo und Stockholm selfmademen ohne Bildung, ich mußte meine Sachen auf Dänisch vorbringen, was ganz gut ging. Die Finnen erheiterten mich wieder durch ihren kindlichen Stolz auf das Geleistete, Bauten usw. Ich sagte ihnen, vor ihrem Reichstag müßte selbst Göring erblassen.

11. 10. 39.
Gestern abend Besuch von [Goerdeler] in München. Wir aßen zusammen im Continental, wo ich wegen mangelnder Verbindung die Nacht zubrachte. Ich traf dort ausgerechnet Rümelin, der erklärte, ohne festen Aufenthalt herumzureisen, und meinte, es sei für Leute „wie ihn und mich!" augenblicklich sicher richtiger, vom „Balkon" aus zuzusehen. Er erzählte eine lange, nicht durchweg glaubwürdige Geschichte, wie er Ribbentrop gegenüber aufgetrumpft und sich der Partei gegenüber durchgesetzt habe.
[...]
Bei Frau v. R[heinbaben] waren Prinzessin Klara und Prinzessin Augusta [von Bayern]. Deren Mann, Prinz Adalbert — gegenüber sieben Hohenzollern — der einzige bayerische Prinz in der Front. Alle andern sind, soweit sie sich gemeldet haben, abgelehnt worden, der Rest, darunter Rupprecht, Albrecht und Franz, im Auslande! Beides wegen des verbrecherisch dummen Versuchs einiger Toren, einen monarchischen Putsch vorzubereiten. Die Sache ist so leichtfertig gemacht worden, daß man es nicht für möglich halten sollte, und hat folglich den größten Schaden gestiftet.[78] Einige aktive Offiziere, die auf den Leim gekrochen sind, sind angeblich erschossen worden. Die ins Ausland gegangenen Prinzen haben dadurch die Sache noch verschlechtert. Schloß Leutstetten hat man infolgedessen für Flüchtlinge beschlagnahmt. Alles in allem, ein großes pasticcio.
Mit meinem Besucher [Goerdeler] besprach ich die politische Lage. Meiner Grundauffassung stimmte er in jeder Hinsicht zu: auch nach seiner Ansicht ist die Kriegspolitik ein verbrecherischer Leichtsinn und die Politik mit Rußland in dieser Form eine ungeheure Gefahr. In der Lage ohne Ausweg, in die uns H[itler] und R[ibbentrop] hineinmanövriert hatten, haben sie als einziges Auskunftsmittel die Kooperation mit den Sowjets gesehen. In der Not des Augenblicks haben sie verbrannt, was sie angebetet und angebetet, was sie verbrannt haben und damit ihr eigenes weltanschauliches, allerdings von jeher hohles Gebäude erschüttert. Bismarck hatte gegenüber L[eopold] v. Gerlach sehr recht, die Verquickung von innerer und äußerer Politik abzulehnen und das taktische Zusammengehn mit Napoleon III. zu befürworten.[79] Aber hier handelt es sich um ganz etwas anderes. Erstens muß man, *wenn* man eine Politik weltanschaulich fundiert und wie geschehen im Antikominternpakt festlegt, den eignen Ast absägen, sofern man in dieser Weise das Steuer herumwirft. Das kann keine Bewegung vertragen, die den Staat tragen soll (oder sie

ist überhaupt nichts). Die völlige geistige Verwirrung ist denn auch in der Partei bereits zu bemerken. Außenpolitisch aber hat man in selbstverschuldeter bitterer Not, um aus ihr im Augenblick herauszukommen, allerwichtigste Positionen aufgeopfert: die Ostsee und die Ostgrenze. Ganz zu schweigen von der politisch unsittlichen Preisgabe der baltischen Länder ist nun unser dominium maris baltici schwer gefährdet, im Konfliktsfalle mit Rußland auch die Erzzufuhr aus Schweden. Alles tritt aber zurück gegen die unbekümmerte Auslieferung eines großen wichtigen Teils des Abendlandes, zum Teil deutsch-lutherischer Kultur, zum Teil altes Österreich, an denselben Bolschewismus, den wir angeblich im fernen Spanien auf Tod und Leben bekämpft haben. Die Bolschewisierung hat in den bisher polnischen Teilen bereits auf breiter Front durch Wüten gegen das Eigentum eingesetzt.

Es ist sehr gut möglich – nach der Rede [Hitlers am 27. 8. 39] vor den Reichstagsabgeordneten sogar wahrscheinlich –, daß Hitler in seinem Innersten sich für später den Angriff auf Sowjetrußland vorbehält.[80] Der frevelhafte Charakter seiner Politik wird dadurch nur noch verstärkt.

Das Vorrücken des Bolschewismus auf der ganzen Front und dicht an unsere Grenze zusammen mit den notwendig sozialistischen Folgen einer längeren Kriegswirtschaft muß auch in Deutschland innerpolitische Folgen gefährlichster Art haben. Man merkt jetzt schon, wie überall die linken Elemente der Partei Oberwasser haben. Als weiteres Moment kommt der von Hitler propagierte Bevölkerungsaustausch dazu, der viele Hunderttausende, ja Millionen wurzelloser Existenzen schaffen und uralte Traditionen, vor allem deutsche Tradition, zerstören würde.[81] Außenpolitisch können diese Bemerkungen in Hitlers Rede übrigens nur bewirken, daß man auf der anderen Seite den Willen bei ihm feststellt, keine Ruhe zu geben, sondern auch den Südosten zu revolutionieren.

Die Verbrüderung mit den Sowjets hat zwei gute Seiten. Erstens kann sie vielleicht doch helfen, den Deutschen und besonders auch den guten Elementen der Partei vom alten Stamme die Augen zu öffnen; zweitens sollte sie die Tendenz der Westmächte verstärken, ein gesundes, kraftvolles Deutschland zu erhalten, freilich nicht mit halb oder dreiviertel bolschewistischer Führung.

Die ganze Lage führt mich zu dem Schlusse, daß es hohe Zeit wird, den hinabrollenden Wagen zu bremsen.

Derselben Ansicht war mein Besucher [Goerdeler]. Er sieht die Dinge noch schwärzer als ich und er glaubt, daß, wenn es nicht bald gelingt, der Abenteuerpolitik Einhalt zu gebieten, innere und äußere Katastrophen unvermeidlich sind. Nach seinen Informationen ist unsere wirtschaftliche Lage sehr viel schlechter, als es den Anschein hat. Er ist überzeugt, daß die ersten großen Schwierigkeiten, und zwar auch für Kriegsbedarf (Munition, Betriebsstoff) schon sehr bald eintreten werden. Rußland könne nur sehr bescheiden aushelfen. Im ganzen sei innerhalb von sechs Monaten scharfer Druck auf zahlreichen Gebieten zu erwarten, und länger als achtzehn Monate ginge es überhaupt nicht. (Ich bin etwas mißtrauisch gegen solche Voraussagen.) Daher 1) die Parole der Gegner: langer Krieg. Sie würden jetzt keinesfalls nachgeben. Daher 2) sehr schlechter Nervenzustand bei uns, Friedensoffensiven und zermürbende Überlegungen, wie man schnell zum Siege kommen könne. Auch die Nerven der Generale, zum Beispiel Halder, hätten schon sehr gelitten. Einige (er nannte Canaris) seien ganz zerbrochen aus Polen heimgekehrt, nachdem sie dort die Folgen unserer brutalen Kriegführung, besonders in dem zerstörten Warschau, gesehen hätten.[82] Ich erzählte ihm von jungen Kerlen, die im Arbeitsdienst Zeuge geworden wären, wie man Dörfer (wegen Franctireurs) umstellt und angezündet hätte, während die Bevölkerung markerschütternd schreiend darin herumgeirrt sei. Auch die polnischen Greuel in Bromberg und so weiter sind Wahrheit,[83] aber können wir uns davon freisprechen? Der Besucher [Goerdeler] erzählte, er habe mit meinem Freund [Beck][84] das englische Radio gehört, in dem ein englischer General erzählt habe, daß er vor dem Weltkriege zu einem deutschen Garderegiment kommandiert gewesen und begeistert von dessen Geist, von der Vornehmheit und Ritterlichkeit der Offiziere gewesen sei; auch im Weltkriege sei das noch der Fall gewesen. Wo nun jetzt *diese* deutschen Offiziere und Soldaten seien, nachdem in Polen diese grauenhafte Kriegführung stattgefunden habe? Dann sei der General auf Fritsch gekommen, habe ihn hoch anerkannt und ausgedrückt, daß er (was stimmt) den Tod gesucht habe. Nun wolle er ihn nach deutscher Sitte ehren, worauf die Musik drei Verse von „Ich hatt' einen Kameraden" gespielt habe. [Beck] habe dabei die Fassung verloren.

Wir waren darüber einig, daß Fritschs Verhalten nicht begreiflich sei; er hätte Gelegenheit suchen sollen, sein Leben anders zu verwerten oder einzusetzen. Immerhin scheint sein Tod doch seinen Zweck nicht ganz verfehlt, sondern in der Armee und auch im Volke tiefen Eindruck gemacht zu haben. Es ist trostlos genug, daß überall vermutet wird, er sei von der SS ermordet worden.[85]

Der Besucher [Goerdeler] berichtete weiter, daß man drei Auswege prüfe:
1) Großangriff zur Luft und unter Wasser gegen England. Das sei zur Zeit verworfen worden, weil es wegen erheblicher Flugzeugverluste in Polen an genügend schweren Bombern fehle; außerdem beginne die Wetterlage für Luftangriffe schlecht zu werden; endlich sei die Zahl der U-Boote noch nicht groß genug.[86] 2) Durchstoßen der Maginotlinie. Die Armee warne davor, weil sie keinen durchschlagenden Erfolg für wahrscheinlich, die Verluste für sehr groß und die französische schwere Artillerie in der Stellung für sehr überlegen halte. (Von anderer Seite hörte ich ein viel optimistischeres Urteil: die französischen Bunker seien nicht unüberwindlich.) 3) Durchmarsch durch Belgien und Holland. Trotz Abraten von

Brauchitsch und Halder habe der Führer jetzt befohlen, diesen Weg vorzubereiten.[87]

Wir waren darüber einig, daß alles geschehen sollte, *vorher* eine Wendung herbeizuführen. Ich riet dringend, keine großen Hoffnungen auf Brauchitsch zu setzen, und fragte nach anderen Generalen. Er meinte, von den Armeeführern im Westen seien Witzleben und Hammerstein gut. Ferner die meisten stellv[ertretenden] kom[mandierenden] Generale in der Heimat mit ihren Stäben. Nach Meinung meines Besuchers müsse das Ziel sein, *außen* eine zum Ausdruck gebrachte Friedensbereitschaft auf maßvoller Grundlage (deutsche Teile Polens an uns, unabhängiger Reststaat, Neuordnung der Tschechei) unter Voraussetzung der Herstellung eines Rechtsstaats in Deutschland, Stellung von Garantien, ferner Abrüstung (allgemein), aber mit Garantien für Durchführung in Deutschland (Kontrolle des Flugzeug- und U-Bootbaues) und Wiederherstellung der Weltwirtschaft.[88] Ich warnte vor *inner*politischen Forderungen durch äußere Gegner. Das muß unsere Sache sein. Auch die Kontrollen scheinen mir bedenklich. *Innen,* meinte er, müsse ein Faktor geschaffen werden, der auf solcher Basis Frieden machen könne. Das Volk würde solchen Frieden als ungeheure Erleichterung begrüßen, so daß vorerst keine Gefahr einer Linksbewegung gegen solche Regierung gegeben sei (später natürlich). Er fragte mich, ob nach meiner Ansicht Göring tragbar sei; trotz schwerster Bedenken sei er zu der Ansicht gekommen, daß das der einzige Ausweg sei, natürlich als Übergang. Auch sein militärischer Freund [Beck?] habe sich dazu durchgerungen. Ich trat der Auffassung bei. Interessant ist nun, daß nach Bericht meines Besuchers aus dem Kreise Görings von hohen Funktionären (ich denke, es handelt sich um Leute wie Popitz) an ihn herangetreten worden sei, ob „man" geneigt sein würde, die Sache mit Göring in Ordnung zu bringen. Dieser scheint nämlich den Ernst der Lage erfaßt zu haben und in schwerster Sorge zu sein. Er habe geantwortet: Ja, aber unter gewissen Garantien, unter anderem Herstellung eines Rechtsstaats mit Übergangsbestimmungen (Möglichkeit sofortiger Verhaftung ohne Haftbefehl, aber mit Beschwerderecht an eine Sonderinstanz), ferner Einführung einer Kontrolle des Staatslebens durch irgendein (berufsständisch gegründetes) Organ. Die Göringleute hätten dem zugestimmt.[89] Mein grade erschienener Aufsatz in den „Weißen Blättern" über Steins organischen Staatsgedanken käme also, wenn an der ganzen Geschichte etwas ist, genau zur rechten Zeit![90]

Außenpolitisch erzählte mein Besucher zu diesem Thema, also zu der Frage, wie denn eine Friedensbereitschaft der Gegenseite auf solcher Grundlage *rechtzeitig* zum Ausdruck kommen könne, daß man aus der amerikanischen Botschaft an Schacht herangetreten sei, ob er nicht einen Frieden zustande bringen und gegebenenfalls dazu nach Amerika kommen könne. Wir waren uns nicht darüber klar, was dahinter steckt, und ferner, ob man der Persönlichkeit Schachts bei solcher Mission ganz sicher sein kann.[91]

Mein Besucher ging bei der ganzen Sache davon aus, daß ein solches Friedensangebot an Hitler ergehen solle: nehme er an, so würde die Entwicklung ihn fort- oder mitreißen. Lehne er ab, so müsse man über ihn hinweggehn. Die ganze Sache ist noch ziemlich unausgegoren. Wir verabredeten weitere Besprechungen in Berlin.

Fahrt nach Schmachtenberg – Schlüsselburg – Berlin
vom 13. bis 21. 10. 39.

22. 10. 39.
[...] Am 13. abends in Würzburg mit Guttenberg zusammen. Mein Aufsatz über den „Organischen Staatsgedanken des Freiherrn vom Stein" ist in seinen „Weißen Blättern" erschienen. Ich habe ihn an viele Leute, besonders auch an besonnene Parteichefs geschickt. Zweck: Einmal den Gedanken auszusprechen, daß die jetzige Staatsform nicht ewig sein kann, sondern in einen organischen Rechtsstaat mit Kontrolle übergeleitet werden muß. Der Ministerpräsident Siebert scheint das verstanden zu haben, denn er schreibt, er habe den Aufsatz und seine Schlußfolgerung mit großem Interesse gelesen.

In Schlüsselburg wohnte ich ebenso wie Ernst und Elisabeth Albers-Schönberg auf dem Gut (bei dessen Verwalter), vom Ort und Pastorat durch die Weser getrennt und nur durch die Fähre zu erreichen. [...] Der Onkel Friedrich Bodelschwinghs, der einstige Bischof, taufte im Hauptgottesdienst und predigte außerordentlich volkstümlich-wirksam. Nachher sowohl mit Friedrich wie vor allem mit ihm lange Unterhaltung über die verzweifelte Lage der Kirche. Der Bischof meinte, vielleicht sei jetzt doch eine Möglichkeit, grade in der Kriegslage zu einer Besserung zu kommen, auf dem Wege über das von Kerrl eingesetzte Kirchendirektorium (Marahrens, deutscher Christ Schultz, Mecklenburg, und neutraler Professor Hymmen).[92] Ob Göring nicht einmal Marahrens empfangen könne? Es ist bezeichnend, daß in der Verzweiflung alles immer auf Göring als einzige Rettung hofft, bezeichnend, weil es deutlich macht, wie wenig Aussicht man überhaupt noch sieht. Denn im Grunde ist auch Göring nicht ein Mann, zu dem man Vertrauen haben könnte, weder zu seinem Charakter noch zu seinem Willen, sich wirklich einzusetzen. [...]

In der Bahn überall sehr viel Urlauber. Im allgemeinen gutes Material, aber vielfach wenig diszipliniert. Ich hörte in Berlin, daß die Infanterie im Durchschnitt beträchtlich weniger Angriffsgeist zeige als 1914, weshalb die Offiziere sich stark exponieren müßten. Daher deren große Verluste. In Bamberg zeigte sowohl der Portier wie ein Kellner Ilse ganz erschüttert einige Seiten des Adelsblattes mit unendlichen Todesanzeigen. Zu welch niedriger Gesinnung die Parteihäuptlinge fähig sind, zeigt ein Vorfall in Potsdam, wo der Ortsgruppenleiter oder ein ähnlicher Funktionär erklärte, er könne doch einer Frau v. Studnitz das Mutterkreuz nicht geben, weil sie beim Winterhilfswerk immer so wenig gegeben habe. Diese Frau v. Studnitz hatte ihren Mann im Weltkriege und jetzt während einer Woche zwei Söhne verloren. Nach allen Anzeichen wird der Haß der Partei gegen Adel und die sogenannte Intelligenz immer stärker. Während die jungen Adligen in Scharen fallen, und fast alle führenden Generale dem Adel angehören, pöbelt man zum Beispiel in der „Koralle" ungestraft den Adel an. Es ist kein Wunder, daß immer mehr Leute, wie zum Beispiel Goerdeler, fest überzeugt sind, Hitler *wolle* im Grunde Adel und Gebildete ausrotten. Sicher ist, daß er auf seiner Bahn, entgegen den ursprünglich verkündeten Zielen des Nationalsozialismus, immer weiter zum Negativen getrieben wird.

Ich fand in Berlin bei den Unterrichteten eine gradezu erschütterte Stimmung. Während man in weiten Kreisen noch immer über den genialen Schachzug des Russenpakts, über die Siege in Polen und über die in der Tat famosen Leistungen der U-Boote und Flieger gegen England jubelt, verbreitet sich dort das Gefühl der unaufhaltsamen Reise in den Abgrund. Die Empfindungen, die dabei die Hauptrolle spielen, sind: die Überzeugung, daß der Krieg militärisch nicht zu gewinnen ist; die Einsicht in die in hohem Grade gefährliche wirtschaftliche Lage; das Gefühl, von verbrecherischen Abenteurern geführt zu werden; und die Schmach, mit der die Kriegführung in Polen teils durch die brutale Verwendung der Flieger, teils durch die grauenhaften Bestialitäten besonders der SS vor allem gegen Juden den deutschen Namen bedeckt haben. Die Grausamkeiten der Polen gegen die Volksdeutschen sind auch Tatsache, aber doch psychologisch entschuldbarer. Wenn aber Leute die in einer Synagoge zusammengetriebenen Juden mit Revolvern zusammenknallen, so kann man sich nur schämen. Ein mildes Kriegsgerichtsurteil gegen solche Halunken ist durch Brauchitsch aufgehoben worden, ein zweites, nochmals mildes, durch die unerhörte allgemeine Amnestie Hitlers für solche Taten erledigt worden.[93] Niemöller aber sitzt jahrelang im KZ. Ich hörte, daß Blaskowitz als Armeeführer ein Verfahren wegen Mord und Plünderung gegen zwei SS-Standartenführer, darunter den Raudi Sepp Dietrich, verlangt habe, aber vergeblich.[94] Furchtbaren Eindruck hat auf die, welche es gesehen haben, auch der Zustand von Warschau mit seinen zerstörten Stadtteilen, vielen Tausend von herumliegenden Leichen usw. gemacht. Natürlich hätte der Kommandant es nicht dazu kommen lassen sollen. Aber die Peitsche, die hinter uns stand, schnell zum Ende zu kommen, ist doch in erster Linie verantwortlich.

Mein politischer Gesamteindruck in Berlin war:
        Untröstlich ist's noch allerwärts,
aber — zum ersten Mal:
        Doch sah ich manches Auge flammen
        Und klopfen hört ich manches Herz.[95]

Der Zustand, in dem sich mitten in einem großen Kriege Deutschlands die Mehrzahl der politisch denkenden, einigermaßen unterrichteten Leute befindet, die ihr Vaterland lieben und leidenschaftlich national *und* sozial denken, ist gradezu tragisch. Sie können einen großen Sieg nicht wünschen und noch weniger eine schwere Niederlage, sie müssen einen langen Krieg fürchten, und sie sehen keinen wirklich realen Ausweg. Letzteres deshalb, weil man nicht das Vertrauen haben kann, daß die Führung der Wehrmacht Einsicht und Willen genug besitzt, um sich im entscheidenden Augenblick einzusetzen. Brauchitsch wird zwar einige Erkenntnis, aber kein Wille zugesprochen; er scheint auch magenkrank zu sein; Halder noch mehr Einsicht, aber nach seiner Stellung weniger Macht; auch er soll körperlich, das heißt mit den Nerven, nicht auf der Höhe sein. Von Raeder erwartet niemand etwas, und über Göring habe ich oft genug in diesen Blättern gesprochen. Unter den Armeeführern sind ausgezeichnete Leute: z. B. Rundstedt, Blaskowitz, Bock, Leeb, Witzleben, List. Aber in ihren lokalen Stellungen sind sie nicht nahe genug am Ruder. Übrigens hat man interessanterweise Hammerstein, der in Köln eine Armeegruppe hatte und dann auf eine weniger wichtige Stellung gehen sollte, jetzt ganz kaltgestellt.[96]

Am Montag, dem 16., nachmittags bei Beck. Er sah weder beim Durchbruch durch die Maginotlinie noch dem durch Belgien-Holland eine einigermaßen erhebliche Erfolgschance. Seine Meinung von den führenden Leuten ist die allerschlechteste, auch von Göring. Ich fragte ihn nach seinen Verbindungen zur jetzigen Generalität: man scheint ihn ziemlich liegen zu lassen (aus Angst natürlich), so wie er ja auch kein Kommando bekommen hat. Goerdeler hält er für gut, wenn auch reichlich sanguinisch und unvorsichtig. Wir waren darüber einig, daß das Schlimmste ein Durchmarsch durch neutrale Länder wäre.

Abends mit Knieriem gegessen, der wirtschaftlich pessimistisch ist. Danach bei Ilse Göring. [...] Sie hat ihren Sohn im Hause einsegnen lassen, weil ihm als HJ verboten ist, in Uniform in die Kirche zu gehen!, er aber unbedingt Uniform tragen wollte. Ein christlicher Staat! Politisch wußte sie nicht viel, bestätigte aber, daß Hermann wegen der Wirtschaft und der Russensache besorgt ist. Ich habe sie gegen Belgien-Holland-Durchmarsch scharf gemacht und überhaupt Hermann Görings Verantwortung unterstrichen. Dasselbe habe ich – nach erstem Frühstück mit Knierim – am nächsten Morgen bei Olga Rigele getan. Mein Versuch, zu Hermann Göring vorzudringen, scheiterte leider.

Interessante Unterhaltung mit Welczeck [bisheriger Botschafter in Paris], der sehr tätig ist. Sein Aktionskreis sind Leute der obersten SS Führung – Stuckart und Höhn –, von denen er behauptet, daß sie im Grunde so dächten wie er und besonders schon erwögen, ob man Ribbentrop der Gegenseite zum Fraß hinwerfen solle. Man überlege dort schon die Zusammensetzung eines neuen Ministeriums. Ihn habe man gefragt, ob er das Außenministerium übernehmen wolle, worauf er sich als ungeeignet bezeichnet, wohl aber Wohlthat oder mich vorgeschlagen habe. Ich habe Sorge, daß diese Leute ein doppeltes Spiel treiben, wenigstens teilweise. Popitz warnte mich später vor Höhn, mit dem Welczeck mich zusammenbringen wollte; Stuckart sei ordentlich, aber vorsichtig – korrekt ohne Handlungswillen.

Mittags traf ich mich mit Goerdeler. Er hat seine etwas wilden Pläne revidiert. Vor allem sieht er ein, daß innerpolitische Forderungen nicht offen von außen gestellt werden dürfen. Überhaupt ist jetzt nicht der Augenblick, auf dem Wege über Friedensangebote vorwärts zu kommen. Nach allen Nachrichten sind die verschiedenen Fühler, die von deutscher Seite ausgingen, vor allem von Göring (amerikanischer Senator Davis u. a.) teils gescheitert, teils aussichtslos.[97] Hitler hat befohlen, alles abzublasen, und nur wenn die Initiative von Feindseite komme, könne man sie prüfen.

[. . .]

Hitler, der in schlechtem Nervenzustand ist, würde sicherlich immer noch gern aus der Sache herauskommen, ist aber nach Chamberlains Rede[98] zur Taktik der Intransigenz zurückgekehrt. Augenscheinlich neigt er jetzt zum Durchmarsch durch Belgien-Holland.

Frühstück im Conti mit Popitz, Planck, Tischbein, Sybel, Heinrici. Hauptsächlich mit Popitz[99] gesprochen, weitere Unterhaltung verabredet.

Nachmittag [17. 10.] bei Weizsäcker. Ziemlich mitgenommen, wie begreiflich nach Heinrichs Tod und allem sonstigen. Er sieht allmählich ganz klar, hält Hitler für besessen und Ribbentrop für mindestens teilweise. Einziger Ausweg: Eingreifen des Militärs, aber wie?

Mittwoch Nostitz im Amt besucht. Entsetzt über die Führung. Er meinte, daß die Angaben über Flieger- und U-Boot-Erfolge von der Wehrmacht zum Teil recht „sanguinisch" gemacht würden.

[. . .] Dann bei Raeder. Ich widmete ihm mein Buch[100] und packte dann tüchtig aus. Wie mir schien, war er selbst wegen der Russensache recht betroffen und hinsichtlich der Siegesmöglichkeiten skeptisch. Ein Angriff *großen* Stils mit U-Booten (und Fliegern) gegen England ist offenbar vorläufig nicht möglich. U-Bootzahl erst [19]41 erheblich gesteigert. Dagegen Erfolge im Handelskrieg, der jetzt schon ziemlich rücksichtslos geführt werde, dank des Systems der Funkleitung auch gegen Konvois recht gute. Er bestritt, daß er, wie die Engländer meldeten, wegen Streits mit R[ibbentrop] den Abschied verlangt habe; er habe lediglich dessen Wunsch abgelehnt, Schiffe zum Schutz der Deutschen nach Reval und Riga zu schicken.[101] Immerhin sprach er über R[ibbentrop] offensichtlich ohne Sympathie. Er erklärte auf das bestimmteste, die Marine wünsche nicht den Durchmarsch durch B[elgien]-H[olland]; die belgischen Häfen lägen heute unter den englischen Fernfeuergeschützen, Wert habe nur ein Durchbruch bis gegen Brest! Die Armee sei auch nicht dafür, wohl aber die Luft – ob Göring selbst, behauptete er, nicht genau zu wissen. Auf meine Frage erklärte er, daß er diese seine Ansicht schriftlich niedergelegt habe. Ich habe ihm möglichst klar gemacht, welche große Verantwortung jetzt bei der Wehrmacht liege und habe ihm eingehend die Folgen unserer Schwenkung zu den Sowjets geschildert.

Gegen Abend mit Himers. Beide natürlich voller Begeisterung. Er war bei Gdingen als Chef beim Korps Kaupisch. Unrug habe die Kapitulation als verfrüht und nur durch das Meutern von Reservisten nötig geworden bezeichnet; deutsche Flugzettel über die Erfolge in Polen hätten gewirkt. Auf seine Frage, ob ich denn nicht auch den Russenpakt für einen genialen Schachzug hielte, sagte ich: „Ja, wenn man nämlich den Krieg *wollte*." Wenn nicht, so sei das Manöver, das die andern ins Mauseloch scheuchen sollte, offenbar mißlungen.

Abends bei strömendem Regen in Dahlem bei Hammersteins. Er war militärisch gleichfalls der Ansicht, daß Durchbruchsversuche minimale Chance hätten. Sein Urteil über Brauchitsch als Mann von politischer Erkenntnis und Bereitschaft zum Handeln ist negativ. Durchmarsch durch Belgien-Holland sieht er, wie ich, als ein großes Unheil an. Raeder fragte mich übrigens, wie sich nach meiner Ansicht Amerika verhalten würde (im Falle dieses Durchmarsches); daran knoble man nämlich sehr herum. Ich erwiderte, ich sei nicht sachverständig; Roosevelt sei rein außenpolitisch nicht berechenbar, aber ich könnte mir nicht denken, daß Amerika in solchem Fall nicht die andere Seite in ganz erheblich gesteigertem Maße unterstützen würde, wahrscheinlich sogar im Laufe der Zeit auch militärisch.

Donnerstag [19. 10.] früh im Bristol neue Besprechung mit Goerdeler. Der Mann ist frisch und höchst aktiv, aber gefährlich sanguinisch. Jetzt setzt er auf einen Besuch bei Göring, den man ihm vermitteln will, womöglich auch bei Hitler; er will erreichen, ins feindliche Ausland (England vor allem) geschickt zu werden, um von dort den Frieden unter Bedingungen mitzubringen, die Hitler nicht schlucken könne, worüber dieser dann stürzen müsse. Ich sehe diesen Weg noch nicht verwirklicht.

Um elf Uhr bei Popitz. Eingehende, sehr sachliche und offene Aussprache. Er sieht ganz klar. Trotzdem die Hauptsache noch fehlt, nämlich der handelnde General, meint er, man müsse sich jetzt schon im kleinsten Kreise unterhalten, wie man eintretendenfalls handeln wolle. Goerdeler und Planck geeignete Teilnehmer. Ersterer sei aber immer etwas phantastisch sowohl in seinen Angaben wie in seinen Plänen. Zum Beispiel habe er im alten Sinne parlamentarische Anwandlungen, die unmöglich seien; man müsse aber zunächst durchaus autoritär regieren. Sich selbst denkt P[opitz] als künftigen Erziehungsminister.

Er gefiel mir sehr gut in seiner Sachlichkeit und tiefernsten Sorge. Zum Schlusse kamen wir auf die Monarchie, die er zuerst noch zurückstellen

möchte (anders Goerdeler). In bezug auf die Person leuchtet ihm Prinz Oskar wegen seiner unangreifbar tadellosen Persönlichkeit als „Regent" am meisten ein.[102]
[...]
Abends bei Kamekes mit Winnigs.[103] Sympathischer, ernster Mann, kein sehr großes Format, aber klug. Er erzählte von seinen Vorträgen in Industriestädten und großen Betrieben. Nach seinen Eindrücken steht die überwältigende Mehrheit der Arbeiterschaft dem Nationalsozialismus völlig fern. Wiederholt habe er beobachtet, daß die aktiven Parteileute unter den Arbeitern von den anderen gemieden würden; Betriebsführer hätten ihm gesagt, sie müßten diese Leute gesondert arbeiten lassen.

Kameke voller Hoffnung, teils auf den lieben Gott, teils wegen Wahrsagungen. Noch 1940 würden in Deutschland die schwarzweißroten Fahnen wehen!

Freitag [20. 10.] [...] nachmittags Tee mit Frau v. Brauchitsch, der ich wegen der Verantwortung ihres Vetters tüchtig eingeheizt habe. Sie setzt aber selbst wenig Hoffnung auf ihn.

Abends mit Krebs' im Eden gegessen. Er sieht die Sache ernst an, ist aber nicht sehr politisch konstruiert. Nachher mit Guttenberg im Kaiserhof. Er war bei Beck und Goerdeler. Wir haben uns gegenseitig über unsere Eindrücke unterrichtet und waren darüber einig, daß zum ersten Male wenigstens in engem Kreise eine gewisse Besinnung festzustellen sei.

Am Tage meiner Rückreise hatte Ilse mit Schacht in München gefrühstückt. Der alte Demokrat hat sich, wendig wie er ist, als großer Monarchist bekannt. Sein Kandidat ist Prinz Wilhelm, der seinem Vater ausdrücklich erklärt habe, daß er niemals verzichtet habe.[104] Ohne „kleine Niederlage" glaubt er nicht an die nötige Resonanz für eine Aktion. Den Kriegsausgang beurteilt er pessimistisch; er könne nicht annehmen, daß England nachgebe. Wenn wir durch Belgien gingen, würde Amerika eingreifen.

6. 11. 39.
Berlin, vom 29. 10. abends bis 2. 11. abends.

Goerdeler hatte mich gebeten zu kommen. Er sollte für Robert Bosch geschäftlich nach Schweden fahren und nahm meine nordischen, jüngst aufgefrischten Beziehungen zum Anlaß.

29. 10. abends in Frohnau. Ernst A[lbers-]Sch[önberg] hält nach seinen Eindrücken im eigenen Betriebe die Winnigschen Angaben über die Stimmung der Arbeiter gegenüber der Partei und ihren Funktionären für glaubwürdig.

30. 10. Morgens mit Goerdeler spazierengegangen. Nach seinen Informationen ist die Lage so:
1. Militärisch: Für einen kurzen Krieg, der für uns unbedingt erforderlich sei, sehe Hitler nur den Ausweg des Einmarsches in Holland-Belgien. Das

Heer sei dagegen, auch Brauchitsch und noch betonter Halder. Hitler habe die Generale vor kurzem morgens empfangen mit der Mitteilung, er wolle den Durchmarsch, aber der ihm vorgelegte Plan gefalle ihm nicht; er habe die letzte Nacht dazu benutzt, ihn umzuarbeiten und bitte Brauchitsch, diesen Plan vorzulesen. B[rauchitsch] habe das getan, worauf als einziger der Generale ausgerechnet Reichenau dagegen gesprochen habe, weil seiner Gruppe oder Armee eine undurchführbare Aufgabe zugeteilt werde.[105] Hitler habe einen übermüdeten, nervösen Eindruck gemacht; angeblich sei er im Schlafanzug gewesen. Ergebnis: die Sache sei weiter vorzubereiten, Angriff, der zunächst am 12., dann am 6., dann wieder am 12. habe stattfinden sollen, sei nun noch um einige Tage auf *den* Termin vertagt, zu dem die Heeresleitung die Bereitschaft melden werde.

2. Wirtschaftlich: Goerdeler behauptet, daß alle wahrheitsgemäßen Berichte ein sehr übles Bild geben sowohl für Munition wie für Rohstoffe wie für die Ernährung. Wir könnten alles in allem höchstens achtzehn Monate aushalten, viel früher aber werde schon die Abnutzung der Nerven und Kräfte sich gefährlich fühlbar machen.

3. Politisch: Bei dieser Sachlage müsse alles eingesetzt werden, zum Frieden zu kommen, was aber mit der gegenwärtigen Leitung weder aktiv noch passiv möglich sei. Das Ziel müsse sein, im Augenblick der Erteilung des Befehls zum Durchmarsch zu handeln. Verzichte Hitler doch noch auf diese Lösung, so habe man noch Frist. Sei der Widerstand gegen den Befehl und entsprechendes Handeln nicht zu erreichen, so müsse der Film zunächst abrollen und der erste Rückschlag zum Handeln benutzt werden. Allerdings sei dann die Chance, einen anständigen Frieden zu bekommen, erheblich geringer, andererseits die innere Reife größer.

4. Chancen: G[oerdeler] glaubt nicht, daß Brauchitsch zum Handeln zu bewegen sein würde. Allenfalls möglich sei aber, daß es gelinge, mit Hilfe von Halder ihn zum Dulden, also unter eigenem Verschwinden, zu veranlassen. Alles übrige sei leicht zu machen: genügend entschlossene Generale ständen bereit, schnell und energisch vorzugehen, wenn der Befehl von oben kommt. Hierin liege das ganze Problem. G. gab zu erkennen, daß er mit Leuten in der Zentrale der Wehrmacht in dauernder Verbindung stände. Eine von militärischer und Auswärtigen-Amt-Seite (Etzdorf) ausgearbeitete Denkschrift gegen einen Durchmarsch und für das Erstreben eines baldigen Friedens[106] sei Brauchitsch immerhin vorgetragen worden.

Ich fragte G., ob aus dem geplanten Schritt Krupp-Bohlens etwas geworden sei; G. erzählte, dieser habe (was ich nie anders erwartet habe) abgelehnt, und zwar mit dem abwegigen Hinweis auf die Flucht Thyssens, der die Industrie dadurch kompromittiert habe.[107]

Mein Gesamteindruck war, daß G[oerdeler] sehr stark nach dem Morgenstern-Wort handelt, daß „nicht sein kann, was nicht sein darf". Er sieht die Dinge sehr sanguinisch, glaubt besonders auf wirtschaftlichem Gebiete alles Ungünstige und lehnt alles Günstige ab und macht sich auch bezüglich der Generale manche Illusionen. Ich brachte ihm Bedenken dieser Art zum Ausdruck und warnte ferner vor der Annahme, daß es nach einem Einbruch in Belgien usw. noch möglich sein würde, einen anständigen Frieden zu bekommen. In der Sache war ich mit ihm ganz dahin einig, daß alles versucht werden muß, die Verweigerung des Durchmarsches zu erreichen.

G[oerdeler] ist zweifellos, trotz der angedeuteten Schwächen, einer der wenigen wirklich Tätigen und Furchtlosen. Ich versprach ihm, auf meinen Kanälen im vereinbarten Sinne zu wirken.

Die beim letzten Berliner Besuch beobachteten Symptome des Knisterns im Gebälk haben sich verstärkt. Auch das Verhalten eines Mannes wie Reichenau, der das Gras wachsen hört, ist dafür bezeichnend. Er soll schon seit einiger Zeit kritisch geworden sein, auch ein Wort gegen die SS-Schweinereien in Polen gewagt haben.[108] Die Hauptsache fehlt aber immer noch: der Befehlsgewalt habende und befehlende Soldat. Halder genügt dafür weder als Kaliber noch in seiner Position.

Vor Tisch bei Popitz. Er hofft immer noch, daß es mit Göring gehen werde, zu dessen Bau er eben gehört. Über die Sprache im engsten Kreise Hermanns erzählte er Erstaunliches. Gritzbach, einer der engsten Gefolgsleute, der dauernd mit Göring zusammen ist, hat ihm gesagt, Hitler sei einfach geisteskrank und müsse ausgeschaltet werden, wobei er andeutete, daß Göring im Grunde ebenso dächte. Nach Popitz ist des Pudels Kern die zitternde Angst Görings vor der Gestapo, die Akten über ihn hat. Wenn man ihm garantieren würde, daß man ihm diese Akten ungelesen überantworte, so würde er ohne Besinnen handeln. Ich bezweifle das vorläufig noch. Er hängt zu fest an Hitler. Popitz [meint], daß es nötig sein werde, sehr bald eine Spitze zu schaffen, natürlich eine monarchische, und zwar eines Hohenzollern. Prinz Oskar [als] Regent leuchtet am meisten ein.

Ich habe mich im Tage geirrt, bei Popitz war ich Dienstag.

Montag [. . .] nachmittags bei Olga Rigele. Für ihre Stimmung und die Eindrücke von ihrem Bruder [Göring] ist bezeichnend, daß sie immerfort in Tränen war. Sie fühlt die Gefahr. Aus Andeutungen ging hervor, daß Göring sich Vorwürfe macht, am 31. August nach der Unterhaltung mit mir nicht energisch eingegriffen zu haben. Sie wollte einen neuen Versuch machen, mich an ihn heranzubringen (vergeblich).

[. . .]

Dienstag, 31. Oktober, nochmals im Tiergarten mit Goerdeler. Er hat Funk gesehen und behauptet, daß dieser in seiner tiefsten Brust wirtschaftlich genauso pessimistisch sei wie er. – Das Verhalten der Türken und Roosevelts Sieg bleiben nicht ohne Eindruck.[109] – Goerdeler meint, bei den Generalen bestehe eine starke Abneigung gegen den „Hammerstein-Kreis", daher sei auch das Heranziehen von Planck[109a] schwierig. Ham[merstein] rede zu viel und würde im entscheidenden Moment nicht handeln. Goerdeler fährt morgen auf ganz wenige Tage nach Schweden, ich wies ihn auf Prinz Carl Bernadotte hin, Schwager des Königs von Belgien.

Dann Popitz. Frühstück im Conti-Kreise. Um 15.30 Uhr bei Weizsäckers, zuerst bei Carl Friedrich und Gundi, dann bei Mariannchen und ihm, zuletzt mit ihm allein. Er sieht jetzt völlig klar und scheint mit Halder in engem Kontakt zu stehen. Ribbentrop sei nach wie vor kriegsbegeistert und wolle das britische Empire zerstören. Er (Weizsäcker) glaubt, daß Hitler wirklich einmarschieren will und sieht schwarz in schwarz, falls das geschieht. Ich machte ihn mit allen Kräften fest. W[eizsäcker] klagte über Mackensens unkritische Berichte;[110] er hält ein Eingreifen Italiens für uns für ausgeschlossen (außer fünf Minuten vor dem Siege). Mackensen traf ich Mittwoch oder Donnerstag auf der Straße. Er behauptete, Mussolini sei nach wie vor zum Eingreifen entschlossen. Auf meine Frage, wann? gab er zu, daß es vorläufig materiell ganz ausgeschlossen sei, aber man sammle systematisch Benzin und alles sonst Nötige, wozu ich mich skeptisch äußerte. Das Ministerrevirement bedeute eine Verstärkung der „deutschen" Richtung; was er als Beleg brachte, war nicht sehr schlagkräftig.[111]

Am Spätnachmittag bei Schacht. Er sieht wesentlich nüchterner als Goerdeler (den er aber sonst sehr lobt), besonders bezüglich eines wirtschaftlichen Zusammenbruchs. An den Durchmarsch will er noch nicht recht glauben. Ob Hitler nicht doch bluffe? Aber gegen wen soll das wirksam sein?

Gegen 20 Uhr noch einmal bei Goerdeler im Nürnberger Hof (früher Habsburger!). Ich versuchte ihm etwas Skepsis gegenüber alledem einzuflößen, was ihm erzählt wird.

Abends von Stauß mit Frau und Sohn bei Horcher eingeladen. Ziemliche Schlemmerei. Das ganze Lokal gesteckt voll von Generaldirektoren, Filmstars und Parteigrößen. Letztere verschaffen Horcher wohl die Möglichkeit, „alles" zu haben. In einer Ecke das interessante Kleeblatt: Helldorff, Gisevius, Oberst Oster (Verbindungsmann von Canaris im Auswärtigen Amt).

Mittwoch, den 1. 11. Morgens besuchte mich der „Regierungspräsident" Diels (früher Gestapo, dann Köln, jetzt Hannover),[112] ein undurchsichtiger, aber sicherlich kluger Mann. Auch sein Besuch ein Zeichen des niedrigen Barometerstandes. Er beschrieb den gradezu grauenerregenden Zustand des Staatsapparats, den das Dritte Reich durch das Nebeneinander von Partei und Staat und die Vielzahl der „Stellen" überhaupt in dieses Chaos gebracht hat. Solch Apparat könne die große Probe eines Krieges nicht bestehen. In Hannover betätigten sich 28 von ihm großenteils halb oder ganz unabhängige Stellen auf Gebieten, die früher dem Regierungspräsidenten unterstellt gewesen seien. Alles das habe er Göring stundenlang dargelegt, aber er habe kaum Hoffnung auf

Änderung. Diese Leute wissen ja im Grunde gar nicht, was ein Staat ist. Unangenehme Sachen will Göring außerdem nach Möglichkeit nicht hören. Der amtierende Finanzminister Popitz kann nicht zu ihm vordringen; Göring hat irgendeinem seiner Leute, der den Wunsch Popitz', empfangen zu werden, vortrug, gesagt: „Ich weiß, was er mir alles erzählen will, aber ich kann es jetzt nicht ertragen!"

Mit Diels und anderen Gespräch über meinen Aufsatz über Steins organischen Staatsgedanken, der etwas gewirkt zu haben scheint. — Im übrigen natürlich Frage des Durchmarsches als Schicksalsfrage auf dem Tapet auch mit Diels.

Nachher bei Görings Schwager Hueber, Unterstaatssekretär im Justizministerium, ein netter, verständiger Mann. Er hat als alter Nationalsozialist und Großdeutscher schon lange für den Anschluß gekämpft. Jetzt sieht er mit Sorge die ganze Entwicklung, ohne schon voll zur ganzen Größe der Gefahr durchgedrungen zu sein. In Österreich scheint Reinthaller sein bester Mann zu sein. Die Zustände in der Ostmark sieht er im ganzen als noch befriedigend an, aber er hält Bürckel für einen völlig ungeeigneten Ochsen im Porzellanladen. Ich versuchte, ihn auf die Notwendigkeit zu lenken, in Deutschland endlich wieder zu einem Rechtsstaat zu kommen und ihm im übrigen anzudeuten, welche ungeheure Verantwortung jetzt bei seinem Schwager liegt, der nämlich auf H[ueber]s Frau etwas zu hören scheint. H. selbst hat nicht viel Einfluß und ist wie alle guten Elemente des alten österreichischen Nationalsozialismus im Grunde kaltgestellt. Er sagte mit Recht, daß die Sache erst funktioniert habe, als man die bis dahin beschimpften und von Einfluß ferngehaltenen Gemäßigten der Richtung Seyß-Inquart habe arbeiten lassen.[113]

[. . .] W[elczeck] fehlt ein wirkliches geistiges Leben, er liest nie ein Buch. Trotzdem ist er ein Mann von Verstand und eigenem Urteil. Er erzählte mir übrigens neulich, daß er bei Horthy war, der in der offensten Weise seiner absoluten Ablehnung Hitlers und seiner Methoden Ausdruck gegeben habe. Von anderer Seite wurde mir bestätigt, daß Hitler versucht hat, Horthy à la Schuschnigg und Hacha zu behandeln, dabei aber abgeblitzt sei.[114] Zweifellos haben wir Ungarn jetzt in die denkbar übelste innere und äußere Lage hineinmanövriert.

[. . .]

Gegen Abend bei Beck. Er sieht die Lage genau wie ich an und erklärte mir, daß er Goerdeler wegen seiner sanguinischen Art tüchtig zugesetzt habe, um ihn zu nüchterner Beurteilung anzuhalten. Einen militärischen Erfolg hält er für ausgeschlossen. Er las mir eine Denkschrift über die Lage vor, aus der seine pessimistische Beurteilung hervorgeht.[115] Brauchitsch und Genossen bezeichnete er als Sextaner in bezug auf ihre Urteilsfähigkeit über den engsten militärischen Zusammenhang hinaus. Auch von Halder hält er als einer wirklichen Persönlichkeit nicht viel. An Göring will er wie die meisten Offiziere nicht heran, weil dieser im Grunde der minderwertigste Charakter sei, deshalb lehnt er auch Popitz' Pläne ab. Mir wurde nicht klar, ob und wie weit er in der Lage ist, positiv an einer Änderung mitzuarbeiten. Interessanterweise bezeichnete er das Hitlersche Amendement[116] zum Generalstabsplan für den Durchmarsch als an sich durchaus zutreffend. Nur sei eben das ganze Unternehmen ein Wahnsinn.

Abends bei Brauchitschs. *Viel* Zusammenhang mit dem Vetter, der ja nicht in Berlin ist, besteht zur Zeit nicht. Ich habe aber nach Kräften eingeheizt, um ihnen die ganze Verantwortung zu zeigen, die er jetzt trägt. Ein Oberbefehlshaber ist kein Divisionskommandeur, der einfach zu gehorchen hat, sondern er hat auch die politischen Zusammenhänge mit zu erwägen, ganz zu schweigen von der militärischen Frage, ob ein Vorgehen genügend Erfolg verspricht, um Risiko und Opfer zu lohnen.

Donnerstag, 2. 11. Morgens bei Wilmowsky, der wie manche anderen Leute sich im Dunkeln den Fuß verletzt hat und im Bette lag. Er trug mir einen Gedanken vor, wie ich etwa als Vertrauensmann des Mitteleuropäischen Wirtschaftstages im Verwaltungsrat des in Wien zu gründenden Südostinstituts eingeschaltet werden könnte.[117] Grundsätzlich habe ich zugesagt, die Sache ist aber noch ziemlich vage. In bezug auf die allgemeine Lage war Wilmowsky ebenso verzweifelt wie ich, nachdem er noch vor kurzem immer versucht hatte, das Gute in der Hitlerschen Politik herauszufinden. Am meisten hat schließlich doch der Russenpakt mit seinen Folgen dazu beigetragen, Augen zu öffnen.

Nachher besuchte mich Gisevius. Er ist wesentlich pessimistischer als Goerdeler für die Aussichten eines Handelns der Generale. *Vor* dem belgischen Durchmarsch, den er für sicher hält, gibt er die Hoffnung auf ein Eingreifen auf, *nachher* sei es eher möglich. Alle Leute, die keinen Posten hätten, seien im Grunde ohne archimedischen Punkt, daher ihre Einflußlosigkeit. Deshalb plädierte er sehr dafür, daß man eine Reise Schachts nach Amerika zustande bringe als halbamtlicher Vertreter der deutschen Wirtschaft, weil er von solcher Position aus Friedensarbeit ansetzen könnte.[118] Ich machte eine Bemerkung über sein Abendfest mit dem Herrn Berliner Polizeipräsidenten, worauf er erklärte, daß er Helldorff von seiner eigenen Polizeizeit her kenne und jede Sicherheit habe, daß dieser genau so denke wie wir. Die Anwesenheit von Oster scheint mir dafür zu sprechen, daß das stimmt.

Nachher bei [Otto] Bismarck (auf dessen Anregung) im Amt. Er trug sein Parteiabzeichen nicht und redete höchst kritisch-umstürzlerisch.

Frühstück im Deutschen Club am sogenannten Mitropa-Tisch (Mitteleuropäischer Wirtschaftstag). Ich saß zwischen dem Bankier Fischer und Brandenstein, beide gleichmäßig in allergrößter Sorge, der erste vom wirtschaftlichen, der zweite vom politischen Gesichtspunkt. Nachher saß ich noch mit Brandenstein allein, der sich recht gut unterrichtet zeigte. Er meinte, *der* General, dem man am ersten ein Handeln zutrauen könnte,

sei Witzleben, der aber in Kreuznach sitze. Er plante, zu ihm hinzufahren.
[. . .]
Zum Tee bei Eleonora Attolico – zum ersten Male seit Abgang von Rom. [. . .] Das Revirement in Italien beurteilte sie als absoluten Erfolg Cianos. Starace und Alfieri seien immerhin noch etwas selbständig gewesen, Muti und Pavolini seien vollständige Kreaturen Cianos. Auf meine Frage, wohin Alfieri käme, meinte sie elegisch: „Vielleicht nach Berlin!"[119] Sie sprach lebhaft für einen baldigen Frieden – besondere Sympathieäußerungen für unseren Sieg fehlten. Wir schieden in sehr freundschaftlicher Weise.

[. . .] Dann ab nach München!
Sonnabend, den [11. 11. 39]. Herrenabend bei Schoen für Kronprinz Rupprecht (Aretin, Zu Rhein, Redwitz-Adjutant, Keller). Schoen hatte mich auf einen „Griechenfreund und Enkel des Gründers der Glyptothek" eingeladen, was ich nicht kapiert hatte. Da ich den Kronprinzen nur einmal in meinem Leben gesehen hatte, erkannte ich ihn nicht sofort, aber immerhin bald. Recht interessante Unterhaltung, hauptsächlich besonders kunsthistorisch. In Italien weiß er besser Bescheid als ich. Auch was er militärisch und politisch sagte, war durchdacht, beruhte auf reicher Erfahrung und zeigte viel Urteil.

Ich blieb die Nacht bei Schoen, da keine Möglichkeit zur Rückfahrt bestand. [. . .]

Nachher trafen wir Prinzessin Pilar, die ein famoser Kerl ist, im Café Luitpold. Sie pflegt in einer Klinik. [. . .] Auf dem Wege vom Café zum Restaurant Humplmaier wurde Pilar von einem Schutzmann wegen nicht abgeblendeter Taschenlampe angehalten, die er barsch erklärte beschlagnahmen zu müssen. Wir flehen für Pilar, weil sie als Schwester in einer Klinik die Lampe unbedingt brauche. Er ward darauf etwas milder. Als sie aber auf Frage nach ihrem Namen sagte: „Prinzessin Pilar von Bayern", fuhr es ihm wie ein Blitz in die Natur. Er bedauerte, daß er so vorgehen müsse und murmelte: „Ja, es ist schwer, es ist schwer." Die Lampe ließ er ihr natürlich.

[. . .]
Im englischen Weißbuch (Hendersons Schlußbericht)[120] sehr treffend die Bemerkung, daß Hitler 1) argumentiert habe, England werde nicht wagen, Krieg zu führen; 2) England wolle den Krieg schon lange und habe ihn herbeigeführt!! „Erkläret mir, Graf Oerindur / diesen Zwiespalt der Natur."[121]

Übrigens erzählte mir Beck, ein Generalstabsoffizier habe seine Denkschrift gelesen und gesagt, der Verfasser müsse entweder Engländer oder geisteskrank sein.

16. 11. 39.
In Deutschland steht man unter dem Zeichen des Attentats im Bürgerbräu [8. 11.]. Alle Pressepropaganda vermag nicht zu verdecken, daß von der „fanatischen Empörung", die nach dem amtlichen Stichwort herrschen soll, gar keine Rede ist. Vielmehr ist teils eine erstaunliche Gleichgültigkeit zu beobachten, teils wird ganz offen der Ansicht Ausdruck verliehen, es sei schade, daß es zu spät losgegangen sei. Die kaltblütige Frechheit, mit der unmittelbar nach dem Platzen der Bombe die Version aufgestellt wird, die Fäden liefen nach England,[122] ist nicht zu überbieten. Wüßte man das wirklich, dann ist es ein Skandal, daß man es nicht verhindert hat. Natürlich wird gemunkelt, es sei ein zweiter „Reichstagsbrand", also selbst inszeniert, um den Zorn gegen England zu reizen. Ich glaube das nicht, obwohl die Verlautbarungen der Gestapo die Vermutung begreiflich machen. Mir scheint am wahrscheinlichsten eine kommunistische Aktion oder eine aus unzufriedenen Parteielementen, so à la Otto Strasser.[123] Wie wird das Attentat auf Hitler wirken? Mehr gefühlsmäßig habe ich den Eindruck einer zunehmenden Verwirrung und Ratlosigkeit oben. Ich fange an zu glauben, daß der belgisch-holländische Durchmarsch aufgegeben ist. Seit Wochen ist nun die ausländische Presse voll von der Angst der Belgier und Holländer und ihren umfassenden Vorbereitungen. Der Schritt König Leopolds und der Königin Wilhelmine[124] ist offenbar aus dieser Sorge erfolgt und hat Hitler die Sache weiter erschwert. *Wenn* man es tun wollte, so hat man — Gott sei Dank — dank dem Widerstand der Militärs zu lange gezögert.

[...]

Das außenpolitisch bemerkenswerteste Ereignis ist der Aufruf der Komintern zum Revolutionstage, der uns mit größter Unverfrorenheit mit England und Frankreich als kapitalistische Beutejäger in einen Topf wirft.[125] Die Sache zeigt, was sich diese Leute uns gegenüber erlauben können, zu dem Zwecke offenbar, ihre eigenen Parteigenossen zu beruhigen. Da der Aufruf auch die Italiener beschimpft als zukünftige Hyänen des Schlachtfeldes, wenn der Sieg einer Partei klar sei, ist die italienische Presse nach amtlichem Stichwort gegen Moskau zu Felde gezogen und hat festgestellt, augenscheinlich sei der accordo zwischen uns und den Sowjets doch nicht vollkommen. Das haben die Franzosen sofort als Zeichen des Wankens der Achse festgenagelt, worauf die Italiener etwas gewunden replizierten. Neue Geschichte: „Der Führer hat den Führerschein verloren, weil er zu weit links gefahren ist, so daß die Achse gebrochen ist."

Pietzsch neulich bei uns. Sehr deprimiert; im Grunde erkennt er die abenteuerliche und bolschewisierende, Deutschland an den Abgrund führende Politik Hitlers vollkommen. Mitten drin fällt er dann wieder in eine fast schablonenhafte Bewunderung zurück. Er erzählte schauerliche Dinge von der wirtschaftlichen Desorganisation, die jede vernünftige Disposition unmöglich mache. Ohne jede Kenntnis der Dinge greife Hitler aus politischen oder militärischen Gründen ein, stelle ganz unmögliche Anforderungen, zum Beispiel für Italien, und werfe dadurch den ganzen Apparat um. Mir scheint, wir tragen selbst heftig zur englischen „destruction of German economy" bei.

Sehr bezeichnende Dinge erzählte mir ein Zeitschriftenredakteur von der verlogenen Art der Presseleitung. Zum Beispiel durfte kürzlich zu einem Jubiläum der Johanna v. Bismarck gedacht werden, es war aber streng verboten, ihrer Frömmigkeit Erwähnung zu tun. Ferner: alle Zeitschriften usw. müssen in *jeder* Nummer etwas gegen England bringen!

Natürlich wird die Kominternbotschaft völlig unterschlagen; ja sogar Eisenbahnunglücke! Ebenso werden die französischen und englischen Antworten auf den Schritt König Leopolds und der Königin Wilhelmine zwar heruntergemacht, aber nicht gebracht.

Vor einigen Tagen traf ich Guttenberg in München. Seinen Schwager Revertera hat man plötzlich ohne Begründung freigegeben. Guttenberg bleibt im Herzen natürlich bayerischer Monarchist und möchte dem Hause Wittelsbach gern Brücken bauen, wenn er auch einsieht, daß Einzelstaaten nicht wieder kommen dürfen. Er hat aber recht, wenn er für den Fall einer Niederlage Sorge vor habsburgischen Teilungsideen hat, denen man begegnen müsse. Es scheint, daß Geßler das Vertrauen der Wittelsbacher besitzt.

Interessante Unterhaltungen mit dem General Geyr v. Schweppenburg, der eine Panzerdivision in Polen geführt hat. Er muß dort Schauriges erlebt haben und war dadurch und durch die Anstrengungen so mitgenommen, daß er wegen seines Herzens ins hiesige Sanatorium gehen mußte. Unter anderem erzählte er, er habe am Bug Befehl gehabt, die Tausende geflüchteter Polen, die nun in fürchterlicher Angst vor den Bolschewisten zurückströmten, nicht wieder über den Fluß zu lassen. Natürlich habe er es nach Möglichkeit doch getan. – Während seiner Londoner Attachézeit hat ihn die Partei, ebenso aber Blomberg, Reichenau usw. heftig befehdet, weil er den Standpunkt vertrat, daß England nicht bluffe, sondern dann, wenn ein bestimmter Punkt erreicht sei, fechten werde.[126] Noch im Juni habe ihm Reichenau höhnisch gesagt, ob er immer noch glaube, daß die Engländer Krieg machen würden. Jetzt denke Reichenau freilich anders. Die einzigen, die ihm geglaubt hatten, seien Beck und Fritsch gewesen. Ich erinnere mich, wie Göring in Rom nach der Rheinlandbesetzung über die Wehrmachtsattachés in London herzog, die die Nerven verloren hätten. Geyr erklärte, sie drei hätten zusammen ein ganz ruhiges Telegramm geschickt, des Inhalts, daß die Frage „Krieg" 50 zu 50 stände. Er meinte, seit der Rheinlandbesetzung seien die Engländer mißtrauisch geworden und hätten angefangen, sich auf den Krieg vorzubereiten; man habe auch in der militärischen Leitung alle deutschfreundlichen Leute durch frankophile ersetzt.

23. 11. 39.
Man machte gestern bekannt, daß man den Täter hat. Ein erstaunlich geständiger Mann, dessen Verhalten verschiedene Rätsel aufgibt.[127] Als seine Hintermänner werden Otto Strasser und der Secret Service genannt, ohne Belege. Im Zusammenhang mit der angeblichen Verantwortlichkeit des Secret Service wird eine Geschichte erzählt, wie die Gestapo diesen – unter der Tarnung „revolutionärer Offizier" – wochenlang geleimt habe, mit dem Schlußeffekt der Verhaftung seiner in Holland sitzenden Leiter des „Westeuropäischen Dienstes". Dieser Vorfall ist schon vor einigen Tagen in der ausländischen Presse dargestellt worden; danach wären die beiden Engländer von der SS auf holländischem Boden nach einer Schießerei geholt worden. Der englische Rundfunk leugnet natürlich alles. Ich möchte annehmen, daß die beiden angeblichen „Leiter" simple Agenten sind. Womöglich will man nun Holland verantwortlich machen. Heute wird in der deutschen Presse hauptsächlich das Klavier „Otto Strasser" gespielt. Interessant ist, daß die fremde Presse schon vor einigen Tagen gemeldet hat, Otto Strasser sei aus der Schweiz nach England gereist. Hat er Wind bekommen? Oder was steckt dahinter?[128]
   Albrecht Kessel schreibt, daß die Frage der Offensive noch immer offen sei; leider sei Weizsäcker sehr herunter. Ich höre nichts mehr von der Gegenaktion. Gerüchte schwirren, daß Brauchitsch abgegangen sei oder gar auf Festung sitze.
   Santa Hercolani und Detalmo Pirzio Biroli hier. Sie erzählen übereinstimmend mit anl[iegender] Information aus Rom, daß in Italien geradezu ein Haß gegen Deutschland, d. h. natürlich das nazistische, herrsche. Gleichzeitig gehe die Position des Fascismus zurück und steige die der Monarchie. Es ist trostlos, was die Überspannung der Achse und überhaupt die Vabanquepolitik Ribbentrops angerichtet hat. Den Ministerwechsel beurteilten beide als Verstärkung der konservativen Richtung und als ungünstig für die Achsenpolitik. Allerdings habe er Cianos Position gestärkt, aber Ciano habe eben seit Salzburg (wonach er Annunziatenritter wurde) selbst geschwenkt und führe Italien langsam von der Achse fort. Mussolini selbst stehe noch unter dem Eindruck der deutschen militärischen Macht und habe den Gedanken, an Deutschlands Seite in den Kampf einzutreten, noch nicht aufgegeben. Aber die Entwicklung in Italien laufe immer mehr in der anderen Richtung.[129]

5. 12. 39.
Fahrt nach Berlin vom 28. 11. bis 2. 12.
Wilmowsky bat mich zu kommen. Formeller Anlaß sein (wie sich dann leider herausstellte, für meine Person jedenfalls gescheiterter) Wiener Plan. Gegenstand war, daß ihn Popitz gebeten hatte, mich zu holen, um alle Kräfte gegen den nun doch unmittelbar drohenden belgisch-holländischen Plan einzusetzen. Bei dieser Gelegenheit lieferte Karl Hein-

rici ein Meisterstück politischer Kindlichkeit. Popitz hatte ihm gesagt, es wäre gut, wenn *ich* käme, worauf der Mann an Wolf Tirpitz folgendes, zugleich alle vier Personen kompromittierendes Telephonat gab: Popitz wünsche mein Kommen; da meine Korrespondenz vielleicht überwacht würde, möchte Wolf doch „harmlos" in einem Brief die Zweckmäßigkeit meines Kommens einfließen lassen! Wolf hat sich sofort zu ihm begeben und ihm den Marsch geblasen — Popitz fiel ungefähr vom Stuhle, als ich es ihm erzählte. In dies Kapitel gehört auch, daß, wie Udo Alvensleben besorgt Kameke berichtet hat, ein Offizier bei dem Stabe, in dem Alvensleben tätig ist, an der Tafelrunde erzählt hat, es kristallisiere sich jetzt ein gewisser Widerstand, und zwar sammle er sich um mich.

Ich hatte Goerdeler benachrichtigt, daß ich nach Berlin käme und ihm gern mit weiteren Informationen für seine nordischen Bosch-Angelegenheiten zur Verfügung stände. Kaum war ich im Adlon angelangt, da betrat er schon mein Zimmer. Der sonst so sanguinische, unternehmungslustige Mann war ganz verzweifelt. Er erinnert mich übrigens oft an Kapp. Nomen hoffentlich kein Omen.[130] Nach seiner Darstellung ist jede Opposition der militärischen Führung gegen den Durchmarsch zusammengebrochen, und zwar *obwohl* Brauchitsch und Halder wie alle andern von der unheilvollen Wirkung überzeugt seien. Sie seien aber der Ansicht, sie müßten gehorchen.[131] Göring sei an sich ebenfalls nach wie vor dagegen, aber könne sich auch nicht zum Widerstand entschließen, sondern beschränke sich auf eine gewisse Sabotage auf der Basis des Wetters, das in Nord- und Mitteldeutschland, wie ich auf der Fahrt sah, und auch in Holland große Überschwemmungen anrichtet. Das Schlimme ist, daß jede Kooperation zwischen Göring und Brauchitsch fehlt: ersterer mag Brauchitsch nicht und dieser mißtraut Görings Charakter wie fast alle Generale im höchsten Grade. Dagegen steht Brauchitsch scheinbar ähnlich wie viele andere unter Hitlers Zauber.

Goerdeler erzählte, daß Halder folgende Gründe für das Gehorchen angeführt habe:

1) Ludendorff habe 1918 auch eine Verzweiflungsaktion gemacht,[132] ohne daß das sein Bild in der Geschichte getrübt habe. Man traut seinen Ohren nicht. Was schert uns das Bild eines Generals in der Geschichte! Außerdem *ist* es getrübt worden. Und vor allem: die Sache ist schief gegangen!

2) Es sei kein großer Mann da. Als wenn man bei Beginn des Ersten Schlesischen Krieges gewußt hätte, daß Friedrich der Große da war. Solch Mann kann sich erst durch die Tat zeigen. Und fehlt er, so hilft es auch nichts. *Deswegen* kann man nicht ein Verbrechen geschehen lassen, das Deutschland ins Unglück stürzt. Denn selbst wenn wir siegen, so muß es ein Pyrrhussieg werden, ganz abgesehen von der inneren Zerstörung und Demoralisation, der endlich ein Ziel gesetzt werden muß, und von den schamlosen Schweinereien in Polen, die den deutschen Namen mit Schan-

de bedecken und für die die Armee mitverantwortlich bleibt. Keitel glaubt allerdings, grade wenn wir in Belgien—Holland einmarschierten, würde Italien mit uns gehen; Pariani, der abgesägt worden ist, habe ihm so etwas geschrieben. Ich bin anderer Ansicht, ganz besonders, nachdem die Russen jetzt unter unserer Billigung Finnland, das wir einst von ihnen befreien halfen, überfallen haben [29. 11. 39]. Vor der Welt stehen wir jetzt in dieser Bruderschaft als Räuberbanden en gros.[133]

3) Man müsse Hitler doch diese letzte (sic!) Chance lassen, das deutsche Volk aus der Helotenknechtschaft des englischen Kapitalismus zu erlösen. Man sieht, wie die Propaganda auf die ahnungslosen Deutschen gewirkt hat. Wir wollen jetzt „Realpolitiker" sein, weil wir zu sehr Gefühlspolitiker waren. Genau wie der Offizier, der 1918 ausscheidet, Kaufmann wird, und nun glaubt, er müsse betrügen, nachdem er vorher keine Stecknadel entwendet hat; so meinen wir jetzt, Realpolitik bedeute, sich über alle Bindungen und Grundsätze hinwegsetzen, und merken nicht, daß wir uns damit selbst die eigenen Grundlagen zerstören.

4) Wenn man die Nase am Feinde habe, könne man nicht rebellieren. Aber nicht die Armee steht im Zeitalter des totalen Kriegs am Feinde, sondern das ganze Volk, und es handelt sich darum, ob dieses zugrunde gehen soll oder nicht.

5) Die Stimmung sei noch nicht reif. (Übrigens interessant, daß die Führer des Heeres immerhin so argumentieren.) Da ist etwas Wahres. Aber kann man darauf warten, wenn es um das Ganze geht? Natürlich wäre es theoretisch besser, noch etwas zu warten, aber praktisch kann man es nicht.

6) Man sei der jungen Offiziere nicht sicher. Das mag zum Teil zutreffen. Aber, wenn die Generäle einig sind und mit der richtigen Parole operieren, so gehorcht Heer und Volk.

Die Frage, die ich mit Goerdeler, dann abends mit Wilmowsky besprach, ist 1) ob man noch etwas tun kann, um die Leute zu beeinflussen, 2) wie man, ohne die taktische Stellung Deutschlands zu verschlechtern, den Generälen eine gewisse Sicherheit schaffen kann, daß man *jetzt* noch einen anständigen Frieden bekäme, *nach* dem Durchmarsch aber nicht mehr.

Goerdeler war, wie gesagt, ziemlich pessimistisch. Es scheint, daß Hitler drei Stunden vor den Generälen (Donnerstag, den 25. [richtig: 23.]) mit wilder, advokatorischer Suada gesprochen und auf die harmlosen Soldaten Eindruck gemacht hat < >, während die Klügeren den Eindruck eines tobsüchtigen Dschingis-Khan hatten. Hitler hat ungefähr gesagt: Humanität sei eine Erfindung des 19. Jahrhunderts, Neutralität kein Gegenstand. Wenn er bei dem Unternehmen zugrunde gehe, so müsse eben Deutschland mit ihm in den Abgrund stürzen.[134] Interessant ist, daß ausgerechnet Reichenau weiter am schärfsten [dagegen] Stellung nimmt, auch überall erzählt, daß er das tue und eine Denkschrift vorgelegt habe.[135]

Goerdeler, den ich Mittwoch früh noch einmal sprach, ehe er wieder nach Schweden fuhr, meinte, man solle trotz allem die Massage der Generäle noch nicht aufgeben. Er regte an, Reusch, der Halder gut kenne, herzuholen. Um einen Eindruck von der Friedensmöglichkeit zu erhalten, könne man zum Beispiel Geßler veranlassen, nach Rom zum Vatikan zu fahren, um eine Äußerung des Papstes in dem Sinne, daß er sich immer noch für einen anständigen Frieden einsetzen werde, herzubringen.[136]

Abends mit Wilmowsky gegessen, der ebenso informiert wie Goerdeler war und ebenso verzweifelt. Sein Schwager Krupp aß mit Frau und einigen Kindern auch im Esplanade, Wilmowsky sagte aber, es sei hoffnungslos zu versuchen, ihn zum Handeln zu bewegen. Wilmowsky hatte einen befreundeten, angesehenen Gutsbesitzer aus der Provinz Posen (Conrad) gesprochen, der ihm gesagt hatte, alles, was über die < > Brutalitäten in Polen erzählt würde, sei leider wahr. Als letztes hatte er erlebt, daß ein betrunkener Kreisleiter mit seinen Kumpanen sich habe das Gefängnis, und zwar die Dirnenabteilung, aufschließen lassen, fünf Dirnen erschossen und zwei zu vergewaltigen versucht habe, worauf diese schreiend auf den Hof entkamen; mit Mühe sei es gelungen, seine Verhaftung zu erreichen. Bedauerlicherweise heiße der Mann Hertzberg.[137] Aus Wien berichtet Wilmowsky Trostloses: Herabsinken zur toten Provinzstadt, miserable Stimmung. Der Ingenieur Neubacher, Oberbürgermeister von Wien, habe ihm als alter Nazi in tiefer Depression bekannt, daß er beim kleinsten Rückschlag das Schlimmste befürchten müsse. Ich traf vor dem Essen Glaise (mit Muff), der auch ganz verzweifelt war. —

W[ilmowsky] war zu Kerrl bestellt und meinte, der wolle einen Vertrauensrat der Evangelischen Kirche bilden. Ob ich das übernehmen würde? Ich lehnte ab, weil ich vielleicht an den guten Willen Kerrls, nicht aber den der Partei glauben könnte.

Mittwoch 29. früh Goerdeler. Mittags Popitz, der < > keinen Weg mehr sah. Er, als aktiver Finanzminister, kommt an Göring nicht heran! und meint auch, mit Brauchitsch nicht sprechen zu können. Brauchitsch hat zum Beispiel Schachts Besuch abgelehnt.

Nachmittags mit Frau v. Brauchitsch Tee getrunken und mit ihr beraten. Nach Verwerfen anderer Gedanken meinte sie, ich möchte einfach selbst an Brauchitsch schreiben und ihn bitten, mich zu empfangen. Das habe ich a stento getan, ohne Hoffnung. Immerhin telefonierte mir die Frau des Generals selbst sehr freundlich, er sei leider immer nur Stunden in Berlin, und so werde es wohl nicht möglich sein; ich erwiderte, daß ich jederzeit von München herüberkommen würde. — Um 5.30 Uhr bei Dr. Blank, dem „Kabinettschef" von Reusch. Hin- und herberaten, was noch zu tun möglich. Er meinte, ich möchte zu ihm nach Stuttgart-Katharinenhof fahren. Aber Halder habe in letzter Zeit auf Reuschs Versuche, ihn zu sprechen, sauer reagiert. — Abends mit Ilse Göring im Theater (Agnes Straub, neues Stück von Juliane Kay: Charlotte Ackermann. Gute Aufführung, aber ohne Zeitstil, 1867). Ich habe versucht, ihr den Ernst der Lage, < > für ihren Schwager, klarzumachen.

Donnerstag [30. 11.] früh bei Canaris, mit dem ich ganz offen sprach. Er gibt jede Hoffnung auf Widerstand der Generale auf und meinte, es habe keinen Zweck mehr, etwas in der Richtung zu versuchen. – Im Auswärtigen Amt Nostitz, Kessel und Siegfried gesehen. Nichts Neues. – Frühstück bei Attolicos. [...]

Nachher bei Weizsäckers; mit ihm durch den Tiergarten spaziert. Er war mir als körperlich ganz erledigt geschildert worden, was ich übertrieben fand. Stimmung allerdings ganz down, er gibt die Generäle auf und hofft nur noch auf den Regen. Jetzt gibt es sechs Staatssekretäre im Auswärtigen Amt!! Ein Ministerialrat ist heute ein kleiner Tintenkuli – man denke an die klugen, tüchtigen, herrschenden preußischen Geheimräte! Ein rechter Parteimann verlangt als Posten mindestens den eines Ministerialdirektors. Der neueste Unterstaatssekretär ist Habicht üblen österreichischen Angedenkens. Seine Ernennung hat man Weizsäcker einfach notifiziert. Was der Mann treibt, weiß Weizsäcker nicht – wie es scheint Verbindung zu den Sowjets. Er soll eigentlich Russe sein.[138]

[...]

Gegen Abend bei Beck. Er hat auf seinen Wegen alles Denkbare getan und ist sogar soweit gegangen, Brauchitsch sagen zu lassen, er sei bereit, die Sache [den Staatsstreich] zu machen, wenn Brauchitsch ihm die Hand frei lasse. Natürlich ohne Erfolg. Seine Ansicht hat er einem Oberquartiermeister schriftlich und mündlich immer wieder dargelegt.[139] – [...]

Freitag. 1. 12. Mittags im Deutschen Club mit Alvensleben (Bodo) gefrühstückt. Ich habe ihn zur Aktion angetrieben, denn man darf es noch nicht aufgeben, das große Unheil doch zu verhindern. Nachmittags bei Maria Pecori Tee getrunken. Stimmung deutlich weiter heruntergegangen; besonders die finnische Sache hat alle anständigen Italiener umgeworfen. Abends nach Potsdam (heutzutage eine wilde Expedition!) zu Kameke. Er war wieder viel frischer. Einflußmöglichkeiten hat er nicht. Er glaubt fest, daß schließlich der liebe Gott eingreifen werde. Im übrigen will er wissen, daß die Sterne, an die Hitler glaubt, sehr ungünstig ständen.

Sonnabend 2. Rückreise. [...] In München Geßler gesprochen (nach Verabredung durch Ilse) und ihn angetrieben, nach Berlin zu Halder zu fahren. [...]

Ich vergaß zu erwähnen, daß Weizsäcker meinte, man wolle den Zwischenfall von Venlo an der holländischen Grenze gegen Holland ausschlachten, weil ein Offizier des holländischen Nachrichtendienstes die beiden Engländer begleitet habe (in der Annahme, man könne auf dem Wege über die deutschen Anti-Nazioffiziere, die aber in Wahrheit Gestapoagenten waren, zum Frieden kommen). Der Mann ist übrigens dabei – auf holländischem Gebiet – erschossen worden.

[...]

Ebenhausen, 15. 12. 39.
Die finnische Sache wirkt sich moralisch immer stärker aus, gegen Sowjetrußland *und* uns. Allerdings *nur* moralisch bisher. England und Genossen sowie die nordischen Staaten zeigen sich rat- und machtlos. Es ist interessant und begreiflich, daß man in Frankreich jetzt stärker auf Bruch mit Rußland drängt, während England sich in Angst vor den unübersehbaren Folgen zurückhält.[140] Ich erwähnte wohl schon, daß Hitler nach glaubwürdiger Nachricht die Absicht geäußert hat, Schweden zu besetzen, falls uns die Erze gesperrt würden.

In der Belgien-Holland-Sache mehren sich die Anzeichen, daß das Wetter die Sache vorläufig unmöglich gemacht hat. Aber wer weiß!

Inzwischen schreitet die Zerstörung — destruction of German economy — fort, wenn auch vorläufig nur an Einzelerscheinungen sichtbar. Der gewerbliche Mittelstand sieht sein Erliegen vor sich. Vorgestern Tee bei Hamm mit Geßler, Goetz, Sperr. Sie beurteilen übereinstimmend die wirtschaftliche Lage außerordentlich ernst. Die englische Ausfuhrblockade trifft einen der empfindlichsten Punkte. Auf der anderen Seite sind die Verluste und Hemmnisse der Schiffahrt von und nach England zweifellos groß. Ich bin überzeugt, man könnte bei einem Systemwechsel in Deutschland heute noch einen anständigen Frieden bekommen, aber wie lange noch? Die Identifikation von „System" und „Deutschland" macht Fortschritte. Allmählich nimmt auch die Demoralisation bei der Truppe zu, vor allem in der Etappe.

Goetz erzählt, daß vor kurzem eine Konferenz von Finanzsachverständigen nach Berlin einberufen worden und zu sehr pessimistischer Beurteilung der Kriegsfinanzierung gekommen sei, schließlich habe man ein Gutachten angenommen, das versuche, wenigstens nicht gänzlich negativ Stellung zu nehmen; zwei von zehn hätten sich aber geweigert beizutreten.[141]

Einer der Herren [Sperr] erzählte, daß kürzlich bei einem Bekannten einige Leute versammelt gewesen seien und sich kritisch unterhalten hätten. Plötzlich Anruf der Gestapo: man warne vor Fortsetzung dieser Gespräche. Ursprung dieses Anrufs: die eigene Tochter (BDM) hat an der Türe gelauscht und die Gestapo telefonisch unterrichtet.

Schoen, bei dem wir vorgestern frühstückten, erzählte, daß Welczeck kurz in München war und über die Berliner Zustände berichtet habe; Moltke [ehemaliger Botschafter in Warschau] sei im Amt angewiesen worden, seine eigenen Berichte für das Weißbuch zu frisieren.[142]

21. 12. 39.
Am 18. auf Verabredung mit Geßler Reusch[143] im Hotel Regina getroffen. Die Unterredung entstammte eigentlich der Anregung Goerdelers, der bei unserem letzten Zusammensein vorschlug, ich möchte auf Reusch einwirken, damit er Halder gegen die belgisch-holländische Attacke fest-

mache. Der Zweck war nun insofern überholt, als diese Offensive auf unbestimmten Termin verschoben ist. Da der Gedanke selbst aber festgehalten wird, hielt ich es doch für richtig, Reusch darin zu bestärken, weiter dagegen zu arbeiten. Ich fand Reusch recht „groß", so der typische Industriekönig, vor dem alles kriecht. Auch Geßler zeigte ihm gegenüber eine reichlich devote Haltung. Im übrigen ist er nicht mehr der Jüngste und körperlich nicht mehr ganz auf der Höhe. Er unterstrich sehr stark seine genaue Orientiertheit, seine ununterbrochene Verbindung mit den wichtigsten Personen usw., so daß es nicht ganz leicht war, mit ihm in Rede und Gegenrede zu verhandeln und persönlichen Kontakt zu gewinnen. In der Sache war er der Ansicht, daß zur Zeit besser nichts unternommen würde. < > Die Generäle seien die ewige Einwirkung auf sie von allen Seiten satt und schlössen sich bewußt ab. Halder habe ihm zwar geschrieben, er wolle ihn in Oberhausen besuchen, aber er sei sich nicht sicher, ob er kommen werde. Das Hauptargument der Generale gegen eine „Aktion", die Stimmung sei noch nicht reif und man sei sich der Offiziere vom Major abwärts nicht sicher, sei nicht von der Hand zu weisen. Ich wies auf die Gefahr hin, daß, wenn man auf völlige „Reife" warte, der Moment sehr leicht verpaßt werden könnte, sowohl für einen anständigen Frieden wie hinsichtlich der Intaktheit der Armee im Hinblick auf die Gefahr, daß schließlich die Reaktion von links komme. Aber ich gab zu, daß zunächst einmal bis Mitte Januar Ruhe eintreten müsse.

Ich verließ R[eusch] ziemlich deprimiert über den ganzen Zustand und die Machtlosigkeit, in der man sich befindet. Zweimal war ich schon entschlossen, meine Fahrt nach Stuttgart zu Robert Bosch aufzugeben, bei dem ich mich angemeldet hatte. Ich pendelte mit Gedanken wie Carlyle in der Rue de l'Enfer, zwischen der Elektrischen zum Isartalbahnhof und den Fahrkartenschaltern der Hauptbahn hin und her. Schließlich siegte Stuttgart, worüber ich jetzt froh bin: ich fuhr trübsinnig im Dunkeln dreieinhalb Stunden nach Stuttgart; das Publikum interpellierte lebhaft den Schaffner, warum man nicht ordentlich durch Vorhänge verdunkle, damit man wenigstens lesen könne, und ein Schwabe meinte: „S'ischt scho a Saufahrerei", worauf der Eisenbahner meinte: „S'ischt halt so, die eine füge sich, die andre sind justament kontra!" [...]

Am Dienstag [...]. Dann zu Bosch.[144] Großartiger alter Feuerkopf, leider durch Blasenleiden schwer behindert. Er holte seinen ersten Direktor Walz, und beide setzten mir die fatale wirtschaftliche, vor allem finanzielle Lage auseinander. Sie sahen sehr schwarz: durch den verbrecherischen Leichtsinn des Krieges höhlt sich Deutschland völlig aus und zerstört seine mühsam wieder errichteten Grundfesten. Besser kann man den Bolschewismus nicht vorbereiten. Bosch sagte selbst, er sei Techniker und kein Geschäftsmann, sprach angesichts der letzten, wie es scheint wirklich außerordentlichen Fliegererfolge mit Stolz von der Mitwirkung seiner Firma bei den siegreichen Messerschmitt-Apparaten, aber er sieht klar, wohin die Reise geht. Sein Direktor Walz machte einen ausgezeichneten, klugen Eindruck. Er machte folgende Rechnung über die bevorstehenden Finanzpläne auf: Eine Aktie von 1000 M nominal soll mit 5000 für die Vermögenssteuer bewertet werden; der Inhaber bekommt 6 % Dividende = 60 M, bezahlt 60 % Einkommensteuer = 36 M und 5 % Vermögenssteuer = 25 M, zusammen 61 M von 60!

Typisch für die Verlogenheit unserer Verhältnisse: Walz wurde zu einer Besprechung mit SS-Leuten herausgerufen. Als er zurückkam, trug er das SS-Zeichen im Knopfloch, das er rasch dafür angelegt hatte, um dann weiter mit voller Entschiedenheit über die unheilvolle Politik der Hitlerregierung zu sprechen. Bosch und Walz wollen versuchen, meine Mitarbeit irgendwie zu verwerten.

[. . .]

Frau Bruckmann telefonierte Ilse begeistert, daß Hitler zum alljährlichen Weihnachtsbesuch bei ihnen war; er sei außerordentlich frisch und zuversichtlich gewesen und eine dreiviertel Stunde geblieben. Alle ihre Bedenken werden durch solchen Besuch verscheucht! Es ist, wie Almuth [v. Hassell] sagt, genau wie bei begeisterten Monarchisten, die voll schwerster Kritik sofort verstummen, wenn der hohe Herr gnädig ist.

Mussolini hat mir zur Verlobung von Fey und als Dank für mein Buch ein langes, unterstrichen warmes Telegramm geschickt. Es scheint deutlich zu zeigen, daß er jetzt erkennt, *wer* der wirkliche Freund Italiens und Vertreter einer vernünftigen Kooperation war.

22. 12. 39.

Hitler war vorgestern, wie uns Bruckmanns näher erzählten, zu seinem alljährlichen Weihnachtsbesuch bei Bruckmanns. Beide waren durch diese Gnade doch sehr hingenommen, er auch sachlich beeindruckt, während sie Ilse sagte, trotz allem bliebe sie in ihrer kritischen Einstellung ungerührt. Er hat ihnen einen körperlich frischen Eindruck gemacht, sei gar nicht verkrampft, sondern sehr guter Stimmung und optimistisch gewesen, wozu zu sagen ist, daß er sehr gut Theater spielt. Es mag aber stimmen, daß er vom Erfolge der Waffen überzeugt ist. Daß das Endergebnis eines zerstörenden Sieges über England, wie er ihn erfechten möchte, der Untergang des Abendlandes sein würde, fühlt er nicht, ebenso wie er die inneren Schwierigkeiten nicht realisiert. Der Mann, der jetzt Stalin zärtlich zum 60. Geburtstage[145] gratuliert, ist skrupellos und im tiefsten Grade kulturlos. Er hat erklärt, mit seinen magnetischen Minen und andern fabelhaften Mitteln (20 000 Bombenflugzeuge) werde er England in acht Monaten auf die Knie zwingen. Dann werde der herrliche Neuaufbau eines Reiches beginnen, das weit über die jetzigen Grenzen Deutschlands hinausgehen werde und an dessen Errichtung ihn leider England unnütz lange verhindere. In das Buch hat er Bruckmanns eingeschrieben: „Im Jahre des Kampfes um die Errichtung des großen deutsch-germanischen

Reichs!" – Was heißt: deutsch-germanisch? Höchst verdächtig im Hinblick auf Holland, Schweden usw.

Er hat auch lange von Warschau erzählt, von dem nur ein ganz kleiner Teil lohne, wieder aufgebaut zu werden, das meiste sei ein hoffnungsloser Trümmerhaufen. Irgendein Gefühl hat er dabei nicht gezeigt und nur gemeint, er habe vergeblich versucht, den Kommandanten zu früherer Übergabe zu bewegen; er habe nicht wie Franco vor Madrid verfahren können. Tatsächlich hätten wenige Wochen Belagerung genügt, um das Elend zu verhüten.

Auf eine Bemerkung (von Elsa), daß es bedauerlich sei, wie wir Lemberg usw. mit unserem Blut erobert und dann den Russen preisgegeben hätten, hat er erwidert, das sei unvermeidlich gewesen, weil die Russen drei Tage zu spät angetreten seien und man habe ein Vakuum vermeiden müssen.

23. 12. 39.
General Vogl, der in seinem Hause in Irschenhausen auf Urlaub ist, besuchte mich. Er ist in schwerer Sorge wegen einer etwaigen Offensive Richtung Belgien–Holland, wegen der politischen Folgen, wegen der voraussichtlichen großen Verluste und wegen des zweifelhaften militärischen Ergebnisses. Waffenmäßig und technisch hält er uns für überlegen, aber nach Lage der Sache die Aussichten eines wirklich durchschlagenden Erfolges für gering. Die vier Monate Ruhe, das heißt Ausbildungszeit, wären der Truppe bitter nötig gewesen, seien aber gut genutzt worden. Im ganzen sei das Heer sicherlich gut, obschon der Angriffsgeist von 1914 durchaus nicht vorhanden [sei]. Die hohen Offiziere dächten überwiegend so wie er, das heißt, seien voll größter Sorge und schwerster politischer Bedenken; anders die jüngeren, für die Hitler – nicht die anderen – immer noch tabu sei. Die Wirkung eines offenen Widerstandes der Generale gegen einen Befehl Hitlers sei bei ihnen daher sehr problematisch. Diese Leute brauchten gerade nach dem leichten polnischen Feldzuge erst eine wirklich schwere Kriegserfahrung, um zur Erkenntnis zu kommen.

Heute morgen bemerkenswerte Artikel in den „Münchner Neuesten Nachrichten" und vermutlich sonst in der Presse mit drohenden Hinweisen auf etwaige englisch-französische Versuche, den Kriegsschauplatz zu erweitern, sei es im Südosten über die Türkei, sei es im Norden im Zeichen des finnisch-russischen Krieges über Norwegen und Schweden; letzteres übrigens vom Standpunkte der Entente gar keine üble Idee: die moralische Basis wäre da, um uns von dort her einzukreisen und vor allem die Erze abzuschneiden. Ob Hitler (vergleiche seine „deutsch-germanischen" Träume) das Prävenire spielen will? Der zweite Artikel beurteilt übrigens offen die russischen Chancen, Indien anzugreifen, skeptisch. Der Generalstab tut das auch.

[Ebenhausen], 25. 12. 39.
Heute morgen General v. Geyr besucht, der auf Weihnachtsurlaub ist. Ähnliche Eindrücke wie Vogls. Fatalismus der hohen Offiziere; die jüngeren noch kriegsbegeistert und unter Hitlerzauber. [. . .]
 Heute nachmittag Gogo [Nostitz] bei uns. Sehr schwer besorgt. Am 27. soll wieder einmal beraten werden, was geschehen soll; Unternehmen Holland-Belgien nach wie vor im Vordergrunde. Das erklärt vielleicht, daß mich Goerdeler heute, ausgerechnet in der Weihnachtswoche, auf den 28. nach Berlin gebeten hat. Gogo erzählte deprimiert von den geradezu schamlosen Taten, vor allem der SS in Polen; die Verhältnisse müssen vor allem im Judenreservat und den Umsiedlungsgebieten auch in sanitärer Hinsicht jeder Beschreibung spotten. Erschießungen unschuldiger Juden nach Hunderten am laufenden Band. Dazu ein immer unverschämteres Auftreten der SS gegen die Armee, die sie nicht grüßen, anrüpeln, benachteiligen usw. Blaskowitz hat eine Denkschrift gemacht, in der alles offen dargelegt werde und in der ein Satz stehe, daß zu befürchten sei, die SS werde nach der Art ihres Verhaltens in Polen später sich in der gleichen Weise auf das eigene Volk stürzen.[146] — Blaskowitz hat im übrigen nur bei Aufruhr vollziehende Gewalt, sonst außerhalb des Militärischen nichts zu sagen. Frank benimmt sich wie ein größenwahnsinniger Pascha.[147] Neurath könnte sich darin ein Beispiel an ihm nehmen, daß er (Frank) sich nichts hineinreden läßt, sondern wie ein Souverän regiert, während Neurath prunkhafte Jagden abhält usw., im übrigen aber Statist ist.
 Man kann vielleicht hoffen, daß aus dem Auftreten der SS schließlich noch am ersten der Armee ein Licht aufgeht, was gespielt wird.
 Über Italien berichtete Gogo, daß Mussolini Mackensen in schärfster [Form] seinen Unwillen über die finnische Angelegenheit ausgesprochen habe; die Bolschewiken habe er als üble Schieber bezeichnet.[148] — Cianos Rede ist mit viel Grund bei uns großenteils unterschlagen worden. Unter anderem hat er betont, bei Abschluß des Bündnisses sei Einverständnis darüber gewesen, daß in den nächsten Jahren ein Konflikt vermieden werden müsse. Auch hat er die Differenzen bei der Salzburger Unterredung klar herausgestellt und scharf die antibolschewistische Einstellung unterstrichen. Letzteres unter stürmischem Beifall der Kammer, die bei allen Deutschland betreffenden Stellen kalt blieb.[149] [. . .]

30. 12. 39.
Vor einigen Tagen wurde ich von Goerdeler auf den 28. nach Berlin gebeten. Ich traf am 27. früh mit anderthalb Stunden Verspätung ein und suchte zunächst Popitz auf. Er beurteilte die Lage wesentlich optimistischer als das letztemal, weil das Terrorregime der SS im Osten und die Anmaßung dieser Leute gegenüber der Armee doch allmählich den Soldaten die Augen über diese deutsche Schande und über diesen Räuber-

staat im Staate öffne. Auch im Westen sei die SS zur Erbitterung der Armee schon wieder hinter ihr aufmarschiert, um alsbald Holland und Belgien in die Hand zu nehmen. Es scheint, daß Hitler angeordnet hat, dort solle – im Gegensatz zu Polen – die vollziehende Gewalt dem Militär verbleiben. Aber auf diese Erklärungen und vor allem ihre Dauerhaftigkeit verläßt sich niemand mehr. Popitz hatte die Denkschrift von Blaskowitz und vor allem die wesentlich schärferen Vortragsnotizen gelesen und bestätigte Gogos [Nostitz] Angaben.

P[opitz] schilderte die Lage etwa wie folgt: in der hohen Generalität habe man Brauchitsch abgeschrieben. Der Gedanke sei jetzt der, daß man einige Divisionen „auf dem Wege vom Westen nach Osten" in Berlin haltmachen lasse. Dann solle Witzleben in Berlin auftreten und die SS aufheben [sic]. Beck werde aufgrund dieser Aktion nach Zossen fahren und aus Brauchitschs schwacher Hand den Oberbefehl übernehmen.[150] Hitler solle mit ärztlichem Gutachten für regierungsunfähig erklärt und verwahrt werden. Dann Aufruf an das Volk: Parole: Vereitelung weiterer Greuel der SS, Wiederherstellung von Anstand und christlicher Sittlichkeit, Fortführung des Krieges, aber Friedensbereitschaft auf vernünftiger Basis. Problem: ob mit oder ohne Göring. Über eins sei man einig, daß dieser auf alle Fälle erst nach erfolgter Aktion, wenn überhaupt, vor die Frage gestellt werden könne, ob er mitmachen wolle. Vorteile und Nachteile der Hineinnahme Görings liegen auf der Hand. Von großer Bedeutung ist dafür die Frage, ob die von Goerdeler an Popitz als angeblich authentisch mitgeteilte Nachricht stimmt, daß Göring in letzter Zeit hinter dem Rücken Hitlers durch Prinz Paul von Jugoslawien (*vielleicht* mit dem Hessenphilipp als Sendboten) Friedensfühler ausgestreckt habe auf folgender Basis: Göring statt Hitler, Monarchie, Grenzen von 1914, deutsche Gebiete wie Österreich und Sudetenland deutsch.[151] – Ich kann ein solches Verhalten Görings Hitler gegenüber bei seiner ganzen Natur noch nicht recht glauben. Taktisch wäre der Schritt meines Erachtens dem Feinde gegenüber verfehlt. Angeblich sei der König von England begeistert gewesen, Halifax einverstanden, Chamberlain zögernd, Daladier bedenklich, vor allem gegen eine Hohenzollernmonarchie. Womöglich denkt Göring an den Wahnsinn einer Kandidatur seines Sklaven Philipp.

In Sachen der geschilderten Aktion sei Oberst Oster zu Witzleben gefahren, Goerdeler solle ihn (oder auch Witzleben) in Frankfurt treffen; anschließend solle Witzleben sich mit Beck besprechen. Kritisch ist natürlich die Frage des Zeitpunkts, besonders wenn am Tage meines Besuchs bei Popitz der belgisch-holländische Film schon auf den 3. 1. festgesetzt werden sollte.

Popitz erzählte endlich, daß Goerdeler den Plan habe, um die Zweifel der Generale an der Möglichkeit eines anständigen Friedens zu beseitigen, *mit* einem General zu dem ihm befreundeten König von Belgien zu fahren, diesen über unseren Standpunkt und die Möglichkeit des Systemwechsels ins Bild zu setzen und zu veranlassen, eine vertraulich-autoritative Stellungnahme von Paris und London herbeizuführen. Popitz habe Bedenken gegen den Plan geäußert und verlangt, daß ich gehört würde. Ich erklärte, daß ich die Bedenken teile; jeder Schatten eines Verdachts, daß man — und vor allem die Wehrmacht — vorher sich eine Art Plazet des Feindes beschafft habe, müsse vermieden werden. Außerdem werde ein solcher Schritt unbedingt als Schwächezeichen gedeutet werden. Allenfalls könne Goerdeler für seine Person mit dem König sprechen, aber ausdrücklich, ohne daß dieser das Recht hätte, etwas nach London oder Paris weiterzugeben, also lediglich in dem Sinne, seine, des Königs, Auffassung zu erforschen.[152]

Popitz berichtete noch, daß Schacht sich bereit erklärt habe, mitzumachen und seinen Kopf hinzuhalten; ich äußerte gelinde Zweifel. Ferner sei Goerdeler beim „Urgroßadmiral" gewesen, und Raeder habe seine Überzeugung ausgedrückt, daß die Verhältnisse unerträglich seien; er würde mitmachen, wenn die Armee handle; *handeln* müsse natürlich diese. Schließlich erzählte Popitz, daß der beschränkte Botschafter Mackensen es gewesen sei, der Hitlers Besuch beim alten Feldmarschall zustande gebracht habe. Im Trubel des Besuchs sei der alte Herr plötzlich wieder begeistert geworden und habe ein Siegheil auf den Führer ausgebracht. Man wolle nun, daß er, Popitz, hinfahre und den Greis wieder richtig lege, wozu er wenig Lust habe. Ich meinte, es hätte nicht allzuviel Zweck; der geäußerte Gedanke, Mackensen solle dann als ältester Offizier zu Brauchitsch gehen und ihn am Portepee der deutschen Offiziersehre gegenüber den SS-Schweinereien fassen, verspreche nicht viel Erfolg, aber schließlich könne er es ja tun.

[...]

Nachmittags bei Olga Göring [Rigele], die Weihnachten in Karinhall gefeiert hatte, Heiligabend 60 Menschen (auch alle Bediensteten) an einer Tafel. Nette, deutlich die Friedenssehnsucht unterstreichende Rede von Schwager Hueber, für die Göring ihm sehr warm gedankt hätte. Wieds waren auch da und hätten Göring mit grober Schmeichelei gefüttert. Emmy habe begeistert von Ilse gesprochen. Olga Göring erzählte von trüben Eindrücken aus Österreich. Der dortige Bruder Göring habe mit toller Offenheit über die Notwendigkeit gesprochen, mit Hitler Schluß zu machen.

Ich habe ihr den Ernst der Lage und die Verantwortung ihres Bruders unterstrichen. Auf meine Frage nach dem Verhältnis ihres Bruders zu Philipp meinte sie, der habe stark an Position verloren, er ginge Göring wohl etwas auf die Nerven und Göring lasse ihn nicht mehr bei sich, sondern im Reichstagspräsidentenpalais wohnen.

Abends bei unseren Brauchitschs. Ich hatte mich, um nichts unversucht zu lassen, bei der Frau des Generalobersten als anwesend gemeldet, ohne Antwort. Die Verbindung zwischen den Vettern scheint recht lose geworden. Interessante Berichte Brauchitschs über die außerordentlichen Schwierigkeiten des gesamten Detailhandels.

Am 28. vormittags sprach ich kurz den mit drei Stunden Verspätung angekommenen (aus Frankfurt) Goerdeler. Frühstückte nachher mit ihm und Dr. Reuter (vom „Deutschen Volkswirt") bei Borchardt und blieb dann noch mit ihm allein. Er bestätigte den Bericht Popitz'. Mein Abmahnen von dem Schritt beim König von Belgien schien ihn nicht zu überraschen. Er bestand auch nicht darauf und behauptete, bei Witzleben hundertprozentigen Erfolg gehabt zu haben; Witzleben werde bald kommen, um endgültig mit Beck zu sprechen. Goerdeler erzählte noch, daß Hitler Greiser und Forster gesagt habe, er erwarte von ihnen, daß Posen und Westpreußen binnen einiger Jahre rein deutsches Land seien. „Und Sie, mein lieber Frank, müssen inzwischen Ihr Teufelswerk in Polen bis zum Ende durchführen!"[153]

Goerdeler will in den nächsten Tagen noch mit Reichenau sprechen, der etwas wankend geworden sei; man habe ihm einen leichten Erfolg gegen England und Frankreich vorgespiegelt. [...]

Vor dem Frühstück noch einmal eine Stunde bei Popitz und über das praktische Vorgehen einer neuen Regierung eingehend gesprochen. Sehr große Personalschwierigkeiten durch die Zerstörung des alten Apparats. Popitz betonte die Notwendigkeit sofortiger Reichsreform (Einteilung in Länder); ferner das Aufstellen „wahrer" nationaler und sozialer Grundsätze und der auf der deutschen Überlieferung gegründeten christlichen Sittlichkeit als Leitstern. Ich wies auf die Notwendigkeit des Aufbaus des Staats auf der örtlichen und körperschaftlichen Selbstverwaltung (Filtriersystem) hin. Justiz und Kirche ebenfalls besprochen.[154]

Gegen Abend bei Beck. Er beurteilt die Aussichten einer Offensive nach Belgien und Holland und überhaupt eines entscheidenden Erfolgs gegen England nach wie vor pessimistisch. Über die geplante „Aktion" sprach er offener als sonst. Nachher kam Goerdeler. < >

Abends bei Gundi [v. Weizsäcker] (mit Ernst und Elisabeth Albers-Schönberg). A[lbrecht] Kessel war auch da; er berichtete, daß das Wetter, nämlich die starke Kälte, wieder den Generälen zu Hilfe gekommen sei; der Angriff, der für den 3. 1. in Aussicht genommen war, sei wieder verschoben worden. Aber auf wie lange? Kessel geht leider auf einige Monate nach Genf.

Am 29. früh zurück nach München. [...]

1940

Ebenhausen, 11. 1. 40.
Nach Nachrichten aus Berlin sollen die Offensivgedanken vorläufig aufgegeben sein. Die Presse lenkt systematisch die Aufmerksamkeit auf den Norden, das heißt auf angebliche englisch-französische Pläne, von Schweden-Norwegen aus Finnland, das sich recht erfolgreich verteidigt, entscheidende Hilfe zu bringen. Man droht ziemlich deutlich, unsererseits das Prävenire zu spielen. Unsere moralische Lage würde damit ganz auf den Hund kommen. Wolf [Tirpitz] erzählte von einem Telegramm Schulenburgs über eine Unterhaltung mit Potemkin: Dieser habe gesagt, dauernd kämen Tausende von Polen und Juden, die man in Rußland nicht haben wolle, über die Grenze; von den Russen nicht hinübergelassen, würden sie von der deutschen SS in Scharen erschossen; wie lange das so weitergehen solle! Schulenburg: „Was soll ich antworten?" Die Schweinerei wird ganz unerträglich. Dieter [Sohn Hassells] meinte, in seinem Urlauberzug hätte sich die Soldateska schon so benommen, wie er es sich nicht einmal für 1918 vorstellen könne.

Detalmo Pirzio Biroli, unser netter kleiner Bräutigam, ist voller Feuereifer, über Italien zwischen dem anständigen Deutschland und der englischen, von Halifax geführten „Appeasement"Gruppe die Brücke zu schlagen. Das vorläufig unlösbare Problem ist nur, daß unsererseits eine Bürgschaft gefordert werden muß, daß man nach einer Systemänderung einen ordentlichen Frieden bekommt, während die Engländer sagen: „Beseitigt Hitler, dann werden wir uns alle Mühe geben, in diesem Sinne!" Nichols, der eine ziemlich wichtige Stelle im Foreign Office hat, und seine niedliche Frau Phyllis ließen uns über Hirths (Untergrainau) sehr herzliche Grüße ausrichten.

Ilse Göring war auch als Hochzeitsgast da. Sie ist immer als Barometer interessant, insofern sich Hermanns Stimmung gegenüber Hitler in ihr widerspiegelt. Weihnachten muß jedenfalls das Verhältnis schlecht gewesen sein; wie sie erzählte, ist ein Hermannscher Friedensfühler über einen Schweden zu Hitlers Ohren gekommen und hat bei diesem großen Zorn erregt. Man merkt, daß im Kreise Göring der Gedanke leise vordringt, man müsse nötigenfalls Hitler abschreiben und unter der Flagge Göring zum Frieden kommen. Nach dem, was Herm[ann] G[öring] ihr erzählt hat, wäre die Angelegenheit der „Spee" noch etwas anders verlaufen: zunächst sei das Gefecht auch nach Ansicht der eignen Offiziere durch den Kommandanten zu früh abgebrochen worden. Winston Churchill habe in einer Rede das Verhalten der „Spee" als sehr unrühmlich bezeichnet und Herm[ann] G[öring] habe dazu wütend gesagt: „Das Schlimme ist, daß der Mann recht hat!"

Sodann sei der Durchbruch von Berlin (ich nehme an: nicht ganz eindeutig) befohlen worden; der Kommandant habe sich dazu aber nicht entschließen können und das Schiff gesprengt. Hierauf hätten ihn die Offiziere des Schiffes nicht mehr gegrüßt und angeblich vor ihm ausgespuckt. Daher der Selbstmord. Auf alle Fälle ist das Ganze höchst unerfreulich.[1] Der Geist der Wehrmacht ist nicht der von 1914, die Zerstörung der monarchischen Tradition rächt sich bitter. [. . .]

Ebenhausen, 28. 1. 40. Fahrt nach Berlin.
Goerdeler bat mich mit sehr kurzer Frist zu kommen. Reiseverhältnisse immer unbequemer, da immer weniger — überfüllte — Züge mit riesigen Verspätungen verkehren. Ich bekam in letzter Minute auf dem Bahnhof im Büro der Internationalen Schlafwagengesellschaft noch ein Abteil im römischen Wagen, dadurch daß der freundliche Mann nach Kufstein telefoniert hatte. [. . .] Der Schaffner, ein alter Freund, hatte es sofort eingerichtet. Auf Bitte des Bürochefs in München nahm ich noch einen Holländer auf, der sich als angenehmer und interessanter Reisegefährte entpuppte.

Vor der Abfahrt traf ich mich noch mit Schmitt im Hotel Wolff; er war zu Görings Geburtstag [12. 1.] in Berlin gewesen. Geschäftlich berichtete er, daß es im allgemeinen gelungen sei, die Auslandsinteressen der Münchner Rück[versicherungsgesellschaft] noch rechtzeitig zu tarnen und sicherzustellen, meist mit einer Art Dissimulieren der Feindmächte. Es sind eben immer noch nicht — wie 1914 — alle Fäden unwiderruflich durchgeschnitten. Aus Berlin gab er ein Bild, das ganz seiner so leicht beeindruckbaren Natur entsprach, im Grunde ganz negativ und besorgniserregend, aber mit dazwischen aufblitzenden Optimismusraketen. Wenn ihm Funk erzählte, unsere immer angesetzten und abgeblasenen Offensiven gegen Belgien-Holland seien ein wohlberechneter Nervenkrieg, dann glaubt er das. Göring hätte „maßvoll und ruhig" gesprochen. Entsetzt war er aber doch von Himmler, der ihm mit wackelndem Kneifer und finsterem Ausdruck seines proletigen Gesichts gesagt habe: er habe vom Führer den Auftrag, dafür zu sorgen, daß die Polen nicht wieder auferstehen könnten. — Also Ausrottungspolitik.

Der Holländer — van der Falk —, Syndikus des Internationalen Glühlampensyndikats in Genf, reist dauernd zwischen Amsterdam, London, Paris, Genf und Berlin hin und her. Er sieht natürlich die drohende Zerstörung Europas vor Augen und erkennt den ganzen Irrsinn dieses Krieges. Nach seiner Ansicht sind jetzt, aber nicht mehr lange, noch Friedenschancen vorhanden. Es war klar, daß er meinte: aber nicht mit Hitler. In Frankreich hat er den Eindruck bekommen, daß die Parole „il faut en finir" Volk und Heer mit starker Entschlossenheit erfülle, den Kampf durchzuhalten, „um endlich Ruhe zu bekommen", — also Krieg um des Friedens willen. [. . .]

In Berlin nach der barbarischen Kälte der letzten Woche milderes Wetter und beginnende Verwässerung der Straßen; nachher wurde es wieder etwas kälter. Für die Richtung, die die Stimmung nimmt, sind immer die Witze bezeichnend: zum Beispiel Göring und Goebbels unterhalten sich, was sie nach dem Kriege machen wollen. Der erste sagte: „Ich habe mir immer geträumt, mal eine Radtour durch Deutschland zu machen!" Goebbels antwortet: „Na, und nachmittags?" Der Witz scheint übrigens aus London oder Paris zu stammen. Oder: Die beiden G.s und Hitler unterhalten sich über das gleiche Thema; Göring meint, er werde wohl als Forstmeister unterkommen, Goebbels sagt, er könne mit seiner guten Feder in die Redaktion zurückkehren. Hitler: „Ach, für mich ist es viel einfacher, ich bin ja Österreicher!" – „Wer ist ein Opportunist?" – „Wer jetzt aus der Partei austritt!" – Neue Seligpreisung: „Selig sind die Halbgebildeten, denn das Dritte Reich ist ihr!"

Das Publikum steht unter dem Eindruck der Kohlennot, des Mangels an vielen Dingen, zum Beispiel der Kartoffeln, und der Eisenbahnkatastrophe. In den Kinos läßt man törichter Weise Kohlenzüge über Kohlenzüge auf der Leinwand vor den zuhause frierenden Zuschauern vorüberlaufen. Die Eisenbahnen scheinen allmählich gänzlich zu zerbröckeln, was auch für eine Offensive bedenklich ist. Von den 8000 Lokomotiven und 140 000 Wagen, die Dorpmüller schon lange dringend gefordert hat, sind nur ein Bruchteil in der Lieferung. Das Personal ist überanstrengt und vergrätzt, letzteres – nach Goerdeler – vor allem über Parteigesichtspunkte bei der Beförderung. Er behauptet, von den Lokomotivführern seien, statt normal sechs, 29% krank. Trotz aller Unannehmlichkeiten ist das Volk nach meinem Eindruck noch rührend geduldig und der Spießer als Säule der Partei zum Beispiel noch begeistert.

Die Unterrichteten (das heißt also sehr wenige) stehen vor allem unter dem Eindruck zweier Ereignisse: des Mussolini-Briefes und des Fliegerreinfalls von Mechelen. Ich hörte von beidem zuerst durch Goerdeler, bekam später authentische Bestätigung für das Wesentliche. – Mussolini hat also (offenbar in Kenntnis der für den 17. [Januar] gegen Belgien-Holland angesetzten Offensive) am 9. durch Attolico einen Brief an Hitler übergeben lassen, der ein geschichtliches Dokument ersten Ranges darstellt.[2] Aus dem Inhalt erscheint am wesentlichsten: 1. Die Qualifizierung der Cianoschen Rede (die die deutsche Propaganda als Ausdruck persönlichen Ärgers Cianos gegen Ribbentrop auslegen möchte) als Festlegung des italienischen Standpunktes. 2. Die scharfe Verurteilung der Hitlerschen Rußlandpolitik. Jede Revolution habe ihre Grundsätze; er habe Verständnis für die Notwendigkeit, gelegentlich den einen oder den anderen zurücktreten zu lassen, aber solches Aufgeben der dem eigenen Volke als Evangelium gepredigten Grundhaltung finde nicht seine Zustimmung, und weder Italien noch Spanien könnten dabei folgen, würden vielmehr fest auf ihrer antibolschewistischen Linie beharren. Wenn Hitler

— was Gott verhüten möge — auf dieser Bahn weiterginge, so würde das in Italien keine Zustimmung finden können und würde auch für Deutschland ernste Folgen haben. (Er habe Ciano, aus Rücksicht auf Deutschland, angewiesen, Finnland nicht zu erwähnen, weil sonst eine orkanartige Ovation die Folge gewesen wäre.) 3. Jetzt könne Italien Deutschland noch helfen; es binde durch seine Mobilisierung mehrere hunderttausend Mann. Aber Hitler müsse klar erkennen, daß er den Krieg nicht gewinnen könne. (In diesem Zusammenhang fällt ein Hieb gegen Ribbentrop: „Nachdem England und Frankreich, entgegen R[ibbentrop]s Voraussage, in den Krieg eingetreten sind . . . ") Er müsse sich daher auf Frieden einstellen. Dazu sei erforderlich: Erstens maßvolle Kriegsziele — ein wiederhergestellter polnischer Staat (Mussolini rückt von den jetzigen Zuständen in Polen deutlich ab) sowie vor allem Unterlassen einer Offensive. Denn diese könne, selbst wenn sie bis Paris ginge, den Endsieg nicht bringen, müsse aber alle Friedensmöglichkeiten zerstören. Mussolini stände zu diplomatischer Hilfe bei Friedensversuchen zur Verfügung.

Die Folge scheint ein Wutausbruch von Hitler gewesen zu sein („mein feiger Freund") und ein „nun grade!" Ob nicht im tiefsten Innern die Wirkung eine andere war, ist eine andere Frage. Tatsächlich ist aber das erste Ergebnis das Aufrechterhalten des Offensivbefehls gewesen. Dieter schreibt darüber, daß sie tränen- und alkoholreichen endgültigen Abschied von ihren Quartieren nahmen und, von schluchzender Bevölkerung begleitet, den Vormarsch auf niederträchtigen Straßen bei strammer Kälte aufnahmen, 65 Kilometer weit (das heißt annähernd bis zur belgischen Grenze), in ziemlich flauer Stimmung, auch mit Erschöpfungserscheinungen. Dann Befehl: Wieder zurück ins alte Quartier — wobei alle Erschöpfungserscheinungen sofort schwanden. Das Aufgeben der Offensive ist offenbar auf das Wetter und besonders das Ereignis Nr. 2 zurückzuführen. Der Angriffsplan mit allen Einzelheiten ist am 11. oder 12. dadurch in die Hände der Belgier gefallen, daß ein deutsches Flugzeug statt in Köln in Mechen gelandet ist.[3] Zuerst habe ich das für ein Märchen gehalten, dann an Verrat geglaubt; amtlich hat man augenzwinkernd angedeutet, es sei Absicht gewesen. Beide letzteren Möglichkeiten scheiden nach Ansicht aller derer, die die Einzelheiten kennen, aus. Es ist einfach eine kaum glaubliche Leichtfertigkeit. Ein Generalstabsoffizier der Luft hatte den Auftrag, dem Luftbefehlshaber in Köln den Befehl zu überbringen und ausdrücklichen Befehl, die Bahn zu benutzen. Auf Zureden von Fliegeroffizieren ist er, angeblich weil er wegen einer Kneiperei den Zug verpaßte, von Münster an doch geflogen und in Mechen statt in Köln gelandet. Kameke ist natürlich der Ansicht, diese unwahrscheinliche Geschichte und ebenso das abnorme Wetter seien göttliche Eingriffe. Von Ilse Göring hörte ich, daß Hermann mehrere Tage völlig auseinander gewesen sei; der Fliegergeneral in Köln und sein Stabschef sind abgelöst worden. Die Folgen der ganzen Sache sind unabsehbar.

[. . .]

Um 3 Uhr 15 bei Goerdeler im Hospiz. Seine Hoffnungen vom letzten Male waren wieder zu Wasser geworden. Die von Witzleben geforderte „legale" Truppenzusammenziehung bei Berlin war nicht zu erreichen gewesen. So ergab sich, daß der Angriffsbefehl treu und bieder ausgeführt würde. Der preußische Gehorsam sitzt da nicht mehr wirklich fest, wo er unumgänglich nötig ist, nämlich bei der Truppe und im Offizierkorps, aber in der obersten Region, wo er durch eigenes Urteil und politische Verantwortung ergänzt werden müßte, wird er um so sklavischer und gegen bessere Erkenntnis angewendet. Diese Generale, die Regierungen stürzen wollen, verlangen deren Befehl, um zu handeln!! —

G[oerdeler] war ferner beeindruckt durch einen völligen Mißerfolg bei Reichenau.[4] Dieser hatte ihm erklärt, die Offensive sei aussichtsvoll und müsse gemacht werden. Auf Vorhalt seiner eben noch offen ausgesprochenen entgegengesetzten Ansicht hatte er bezeichnenderweise erklärt: „Ja, damals dachte ich noch, wir könnten *mit* Hitler Frieden bekommen; jetzt weiß ich, daß das nicht der Fall ist — nun muß durchgehalten werden." Was der Fuchs wirklich denkt, bleibt zweifelhaft. Das Argument zeigt, wie falsch die Taktik ist, von der Feindseite aus Regierungsänderung zu verlangen. Das muß unsere Sache sein. G. gibt das Rennen trotz alledem nicht auf. Die Lage im Innern werde sich immer stärker auch dem Blindesten offenbaren; jetzt hätten wir durch das vorläufige Aufgeben der Offensive eine Atempause, die genützt werden müsse. G. glaubt nicht mehr, daß die Sache mit Göring gemacht werden könne; die Generäle lehnten ihn absolut ab.

Gegen Abend bei Beck; sehr klug und ruhig, sieht aber zur Zeit auch keinen Weg. Goerdeler kam zufällig nachher auch. Wir aßen im „Krug" in Dahlem und gingen dann zu Popitz. Bis ein Uhr sehr interessante Unterhaltung über die bei einem Umschwunge zu treffenden ersten Maßnahmen. Wir waren uns über den akademischen Charakter leider ganz klar, trotzdem ist es nötig. Innerpolitisch waren P[opitz] und ich fast immer einig, G. < > wollte abwegigerweise *sofort* eine Volksabstimmung machen, über deren Ausgang er viel zu sanguinisch dachte. Popitz hatte Karten über die Neueinteilung des Reichs anfertigen lassen, zum Teil etwas zu stark vom praktischen Verwaltungsmann gedacht, statt vom politischen Empfinden her.[5]

Am 25. morgens bei Schacht. Er beschäftigt sich sehr stark mit der Frage, wie man eine Friedensaktion vorbereiten könne und denkt offenbar an seine Mission in Amerika. Die Gefahr bei seiner Selbstkonzentriertheit ist immer, daß er plötzlich Sprünge macht und dabei die Grundsätze des Handelns im Graben verliert.

Gegen Mittag bei Kirk, dem ich für sein schönes Hochzeitsgeschenk für Fey dankte. Er zeigte mir einen netten Brief von Henderson. — Nach seiner [Kirks] Darstellung hat Amerika durchaus keine Freude an der — als ungeheuer gefühlten — Kriegskonjunktur und wünscht den Frieden.

Insofern läge also eine Parallelität zu Italien vor, zu dem (nach Kirk) die Beziehungen sehr gut sind.

Frühstück mit Luther und dem früheren Ernährungsminister Kanitz im Adlon. L[uther] denkt über die Stimmung Amerikas ähnlich wie Kirk, das heißt es ziehe den Frieden vor.

Um 1/2 4 bei Weizsäckers. Er ist wieder wohler. Seine Hoffnung auf die Generäle ist auch minimal. Er glaubt, daß Hitler an dem Gedanken der Offensive über Belgien und Holland festhält; andere Pläne, die ausgearbeitet würden, zum Beispiel gegen Skandinavien, seien kaum wirklich aktuell und ernst. Unglaublicherweise betreibe Raeder ressortwütig und unpolitisch letzteren Gedanken.[6] Wenigstens hat Keitel das W[eizsäcker] erzählt. Ich erwähnte für alle Fälle, daß ich nach Mussolinis Telegramm nun wieder jeder Zeit nach Italien fahren könnte.

Zum Tee bei Olga Rigele. Sie klagte über die ganz unzureichende Umgebung ihres Bruders. Um 6 bei Bismarck, der jetzt in seinem Glase kaum noch Wein, sondern nur noch Wasser über den Nationalsozialismus hat. Er ist einer der wenigen Leute im AA, die wenigstens noch einigermaßen unterrichtet sind. Ribbentrop liegt im Bett. Er hat Mussolinibrief und Fliegerreinfall ganz streng „sekretiert", trotzdem sickert beides durch.

[. . .]

Am 26. früh Planck bei mir. Kluger, netter Mann; scheint leider von den Generalen als Schleichermann[7] beargwöhnt zu werden. Meines Erachtens ist er sehr brauchbar. – Dann Wilmowsky, sehr traurig über den Absturz seines Neffen Krupp (Nr. 2, der hoffnungsvollste). Er sieht die Lage sehr pessimistisch an. Eine sonderbare, angeblich ganz sichere Nachricht hatte er: daß durch die Front ein Friedensfühler von Halifax ausgestreckt worden sei: alte Reichsgrenze zu Polen, ein polnischer und ein tschechischer Staat wiederherzustellen; Änderungen im Innern, nämlich Göring (!), Goebbels, Himmler und Ribbentrop fort. Der Name Göring deute auf eine G. feindliche, deutsche Urquelle, zum Beispiel Schacht.[8] Das Erstaunliche sei, daß Hitler gar nicht ohne weiteres abgelehnt habe; Ribbentrop könne man eventuell opfern, die andern nicht. – Mir scheint die Sache höchst unwahrscheinlich oder aber von nicht autorisierter Seite kommend. Etzdorf, den ich Samstag früh länger sprach und der in Zossen Verbindungsmann des AA ist, hielt sie für ausgeschlossen, er würde sonst davon wissen.

Nachher besuchte mich ein Oberstleutnant Sparken (?) [= Spalcke] vom Stabe Blaskowitz. Er schüttete sein Herz über den ganzen Jammer und vor allem die schändlichen Zustände in Polen aus. Bl[askowitz] sei weich; seine Denkschrift habe er zwar gemacht, aber nachher der Weitergabe an Hitler abgeredet.[9] [. . .]

Tee bei Attolico. Eleonora war sehr eifrig und bat mich dringend, ihren Mann, der sehr resigniert sei, zu ermutigen, weiter für den Frieden zu arbeiten. Ich tat das nach Kräften. Nach einigem vorsichtigem Tasten erwähnte ich seinen Besuch bei Hitler;[10] da er merkte, daß ich unterrichtet war, wurde er mitteilsam: er sei ganz entmutigt, zumal er jetzt seit achtzehn Tagen nichts wieder gehört habe. Ich tröstete ihn mit der Wichtigkeit des Dokuments, das doch eine genaue Überlegung erfordere. Jedenfalls sei er doch einer der ganz wenigen Diplomaten in der Welt, die überhaupt an einer Stelle ständen, an der etwas zu machen sei.

Nachher im Amt bei Nostitz. Bestätigung der bisherigen Eindrücke. Er war höchst erstaunt, als ich ihm sagte, ich hätte Oberst Oster nur einmal eine Sekunde gesehen. Offenbar nahm er an, wir seien dauernd zusammen tätig. Bismarck fragte mich so ganz nebenbei nach Goerdeler — ich gab eine vage Auskunft.

Abends mit meinem Regimentskameraden Brauchitsch und Frau gegessen. Offenbar ist die Verbindung zu seinem Vetter ganz abgerissen.

Am 27. früh mit Etzdorf spazieren gegangen. Er sieht ganz klar, aber hat kein Zutrauen zu den Generalen. Von den drei Oberbefehlshabern sei Bock ein eitler Geck, der an seine künftige Dotation denke, Rundstedt ramolli, und Leeb der einzige, mit dem etwas zu machen sei. Er erzählte von den brutalen Erpressungen der Russen, die uns jetzt tatsächlich den großen Kreuzer „Lützow" ausgespannt haben.[11] Es ist ein Skandal, wohin uns diese Politik führt, und unabsehbar, wohin sie uns noch bringen wird. Attolico sah die Bolschewisierung Europas vor Augen, eine „autochthone", nicht also durch Ansteckung, sondern durch die von uns selbst geschaffenen Voraussetzungen.

Im Amt sah ich noch Dieckhoff. Er dachte über Amerika skeptischer. Der Kongreß und die Wirtschaft dächten wohl überwiegend „friedlich", aber Roosevelt und < > haßten Nazideutschland und würden sich nicht scheuen, in den Krieg zu treten, wenn irgendeine Gefahr für England sichtbar würde.

[...] Nachmittags sah ich noch Welczeck. Er wußte nichts Neues; seine eifrige politische Tätigkeit scheint etwas eingeschlafen zu sein.

Rückfahrt im gleichen Schlafwagen wie El[eonora] Attolico, die ihren Sohn in Kitzbühel abholen wollte. Fortsetzung unserer politischen Unterhaltung. Nachher interessantes Kunstgespräch mit dem Cellisten Mainardi, der lange in Deutschland gelebt hat. — E[leonora] Att[olico] sprach sich sehr ungünstig über Lipski aus: er sei rabiat antideutsch und daher sehr fehl am Platze gewesen. Auch Coulondre sei voreingenommen nach Berlin gekommen und ohne Verständnis gewesen; es sei bedauerlich, daß François-Poncet schon fortgewesen sei. Mit Henderson hätte Attolico ein absolutes Vertrauensverhältnis verbunden; er sei des besten Willens, allerdings körperlich nicht mehr auf der Höhe gewesen.

1. 2. 40.
Sehr üble Rede Hitlers, niedrigsten Niveaus.[12] — Aus dem Westen hört man Unerfreuliches: wachsende Disziplinlosigkeit bei der Truppe und bei den Arbeitern.

Typischer Witz: Warum geht der Führer nicht mehr an die Front? Bei seiner Abfahrt würden die Soldaten rufen: „Führer, wir folgen dir!" oder: „Wir wollen heim ins Reich!"

Vom 14. bis 17. 2. in Berlin.
Am 13. nachmittags bei Schmitt [ehemaliger Reichswirtschaftsminister], der längere Zeit in Berlin gewesen war. Seine Eindrücke ziemlich deprimierend: Durcheinander der wirtschaftlichen Ansprüche, Versagen der Bahnen, „oben" augenscheinlich Ratlosigkeit, wie militärisch, finanziell und wirtschaftlich weiter operiert werden soll. Er hatte Gürtner und Schwerin-Krosigk gesehen, die einen jammervoll erledigten Eindruck gemacht hätten. Lammers, dem er seine Sorgen und die Notwendigkeit, auf „Frieden" loszugehen, dargelegt hatte, war gegen den Gedanken, dies alles Hitler vorzutragen, gar nicht ablehnend gewesen. Schmitt war aber infolge Erkrankung nicht dazu gekommen. Funk hat ihm in vorgerückter Stunde sehr über den ganzen Zustand vorgeklagt und schließlich gemeint: „Um dies Durcheinander auszuhalten, muß man verrückt oder besoffen sein – ich ziehe das letztere vor!" – Hübsches „Niveau"! Am bemerkenswertesten war, daß Schmitt zu Göring vorgedrungen war. Ich hörte später in Berlin von anderer Seite, daß Göring sich auch andere Leute, zum Beispiel Planck (als neuen tatsächlichen Leiter von Otto Wolff), habe kommen lassen, und Olga Rigele erzählte mir, er habe sie, was noch nie geschehen sei, angerufen, gefragt, warum sie gar nicht mehr nach Karinhall komme, sie wolle wohl nicht usw. Zeichen innerer Unruhe und Unsicherheit. In seinem Gespräch mit Schmitt hat er auf dessen Drängen, auf „Frieden" loszugehen, in langen Ausführungen immer zwischen der Versicherung, er und auch der Führer wollten ja einen verständigen Frieden, und der fulminanten Erklärung hin und her gependelt: Wenn die andern nicht wollten, so würden sie vernichtend geschlagen werden.

In erster Hinsicht hat er behauptet, alle deutschen (d. h. Görings) Friedensfühler seien von drüben kalt abgelehnt worden. Das ist auch sehr erklärlich, erstens, weil die Versuche auf ungeeignete Weise mit ungeeigneten Leuten gemacht worden sind, zweitens, weil man drüben eben mit *diesen* Regenten keinen Frieden machen will. Göring hat übrigens interessanter Weise hinzugefügt, man habe in London – nur auf London, nicht auf Paris, das vielleicht weicher, aber ganz abhängig sei, komme es an – die Taktik gewechselt: anfangs habe man angedeutet, mit Hitler nicht, mit Göring ja; jetzt heiße es, auch mit G. nicht. Darin mag er recht haben; überhaupt geht der Identifikationsprozeß immer weiter. Goerdeler erzählte mir, Vansittart habe ihn grüßen und sagen lassen, *so* leicht werde *jetzt* die alte Reichsgrenze im Osten nicht mehr durchzusetzen sein.[13]
Natürlich ist dabei Pferdehandelstaktik mit im Spiele. Die Italiener als Vermittler zu benützen, hat Göring Schmitt gegenüber abgelehnt; diese Leute soll man am besten ganz aus dem Spiele lassen, denn sie wollten

ihre eignen Forderungen durchsetzen und das komplizire die Sache nur (Wirkung des Mussolini-Briefs!).

Was den Sieg betrifft, so hat Göring seine Zuversicht einmal auf die fabelhaften, im Gange befindlichen technischen Erfindungen (Prof. Petersen AEG) gestützt, ferner auf das strategische Genie des Führers. Er werde auch als größter Feldherr in die Geschichte eingehen und bei einer Offensive den Feind dahin bringen, grade an die Stelle zu marschieren, wo er ihn hinhaben wolle. Mit den Generalen sei nichts los, sie hätten kein Herz, sondern seien nur tüchtige Generalstäbler à la Beck, die voller Bedenken über die Karten gebeugt säßen und am liebsten an einem Tisch mit Gamelin und Gort die Sache ausknobeln würden. Auf Schmitts Einwand, sie [die Generäle] hätten doch in Polen die Sache glänzend gemacht, hat Göring erwidert, nein, das habe auch der Führer allein gemacht, die Generäle würden langsam und vorsichtig manövriert haben. Ja, die Truppe und die Leutnants, vor allem seine Flieger, seien glänzend, aber die Führer, nein. — Zum Frieden hat er noch gesagt, über die Gestaltung von Polen könne man reden, über die Tschechei lehne der Führer jede Erörterung ab. — Die Taktik Görings ist bei diesen Ausführungen ebenso deutlich (auf zwei Klavieren, wie Popitz sagt) wie die innere Unsicherheit.

In Berlin mit vier Stunden Verspätung angekommen, die letzte Stunde infolge Entgleisens eines Schlafwagens auf freier Strecke. Verkehrsverhältnisse in Berlin sehr übel. Besondere Katastrophe die Türen der S-Bahn, die sich nicht mehr öffnen ließen, so daß die Leute oft nicht herauskonnten oder durch die Fenster herausgehievt werden mußten. Thema der Gespräche: Kälte, Kohlenmangel, Nahrungsmittelfragen. Das Publikum im ganzen rührend geduldig, fast sklavisch, denn es geschieht nichts aus Begeisterung. Als ein Mann in der S-Bahn meinte: „Na, Mitte Juni wird es ja ein bißchen wärmer werden", Heiterkeitssturm.

Ich sah sofort nach Ankunft Goerdeler. Er war verzweifelt über die Entschlußlosigkeit der Generale; Brauchitsch sei ganz abzuschreiben, übrigens wackle er und man habe Reichenau in Berlin gesehen. [...] Halder sehe vielleicht wieder etwas klarer, an ihm müsse weiter gearbeitet werden. Nun aber komme der Besuch von Sumner Welles [Unterstaatssekretär im State Department][14] und gebe — fälschlich, da gar nicht so gemeint — den Generalen den Eindruck, Hitler sei *doch* verhandlungsfähig und man dürfe ihm diese Friedenschance nicht nehmen. Goerdeler meinte, man solle erreichen, daß Sumner Welles nicht wie geplant von Rom erst nach Berlin gehe, sondern zuerst nach Paris und London und dort *so* aufgeklärt würde, daß er auf die Reise nach Berlin verzichte. Ich bezeichnete diesen Weg als nicht gangbar und nicht aussichtsvoll. Man könne nur das eine tun, nämlich dafür zu sorgen, daß Sumner Welles schon in Rom richtig „gelegt" würde und hier nachher richtige Eindrücke von der Lage bekäme. Wir frühstückten nachher noch zusammen und erörterten die Sache von allen Seiten, auch vor allem vom Standpunkt meiner Reise.[15]

Nach Tisch bei Weizsäcker. Er nahm den Besuch [von Sumner Welles] nicht so tragisch, zumal er natürlich stark elektoral und rein informativ sei.[16] Ribbentrop und Hitler seien ganz hochnäsig und wollten ihn schlecht behandeln. Ich bezweifelte, ob sie das nachher tatsächlich wagen würden, allerdings sprächen Hitler und die Amerikaner zwei so verschiedene Sprachen, daß eine Verständigung fast undenkbar sei. W[eizsäcker] meinte, man müsse S[umner] W[elles] veranlassen, auf Prinzipien zu kommen und diese als maßgebend aufzustellen. Dem stimmte ich zu. W[eizsäcker] nannte für den Friedensschluß als Prinzip das der Nationalität mit historischen Modifikationen. Auf Personen solle er nicht kommen. Aber wenn dann eingewendet würde, man wolle doch drüben mit dem Regime gar keinen Frieden machen, solle er sagen, darüber könne er nichts sagen, aber er würde wohl glauben, daß ein Name wie der Ribbentrops nicht unter einem Friedensinstrument stehen könnte. Letzterem trat ich entgegen. Es sei falsch, auf diesen Punkt loszugehen. Rib[bentrop] genüge nicht. W[eizsäcker] meinte, wenn ein Stein falle, so komme das Ganze ins Wanken. Ich war ganz anderer Ansicht: Ribbentrop sei kein „Stein" in diesem Sinne; Hitler, bei dem ohnehin von Göring und a[nderen] gegen R[ibbentrop] gearbeitet würde, würde ihn ganz kalt fallen lassen und den Wölfen zum Fraß vorwerfen. Das könnte noch zu einer Stärkung des Regimes ausschlagen. W[eizsäcker] erzählte noch, daß die Gestapo meine Zeitungssendungen aus Rom (wegen verbotenen „Inhalts") beanstande. Wir beschlossen, nicht nachzugeben, und ein vorzüglicher Mann in der Personalabteilung (Bergmann) hat die Sache dann in Ordnung gebracht, so daß ich die Dinger jetzt „legal" bekomme.

Nachmittags bei Pecoris [italienischer Marineattaché]. Mit ihrer Hilfe schicke ich ein Telegramm an Ilse nach Arosa, um [. . .] ihr für Detalmo zu sagen, daß ich am 21. käme. Stimmung natürlich noch schlechter als das letzte Mal; innerlich sind sie mit den Nazis fertig. —

Abends bei Koenigs. Er war unglücklich über die Eisenbahnkatastrophe. Schon vor Jahren hat er auf ein großes Bauprogramm gedrängt, aber Autostraßen und Parteibauten gingen vor.

Am 15. früh bei Popitz. Bezüglich Sumner Welles ganz meiner Ansicht. Er war über die Generäle *etwas* optimistischer, weil die Zahl derer, denen die Augen aufgehn, zunähme. Vor allem der Dresdner stellvertretende Kommandierende General Falkenhausen, der von China her etwas mehr Abenteurerblut habe, sei sehr tätig. Trotzdem sei wenig Hoffnung, vor dem amerikanischen Besuch zum Entschluß zu kommen, und Goerdeler habe darin recht, daß der Sommer die Stimmung leicht wieder heben könne. Popitz erzählte, daß der neunzigjährige Mackensen jugendfrisch bei ihm gewesen sei und sich bereit erklärt habe, an Brauchitsch vom Standpunkt der Ehre der deutschen Armee und der christlichen Sittlichkeit über die Greuel in Polen zu schreiben. – Hitler habe tolle Anfälle, es werde zuverlässig berichtet, daß er neulich die Schuhe ausgezogen und damit herumgefeuert habe.

Zum Frühstück habe ich mir Kirk eingeladen; ich habe alle Diplomatie aufgeboten, ihn richtig zu instradieren und auch zu veranlassen, nicht nur offiz[ielle] Leute mit S[umner] W[elles] zusammenzubringen. Ich nannte ihm außer Scha[cht] Planck und Popitz. Planck traf ich am nächsten Tage und legte ihm nahe, Kirk zu besuchen, was er tun will. Nachmittags bei Kranzler noch einmal Goerdeler gesehen. Zum Tee bei Ilse Göring und ihr einiges gesagt, da sie Sonntag nach Karinhall wollte. [...]

Am 16. früh bei Schacht. Ich fand ihn ruhig und klar. Er meinte, das beste wäre, wenn S[umner] W[elles] Fragen stellte, in erster Linie über Grundsätze. Sch[acht] glaubt an keine Offensive im Westen mehr, sondern an wilde Luftangriffe oder dergleichen gegen England.

Frühstück bei Weizsäckers mit Carl Friedrich (Physikgespräch auf Basis Broglie), Adelheid, Renthe-Fink und dem Schweizer Geschäftsträger. Nachher Privatgespräch mit Weizsäcker. Er hat sich bei < > angemeldet. Popitz hatte mir gesagt, Sauerbruch, der sehr befreundet mit Frau Attolico ist, habe sehr optimistische Äußerungen von ihr in dem Sinne berichtet, daß wir mit Mussolinis Hilfe bald zum Frieden kommen würden. Weizsäcker bezeichnete das, wie ich schon angenommen hatte, als Phantasie. Mussolini habe auf seinen Brief *keine* Antwort bekommen und seitdem nichts unternommen. Ich fragte W[eizsäcker] auf Goerdelers Wunsch nach dem neuen Wirtschaftsvertrag mit Rußland, über den Roediger vom AA im Deutschen Club einen sehr optimistischen (Vorausleistungen!) Vortrag gehalten hat. W. meinte, der Vertrag scheine in der Tat günstig zu sein. Stalin habe zunächst die deutsche Interpretation, daß Rußland auf längere Frist vorauszuleisten habe, abgelehnt, dann habe man sich so geeinigt, daß wir in der Tat um einige Monate immer voraus seien.[17] Aber die Durchführung bleibe abzuwarten.

Nachmittags bei Olga Rigele. Außer dem schon Berichteten nichts Neues. Sie bestätigte, daß Gör[ing] sehr gegen Rib[bentrop] ist. Dann nochmals kurz Goerdeler gesehen. Gegen Abend bei Beck. Der unheilvolle Charakter des Regimes, vor allem ethisch gesehen, wird ihm immer klarer. Er erzählte, daß eine angesehene Persönlichkeit eine Mission im Ausland habe übernehmen sollen, aber erklärt habe, sich vorher über die Geschehnisse in Polen unterrichten zu müssen. Er sei selbst hingefahren und habe seine schlimmsten Erwartungen übertroffen gefunden, worüber er eine Art Protokoll aufgezeichnet habe; das hat Beck gelesen. Unter anderem wird darin berichtet, daß man 1500 Juden, darunter Frauen und Kinder, solange in offenen Güterwagen herumgefahren habe, bis sie alle eingegangen wären. Dann habe man durch etwa 200 Bauern usw. riesige Massengräber aufwerfen lassen und danach sämtliche Arbeiter erschossen. Ich vergaß zu erwähnen, daß Olga Rigele mir folgendes berichtete:

Hermann Treskow-Radojewo sei von den Polen als Geisel verschleppt worden; da er infolge blutiger Füße nicht mehr habe gehen können und liegengeblieben sei, habe man ihn kurzerhand erschossen. Seine Frau sei nun zu Herm[ann] Göring vorgedrungen und habe ihm gesagt, sie bitte ihn, zur Ehre des deutschen Namens dafür zu sorgen, daß die furchtbaren Greuel gegen die Polen und Juden aufhörten! Das hätte ihn doch erschüttert.

Auch mit Beck Fall Sumner Welles eingehend besprochen. [. . .]

Am 17. [. . .] bei Attolico, der nicht wohl ist, und bei Eleonora. Beide sehr gedrückt. Er sagte u. a., es sei jetzt schon so, daß, was man auch Gutes über Deutschland sage, niemand glaube, aber alles Schlechte sofort. Natürlich sehr trübe gestimmt, weil Mussolini bisher überhaupt keine Antwort bekommen hat. Besuch Sumner Welles besprochen. Eleonora meinte, auch der „grassone" (Göring) mache jetzt in Kriegsfurie, das sei schlimm. Ich beruhigte sie etwas.

[. . .] Gegen Mittag nochmals bei Popitz. Er ist mit Recht in Sorge, daß für den Fall eines Regimewechsels nichts vorbereitet ist. – Frühstück im Eden. Luisa Welczeck, Prittwitzens, der Dolmetscher Schmidt und andere waren da.

Zum Tee bei Frau von Schnitzler. Eleganter Vorkriegs-Five o'clock. [. . .] Frau von Schnitzler und Erna H[anfstaengl] sprachen unter verhaltener Zustimmung von Frank-Fahle [Direktor bei I.G. Farben] über die fabelhafte Atmosphäre von Berlin mit ihrer Hochspannung, in der doch aber letzten Endes alles auf den Sieg arbeite. Nachher mit mir allein sprach Frank-Fahle sein vorbehaltloses Entsetzen über die ganze Lage aus.

Gesonderte Aufzeichnung etwa vom 23. 2. 1940

Verbindung mit Mr. Lonsdale Bryans

Über die Persönlichkeit des Mr. Bryans unterrichtet der anliegende Brief von Detalmo Pirzio Biroli.[18] Bryans hat bereits eine Aufzeichnung des letzteren über die richtige Art, von englischer Seite aus einen dauerhaften Frieden mit einem gesunden Deutschland in die Wege zu leiten (anonym – „a pro-british neutral" –) verfaßt auf Grund von Detalmos Unterhaltungen mit mir, Halifax übergeben, der sie mit großem Interesse gelesen habe.

Mr. B[ryans] hatte infolge eines telegraphischen Mißverständnisses, nach welchem man mich schon früher in Arosa erwartete, bereits vier Tage in Arosa zugebracht. Am 21. 2. 40 kam ich abends an, gegen Mittag des 22. kam B[ryans] ins Hotel Isla, wo ich ihm, da ich grade auf Ausschau nach ihm war, die Haustür öffnete. Zwei Tage vorher (Sonntag) hatte er im Isla gefrühstückt, um das Gelände zu erkunden; da er meine Frau allein essen sah, folgerte er richtig, daß ich noch nicht da sei. Mit seinem zufälligen Tischnachbarn hatte er absichtlich laut von Rom und einem Ort „Detalmo" gesprochen, mit dem Erfolge, daß meine Frau in ihm bereits den Erwarteten vermutet hatte. Dieses Verfahren seinerseits und überhaupt der ganze persönliche Eindruck läßt eine gewisse Erfahrung in solchen Dingen erkennen.

Ich halte für möglich, daß er eine Art Agent Halifax' ist, indessen kein Lockspitzel oder Spion, sondern ein ehrlicher Verfechter der auf Frieden mit einem anständigen Deutschland gerichteten Bestrebungen. Er scheint eine Mischung von Politiker, Literat und Globetrotter zu sein; innerpolitisch konservativ, national, aber nicht Chauvinist, scharf antibolschewistisch. Von den zur Zeit leitenden Persönlichkeiten Englands hält er nicht allzu viel. Über manche, zum Beispiel Hore Belisha, äußerte er sich sehr scharf, die meisten bezeichnete er als unbedeutend (so auch Oliver Stanley). Nur so erkläre sich die augenblickliche Rolle von W. Churchill, der eben zwar ein Narr, aber ein „Kerl" sei. Sobald ein vernünftiger Friede am Horizont erscheine, würde er aber ausgespielt haben. Der Mann, auf den (obschon auch er keineswegs genial sei) alles ankomme, sei Halifax, dem Chamberlain absolut folge. Als Exponenten dieser Richtung nannte er besonders den Herzog von Westminster und Lord Brocket. Frankreich, das heißt Daladier, werde seinerseits der englischen Direktive folgen. Vorsicht sei mit den Deutschenfreunden der letzten Jahre geboten, sie seien großenteils auf die andere Seite übergegangen, so Londonderry, Lothian, Mottistone. Das Foreign Office, vor allem Vansittard und Cadogan ständen ebenfalls gegen die Richtung Halifax. Aber wenn H. den Frieden bringe, so würde er England hinter sich haben. Von Nevile Henderson meinte er, er habe seit seinem Abgange von Berlin zu viel törichte Dinge gesagt und geschrieben.

Ich habe mich am 22. vor Tisch, nachmittags und abends sowie am 23. morgens eingehend mit B[ryans] besprochen und ihm schließlich eine Briefkarte geschrieben, mit der ich ihm das anliegende (nicht unterschriebene) statement über einen dauerhaften Frieden übergeben habe [unten abgedruckt]. Er will dieses statement Halifax persönlich aushändigen. Mein Name soll nur Halifax und allenfalls, wenn Bryans sich von ihrer richtigen Einstellung überzeugt, Nevile Henderson und Nichols (den Bryans bisher nicht kennt) genannt werden, natürlich ganz streng vertraulich. B.s' Ziel ist: von Halifax ein statement zu bekommen, nach welchem auf der ungefähren Basis meines statement Halifax sich mit aller Kraft dafür einsetzen werde, daß eine etwaige Regimeänderung in Deutschland von der anderen [Seite] in keiner Weise *aus*genutzt, sondern im Gegenteil *be*nutzt werden würde, zu einem dauerhaften Frieden zu kommen; insbesondere sollte englischerseits in diesem Falle sofort ein Waffenstillstand angestrebt werden. Dagegen hält B. einen Verständigungsfrieden mit dem gegenwärtigen deutschen Regime für völlig ausgeschlossen, und zwar, wie er von sich aus betonte, auch dann nicht, wenn es Ribbentrop opfern würde.

Hauptsächliche von mir Mr. Bryans gegenüber betonte Gesichtspunkte:
1) Mein statement ist nur gültig, wenn es *bald* zu einem Frieden nach diesen Richtlinien kommt, das heißt vor allem *vor* großen militärischen Schlägen. (B[ryans] zeigte selbst im Hinblick auf eine etwaige deutsche Offensive sehr große Eile.)
2) Auf Frage von B[ryans]: Ich bin nicht in der Lage, Hintermänner zu nennen, und könne nur sagen, daß ein Halifax-statement an die richtigen Leute kommen würde. Nev[ile] Henderson sei übrigens über die Verhältnisse und Persönlichkeiten bei uns gut im Bilde.
3) Sumner Welles (von dessen Mission B[ryans] nichts hielt) muß *fragen* und nicht Erklärungen abgeben; er muß seine Fragen auf *Grundsätze* richten, nicht auf Personen und auf Einzelprobleme. Es ist wichtig, daß er in Berlin auch *nicht*-amtliche Persönlichkeiten sieht.
4) Von *nicht*-deutscher Seite darf niemals die Notwendigkeit einer Regimeänderung in Deutschland aufgestellt, der Rücktritt bestimmter Personen verlangt werden usw. Es ist vielmehr ganz ausschließlich eine *deutsche* Angelegenheit.
5) Jeder Regimeänderung steht als Haupthindernis der Vorgang von 1918 entgegen, das heißt die deutsche Sorge, ebenso betrogen zu werden wie damals, als man den Kaiser preisgab.
6) Daher ist ohne ein entsprechendes autoritatives englisches statement im besprochenen Sinne überhaupt keine Aussicht für ein deutsches, einem Verständigungsfrieden günstiges Revirement.
7) (Auf Bemerkungen Bryans', die erkennen ließen, daß konservative Engländer auf eine Monarchie hofften:) Eine Monarchie ist sehr erwünscht, aber erst ein Problem des II. Akts.

Nachtrag
Mr. Bryans regte an, ich möchte in meinem statement mein Einverständnis erklären, daß gegeneinander ausgetauscht würden:
englischerseits eine öffentliche repudiation der Methoden und des Inhalts von Versailles,
deutscherseits eine öffentliche repudiation gewisser politischer „gangster"-Methoden.

Ich verhielt mich gegen solche Gedanken reserviert und erklärte, daß ich jedenfalls so etwas nicht in das geplante statement aufnehmen könnte. Das Thema sei später zu erörtern.

Confidential.

Arosa, 23. Februar 1940
Datum ungewiss
von Frhr. v. Hassell

I. All serious minded people in Germany consider it as of utmost importance to stop this mad war as soon as possible.

II. We consider this because the danger of a complete destruction and particularly a bolshevisation of Europe is rapidly growing.

III. Europe does not mean for us a chess-board of political or military action or a base of power but it has "the valeur d'une patrie" in the frame of which a healthy Germany in sound conditions of life is an indispensable factor.

IV. The purpose of a peace-treaty ought to be a permanent pacification and reestablishment of Europe on a solid base and a security against a renewal of warlike tendencies.

Wortlaut des von Bryans gewünschten Statements, nach dem von Hassell zurückbehaltenen zweiten Exemplar:[19]

Confidential.
I. All serious minded people in Germany consider it as of utmost importance to stop this mad war as soon as possible.
II. We consider this because the danger of a complete destruction and particularly a bolshewisation of Europe is rapidly growing.
III. „Europe" does not mean for us a chess-board of political or military action or a base of power but it has „la valeur d'une patrie" in the frame of which a healthy Germany in sound conditions of life is an indispensable factor.
IV. The purpose of a peace-treaty ought to be a permanent pacification and restablishment of Europe on a solid base and a security against a renewal of warlike tendencies.
V. Condition, necessary for this result, is to leave the union of Austria and the Sudeten with the Reich out of any discussion. In the same way there would be excluded a renewed discussion of occidental frontier-questions of the Reich.[20] On the other hand the germano-polish frontier will have to be more or less identical with the german frontier in 1914.
VI. The treaty of peace and the reconstruction of Europe ought to be based on certain principles which will have to be universally accepted.
VII. Such principles are the following:
1. The principle of nationality with certain modifications deriving from history. Therefore f[or] e[xample]
2. Restablishment of an independent Poland and of a Czech Republic.
3. General Reductions of armaments.
4. Restablishment of free international economical cooperation.
5. Recognition of certain leading ideas by all european states, such as:
   a. The principles of christian ethics.
   b. Justice and law as fundamental elements of public life.
   c. Social welfare as leitmotive
   d. Effective control of the executive power of state by the people, adapted to the special character of every nation.
   e. Liberty of thought, conscience and intellectual activity.

Fahrt nach Berlin, 6.–10. 3. 40. Auf Wunsch von Rohde [Goerdeler]

Ebenhausen, 11. 3. 40.
Die kriegspolitische Lage wurde bei meiner Abreise durch folgende neue Momente gekennzeichnet:

1. Erfolge der Sowjetrussen in Finnland, passives, unentschlossenes Verhalten der Westmächte dazu. Demgegenüber deutsche Versuche, mit schwedischer Hilfe zwischen F[innland] und R[ußland] zu vermitteln;[21] ein so zustande gebrachter Friede wäre ein beträchtlicher Erfolg für Hitler.

2. Neue Taktik der Engländer gegenüber den Neutralen und gegenüber dem deutschen Handel und Auftreten zur See: nämlich unterstrichenes An-den-Tag-Legen des Entschlusses, jedes Mittel anzuwenden, um der englischen Seeherrschaft Geltung zu verschaffen und die Grundsätze der Blockade durchzuzwingen. Alles das, nicht zuletzt, um dem eigenen Volk Mark in die Knochen zu geben, die Neutralen einzuschüchtern und Deutschland zu demonstrieren, daß die Engländer keine Tattergreise, sondern Erben der Drake und der Raleigh seien. Daher das zunächst erstaunliche Eingreifen gegen die „Altmark" im norwegischen Hoheitsgebiet [16. 2. 40], hervorgerufen vor allem durch den Gedanken, daß es prestigemäßig unmöglich sei, den Transport von 400 englischen Seeleuten von Laplata nach Deutschland zuzulassen.[22]

3. Die zunehmende Erkenntnis der führenden Leute bei uns, daß die Zeit gegen uns arbeitet, und daher die steigende Neigung zu einer Offensive.

In neuester Zeit ist zu Punkt 2 hinzugetreten das Vorgehen der Engländer gegen die italienischen Kohlendampfer,[23] geboren aus der Überzeugung, daß Italien deswegen nicht fechten werde, *vielleicht* auch, daß, *wenn* er [Mussolini] es täte, es auch seine Vorzüge für England hätte.

Vor meiner Abreise hatte ich noch eine Unterhaltung mit Adler [Geyr], der erklärte, bei dem jüngeren Offizierkorps (das heißt ziemlich weit hoch hinauf) fehle jede politische Erkenntnis.

In der Bahn traf ich Pietzsch und Seldte. Letzterer erzählte farbenprächtig von seinen Kämpfen und energischem Eingreifen zum Vorteile der wirtschaftlichen Vernunft, hat aber in Wirklichkeit überhaupt nichts zu sagen. Pietzsch theoretisierte, wie üblich in schönstem Sächsisch reichlich viel, sieht aber ziemlich klar. Beide waren einig über den entsetzlichen wirtschaftspolitischen Wirrwarr mangels wirklicher Führung. Politisch beide im Grunde ahnungslos. [. . .] Ich besuchte dann als ersten Gärtner [Popitz], der trübe in die Zukunft sah. Die Aussicht auf eine baldige Offensive durch neutrales Gebiet sei wieder sehr unmittelbar, womit dann alle Möglichkeiten eines heilsamen Kriegsausganges auf absehbare Zeit vernichtet würden. Es ist eine reine Groteske, wie über diese Sache mit den führenden Militärs, zum Beispiel . . . [Halder], gesprochen wird.

Sie sehen alles ein, aber meinen, man könne erst etwas tun, *wenn* die Offensive in Gang gekommen — soll heißen: festgefahren sei.[24] Mit solchem Geist will man angreifen. Besonders klar sieht nach Gärtner [Popitz] der Vizekonsul [Thomas], der Gärtner [Popitz] auch unbedingt noch einmal an den Vetter meines Freundes [v. Brauchitsch] heranbringen will. Unterdessen geht die Machtverstärkung sowohl wie das Greuelregiment der SS unentwegt weiter. Sie ist der wahre Krebsschaden und zugleich das Rückgrat der Gewaltherrschaft. Ich setzte Gärtner [Popitz] über Arosa ins Bild, er war ganz einverstanden.

Frühstück mit Rohde [Goerdeler]. Er sieht die Offensive als bevorstehend an. Alles Gerede über bloßen Bluff glaubt er nicht, ebensowenig Gärtner [Popitz] und ich. Dagegen ist natürlich möglich, daß Hitler im letzten Augenblick aus irgendwelchem Grunde wieder kalte Füße bekommt. Rohde [Goerdeler] hat den König von Belgien gesprochen, der ihm wieder das absolute Vorhandensein brauchbarer Friedensmöglichkeiten und seine Bereitwilligkeit mitzuhelfen, versichert hat, aber nicht mit unserem jetzigen Regime.[25] Ich unterrichtete Rohde [Goerdeler] < > über Arosa, worauf er erzählte, daß er durch eine amerikanische Persönlichkeit in der Schweiz aufgefordert worden sei, sich mit einem Vertrauensmann von Daladier zu treffen; er schiebe das aber jetzt noch auf. Zur Zeit sei das einzige, was man tun könne, alles zu unternehmen, um den Militärs die Augen über die furchtbare Gefahr zu öffnen. Hierüber eingehend gesprochen.

Aus Rohdes [Goerdelers], Gärtners [Popitz'], Kirks, Attolicos und anderer Feststellungen ergibt sich über den Sumner-Welles-Besuch [1. 3. 40] folgendes:

Äußerer Verlauf einwandfrei. Es hat alles geklappt und er ist höflich aufgenommen worden, also anders wie Weizs[äcker] annahm. Unterredung mit Ribbentrop ziemlich ungünstig verlaufen. R[ibbentrop] hat das psychologisch verfehlte Bild gebraucht, Deutschland wolle für sich und seinen nach Osten und Südosten ausgreifenden Bereich, genau wie Amerika eine Art Monroe-Doktrin aufstellen.[26] Hitler scheint geschickter operiert zu haben. Er hat Deutschland als den Angegriffenen hingestellt, der gar keine Kriegsziele habe. Kriegsziele hätten nur die anderen, wir wollten nur Herr im eigenen Hause sein. Sumner Welles hat am Schluß etwa gesagt: „Also ist Ihr Kriegsziel der Friede?" worauf H[itler] nichts erwidert habe. Hitler nimmt nach allen Nachrichten an, daß der Besuch von S[umner] W[elles] nur den Zweck hätte, eine Offensive zu verhindern. Das ist *so* sicher nicht richtig, zumal der Besuch in Berlin England und Frankreich an sich sehr wenig paßte. Die Sache liegt komplizierter. Tatsache ist aber, daß S. W. eine Art Erklärung hat haben wollen, man werde Ruhe halten, bis seine Mission sich auswirken könne. Die hat man ihm natürlich nicht gegeben.[27]

[...] Mit Göring hat S. W. 3 Stunden und 20 Minuten gesprochen.

Er hat dem Gast vor allem die deutsche Kraft und die deutschen Möglichkeiten demonstriert. Näheres war nicht zu erfahren. Interessant, daß S. W. immerhin gebeten hat, mit G. in unmittelbarer Verbindung bleiben zu können.[28] Unterredung mit Heß natürlich ohne Bedeutung.

Mit Weizsäcker hat er sich offenbar gut verstanden (Kirk gab das zu verstehen), ich werde darüber noch hören. Außerdem hat er nur noch Attolico, einige iberoamerikanische Diplomaten, Schacht und Dieckhoff gesehen. [. . .] Attolico liegt im Bett und ist gar nicht wohl. Ich besuchte ihn Freitag nachmittag und hatte den Eindruck ziemlicher Deprimiertheit. Offenbar glaubt er nicht, daß aus S[umner] W[elles'] Besuch etwas herauskommt. Auch Ribbentrops, am 9. angetretene Reise, die doch endlich eine Art Antwort auf M[ussolini]s Brief darstellt,[29] tröstete ihn nicht. Er hält offensichtlich nichts von R[ibbentrop], glaubt auch an keine befriedigende Antwort. Das große cauchemar ist auch für ihn eine Offensive. Über den Kohlendampferkonflikt sprach er sich klar in einem Sinne aus, der einen Abbruch oder dergleichen *des*wegen für ausgeschlossen erscheinen läßt. (Hat sich heute durch Nachgeben der Italiener, im Grundsatz, bestätigt.) Interessant war, wie man mir hier erzählte, in München die Wirkung einer falschen Nachricht, Italien habe mit den Westmächten gebrochen: ein erleichterter Jubel ohne Grenzen.

Am bemerkenswertesten war sicher die Unterredung S[umner] W[elles'] mit Schacht, schon durch ihre Tatsache und dadurch, daß Hitler sich zum Triumphe Schachts angesichts der Unvermeidlichkeit dieser von S. W. gewünschten Zusammenkunft genötigt gesehen hat, Schacht vorher rufen zu lassen. Er hat Sch[acht] im Sinne seiner eigenen Unterhaltung mit S[umner Welles] instruiert und dabei zum Ausdruck gebracht, daß dieser eben nur eine Offensive verhindern wolle. Die Zeit arbeite aber von jetzt an gegen uns. (Das ist das erstemal, daß er das zugibt.) Wer wisse auch, wo Stalin und Mussolini in einem Jahre ständen![30] Übrigens hat er [Hitler] die Gauleiter in den letzten Tagen ganz geheim zusammenberufen und ihnen auch gesagt, daß wir handeln müßten, und unsere Offensive werde derart sein, „daß sie die Gegner zerschmettre". Schacht war durch das ganze Ereignis sehr gehoben, besonders auch dadurch, daß S. W. ihm den Wunsch ausgedrückt hat, mit ihm unmittelbar in Verbindung zu bleiben — also ebenso wie mit Göring —, was immerhin ein Abweichen vom amtlichen Wege bedeutet. Ich will hier noch erwähnen, daß Herz [Schacht] mir erzählte, er habe dem Besucher gesagt, *wenn* die Gegenseite nicht mit diesem Regime verhandeln wolle, so müsse sie das deutlich sagen. Herz [Schacht] habe ich ebenso wie Rohde [Goerdeler] über Arosa unterrichtet. Schacht berichtete, daß S. W. betont habe, ein Zerschlagen des deutschen Volksgebietes sei keinesfalls im Sinne der USA. Auf meine Frage, ob Schacht sich einen Erfolg von der Reise Sumner Welles' denken könne, meinte er, ja, wenn man ihn, Schacht, nach Amerika schicke, das würde aber Ribbentrop nicht tun. Aus Herz' [Schachts] Mitteilungen ist

noch von Interesse, daß er an die Offensive nicht glaubt. Die Verhinderung der Offensive liege im übrigen grade im Interesse Hitlers, so paradox es klinge, denn angesichts ihres sicher negativen Ausgangs sei er überhaupt nur ohne Offensive zu retten!
[. . .]
Am 7. [. . .] abends mit Frank-Fahle [I.G.] im Deutschen Club gegessen. Er beurteilt als Wirtschaftler die Lage ganz ähnlich wie ich. Für uns Deutsche in ihrer ganzen originalen Pracht bezeichnend, daß er mir am nächsten Tag einen langen Brief über eine kurz gestreifte, fast philologische Dantefrage schickte. Ich zeigte ihn Kirk, der meinte: „Ja, darum leistet Ihr so viel."
Am Freitag, den 8. früh bei Schacht, von dem ich schon erzählte. Er lobte seine eigene, bisherige Zurückhaltung; nun habe man ihn doch gerufen. Auf die Dauer könnten es eben Müller und Genossen aus der Mulachgasse doch nicht allein machen. „Man holt eben doch Leute wie Sie und mich, wenn es hart auf hart geht!" Ich sehe die Sache nicht ganz so.
Gegen Mittag bei Dieckhoff. Er erzählte den ungefähren Verlauf des S[umner] W[elles'] Besuchs. S. W. habe gesagt, wenn keine Offensive passiere, so könne Roosevelt nach S. W.s Rückkehr vielleicht mit einer Initiative herauskommen. Vor Tisch Aussprache mit Planck, ein kluger, klarer Mann. [. . .]
Nachmittags Tee mit Frau von [Brauchitsch]. Sie meinte, ihr Vetter [General v. B.] werde die Offensive machen; er habe gesagt, man müsse eine militärische Entscheidung suchen. Später rief sie mich an, um sich etwas zu berichtigen: Er sei im Grunde innerlich unsicher und voller Sorgen; wenn man ihm die *Verantwortung* für ein Handeln abnehme, so würde er „dulden".
Gegen Abend bei Attolico. Er sah elend aus und gab in prächtigem, grünem Schlafanzug das Bild eines kranken Papstes im vatikanischen Himmelbett. Grundton pessimistisch, wie schon erzählt. Natürlich beschäftigt ihn besonders die Frage, ob Mussolini eine wirkliche Antwort bekommt. Übrigens erzählte er, daß M[ussolini] in seinem Brief Hitler gedrängt habe, von sich aus eine Geste bezüglich eines unabhängigen Restpolens zu machen.
[. . .] Ein Beethoven brachte mir den ersten Augenblick der Erhebung aus allem Kummer. [. . .] Sonnabend, den 9. [3.] interessante Unterhaltung mit Gg [Nostitz]. Er hält die Offensive über Belgien und Holland mit Expeditionen an die norwegische und dänische Küste für ernsthaft und bald bevorstehend. Man habe sogar schon alle Ministerflugzeuge requiriert. Planck erzählte mir übrigens, er habe bei dem holländischen Gesandten gefrühstückt, und der habe gesagt, als Junge habe er von Cortes und Pizarro und ihren brutalen Taten gelesen, und jetzt müsse er damit rechnen, daß seinem eigenen Lande dasselbe geschehe.
[. . .]

Frühstück mit Kirk. Er betonte sehr die Höflichkeit des Empfanges von S[umner] W[elles] und wie gut alles geklappt habe. Sachlich schien er mir wenig hoffnungsvoll. Er hat S. W., der übrigens gut Deutsch versteht und offenbar öfter hier war, in eine ausgezeichnete Aufführung von „Figaros Hochzeit" in der Staatsoper geführt. Hoffentlich war das nicht sein (Sumner Welles') einziger guter Eindruck. Wenn man Halifax' Rede an die Oxforder Studenten liest,[31] erkennt man den ganzen Abgrund, der diese und die Naziwelt trennt.

Nachmittags noch einmal länger bei Gärtner [Popitz] in seiner Wohnung und meine Berliner Eindrücke durchgesprochen. Er will noch einmal versuchen, zu B[rauchitsch] vorzudringen. Er berichtete, daß einer seiner hohen Beamten sich bei ihm abgemeldet habe, um die Zivilverwaltung in Belgien zu übernehmen. Von Gogo [Nostitz] hörte ich, daß schon ein ganzer Stab unter Posse bereitsteht.

Der Regierungspräsident in Stettin ist vom Ministerium des Innern angewiesen worden, alle Juden in das jüdische Reservat in Polen abzuschieben. Er hat sich zur Sicherheit noch einmal telefonisch im Ministerium des Innern erkundigt und mußte feststellen, daß man dort keine Ahnung hatte. Die Anordnung hatte Heydrich auf Papier mit Kopf „M[inisterium] d[es] I[nnern]" erteilt. Nachher wurde sie wieder gestoppt, nachdem schon alles eingeleitet war.[32]

12. 3. 40.
Die Sache spitzt sich zu: auf der einen Seite das Bemühen, zwischen Finnland und Rußland einen Frieden zustande zu bringen, auf der anderen später (zu später?) Druck der Westmächte auf Finnland, ihre Hilfe zu erbitten, damit sie auf Grund Art. 16 durch Norwegen und Schweden marschieren können.[33] [...]

Es wäre auch denkbar, daß die von Gg [Nostitz] erzählten Pläne bezüglich Dänemarks und Norwegens nur ausgeführt werden sollten, wenn der Friede zwischen F[innland] und R[ußland] nicht zustande kommt, das heißt ein englisch-französisches Eingreifen anzunehmen ist.

Ebenhausen. März.
Der Friede zwischen Finnland und Rußland [12. 3. 40] ist ein Prestigeverlust für die Westmächte, der in der ganzen Welt empfunden wird. Mir ist nach widersprechenden Mitteilungen zweifelhaft, ob wir am Zustandekommen beteiligt waren.[34]

Der „Mann auf der Straße" sieht in Deutschland und auch sonst in der Welt den Friedensschluß als Etappe zum allgemeinen Frieden an, mit Unrecht; auch die Zusammenkunft Ribbentrop-Mussolini[35] und Ribbentrop-Papst[36] interpretiert er fälschlich so, bestärkt durch den scheinbaren Zusammenhang mit der Mission Sumner Welles'.

Zum Jahrestage der Tschecheibesetzung hat Hacha ein sehr vorsichtig formuliertes Telegramm an Hitler geschickt. Die Lücke hat aber Neurath in, man muß schon sagen, würdeloser Weise durch ein ihm wohl wörtlich vorgeschriebenes Telegramm ausgefüllt, das den Höhepunkt des von Neurath bisher auf diesem Gebiet Geleisteten darstellt: Gelöbnis unwandelbarer Treue im Namen der gesamten Bevölkerung des Protektorats!37

Berlin, 19. 3. 40.
Fahrt nach Berlin vom 15. abends bis 20. früh. [. . .]
   Im Zug erzählte mir Frau v. Mendelssohn, geb. Bonin, folgende wirklich gut erfundene Geschichte: Hitler und Göring fahren auf die See. Hitler: „Kann man uns vom Strande noch sehen?" Göring: „Ja." Hitler: „Also weiter." Hitler: „Jetzt auch noch?" Göring: „Ich halte es für möglich." Hitler: „Dann weiter!" Hitler: „Jetzt noch?" Göring: „Nein, unmöglich!" Hitler: „Dann halt! — ich werde versuchen, auf dem Wasser zu wandeln."
   In Berlin zuerst zu Gärtner [Popitz]. Er schilderte die innere Spannung, das heißt die Frage, ob die Armee sich ihre weitere Zersetzung und Entmachtung weiter gefallen läßt und sich bereit findet, durch eine Offensive höchst zweifelhaften Ausgangs durch neutrales Gebiet alle Friedenschancen zu zerschlagen, als weiter verschärft. Mit Hilfe des Oberkommandos der Wehrmacht (Keitel und Jodl — „Jodlarmee"), das heißt, der obersten Befehlsstelle Hitler wird eine vollkommene „zweite Armee" aus der SS gebildet.38 Brauchitsch wird immer schlechter behandelt und zurückgedrängt. Gegen die SS-Greuel ist nichts wirklich Wesentliches geschehen. Todt soll Munitionsminister werden. Ley hat eine Rede an die Gaupropagandaleiter gehalten, in der er behauptet hat, die Armee tauge nichts, in Polen habe alles die SS gemacht; die Armee sei eben nicht nationalsozialistisch geschult, sondern werde noch auf dem Boden des Christentums gehalten. Gärtner [Popitz] ist nun wirklich bei [Brauchitsch] gewesen und hat ihm offen die Lage und die Notwendigkeit geschildert, zu handeln, um die Macht des Staates aus den Klauen der Schwarzen Landsknechte zu reißen und die Staatsgewalt auf der Basis der Wehrmacht als einzigen Waffenträgers zu stabilisieren und zu säubern. [Brauchitsch] hat sich alles angehört und sehr wenig gesagt. Er hat Gärtner [Popitz] den Eindruck eines, ähnlich wie [Schwerin-]Krosigk usw., innerlich zermürbten Mannes gemacht. Eine der wenigen Zwischenbemerkungen, die er gemacht hat, ist die Frage gewesen, ob wir denn Chance hätten, noch einen anständigen Frieden zu bekommen. Gärtner [Popitz] hat geantwortet, die Möglichkeit sei seines Erachtens vorhanden und hat für dies Thema auf mich verwiesen. In der Hinsicht hat [Brauchitsch] etwas ausgewichen.39
   Frühstück bei Weizsäckers. Er hat mein Mittelmeerbuch40 ins Amt (Woermann usw.) gegeben, wo man in traditioneller Vorsicht allerhand abschwächen oder streichen will. Es waren noch Carl Burckhardt und

Kirk da. Ersterer erzählte in seiner feinen, etwas „welsch" gefärbten Art allerhand belustigende Erlebnisse mit deutschen Amts- und Parteistellen. – Mit W[eizsäcker] über die politische Lage gesprochen. Er ist beunruhigt, weil Mussolini gegenüber Ribbentrop [am 10./11. 3.] in Rom (80 Seiten Protokoll) plötzlich mit keiner Silbe mehr vor einer Offensive gewarnt hat, sondern von unserer „Schicksalsgemeinschaft" und seiner Absicht einzugreifen gesprochen hat, wobei er sich allerdings den Termin vorbehalten hat. Mir scheint, daß materiell nichts geändert ist, aber allerdings psychologisch die Wirkung erzielt ist, unsere Leute zu ermutigen. Ich erkläre mir die Sache so, daß M[ussolini] den bestimmten Eindruck bekommen hat, Hitler sei fest entschlossen, anzugreifen. Bei dieser Lage hat er es für taktisch falsch gehalten, weiter zu warnen, sondern hat vorgezogen, sich sympathisch einzustellen. Geht es nun wider Erwarten sehr gut, so wird er, wenn ihm die sonstige Lage danach zu sein scheint, für uns eingreifen. Geht sie schlecht, so hat er ja immerhin noch sein Alibi und kann sehen, wie er den richtigen Ausweg findet.

Manche erwarteten, Mussolini würde gestern [18. 3.] auf dem Brenner im Tête-à-tête doch warnen.[41] Soviel ich höre, ist das nicht geschehen (ein Tête-à-tête scheint es nicht gegeben zu haben) und man hat im gleichen Ton geredet wie in Rom. M[ussolini] wird trotzdem bestimmt die Fäden nach der anderen Seite nicht abschneiden, besonders auch nicht nach Amerika. Herrn Sumner Welles, der auf die Nachricht von der Brenner-Begegnung seine Abreise verschoben hat, wird er nach Rückkehr sicherlich nicht den wahren Inhalt der Gespräche erzählen, vielleicht aber anspornen, schleunigst eine Vermittlung zu versuchen.[42]

Gegen Mittag bei Gg [Nostitz]. Nach seiner Kenntnis wird die Offensive sowohl Richtung Belgien-Holland wie Dänemark-Norwegen mit aller Energie weiter vorbereitet. Er bat mich im Auftrage von [Oster] und [Dohnanyi] nachmittags zu Schnabel [Beck] zu gehen. Das tat ich; ich fand ihn zunächst allein und sprach mit ihm die Lage durch. Dann kamen [Oster] und [Dohnanyi]; sie lasen mir außerordentlich interessante Papiere über Gespräche eines katholischen Vertrauensmannes mit dem Papst vor, der seinerseits daraufhin über Osborne [englischen Gesandten am Vatikan] mit Halifax Verbindung aufgenommen hatte.[43] Der Papst ist dabei erstaunlich weit gegangen im Sich-zu-Eigenmachen deutscher Interessen. Halifax, der dabei ausdrücklich für das British Government gesprochen hat, ist wesentlich verklausulierter in der Formulierung, berührt auch Punkte wie „Dezentralisierung in Deutschland" und Volksabstimmung in Österreich. Aber im ganzen ist deutlich der Wille zum anständigen Frieden ersichtlich, und der Papst hat dem Vertrauensmann gegenüber stark betont, daß solche Dinge wie „Dezentralisierung" und „Volksabstimmung in Österreich" bei sonstiger Einigkeit durchaus kein Hindernis für den Frieden bilden würden. Voraussetzung für das Ganze ist natürlich eine Regimeänderung und Bekenntnis zur christlichen Sittlichkeit. Ich habe die Wichtigkeit der Sache anerkannt, auf einige englische Pferdefüße hingewiesen und besonders immer wieder betont, daß „Regimeänderungen" usw. absolut unsere Sache seien; Forderungen in der Hinsicht von außen seien abzulehnen und erreichten den gegenteiligen Effekt. Zweck der Beratung mit mir war: 1. mein außenpolitisches Urteil zu hören; 2. mich zu bitten, die Sache an [Halder] heranzubringen, weil sich von anderen Mittelsleuten kein Erfolg versprochen werden könnte.

Ich erklärte mich dazu bereit. Bei Erörterung des Termins erkannte ich die Eilbedürftigkeit an, betonte aber andererseits die Zweckmäßigkeit, das Brennerergebnis und ferner eine von mir ganz vage angedeutete Möglichkeit anderer Feststellungen über die englische Haltung abzuwarten.[44]

Abends bei Duckwitz.

Sonntag, 17. Potsdam. Kameke meinte in seiner christlich-astrologischen Sicherheit, auch diesmal würde bestimmt wieder eine Offensive von „hoher Hand" verhindert werden. Abends bei Chvalkovskýs [Gesandter des Protektorats Böhmen und Mähren in Berlin]. Schon nach wenigen Begrüßungsworten begann er in offensichtlich großer, innerer Erregung, offenbar von dem heißen Wunsche erfüllt, mir sein Verhalten klarzumachen, den Hergang der Dinge vor dem 15. März [1939] und am Tage selbst genau und, wie mir schien, recht sachlich zu schildern. Die Lage, in die Hitler Hacha und Chvalkovský zur Belohnung für ihre auf Zusammenwirken mit Deutschland eingestellte Politik versetzt hat, ist wirklich, um einen von Hitlers Lieblingsausdrücken zu brauchen, „geschichtlich einmalig" und eine Brutalität, die weder durch politische Notwendigkeit noch durch weitsichtiges Überlegen gerechtfertigt wurde, denn das Ergebnis einer fest in unserer Hand liegenden Tschechei war ohne weiteres auf friedlichem Wege zu erreichen, auf eine Weise, die die tragischen Folgen des 15. 3. vermieden hätte.

Ich fragte Chvalkovský nachher, wie er sich die Zukunft denken könne. Natürlich ist dabei die auf ihm lastende Hypothek zu berücksichtigen, daß er im Falle einer deutschen Niederlage gehängt werden würde. Immerhin war mir interessant, daß er sagte, die Sache sei ganz leicht zu machen: man brauche nur im Ehrenpunkte nachzugeben, das heißt der Tschechei wieder den Namen und Charakter eines formell selbständigen Staats zu geben und sie in ihren inneren Angelegenheiten frei zu lassen, dann werde sie sich ohne weiteres (militärisch und wirtschaftlich in deutscher Hand) dem Raume des Reichs einfügen. Chvalkovský erzählte zwei bemerkenswerte Geschichten: Eine deutsche Truppe sei am 15. 3. in Prag einmarschiert und sei auf eine Brücke gestoßen, auf der sich eine erregte Volksmenge zusammengeschart und erklärt habe, man möge auf sie schießen, sie würden nicht weichen; dann habe sie die tschechische Nationalhymne gesungen. Darauf habe der kom[mandierende] Offizier „Still gestanden" befohlen – „Das Gewehr über" – „Achtung, präsentiert das Gewehr." Durch dieses sowohl anständige wie geschickte Verhalten habe er die moralische Überlegenheit erlangt und die Menge bewogen, auseinander zu gehn. Leider sei es ihm auch mit Hilfe des Generals Blaskowitz nicht gelungen, diesen Offizier ausfindig zu machen.

Die andere Geschichte: Als Außenminister sei er eines Abends in Prag spazieren gegangen und habe wie gewöhnlich mit seiner (nichttschechischen) Frau französisch gesprochen. Darauf sei ein Student auf sie zugetreten und habe sie beide angespuckt. Solcher Haß habe damals gegen Franzosen und Engländer wegen ihres Verrats an der Tschechei geherrscht. [. . .]

Montag, den 18. [3. 40.][44a] Mit Dohnanyi in Osters Wohnung nochmals die Frage des Heranbringens der Papstaktion an Halder besprochen.

[. . .]

Frühstück mit Goerdeler. Er erzählte, Halder habe in letzter Minute seinen Empfang abgesagt. Das schade aber nichts, denn er habe auf anderem Wege die Gewißheit erlangt, daß in [. . .] die Erkenntnis immer mehr reife. Unter anderem habe er jetzt den Wunsch, mich zu empfangen, zunächst als Vorbereitung bitte Thomas mich, morgen früh zu ihm zu kommen. Rohde [Goerdeler] war so dringend, daß ich beschloß, meine Abreise um einen Tag zu verschieben, um zu Th[omas] gehen zu können. Von Mussolinis neuen Erklärungen hatte Goerdeler die Ansicht, sie seien rein taktisch und materiell ohne Bedeutung. Ich betonte die ermutigende Wirkung, worauf er meinte, H[itler] sei ja ohnedies entschlossen. Ich erfuhr übrigens am 19. früh bei Thomas durch Zufall, daß Goerdeler in Wirklichkeit doch bei Halder war und daß dieser nur aus Tarnungsgründen die Fiktion gewünscht hatte, der Empfang habe nicht stattgefunden.[45]

Ich vergaß zu erwähnen, daß ich von Dohnanyi in Osters Wohnung hörte, wie auch in der unmittelbaren Umgebung von Asti [Ribbentrop] die klare Erkenntnis über die Verderblichkeit ihres Herrn durchgebrochen sei, so bei meinem alten Freund Spitzy (aus Rom) und bei Kordt, den ich in diesen Tagen zweimal sprach, wobei ich selbst durchaus diesen Eindruck bestätigt fand.

Nachmittags bei Gärtner [Popitz], wo zuerst auch Rohde [Goerdeler] erschien. Ersterer war morgens mit anderen in Ressortsachen bei Sepp [Göring] gewesen; er hatte einen sehr trüben Eindruck von der Art zu regieren mitgenommen. Keine Sachkunde und keine *wirkliche* Führung.

Gegen Abend bei Attolico. Ich sagte ihm, es sei ja in Rom sehr gut gegangen, unsere Leute seien sehr zufrieden und ermutigt. A[ttolico] zeichnete sofort und gab zu erkennen, wie besorgt ihn das mache. Für ihn sei da ein „punto oscuro", wieso nämlich Mussolini plötzlich einen völlig andern Standpunkt einnehme wie im Januar. Die Erklärung, die er gab, stimmte interessanterweise genau mit meiner eigenen Kombination überein.[46]

Am 19. [3. 40] früh sehr wesentliche Unterhaltung mit [Thomas]. Meine Punkte: Offensive durch neutrales Gebiet in keinem Falle mit für Deutschland heilsamem Ergebnis denkbar. Sieg, Niederlage, Remis bedeuten gleichermaßen furchtbare Zerstörung moralischer und materieller Werte (Europas), vor allem aber Vernichtung aller Chancen eines brauchbaren, („anständigen") und dauerhaften Friedens. Letzterer muß das Ziel sein, weil langer Krieg gegen uns läuft und kurzer mit heilsamem Ausgang wie gesagt nicht denkbar. Unverantwortliches Risiko der Offensive. Argumente gegen die Theorie, der Krieg müsse jetzt bis zur Vernichtung der Gegner durchgeschlagen werden, da sie uns sonst einige Jahre später überfallen würden. (Bismarck).

Sind jetzt Aussichten auf brauchbaren Frieden vorhanden? Ja, obwohl selbstverständlich niemand eine *Sicherheit* geben kann. Sicherheit nur für das Eine, daß *nach* Offensive Chance vernichtet. Man muß also alles *gegen* Offensive einsetzen und Frieden erstreben.

Zwei Hauptvoraussetzungen: 1) intaktes Deutschland, vor allem intakte Wehrmacht, damit für die Gegner Fortsetzung des Krieges schweres Risiko. Leider schon viel Zersetzung im Gange, sowohl militärisch (zweite Armee usw.) wie moralisch (SS, Polengreuel) wie organisatorisch. Höchste Zeit, Einhalt zu gebieten: Gewissensbedenken des Soldaten? Finden ihre Grenze da, wo die Wehrmacht selbst, die Waffe des Krieges also, zerstört wird. Die Staatsmacht muß aus den unsauberen Händen in die des Heeres übergehen, um den Krieg günstig zu beenden.

2) Verhandlungsfähigkeit. Nach 15. 3. 39 (Tschechei) und anderen Dingen (Polengreuel) Verhandlungsfähigkeit [des] Regimes nicht mehr vorhanden. Innere deutsche Angelegenheit! Auswärtige Forderung, Regime zu ändern, abzulehnen. Aber nur bei Regimeänderung [ist] Frieden möglich. Ist er dann aber möglich? Auch hierfür gibt es keine Garantie. Aber bestimmte Anzeichen.

Er war ganz einverstanden und schilderte die grauenhaften Zustände in seinem Bereich. [Halder] wolle mich sprechen. Termin wahrscheinlich gleich nach Ostern. Es ging aus seinen Mitteilungen hervor, daß Rohde [Goerdeler] doch bei [Halder] war, auf dessen Wunsch aber die Fiktion des unterbliebenen Empfangs aufgestellt werde. [. . .]

Ebenhausen, 22. 3. 40.
Von Detalmo [Pirzio Biroli] die Nachricht, daß sein Freund [Mr. Bryans] (vorläufig oder endgültig?) nicht nach Arosa kommen könne. Er schilt mit Recht über die verkalkten Methoden der Engländer. Ich bedaure die Negation und kann die Ursache noch nicht erkennen, um so weniger, als die oben erwähnte Aktion sachlich auf dasselbe herausläuft und in England ein positives Echo gefunden hat.

Gestern G[eßler] gesehen. Er war in der Schweiz, wie mir scheint, auf ähnlichen Wegen.[47] Er deutete genau dieselben Dinge an, so daß ich beinahe vermute, er hat von der gleichen Sache Kenntnis. Ich habe ihn gebeten, einen geeigneten Kameraden und Landsmann zu [Halder] zu schicken, da das Eisen geschmiedet werden müsse, solange es heiß sei. Im Laufe des Gesprächs drängte er sehr stark auf die Herstellung der Monarchie (der alte Demokrat!), meinte aber, die Hohenzollern seien in Süddeutschland unmöglich. Ich hatte den Eindruck, daß er scharf auf Kronprinz Rupprecht als Kaiser losgeht. Mir scheint, daß die monarchische Frage noch sehr im argen liegt.

24. 3. 40 Ostern.
Ich las in Moltkes „Gesprächen"[48] zwischen Moltke, Bismarck und Roon nach 70, in der Bismarck aussprach, wie man wohl nach solch großen Ereignissen noch Lebenswertes werde erleben können – worauf Moltke ruhig sagte: „Einen Baum wachsen zu sehen." Das ist der entscheidende Unterschied zwischen diesen Männern und Hitler. Bismarck, Moltke und Roon fühlten sich als Teil der Natur, sahen im Wachsen die höchste Form der Entwicklung und betrachteten sich als Gehilfen Gottes. Hitler hat die dem Tyrannen (im griechischen Sinne) und Diktator eigentümliche Bauleidenschaft, das heißt den Drang, sich zu verewigen, zu verewigen durch losgelöste Menschenkraft, nicht als Glied des göttlichen Werkes – bei ihm sogar gradezu mit Baumfeindschaft verbunden. Ich führe den Baum im Wappen[49] und weiß, wohin ich gehöre.

27. 3. 40.
Nach kurzem Frühling schneit es wieder wie im tiefsten Winter. Bestellung sowohl wie Offensivgedanken müssen darunter leiden.

Nach dem Finnlandfrieden, dem immerhin teilweise geglückten Fliegerangriff auf Scapa Flow und dem unbedeutenden Ergebnis des Gegenschlages gegen Sylt[50] gewinnt man den Eindruck ziemlicher Ratlosigkeit nebst Katzenjammers auf der Seite der Westmächte, verstärkt durch die durchsickernde Erkenntnis, daß Mussolini auf dem Brenner nicht die Friedensschalmei geblasen, sondern eher das Gegenteil getan hat. Die psychologische Lage ist augenblicklich so sehr zu Ungunsten der Westmächte, daß man sich eine steigende Bereitschaft Mussolinis, im geeigneten Augenblick auf unsere Seite zu treten, um den Fangstoß zu geben, wohl vorstellen kann. Zur Verwirklichung gehörte allerdings ein sehr eklatanter deutscher Erfolg. Ist der zu erzielen? Die Militärs bezweifeln es.

Unser Nachbar [Geyr, Kommandierender General eines Panzerkorps], war bei uns. Er erzählte aus dem polnischen Feldzug. Von der höheren polnischen Führung hielt er natürlich nichts, meinte allerdings, die Aufgabe sei nach der ganzen Lage unlösbar gewesen. Offiziere und Soldaten lobte er. Sie seien anständig unterlegen. Ein Beispiel: Er habe nach Minenexplosionen auf einer Vormarschstraße einen gefangenen Pionieroffizier aufgefordert, anzugeben, wo der Rest der Minen liege. Antwort in militärischer Haltung: „Herr General, ich bin Offizier." — Der Unterschied zu den Tschechen ist ungeheuerlich. [Geyr] meinte, auch wenn die Regierung nichts habe tun können, so sei doch unbegreiflich, daß nicht wenigstens *ein* militärischer Führer irgendwo Widerstand geleistet hätte. Ich wies auf den soziologischen Unterschied zwischen beiden Völkern hin: Die Polen eine Nation bestehend aus Herrenschicht und Unterschicht (mit ganz spät entwickeltem, schwachem Mittelstand), daher kriegerisch und hochfahrend in den oberen Klassen; die Tschechen ein Mittelstandsvolk, dazu in unglücklicher Umschließung und Durchsetzung durch das Deutschtum, folglich knechtisch und feige. Jetzt legten sich Polen und Tschechen die Preisfrage vor, wer auf die Dauer besser fahren werde: der tapfer fechtend Unterlegene, mit furchtbar zugerichtetem Lande, oder der feige sich Unterwerfende, mit ziemlich intakter Wirtschaft und Bevölkerung.

[Geyr] meinte, bei den Personalbesetzungen im Heere könne man das Bestreben erkennen, selbständige und eigenwillige Geister kaltzustellen oder an weniger wichtige Punkte zu stellen. Das gelte zum Beispiel von den meisten Kommandeuren der Panzerdivisionen, die durch unbedeutende Troupiers ersetzt worden seien. Ebenso habe man Manstein vom Chefposten bei der Heeresgruppe fortgenommen und ihm ein Korps an für die Offensive nicht in Frage kommender Stelle gegeben[51] — desgleichen ihm selbst. Leeb und Witzleben seien wohl auch mit Vorbedacht an den Südflügel gestellt. Er meinte übrigens, Witzleben denke außerordentlich radikal in bezug auf das System. Sehr geringe Meinung vom Charakter Guderians. Bemerkenswert, daß er glaubt, ein Anwachsen des Christentums in der Truppe feststellen zu können. Das würde Leys Ausfall erklären.

Ich bin etwas beunruhigt, weil ich von Berlin nichts höre.

Ebenhausen, 6. 4. 40.
Fahrt nach Berlin. 2. abends ab. 5. 4. früh zurück. Meine Beunruhigung darüber, daß ich aus Berlin nichts hörte, wurde durch ein Telefon Reuters zu der Gewißheit, „daß etwas nicht stimme". Ich verabredete daher schriftlich ein Treffen mit Goerdeler in Berlin.

Bald nach meiner Ankunft in Berlin kam er zu mir und bestätigte, daß Halder kalte Füße bekommen hätte. Er zeigte mir einen Brief, in dem dieser mit sehr naiven Argumenten (England und Frankreich hätten uns den Krieg erklärt, der nun durchgeschlagen werden müßte; ein Kompromißfriede sei sinnlos. Nur in höchster Not — also doch!! — dürfe man so handeln, wie Rohde [Goerdeler] wolle) eine Aktion zur Zeit! ablehnt. Der Eindruck von [Halder], der beim Erörtern seiner Verantwortung angefangen habe zu weinen, sei der eines schwachen, nervlich stark mitgenommenen Mannes gewesen.

Rohde [Goerdeler] hat ihm, ohne auf Einzelnes einzugehen, in dem Sinne geantwortet, daß er an seinem Standpunkte festhalte und ihm nochmals empfehle, mich zu empfangen.

Im übrigen scheint aber alles zu spät zu sein, denn nach Rohdes [Goerdelers] Informationen ist die Aktion gegen Dänemark und Norwegen unmittelbar bevorstehend. Rohde [Goerdeler] hatte den Eindruck, daß [Halder] mit seinem Chef [Brauchitsch] gesprochen hatte und mit diesem „negativ" übereingekommen war.

Ich sah vormittags noch Wilmowsky, der sehr bedrückt über den stürmischen Abstieg unserer Ausfuhr war; verkaufen würden wir, grade im Südosten, massenhaft können, aber wir können nicht liefern, und mit dem Rückgang der Ausfuhr muß auch die Einfuhr an notwendigen Rohstoffen usw. zurückgehen. Er erzählte, daß sein Schwager [Krupp] zweieinhalb Stunden mit Hitler zusammengewesen sei. Dieser habe aber kein Wort über die Wirtschaftslage mit ihm gesprochen, sondern nur über Geschützkonstruktionen. Er [Hitler] entwickelt sich eben immer mehr in seiner eignen Vorstellung zum Universalgenie.

Der Generalangriff auf die Armee geht weiter. Die SS stellt Fliegerformationen auf[52] (was übrigens Göring freuen wird). Todt ist Munitionsminister geworden [20. 3.].

Frühstück bei Goerdeler mit Zitzewitz (Kottow), Dr. Blank (Gutehoffnungshütte) und dem famosen Ministerialdirektor a. D. Brandenburg, der eben abgesetzt worden ist. Er hat den Ausdruck *des* deutschen Idealisten, aber in der Form der Männlichkeit und Klugheit. Ich hatte kurz vorher Gogo [Nostitz] besucht und von ihm gehört, daß ein Termin für die Nordunternehmung noch nicht festgesetzt sei. Man schöpfte also wieder Hoffnung. Nach Zitzewitz wird die neue Ernte unter allen Umständen einen beträchtlichen Minderertrag bringen. Besonders bedrohlich werde Ende des Jahres die Fettlage. Dr. Blank schilderte die Schwierigkeiten, die in immer höherem Maße durch die Kohlenlieferungen nach Italien entstehen würden. Nach meinem Gesamteindruck muß man im Winter und besonders im nächsten Frühjahr mit großen, seelisch sehr schwer zu tragenden materiellen Verknappungen und mit Rohstoffschwierigkeiten rechnen; wohl nicht mit solchen, die gradezu zum Frieden zwingen würden, aber doch mit sehr bedenklichen besonders deshalb, weil die moralische Widerstandskraft *jetzt* schon viel geringer ist als 1915/16. Auf der anderen Seite ist natürlich die Härte und Entschlußkraft der Staatsgewalt größer, während die Kriegsleitung auf der gegnerischen Seite mir bisher einen sehr mäßigen Eindruck macht. Die Machtsteigerung Winston Churchills ist der beste Beweis für die wachsende Nervosität und Verlegenheit.

Nachmittags bei Weizsäckers. Sie sah bleich und eingefallen aus, und er schien mir auch wieder viel abgekämpfter. Seine Lage ist in jeder Hinsicht abscheulich. Im Grunde hat er nichts zu sagen, wird aber mit verantwortlich gemacht. Der schwedische Gesandte ist bei ihm gewesen, um ihn wegen einer angeblich bevorstehenden deutschen Nord-Aktion zu interpellieren. Er hat ihm geantwortet, er könne ihm darüber gar nichts sagen, weil er von diesen militärischen Dingen nichts erfahre. Der Schwede wird sich wohl sein Teil gedacht haben. Übrigens hat auch der schwedische Militärattaché in Helsinki unserem Militärattaché zu erkennen gegeben, daß man im Norden an eine deutsche Aktion glaube. Ich kann mir nicht vorstellen, daß die Engländer nicht auch damit rechnen. Wenn sie die Sache trotzdem glücken lassen, verdienen sie wirklich besiegt zu werden. W[eizsäcker] war sehr unglücklich über Mussolini, der offenbar nun auch verrückt geworden sei. (Ich hörte hier von Detalmo [Schwiegersohn], daß starke Reibungen zwischen M[ussolini] und Ciano beständen, welch letzterer allerhand Dinge treibe, von denen M[ussolini] nichts wisse – offenbar ist Ciano gegen das Mitgehen auf unserer Seite. Detalmo meint, M[ussolini] werde sich *nicht* durchsetzen. Scarpa dagegen, der Almuth [Hassell] in München sah, war der Ansicht, daß M[ussolini] „wieder" stark die Zügel selbst ergriffen hätte; das ganze Volk sei gegen Krieg, aber schließlich werde man vielleicht doch auf deutscher Seite eingreifen, wenn kein anderer Weg offen bleibe.) Wie wird aber solche Nordaktion auf Italien wirken?

Ich besuchte dann Kirk, der sehr deprimiert war. [. . .] Wir sprachen dann über unsere Warschauer Enthüllungen, vor allem über die törichten und unpolitisch empfundenen Äußerungen der amerikanischen Botschafter.[53] Ich meinte, daß diese doch in Amerika Eindruck machen und gegen Roosevelt wirken müßten. Kirk bezeichnete die ganze Sache als höchst deplorable. Bisher habe man doch Amerika in der deutschen Propaganda ganz gut behandelt, und das Verhältnis Amerika-Deutschland sei eigentlich auf ganz annehmbarem Wege gewesen. Warum grade in diesem Augenblick solcher Vorstoß? Ja, wenn man ein dickes Weißbuch mit hundert Berichten, darunter auch diesen, veröffentlicht hätte! Aber diese Presseaufmachung mit ausschließlicher Pointierung gegen die Amerikaner müsse sehr großen Schaden anrichten. Es sei verfehlt, einen guten innerpolitischen (vom deutschen Standpunkt) Effekt zu erwarten. Eine solche von außerhalb versuchte Einwirkung habe in Amerika die entgegengesetzte Wirkung. Ich wies darauf hin, daß aber diese Botschafter als Beauftragte Roosevelts doch sehr schlechte Figur machten. Aber er wies dies Argument ab: Dieser Botschaftertyp von Outsidern, die aus innerpolitischen Gründen belohnt worden seien, wäre in Amerika ohnehin „unten durch". Das spiele also keine sachliche Rolle.

Wenn wir jetzt neutrale Länder angreifen, so wird man außerdem in Amerika und der ganzen Welt sagen, daß Bullitt und Genossen hundertprozentig recht hatten.

Ich traf dann Oster[54] und Dohnanyi in Osters Wohnung. Sie berichteten, daß die Nord-Aktion tatsächlich auf den 9. 4. früh befohlen sei. Da, abgesehen von Flugzeugen (Fallschirm-Abteilungen) auch eine Truppenmacht zu Schiff in Marsch gesetzt würde, so müsse die Sache also jetzt schon anlaufen.

Sie zeigten mir dann weitere Aufzeichnungen des Vertrauensmannes [Dr. Josef Müller], aus denen hervorgeht, daß der Papst und die Engländer an ihrem Standpunkt festhalten. Wir erörterten ohne Ergebnis, ob wohl [Geßlers] Mitteilungen sich auf diese Aktion oder auf eine davon unabhängige beziehen. Mir ist noch unklar, wie sich die Angelegenheit meines Unterredners von Arosa einschaltet. Ist er nicht wieder gekommen, weil Halifax „aufgibt", oder weil der Mann in Wirklichkeit keine „Weste" hat oder weil Halifax nicht auf mehreren Linien fahren will?[55]

Aus den Aufzeichnungen des Vertrauensmannes ist ferner zu entnehmen, daß das Gespräch Papst-Ribbentrop ganz ergebnislos gewesen ist, weil letzterer lediglich im Parteijargon dahergeredet habe. Wir erörterten dann, ob noch etwas zu tun sei. Zunächst sollte vorgestern (angesichts der Ablehnung meines Besuchs) [Thomas] selbst [Halder] die Angelegenheit vorlegen. Ob das geschehen ist, weiß ich nicht.

Sodann beschlossen wir, daß durch einen von [Oster] sofort abzusendenden Vertrauensmann [Falkenhausen] in [Dresden] aufgefordert werden solle, ungesäumt eine Rundreise zu verschiedenen [Armeeführern], unter anderem zu [Leeb, Witzleben, List, Kluge] zu unternehmen, um sie zu bewegen, mit ihm zusammen einen persönlichen, energischen Schritt bei [Brauchitsch] zu tun, mit dem Ziele, daß dieser entweder selbst handle oder andere handeln lasse.

Ich sehe kaum noch eine Möglichkeit. Eher könnte sich noch einmal eine solche ergeben, wenn die nordische Aktion abgelaufen oder wenigstens angelaufen, die belgisch-holländische aber noch nicht in Gang gesetzt ist. An sich soll aber letzteres sehr schnell nach der ersteren erfolgen.

Ich vergaß übrigens zu erwähnen, daß ich am Vormittag des 3. noch bei Gärtner [Popitz] war. Er war enttäuscht, daß sein Besuch bei [Brauchitsch] offenbar nichts genützt habe. Alles, was wir versucht hätten, sei ergebnislos geblieben und könne höchstens unser eignes Gewissen entlasten.

[. . .]

Um 21 Uhr bei [Beck], wo ich schon [Goerdeler] vorfand. Wir waren nicht grade sehr hochgestimmt. Man hat den Eindruck eines unrettbar rollenden Verhängnisses. [Goerdeler] las eine Denkschrift über die Lage vor, die er gegebenenfalls bei dem Schritt [Falkenhausens] verwenden will. Sie war wohl für [Halder] bestimmt. [Beck] war sehr beeindruckt von Rauschnings zweitem Buch.[56] Ich äußerte mich skeptischer. Eins ist sicher: das gegenwärtige Regime hat eine Zersetzung, Begriffsverwirrung und Zerstörung aller Bindungen zuwege gebracht, die beispiellos ist.

Am 4. besuchte mich Wolf [Tirpitz] beim ersten Frühstück. Er meinte, daß er sich einen Erfolg der Nord-Aktion nicht vorstellen könne, und zwar unter dem Seekriegsgesichtspunkt. [Weizsäcker] hatte mir gegenüber als Kenner des Landes Norwegen gemeint, die Ideatoren der Sache hätten wohl keine Ahnung von den geographischen Verhältnissen, und zwar weder von den Entfernungen noch vom Charakter des nördlichen Norwegens, in dessen Öde größtenteils nichts wachse.

Mittags bei Gogo [Nostitz]. [. . .] Gogo bestätigte die Nachrichten über die Nord-Aktion. Die Sache laufe schon, es herrsche Nebel, worüber man froh ist. Ob wohl so schauderhaftes Winterwetter herrscht wie jetzt hier? Dann denke ich mir die Sache für uns ebenso schwierig wie für den Gegner.

[. . .]

Nachher kam [Goerdeler] noch einmal. Der Vertrauensmann sei nach [Dresden] abgefahren. Er habe sich zur Begleitung auf der Rundfahrt zur Verfügung gestellt. Ich meinte dazu, daß die Leute vielleicht lieber unter sich wären.

Zum Tee bei [Popitz]. Man sieht kein Licht. Wir sprachen noch einmal die ganze Lage durch und fanden keinen Punkt, an dem *wir* im Augenblick ansetzen könnten.

Abends aß Hentig bei mir im Hotel. Er ist Berater von Habicht für dessen hübschen Auftrag: „Unterwühlung des britischen Weltreichs".[57] Ich denke mir diese Tätigkeit unter einem solchen Chef fatal. Nach seiner Ansicht ist H[itler] mit R[ibbentrop] bereits in ziemlich schlechtem Verhältnis. [. . .]

Arosa, 15. 4. 40.
Am 10. hierher abgereist. Die Welt unter dem Eindruck der Besetzung von Dänemark und der norwegischen Häfen [9. 4.]. Mir unverständlicherweise sind die Engländer trotz allem wieder überrascht worden. Durchführung glänzend, das Ganze [aber] ein politisch, und aller Voraussicht nach auch militärisch wahnsinniges Unternehmen. Wird es den Generälen endlich die Augen öffnen? Infolge des unerwartet heftigen Widerstandes der Norweger ist die Inanspruchnahme unserer Kräfte, vor allem auch in der Luft, so stark, daß eine gewisse Chance auf Aufschub oder Aufgeben der Holland-Belgien-Offensive besteht, unsere Generale also noch einmal die Möglichkeit haben, *vorher* zu handeln. Allerdings kann bei einer Natur wie der Hitlers der unbefriedigende Verlauf in Norwegen zu abrupten, ganz irrsinnigen Entschlüssen führen.

Sehr schmerzlich die schweren Verluste unserer Flotte.

In der Schweiz ist der Deutschenhaß auf den Gipfel gestiegen. Dabei haben uns die Engländer propagandistisch zunächst noch wieder in die Hände gespielt, indem das große Publikum anfangs tatsächlich geglaubt hat, unser Vorgehen sei eine Antwort auf die am Tage vorher gelegten und angekündigten englischen Minen.[58]

[. . .]

Ich bekam Telefonnachricht von Detalmo [Pirzio Biroli], daß sein englischer Freund gestern hier sein würde. Bryans ließ mir aus meines Erachtens verfehlter Vorsicht sagen, er würde um 21 Uhr 30 in der Kursaalbar oder im Posthotel sein. Da sicher die Telephone von Schweizern und Italienern überwacht werden (die Schweizer Zensur hat sich sogar im Hotel Isla nach einem harmlosen Telegramm von mir an Almuth erkundigt), so wäre es viel harmloser gewesen, wenn er einfach im Isla nach mir gefragt hätte. Dabei ist er nachmittags dort gewesen und hat sich möglichst lange – nach Zimmern fragend – dort aufgehalten, in der vagen (vergeblichen) Hoffnung, mir zu begegnen.

B[ryans] berichtete, daß er meine Notizen an Halifax gegeben hätte, dieser habe sie, angeblich ohne meinen Namen zu nennen, an Chamberlain gezeigt. Auch Cadogan ist nach B.s Darstellung über das Ganze im Bilde, ohne von mir und von Einzelheiten zu wissen.

Halifax hat Bryans gesagt, er danke sehr für die Mitteilung und schätze sie hoch ein, sei auch mit den dargelegten Grundsätzen ganz einverstanden. Eine schriftliche Zusicherung in dem von B[ryans] angeregten Sinne könne er deshalb nicht geben, weil er das eine Woche vorher bereits auf einem anderen Wege getan habe. B[ryans] meinte dazu, daß seine Leute eben sehr skeptisch in bezug auf die ganze Möglichkeit seien.[59] Außerdem müsse er freilich zugeben, daß sie außerordentlich wenig intelligent und ferner langsam und schwerfällig seien. Er, B., sei daher sehr in Sorge, ob der „andere Weg" ein vernünftiger Weg sei, um so mehr, als der Reinfall mit Best und Stevens nach Halifax' Mitteilung an ihn (B) auf Halifax' eignen Instruktionen beruht habe.[60] Ich erwiderte ihm, letzteres sei allerdings erschütternd, und ich könnte nur hoffen, daß H[alifax] aus der Sache gelernt habe und solche Methoden nicht mehr anwenden werde. Was aber den „andern Weg" angehe, so könnte ich zwar natürlich nicht mit voller Sicherheit erkennen, worum es sich handle, glaubte aber annehmen zu können, daß es sich um eine mir bekannte ernsthafte Aktion handle, die auf unserer Seite an die gleiche Gruppe gelangt sei, mit der ich in Verbindung stehe. Wenn meine Annahme richtig sei, so könnte ich also B.s Mitteilung als eine Art Bestätigung nur lebhaft begrüßen; freilich müßte ich bedauern, daß er nichts Schriftliches gebracht hätte. Inhaltlich sei der auf dem „andern Wege" vorgebrachte englische Standpunkt einigermaßen (wenn auch nicht ganz) befriedigend. Vor allem sei aber wichtig zu wissen, ob man in London nach den letzten Ereignissen diesen Standpunkt noch festhalte, das heißt, nach wie vor wünsche, mit einem *nationalen* (nicht etwa einem Emigranten-)Deutschland, das andere politische Methoden wie das jetzige Regime anwende, zu einem anständigen Frieden zu kommen. B[ryans] bejahte letzteres absolut, obschon natürlich der im Norden entbrannte Kampf alle Aufmerksamkeit feßle und das Interesse an diesen politischen Dingen zurückgedrängt, auch die Hoffnung auf Erfolg dieser Bemühungen weiter vermindert habe. Das habe er in einer Schlußunterhaltung vorgestern (vorvorgestern?) mit Cadogans Privatsekretär deutlich gemerkt. Aber der Standpunkt bleibe, das wiederholte er auf mehrfache Frage, unverändert. Er fragte dann, wieso der Inhalt der englischen Mitteilungen auf dem anderen Wege nicht ganz befriedigend sei. Ich machte Andeutungen darüber, daß die Friedensgrundlagen in einer nicht voll annehmbaren Weise behandelt würden. B[ryans] meinte, er könne doch nicht annehmen, daß zum Beispiel etwa Österreich in die Erörterung gezogen würde. Ich erwiderte, daß das doch der Fall sei, man spräche von Volksabstimmung. Er wisse ja, daß wir als nationale Deutsche uns darauf und überhaupt auf innere Angelegenheiten mit der Gegenseite überhaupt nicht einlassen könnten. Das sei alles unsere Sache allein! Eine Volksabstimmung werde im übrigen, wie wir zum Beispiel aus Äußerungen der österreichischen Bischöfe bestätigt erhalten hätten, unbedingt für Großdeutschland ausfallen, aber das ginge die Gegenseite gar nichts an. B[ryans] stimmte zu und war offenbar sehr erleichtert, daß ich den „andern Weg" zu kennen glaubte. Er habe sich sofort gesagt: Entweder ich würde ihn kennen, dann sei etwas daran, oder nichts davon wissen, dann sei es ein falscher Kanal.[61]

Wir erörterten dann, was noch zu tun sei. Ich verwies ihn auf Rom, das nach wie vor ein Brennpunkt sei. Allerdings müßten die Westmächte sich darüber im klaren sein, daß Mussolini einem Eingreifen auf unserer Seite wesentlich näher stünde als zur Zeit unseres letzten Zusammenseins. B[ryans] erklärte, daß er versuchen wolle, zu M[ussolini] und zum Papst, beziehungsweise Maglione, vorzudringen. Ich deutete an, daß ich mir vom ersterem nichts versprechen könne, vom letzteren schon eher. Aus B[ryans'] Antwort auf eine vorsichtige Frage meinerseits schien hervorzugehen, daß er über Osbornes Tätigkeit nicht im Bilde ist.

Heute morgen machte ich noch einen Spaziergang mit Bryans. Ich gewann den Eindruck, daß Halifax und seine Leute keinen rechten Glauben mehr an die Möglichkeit haben, auf diesem Wege, das heißt auf dem einer Systemänderung in Deutschland, zu einem Frieden zu kommen. B[ryans] bestätigte mir aber nochmals, daß der Halifaxsche Standpunkt grundsätzlich unverändert sei. – Lange sprachen wir über Mussolinis Haltung. Ich betonte B. immer wieder, daß er [Mussolini] sehr möglicherweise eine Teilnahme am Kriege auf unserer Seite als einzigen Ausweg betrachten werde. Tatsächlich kann er natürlich in dieser Haltung dann wieder wankend werden, wenn es in Norwegen für uns schief geht. B. schien als sicher anzunehmen, daß England ein Expeditionskorps schicken werde.

B[ryans] warf immer wieder die Frage auf, welches Interesse Hitler an einer Zerstörung des englischen Weltreiches habe. Ebenso wie von solchem Ergebnis würde von einem Zusammenbruch Deutschlands Europa und die weiße Rasse nur Schaden haben. Ich stimmte ihm vollkommen zu. < > B. zeigte großen Pessimismus für die innere Entwicklung in England im Falle eines langen Krieges; ganz gleich, ob Sieg oder Niederlage, werde dann eine große Umwälzung kommen. Er hat eine geringe Meinung von der Intelligenz seiner Regierung. Dagegen lobte er die Admiralität.

Ebenhausen, 29. 4. 40.
Fahrt nach Berlin von Sonntag 21. 4. abends bis 27. 4. 40 früh.
[. . .]
In Berlin unterrichtete ich mich zunächst bei Popitz und Nostitz über die Lage. Hauptkennzeichen: Schwerster Pessimismus hinsichtlich der Haltung der Generale, die immer mehr in Resignation gegenüber den Hitlerschen Plänen fallen. Es spielt sogar ein gewisser Ehrgeiz der Heeresleitung mit, nun, nach dem nur halb- oder viertelgeglückten Unternehmen des OKW, ihrerseits Ruhm zu ernten.

Über den politischen Verlauf in Norwegen nach übereinstimmenden Nachrichten großer Ärger bei Hitler, der Habicht und Bräuer (der z. D. gestellt ist) für den norwegischen Widerstand verantwortlich macht, weil sie zu sehr auf Quisling gesetzt und König Haakon gegenüber [auf ihm] bestanden hätten.[62] Hitler soll nach guter Quelle jetzt groteskerweise gesagt haben, der Norden interessiere ihn nicht, dort möchten die Generale die Suppe ausessen.

Was den Angriff durch Belgien und Holland angeht, so wechseln die Bulletins dauernd. Letzter Stand ist der, daß er nun wirklich beschlossen sei.

Hauptspannungsmoment: „Was tun die Italiener?" Mackensen verficht unbedingt den Standpunkt, daß sie demnächst eingreifen werden. Der Marineattaché ist, wie ich von Oberst Oster hörte, entgegengesetzter Ansicht. Hiltebrandt, der mich besuchte, meinte, das Eingreifen sei wahrscheinlich, aber noch nicht entschieden; er fügte hinzu, daß er selbst unter den Presseleuten in dieser Hinsicht der am meisten optimistische sei. Mackensen leugnet, daß Ciano dagegen arbeite. Von anderen Seiten wird das aufrechterhalten; man munkelt sogar von seiner bevorstehenden Ausschiffung. Sicher ist, daß Dynastie, ein Teil der Generalität, Kirche und Volksstimmung dagegen sind. Ich persönlich glaube, daß die innere Entscheidung bei M[ussolini] noch nicht gefallen ist. Der große Presselärm spricht nicht unbedingt dafür. Weizsäcker beurteilt M[ussolini] als selbst schwankend, bald wild vorwärts tobend, bald zurückweichend. Ein neuestes Bulletin geht dahin, daß Gen[eral] Soddu bei Verhandlungen über die Frage etwaiger Entsendung italienischer Truppen nach Deutschland sich zurückhaltend gezeigt und erklärt habe, M. wolle in der Frage zunächst noch grundsätzlich Stellung nehmen. Wichtig wird sicher der Verlauf in Norwegen sein, wobei für M. vor allem bedeutsam, ob wirklich die Bombenfliegererfolge gegen Kriegsschiffe so groß sind, wie wir behaupten.

Das Prognostikon für den weiteren Verlauf in Norwegen ist noch schwierig. Sicher ist, daß die deutsche Flotte sehr übel zugerichtet ist.

Wirklich seefähig scheint im Augenblick kein großes Schiff zu sein und auch von den kleinen Kreuzern nur einer oder zwei. Ferner ist Narvik theoretisch verloren; die Räumung war, wie ich höre, schon einmal befohlen, ist aber wieder aufgeschoben worden, weil die Engländer merkwürdig zaghaft vorgehen. Überhaupt macht der Feldzug der Alliierten, obwohl sie an sehr zahlreichen und zum Teil wichtigen Stellen gelandet sind, keinen imposanten Eindruck. Besonders südlich Trondheims sind sie offenbar leichtsinnig und übereilt vorgegangen. Auf der anderen Seite ist schwer zu sehen, wie wir dort irgendeinen wirklich entscheidenden Erfolg erzielen sollen. Für die Erze sieht es übel aus. Daher konzentriert sich der politische Kampf augenblicklich auf Schweden. Wirtschaftlich bedeutet die Besetzung von Dänemark und Norwegen für uns alles in allem eher eine Belastung. Freilich hat sie auch sehr lästige Folgen für England (Holz!). Im ganzen: ein Schritt weiter auf der Bahn der Zerstörung Europas.

Man scheint in Norwegen mit der üblichen harten Hand regieren zu wollen. Daher Entsendung des Gauleiters Terboven mit zwei SS-Standarten und dem SS-Gruppenführer Weißmüller [richtig: Weitzel], einem in Prag „bewährten" Gewalthaber.

Im Innern sehr übles Zeichen die Absetzung des vernünftigen Gauleiters und Preiskommissars Josef Wagner.[63]

Die Qualität der Bonzen wird hell beleuchtet durch Streichers Schicksal, der nun endlich wegen jahrelanger, übler Schweinereien zu Fall gekommen ist.

[. . .]

Nachmittags bei Weizsäcker – sehr gedrückt und ohne Hoffnung auf einen Umschwung. Ich erzählte ihm (wie auch Popitz, Goerdeler und Beck) von der Bestätigung der englischen Haltung durch meinen Besucher in Arosa und betonte, daß
1) die Haltung grundsätzlich auch *nach* Norwegen noch fortbestehe,
2) das „Feuer" dafür allerdings abgeflaut hätte und
3) kein Vertrauen mehr in einen Erfolg der Kräfte der Vernunft in Deutschland bestände.

Weiz[säcker] meinte, die Engländer dürften nicht dauernd die Zerstörung Deutschlands als Ziel aufstellen. Ich bestritt, daß das von verantwortlicher Stelle geschehe. Dagegen wollte W. meinen Standpunkt, daß die Gegenseite vor allem keine innerpolitischen Forderungen stellen, sondern dies uns überlassen solle, nicht voll gelten lassen! Es bestände seines Erachtens kein Bedenken dagegen, daß sie (die Gegenseite) betone, mit Ribbentrop sei kein Friedensschluß möglich. Mir scheint das verfehlt; W. denkt dabei wohl zu sehr unter dem Druck seiner eignen Arbeitsverhältnisse.

Gegen Abend bei Beck. Er hatte schon seit vierzehn Tagen keine rechte Verbindung mehr mit unseren Leuten gehabt und schloß daraus auf Verbautsein aller Möglichkeiten. In der Tat hat damals die Aktion mit dem Ziele, Falkenhausen in Bewegung zu setzen, keinen Erfolg gehabt, weil F[alkenhausen] zuerst mit Thomas gesprochen hat und dieser der Meinung gewesen ist, es sei zwecklos, in der gegenwärtigen Lage noch irgend etwas zu tun. Man müsse dem Verhängnis vorläufig seinen Lauf lassen. Ich war mit Beck (ebenso wie mit Popitz und Goerdeler) darüber einig, daß man trotz der minimalen Chancen keinen Augenblick zu „hämmern" aufgeben dürfe. Thomas habe ich im Laufe der Tage auch besucht und den gleichen Standpunkt vertreten. Er war aber hoffnungslos, besonders auch, weil die von ihm Halder vorgelegten Dokumente gar keinen Erfolg erzielt hätten.[64] [. . .]

Dienstag 23. 4. kurz bei Nostitz; dann mit Planck bei Popitz. [. . .]

Mittwoch und Donnerstag verschiedene Besuche im Amt wegen meiner Spanienreise (Sabath, Schwendemann, Wiehl, am Donnerstag vormittag mit Schmitt bei Weizsäcker). Ribbentrop hat meine Reise allerhöchst genehmigt.[65] [. . .] Vorher bei Zschintsch im Erziehungsministerium Pläne einer etwaigen Zusammenfassung von Austauschdienst und Deutscher Akademie in meiner Hand vage besprochen. [. . .]

Schnell-Essen mit Ilgner, der für den Mitteleuropäischen Wirtschaftstag[66] den Gedanken einer Betätigung meinerseits für die Wirtschaftsexpansion nach Südosten, vor allem Jugoslawien, wiederaufgenommen hat. Die Sache ist noch nicht ganz ausgegoren. [. . .]

Donnerstag früh Etzdorf zum ersten Frühstück bei mir. Er erzählte, der emigrierte Thyssen habe in einer französischen Zeitung geschrieben: „J'ai perdu toute ma confiance dans les généraux allemands."[67] Insoweit habe er wirklich recht!

Hitler hat befohlen, daß angesichts der Undankbarkeit der Norweger gegenüber dem deutschen Vorgehen!! alle Orte zu vernichten sind, an denen die Engländer landen oder behauptet haben, gelandet zu sein.

Am Donnerstag nachmittag mein Vortrag. Sehr voll und gut zusammengesetzt. Das Publikum sehr interessiert. Ich glaube, es ging recht gut. Nachher Herrenessen mit vielen „lohnenden" Leuten. Lange Unterhaltung mit dem Chef der „Heimatarmee" General der Artillerie Fromm, der einen < > soldatischen klugen Eindruck macht, aber ziemlich „troupier". Er galt eigentlich immer als vernünftig und klarsehend, scheint aber jetzt auch ganz vom „wilden Kriegsknecht" gebissen zu sein: Durch Holland und Belgien würden wir in einem Schwunge durchstoßen, dann in vierzehn Tagen Frankreich erledigen; die Franzosen würden so laufen wie die Polen. Frankreich würde dann Frieden machen, England allein noch etwas weiter fechten und schließlich auch erledigt werden. Dann aber würde der Führer einen ganz maßvollen, staatsmännischen Frieden machen. Ich sagte, über die militärischen Chancen könnte ich nichts sagen (mir scheint, das Bramarbasieren ist kein gutes Zeichen), aber über die Hitlerschen Friedenspläne sei ich anderer Ansicht. [. . .]

Freitag vormittag besuchte mich der gute Courten. Frühstück bei Keudell im Continental mit Kameke, Wolf [Tirpitz] und dem „Schweine"- Schmid. Keudell ist ein sonderbar konfuser Mann, schreibt an *mich* „Heil Hitler" und lädt sich solch oppositionelles Konventikel ein. Schmid ist bis oben geladen gegen die Partei, die er recht intim an der „Arbeit" gesehen hat. Hoffnungen auf die Generale hat er auch nicht mehr. Kameke hofft nach wie vor auf den lieben Gott, der eine Belgien-Holland-Offensive wieder nicht zustande kommen lassen werde. Er behauptete, jemand gesprochen zu haben, der Himmler tatsächlich in einer Klinik mit einer Unterkieferverletzung und einem Beinschuß festgestellt habe.[68] Wer ihm diese Andenken beigebracht hat, ist strittig.
[. . .]

Ebenhausen, 29. 5. 40.
Reise nach Arosa und Zürich vom 10. bis 17. 5. 40.
Der Einbruch in Holland und Belgien, der nun Kameke zum Trotz [am 10. 5.] stattgefunden hat, machte meinen Spanienausflug vorläufig unmöglich, da erstens mit dem Eintritt Italiens in den Krieg sofort gerechnet werden mußte, und zweitens alle Durch- und Einreisevisen der Schweiz ungültig wurden. Da der Schweizer Generalkonsul Dr. Ritter in München, auf meine Bitte, kurz vor meiner beabsichtigten Abreise, am Sonnabend, dem 11., in Berlin und Bern die Weitergeltung meines Diplomatenvisums feststellte (während mein Begleiter nicht fahren konnte), so trat ich wenigstens meine Reise nach der Schweiz an. Der Präsident der Eisenbahndirektion in München hatte mir auf telephonische Anfrage mitgeteilt, eine Grenzsperre bestehe nicht, könne aber natürlich jeden Augenblick eingeführt werden; er würde es an meiner Stelle wagen. Rührenderweise schickte er mir noch einen Herrn auf den Bahnhof mit der Nachricht, daß soeben die SBB gedrahtet hätten, sie sähen sich genötigt, den internationalen Schnellverkehr vorläufig einzustellen. *Güter* würden weiter angenommen. Ich beschloß, trotzdem zu fahren, indem ich mich auf das Wort „schnell" verließ. An der Grenze meinten die deutschen Beamten skeptisch, alle deutschen Reisenden würden von den Schweizern zurückgeschickt. Ich ließ mich aber nicht stören. Die Paßbeamten in St. Margrethen wollten zunächst mein Visum nicht gelten lassen, obwohl eine Mitreisende, Fräulein Tobler, Sekretärin des schweizerischen Generalkonsulats in München, heroisch für mich einsprang. Ich hatte sie gefragt, ob sie zufällig vormittags meine Telefongespräche vermittelt habe, was sie nicht getan hatte, aber nicht abhielt, den Beamten gegenüber energisch zu behaupten, sie habe alles mit angehört. Schließlich rief man in der Fremdenpolizei in St. Gallen an und bekam erfreulicherweise positiven Bescheid. Ich telephonierte dann mit Ilse in Arosa, damit sie mich, mangels anderer Verbindung, am späten Abend in Chur mit Auto abhole. Hierzu brauchte ich die Hilfe der militärischen Grenzwache, deren Führer, ein

Gefreiter oder Unteroffizier, überaus freundlich war und dann eine lange Unterhaltung über den Krieg mit mir führte, bei der er sich erstaunlich verständnisvoll und gemäßigt zeigte.

Im übrigen aber herrschte freilich in der Schweiz eine wahre Panik. Der Eindruck ist der eines hochmobilisierten, ja, kriegführenden Landes — viel stärker als in Deutschland selbst! Überall fällt man gradezu über Truppen. Die Ausländer müssen alle Waffen abgeben, auch die alte Frau Härlin — Hotel Isla — ihre winzige Pistole. Man spricht von Internierung der Deutschen, und die braven Bürger in Zürich, Basel usw. bringen < > ihre Frauen und Kinder in die Berge (Engelberg, auch Arosa). Die große Schreckvorstellung sind die Fallschirmjäger und die „Fünfte Kolonne". In Zürich sieht man an den öffentlichen Gebäuden, Brücken usw. Drahthindernisse, Spanische Reiter usw. Vor Mussolini hat man auch Angst. Vor allem aber natürlich vor uns, die man außerdem glühend haßt.

[...]

Die unvorstellbar großen Erfolge der Deutschen im Westen durch die weit überlegene Panzer- und Flugwaffe, nebst anderen modernen Kampfmitteln, durch den Schwung der Truppe (nothing is more successful than success) und durch die ausgezeichnete Führung, bei sträflicher Leichtfertigkeit und schlechter Führung auf der anderen Seite, haben eine neue Lage geschaffen. Die Skepsis der meisten Generale, vor allem Becks, ist widerlegt, der bramarbasierende Fromm hat recht behalten. Die Verdienste Hitlers und Görings an dem Schaffen der Waffe und — Hitlers — auch wohl unmittelbar an der Führung kann niemand bestreiten. Göring, der im Grunde *gegen* die Offensive wie schon *gegen* den Krieg war, hat sich durch eine Rede, in der er das „strategische Genie des Führers" preist, salviert. Die Armee kämpft, soweit *Führung* angeht, anonym; man sieht deutlich, wohin in dieser Hinsicht die Reise geht: Zerstörung alles dessen, was noch an alter Tradition in ihr vorhanden ist. Aber das ist nur eine Teilerscheinung: Man muß jetzt mit einer Neugestaltung Europas im Hitler-Sinne rechnen, *äußerlich* durch einen, seinen weiten Zielen entsprechenden Frieden: man bereitet schon das Auslöschen des Westfälischen Friedens in Münster und Osnabrück vor, wobei noch offen ist, ob die völlige Entmachtung Frankreichs bei einer gewissen Duldung Englands über See, wie es jetzt scheint, die Parole bleibt, oder doch schließlich der Hauptnachdruck auf die Zerstörung des britischen Weltreichs gelegt wird. *Innerlich* durch zur Herrschaftkommen des Sozialismus in Hitlerscher oder verwandter Form, Zerbrechen der Oberschichten, Verwandlung der Kirchen in bedeutungslose Sekten usw. Da dem Nationalsozialismus, so wie er geworden ist, jede Seele fehlt und sein eigentliches Bekenntnis „die Gewalt ist", so werden wir eine entgötterte Natur, ein entseeltes, kulturloses Deutschland und vielleicht Europa bekommen, gewissenlos und roh. Weizsäcker meinte, man müsse sich damit trösten, daß große Wandlungen in der Geschichte sehr oft unter Verbrechen herbeigeführt würden. Ich bestritt das nicht, erwiderte aber, daß dies nur erträglich sei, wenn die „Träger der Wendung" vorwärts führende Gedanken zu verwirklichen *imstande* seien. Ich könne das in unserem Fall nicht glauben. Was davon im Nationalsozialismus vorhanden ist oder war, ist durch das Negative überwuchert worden. Ich saß beim Essen des Mitteleuropäischen Wirtschaftstags neben einem (wirtschaftlichen) Vortragenden Rat in der Reichskanzlei Willuhn, der zu meinem Erstaunen sofort von sich aus die gleichen Sorgen entwickelte, weil nämlich drei Dinge zerstört worden seien, der Glaube, der Charakter und der Gehorsam! Statt „Gehorsam" möchte ich sagen: alle Bindungen. Das schlimmste ist vielleicht das furchtbare Verwüsten des deutschen Charakters, der ohnehin oft genug Neigung zu sklavenhafter Art gezeigt hat.

29. 5. 40.
Militärisch ist nach Kapitulation der Belgier [28. 5.] die flandrische Stellung der Alliierten verloren, wenn Weygand nicht noch in letzter Stunde sehr unwahrscheinlicherweise ein Durchbruch gelingt. Die Lage spitzt sich dann dahin zu, ob die Alliierten militärisch und moralisch noch imstande sind, auf „Dauer" zu spielen, das heißt, so lange durchzuhalten, bis die Zeit gegen uns ins Gewicht fällt. Hierfür ist ferner die außenpolitische wichtig. Wird Amerika in der Sache der Anglo-Franzosen die eigene erkennen und sich voll dafür einsetzen, und zwar noch rechtzeitig? Das ist wohl sehr zweifelhaft; vielleicht betrachten sie das Unternehmen der Westmächte schon als bankrott und nicht investitionswert. Sodann ist Rußland ein X, insofern ihm eine deutsche Übermacht gefährlich erscheinen muß. Indessen ist ihm weder große Offensivkraft noch der Mut zuzutrauen, mit uns, wenn wir intakt sind, anzubinden. Eher wäre ein – für uns immerhin unangenehmes – Vorgehen gegen Rumänien denkbar. Was Italien angeht, dessen offizielle und fabrizierte Stimmen entgegen Königtum, Vatikan und Volksstimmung seit Wochen wild „Krieg" schreien, so hat Mussolini zwei Ziele: erstens das reale, national-imperialistische, zweitens das moralische der Herstellung des italienischen militärischen Prestiges. Für letzteres ist es beinahe schon zu spät: es riecht schon nach Leichenfledderei. Um so aktueller ist das zweite (auch die Spanier schreien schon nach Gibraltar!), eine gewisse Hemmung fällt für die Dynastie vielleicht durch die Kapitulation von Leopold III. fort. Aber das Problem stellt sich auch für Italien: ob Deutschland nicht zu mächtig wird? und es fragt sich, wie man dem am besten begegnet: durch Zusammenraffen von möglichst vielem aus der englisch-französischen Erbschaft? oder durch Privatkrieg am Balkan, um ihn vor einem deutschen Monopol zu bewahren? oder durch vorläufige Zurückhaltung?
  Alfieri, der, scheint es, auf ausdrückliches deutsches Verlangen Attolico ersetzt hat, der zu „flau" war, erzählt in Berlin, es ginge sehr bald los. Auch Donna Carlotta tat recht kriegerisch. [. . .]

Ich fand in Berlin in den oberen Schichten zu einem Teile haltloses Triumphieren mit anschließenden Weltverteilungsplänen ganz großen Stils. Bei andern die größte Niedergeschlagenheit angesichts der Tatsache, daß nun mit der unbeschränkten Herrschaft der Partei auf lange Zeit gerechnet werden müsse, verbunden mit dem Gedanken, dem öffentlichen Leben Valet zu geben und sich auf Privatstudien zurückzuziehen. Beim Volk im ganzen zwar Freude über die Siege, die den Frieden näher bringen, aber zugleich eine erstaunliche Apathie. Der gebrochene Charakter [der Deutschen] trat vielleicht niemals deutlicher hervor. Zum Beispiel flaggt natürlich niemand spontan: man wartet auf Befehl.

Ich bin der Ansicht, daß, so bedrückend zur Zeit die Aussichten sind, man die Flinte nicht ins Korn werfen darf, sondern zum Weiterkämpfen in der neuen Lage bereit sein muß. Grade nach einem Siege, in dem Riesenreiche, werden unvermeidlich große Spannungen auftreten, bei denen sich bald die Möglichkeit und Notwendigkeit zum Handeln ergeben kann. — Weizsäcker hat irgendjemand gesagt, man müsse dabei bleiben; man habe zum Siege nichts beigetragen, habe aber auch innerlich nichts damit zu tun. Mir ist zweifelhaft, ob er nicht im letzten Moment beim Einbruch in Holland-Belgien hätte „gehen" sollen. Übrigens soll Davignon [belgischer Botschafter] Ribbentrop vierkant seine Meinung gesagt haben: jedes Wort im Memorandum sei eine Lüge, und er, Ribbentrop, glaube ja selbst nicht daran.[69]

Tageslauf in Berlin:
Freitag, den 24., morgens mit Goerdeler gesprochen, der natürlich ziemlich erschüttert ist, aber den Kampf nicht aufgibt. Er macht sich freilich noch allerhand vor. Gegen Mittag bei Nostitz, der einen Krach mit Ribbentrop gehabt hat und abgesägt werden sollte. Schließlich ist er ganz gerechtfertigt daraus hervorgegangen, geht aber an Kessels Stelle nach Genf. Dieser (Kessel) an Nostitz' Platz. Kessel, mit dem ich abends aß, ist gänzlich resigniert und möchte Archäologie studieren. Ich habe versucht, ihn zu „heben".

Frühstück bei Ilgner im Adlon, mit Dietrich, Hauptgeschäftsführer des Mitteleuropäischen Wirtschaftstags [MWT]. Meine geplante Mitarbeit besprochen.

Nachmittags Tee bei Popitz mit Beck und Goerdeler. Beck steht vor der Leichtfertigkeit und schlechten Führung der Anglo-Franzosen als vor einem Rätsel. Er hält aber ein „Sich-wieder-Sammeln" für möglich.

Sonnabend 25. verschiedene Besprechungen, unter anderem mit Clodius über meinen Eintritt beim MWT. Er ist skeptisch, weil die Partei diesem „Überbleibsel kapitalistischer Zeiten" nicht grün sei und vielleicht versuchen werde, alles beim Südosteuropa-Institut Bürckels in Wien zu konzentrieren.

Frühstück mit Oster, Dohnanyi und Guttenberg bei „Kroll". Ich versuchte die stark erschütterten Gemüter etwas zu stärken. Grade die *Soldaten,* die skeptisch waren, sind jetzt in unbequemer Lage.

Dann bei Weizsäckers. Mit ihm die Lage und meine Angelegenheit besprochen. Clodius hatte ihn schon „skeptisch" unterrichtet. Weizsäcker empfahl, daß Wilmowsky ihm einen Brief schreibe. [. . .]

Gegen Abend bei Kirk, der gänzlich erschlagen und hoffnungslos war. Er meinte, Amerika rücke dem Krieg immer näher.

[. . .]

Sonntag, den 26., im Dom. Doehring predigte gut. Recht voll. Sehr viele Männer, auch junge, und viel Soldaten. Die Gemeinde ernst und gesammelt, ein positiver Eindruck. Bei Schuberts [dem frühern Botschafter] gefrühstückt, bei Pecoris Kaffee. Sie fuhr abends nach Rom. Er erzählte, die Marineleitung habe Hitler auf die voraussichtlich schweren Verluste bei der Norwegen-Unternehmung hingewiesen, worauf er erwidert habe: „Es lohnt sich." Ich bezweifle dieses „Sichlohnen" sehr stark, besonders wenn man Belgien-Holland plante. Von unseren Gegnern sagte P[ecori], daß die Belgier am besten gekämpft hätten, dann die Franzosen, zuletzt die Engländer. P[ecori] fuhr mich im Auto zu Wolf T[irpitz], wo ich Tee trank und den fabelhaften Hühnerstall bewunderte. Nachher kamen noch Sells. Er erzählte, daß Prinz Wilhelm gefallen sei. Vom Standpunkt der Hohenzollern ist der tapfere Tod des ältesten Kaiserenkels positiv zu werten, wenn man an so etwas noch denken will. In der Familie verschwindet eine Komplikation.[70]

Der Kaiser hat sich nach Sells Bericht in Doorn sehr würdig und männlich benommen. Angebote der holländischen und englischen Königsfamilien hat er abgelehnt. Er bleibe, wo er sei; man habe ihm schon einmal vorgeworfen, fortgelaufen zu sein! Die Heeresleitung hat den Offizieren verboten, sich bei ihm zu melden. Aber ein Leutnant von Braunschweig, der an einem Sonntag in Doorn mit 18 Mann die Wache hatte, hat gebeten — auf Wunsch der Leute — am Gottesdienst teilnehmen zu können und ist auch dabei verblieben, als Dommes ihn darauf hinwies, er könne Unannehmlichkeiten davon haben. Der Kaiser habe dann nach dem Gottesdienst zu den Leuten etwa gesagt, er freue sich, deutsche Soldaten zu sehen; sie hätten schon Großes geleistet und Schweres durchgemacht und würden dies noch weiter tun; dann möchten sie sich immer bewußt sein, daß beides von Gott komme.[71]

S[ell] berichtete noch, daß die Briefe aus den nordischen Staaten kalte Feindseligkeit atmeten.

[. . .]

Montag 27. Um 11 bei Görings Staatssekretär Neumann in meiner Sache. Interessant war, daß er die Nachricht vom Tode des Prinzen Wilhelm mit der Bemerkung aufnahm, vom Standpunkte der „Einrichtung" sei es vielleicht gut. — Vor Tisch mit Wilmowsky meine Sache besprochen. Er meinte, Clodius sei überängstlich; mit dem Südosteuropainstitut werde man sich arrangieren. [. . .]

Ebenhausen, 24. 6. 40.
Ich war von Montag, den 10. bis Sonntag, den 16. in der Schweiz. Im Auto mit Nostitz, der nach Genf versetzt ist, bis St. Margrethen. In seiner ersten Genfer „neutralen" Nacht fielen englische Fliegerbomben auf sein Hotel. Tote und Verwundete 50 Meter von ihm! — Wolf Ulli fand ich gottlob wirklich etwas besser, wenn auch noch labil, mit widerspenstigem nervösen Magen, und weiterer Verlauf noch nicht abzusehen, aber man fängt doch an zu hoffen. Ilse, eine allgemein bewunderte, über alle Beschreibung großartige Pflegerin. Trotz unerhörter Inanspruchnahme fand sie Zeit, mit leidenschaftlichem Schwunge eine sehr wirksame kleine Denkschrift für [. . .] zu verfassen, um deren durch die militärischen Erfolge erzeugten Umfall zu positiver Einstellung zu Hitler zu bekämpfen. — Goethe, „Dichtung und Wahrheit", 20. Buch, hat am besten gekennzeichnet, worum es sich bei dem Dämonischen handelt, das die sittliche Weltordnung durchkreuzt. Ich fand den nach dem Einfall in Belgien-Holland so kritisch gewordenen Ully Wille am 16. völlig erschüttert durch die gewaltigen militärischen Erfolge; politisch äußerte er sich nicht; Inez dagegen war offenbar in ihrem religiösen Grundgefühl geneigt, zu glauben, daß ein Mann solcher Erfolge ein Mann mit Gott sein müsse. — Ich bin überzeugt, daß Hitler und in ganz anderer Weise Göring ein ausschlaggebendes Verdienst an diesen Erfolgen haben, obschon die Leistungen der militärischen Führung, die vom alten Heere her dem neuen eingeborene Qualität und die Verdienste der Leute von Geßler und Seeckt bis Beck und Fritsch in schamloser Weise unterschlagen werden. Niemand wird die Größe des von Hitler Erreichten bestreiten. Aber das ändert nichts am inneren Charakter seiner Erscheinung und seiner Taten und an den grauenhaften Gefahren, denen nun alle höheren Werte ausgesetzt sind. Ein dämonischer Spartakus kann nur zerstörend wirken, wenn nicht noch rechtzeitig die Gegenwirkung eintritt. Man könnte verzweifeln unter der Last der Tragik, sich an den größten nationalen Erfolgen nicht wahrhaft freuen zu können. Dabei herrscht bei der Masse eine erstaunlich stumpfsinnige Gleichgültigkeit, nachdem auf ihr seit sieben Jahren im Lautsprecherton herumgepaukt worden ist.
[. . .]
Am 18. 6. abends nach Berlin.
Die Sache bei MWT ist nun in Ordnung. So erfreulich sie als Plattform, Wiedereinschaltung ins öffentliche Leben und wohl auch als interessante Arbeit ist, so deutlich sehe ich die Nachteile: Berlin statt Oberbayern, der Ärger und die Fallstricke, die unvermeidliche Beigabe sein müssen usw. Vorläufig auch eine gewisse Unklarheit über die eigentliche Aufgabe. [. . .]
Politisch fand ich in Berlin einen Zustand „zwischen den Schlachten": außenpolitisch, weil noch nicht klar ist, wie sich die Kapitulation Frankreichs [22. 6. 40] auswirken wird; innenpolitisch, weil wir alle einig waren,

daß zur Zeit nichts zu machen ist, ebenso einig aber darüber, daß grade nach dem Siege neue Kampfmöglichkeiten und -notwendigkeiten kommen werden, allerdings jedenfalls zunächst gegen eine verstärkte Übermacht.

Schacht sowohl wie Goerdeler sehen bei einer Fortsetzung des Kampfes durch England (woran allgemein geglaubt wird) ziemlich schwarz, weil schon nach wenigen Monaten sehr große wirtschaftliche Schwierigkeiten unvermeidlich seien. Das ist wohl richtig; ich glaube aber nicht, daß sie sehr bald groß genug sein werden, unsere Lage gefährlich zu machen, zumal man grade deshalb England mit großen Schlägen zu Leibe gehen wird. Eine Landung scheinen übrigens die Militärs doch für sehr schwierig zu halten. Ein X ist immer noch Amerika. Ein militärisches Eingreifen liegt aber jedenfalls noch in sehr weitem Felde. Den Eintritt von Knox und Stimson ins Kabinett beurteilt Dieckhoff (bei dem ich am 22. Tee trank) nicht als unbedingt günstig für Roosevelt, weil das Ausscheiden dieser Kriegstreiber die Republikaner unter Umständen in der friedlichen Richtung konsolidieren könne.[72] Ein Zusammenwirken England-Amerika-Rußland ist jetzt denkbar geworden, aber noch nicht recht real. Immerhin gibt der Vormarsch der Russen im ganzen Baltikum einen Anhalt dafür, wie sie das gewaltige Anschwellen der deutschen Macht ansehen.[73] Die Italiener spielen mit ihrer Kriegserklärung [11. 6. 40] ohne nachfolgende Taten keine sehr glänzende Rolle. Einziges Ergebnis bisher eine Schlappe gegen die Engländer an der libyschen Grenze. Wenn aber M[ussolini], ohne Italiens Blut zu vergießen, schließlich die ganze Ernte in die Scheunen bringt, so ist er, ganz im Sinne des klassischen „l'Italia farà da sé", der große Mann.

[. . .]

Ebenhausen, 10. 8. 40.
Infolge meiner neuen Tätigkeit im Vorstand des MWT bin ich in letzter Zeit nicht zum Schreiben gekommen. Im Großen hat sich die Politische Lage nicht verändert. Es ist, was die Volksstimmung angeht, erstaunlich, wie wenig „Schwung" darin lebendig ist, trotz der doch wahrhaft „geschichtlich einmaligen" Erfolge. Der Spießer ist schon wieder ungeduldig, daß England noch nicht niedergekämpft ist! Und in der Masse überwiegt bei weitem die Friedenssehnsucht (und die Angst vor einem zweiten Kriegswinter) alles andere. Man kann sogar eine Art unbestimmtes, auch oft unbewußtes Grauen über die Schrecknisse des Kriegs, die doch dem deutschen Volk bisher weitgehend erspart blieben, durchfühlen, die stumme Frage, ob denn wirklich all der Aufwand und all das Furchtbare unvermeidlich waren, ob nicht Vieles, wenn auch nicht alles, auch ohne Krieg erreichbar gewesen wäre. [. . .]

In Berlin schwärmt man inzwischen in Annexionen und in fantastischer „Großraumwirtschaft". Sehr schlechte Presse für die Italiener. Man

Carl Goerdeler

Jens Peter Jessen (oben)

Johannes Popitz (oben, rechts)

Nevile Henderson (rechts)

Hans Oster (oben)

Wilhelm Canaris (oben, rechts)

Georg Thomas (links)

Ludwig Beck

grinst schon, wenn das Wort Italien fällt. Besonders die Militärs zeichnen sich dadurch aus, was bis zu einem gewissen Grade verständlich ist. Törichter ist die grundsätzlich absprechende hochnäsige Art deutscher Wirtschaftler.

Da ich mich mit der Frage des Neuaufbaus der Wirtschaftsbeziehungen zum Südosten, mit dem Akzent auf dem Ausgleich der deutsch-italienischen Interessen zu beschäftigen habe, führe ich unzählige Unterhaltungen über das allgemeine und besondere Thema.[74] Ich habe mehrere aufgezeichnet. Verständig Funk. Bei einem Frühstück bei Alfieri, bei dem auch Weizsäckers waren, trank Alfieri schmetternd auf mein Wohl: „Auf unsere alte Freundschaft." Eigentlich ist es, nach dem, was ich zum Schluß in Rom erlebt habe, tragikomisch, daß ich mich jetzt wieder für eine psychologisch richtige Behandlung der Italiener und Beachtung ihrer Interessen bemühe. – Mit den Balkangesandten habe ich häufig Fühlung. Der Jugoslawe Andrić, ein Dichter von Rang, ist ein angenehmer, kluger Mann. Auch der Bulgare Draganoff (früher Offizier) und der Rumäne Romalo (Geschäftsmann) sind bemerkenswerte Leute.

Meine Arbeit vollzieht sich noch stark im Nebel, weil die Verhältnisse im Südosten gänzlich labil sind, vor allem wegen der Auseinandersetzung Rumänien-Ungarn, dann wegen des russischen Drucks, und endlich wegen der inneren Unsicherheit in Jugoslawien (besonders der Kroaten wegen). Die italienischen Gedanken sind auf diesem Gebiet auch höchst undurchsichtig. Aber auch die große politische Lage ist noch nicht zu überblicken. Sie wird durch folgende Momente bestimmt: 1) den bevorstehenden deutschen Groß-Luftangriff gegen England, nebst ital. Angriff Richtung Ägypten, 2) die Vorbereitungen für eine Landung in England, 3) die im Grunde sehr geringe Neigung Hitlers und seiner Leute zu letzterem Unternehmen und den lebhaften Wunsch, ohne diese Aktion zu einem Kompromißfrieden mit England zu kommen, 4) die zunehmende Tendenz Amerikas, mit dem Eintritt in den Krieg zu winken bzw. zu drohen, falls nämlich England über den Winter aushält, wobei sich für Amerika England gegenüber eine ähnliche Rolle herausbildet wie die Englands gegenüber Tschechen, Polen, Rumänen usw. vor Kriegsbeginn. – Hierüber vor einigen Tagen lange Unterhaltung bei Kieps mit K. selbst, Schacht, Kordt (London-Bern), Chvalkovský. Alle waren der Ansicht, daß weniger die jetzt allmählich – im Gegensatz zu den ersten Monaten – aufkommende Lust an der geschäftlichen Rüstungskonjunktur als das ideelle Moment für die zunehmende Kriegsstimmung in A[merika] maßgebend sei.

Bis vor kurzem ist [von offizieller Seite] über verschiedene neutrale Länder noch mit England über Friedensmöglichkeiten gesprochen worden. Jedoch scheint man über vage Erklärungen nicht hinausgekommen zu sein. Durch Hase [Oster] erhielt ich Kenntnis von dem letzten Versuch der Art durch Vermittlung von Carl Burckhardt und Paravicini (Schweizer Gesandter in London), zwischen Kelly (englischem Gesandten in Bern) und Hohenlohe (Rothenhaus) Anfang Juli; Kelly hat dabei interessanterweise sofort wieder die Frage angeschnitten, in wessen Namen H[ohenlohe] spreche, das heißt also auf die Möglichkeit eines Systemwechsels in Deutschland. H[ohenlohe] hat natürlich diesen Gedankengang abgelehnt.[75] — In London arbeitet der Herzog von Alba eifrig daran, Spanien aus dem Kriege herauszuhalten, mit der Andeutung, es könne Gibraltar auch friedlich bekommen.

Aus sonstigen Mitteilungen Hases [Oster] ist von Interesse, daß Huntziger vorgeschlagen hat, mit der Syrienarmee, im Bunde mit der Achse, offensiv gegen Mossul vorzugehen. Unsererseits hat man sauer reagiert, um Frankreich nicht Atouts für den Friedensschluß in die Hand zu geben.[76] In Nordafrika scheint nach zuverlässigen Nachrichten in den französischen Kolonien eine höchst labile Lage zu bestehen, das heißt die Frage, ob die Leute dort Pétain usw. parieren, noch durchaus offen zu sein.[77] Unterdessen bereitet Italien, numerisch überlegen, den Angriff Richtung Ägypten vor, hat aber kürzlich wieder erklärt, noch nicht fertig zu sein. Unsererseits wird die Landung in England auf Hitlers Befehl vorbereitet — „falls sie nötig werden sollte" —. Vor [dem] 15. 9. ist aber die Marine nicht fertig, womit sich die Zeit des ungünstigen Wetters für die Luftwaffe nähert. Der Befehl ist ein oberflächliches, zum Teil kindlichlaienhaftes Dokument, nach dessen Durchsicht man wieder einmal vollkommen sprachlos ist.[78] Ein schlüssiger Beweis dafür, daß neben der Vorzüglichkeit der Wehrmacht „das Glück" in den Erfolgen Hitlers eine außerordentlich große Rolle spielen muß. Bezeichnend für seine ganze Geistesart ist, daß er jetzt bereits für den Fall, daß ein durchschlagender Erfolg gegen England nicht möglich ist, für Frühjahr 1941 den Angriff gegen Rußland ins Auge faßt.[79] Es ist daher kein Wunder, daß fieberhaft an einer russisch-englisch-türkischen Verständigung vor allem über die Meerengen gearbeitet wird. Bisher ist noch kein Erfolg erzielt; bemerkenswert ist aber, wie ablehnend sich die Türkei nach wie vor zu uns stellt.

Über den Zustand in Rußland erzählte mir neulich der bekannte Ingenieur Matschoß, er sei 1929 zuletzt in Moskau gewesen (also ungefähr zur Zeit unserer Reise nach Petersburg) und jetzt wieder. Damals habe er genau unsere entsetzlichen Eindrücke gehabt; jetzt sei er über den Unterschied gradezu sprachlos gewesen: fabelhafte Städtebaupolitik, prachtvolle, riesige Plätze, saubere Straßen; die Menschen ganz überwiegend ordentlich und reinlich angezogen, vergnügte Mienen, Gelächter, Gesang. Er habe sich von einem Café aus den Spaß gemacht, die Leute zu zählen, die der Portier im Adlon wohl nicht hereinlassen würde, und sei dabei auf höchstens 25 Prozent gekommen. Natürlich stecke hinter dieser Moskauer Fassade viel Elend, Schmutz und Unglück in Rußland, aber der Fortschritt sei doch außerordentlich. — Bei dem Frühstück, bei dem M[atschoß] dies berichtete, wurde zur Illustration der Frage, ob man mit den

Sowjets verkehren könne, folgende hübsche „Parabel" erzählt: „Ein Industrieller verhandelt mit einem Negerhäuptling über eine Bahnkonzession. Alles ist in Ordnung, als der Häuptling plötzlich laut rülpst und sagt: ‚Verzeihung, aber ich habe gestern meine Großmutter gefressen!' Soll man da die Verhandlung abbrechen oder lieber sagen: ‚Wohl bekomms, Herr Häuptling!'"

Im Südosten gehen die Verhandlungen zwischen Rumänen und Bulgaren ganz gut.[80] Letztere haben uns gefragt, wo die deutsch-russische Interessengrenze da unten sei. Unsere Antwort: „Die russischen Interessen enden am Prut!" hat die braven Sofioten sehr erfreut. Pourvu que cela dure. – Zwischen Ungarn und Rumänen bisher keine Brücke. Hitler hat an [König] Carol einen dringenden Brief mit der Mahnung, sich zu einigen, geschrieben. Maniu hetzt mit aller Macht für Nachgeben gegen Bulgarien und absoluten Widerstand gegen Ungarn. Für uns ist die Lage sehr unbequem. Hitler graust vor der Schiedsrichterrolle, bietet aber für den Fall unmittelbarer Einigung Grenzgarantie.[81]

[...]

Aus Hases [Osters] Unterlagen geht hervor, wie entsetzlich die Zustände im Generalgouvernement Krakau sind, eine Zerstörung und Not ohnegleichen.

Über unsere Friedensbedingungen wußte er [Oster] folgendes: Deutsche Bedingungen zur Zeit: Elsaß-Lothringen, Briey, Malmedy usw., norwegische Atlantikhäfen, unsere Kolonien, Belgisch-Kongo, marokkanische Atlantikhäfen (sonst Französisch-Marokko an Spanien). Italienische [Bedingungen]: Nizza, Korsika, Tunis, Algier, Djibouti, Britisch-Somali, Landbrücke Abessinien-Libyen; Neutralisierung der Enge von Gibraltar, Bündnis mit Ägypten. Ein Gemisch von Mäßigkeit und Übermaß.

Vor drei Tagen hatte ich eine lange Unterhaltung mit Pfaffs [Goerdelers] Freund G[isevius]. Er meinte, Pfaff argumentiere, nachdem seine sonstigen Hoffnungen zu Wasser geworden seien, moralisch: ein so unsittliches System *könne* nicht bestehen. Das lehnte er ebenso wie ich als historisch nicht haltbar ab. Deswegen behalte aber natürlich der sittliche und der nach seinen Eindrücken immer stärker werdende religiöse Gesichtspunkt für die Vorbereitung einer Wende seine große Wichtigkeit. Von der hohen Garnitur der Generale erwartet G. nichts mehr; sie würden mit Titeln, Ritterkreuzen und Dotationen gemästet. Aber in etwas tieferen Regionen wachse vielleicht ein Widerstand gegen die Schweinerei, vor allem die SS, heran.

[...]

22. 9. 40.
Ziemlich intensive Tätigkeit im MWT; für mich eine gute Plattform, die sich praktisch auswirkt. In die Arbeit finde ich mich allmählich hinein, trotzdem bleibt noch vieles schwierig und unklar. Mit Wilmowsky und

Dietrich geht es glänzend, lästig die phantastische Eitelkeit und Empfindlichkeit Ilgners, auch seine übertriebene Geschäftigkeit.

1.–3. 9. Reisen nach Wien, Essen (13. 9.), Düsseldorf, im Anschluß an letzteres Dantegesellschaft in Weimar – ein unwahrscheinlich unwirkliches Intermezzo, bei dem das Dritte Reich und der Krieg plötzlich in meilenweite Ferne rückten. Ich genoß wie immer die Atmosphäre des Hotels „Erbprinz" und den jedesmal neu begeisternden Park. Bezeichnend für unsere Verhältnisse, daß in der ganzen Dante-Versammlung kaum ein Mensch als Anhänger des herrschenden Systems bezeichnet werden konnte. Im Industrieklub in Düsseldorf, in dem ich – nicht ganz ohne Bangen – vor den wirtschaftlich sachverständigen und persönlich höchst selbstbewußten Zuhörern über meine Aufgabe (besonders den Ausgleich der deutsch-italienischen Interessen) sprach, trug auch von den etwa zehn anwesenden Industriekapitänen *keiner* das Parteiabzeichen.

[...]

In Wien großer Auftrieb zur Eröffnung der Messe: Schirach, als neuer Gauleiter und Gastgeber, Funk, Ley, italienischer Korporationsminister Ricci, Wirtschaftsminister Andres, Sagoroff, Varga von Jugoslawien, Bulgarien, Ungarn, zwei andere jugoslawische Minister, Košutić (Schwiegersohn Radić und Generalsekretär der Mačekpartei, mit einer Art Ehrfurcht von den Jugoslawen behandelt), Pantić (früher Diplomat), der rumänische Jugendminister Sidorowitschi und andere. Kurz vor der Messe hatten Ciano und Ribbentrop in Wien den rumänisch-ungarischen Schiedsspruch gefällt zur „endgültigen Befriedung des Donauraums".[82] In Wahrheit zeigen meine Aufzeichnungen über zahlreiche Unterhaltungen, wie labil noch die ganze Lage ist, vor allem zwischen Italien und Jugoslawien, und beim Frühstück in der Hofburg tranken meine beiden Nachbarn, der finnische Gesandte und der rumänische Minister, sich mit dem Motto zu: „Wir holen uns wieder, was die Sowjetrussen uns abgenommen haben!"[83]

Funk sprach bei der Eröffnung sachlich und vernünftig. Schirach hat sich zur Parole gemacht, in allem den Unterschied zu Bürckels Methoden hervorzukehren. Er (dem übrigens die Falschheit auf dem Gesicht steht) markiert den Großzügigen, Verständnisvollen und lobte in seiner Rede das Fürstenhaus, das aus Wien die Hauptstadt einer Weltmacht gemacht habe, und seine hervorragenden Vertreter Maria-Theresia und Josef II. Beim Empfang der Gäste zeigte er sich gewandt und liebenswürdig. Ab und zu kommt dann der großspurige Parteibonze durch, so, wenn er beim Frühstück zwischen Ricci und dem türkischen Botschafter unbekümmert allerhand Papiere studiert, die ihm überflüssiger-, aber wohl berechneterweise gebracht werden. Es wurde von kaiserlichem Porzellan und Silber, mit Dienern in kaiserlichen Livreen serviert – eine Geschmacklosigkeit, die den guten General Bardolff zu resigniertem Kopfschütteln veranlaßte. Das Essen wurde aus einem Hotel geholt, so daß wir zweiviertel Stunden gequält bei Tisch saßen und Schirach verzweifelt vor dem Käse die Tafel aufhob. Beim Empfang im Rathaus nach der schönen Zauberflöten-Aufführung, gerierte sich Schirach mit der Tochter des „Reichs-Trunkenboldes" Hoffmann als Souverän mit schnürebeladenem, die Namen der Gäste flüsterndem Adjutanten. Dafür nahm er nachher wie ein kleiner Spießer beim Essen neben seiner hohen Gemahlin Platz.

[. . .]

Der MWT hatte eine recht ansehnliche Tagung zugleich mit der Messeeröffnung, mit wesentlich höherem Niveau als die von Bürckel aufgezogene Wiener Südosteuropagesellschaft. [. . .]

Morgen [23. 9.] will ich nach Brazzá fahren, wo ich Ilse und den armen, in letzter Zeit wieder mehr leidenden Wolfulli zu finden hoffe. [. . .] Von Brazzà aus will ich mich in Venedig mit italienischen Wirtschaftlern besprechen, um einen Eindruck von ihren Wünschen im Südosten zu gewinnen und ihnen den Eindruck zu geben, daß wir ihnen ihren Anteil gönnen wollen.

Alles das sind freilich ungefangene Fische! Denn die große Bramsigkeit und Siegessicherheit der Regierenden, der Partei und der Flugwaffe ist in letzter Zeit sehr begründeterweise dem Gefühl gewichen, daß das siegreiche Ende noch vor dem Winter, das so sicher erwartet wurde, höchst zweifelhaft geworden ist, ja, daß der Ausgang des Ringens überhaupt durchaus ungewiß ist. England unter Churchill erweist sich, trotz furchtbarer Wirkung unserer Luftangriffe, besonders auf London, als höchst zäher Gegner; die Luftherrschaft ist noch nicht errungen; Flak und neue amerikanische Curtiss-Jagdmaschinen zeigen sich als sehr wirksam; und die Landung in England hat verschoben werden müssen.[84] In der Verlegenheit brütet man ausschweifende Pläne nach allen Richtungen, gegen Rußland und im Mittelmeer. Immer klarer wird zweierlei: erstens der verbrecherische Leichtsinn, mit dem Hitler, Ribbentrop, Keitel und Genossen diesen Krieg angefangen haben; zweitens die entsetzliche Zerstörung, die in Europa im Gange ist. Wir nennen die englischen Flieger „Piraten und Mordbrenner", behaupten, daß sie absichtlich Dinge wie Goethes Gartenhaus, Heidelberg, Bethel angreifen, und stürzen uns selbst mit unbekümmerter Brutalität auf alles, was uns vorkommt. Ein besonders ekelhafter Propagandaschwindel wird mit den Bodelschwinghschen Anstalten betrieben: Zuerst hat man den Reichsbischof Bodelschwingh abgesägt, seinen Anstalten nach Strich und Faden das Wasser abzugraben gesucht und eine unmenschliche, vor allem (wie das gesamte Staatsleben) eine völlig unkontrollierte Gesetzgebung mit dem Ziele des Umbringens der angeblich oder wirklich Unheilbaren in Kraft gesetzt; *dann* preist man „den Vater der Barmherzigkeit", dessen Liebeswerk die hündischen Engländer gemein zerstören. Währenddessen sitzt Bodelschwinghs Stellvertreter im Gefängnis oder Konzert[Konzentrations]lager, weil er gewagt hat, den Mund gegen das Verfahren der Regierung aufzutun.[85]

Gleichzeitig werden die wirtschaftlichen und moralischen Zustände in den besetzten Gebieten immer schlimmer. Die Parteibullen zeigen sich natürlich ihren Aufgaben nicht gewachsen, alle sittlichen Bindungen lockern sich mehr und mehr, man stiehlt und „benimmt sich"; zugleich wächst der Haß der Bevölkerung überall. In Frankreich und den Kolonien wird es auch politisch immer bedenklicher; de Gaulle nimmt an Anhängerschaft zu.

Alle Nachrichten stimmen über das Gesamtbild überein: Popitz, Planck und andere haben auf eigenen Reisen erschütternde Eindrücke gehabt.

[. . .]

Währenddem ergeht ein Erlaß Hitlers an Keitel, nach dem Kriege würden wir viele widerwillige Völker zu beherrschen haben; um das durchzuführen, wolle er nicht das Heer einsetzen, sondern die Waffen-SS zu einer, seinem persönlichen Befehl unterstehenden Truppe mit sämtlichen Waffen (auch Luft) ausbauen.[86]

In allen Unterhaltungen mit Geibel [Beck], Geißler [Popitz], Pfaff [Goerdeler], Hase [Oster] usw. fragen wir uns vergebens, ob denn nun die Generäle nicht endlich merken, was gespielt wird, und welche furchtbare Verantwortung sie sowohl für die innere Entwicklung wie für den Ausgang des Krieges tragen. Wir sind uns alle darüber klar, daß jetzt noch einmal alles getan werden muß, um sie zu überzeugen, daß sie die Dinge nicht weiter laufen lassen dürfen, wenn wir nicht plötzlich *vor* oder *in* einer wirklichen Katastrophe stehen wollen: Katastrophe innerer Zerstörung oder äußerer Niederlage oder beidem.

In letzterer Hinsicht ist bezeichnend, daß ein Parteihistoriker (Johann von Leers) neulich meinem Korpsbruder zur Nedden, Dramaturgen des Nationaltheaters in Weimar, sagte, es sei eben jetzt ein solcher Haß zwischen den beiden kämpfenden germanischen Völkern wie einst zum Beispiel zwischen Vandalen und Westgoten. Er vergaß dabei nur, daß von beiden kein Schwanz übriggeblieben ist. So ist auch jetzt der Krieg zwischen Deutschen und Engländern ein wahrer europäischer Selbstmord.

Inzwischen wird das deutsche Volk im Grunde immer kriegsmüder und im Innersten gleichgültiger. Bezeichnend sind zwei Witze: 14 Flieger verlangen Einlaß im Himmel. Petrus läßt nur sieben herein, die anderen randalieren. Petrus erscheint wieder und sagt: „Es tut mir leid, ich kann nichts machen, aber wir halten uns an die amtlichen Wehrmachtsberichte." — Goebbels beschwert sich, daß er nicht auch befördert werde. Hitler: „Seien Sie nur beruhigt; nach dem Kriege wird Göring Weltmarschall und Sie Halbweltmarschall!" „Und Himmler?" „Unterweltmarschall!"

Ebenhausen, 8. 10. 40.
Die Lage entwickelt sich immer bedrohlicher — nach außen, indem der Krieg und damit die Zerstörung immer unabsehbarer wird und immer

weiter ausgreift, nach innen, indem der moralische Niedergang, die Vernichtung aller wirklichen Werte reißend zunimmt. Die Parteiherrscher fassen klarer und klarer nicht mehr einen, Versailles entgegengesetzten, auf *Dauer* angelegten Aufbau Europas ins Auge, sondern eine reine Gewaltherrschaft dessen, was sie die deutsche Herrenkaste nennen, über unterworfene Völker. Diese Leute, die zu nichts ungeeigneter sind als zum wirklichen Herrschen, an der Spitze „Herr" Ley, sprechen von sich als einer Herrenschicht, die nur noch Arbeiten höherer Art verrichten und die niedrigeren Dienste den Unterworfenen überlassen würden, womit sie zugleich allem ins Gesicht schlagen, was sie über den Adel jeder Arbeit gepredigt haben. Die Wirkung, die solche Lehren auf den Handarbeiter haben müssen, scheinen sie nicht zu erkennen.

Jeder Pole muß von jetzt an ein „P" tragen und zur Begründung des Vorgehens gegen dieses Volk wird öffentlich gesagt, es gebe so wenig *einen* anständigen Polen wie einen anständigen Juden. Eine Führerschicht, die so etwas ausspricht, entehrt sich selbst, und es ist ein schwacher Trost, daß immer häufiger junge Offiziere, Beamte oder SS-Leute versuchen, der Tätigkeit im besetzten Gebiet zu entkommen, „weil sie sich schämen, Deutsche zu sein". Andererseits erzählte mir der junge Rechtsanwalt [Berthold],[87] der beim Generalgouverneur in Krakau arbeitet, er beobachte, wie junge Nationalsozialisten seiner Generation den Maßstab verlören und inmitten der Gemeinheit ihren anfänglich kritischen Standpunkt aufgeben (als zwecklos), um statt dessen, nach dem Beispiel ihrer Umgebung auch nur noch an den eigenen Vorteil, sei es Stellungen, sei es persönliche Bereicherung zu denken. – Von den Zuständen in Polen entwarf B[erthold], der ein überzeugter Nationalsozialist aus Idealismus ist, ein gradezu schauriges Bild: Neben der allmählichen Entkräftung der hungernden Arbeiter und der systematischen Ausrottung der Juden geht ein teuflischer Feldzug gegen die polnische Intelligenz einher, mit dem offenen Ziel, sie zu vernichten.[88] Für einen verschwundenen, angeblich beim Aufstöbern eines Waffenlagers umgebrachten SS-Mann sind, unterschiedslos aus den Listen der Anwälte, Ärzte usw. herausgesucht, 500 Intelligente ermordet worden, darunter zum Beispiel ein Anwalt, der seit Monaten bei der Verwaltung als erfahrener Sozialpolitiker angestellt war. Auch der General < > erzählte mir ganz erschüttert, wie im Westen in ganz großem Stile gestohlen würde, angefangen mit dem Reichsmarschall – Verrechnung zwischen „öffentlichem" und „privatem" Diebstahl vorbehalten. Es ist kein Zweifel, daß, wenn dieses System siegt, Deutschland und Europa fürchterlichen Zeiten entgegengehen. Bringt es aber Deutschland in eine Niederlage, so sind die Folgen erst recht nicht auszudenken.

Hitler und Mussolini gewähren, nachdem das programmäßige Niederringen Englands im Herbst nicht eingetreten ist, den Anblick der beiden Tiger im Käfig, die bald hier, bald dort gegen die Stangen des Gitters springen, vorläufig mehr in Gedanken als in Taten, indem bald der eine, bald der andere neue Kriegsplan ins Auge gefaßt wird. Die Aktion gegen Rußland scheint zur Zeit wieder zurückzutreten gegenüber Offensivplänen im Mittelmeer.[89] Spanien reagiert aber vorläufig noch sauer und verlangt vor dem Eingreifen ein bißchen reichlich viel. In Italien muß man sich allmählich daran gewöhnen, daß der programmäßige kurze Krieg sich in einen langen verwandeln könnte. Eine sehr ungemütliche Vorstellung für ein Volk, das, wie ich mich eben überzeugen konnte, dem Krieg mit größter Distanz und Indolenz und in dem einzigen Wunsche eines baldigen Endes gegenübersteht. Grade während meiner Anwesenheit kam die erste Rationierung (Öl, Fett, Butter), die bei den Hausfrauen ziemlich einschlug.

In England beträchtliche, aber bisher nicht entscheidende Erfolge unserer Flieger, auch gute U-Bootsarbeit. Eine Kabinettsumbildung, grade auch bezüglich der Luft, zeigt, daß dort nicht alles nach Wunsch geht. Aber der Widerstandswille scheint noch unerschüttert. Als Gegenschlag, das heißt also, um die Vereinigten Staaten vom Eingreifen abzuschrecken, wohl auch um auf das oft recht widerborstige Rußland zu wirken, hat man den Antikominternpakt in ein Bündnis verwandelt [27. 9. 40]. Die USA müssen also mit einem Zweifrontenkrieg rechnen. Trotzdem glaube ich nicht an eine wesentliche Änderung der Lage, deren Ernst auf *diese* Weise den Amerikanern noch deutlicher vor Augen geführt würde.

Erschütternd dilettantisch wieder einmal der englische Fehlschlag vor Dakar.[90]

[...]

Ebenhausen, 20. 10. 40.
[...],
Die Lage ist augenblicklich so, daß die Landung offenbar ganz zurückgestellt ist, ein wirklich durchschlagender Erfolg der Fliegerangriffe auf London möglich, aber nicht sehr wahrscheinlich; neue Pläne, [die] sich vor allem aufs Mittelmeer beziehen (Italien gegen Ägypten angeblich dicht vor dem Angriff), deutsche Divisionen, die Rumänien als „Schulungstruppen" in die Hand genommen haben,[91] der Gedanke, Rußland anzugreifen, wieder ganz zurückgetreten und durch flehendes Buhlen um die russische Gunst ersetzt worden ist. Hitler (oder Ribbentrop) hat an Stalin oder an Molotow einen langen Werbebrief geschrieben und sein Kommen nach Moskau angeboten.[92] — Vor einigen Tagen erzählte beim Rheinbaben-Frühstück der eben aus USA zurückgekehrte Westrick, daß die Stimmung gegen Nazideutschland 100 % fanatisch sei; persönlicher Verkehr käme so gut wie gar nicht mehr in Frage. Trotzdem ständen die Chancen für W. Willkie contra Roosevelt 50 : 50, nach Henry Ford sogar besser für ersteren. Würde Roosevelt gewählt, so würde das allmählich auch formellen Eintritt Amerikas in den Krieg bedeuten, dagegen Willkies Wahl allmähliche Rückkehr zur Neutralität.

Wenn Willkie jetzt anders rede, so tue er das nur als Wahlpropaganda, um seine vier! deutschen Großeltern auszugleichen. Nach dem, was Westrick sonst über Stimmung, Rüstungen usw. erzählte, bezweifle ich die Rückkehr zu voller Neutralität im Falle von Willkies Wahl, es sei denn große Ereignisse ändern inzwischen die Lage. Das Bündnis mit Japan hat nach Westrick zunächst einen Schock gegeben, in Gedanken an den etwa nötigen Zweifrontenkrieg, auf die Dauer aber die Kriegsstimmung eher verschärft.

Pétain möchte die militärische Macht Frankreichs, unter Hinweis auf die englischen Angriffe, stärken dürfen und würde am liebsten Frieden schließen, unter Umständen sogar mit gegen England gehen, weil der jetzige Zustand allmählich völlig unerträglich wird. In ersterer Hinsicht scheinen wir ziemlich entgegenzukommen; eine Aussicht auf Frieden sieht Weizsäcker bei der deutsch-italienischen Einstellung zu diesem Problem nicht.[93]

Abgesehen von einer Landung oder einer wider Erwarten doch noch eintretenden durchschlagenden Wirkung der Fliegerangriffe sehe ich folgende günstige Möglichkeiten: 1) Wahl Wendell Willkies, 2) Erfolg der Italiener in Ägypten (sehr möglich, 100 000 Verluste, sagte mir der italienische Geschäftsträger Zamboni vorgestern, können *sie* ohne weiteres ausgleichen, die Engländer aber nicht). Ein solcher Sieg würde auch die mäßige Kriegsmoral in Italien sehr heben. 3) Sonderfrieden mit Frankreich (?), 4) Herüberziehen Rußlands auf unsere Seite.

Japan scheint sich gegenüber England und USA im Bewußtsein seiner Schwäche recht vorsichtig zu benehmen. Der japanische Botschaftsrat, der in London war, soll dort eine fest entschlossene, verbissene Kriegsstimmung gefunden haben.

Ebenhausen, 11. 11. 40.
Von einem zweiten Besuch in Brazzá und einer Reise nach Belgrad und Zagreb zurück. [. . .]
Der Gesamteindruck [von der Jugoslawienreise] ist ungünstig. Heerens waren sehr nett, und es machte mir Freude, in meiner alten Gesandtschaft zu wohnen. Die Stadt ist nicht allzu verändert, obschon viel gebaut wurde. Immer noch die merkwürdige Mischung von Dorf und Hauptstadt, Orient und Europa. [. . .] Wunderbarer Blick auf das ganze Land, besonders den Kosuthiack von dem reizenden Villenpalais Beli Dvor des Prinzen Paul. Bei ihm und der unverändert entzückenden Prinzeß Olga zum Frühstück. Sehr gemütlich und ganz wie früher. Wir haben uns so offen es ging über unsere Sorgen ausgesprochen. Der junge König war auch da: nicht grade schön, erinnert an Vater und Großvater (Ferdinand), schmächtig, etwas geduckt, blaß, zurückhaltend, aber nicht unsympathisch. Prinz Alexander viel frischer und männlicher, sieht eher wie ein Abkomme des Hauses Glücksburg aus.

Das Verhältnis zu Heerens sehr kühl, kein wirklicher Kontakt von Anfang an, jetzt noch verstärkt durch den Bruch des Prinzen mit Stojadinović,[94] an dem Heerens eisern festhalten; Frau von Heeren so eisern, daß sie dauernd von ihrem guten Verhältnis zu ihm schwärmt. Sie gibt damit den Lästerzungen reichlich Stoff, auch Prinz Paul deutete das an. Für einen Gesandten und seine Frau ist dieses Verhalten in bezug auf einen gestürzten, sogar konfinierten Staatsmann auch dann falsch, wenn dieser noch einmal ans Ruder kommen sollte. [. . .]

Prinz Pauls Stellung ist sehr schwierig, weil er in Serbien zu niemand recht Kontakt hat, wohl zu den Kroaten, aber die Frage ist, ob diese ihn nicht kaltblütig verraten würden.

Heeren hat nach meinen Beobachtungen nicht grade eine schlechte, aber auch gar keine starke Stellung in Jugoslawien. Er ist dazu zu indolent und im Grunde ängstlich. Innerpolitisch wagt er natürlich auch im vertrauten deutschen Kreise nicht die kleinste Bemerkung. Dem Prinzen gegenüber ist er dadurch noch mehr ins Hintertreffen gekommen, daß er, ebenso wie der Italiener, den Auftrag bekam, bei Prinz Paul gegen etwaiges Vorgehen gegen das Leben von Stojadinović Verwahrung einzulegen! Der Prinz hat ungefähr geantwortet, er sei kein Mörder, wie das wohl in anderen Ländern heutzutage vorkäme.

Die drei günstigen Möglichkeiten, die ich im Tagebuch zuletzt andeutete, haben sich alle verflüchtigt, zwei vorläufig, eine endgültig: Roosevelt ist gewählt, die Offensive gegen Ägypten ist vertagt, der Sonderfrieden mit Frankreich noch nicht zustande gekommen. Ob die Reise Molotows nach Berlin ein Erfolg wird, kann man noch nicht beurteilen.

Inzwischen haben die Italiener, offenbar auch für uns überraschend, Griechenland angegriffen [28. 10. 40], ein höchst bedenkliches Unternehmen, besonders wenn es so schlecht gemacht wird wie bisher. Ergebnis vorläufig, daß die Engländer in Kreta sitzen.

Den bisherigen Oberbefehlshaber Visconti Prasca, den ich ganz gut kenne, einen bekannten Militärschriftsteller, hat man abgesägt und den Kriegs-Staatssekretär Soddu selbst hingeschickt.

Günstig: ziemlich große Erfolge der U-Boote und Flieger gegen die englische Handelsschiffahrt.

Aus den Tagen vor meiner Abreise ist noch einiges nachzutragen. Je wahrscheinlicher der lange Krieg wird, desto mehr Gefahren enthält die innere und äußere Lage. Die Diktatoren und ihre Leute fühlen das auch durchaus, obschon sie ihre Sorgen hinter starken Worten verbergen. Vergleiche die Hitlerrede im Löwenbräu, in der er sich in schon fast pathologischer Weise als stärksten Mann seit Jahrhunderten preist.[95] Zugleich fängt das Treibholz wieder an, in Richtung der Opposition zu schwimmen. Die Düsseldorfer Industriellen, die für den 5. November auf Sieg über England wetteten, haben verloren. Ich habe am 28. 10. im Industrieklub (das heißt in dem gleichen Saale des Parkhotels, in dem Hitler einst

[1932], von Thyssen ausgerechnet eskortiert, die Schwerindustriellen gewann) über „Politik und Wirtschaft im Mittelmeer einst und jetzt" gesprochen – zahlreiche aufmerksame Zuhörer – und im Kreise der Industriellen erheblich weniger große Worte gehört als vor zwei Monaten.
[. . .]

Auch der höhere Polizeiführer West, ein „SS-Obergruppenführer", war dabei und brachte mich nachher während Fliegeralarms auf den Bahnhof, den ich sonst nicht hätte erreichen können. Wer mit Zehn-Uhr- oder Elf-Uhr-Zügen fahren will, muß sich schon zwischen acht und neun Uhr abends hinbegeben und dann, gegebenenfalls im Luftschutzkeller, die, übrigens pünktlich, ohne Rücksicht auf das Geschieße fahrenden Züge abwarten. Das Publikum war die Sache offenbar schon sehr gewohnt und trotz heftiger Kanonade ruhig und diszipliniert. Der Vorgänger des Polizeiführers war bei einer nächtlichen Autofahrt von einer Bombe getötet worden. Es war also ganz heldenhaft, daß mich der Nachfolger fuhr.

Unterhaltungen mit Geißler [Popitz], Pfaff [Goerdeler] und Hase [Oster] vor meiner Reise ergaben, daß im Innern die Autorität der bekanntlich auf dem Führerprinzip beruhenden Regierung immer mehr schwindet. Die Reichsstatthalter, besonders in agrarischen Gegenden, benehmen sich als Satrapen, die nicht gehorchen und sich gegen Ablieferungen sperren. Wie einst im Weltkrieg die verschrieenen bayerischen und württembergischen Partikularisten! Gleichzeitig steigen Löhne und Preise auf Umwegen oder verschleiert, zum Teil auch schon offen, immer mehr – auch dies bezirksweise verschieden. Am schlimmsten sind die Verhältnisse, zum Teil die unmittelbare Not, in manchen besetzten Gebieten. Geißler [Popitz] hat lange mit [Küchler?] beraten, der der Ansicht ist, zur Zeit sei nichts zu machen, aber in zwei bis drei Monaten werde die Spannung so groß werden, daß die Birne vielleicht reif würde. Die Brutalitäten in Polen und anderwärts gehen inzwischen fort. In Baden wurden vor einigen Wochen plötzlich alle Juden Hals über Kopf über die Grenze nach dem Elsaß gejagt, darunter alte Reserveoffiziere mit E.K. I.[96]

Außenpolitisch ist bemerkenswert, daß die letzte Besprechung auf dem Brenner [Hitler-Mussolini, 4. 10. 40], ausweislich von drei in Einzelheiten abweichenden, im großen übereinstimmenden Berichten, die ich gelesen habe, im allgemeinen einen Moll-Ton zeigt.[97] Zwar haben sich beide tüchtig über ihre militärischen Leistungen und Möglichkeiten gehörig vorrenommiert, aber im Grunde war die Stimmung offenbar gedämpft. Mussolini hat den Angriff gegen Ägypten als bevorstehend angekündigt und pikanterweise hinzugefügt, seine Generäle wollten nicht recht heran, aber er habe sich Graziani bestellt und ihm den Marsch geblasen.

Inzwischen waren dann die Zusammentreffen Hitler-Laval [22. 10. 40], Hitler-Pétain [26. 10. 40], Hitler-Franco [23. 10. 40]. Bei ersteren ist man über grundsätzliche Zusicherungen nicht hinausgekommen. Franco hat zwar absolute Achsentreue gelobt, aber sich den Zeitpunkt des Eingreifens vollkommen vorbehalten.[98]

Hases Chef [Canaris] hatte abgeraten, weil die Lage in Spanien labil und Francos Autorität geschwächt sei. Im übrigen verlangt Spanien ganz Französisch-Marokko, und das wäre mit einer deutsch-französischen Verständigung unerreichbar. François-Poncet intrigiert unterdessen munter gegen Laval.

Mussolini hat auf dem Brenner ziemlich maßvolle Ansprüche an Frankreich formuliert, ebenso Hitler.

Nachher ist eine Versteifung eingetreten, und zwar bei Franzosen und Italienern. Mussolini hat einen langen Brief an Hitler geschrieben[99] und bezüglich einer Verständigung mit Pétain wesentlich kürzer getreten; zugleich hat er angekündigt, daß die Offensive gegen Ägypten bis nach Weihnachten vertagt werden müsse, boshaft darauf anspielend, daß ja auch die Landung in England nicht so schnell ginge wie geplant. Folge: Florenz [28. 10. 40], wo Mussolini seinen Gastfreund [Hitler] mit dem Einmarsch in Griechenland „erfreut hat". Was dabei herausgekommen ist, weiß ich noch nicht.

Bei der Luftwaffe hat sehr böses Blut gemacht, daß Göring während der Hauptangriffe auf England fast vierzehn Tage in Rominten jagte.

Einige bezeichnende Geschichten, die erste soll wirklich wahr sein: Jemand kommt in ein Schwarzwalddorf und betritt ein Bauernhaus mit dem Gruß: „Heil Hitler!" Eine alte Bauersfrau antwortet: „Wie kommt ihr grad auf *den?*"

Im Luftschutzkeller: Wer schon geschlafen hat, sagt beim Eintreten: „Guten Morgen", wer noch nicht geschlafen hat: „Guten Abend", wer noch schläft: „Heil Hitler!"

Instruktionen im Luftschutzkeller: „Wem haben wir die Nachtjäger zu verdanken?" Antwort: „Hermann Göring." „Wem die Flak?" – „Hermann Göring." „Überhaupt die ganze Luftwaffe?" – Antwort: „Hermann Göring." „Auf welchen Befehl hat Hermann Göring das alles gemacht?" – „Auf Befehl des Führers!" „Wo wären wir überhaupt, wenn der Führer und H[ermann] G[öring] nicht wären?" – „Im Bett!"

Neville Chamberlain ist am 9. 11. gestorben. Ein tragisches Ende für einen Mann guten Willens.

Die nächsten Tage werden vielleicht zeigen, ob wir durch das Versprechen von Konstantinopel die Russen aus dem Bau locken – gegen Türkei und England.[100] Es wäre zunächst ein Schlag für unsere Gegner, im übrigen ein weiterer Schritt zur völligen Zerstörung von Europa durch den „härtesten Deutschen seit Jahrhunderten", wie sich Hitler selbst im Paroxysmus nennt.

Ebenhausen, 23. 11. 40.
Der Krieg schleppt sich weiter: Auf der einen Seite schwere Städtezerstörungen in England, ein wahres cauchmar von Kriegführung, woran wir freilich nicht allein schuld sind, denn die Engländer haben wohl zuerst

dieses Mittel, freilich schwächlich, benutzt; auch ziemliche Verluste der Handelsschiffahrt; auf der andern Seite Niederlagen der Italiener in Griechenland[101] — man sollte es nicht für möglich halten — und ein höchst erfolgreicher Angriff englischer Torpedoflugzeuge auf die italienische Flotte in Tarent [12. 11.]. 50 Prozent der großen Schiffe sind vorläufig lahmgelegt.[102] Ich hörte den Schluß von Mussolinis Rede am Jahrestage der Sanktionen und fand seine Stimme nervös und übererregt. Der italienische Marineattaché, unser guter Corso Pecori, bei denen ich neulich frühstückte, führte den Mißerfolg in Griechenland vor allem auf Jacomoni, „Vizekönig" in Albanien, zurück, der einen Aufstand der Albaner in Epirus bestimmt in Aussicht gestellt habe. Weizsäcker sagte mir, das ganze Unternehmen sei ein undurchdachter Vorstoß Cianos, der dabei eben mit Jacomoni zusammengearbeitet habe. Jetzt, nachdem die Engländer Kreta und alle Inseln in der Ägäis besetzt und sich in Saloniki festgesetzt haben, von wo sie die Petroleumfelder in Rumänien leicht mit Bomben belegen können, stehen wir nun vor der Frage, ob wir mit den Bulgaren nach Saloniki marschieren und die Engländer hinauswerfen sollen, eine neue Erweiterung des Kriegsschauplatzes, die womöglich die Türkei ebenfalls hineinzieht.

[. . .]

Über Molotow höre ich von Weizsäcker und anderen, daß eine Verbesserung der Atmosphäre, aber sonst politisch noch nichts Positives herausgekommen sei. Bezüglich der Türkei habe sich Molotow sehr zurückhaltend geäußert und zu erkennen gegeben, daß das ein Problem sei, was *ihre,* der Russen, Angelegenheit sei.[103]

Ich sprach mit Meinecke [Weizsäcker] über die Frage, wie die Generalität jetzt innerlich eingestellt sei und deutete auf Grund von Unterhaltungen mit Geißler [Popitz], Pfaff [Goerdeler] und G.O. H. [Generaloberst Halder?] an, daß die Erkenntnis der furchtbaren Entwicklung im Innern und der völligen Erschütterung aller sittlichen Grundlagen doch zunehme. Meinecke [Weizsäcker] bezweifelte das, besonders auf Grund eines Gesprächs, das er mit seinem Landsmann [Neurath] gehabt habe, der ganz naiv in Siegesträumen geschwelgt habe. Dabei habe er gezeigt, daß er in einer für seine Stellung skandalösen Unwissenheit über die zahlenmäßigen Unterlagen, zum Beispiel des U-Bootkrieges, gewesen sei. Auf Meineckes [Weizsäckers] sehr fundierte Einwände gegen die von jenem genannten fantastischen Zahlen habe er resigniert gesagt, von Marine und Luft erhalte er systematisch keine Informationen. — Ich habe meinerseits den Eindruck, daß besonders die Marine in ihren Meldungen mit der Wahrheit sehr übel umspringt, zum Beispiel hat sie neulich berichtet, ein Kriegsschiff („Scheer") habe im Atlantik einen großen Konvoi gestellt und restlos vernichtet. In Wahrheit ist es, infolge heldenhafter Selbstaufopferung eines englischen Hilfskreuzers, der großen Mehrheit der Handelsschiffe gelungen, zu entkommen.[104] Ein Seeoffizier, den ich im Reitstall darauf ansprach, war selbst empört über diese Art, meinte aber, es sei nichts dagegen zu machen gewesen. Vermutlich ist also die Anordnung von hoher Stelle gekommen. Mein Eindruck vom Offizierkorps der Marine, besonders in den höheren und mittleren Chargen, ist nicht bezaubernd. Es fehlt ein führender, guter Geist, wie es der alte T[irpitz] war. Jetzt mischt sich die Bramsigkeit des ungebildeten „miles gloriosus" mit Mangel an Zivilcourage und sittlichen Grundlagen. [. . .]

Die Marine ist freilich nur ein Symbol der Gesamtentwicklung. Pfaff [Goerdeler] und Geißler [Popitz] erzählten entsetzliche Dinge über die sittliche Verwahrlosung, sowohl in den besetzten Gebieten wie im Innern, zum Beispiel bei der systematischen, aber unkontrollierten Tötung sogenannter „unheilbarer Geisteskranker".[105] Typisch ist, daß Hitler ein Gesetz abgelehnt hat, aber hintenherum Bouhler ermächtigt hat, die Sache zu machen.

Hitler hat über die künftige Kriegführung einen Befehl erlassen, der recht zerfahren klingt. „Falls im Frühjahr noch einmal auf die Landung zurückgekommen werden müsse, sei sie besser vorzubereiten."[105a] Die Möglichkeit eines Kampfes gegen Rußland wird weiter im Auge behalten. Zur Zeit streitet man sich mit den Spaniern wegen eines Unternehmens gegen Gibraltar herum. Hitler hat sich mit Franco, der sehr zurückhaltend war, nicht verstanden und (nicht ganz mit Unrecht) gemeint, Franco sei wohl ein ganz braver Soldat, aber nur durch Zufall Staatschef geworden. Suñer hat er als übelsten Geschäftspolitiker bezeichnet. Mag auch stimmen.

Geißler [Popitz] und Pfaff [Goerdeler] haben sich über die Ernährungslage informiert. In Deutschland könne man, wenn man *alle* Vorräte verbrauche, bis 1. 8. auskommen, in den besetzten Gebieten werde zum Teil schon jetzt bald die Not herrschen.

Am bezeichnendsten für den Geisteszustand unserer Regierenden ist ein vor wenigen Wochen gehaltener Vortrag von Greiser (Reichsstatthalter im Warthegau): Er habe Befehl vom Führer, dafür zu sorgen, daß kein Pole, aus welcher Schicht er auch komme, mehr als drei bis vier Jahre Schulunterricht bekomme, um das primitivste Lesen, Schreiben und Rechnen so weit zu lernen, daß er sein Lohnbuch verstehen könne. Deutsche Lehrer seien ihm für solchen Unterricht zu schade; er werde sich nach dem Kriege 7000 Unteroffiziere dazu kommandieren lassen. Nach diesen drei bis vier Jahren: Marsch in die Rüben- und Kartoffelfelder.[106] — Demselben Zwecke dient es, daß die tschechische Universität in Prag geschlossen worden ist.[107] So will man Europa aufbauen! Kein Wunder, daß ein Volksdeutscher aus Jugoslawien, der famose Industrielle Aug. Westen aus Cilli, mit dem ich vorgestern in Berlin zu Abend aß, vollkommen verzweifelt ist. (Im Excelsior, um von da durch den Tunnel auf alle Fälle bei Fliegeralarm sicher zum Anhalter Bahnhof zu kommen.)

Als ich vor einigen Tagen dem Staatssekretär Neumann über meine Jugoslawienreise erzählte, war mir interessant, daß er auf eine Bemerkung von mir über den grundsätzlichen Fehler der Besetzung von Prag lebhaft erklärte, ich wisse doch, daß Göring dagegen gewesen sei und versucht habe, retardierend zu wirken.[108] *Darüber* kommt Göring leider nie hinaus.

[. . .]

Ebenhausen, 9. 12. 40.
Am 25. 11. Großvater geworden! Corrado, ein Name, der deutsche und italienische Geschichte verbindet. Gott sei gedankt. Wir sind sehr erleichtert, es ging alles fabelhaft glatt. [. . .]
Ich habe in Hamburg im Nationalklub am 30. 11. und in Berlin in der Weltwirtschaftlichen Gesellschaft (Gouverneur Schnee) am 6. 12. meinen Düsseldorfer Vortrag über Politik und Wirtschaft im Mittelmeer gehalten. [. . .] Politisch herrscht in Hamburg immer noch Optimismus, was bemerkenswert ist, denn der Krieg trifft die Leute natürlich schwer. — Otto Bismarck, der grade auf einige Tage in Deutschland war, hatte von meinem Vortrag gehört und lud mich telefonisch nach Friedrichsruh ein, was bezeichnend für seine gegen früher stark verwässerte Nazifreundschaft ist. Es war nett und auch interessant, weil er aus Rom allerhand erzählte. Der Zustand dort nach den wahrhaft schmählichen Niederlagen in Griechenland ist moralisch labil. Die unheilvolle Rolle Cianos tritt stärker hervor. Seit Mussolini unter seinem Einfluß die Selbständigkeit mehr und mehr verloren hat und ins Hitlersche Kielwasser eingeschert ist, treibt Italien eine gefährliche Politik. Abgesehen von allem übrigen setzt sie „heldische" Eigenschaften der Italiener voraus, die ihnen fehlen. Das treffende Wort: „Sie sind so müde, als Löwen zu leben" wird jetzt wahrer als je. Wenn die Engländer eine zielbewußte, Opfer nicht scheuende Strategie treiben könnten, so würden sie durch Einhauen auf Italien in diesem Augenblick einen überaus schwachen Punkt der Achse treffen.

[. . .]
Ich sah die Gruft in Friedrichsruh, eindrucksvoll in ihrer einfachen Gedrungenheit. Überhaupt waren diese Leute schlicht und anspruchslos. Das sieht man auch am Hause, das ursprünglich ein Dorfgasthof war. Herbert B[ismarck] hat viel umgebaut, Arbeits- und Schlafzimmer sind erhalten, wie sie waren. Die jetzige Fürstin hat mit Geschmack verschönert. [. . .]
Keine Flieger, weder in Hamburg noch Berlin. In den „hohen" Kreisen in Berlin Welle des Optimismus; man hofft durch die Städtezerstörungen und die U-Boote England bald „kleinzukriegen". Für den Frieden spekuliert man auf ein Labourkabinett (Bevin). Dabei sind im Grunde die Plutokraten schon weicher als die Arbeiter. Auch aus Amerika kommen bedenklichere Stimmen. Das Ganze ist aber noch höchst nebelhaft; ich sehe noch keinen Frieden mit Hitler, zumal die Gegner die italienische Schwä-

che und unsere bevorstehenden Schwierigkeiten erkennen. Inzwischen sammeln wir — groß, beinahe komisch groß aufgemachte Beitritte zum Dreierpakt: Ungarn! Rumänien! Slowakei! [20./24. 11.] In Rumänien wüste, beschämende Zustände unter unserem Schutz: Mord und Raub. Ohne die deutschen Truppen wäre furchtbares Chaos sicher, Bulgarien wird von uns und — im absoluten klaren Gegenspiel gegen uns — von den Sowjets umworben. Letzteres ist Boris auch unheimlich; so schwankt er, ohne sich zu entscheiden. Der Plan, Jugoslawien durch Saloniki zu gewinnen, wird tatsächlich verfolgt. [Prinz] Paul und seine Leute zögern aber noch.

Im Innern steuern wir immer klarer Kurse, die sich vom Bolschewismus nur noch im Grade unterscheiden. Am widerlichsten die kontrollose Massenabschlachtung der sogenannten Unheilbaren. Es ist hoch anzuerkennen, daß der württembergische Bischof Wurm den Mut gehabt hat, dagegen scharf aufzutreten.[109] — Besonders bedrohlich ist die Tätigkeit Leys, der zielbewußt „sozialisierend" Macht bei sich versammelt. Jetzt hat er mit seinen unbegrenzten Mitteln schon in der Hand: die Volkswagenfabrik, das Wohnungsbauwesen, den Bau von 60 KdF-Schiffen und eine große Bauerntraktorfabrik.

Ebenhausen, 23. 12. 40.
[. . .]
Die politische Entwicklung weiter immer bedrohlicher. Schamlos demagogische Hitlerrede auf dem niedrigsten Niveau, das wohl je ein führender Staatsmann erreicht hat, ein Zeichen der Angst vor der immer unzufriedeneren Arbeiterschaft und zugleich ein Zeichen des roten Kurses, in den er sich unausweichlich immer mehr hineinsteigert.[110] Ley verspricht als vollendeter, aber im Grunde schon ganz unwirksamer Agitator jedem Arbeiter nicht nur ein Auto, sondern auch ein Flugzeug, das Wort der Bibel gegen die Reichen (vom Kamel und Nadelöhr) sei ganz verkehrt: „Ihr alle sollt reich werden."[111] In der Mittwochgesellschaft neulich glänzender Vortrag von Popitz über den Reichsgedanken.[112] Danach lange Unterhaltung mit Popitz, Sauerbruch und einem jüngeren Nationalökonomen Jessen[113] (ganz früher Nazi, jetzt bitterer Feind) über die Lage. In den nächsten Tagen wiederholte Besprechungen mit Geißler [Popitz], Pfaff [Goerdeler] usw. über die Notwendigkeit, *bald* etwas zu tun. Geißler [Popitz] vertritt die Ansicht, man müsse sofort die Monarchie aufrichten, als festes Zentrum. Schwierigkeit wie von jeher: Wer? Geißler [Popitz] meint, nur Louis Ferdinand komme in Frage.

Im Januar soll auch mit F[alkenhausen] aus B[rüssel] ernsthaft gesprochen werden. Der General von R[abenau] hat mit dem Vetter meines Kameraden [Brauchitsch] Fühlung aufgenommen.

Die Ernährungsfrage wird langsam brennend.

Außenpolitische Lage: England schwer mitgenommen, aber noch unerschüttert, moralisch gehoben durch die militärischen Erfolge, jetzt auch in Nordafrika gegen Italien.[114] In letzterem die Lage immer labiler, die Kriegsunlust und Unzufriedenheit steigend, gegenseitige Vorwürfe zwischen Militär und Zivil. Die Italiener in Deutschland immer mehr verachtet, was meine Aufgabe sehr erschwert. Ich muß dabei manchmal an 1934/35 denken. Cosmelli, den neuen Gesandten an der Botschaft, meinen alten Belgrader Freund, sah ich häufig. [...] In Italien selbst versucht die Partei, den braven Badoglio sehr mit Unrecht zum Sündenbock zu stempeln. [...]

In Frankreich hat sich Pétain, offenbar in Afrika von Weygand ermutigt, gegen den bestochenen Laval ermannt, ihn hinausgeworfen und unter Schutzhaft gesetzt [15. 12.]. Schwere Niederlage für Ribbentrop und seinen Abetz. Auch wenn wir jetzt die Wiederaufnahme von Laval ins Kabinett erzwingen, hat sich die Lage sehr zu unseren Ungunsten verschoben.[115] Hitler hat angeordnet, die Besetzung von ganz Frankreich vorzubereiten. Er will bei der Gelegenheit ans Mittelmeer, nachdem: 1. Spanien sich versagt hat und eine Expedition auf eigene Faust gegen Gibraltar doch schließlich bedenklich erschienen ist; 2. der Vormarsch nach Saloniki vorläufig an der unentschiedenen Haltung Bulgariens scheitert. Aber wenn wir Frankreich ganz besetzen, ja vielleicht schon, wenn Laval wieder eintritt, muß man mit der Unabhängigkeitserklärung aller Kolonien unter Weygand rechnen.

Jugoslawien scheint sich ebensowenig wie Bulgarien und Spanien jetzt schon für uns entschließen zu wollen. Ein solcher Entschluß ist das cauchemar für die Bulgaren, die fürchten, damit endgültig Mazedonien zu verlieren. Draganoff, bei dem ich neulich zu Ehren der mit Großkreuzen bedachten Minister Schwerin-Krosigk und Todt frühstückte, brachte das in einer höchst bissigen Rede zum Ausdruck, mit Ausfällen gegen die Länder (Ungarn, Rumänien), die durch besondere Pakte ihre Freundschaft zu Deutschland – anders als Bulgarien – unter Beweis stellen müßten, oder solche Leute (Jugoslawien), die sich jetzt sputeten, den Anschluß zu gewinnen.

1941

Ebenhausen, 19. 1. 41.
Die große Zerstörung geht weiter, die Uferlosigkeit nimmt zu. Die Erkenntnis der üblen Entwicklung auch, aber weit entfernt bleibt irgendein Riß in den Wolken, die den einzuschlagenden Weg verdecken. Pfaff [Goerdeler] bleibt unentwegt sanguinisch. Ich erzählte ihm von Unterhaltungen mit zwei Kommandierenden Generalen und noch einem anderen hohen Militär, die, bei aller Klarheit über die Lage, vom sturmilitärischen Denken mit den Händen an der Hosennaht nicht loskommen. Worauf er frisch und unglaubwürdig behauptete, er könne genau so viel Beispiele anderer Einstellung beibringen. Ich sagte heute dem netten Schwiegersohn Trothas, Borcke (Landrat und Reserveoffizier), das simple militärische „Gehorsamsdenken" sei für Beamte und Offiziere bis, grob gesprochen, zum Divisionskommandeur in Ordnung, dann beginne aber die politische Verantwortung. Beispiele: Neurath als Protektor oder ein Befehlshaber in Polen, ganz zu schweigen vom Oberbefehlshaber.

Pfaff [Goerdeler] behauptet, die Gegensätze in der Partei wüchsen: Hitlergruppe, Partei (Bormann), SS, Ley. Letzterer mit der ersten liiert. Parteiorganisation und SS in schärfstem Antagonismus. Letztere spiele schon mit Plänen zu handeln, unter der Firma: gegen Korruption und Bolschewismus. Gefährlich, weil verlockende Etikette, hinter der aber nur brutales Machtstreben steht. Grade solcher Zustand müßte die Wehrmacht zu der Erkenntnis bringen, daß ihr als einzigem anständigen Faktor die Verantwortung zufällt, und daß *sie* das Land retten muß.

[Falkenhausen] aus B[rüssel] ist noch immer nicht erschienen. R.[General v. Rabenau] soll demnächst nun wirklich mit B[rauchitsch] sprechen, vorher von Pfaff[Goerdeler] und Hausmann [Hassell] eingepaukt werden. Bezeichnend für den inneren Zwang zur Bolschewisierung durch den uferlosen Krieg ist folgendes: Beim Rheinbabenfrühstück sagte Gramsch, ein innerlich ganz in gutem Sinne konservativer Mann, die Politik in den besetzten Gebieten (Belgien, Holland, Dänemark, Norwegen) ginge falsche Wege; wir arbeiteten mit der alten Oberschicht, zum Beispiel Regierung Stauning in Dänemark, den großen Bankleuten in Holland, die ihr Geld *draußen gegen* uns arbeiten ließen, den norwegischen Reedern, die ihre Schiffe für England fahren ließen, alles Elemente, die innerlich gegen uns eingestellt seien; statt dessen müßten wir die neuen Schichten heranholen. – Ich warf ein, er meine wohl Mussert, Degrelle, Quisling, hinter denen doch nicht viel stecke. Er: „Nein, vielleicht diese nicht, aber eben ganz neue Elemente von unten her." Ich: „Also Bolschewisierung!" Er (hilflose Handbewegung): „Ja, was sollen wir anders machen."

Tolles Beispiel für die verbrecherische Leichtfertigkeit beim Umbringen der Geisteskranken.[1] Ein Ehepaar holt sich eine geistesschwache Tochter, deren Verbringen in eine „andere Anstalt" angekündigt wird, schleunig nach Hause. Kurz darauf amtliche Nachricht: Zu großem Bedauern müsse man ihr Hinscheiden melden! — in Wahrheit war sie heil zu Hause.

Berthold besuchte mich und brachte seinen Freund [Frauendorfer,[2] Beamter im Generalgouvernement (Polen)] (mit goldenem Parteiabzeichen) mit. Es war höchst beeindruckend, wie verzweifelt dieser über die Vorgänge in Polen und überhaupt die ganze Entwicklung (Hitlerrede[3]) war. Von anderer Seite hörte ich, daß man in Polen den ganzen Ausschuß an Kreis- und Ortsgruppenleitern usw., die zu Hause versagt hätten und abgesägt worden seien, wieder auf Posten untergebracht habe.

Signatur der Kriegslage: Heftige, aber durch das Wetter beeinträchtigte Fliegerangriffe auf England, sicherlich mit Erfolgen. Englische wirksame Angriffe besonders auf Bremen. Unterseebootserfolge geringer. Schwere italienische Niederlagen in Nordafrika, weitere Schlappen in Albanien.[4] Krisis um Laval ungelöst. Pétain hat noch nicht nachgegeben.[5]

Roosevelt mit höchster Schärfe für England und gegen die Diktatoren[6] (von Deutschland war nicht die Rede!).

Deutsche Flugzeuge im Mittelmeer haben erhebliche Erfolge.

Was sollen wir tun? Der Tiger rast gegen die Stangen! Im Vordergrunde Großunternehmen durch Bulgarien gegen Griechenland (und Türkei?). Kleinere Stützungsaktionen für Italien in Albanien und Nordafrika geplant. Feldzug gegen Rußland wird weiter langsam vorbereitet. Landung in England zur Zeit zurückgetreten.

Ebenhausen, 3. 2. 41.

Zurück aus Paris und der Schweiz. Vor der Abreise von Berlin verschiedene Besprechungen mit Pfaff [Goerdeler], Geißler [Popitz], R[abenau], der für eine Unterredung mit B[rauchitsch] mit mäßigem Erfolge eingepaukt wurde, einerseits, sowie mit Hase [Oster], seinem Mitarbeiter D[ohnanyi] und Burger [Guttenberg] andererseits. Lage im großen unverändert.

Eine Zusammenkunft zwischen Hitler und Mussolini auf dem Obersalzberg [20. 1.] hat, soviel ich in Berlin noch feststellen konnte, nicht viel Neues ergeben: die beiden Diktatoren haben sehr viel in Allgemeinheiten geschwelgt. Auf Hilfe in Albanien hat Mussolini nach dieser Information verzichtet. Dagegen sollen deutsche Panzertruppen nach Nordafrika gehen (demnächst), auch als Sicherung gegen Weygand. Mussolini soll (merkwürdigerweise grade der Italiener, obschon Italien in Spanien noch wesentlich unpopulärer ist als Deutschland) noch einmal eine Einwirkung auf Franco versuchen.[7] Mir scheint, daß die üble Lage in Spanien und die wankende Autorität F[ranco]s diesen Versuch wenig aussichtsreich macht. Das um so mehr, als Italien nicht nur in Nordafrika, sondern auch in Abessinien weiter Niederlagen erleidet, während USA immer stärker und zweifelsfreier als tatsächliche Verbündete Englands auftreten. Interessant, daß plötzlich [26. 1.] Ciano, Bottai, Riccardi und andere Minister als Soldaten an die Front abgegangen sind,[8] eine sonderbare Tätigkeit, besonders für einen Außenminister.

Am Abend der Abreise (24. 1.) bei Sauerbruch gegessen. [. . .] Bei S. waren noch Beck, Popitz, Professor Jessen — entsprechendes Niveau. [. . .] In Duisburg fünf Stunden Verspätung wegen entgleisten Güterzuges, die allmählich auf elf Stunden anwuchsen. Umleitung wegen Anschluß über Brüssel (über Herbesthal, Erinnerung an meine Durchfahrt als Verwundeter 1914), wo wir erreichten, daß der Schlafwagen an den Zug nach Paris angehängt wurde. Ankunft morgens statt abends. [. . .] Eindruck auch davon abgesehen trübe. Wenig Verkehr. Läden noch elegant, aber immer leerer. Die Leute auf der Straße machten im ganzen einen normalen Eindruck, abends auch Lustigkeit zu bemerken, Gelächter zu hören. Elegante Damen fehlen nicht im Straßenbilde. Untergrund[-bahn] sehr voll, normal verkehrend, Franzosen und Feldgraue im Gemenge. Auf der Place de la Concorde usw. zieht mittags die Wache mit Musik auf, Bevölkerung uninteressiert. Zwischen Jeu de Paume und Orangerie exerzierende Soldaten. Wolf [Tirpitz] und ich gingen vormittags in einige Kirchen (Sonntag), so St-Eustache, St-Germain-des-Prés, beide voll, in einer predigte ein bärtiger Ordensgeistlicher lebhaft, unter großer Aufmerksamkeit. Soldaten ist die Teilnahme verboten. Dann Museum Carnavalet besucht, wo uns der Direktor sehr instruktiv führte (Geschichte von Paris), viele wichtige Dinge sind aber in die Provinz verbracht. Mittags gab W[olf Tirpitz] ein sehr gut arrangiertes Frühstück im Plaza, mit mehreren Franzosen und einigen Deutschen, unter ersteren Raindre (Generalvertreter der I.G.) mit Frau, beide gute Klasse, er am Pariser Platz als Sohn eines Diplomaten geboren, sie verwandt mit Chambruns. Ich fragte ihn nach Marthe Ruspoli-Chambrun, worauf er etwas erschreckt leise sagte, sie sei soeben von der Gestapo verhaftet worden, angeblich weil sie versucht habe, französischen Offizieren zur Flucht nach England zu helfen.[9] Ihre Tante Marie Chambrun sagte mir am übernächsten Tage, Marthe sei im Guten und im Bösen zum höchsten fähig! — [. . .] Nachmittags mit Wolf in Malmaison. Der Führer zeigte uns ein Bild „Einzug Napoleons in Berlin" und meinte, die Bewegung des Schaukelns nachahmend: „c'était alors! et maintenant!?"

Abends beim Befehlshaber in Frankreich, meinem Regimentskameraden [Otto] Stülpnagel gegessen. Klug, aber etwas abgearbeitet, auf einem Ohr taub, kein großes Kaliber (mehr?). Er leidet begreiflicherweise unter der tollen Wirrnis der Dinge in Frankreich, dem Ressortkampf usw., und hat auch sonst eine ganz klare Erkenntnis der Dinge, aber scheint mir ohne durchschlagende Kraft. Am anderen Tisch Karl Haniel und Feldmarschall von Reichenau, mit dem wir noch kurz sprachen. Letzterer doch ein anderes „Stück" als Stülpnagel, aber freilich ein höchst schillernder Charakter.

Am Montag, den 27. 1. [. . .] um 16 Uhr mein Vortrag im Marineministerium. Vorher den stellvertretenden Kommandierenden Admiral Lietzmann (früher Marineattaché in Paris und Tokio) in seinem Arbeitszimmer besucht, von dessen Rokokowänden die Bilder von Dunois und La Hire, die die Engländer aus Frankreich unter Führung der Jungfrau vertrieben, sonderbar grüßten. Zuhörer hauptsächlich Seeoffiziere usw. (sehr voll), daneben Vertreter der anderen Wehrmachtteile, einige Generale, ein junger Mann von der „Botschaft" und einige von Wolf [Tirpitz] eingeladene Zivilisten: Herr v. Falkenhausen, Sohn meines Dante-Freundes, Aufseher über die fremden (das heißt englischen, amerikanischen usw.) Banken im besetzten Gebiet, und Herr v. Mallinckrodt, Vertreter der I.G. Der Vortrag (Wirtschaftliche Bedeutung von Südosteuropa für Deutschland und Italien) schien recht zu interessieren. Nachher kleines Essen bei Lietzmann. Unter den Gästen von Vortrag und Essen in Zivilgeneralsuniform Dr. Best, Jurist, früher großer Mann bei der SS (Heydrich), jetzt Kriegsverwaltungschef im besetzten Frankreich, der nachher ein langes Gespräch mit mir herbeiführte und mir am nächsten Morgen mit einem Briefe, in dem er weitere Fühlung in Berlin in Aussicht stellte, ein − übrigens mäßiges − französisches Buch über La grande pensée de Bonaparte schickte, von dem er mir erzählt hatte. Ein ganz interessanter Kopf, mit etwas fanatischem Ausdruck, historisch gebildeter Mann, kommt vom Alldeutschen Verband (Class) und Antisemitismus (Werner) her, seit [19]30 Partei. Ich hatte schon von Welczeck und anderen gehört, daß er etwas weiter sehe als die meisten und ein Haar in mancher Suppe gefunden habe.[9a]

Dienstag vormittag − bezeichnend für die groteske Lage − in der Orangerie Zentenarausstellung für Rodin und Monet. Bei der Verschiedenheit von Charakter und Genie der beiden Künstler, des wirklich großen Bildhauers mit seiner Gedankenfülle und -tiefe und des hochbegabten, aber doch einer leichteren Kategorie angehörigen Malers, eine nicht sehr glückliche Kombination; trotzdem, wenn man für sich selbst eine geistige Trennung zwischen ihnen vollzieht, sehr sehenswert. Deutsche Soldaten, das heißt in Uniform gesteckte Studenten usw. liefen mit rührenden Augen darin herum. Dann in der Botschaft. Das schöne Palais wirkt geschändet durch seine jetzigen Insassen. Abetz war in Berlin. Mich empfing ein Vertreter, „Generalkonsul" Schleier, früherer Kaufmann und Landesgruppenleiter. Genau so sah er auch aus. Was er sagte, war so weit ganz verständig. Bitteres Klagen über den verhängnisvollen Mangel an jeder Einheitlichkeit in der Politik gegenüber Frankreich. Während man Pétain nach Montoire holt, um mit Hitler über ein brauchbares System zu sprechen, weist Bürckel gleichzeitig die Lothringer in brutalster Weise aus und zerschlägt alles, was an Bereitwilligkeit zum Zusammenwirken mit Deutschland noch vorhanden war.[10] Auch die völlige Pleite des kindlichen Manövers mit der Asche des Herzogs von Reichstadt gab er zu.[11] Jetzt wartet Pétain seit vielen Wochen auf Hitlers Antwort auf zwei Briefe, von denen der erste recht deutlich war und in Berlin als „Unverschämtheit" empfunden wurde. Schl[eier] meinte, Hitler habe augenblicklich die Tendenz, die Franzosen „schmoren" zu lassen (was für uns aber nicht weniger nachteilig ist als für Frankreich). Über die Untragbarkeit des jetzigen Zustands scheint man sich auch in der „Botschaft" ziemlich klar zu sein.

Mittags Frühstück bei Raindres mit dem Botschafter Chambrun nebst Marie, einst Murat, geb. Rohan, und Wolf [Tirpitz]. Sehr herzliche Begrüßung mit meinem einstigen Gegenspieler, der als Detalmos Onkel (der Afrikaforscher Brazzá hatte Chambruns Schwester zur Frau) inzwischen sozusagen unser Verwandter geworden ist! In dieser sonderbaren Lage sprechen Deutsche und Franzosen miteinander wie Passagiere eines in Seenot geratenen Schiffes über die Mittel zur Rettung. Nachmittags ging ich vorbei am mich recht beeindruckenden Denkmal Clemenceaus, zur Gräfin Dolly Castellane, geb. Talleyrand. Ein Salon voller Charme, mit Bildern und Büsten ihres Großonkels Talleyrand, der Dorothee von Kurland und anderer Zeitgenossen, konzentrierte Geschichte mit dem Hauch des unwiederbringlich Vergangenen. [. . .]

Meine Eindrücke aus den Unterhaltungen mit Franzosen über die Lage in Frankreich waren ungefähr folgende: Die Konstruktion, die im Waffenstillstandsvertrage geschaffen wurde, könnte arbeiten, wenn sie ein vorübergehender Zustand von zwei oder drei Monaten war, der von einem endgültigen Frieden (oder erneutem Kriegsbeginn) abgelöst wurde. Als Dauerregime ist die Demarkationslinie und das Fehlen einer festen politischen Regelung für Frankreich unerträglich und für Deutschland gefährlich, und zwar politisch und wirtschaftlich. Die wirtschaftliche Not für die Franzosen, in erster Linie die Minderbemittelten, und die wirtschaftlichen *Schwierigkeiten* für die Deutschen wachsen täglich. Die einstige gar nicht unfreundliche Einstellung des Volks gegenüber dem Fremden, der wenigstens Aufhören der Kämpfe und Ordnung brachte, weicht rapide einer verdeckten Feindseligkeit, besonders seit, nach Unterbleiben der Landung in England und den Niederlagen der — unbeschreiblich verhaßten und verachteten — Italiener, die Aussichten für eine Wende zu steigen scheinen. Politisch ist das Regieren des zerschnittenen Landes eine Unmöglichkeit. Es fehlt eine Autorität, die sich durchsetzen kann. Einzig der Name „Pétain" sagt noch etwas, man schielt nach de Gaulle, und vor allem wenden sich die Blicke immer häufiger nach Nordafrika zu Weygand. Die Drohung, ganz Frankreich zu besetzen, verfängt nicht sehr. Ein überseeisches Frankreich unter Weygand (oder Pétain), das siegreich gegen Italien vorgeht, taucht am französischen und unserem Horizont auf. Der Unglückstag des 13. Dezembers (Sturz Lavals) hat alle Ansätze zur endgültigen Verständigung zerstört. Nach übereinstimmender französischer Ansicht hätte Laval Erfolg haben, das heißt, Frankreich hinter sich bringen können, wenn er nicht mit leeren Händen gekommen wäre. Hätten wir ihm einige hunderttausend Kriegsgefangene und einen allmählichen Abbau der Demarkationslinie gegeben (statt die Lothringer auszuweisen), so würde er als Retter begrüßt worden sein. Wer soll nun politisch für Frankreich sprechen? Im breiteren Publikum ist Laval ein erledigter (von Deutschland bezahlter) Mann. Politische Kreise halten noch (vielleicht mehr „faute de mieux") an ihm fest, als dem Einzigen, der fähig wäre, einen Ausweg zu finden. Lavals Freunde bestreiten, daß er „geschmiert" sei. Sie glauben, daß *wenn* wir ihm wirklich etwas in die Hand geben, er immer noch aus dem impasse herausfinden könnte. Mir erscheint aber fraglich, ob er noch die nötige Autorität haben könnte. Man gewinnt den Eindruck einer ganz verfahrenen Lage.

In Paris erhielt ich in letzter Stunde noch ein Telegramm von Detalmo, wonach der Doktor in Lissabon sei und „Nachrichten von Wolf-Ulli" erbitte. Ich telegraphierte, ich sei bis Sonnabend, den 1. 2. einschließlich in Arosa. Dort fand ich ein zweites, ähnliches Telegramm, wobei mir schien, daß es keine Antwort, sondern parallel dem ersten abgesandt war. Ich bestätigte daher mein Telegramm und traf mit Wolf-Ulli Vorkehrungen für den Fall, daß er noch erschien, unterrichtete auch Fritz R[ieter], der gestern mit mir von Sargans nach St. Margrethen fuhr, um sich mit mir auszusprechen. Interessant ist vor allem die Tatsache, daß der „Doktor" sich wieder meldet. Aber sein Auftraggeber ist nicht mehr am Ruder![12] Es war nun sehr bemerkenswert, daß in Genf Professor Carl Burckhardt, der am Roten Kreuz tätig ist, mich [. . .] aufsuchte[13] und mir „à toutes fins utiles" (er dachte vor allem an Weizsäcker) folgendes mitteilte: Vor ganz kurzer Zeit sei der seit vielen Jahren in London lebende finnische Kunsthistoriker Professor Borenius bei ihm erschienen und habe ihm auseinandergesetzt, und zwar offensichtlich im Auftrage von englischen Stellen, daß immer noch ein vernünftiger Friede geschlossen werden könne. Er habe sehr enge Beziehungen zum Königshause (Königin vor allem) und sei auch überzeugt, daß im englischen Kabinett dafür Stimmung sei, wobei allerdings der Eintritt Edens an Stelle von Halifax ein Handicap sei; gegen Edens Berufung bestehe aber viel Opposition. Auf Burckhardts Fragen habe Borenius gemeint: Holland und Belgien müßten wieder hergestellt werden, Dänemark könne deutsches Einflußgebiet bleiben, irgendein Polen (ohne die früher deutschen Provinzen) müsse aus Prestigegründen wieder erstehen, „weil sich die Polen so tapfer für England schlugen". Sonst im Osten kein besonderes Interesse (auch nicht für Tschechei). Ehemalige deutsche Kolonien an Deutschland. Das britische Empire im übrigen ungeschoren. Für Frankreich keine besondere Leidenschaft in England. Auf Frage nach italienischen Ansprüchen Gegenfrage, ob Deutschland diese denn noch ernsthaft verfechte. Frankreich müsse natürlich ein Faktor bleiben. Kriegsträger sei in England, entgegen der Behauptung der deutschen Propaganda, grade das Volk (unterer Mittelstand, Arbeiter). Grade die Luftangriffe, die vor allem die ärmeren Quartiere getroffen hätten, erzeugten Kriegsstimmung, nämlich Wut gegen den Feind (Invasionsgespenst), zwar auch eine gewisse Stimmung gegen die Reichen, aber vor allem gegen den Feind.

Die Frage, mit *wem* in Deutschland Friede gemacht werden könne, hat Carl Burckhardt (sehr richtig) nur vorsichtig angeschnitten, ebenso wie er sich mir darüber natürlich nur vorsichtig äußerte. Aber der klare Eindruck war der, daß man höchst abgeneigt sei, mit Hitler Frieden zu machen. Hauptargument: Man kann ihm kein Wort glauben. Auch der englische Generalkonsul [Livingstone] habe ihm, Carl Burckhardt, noch neulich gesagt, mit Hitler keinesfalls. Dieser Äußerung maß Carl Burckhardt aber angesichts der Persönlichkeit des Generalkonsuls keine große Bedeutung bei. Ich betonte wie immer die Notwendigkeit, die deutsche Regierungsform als eine deutsche Sache zu behandeln. < > Vormittags sah ich mir die Riesenarbeit des Roten Kreuzes an und besuchte den netten typisch schweizerischen Präsidenten Professor Huber. [. . .]

Ebenhausen, 2. 3. 41.
Dreieinhalb Wochen mit Ilse – endlich – in Berlin. Jeden Abend und jeden Mittag fast eingeladen oder Einlader; alle alten Freunde wollten Ilse sehen, und die neuen wollte ich ihr zeigen. Besonders lohnend ein von uns für Beck und Sauerbruch (mit Frau v. Kameke, deren Mann leider wieder krank ist) im Adlon gegebenes Frühstück und ein Abendessen bei Popitz mit Sauerbruch [. . .] und den klugen, echt nordmärkischen Jessens. Für mich ferner zwei Mittwochsgesellschaften mit guten Vorträgen von Diels über Goethes Metamorphose der Pflanzen und von Oncken über das Problem Napoleon mit auf der Hand liegenden, aber auch, wie Oncken mit Recht andeutete, oft irreführenden Parallelen.[14] Ein Abend bei Weizsäckers. Beide sehen immer klarer, er kämpft einen verlorenen Kampf; das Beste im AA wird immer mehr zerstört. Eine junge nationalökonomische Studentin Ungern-Sternberg (Mutter Keyserlings Schwester) gab in ihrer Klugheit und Durchbildung ähnlich wie die junge Elisabeth Dryander Hoffnung auf Entwicklungen aus der jungen Generation.

Mehrfach mit Italienern (Cosmelli, Casardi, Pecori, der uns leider verläßt), mit denen ein altes Vertrauensverhältnis besteht. Sie sind sehr deprimiert, schöpfen aber in letzter Zeit wieder etwas Mut, dessen Quelle freilich die deutsche Hilfe ist, folglich ein problematisches Ergebnis. [. . .]

Bei Casardis langes Gespräch mit Freitas-Valle, dem brasilianischen Botschafter, der sehr lebhaft unsere Kriegspolitik kritisierte und offenbar an keinen Erfolg für uns glaubt, eine Meinung, die sich sehr verbreitet.

Erstaunlich friedensmäßig ein eleganter Empfang beim Herzog Georg von Mecklenburg in seinem schönen Hause. [. . .] Ich erfuhr (Isenburg) groteske Einzelheiten über die Behandlung der Fürsten in bezug auf Frontdienst und Einreiseverbot,[15] wobei kindischer Weise alle Adligen, die zufällig den Prinzentitel führen, wie Angehörige souveräner Häuser behandelt werden. Alles im Grunde ein Schwächezeichen.

Mit Ilse den im Ganzen trotz glänzender Einzelheiten mäßigen Bismarck-Film gesehen, bei dem auch die offenbare Tendenz stört, die heutige Gewaltpolitik als Fortsetzung der Bismarckschen erscheinen zu lassen. Hartmann seiner Rolle wesentlich weniger kongenial als Krauß Cavour. Hervorragend dagegen die Aufführung der „Sechsten Frau", geistvoll und mit zahllosen Anzüglichkeiten. [. . .]

Witz des Monats: Unterhaltung Speer mit Furtwängler. Furtwängler: „Es muß doch herrlich sein, so im ganz großen Stile nach eigenen Ideen bauen zu können!" Speer: „Stellen Sie sich vor, jemand würde zu Ihnen sagen: ,Es ist mein unerschütterlicher Wille, daß die >Neunte Sinfonie< von nun an nur auf der Mundharmonika aufgeführt werden soll!'"

Endlich F[alkenhausen] aus B[rüssel] durch Hase [Oster] und D[ohnanyi] kennengelernt.[16] Klug und klar, hat aber beim Vetter meines K[ameraden Brauchitsch] offenbar gar nichts ausgerichtet, ist zu den Hauptpunkten gar nicht vorgedrungen. Dagegen recht interessante Unterhaltung zwischen letzterem und G[eneral] v. R[abenau]. Dieser erstattete Geißler [Popitz], Pfaff [Goerdeler] und Hausmann [Hassell] Bericht. Danach scheint er seinem Partner in wirksamer Form klaren Wein eingeschenkt zu haben, auch nicht ganz ohne Eindruck gemacht zu haben. Er hat ihm besonders dringend nahegelegt, Hausmann [Hassell] zu hören, worauf erwidert worden sei, wenn er überhaupt Zivilisten höre, so würde Hausmann [Hassell] es sein, aber es sei wohl noch zu früh; vor einiger Zeit hätte H[assell] schon einmal den Wunsch geäußert, da sei es sicher zu früh gewesen. R[abenau] hat ihm nach seinem Bericht in einem Augenblick gesagt, er stelle ihm anheim, zu klingeln und ihn verhaften zu lassen! Geißler [Popitz], Pfaff [Goerdeler] und Hausmann [Hassell] berieten mit R[abenau], ob und wann weiter gedrängt werden solle. Weitere Beratung nächste Woche. Hauptpunkte der Lage:

Erstens: sehr stark wachsende Gefahren für die Ernährung, die ins unmittelbar Bedrohliche steigen, wenn Hitler tatsächlich im Frühjahr gegen Rußland marschiert. Letzterer Wahnsinn wird begründet:

1. mit der Notwendigkeit, die Ukraine zu besetzen,
2. den „potentiellen Alliierten" der Gegenseite „vorsorglich" zu erledigen!

[In Wirklichkeit sind die Folgen:]
1. Abschneiden der Zufuhren aus Rußland, während die Ukraine erst nach langer Zeit nutzbar wird;
2. neue schwerste Belastung aller Kriegsmittel und Kräfte;
3. willentlich herbeigeführte, volle Einkreisung. —

Ribbentrop soll angeblich noch für den Plan kämpfen, statt dessen über die Türkei vorzugehen.[17] Inzwischen systematische Ausstreuung, es sei alles Bluff, in Wahrheit komme die Invasion Englands.

Zweitens: Neutralität der Türkei bei Einmarsch in Bulgarien scheint gesichert.[18] Frage, ob Griechenland nachgibt (was schwierig, weil in Englands Hand) oder erobert werden muß. Ergebnis auf alle Fälle höchst problematisch.

Drittens: großer U-Bootkrieg geht bald los, auf den man sehr hofft. *Entscheidende* Erfolge zweifelhaft.

Viertens: In Libyen Stillstand. Deutsche Hilfe zum Teil schon da (moralisch große Stärkung); englische Flotte erstaunlich inaktiv.

Fünftens: In Ostafrika tapfere italienische Vert[eidigung], aber wenig Aussicht.

Ebenhausen, 16. 3. 41.
Ich vergaß zu erwähnen, daß mir Hase [Oster] neulich eine Aufzeichnung über eine Unterhaltung zwischen seinem Chef [Canaris] und Wiesner [Halder] zeigte, aus der eine geradezu trostlose Schwäche der Position und Unorientiertheit dieses letzteren hervorgeht. W. [Halder] und sein Chef Pappenheim [Brauchitsch] sind weiter nichts mehr als technische Handlanger. — Bezeichnend für die ganze Lage ist die letzte Rede Hitlers in München am Parteigründungstage[19] wegen ihres unerhört niedrigen Niveaus. Der Chauffeur von Professor S[auerbruch] sagte: „Es fällt ihm nischt mehr ein", und der von P[opitz] meinte: „Immer detselbe". Aber gewisse Schichten, vor allem die halbgebildeten und zum Teil auch die gebildeten Spießer, lassen sich doch rühren. Pinder meinte, die Rede habe die Zuversicht im Volke sehr gestärkt, und eine Dame sagte zu Ilse: „Man kann doch ganz ruhig sein, denn er hat gesagt, er sei auf alle Möglichkeiten vorbereitet." Auf der anderen Seite hatte Ilse ein erstaunliches Erlebnis in einem beliebigen Laden, in dem die Inhaberin auf eine Bemerkung Ilses, es sei wohl alles sehr schwierig, meinte: „Schwierig? Eine Tragödie is et!" und dann in heftige Angriffe auf die Erschütterung der Moral durch das herrschende System ausbrach. „Wenn wir nicht wieder zum Christentum zurückkehren, gehen wir zu Grunde." Großes Furore macht ein Gedicht über „Zehn kleine Meckerlein", das von Hand zu Hand wandert und mir von einem Schüler eines Gymnasiums vorgetragen und abgeschrieben wurde. Besondere Begeisterung bei den Hörern erregte der englische Rundfunk durch eine nachgeahmte Rede Hitlers im Luftschutzkeller, in der er in unverkennbarer Hitlersprache erklärte, er nehme das Wort Görings, daß im Kriege keine Bombe den deutschen Boden treffen werde, zurück, dafür werde er die Patenschaft für jedes im Luftschutzkeller geborene Kind übernehmen. Ferner: In Deutschland werde die Temperatur immer noch nach den Ausländern Celsius und Réaumur gemessen; er befehle, daß das in Zu-

kunft nach dem „Deutschen" Fahrenheit geschehe, womit wir 65 Grad Hitze gewännen und automatisch die Kohlenfrage lösten!

Ganz gute Witze. Aber beherrschend bleibt für alle anständigen Menschen ihre innere Tragik, weder Niederlage noch Sieg wünschen zu können, erstere selbstredend nicht, letzteren nicht, weil der Sieg dieser Leute entsetzliche Perspektiven für Deutschland und Europa eröffnet. Aus Polen, Norwegen, Holland nach wie vor üble Nachrichten. Ein unbeschreiblicher Haß wird großgezogen. Bei einem Abendessen mit Wohlthat und Thomas erzählte ersterer beeindruckend aus Holland, von wo er Seyß-Inquart und Fischböck weichen muß. Er soll nach Ostasien gehn, eine sonderbare, aber bezeichnende Maßnahme bezüglich eines hier höchst nötigen Mannes.

Aus Japan wenig günstige Berichte über die Lage in China; sehr große Korruption bei der Armee. Matsuoka kommt nach Berlin und Rom. Wir wollen, daß Japan England angreift. Aber die Dinge sehen sich im Fernen Osten anders an wie hier, zumal, nachdem Amerika immer entschiedener auf die andere Seite tritt. Trotzdem war in Berlin in den letzten Wochen ein erhöhter Barometerstand festzustellen: erstens, weil die Hoffnung auf U-Boote und Luftangriffe im Sommer steigt; zweitens, weil der Einmarsch in Bulgarien [2. 3.] reibungslos unter passiver Haltung der Türken erfolgt ist, wobei man glaubt, auf die Dauer auch mit den Türken zum Einvernehmen zu kommen. Zu diesem Zwecke will man in Rußland bis ans Kaspische Meer marschieren und die Türken so von Kap Matapan bis Baku in die Zange nehmen. Drittens glaubt man an den Beitritt Jugoslawiens zum Dreierpakt. Tatsächlich ist J[ugoslawien] in dieser Hinsicht schwerstem Druck ausgesetzt, gegen den es sich noch wehrt. Sie müssen vielleicht nachgeben, tun es aber auf alle Fälle höchst widerwillig. Die Bulgaren sehen im übrigen, wie mir der Gesandte Draganoff vorgestern deutlich machte, mit höchstem Mißtrauen. [!] Andrić ist schwer gedrückt. — Viertens, weil in Libyen die Sache durch uns zum Stehen gebracht ist; man denkt sogar an offensives Vorgehen. Man denkt also an immer größere Ausweitung: Rußland, Griechenland, eventuell Türkei, Libyen, neuerdings auch wieder Spanien.

Eine andere Frage ist, was bei der ganzen Geschichte herauskommen soll. *Ein* Punkt ist gewiß ernst zu nehmen: gelingt es im Sommer wirklich, [England] durch U-Boote und Flieger auf die Kniee zu zwingen, dann ist ein entscheidender Erfolg erzielt, wenn auch (Amerika!) nicht unbedingt ein endgültiger. Alles übrige ist höchst problematisch, und eine längere Dauer unzweifelhaft voll größter Gefahren für uns, für die Welt ein Wahnsinn.

Zwei interessante Besprechungen bei Geißler [Popitz], eine am 10. mit E.s Freund H. [Albrecht Haushofer]. Dieser, der immer noch von [Heß] verwendet wird, erzählte von dem dringenden Wunsch oben, zum Frieden zu kommen.[20] Er selbst denkt jetzt (nach einigen geistigen Irrfahrten zu

Astheimer [Ribbentrop] usw.) so wie wir, und erkennt sowohl die „Qualitäten" des Regimes wie das Hindernis für jeden brauchbaren Frieden in Gestalt der Unglaubwürdigkeit und Unerträglichkeit Hitlers für die ganze Welt. Wir erörterten, wie meine Beziehungen via Schweiz ausgenützt werden könnten, um E.s Freund [Haushofer] in den Stand zu setzen, mit einer authentischen Bestätigung dieser Auffassung nach Hause zu kommen. [. . .]

Am 11. Besprechung mit Pfaff [Goerdeler] und Gen[eral] v. R[abenau] über die Frage, ob ein neuer Vorstoß bei Pappenheim [Brauchitsch] angebracht. Geißler [Popitz] und ich dagegen, wegen des höheren Barometerstandes, der eine Aktion fruchtlos erscheinen läßt. Pfaff [Goerdeler] anderer Ansicht, behauptet, der höhere Barometerstand sei nicht nur sachlich unbegründet (was stimmen mag), sondern auch gar nicht weitverbreitet (was ich doch behaupte). R[abenau] unklar und selbst ein lebendes Beispiel des höheren Barometerstandes. Geißler [Popitz] und ich aber sehr einverstanden, daß ein von Pfaff [Goerdeler] behauptetes geplantes Vorgehen des Präsidiums des Reichsgerichts „gegen den völligen Verfall der Justiz" an Pappenheim [Brauchitsch] herangebracht werden soll. Es ist bezeichnend für den Zusammenbruch des Rechts, daß Himmler nach Gürtners Tod [29. 1. 41] bei Hitler beantragt hat, die Ziviljustiz, unter Auflösung des Justizministeriums, zu einer Abteilung des Innenministeriums zu machen, die Strafjustiz der Polizei (Heydrich) zu unterstellen. Lammers und andere haben das verhindert, leider!, denn der tatsächliche Zustand würde dadurch vor aller Welt die richtige Etikette erhalten.[21]

Die Italiener wollten in den letzten Tagen in Gegenwart Mussolinis in Albanien angreifen, um vor Wirksamwerden des deutschen Drucks auf Griechenland ein Vittorio Veneto[22] zu erzielen. Sie sind aber wieder liegengeblieben.
[. . .]

Reise nach Südosten. März/April 1941.[23]

Belgrad, 20. 3. 41.
Erste politische Eindrücke in Zagreb ergeben die große Spannung, in der sich das Land innerlich und äußerlich befindet.[24] Freundt [deutscher Konsul in Zagreb] und alle Kroaten, die ich sprach, heben den großen Unterschied zwischen Kroatien und Serbien hervor; in Kroatien keinerlei Gegensatz gegen Deutschland (mit einigen Ausnahmen: Richtung Krujević und Opfer englischer Propaganda), im Gegenteil Wunsch der Zusammenarbeit. In Serbien unter Führung der Militärpartei gradezu Kriegsstimmung gegen Deutschland (und Italien). Frangeš behauptete, die englische Propaganda habe in letzter Zeit so gewirkt, daß abends in Lokalen mit Musik häufig die englische Hymne verlangt und von den Anwesenden stehend mitgesungen werde. Daneben läuft russische Propaganda, so

daß, wenn ein Pakt mit Deutschland überhaupt zustande komme, daneben ein Abschluß mit Rußland möglich sei.

Heute morgen erzählten Heerens, daß Stojadinović nach Griechenland abgeschoben worden sei, wahrscheinlich mit „Reiseziel" Ägypten.

Kurz nach meiner Ankunft wurde ich, obwohl ich mich gar nicht gemeldet hatte, von Prinz Paul zum Frühstück eingeladen. [. . .]

Die Sache hatte ihren besonderen Reiz, weil Weizsäcker mich gebeten hatte, die neuerdings erforderliche Ermächtigung Ribbentrops für die Gesandten (Audienzen bei Staatsoberhäuptern, Ministerpräsidenten und Außenministern für jemand nachzusuchen) nicht „zu beantragen" — wegen der gespannten Lage. Ich kann aber nichts dafür, wenn man mich einlädt, das war auch Heerens Ansicht. H[eeren] schilderte mir vor Tisch eingehend die Peripetien der Verhandlungen mit Jugoslawien, vom Besuch von Cincar-Marković über den von letzterem und Cvetković auf dem [Obersalz]Berg bis zu dem geheimen Besuch des Prinzen Paul daselbst und dann weiter.[25] Danach haben wir den jugoslawischen Forderungen bezüglich der Voraussetzungen ihres Beitritts zum Dreimächtepakt Schritt für Schritt nachgegeben: Territorialgarantie (natürlich vor allem gegen Italien), keine militärische Mitwirkung und kein Durchmarsch, Anerkennung des Anspruchs auf den Ausgang nach dem Ägäischen Meer (Saloniki). Allerdings mitten drin ein retardierendes Moment: Ribbentrop telefonierte am Tage nach der grundsätzlichen Konzession, natürlich sei der Verzicht auf militärische Kooperation nur auf Griechenland bezüglich, aber nicht allgemein auszusprechen, weil sonst der Dreimächtepakt ausgehöhlt würde. Von da an Versteifung der Jugoslawen und Geländegewinn der serbischen Militärs, die die einzige Sicherung für Jugoslawien im Prävenire, nämlich der Besetzung von Saloniki erblickten. Deutscherseits dann Nachgeben auch in diesem Punkt, Erörterungen nur noch über Einzelpunkte (Kommuniqués, Geheimhaltungen [!] von Abreden usw.). Aber nach H[eeren]s Beobachtung auf jugoslawischer Seite offenbar keine große Freude über unser Nachgeben. Heute sollte nun der entscheidende Kronrat sein. Als ich nach Beli Dvor fuhr, beobachtete ich die Kronratsteilnehmer. Der Prinz erzählte mir sofort, daß solche Beratung soeben stattgefunden habe, und meinte, vielleicht würde Jugoslawien nun näher mit Deutschland zusammenkommen; nur machten wir es psychologisch unsern Freunden nicht ganz leicht. Mein Eindruck, daß der Kronrat positiv abgelaufen sei, wenn auch vielleicht die J[ugoslawen] sich noch etwas zieren würden, wurde durch den weitern Verlauf der Unterhaltung bestätigt, an der dann auch Prin[zessin] Olga, meist nur zuhörend, aber manchmal auch eingreifend, teilnahm. Im ganzen zwei Stunden, unterbrochen durch das Frühstück im engsten Familienkreise, das heißt mit den beiden Söhnen, in einem kleinen Fremdenwohnzimmer des oberen Stocks. [. . .] Die Prinzessin hübsch und reizend wie immer, mit begreiflicher Schwermut (wegen Griechenlands und ihrer ganzen Lage zwischen den Kriegführenden) im Ausdruck.

Der Prinz brachte nach Tisch nochmals die psychologischen Schwierigkeiten zum Ausdruck, unter Hinweis auf die Bulgaren, die in öffentlichen Kundgebungen die Grenzen von S. Stefano[25a] forderten und „Nieder mit Jugoslawien" riefen, und auf Italien, das man nur hassen und verachten könne; Mussolini sei das Karnickel, der die ganze Welt durcheinandergehetzt habe, und man könne ihm und den Italienern überhaupt nicht trauen. Ich verstand gut, daß er meinte, wir seien an den bulgarischen Demonstrationen nicht unschuldig, sondern benützten sie als Erpressung.

Ich bestritt das (mit gutem Gewissen) und erzählte von dem scharfen Standpunkt des bulgarischen Gesandten als Beweis für die Eigenwüchsigkeit der bulgarischen Gedanken. Was die Italiener anginge, so möge man von ihnen denken, was man wolle: jetzt säßen wir jedenfalls mit ihnen in einem Boot und könnten sie nicht ihrem Schicksal überlassen. Andererseits sei jetzt ein vielleicht nie wiederkehrender günstiger Augenblick für Jugoslawien, weil die Italiener sehr „klein" und von uns abhängig seien, so daß wir ihnen Dinge zumuten könnten, die sonst fast unmöglich gewesen wären. Diese Bemerkung über die Gunst der Stunde machte ich auf besonderen Wunsch Heerens, weil Ribbentrop angedeutet hatte, daß wenn die Jugoslawen bis nächsten Dienstag nicht zum Entschlusse kämen, die ganze Sache vertagt werden müßte. Als ich H[eeren] nachher von den Äußerungen des Prinzen erzählte, meinte er, die Gefahr bestände, daß sich hinter einer Erklärung grundsätzlicher Bereitschaft die Tendenz der Verschleppung verberge. Immerhin war sehr bemerkenswert, daß Prinz Paul zweimal unterstrich, wir hätten jetzt wirklich in allen Punkten den Jugoslawen Entgegenkommen bewiesen. Die Prinzessin warf zweimal die Frage auf, ob man denn einer deutschen Garantie trauen dürfe, was ich mit dem Hinweis darauf bejahte, daß diese garantierte Lage m. E. unserem eigenen Interesse entspräche. Der Prinz betonte mehrfach Jugoslawiens und seine eigene schwierige Lage. Letztere (hätte eine griechische Prinzessin usw.) habe er dem Führer dargelegt; dieser habe aber erwidert, über Sentiments müsse man jetzt hinweggehn.

Wir kamen dann auf die Kriegslage und die Friedensaussichten. Ich betonte die große Gefahr für England durch U-Bootkrieg verbunden mit Luftkrieg. Der Prinz gab das zu und meinte, die Engländer nehmen den U-Bootkrieg sehr ernst. Andererseits sei nach allen seinen Nachrichten die Moral und Entschlossenheit in England sehr hoch; man wolle nicht nachgeben. Trotzdem sei an sich vielfach der Wunsch vorhanden, diesen fürchterlichen Krieg, der alles zerstöre, zu beenden. Noch kürzlich habe ihm das ein Freund, Herzog von ... geschrieben. Wie es denn auf unserer Seite mit dieser Bereitwilligkeit stände? Ich erwiderte, an sich wünsche Hitler wohl immer noch Verständigung mit England. Aber wie sei das möglich? Der Prinz betonte mehrfach, es sei eine Vertrauensfrage (nämlich der Zweifel am Halten von Versprechungen durch Hitler sei überaus groß). Meine Frage, ob England mit Hitler Frieden machen würde, beant-

wortete er nicht direkt, meinte aber offenbar: nein (oder „noch nicht?").
Ich machte gelegentlich die Bemerkung, Jugoslawien im Dreierpakt könne vielleicht ein Friedenselement werden, was er nicht ablehnte. [. . .]
Ich kennzeichnete dann den Charakter des Krieges (Duell Roosevelt-Hitler usw.), worauf er sich vorsichtig nach der inneren Lage in Deutschland, Autorität Hitlers, Autorität der Partei, Möglichkeit einer Systemänderung usw. erkundigte, auch nach der monarchischen Frage. Der Gedanke tauchte dabei auf, ob nicht ein deutscher Kampf mit Rußland die Brücke einer Verständigung mit dem Westen bilden könnte.[26] Er fürchtete offenbar ein geheimes Zusammenwirken von Russen und Türken. Überall brachen immer wieder die Abneigung und das Mißtrauen gegen Italien durch. In bezug auf unsere Leute machte er einige Äußerungen, nach denen ihm Hitler ein etwas unheimliches Rätsel ist; von Ribbentrop hält er offenbar nicht viel, meinte aber, er sei wohl jetzt der mächtigste Mann. Hitler habe ihn den größten deutschen Politiker seit Bismarck genannt. Nach Göring fragte er mit einer gewissen Sympathie. [. . .]

21. 3. 41.
Gestern abend Ministerrat.[27] [. . .] Drei Minister sind zurückgetreten, darunter der Hauptexponent der englischen Linie, Konstantinović. [. . .]
Abends spät. Offenbar haben die Demissionierenden zunächst einen Erfolg errungen, weil die Rumpfregierung sich im eigentlichen Serbentum nun ohne Rückhalt fühlt – ein neuer Beweis dafür, daß ein Beitritt zum Dreimächtepakt nur unter Druck und gegen alle innere Überzeugung erfolgt. Cvetković scheint sehr lebhaft bemüht zu sein, die drei Minister so schnell als möglich zu ersetzen, um zum Schluß zu kommen, weil er die eigene Lage als unerträglich empfindet.
Hochinteressanter Bericht des Inspekteurs der Landesverteidigung, General Stanoilović, der dem Militärattaché auf den Tisch geflogen ist.[28] Sehr sorgfältige, nüchterne Untersuchung der allgemeinen Lage, voll Sympathie für die deutsche Wehrmacht, aber höchst besorgt für den deutschen Enderfolg aus Gründen, die alle Pfaff [Goerdeler] dargelegt haben könnte. Besonders ungünstiges Urteil über Japan, das „Italien des Ostens". „Deutschland hätte bessere Alliierte verdient!" Die schwersten Bedenken vor allem wegen der dauernd fortschreitenden Kriegsausweitung.
Der Bericht tritt für einen Freundschafts- oder einen Nichtangriffspakt mit Deutschland ein, überhaupt für eine klare, anständige Verständigung, aber gegen Kapitulation, nämlich Anschluß an den Dreimächtepakt, der unmöglich sei, solange ihm nicht Sowjetrußland gleichzeitig beitrete!!

22. 3. 41.
Berlin hat jetzt Belgrad eine Art Ultimatum gestellt,[29] Dienstag müsse unterzeichnet werden, sonst sei diese „einmalige Chance" vorbei. Heeren verpaßt diese Drohung heute Cincar-Marković, Cvetković, Maček, Kulovec (Slowenenführer im Kabinett) und Prinz Paul. Kroaten und Slowenen finden es natürlich selbstverständlich, daß man mitmachen müsse, weil man so gegen Italien gesichert werde.

23. 3. 41.
[. . .] Heute hat er [Heeren] Weisung erhalten, den Leuten zu sagen, bis Mitternacht müsse man — wegen der nötigen Vorbereitungen für den Akt im Belvedere — die Entscheidung wissen. Das ist die echte Methode der jetzigen Führung, ohne jede Rücksicht auf die psychologischen Wirkungen, und könnte der hiesigen Regierung, wenn sie noch schwankt, einen taktisch günstigen Vorwand liefern [negativ zu entscheiden]. Sie müssen aber wohl. Folgen unabsehbar.

Besuche von Dr. Ullmann und Baikić. Ersterer klug, mit viel allgemeiner Übersicht. Er erkennt den Charakter dieses Krieges als Kampf einiger Condottieri um die Frage, wer der Welt die neue Prägung geben soll, nicht als Kampf um den Inhalt dieser Prägung. Nur in England sind noch organisierte Gegenkräfte vorhanden: die für den Besitz, nicht des Kapitalisten, sondern einer führenden Schicht („Familie") kämpfenden Traditionalisten und die Arbeiterschaft im alten Sinn, nämlich der freien Organisation (vgl. Irene Seligo am 23. 2. in der Frankfurter Zeitung). Baikić meint, daß seit dem Nachgeben Bulgariens, ohne daß Rußland sich gerührt habe, der alte Panslawismus einen schweren Schlag erhalten habe; alle Gegner der Politik mit Deutschland seien jetzt unter der angelsächsischen Ägide gesammelt. Ullmann glaubt aber, daß ein deutscher Angriff auf Rußland die ohnehin brüchigen Grundlagen des Zusammengehens mit Deutschland hier und in Bulgarien innerlich erschüttern würde.[30]

Weizsäcker hat Heeren telegrafiert, er möchte mir nahelegen, angesichts der Lage auch in den andern Hauptstädten auf Besuche bei Staatsoberhäuptern, Ministerpräsidenten und Außenministern zu verzichten. Ich habe das erwartet.

Professor Baikić erzählte, daß sich Prinz Paul neulich ganz begeistert über mich ausgesprochen habe. Auf ihm liege jetzt infolge der Schwäche des Kabinetts die ganze Verantwortung. Man müsse wünschen, daß er auch nach dem 6. 9. [Volljährigkeit des Königs Peter II.] in irgendeiner Form am Ruder bleibe. Dagegen arbeite aber eine gewisse Klique, die nach der anglophilen Königin äuge. Diese habe neulich aus England zu verstehen gegeben, sie allein sei der künftige gegebene Berater des jungen Königs. [. . .]

Sofia, 25. 3. 41.
Ich vergaß zu erwähnen, daß die Engländer und Amerikaner (gemeinsam neuerdings!) eine scharfe Drohnote an Jugoslawien gerichtet haben sollen, man werde nach dem Kriege Jugoslawien zerschlagen, wenn es jetzt beitrete.[31] Stimmt das (Heeren behauptete es), so wäre es recht unpsychologisch.

Inzwischen haben die Jugoslawen nachgegeben. Interessant ist, daß Konstantinović bleibt (als Aufpasser?). Hier in Bulgarien scheint vorläufig darüber das Gefühl der Beruhigung vorzuherrschen. Wie sich die Einstellung hier entwickeln wird, wenn man merkt, daß Jugoslawien Forderungen stellt, steht dahin.

Der Eindruck ist sehr verschieden von dem in Belgrad: gesicherte Freundschaft mit Deutschland, eine Art Gefühl der Geborgenheit. Gestern bei Richthofens gegessen. Unterhaltung ohne besonderes Interesse.

Heute haben die Jugoslawen unterschrieben. Im Grunde haben sie wenig versprochen und allerhand Sicherungen bekommen.[32] Die Bulgaren verfolgen die Sache mit einem nassen und einem trockenen Auge.
[. . .]

26. 3. 41.
Gestern abend Abendessen in einem volkstümlichen Lokal „Battenberg", in dem Bürger und deutsche Unteroffiziere sich verbrüderten. Die Musik schwelgte in deutschen und bulgarischen Weisen, und an der Wand wurde zwischen einem bulgarischen und einem deutschen Soldaten eine irredentistische Karte unter Abspielung von „Rausche Maritza" usw. gelichtbildert: Thrazien, Mazedonien gegen Türkei und Griechenland; die Ansprüche gegen Jugoslawien nur „dezent" angedeutet. Benzler, Vertreter des AA im Hauptquartier List, war auch dabei. Gesandtschaftsrat Mohrmann und ein sudetendeutscher früherer Angehöriger des tschechoslowakischen Außendienstes. Benzler erzählte nicht sehr Erfreuliches von dem etwas megaloman gewordenen List und von dem ganzen Betrieb in solcher Heeresgruppe[33] mit dem Gefolge sonderbarer Kommandos zum Aktenstöbern und Bilder-„Beschlagnahmen".

Nachher in einem Tanzlokal „Etoile", das von der Abwehr und dem SD gemanaged wird. Der Chef der Abwehr Major „Delius" eröffnete den Tanz. Das Bild wurde augenblicklich vom Offizierskorps der Leibstandarte beherrscht, meist unangenehme Prätorianergesichter, dazwischen biedere Unteroffiziere und Gefreite der SS und Flak, sowie einige Bulgaren. [. . .]

27. 3. 41.
Gestern nachmittag interessante Unterhaltung mit dem offenbar klugen und energischen, aber undurchsichtigen Großindustriellen Iwan Balabanoff. Bei ihm kam klar heraus, was die offiziellen Stellen hinter der For-

mel: „durch den Beitritt Jugoslawiens sehr beruhigt worden zu sein" verbergen, nämlich den Zorn über die den Jugoslawen gewährte territoriale Integrität und das Mißtrauen in den weiteren Verlauf. B[alabanoff] behauptete, in den letzten zwölf Stunden habe die Achsenpolitik 20 Prozent ihrer Anhänger in B[ulgarien] verloren. Reserveoffiziere, die viel mit Deutschen verkehrten, hätten Drohbriefe bekommen. Auf meine Bemerkung, daß dieses Aufflammen wohl wieder zusammensacken werde, stimmte er nicht ganz überzeugt zu. Nachher großer Empfang bei Magistrati für die deutschen Fliegeroffiziere. General von Richthofen war ferngeblieben, wie mir seine Nichte Pückler erzählte, weil er in Spanien durch die Italiener (keine Orden!) verärgert worden sei. [...] Mit der Frau des archäologischen Ministerpräsidenten Filoff tauschte ich Erinnerungen an das elektrisch geladene Festessen des Archäologenkongresses am 24. August 39 aus. [...]

Ganz interessante, nachher im Hotel fortgesetzte Unterhaltung mit dem italienischen Journalisten Zingardi [=Zingarelli] (Stampa), meinem alten Freund aus der Botschaftsratszeit in Rom. Offenbar in ziemlicher Sorge für den weiteren Kriegsverlauf. Das Abkommen mit Jugoslawien, das für letzteres sehr günstig sei, betrachtete er als gutes Muster für die Türkei. [...]

Bukarest, 27. 3. 41.
Morgens, als ich beim Generaldirektor Koltucheff (?) erschien, erhielt ich die alarmierenden Nachrichten aus Jugoslawien[34] — nicht ganz überraschend, denn wohl war mir bei der ganzen Geschichte von Anfang an nicht. Unverhüllte Freude der Bulgaren. Die Sache ist noch nicht durchsichtig, jedenfalls sehr balkanisch. Abgekartetes Spiel mit den Engländern? Sonderbar das Verbleiben von Maček und Kulovec. Freiwillig? Möglich, daß Prinz Paul dem kleinen König geraten hat, um die Dynastie zu retten, die Rolle zu übernehmen. Der Militärattaché Just [...] hatte aus Berlin die Nachricht, daß Jugoslawien völlig umgeschwenkt habe und Rückwirkung auf die Türkei befürchtet werde. Der Gesandte K[illinger] ist schon seit drei Wochen nicht hier, sonderbar genug in dieser Zeit, und Neubacher ein ebenso sonderbarer Geschäftsträger. [...] Neubacher selbst bemängelte Killingers lange Abwesenheit, die durch seine Kämpfe um die Alleinherrschaft gegenüber andern Parteistellen in Bukarest (SD vor allem) hervorgerufen ist. Typischer Zustand für das Dritte Reich: alle gegen alle — immer stärker aufgeblähter Betrieb funktioniert durch die Tüchtigkeit des deutschen Volks, verliert aber immer mehr die wirkliche Basis. Oberst Just, bei dem ich nachmittags Kaffee trank, äußerte sich auch scharf.

Die jugoslawische Lage immer noch undurchsichtig. Nach Just rechnet man in Berlin mit Abschwenken, das nur um Zeit zu gewinnen verzögert werde. Churchills Rede[35] sei unmißverständlich. — Mir scheint, daß ihre

Interpretation als Vorwegnahme des von England Gewünschten immer noch möglich ist. [...]

Mirbach berichtete, daß die Stimmung in Rumänien sprungartig hochgegangen sei: es könnten doch noch andere Tage kommen! Die Minister usw., mit denen ich sprach, behandelten alle die Grenze gegen Ungarn als Provisorium. [...]

Das europäische Chaos nimmt zu, der Teufel ist am Werk. Neubacher sagt: Adolf Dschingis-Khan – aber Dschingis-Khan sei ein genialer Politiker gewesen –; er meint es anerkennend!

29. 3. 41.
[...]
Heute morgen den Chef der Militärmission, General Hansen, besucht. Auch er klagte sehr über die wochenlange Abwesenheit des eben erst ernannten Killinger, aus der die Rumänen auf eine Duplizität der deutschen Politik schlössen. Die ganze Autorität beruhe in Rumänien eigentlich nur auf dem deutschen Militär. Ich bin von dieser Duplizität durchaus überzeugt; die Partei spielt natürlich immer noch mit einer Machtübernahme durch die Legionäre, zumal man, wie mir Neubacher sagte, Horia Sima nach Deutschland in Sicherheit gebracht hat.[36] Killinger hat versucht, sich hier als einzigen politischen Repräsentanten vor allem gegenüber der SS zu stabilisieren, aber bisher umsonst. – Frühstück mit Senator H. O. Roth, dem verdienten Deutschenführer. Er ist verzweifelt über das von der Partei im Deutschtum angerichtete Durcheinander. Der von der SS (Lorenz usw.) den Deutschen aufoktroyierte 28jährige „Führer" Schmidt ohne jede innere und äußere Autorität. Bezeichnend, daß er im Blatt der Deutschen eine geharnischte Erklärung gegen die unerhörte Entgleisung der evangelischen deutschen Lehrer losgelassen hat, in ihrem Kalender Bibelworte neben solche des Führers zu stellen. Er hat schon recht, nur in anderem Sinn, wie er denkt. Roth zitierte zwei dieser Bibelworte: „Wachet, stehet im Glauben, seid männlich und seid stark" und „So jemand kämpfet, wird er doch nicht gekrönt, er kämpfe denn recht!" – !!

An die Spitze der Kirche hat man an Stelle des hochverdienten Glondys einen „Thüringer Deutschen Christen"[37] gestellt, der aber sofort sich wieder das Mißfallen der Partei zugezogen hat, weil er sich gegen die Vorstellung gewandt hat, das Christentum stelle einen weichlich leidenden Helden in den Mittelpunkt. Roth ist über das Durch- und Gegeneinander der deutschen Stellen in Rumänien verzweifelt. Ein positiver Wert nach dem andern wird zerschlagen. Auch die Gesandtschaft sei nur ein Trümmerhaufen. Man müsse mit ganzer Seele den Sieg wünschen und für ihn arbeiten, weil sonst das Deutschtum physisch ausgerottet werde, aber zugleich in größter Sorge sein, was nach dem Siege geschehen werde. [...]

Für die inneren Verhältnisse in Rumänien sah Roth ziemlich schwarz. Die Generalsregierung sei eine Verlegenheitslösung (was mir übrigens Dimitriuc verblümt auch angedeutet hatte), gehalten nur durch unsere Stütze. Göring hat Antonescu gesagt, der Führer habe ihm erklärt, daß er nur zu zwei Leuten Vertrauen habe, zu ihm, Antonescu, und zu Mussolini. Davon zehrt Antonescu, während deutsche Stellen unterirdisch weiter mit den Legionären arbeiten. Antonescu habe uns zugesagt, die guten Elemente der Legionäre zu erhalten, nur gegen Rädelsführer und gemeine Verbrecher kapital vorzugehen. Aber die Auslegung der letzteren beiden Begriffe sei natürlich ganz willkürlich.

Gegen Abend suchte ich den früheren Minister Manoilescu auf. Neubacher betrachtet ihn mit Mißtrauen, meint, daß er gegen Antonescu konspiriere und den alten Marschall Prezan als eine Art Pétain oder Hindenburg nach vorn bringen wolle, und sprach sich zwar für meinen Besuch aus, ich möchte aber vorsichtig sein, da Manoilescu sicher überwacht würde, und mich zuhörend verhalten. Tatsächlich war Manoilescu politisch selbst außerordentlich vorsichtig und sprach im wesentlichen über wirtschaftliche Probleme.

30. 3. 41.
Immerhin machte er einige ganz interessante politische Äußerungen: so, daß man nur noch von Serbien, nicht mehr von Jugoslawien zu sprechen habe; oder daß er zuerst Ingenieur, dann lange Jahre Wirtschaftspolitiker gewesen sei: seit er aber Außenminister gewesen und in der unglücklichen Lage gewesen sei, den Wiener Schiedsspruch zeichnen zu müssen,[38] habe er nur einen Gedanken, nämlich einmal dafür zu sorgen, daß diese Sache wieder gutgemacht werde; die Zerschneidung der Einheit Siebenbürgens sei ein Wahnsinn.

Abends [...]. Noch keine volle Klarheit über die jugoslawische Haltung. Interessant, daß die Deutschen aus Jugoslawien evakuiert werden, aber nicht aus Kroatien und Slowenien.[39] [...]

31. 3. 41.
[...]
Inzwischen sind die Deutschen aus Kroatien usw. auch evakuiert worden. Der ganze Donauverkehr und überhaupt Frachtverkehr mit und durch Jugoslawien von Deutschland und seinen Vasallen steht still; grobe Störung auch für die Kriegführung.

Frühstück zu meinen Ehren bei Avakumović [jugoslawischer Gesandter in Bukarest] und seiner netten Frau (Schwester von Ivanka Pavlović), anwesend von der Gesandtschaft Gavrilović mit polnischer Frau, Simović (Sohn des neuen Generals – Ministerpräsidenten), von uns Stelzers, der amerikanische Gesandte und der ungarische, nach Genf versetzte Geschäftsträger mit gut aussehender Frau. Vorher lange Debatten, ob man annehmen solle; die brave Gesandtschaft hatte sogar bei Dörnberg angefragt und zu meiner Freude die Antwort erhalten, das müsse sie selbst beurteilen. Man überschüttete mich mit Freundlichkeit und mit Lobsprüchen für meine Arbeit in Belgrad. [. . .] Avakumović eifrig bemüht, die Vorgänge in Jugoslawien als rein innerpolitisch und als viel harmloser als von uns aufgefaßt darzustellen. Warum wir nur die Deutschen evakuiert hätten? Auf welche naive Frage ich auf die groben Ausschreitungen hinwies. Vor allem drängte er auf Geduld gegenüber einem aus Gott weiß wie viel Parteien nach einem Umsturz gebildeten Ministerium, das erst zur Ruhe kommen müsse. Man würde ganz sicher im Dreimächtepakt bleiben, was schon daraus hervorgehe, daß er auf persönlichen Auftrag von Ninčić dies dem acting Außenminister hier, Cristianu [= Cretzianu], ausdrücklich erklärt habe. Wir wiesen darauf hin, daß uns so etwas nicht erklärt worden sei. Jedenfalls könnten wir die gegenwärtige Unklarheit, die einen Stop für den ganzen Verkehr durch Jugoslawien bedeute, unmöglich lange bestehen lassen. [. . .]

Besuch des siebenbürgischen deutschen Großindustriellen Schmutzler (Firma Scherk). Sehr guter Eindruck. Die Zerschneidung von Siebenbürgen hält er natürlich auch für untragbar. Noch viel bitterer aber klagt er über die Volkstumspolitik des Dritten Reichs, die von jungen Schnöseln geführt werde; die persönlichen (z. B. Roth) und die sachlichen Säulen des Deutschtums, z. B. die evang. Kirche und Schule, auf denen seit vielen Jahrhunderten die Erhaltung des Deutschtums beruhten, würden in plumpester, kurzsichtigster Weise zerstört. Schlimmer Eindruck auch unserer Südtiroler Politik. Wir waren ebenso einig über die gefährliche Wirtschaftspolitik, die über die nationalen Gesichtspunkte der bearbeiteten Länder brutal hinweggehe.
[. . .]

Budapest, 2. 4. 41.
[. . .] Am 1. von Mirbach auf dem Flugplatz „abgesehen", bei ruhigem Wetter hierhergeflogen, dreieinhalb Stunden, über schöne Sachsendörfer, dann die waldigen, oben schneebedeckten Karpathen und schließlich die ungarische Ebene mit sehr üblen Überschwemmungsfolgen. Hier von Erdmannsdorff abgeholt, dem die Tätigkeit als Gesandter gut bekommen zu sein scheint. Erstaunliches Wiedersehn mit Heerens. Sie hatte ich allenfalls erwartet, da ich wußte, daß sie mit evakuiert worden war. Aber auch ihn hat man „zur Berichterstattung" nach Berlin gerufen. Die berühmte Methode wie bei Welczeck, Eisenlohr, Dirksen. Ich bin neugierig, ob ihn Ribbentrop überhaupt empfängt. Nach Heerens Darstellung handelt es sich um einen echt serbischen Putsch junger Offiziere, vor allem Flieger, die den Krieg wollen. Der König [Peter II.] natürlich nur Puppe. Die Ausschreitungen gegen die Deutschen und ihn würden von Berlin sehr übertrieben, es sei eigentlich nur sehr wenig und nur am ersten Tage geschehen (gegen das deutsche Reisebüro, gegen Ingenieur Moser und, was ihn selbst betrifft, lediglich etwas „Hua-Hua-Rufe" bei der Fahrt von

der Kathedrale, dabei noch unterbrochen von Sympathiekundgebungen).⁴⁰ H[eeren] sieht die Lage pessimistisch an: wir würden nicht anders können wie die Demobilisierung zu verlangen, und diese würden die serbischen Militärs nicht bewilligen können. Was machen aber dann die Kroaten?

Nach Tisch schöner Spaziergang mit Erdmannsdorff (Margaretheninsel, die sehr hübsch zurechtgemacht worden ist, Johannesberg). Er erzählte, daß Hitler schon am Donnerstag [27. 3.], also am Tag nach der Putschnacht, sich Sztójay habe kommen lassen, um ihm, unter Wutausbrüchen gegen Jugoslawien, die schönsten Gebietsabtretungen in Aussicht zu stellen; nach seiner in solchen Fällen üblichen Art, ganz im Impuls und nach „Karlchen-Miesnick"-Rezepten. Sogar das unsern Achsenfreunden gehörige Fiume hat er den Ungarn als Leckerbissen vorgehalten; er werde dann schon mit den Italienern reden.⁴¹ – Horthy hat bisher erreicht, daß deutsche Truppen so wenig wie möglich und in Budapest gar nicht sichtbar würden. Das wird sich jetzt ändern. [. . .]

3. 4. 41.
Vormittags Besuch bei Generaldirektor der Staatsbahnen, Horthy Sohn, Handelsminister Varga [. . .].

Nachmittags den alten Kanya besucht. Leider nach schwerem Autounfall im letzten September ein ziemliches Wrack. Er meinte, er hätte Lust, ein Buch über die Fehler der englischen Politik in den letzten drei Jahren zu schreiben.

3. 4. 41.
Heute sollen deutsche Truppen durchmarschieren. Man sah gestern abend im Hotel Duna Palota einen Haufen Generale, allerdings, wie ein alter ungarischer Husarenrittmeister etwas verächtlich bemerkte, mehr „Geniestäbler" als richtige Soldaten. [. . .]

Der Präsident der deutsch-ungarischen Handelskammer v. Meczér [. . .] meinte, die Monarchie sei in Ungarn erledigt. Man stehe jetzt vor abwegigen Umtrieben, eine Dynastie Horthy zu begründen.⁴² Beide Söhne taugten aber, trotz unerfreulicher Protektion durch den Papa, nichts – der Gesandte in Rio, den er zwecks höherer Gage nach Washington schieben wolle, schon gar nichts. Der Erzherzog Albrecht käme schon eher als Reichsverweser in Frage. Im Lokal wurde dieser mehrfach ehrfürchtig begrüßt, auch ein Versuch gemacht, ihn mit uns zu photographieren. Er macht einen intelligenten, frischen, energischen Eindruck, Typ des „im Leben stehenden", „aufgeschlossenen" Fürsten, aber nicht unbedingt pupillarisch sicher, etwas „forsch". [. . .] Offenbar ehrgeizig kokettiert er mit der Rechtsopposition in Ungarn und mit dem Dritten Reich. Ich hatte eine längere Unterhaltung mit ihm, in der er ausführte, daß eine Umwälzung in Ungarn kommen müsse, aber nur einen vernünftigen Erfolg haben könne, wenn sich dazu die Imrédy-Gruppe, die ein „brain-trust" ohne Masse sei, und die Pfeilkreuzler, die nur „Masse" ohne „brain" darstellten, vereinigten. – Eben rief mich Erdmannsdorff an, um zu sagen, daß in der Nacht der Ministerpräsident Graf Teleki ganz überraschend gestorben sei.[43]

Abends. Es scheint sich um Selbstmord zu handeln. Er hat wohl unter dem Eindruck des deutschen Aufmarsches gegen Jugoslawien das Gefühl gehabt, daß die von ihm befürchtete, immer noch vermiedene Entscheidung für Ungarn nun unausweichlich werde. Da er in der Mobilmachung und damit Zerrüttung der (schon jetzt, besonders durch die Überschwemmungen schwer mitgenommenen) Wirtschaft und im Kriegseintritt gegen England eine furchtbare Gefahr sah, hat er, scheint es, die Nerven verloren. Ich höre, daß er abends noch gebeichtet hat. Es ist, als wenn eine teuflische Hand in Europa am Werke wäre. – Heute morgen Besuch bei Fabinyi, früher Finanzminister, Generaldirektor der Kreditbank. Schien ein sehr vernünftiger, erfahrener Mann. Er wünscht eine ruhige, organische Entwicklung in Ungarn. Von dem Gedanken des Erzherzogs hält er gar nichts. Imrédy sei ein kluger, vortrefflicher Mann, aber ein schlechter Politiker, und mit den Pfeilkreuzlern sei, wenige Ausnahmen vorbehalten, überhaupt nichts los. Es würde, meint er sicher mit Recht, ein ganz schwerer Fehler sein, wenn die Nazis versuchen wollten, durch ihre, also ausländische, Hilfe, ein Regime ihrer hiesigen Nachäffer durchzuzwingen. – Vor der Mobilisation und dem Eintritt in den Krieg hat er, genau wie Varga < >, ein wahres Grauen.
[. . .]

4. 4. 41.
Der Selbstmord Telekis wird jetzt zugegeben. Abends bei Erdmannsdorff allein gegessen, statt „Fidelio", auf den ich mich gefreut hatte, der aber, wie alle Theater, ausfiel. Maček in Belgrad im Kabinett. Bitte [der jugoslawischen Regierung] um ausgerechnet italienische Vermittlung, Lage also noch nicht ganz klar. Berlin scheint den Bruch für sicher, womöglich sogar erwünscht zu halten. Daher nach Musterfall Polen aufgemachte Greuelnachrichten. Mir ist noch nicht durchsichtig, welche Politik die Kroaten machen. – Ungarn deprimiert dem Verhängnis gegenüber. Bárdossy als Ministerpräsident eine offenbare Verlegenheitslösung aus außenpolitischen Gründen. [. . .]

Mit Erdmannsdorff in vollkommen dunstigem Frühling ins Gellértbad (nur zum Anschauen) und auf den Gellértberg gefahren und dort etwas spazieren gegangen. Im Bad fröhliche Menschen, draußen junges Grün, eine Kastanie schon mit ganz dicken strotzenden Knospen; die Burg im Märchenschleier wie ein Gralsschloß und unten die majestätische Donau. Nun will sich auch (will?) dieses Land in den Krieg stürzen: lange Gesichter des Hotelpersonals, zwölf Mann seien heute morgen eingezogen wor-

den. Und der arme Teleki mit seinen feinen Nerven schläft den ewigen Schlaf.
[...]

5. 4. 41.
Zug zur Grenze. Bei Frau von Lukacz einen Wermuth getrunken. Ihre Andeutungen bestätigten die innere Krise bei Regierung und Militär, die der Tod Telekis offenbart hat. Gegen Rumänien wäre seinerzeit ein Kampf populär gewesen. Jetzt erweckt die Vorstellung eines Eintritts in den Krieg, und zwar ausgerechnet aus Anlaß Jugoslawiens, mit dem man eben auf deutschen Wunsch einen Freundschaftspakt geschlossen hat, allgemeinen Schrecken und die Mobilisation höchste wirtschaftliche Sorge.

Abends bei Benckisers (früher Rom – Frankfurter Zeitung) gegessen und Ullmann als Belgrader Flüchtling wiedergetroffen. Letzterer bestätigte die außerordentlichen Übertreibungen der deutschen amtlichen Propaganda bezüglich der angeblichen Ausschreitungen gegen Deutsche.

Eindruck über die ungarische Lage auch nach Benckisers Angaben recht trübe.

Wien, 7. 4. 41.
Ich fuhr am 5. früh hierher. Ununterbrochen brausten Flugzeuge und Kolonnen über Ungarn gegen Südost. Zufällig im gleichen Zuge Generaldirektor Stephan von Schenker [der Speditionsfirma], weshalb Kronholz-Belgrad, jetzt als Flüchtling in Wien, an der Bahn war. Empört über die unpsychologische Art unseres Verfahrens gegen Jugoslawien; der Bruch sei durchaus zu vermeiden gewesen. Auf alle Fälle ist Berlin nach dem Umsturz in Belgrad offensichtlich zum Krieg entschlossen gewesen. Sehr nach Muster Polen die Lügen über die Greuel gegen Deutsche; Kronholz bestätigte die Wahrheitswidrigkeit aller dieser Behauptungen. Hitler, der persönlich nach dem Belvedere [zur Unterzeichnung des Dreimächtepaktes] gegangen war, handelt augenblicklich auch aus gekränkter Eitelkeit.

Jetzt ist nun der Bruch vollzogen.[44] Man hat sich nicht einmal die Mühe genommen, wenigstens ein Ultimatum, wenn auch ein ganz kurzfristiges (Demobilisierung) Ultimatum zu stellen und uns damit eine annehmbare Ausgangsposition zu sichern. Die Jugoslawen haben schließlich lediglich ihre Regierung geändert. Die Aufrufe usw., die Hitler erlassen hat, sind wohl das am schlechtesten stilisierte und am fadenscheinigsten begründete Erzeugnis seiner bisherigen politischen Muse. Man empfindet das auch weitgehend. Der Gauleiter Jury, den ich heute besuchte, sprach deutlich aus, daß ihm die Sache mißfalle und eine Panne erscheine. Noch viel schärfer natürlich General Gautier.
[...]
Bei Baldur von Schirach. Er hatte mich zuerst auf 5 Uhr gebeten und

nachträglich zum Frühstück eingeladen. Ich ging um 3 Uhr 15 zum „schwarzen Kaffee" hin, im Auto mit Adjutant abgeholt, erstaunlich. Die Unterhaltung war insofern interessant, als er einen überaus maßvollen Standpunkt einnahm und den ganzen Fall Jugoslawiens sehr kritisch beurteilte. Allein mit der Gewaltmethode ginge es eben doch nicht. Er erzählte, daß Maček vergeblich versucht habe, eine positive Zusicherung von Berlin zu erhalten, und sich erst dann entschlossen habe, ins Kabinett zu gehen. Er, Schirach, habe noch einen hiesigen Kroaten (einen mir bekannten, etwas problematischen Jugoslawen Dertel oder so ähnlich) nach Berlin geschickt, der aber nur zu Heinburg [Vortragender Legationsrat im AA] vorgedrungen sei.

Schirach beurteilte unsere ganze Lage, besonders im Hinblick auf Amerika sehr ernst, sah die einzige Chance in einem durchschlagenden Erfolg des U-Boot- und Luftkriegs in diesem Sommer und schilderte die außerordentlich großen, mit der Zunahme des Kriegsgebiets wachsenden Schwierigkeiten personeller und materieller Art. Überspannung auf allen Gebieten.

Der Ingenieur Rafelsberger freilich meinte, wir würden noch 1941 die vom „Führer" für dieses Jahr gesetzten Kriegsziele erreichen, nämlich: den ganzen Balkan, Rußland bis zum Kaukasus, Vorderasien und Nordafrika!!

Inzwischen haben unsere russischen Freunde kurz vor unserem Einmarsch in Jugoslawien mit diesem einen Freundschafts- und Nichtangriffspakt abgeschlossen. Eine richtige „attention".

Schlußakkord: ich traf im Imperial Neuhausen als Fliegermajor. [. . .] Neuhausen erzählte geschwollen, er sei zum Leiter der gesamten Wirtschaft, einschließlich der Wehrwirtschaft, in Jugoslawien bestellt, nur dem „Reichsmarschall" persönlich unterstellt. Gautier, den ich auf dem Bahnhof traf, wußte es auch schon und beurteilte das Ereignis wie ich. Es ist niederschmetternd zu sehen, wer bei uns oben schwimmt.[45]

Berlin, 10. 4. 41.
Schnelle große Erfolge auf dem Balkan.[46] Die Wehrmacht ist ein unerhört glänzendes Instrument, geboren aus dem preußischen Geist und alle tüchtigen Eigenschaften des Deutschen enthaltend, zugleich von absolutem Selbstvertrauen erfüllt. Es ist tragisch: Mit diesem wunderbaren Instrument wird die Zerstörung Europas à la perfection durchgeführt. Auch in Nordafrika sofort Erfolge, sobald wir zuschlagen. Gleichzeitig nähert sich das italienische Impero in Ostafrika dem Ende. Englische Flieger hielten uns in der letzten Nacht drei Stunden im Keller und suchten Unter den Linden Opernhaus und Staatsbibliothek heim, so wie wir Guild Hall und Parlament. Der Wahnsinn schreitet fort. Geißler [Popitz] erzählte, daß die Sterndeuter Hitlers Horoskop im Monat April als sehr ungünstig ansehn; er glaube nicht daran, wohl aber an die psychologischen Wirkungen.

Mit ihm und [Haushofer] gestern die Frage der Fühlung mit Karl [Burckhardt] und meinem [Besucher Bryans] in Arosa besprochen. Die Frage ist, ob [man Haushofer] im jetzigen Siegestaumel überhaupt fahren läßt.[47] Glaise über Entwicklung immer tiefer bedrückt.

Weizsäcker über die Reise berichtet. Er bestätigt, daß Hitler von der Stunde des Umsturzes in Belgrad an den Kampf gewollt und voller Ressentiment die Vernichtung gefordert hat. Wilde unhaltbare Lösungen des südslawischen Problems < >: Kroatien unter ungar[ischem] Dominium, aber Dalmatien zu Italien! – Matsuoka ist höchst zurückhaltend gewesen.[48] Baronin Roenne (Schwester von Frau Solf jun.) erzählte von langem, unterstrichenem Besuch M[atsuoka]s bei Frau Solf sen. und von Äußerungen M.s über Eden als sein „personal friend".

Ebenhausen, 4. 5. 41.[49]

Durch die Niederlagen in Nordafrika und Griechenland hat sich die Lage Englands zweifellos verschlechtert, vor allem wegen der Gefahren für die ganze Stellung Englands im Nahen Orient. Die Rückwirkungen in der Türkei, im Irak, in Ägypten, in Indien sind unverkennbar. Dieckhoff behauptet auch, daß in den Vereinigten Staaten die Isolationisten Boden gewonnen hätten, wenn sich freilich auch die fanatische Energie Roosevelts und aller, die auf diese Karte gesetzt haben, zugleich verdoppelt. In Berlin ist in der Partei, beim Militär und zum Teil auch im Publikum der Barometer erheblich gestiegen. Die Sorge der knowing men ist aber nicht geringer geworden. Vor allem sieht man noch keinen wirklich *entscheidenden* Erfolg sich abzeichnen, zumal der U-Bootkrieg, auf den man doch so große Hoffnung gesetzt hatte, auf eine immer wirksamere Gegenwehr stößt. Nach wie vor erscheint aber eine schnelle Entscheidung nötig, weil die Ernährungs- und sonstigen Schwierigkeiten von Herbst an sehr stark zunehmen werden, vor allem aber die Überspannung der personellen und materiellen Kräfte immer fühlbarer werden muß, ganz besonders, wenn tatsächlich der Angriff auf Rußland, der immer intensiver vorbereitet wird, steigt. Zwar wird versucht, auf Druck aller derer, die das Unternehmen für Wahnsinn halten, die Bolschewiken mit der Drohung, ihnen sämtlich den Hals abzuschneiden, ohne Kampf gefügig zu machen. Aber was man von ihnen verlangt: Überlassung der Ukraine und des Zugangs zum Petroleum für unsere Kriegführung und Angriff auf England (ungefähr muß das das Programm sein) erscheint derart, daß nur Leute darauf eingehen können, die aus schlotternder Angst um ihre Stellung und ihr Leben Rußland preisgeben. Ob es so in Moskau aussieht, kann ich nicht beurteilen. – Eine sonderbare Szene hat sich bei der Abfahrt Matsuokas in Moskau abgespielt. Stalin, der dabei nichts zu suchen hatte, ist total betrunken erschienen und hat Schulenburg lallend gesagt: „Fahren Sie nach Berlin und sagen Sie ‚Wir wollen Freunde bleiben!'". Den stellvertretenden deutschen Militärattaché Krebs hat er schwer auf die Schulter geschlagen mit den hervorgestoßenen Worten: „Sieh da, ein deutscher General."[50]

Matsuoka hat gegen ausdrückliche Verabredung mit Berlin in Moskau den Pakt abgeschlossen, während er in Berlin sich stets auf die Notwendigkeit berief, zunächst Kaiser und Kabinett zu fragen. In seinem Abschiedstelegramm an die Russen strömt er von Herzlichkeit über und betont, daß sein Aufenthalt in Moskau der längste gewesen sei. Natürlich haben ihm die Russen gesagt, was wir ihm verschwiegen haben, daß ein deutscher Angriff [auf Rußland] bevorstände.

Die Lage wird kompliziert [durch][51] die fortgesetzten Erklärungen der Italiener (trotz ihrer „Siege" in unserem Schwange), über den Herbst hinaus nicht Krieg führen zu können. Erpressung ist dabei, aber auch Realität. Hitler zieht daraus die Folgerung, ihnen alle Wünsche zu erfüllen. Die Engländer behalten ihren Grundsatz bei, jede deutsche Diversion zu begrüßen, worin sie recht haben. Ihre militärische und vor allem militärpolitische Führung ist aber miserabel. Es ist von ihrem Standpunkt aus unverzeihlich, 1) daß sie nicht, als das leicht möglich war, nach Tripoli vorgestoßen sind, 2) daß sie unsere Truppen nach Afrika gelassen haben, 3) daß sie es nicht fertiggebracht haben, das (gegen Befehl) viel zu weit vorgetriebene Unternehmen Rommel in eine deutsche Schlappe zu verwandeln. Wir hätten das gemacht!

Ist die Kriegslage im ganzen eher gebessert, so ist das innere Bild noch düsterer geworden: Demoralisierung von oben her, Bolschewisierung, Rechtszerstörung nehmen reißend zu.

Ich war am 8. 4. mit Hase [Oster] und D[ohnanyi] bei Geibel [Beck], und es stiegen einem die Haare zu Berge, was urkundlich belegt mitgeteilt wurde über die den Truppen erteilten, von Halder unterschriebenen Befehle betreffend das Vorgehen in Rußland und über die systematische Umwandlung der Militärjustiz gegenüber der Bevölkerung[52] in eine unkontrollierte, auf jedes Gesetz ulkende Karikatur. Es wird da der Deutsche bewußt zum Boche, das heißt zu einem Menschentyp erzogen, der bisher nur in der feindlichen Propaganda existierte. Mit dieser Unterordnung unter Hitlers Befehle opfert Br[auchitsch] die Ehre der deutschen Armee.

Ebenhausen, 5. 5. 41.
Der Balkansieg gefährdet die englische Lage im östlichen Mittelmeer, bedeutet aber im übrigen eine neue scharfe Anspannung aller unserer Kräfte und wirtschaftlich mehr Nachteile als Vorteile. Zunächst ist das Ergebnis die Zerstörung der Kupferbergwerke von Bor für ein halbes Jahr und die vorübergehende Sperrung der Donau sowie üble Zustände in Belgrad. Staatssekretär Neumann, mit dem ich neulich frühstückte, war recht gedämpft. Sonstige bemerkenswerte Gespräche: mehrfache Unterhaltungen mit Geißler [Popitz] und Pfaff [Goerdeler] — letzterer immer unerschüt-

tert in seinen sanguinischen Prognosen – ergaben, daß beim augenblicklichen Barometerstande schwer etwas zu machen ist, um den Leuten die Augen zu öffnen, aber vielleicht schon bald. – Bei meinem Regimentskameraden B[rauchitsch] lernte ich den Neffen seines Vetters [Hans Bernd v. Haeften] (AA) kennen, verheiratet mit der klugen klaren Tochter von [Julius Curtius]. Sehr guter Eindruck; soll bei geeigneter Gelegenheit mit seinem Onkel sprechen.

Papen sah ich am 28. Er ist etwas gealtert, auch wie mir scheint, resignierter. Er meint, daß die Türken wesentlich günstiger als anfangs für Deutschland eingestellt sind, sich aber einem Durchmarsch widersetzen würden. „Solche Politik müßte im übrigen ohne mich gemacht werden!" (Wer weiß?).

Hentig, mit dem ich einige Tage später aß, erzählte von seiner Informationsreise im Orient, besonders Syrien.[53] Überall wird mit steigender Lebhaftigkeit durch uns gegen England gearbeitet, neuerdings im Gegensatz zu früher mit positiven Zusicherungen der Unabhängigkeit von Indien bis Syrien, besonders natürlich Irak, wo es jetzt schon brodelt. Ihrerseits sind die Engländer sehr intensiv in Syrien tätig.

Am 20. Frühstück Weizsäckers im Adlon für den Gouverneur von Rom, Giacomo Borghese, mit Sofia, die zu Ehren der römischen Oper hergekommen sind. [...] Die Oper hatte einen Riesenerfolg, und ich genoß selbst den „Maskenball" außerordentlich, leider im häßlichen Deutschen Opernhaus mit Goebbels als gänzlich unbeteiligtem „Präsidenten", weil die schöne Staatsoper durch Fliegerbomben erledigt ist. Popitz erzählte mir, daß sie ganz genau hergestellt werden soll. Aber es fehlt nachher natürlich das alte Holz, das für die Akustik wichtig ist.

Nach der Oper aß ich mit Olga Rigele und Staatssekretär Hueber [Schwager Görings], der wieder sehr brutal militärisch zu denken begonnen hat, bei dem Amerikaner Stallforth[54] (im Restaurant Horcher), der mich schon vor Monaten einmal hatte sprechen wollen. Macht sehr guten Eindruck. Er war grade mit dem Clipper angekommen. Er ist scharf Anti-Roosevelt (deutsche Mutter!), aber nüchtern und von klarem Urteil. Durch die Ereignisse hätten Roosevelts Gegner großen Auftrieb erhalten, was aber vorläufig nichts ändere. St[allforth]s Ziel ist, hier bei den führenden Leuten auf Frieden zu drängen; bisher ist er aber weder zu Hermann G[öring] noch sonst jemand vorgedrungen, sehr bezeichnend! Ich sah ihn noch einmal bei einem netten Hauskonzert (Frau Elschenbroich) bei Ilse Göring, und er sagte mir nochmals mit großem Ernst: „Sie *müssen* im Herbst Schluß machen!" [...]

Einen sonderbaren „Fall" lernte ich neulich mit Rantzau vom AA und Gräfin Louisette Quadt kennen, in Gestalt der hübschen und anziehenden jungen Engländerin Barbara Greene, die feierlich mit Strachwitz vom AA (jetzt Barcelona) verlobt ist und hier im Dienste des AA eine Zeitschrift für die gefangenen Engländer, „The camp", redigiert. Sie erzählte, daß die Leser in regem Kontakt mit ihr ständen. Am besten würden die Gefangenen der Luftwaffe behandelt; neulich Fußballspiel deutscher und englischer Offiziere, bei dem letztere gewonnen hätten. Eine groteske Geschichte, in die sich Europa unter Führung Hitlers hineinmanövriert hat.

Am erschütterndsten vor einigen Tagen Unterhaltung mit [Glaise-Horstenau], der zum [bevollmächtigten deutschen General für Kroatien] in [Agram] ernannt worden ist. Er hat zwei Gespräche mit Schickert [Hitler] aufgezeichnet,[55] die eine geistige Einstellung des letzteren zeigen, bei der man das Gruseln lernen kann. Unter der Überschrift: „Aufbau Europas nach neuen Grundsätzen wahrer Ordnung und Gerechtigkeit" wird zunächst einmal im Südosten ein wahres Chaos angestrebt. Erster Grundsatz: die Italiener müssen, um sie bei der Stange zu halten, alles bekommen, was sie wollen, auch wenn es noch so unsinnig ist. (Es schadet gar nichts, wenn sie sich dann später mit den Slawen tüchtig in die Haare geraten.) Zweiter Grundsatz: Die Serben müssen kurz und klein geschlagen werden. Vernünftig ist nur eins, daß wir selbst wenigstens nicht ans Mittelmeer heran wollen. Den Kroaten hat man befohlen, sich mit ihren Todfeinden, den Italienern, die freilich ihren jetzigen „Führer" Pavelić jahrelang ausgehalten haben, zu einigen. Da die Italiener aber so gut wie die ganze Küste, jedenfalls die brauchbare, verlangen und außerdem eine Art Oberherrschaft über Kroatien, ist die Verständigung schwer! Schließlich wird vielleicht wieder ein deutscher Schiedsspruch helfen müssen, mit dem gleichen Erfolg wie zwischen Ungarn und Rumänien. Montenegro soll auch auferstehen, Albanien-Italien sehr vergrößert werden und Bulgarien ungefähr die Grenzen von S. Stefano bekommen; Griechenland soll italienische Dépendance werden. – Und wir haben 25 Jahre über die Ungerechtigkeit und Unvernunft der Pariser Vorortverträge geschimpft!!

Die Ungarn bekommen auch sehr viel, waren aber klug genug, auf das ihnen angebotene Protektorat über Kroatien zu verzichten.

Die neue deutsche Grenze soll ebenso wie die italienische (Laibach!) tief ins Slowenische eindringen. Große Umsiedlungen sind geplant. Ich traf in Berlin den jungen Fürsten Auersperg, der in Berlin herumläuft, um < > die Einverleibung Gottschees ins deutsche Gebiet zu betreiben. [Glaise-Horstenau] erzählte eine Fülle von charakteristischen Äußerungen von Schickert [Hitler], zum Beispiel über die Judenfrage in Kroatien: Dort wollten die neuen Herren nur gegen die neu zugewanderten Juden vorgehen, aber er habe ihnen gesagt, sie müßten radikal vorgehen, denn das Geld hätten grade die alteingesessenen!

Ebenhausen, 17. 5. 41.
Ereignisse und Eindrücke überstürzen sich so, daß es schwer ist, ihr Augenblicksbild mit wenigen Worten festzuhalten. Kriegslage:

Positiv für uns:
1) die außerordentlichen schnellen, größter Leistung der Wehrmacht zu dankenden Erfolge in Jugoslawien und Griechenland, die für die Stellung Englands im östlichen Mittelmeer große Gefahren bringen;
2) der Ausbruch von Kämpfen im Irak [2. 5.], allerdings offenbar verfrüht begonnen, aber doch im Gesamtzusammenhang der englischen Orientstellung bedenklich. Besonders weil
3) die Verständigung mit Frankreich (Darlan) vorwärtsgeht und Syrien als Stützpunkt für uns einbegreift. Offenbar ist die Zwangslage für Frankreich so drückend, daß die Leute keinen anderen Ausweg wissen wie den dieses Spiels;
4) die Tatsache, daß Rommel, wenn auch mühsam, sich an der ägyptischen Grenze noch hält,
5) erhebliche Erfolge der Luftwaffe gegenüber der britischen Handelsschiffahrt. Ich weiß nicht, ob ich die wüsten Zerstörungen in England selbst, denen die größten Kulturwerte zum Opfer fallen, dazu oder, zusammen mit den viel geringeren, aber doch immer erheblicheren Zerstörungen in Deutschland, nur in das Kapitel des europäischen Selbstmordes rechnen soll.

Negativ fallen ins Gewicht:
1) die immer wachsende Überspannung der deutschen Kräfte;
2) das Zurückbleiben der U-Boote gegenüber den Erwartungen — infolge immer wirksamerer Abwehr;[56]
3) die sich stetig verschärfende Haltung der Vereinigten Staaten, die auf den Kriegseintritt loszusteuern scheinen;[57]
4) die mit Sturmesschritten zunehmende moralische Verwahrlosung der Führung. Beispiele später;
5) vor allem, im Zusammenhang mit letzterer, der Fall Heß.[58]

18. 5. [41.]
Der Eindruck des letzteren Ereignisses war unbeschreiblich, aber allerdings ins Unermeßliche gesteigert durch die — auf persönliche Zornesexplosion Hitlers — zurückzuführende Torheit der amtlichen Kommuniqués; vor allem des ersten, das die Vorstellung hervorrief, man habe dem Volk durch Monate, ja, Jahre, einen halb oder ganz verrückten „Stellv[ertreter] des Führers" und sogar prädestinierten Nachfolger zugemutet. Winst[on] Churchill hat ganz kurz den im Ausland hervorgerufenen Eindruck gekennzeichnet: „It is the worm in the apple." Entgegen der verstiegenen Absicht Heß' ist die Wirkung kriegsverlängernd. Im Innern, im Großen gesehen, ein Schlag gegen die Autorität des Systems, für den Augenblick ein Plus für die Radikalen und für Ribbentrop. Letzterer hat vor einigen Wochen über Personalfragen (Kampf zwischen SA-Luther und SS-Stahlecker um die Vorherrschaft im AA) einen heftigen Zusammenstoß mit Heß gehabt, der ihm auf einen unerhört groben Brief geantwor-

tet hat — ein aktiver „Reichsminister" an den andern —: sein Brief zeige offenbar infolge nervöser Überreizung einen solchen Geisteszustand, daß er es vorziehe, den Briefwechsel erst weiterzuführen, wenn er wieder bei Trost sei.

Die Hintergründe der Flucht sind noch nicht aufgeklärt. Die amtliche Interpretation ist mindestens nicht erschöpfend. Schon die sportlich-technische Leistung zeigt, daß Heß nicht als verrückt bezeichnet werden kann. Möglich ist, daß er Grund hatte, irgendeinen Schlag gegen ihn [sich] persönlich zu befürchten. Daß er seit langem skeptische Anwandlungen gegenüber den Methoden seines Herrn und Meisters hatte, ist mir bekannt. Obwohl er sich bei meinem Abgang mir gegenüber, wie ich damals aufgezeichnet habe,[59] unqualifizierbar benommen hat, halte ich ihn nicht für im Grunde unanständig, sondern für dumm und schwach, mit idealistischer Einstellung. Unzweifelhaft hat er sich wiederholt bemüht, den Faden mit England wieder anzuknüpfen, wobei er sich unter anderem ...s [Albrecht Haushofers] bedient hat, aber — mindestens in der Mehrzahl der Fälle — *mit* Zustimmung Hitlers. ... [Haushofer] ist nach Auskunft seiner Haushälterin oder seines Dienstmädchens in der Nacht nach dem Vorfall um 2 Uhr von zwei Herren abgeholt worden und hat erklärt, zum Flugplatz zu gehen und zu verreisen! Man ist in Sorge, zumal andere Verhaftungen stattgefunden haben, *angeblich* auch die des Münchener Gauleiters Wagner.[60]

Am 10. nachmittags bei Geißler [Popitz], um zusammen mit unserem neuen Freund H[aeften] vom [AA] den Bericht [Haushofers] über seine Reise zu hören.[61] Inzwischen ist vorvorgestern — endlich — Ilse zurückgekehrt. [. . .] Trotzdem bin ich dankbar, endlich Ilse wiederzuhaben, in einer Zeit, in der ich sie so brauche. Sie hat die Reise ... [Haushofers] durch ein langes Gespräch mit ... [C. Burckhardt] in Zürich vorbereitet[62] und ... [Haushofer] selbst nachher in Arosa, nach seinem Besuch in ... [Genf] eingehend gesprochen. Aus Ilses und seinen Angaben geht hervor, daß ... [C. Burckhardt] auf Grund seiner mit mir besprochenen Unterhaltung mit dem Kunsthistoriker [Professor Borenius in London] und weiterer Gespräche mit englischen Diplomaten bei der Auffassung geblieben ist, daß England noch immer auf vernünftiger Grundlage zum Frieden bereit ist, aber 1) nicht mit unseren jetzigen Regenten und 2) vielleicht nicht mehr lange. Jetzt sind noch die Stimmen von Halifax und Hoare, obwohl beide auf Außenposten stehen, die wirklich maßgebenden und nicht die als Kriegs-wau-waus verwendeten Churchill und Eden, aber wer weiß, wie lange noch.[63] Die Luftangriffe auf Westminster-Abtei, Parlament usw., die von uns auf derselben Zeitungsseite triumphierend gebracht werden, auf der die Engländer wegen Angriffen auf [deutsche] Wohnviertel usw. als „niederträchtige Feiglinge" gebrandmarkt werden, erzeugen natürlich einen immer glühenderen Haß.

Interessant, daß ... [Burckhardt] Ilse in Zürich erzählt hat, ein Vertrauensmann von Himmler sei bei ihm gewesen, um ihn zu fragen, ob England wohl mit Himmler (statt Hitler) Frieden machen würde, ein neuer Beweis für die innere Brüchigkeit im Kreis der Nazis. Ferner hat er als Beispiel der plumpen Propagandamethoden unserer Leute berichtet, daß er auf sein Angebot, in Amerika für eine nüchterne und objektive Betrachtung der Lage zu wirken, die Antwort erhalten habe, man werde ihm das auch gut bezahlen.

Durch die Flucht von Heß ist nun jede Möglichkeit, auf dem Wege ... [Haushofers] weiterzukommen, verschüttet. Er sollte eigentlich nach einigen Wochen nochmals zu ... [Burckhardt] fahren, der inzwischen wieder Fühlung nehmen wollte, und wollte dann die gesammelten Eindrücke verwerten. Das ist nun vorbei.

Die Grenzkonstruktionen im Südosten nähern sich nun dem Ende.[64] Ihre Gestalt und die Italien zugesprochenen Protektorstellungen spotten jeder Beschreibung. Es bestätigt sich, daß Hitler ihnen alle Wünsche erfüllt und dabei wohl bewußt den Hintergedanken hat, es werde später Mord und Totschlag zwischen Italienern und Slawen folgen, außerdem aber wahrscheinlich auch ein deutsches Vorgehen gegen die Italiener (gegen die er geladen ist) nötig werden!

Russische Frage nach wie vor offen. Alles munkelt von einer Art friedlicher Kapitulation Stalins; Weizsäcker glaubt nicht daran und ist überzeugt, daß Hitler entschlossen ist, den Schlag gegen Rußland zu führen.

Typische Äußerung eines Neutralen: Wenn es den Engländern gut geht, kann man mit ihnen reden; wenn es ihnen schlecht geht, sind sie unzugänglich. Mit den Deutschen ist es umgekehrt.

Auf Wunsch von Professor Berber (natürlich hat er auch den Titel „Gesandter") habe ich trotz schwerer Bedenken übernommen, zunächst einmal den nächsten Aufsatz über die politische Lage Europas in seiner offiziösen Zeitschrift zu schreiben.[65] Dieckhoff hat den über Amerika übernommen, ein Mann im AA (Trott) den über Ostasien – alle drei anonym. Ich habe alle Vorbehalte gemacht und betont, daß ich nicht als offiziöser Propagandist schreiben könnte. B[erber], der einen ganz schlauen, aber undurchsichtigen Eindruck macht, hat mir das zugesagt. Die Frage ist aber, ob es praktisch möglich ist. Neugierig wäre ich, ob Ribbentrop eigentlich weiß, daß seine Egeria Berber mich gefragt hat.

Ich habe ziemlich große Berufssorgen. An sich will der MWT mich sogar auf zwei Jahre verlängern, und alle, die mein Verkehrsgutachten auf Grund der Südostreise[66] gelesen haben, sind davon sehr angetan. Aber die ganze Arbeit des MWT wird wegen der zunehmenden „Staatsführung in der Wirtschaft" und wegen der Ausdehnung des deutschen und italienischen Bereichs in S.O.E. [Südosteuropa] immer problematischer.

Wahre Geschichte: Ein Händler mit Ameiseneiern wird in die Gruppe „Eierhändler" eingereiht. Er schreibt: „Auf die Gefahr hin, von Ihnen nun in die Gruppe ‚Spielwarenhändler' eingereiht zu werden, muß ich Ihnen mitteilen, daß Ameisen Puppen haben, nicht Eier."

Neulich mit Bruckmanns zu Abend gegessen. Die tatsächliche Inschrift Hitlers [im Bruckmannschen Gästebuch] (statt zu Weihnachten diesmal zu Frau Bruckmanns Geburtstag) lautet: „Im Jahre der Vollendung des deutschen Sieges."!

[Elsa Bruckmann] ging neulich am Prinz-Karl-Palais vorbei und sah, daß dort wunderschöne französische Stilmöbel in Massen eingeladen wurden. Sie fragte den ihr bekannten anwesenden Spediteur, worum es sich handle, und erhielt die Antwort, es seien Möbel aus Frankreich, die auf den Obersalzberg kämen. „Gekauft oder ...?" Antwort: „Sozusagen gekauft, aber wenn Sie mir 100 M. für diesen Louis XVI-Schreibtisch geben, so haben Sie ihn sehr gut bezahlt."

Vor einigen Tagen besuchte mich [Frauendorfer] (der Freund von Dr. B[erthold]), um mir < > sein Leid zu klagen (wie schon vor einigen Monaten)[67] in Ebenhausen. Er ist verzweifelt über das, was er in Polen mit ansehen muß. Übrigens berichtete er, daß die Geheimorganisation der Polen gegen die deutsche Unterdrückung reißend Fortschritte machte. Zwei Beispiele aus seinen Erzählungen: 1) Himmler hat 180 polnische Landarbeiter kurzerhand wegen Verkehrs mit deutschen Frauen oder Mädchen hängen lassen.[68] [Frauendorfer] ist zu Himmler persönlich gegangen, um hiergegen wegen der Unmöglichkeit, unter solchen Umständen Landarbeiter zu werben, Vorstellungen zu erheben. Antwort: „Ich habe alle Fälle dadurch genau geprüft, daß ich mir habe Photographien kommen lassen und festgestellt habe, das Henken sei unter rassischen Gesichtspunkten in jedem Falle gerechtfertigt"!! 2) Generalgouverneur Frank, dem das Wasser an dem Hals steht, schreibt an Martin Bormann, der Führer habe in der letzten Unterredung mit ihm bestimmt, daß polnische Landarbeiter wie andere fremde Arbeiter behandelt werden sollten, das heißt menschlich und zum Beispiel mit der Möglichkeit, Ersparnisse zu machen. Antwort: er, B[ormann], sei bei allen Unterredungen zugegen gewesen und wisse, daß der Führer eine solche Entscheidung nicht getroffen habe, sondern auf dem Standpunkt stehe, die Polen seien keine Europäer, sondern Asiaten, die nur mit der Knute behandelt werden könnten!

Ebenhausen, 29. 5. 41.
[. . .]
Lage gekennzeichnet:
1) durch den erfolgreichen Angriff [auf] Kreta, der von den Engländern wieder unzureichend pariert wird und, wenn er zur Eroberung führt,[69] für die englische Lage im östlichen Mittelmeer und nahen Orient recht peinliche Folgen haben kann,
2) durch den Sieg des „Bismarck" über die „Hood", der mehr als ausgeglichen worden ist durch die Zerstörung des ersteren, den man, wie mir scheint, recht leichtsinnig nach dem Gefecht bei Grönland nach St. Nazaire in Marsch gesetzt hat,[70]

3) durch die weiter verschärfte amerikanische Haltung.

Volksstimmung ziemlich schlecht, wirtschaftliche Überspannung immer stärker fühlbar. Der Fall Heß, äußerlich systematisch zum Abklingen gebracht, hat die Autorität des Systems doch stark angegriffen. Die Volkswitze sind eher gutmütig: Das tausendjährige Dritte Reich auf hundert Jahre verkürzt (eine Null weniger!) — H[eß] gibt die Zeitschrift „Der Türmer" in England heraus. — Neuer Titel: „Reichsemigrantenführer".

Sohn Haushofer sitzt noch, ebenso Dr. Schmitt, ersterer angeblich, weil er die astrologischen Neigungen von Heß unterstützt habe, was mir ganz neu ist.

Neulich sehr nettes Frühstück mit Popitz bei Haeften und seiner famosen Frau, geb. Curtius, außerdem noch Trott mit Frau dabei. Sehr guter Eindruck von Haeften.

Vorgestern [27. 5.] Mittwochsgesellschaft bei Sauerbruch. Dieser geriet nachher inter pocula sehr temperamentvoll mit Pinder und Fischer aneinander, die offizielle Meinungen vertraten, Fischer als alter Zentrumsmann natürlich besonders eifrig. Sauerbruch erzählte, daß er bei seinem ersten Kolleg nach dem Untergang der „Bismarck" einige Worte zu Ehren der Gefallenen gesagt und mit den Worten geschlossen habe: „Es lebe Deutschland und der Führer!" Nachmittags, offenbar auf eine Denunziation eines Studenten, Anruf der Gestapo: Es sei unbedingt zu fordern, daß in solchen Fällen gesagt werde: „Es lebe der Führer!" Darnach könne auch Deutschland erwähnt werden. Kommentar überflüssig.

Aus Anlaß der Breslauer Messe habe ich dort am 22. auf Wunsch der Industrie- u. Handelskammer bei den sogenannten „Zwischenstaatlichen Besprechungen" einen halbstündigen Vortrag über Südosteuropa gehalten (denselben am Tage vorher am Beuth-Tisch in Berlin). Es ging ganz gut (Kontakt besser als in Berlin), und ich habe nicht nur gesprochen, sondern auch einiges gesagt. Ganz interessant, daß der Gauleiter Hanke, früher bei Goebbels, mit dem ich 1933 in Rom einen heftigen Zusammenstoß hatte, sich bei Auswahl der von ihm zu beehrenden Messeveranstaltungen ausdrücklich auch meinen Vortrag ausgesucht hatte. Er war ausgesucht liebenswürdig und machte abends im herrlichen Remter, als er mir beim Essen gegenübersaß, eine gradezu chevareske Bemerkung in dem Sinne, daß diese dumme Angelegenheit ja nun weit hinter uns liege. [. . .] [Ich hörte] sehr ungünstige Urteile über Hanke. Er sei absolut unaufrichtig, und solche Manöver wie das mir gegenüber seien nur Tarnung. Aber wozu? Empfinden diese Leute wirklich ein Knistern im Gebälk?

Neben Hanke saß der russische Botschaftsrat Semenow [Semjonow], der ein naives Gesicht zur Schau trug und zu einem anderen Nachbar Berve, Generaldirektor der Schaffgotsch-Werke (sehr guter Eindruck), sagte: „Ich glaube, ich habe den Feldmarschall v. Rundstedt auf der Straße gesehen. Ist das Oberkommando hier?"

Tatsächlich ist er in Breslau. Weizsäcker bezeichnete mir vor einigen Tagen wieder alle umlaufenden Gerüchte über Einrücken in die Ukraine und Verständigung mit Rußland als falsch.[71]

Ich sah Rundstedt im Hotel, ohne ihn zu sprechen, wohl aber sprach ich seinen Adjutanten, den reaktivierten Reiter Salviati. Er meinte, die Generalfeldmarschälle sähen fast alle (List?) klar, was los sei, aber damit sei es auch aus.[72]

Bei einem Empfang beim bulgarischen Gesandten Draganoff lernte ich neulich Halder kennen, ohne ihn zu sprechen. Äußerer Eindruck besser, als ich dachte.
[. . .]

Ebenhausen, 15. 6. 41.
Lage: 1) Entscheidung Rußland gegenüber nähert sich. Nach Ansicht aller knowing men (soweit es so etwas gibt) ist der Beginn des Angriffs etwa am 22. höchstwahrscheinlich. Mit einer erstaunlichen Einheitlichkeit hält sich trotzdem das − nach Ansicht der gleichen knowing men absichtlich (wozu?) verbreitete Gerücht, Verständigung mit Rußland stehe bevor, Stalin komme her, wir seien schon „friedlich" in der Ukraine usw.
2) Scheitern der Irakbewegung und Einmarsch der Engländer und de Gaullisten in Syrien, die allerdings ziemlich langsam vorwärtskommen.[73] Das ist die Quittung Englands und de Gaulles auf: erstens den verfrüht inszenierten Irak-Streich, zweitens das erstaunliche Sich-Weggeben Darlans < > gegenüber, das übrigens von uns nur sehr kümmerlich honoriert worden ist.[74] Es fragt sich, ob nun die de Gaulle-Richtung neuen Boden in Frankreich gewinnt oder andererseits Pétain-Darlan noch stärker auf unsere Seite getrieben werden − vielleicht beides.

Das Tauziehen um die Seele der Türkei mit Versprechungen von deutscher und englischer Seite scheint einen Höhepunkt erreicht zu haben. An sich muß bei den Türken die Sorge, von uns gänzlich eingekesselt zu werden, im Vordergrunde stehen. Ein deutscher Angriff auf Rußland muß dieses Gefühl auf den Gipfel treiben; es fragt sich nur, ob die Angst die Türken doch veranlaßt, sich lieber mit uns zu arrangieren.[75]
[. . .]
Die Russen scheinen allmählich zu kapieren, was los ist, und aus ihrer verfehlten Kordonaufstellung sich mehr rückwärts zu konzentrieren. Die Aussichten schnellen Sieges gegen die Sowjets werden von den Soldaten nach wie vor rührend günstig beurteilt, es gibt aber auch skeptische Ansichten, zum Beispiel Oberst Oster. − N[ostitz] erschien sehr aufgeregt bei mir, man müsse, um ein Ende des Krieges wie 1918 zu verhindern, alles tun, um noch in letzter Minute den Entschluß, Rußland anzugreifen, umzuwerfen. Ob ich nicht versuchen könnte, auf Mussolini einzuwirken? Ich kann das aus verschiedenen Gründen nicht tun. N. sagte ich, daß ich durchaus nicht klar sehe, ob M[ussolini] wirklich hundertprozentig gegen

das Unternehmen sei. 1. könne ihm ein Ablenken des drückenden deutschen Schwergewichts vom Mittelmeer (nach Beseitigung der akuten Gefahr für Italien) willkommen sein; 2. sei er vermutlich bezüglich des Enderfolges der Operation skeptisch und könne vielleicht der Erwägung, auf diese Weise einen ganz überwältigenden Sieg Deutschlands zu vermeiden, den Vorrang einräumen vor der Sorge einer „Niederlage der Achse".

Längere wiederholte Besprechungen mit Geißler [Popitz], Pfaff [Goerdeler] und Hase [Oster] u. a. über die Frage, ob die nunmehr bei den Armeeführern angelangten, von dort aber noch nicht weitergegebenen Befehle bezüglich brutalen, nicht mehr kontrollierten Vorgehens der Truppe gegen die Bolschewiken beim Einmarsch in Rußland nicht endlich ausreichen, um der militärischen Führung über den Geist des Regimes, für das sie fechten, die Augen zu öffnen. Man kam zu dem Ergebnis, daß auch diesmal wieder nichts zu erwarten sei. Brauchitsch und Halder haben sich nun bereits auf das Hitlersche Manöver eingelassen, das Odium der Mordbrennerei von der bisher allein belasteten SS auf das Heer zu übertragen; sie haben die Verantwortung übernommen und durch einige an sich gar nichts ändernde, aber den Schein wahrende Zusätze (über die Notwendigkeit, die Disziplin zu wahren usw.) sich selbst und andere getäuscht.[76] Hoffnungslose Feldwebel! Manche Leute meinen, es würden sich Korpskommandeure usw. doch weigern, die Befehle auszuführen und damit die Sache ins Rollen bringen. Ich bezweifle das; außerdem ist es ein chaotischer Weg, der mehr Gefahren als Aussichten enthält. Überhaupt: zur Zeit gilt das chinesische Sprichwort: meju fatse (es gibt keinen Kunstgriff). Trostlos. Vielleicht kommt noch einmal ein Augenblick, wenn sich < > russischen Feldzug zeigt, daß der Friede nicht näher, sondern weitergerückt ist.

Berechtigte Kritik an der Marineleitung wegen des Unfugs, den „Bismarck" so zu exponieren und damit den großen Vorteil aus der Hand zu geben, die Gewichtsverteilung zur See durch das Vorhandensein von „Bismarck" und „Tirpitz" erheblich zu verschieben; vor allem aber wegen des unbegreiflichen Einschiffens des gesamten Flottenstabes für eine riskierte Fahrt eines (bzw. von zwei) Schiffen.

Am 9. 6. 41 Empfang bei Schacht nach seiner kirchlichen Trauung mit seiner zweiten Frau, geb. Vogler, die einen netten Eindruck macht. Viele Leute von „His Majesty's most loyal opposition" anwesend. Nachher im Hause Str[ünck] mit Pfaff [Goerdeler] und Gi[sevius] zu Abend gegessen und politisiert. Letzterer ging nachher zu He[lldorff], der ihn im Auto abholen ließ. In der Unterhaltung zeigte sich, daß Pfaff [Goerdeler] doch sehr in „unmodernen" Vorstellungen befangen ist und nicht erkennt, daß die Welt sich wirklich (wenn auch „leider") in einer Weise wandelt, die wohl reguliert, aber nicht verhindert werden kann.

Meinen Breslauer Vortrag habe ich leicht variiert, auf Wunsch des Universitätsinstituts für Auslandswissenschaft vor etwa 200 Ausländern, Stu-

denten und anderen, die hier für einen Kursus zusammengeholt sind, wiederholt – wie mir schien ganz erfolgreich. Viele Holländer, Belgier, auch Skandinavier, Schweizer und Südostleute. – [. . .] Ich fragte einen Ungarn, was denn alle die Leute dächten und was sie nach Berlin gezogen hätte. Zu letzterem meinte er: Neugier! Sie seien zum Teil sehr erstaunt, daß das Brandenburger Tor usw. noch stehe. Zu ersterem erklärte er, bis auf einige Mussert- und Degrelle-Leute seien alle Holländer, Belgier, Schweizer, Skandinavier von Haß gegen das heutige Deutschland und von der Hoffnung auf den englischen Sieg erfüllt.
[. . .]
Im MWT kriselt es weiter, das heißt weniger „im" als „um" ihn. Scharfes Vorstoßen der von der Partei – Schirach und Funk – gedeckten, praktisch sehr wenig brauchbaren Südosteuropagesellschaft in Wien. Es wird schwer halten, sich zu behaupten. Im MWT meine eigne Aufgabe auch problematisch.[77]

Der Tod des Kaisers [4. 6.] ist ziemlich spurlos am deutschen Volk vorbeigegangen, obwohl er persönlich sich mehr und mehr hohe Achtung erworben hat. Amtliche Behandlung des Falles auf „kühle Wahrung des äußeren Anstandes", im übrigen auf Totschweigen gerichtet. – Oster war als Begleiter von Canaris bei der Beisetzung und sehr beeindruckt, vor allem vom glänzenden Aussehen und würdevollen Auftreten des Kronprinzen.

Ebenhausen, 13. 7. 41.
Dieses Kriegspapier ist so gemein, daß man mit Tinte nicht darauf schreiben kann – leider ziemlich bezeichnend für den allgemeinen Zustand allmählicher Verknappung an allem und jedem. Ein Monat ist vergangen, seit ich das letzte Mal Eindrücke aufgezeichnet habe. Das große Ereignis des vom Zaune gebrochenen Angriffs auf Rußland ist inzwischen eingetreten. Selbst diese Halunken von Bolschewiken sind von uns noch übertölpelt worden. Sie hatten doch damit gerechnet, daß wenigstens irgendein Vorwand gesucht werden würde. Der gänzlich abrupte Überfall hat sie so überrascht, daß vor allem ihre Luftwaffe die schwersten Verluste am Boden erlitten hat, wodurch unsererseits eine beträchtliche, sich schnell auswirkende Überlegenheit erzielt worden ist. Trotzdem ist der Kampf wesentlich härter, als man angenommen hatte, die Russen stehen mit zäher, stumpfer Tapferkeit. Leider schwere Offiziersverluste,[78] wie immer grade in den Reihen der besten Jungen. Gebsattels einziger Sohn; in Wien sah ich bei Agathe Tiedemann das Bild eines 18jährigen kriegsfreiwilligen Neffen, der gleich am ersten Tage gefallen ist, dessen reinen, im besten Sinne deutschen Ausdruck ich gar nicht vergessen kann. Ein fürchterlicher, sinnloser, unabsehbarer Krieg.

Neulich war bei mir ein Baron Mellon Zakomelsky, Berliner Vertreter der nat[ional]sozial[istischen] russischen Emigrantenorganisation – völlig verzweifelt, grade weil er mit seinen Freunden auf *diese* Karte gesetzt hatte. Er gewinnt immer mehr den Eindruck, daß der Krieg nicht gegen den Bolschewismus, sondern gegen die Russen geführt wird. Bester Beweis, daß ein Todfeind der Russen, Rosenberg, an die Spitze der politischen Leitung gestellt worden ist. Wenn wir so fortführen und das Ziel deutlich würde, Rußland erstens unter Nazigauleiter zu stellen (unter Zurückweisung der Mitarbeit nationaler Russen) und zweitens zu zerschlagen, dann werde Stalin es fertigbringen, eine nationalrussische Front unter ihm gegen den deutschen Feind zu schaffen. Es ist grotesk, aber doch wirksam, daß Stalin jetzt die Gottlosenbewegung abgeblasen hat. Der erste, immerhin vorhandene Erfolg der deutschen Aktion gegen den Bolschewismus, nämlich in der ganzen Welt hiermit — endlich — eine gewisse Sympathie zu erwerben, beginnt bereits sich zu verflüchtigen.[79] Während Stalin Bittgottesdienste fördert, hat die Partei (Bormann) bei uns den Kampf gegen die Kirchen grade jetzt im Kriege immer mehr verschärft. Bischof Heckel [Leiter des Kirchlichen Außenamtes], einst ein recht willfähriger Mitarbeiter aller Versuche, zwischen evangelischer Kirche und Nazismus eine Brücke zu schlagen,[80] war neulich bei mir und zeigte völlig klare Erkenntnis für den unbezweifelbaren Willen der Partei, die Kirchen zu zerschlagen. Einen besonders anschaulichen Beweis brachte er in Gestalt einer Aufzeichnung über eine große Amtswaltertagung in Madrid, auf der der Gauschulungsleiter der Auslandsorganisation in schärfster Form die Unvereinbarkeit von Partei und Kirche proklamiert, den Austritt der Parteifunktionäre, die Namensgebung statt der Taufe (die eine Vergewaltigung sei), den Verzicht auf den Priester bei der Beerdigung usw. verlangt hatte, weil die Religion, die ihre Befehlsstelle bei einem Vorderasiaten habe, für einen Deutschen unmöglich sei. Typisch die Reaktion von Bohle, dem man das vorgelegt hat: die Sache könne *so* nicht stimmen, solches Verfahren entspräche nicht seiner Auffassung. Das übliche Vorgehen: ein Spähtrupp und Sturmbataillon wird vorgeschickt und bei allzu großer Wirkung zunächst noch einmal scheinbar ein halber Rückzug angetreten.

H[eckel] erschien im übrigen, um mir als Mittelsmann (auf Anregung von W[eizsäcker]) eine Art Kartothek über „gute" und „schlechte" Leute in Rußland anzubieten, für die er für seine demnächst finanziell erschöpfte evangelische Kirche im Auslande 30.000 M haben wollte. Solche Wege muß man heute gehen, um gegenüber den modernen Hunnen die wichtigsten Kulturwerte kümmerlich durchzuretten. Nach Stalins „Bekehrung" sind wir Deutschen jetzt die einzigen Exponenten der Gottlosenbewegung in der Welt. — Ich habe die Sache an W[eizsäcker] gegeben, der aber angesichts der Zustände im AA die Übernahme nicht durchsetzen konnte und die Sache an die Abwehr weitergegeben hatte. Ich habe dort nachgebohrt, und es scheint, daß es funktioniert. Die Zertrümmerung des AA schreitet fort, aber nicht im Sinne einer sachlichen

Reform, sondern in der Richtung der Auslieferung an die Parteilandsknechte, sei es SS, sei es SA. Letztere hat nun Preßburg, Agram, Bukarest, Sofia und zuletzt auch noch Budapest erhalten,[81] zur Wut der Ungarn, die den Eindruck haben, daß sie auch wie die Balkanesen einen Satrapen bekommen.

Hans Dieter ist ganz vorn in Rußland, letzte Nachricht vom 3. Er macht eine einfach trostlose Beschreibung von Land und Leuten. [. . .]

Noch einige Ereignisse der letzten Wochen. Wenige Tage vor dem Beginn des russischen Feldzugs erschienen [Etzdorf] und [Haeften] bei mir, um mir zu sagen, daß ersterer mit dem Adjutanten von [Brauchitsch] noch einmal den Versuch eingeleitet habe, mich an B[rauchitsch] heranzubringen, um ihm die politische Lage klarzulegen. Aber bald danach mußte [Etzdorf] melden, daß es wieder nichts geworden sei. [. . .]

Einige Tage vor dem Beginn des Russenfeldzugs haben Geißler [Popitz] und ich in der Wohnung des famosen J[essen] noch einmal einen heftigen Ansturm auf Geibel [Beck] gemacht, als vornehmster Vertreter seiner Farbe einen Brief an Pappenheim [Brauchitsch] zu schreiben und gegen die Mordbefehle zu protestieren. Schließlich erklärte er sich bereit, worin er durch die Nachricht bestärkt wurde, die wir ihm am Mittwoch danach bei P[aul] F[echter] überbrachten, daß tatsächlich ein Gr[uppen]b[efehls]haber], nämlich B[ock], bezeichnenderweise auf Drängen eines jungen Offiziers seines Stabes, die Weitergabe verweigert habe, ebenso, scheint es, einige A[rmee]b[efehlshaber][82]. Es ist trostlos, daß so etwas nun in unorganisierter Weise geschieht und verpufft.

Am bemerkenswertesten aus letzter Zeit waren zwei Unterredungen mit dem Amerikaner Stallforth. Befeuert durch den Gedanken, daß der Kampf gegen den Bolschewismus die Isolationisten in Amerika außerordentlich stärken werde, hat er seine Anstrengungen fortgesetzt, einen Weg zwischen Berlin und Washington zu finden. Da wir auf meine guten Beziehungen zu Phillips [amerikanischer Botschafter in Rom] zu sprechen gekommen waren, hatte er den Gedanken, Ribbentrop und Hitler zu veranlassen, mich zu Phillips zu schicken. Sein Mittelsmann zu Ribbentrop, der römische Generalkonsul Wüster, hatte angeblich diesen Vorschlag sehr lebhaft aufgegriffen, Ribbentrop vorgetragen und sofort dessen Zustimmung erhalten. R[ibbentrop] wollte die Sache nur Hitler unterbreiten. Ich sagte Stallforth,[83] daß 99 gegen 1 zu wetten wäre, Hitler werde ablehnen. Allerdings mußte ich zugeben, daß mich die Haltung Ribbentrops — wenn die Nachricht richtig sei — immerhin beeindrucke. Seitdem habe ich nichts wieder gehört.

Eine andere interessante Unterhaltung hat neulich Geißler [Popitz] mit Schmidts Sohn [Kronprinz Wilhelm] gehabt, der ihn unter der Firma, über seine Häuser zu sprechen, aufgesucht hat. Geißler [Popitz] hatte von der Klarheit, Klugheit und, was wichtig ist, dem Ernst seines Besuchers den besten Eindruck, auch von seinem Urteil über einzelne Persönlichkeiten, wie zum Beispiel die guten und weniger guten Eigenschaften von Pfaff [Goerdeler]. [...] In der Hauptsache hat er ausdrücklich erklärt, daß er bereit sei, in die Bresche zu springen und alle Opfer und Gefahren, über die er sich völlig klar sei, in Kauf zu nehmen.[84] Sehr gut. Aber die Hindernisse sind leider ungeheuerlich.

Santa Hercolani ist zu allgemeiner Freude mit ihrem Söhnchen (wegen Fußklinikbehandlung) hier. Sie ist politisch aufs äußerste bedrückt, vor allem weil sie vor sich den siegreichen Barbarenkoloß sieht, der allmählich ganz Europa überwältigt. Italien sei heute in seiner Lage zu Deutschland nicht wesentlich von Rumänien verschieden. Der Krieg werde in Italien ganz allgemein als ein reines Parteiunternehmen aufgefaßt, von dem sich der einzelne Mensch innerlich ganz distanziere. Tiefe Depression über die organisatorischen Versager, die Korruption auf allen Seiten, die geringen Leistungen der Wehrmacht. Sie erzählte die erstaunlichsten Dinge über die Zustände bezüglich Ausrüstung usw., aber auch in militärisch-moralischer Hinsicht. [...] Mussolini habe an Autorität ungeheuer eingebüßt, besonders nach seiner dilettantischen, schwere Opfer kostenden Feldherrntätigkeit in Albanien. Der Kronprinz [Umberto] sei vor Kummer und Sorge alt und grau geworden.

Ich habe noch kurz über zwei Reisen zu berichten. Am 27. 6. habe ich in Bremen an der dortigen Verwaltungsakademie einen Vortrag über das Mittelmeer als weltgeschichtlicher Kampfplatz gehalten, etwa 1000 Personen, meist mittlere und kleine Beamte, Angestellte usw., ein überaus aufmerksames, dankbares Publikum, vor dem zu sprechen Freude machte. [...] Die Chefs der Hafenverwaltung fuhren mich im Hafen herum und zeigten mir die sehr beträchtlichen Zerstörungen, die sie auf 16 Prozent der Lagerhäuser, Schuppen usw. bezifferten. Andererseits zum Beispiel der riesige Komplex der Weserwerft und Deschimag überhaupt nicht getroffen, ebenso kein einziger Kran. Rückschlüsse auf Liverpool usw. liegen nahe, auch wenn „man" dort größere Ergebnisse voraussetzt. Tatsächlich hat der Bremer Hafenbetrieb keinen Tag stillgestanden. – In der Stadt ist auch allerhand geschehen, man erzählte von sehr üblen Nächten. Vor einigen Tagen schrieb Nessenius [Regierungsdirektor, Korpsbruder Hassells] von vier Tag- und vier Nachtangriffen in einer Woche; eine einzige Luftmine habe 20 große Häuser zerstört, 40 schwer beschädigt, Hunderte leicht.

Überhaupt ist die Tätigkeit der Royal Air Force in Westdeutschland und an der französischen Küste überaus lebhaft. Die Aussichten für den Herbst sind auf beiden Seiten fürchterlich. [...]

Vom 5. – 7. 7. in Wien, hauptsächlich um den alten Riedl [österreichischer Minister a. D.] über grundsätzliche Fragen der deutschen Südostwirtschaftspolitik zu sprechen. Ein weiser Mann mit viel Charme. [...] Sicher ist es eine Freude und bringt Gewinn, ihm zuzuhören, obwohl er jetzt mit gegen 75 Jahren ziemlich klapprig im Sanatorium Esplanade in

Baden lag. [. . .] Am Sonnabend vorher hatte ich den klugen, energischen Rektor der Welthandelshochschule Knoll, Vertrauensmann des MWT in Wien, zum Frühstück. Alter österreichischer Kämpfer, hat aber jetzt auch schon Wasser in seinen Wein gegossen. Mit ihm die Gefahren für den MWT von seiten der ehrgeizigen, aber auf „Fassade" gerichteten Südosteuropagesellschaft (Rafelsberger, Heinrichsbauer) besprochen. Ihr Präsident ist Schirach, von dem Knoll meint, daß er, selbst ununterrichtet, in den Händen seiner hemmungslosen jungen Leute sei. Kampf zwischen den beiden Gauleitern Schirach und Jury, letzterer gilt als sachlicher Mann. [. . .]

Am wichtigsten für den MWT war ein Gespräch, das ich Montag nachmittags mit Schirach hatte. Er war wieder sehr „liebenswürdig". Zuerst Unterhaltung über seinen eben gefallenen jungen Adjutanten und über Baumanns (HJ-Mann) unreifen „Alexander", den ich mit Ilse und Wuffi in Berlin gesehen hatte. Dann über MWT, wobei er einen heftigen Imperialismus für sich, Wien und Südosteuropagesellschaft entwickelte. Ich führte das Gespräch im gleichen Sinne wie am 26. 6. mit dem Minister Funk mit dem Ziele, Maßnahmen gegen den MWT so lange auszuschließen, bis mit letzterem als gleichberechtigtem Faktor eine Verständigungsbasis gefunden worden ist. [. . .]

Jetzt schreibe ich unter Eiertänzen meinen Aufsatz über Außenpolitik („Europa") für Professor Berber.[85]

Einige in Wien erzählte Geschichten:

Hacha frühstückt bei Neurath, der ihm das Menü reicht. Hacha: „Wo soll ich denn unterschreiben?"

Staatssekretär Frank, der wilde Sudetendeutsche, findet auf der Prager Karlsbrücke eine rot geschmierte Inschrift: „Smrt na Nemci"(Tod den Deutschen), beschwert sich bei Neurath, der Hacha kommen läßt. Hacha: „Ach meine Landsleute! Wie oft habe ich ihnen gesagt: Alles doppelsprachig, und immer das Deutsche voran!"

Heß wird gefragt, ob er nicht zurückkommen wolle. Antwort: „Ich bin doch nicht verrückt."

[. . .]

Ebenhausen, 2. 8. 41.
Lage: heftiger russischer Widerstand, schwere Verluste. Schwere englische Luftangriffe im Westen, vor allem an der französischen Küste („Scharnhorst", „Gneisenau", „Prinz Eugen"), sehr geringer Erfolg im U-Boot- und Luftkrieg gegen die britische Handelsflotte. Folglich tiefer Barometerstand. Das Gefühl der Endlosigkeit und Uferlosigkeit greift um sich. Viele Gespräche mit Geißler [Popitz] und anderen über die Frage, ob es nicht etwa kriegspolitisch für einen Systemwechsel schon zu spät ist, das heißt ob etwa ein anständiges Regierungssystem auch keinen annehmbaren Frieden mehr bekommt, weil die Gegner die Möglichkeit eines völli-

gen Niederwerfens von Deutschland sehen. Geißler [Popitz] warf auch die Frage auf, ob sich etwa Amerika einem deutsch-englischen Frieden widersetzen werde, weil es die Fortdauer des Kriegs gern sieht, um seine englische Erbschaft doch zu erweitern. Letzteres glaube ich nicht. In ersterer Hinsicht glaube ich zur Zeit noch an die Friedensmöglichkeit bei einem Sturz Hitlers. Aber wie lange noch? Geißler [Popitz] war ziemlich entsetzt über einen Brief, den [Goerdeler?] auf besonderem Wege an einen englischen Freund geschrieben hat, mit dem Ziele, eine klare öffentliche englische Regierungserklärung herbeizuführen, in der maßvolle Kriegsziele für den Fall eines deutschen Systemwechsels proklamiert würden. [Goerdeler?] kam auf Geißlers [Popitz'] Wunsch noch am 29. abends [. . .] zu mir, und ich legte ihm dar, daß jede öffentliche feindliche Forderung eines Systemwechsels < > den gegenteiligen Erfolg haben müsse. Der Systemwechsel sei rein deutsche Angelegenheit; für uns handle es sich nur um interne Sicherheit dafür, daß die Gegenseite solchen Systemwechsel nicht ausnützen, sondern zu einem vernünftigen Frieden bereit sein würde. Diese Sicherheit brauchten wir nicht um unsertwillen, denn uns sei die *absolute* Notwendigkeit des Systemwechsels klar, sondern für die Generäle. [Goerdeler?] fand das aber alles „Finasserien". Nun, bei der ganzen Sache wird nichts heraus[kommen].

A[lbrecht Haushofer] ist frei und vom Verlauf befriedigt. Man hat ihn sozusagen nur als Zeugen verhört, weil man annahm, daß A[lbrecht]s Mitteilungen über seine Reise an Heß der „Flucht" zugrunde lägen. Auf die Frage, woher A. die Anregung zu seiner Reise bekommen habe, hat er gesagt, daß ihm I[lse] empfohlen habe, K. [Carl Burckhardt] zu sprechen.[86]

Geißler [Popitz] will jetzt nach Besprechung mit mir Planck, vorbereitet durch eine Fahrt von Thomas, als Wanderprediger von einem Joseph [General] zum andern fahren lassen.

Bei einem Abendessen mit Burger [Guttenberg] erzählte Hase [Oster] von dem bemerkenswerten Mannesmut von Glaise, der den „Marschall" Kvaternik in schärfster Form auf die ganz unerhörten Greuel der Kroaten gegenüber den 1,8 Millionen Serben zur Rede gestellt und, was noch mehr bedeutet, darüber berichtet hat. Er hat dem Kvaternik gesagt, er habe in den letzten Jahren leider viel auf dem Gebiete erlebt, aber nichts, was sich den Untaten der Kroaten an die Seite stellen lasse. Die Schande davon falle aber auch auf die deutsche Wehrmacht, die den Kroaten in den Sattel geholfen habe.[87]

Überall nichts als Auflösung und Zerstörung. Jetzt wird auch Ostasien einbezogen, nachdem Japan in Indochina einmarschiert ist.[88] Der Vorgang muß auf USA im Sinne einer verschärften Haltung wirken. Weder Japan noch USA wollen im Grunde sehr gern unmittelbar am Kriege teilnehmen, solange die Chancen noch zweifelhaft sind. Aber sie werden immer näher herangetrieben.

[August] Westen aus Cilli [deutscher Großindustrieller in Slowien] besuchte mich und erzählte grauenerregende Dinge, auch aus den an Deutschland gefallenen slowenischen Teilen. Da Hitler die Parole ausgegeben hat, dies Land müsse deutsch werden, gehen die Parteigladiatoren in brutalster Weise gegen die alteingesessene slowenische Bevölkerung vor, zunächst vor allem gegen Intelligenz und Bürgertum. Angesehene, untadelige Leute, zum Beispiel ein Nachbar Westens, ein Baumeister, der in den besten Beziehungen zu den Deutschen stand, werden nachts mit Frau und Kindern aus den Betten geholt und mit einem Handköfferchen per Bahn nach Serbien verfrachtet.

Von Dieter gottlob bisher gute Nachrichten für seine Person. [. . .] Die Berichte über den Feldzug klingen übel genug. Ein wüstes Kämpfen und Morden.

Ich habe zwei Reisen zu Vorträgen hinter mir, zuerst Ende Juni nach Brüssel. [. . .] Sehr guter Eindruck von Falkenhausen, der ebenso wie sein Stabschef Harbou sehr klar sieht. Falkenhausen ist physisch ein Phänomen, er mutet sich abends im Trinken Enormes zu, manchmal bis in die Morgenstunden, zeigt niemals Spuren einer Wirkung und sitzt morgens bald nach acht im Büro. Elf Jahre China haben allen Kommiß und stumpfen Gehorsam im schlechten Sinne vertrieben und ihm etwas Abenteurerblut in die Adern getrieben. Schade, daß er nicht an zentralerer Stelle sitzt. Ich hoffe, mit ihm in Fühlung zu bleiben. In meinem Vortrag im Parlament! habe ich allerhand „gesagt", was zu meiner Freude verstanden wurde.

In den letzten Tagen des Juli Vorträge bei der Verwaltungsakademie des Industriebezirks in Bochum und Dortmund. [. . .] Erstaunlich die überaus geringe Luftangriffstätigkeit und Wirkung der Engländer an diesem deutschen Lebensnerv (starke Flak? Dunst und Rauch? Tarnungen?). Stimmung im Ganzen nicht schlecht, viel „Heil Hitler", insofern typisch „Provinz". Auch typisch Industrie, die politisch immer gleich unfähig ist und als einzigen wirklichen Thermometer das Geldverdienen kennt.

[. . .]

Alle knowing men stehen unter dem Eindruck der von Hitler angesichts des problematischen Erfolges in Rußland angeordneten neuen dreifachen Überspannung der Kräfte: Vervierfachung der Lufttrüstung (Guth meinte, sie sei bis 1. Juni 42 zu schaffen; mit solchen Terminen rechnet man jetzt also), höchste Steigerung der U-Boot- und der Panzererzeugung,[89] Aufstellung einer Kolonialarmee von zwei Millionen Mann für einen Angriff durch die Türkei auf Baku, Mossul, Suez.

Bemerkenswerte Zivilcourage zeigte neulich am Beuth-Tisch der bekannte Berliner Arzt Dr. Munk in einem Vortrage über Schiller als Regimentsmedikus: Wenn heute ein Unterarzt sich die Hälfte der Äußerungen erlauben würde, die der junge Schiller unter dem „Tyrannen"-Herzog Karl Eugen von sich gab, dann wäre wohl kein Zweifel, was ihm geschehen würde; vielleicht sei ja die Gestapo des Herzogs nicht so tüchtig gewesen wie die heutige.

5. 8. 41.
Bösester Witz der letzten Zeit: Woraus sind die neuen Stoffe? Aus den Hirngespinsten des Führers, dem Geduldsfaden des deutschen Volkes und den Lumpen der Partei.

Nostitz war da und erzählte ganz interessant von Gesprächen mit dem Ex-Khediven Abbas Hilmi, der viel zwischen Vichy, Paris, der Schweiz usw. hin- und herreist. Er hat gemeint, im besetzten Frankreich habe man sich ziemlich mit der Zusammenarbeit mit Deutschland abgefunden, im unbesetzten hätten dagegen die de Gaullisten die Mehrheit absolut hinter sich. Vichy sei ein Saustall, Pétain ein Greis, die Regierung Darlan ohne jede Autorität, ein allgemeines Durcheinander, Korruption usw.

Ungünstige Nachrichten brachte er über Witzleben: unorientiert und uninteressiert.[90]

Ebenhausen, 18. 8. 41.
Fortschritte in Südrußland. Geringe Erfolge im Luft- und Handelskrieg. Die Engländer und die angeblich vernichtete russische Luftwaffe greifen Berlin an. Geyr meldet außerdem sehr lästige Tätigkeit tieffliegender russischer Flieger, die empfindliche Verluste verursachen. Kürzlich Fliegerbombe in das Gebäude, in dem der Stab des Panzerkorps saß. [. . .] Der ganze Krieg im Osten entsetzlich, allgemeine Verwilderung. Ein junger Offizier erhielt den Befehl, 350 in einer großen Scheune zusammengetriebene Zivilisten, darunter Frauen und Kinder, niederzumachen, weigerte sich zunächst, wurde darauf hingewiesen, was auf Gehorsamsverweigerung stehe, erbat sich zehn Minuten Bedenkzeit und tat es schließlich, indem er mit einigen Leuten Maschinengewehrfeuer durch das geöffnete Scheunentor in die Menge prasseln ließ und die noch Lebenden mit Maschinenpistole niederknallte. Er war davon so erschüttert, daß er, später leicht verwundet, den festen Entschluß faßte, nicht wieder an die Front zu gehen.

Die Zerstörung aller Anstandsbegriffe zeigt folgende Geschichte: Eine Frau Jessen in Ebenhausen hört in der Bahn das Gespräch von zwei Offizieren, die äußern, auch nach den größten Erfolgen in Rußland bleibe die Frage, ob nicht der Hunger komme. Sie erzählt das einer Dame in Ebenhausen, die sie sofort anzeigt. Darauf erscheint bei ihr der alte hier wohnende General [Name unleserlich], der mit einer fanatischen Parteitochter begabt und von dieser gehetzt ist, weigert sich, das Haus zu betreten und erklärt der an die Tür kommenden Frau Jessen, er, als ältester Offizier in Ebenhausen, müsse sie auf diese Äußerung stellen und, wenn sie richtig sei, ein Vorgehen gegen sie veranlassen! Erstaunlicherweise hat der hiesige Parteichef Weirich nachher mehr Vernunft als der troddelige General gezeigt und der Sache keine Folge gegeben.

Das politische Hauptereignis ist die gemeinsame Erklärung von Churchill und Roosevelt [Atlantik-Charta 14. 8.], deren acht Punkte fatal an Wilsons vierzehn erinnern, aber mehr äußerlich, denn in der Sache sind sie im allgemeinen milder und vor allem dehnbarer. Bezeichnend die feige Behandlung der Sache durch unsere Presseleitung: die Punkte, deren Wirkung man offenbar fürchtet, dürfen nicht gebracht, dafür aber in grober Form zerpflückt und bekämpft werden. Nur mit Mühe kann der Leser herausfinden (aber auch nur ungenau und unvollständig), was eigentlich drin steht. Der volle Wortlaut ergibt: maßvolle Bedingungen (und zwar kautschukartige) in territorialer Beziehung. Anerkennung des Rechts der Völker, ihre Regierungsform zu bestimmen. Aber Zerstörung des Naziregimes. Der übelste Punkt ist der achte, der die militärische Unschädlichmachung „gewisser Nationen" verlangt, die mit Gewaltanwendung drohen. Das wird natürlich so ausgelegt, daß es die einseitige Entwaffnung Deutschlands à la Versailles fordere, und dient dazu, die Vorstellung vor allem bei den Generalen hervorzurufen, eine Regimeänderung nütze gar nichts, der Gegner gehe auf die Vernichtung Deutschlands aus.[91] Gleichzeitig hat der tägliche englische Rundfunk in deutscher Sprache Indiskretionen (angebliche, aber leider nicht unmögliche) Papens enthüllt, der von der Notwendigkeit einer Militärdiktatur unter Falkenhausen gesprochen habe, es sei aber ganz gleich, ob Falkenhausen oder irgendein anderer General, oder aber die jetzigen Herren Himmler, Koch, Rust, Hitler usw. in Deutschland regierten.

Beide Vorfälle zeigen, daß es nächstens zu spät sein wird, ja vielleicht schon zu spät ist, weil die von mir immer befürchtete Identifikation Naziregime = Deutschland in den letzten Monaten reißende Fortschritte gemacht hat. Im Augenblick glaube ich, daß die Churchill-Roosevelt-Erklärung noch nicht hundertprozentig aufzufassen ist: „gewisse Nationen" kann man auslegen: Nationen, die unter einem Regime wie das Hitlerregime stehen. Ferner ist der Rundfunkmann nicht identisch mit den Kräften in England, die vorläufig wohl noch bei einer deutschen Regimeänderung mit gleichzeitiger Friedensmöglichkeit die Oberhand bekommen würden. Aber die Lage wird immer kritischer, und das Nennen eines bestimmten Generals ist sehr fatal.

Gestern erschien bei mir Geißlers [Popitz'] Freund [Langbehn], um diese Lage zu besprechen. Er ist vom OKW/Abwehr beauftragt, den grade in Deutschland befindlichen Carl Burckhardt „auszuhorchen", besonders bezüglich der Lebensmittellage in den verschiedenen Ländern, über die man im Roten Kreuz noch Unterlagen hat. C[arl] B[urckhardt] soll in nächster Zeit Gelegenheit haben, Churchill zu sehen. Ich werde mit beiden aufs Land fahren und die Lage erörtern. Zwei Richtlinien: 1) scharfer Unterschied zwischen öffentlichen (propagandistischen) Äußerungen und internen Mitteilungen (aber authentischen!); 2) zwei Extreme auszuschließen: feindliche Forderungen, das deutsche System zu ändern, weil das eine rein deutsche nationale Angelegenheit ist — andererseits: Identifikation von Deutschland und Naziregime (zerstört alle Möglichkeiten).

Ebenhausen, 30. 8. 41.
Gestern von Jagd Klachau[92] und Budapest zurück.
Vor meiner letzten Abreise von Ebenhausen wurde ich am 15. 8. von Burger [Guttenberg] angerufen, um mir im Auftrage von Brentano [Popitz] zu sagen, ich möchte wegen eines wichtigen Besuchs noch am 18. und 19. in Ebenhausen bleiben. Tatsächlich erschien bei mir am Sonntag, den 17. nachmittags, der Rechtsanwalt [Langbehn],[93] mir dem Namen nach gut als Freund Geißlers [Popitz'] und Sekundant von A[lbrecht Haushofer] bekannt, und berichtete, daß Carl Burckhardt, der in Rote-Kreuz-Sachen in Deutschland weilte, demnächst in gleichen Angelegenheiten nach England gehen werde und daß es sehr zweckmäßig sei, sich mit ihm vorher zu unterhalten. Das sei um so nötiger 1) wegen der Ziffer 8 in der Churchill-Roosevelt-Erklärung, die äußerlich stark an Wilsons 14 Punkte erinnere und von unseren Generälen sicher dahin aufgefaßt würde, daß England-Amerika nicht nur gegen Hitler kämpften, sondern Deutschland überhaupt niederschlagen und wehrlos machen wollten. Wir waren darüber einig, daß diese Auslegung keineswegs zwingend, aber doch sehr einleuchtend sei, wie denn überhaupt — ganz im Sinne unserer immer wiederholten Warnungen — der Prozeß der Identifizierung Deutschlands mit Hitler in der Welt täglich fortschreite. 2) Ein Beweis dafür ist die englische Rundfunkmitteilung, Papen habe indiskret ausgeplaudert, daß demnächst das Regime durch eine Militärdiktatur Falkenhausen gestürzt werden solle (auch der sonderbare Schwarzsender „Gustav Siegfried" hat diese Sache inzwischen aufgenommen); es sei aber ganz gleich, ob Hitler und Genossen in Deutschland an der Spitze ständen oder die Militaristen. — Tatsächlich verdiente Papen, gehängt zu werden, wenn er so etwas geschwatzt hat.
Am Montag, den 18. erschien dann [Langbehn] mit C[arl] B[urckhardt] im Auto und holte mich mit Ilse nach seinem Landsitz ab, wo uns seine nette Frau, zahllose Kinder, Shetlandponies und Bergziegen in unendlichem Frieden empfingen. Wir hatten schon im Auto und nachher dort lange Gespräche in dem bekannten Sinne: 1) jedes Fordern eines deutschen Regimewechsels von der Feindtribüne ein taktischer Fehler, weil wir diese Frage als rein unsere Angelegenheit ansehen, 2) umgekehrt zerstören Identifikationen, wie sie aus Punkt 8 der Churchill-Roosevelt-Erklärung herausgelesen werden können, jede vernünftige Friedenschance, 3) das nationale Deutschland stellt sehr maßvolle Forderungen, wünscht nicht die Zerstörung des britischen Empire, kann aber von gewissen Ansprüchen keinesfalls abgehen. — C. B. meinte, eines der wenigen noch vorhandenen wirksamen Argumente für einen baldigen Frieden sei in England, das heißt bei den „guten" Engländern, die Sorge vor dem

Aufgefressenwerden durch die USA. – Es war beeindruckend zu sehen, wie tief erschüttert C. B. < > durch die fortschreitende Zerstörung der besten Elemente (zum Beispiel auch die schweren Offiziersverluste jetzt im Osten besonders des Adels) und der besten Eigenschaften in Deutschland sich zeigte. Er erzählte, daß ihm vor dem Kriege der Gauleiter [Forster in Danzig] gesagt habe, ein Krieg sei ihnen ganz recht, denn dann würden viele Reaktionäre fallen. Eine (ähnlich auch von Himmler berichtete) für die Reaktionäre ehrenvolle Offenbarung einer gradezu schweinischen Gesinnung.

Wir fühlten uns bei den famosen [Langbehns] so wohl, daß wir beinahe zu spät zu einem Zuge in München (nach Berlin) kamen, zumal noch zum Überflusse das Licht versagte und wir in Ebenhausen unsern braven Schneider herausklopfen mußten. C[arl] B[urckhardt] schleppte im buchstäblichen Schweiße seines Angesichts meinen schweren Koffer vom Hause T[irpitz] zum Auto.

In Berlin war ich nur eineinhalb Tage. Ich traf beim Reiten Weizsäcker auf seinem Morgenspaziergang, zusammen mit Planck, und berichtete beiden über die Gespräche mit C[arl] B[urckhardt]. Weizsäcker meinte, C. B. sei sein Freund und ein vorzüglicher Mann, aber etwas eitel und indiskret; er habe ihn neulich auf einem Tiergartenspaziergang sehr kräftig ermahnt, nicht zu schwatzen und vor allem nicht immer Namen als Quellen zu nennen.

In Berlin sah ich außerdem Geißler [Popitz], Hase [Oster] und dessen Freund [Dohnanyi] und besuchte General [Olbricht]. Einstimmige Überzeugung, daß es nun bald zu spät ist. Wenn unsere Siegeschancen offensichtlich vorbei oder nur noch sehr gering sind, ist nichts mehr zu wollen. Geißler [Popitz] hofft, daß, vorbereitet durch eine Fahrt des Generals [Thomas] (begleitet von RA [Rechtsanwalt Langbehn]), Planck bald auf Reisen gehen kann. Schon jetzt ist die Lage ernst genug. Es liegt ein ziemlich pessimistischer Bericht der Seekriegsleitung über die Lage der Schlacht im Atlantik vor.[94] Sorge vor englisch-amerikanischen Vorstößen nach Westafrika, von wo aus auf die ohnehin sehr nervenschwachen Italiener eingepaukt werden könnte, deren Position in Nordafrika Ägypten gegenüber schon so schwach ist, daß sie, wenn Rommel nicht dagegen wäre, längst hinter Tobruk zurückgegangen wären. [. . .] Lage in Frankreich, vor allem im unbesetzten, höchst labil, Politik der leitenden Leute undurchsichtig. Vergleiche Attentate auf Laval und Déat. Unser Freund Darlan hat auch ganz vergnügt vor der Indochinaaffäre mit Japan den Amerikanern (vergeblich) die Besetzung von Saigon angeboten, und Weygand verhandelt mit USA über einen amerikanischen Flottenbesuch in Casablanca.[95] Inzwischen ist in Kroatien, Montenegro und in bescheidenerem Maße in Serbien der Teufel losgegangen. Serben schießen in Kroatien auf die Kroaten, wie es scheint mit italienischen Gewehren, und die Italiener haben die ganze Küste besetzt. „Deutsche Ordnung im Südosten!!" Die Besetzung des Iran durch die sowjetisch-britischen Waffenbrüder ist auch eine peinliche Sache. Sogar der sonst so rosenrot optimistische [Wehrmacht-] Führungsstab hat jetzt eine recht gedämpfte Lagedarstellung gegeben: in Rußland hofft man noch, Petersburg zu nehmen und im Süden weiter vorzukommen. Aber wird man bis zum Petroleum gelangen? Vielleicht bis zu den ersten Lagerstätten (Maikop). Hitler drängt dort auf scharfes Vordringen, das OKH hat Bedenken und will vorher bei Moskau den Russen noch einen entscheidenden Schlag versetzen. Jedenfalls sieht man allgemein das Bestehenbleiben einer russischen Front über den Winter als wahrscheinlich an. Hitler kokettiert mit einem Vormarsch durch die Türkei. Kurz: alles unabsehbar.

Bezeichnend eine Besprechung zwischen Keitel, Milch und Thomas, von der ich hörte, über das Kriegsindustrieprogramm, das maßlose Forderungen stellt.[96] Durchführung wäre außerordentlich erleichtert, wenn nach einem Sonderfrieden mit Frankreich dieses Land voll eingeschaltet werden könnte. Aber Hitler sei, hat Milch betont, an Mussolini gebunden, dem er Eintreten für seine Ansprüche zugesagt habe, und diese lehne Frankreich unbedingt ab. Milch hat dazu gemeint, dabei stehe doch in Italien niemand mehr hinter Mussolini, aber Hitler sei eben der Ansicht, daß ein Sturz Mussolinis auch für Deutschland unabsehbare Folgen haben könne.

Der Münsterer Bischof Graf Galen hat im Juli und August drei höchst unerschrockene Predigten gegen die Kirchenverfolgung und den Geistesschwachenmord gehalten, in einer bisher unerhört freimütigen Sprache über die Rechtlosigkeit und die Methoden der Gestapo.[97] Himmler hat gekocht und sofortiges schärfstes Vorgehen (angeblich Erschießen) verlangt. Inzwischen hat der arme Kerrl es doch bei der ganzen Bormann (=Hitler)-Kampagne mit der Angst bekommen und Hitler angefleht, den Kampf gegen die Kirchen jetzt im Kriege zu stoppen. Hitler hat sich Bormann kommen lassen und es ganz nach der bewährten Methode für taktisch richtig gehalten, nach Art der Echternacher Springprozession vorübergehend einige Schritte zurückzutun, das heißt die Gauleiter anzuweisen, anzuhalten. Himmler hat demgegenüber erklärt, für ihn handle es sich nicht um Kirchenfragen, sondern er müsse im Interesse der Staats-(sprich: Systems-)sicherheit weiter vorgehen, wobei er die Frechheit gehabt hat, sich auf die Wehrmacht zu berufen. Bisher hat man Galen nur auf Münster konfiniert.[98] Warum läßt Rom Galen so allein kämpfen? Und was machen *unsere* herrlichen Kirchenfürsten? Hannah Nathusius war hier und schilderte die in Neinstedt angewendeten Methoden gegen die dort ganz brav arbeitenden Schwachsinnigen, die im Zuge durch die Stadt marschierend zum Bahnhof gebracht worden seien.[99] Einige hätten ihr gesagt, warum man ihnen nicht wenigstens die „Spritze" gleich in Neinstedt gebe. Die armen Kerls wußten also genau Bescheid. Die Bevölkerung war so erregt, daß man ihr einen Parteiredner geschickt hat, sie mit dem schamlosen Argument zu beruhigen suchte, sie, die Bewohner, würden nun durch den Fortfall des Anteils der Schwachsinnigen besser verpflegt werden. – Pfarrer Bremer aus Florenz besuchte mich, in größter Sorge, weil alle Geistlichen als Inhaber nichtkriegswichtiger Berufe! anderer Arbeit zugeführt werden sollten. Ich bin neugierig, ob der „Echternacher" Rückschritt sich auch auf diese für die Kirche fast tödliche Maßnahme beziehen wird.

Die Eltern eines gefallenen Baron Boeselager haben den Tod mit den Worten angezeigt: „Er starb im festen Glauben an den Sieg des Christentums über den Unglauben."[100]

Auf der Rückfahrt aus Budapest sah ich in Wien den armen einsamen Eichhorn, der eben seinen einzigen Sohn in Rußland verloren hatte, Hermann, den Enkel des Feldmarschalls, der vor 23 Jahren in der Ukraine ermordet wurde. Mein Regimentskamerad zeigte den Tod von zwei Söhnen, den letzten der gräflichen Linie Kirchbach an, nachdem in den letzten sechs Generationen neun K[irchbach]s für das Vaterland gefallen seien.

Meine Reise erfolgte im Sinne einer Verbrüderung mit der eben gegründeten Gruppe Ungarn des MWT. Es ging alles gut, bis auf mein fehlendes Waidmannsheil. [. . .] Erzherzog Albrecht, der mit vier Ungarn in der Klachau dabei war, jagte also im alten Revier seines Vaters Erzherzog Friedrich. Er hat es übrigens fertig gebracht, sich als Offizier beim Vormarsch gegen Jugoslawien so einteilen zu lassen, daß er persönlich das alte riesige Jagdgebiet seines Vaters von Belje, das die Karadjordjewitsche [jugoslawisches Königshaus] inzwischen besessen (und folglich nicht parzelliert) hatten, höchst eigenhändig „zurückeroberte" und gleich mit den erforderlichen Anschlägen usw. als sein Eigentum belegte. Ob er es behält, steht noch dahin. Er nahm nicht nur an der Jagd, sondern auch an den meisten Besprechungen des MWT teil und unterstrich überhaupt, daß er *mit* Deutschland gehen will, so etwa auf der Linie Imrédy mit möglichster Heranziehung der Pfeilkreuzler. [. . .] Er ist ein kluger, weltgewandter, ehrgeiziger Mann, der zweifellos ans Ruder will und zu dem Zwecke etwas Konjunkturpolitik macht, das heißt dem Nationalsozialismus zustimmender gegenübertritt, als es sicherlich seiner innersten Überzeugung entspricht. Den Kriegsausgang beurteilt er schon recht skeptisch, und ich habe versucht, ihn in der Ansicht von der Notwendigkeit, Frieden zu machen, zu bestärken und ihm die Voraussetzungen dafür anzudeuten. Er setzt noch auf den Herzog von Windsor, von dem er glaubt, daß er sich in Reserve halte, um im geeigneten Augenblick die Zügel zu ergreifen, auf der Basis einer deutsch-englischen Verständigung.[101]

Ich hatte in Budapest zahlreiche Gespräche mit Ungarn, teils über die Probleme des MWT, hielt auch eine, wie mir schien, im Rahmen des Erreichbaren geglückte Sitzung über die Verkehrsfragen ab, die der Abgeordnete Kunder (Imrédy-Gruppe), früher Staatssekretär im Handelsministerium, etwas schlaff und oberflächlich leitete. Brauchbare Leute: Suranyi-Unger, die Seele der ungarischen Gruppe; Zsilinsky (Generaldirektor der Bauxitwerke), Lamotte (Generaldirektor der Kommerzialbank), Fabinyi (früher Finanzministerium, jetzt Kreditanstalt), Graf Michael Teleki (früherer Landwirtschaftsminister). Politisch am interessantesten war mir ein langes Gespräch mit Imrédy,[102] der mich an Brüning erinnerte. Er ist körperlich schwächlich, hat aber wohl doch mehr Fähigkeit zur Tat wie ersterer. Er will mit Deutschland gehen und will eine Sozial- und Agrarreform in Ungarn, damit diese von „rechts" und nicht von „links" gemacht wird. Die Aristokraten und die konservative Gentry sehen das nicht und behaupten ihrerseits, daß Imrédy sich zwischen der konservativen Richtung und den Pfeilkreuzlern zwischen zwei Stühle setze. Ob er die Kraft und die Macht haben wird, diesen seinen Weg durchzusetzen, ist mir nicht sicher. Sachlich ist es gewiß der richtige und wäre für uns der richtige gewesen. Leider haben Papen und Genossen in der entscheidenden Stunde versagt.

[. . .]

Der [deutsche] Gesandte [in Budapest] ist einer der sechs SA-Männer, die Ribbentrop ohne jede Rücksicht auf fachliche Qualifikation auf hohe Posten gesetzt hat, H[err] v. Jagow, früherer Seeoffizier, wohl noch der beste von ihnen; jedenfalls mit guter Kinderstube und, wie mir scheint, anständigem Charakter. Gänzlich schimmerlos und unsicher, fühlt er sich scheinbar selbst auf seinem Posten (noch?) nicht wohl. Er gibt sich aber offenbar Mühe und tritt nicht pampig auf. Zufällig traf ich bei ihm Hentig, in Kavalleriemajorsuniform [. . .]. Hentig soll nun nach Kischinew zum Armeeoberkommando Schobert [AOK 11] als Vertreter des AA. [. . .] Für die unerhörte Leichtfertigkeit der politischen Führung ist bezeichnend, daß Ribbentrop ihm am 28. Juni gesagt hat, er brauche sich nicht zu beunruhigen, denn in vierzehn Tagen werde man sich mit den Japanern in Noworossisk (er meinte Nowosibirsk) die Hand reichen! Wir waren darüber einig, daß es allmählich höchste Zeit wird, wenn wir noch heil aus der Sache herauskommen sollen. [. . .]

Ebenhausen, 20. 9. 41.
Die letzten Wochen brachten einen sehr tiefen Barometerstand nicht nur in der Volksstimmung, sondern nach den Mitteilungen von Leuten, die aus dem Hauptquartier kamen, auch „oben": starker russischer Widerstand, geringe Erfolge der Atlantikschlacht, Iran von Engländern und Russen besetzt, erhebliche englische Erfolge im Mittelmeer gegen die Etappenlinie nach Nordafrika, offener Aufstand in Serbien,[103] groteske Zustände in Kroatien, Hunger und üble Stimmung in Griechenland, Hochspannung im besetzten Frankreich, ähnlich in Norwegen, Japan in verdächtigen Verhandlungen mit USA; letztere immer stärker als tatsächlicher Kriegsgegner hervortretend, sehr schlechter Eindruck des Mussoli-

nibesuchs im Hauptquartier, folglich große Sorge wegen Italien.[104] — Die letzten Tage haben infolge erheblicher Erfolge in Rußland[105] „oben" die Laubfrösche wieder tüchtig klettern lassen.

Gespräche von Interesse aus der letzten Zeit:

Nach Rückkehr aus Ungarn besuchte mich Stallforth in Ebenhausen. Er machte wieder einen guten Eindruck, und ich war nachher in Berlin erstaunt, sowohl Weizsäcker wie Schacht höchst ablehnend zu finden: Schacht bezeichnete ihn gradezu als Hochstapler. Weizsäckers Ansicht ist wohl in erster Linie auf Dieckhoff zurückzuführen, über den sich Stallforth seinerseits sehr abfällig (das heißt über seine Politik) äußerte. Schacht bezieht sich offenbar vor allem auf ziemlich weit zurückliegende Vorgänge (Behandlung der mixed claims), hinsichtlich deren Stallforth selbst Differenzen mit Schacht andeutete. Ich habe dann Gelegenheit gehabt, mich mit dem früheren Reichsminister Albert eingehend zu unterhalten, der Stallforth gut kennt und absolut für ihn eintrat; gewiß sei Stallforth ein etwas smarter „amerikanischer" Geschäftsmann, aber irgendetwas Ernstes liege nicht gegen ihn vor, und er sei klug und Deutschland gegenüber gut gesinnt. Interessant war mir auch in Berlin der Besuch eines Herrn Daufeldt vom SD, den mir Stallforth geschickt hatte. Er erklärte, man sei beim SD über alle Vorwürfe gegen Stallforth unterrichtet, habe sie genau geprüft und sei zu einem positiven Ergebnis gekommen. Dieser noch junge SS-Mann zeigte sich außenpolitisch bemerkenswert unterrichtet, nüchtern im Urteil und erstaunlich frei in der Äußerung. Er blieb eineinhalb Stunden und betrat Bahnen, auf die ich ihm vorsichtigerweise nicht folgte.[106] Aus allem ging hervor, daß man sich in Himmlers Rayon schwere Sorgen macht und über Auswege grübelt. Ich fragte Albert über ihn, vor allem darüber, ob er etwa eine Art Lockspitzel sei, was Albert absolut verneinte. Er beurteilte ihn als anständig und klug, machte aber natürlich die heute unvermeidbare Reserve, daß diese Leute alle einen Ehren- und Moralkodex haben, bei dem man nicht absolut sicher sein kann.

Zurück zu Stallforth: Er berichtete, daß Ribbentrop nach anfänglicher Zustimmung zum Plan Phillips vierzehn Tage später erklärt habe, jetzt sei es zu spät. Stallforth bedauerte das um so mehr, als im Einverständnis mit ihm W[erner] v. der Schulenburg (als Übersetzer eines neuen, Caesar als Friedensbringer feiernden Dramas Mussolinis) mit diesem Fühlung genommen und ihn sehr günstig gestimmt für solchen Versuch gefunden habe. Mussolini sei eben unbedingt für Frieden. — Wir erörterten dann die Möglichkeit eines Zusammentreffens mit einem ernsthaften Amerikaner von Gewicht (Stallforth meinte: am besten einen General) am neutralen Ort. Ich erörterte vorsichtig die Frage der *deutschen* Autorisation. — Stallforth interpretierte Roosevelts Politik dahin, daß ihr Hauptziel der Sturz Hitlers sei: sei dieser gefallen, so würde sein (Roosevelts) Prestige gewahrt und ein Friede möglich sein.[107] — Ich fragte im Laufe des Gesprächs nach der voraussichtlichen amerikanischen Reaktion auf eine Wiederherstellung der Monarchie, worauf er meinte, man habe nichts dagegen, Pr[inz] L[ouis] F[erdinand] aber würde gradezu populär sein.

Stallforth bezeichnete Ribbentrop als Hauptunheil; Halifax, der entgegen den Behauptungen der deutschen Propaganda eine glänzende Position in Amerika habe, habe Ribbentrop als den Hauptschuldigen am Kriege bezeichnet. Das wird die Geschichte einmal bestätigen. —

Wiederholte Unterhaltungen mit Geißler [Popitz] über die Notwendigkeit, den Josephs [Generalen] die Augen zu öffnen und die Eilbedürftigkeit begreiflich zu machen. Das, was über den Mussolinibesuch durchgesickert ist, sollte eigentlich genügen, um ihnen klarzumachen, wie labil unsere Lage ist und daß jede Chance, durch Verhandeln zu einem vernünftigen Frieden zu kommen, zum Teufel ist, wenn die Gegenseite den Sieg vor Augen hat. Mussolini und Hitler haben größtenteils unter vier Augen gesprochen. Es ist grotesk, daß AA und militärische Leitung ihre Hauptnachrichten durch die mitgelesenen Telegramme Alfieris über seine Unterredung mit dem Duce über dessen Gespräche erhalten haben. Dabei wird auch der Duce schwerlich seinem Botschafter alles gesagt haben. Fast alle Nachrichten stimmen dahin überein, daß Mussolini Italiens Lage schwarz geschildert und zum ersten Male auch seine eigene Position mit in die Erörterung gezogen hat. Zum Beispiel könne er auf seine Forderungen an Frankreich nicht verzichten, wenn er nicht gefährlich an Prestige verlieren wolle. Interessant wäre, ob die Nachricht stimmt, nach der er Hitler angedeutet hätte, zum Frieden könne man nur kommen, wenn Hitler erhebliche Änderungen in seiner Umgebung vornehme.[108] An Papen hat Hitler gesagt, Mussolini sei ja ein tapferer Mann, aber im übrigen sei mit Italien nichts los. —

Meine letzte Unterhaltung mit Geißler [Popitz] fand am 16. 9. zusammen mit Auerley [Thomas] statt. Letzterer war von seiner Frontreise nur mäßig befriedigt. Leeb sei verkalkt. Gut die Stabschefs von Bock und Rundstedt (das heißt zu letzterem, Sodenstern, war er noch nicht vorgedrungen). Allerdings bezeichnete mir [Hoffmann v.] Waldau ersteren (Greiffenberg) als ganz unbedeutend. Einziges Positivum: Wiesner [Halder] sähe jetzt wirklich klar. — Planck soll nun bald reisen. — Wir hatten ziemliche Sorge wegen unseres viel zu sanguinischen und wirklich „reaktionären" Pfaff [Goerdeler], der mich auch in dieser Zeit besuchte, immer wieder durch seine frische Aktivität erfreut, aber durch seine mangelhaft begründeten Prognostika über den bevorstehenden Zusammenbruch auf allerlei Gebieten und seine kindlichen Planvorstellungen beunruhigt.

Am 3. 9. Tee mit Ilse bei Kaminski [Schacht] mit seiner jungen Frau, die bereits erwartet. Kaminski [Schacht] ist offenbar über die Lage ganz klar,[109] aber immer wieder durch seinen maßlosen persönlichen Ehrgeiz, verbunden mit charakterlicher Unzuverlässigkeit, beeinträchtigt. Ich

glaube, wenn Hitler ihn zu nehmen wüßte, würde er sich ihm immer noch zur Verfügung stellen, es sei denn, daß er das Schiff für hoffnungslos leck ansieht. In bezug auf die Methode kokettiert er mit drei Gedanken:
1) Partielles Vorgehen durch Ausbrechen zunächst *eines* Steins aus dem Turm, nämlich Ribbentrops. Das ist die alte Ansicht von Meinecke [Weizsäcker]. Ich fürchte, daß die doppelte Folge wäre: (1) Wirkung des Ballastauswerfens *inner*politisch, also leichtere Fahrt, (2) Wirkung des Eindrucks der Schwäche nach außen, also verminderte statt vermehrte Friedenschance. Bei *weiterer* innerpolitischer Erschütterung des Systems und andererseits Verschlechterung der Chancen für England-Amerika — zwei Dinge, die aber schwer zusammenkommen können — würde sich beides ändern können.
2) Denkt Kaminski [Schacht] immer noch an seine Entsendung nach Amerika (wofür ihn übrigens Stallforth als geeignet ansieht).
3) Plant Kaminski eine Reise nach Italien, um indirekt mit Mussolini (über Volpi) in der Friedensfrage Fühlung zu nehmen. Felsen [Gisevius], der jetzt eng mit Kaminski liiert zu sein scheint, hat ihm hiervon, wie er mir kurz danach erzählte, mit Erfolg abgeraten, ihn aber veranlaßt, einen, wie er behauptet, kühlen Brief (Sehr geehrter Herr Hitler) zu schreiben, in dem er sage, daß er bei seiner letzten Unterredung auf den Gedanken, Annäherung an Amerika zu suchen, nicht eingegangen sei, weil er damals nicht gangbar gewesen sei, jetzt aber sei das neu zu überlegen.[110]

Mir scheinen das Finasserien, bei denen nichts Rechtes herauskommen kann.

Von Freda [Dohnanyi] erhielt ich ganz gute Aufschlüsse über den Besuch Mussolinis und die Lage in Italien. Italienische Offiziere haben Fredas Chef [Canaris] ganz carrément erklärt, im Laufe des Winters müsse und werde Mussolini durch das Militär gestürzt werden. Ähnlich haben sich italienische Offiziere Forstner [Glaise-Horstenau] gegenüber ausgesprochen.[111] Auch Prof. Ferri, Mailand, der geschäftlich in Berlin war und mit dem ich, das eine Mal mit Ilse, das andere mit Cosmelli, mehrfach zusammen war, zeigte eine erstaunliche Offenheit über die schlechte Lage in Italien; die Partei habe gänzlich abgewirtschaftet und Mussolini persönlich in außerordentlichem Grade an Position verloren. Die Italiener betrachteten den Krieg als eine Sache, die sie nichts angehe und so oder so schnell beendigt werden müsse. — Vielleicht werden die Erfolge dieser Tage in Rußland die Stimmung dort und überhaupt in der ganzen Welt wieder etwas in für die deutsche Sache günstigem Sinne beeinflussen. Gelingt es, Petersburg jetzt bald, dann das Donezgebiet, womöglich sogar Maikop und schließlich auch Moskau zu nehmen, so scheidet Rußland als wirklich gefährlicher Feind aus, unsere Versorgungsbasis wird stärker und die Aussicht auf Sieg wird für die Gegner geringer. Das wäre dann wirklich *der* Augenblick, um eine Friedensmöglichkeit zu schaffen.

Tatsächlich wird durch diese Erfolge zwar die gegnerische Siegeschance augenscheinlich vermindert, aber die Basis für einen deutschen Sieg keineswegs geschaffen. Der Augenblick dürfte also unter keinen Umständen wie alle bisherigen verpaßt werden.

Es ist erstaunlich, daß in breiten Kreisen grade der Wehrmacht das Prestige von Hitler (nicht der Partei) immer noch groß ist und durch den Russenfeldzug bei Offizieren zunächst noch wieder gewonnen hat. Ich aß bei Waldaus und hörte von ihm, daß nach allgemeinem Eindruck die militärischen Angriffsvorbereitungen der Russen so fabelhaft gewesen seien, daß an ihrem Willen, uns im geeigneten Augenblick anzugreifen, nicht gezweifelt werden könne. „Der Führer hat also wieder gegen alle recht behalten!" Ich bin davon in keiner Weise überzeugt, glaube, daß die Russen in erster Linie Angst hatten und keinesfalls angegriffen hätten, es sei denn im Falle eines ohnehin sichtbaren deutschen Zusammenbruchs.[112] Eine solche Lage rechtfertigt nicht diese ungeheure Kriegserweiterung mit allen Folgen und Risiken in den verschiedensten Beziehungen. Sehr interessant in diesem Zusammenhang, daß Schickert [Hitler] an Steffens [Papen] gesagt hat, nach Erreichung der oben angedeuteten Linie gegen Rußland könne man sich vielleicht mit Stalin vertragen, der doch ein großer Mann sei und Unerhörtes geleistet habe!

Waldau erzählte von Mussolinis Besuch bei Göring und einem Essen zu 5 (Mussolini, Hitler, Göring, Cavallero, Waldau), bei dem eine unglaublich kalte Atmosphäre geherrscht habe; Mussolini habe mit Göring kaum ernsthaft gesprochen. – Waldau meinte, daß jetzt das Verhältnis Brauchitsch-Göring ausgezeichnet sei (will ich gern glauben – nach Wiesner [Halder] und anderen ist Brauchitsch ganz ohne wirklichen Willen). Er, Waldau, sprach sich optimistisch über den Luftkrieg aus. Die Verluste in Rußland seien gering, die der Engländer bei ihrer in militärischer Hinsicht ergebnislosen Nonstop-Offensive sehr schwer.[113]

Bei einem Fest seiner [Deutsch-Ungarischen] Gesellschaft traf ich mit Ilse den braven Forstner [Glaise-Horstenau], der im höchsten Grade pessimistisch war. Das Dritte Reich, das die Deutschen endgültig habe einigen wollen, habe den Spalt zwischen Nord und Süd ungeheuer vertieft. In Bayern und Österreich herrsche ein nie dagewesener Haß gegen Preußen. Daher sei übrigens auch eine Hohenzollernmonarchie unmöglich; < >.

Ich besuchte neulich den bulgarischen Gesandten Draganoff, einen klugen, nüchternen Mann. Ganz offenbar sieht er keine deutsche Siegesaussicht mehr und ist auch besorgt wegen der Türkei. Diese Besorgnis teilt Papen nicht. Die Türken wollten weiter nichts als neutral bleiben, das englisch-russische Bündnis sei ungefähr das Unsympathischste, was es für sie geben könne, und große deutsche Erfolge in Südrußland würden stark auf sie wirken und sie jedenfalls gegenüber englischem Druck fest machen.[114]

Steffens [Papen] sah ich, ehe er zu Schickert [Hitler] fuhr und danach. Er machte mir wieder einen innerlich schwachen Eindruck. Andererseits hat er offenbar noch erheblichen Ehrgeiz. Ich glaube, er möchte im geeigneten Augenblick die deutsche Außenpolitik in die Hand nehmen und für den Führer den Frieden machen. Jedenfalls redete er dauernd von der unbedingten Notwendigkeit, die er Schickert [Hitler], Asti [Ribbentrop] usw. vorgetragen habe, nach dem vorläufigen Ende in Rußland einen alle Europäer mit Vertrauen und Hoffnung erfüllenden „konstruktiven Friedensplan" aufzustellen und auf dieser Basis den Frieden zu erstreben. *Erst* dies, *dann* alles andere. Er behauptete, Schickert [Hitler] habe nicht widersprochen. Ich sagte ihm: 1) Werden unsere Leute diesen Weg nicht gehen wollen, 2) nicht können (nach ihrer ganzen Art), 3) ist es in vieler Hinsicht nach allem, was in Südosteuropa, Norwegen usw. geschehen ist, zu spät, 4) und vor allem wird niemand in der Welt unsern Leuten glauben, wenn sie mit so etwas herauskommen.

Papen erzählte mir von einem fulminanten Telegramm Ribbentrops an ihn wegen dauernder Nachrichten über seine (Papens) Friedensfühler.[115] Er habe scharf mit Abschiedsangebot geantwortet und dann eine zuckersüße Replik erhalten. Ich fragte ihn nach den Behauptungen des schwarzen Senders über sein angebliches Gerede betreffend Falkenhausen, worauf er behauptete, von der ganzen Sache noch nie etwas gehört, vor allem aber kein Sterbenswörtchen in dem behaupteten Sinne gesagt zu haben. Geißler [Popitz], dem ich dies alles erzählte, äußerte sich leider sehr skeptisch über diese Angaben!

Neue Nachrichten über kirchenfeindliche Maßnahmen (Bethanien in Berlin; hanebüchene Behandlung von christlich gesinnten Schülern in Köslin).

Auerley [Thomas] berichtet üble Dinge über das Umbringen russischer Gefangener.

Ebenhausen, 4. 10. 41.
Gestern rief mich die Berliner Sekretärin von Stallforth an; sie habe von ihm aus New York die telefonische Mitteilung erhalten, daß die „proposition" in Amerika auf sehr guten Boden gefallen sei; ob ich bereit sei, mich in Lissabon mit einer „authorized person" zu treffen.[116] Ich habe geantwortet, ich sei (was richtig ist) auf dem Wege nach Bukarest (und Italien zu Tochter und Enkel) und könnte mich erst nach Rückkehr äußern. Ich habe verschiedene Zweifel: 1) von *wem* wird die person authorized sein? 2) Lissabon scheint mir als von allen Seiten überwachte Börse sehr ungeeignet und außerdem für mich nicht, ohne aufzufallen, erreichbar. 3) Welche authorization wird man als meine Legitimation erwarten? 4) Sind die verschiedenen Bedenken gegen Stallforth vielleicht doch zu wesentlich, um sich auf so etwas einzulassen. Letzteres Argument wird dadurch verstärkt, daß ich neulich Wüster traf, der mir sagte, er habe

Stallforths Gedanken betreffend Phillips [US-Botschafter in Rom] und mich Ribbentrop gar nicht vorgetragen, weil dieser hochgehe, wenn er den Namen Stallforth höre. Also hat entweder W[üster] dem Stallforth oder Stallforth mir die Unwahrheit gesagt.

Da ich gestern abend mit Velsen [Gisevius] bei dem Freund aller Gutgesinnten [Strünck] aß und mit ihm hierher fuhr, besprach ich die Frage mit ihm, ohne Stallforths Namen zu nennen, aber auch ohne die Bedenken Schachts und des AA gegen Stallforth zu verschweigen. Er sprach sich *dafür* aus, aber *gegen* Lissabon, *für* die Schweiz oder (auf meinen Eventualvorschlag) Spanien (via K[urt] Schm[itt – Münchner Rückversicherung]).

Unterhaltungen mit Freda [Dohnanyi] u.a., besonders auch ein Bericht von Auerley [Thomas], der wieder von der Front kam, bestätigen die Fortdauer widerwärtigster Grausamkeiten vor allem gegen Juden, die reihenweise ohne Scham niedergeknallt werden, und auch gegen Gefangene und sonstige Russen. Ein Oberstabsarzt Dr. Panig oder so ähnlich, den man einmal nackt über den Kurfürstendamm peitschen müßte, hat berichtet, er habe russische Dum-Dum-Munition bei Judenexekutionen ausprobiert und dabei die und die Ergebnisse gehabt; er sei bereit, das fortzuführen und einen Bericht zu machen, der zur Propaganda wegen dieser Munition verwendet werden könnte! Freda [Dohnanyi] berichtete von einem Erlaß des OKW wegen Gefangenenbehandlung, den übrigens das OKH bisher nicht weitergegeben habe,[117] mit ungeheuerlichen Anweisungen, die Keitel mit lebhaft zustimmenden Anmerkungen versehen habe. Auch in kirchlicher Hinsicht geht die Sache munter weiter, während Galen und neuerdings auch der Trierer Bischof [Bornewasser] tapfer predigen. Auf evangelischer Seite keine Führung und schlappe Gegenwehr. Im Warthegau ist jetzt die gesetzwidrige völlige Privatisierung der Kirchen *(Eintritt* nur von Volljährigen) wirklich angeordnet.[118] Bezeichnend ist auch das, wie man mir versichert, von Hitler persönlich ergangene Verbot, Bevölkerung an Feldgottesdiensten teilnehmen zu lassen.

Aus Südtirol hatte ich den Besuch eines der verdientesten Führer, Franceschini, der über den Zustand, in den man das Deutschtum gebracht hat, und über das Durcheinander der politischen Organe völlig verzweifelt war.[119]

Vorgestern lange Besprechung bei Geißler [Popitz] mit ihm und Auerley [Thomas] über das einzuschlagende weitere Verfahren. Beide klug, verständig, umsichtig, obschon Auerley [Thomas] gelegentlich gegen Propaganda nicht ganz immun ist. Jedenfalls sehen beide die Dinge, wie sie sind, und nicht à la Pfaff [Goerdeler], dessen Verdienste ich durchaus nicht unterschätze, wie man sie sehen *möchte.* Außerdem sind sie nicht Reaktionäre, was gleichfalls in gewissem Maße leider von Pfaff [Goerdeler] gesagt werden kann, sondern wollen vorwärts. Großes bisher nicht zu lösendes Problem: Wo findet man noch Leute, deren Namen in der Arbeiterschaft Klang hat?[120] Auch in dieser Hinsicht ist alles zerschlagen. Überhaupt wird immer klarer, ein wie großer Zerstörer staatlich und moralisch die Nazis gewesen sind. Diese Erkenntnis scheint sich jetzt doch etwas bei den Josephs [Generalen] Bahn zu brechen. Vor einigen Tagen erschien ein Reserveleutnant Sch[labrendorff], sonst Rechtsanwalt, der von seinen Auftraggebern geschickt war, um herauszufinden, ob es in der Heimat brauchbare Kristallisationspunkte gebe, und der diesen versichern sollte, „man" sei dort zu allem bereit.[121] Zu mir kam er durch Burgers [Guttenbergs] Vermittlung, um sich außenpolitisch zu unterrichten. Sehr vernünftiger Mann, aus dessen Ausführungen aber doch hervorging, wie naiv die Josephs [Generale] an diese Fragen herangehen. Unter anderem stellte er mir die Frage, ob Garantie bestände, daß England nach einer Systemänderung alsbald Frieden machen würde. Ich sagte ihm, solche Garantie gebe es nicht und könnte es nicht geben. Wäre das anders, so könnte jeder Schusterjunge einen Umsturz machen. Garantieren könnte ich ihm etwas anderes: 1) daß, wenn England und Amerika nicht gradezu am Boden lägen, Hitler *keinen* Frieden bekommen würde. 2) Daß ein anständiges Deutschland immerhin eine sehr erhebliche Chance hätte, Frieden, und zwar einen brauchbaren, zu erzielen. – Im übrigen sei eine Systemänderung *unsere* Sache, eine Frage, die wir allein zu entscheiden hätten, nicht unsere Gegner. Das schien er einzusehen. Ferner meinte er, wir müßten sofort nach dem Umschwung Frieden machen. Auch diese Illusion mußte ich ihm nehmen und ihm sagen, daß wir im Gegenteil die Fortsetzung des Krieges mit allen Mitteln proklamieren müßten, natürlich unter Betonung unserer Bereitschaft zu einem brauchbaren Frieden. Was außerdem auf anderen Wegen zu geschehen habe, sei eine andere Frage. Wir kamen überein, daß seine Auftraggeber nach erreichtem vorläufigem Abschluß der Angriffsoperationen in Rußland einen geeigneten „höheren" Mann zu weiterer Erörterung herschicken sollten.

Der ganze Vorfall ist erfreulich, weil zum ersten Male eine Art Initiative von *dort* her vorzuliegen scheint. Ich mußte ihm aber klarmachen, daß es kein Mittel gibt, um die „Drecklinie" zu vermeiden, nämlich eine Periode, in der das enttäuschte Volk behaupten kann, Hitler sei um den „zum Greifen nahen Sieg" gebracht worden und die neuen Leute brächten den Frieden auch nicht. Es ist das alte Dilemma: wartet man, bis das Ausbleiben des Sieges aller Welt klar ist, hat man die Chance auf einen guten Frieden verloren. Die Erbschaft ist auf *alle* Fälle übel, aber in *dem* Falle ganz fürchterlich: nämlich eine Liquidation à la 1918, nachdem Ludendorff, als er militärisch am Ende war, nach Frieden geschrieen hatte.[122]

Ebenhausen, 17. 10. 41.
Zurück von vierzehntägiger Reise nach Bukarest – Budapest – Brazzá. In Brazzá wunderbare fünf Tage mit Ilse, bei strahlendem Wetter, inmit-

ten der Traubenernte. Enkel prachtvoll, immer lustig [...]. Detalmo nach wie vor voll Verachtung für die mangelhaften Leistungen der italienischen Kriegführung und Staatsverwaltung im Kriege. Ich habe mehr Zutrauen und Verständnis für seine Landsleute als er, der Italiener. Sein Axiom ist, daß Italien in jedem Falle den Krieg verloren hat, mag Deutschland siegen oder nicht. Richtig ist, daß der Faschismus in einem Grade versagt hat, der auch mich überrascht hat.

Kennzeichen der Lage: 1) große und diesmal wohl auch überraschend schnelle Erfolge in Rußland, vor allem vor Moskau, 2) infolge davon politische Krise in Japan: die Militärpartei drängt offenbar auf Losschlagen.[123] Tritt Japan in den Krieg ein, so wird das als neuer Triumph der Hitlerpolitik gelten (auch bei den Generälen). Tatsächlich bliebe die Lage ganz offen. Die unmittelbaren Folgen wären wahrscheinlich: 1) Erhöhte Schwierigkeiten für Rußland und England (auch China?). 2) Gesteigerte Anspannung der japanischen Kräfte. 3) Eintreten Amerikas in den Krieg. Damit 5) [falsche Zählung] neue Ausweitung des Kriegs und der Zerstörung, 6) verstärkte Argumente (angesichts der japanischen Materialknappheit) für die Angelsachsen, auf Zeit zu spielen.[124]

In Rumänien Gründung der rumänischen Gruppe des MWT.[125] Die politischen Schwierigkeiten, die sich aus den Gegensätzen zwischen Regierungskreisen, alten Parteien und Legionären ergeben, wurden in für uns überraschender Weise durch die eigene Initiative der Gründer überwunden, die die Sache unter sich fertig machten und uns schon am ersten Abend vor das fait accompli stellten. [...] Einzige unverhüllte Unstimmigkeit der Ausfall Manoilescus, den Wilmowsky, Dietrich und ich zum Zwecke des Streichelns besuchten, der aber eine Primadonneneitelkeit und Empfindlichkeit ersten Grades an den Tag legte.

Innerpolitische Lage schwer durchsichtig, aber bestimmt sehr labil. Deutsche Erfolge befestigen jedesmal die Autorität des Marschalls Antonescu, der, persönlich unantastbar, zu 100 Prozent auf die deutsche Karte gesetzt hat, im übrigen der einzige Mann ist, der überhaupt eine Autorität hat. [...] Killinger [den deutschen Gesandten] besuchten Wilmowsky, Dietrich und ich gemeinsam und waren entsetzt über diesen brutalen, ungebildeten, oberflächlichen Feldwebel. Er meinte, Bukarest sollte man am besten anstecken, es sei ein einziger Saustall. [...] Sachlich zeigte er sich über die Probleme, die uns interessierten, ganz unorientiert und gleichgültig. Er meinte, nach dem Kriege seien die ganzen Verhältnisse in Südosteuropa lediglich Machtfragen. [...]

Ebenhausen, 1. 11. 41.
Nach Rückkehr von der Südostreise fand ich in Berlin folgenden Zustand vor: 1) Nach anfänglicher Siegesgewißheit infolge des Sieges vor Moskau schwere Enttäuschung über die vom schlechten Wetter unterstützte wiedererstandene russische Widerstandskraft im Zentrum; ein gewisser Trost

nur die weiter erzielten Fortschritte im Süden (Richtung Petroleum).[126] 2) Zunehmende Sorge wegen der Überspannung des gesamten Apparats sowie der Versorgungsschwierigkeiten auf zahlreichen Gebieten. 3) Immer stärkere Erkenntnis der sich in allen besetzten Gebieten entwickelnden unerträglichen Zustände. 4) Angewidertheit aller anständigen Menschen über die schamlosen [Maßnahmen], im Osten gegen Juden und Gefangene, in Berlin und anderen Großstädten gegen harmlose, angesehene Juden.[127] 5) Langsam zunehmende „Disposition" bei der militärischen Führung, diese ganze schandbare Schweinerei nicht mehr mitzumachen.

Zahlreiche Unterhaltungen mit Geißler [Popitz]; einige Male zusammen mit Nordmann [Jessen], je einmal mit Forster [Beck? Halder?] und Pfaff [Goerdeler]. Zu vieren (Geißler, Nordmann, Pfaff und ich) wurde endlich einmal die ganze Lage im „Falle des Falles" durchgesprochen. Pfaff [Goerdeler] war relativ umgänglich, hielt aber offensichtlich etwas hinter dem Berge, so daß man den Eindruck hatte, er werde unter Umständen doch einen Sonderkurs einzuschlagen suchen. Es besteht der Plan (ich glaube auf Nordmanns [Jessens] Initiative), daß ich noch einmal über Spielberg [Falkenhausen] zu Scherz [Witzleben] fahren soll. Pfaff [Goerdeler], der, glaube ich, *mir* gegenüber *ziemlich* vorbehaltlos ist, erschien darauf am nächsten Tage, um mich über Schritte zu unterrichten, die er im Einverständnis mit den Josephs [Generalen] vor dem Kriege in England, Amerika und Frankreich unternommen hat (bei zahlreichen führenden Staatsmännern, darunter Churchill, Sumner Welles, Daladier, Vansittart), um sie über die wirkliche Lage in Deutschland zu unterrichten und ihre Stimmung zu erforschen.[128] Meines Erachtens zieht er (wie immer) aus diesen Unterhaltungen zu weitgehende, seinen eigenen Wünschen entsprechende Folgerungen, schätzt besonders Churchill zu günstig ein und vergißt, was sich alles inzwischen verschärfend und trennend ereignet hat.

Spielberg [Falkenhausen] sowohl wie Auerley [Thomas] waren bei Pappenheim [Brauchitsch] und berichteten übereinstimmend (ersterer an Geißler [Popitz], letzterer auch an Förster [Beck? Halder?]), daß dieser einsähe, welche Schweinerei herrsche, und wohl auch allmählich, daß *er* mitverantwortlich ist. Wenn No. 1 ausfällt, ist er entschlossen zu handeln. Das ist immerhin ein Fortschritt. – Falkenhausen, der sich der Henkermethode widersetzt (wenn er auch nicht verhindern konnte, daß ein ihm unterstellter Befehlshaber (Lille) hat Geiseln erschießen lassen),[129] wäre um ein Haar abgesägt worden, scheint aber von Brauchitsch gehalten worden zu sein.

Wie sehr die geistige und sittliche Verwahrlosung zunimmt, bemerkt man täglich. Am „Rheinbaben"-Tisch wurde die Geiselerschießung erörtert, und ganz vernünftige Leute wie der Admiral Groos meinten, die Maßnahme sei sehr richtig. Ich widersprach und bezweifelte das Erreichen des erstrebten Erfolgs, worauf Dr. Seeberg lebhaft beistimmte: als alter nationaler Saboteur aus dem Rheinland wisse er, daß solche Maßnahmen auf die Handelnden ohne Eindruck blieben. Ich fügte hinzu, daß die Attentäter sicher Nationalisten, die Geiseln aber Kommunisten und Juden seien. Gr[oos] blieb bei seiner Ansicht: Was man denn sonst machen solle! Das heißt also: man macht irgendetwas möglichst Brutales, vergiftet die Stimmung in einem Lande, das man zur Zusammenarbeit bringen will und sät Haß auf lange hinaus, *weil* man nichts anderes weiß. Ein Bekenntnis der Ohnmacht und des Versagens der Methode des Herrschens. Ähnlich erzählte Auerley [Thomas], daß ein großer Industrieller bei der Poensgenfeier[130] erklärt habe, die Gefangenenmorde seien ganz richtig, denn so würde man diese unbrauchbare Rasse los. Auerley [Thomas] hat ihm erwidert: Hoffentlich passiert Ihnen nicht einmal Ähnliches. Auf der andern Seite bewirken diese schandbaren Taten des offiziellen Deutschland, daß anständige kluge Leute den Kompaß verlieren und das Heil in international-pazifistischen, sozialistisch gefärbten Lösungen suchen. So der brave Neffe H[aeften][131] Pappenheims [Brauchitschs]. Sie werden in ihrem Nationalgefühl erschüttert.

Es ist ein furchtbares Chaos, das die Partei und vor allem ihr Führer selbst angerichtet hat. Immer schwerer wird es, die Kräfte der Abwehr noch wirksam zu kristallisieren. Besonders illustrativ ist auch die Form, die der Partikularismus angenommen hat, den der Nationalsozialismus ausrotten zu wollen vorgab. Jede Erörterung mit Burger [Guttenberg] und Förster [Glaise-Horstenau?] zeigt, daß in Bayern und Österreich sich Entwicklungen vollzogen haben, und zwar ausschließlich dank den Nazimethoden, die bei äußeren Rückschlägen Schlimmes befürchten lassen und im Falle einer Systemänderung die Aufgabe der neuen Leute aufs äußerste erschweren. Geißler [Popitz] ist als ein Mann, der die Dinge allzu stark als Verwaltungsbeamter sieht, geneigt, einfach darüber hinwegzusehen. Ich dränge auf Beachtung der Imponderabilien. [...]

G[ritzbach], Famulus von Sepp [Göring] war bei Geißler [Popitz], entsetzt über die Judenexmissionen in Berlin usw. In Berlin sei ein Pour le mérite-Ritter, mehrere Hohenzollern-Ritter und zahlreiche Eiserne Kreuz-Inhaber dabei! Fürchterliche Szenen haben sich nachts in den Häusern abgespielt. Die Bevölkerung war teilweise so angewidert, daß man Flugblätter verteilt hat: die Juden seien eben an allem schuld; wer Mitleid habe, begehe Volksverrat. Geißler [Popitz] hat G[ritzbach] gesagt, er habe die Pflicht, die Sache seinem Herrn [Göring] vorzutragen. G. habe erwidert, das wolle er gern tun, sein Herr denke sicher wie er, aber er werde nichts unternehmen, denn der Befehl komme von Hitler selbst. Man habe diesen gebeten, die Feldzugsteilnehmer von den Judensternen (und von diesen Exmissionen?) auszunehmen, vergeblich;[132] dann wenigstens die Eiserne Kreuz-Inhaber. „Nein, denn diese Schweine haben sich diese Dekoration doch erschlichen." Man hat die Juden gezwungen zu unterschreiben, daß sie freiwillig die Wohnung geräumt (nachts um 2 durch Polizei!!), sich an kommunistischen Umtrieben beteiligt hätten und ihr Vermögen dem Staat übertrügen. Schamloser kann man nicht mehr die Gemeinheit durch Lügen verkleiden.

So wie Galen nicht nur einen gewaltigen moralischen Erfolg in ganz Deutschland erzielt hat, sondern auch einen gewissen unmittelbaren, so zeigt sich auch sonst, daß eine energische Abwehr oft sich durchsetzt. So hat der evangelische Pfarrerbund sich gegen eine Verfügung des bayrischen Landesverbandes des Roten Kreuzes gewandt, durch die alle Geistlichen „wegen des interkonfessionellen Charakters des Roten Kreuzes" hinausbefördert wurden. Der Bund hat das in scharfer Sprache getan und angeregt, dann lieber alle Pfarrer, unter denen zahllose Gefallene, Verwundete, Ritterkreuzträger usw. seien, aus der deutschen Volksgemeinschaft auszuschließen.[133] Erfolg: Aufhebung der Verfügung. Ebenso ist bei Göring durchgesetzt worden, daß die Luftwaffe, die bisher ohne Seelsorge war, Feldgeistliche bekommt.[134] Man erzählt auch (authentisch?), daß die besten Jagdflieger Mölders und Galland (oder einer von ihnen) bei Hitler oder Göring unter Zurverfügungstellen ihrer Orden energisch gegen die Kirchenverfolgung protestiert hätten. Leider erzählte mir Pater Noppel (früherer Rektor des Collegium Germanicum in Rom), daß das deutsche Episkopat keineswegs einig sei.[135] Die Mehrheit unter dem alten „irenischen" Kardinal Bertram in Breslau sei gegen den offenen Kampf, gegen „politische" (statt religiöser) Methoden, so daß die Vertreter der scharfen Richtung Galen und Preysing in der Minderheit seien. Solche Leute wie Bertram werden gegenüber Leuten wie Hitler und Himmler nichts erreichen. Der früher „brauner Konrad" genannte [Erzbischof] Gröber ist nach Noppel jetzt allerdings völlig bekehrt.

Pappenheims [Brauchitschs] Neffe [Haeften] erzählte mir als schaurigen Beleg für die Art der Nazis zu „regieren", daß Benzler [Vertreter des AA] aus Belgrad verzweifelt berichtet habe, was man mit dort zusammengetriebenen 8000 Juden machen solle, mit Vorschlägen, wie er sich ihre Behandlung denke. Im AA (das heißt Luther) darauf Entrüstung über den schlappen Benzler; Fühlung mit Heydrich genommen, der sofort einen Spezialisten heruntergeschickt habe, um mit den Ärmsten aufzuräumen.[136]

Um beim Balkan zu bleiben: Förster [Glaise-Horstenau] erzählte von fantastisch offenen Äußerungen hoher italienischer Generäle über Mussolini. Ziel dieser Leute sei Sturz des Regimes und Überschwenken zu England. Förster fügte hinzu, daß Hitler eisern an Mussolini als seiner einzigen Säule in Italien festhalte und daher auch keinen Sonderfrieden mit Frankreich machen wolle. [...]

Pappenheims [Brauchitschs] Neffe [Haeften] sieht häufig Wüster, der ihm erzählt hat, daß er in Rom Bischof Hudal[137] gesehen und mit ihm die Friedenschancen erörtert habe. Hudal habe angedeutet, daß über den Vatikan vielleicht doch noch etwas zu machen sei. Wüster habe dann ge-

meint, am besten würde man mich zu Hudal schicken, denn ich sei zwar durchaus kein Nationalsozialist, aber ein guter Botschafter. Keppler dagegen habe, als mein Name in irgendeinem Zusammenhang genannt wurde, gesagt, ach, das sei der Mann, von dem Hitler erklärt habe, er würde ihn verhaften lassen, wenn er da wäre. Auf den Einwand, diese Äußerung stamme offenbar aus den Tagen vor meiner Abberufung aus Rom, habe Keppler zugegeben, daß das wohl stimmen könne. Es kann auch stimmen; im übrigen ist die Äußerung ziemlich sinnlos, denn er konnte mich ja einfach holen.
[. . .]
Großer Kummer: Inez' [Wille] viel zu früher Tod. Ein lichter Geist, rein wie Bergkristall, warmherzig, ein treuer Freund. Für das geliebte Haus Wille ein unersetzlicher Verlust, für uns auch. [. . .]

Ebenhausen, 30. 11. 41.
Ich kam lange nicht zum Schreiben. Am 12. meinen 60. Geburtstag in großer Dankbarkeit gegen den Geber aller guten Gaben gefeiert, vor allem für die beste Gabe: Ilse und für die guten Nachrichten aus Rußland [Sohn Johann Dietrich], die im ganzen befriedigenden aus Arosa [Sohn Wolf Ulli]. [. . .] Über die „runde Zahl" kein Kummer, sonst aber viele wachsende Sorgen. Wer in die Dinge hineinsieht, empfindet deutlich das Steigen schwarzer Wolkenwände, materieller, besonders moralischer, im weitesten Sinne auch militärischer. Die Masse läßt sich im allgemeinen noch zwar schimpfend, aber im Grunde willen- und kritiklos fortschleppen, grade auch die Masse des Offizierkorps (worüber ich ganz anders denke wie Pfaff [Goerdeler], der die Dinge immer sieht, wie er sie sehen möchte). Charakteristisch neulich ein Nachmittag bei Harald v. Koenigswald in Bornim mit Schwiegervater Falkenhausen [Dante-Forscher], Reinhold Schneider (netter, kluger, tieferster, aber kranker Mann), Kameke und Udo Alvensleben. Große Debatte über die richtige Stellung zu den Ereignissen. Udo, von der Front kommend, erstaunt über das „Meckern" der Heimat und erfüllt von der „Vermassung" der Offiziere draußen, die nichts merken oder merken wollen.[138] Es ist ja auch richtig, daß der Durchschnittssoldat und -offizier einfach seine Pflicht tut. Aber die höchsten Befehlshaber haben, besonders in der seit 1918 unverändert revolutionären, gesetzlosen Zeit eine höhere, politische Verantwortung. Wir (Ilse war vier Wochen in Berlin, Gott sei Dank) trafen Udo später bei Hammersteins, bei denen der Hausherr in „unerschütterlichem Pessimismus" einen unübertrefflichen Gegensatz zum Gaste bildete.
Über die Gesamtlage hatte ich zahlreiche Gespräche mit Geißler [Popitz], Auerley [Thomas], Newman [Lejeune-Jung] und an einem intensiven Abend mit Hase [Oster], Freda [Dohnanyi], Burger [Guttenberg] und Bamme [Rabenau]. Das Bild ist ungefähr folgendes. Ernährungslage immer schärfer angespannt, vor allem sind die Aussichten der nächsten

Ernte sehr schlecht; *jetzt* schwere Schäden an Kartoffel- und Rübenernte. Rohstofflage desgleichen, hinsichtlich Benzin und Heizöl gradezu bedrohlich; deutsche und italienische Flotte großenteils stillgelegt. Bekommen wir Maikop usw. nicht bald, so wird die Bedrohlichkeit zur akuten Gefahr.

Moralische Lage weiter verschlechtert, sowohl durch den Kampf gegen das Christentum, wie durch wachsende Korruption wie durch üble Einzelerscheinungen. Selbstmord Udets,[139] der großen Krach mit Göring hatte, aus nicht voll geklärten Motiven. Folge, daß andere Unglücksfälle (Mölders, Wilberg, Briesen),[140] die wahrscheinlich normal, auch überall bemunkelt werden. Immer stärker wirkt sich die innere Unehrlichkeit der Propaganda, eigentlich: des ganzen Systems aus.

Militärische Lage. Im Westen sehr geringe Erfolge der „Schlacht im Atlantik" und des Luftkriegs. Im Osten weiter erstaunliche russische Widerstandskraft, besonders im Süden, wo Timoschenko erfolgreiche Gegenangriffe gemacht hat, Wetterschwierigkeiten (mangelhafte Vorsorge für große Kälte infolge des verfrühten Optimismus), großer Materialverschleiß; in der Mitte bei Moskau in letzter Zeit größere Fortschritte. In Libyen schwere, gefährliche englische Offensive, gefährlich auch wegen der moralischen Rückwirkung auf die Italiener; englische Führung scheinbar wieder nicht auf der Höhe.

Außenpolitische Lage. Großes, in Wahrheit inhaltsloses Theater in Berlin (Massenbeitritt zum Anti-Kominternpakt).[141]

Ebenhausen, 30. 11. 41. (Fortsetzung)
Großer Schwächepunkt: Politische und wirtschaftliche Lage in den besetzten Gebieten. Der Haß und die Not wachsen gleichmäßig. In Dänemark geht's noch am besten, aber der junge Topsø berichtet auch von dort über die im Grunde böse Stimmung. Völlige wirtschaftlich-finanzielle Pleite in Rumänien. Ich hatte bei Gelegenheit eines von Funk gegebenen Abendessens für bulgarische Wirtschaftler [. . .] ein längeres Gespräch mit Schwerin-Krosigk und Neumann, zuerst über Rumänien, dann allgemein, bei dem ersterer immer noch versuchte, das Gute bei allen Sachen herauszufinden, während Neumann sehr pessimistisch war. Ich hatte grade einen Vortrag des bisherigen Verwaltungschefs von Nord-Brabant, Ritterbusch, gehört, und war entsetzt über die von ihm verkündeten Grundsätze: Der Führer wolle die Niederlande beileibe nicht annektieren, aber der von ihm befohlene und einzig richtige Weg sei der, die Niederländer über die NSB [Nationaal Socialistische Beweging] zu Nationalsozialisten zu machen.[142] Schwerin-Krosigk gab die Verkehrtheit dieser Methode zu, pries aber als Gegengewicht die Verwaltung in Deutschland, wo er in verschiedenen Gegenden vorzügliche Leistungen gesehen habe. Bei näherer Beleuchtung zeigte sich, daß diese Leistungen dort verrichtet werden, wo noch alte Beamte an hoher Stelle stehen, die die jun-

gen Beamten richtig ansetzen und anleiten. Das ist ja gerade die Sache: das Gute im alten Staat und überhaupt im alten Deutschland war so stark und so tief verwurzelt, daß es auch heute noch fortwirkt, aber sehr lange kann es den Verschleiß nicht mehr aushalten. Genauso die Wehrmacht.

Ich hatte vor etwa drei Wochen ein interessantes Gespräch mit Herzvetter [Schacht], der mich ohne besonderen Anlaß besuchte. Er schien sich aussprechen zu wollen. Augenscheinlich hatte er kein ganz gutes Gefühl bei dem berühmten Brief, den er kürzlich an Schickert [Hitler] geschrieben hatte. Er erzählte, daß er darin folgendes ausgeführt habe: im Frühjahr habe er auf Schickerts [Hitlers] Frage, ob man noch etwas tun könne, um Amerika aus dem Kriege herauszuhalten, verneinend geantwortet. Jetzt sei nach den verschiedenen Ereignissen eine neue Lage: zwar verspreche ein Versuch in *dieser* Richtung auch jetzt keinen Erfolg, wohl aber sei noch nicht unmöglich zu versuchen, mit den wirtschaftlichen Fragen als Anknüpfungspunkt Gespräche mit den Amerikanern über einen allgemeinen Frieden anzuknüpfen (durch ihn natürlich).[143] In der Tat ist diese ganze komplizierte Deduktion nicht überzeugend. Er meinte, auf alle Fälle müßten alle Versuche, draußen mit irgendjemand Fäden anzuknüpfen, mit offizieller Deckung durch Schickert [Hitler] erfolgen. Ziemliche Quadratur des Zirkels.

Interessante Mitteilungen von Geißlers [Popitz'] und Albrechts [Haushofer] Freund L[angbehn] aus dem Hauptquartier, wo er sich bemüht hat, Leute aus dem Konzentrationslager bei Himmler freizumachen, was durch große Vermögensopfer häufig möglich ist! Er schilderte die ungeheuerlichen Sicherheitsmaßnahmen für Hitler,[144] andererseits den labilen Geisteszustand bei der SS, in deren Brust in sonderbarer Mischung zwei Seelen leben: eine barbarische Parteiseele und eine mißverstandene aristokratische. Wilde Äußerungen einzelner SS-Führer, voller Kritik an der Partei und Hitler und voller Sorge wegen des Kriegsausgangs. — Zwischen Hitler und Keitel war ein großer Krach, bei dem Hitler dem Keitel in toller Form Vorwürfe gemacht hat, so daß Keitel höchst deprimiert von Selbstmord usw. gefaselt hat und an Brauchitsch herangerückt ist. Der Bruch soll aber wieder geleimt sein. Bedeutung hat die Sache nicht, höchstens symptomatische.

[. . .]

In der letzten Mittwochs-Gesellschaft sprach ich zum ersten Mal: Mussolini (auf der Basis eigenen Erlebens).[145] Die Leute waren sehr interessiert. Popitz leider krank, war aber noch dabei. Es war bei ihm, da wir heimatlos sind, was wir immer stärker empfinden. Am Mittwoch davor sprach Jessen über Krieg und Wirtschaft (Ilse kam zum Essen und tröstete Frau Jessen, deren Sohn ernstlich verwundet ist). Er schloß mit Friedrichs des Großen Wort: die Bataillen gewinnt man mit die Bajonette, aber die Kriege mit die Ökonomie. — Angeblich soll ich demnächst bei Witzleben einen Vortrag halten!

Zwei Geschichten, die zeigen, wie der Judenstern wirkt: Frau Chvalkovský trifft im Norden Berlins einen Arbeiter, der sich einen großen gelben Stern angepinnt hat mit der Inschrift: ick heesse Willi. In der Bahn sagt ein herkulischer Arbeiter zu einer armen alten Jüdin: „Na Sie kleene Sternschnuppe Sie, setzen Sie sich man hin." Und als jemand murrt, sagt er drohend: „Mit meinem Hintern mache ich, was ich will."

Andererseits: als Zeichen der Verwilderung: in einen Laden tritt eine kleine alte schwerhörige Jüdin. Ein junger Offizier herrscht sie an: „Wissen Sie, wieviel Uhr es ist?" Sie versteht nicht und gibt das zu erkennen. Noch einmal gröber die gleiche Frage mit gleichem Ergebnis — worauf er sie rauh bei den Schultern packt und hinausdrängt mit den Worten: Es ist fünf vor fünf, Sie dürfen erst nach fünf kaufen, hinaus!

Ebenhausen, 21. 12. 41.
Weihnachten und das Jahresende nähern sich; seit den letzten Notizen hat sich die Lage bedeutend verschoben. Die Aussicht, im Innern und international zu einem Ende des verbrecherischen Wahnsinns zu kommen, wird immer geringer. Hundertmal hat man den Inhabern der militärischen Machtmittel gesagt, daß sie sich erst dann zu einem Entschlusse durchringen würden, wenn entweder ihre Position erschüttert oder in der Kriegslage die Situation Ludendorffs 1918, als er verzweifelt nach Frieden rief, eingetreten sein würde oder gar beides der Fall sein würde. Jetzt, nach übelster Verschlechterung der Ernährungslage (vor allem Kartoffeln!) nebst zunehmendem Rohstoffmangel (vor allem Petroleum) und gefährlichster Arbeiterentblößung der Wirtschaft und nach eklatanten Mißerfolgen in Rußland (und Nordafrika), bei gleichzeitigem Versagen des U-Bootkriegs ist es beinahe so weit. Seit einigen Wochen schon fühlten Brauchitsch und Halder ihre Stellung wanken.[146] Mit Recht empört, daß sie zum Sündenbock des Rückschlags in Rußland gemacht werden sollten, während es Hitler war, der gegen ihr Votum auf der Doppeloperation im Süden (Richtung Petroleum) und in der Mitte (Richtung Moskau) bestanden hatte,[147] ging ihnen jetzt ein Licht auf. Schon am 2. 12. fiel mir auf, daß bei einem Empfang bei Sztójay [ungarischer Gesandter] die 150prozentige Frau v. Pappenheim [Brauchitsch] ganz unmotiviert auf mich zurauschte und mich mit Freundlichkeit übergoß, unter Klagen über die Schwierigkeiten, die ihr Mann hätte. Bald darauf hat sie ihrem Neffen Haeften ähnliche Vorträge gehalten und sich lebhaft bereit erklärt, eine Teestunde bei ihr mit Pappenheim [Brauchitsch] und mir zustande zu bringen. Dann aber hat Pappenheim [Brauchitsch] selbst seinem Neffen ein Bekenntnis zur Notwendigkeit des Eingreifens und Besprechung mit mir abgelegt. Ebenso hat Wiesner [Halder] Auerley [Thomas] gegenüber sich ausgesprochen. Wenig später hat dann letzterer anderen gegenüber einen Rückzieher gemacht; der Gewährsmann behauptet, er habe erklärt, man müsse nun erst das Frühjahr und einen endgültigen Erfolg über

Rußland abwarten. Ob er dabei in einer gewissen Erkenntnis an die außenpolitische Notwendigkeit einer festen Position bei Versuchen, zum Frieden zu kommen, gedacht hat oder ob er die eigne Schwäche unmittelbar nach militärischen Mißerfolgen im Auge hatte oder endlich, ob er sich dem betreffenden Unterredner gegenüber nur hat tarnen wollen (komische Tarnung allerdings, die nur den Zeitpunkt! betrifft), weiß ich nicht.

Zunächst haben natürlich auch die japanischen Erfolge[148] bei den meisten Menschen das Barometer wieder steigen lassen. Es ist ja auch richtig – und an sich für einen Friedensstart günstig –, daß Engländer und Amerikaner schwer bedrängt werden. Indessen kann ich, ganz abgesehen von der Bedauerlichkeit eines japanischen Erfolgs von einem höheren europäischen Gesichtspunkt [aus] im Ganzen im japanischen Eingreifen nur eine neue Ursache für eine längere Dauer des Kriegs erblicken. Grade angesichts der schnellen japanischen Erfolge *muß* die Gegenseite noch mehr als bisher auf Zeit spielen. Außerdem sind die ersten japanischen Siege in ihrer Bedeutung noch problematisch, weil sie überwiegend auf Überraschung unter Ausnutzung der näheren Operationsbasis erzielt worden sind. Diese Überraschung ist das Ergebnis der Skrupellosigkeit der Militär-(Marine)partei, die den Kriegsausbruch erzwungen und Hawai angegriffen hat, während Nomura und Kurusu bei Hull verhandelnd saßen. Trotz allen Erfahrungen der letzten Jahre eine „einmalige" Schamlosigkeit. Angesichts der physischen Schwäche Japans muß es auf die Dauer unterliegen. Dieses Bild würde sich allerdings dann ändern können, wenn es den Japanern gelänge, im ersten Stadium gradezu *entscheidende* Erfolge und die volle Seeherrschaft im fernen Osten zu erringen.

Inzwischen geht Hitler weiter systematisch den Weg, die Generalität als Faktor zu zerstören. Im Reichstag hat er seine heftigen Worte gegen innere Feinde zur Generalstribüne hinaufgeschrien.[149] Rundstedt, charakteristischer Weise durch Reichenau ersetzt, und Bock sind abgesägt,[150] Brauchitsch und Halder vielleicht schon, wie mir Burger [Guttenberg] im Auftrag seiner Freunde vorgestern Abend noch vor der Abreise mitteilte, auf dem gleichen Wege. Kleist bekam, als er bei Rostow zurückgehen mußte, ein wüstes und unsinniges Telegramm von Hitler, daß weiteres feiges Zurückweichen verboten sei. Erst ein Flug nach Mariupol überzeugte den „Obersten Kriegsherrn", daß der Rückzug erforderlich war.[151] Eine besondere Torheit stellen die unwahrhaftigen Heeresberichte dar, die auf die Dauer jedes Vertrauen darin erschüttern müssen. Dieter [Sohn] hat schon bald sehr klar gesehen, wie falsch die amtlich verbreitete Auffassung von der „Lage" war. Wir sind jetzt in großer Sorge um ihn. Grade die Panzertruppen sind aufs schwerste mitgenommen. Im Ganzen ist der Eindruck, daß Disziplin und Organisation noch halten, aber der Zustand der Truppe vor allem infolge der Materialverluste doch vielfach ernst ist. Die Folge des Rückschlags ist militärische starke Entblößung Frankreichs und, was noch bedenklicher ist, des Balkans, wo Bulgaren und Italiener nachrücken und angenehme Aufgaben bekommen, vor allem aber statt erhoffter Entlassungen nach der Heimat weitere Einziehungen, die Landwirtschaft und Industrie gefährden.

Die Leichtfertigkeit, mit der unsere politische Führung in diesen Krieg gegangen ist und ihn immer mehr erweitert, ist wohl ohnegleichen in der Geschichte. Von unseren „Verbündeten" in Berlin hat wohl der kluge bulgarische Gesandte Draganoff die klarste Erkenntnis der Gefahren. Er sagte schon vor Wochen, der entsprechende Zeitpunkt, in dem im Weltkriege Radoslawoff habe zurücktreten müssen,[152] sei nicht mehr fern. Das war allerdings vor dem Eingreifen Japans, dessen endgültiges Ergebnis heute noch nicht zu übersehen ist. Weizsäcker, den ich am Morgen nach dem Kriegsausbruch sah, meinte, wenn man alles Plus und Minus zusammennehme, so bleibe doch ein Plus übrig. — Wer weiß? Jedenfalls die berechtigte Schadenfreude, die man — nach Tsingtau im Weltkriege — bei der Einnahme von Hongkong[153] fühlt, ist kein ausreichendes Plus. [. . .]

Sehr bezeichnend für den theatralischen Leichtsinn Ribbentrops: er hat angeordnet, daß südamerikanische Diplomaten, die eine Kriegserklärung oder Abbruch der Beziehungen überreichen wollen, von einem jüngeren Vortragenden Rat im Wartezimmer stehend empfangen werden, der das übergebene Papier vor ihren Augen zu zerreißen und dann den Diplomaten durch den Portier hinauszuweisen hat. Kindisch!

Persönliches Ereignis: durch Prof. Berber vermitteltes Angebot der juristischen Fakultät der Universität Göttingen, den Lehrstuhl für Öffentliches Recht (Völkerrecht an erster Stelle) einzunehmen.[154] Es spricht viel dagegen, hat aber grade in der Lage, wie sie sich jetzt entwickelt, manches Lockende. Mein alter Freund von den Zeiten der Staatspolitischen Arbeitsgemeinschaft, Smend, stellvertretender Dekan, kam nach Berlin und predigte mir in menschlich rührender Weise zwei Nachmittage lang die Größe der Aufgabe. [. . .] Ich habe geantwortet, ich würde mir die Sache mit Ilse überlegen. Bedingungen seien auf alle Fälle: 1) Antritt erst im Herbst, 2) Fortsetzung der Berliner Tätigkeit daneben. Smend war damit einverstanden. [. . .]

Kameke erzählte mir, daß er einen famosen Brief von Mölders, kurz vor dessen Tod geschrieben, an dessen Beichtvater gelesen habe, mit einem ernsten Bekenntnis zum Christentum als einziger fester Lebensgrundlage, zu der auch viele seiner Kameraden zurückgekehrt seien.[155]

Vor drei Tagen abends bei Chvalkovský. Er ist natürlich fest an die deutsche Politik gekettet[156] und entsprechend „milde".

Fortsetzung Ebenhausen, 21. 12. 41.
Am meisten während der letzten Wochen beschäftigt und beunruhigt haben mich zahlreiche Gespräche über die Grundfragen eines Systemwech-

sels, sehr oft mit Geißler [Popitz], mehrfach mit ihm, Pfaff [Goerdeler], Geibel [Beck], einmal auch Otto [Planck] und einmal Nordmann [Jessen]. Eine Hauptschwierigkeit liegt immer in dem sanguinischen, die Dinge im gewünschten Lichte sehenden und in mancher Weise wirklich „reaktionären" Pfaff [Goerdeler], der sonst glänzende Eigenschaften hat. Trotzdem waren wir schließlich in den Hauptpunkten einig. Auch darin, daß trotz aller Bedenken gegen die Person, Schmidt junior [Kronprinz Wilhelm] nach vorn müsse. Auch Geibel [Beck] hatte sich, obschon aus der Vergangenheit genauer Kenner, einverstanden erklärt.[157] Bei Geibel [Beck] liegt die Schwierigkeit darin, daß er sehr Mann des Studierzimmers ist: wie Geißler [Popitz] sagt: viel Takt(ik), wenig Wille, während Pfaff [Goerdeler] viel Willen, aber keinen Takt(ik) habe. Geißler [Popitz] selbst zeigt oft eine leicht professorale Art, das etwas starre Konstruieren des Verwaltungsmannes. Immerhin: alle drei famose Leute.

Ich hatte immer etwas das Bedenken, daß wir zu wenig Kontakt mit jüngeren Kreisen hätten. Dieser Wunsch ist jetzt erfüllt worden; grade dabei haben sich nun neue große Schwierigkeiten gezeigt.[158] Zuerst hatte ich ein langes Gespräch mit Saler [Trott],[159] bei dem er leidenschaftlich dafür focht, nach innen und außen jeden Anstrich von „Reaktion", „Herrenclub", Militarismus zu vermeiden, daher, obwohl er Monarchist sei, keinesfalls jetzt Monarchie. Andernfalls würde jedes Echo im Volk fehlen, im Auslande kein Vertrauen erworben werden und ein Zusammensturz des neuen Regimes unvermeidlich sein. „Bekehrte" (christlich betonte) Sozialdemokraten, von denen er einen früheren Abgeordneten namentlich nannte,[160] würden in solchem Falle niemals mitgehn und die nächste Garnitur abwarten. Zu dem Negativen fügte er als Positivum den Gedanken, als stärksten Exponenten des Antihitlerismus einerseits, volkstümlicher und bei den Angelsachsen Echo findender Reform andererseits [Niemöller][161] zum Reichskanzler zu machen. Ähnliche Ausführungen machte er Geißler [Popitz]. Danach traf ich mit dem klugen, feingebildeten Blum [Yorck] zusammen, einem echten Sproß seiner geistig hochstehenden, aber meist etwas theoretisierenden Familie, der ähnliche Gedanken entwickelte. Mit ihm zusammen setzte ich das Gespräch bei Geißler [Popitz] fort. Schließlich ging ich vor einigen Tagen auf Blums [Yorcks] Aufforderung noch einmal zu ihm, wo ich Hellmann [Moltke], Saler [Trott] und Burger [Guttenberg] fand und von allen vieren mit wilder Passion (Anführer Saler [Trott]) bearbeitet wurde. Am Tage meiner Abreise hieb dann bei Geißler [Popitz] noch Dortmund [Fritz-Dietlof Graf v. der Schulenburg] in die gleiche Kerbe. Er war wohl von den fünf Junioren der nüchternste, am meisten politische, andererseits gegen Schmidt jun. [Kronprinz Wilhelm] am stärksten eingenommen, weil ihm sein Vater gradezu zur Pflicht gemacht hat, auf Grund des Verhaltens von Schmidt jun. in der Krise [November 1918] unbedingt gegen solche Möglichkeit Stellung zu nehmen.[162] (Festhalten an fr[anzösischer] G[eliebter] trotz wiederholten Versprechens, starker Verdacht gegen d[ie] fr[anzösische] G[eliebte], gewisse Dinge verraten zu haben, Abfahrt mit ihr im entscheidenden Moment mit Androhung des Selbstmords, der nachher aber nicht einmal ausgeführt wurde). Was Schmidt juniors Sohn [Prinz Louis Ferdinand] betrifft, so betrachtet er sich offenbar als denjenigen welchen, obwohl ihm sehr viele Eigenschaften fehlen, die man nicht dadurch ersetzen kann, daß man, wie er das getan zu haben scheint, behauptet, sie in Erbpacht zu haben. (Ich traf ihn neulich auf der Straße und fand ihn klug und nett, aber der Eindruck bleibt kein ganz vertrauenerweckender.)

Zu den Gedanken der Junioren nimmt Pfaff [Goerdeler] (den sie ihrerseits ablehnen) eine fast gänzlich negative Haltung ein, behauptet aber seinerseits, gute Beziehungen zu Ex-Sozialdemokraten zu haben.[163] In der Frage Schmidt jun. [Kronprinz] ist er weniger unbedingt. Geibel [Beck] geht wie überhaupt auch in dieser Frage stark mit Pfaff [Goerdeler]. Geißler [Popitz] ist am meisten von allen auf die sofortige Lösung Schmidt jun. [Kronprinz] eingeschworen.[164] Alle drei betonen die Notwendigkeit, sich nicht zu sehr von der Rücksicht auf die Stimmungen im Volke beeinflussen zu lassen, wobei Pfaff [Goerdeler] freilich den Grad der allgemeinen Ablehnung gegenüber dem gegenwärtigen System und der Sehnsucht nach befreiender Handlung überschätzt.

Ich versuche noch eine Art trait d'union zu den Junioren zu bilden; bei den Erörterungen mit ihnen habe ich ungefähr so argumentiert: die Prämisse nämlich: „keine Reaktion und Streben nach Echo im Volk" sei als richtig anzuerkennen. Daher sei ein Regierungschef, dessen Name als Erlösung und als Programm wirke, ein Ziel, aufs innigste zu wünschen. Auch außenpolitisch sei das richtig, wenn auch nur in gewissem Grade. Letzteres deswegen, weil der nationale, aus eigenstem Wollen und Bedürfnis sich ergebende Charakter der Änderung ohne Schielen nach dem Auslande unbedingt festzuhalten sei und weil ferner die christlich-pazifistischen Kreise im Angelsachsentum, auf die besonders Saler [Trott] setzt, absolut unbrauchbar als verläßlicher politischer Faktor seien, wie ich überhaupt bei Saler [Trott] gegen eine theoretisch-illusionistische Weltansicht ankämpfen muß. Im ganzen ist das Ziel anzuerkennen, aber nüchtern zu behandeln. Leider fehle nun eine solche Persönlichkeit, wie man sie sich wünscht, total. Der Mann aber, den Saler [Trott] vorschlage, sei nach meiner Überzeugung nach seinen Eigenschaften ganz ungeeignet (stur, mäßig begabt, unpolitisch, schlechter Stratege), würde aber außerdem — vielleicht abgesehen von einer allerersten Schockwirkung — durchaus nicht den beabsichtigten Erfolg als Symbol haben, sondern im Gegenteil weithin abgelehnt werden und Opposition erzeugen. Saler [Trott] überschätze die Bedeutung der Kreise, auf die er baue, durchaus. Bei dieser Sachlage bleibe nichts übrig, als ohne solche populäre Persönlichkeit zu handeln, denn gehandelt müsse werden, und zwar bald. Es sei klar, daß infolge fortgeschrittener Lage die Rolle einer neuen Regierung die undankbarste von der Welt, eine Rolle mitten in der Drecklinie, ja eine Art Liquidatorrolle sein würde. Man müsse die Möglichkeit, daß man nur zum Ausfegen benutzt und dann durch andere ersetzt werde oder daß man überhaupt scheitere, ins Auge fassen. Die Aufgabe sei, so zu handeln, daß diese Möglichkeiten ausgeschaltet werden – wenn es in Menschenkraft steht. Im übrigen werde man eine Regierung so zusammensetzen müssen, daß ihr der Geruch von Reaktion, Militarismus usw. so wenig wie möglich anhafte. Das Handeln sei aber die Hauptsache. Was die Familie Schmidt [Hohenzollern] angeht, so liege der Fall schwierig genug. Immerhin sei dies der Weg, der trotz aller Bedenken noch die meisten Aussichten der Zusammenfassung habe. Die Entscheidung werde im übrigen nach der Lage des Augenblicks getroffen werden müssen, wobei der „Handelnde" ein gewichtiges Wort mitzureden haben würde.

Saler [Trott] fragte mich, ob ich mich versagen würde, wenn Pappenheim [Brauchitsch] seine Lösung annehme. Ich erwiderte, offenbar wolle er, Saler [Trott], Pappenheim in diesem Sinne beeinflussen. Das bejahte Saler, worauf ich sagte: „dann werde ich die Frage nicht beantworten". Alle diese Gespräche würden natürlich zunächst gegenstandslos, wenn sich die Nachricht bewahrheitet, die ich oben wiedergab.

[Ebenhausen], 22. 12. 41.
Sie hat sich bewahrheitet.[165] Brauchitsch und Halder erreicht damit eine politische Nemesis, die ihnen oft genug vorhergesagt worden ist. Hitler wird – *zunächst* vielleicht mit Erfolg – versuchen, sie zu einer *militärischen* Nemesis umzufälschen, das heißt sie zu Sündenböcken einer Niederlage zu machen, die er selbst verschuldet hat.

Die Nachrichten von der Moskauer Front klingen sehr schlecht, ebenso die aus Nordafrika.[166] Man könnte sich vorstellen, daß die erste politische Rückwirkung in Italien eintritt.

Wie die Erziehungsfrüchte des Dritten Reichs sind, dafür schrieb Frau Krebs an Ilse ein beispielhaftes Erlebnis: in die überfüllte U-Bahn, in der die älteren Menschen sitzen, die jüngeren stehen, kommen BDM-Mädchen, von denen eine laut sagt: „Die Zukunft des deutschen Volkes steht, das Friedhofgemüse sitzt!" Ein Herr ist dann aufgestanden und hat der Range eine Ohrfeige versetzt.

Lesefrucht aus Thieß, Reich der Dämonen (S. 190): „Die allgemeine Empfindung war längst so verroht, daß, wer nur rasch zupackte und damit Erfolg hatte, der Zustimmung einer gedankenlosen Masse sicher sein konnte."

[Ebenhausen], 23. 12. 41.
Je mehr man über das Ereignis der Beseitigung von Brauchitsch nachdenkt, desto stärker wird der Eindruck eines kritischen Tages erster Ordnung. Die Arbeit von vielen Monaten ist zunichte gemacht, aber vielleicht

bedeutet es noch viel mehr. „Unheimlich" ist das Wort, das es am besten kennzeichnet.

Ebenhausen, 28. 12. 41.
Die Lügerei ist bereits im vollen Gang. Die Partei verbreitet überall, und bei den Dummen mit Erfolg, die Generäle hätten unsinnig vorwärts stürmen wollen, aber der geniale, gute Führer habe Halt geboten, Blut gespart und vielen Heimaturlaub ermöglicht. Dabei ist das grade Gegenteil wahr: Hitler hat vorwärts gedrängt, gegen das Votum der militärischen Führung die Offensive im Süden *und* in der Mitte erzwungen, bei erstem Zurückgehen Kleists gefaucht und Unsinniges gefordert. Brauchitsch erkannte richtig, daß man auf das Petroleum nicht losgehen konnte, ehe man mit Moskau fertig war.[167] Aber diese Feldmarschälle haben sich solche Behandlung selbst zuzuschreiben. Der Minister Todt hat einer Verwandten erzählt, leider taugten eben unsere Generale nichts, wir brauchten so einen wie Ludendorff! Ausgerechnet!

Gogo [Nostitz] besuchte uns. Er hatte durch Hentig günstigere Urteile als ich über die Geistesverfassung der Josephs [Generale] gehört, angeblich auch A[dolf]s.

Ich überlege den Gedanken von einer oder mehreren fanfarenartigen Reden im psychologischen Augenblick.
[. . .]

[Ebenhausen], 29. 12. 41.
Nach neuerer Nachricht soll Halder gar nicht ab sein, einem Kameraden allerdings gesagt haben, ob es noch lange dauere, sei eine andere Frage.[168]

Außerordentlich pessimistischer Brief von G[eyr] an seine Frau vom 19. Er habe nur noch ein kleines, gänzlich erschöpftes Häuflein unter seinem Befehl und könne es jetzt nicht verlassen. Die Lage sei überaus ernst, ernster als in Afrika. Es gehe nicht nur um die Gruppe Guderian, sondern ums Ganze. Den Russen wüchsen die Köpfe nach wie der Hydra.

Den Abgang von Bock bedauere er nicht, denn er habe wohl alles, was man ihm gemeldet habe, in seinem Busen bewahrt.

1942

Ebenhausen, 1. 1. 42.
Geyr ist gestern krank einpassiert und hat zu unserer ungemessenen Freude Dieter [jüngeren Sohn] (sehr wohl) mitgebracht. Beider Berichte höchst interessant. Sie zeigen die unerhörte Leichtfertigkeit der Hitlerschen „Strategie" von Oktober an und das völlige Versagen der Vorbereitung auf den Winterfeldzug. Die Lage ist immer noch sehr ernst, wenn auch das total pessimistische Urteil, das Wolf T[irpitz] von Hammerstein und [Name unleserlich] mitbrachte, vielleicht übertrieben ist.

Am 29. schöner Tag in Walchensee. Interessante Aussprache mit Langbehn. Kluger Mann, etwas gehemmt durch persönlich gute Beziehung zu Himmler, durch die er andererseits viel Gutes gestiftet hat.

24. 1. 42. Im Zuge St. Margrethen-München.
Reise nach Brüssel-Paris-Genf-Zürich-Arosa.

Zweck der Fahrt Vortrag vor dem Stabe der Heeresgruppe Witzleben in Paris und Besuch Wolfullis.

Die Lage vor der Abreise wurde gekennzeichnet 1) durch die starke Auswirkung der Führungskrise, 2) die andauernden Erfolge der Russen einerseits, der Japaner andererseits. In ersterer Hinsicht hatte sich gegenüber dem Stande meiner letzten Notizen der Tatbestand noch verschärft, vor allem durch die Enthebung Guderians und Hoepners.[1] Der erstere mit einem sehr männlichen Abschiedsbefehl („der F. hat mich von meinem Posten enthoben"), des letzteren [Ablösung] in übelster entehrender Form gegen den „ehemaligen Generalobersten". Während meiner Reise kam der Tod Reichenaus dazu, den Hitler zu einem vom Parteistandpunkt aus recht geschickten Tagesbefehl ausnutzte, nachdem er bei der Absetzung Brauchitsch' in seiner nervösen Erregung völlig daneben gehauen hatte.[2] Zugleich trat er einen sonderbaren, groß aufgemachten Rückzug an, in dem er Rundstedt durch Schmundt einen Brief schickte und ihn mit seiner Vertretung bei R[eichenau]s Begräbnis betraute und Bock (in allen Zeitungen mit ihm fotografiert) wiederholte und an die Spitze der Südgruppe stellte. < >

Vor meiner Abreise zahlreiche Gespräche mit Geißler [Popitz], Pfaff [Goerdeler], Geibel [Beck], usw. sowie auch mit Hase [Oster] und Freda [Dohnanyi] über die Lage, die zu befolgende Taktik und vor allem die in den Gesprächen mit Spielberg [Falkenhausen] und Scherz [Witzleben] zu befolgenden Richtlinien. Erstaunlicher Optimismus besonders von Geibel [Beck] und Pfaff [Goerdeler] hinsichtlich der Möglichkeiten für beide. Letzterer verfaßte für diesen Fall ein Dokument, das wir durchsprachen. Nordmann [Jessen] und ich bestanden auf der Änderung in dem Sinne „keine Reaktion" und kein untauglicher Versuch, eine tatsächliche Entwicklung einfach streichen zu wollen. Das Ganze gefiel mir nicht restlos, ich nahm es aber mit und gab es nachher zweifach Scherz [Witzleben].

Otto [Planck] berichtete von der systematischen Verstärkung der SS, die auch eine Luftwaffe bekommen soll!![3] Es scheint, daß in der Not „Göring an die SS herangerückt" ist. An seinem Geburtstage [12. 1.], als ihm die üblichen Tribute gebracht wurden, hat er [Göring] nach Ottos [Plancks] Bericht Sepp Dietrich in die Mitte gezogen und als „Pfeiler der Ostfront" vorgestellt – anschließend Ausfälle gegen die < > „abgestandenen" Generale gerichtet. Daß so etwas möglich ist, haben sie sich selbst zuzuschreiben. Pfaff [Goerdeler] berichtete von einer Sitzung vor der Abmeierung von Brauchitsch, an der außer Hitler, Göring, Goebbels, Himmler und Ley teilgenommen hätten, – ein reizendes Kränzchen. Göring habe, noch ahnungslos, die Zuziehung von Brauchitsch angeregt, was unwirsch abgelehnt worden sei. Darauf habe Goebbels nach Keitel gefragt, mit dem Ergebnis, daß Hitler gemeint habe, einen Mann mit dem Gehirn eines Kinoportiers könne man nicht brauchen. – Am letzten Abend (15.) traf ich auf einem Empfang der deutsch-ungarischen Gesellschaft [. . .] Glaise, der groteske Dinge von der Entwicklung im Südosten erzählte und ferner berichtete, an seinem Tisch habe Meißner soeben laut und heftig auf Ribbentrop geschimpft, der ein frivoler Mensch sei, eine verhängnisvolle Außenpolitik treibe, im übrigen körperlich und geistig verbraucht das Ende des Krieges nicht erleben werde.

In Brüssel kam ich am 16. nachmittags mit starker Verspätung an. [. . .] Essen, 102 Offiziere, ich einziger Zivilist, auch Kiewitz war dabei, ich an der Seite Falkenhausens. Ich hatte genug Gelegenheit, mit ihm dabei und nachher einige Zeit allein zu sprechen. Eindruck eher noch besser als das letzte Mal: klug, klar nüchtern (das heißt im Urteil, sonst ein bißchen Lebemann). Folglich ist er in seiner Position sicher gefährdet. Ich war ganz einig mit ihm; in dieser Woche wollte er nach Paris fahren. Seinen Offizieren hatte er grade eine Rede gehalten, in der er ihnen den Ernst der Lage klar gemacht und die unbedingte Notwendigkeit unterstrichen hatte, seinen Befehlen zu gehorchen. Seine militärischen Kräfte sind im übrigen äußerst reduziert. Er lobte den König, seine Heirat hat seine Position nicht verschlechtert, außer in Teilen der Hofgesellschaft, besonders bei denen, die lieber gesehen hätten, wenn er ihre Tochter geheiratet hätte.

Abends nach langem Warten auf dem Bahnhof [. . .] um 3 Uhr Abfahrt nach Paris. Hier wurde ich von Witzlebens persönlichem Ordonnanzoffizier Graf Schwerin (Vetter von Arnim-Züsedoms, Schwiegersohn von Sahm) abgeholt und im Ritz in Witzlebens Appartement glänzend untergebracht. Zunächst lange Aussprache mit Sch[werin], von dem ich einen ausgezeichneten Eindruck hatte und mit dem ich restlos einig war.[4] Gehört zur Garnitur Yorck usw.,[5] ist aber fester, klarer, realer. [...] Zum Frühstück im Hotel Scribe lud ich noch Major Crome vom Stabe Stülpnagel ein, durch den Jessen meine Reise vorbereitet hatte. Abends in St. Germain, zuerst in dem als Stabsquartier dienenden Hotel bei Hilpert (Chef des Generalstabs), dann in der Villa, in der Witzleben haust, bei diesem. Ich kannte ihn nur von Hitlers Essen für Mussolini 1937. Er fühlte sich an dem Abend nicht ganz wohl und wirkte daher auf mich noch gealterter als nötig war, überhaupt war er an diesem Abend eher etwas matt, was dann besonders bei dem infolgedessen steif langweiligen Zusammensein nach meinem Vortrag hervortrat. Im übrigen doch sehr guter Eindruck; klarer Wille und gute Erkenntnis. [...]

Nach Tisch hielt ich meinen Vortrag über „Lebensraum und Imperialismus", ich hatte nicht das Gefühl, daß die Mehrzahl ihn wirklich verstand. Schwerin erzählte mir später zu meiner Befriedigung, er habe die Ansicht gehört und bestärkt, ich sei auch so ein Diplomat, der nichts sage und der sich einen Vortrag in Paris arrangiere, um einzukaufen. (Was eigentlich?) [...]

Sonntag Vormittag bei Stülpnagel, der sich selbst mehr imponierte als mir. Er ist freilich in einer widerlichen Lage. Sein Stab hat, wie er mir selbst erzählte und Speidel und Crome bestätigten, ihn angefleht, die Geiselerschießungen nicht zu machen, sondern abzugehen, was er unbedingt hätte tun müssen.[6] Er ist mit der üblichen Begründung geblieben, dadurch Schlimmeres zu verhüten. Mindestens hätte er aussprechen müssen, daß er auf ausdrücklichen Befehl des Führers handle. Jetzt ist er nun in Frankreich verhaßt wie kaum ein anderer. Speidel, zu dem ich anschließend gehen wollte, wurde abgerufen, so daß ich den Besuch Montag Nachmittag (in Gegenwart Cromes) nachholte. Sie waren verzweifelt über die in Frankreich getriebene deutsche Politik und auch wenig erbaut über St[ülpnagel]s Verhalten, aber „Staatsfeind Nr. 1" [seien] Abetz und seine Leute. – Da Abetz nicht da war, besuchte ich wie vor einem Jahre am Montag Mittag seinen Vertreter Schleier, jetzt natürlich auch Gesandter. Man mußte sich die Augen reiben, um zu realisieren, daß ein Jahr vergangen war: so genau glich das, was er sagte, seinen damaligen Äußerungen: nämlich zwiespältige Politik gegenüber Frankreich; Abetz sei jetzt in Berlin und werde hoffentlich eine klare Linie mitbringen, auf der man dann Frankreich wirklich etwas bieten und es damit stärker an uns fesseln könne. Was er *nicht* sagte, war nur, daß die Partei und auch Abetz selbst von den französischen Quislingen das heißt Marcel Déat, Luchaire usw., die für alle anständigen Franzosen bezahlte Schweine sind, nicht lassen und folglich gegenüber Pétain in der Duplizität stecken bleiben.

[...] Marthe [Ruspoli-Chambrun] hat drei Monate auf Denunziation einer Landsmännin bei der Gestapo gesessen, hat das aber gut überstanden, wie immer hübsch, schlau, hochgebildet, sprachgewandt und liebenswürdig. [. . .] Marthe meinte, daß das deutsche Militär sehr hoch geschätzt worden sei; es würde gar nicht schwer gewesen sein, sich mit Frankreich zu arrangieren, aber es sei alles verdorben worden, und jetzt herrsche im Grunde genommen in Gesellschaft und Volk ein einziger Haß und der Wunsch nach unserer Niederlage. Bezeichnend für die Verhältnisse ist, daß mich diese Französin fragte, ob sie mir den Brief von Mölders zeigen solle; auch die Galenschen Predigten[7] kannte sie natürlich. Sie erzählte folgende hübsche Geschichte: nach ihrer Einlieferung ins Gefängnis habe der „Feldwebel" sie gefragt, ob sie noch etwas wünsche. Antwort der schlauen kleinen Person: „Ja, ich habe gehört, daß der Führer solche schöne Rede gehalten hat, die möchte ich gern lesen!" Der Mann habe versprochen, sie zu beschaffen, sei aber traurig mit folgender Meldung zurückgekommen: „Sehen Sie, man gibt uns kein Klosettpapier, und da ist diese Zeitung schon auf dem Abort gelandet!"

Am Sonntag Abend Herrenessen bei Wolf [Tirpitz], Fatou, Vertreter Darlans in Paris, Bruneton, Industrieller, Delegierter für soziale Verhandlungen, Fay, Historiker und Generaldirektor der Bibliothèque Nationale, Fort, Vertreter der Vereinigten Stahlwerke, Schaefer, Kommissar für die Banque de France [. . .], Major Beumelburg vom Stabe Stülpnagel. Am interessantesten Fatou, großer blonder Mann, sehr gerieben (Seeoffizier), und der geistreiche gebildete Fay, den ich am nächsten Vormittag noch mit Schwerin in der Bibliothèque Nationale besuchte, wo er mir sehr schöne karolingische Evangelienbücher usw. zeigte, aus der Zeit also, als wir noch „zusammen waren". Das politische Ergebnis der Unterhaltung war: eine wirkliche Verständigung mit Frankreich sei immer noch möglich (für England sei an sich kaum jemand), aber nicht auf die bisherige Methode. Kein nationaler Franzose – und nur mit diesen habe es Zweck, etwas zu unternehmen – würde sich auf etwas einlassen, ohne daß zwei Bedingungen erfüllt würden: 1) die Räumung von Zentralfrankreich (also vor allem Paris), 2) die Rückkehr des Gros der Kriegsgefangenen. Als „nationale" Franzosen, mit denen man arbeiten könne und solle, wurde mir meist der Kreis um Pucheu bezeichnet.[7a] Ich habe den Eindruck, daß de Gaulle im Grunde wenig hinter sich hat und schlecht operiert hat. Engländer und Amerikaner wollen eben Pétain noch nicht aufgeben.[8] P. selbst scheint mehr zu bedeuten als sein einstiger Altersgenosse Hindenburg, der zum Schluß nur noch Attrappe war. Er ist offenbar im Herzen ein klarer „Attentiste", das heißt er will abwarten, wie der Hase läuft und keine Chance aus der Hand geben, während Darlan eindeutiger auf die deutsche Karte setzt. Vielleicht spielen sie unter der Decke trotzdem sich in die Hände. Der deutsche Grundfehler ist das Arbeiten mit Déat und Gen[ossen], von denen wir aber ebenso wenig mehr loszukommen scheinen wie von Mussert, Quisling usw.

Am Montag früh noch einmal bei Witzleben, der viel frischer war (Schwerin war wie das erste Mal dabei). Wir verstanden uns sehr gut. –

Über die Lage im Osten wird er ebenso wie die meisten anderen nicht wirklich unterrichtet. Er will jetzt einen Offizier hinschicken, um sich über alles zu orientieren.

Spielberg [Falkenhausen] und Scherz [Witzleben] halten den Gedanken von Geibel [Beck] und Pfaff [Goerdeler] *isoliert* für Utopie.[9] Am Montag frühstückte ich noch einmal mit Schwerin und sprach mich mit ihm über meine Eindrücke aus.

Abends ab nach Genf; im Schlafwagen bis Culoz, wo ich zwei Stunden warten mußte. Ein netter Gepäckträger, der richtige gute Typ Franzose, liebenswürdig, Sohn der alten Kultur, erzählte mir verzweifelt von den Ernährungs- und Heizungsverhältnissen. 150 gr Fett und Butter den Monat! Fleisch minimal, Brot knapp.

In Bellegarde hatte ich einige Schwierigkeit, weil ich wohl ein Laissezpasser für die Demarkationslinie hatte, aber kein französisches Visum, das ich ausdrücklich erbeten, man aber als unnötig bezeichnet hatte. Die Polizeiagenten waren aber ganz freundlich: „Wir werden Sie ja nicht zurückschicken, aber es wäre uns lieber gewesen, Sie hätten ein Visum gehabt!"

In Genf holte mich Nostitz ab, bei dem ich wohnte. Mit ihm und Kessel hatte ich lange Gespräche, im ganzen recht bekümmerte. Abends aß ich bei Martin und Alice Bodmer im Restaurant „Mère Royaume". [. . .] Am nächsten Tage zum Frühstück (vor der Abreise) bei Schwarzenbergs. [. . .] Als ich in der schönen Altstadt zur Rue de l'Évêche hinauspilgerte und grade das carillon vom Turm der Kathedrale fröhlich und unbekümmert seine Glöckchen klingen ließ, lehnte Kathleen Sch[warzenberg] oben aus dem Fenster: ich fühlte mich plötzlich der bösen Welt in ein Märchenland entrückt.

Das Wichtigste in Genf war mir am ersten Nachmittag ein 2 1/2 stündiges Gespräch mit dem vor 14 Tagen aus England zurückgekehrten Carl Burckhardt. Er war, um das vorwegzunehmen, für einen brauchbaren Frieden nicht einmal so hoffnungslos, wie ich fürchtete. Ich hatte besorgt, daß die Identifikation Deutschland = Nazismus schon fast ein fait accompli wäre. Das ist scheinbar *noch* nicht der Fall. *Mit* dem System sieht er allerdings überhaupt keine Friedenschance (höchstens natürlich Diktat). – In der Gesellschaft sei der Haß gegen uns schon mehr pathologisch. Auch seien die freimaurerisch-jüdischen Kreise nicht zu übersehen, die ein konservatives (im höheren Sinne) Deutschland als ebenso unmöglich < > bezeichneten wie das Nazi-Deutschland. Aber in den Regierungskreisen im weitesten Sinn – nicht nur die Kreise um Halifax und Hoare, sondern auch die Churchill näherstehenden (sein Hauptgewährsmann ist der jetzige Erziehungsminister Butler), ferner auch Hofkreise (wie Lord Harewood, der am stärksten für den Frieden gesprochen hat) sei doch die Parole maßgebend, mit einem anständigen Deutschland müsse man doch zu einem Arrangement kommen können. Immer wieder habe man nach den Generalen gefragt. < > Niemals falle im Gespräch der Name Heß. Warum eigentlich? Völlig unspeakable sei Ribbentrop – der bestgehaßte Mann, obwohl das Wort „Haß" die Sache nicht trifft. Nur herrsche eben eine große Skepsis über die Möglichkeit zu einer Änderung in Deutschland. Als Gründe, die den Engländern solchen Frieden als ratsam erscheinen ließen, nannte C[arl] B[urckhardt] drei: erstens die Sorge vor einem erdrückenden amerikanischen Übergewicht, zweitens die japanische Gefahr, drittens die Furcht vor dem Bolschewismus. Außerdem wirke Versailles als „vestigia terrent". – Es war sehr interessant, daß C. B. betonte, ein neues Deutschland müsse vor allem stark und gefürchtet sein, entschlossen und fähig weiterzukämpfen, und man müsse den Engländern unter keinen Umständen nachlaufen, sondern ihnen ganz kalt und selbstbewußt gegenübertreten. Das werde ich meinen jungen Leuten sagen! Auf die Frage nach Friedensbedingungen hat C. B. nur ganz vague, so berichtet er, angedeutet, die Grenzen von 1914 würden wohl gefordert werden. Das scheint ein gewisses Erstaunen (wegen Bescheidenheit) erregt zu haben. In dieser Formel < >. – Das alles klingt ganz gut, nur die Hauptsache fehlt.

Auf der Fahrt nach Arosa machte ich in Zürich Station und war zwei Stunden mit dem armen Ully [Wille] zusammen, auch mit Fritz [Rieter]. Ersterer war großartig in seiner wiedergewonnenen männlichen Fassung. Ich war wieder höchst angetan von ihm, wenn er auch an meine Sorgen nur sehr teilweise heranwollte. Er sieht die Dinge in erster Linie soldatisch und findet, daß wir es trotz allem auf diesem Gebiete und manchem politischen immerhin noch wesentlich besser machten als die andern. Aber er lebt nicht in Deutschland, und er sieht, wie C[arl] B[urckhardt] sagt, zu wenig die geistig-politischen, meinetwegen auch moralischen Weltzusammenhänge, die doch eine Realität sind.
[. . .]

3. 2. 42.
Nach zeitentsprechenden Reiseerlebnissen infolge großer Verspätungen, Fahrplanänderungen usw. (widerwärtiger Wartesaal in Augsburg von 12 bis 3 1/2 Uhr nachts, in dem es radikal nichts zu essen oder trinken gab) in Berlin angekommen. Mit Werner Schulenburg (zur Zeit Rom) gefrühstückt im Adlon. Die üblichen Eindrücke aus Italien, bittere Klagen über die geistige Dürftigkeit und Feldwebelnatur meines Nachfolgers [Mackensen]. – Interessant ein langes Gespräch mit dem Papst, der lebhaft meine Ausschaltung bedauert habe. Pacelli liebe ohne Zweifel auch heute Deutschland und wünsche seine Erhaltung als starke sittliche Macht, natürlich nicht in der jetzigen Form.
[. . .]
Fürchterliche Klassenkampfrede [Hitlers] in München, eine nach außen und innen nicht mehr zu überbietende wüste Tonart.[10]
[. . .]

Berlin, 15. 2. 42.
Militärische Lage in Rußland, scheint es, etwas mehr stabiliert, aber immer noch sehr großer Kräfteverschleiß. Von Dieter [Hassell] Nachricht aus Brest-Litowsk, für die letzten 150 km brauchte er 30 Stunden. 50 Prozent der deutschen Lokomotiven im Dienst der Ostfront! Carl Otto Hassell [Neffe] am 6. 12., [sein Bruder] Lorenz Jürg am 16. 1. gefallen. Unendliche Opfer für die Zerstörung der Werte Europas. Im fernen Osten weitere große japanische Erfolge, angelsächsisches Versagen. Durchbruch von „Gneisenau", „Scharnhorst" und „Prinz Eugen" von Brest nach einem deutschen Hafen [12. 2.]gleichfalls ein Beweis für die geringe britische Kriegseffektivität, zugleich eine gewisse Verschiebung der seestrategischen Lage. Glänzende Leistungen im Zeichen einer verbrecherischen Politik.

Gestern besuchte mich mein junger Freund B[erthold] aus München, einer von denen, die aus ehrlichem Idealismus zur Partei gekommen sind. Er macht nach den Erfahrungen seines östlichen Dienstbereichs den Eindruck eines innerlich erschütterten Mannes. Was er aus Rußland berichtet, nicht nur über die Massenmorde an Juden, die zugleich die Ausführenden und Zuschauer demoralisieren und unsern historischen Ehrenschild unerhört besudeln, sondern auch über die brutale Vergewaltigung der Russen, und zwar interessanterweise jetzt auch der Ukrainer, übersteigt noch das bisher Bekannte. Auch der angeblich noch halbwegs verständige Koch beteiligt sich in vollem Maße.[11] Er will Südrußland zu einem deutsch besiedelten „Gotenland" machen; nördlich davon spricht man von „Vandalenland"; man ist versucht, das für faule Witze zu halten. Frank, der auf einigen Gebieten, zum Beispiel dem kirchlichen, noch Maß hält, ist innerlich ein unsicherer schwacher Mann, schwer beschossen von der SS. Einen seiner engsten Mitarbeiter, Lasch, < > zuerst Gouverneur von Radom, dann von Lemberg, hat man bei gigantischen Diebstählen von Juwelen, Kunstgegenständen usw. geklappt.[12] B[erthold] war auch in Südtirol und schildert die dortigen heillos verfahrenen Zustände. Wegen angeblicher skeptischer Äußerungen hat die deutsche Gestapo ihn bei den Italienern denunziert, so daß er ausgewiesen wurde.

Die ohne Verfahren erfolgte „Degradation" Hoepners wegen eines nach gewissenhafter Lageprüfung gegebenen Rückzugbefehls bestätigt sich.[13] Einzelheiten noch nicht klar. General Graf Sponeck vom Kriegsgericht unter Vorsitz Görings zum Tode verurteilt, aus ähnlichem Grunde.[14] Er hat in seiner Verteidigung gesagt, er würde in gleicher Lage wieder ebenso handeln, ein soldatisches Wort, das aber bei der Geistesart Hitlers, der das Kriegsgericht wutschäumend verlangt hat, seine Begnadigung erschwert.

An der Front im Osten höchst sonderbare Lagen, weil russische Luftlandetruppen, durchgebrochene Kavallerie und Skitruppen mit den Partisanen hinter der deutschen Front zusammenarbeiten; in einem Falle hat man festgestellt, daß Schießübungen auf einem Übungsplatz abgehalten worden sind.

Hase [Oster] und Freda [Dohnanyi] besuchten mich, etwas dekonzertiert durch Nachrichten über scharfe Überwachung durch den SD, die sich auch für Geißler [Popitz], Hausmann [Hassell] usw. interessiert. Alles ist etwas verschüchtert. Noch unangenehmer ist, daß Scherz [Witzleben] nicht nur krank ist, sondern an seine Leute sehr negative Orders gegeben hat, wie es scheint, weil Nordmann [Jessen] seinem Benjamin überflüssige Mitteilungen über (ganz unfertige) Maßnahmen gemacht hat, die Scherz für < > dilettantisch erklärt hat.

Berlin, 16. 2. 42.
Ich stellte heute fest, daß Wüster tatsächlich im Herbst nach Rückkehr aus Rom eine Vorlage an Ribbentrop gemacht hat, es empfehle sich, mich nach Rom zu schicken, um mit Phillips über Friedensmöglichkeit mit USA zu sprechen. Er hat also nichts Falsches behauptet. Fraglich ist nur, ob die Vorlage zu Ribbentrop vorgedrungen oder bei Luther hängen geblieben ist.[15]

Berlin, 3. 3. 42.
Kennzeichen der Lage: 1) Immer größere Erfolge der Japaner, 2) Innerpolitische Verschiebung in London nach links, 3) Weitere Abnutzung der deutschen Kräfte in Rußland, 4) Langsam weitere Verschlechterung der Wirtschafts- und Ernährungslage in Deutschland. Pfaff [Goerdeler] sagt für Frühjahr 43 volle Pleite voraus; vermutlich etwas übertrieben. 5) Versteifung der deutsch-französischen Beziehungen (Äußerung Hitlers: „die Franzosen scheinen mich erpressen zu wollen. Ich werde ihnen ganz andere Töne beibringen, wenn ich in Rußland fertig bin".) 6) Kundgebung Hitlers zum Parteigründungstage, die nach Niveau, Sprache und Mattigkeit des Geistes einen neuen Tiefstand darstellt.[16]

Man steht immer wieder vor Rätseln. So auch, wenn nach allem, was geschehen ist [. . .], die Generalität, voran Wiesner [Halder] schon wieder vor Hitler in den Knien schwach geworden ist. Er habe mit dem Befehl, die Front in Rußland festzuhalten, doch rechtgehabt!! usw. (Bericht von E[tzdorf]). Wiesner [Halder] hat E[tzdorf] berichtet, er könne ganz frei mit dem Führer sprechen, stundenlang, sogar mit der Hand in der Hosentasche!! In der Tat, solches Kaliber verdient die Behandlung, die es erfährt.

Neulich abends bei Geibel [Beck], der mir rührend mit seiner anziehenden, eben in Rußland Witwe gewordenen Tochter als Hausfrau – sogar Abendbrot gab, Bordeaux und moussierenden Rheinwein eigenhändig aus dem Keller holte. Wir waren ganz einig. An ein wirkliches Weichwerden von Scherz [Witzleben] glaubt er nicht, wohl an Wiesners [Halder]. Pessimistische Lagebeurteilung.

[. . .]

Ulrich Wilhelm Graf Schwerin von Schwanenfeld

Helmuth James Graf von Moltke

Albrecht Haushofer

Adam von Trott zu Solz

Eugen Gerstenmaier

Carl Langbehn

Karl Ludwig Freiherr von und zu Guttenberg

Wilhelm Leuschner (in der hinteren Anklagebank rechts Wirmer, in der Mitte Hassell, vor ihm Goerdeler; vorn rechts Freisler)

Josef Wirmer

22. 3. 42.[17]

Die Menschen stehen unter dem Eindruck des landwirtschaftlich bedenklichen scharfen Nachwinters und der Rationenherabsetzung. Die wirtschaftliche Anspannung und Überspannung in bezug auf Dinge und Menschen wird immer stärker. Das hindert nicht ein gewisses Steigen des Barometerstandes in den Regionen der Partei, vieler Militärs und des Bildungsphilisters, übrigens auch, wie Ilse, die Gott sei Dank endlich einmal wieder einige Zeit bei mir ist, berichtet, in Italien, infolge des offenbaren Versagens von Engländern und Amerikanern einerseits, der japanischen [Siege] andererseits.[18] Auch ist man erleichtert, daß die Russen letzten Endes im Großen nichts verrichtet haben. So werden schon wieder ausschweifende Pläne gemacht: „völliges Zerschlagen des britischen Empire Hand in Hand mit den Japanern". Was sich in Wahrheit ereignet, ist eine mit Sturmesschritten fortschreitende Zerstörung aller Werte, zugleich ein Zusammenbruch der Machtstellung des Weißen Mannes, endlich eine schleichende Bolschewisierung der Welt. Man sagt, daß Hitler < >[19] [nicht völlig] begeistert sei von den Riesenerfolgen der Japaner und gemeint habe, am liebsten würde er den Engländern 20 Divisionen schicken, um die Gelben wieder zurückzuwerfen. [. . .] Gestern Abend nettes Afterdinner bei Thomas mit Kieps; Kiep[20] setzte als ein Mann, der englisch-amerikanisches Wesen kennt und versteht, vielleicht auch etwas überschätzt, Ilse seine tiefpessimistische Prognose auseinander. Th[omas] wirkte etwas resigniert; er war von Speer eher angetan. – Ein anderer ganz interessanter Abend neulich bei L[angbehn], unserem Freund aus W[alchensee], der immer noch in Verbindung mit Cielo [Himmler] und vermutet, daß man dort allerhand plant. Jedenfalls ist man in der Ecke handlungsfähiger als im Kreise Geibel [Beck] usw., wo immer noch, besonders seit der letzten Panne mit Scherz [Witzleben][21] alles stark auseinanderläuft. Die Panne selbst ist ziemlich repariert, immerhin sind einige Mißtrauensreste noch da (Geißler [Popitz] gegen Hase [Oster], junger Kreis gegen Geißler [Popitz] usw.). Ich bemühe mich um den Ausgleich, gehe heute mit dem Bürger der Barcel[oneser] Handelskammer [Olbricht] zu Geibel [Beck], der zentral die Fäden halten muß. Neulich netter Besuch meines Freundes Sch[werin] mit reizender Frau. Mit ihm bin ich immer ganz einig, womit aber noch nicht viel getan ist. Neue Schwierigkeit, daß Lo's Vetter [?][22] leider Scherz [Witzleben als Oberbefehlshaber West] vertritt, womit die Möglichkeit gegeben ist, daß Scherz dort ganz ausscheidet.

Der famose Jessen hat seinen ältesten Sohn im Osten verloren; es schlägt überhaupt in fürchterlicher Weise rechts und links ein. [. . .] Der Verschleiß an Truppe und Material im Osten ist ungeheuerlich. Die Frage ist ganz offen, ob eine Offensive im größeren Stile möglich ist und was die Russen hinter der jetzigen Front aufzubauen imstande sind. Neulich abends bei Sauerbruch interessante Fronterzählungen von General Stapf,

der als Kommandierender General abgesägt worden ist, weil er eignen Willen zeigte; etwa 37 Divisionskommandeure sind ihrer Posten enthoben worden! Göring hat als Vorsitzender des Kriegsgerichts gegen Sponeck ganz klar gesagt, der Führer wünsche, daß seine Generäle gehorchten und weiter nichts. System des Zarenrußland anstatt der Grundbegriffe der preußischen Offiziererziehung. Wie kindlich-naiv der deutsche Durchschnittsoffizier ist, auch der kluge, zeigte mir eine Unterhaltung beim Essen des 2. Garde-Regiments mit Oberst v. Holtzendorff, der übrigens aus Libyen recht anerkennend für die Italiener berichtete. Er sagte, Goebbels sei „so nett", ab und zu zu den Panzertruppen nach Wünsdorf zu kommen und ihnen Aufklärung zu geben! Neulich habe er sehr richtig gesagt, nun hätten wir einmal einen wirklich erfolgreichen Bundesgenossen und schon fasele man von der „Gelben Gefahr". Sehr geschickt auf das simple militärische Denken berechnet!
[. . .]
Ich empfinde die Lage hinsichtlich der ge[ ][23] kleineren Nationen persönlich besonders [bitter], weil ich immer von der Notwendigkeit engeren Zusammenschlusses überzeugt war und diese Auffassung für Holland schon als ganz junger Mann schriftlich niedergelegt habe,[24] nun aber sehe, mit wie unmöglichen Methoden und Zielen der Nazismus die Sache anfaßt. Mir wurde das besonders klar, als ich vor einigen Tagen auf Einladung Seldtes (ausgerechnet!) einen Vortrag des Mussert-Mannes Professor van Genechten, holländischen Generalstaatsanwalts, hörte, der sachlich viel Richtiges sagte, aber eben mit dem unmöglichen Vorzeichen.
[. . .]
Folgende Geschichte kennzeichnet gut die tragische Lage der Menschheit, die sich selbst zerstört: 1995 vernichten sich gegenseitig das letzte Großflugzeug der Achse und das der Angloamerikaner. Der Orang-Utan im Urwalde sagt: „Himmel, nun muß ich wieder alles von vorn anfangen." Die Parteiborniertheit charakterisiert folgende Anekdote: An einer Kreuzung stoßen alle mit Vorfahrtsrecht zusammen: Hitler, die SS und die Feuerwehr. Wer hat schuld? Antwort: „Natürlich die Juden".
Auf Wunsch von Professor Wagemann übernehme ich die Aufgabe eines ständigen Delegierten des deutschen Instituts für Wirtschaftsforschung bei dem gegründeten und zu gründenden ähnlichen Instituten im Südosten (und vielleicht Dänemark). Ich tue es, weil meine Arbeit im MWT doch reichlich unsubstantiiert bleibt und ich andererseits dadurch dem MWT nutzen kann, indem ich als trait d'union wirke. [. . .]

24. 3. 42.
Abendbesprechung vorgestern bei Geibel [Beck], mit B[ürger] d[er] Barcel[oneser] Hand[els]k[amme]r [Olbricht]. Einig darüber, daß alle Fäden bei ihm [Beck] zusammenlaufen müssen. Sohn Goerdeler hat sich den überflüssigen Luxus geleistet, seine politischen Gedanken aufzuzeichnen

und mehreren Leuten zu geben; ein SS Mann hat sie ihm loyal warnend zurückgegeben, sein Kompaniechef hat ihn denunziert. Dank energischen Auftretens seines Kommandeurs für ihn hat das Kriegsgericht ihn sehr milde verurteilt, in richtiger Würdigung der Harmlosigkeit solchen aus Vaterlandsliebe geborenen jugendlichen Heißsporntums. Groteskes Intermezzo: der Regiments-Kommandeur hat einem Mitglied des Kriegsgerichts gesagt, er bekomme einen Tritt in den Hintern, wenn er nicht festbleibe. Das Ganze ein Beweis für den gespaltenen Geist in der verwirrten Wehrmacht, die keinen echten Führer hat. — Hitler hat mehrere Eisenbahndirektionspräsidenten im Osten als Sündenböcke für das den übermäßigen Ansprüchen nicht gewachsene, jahrelang zu Gunsten von Autobahnen und Prestigebauten vernachlässigte Eisenbahnwesen mit Radischah-Methode einfach eingesperrt und auf Vorstellungen Dorpmüllers stolz erwidert, wenn er einen General und Ritterkreuzträger zum Tode verurteilen lasse und andere Generale maßregle, werde er wohl auch einige Eisenbahnpräsidenten einsperren können.[25] Es scheint, daß Seekriegsleitung und andere Militärs versuchen, Hitler von der Ostoffensive auf eine Großaktion im Mittelmeer abzulenken.[26]
[...]

Ebenhausen, 28. 3. 42.
In den letzten Tagen in Berlin eingehende Besprechung bei Nordmann [Jessen] mit Geibel [Beck], Geißler [Popitz] und Pfaff [Goerdeler]. Wenig Aussichten. Geibel als Zentrale konstituiert. Es sieht so aus, als wenn Scherz [Witzleben] seine Stellung verliert.

Gestern längeres Gespräch mit Papen, der, aus Ankara angekommen, mich angerufen hatte. Er ist über die inneren Vorgänge, auch die in der Heerführung merkwürdig ununterrichtet. Sein Ziel ist offenbar, eine türkische Vermittlung und damit den Frieden zustande zu bringen. Nach seiner Ansicht ist die Hauptdirektion der türkischen Politik nach wie vor: dem Kriege fernzubleiben. Einen Eintritt auf unserer Seite glaubt er dann herbeiführen zu können, wenn — nach einer erfolgreichen Offensive in Rußland — die Türkei eine von der Gegenseite abgelehnte Vermittlung unternimmt. Ich glaube nicht, daß dieser Hergang dann so einfach und programmäßig verlaufen wird. Warum sollte England so dumm sein, eine glatte Ablehnung auszusprechen? besonders nach großen weiteren Mißerfolgen! England und Amerika haben nur eine Chance: nämlich die Zeit. Bei uns hat man „oben" offenbar einige Sorge vor Landungsunternehmen. Andererseits ist man optimistisch für den weiteren Verlauf in Nordafrika bis zum Grade, eine Eroberung Ägyptens zu erhoffen. Für den russischen Sommerfeldzug erwartet man gleichfalls erhebliche Erfolge. Ob sie durchschlagend sein werden, ist sehr zweifelhaft.

Gestern Nachmittag Besuch von Hase [Oster] und Gen[ossen: Dohnanyi] bei mir. Ich habe mich bemüht, auf stärkere Konzentration und Aktivität zu drängen. Vorher war noch der Erzherzog Albrecht bei mir, der höchst unerfreut über die Einsetzung von Sohn Horthy ist,[27] glaubt, daß der nächste Schritt seine Bestellung zum Nachfolger sein werde, und behauptet, daß nicht nur Horthy jun., was wohl richtig ist, wenig deutschfreundlich sei, sondern auch Bárdossys Ersetzung durch Kallay ähnlich wirke. Nebenbei bedeutet die immer schärfere Differenz zwischen Rumänien und Ungarn, neuerdings durch eine offensive Rede M[ichael] Antonescus vertieft, eine wahre crux für unsere Politik, weil wir von beiden Truppen gegen R[ußland] haben wollen und beiden nicht — auf Kosten des andern — geben können, was sie fordern. Die antideutschen Elemente in beiden Ländern erhalten dadurch dauernd neuen Auftrieb. [...]

Der rumänische Gesandte Bossy gab am letzten Sonntag [22. 3.] einen großen Musiktee, zu dem ich mit Ilse ging. Frick war most honoured guest. Das Groteske ist, daß Leute wie Auwi [Prinz August Wilhelm v. Preußen], wenn sie bei solchen Sachen auftreten, doch immer die höchsten Ehren genießen, ein Talmiglanz, der nicht über die wahre Lage täuschen kann. Der neue kroatische Gesandte Budak erzählte mir von den Freuden der kroatischen Unabhängigkeit; in Wirklichkeit ist schon wieder ein großer Teil des Landes in Händen der Aufständischen.

[...]

Da ich eine Reise nach Südosteuropa vorhabe, besuchte ich Draganoff. Er erklärte, ein Mitmarschieren der Bulgaren liege weder im bulgarischen noch in unserem Interesse. Die Bulgaren äugen im übrigen immer nach der Türkei hinüber. Umgekehrt haben nach Papen die Türken Angst vor den Bulgaren und würden auf alle Fälle [mit][27a] uns gehn, wenn volle Sicherheit gegen [Bulgarien] bestände, das heißt also im Grunde, wenn auch die Bulgaren mit uns marschierten. Wie [ich höre, hat] man von Boris, der in diesen Tagen [hier war,] nicht die Gestellung von Truppen, aber den Abbruch der Beziehungen zu den Sowjets verlangt, vergeblich.

[...]

Ich vergaß neulich zu erzählen, daß Ilse einige Briefe von Heß an seine Familie gelesen hat. Ganz vernünftig, menschlich und zufrieden über seine Behandlung und gesundheitlichen und gemütlichen Zustand. Immer mit Heil Hitler schließend. Politisch [Wasserschaden], daß er glaubt, seine Handlungsweise würde sicher noch einmal Früchte tragen.

Ebenhausen, 29. 3. 42.
Ich las neulich zwei trostlose Dokumente, die gut beleuchten, wie es bei uns aussieht: ein Befehl von Keitel an die Wehrmacht,[28] der eine gradezu knechtische Gesinnung gegenüber der Partei atmet und darauf hinausläuft, die Wehrmacht in die engste Identität mit ihr zu bringen. Interessant ist allerdings, daß es für nötig gehalten, den Soldaten solches Verhalten besonders einzuschärfen. Ferner ein Schreiben des Nachfolgers (und vorher bösen Geistes) von Heß, Martin Bormann, an den Gauleiter Mey-

er (Lippe), der einen gradezu teuflischen Haß gegen das Christentum als Ganzes bekundet, gegen das Christentum, zu dem sich das Parteiprogramm ausdrücklich bekennt, nicht etwa nur gegen die Kirchen; das Schreiben beruht im übrigen auf einer Begründung, die an idiotischer Geschichtsfälschung und Unbildung nicht zu überbieten ist.[29]

Reise nach Sofia, Budapest und Bukarest Mitte April 1942

Von dieser Reise liegen keine Tagebucheintragungen vor. Im folgenden werden Auszüge aus gesonderten Aufzeichnungen und Briefen abgedruckt, aus denen 1946 eine zusammenfassende, tagebuchartige Darstellung formuliert worden war.

Aufzeichnung über das Gespräch mit König Boris am Montag, den 13. 4. 1942.
Der König empfing mich mit großer Liebenswürdigkeit und brachte zum Ausdruck, daß er, als er von meiner Ankunft erfahren hätte, sofort den Wunsch gehabt hätte, mich zu sehen, weil er viel über mich gehört hätte, insbesondere darüber, daß ich in Jugoslawien, zum Beispiel auf den Prinzen Paul einen so guten Einfluß ausgeübt hätte. Das Gespräch berührte ohne genaue Reihenfolge die jugoslawische und die italienische Politik, den Weltkrieg, die politische Entwicklung bis zum letzten Kriege, die heutige Kriegslage, die Aufgaben nach dem Kriege, die bulgarische Politik und zum Schluß meine jetzige Tätigkeit und die Arbeit des MWT [Mitteleuropäischer Wirtschaftstag]. In bezug auf Jugoslawien erörterte der König besonders lebhaft die fehlerhafte Politik nach dem Tod des Königs Alexander. Prinz Paul, den er menschlich sehr lobte, sei politisch den Schwierigkeiten nicht gewachsen gewesen. König Alexander, der ihn – König Boris – ursprünglich gehaßt hätte, dann aber mit ihm in ein gutes Verhältnis gekommen sei, habe die Lage in Jugoslawien ganz anders beherrscht. Er – König Boris – habe König Alexander einmal gesagt: „Tu sais, toi et moi nous sommes beaucoup plus balcaniques que Paul." (Ich erwiderte, hinsichtlich König Alexanders sei das sicher richtig gewesen.) Als Hauptfehler des Prinzen Paul bezeichnete er, daß er sich habe von Stojadinović trennen lassen. Allerdings sei letzterer schließlich auf eine falsche Bahn geraten, indem er das Augenmaß verloren habe und den „Führer" oder „Duce" habe spielen wollen.[30] Er, König Boris, habe seinen Einfluß immer dafür eingesetzt, daß Jugoslawien – nach Änderung der unmöglichen Regierungsmethoden in Mazedonien – mit Bulgarien einen Block der Ruhe auf dem Balkan bilden sollte.

Zur italienischen Politik, über die er bei sehr vorsichtiger Ausdrucksweise recht skeptisch, wenn auch mit großer Anerkennung für Mussolini sprach, schilderte ich meine Bemühungen, in Rom Verständnis für die wirkliche Lage an der Adria zu erwecken und davor zu warnen, auf dem anderen Ufer expansiv zu werden. Der König Boris betrachtete offenbar die italienische Politik in Kroatien usw. mit großer Sorge.[31] Er fragte sehr intensiv nach der Persönlichkeit und Regierungsmethode Mussolinis sowie nach der Bedeutung und Art der übrigen Persönlichkeiten, worüber ich mich eingehend ausließ. Die Figur Cianos spielte in den Fragen des Königs eine besondere Rolle. Im Ganzen schien König Boris von den italienischen Politikern außer Mussolini sehr wenig zu halten.

Wir kamen im Laufe dieser Erörterungen wiederholt auf den Weltkrieg zu sprechen. König Boris erzählte von seinen eigenen Erfahrungen als Abgesandter seines Vaters im Hauptquartier. [. . .] Er betonte mehrfach, daß die Verhältnisse im jetzigen Kriege und unsere Aussichten ganz anders wie damals seien. Vom endlichen Siege sei er überzeugt. Die englische Politik vor dem Kriege sei unverantwortlich gewesen, vor allem durch die Garantieverträge. [. . .] König Boris gab zu erkennen, daß er an den Kriegswillen entscheidend wichtiger englischer Kreise (er nannte Eden und Vansittart, denen er Butler gegenüberstellte) glaube.[32] Chamberlain, auf den ich hinwies, sei allerdings nicht so eingestellt gewesen, aber alt und schwach. Als ich ein Bedauern über die große Zerstörung in Europa und das Zurückdrängen des weißen Mannes äußerte, meinte er, das sei Englands Schuld. Man dürfe seine Augen nicht davor verschließen, daß wir mitten in einer großen Revolution ständen, der man nicht beikommen könne, wenn man in vergangenen Kategorien denke. Er habe das klar erkannt und von Anfang an vorwärts geschaut. Leider sei das nicht überall der Fall, und wenn nun jetzt die Veränderungen sich gewaltsam und überstürzt vollzögen, sei das die Folge der Kurzsichtigkeit vieler Politiker.

Wir sprachen dann über den Aufbau Europas nach dem Kriege; er äußerte seine lebhafte Zustimmung zu den Grundsätzen, die ich darüber und das notwendige gute Verhältnis Deutschlands zu den kleineren Völkern entwickelte. Auch gab er seiner Freude darüber Ausdruck, daß ihm der japanische Botschafter Oshima am Tage vorher dargelegt hätte, nach japanischer Ansicht dürften die Sieger des gegenwärtigen Krieges keinesfalls die Fehler der Sieger von 1918 wiederholen, sondern müßten einen Frieden der Gerechtigkeit und einen vernünftigen Neuaufbau anstreben. Was die bulgarische Politik angeht, so erklärte der König, daß er zu seiner Genugtuung beim Führer volles Verständnis für die gegenwärtige Haltung gefunden habe.[33] Es sei, auch gerade im Hinblick auf die Türkei wichtig, daß ein intaktes Bulgarien mit einer gerüsteten Wehrmacht dastehe. Über die inneren Verhältnisse und über die eben abgeschlossene Ministerkrise äußerte er sich nur kurz; der Kabinettswechsel sei aus wirtschaftlichen Gründen schon länger fällig gewesen.[34] Er habe nur das Vorübergehen von Ostern und überhaupt einen ruhigen Augenblick abgewartet, um ohne Einschaltung des Parlaments und überhaupt Druck von irgendeiner Seite die Entscheidungen zu treffen. [. . .]

Aufzeichnung über den Besuch in Bulgarien, undatiert.
Die politische Lage in Bulgarien.

Das Wesentliche ist aus meinen Unterredungen mit König Boris und dem ungarischen Ministerpräsident Kallay ersichtlich. Signatur: Der deutsche Kurs ist ziemlich weitgehend als richtig anerkannt, jedoch durch den Kampf mit Rußland, für das in unentwirrbarer Mischung mit kommunistischen Tendenzen starke Sympathien vorhanden sind, erschwert. Die wirtschaftliche Lage ist besonders für die städtischen Mittel- und Unterschichten sehr schwierig (brotlose Tage!). Die Korruption nimmt wie in allen vom Kriege ergriffenen Ländern zu. Beispiel: ich wollte Socken kaufen, die nur auf Punkte zu haben sind. In einem kleinen Laden fragten Gräfin Lerchenfeld und ich danach, erhielten ohne weiteres eine bejahende Antwort, und der Inhaber holte sie kästchenweise herbei. Im gleichen Augenblick betrat ein Polizist den Laden und stellte sich neben uns. Gräfin Lerchenfeld gab dem Verkäufer zu verstehen, wir wollten warten, aber der Verkäufer führte das Geschäft in Seelenruhe ohne Punkte durch. Am nächsten Tage erkundigte sie sich nach dem Sachverhalt und erfuhr, daß der Inhaber sich den Polizisten engagiert habe, damit kein anderer hereinschnüffle.

Der König ist sehr klug und geschickt und *die* Autorität im Lande. Er spielt mit sicherer Hand auf dem Klavier seines Volkes. Die Kirche spielt eine beträchtliche Rolle, in enger Verbindung mit dem Staat. Das Volk ist von allen Balkanvölkern wohl noch das gesündeste, der Bauerncharakter kommt auch in den gebildeten Schichten noch stark durch. Guter Eindruck des Militärs. Das militärisch-bäuerliche Wesen prägt viele Persönlichkeiten (zum Beispiel den neuen Landwirtschaftsminister Petroff). Auf der anderen Seite besteht viel Neigung zu Verschwörung, Parteiintrigen usw. Es brodelt vielfach unter der Oberfläche.[35] Das Staatsgebäude ist noch jung, wenig durchkonstruiert und auf Rückschläge sicher sehr empfindlich.

An dieser Stelle folgten in der Erstausgabe zwei Sätze über Belgrad und den Flug nach Budapest, die einem Brief an Ilse von Hassell vom 14. 4. 1942 entnommen wurden. Aus einem weiteren Brief an Ilse von Hassell, ebenfalls vom 14. 4. 1942, geschrieben im Hotel Ritz, Budapest:

In Semlin war gerade Dörnberg von Budapest kommend mit einer Panne gelandet (Richtung Sofia). Ich kam auf die Minute (14.55) hier an [...]. Dann sah ich mir das (wie mir schien *sehr* friedliche) Büro der ungarischen Gruppe des MWT, in Buda drüben, an [...] und ging dann auf hübschen Straßen im Zickzack zur Burg hinauf, wo mich um 6 [Uhr] der Ministerpräsident v. Kallay[36] — von Sztójay veranlaßt — empfing. Er hatte gerade Ministerrat, blieb aber eine halbe Stunde mit mir zusammen. Ein sehr sympathischer kluger älterer Herr. Natürlich war er sehr interessiert an meinen Erzählungen aus Sofia!

Aus einer Aufzeichnung über den Besuch beim ungarischen Ministerpräsidenten v. Kallay am 14. 4. 1942, 18 Uhr. Dauer: eine halbe Stunde.

[Kallay] bat um Unterrichtung über die Haltung Bulgariens nach dem Besuch des Königs im Führerhauptquartier sowie über die merkwürdige Ministerkrise. Er nahm an, daß letztere mit dem Besuch zusammenhänge, indem der König auf Grund der mit dem Führer getroffenen Vereinbarungen ein entsprechendes Kabinett gebildet hätte.[37] Ich bezweifelte das, schilderte die seit langem vorhandenen Differenzen auf wirtschaftspolitischem Gebiet, besonders die Angriffe auf den Handelsminister Sagoroff, erzählte die — nicht ganz glaubwürdige — Version, die mir der König gegeben hätte, und legte dar, daß der plötzliche Entschluß, den Ministerwechsel *jetzt* vorzunehmen, nach zuverlässigen Nachrichten auf kommunistische Umtriebe zurückzuführen sei, die man beim Militär, und zwar bei den beiden Sofioter Regimentern entdeckt hätte. [. . .] Wir erörterten im Anschluß daran die Persönlichkeit des Königs, dessen Vater K[allay] gut gekannt hatte. Besonders interessierte K[allay], daß die Bulgaren bis auf weiteres nicht am Kriege teilnehmen würden.

K[allay] schilderte dann die Lage Ungarns und verweilte besonders bei der ungeheuren Last, die Mobilisation und Kriegführung dem Lande auferlegten: für ein Jahr gegen 2 1/2 Milliarden Pengö.[38] Das führte uns auf die Grundsätze eines Neuaufbaus Europas; ich legte meine Gedanken dar und erwähnte Oshimas Äußerung zum König von Bulgarien. K[allay] stimmte sehr energisch zu, besonders dem, was ich über die künftige Stellung der kleineren Nationen sagte. Ohne solche Grundsätze würde, so meinte er, die neue Welt nicht lange halten. Ich berichtete in diesem Zusammenhang von meiner neuen Tätigkeit, vom MWT und von der geplanten Zusammenarbeit der Forschungsinstitute. In letzterer Hinsicht deutete ich im Sinne der „Instruktion", die mir Suranyi-Unger[39] dafür gegeben hatte, die besonderen Schwierigkeiten in Ungarn an, ohne die angeblich jüdische Herkunft des Leiters des ungarischen Instituts, Varga, unmittelbar zu erwähnen. K[allay] zeigte sich über die ungarische Gruppe des MWT ziemlich unterrichtet und sprach seine Sympathie für die „mitteleuropäische" Arbeit im Sinne des alten Naumann aus. [. . .]

Aus einem Brief an Ilse v. Hassell vom 16. 4. 1942:
Um 9 Uhr ging die kleine zweimotorige Douglas „Hohentwiel" hoch und um 11 Uhr 20 [. . .] waren wir schon hier [Bukarest]; über den Karpathen, gegen 3000 Meter hoch, gab es einige kleine Böen oder Luftlöcher, sonst sehr ruhig und schön. Hier wurde ich von der Gesandtschaft (Mirbach) *und* der Gruppe des MWT (Prof. Valcovici) abgeholt. [. . .] Nach

mittags hatte ich eine lange Besprechung (Institutsfrage) und ging dann zum wirtschaftlichen Gesandten Neubacher, früher Wiener Bürgermeister, dem ich von Sofia berichtete, dessen Herrn er auch gut kennt, während er mir von hier interessant erzählte.

[...] In Budapest bin ich noch einmal bei Suranyj-Unger gewesen, wo ein anderer Mann der Gruppe, Graf M. Teleki, früher Landwirtschaftsminister, war, dann zu Dampierres. Sie malt neuerdings nach persischen Mustern, sehr geschmackvoll Tapisserien usw. für wohltätige Zwecke, war unverändert, das heißt doch etwas älter, ruhiger, sehr reizend. Er auch derselbe, ganz lebhafte politische Diskussion.[39a]

Aufzeichnung vom 16. 4. 1942:
Gesandter Neubacher über die Lage in Rumänien.
Das System stehe auf zwei Augen, nämlich denen des Marschalls, alle übrigen zählten nicht. Michael A[ntonescu] sei nur von Bedeutung als sein Schatten, der vom frühen Morgen an ununterbrochen bei ihm sei. Die Legionärsbewegung werde von uns nicht unterstützt, weil der Führer den Marschall sehr hoch schätze und halte. Aber sie sei in keiner Weise tot, sondern organisiert und höchst lebendig besonders in der Jugend. Je mehr man draufschlage, desto stärker sei sie.[40] Die Jugend sei in Massen bei ihr. Tatsächlich sei sie doch die wahre Vertreterin der Ausrichtung auf Deutschland und den Nationalsozialismus. Sie hätten auch gar keine andere Wahl, denn wenn sie nicht Nationalsozialisten seien, so müßten sie Kommunisten sein. Leider erinnere die ganze Lage sehr stark an das Leben und Wirken der illegalen NSDAP in Österreich. Aber freilich sei die Bewegung ihrer Führer beraubt. Man nenne sie Kartoffeln, weil ihre Köpfe unter der Erde seien.

Aufzeichnung über eine Unterhaltung mit dem ehemaligen rumänischen Ministerpräsidenten Gigurtu[41] über die rumänische Politik [19. 4. 42].
Aus Anlaß der Persönlichkeit Manoilescus [früherer Außenminister] kamen wir auf einer interessanten Fahrt ins Petroleumgebiet, nach Sinaija und Predeal, in eine längere politische Unterhaltung. Es sei sehr bequem, M[anoilescu] den Wiener Schiedsspruch vorzuwerfen;[42] eine neue Regierung hätte auch hier nicht anders handeln können und dürfen. Ein Ingenieur der „Konkordia" habe ihm, Gigurtu, soeben auch Bemerkungen über die verletzte rumänische Ehre gemacht. Er habe ihm geantwortet, Ehre sei ein schönes Wort, aber es komme darauf an, dem Lande zu dienen, und das sei nur auf diese Weise möglich gewesen. Nur so habe man das Bündnis mit Deutschland, das heißt die Sicherung gegen den Nationalfeind Rußland, und Bessarabien bekommen. Das Weitere werde man sehen. Leider habe M[anoilescu] allerdings *einen* Fehler gemacht, nämlich dem König wieder die Lupescu ins Land zu lassen. Der König habe sich mit der Königin versöhnen wollen, und das wäre ein großer Segen ge-

wesen, denn Carol sei eben doch ein sehr kluger Herrscher. Die Königin sei gewiß sehr reizend, aber eine Art Pechvogel, und so habe sie auch zur Versöhnung nicht die Hand gereicht.[43] Jetzt erlebe sie nun die schlechte Behandlung durch die Antonescus. Der Marschall sei ein ganz braver Mann, aber er verstehe nicht, daß das rumänische Volk innerlich tief monarchisch sei und daß man daher die Monarchen in den Mittelpunkt stellen müsse. Statt dessen wollten er und seine Frau König und Königin spielen. Der bedenklichste Einfluß sei der der Frau Goga,[44] einer skrupellosen geschickten Person, die, obwohl siebenbürgische Rumänin, schon im Weltkriege Agentin der Mittelmächte gewesen und noch heute deutsche Agentin sei, außerdem sich schamlos bereichere. Das sei ein sehr unerfreulicher Zustand, und er deutete an, daß er auch vom deutschen Standpunkte das Verfahren bedenklich finde. Übrigens haßten beide Antonescus Neubacher, mit Killinger geht es besser.[45] Während wir sprachen (in Predeal), fuhren zwei Autos, grüßend, der Marschall mit Frau Goga und M[ichael] Antonescu mit Frau A., an uns vorbei (vor Gigurtus Haus).

Für die Unfähigkeit des Staats, wirtschaftlich zu organisieren, ist bezeichnend, daß es für Privatleute in Bukarest so gut wie unmöglich ist, Fleisch zu bekommen. Gigurtu hielt aber eine halbe oder dreiviertel Stunde vor Bukarest an und kaufte in einem kleinen Ort beim Fleischer — ganz offen und legitim — Fleisch für die nächste Woche in großen Massen ein. Man kann im übrigen in Rumänien für Geld alles haben, aber das Volk ist arm und kann nichts kaufen. [. . .]

Politisch geht der Kampf unter der Decke fort. Die Regierung hat wenig hinter sich und gilt als Knecht der Deutschen. Die alten Parteien haben noch viel Anhang; die Legionäre werden von den Antonescus grausam verfolgt, halten sich aber besonders in der Jugend. Vor Rußland (einem künftigen) große Angst; daher Deutschlands Freundschaft an sich sehr erwünscht. Aber alles beherrscht der Haß gegen Ungarn und das Streben nach Siebenbürgen.

Aufzeichnung über die Audienz bei der Königin Helene[46]
am 18. 4. 1942, 11 Uhr.
Die Königin, die sehr hübsch und reizend aussah, empfing mich wie einen alten Freund, erkundigte sich nach allem und kam sogleich voller Mitleid auf Prinz und Prinzessin Paul von Jugoslawien, die in Kenya seien. Die Großfürstin Helene (in Athen) habe nach zehn Monaten die erste Nachricht erhalten. Mit großem Erstaunen erzählte sie, daß König Georg [II. von Griechenland] Truppen in Palästina inspiziere. Auf meine Frage nach dem Kronprinzen von Griechenland sagte sie, daß dieser, der doch ganz anders wie Georg gedacht habe und von vielen Seiten, auch von ihr, aufgefordert worden sei, in Athen zu bleiben, aus Familientreue (die Großfürstin Helene habe ihr gesagt: You are so very clanny) mit seinem Bruder

abgefahren sei; er befinde sich in London, die arme kleine Prinzessin, die ein Kind erwarte, in Kapstadt. Prinz und Prinzessin Paul von Jugoslawien würden von den Engländern als Feinde behandelt. [...]

Politisch bekannte sich die Königin zur absoluten Notwendigkeit des deutschen Kurses für Rumänien. Aber sie klagte sehr bitter über das Regime Antonescu. Sie und ihr Sohn würden geradezu geknechtet, isoliert und von aller Aktivität ferngehalten. Den König lasse man nicht zur Front, sie nur höchst widerwillig in die Lazarette, weil Frau Antonescu das allein machen wolle. Einen ihnen gehörigen Teil des Schlosses habe man ihnen weggenommen, ohne es ihnen auch nur zu sagen. Das Unerhörte sei die Form. Nicht einmal Professoren dürfe der König zu seiner Fortbildung haben. Antonescu habe ihr ganz offen gesagt, der König solle nur ein Symbol sein. Gheorghe Bratianu[47] komme aber doch zu ihnen unter der Firma „Professor". [...] Das Schlimme sei, daß Antonescu zwar ein anständiger, sauberer Mann, aber mit Scheuklappen behaftet ein einfach dumm „bête comme ses pieds" sei. Ihn kommandiere der andere Antonescu, der ausgesprochen ein Schwein sei, genau wie Ciano; seine große Stellung erkläre sich nur durch sein Verhältnis mit Frau Antonescu [Ehefrau des Marschalls]. Er sei ein absolut unheilvoller Mann und ganz unaufrichtig. Eine andere unheilvolle, weil sehr einflußreiche Persönlichkeit sei Frau Goga, die einen großen Charme habe und dadurch alles erreiche und sich selbst schamlos bereichere. Sie sei schlimmer als Madame Lupescu. Die Königin entschuldigte sich bei mir, daß sie soviel potins [Klatsch] erzählte, aber es sei wirklich ein abscheulicher Zustand. [...]

Aufzeichnung über die Unterhaltung mit Ministerpräsident a. D. Imrédy am 22. 4. 1942, 16 Uhr.
Frau Imrédy, die ich in Berlin kennengelernt hatte, ließ mich durch Staatssekretär Kunder bitten, zu ihnen zu kommen [...]. Ich drückte die Ansicht aus, daß die Entscheidung in Ungarn von europäischer Wichtigkeit sei, nämlich ob engstirnige Reaktion schließlich von der Sturmflut weggeschwemmt werden würde, und mit ihr zahllose erhaltenswerte Dinge, oder ob rechtzeitig ein vorwärtsschauendes Regime ans Ruder kommen würde, das die neue Zeit erfasse, aber den Strom in richtige Bahnen lenke. [...] Imrédy selbst legte seinen Standpunkt ähnlich wie ich dar und sprach offen aus, daß in Deutschland zum Beispiel im Kirchenkampf die radikale Richtung Unheil angerichtet hätte. Er meinte, daß mit den verbliebenen Pfeilkreuzlerrichtungen nicht viel los sei.[48] Seine eigene Partei gewinne aus deren Reihen, erreiche überhaupt jetzt mehr die Massen, und auch in der Regierungspartei begännen nicht wenige, zu ihm herüberzuäugen. Kallay sei schlau, aber ohne eigentliche politische Erfahrung und jedenfalls ganz in liberalistischen Gedankengängen befangen. Horthy habe schlechte Ratgeber, der junge H[orthy] sei ein Mann

ohne Bedeutung. Das Dynastiestreben Horthys sei sehr bedenklich.[49] Imrédy schien in bezug auf die innerpolitische Zukunft in Ungarn, das heißt also hinsichtlich der Möglichkeit seines Zurmachtkommens, nicht hoffnungslos zu sein.[50]

Ebenhausen, 27. 4. 42.
Zurück von Wien-Budapest-Sofia-Bukarest. Die Hauptgespräche und Eindrücke der Fahrt habe ich gesondert aufgezeichnet.[51]
Gestern plötzlich Reichstag mit Führerrede.[52] Ein noch nicht erreichter Tiefstand. Mischung von brutaler Großmannssucht und Schwäche, Demagogie und Unwissenheit über die Grundlagen eines Staats.

Gesonderte, undatierte Aufzeichnung von ca. Anfang August 1942 über ein Gespräch mit Staatssekretär v. Weizsäcker am 29. 4. 1942 und weitere Vorgänge.

Ende April Ansage zur üblichen Zeit (schwarzer Kaffee 1/2 4 Uhr) bei Frau K. [Weizsäcker], um auch ihn zu treffen. Am 29. 4. dort; gegen die Regel sofort zu ihm ins Arbeitszimmer. Er schloß sorgfältig Fenster und Türen, erklärte sehr scharf betonend, er müsse sehr ernste Sachen mit mir besprechen, lehnte scherzhafte Antwort brüsk ab. Er müsse mich ersuchen, ihn bis auf weiteres „mit meiner Gegenwart zu verschonen". Als ich aufbegehrte, unterbrach er mich schroff. Unterhaltung habe zwei Teile, zweitens müsse er fordern, vor jedermann, auch m[einer] F[rau] geheim zu halten; er sei entschlossen, ihn gegebenenfalls absolut abzuleugnen. Jeden Versuch, um Aufklärung zu bitten, schnitt er kurz ab: wenn ich nicht geneigt wäre, ihm zuzuhören, müsse er auf Teil 2 überhaupt verzichten. Sache habe ihn schlaflose Nächte gekostet, Teil 2 bedeute große Gefahr für ihn und seine Familie. Ich erklärte, vor Rätsel zu stehen, Behandlung sei unglaublich, aber er möge sprechen. Er überhäufte mich dann, erregt umhergehend, mit schwersten Vorwürfen. Ich sei unerhört unvorsichtig gewesen, ganz unerhört, ebenso übrigens „mit Respekt zu vermelden" meine Frau. Das wisse man an gewissen Stellen, behaupte auch Material zu haben. Er müsse mich aufs schärfste auffordern, diese Art und Weise einzustellen usw. Sobald ich zu unterbrechen suchte, fuhr er auf und sagte immer wieder: „*Verstehen* Sie mich doch! Wenn Sie mich nicht *verstehen* wollen, dann muß ich abbrechen!" Ich erklärte, ich müßte mich wenigstens verteidigen können, was er strikt ablehnte. Meinen Einwurf, er schiene sich doch mit diesen unsubstantiierten Vorwürfen zu identifizieren, ließ er unbeachtet. Er blieb dabei, ich hätte mich unglaublich verhalten. [. . .] Dann 2. Teil: Ich ahnte gar nicht, wie „die Leute hinter mir her" seien; ich würde auf Schritt und Tritt beobachtet; ich sollte nur ja alles verbrennen, was ich etwa an Aufzeichnungen hätte, womöglich über Gespräche, bei denen man dann das eine oder andere sage (offenbar er selbst).

Meine Versuche, hinter die Sache zu kommen, lehnte er ab; es handle sich nicht um die Vergangenheit, sondern [um] mein *künftiges* Verhalten. Schließlich sagte er: „Also auf Wiedersehn, aber ich bitte dringend, nicht zu bald!" und fuhr fort: „Sie wollen ja wohl meiner Frau einen Besuch machen, bitte sehr, kommen Sie hinüber."

Während des ganzen Gesprächs konnte ich mich nur mit äußerster Mühe beherrschen, ich tat es angesichts der offenbar für meine Familie bestehenden Gefahr. Meine Annahme war, daß er anläßlich des Visums von der Gestapo dringend vor mir verwarnt worden war und nun die Verpflichtung fühle (oder gar habe), von mir abzurücken.[53] [. . .] In tief deprimierter Stimmung über diese menschliche Erfahrung kam ich zu Frau K. [v. Weizsäcker], von der ich zunächst annahm, sie wisse nichts. Im Lauf des Gesprächs bemerkte ich ganz allgemein, das Hauptmotiv der Menschen sei heute Angst. Mir fiel ihre etwas verlegene Antwort auf. Nachher kam sie mir auf den Flur nach und sagte nett, ich solle mich nicht zu sehr aufregen usw. Schließlich bemerkte sie, es gebe ja Telefonautomaten. Sie war also genau im Bilde und wollte eine Brücke bauen, die ich wenig Lust hatte zu betreten!

30. 4. S. [Trott] bei mir. Sein Chef [Weizsäcker] habe sich zwei Unterchefs kommen lassen, um sie vor mir zu warnen. Ich würde beobachtet, weil ich Äußerungen über das Regime gemacht hätte, Hitler müsse weg und dergleichen. – Ich traf S. bald darauf nochmals, wobei er erzählte, sein Chef habe nachträglich Weisung gegeben, mir keinesfalls etwas davon zu sagen. Auch erzählte er, P[apen] habe bei seiner Abmeldung im Hauptquartier gehört, wie Hitler auf die Diplomaten schimpfte und mich und m[eine] Fr[au] als besonders unmögliche Typen bezeichnete.
2. 5. erzählte mir Reuter, Planck habe ihm gesagt, vor mir würde gewarnt. 4. 5. besprach ich Frage mit L[angbehn?], der mich bat, die Sache keinesfalls tragisch zu nehmen; die Abneigung Hitlers beruhe auf der Erkenntnis, mit einer Persönlichkeit zu tun zu haben, die sich ihm nicht willenlos unterwerfe. 6. 5. aß ich abends bei R.A. D[ohnanyi?]. Auf meine Andeutung sagte er, C. Burckhardt habe vor kurzem jemand ausdrücklich hergeschickt, weil ich der Prin[zessin Schwarzenberg] in Genf von seinem Besuch in England erzählt hätte, wodurch er in eine unangenehme Lage gekommen sei. Ich bestritt, ihr irgendetwas von Bedeutung gesagt zu haben, natürlich bestände die Möglichkeit, daß ich ihr als der guten Freundin Burckhardts die allgemein bekannte Reise erwähnt und irgendetwas Gleichgültiges gesagt hätte, was sie dann weiter kombiniert und herumerzählt hätte. D. meinte, das sei denn vielleicht zur Kenntnis der Gestapo gekommen. Der Hauptteil der Unterhaltung mit D. betraf Vorgänge in der Firma C[anaris?]. Am 7. 5. setzte mich S. [Trott] über D.s Gedanken ins Bild. Am 8. 5. Gf. [Gottfried v. Nostitz] bei mir. Es stellte sich heraus, daß D. den Fall Burckhardt, den er besonders hinsichtlich B.s

Stimmung sehr tragisch darstellte, übertrieben hatte. B. hatte niemand ausdrücklich „geschickt", sondern Gf.[Nostitz] hatte die Sache mitgebracht und D. und wohl auch K. [Weizsäcker] erzählt. Gf. sagte, es handle sich um wiederholt beobachtete Versuche der Prin[zessin Schwarzenberg], C[arl] B[urckhardt] als deutschfreundlich zu kompromittieren. Sie habe ihn vor Engländern auf meine angeblichen Bemerkungen angesprochen. Darüber sei C.B. erbost. Er, Gf., werde die Sache leicht in Ordnung bringen. [. . .] Die Rolle Gf.s ist mir nicht völlig klar geworden. Er erzählte übrigens, daß er auch früher schon mehrfach vor mir gewarnt worden sei. –

Am 13.5. habe ich S. [Trott] über dieses alles orientiert. S. hatte seinerseits Ve[lsen = Gisevius] gesehen, der mir sagen ließ, ich solle die Sache nicht zu ernst nehmen. Zu Grunde liege vor allem die Tatsache, daß die Gruppe K. [Weizsäcker] angebliche, in Wahrheit nicht bedeutsame englische Friedensfühler für bare Münze genommen und die Sorge hätte, das Vertreten der Ansicht, England werde mit Hitler keinen Frieden machen, könne ihre Kreise stören. Dasselbe hat mir Ve[lsen = Gisevius] später persönlich gesagt. In der Tat hatte Gf. mir die Meinung vertreten, die Zeit, da England mit Hitler keinesfalls Friedens machen wollte, sei vorüber. – Am 12. 5. erschien bei mir Herr v. Z[astrow?]; S.s [Trotts] Chef habe jemand gesagt, er solle mich und sonderbarer Weise den guten Wilmowsky warnen, wir würden scharf beobachtet. Also hat der Chef die Ordre, mir nichts zu sagen, nur aus taktischen Gründen gegeben. [. . .] Am 17. 5. abends bei B[rauchitsch]s. Der Neffe [Haeften] erzählte, er habe zufällig ein Telefongespräch seines Chefs [Luther] mit angehört, bei dem dieser nach dem Stande meiner Visumfrage sich erkundigt habe. Der andere habe erwidert, Schellenberg sei überhaupt gegen die Reise, weil man mich dabei schlechter als hier überwachen könne. Der Chef habe dann gedrängt und gemeint, man solle doch Heydrich selbst fragen.

Ebenhausen, 1. 8. 42.
Ich habe leider seit mehreren Monaten keine Aufzeichnungen machen können, weil mir Ende April dieses Jahres gewisse Nachrichten, die ich erhielt, gesteigerte Vorsicht zur Pflicht machten. Die einzelnen Vorgänge aus jenen Tagen werde ich besonders aufzeichnen.[54] Der ganze Vorfall beweist von neuem eine Reihe von Symptomen der heutigen Lage: 1. den (im Gegensatz zum Weimarer System) absoluten Machtwillen der heutigen Gewalthaber, 2. die von ihnen angewendeten Tschekamethoden, 3. ihre Minderwertigkeitskomplexe gegenüber der Oberschicht, 4. ihre instinktive Abneigung gegen jede wirkliche Persönlichkeit, 5. die Tatsache, daß jede Opposition und jede Kritik auch aus den deutschesten < > Motiven als Verbrechen angesehen wird.

Persönlich war mir am interessantesten, daß nach beglaubigten Nachrichten eine unmittelbar gegen mich (und angeblich auch Ilse) gerichtete

Abneigung Hitlers vorliegt. Nach der ganzen Entwicklung, die dieser Mann leider genommen hat, muß ich das als eine Ehre ansehn. Dagegen ärgert mich dauernd der Gedanke an meine Unterhaltung mit K. [Weizsäcker], weil — auch wenn man alle taktischen Überlegungen, die denkbar sind, berücksichtigt und sogar anerkennen will, ein Verfahren übrig bleibt, was mir milde gesagt unbegreiflich bleibt. [. . .]

Von manchen meiner Freunde wurde der Standpunkt vertreten, daß es sich nicht so sehr um eine gegen mich besonders gerichtete Haltung handle, sondern auch um eine Verschärfung des allgemeinen Mißtrauens. Letztere ist sicher eine Tatsache, aber der Verlauf hat jetzt klar erwiesen, daß ich den Gegenstand besonderer Aufmerksamkeit bilde. Ich weiß nicht, ob ich erzählt habe, daß ich im April für meine Reise nach Bulgarien, Rumänien und Ungarn nur unter großen Schwierigkeiten und im allerletzten Augenblick, eigentlich schon zu spät, das deutsche Visum erhielt. Jetzt wurde mir nun für eine Reise nach Ungarn hauptsächlich für das Institut für Wirtschaftsforschung das Visum verweigert, ohne Angabe von Gründen, in ziemlich unwürdiger Form, indem ein untergeordneter Mann der Abteilung Luther, Dr. Krieger, einen Schrieb unterzeichnete, das AA bitte mich, von der geplanten Reise Abstand zu nehmen.

Ich habe darauf zweierlei unternommen: Erstens L[angbehn] gebeten, bei seinen SS-Freunden Nachforschung zu halten. Zweitens Bergmann (AA) gebeten, dasselbe in der Abteilung Luther zu tun. L. ist bei Himmlers Vertreter Wolff gewesen, der ihm, wie ich indirekt hörte, gesagt hat, ich sei persona ingrata beim Führer, diese Auslandsreisen wünsche man nicht, ich rede draußen allerhand usw. Angeblich hat er dabei auf meine letzte Schweizer Reise Bezug genommen. Er hat L. gesagt, er möge noch einmal mit dem zuständigen Mann, Gruppenführer (?) Müller sprechen. Dies scheint geschehen zu sein, ich weiß aber noch nicht, mit welchem Ergebnis. Geißler [Popitz] hat L. ohne mein Mitwirken gesagt, er dürfe die Sache nicht grundsätzlich aufziehn, sondern müsse darauf ausgehn, daß die eine *jetzt* vereitelte Reise doch genehmigt werde, weil durch die Ablehnung dem Ausland gegenüber eine untragbare Lage entstanden sei. Die Gefahr bei solchem Vorgehn ist aber, daß die Antwort lautet: Gut, aber nur noch dies eine und letzte Mal.

Bergmann hat bisher nichts herausbekommen; Krieger hat auf Anfrage erklärt, er habe nur auf Anweisung gehandelt (natürlich!) und müsse Luther fragen. Ich glaube nicht, daß dieser Weg zu etwas führt. Nun bereite ich einen Brief an Luther vor. Bleibt alles umsonst, so ist meine Tätigkeit für Wagemann erledigt (was bei deren ohnehin sehr vaguen Charakter allenfalls erträglich wäre), aber auch die Arbeit beim MWT läßt sich so auf die Dauer nicht fortführen, was das Ende meiner Berliner Basis bedeuten würde. Vermutlich wäre das den Herrschaften grade das willkommenste Ergebnis. Sie gehen ohnehin und mit unleugbarem Erfolg auf Einschüchtern und Auseinanderscheuchen der Leute aus, die über die

Entwicklung klar sehen und sich überlegen, wie man den bei Sieg *und* Niederlage dieses Systems zum Abgrund rollenden Wagen aufhalten könnte. Große praktische Bedeutung hat dieser Erfolg im übrigen insofern nicht, als sowieso angesichts der sklavischen Gesinnung der Inhaber der militärischen Macht bei diesen „Überlegungen" doch nichts herauskommt. Viel zielstrebiger ist die SS Führung, die auch Erkenntnis der Gefahren und der Unmöglichkeit der Methode hat, dazu aber den erforderlichen Machtwillen. Durch den Tod Heydrichs[55] („dieser Mortimer starb Euch sehr gelegen") ist diese „schwarze" Entwicklung noch einmal aufgehalten worden, aber sie schwelt weiter und ist an sich natürlich ein unheimliches Zeichen der inneren Schwäche des Systems.

Ich erhielt grade in diesem Augenblick zwei Briefe, die ganz wertvoll sind, wenn auch in sehr verschiedener Weise: erstens regte [der Verlag] Bruckmann bei mir eine Hardenberg-Biographie an, ein brauchbarer Gedanke für den Fall eines Aufhörens oder starker Einschränkung meiner Berliner Arbeit, um so mehr, als ich demnächst wohl Gelegenheit habe, einmal < > nach Neuhardenberg zu fahren.

Politisch interessant ist ein Brief, den mir Alfieri zu meinem Aufsatz über die italienische Politik[56] geschrieben hat und in dem er sagt, daß er in der selben Liebe und mit dem tiefen Verständnis für Italien geschrieben sei, der meine Arbeit *immer!* inspiriert habe. Zusammen mit Mussolinis Telegramm[57] ein wichtiges Dokument gegenüber den Lügen von 1937/38, auf das ich (außer Tschammer und Berber) Weizsäcker hingewiesen habe. W. hat sofort „liebenswürdig" geantwortet, daß er diese Korrespondenz den beteiligten Stellen des AA zugeleitet habe. Wem?

Die politische Lage hat sich weiter so entwickelt, daß für alle Menschen, die Deutschland wirklich lieben und erkennen, worum es geht, ein historisch jedenfalls bei uns noch nie dagewesener innerer Konflikt sich immer mehr verschärft: Die Klarheit über die fürchterliche Zerstörung aller wirklichen Werte in Deutschland (und in der Welt) < >.

Die Lage stellt sich heute ungefähr so dar:

Militärische Lage an sich betrachtet gut. Beträchtliche Fortschritte in Südrußland, außerordentliche Verluste an wichtigsten Gebieten für Rußland schon eingetreten und noch zu erwarten. Allerdings halten die Russen in der Mitte und am Drehpunkt zwischen Mitte und Süden, sind auch im Süden einer Vernichtungsschlacht entgangen.[58] In Afrika erstaunliches Versagen der Engländer, desgleichen im Mittelmeer. Zur Zeit haben sie Rommels Vormarsch effektiv zum Stehen gebracht,[59] wenn sie aber nicht mit Erfolg offensiv werden, ist ein weiteres Vordringen der Achse wahrscheinlich.

Schwere englische Luftangriffe auf große deutsche Städte von erheblicher materieller und moralischer Wirkung. Noch Schlimmeres ist zu erwarten. Aber eine wirkliche „2. Front"[60] fehlt und scheint mir auch nicht sehr wahrscheinlich. Schwacher Punkt der Achse Spanien wegen dortiger innerer Lage und zäher englischer (monarchistischer) Arbeit.

U-Bootkrieg sehr erfolgreich. Ob entscheidend, bleibt sehr zweifelhaft. Japaner ziemlich still geworden. Mag sein, daß sie große Schläge vorbereiten. Wirtschaftliche Lage auf beiden Seiten gespannt, auf der andern besonders auch in Rußland auf die Dauer. Bei uns < > sehr kritisch < >, sowohl ernährungs- wie industriemäßig; dazu Menschenmangel. Gefahren durch die vielen ausländischen Arbeiter. Auswirkung auf Durchhaltekraft und Moral nicht abzusehn. [...]

Ein Ende ist nicht abzusehen. Die Gegner *können* jetzt mit Hitler nicht Frieden machen, sondern *müssen* auf Zeit spielen. Italien macht resigniert weiter mit, etwas erleichtert durch die bessere Lage in Afrika und im Mittelmeer, aber voll Grauen wegen der Dauer des Krieges. Der Münchner italienische Generalkonsul Petrucci hält M[ussolini] für stark verbraucht, durch die außerordentliche Anspannung aller Kräfte während seines ganzen Lebens und die jetzige übertriebene Sexualität. Es fiele ihm nichts mehr ein. Er *muß* unsere Linie gehn. Verhältnis Ciano-Ribbentrop ist, wie mir der italienische Botschaftsrat della Porta bestätigte, schlecht. R. wolle C. dauernd belehren und dirigieren, und C. sage bei allen Zwischenfällen, das habe er ja gleich gesagt. Die italienischen Militärs sind wütend über unsere Nichtachtung ihrer Leistungen. In den besetzten Gebieten meist sehr gespannte Verhältnisse dank < > übler Regierungsmethoden. Vor allem in der Tschechei nach Heydrichs Tod fürchterlicher Blutterror.[61] Die zwei rasierten Ortschaften, deren Männer sämtlich erschossen wurden, Frauen deportiert, Kinder in Zwangserziehung, dienen der Feindpropaganda als leuchtende Symbole. Dasselbe ist jetzt mit einer Ortschaft in Norwegen geschehn.[62] Auch in Frankreich zahlreiche innere Spannungen; wiederholt drakonische Maßnahmen. In Polen geschehen nach wie vor grauenhafte Dinge. Mir erzählte vorgestern < > ein absolut zuverlässiger Offizier grauenhafte Dinge, die einem Albdruck verursachen und vor Scham rot werden lassen. Außer der unmittelbaren Fürchterlichkeit bewirken sie einen kaum wieder gut zu machenden Schandfleck für die deutsche Ehre, ferner aber eine moralische Verwüstung bei den eignen Leuten, von denen ein kleiner Teil innerlich gebrochen wird, die Mehrheit völlig verroht, so daß man von ihnen in kritischer Zeit das Schlimmste erwarten kann.

Frank mißbilligt diese Dinge, ist aber machtlos, zumal er selbst genug Dreck am Stecken hat und daher in der Hand der SS ist. Der ihm an die Seite gesetzte, richtiger über ihn gestellte Höhere SS-Führer behandelt ihn als Luft, auf Einladungen antworte er nicht. Die berühmte Hitlerrede gegen das Recht[63] hat F[rank], zusammen mit der (objektiv) berechtigten, aber ohne jedes Verfahren erfolgten Erschießung des Gouverneurs Lasch,[64] einigermaßen aus dem Häuschen gebracht. Er hat sich persönlich von Hitler ermächtigen lassen, eine – von den Münchnern, vor allem den Studenten, mit frenetischem Beifall begrüßte – Rede für die Wahrung des Rechts halten zu lassen.[65] Hitler tut das ganz nach seiner raffinierten Methode des doppelten Geleises, um den Menschen Sand in die Augen zu streuen, was auch gelingt.

Der große Vorstoß, den Himmler gegen Göring und seine Leute wegen der bei ihm besonders lebhaften Korruption unternommen hat, ist vorläufig gescheitert, weil Hitler jetzt keinen Skandal wollte. Daher die groteske Komödie der Verleihung des Fliegerabzeichens an Himmler durch Göring,[66] ein Theater, was doch trotz der Dummheit der Menschen weitgehend durchschaut worden ist.

Beim Militär die alte Leier. Bock ist schon wieder spazieren gehen geschickt.[67] Sie haben es nicht anders verdient.

Starke Zunahme der Brutalisierung der Juden; auch die „Mischlinge" werden immer schlechter behandelt. Der alte Weinberg sitzt mit 81 Jahren im KZ. Immer mehr Leute werden deportiert (in Polen wie gesagt einfach umgebracht). Gräfin Görtz, Schwester des Gesandten Richard Meyer, verhaftet, mit Mühe wieder enthaftet, aber vor der Deportation. < > Besonders übel der Fall Kaufmann. Diesen früheren Gesandten und Offizier des Weltkriegs, einen braven untadeligen Mann, von Hindenburg mit hoher Anerkennung entlassen, Tochter als Frau v. Cramon arisiert, hat die Münchner Gauleitung im gemeinster Weise gemaßregelt, in eine Fabrik gesteckt, vom Tramfahren und Gaststättenbesuch ausgeschlossen, und der Amtsstellenleiter hat ihn schließlich – den Wehrlosen – pöbelhaft und grundlos beleidigt und mit der Faust ins Gesicht geschlagen. Ich bemühe mich mit andern für ihn etwas zu tun; der Erfolg ist sowohl beim AA wie beim Militär zweifelhaft, weil alles grade in der Judenfrage eine „Judenjungen"-Angst hat. [. . .]

Ähnlich geht der Kurs in der Kirchenfrage immer ganz konsequent weiter. In einem besonders krassen Fall erbat Bischof Heckel in den letzten Tagen meine Hilfe. Der evangelische Bischofsvikar Müller in Hermannstadt war vom „Volksgruppenführer" Andreas Schmidt, einem jungen Bengel, als Volksverräter und dergleichen öffentlich beleidigt worden. Da ein Versuch gütlicher Erledigung mißlang, sah M[üller] sich genötigt, ihn zu verklagen. Killinger ließ ihn sich darauf kommen, sagte ihm, daß er ihn vollkommen verstehe, aber er solle doch die Gerichtsverhandlung vor dem rumänischen Tribunal vermeiden; M[üller] erklärte sich bereit, wenn K[illinger] die Sache in Ordnung bringe. K. erklärte sich dazu außerstande, weil Schm[idt] ihm nicht unterstände. Aber er werde M. auf Reichskosten mit Reisegeld und Visum in einem Flugzeug nach Berlin schicken, an Luther eingehend schreiben und dieser werde zusammen mit der Volksdeutschen Mittelstelle die Geschichte befriedigend erledigen; der Generalkonsul in Hermannstadt (Pg. Rodde) werde ihn begleiten. M. erscheint auf dem Flugplatz. Erste Panne: der Generalkonsul entschuldigt sich. In Berlin wird er durch K[illinger] im Adlon untergebracht, geht zu Heckel und meldet sich bei Luther an. Darauf erscheint die Gestapo bei Heckel, erklärt, sie wisse, daß M. bei ihm gewesen sei. Wo er wohne? Erscheint im Adlon und nimmt ihm den Paß fort, den er einige Tage später mit ungültig gemachtem Visum zurückerhält. Von Luther kein Lebenszeichen. Ich habe ihn an Heinburg empfohlen, damit dieser an K[illinger] telefoniert. – Der Adlatus von Frank, Bühler, hat schon recht, wenn er einem hohen Offizier mit Bezug auf die SS sagte: „An diesem Staat im Staate wird die Sache zu Grunde gehn!"

Außenpolitisch ist noch eine heftige Personalkrise in Bulgarien zu erwähnen. Draganoff ist von Berlin abberufen. Er geht nach dem bisher jedenfalls für B[ulgarien] ganz unwichtigen Madrid. Manche glauben, er solle dort die Fäden nach der anderen Seite pflegen. Andere erzählen von großer Korruption, in die er durch Konsul Dimanoff verwickelt worden sei. Ich glaube vorläufig, daß Boris ihn zu selbständig fand. D[raganoff] erklärte mir bleich und erbittert, er ahne nichts über den Grund und werde in Sofia dahinter fassen.[68] Im übrigen erzählte er mir, er habe Weizsäcker gesagt, wir führten den Krieg ja prachtvoll, aber wie wir eigentlich den Frieden machen wollten; er könne nicht sehen, daß wir uns dafür interessierten. W. habe ausweichend gelächelt.

Großes Schlamassel in der Politik in Rußland. Das AA (Schulenburg) hat man jetzt ganz ausgeschaltet, Rosenberg Alleinherrscher. Ein Nordkaukasier, Mussayassul, den ich durch Almuth [Tochter] kennen lernte, war sehr verzweifelt über das Chaos.

Die einzige Reise, die ich gemacht habe, ging nach Wien, zu einer ziemlich überflüssigen Tagung der Südostinstitute. Das Schönste war die Eröffnung im reizend mit Blumen geschmückten Redoutensaal der Hofburg: ein durch eine langweilige Rede von Rust leider unterbrochenes wunderschönes Konzert des Kammerorchesters der Wiener Philharmonie. Alles ist in Wien immer noch etwas leichter und charmevoller als im Norden. – Gute Tasso-Aufführung mit Agathe Tiedemann. [...]

Leider ist Manfred Arnim, mein Patenjunge, gefallen. Mich erschütterte sehr sein Brief mit dem „Nicht umsonst".

In der Mittwochsgesellschaft gute Vorträge von Popitz über Klesel,[69] anschließend an die Aufführung des „Bruderzwists im Hause Habsburg", die ich leider nicht gesehen habe; das gelesene Stück machte mir mehr Eindruck als alle sonstigen Grillparzer; ferner von Sauerbruch über Paracelsus und von Fechter über die Frage der Gestaltung durch den Dichter.[70] Wir erstreben eine Verjüngung der Gesellschaft. Sehr nett als neues Mitglied Baethgen (mittelalterliche Geschichte), früher in meiner Staatspolitischen Arbeitsgemeinschaft. Ich bin traurig über den Tod des famosen Lietzmann, der tiefen christlichen Ernst mit edler klassischer Heiterkeit ideal verband.

Mit Ilse am 5. 6. auf 2 1/2 Tage nach Warnitz. Der 80jährige Osten großartig. [...] Hocherfreuliche Bekanntschaft mit dem jungen H. Stackelberg, Professor der Nationalökonomie in Bonn, klug, frisch, klar, weltoffen.[71]

Frühstücke während Ilses Aufenthalt mit Diels (klug, schwer durchsichtig, glühend ehrgeizig, sicher skrupellos), wozu zufällig der lange, aus Südamerika zurückgekehrte Klee kam, der in Deutschland Mund und Nase aufsperrte; dann mit [. . .] dem slowakischen Gesandten Černák (sowie Dietrich), einem früheren Lehrer, der einen recht intelligenten slawischen Eindruck macht. Das letztere tut auch der kroatische Gesandte Budak, den ich einmal mit Dietrich zum Frühstück hatte, dann mit Ilse zum Tee. Ein rabiater kroatischer Nationalist, der kein Hehl daraus macht, an der Ermordung König Alexanders indirekt beteiligt gewesen zu sein. Von den Italienern meinte er, sie seien ihnen ohne Frage für das Exil und alle Hilfe dankbar, wollten sie aber keinesfalls als Oberherrn haben oder ihnen kroatisches Gebiet überlassen.

Am 10. Juni ein erfreuliches Essen mit Ilse beim schwedischen Gesandten Richert, zu Ehren Sven Hedins. Ilse saß neben Sven Hedin, der offenbar sehr angetan von ihr war.[72] Er ist etwas alt geworden und mir nur begrenzt sympathisch. Sein Reisezweck war kindlicher Weise der: gegen die Greuel in Norwegen etwas zu unternehmen, mit Rücksicht auf die öffentliche Meinung in Schweden.

Nette Unterhaltung mit Tschammers. Er paßt zu den jetzigen Herrn wie die Faust aufs Auge, ist freilich kein Genie. Neue erfreuliche Bekanntschaften: Waldersees und die Bildhauerin Dagmar Dohna. Ilse und ich besuchten mit der Gräfin W. die Künstlerinnenausstellung im Schloß Schönhausen. Das Beste daran das reizende Schloß mit dem grünen alten Park und seiner fabelhaften Allee. In der Ausstellung mit am besten die Porträts von Dagmar Dohna, auch ein Torso von der kleinen Schulenburg.

Gelegentlich bei dem guten Brauchitsch. Wenig Erbauliches über den passiven Herrn Generalfeldmarschall, dem Ley ein Auto versprochen hatte, das B. nun nach seiner Demission bisher vergeblich und ohne Schamgefühl reklamierte.

[. . .]

Professor Höhn, der wissenschaftliche Berater Himmlers, bat mich am 29. 6. auf Veranlassung Jessens zu sich, wegen der Frage einer Honorarprofessur für mich. Er behauptete, sich vergewissert zu haben, daß die Partei einverstanden sei. Ich habe ihm ein Exposé über meine Ideen und meine Schriften gegeben. Mir ist nicht ganz sicher, ob er die Sache ernsthaft aufnimmt.

Vom 11. bis 13. 7. mit Ilse, die dort blieb, in Ebenhausen. Wir besuchten morgens nach Ankunft Frau Bruckmann (bei der uns die arme Frau v. Kaufmann unterbrach). Sie erzählte allerhand aus Hitlers erster Zeit, zum Beispiel über Goebbels, der ihm empfohlen wurde, an den er aber nicht heranwollte, bis er sich schließlich bewegen ließ. Nachher gab es einen großen Krach, und Hitler wollte ihn hinaustun, worauf G. sich ihm winselnd in unwürdigster Weise zu Füßen warf. Aktueller war, was sie von Hitlers letztem Besuch berichtete. Interessant ist zunächst, daß er in diesem Frühjahr in ihr Buch geschrieben hat: „Nach dem schwersten Winter meines Lebens am Beginn eines neuen großen Jahres" — also wesentlich gedämpfter als 1941, wo es hieß: „Im Jahr der Vollendung des Sieges". Als Satyrspiel hat damals Heß, im Anschluß an ein Gespräch über Fliegerei, am Nachmittag des gleichen Tages daruntergeschrieben: „Die Zeit der Abenteuer ist noch nicht vorüber".

Am erschütterndsten ist aber das Aktuelle [in Hitlers Äußerungen]: erstens über den Krieg im Osten: „sehr vergnügt und optimistisch." Man werde an geeigneter Stelle einen großen Ostwall bauen und dann nach anderen Richtungen frei sein. Das mit so viel Blut eroberte Land könne man nicht wieder herausgeben, sondern müsse es unter deutsche Hand bringen. Dann hat er ausgeführt, unter unsern Bundesgenossen seien besonders tapfer die Finnländer, vor allem aber natürlich die Japaner, die eben aus einer Weltanschauung kämpften. Das täten übrigens auch die Bolschewiken. Am tapfersten seien aber doch die Deutschen, unter ihnen wieder die SS, weil sie nicht wie die übrigen die christlichen Hemmungen hätten. In Zukunft werde er dafür sorgen, daß diese bei allen Deutschen fortfielen.

Gute Witze:

Ein Mann in der Tram: Nischt zu fressen, nischt zu rauchen, nischt zu saufen — Heil Hitler! Da er das wiederholt, wird der Schaffner aufmerksam und fordert ihn zum Schweigen auf, sonst würde er ihn feststellen lassen. Da er dabei bleibt, läßt der Schaffner halten und ruft einen Schupo. „Was haben Sie gesagt?" „Nischt!" Er fragt einen nach dem andern der Mitfahrer. Der erste: „Ich habe geschlafen!", der zweite: „Ich habe Zeitung gelesen". Der dritte: „Ich habe mich unterhalten". Der vierte: „Ich bin übermüdet und höre nichts". Der Schupo zieht ab, die Tram fährt weiter. Der Mann sagt: „Nischt zu fressen, nischt zu saufen, nischt zu rauchen, aber Volksgemeinschaft prima."

[Ebenhausen], 4. 8. 42.

Gestern mit Uexküll bei Kurt Schmitt, um ihn für Kaufmann zu interessieren. Leider vergeblich. Er hatte sich schon für andere Fälle beim [Münchner] Polizeipräsidenten v. Eberstein verwendet, der erklärt hatte, er rühre keinen Finger mehr, denn erstens könne er nichts machen und zweitens würfe man ihm schon zu große Langsamkeit bei dem edelen Werke vor, die Hauptstadt der Bewegung auf Befehl des Führers judenrein zu machen. Schmitt erzählte selbst tolle Fälle, die ihm schon den Schlaf geraubt hätten. Zum Beispiel habe man die Witwe seines im ersten Weltkriege gefallenen Kompagniechefs im Leibregiment deportiert! Vermutlich würden alle diese Leute umgebracht, denn man höre nie wieder von ihnen. Zwei ehrenwerte alte Damen, die auch deportiert werden sollten, hätten ihn weinend um Gift gebeten. Es ist eine bodenlose Schweinerei.

Zum neuen Gauleiter könne er [Schmitt] nicht gehn, denn er habe ihm eben erst einen Besuch gemacht und sei mit ihm in starke Meinungsverschiedenheiten geraten, weil dieser Mann ohne die geringste Kenntnis von wirtschaftlichen Dingen kaltlächelnd erklärt hätte, Banken und Versicherung müßten verstaatlicht werden.

Ebenhausen, 28. 8. 42.
Als ich vor zehn Tagen nach Berlin zurückkehrte, fand ich besonders bei Militärs, Offiziösen und Spießern eine wahre Welle des Optimismus vor: Siege in Rußland, U-Booterfolge usw. würden den Frieden bringen; außerdem sei die Ernährungslage erstaunlich gebessert. [...]

Stimmung am Rheinbaben-Tisch, Dienstag, den 18., abends bei den guten Wolffs in Dahlem (das heißt bei *ihm*), am Beuth-Tisch am 19. und Mitropatisch am 20. sehr gehoben. Ganz anders Auffassung am 19. abends bei Sauerbruch, mit P[opitz], Pl[anck], Ol[bricht], B[eck]. Alle Siege wirkten nur kriegsverlängernd, weil die andere Seite nur um so unausweichlicher gezwungen sei, auf Zeit zu spielen, das heißt auf die wachsende technische Überlegenheit vor allem in der Luft. Man schätzt die Bauverhältnisse etwa so: wir monatlich etwa 1 500 Flugzeuge, die Engländer 1 300, die Russen 1 000, die Amerikaner 4 000. Ich selbst sehe die Chancen nach wie vor als für die Gegner günstiger an als für uns. Heute fuhr ich mit Dohna[nyi] hierher. Er ist der gleichen Ansicht. Vor allem ist kein Ende abzusehen. Nur irgendein nicht vorauszusehender Zufall könne dieser fürchterlichen allgemeinen Zerstörung ein Ziel setzen. Als solcher käme ein Umschwung in Italien in Frage; akut sei zwar keine solche < > zu erkennen < > sei aber immanent.

Charakteristisch eine Äußerung Volpis [ehemaliger italienischer Minister]: „*Wir* werden auf alle Fälle am Tische der Sieger sitzen." [...]

In meiner Visumsache Schweigen im Walde. Jessen war bei mir und will etwas unternehmen, wenn die anderen Schritte keinen Erfolg haben. Ich verzeichnete wohl, daß ich Frau Bruckmann einen Brief, bestimmt für den Gruppenführer Wolff geschrieben habe. — Jessen beurteilt die Lage im Osten nach wie vor als unabsehbar. Sehr schwere Angriffe in der Mitte.

Wichtige Ereignisse der letzten Zeit: Neuer Justizminister.[73] Drei Fliegerunglücke; Kriegserklärung Brasiliens [28. 8.], faule Haltung Serrano Suñers.

Der Erlaß, durch den Frank abgesägt, das heißt vorläufig auf seinen (schon ausgehöhlten) Generalgouverneurs-Posten beschränkt wird, stellt alle bisherige proklamierte Gesetz- und Rechtlosigkeit in Schatten, indem er als „Rechtswahrer" den bisherigen Präsidenten des Revolutionstribunals mit der ausdrücklichen Ermächtigung (sprich: Aufgabe) bestellt,[74] vom bestehenden Recht abzuweichen. Der Jurist, der sich nicht schämt, diese Selbstkastrierung der Justiz zu vollziehen, wird mir von einem ihn genau kennenden früheren Mitarbeiter als eine Mischung von Dummheit und Hinterhältigkeit bezeichnet. Die drei Fliegertode von besonderer Bedeutung innerhalb weniger Tage sind der Herzog von Kent, was mir der schönen Marina wegen leid tut [25. 8.]. Ferner Horthy II, dessen Verschwinden in Ungarn politisch eine interessante Lage schafft, indem nun der Ausweg der Horthy-Dynastie aus dem innerpolitischen Wirrsal nicht mehr gangbar bleibt. Der dritte Fall ist der Tod des famosen Gablenz [22. 8.]. Es ist für unsere Verhältnisse typisch, daß der Tod eines solchen Mannes, der etwas leistete und eine feste, kritische eigne Überzeugung hatte, sofort Anlaß zum Gemunkel gibt, er sei ermordet worden.

Die Kriegserklärung Brasiliens ist in diesem Augenblick großer deutscher Erfolge moralisch interessant und eindrucksvoll, zugleich aber von einer in unserer Presse krampfhaft geleugneten erheblichen militärischen Bedeutung für den Kampf gegen die U-Boote im westlichen Atlantik und für alle nach Afrika zielenden amerikanischen Pläne.[75] Portugal hat sofort seine brüderliche Sympathie für B[rasilien] laut und doppelt unterstrichen und uns, aber leise, erklärt, das habe nichts zu sagen, worüber man, wie mir Teddy [Kessel] erzählte, im AA sehr zufrieden ist. Ich finde das recht bescheiden, um so mehr, als die portugiesisch-spanische Solidarität sehr ausgesprochen ist und Serrano Suñer sich immer mehr als unsicherer Kantonist für uns entpuppt. Er macht in „lateinischer Solidarität". In Spanien brodelt es überhaupt.

Auch in der Türkei hat die scharf neutrale Richtung wieder mehr Boden gewonnen.

Die Engländer leisten nach wie vor herzlich wenig. Auch die Probe von Dieppe, die natürlich keineswegs eine mißglückte Invasion war,[76] wie man hierzulande glauben machen möchte, ist nach Ansicht von Wolf Tirpitz schlecht gemacht worden.

Das einzige Reale sind die immer übleren Luftangriffe auf deutsche Städte. Aktiver als anfangs sind die Amerikaner im fernen Osten. Die Japaner haben mit ihnen wachsende Schwierigkeiten.
[. . .]

Berlin, 4. 9. 42.
Zunehmender Pessimismus für ein Kriegsende. Sehr schwere Kämpfe in Rußland, bedenkliche Auspumpung der Mannschaften und Anspannung der Mannschaftsbestände. In Afrika bisher vergebliche Versuche, die Offensive wieder aufzunehmen. Rommel vorläufig ausgeschieden (krank oder verwundet).[77] Er hat Guderian als Nachfolger vorgeschlagen, was bei H[itler] einen Wutausbruch hervorrief. Das groteske Zinnsoldatenspiel mit Generälen ist durch einen neuen Fall bereichert: Stumme, Kommandierender General eines Panzerkorps, zu 5 Jahren Festung verurteilt, weil ein Generalstabsoffizier einer seiner Divisionen mit Aufmarschplänen den Russen in die Hände gefallen ist, sofort begnadigt (wobei Göring

ihm zugleich ein neues Kommando in Aussicht stellte), wird als Vertreter Rommels nach Afrika geschickt. Eine unpreußische Farce. Sie läuft der katastrophalen Entwicklung der Justiz parallel. Der neue Herr, Thierack, hat eine tolle Rede gehalten:[78] lieber 9 unschuldig bestrafen als einen Schuldigen entkommen lassen. (Jemand sagte mit Witz: Es ist heute wirklich ein Risiko, unschuldig zu sein). Interessant ist, daß er für angemessen gehalten hat, auf einen „9. November 18" anzuspielen, den er helfen werde, unter allen Umständen zu vermeiden.

In den besetzten Gebieten üble Zustände, an der Spitze steht augenblicklich das völlig autoritätslose chaotische Kroatien. Elsässer und Luxemburger werden ausgehoben, und es scheint, daß man auch in Holland so etwas plant.

[. . .]

In Berlin besuchte mich Pfaff [Goerdeler]. Er geht in Wirtschaftsfragen an die Front (Mitte) mit sehr schlagendem Material, aber wenig Aussicht auf Erfolg. Erzählte von einer tollen burschikosen Rede von Göring an die Gauleiter: wir wollten nicht hungern, die Leute in den besetzten Ländern möchten ruhig Kosakensättel fressen usw.[78a] Wir erörterten die außenpolitische Lage. Es ist noch nicht ganz klar, was große Veränderungen im japanischen Außenministerium, besonders der Rücktritt Togos, bedeuten.[79] Er galt als Mann eher des Friedens. Sieg der Militärpartei? Angeblich soll Oshima in Moskau gewesen und auf Sonderfrieden gedrängt haben, widrigenfalls Japan Wladiwostok usw. angreifen werde. Gedanke liegt nahe. Aber die dabei genannten „milden" Bedingungen (Ukraine und Kaukasus unter deutscher Oberhoheit, Mithilfe Deutschlands, um Rußland am Persischen Golf den Ausgang ans Meer zu verschaffen) klingen fantastisch und jedenfalls für Rußland unannehmbar.[80]

In Spanien politische Krise, die mit dem Hinauswurf des einzigen Kopfes im Kabinett, Serrano Suñer, geendet hat, wohl weil er die „lateinische" Linie gehen wollte, vielleicht auch die monarchische.[81] Vorgestern bei Nordmann [Jessen]. Er war etwas optimistischer bezüglich Möglichkeit einer Änderung, mir nicht überzeugend. Es scheint, daß Himmler schwer besorgt ist und wieder mit dem Gedanken spielt, ob *er* vielleicht Frieden bekommen könnte. Als Kandidat für die Nachfolge Heydrichs wird ein gemäßigter Mann, Stuckart, genannt, freilich auch Schellenberg.[82] [. . .]

Ebenhausen, 13. 9. 42.[83]

Immer tieferer Barometerstand in Berlin. Alles verzweifelt an einigermaßen absehbarem Kriegsende.

Lange Gespräche mit Geißler [Popitz] und Nordmann [Jessen]. Es wird immer klarer, wie richtig es war, den Josephs [Generalen] zu sagen, daß eine Systemänderung zur Zeit eines „furchtbar" und siegreich dastehenden Deutschland erfolgen müsse. *Jetzt* ist schon höchst zweifelhaft, ob die andere Seite überhaupt noch geneigt ist, auch einem neuen Deutschland einen annehmbaren Frieden zu geben. Ich persönlich glaube es immer noch, aber garantieren kann man es wahrhaftig nicht. Die einzige Chance sehe ich in einer Preisgabe Japans. Einerseits hat der Kriegseintritt Japans bewirkt, daß die USA den Krieg als eigenen führen und alle Kraft an ihn setzen. Andererseits ist vielleicht die Aussicht für die Angelsachsen, durch Verständigung mit uns die Möglichkeit zu gewinnen, Japan zu schlagen, ein Lockmittel.

Bei einem Systemwechsel muß man heute üble Folgen an der Peripherie (Südosten) und vielleicht sogar ein Abspringen Italiens befürchten. Im Gegensatz zu Geißler [Popitz] und anderen bin ich der Ansicht, daß man jedenfalls *alles* tun muß, um letzteres zu vermeiden. Äußerstenfalls müßte man Verständigung mit Frankreich auf Kosten Italiens androhen. < > Alle üblen Aussichten *dürfen* nicht daran hindern, auf die Änderung eines Systems loszugehen, das uns *innerlich* täglich mehr ruiniert und im übrigen für das Kriegsende *noch* üblere Chancen bedeutet.

Ebenhausen, 26. 9. 42.[84]
Weiterer erheblicher Barometersturz. Stalingrad fängt an, eine Rolle wie Verdun zu spielen.[85] Die Aussicht auf einen neuen Winterfeldzug mit zwar stark angeschlagenen und mit großen Schwierigkeiten kämpfenden, aber ungebrochenen Gegner[n] wird immer positiver. Dazu zunehmende Schwere der Luftangriffe. (Jetzt auch München! All unser Hab und Gut auf dem Speicher um ein Haar vernichtet). Dazu große Verluste in Rußland. Dieter [Sohn] schreibt am 16. [September] sehr ernst. Die Kurve seiner Briefe vom 9. 8. über den 31. 8. zum 16. 9. ist erschreckend.

Meine große Sorge ist immer, daß bedenkliche Störungen an der Peripherie anfangen. Der finnische Gesandte Prokopé in Washington, bei dem man abziehen kann, daß er immer „westlich" eingestellt war und außerdem von der dortigen Psychologie erfaßt ist, hat sehr ketzerische Äußerungen getan. Bezeichnend vor allem, daß er sich darauf berufen hat, in Finnland gebe es keine Judenverfolgungen.[86] Am bedenklichsten ist, daß Japan erklärt hat, es brauche einen großen Zuschuß Eisen, sonst könne es keine größeren Unternehmungen machen.[87] In Spanien nimmt die Strömung gegen uns auch stark zu. Auch das Stimmungsbild aus Griechenland (siehe meine Aufzeichnung)[88] gehört hierher. Mein Laubfrosch Sch[mitt, ehem. Minister], mit dem ich gestern bei Üxkülls mit Vicco Bülow und K. L. Guttenberg zu Abend aß, tat Äußerungen, die aus seinem früher so braven und optimistischen Munde nicht nur seine Labilität, sondern vor allem den Absturz in der ö[ffentlichen] Meinung beweisen. Er erzählte, daß in München nach dem Luftangriff Hitlerbilder unter Verwünschungen auf die Straße geworfen worden seien. Ilse, die mich heute abholte, meinte aber, daß doch auch sehr auf die Feinde geschimpft würde. Vicco B[ülow] erzählte aus dem Westen von anerkennenswerter Durchhaltestimmung grade in den schwer betroffenen Städten. Aber im Ganzen ist doch der Niedergang unzweifelhaft. Freilich, von dieser „Volksstimmung" als solcher ist gar nichts zu hoffen.

Wir sind eben die sonderbarste Mischung von Helden und Sklaven. Das letztere bezieht sich vor allem auf die Generale, die es in gradezu bewundernswerter Weise fertig gebracht haben, ihre Autorität vor allem Hitler gegenüber auf Null zu reduzieren. Nach den Mißerfolgen im Osten hat er wieder wie ein Wilder getobt, denn wenn es schief geht, führte nicht der „genialste Feldherr aller Zeiten", sondern die Generale. S[auerbruch], der ihn neulich sah, fand ihn alt und zusammengesunken; er habe im Gespräch zusammenhanglos merkwürdige Dinge dazwischen gemurmelt („Ich muß nach Indien gehen" oder „Für einen getöteten Deutschen müssen zehn Feinde sterben").

S[auerbruch] meinte, er sei jetzt unzweifelhaft verrückt. Nach Bock [15. 7.] hat er auch List [12. 9.] und Ruoff [Juli] als Heeresgruppenbefehlshaber, ferner mehrere Kommandierende Generale, darunter den klugen Wietersheim,[89] und schließlich auch Halder [24. 9.] hinausbefördert. An dessen Stelle soll Zeitzler, Chef des Stabes bei Rundstedt, treten, nach allen Nachrichten ein sehr unerfreulicher Knabe.[90] Das „Staatsoberhaupt" führt jetzt die Heeresgruppe Süd persönlich. Am tollsten ist er mit Keitel umgesprungen, diesem Mann, der durch seine Servilität die schwerste Schuld auf sich geladen hat. Keitel hat neulich schon auf die Frage nach der Lage gesagt: „Ich weiß nichts, mir sagt er nichts, er sch... mich nur noch an." Nun hat er ihn mit einer wilden Explosion (ungefähr zum 60. Geburtstag) vor die Tür gesetzt, ihn dann aber einige Tage später wieder geholt.[91] — Geißler [Popitz] war bei K.-N. [Küchler, Heeresgruppe Nord], Pfaff [Goerdeler] bei diesem und vor allem K.-M. [Kluge, Heeresgruppe Mitte]. Sie fanden volles Verständnis und Bereitwilligkeit, sich endlich untereinander in Verbindung zu setzen. Aber kann das jetzt noch nützen? Außerdem, wer weiß, ob sie nicht fliegen. Wir trafen uns einige Tage später, dazu P[lanck]. Stimmung so ernst wie noch nie, fast hoffnungslos. Ich ging mit Geißler [Popitz] noch zu Geibel [Beck], der uns beiden reichlich wenig Tatenmensch schien. Geißler [Popitz] bestätigte fürchterliche Sachen aus dem Osten, vor allem das brutalste Umbringen vieler Tausende von Juden. Ein Schweizer Anwalt, der durch Bestechung einige holländische Juden gerettet hat, sagte einem Bekannten: „Ihr Deutschen seid doch so große Organisatoren. Warum schafft ihr bei euren Transportnöten so viel Tausende erst nach dem Osten, statt sie gleich im Westen umzubringen?" Dieser Mann kehrt mit recht erhebenden Eindrücken nach der Schweiz zurück, er wird sie nicht geheimhalten!!

Die Regierung Pétain-Laval kompromittiert sich jetzt auch auf diesem Gebiet immer schwerer.[92] Die Spannung in Frankreich steigert sich täglich.

Wilde Gerüchte über Himmler, der tot oder halbtot sei. Man tritt ihnen durch Veröffentlichen von Bildern entgegen.

Mein Visum ist wieder in der gleichen Form verweigert worden. Es spricht immer mehr dafür, daß der täglich nervöser werdende Ribbentrop dahinter steckt, und daß man diesmal den SD gar nicht erst gefragt hat. Der Neffe Br[auchitschs, Hans Bernd v. Haeften] warnte trotzdem sehr vor jeder Tätigkeit. Bartholomäusnacht sei bei krisenhafter Entwicklung wahrscheinlich. Burger [Guttenberg] erzählte Grauenhaftes über die Behandlung von Halem.[93]

Ich hielt am 15. [9.] in der Deutsch-Italienischen Gesellschaft in Leipzig einen gut besuchten Vortrag über „Cavour und Bismarck". Viel Jugend, die zum Teil eifrig mitschrieb. Präsident ist der Oberbürgermeister Freyberg (SD-Mann, alter Kämpfer, früher anhaltischer „Ministerpräsident", lächerlich), der mir nicht schlecht gefiel. Ein Kerl jedenfalls. Gab mir glänzendes kleines Frühstück im Ratskeller, mit fabelhaften Weinen. Ich schlief im Hotel wie eine Mauer, nahm ein heißes Bad und war dann sehr auf der Höhe. Es belustigte mich, daß ein Fliegergeneral, der bei Tisch neben mir saß, schmunzelnd auf meine Anspielungen auf die Gegenwart „anspielte". Ich trank auf sein Wohl und sagte, hoffentlich habe er als einziger das so aufgefaßt. Ähnlich erzählte mir der Berliner Redakteur der Frankfurter [Zeitung], er hätte einen Artikel über meinen Aufsatz über Südosteuropa (Die Knochen des pommerschen Musketiers)[94] hauptsächlich geschrieben, um einige Sätze von mir zitieren zu können, denn die Zeitung selbst dürfe so etwas nicht sagen.

Ich habe mit Wagemann über Möglichkeiten gesprochen, mich in sein Institut *ohne* Auslandsreisen einzubauen.

Berlin, 4. 10. 42.

Unerhört leere, etwas stockerige Rede [Hitlers], moralisches Niveau niedrig, wenn auch manchmal schon noch niedriger, ästhetisch dagegen so tiefstehend wie vielleicht noch nie. Gassenjungenton gegen den Feind. Sachlich interessant der gedämpfte Ton, Ansprüche offensichtlich stark zurückgesteckt.[95]

Die Gärung an der Peripherie nimmt weiter zu und bei unserer Zentrale die Überreiztheit. Großer Krach mit Dänemark, weil, man sollte es nicht glauben, der König von Dänemark nicht genügend höflich auf ein Glückwunschtelegramm Hitlers zum Geburtstage geantwortet habe. Der arme Scavenius von Ribbentrop (durch Renthe Fink) richtig „angesch...", beide Gesandte ab nach Hause, Drohungen, ziemlich würdeloses Einknicken der Dänen, die einen Gauleiter fürchten, wollen sogar den Kronprinzen als Sühneprinzen schicken.[96]

[...]

Gestern Frühstück beim rumänischen Gesandten Bossy, sehr nette Leute. Bossy setzte sich sofort nach Tisch zu mir und ließ seine Sorgen explodieren. Es könne doch unmöglich so weitergehn. Sachlich sinnloser Krieg nur um des Prestiges und der Regime willen. Ob ich denn keine Möglichkeit sehe, daß irgendwoher eine Friedensinitiative komme. Ich mußte leider verneinen. Nachher fuhr uns der italienische Botschaftsrat della Porta (mit Frau) nach Hause, hielt vor unserer Wohnung an und ließ genau wie Bossy, das heißt noch schärfer in offenbar größter Sorge seinen pessimistischen Betrachtungen freien Lauf. Ein ungeheures Unheil könne *nur* durch deutsche Initiative abgewendet werden. Keine Partei könne die andere völlig niederringen, aber eine endlose sinnlose Zerstörung liege vor uns, wenn wir nicht zum Frieden kämen. Das Richtige sei: eine von Taten begleitete deutsche Geste in Bezug auf die besetzten Gebiete und ihre Zukunft. Er meinte, die Führerrede sei ein Hoffnungsstrahl, weil sie nicht mehr von einem neugeordneten Europa unter deutscher Vorherrschaft und solchen unmöglichen Dingen spreche. Ich sagte ihm, *wenn* das so sei, müsse zunächst einmal ein wenn auch ganz kleines Echo von der andern Seite kommen, dann könne man weitersehn. Meine Frage, ob Myron Taylor in Rom mit Italien Fühlung genommen hätte,[97] verneinte er (natürlich) absolut. Im Gegenteil, er habe dem Papst zum Ausdruck gebracht, daß man jetzt die Sache unerbittlich durchkämpfen müsse. Ich möchte aber doch wissen, ob nicht in Rom von der einen oder andern Seite versucht worden ist, Fäden anzuspinnen. Die ganze Stimmung della Porta[s] machte einen höchst bedenklichen Eindruck.

Am 1. 10. abends mit Geibel [Beck] bei E[tta] W[aldersee], deren Mann vorübergehend da war. G[eibel=Beck] gänzlich pessimistisch in militärischer Hinsicht. Die Generäle werden inzwischen weiter im Halbdutzend heimgeschickt (es scheint auch Kluge und Küchler).[98]

In Ebenhausen am letzten Wochenende Gogo [Nostitz] bei mir, mit eindringlichen, sicher gut gemeinten Mahnungen zur Vorsicht. Aber der ganze Kreis um W[eizsäcker] zeigt auf die Dauer immer mehr, daß er im Grunde schwach und beeindruckbar ist. Etwas, das nach Handeln schmeckt, ist von dort nie zu erwarten.

[. . .]

Berlin, 10. 10. 42.
Die letzte Rede [Hitlers am 30. 9.][99] ist im Auslande allgemein als Schwächezeichen und offenbarer Rückzug ausgelegt worden. Trotz des großsprecherischen Tons gilt das auch von Görings Rede, die aber — im Gegensatz zu Hitlers — nach innen einen unbestreitbaren Erfolg erzielt hat, freilich mit niedrigen demagogischen Mitteln, einen Erfolg für die Kriegsstimmung und einen Erfolg für seine eigne, zur Zeit fast unangreifbar gewordene Position. Seine schwarzen Gegner sind ins Mauseloch gescheucht; aber um so mehr knirschen sie und sinnen auf Rache. Da sie über den Kriegsausgang nach wie vor real, das heißt sehr skeptisch denken, folgern sie daraus die Notwendigkeit zu überlegen, wie ein Ausweg

zu finden ist. (Dagegen hat Göring im Vollbesitz aller Daten über das dreifach überlegene Rüstungspotential der Gegner die Augen absichtlich verschlossen).

Vor einigen Tagen bei Nordmann [Jessen], der 100 % pessimistisch und reichlich negativ war. Besprechung dieser Lage mit Geißler [Popitz] und Walcher [Langbehn]. Plan, K. [?] herzuholen und zu Walchers Freund [Himmler] zu bringen. Das ganze Verfahren ist ein Verzweiflungsschritt.[100] — Walcher berichtete über seine Gespräche vor allem mit den Leuten in Sachen Hausmann [Hassell]. Danach behaupten sie ganz fest, sich positiv eingestellt zu haben; sie wollen sogar „oben" gradezu einen befürwortenden Schritt gemacht haben, aber angesichts der Stimmung Inges [Hitlers] gegen Hausmann [Hassell] vergeblich.[101] Das Hindernis liegt danach im AA selbst, das heißt bei Ribbentrop, vielleicht auch noch bei andern (vgl. den Fall Freibe). Geißler [Popitz] war wegen der Walcher-Idee bei meinem Freund, der mich so reizend anfuhr [Weizsäcker]. Er hat die Gelegenheit benutzt, den Fall H[assell] vorzutragen (siehe Aufzeichnung).[102] Wichtig ist das Verhalten Kepplers, weil es zeigt, daß der MWT selbst Stein des Anstoßes ist. — Besprechung bei Zastrow wegen der Auslandskirchen vorgestern Abend. Ich kam von dem ganz erschütternden Begräbnis unseres lieben „Onkel Oskar" [v. d. Osten-Warnitz]. Man hatte das Gefühl, Deutschland, das heißt alles Gute, was sich mit diesem Namen verbindet, werde begraben. Fabelhaft großzügige, tiefgründige, ergreifende Rede des kleinen Dorfpfarrers Rech. [. . .]

2. 11. 42.

Das politische Niveau unseres hohen Herrn sinkt — kaum zu glauben — noch weiter herab. Die Propagandamaschine ist so abgebraucht und die Lage so bedenklich, daß man zu den niedrigsten Mitteln greift. So die letzte, meines Erachtens unwirksame Rede Goebbels'. („Früher kämpfte man *nur* für Ideale, zum Beispiel Sozialismus oder Nationalsozialismus" (!), Abendmahl in einfacher oder mehrfacher (!) Gestalt, jetzt ums tägliche Brot. Oder: Schimpfen ist der Stuhlgang der Seele.)[103]

Lage: Im Osten weiter im wesentlichen Stillstand. Aber Hitler hat den Gauleitern fröhlich gesagt, im Sommer 43 werde er Moskau und Kaukasus nehmen, die Russen so erledigen und den Frieden diktieren.[104] — Unterseebootkrieg ganz erfolgreich, sehr übel für die Gegner, aber nicht entscheidend.[105] — In Nordafrika schwerste Kämpfe,[106] ein — bisher nicht eingetretener — Erfolg der Engländer könnte von sehr weittragender Bedeutung sein. Innere Lage ziemlich unverändert. Aufschlußreiche Gespräche mit Sohnis Vetter und Hohl (junger Hauptmann). Klare Erkenntnis bei diesen jungen Leuten, Verzweiflung über die Generale. — Schmundt als neuer Personalchef geht eindeutig auf Zerstörung aller Tradition der alten Armee aus. Diese Tendenzen zusammen mit immer bedenklicher werdendem Offiziermangel bewirkten den Erlaß, der alle Vorbildungsvoraussetzungen für Offiziere aufhebt.[107]

Interessante Berichte von Rieth (Rheinbaben-Tisch) [Generalkonsul in Tanger] über den internationalen Kampf in Marokko und über die labile Lage in Spanien, sowie die latenten Gegensätze zwischen Frankreich und Spanien, welch letzteres Teile von Französisch-Marokko haben will und bei einem angloamerikanischen Einmarsch in Nordafrika[108] ebenfalls „marschieren" würde, aber nicht, um gegen diese zu kämpfen, sondern um sich jene Gebiete zu sichern. Der griechische Staatssekretär Patitsas kam aus Italien zurück (siehe Aufzeichnung) [unten auszugsweise abgedruckt], erfüllt von der Stimmung gegen Deutschland, gegen den Krieg und gegen Mussolini.[109] Das scheint man auch bei uns zu merken und hat angeordnet, daß Italien in letzter Zeit jeden Tag in der Presse usw. Bonbons bekam. Es war wie üblich sehr plump gemacht. Bemerkenswert, daß della Porta, der sich neulich so offen mir gegenüber aussprach, Knall und Fall abberufen worden ist. Der (Dolmetscher-)Gesandte Schmidt erzählte mir, es sei wegen „unangebrachten Lebensstils" geschehen, aber auch wegen Konflikten mit Alfieri. [. . .]

Am 19. 10. sprach ich in Stuttgart, Ilse, die alle eroberte, dabei. Wir wurden von dem sehr braven [Oberbürgermeister] Strölin und allen anderen sehr liebenswürdig aufgenommen. Der stellvertretende Kommandierende General Oßwald, der einen unbedeutenden Eindruck macht, erleichterte — zu meiner Erleichterung — Ilse die Reise am nächsten Morgen nach München (ich fuhr nachts nach Berlin zurück). Das Publikum war gut zusammengesetzt und aufmerksam. Nachmittags Slowakei-Ausstellung und Tee bei der guten Frau v. Dorrer. Stuttgart ist eine wirklich sympathische Großstadt, alt und neu, Natur und Menschenwerk, organisch zusammengewachsen. — Vorher mit Ilse zur Dante-Gesellschaft in Weimar. Leider ist diese Stadt durch das dauernde Parteigetümmel [. . .] sehr beeinträchtigt. Auch wird es immer unmöglicher, so etwas wie eine Dante-Tagung einigermaßen nett zu organisieren — Essen, Wohnen, Versammlungsräume. Trotzdem war es wieder eine erfreuliche Oase in dieser wüsten Zeit. [. . .] Man atmet da auf. Vorträge zum Teil interessant, aber technisch schlecht. Diese deutschen Professoren können Schreiben und Sprechen nicht unterscheiden. Frisch und wirksam Falkenhausen. In der sogenannten Mitgliederversammlung [. . .] ganz bemerkenswerte Ausführungen von Gertrud Bäumer über ihren neuen Dante-Roman.[110] Sie verteidigte grundsätzlich den historischen Roman mit der Möglichkeit, nur auf diese Weise plastisch Milieu zu schildern. Das mag stimmen, wenn erstens der Verfasser ein wirklicher Meister ist und zweitens sehr gewissenhaft die Quellen studiert. Erstens ist vielleicht bei ihr der Fall, wenn sie auch natürlich ein Blaustrumpf bleibt, letzteres schien Ilse und mir in der Einzelunterhaltung nur begrenzt gegeben zu sein. Am meisten Spaß machte mir ein junger Ingenieur, zur Zeit Offizier, Deutschrusse, v. Holbach, der zum ersten Male da war und lebhaft, frisch und kurz erklärte, was ihn zur Dante-Gesellschaft geführt habe, nämlich die Tatsache, daß die moderne Naturwissenschaft, die das ganze stolze 19. Jahrhundert mit seinen angeblich endgültigen Ergebnissen in Unbestimmtheit und Relativität auflöse, dazu zwinge, einen festen Halt anderwärts zu suchen. [...]

Über den Bismarck-Film schrieb ich an Ilse [unten auszugsweise abgedruckt].

Im übrigen mehrere interessante Abende in Berlin. [...] In der Mittwoch-Gesellschaft Vortrag von Penck [28.10.], etwas decousu [unzusammenhängend], aber anregend über geographische Zusammenhänge, erinnerte mich an das fesselnde „Vom Hundertsten ins Tausende" bei Jannasch in der Vereinigung für staatswissenschaftliche Fortbildung 1905. Wir wählten Heisenberg zu, was mich sehr freute. [...] Bei Frau v. S. [Kracker v. Schwartzenfeldt] sehr hochstehende religiöse Debatte der drei Konfessionen (über das „Bild" in der Religion). Am wirksamsten, weil am ursprünglichsten religiös ein orthodoxer Geistlicher. Wir waren sieben Dante-Leute. [...] Das Ganze recht erfreulich als Zeichen, daß doch noch wirkliches Christentum lebt. Aber die Una Sancta ist noch fern. Ähnlicher Eindruck bei Zastrow.[111] Thema: die Auswertung des evangelischen deutschen Kulturguts in den Beziehungen zum Ausland. Glänzender Vortrag von Gerstenmaier über die orthodoxe Kirche. Im Klub das Agrariertreffen, bei dem ich voriges Jahr über Mussolini sprach. Vortrag von Dietze über die neue Wirtschaft, etwas theoretisch, aber interessant. Am bemerkenswertesten die einzige anwesende Dame, Marion Dönhoff, die drei Güter verwaltet. Sehr klug, viel Charme. Ich brachte sie zu ihrem Zuge und trank noch ein Fläschle mit ihr bei Töpfer. Man tröstet sich in solchem Augenblick durch die Harmonie in den wesentlichen Dingen, aber man sieht doch immer die furchtbare Entwicklung vor sich, ohne irgendeinen Weg zu erkennen, sie aufzuhalten.

Aufzeichnung für den MWT vom 30. 10. 1942.
Staatssekretär Patitsas suchte mich heute auf und erzählte, daß er aus Rom zurückgekehrt sei. Man habe ihn dort amtlich und persönlich mit ausgesuchter Liebenswürdigkeit aufgenommen. Überall habe man zum Ausdruck gebracht, daß die Italiener es außerordentlich bedauerten, mit Griechenland in Krieg geraten zu sein; für die Zukunft müsse die Losung engste Freundschaft zwischen den beiden kulturell eng verwandten Völkern sein. Herr Patitsas gab zu verstehen, daß die Behandlung, die man ihm habe zuteil werden lassen, sehr stark von dem Verfahren in Berlin abgestochen habe. Es sei ihm unbegreiflich, wie schnell es den Deutschen gelungen sei, die bei Beginn der Besetzung vorhandene Liebe und Bewunderung der Griechen für Deutschland in das Gegenteil zu verkehren. Im Interesse Deutschlands und Europas könne er nur immer wieder inständig bitten, die Methode zu ändern und wirklich großzügige, wahrhaft eu-

ropäische Grundsätze in der Behandlung der z. Zt. von Deutschland abhängigen Völker Platz greifen zu lassen. Ich sagte Herrn Patitsas, daß ich publizistisch im Rahmen der Möglichkeit dauernd für die von ihm befürworteten Grundsätze eintrete, und daß die Tätigkeit des MWT im gleichen Sinne erfolge.

Aus einem Brief an Ilse v. Hassell vom 27. 10. 1942:
Gestern tauchte ich dagegen in die Geschichte und sah den hervorragend gemachten Bismarckfilm [„Die Entlassung"].[112] Ich stellte wieder fest, daß der Film die Geschichte verfälschen *muß,* erstens weil er zu stark komprimiert, zweitens um der dramatischen Effekte willen. In letzterem Sinne nimmt zum Beispiel Holstein, von Krauß glänzend gespielt, eine viel zu große Rolle ein. Schlecht ist eigentlich nur der Herbert B[ismarck]. Jannings macht aus der schweren B[ismarck]rolle, was denkbar ist; der Kaiser, noch schwerer, wird auch sehr gut, ohne Karikatur, gespielt. Der Film wird dem Kaiser nicht ganz gerecht, weil das menschlich Begreifliche zu wenig herauskommt, das ihn sich gegen den Diktator aufbäumen ließ. *Ent*lastet wird er durch Holsteins *Be*lastung und die der Kamarilla, die schwarz, aber wohl ziemlich richtig dargestellt ist. Die große Linie des Hergangs ist zutreffend, Einzelnes aber falsch, auch einiges Wichtige. Die Frage der propagandistischen Wirkung ist schwer zu beantworten, das Rätseltier „Masse" ist unberechenbar. Viele meinen, er wirke antimonarchisch. Mir ist das nicht so sicher, zumal angesichts der wunderbaren Figuren des alten sterbenden Kaisers, der Kanzler und Enkel die letzten Mahnungen gibt, und des edlen, schönen, stummen Kaiser Friedrich (Diehl). Ich glaube, die meisten sehen den Film als schönen Roman. Natürlich sticht das „Kamarillasystem" gegen das „Führerprinzip" ab. Recht deutlich wird die Linie der Bismarckpolitik, die den Zweifrontenkrieg vermeiden will.

Ebenhausen, 13. 11. 42.
Die dunklen Prognosen der letzten Zeit sind hinsichtlich der Kriegslage durch die Ereignisse noch übertroffen worden. Schwere Niederlagen in Nordafrika[113] unter Vernichtung des Großteils der dort kämpfenden Italiener — hauptsächlich infolge Benzinmangel —, gefährliche amerikanische Landungen in Nordafrika [8. 11.], völliger Stillstand im Osten. Abgesehen von allen übrigen bedenklichen Folgen und Möglichkeiten wird Frankreich wirtschaftlich von der nordafrikanischen Basis abgeschnitten und werden wir durch Besetzung der Mittelmeerküste neu belastet. Günstig in politischer Hinsicht könnte sich höchstens die Besetzung Korsikas durch die Italiener auswirken, weil sie dadurch stärker auf unserer Seite engagiert werden. Man macht sich bei uns immer noch nicht klar, was unser Bündnis mit Italien bedeutet und was ein Abfall bedeuten würde. Man hätte das Bündnis niemals schließen sollen, aber *nachdem* man es getan

hat, ist es leichtfertig, wie alle Welt hier die Italiener psychologisch so falsch wie möglich behandelt, das heißt in dem ohnehin schwer mit den Wogen kämpfenden Boot kippelt. Sehr typisch der letzte Rheinbaben-Tisch: Höchste Depression, verbunden mit schwersten Vorwürfen des grade aus I[talien] zurückgekehrten Generals der Flieger Quade gegen die Bundesgenossen. Ich benutzte den Anlaß, gestützt auf meine „weiße Weste" hinsichtlich des Bündnisses, scharf meinen Standpunkt darzulegen. Meine Lage ist grotesk genug: von Ciano und unserer Partei wegen angeblicher ungenügender Italienfreundschaft aus Rom entfernt, kämpfe ich dauernd für ein vernünftiges Verhältnis zu den Italienern in einer Situation, die ich immer vermeiden wollte, und bekam eben wieder von Alfieri einen Dankbrief für meine Arbeit. Ganz nützlich wegen Herrn von Ribbentrop sind Genossen, die mich mit Mißtrauen und Eifersucht beehren. Interessante Rücksprache darüber mit Clodius und Wiehl (siehe Aufzeichnung).[114]

Ich sprach in der Mittwochsgesellschaft über das „neue Mittelmeer" (im Sinne meines vorbereiteten nächsten Aufsatzes für die „Auswärtige Politik"); der nicht nur kluge, sondern auch nette Heisenberg, auf meinen Antrag aufgenommen, war das erste Mal dabei. Ferner hielt ich eine ernste, zur Zivilcourage auffordernde Rede beim Stiftungsessen der Tüb[inger] Schwaben im Casino, die offenbar Eindruck machte.

Leider besteht kaum Hoffnung, daß sich irgendeine Macht noch rechtzeitig betätigt, um den bergab rollenden Wagen aufzuhalten. Oben steigen [sic!] die Nervosität, sehr schlechte Münchner Rede Hitlers [8. 11.]. Neue Verhaftungen, und zwar rechts und links (so eine Art Salonkommunisten, darunter der konfuse Sch[eliha?]).[115] Unsere subalternen Generale könnte man prügeln, sie denken teils wie Unteroffiziere, teils nur an sich. Ilse und ich waren gestern sehr beeindruckt von L. G., der bei allen Fragen an eigener Bequemlichkeit scheitert und im Grunde nur daran denkt, ob man ihm wieder einen Posten gibt. [. . .] General Quade, offizieller Sprecher der Luftkriegsleitung, machte laut heftig in offiziöser Rosenmalerei und sagte *leise* zu mir: „Was soll nur werden?" Gut gefiel mir wieder [General] Kaupisch; er sagte beim Rheinbaben-Tisch besorgt: „Wir sind wohl am Wendepunkt." Das ist ein sehr verbreitetes Gefühl. Hitler und andere klammern sich an das neue geheime Kriegsmittel.[116] Ich bin überzeugt, daß es „fürchterlich-wirksam" ist, aber nur dazu dienen wird, die Zerstörung zu steigern und den Krieg zu verlängern. Angesichts unseres immer bedenklicheren Mannschaftsmangels (verbunden mit Materialunterlegenheit) und der folglich fehlenden operativen Reserven *müßten* wir in Rußland zurückgehen und die Front verkürzen. Eine höchst schwierige Operation, zu der sich Hitler nie entschließen wird, obwohl sie trotz allen Risikos wahrscheinlich die einzig richtige Maßnahme wäre.

Immer deutlicher zeigt sich, wie falsch Hitlers Festhalten an der langen

krummen Front bei Anfang des vorigen Winters war und wie leichtsinnig der Befehl, *sowohl* bei Stalingrad *wie* beim Kaukasus eine Entscheidung erzwingen zu wollen. Nimmt man dazu das Verbrechen, Rußland anzugreifen, und die völlige Verkennung des Faktors „See", so ist das Maß wirklich voll, ganz abgesehen von der inneren Politik und allen skandalösen Vorgängen. Manche Leute, erstaunlicher Weise grade auch Militärs, scheinen das immer noch nicht zu begreifen. Ich war vor drei Tagen bei Fromm, um mit ihm über das leider aufhörende Reiten zu sprechen (Pferde und Mannschaften sind nicht mehr entbehrlich). Als ich mich entschuldigte, in so ernster Lage mit solcher Lappalie zu kommen, bramarbasierte er derartig los, daß ich ordentlich rot wurde und sehr nachdrücklich auf dem furchtbaren Ernst bestand. Darauf gab er den Ton des miles gloriosus auf und wälzte alle Schuld auf die Politik, nämlich auf Ribbentrop. Dann aber sagte dieser deutsche Offizier: „Ja, aber unser Führer hat in seinem kleinen Finger mehr strategisches Können als alle Generäle zusammen."!!
[. . .]
Burger [Guttenberg] ist leider versetzt.[117] Geibel [Beck] meinte, „um ihn mal aus der Schußlinie zu bringen".

Ebenhausen, 20. 12. 42.
Ein übler Monat liegt hinter uns. In allgemeiner Hinsicht der russische doppelte Durchbruch bei Stalingrad mit (geheimgehaltener) Einschließung von anderthalb Armeen [23./25. 11.]. Weiterer Rückzug in Libyen, Befestigung der alliierten Stellung in Nordafrika, dem nur beträchtliche U-Booterfolge und kleine Rückschläge der Gegner bei Tunis gegenüberstehen, ohne natürlich die Lage ausgleichen zu können. Dazu die zunehmende Überspannung in bezug auf das Menschenmaterial. Eindrucksvoller Bericht vor einigen Tagen eines höheren Offiziers der Luftwaffe [Hoffmann v. Waldau] über die bevorstehende Einziehung der Schüler (also natürlich nicht der Volksschüler, die ja schon fertig sind) von 15 und 16 [Jahren] zur Heimatflak[118] mit fürchterlicher Wirkung auf die ganze künftige Gebildetengeneration in geistiger und größten Gefahren in sittlicher Beziehung. Zugleich militärisch ein weithin sichtbares Schwäche*zeichen* und eine *tatsächliche* Schwäche, denn diese Flakbatterien werden in Zukunft zu ein Drittel (höchstens) aus Soldaten, zu ein Drittel aus Kindern, zu ein Drittel aus Kriegsgefangenen bestehen. In der ganzen Welt zunehmende Gärung gegen uns, in den besetzten Gebieten, in Italien, im neutralen Ausland, vor allem der Türkei, Portugal, Spanien, Chile. Polnische Greuel im Unterhaus in dramatischer Weise < > benutzt.[119] Im Innern gesteigerte Nervosität, aus der Angst um den Kriegsausgang und vor inneren Unruhen. Typisch die gradezu feige und ehrlose Art, in der das Begräbnis des braven Prinzen Eitelfriedrich, notorisch tapferen, politisch harmlosen Divisionskommandeurs im Weltkriege, amtlich verstüm-

melt wurde. Kein aktiver Soldat durfte dabei sein, der Reichskriegerbund durfte nicht auftreten, keine Salve gefeuert werden.

Beim letzten Appell der neuernannten Offiziere fehlte Hitler; Göring benutzte den Anlaß, in unverantwortlicher Weise über die Generäle, also die Vorgesetzten der Anwesenden, herzuziehen. Er, der vor kurzem behauptete, Hitler mache alles selbst und führe „aus dem Bunker die einzelnen Bataillone", behauptete nun, die Generäle seien schuld am Scheitern des letzten Winterfeldzuges und an den Schwierigkeiten des jetzigen.[120] Furchtbar eindrucksvoller Bericht unseres aus dem Kessel von Stalingrad zurückgekehrten Nachbarn [Waldersee] über die tolle Führung von oben, die Subalternität hoher Generäle und den Zustand von Truppe und Material bei schwersten Verlusten.

[...]

In meiner beruflichen Lage einschneidende Änderung: Clodius und Staatssekretär Neumann haben Wilmowsky gesagt, daß ich leider für den ohnehin schwer angeschossenen „liberalistischen" MWT eine schwere Belastung sei, weil Ribbentrop meine Tätigkeit dort immer stärker bekämpfe, insbesondere aber die Gestapo die Reisen unmöglich mache. Ribbentrops mißtrauen-geladener Minderwertigkeitskomplex ist also unüberwindlich. Eigentlich ist es sehr schmeichelhaft, und es ist ganz lustig, daß hinzugefügt wurde, man könne dieses Verhalten ja verstehen, weil „natürlich im Südosten meine Persönlichkeit, die Vertrauen und Achtung genießt, die neuen sogenannten Gesandten dort in Schatten stelle"! W[ilmowsky] war sehr unglücklich, aber nahm begreiflicher Weise meinen sofort angebotenen Rücktritt an. [...] Wir vereinbarten, daß ich aus dem Vorstand ausscheide, aber im Kuratorium bleibe, und zwar am 1. 4. [1943]. Da zufällig gleichzeitig sich bei Wagemann [im Institut für Wirtschaftsforschung] gesteigerte Arbeitsmöglichkeit zeigt, so werde ich meinen Schwerpunkt dorthin verlegen; freilich ist dort alles schwieriger und weniger gemütlich.

In einer Hinsicht ist mein Ausscheiden vielleicht ganz zweckmäßig, weil ich in neuerer Zeit wieder mehrfach vor der Gestapo gewarnt wurde und daher vielleicht gut tue, etwas aus zu großer Sicht zu kommen. W[ilmowsky] brachte mir die Nachricht, jemand habe ihn ausdrücklich aufgesucht, um mich zu warnen. Ebenso erzählte mir Männerstädter [Frauendorfer], der frühere Gauleiter ... ? lasse mich grüßen und warnen. M. [Frauendorfer], SS-Mann und Inhaber des goldenen Abzeichens, war im übrigen höchst beeindruckend durch seine unbegrenzte Verzweiflung über das, was er täglich und stündlich in Polen erlebt und was so furchtbar ist, daß er es nicht mehr aushält und sich als einfacher Soldat an die Front [melden] will. Dauernde unaussprechliche Judenmorde in großen Gebinden.[121] SS-Leute fahren mit Maschinenpistolen nach der Stunde, die als Aufhören der Ausgehfreiheit festgesetzt ist, durchs Ghetto und schießen auf alles, was sich zeigt, zum Beispiel spielende Kinder, die sich unglücklicherweise etwas länger auf der Straße befinden. Verantwortlich nicht der machtlose und schwer angeschossene Frank, sondern die SS (Krüger). < > [Weil] Groscurth als Chef des Stabes gegen den Befehl, Tausende von Kindern umzubringen, remonstriert habe, sei er von Reichenau schwer gerüffelt und strafversetzt worden.[122]

Ob die erwähnten Warnungen *neue* Tatbestände darstellen, ist mir nicht klar. Geißler [Popitz] meint nein, und hat überhaupt von diesen Warnungen und ihrer Quelle eine eigene Meinung. Er glaubt offenbar, sie kämen (gegen mich und viele andere) alle schließlich aus der Abwehr. Letztere scheint nach Angabe von Streitfuß [Langbehn] allmählich der Gestapo zu erliegen und soll von ihr abgelöst werden.[123] — Vor einigen Tagen wurde ich gelegentlich einer Anwesenheit im Hause [AA] zu K. [Weizsäcker] gerufen. Er billige mein Verfahren, die Visumfrage zur Zeit ruhen zu lassen (ich hatte dem Werberat der Wirtschaft für Vorträge *jetzt* abgesagt, für März oder April (Belgrad) grundsätzlich zugesagt, falls AA einverstanden). In gänzlich anderem Ton wie vor einigen Wochen führte er aus, vor zwei Monaten hätte ich das Visum bestimmt nicht bekommen, *jetzt* sehe er nicht mehr so klar. Trotz scharfen Ohrenspitzens habe er nichts wieder gegen mich gehört. Damals sei Heydrich der gewesen, der mich verfolgt habe und mich sogar habe verhaften lassen wollen. Behauptung: Verkehr mit dem Amerikaner Stallforth, worüber er sogar eine briefliche Unterlage habe. Dabei war mein Verhalten St[allforth] gegenüber (vor dem Kriege mit Amerika) völlig einwandfrei; er war mir außerdem durch die Familie G[öring] zugeführt und später habe ich mit dem AA (Wüster) die ganze Sache besprochen.[124]

[...]

Mehrfach fruchtlose Besprechungen mit Geißler [Popitz], Pfaff [Goerdeler] usw. Man sieht das Unheil immer näher kommen, aber hat kein Mittel, es aufzuhalten. Der Linksradikalismus beginnt, sich immer stärker zu regen. Ganz befriedigender Gedankenaustausch mit den „Jüngeren", zum Beispiel Droysen [Peter Graf Yorck], Neffen [Hans Bernd v. Haeften] und S. [Trott] (bei Dagmar [Gräfin Dohna].[125]

Interessant eine Äußerung von Bottai, der zur Einweihung der Studia Humanitatis in Berlin war,[126] zu Almuth [Hassell] beim Frühstück beim italienischen Konsul Grillo in München. Der ganze Krieg sei ein „equivoco", denn hinter dem Nationalsozialismus und Faschismus stecke der Kommunismus heute mehr als hinter dem Bolschewismus, der sich jetzt „demokratisch" benähme. Die hier auftretenden Italiener (Colbertaldo zum Beispiel, Bildhauer, bei Gelegenheit der vorgestern in München eröffneten italienischen Ausstellung italienischer Soldaten-Künstler) sind entsetzt über den inneren Zustand der Sklaverei und Barbarei bei uns. — Mir machte bei der Einweihung der Studia Humanitatis besonderen Eindruck der Abschiedsgruß Giordano Brunos an Deutschland in Wittenberg,[127] den der Lektor Grassi zitierte. Man wurde fast schwermütig bei diesen schönen prophetischen Worten.

Interessante, sehr fesselnde Aufführung von Faust II.[128] Noch nie wurde mir die völlige irdische „Pleite" von Faust so klar, der ethisch und ästhetisch der Gnade von oben bedarf, um gerettet zu werden. In dem Augenblick, in dem sein Zusammenbruch völlig klar ist, sagt er: „Daß sich das große Werk vollende, *ein* Geist genügt für tausend Hände." Ein idiotischer Teil des Publikums klatschte!

Die geistige Verwirrung grade bei den besten Menschen nimmt in der furchtbaren Zersetzung der Zeit zu, zum Beispiel Frühstück mit dem famosen Brandenburg, der mich als „Bindestrichchristen" bezeichnete, weil ich die Wirkung des deutschen evangelischen Pfarrers für das Deutschtum im Auslande im Pfarrspiegel[129] geschildert hätte! Man müsse auf Taten verzichten, die zwecklos seien (vgl. Sonett von Reinhold Schneider)[130] und nur beten. Jesus Christus und nichts anderes. [. . .] Interessanter englischer Roman von Knight „This above all".[131] Kein erfreuliches Bild von England, trotz letzten Endes positiver Tendenz.

Italien wird immer undurchsichtiger. Mussolini versuchte, seine Leute durch eine Rede zusammenzureißen,[132] die im Ton (nach Alkohol und Tabak stinkendes Maul Churchills!) bekannten Vorbildern folgt, aber *einen* zum Nachdenken reizenden Satz enthält, den Ciano kurz darauf programmatisch wiederholte: Der Krieg gewinne so gewaltige Proportionen, es gehe jetzt um die ganze Welt usw., so daß sogar *territoriale* Fragen an Bedeutung verlören! — Es liegen Anzeichen vor, daß die Italiener mit der Gegenseite Fühlung suchen (Lissabon). Ob mit oder ohne Wissen des Duce ist die Frage.

Sehr interessante Gespräche mit Streitfuß [Langbehn]. Er hat Gespräche mit einem offiziellen Engländer in Zürich und desgleichen einem Amerikaner (Prof. Hopper) in Stockholm gehabt (mit Genehmigung des SD), danach bestehen unter der bekannten Voraussetzung immer noch Friedensmöglichkeiten annehmbarer Art, vor allem mit England, das auf Amerika und Japan mit Sorge blicke und den Bolschewismus fürchte, aber auch mit Amerika, das ein Chaos in Europa nicht wünsche und gegen Japan freie Hand haben möchte.[133]

Ich wiederholte meinen Vortrag über Cavour und Bismarck vor der Deutsch-Italienischen Gesellschaft in Berlin, vor einem gut zusammengesetzten zahlreichen Publikum, und später in Potsdam auf Einladung des Kommandanten, General von Wulffen, im Kasino [des] Infanterie-Regiments 9. Zu ersterem erschien demonstrativ, den Beifall führend, Alfieri an der Spitze von etwa 20 Leuten der Botschaft. Durch ein spaßhaftes Zusammentreffen hatte ich in den gleichen Tagen eine Unterhaltung mit einem SS-Mann aus Himmlers Stabe, der über meinen Abgang aus Rom sagte, man sei sich in der Reichsführung SS jetzt ganz klar darüber, daß ich die richtige Politik vertreten hätte, nämlich Zusammenarbeit, aber *kein* Bündnis. Ich habe mir meine Stellungnahmen zu der Frage von Ende 36 bis Ende 37 zusammengestellt. Über die Unzweideutigkeit meiner Warnungen kann kein Zweifel bestehen.[134]

Bei Sauerbruch neulich große Debatte zwischen Geißler [Popitz], Schnabel [Beck] usw. Der nationale Standpunkt, daß wir *selbst Richter unserer Dinge* sein müssen und keine andere Nation, muß scharf vertreten werden.
[...]

Ebenhausen, 31. 12. 42.
Der letzte Tag eines Jahres, das mit Unerbittlichkeit die deutsche Lage mehr und mehr verschlechterte. Hat je ein Mann in der Geschichte eine so furchtbare Verantwortung so leichtfertig übernommen, je ein Volk sich stumpfer gefügt? Ich las soeben die Nachricht von Nevile Hendersons Tod. Schamloser kann man nicht mehr lügen, als es die deutsche offiziöse Presse aus diesem Anlasse tut. Der Mann, der bis zum letzten Augenblick im August 39 — wenn auch begreiflicherweise ohne Glauben an Erfolg — für die Bewahrung des Friedens gearbeitet hat, nennt man dessen Saboteur. Sehr deutlich kommt das schlechte Gewissen im Kernpunkte heraus, nämlich bezüglich des Vorlesens der 16 Punkte. Man wagt zu schreiben, daß er das „Memorandum" nicht „weitergeleitet" habe. Dabei hat Ribbentrop ausdrücklich abgelehnt, es ihm zu geben.[135] Ein Zeuge weniger! (und ein Gentleman weniger).

Darlans Tod,[136] noch etwas mysteriös, scheint die Lage zwischen Engländern und Amerikanern zu erleichtern.

Besuch von G[ogo = Nostitz] aus J [der Schweiz]. Erörterung des unwahrscheinlichen Falles einer rechtzeitigen Systemänderung. Notwendigkeit, die Missionen sofort mit Weisung zu versehen und dort sofort gewisse Maßnahmen zu ergreifen, die den Abstand vom Bisherigen deutlich machen. Fall B [?]! Ich betone immer die Notwendigkeit, dem Ausland gegenüber uns nicht preiszugeben. Unsere Schweinereien gehören nur vor *unser* Tribunal. Langes Gespräch über K. [Weizsäcker], wie mir scheint beruhend auf Unterhaltungen des letzteren mit Ted [Kessel] und dessen Gespräch wieder mit G. Vielleicht sogar leise Anregung von K. [Weizsäcker], mit mir zu sprechen? G. verteidigt K. lebhaft; er sei sich an sich im klaren, und seine Handlungsweise sei nur durch Not diktiert. < >
[...] Ich sagte nur, nicht jeder könne sich so verhalten, es gehöre dazu eine besondere Natur. Die bekannte Rede bei Rückkehr der A[merika-Diplomaten im Mai 1942] sei ihm mit Recht verübelt worden. G. meinte, es würde trotzdem unverantwortlich sein, eine solche Kraft im Falle einer Änderung nicht zu verwerten. Das bezeichnete ich als selbstverständlich. G. führte dann auch aus, K. habe niemand, mit dem er frei sprechen könnte. Er habe mich mehrfach als den Einzigen bezeichnet! Ich fragte, ob auch jetzt noch. G.: Ja, noch vor wenigen Wochen; er bewundere mich wegen meiner Kühnheit und ... Ich warf ein: er tadle meine Unvorsichtigkeit. G. stimmte zu. Ich erklärte, daß ich mich absichtlich zurückgehalten hätte, um ihn nicht zu kompromittieren. G. bezeichnete es als sehr erwünscht, wenn die Fühlung wieder aufgenommen würde.

Sehr bedauerlich und mir ganz unbegreiflich der Fall Scheliha. Er soll von den Bolschewiken Geld genommen haben!? und zum Tode verurteilt worden sein.[137]

Eine andere große kommunistische Verschwörung ist im Luftfahrtmin[isterium] und anderen Behörden aufgedeckt worden. Scheinbar Fanatiker aus Haß gegen das System; sie scheinen es so darzustellen, als hätten sie eine Auffangorganisation für den Fall des Sieges des Bolschewismus schaffen wollen.[138] Der Wirrkopf Harro Sch[ulze]-B[oysen] ist in die Sache verwickelt. Uns tut der brave Vater sehr leid.

[...]

1943

Berlin, 22. 1. 43.
Wenn die Josephs [Generäle] den Ehrgeiz hatten, mit ihrem Eingreifen so lange zu warten, bis klar ersichtlich sei, daß uns der Gefreite in den Abgrund führt, so hat sich dieser ihr Traum erfüllt. Das Schlimme ist nur, daß auch unsere sichere Voraussicht sich bestätigt hat, es werde dann zu spät und jedes neue Regime eine Liquidationskommission sein. Man kann wohl noch nicht sicher sagen, daß der Krieg verloren ist, wohl aber, daß er nicht mehr gewonnen werden kann und daß die Aussicht, die Gegenseite noch zu einem annehmbaren Frieden zu bringen, nur noch herzlich gering ist. Die Folge ist, daß die Erkenntnis bei den Josephs [Generälen], es müsse schleunigst etwas geschehen, stark zugenommen hat, gleichzeitig aber die Schwäche der inneren und äußeren Front. Nach den Nachrichten der Leute, die wie Nordmann [Jessen] und Velsen [Gisevius] „Strippen" nach vorne und zum Heimatheer haben, ist tatsächlich jetzt eine Möglichkeit. Die Bösartigkeit der Lage kommt dabei darin zum Ausdruck, daß die gleichzeitigen Nachrichten von der „anderen Seite" immer stärkere Zweifel ergeben, ob diese nicht nun auf der Zerschmetterung ganz Deutschlands bestehen wolle.[1]

Ich habe wohl schon nach Ilses und meinem Jahresendbesuch in [Walchensee] notiert, daß die Fühlungnahmen unseres dortigen Freundes [Langbehn] in der Schweiz (E. [= mit England]) und in Schweden (A. [= mit Amerika]) noch ein einigermaßen erträgliches Ergebnis gehabt haben. Velsen [Gisevius] hat seinerseits in der Schweiz etwas weniger günstige Feststellungen gemacht. Das Wort „occupation", also Besetzung Deutschlands als Voraussetzung von Verhandlungen, ist dabei schon häufig gefallen. Auch *dann* würden allerdings die bekannten Argumente (Amerika, Rußland, Japan) noch ausgenutzt werden können — so meinen die Optimisten.

Im inneren Kreise starke Gegensätze bei bisher allzu schwacher Führung durch Geibel [Beck]. Einmal schwere Bedenken von verschiedenen Seiten gegen Pfaff [Goerdeler], mindestens als polit[ischer] Leiter, dann auch gegen Geißler [Popitz], dem man frühere bedenkliche Haltung in Unterordnung unter Göring sowie finanzpolitische schwere Fehler, endlich allzulanges Mitmachen im System vorwirft. Adlerheim [Falkenhausen] wird vielfach abgelehnt, weil er sich am terroristischen Regime beteiligt hätte. Ich persönlich halte mich aus den Personenkämpfen möglichst heraus, versuche Geibel [Beck] Korsettstangen einzuziehen und vertrete im übrigen den Standpunkt, daß die Zahl der Brauchbaren zu gering und die Qualitäten der Genannten zu groß sind, um auf sie verzichten zu können. < > Velsen [Gisevius] stark für Herz [Schacht]. Die neueste Version, zu der Geibel [Beck] zu neigen scheint, ist *vor* eigentlicher Kabinettsbildung und neben einem späteren Kabinett ein kleines Direktorium: Geibel, Herzvetter, Hausmann, Pfaff, Joseph [Beck, Schacht, v. Hassell, Goerdeler, ein General]. Ich hätte nichts gegen diese Methode.[2] *Leitung* durch Pfaff [Goerdeler] halte ich auch für bedenklich. Lange Aussprache mit Geibel [Beck] am 16. während des großen Luftangriffs, wobei auch sein Haus leicht mitgenommen wurde. Heimfahrt unmittelbar an fünf großen Bränden vorbei.

Am nächsten Tage wollten Ilse und ich zu Nordmann [Jessen]. Sie blieb (wegen eines Luftalarms) in der S-Bahn auf dem Potsdamer Platz stecken, ich wurde in Schmargendorf auf die Straße gesetzt und lief à la Nurmi über Heidelberger Platz, Rüdesheimer Platz, Breitenbachplatz zu Popitz in seinen schönen Luftschutzkeller (mit Punsch). Von seinem auch etwas mitgenommenen Boden schauriges Schauspiel. Nachher zu Nordmann [Jessen]. Unter sehr ernsten Gesprächen drei Züge der S-Bahn auf dem Bahnhof abgewartet.

[. . .] Die Zeit bringt furchtbare Eindrücke: Scheliha, der in unverständlicher, ehrloser Weise sein Land verraten zu haben scheint, gehängt.

Aufatmen konnte ich erst [in der Mittwoch-Gesellschaft] bei Sprangers schönem Vortrag über das Bewußtsein unserer Zeit und das Christentum.[3] — Gestern mit Ilse und Dagmar Dohna in einer ausgezeichneten Thannhäuser-Aufführung im gut wiederhergestellten Opernhaus.

Schwarze (Elsa Arnims Mann) erzählte mir am 10., man wolle mich an Sieberts Stelle zum Präsidenten der Deutschen Akademie wählen. Ich halte es für so gut wie ausgeschlossen, daß Hitler dem zustimmt, habe aber mit Sauerbruch gesprochen, der zum Senat gehört und etwas „oben" tun will.[4] Es wäre eine gute Plattform, wenn auch mit vielen Schwierigkeiten und Ärgernissen. Ich sprach darüber mit Kurt Schmitt. [. . .]

Sehr charakteristisch für die Lage, wie deprimiert, ja verzweifelt Schmitt war, ähnlich wie viele andere, die zeitweise nicht regimetreu und optimistisch genug sein konnten. Er erzählte gradezu Empörendes von Görings 50. Geburtstag [12. 1.]. Geschenke von rund einer Million Goldmark Wert, darunter von drei Wirtschaftlern ein Sèvres-Service von 2.400 Stücken (mit Sèvres-Stempel, Eis[ernem] Kreuz und Widmung), Preis 500.000 Mark, ein französisches Jagdpalais dort gestohlen und in einen Göringschen Jagdpark zu überführen, drei mittelalterlichen Statuen zu 16.000, 17.000 und 18.000 Mark. Gritzbach hatte ihn angerufen und ihn auf die Statue hingewiesen, falls er in Verlegenheit sei, was er schenken solle! Statt daß dieser Mensch *vor* seinem Geburtstag sich alle Geschenke verbittet! Schmitt hat auch brav eine Statue geschenkt! [. . .]

Neulich sehr interessanter Besuch von Hase [Oster]. Er las mir ein Dokument vor, das Ansichten Cielos [Himmler] über den Krieg und Frieden im Osten[5] wiedergab, die zeigten, daß dieser Mann entweder ein Verbrecher oder ein Narr oder beides ist. Ich kann Kurzfuß' [Langbehns] Standpunkt zu ihm, der doch immer wieder auf eine verhältnismäßig milde Beurteilung hinausläuft, nicht verstehen.

Zahlreiche Unterhaltungen mit Geißler [Popitz], Pfaff [Goerdeler], Geibel [Beck], Burger [Guttenberg], der uns nun verläßt, und anderen. – Einmal sehr nett mit Ilse bei Yorck gegessen, nette Frau. Seine kluge lebhafte Schwester Siemens erheblich temperamentvoller als er. Mit ihm kommt man nur vorwärts unter vier Augen.

Über interessante Gespräche mit Kroaten besondere Aufzeichnung.[6]
[...]

Recht interessant, aber im Grunde wenig befriedigend eine große Aussprache der „Jungen" und der „Alten" bei [Yorck von] W[artenburg].[7] Die „Jungen", die im Gegensatz zu den „Alten" nach außen als Einheit auftraten, wurden geistig von dem mir wenig sympathischen, angelsächsisch-pazifistisch < > Gen[eralstabs]chef [Moltke] geführt. Am besten gefiel mir wieder Roggenmüller [Gerstenmaier], mit dem Geißler [Popitz] und ich schon vorher eine Aussprache hatten. Geibel [Beck] leitete sehr weich und zurückhaltend. Scharfer, von Pfaff [Goerdeler] bewußt, aber erfolglos verschleierter Gegensatz zwischen diesem und den Jungen, vor allem auf sozialem Gebiet. Pf[aff = Goerdeler] ist doch eine Art Reaktionär. Die Einheit der Jungen bezieht sich übrigens nicht auf Lehrberg [Schulenburg], der realpolitischer ist, allerdings einer von den „Saulussen". [...]

Ebenhausen, 14. 2. 43.

Die letzten Wochen haben die schwerste bisher erlebte Krise dieses Krieges gebracht, eigentlich die erste wirkliche Krise, leider nicht nur Krise der Führung und des Systems, sondern für Deutschland. Sie wird durch den Namen Stalingrad symbolisiert.[8] Zum ersten Male gelingt es Hitler nicht, die Verantwortung abzuwälzen, zum ersten Male bezieht sich das kritische Raunen unmittelbar auf ihn. Insofern liegt eine echte Führungskrise vor: Die *militärische* bisher durch einige intuitive Lichtblicke, durch geglücktes Hazardieren, gegnerische Unfähigkeit und Zufälle verdeckte Unfähigkeit des „genialsten Feldherrn aller Zeiten", das heißt des größenwahnsinnigen Gefreiten, steht im Vordergrunde. Das Opfern kostbarsten Blutes für unsinnige oder verbrecherische Prestigegesichtspunkte ist weithin klar. Da es sich diesmal um militärische Dinge handelt, gehen nun endlich auch Generälen die Augen auf, so daß sie erkennen, wohin die Wehrmacht gebracht worden ist und Deutschland im Begriffe steht gebracht zu werden. Angesichts eines Ereignisses, das in der deutschen Kriegsgeschichte einzig dasteht, sollten ja nun auch dem Blindesten die Schuppen von den Augen fallen.

Das Verhalten des unglücklichen Generals Paulus, dem nun die Russen die „Feldmarschallstäbe" übergeben können (und einiger seiner Generale), wird scharf kritisiert.[9] Wenn je, so mußte er in diesem Falle Geist vom Geiste Yorks beweisen, und tat er das nicht, dann keinesfalls lebend aus dieser Katastrophe hervorgehn. Wietersheim, der im Konflikt mit ihm „gegangen *wurde*", steht groß da, was nun freilich nichts mehr nützt. *Der* General, der seine Meinung am schärfsten verfochten hat und folglich in Ungnade fiel und keinerlei Auszeichnung oder Anerkennung erhielt, nämlich Strecker mit seinem ausgezeichneten Stabschef Groscurth, ist schließlich *der* gewesen, der am längsten gekämpft hat.[10]

Sogar Herr Zeitzler, Hitlers ausgewählter Generalstabschef, merkt jetzt, was los ist, und hat Mut zum Widerstand gegen unsinnige Befehle gefunden, indem er zwei Tage lang nicht zum Vortrag erschienen ist und dadurch seine Ansicht durchgesetzt hat.[10a] Auch Kluge und Manstein haben sich, *nachdem* das Kind in den Brunnen gefallen ist, etwas mehr Bewegungsfreiheit erkämpft. Sogar Herr Fromm, diese Wetterfahne, äußert tapfere Ansichten. Aber was trotz aller Bemühungen immer noch fehlt, ist die Initialzündung. Tatsächlich ist aber die Lage so: *mit* Hitler und seinen Leuten ist keinerlei Chance mehr auf einen nur halbwegs erträglichen Ausgang vorhanden, sondern *nur* Aussicht auf Katastrophe und Bolschewisierung; bei Systemänderung in einem vernünftigen Sinne ist zwar auch keinerlei Gewißheit mehr, aber doch eine *Möglichkeit* gegeben. Die Wahl kann also nicht zweifelhaft sein. Die Erfolge der Bolschewiken geben England wenigstens so weit zu denken, daß ein geordnetes realpolitisch denkendes Deutschland einiges für sich hat.

Über Hitler immer mehr Nachrichten, die beweisen, in welch gefährlichem Geisteszustand er sich befindet. Ihren 10. Geburtstag feierte die heutige Regierung als ein Konsortium, das nur noch um seine Selbstbehauptung auf Kosten des deutschen Volkes kämpft. Bezeichnend, daß Hitler am 30. [Januar] nicht zu sprechen wagte! Wer hätte das noch vor kurzem gedacht! – und daß Göring infolge Voralarms während seiner Rede im Bunker verschwand.[11]

Die großen Gefahren für uns liegen immer an der Peripherie, an der irgendwo – von Spanien bis zur Türkei einerseits, bis Norwegen andererseits – die Gegenseite einsetzen wird. Zeichen der Zeit: Ausschiffung aller halbwegs selbständigen Persönlichkeiten aus dem italienischen Kabinett,[12] Ciano Botschafter am Vatikan, wo er alle Gelegenheit zum Mauscheln mit der anderen Seite hat. Also Konzentration der Regierung auf Mussolini, der noch dazu krank ist; Sauerbruch ist hingefahren. [. . .]

In Berlin zahllose Besprechungen mit Geißler [Popitz], Pfaff [Goerdeler], Roggenmüller [Gerstenmaier], Sholslott [Schulenburg], Geibel [Beck], Felsen [Gisevius], Nordmann [Jessen] usw. Abgesehen von der fehlenden Initialzündung starke Differenzen über Personalfragen, vor allem bezüglich Pfaff [Goerdeler] einerseits, Geißler [Popitz] andererseits. Gegen ersteren als „Reaktionär"[13] und als allzu sehr seine Person nach vorn drängenden ambitieux, gegen letzteren wegen zu langen „Mitspielens". Ich arbeite für beide, wenn auch für ersteren nicht als Nr. 1.

Gegen das persönlichste aller Regime muß zunächst ein unpersönliches, militärisch geführtes Direktorium herausgestellt werden. Pfaff [Goerdeler] überschätzt im übrigen nach wie vor die „Reife" und die Möglichkeiten. Das ändert nichts an der Notwendigkeit des Handelns, aber man muß über die Realitäten klar sein und die Methode danach richten.

Trüber Eindruck von der Zerfahrenheit und Entschlußlosigkeit der Kirchen, in einem Augenblick, der für sie entscheidend sein muß.

Neulich Frühstück bei meinem Freund, Vater vom Patenjungen „Wilderich" [Hentig]. Er beurteilt den Fall des unglücklichen Scheliha höchst skeptisch bezüglich des angeblich geführten Nachweises seiner Schuld. Nach seiner Ansicht liegt viel Anlaß vor, anzunehmen, daß die Sache ganz anders und für ihn harmlos liegt. Das AA habe sich unerhört schlapp benommen und nichts getan, um eine wirkliche Aufklärung zu erzwingen.[14]

Gestern früh nach Ankunft in München erstes Frühstück mit Ilse bei E[lsa Bruckmann]. E. macht sich einen Vers zurecht, wonach bei Hitler etwa 1929 ein grundsätzlicher Bruch in seiner Linie vom Guten zum Bösen eingetreten sei, besonders seit er sich widerstrebend zum Bündnis mit Goebbels entschlossen habe. Zugleich lieferte sie aber interessante Belege für schon sehr frühzeitige Einstellung Hitlers gegen das Christentum (mir nicht neu) und seine hinterlistige Methode. Er hat schon ganz früh gesagt, das Chr[istentum] müsse erledigt werden, und, wenn es nicht auf einmal gehe, so würden sie es wie die Ratten unternagen.

Ich war am 2. und 3. Februar in Wien (Arbeiten im dortigen Wirtschaftsforschungsinstitut und Teilnahme an der Ernennung Wilmowskys zum Ehrenbürger der Hochschule für Welthandel). Nach Agathe Tiedemann, mit der ich frühstückte, starker Abstieg der Stimmung in Wien. Schirach sehe die Lage ungeheuer ernst an. Von anderer Seite hörte ich, Sch[irach] erstrebe den Außenministerposten.[15] In der Tat steht R[ibbentrop] wohl allgemein ganz niedrig im Kurse.

Vorträge (Mittelmeer als Kampfplatz der Weltgeschichte) in Göttingen und Hannover bei der Deutsch-Italienischen Gesellschaft. Im gegenwärtigen Augenblick ist es nicht leicht, über solches Thema zu sprechen.

Ebenhausen, 6. 3. 43.

Die zu Beginn meiner letzten Aufzeichnung erwähnte schwere Krise hat leider nicht das berühmte und bitter notwendige, sehnlich erhoffte reinigende Gewitter, nämlich den Systemwechsel gebracht, der *allein* uns noch wenigstens eine Möglichkeit eines erträglichen Friedens, eine innere Gesundung und eine Genesung Europas bringen könnte. Alle Bemühungen, den Leuten Eisen ins Blut zu gießen, die mit ihrem Machtinstrument eine halb wahnsinnige, halb verbrecherische Politik stützen, blieben vergeblich. Dabei hätten allein schon die militärischen Ereignisse, das heißt die verantwortungslose Führung durch diesen größenwahnsinnigen, leichtfertigen Gefreiten ihnen den letzten Stoß geben müssen, wenn schon die innere Zersetzung und Zerstörung nicht dazu genügten. Im Augenblick ist die akute Krise wieder mehr einer schleichenden gewichen. Typisch die Äußerung des Konjunkturisten F[romm] an den Barc. Pf. [Olbricht], angesichts der im Süden der Ostfront eingetretenen Erleichterung sei „es" ja nun wohl nicht mehr nötig. Der Barc. Pf. [Olbricht] tut aber nichts ohne F[romm], und die Führer im Osten schwanken hin und her. Herr v. Kluge nimmt zum 60. Geburtstag von Hitler einen Scheck über 250.000 Mark an.[16] Daß er ihn nicht formell ablehnt, mag taktisch noch angehen, daß er ihn aber einkassiert, statt ihn vor vertrauten Zeugen in einem Panzerschrank als ewig untouchable zu verstauen, ist unbegreiflich.

Entsprechende Stimmung bei allen Beratungen, vor allem bei einem Abendessen bei P[lanck], wo noch Geißler [Popitz], Kurzfuß [Langbehn], Barc. Pf. [Olbricht] und Auerlay [General Thomas] waren. Am hoffnungsvollsten hält sich noch Nordmann [Jessen], aber ihn trügen oft Wunschträume. Pfaff [Goerdeler] spielt in der Verzweiflung immer wieder mit dem Gedanken irgendeiner Teilaktion; dann würde das ganze Gebäude wie ein Kartenhaus zusammenstürzen. Das ist kein Weg. Gewiß ist die Lage „reif", aber nicht derart, daß man ein solches Risiko laufen könnte. Auch heute ist das Prestige Hitlers noch groß genug, um – wenn *er* auf den Beinen bleibt – ihm eine Gegenreaktion zu ermöglichen, die mindestens Chaos oder Bürgerkrieg bedeutet.

Mehrfach Besprechungen über die außenpolitische Lage, die eventuellen Notwendigkeiten[17] und Möglichkeiten, mit Geißler [Popitz], Albrecht [Haushofer] und Pontmajor [Brücklmeier], auch mit Roggenmüller [Gerstenmaier]; in den letzten Tagen auch mit Velsen [Gisevius]. Dieser, der viel mit den christlich-ökumenischen Kreisen im Ausland verkehrt, erzählte mir, ich sei sehr gut beim Papst angeschrieben. Zugleich warnte er mich vor zu enger Fühlung mit Heckel und Gerstenmaier, die bei der Bekenntniskirche und den wirklichen Christen des Auslands als Kompromißler nicht annehmbar seien.[18] So steht immer einer gegen den andern. Ich polemisierte scharf gegen diese Art übertriebener negativer Auslese und trat besonders für G[erstenmaier] ein.

Tolle Proklamation Hitlers, die er nicht wagte, selbst zu verlesen, sondern durch den übel beleumundeten Esser zu Gehör brachte.[19] 75% Judenhetze, der Rest Ankündigung schärfster Inanspruchnahme der besetzten Gebiete – taktisch so dumm wie möglich. Wagemann erzählte nach Rückkehr aus Den Haag von der wachsenden Spannung in Holland. Geiselerschießungen wurden mit der – ausgeführten – Ankündigung beantwortet, für jede getötete Geisel 10 Mussertleute umzubringen.

Gesandter Thomsen meldete sich nach seiner Ernennung [zum Gesandten in Stockholm] im Hauptquartier bei Hitler und in Karinhall. Er ging noch mit Illusionen hin und kam völlig bekehrt zurück. H[itler] fand er in einer zur Schau getragenen unverantwortlichen Siegeszuversicht, mit

Bauplänen für Botschaften usw. beschäftigt, ein unwürdiges Schauspiel. G[öring] behielt ihn einen ganzen Tag, sehr freundlich, fuhr ihn im Walde herum und bot ein einfach groteskes Bild. Morgens im „Wams" mit bauschigen weißen Hemdsärmeln, am Tage mehrfach das Gewand wechselnd, abends bei Tisch im blauen oder violetten seidenen Kimono mit pelzbesetzten Schlafschuhen – in diesem Augenblick des Krieges! Schon morgens einen goldnen Dolch an der Seite, der mehrfach gewechselt wurde, am Hals eine Agraffe mit ebenfalls wechselnden Edelsteinen, um den dicken Leib einen breiten gleichfalls mit vielen Steinen besetzten Gurt, ganz zu schweigen von Pracht und Zahl der Ringe.

Eine große Goebbels-Rede[20] ersteigt einen Gipfel wüster Demagogie gegen die Oberschicht. Bezeichnend für die Wirkung auf die verblödeten Gemüter: Die Frau des Gesandten Thomsen steigt aus der Untergrundbahn. Ein Uniformierter mit dicken Raupen – sie glaubt ein Polizeioffizier – stürzt auf sie zu, reißt ihr einen einfachen alten, eher abgetragenen Glacéhandschuh von der Hand und brüllt: „Haben Sie nicht gehört, daß Goebbels Glacéhandschuhe verboten hat?", und eine Platinkäte geht vorbei mit den Worten „Recht so!" Nebenbei hat G[oebbels] garnichts gegen Glacéhandschuhe gesagt, sondern ausgeführt, in solcher Zeit könne man nicht mit G[lacéhandschuhen] *anfassen*. Aber die Verhetzung wird immer schlimmer, und das Bedenkliche ist, daß sie von „oben" kommt. Trotzdem werden weder die militärischen noch die zivilen Kälber alle, die ihre Metzger wählen, wogegen noch nichts zu sagen wäre, wenn nur sie geschlachtet würden; das wirkliche Opfer ist aber Deutschland als Ganzes. Der Generaldirektor Loeser,[21] ein kluger klarblickender Mann, erzählte neulich bei Popitz, die führenden Leute, an der Spitze natürlich der servile Krupp-Bohlen und der kaltschnäuzig egoistische Zangen ständen beide hinter Hitler, weil sie glaubten, auf diese Weise gut zu verdienen und die Arbeiter an der Leine zu halten. In der Arbeiterschaft, sogar in der kommunistischen, sei eine klare Erkenntnis der nationalen Notwendigkeiten viel häufiger. Feststellung der Arbeiterstimmung freilich sehr schwer, weil sich kreuzende und verwirrende Bespitzelung herrscht.

Vor einer Woche mit Ilse in Köln. Vortrag „wie einst im Mai", nämlich Januar 1937 in der Glorie des aktiven Botschafters, im Auditorium Maximum der Universität; erstaunlicher Weise wieder mit großen Ehren empfangen, auch von den Parteigewaltigen. [. . .] Ich sprach über das „Mittelmeer als Kampfplatz der Geschichte",[22] worüber ich kurz vorher vor 90 Oberinnen des Roten Kreuzes (Generaloberin v. Oertzen, sehr guter Eindruck!) und vor einem Führerkursus der Kriegsakademie! gesprochen hatte. [. . .] Trotz vier Tagesalarmen am Tage des Vortrags (um 5 letzte Entwarnung) 1.500 Menschen im Vortrag! Vorher großes Frühstück im Exzelsior bei Schwaebe, abends kleineres Essen daselbst bei Oberbürgermeister Winkelnkemper.

Morgens mit der fabelhaften Sekretärin Frau Dr. Hebel-Eitel im Stadtauto durch die Zerstörungen. Furchtbarer Eindruck. In welche sinnlose Zerstörung Europas hat uns der Krieg, das heißt der dafür verantwortliche „Führer" gestürzt. Nachmittags zum Tee der kluge Historiker Rassow (sehr klar) und die gute Diakonisse Hermanna Lampe, märchenhaften Genueser Angedenkens. – Gegen Ende des Essens kam Luftalarm. Da man uns sagte, alle Züge führen trotzdem pünktlich ab, wanderten wir in der Stockfinsternis, in einen braven Hoteldiener eingehängt, zur Bahn, suchten erst etwas Schutz unter den Überführungen und kletterten dann in den von Soldaten gefüllten Zug nach Niederlahnstein, weil wir Henry Stackelberg (Prof. der Nationalökonomie in Bonn, reizende Frau geb. Kanitz) in Rhöndorf besuchen wollten. Zu erfahren war nichts, jede Minute hofften wir auf Abfahrt; tatsächlich blieben wir während des ganzen sehr üblen, grade um den Bahnhof und die Rheinbrücke tobenden Angriffs, des schwersten seit dem 30. 5. [1942], ohne jeden Schutz auf dem Bahnsteig im Zuge. [...] Stackelbergs waren, vom Vortrag kommend, im gleichen Zuge und umarmten uns ungefähr bei der Ankunft. [...] Erholender ruhiger Tag bei Stackelbergs; nachmittags kam noch der nette Prof. v. Beckerath aus Bonn[23] und der Bruder Herbert Stackelberg [...], der Verwaltungschef in Norwegen ist. Erzählte interessant von Terboven, der ein energischer, zielbewußter, brutaler und gefährlicher Kerl ist, von dem im Falle des Falles allerhand zu erwarten ist. Falkenhorst sei der übliche General ohne politischen Willen und Mut, einige unter ihm besser. Der in Oslo wurde mit der Charakterisierung „Ostmärker" als unbrauchbar abgetan. Beckerath brachte die Nachricht mit, daß der italienische Generalkonsul Nardi, der uns für den Abend ins Exzelsior eingeladen hatte, ihn zu entschuldigen bitte, weil er zum dritten Male abgebrannt sei! Einmal seine Wohnung, einmal das Generalkonsulat mit allen Akten usw. und nun seine Ersatzwohnung. [...]

Stimmung in Köln gemischt aus großer Tapferkeit, abgestumpfter Gleichgültigkeit und tiefer innerer Bitterkeit. Separatismus scheint noch schwach zu sein. Ein Mann, der im Hotel im Badezimmer etwas reparierte, erzählte Ilse, ein Freund besuche ihn immer abends ganz verzweifelt, von dem zwei Söhne gefallen, einer verwundet sei, während er von zweien an der Front seit Dezember ohne Nachricht sei. „Ja, Karl", sage er immer zu ihm, „soll ich mir nun eine Kugel vor den Kopf schießen oder nicht!"

Eine besonders widerliche Neuerscheinung sind die 16jährigen Kinder, wie zum Beispiel Ernst Ulrich Kameke und Heinz Albers-Schönberg bei der Flak. Jetzt sind die ersten gefallen! Diese Vorwegnahme eines Jahrgangs in seinen besten Teilen ist ein Wüsten auf das Kapital und zugleich ein neuer Schlag gegen die Oberschicht, denn es sind ja nur die höheren Schüler.[24] [...]

So wie wir uns praktisch den Vortrag in Köln auf den Großangriffstag eingerichtet hatten, waren wir in Berlin wieder rechtzeitig für den ersten wirklich schweren Angriff am 1. 3. zurück. Zuerst Schauspielhaus mit

Waldersees, reizende Aufführung des „Parasiten" [von Picard], dessen Schlußworte von Franck glänzend gesprochen wurden. „Die Gerechtigkeit gibt es nur auf der Bühne" — frenetischer Beifall. Danach bei Borchardt noch ganz gemütlich und gut gegessen, aber dann ging es los! Sehr bald brannte es im Nebenbau, Soldaten wurden zu Rettungsarbeiten aus dem Keller gerufen, die Funken regneten über den Hof und die Asche begann überall zu rieseln. Einige Telefonistinnen benahmen [sich] trotz alledem so übel wie möglich, sangen unanständige Lieder usw. Schließlich, als das Schießen nachließ, ergriffen W[aldersee] und ich unsere Frauen und marschierten durch das Stadtzentrum, aus dem an vielen Stellen die Brände (Hedwigskirche, Passage) lohten. Ein Versuch, die U-Bahn zu nehmen, scheiterte. So ging's zu Fuß durch den Tiergarten, auf meinen Vorschlag wegen des bequemeren Gehens auf der Waldseite, ahnungslos, daß auf der anderen Blindgänger lagen, von denen einer am nächsten Tage auf der Fahrbahn explodierte, ein anderer noch tagelang am Eingang der Bendlerstraße lag. Im Westen auch schaurige Bilder; bei Waldersees alle Fenster entzwei, bei uns eine Brandbombe in der Nebenwohnung. Viele Leute ganz oder teilweise abgebrannt, so Pücklers in Grunewald, fast alle Institute und Sammlungen des botanischen Gartens zerstört. Für uns das Erschütterndste, daß die arme Raimute Hassell alles, auch alle Erinnerungen und Bücher, alle Bilder von Lorenz Jürg verloren hat und um ein Haar auch ihr und des kleinen Fritzchens Leben.[25] Sie hat in der Nacht Fürchterliches erlebt. Auf ihre Bezugscheine bekommt sie einfach kümmerliche Wäsche, von manchen Sachen überhaupt nichts.
[...]
Ich scheide nun aus dem Vorstand des MWT aus. Vielleicht hat Wilmowsky sich doch übereilt. Aber so rechte Arbeit war ja ohnehin nicht mehr für mich. Im Institut für Wirtschaftsforschung bin ich noch nicht recht glücklich. Manchmal bin ich Berlin sehr satt. Ich habe Lust, nach E[benhausen] auszuwandern und nur zu schriftstellern. Aber es wäre doch wohl falsch und feige. [...]
Einiges zur außenpolitischen Lage: Türkei, Spanien, Portugal, Italien scheinen im Augenblick die Brennpunkte. Interessant und grotesk ist ein interner Vorgang im AA, nämlich die Absetzung und Verhaftung des sogenannten Unterstaatssekretärs Luther aus der „Speditionsbranche", [des] mächtigsten Mannes und Intimissimus von Ribbentrop.[26] Dieser ungebildete, anmaßende und falsche, ziemlich sicher auch korrupte Patron hat mündlich und schriftlich gegen R[ibbentrop] Stellung genommen. Das Wahrscheinliche ist, daß die SS ihm eine Falle gestellt hat und im Grunde nicht ihn meint, sondern R[ibbentrop], in der Hoffnung, nun Material gegen ihn zu bekommen. Nun ist der ganze ungeheure Laden L[uther]s unter die Lupe genommen worden. Wir leben wirklich unter hübschen Verhältnissen in diesem Dritten Reich, das sich anmaßt, allen anderen Systemen überlegen sein zu wollen.

Außenpolitisch ist die Lage zur Zeit besonders kritisch in Finnland, in dem die Haltung der Maßgebenden immer schwankender wird. Der neue Außenminister Ramsay, mit dem ich ebenso wie mit Ryti im September 1939 bei Erkko zu Abend gegessen habe, ist „Sir" und englischer Abstammung. Nur die Intransigenz der Bolschewiken oder, anders ausgedrückt, die Differenzen zwischen den Alliierten halten sie noch bei uns.[27] — In Spanien sieht es auch nicht sehr gut für uns aus, ebensowenig in Portugal. Deutscherseits fürchtet man eine Landung und Hitler plant für einen solchen Fall die Besetzung der Nordhäfen (zum Schutz des U-Bootkrieges). Der portugiesische Gesandte Tovar sagte mir neulich, er halte eine englische Landung in Spanien oder Portugal für ausgeschlossen — mit der hübschen Begründung: „Sie haben es ja gar nicht nötig, sie haben ja Gebiete zum Landen genug, wo sie begeistert aufgenommen würden!"

Über die Türkei äußerte sich der, wie mir schien, verständige Luftattaché in Ankara, Morell (bei General von Bülow, Luft), dahin: 1. Sie wollen gern neutral bleiben. 2. Sie haben eine Riesenangst vor Rußland, das ihnen ans Leder wolle. 3. Sie würden fechten, wenn wir einmarschieren. 4. Sie würden *nicht* fechten, wenn die Engländer etwas in der T[ürkei] unternähmen. Letzteres liegt meines Erachtens sehr nah, wenn die Engländer mit einer Konsolidierung unserer Ostfront und einer Frühjahrsoffensive rechnen. Rumänien ist wegen des Öls für uns kriegsentscheidend. Das wissen die Engländer auch. Vielleicht nehmen sie erst einmal den Dodekanes, als Luftbasis.

Am interessantesten ist zur Zeit wohl die italienische Entwicklung. Mussolini war so krank, daß Königin Elena immerhin Sauerbruch unter dem Vorwand eines kranken oder verwundeten Generals gerufen hat. Nachher hat man ihn [Sauerbruch] aus Angst vor der Wirkung in der Welt nicht einmal zu ihm gelassen, weil es ihm besser ging. Heute vor drei Wochen hat er [Mussolini] den Korrespondenten Heymann vor seiner Reise nach Deutschland vierzig Minuten lang recht frisch empfangen. Er hat ihm gesagt, Italien ginge durch dick und dünn mit Deutschland. Immerhin hat er zugegeben, daß er die Minister wegen „Gruppenbildung" entlassen habe [5. 2. 43]. Ferner hat er auf die Frage, ob er eine Gefahr für Italien sähe, geantwortet: „Nein, solange wir in Tunis sind." In dieser Hinsicht ist man aber auf die Dauer pessimistisch.[28]

„Stefani Mondial" (französische Ausgabe) hat eine amtliche Verlautbarung zum Ministerwechsel gegeben, in der es heißt, M[ussolini] nähme nun die Außenpolitik wieder in die eigene Hand, denn die *Politik* müsse nun wieder ebenbürtig neben die Kriegführung treten; die Völker Europas, die gleichmäßig und ohne Berechnung ihr Blut vergossen hätten, müßten wieder eine Aussicht bekommen, daß das erneuert würde, für das sie gekämpft hätten (oder so ähnlich). Also: *alle* Völker! Und: der Krieg kann nicht mit den Waffen allein beendet werden. Noch deutlicher ist der

„Stefani"-Kommentar zum amtlichen, höchst gedrechselten (Kompromiß-)Kommuniqué über den Besuch Ribbentrops bei Mussolini. Merkwürdigerweise wird er in der deutschen Presse gebracht (im Gegensatz zu der erwähnten Verlautbarung, die verschwiegen worden ist), aber ausgerechnet nur im „Völkischen Beobachter". Darin heißt es, Mussolini betrete nun festen Schrittes wieder die Linie, die er immer verfolgt habe und die ihn vom Viererpakt (mit England und Frankreich!!) über München (Verzicht auf die Tschechei) zu den Friedensbemühungen vom August 1939 (Kompromiß über Polen!) geführt habe. Zum Schluß der Satz: Bei dieser Aufgabe habe er die volle Mitarbeit des großen und klarblickenden deutschen Führers.[29] Also: Man muß auf den Frieden losgehen, und zwar die Achse; wenn Hitler nicht mitmacht, dann ohne ihn.

Aber macht mit M[ussolini] noch jemand Frieden? Vielleicht — mit Hitler dagegen bestimmt nicht, es sei denn Stalin; der aber nur bei völligem deutschen Verzicht auf russischen Boden und Einfluß, was Hitler schwerlich kann. Vorläufig arbeitet Hitler öffentlich mit schärfstem Antibolschewismus und deutet an, der Westen müßte vernünftigerweise sich mit ihm verständigen. In seinem Munde ist Letzteres vergebliche Liebesmühe, um so mehr, als er nach innen mit Riesenschritten bolschewisiert. Oder will er Stalin bluffen? Mussolini hat den Vorzug vor Hitler, daß er äußersten Falls im Interesse seines Landes zurücktreten kann.

Aus einem Brief an Ilse v. Hassell vom 11. 3. 1943:
Gestern war der Anmarsch zur Mittwochsgesellschaft beim Prof. Stroux in Lichterfelde auch ganz eindrucksvoll, denn das rechte und das linke Nachbarhaus waren ausgebrannt. Der gute Mann sprach dann über den Begriff der Harmonie in der Antike, ein Thema, auf das man sich zuerst schwer konzentrieren konnte, zumal er so ziemlich ohne Aufblicken vorlas. Es war aber nachher doch interessant, und es gab sogar stehend anschließend eine kleine, für mich kleinen Laien instruktive Erörterung.[30] Mein Beitrag bestand in dem Hinweis auf die verschiedene Haltung der einzelnen Völker zur Harmonie als Ziel oder Ideal (zum Beispiel Italiener — Spanier).

Leider geht es dem guten Beck gar nicht gut; Sauerbruch hat ihn operieren müssen (Grund mir nicht bekannt, vielleicht bösartig). Ich hörte aber heute, es ginge einigermaßen, obwohl noch einige Tage „Krise".[31]

Ebenhausen, 28. 3. 43.
Dieter recht schwer verwundet, Lungenschuß. Große Sorge. Merkwürdige Unklarheit, ob Steck- oder Durchschuß. Angeblich seit einigen Tagen mit Lazarettzug abtransportiert. [...] Übergang ins Institut [für Wirtschaftsforschung], im ganzen wenig erfreulich. Wagemann undurchsichtig, egoistisch, launisch, im steten Krach mit dem bürokratischen Dryander. — Einziger Lichtblick: Das Reiten geht vorläufig weiter, im alten

Behrmannschen Sommerstall in Hundekehle [Grunewald], den die Formation „Brandenburg" belegt hat, vermittelt durch El[isabeth] Dryanders Mann, Hauptmann Hohl, der mir immer besser gefällt. Er sieht sehr klar und tut in seinem Rahmen alles, zusammen mit U[lrich Graf von] Schwerin, um etwas [Militär] in der Hand zu haben. (Bisher sträflich vernachlässigt).

Siegt wirklich überall das Schlechte? Kurt Hammerstein [der Generaloberst] ist todkrank. Ich besuchte ihn, ein jämmerlicher Eindruck. Trotz seiner Schwäche — nur zehn Minuten bei ihm — sagte er leidenschaftlich beschwörend: „Macht nur keinen Kapp-Putsch! Sagen Sie das auch dem Pfaff [Goerdeler]." Die Warnung ist berechtigt, denn das Ausbleiben einer organisierten Aktion rückt die Versuchung zu verzweifeltem Einzelvorgehen näher[32]. Auch zum Beispiel bei Nordmann [Jessen], der neulich in heftigen Konflikt mit Hase [Oster] geriet, der ihm vorwarf, Wunschträume als Realitäten ausgegeben zu haben. Nordmann [Jessen] neigt dazu, ist aber wohl falsch informiert worden. — Wiederholte Gespräche mit Geißler [Popitz], einmal zusammen mit Albr. Ballachini [Haushofer], Ohnesalz [Trott], Roggenmüller [Gerstenmaier], einmal mit N. Bohr jun. [Planck], einmal auch mit Pfaff [Goerdeler]. Letzterer verzweifelt über die Vergeblichkeit aller Versuche. Er behauptete, Goebbels, Frick (Stuckart als Mentor) und Bormann seien sich untereinander einig geworden, daß Hitler verrückt sei und kaltgestellt werden müsse. Übrigens ist Luther [Unterstaatssekretär im Auswärtigen Amt] endgültig im Konzentrationslager gelandet. Es ist grotesk, daß er sich nachträglich noch Sympathien gewinnt, weil er offenbar Ribbentrop erkannt und deutlich als geisteskrank bezeichnet hat: Er hat, als er im Hauptquartier merkte, wie die Sache stand, seinem Hauptmitarbeiter Büttner (der es fertiggebracht [hat], sich zu salvieren) telefoniert: „Mit uns ist es aus, bestellen Sie zwei Kränze bei Grieneisen [Berliner Beerdigungsinstitut]!"[33]

Die Josephs [Generäle] sind zum Verrücktwerden. Mein alter Mitarbeiter H[asso von Etzdorf], der bei ihnen [im Hauptquartier des Oberkommandos des Heeres] ist, erzählte verzweifelt, nachdem es jetzt etwas besser stände, sei wieder alles in Butter: „Der Führer hat doch wieder recht gehabt!" Hoffnungslos. Es ist tragikomisch, daß am meisten Zivilcourage ausgerechnet Zeitzler zeigt, das heißt natürlich nur militärisch, sonst ist er hörig. H.[Etzdorf] erzählte noch zur Charakterisierung der Leichtfertigkeit des „entfesselten Proletheus" [Hitler], daß er bei Beginn des Russenfeldzugs Stalins Angebot, sich an die Haager Konvention zu halten, ausdrücklich abgelehnt habe.[34] Ebenso hat er verboten, die russische Geste der Gefangenenpostkarten zu erwidern. Ein gewissenloser Kondottiere, noch dazu ohne Stil. Ich hatte H. [Etzdorf] bei einem Frühstück getroffen, zu dem mich der gute, aber völlig ahnungslose Hansi Plessen eingeladen hatte. Magnus Pl[essen] war auch da. Hansis älterer Bruder erzählte ganz interessant von Giraud, den er nach der Gefangennahme zu

Kleist [Befehlshaber einer Panzergruppe] gebracht hatte.[35] Begegnung zweier ausgesprochen soldatischer Gentlemen. Das neueste Schlagwort, das auch H. [Etzdorf] mitbrachte – es scheint von Manstein zu stammen, ist: „Wir werden eben die Festung Europa verteidigen." Diese Leute sehen weder, wie es in dieser Festung (besonders nach weiteren, die Kriegsindustrie schwer treffenden Luftangriffen wie in Essen, aber auch sonst, moralisch, menschenmäßig, ernährungsmäßig) aussieht, noch erkennen sie die Gefahren der Peripherie, noch verstehen sie die Weltlage. Erfolge wie jetzt in Tunis[36] militärisch hoch anzuerkennen, machen sie blind. Ohnesalz [Trott] – mit ihm und Dagmar Dohna war ich in „Orpheus" – erzählte, er habe mit Axmann gefrühstückt, der ganz erfüllt vom Optimismus Hitlers (*dies*mal werde er die Russen erledigen) von diesem zurückgekehrt sei.

Einen ähnlichen Eindruck hatte ich vor einer Woche, als ich als Dank für einen im Lehrgang höherer Adjutanten gehaltenen Vortrag im Kasino der Kriegsakademie zu einem im übrigen reizenden, fast friedensmäßigen Kasinoabend eingeladen war und Schmundt (und dem unangenehmen Rosenberg) gegenübersaß. Schmundt, der gut aussieht und ganz sympathisch, aber unbedeutend wirkt, hielt eine vollkommen „hörige" Rede und sagte mir über den Tisch: „Ich war an der Front und habe mich wieder hoch erfreut an diesem festen Glauben, den man dort findet, dem Gefühl der Überlegenheit und der tiefen Verachtung für die Bundesgenossen!"[37] Diese letzte, für einen General reichlich törichte Bemerkung brachte mich doch etwas in Harnisch, worauf er merkte, daß er sich vergaloppiert hatte. Reizend der Oberst Bürkner, der bekannte Reiter, mit strahlenden blauen Augen. Leider soll er im Casino der Reitschule, die er kommandiert, sehr unvorsichtig sein. Auf Vorhalt soll er erklärt haben: „Auf meine Ordonnanzen kann ich mich verlassen!" – was diese mit stürmischer Begeisterung aufgenommen hätten. Hierzu paßt, was mir neulich in Frohnau der gute Heinz [Albers-Schönberg] erzählte: sie sagten in ihrer Flakbatterie nie „Heil Hitler", hätten es aber neulich aus Jux gegenüber ihrem Unteroffizier getan, worauf dieser erwiderte: „Laßt mich diesen Scheißgruß nicht hören!"

Ich sah in letzter Zeit viel vom Offizierskorps. Einmal hielt ich einen Vortrag vor den Offizieren der Flakdivision; nachher Frühstück im Stabe. Der Eindruck von letzterem war recht mäßig, niedriges Niveau. Der Divisionskommandeur, ein Oberst, erzählte mir, daß er bei Luftangriffen auf seinem Kommandoturm am Zoo dauernd vom Gauleiter [Goebbels], von Göring und auch von Hitler in störender Weise telefonisch belämmert würde. Göring spreche, wenn wenig Abschüsse zu melden seien, sofort vom „schwärzesten Tag seines Lebens", was ihn allmählich nicht mehr ernst nehmen lasse.

[. . .]

Ebenhausen, 28. 3. 43.

In Potsdam war ich beim Infanterieregiment 9 (als Dank für dort gehaltenen und Vorschuß für noch zu haltenden Vortrag) eingeladen zu einem Vortrag von Weizsäcker über das gewagte Thema „Politik im Kriege".[38] Er zog sich recht gewandt aus der Affäre und sagte sogar für Hellhörige einiges Reale über den Ernst der Lage. Es ist erstaunlich, wie die alte anständige Atmosphäre in dem Hause doch noch durchschlägt.

[. . .] Ich erzählte W[eizsäcker], daß meine vom AA angeregte Reise nach Belgrad und Athen wieder gescheitert sei; Stolzmann hat mich, selbst verzweifelt, besucht und mir erzählt, daß es nicht gelungen sei (in Monaten!!), rechtzeitig alle erforderlichen Genehmigungen zu sammeln. Bergmann habe erklärt, nach früheren Schwierigkeiten könne er die Frage beim SD nicht übers Knie brechen. Mir scheint, man hat also nicht gewagt zu fragen. Ich werde der Sache weiter nachgehen. Vielleicht entschließe ich mich doch, mit dem Adjutanten des Obergruppenführers Wolff zu sprechen, der mir auf meinen von Elsa Bruckmann veranlaßten Brief an W. sehr höflich mitgeteilt hatte, W. habe mich empfangen wollen, es sei ihm aber schließlich doch unmöglich gewesen; ob ich nicht ihm, dem Adjutanten, mein Anliegen „erzählen wolle".[39] Grundsätzlich habe ich dazu natürlich keine Lust, aber vielleicht ist es in dieser Lage doch richtig.

Vor drei Tagen [25. 3.] war ich bei dem netten Plettenberg im Niederländischen Palais zum Abendessen, mit Ulrich [Schwerin] und Castelloscuolo [Fritz Schulenburg]. Letzterer erzählte mir, „man" habe ihn informiert, ich würde vom nächsten Tage an telefonisch überwacht (ebenso Pl[ettenberg] und Prinz L[ouis] F[erdinand], woran mich nur wundert, daß das wirklich erst jetzt geschehen sollte). Ich möchte also sehr vorsichtig sein; Ziel sei, den Kreis der Beziehungen der Überwachten festzustellen. Aber nun nicht alle Telefone mit meinen Freunden unterlassen! Als Grund wurde angegeben (das heißt auch nach Ansicht des Informators nicht der wirkliche), daß ich in Bulgarien bei [König] Boris gewesen sei!! und ferner mit dem als de Gaullisten bekannten französischen Gesandten in Budapest „Fühlung" genommen hätte. Vollkommen Quatsch! Ich habe lediglich bei meinem alten römischen Kollegen, das heißt in Wahrheit bei ihr, die zwei deutsche Schwäger hat, zu Abend gegessen und mich mit ihm fast unangenehm gestritten. Im übrigen ist Dampierre ja wohl Gesandter von Vichy![40]

Vor dem Abend bei Pl[ettenberg] religiöser Nachmittag bei der guten alten Dame [Kracker v. Schwartzenfeldt]. Sehr bemerkenswerte Leute: Guardini, der mir persönlich gefiel, besser als seine Schriften, A[ugust] Winnig, G[ertrud] Bäumer, Geistliche der drei Konfessionen. Thema: „Verkündigung", das heißt, wie kann man heutigen Menschen das Christentum nahebringen. Ich habe versucht darzulegen, wie die gebildete Jugend angefaßt werden sollte. Zu meinem Erstaunen war auch Schachts

Tochter Frau van Scherpenberg da, die frühere Sozialdemokratin, die sich von mir Winnig vorstellen ließ, als „altem Parteigenossen". Sie meinte, ihr Vater würde nicht mehr sehr belästigt.

Meinen Mittelmeervortrag hielt ich vor drei Wochen auch in München. [...] München steht sehr unter dem Eindruck der aufgedeckten Studentenverschwörung. Man versucht, sie von oben als kommunistisch hinzustellen. Ich habe den einfach prachtvollen, tief sittlich nationalen Aufruf gelesen, der ihnen den Tod gebracht hat.[41] Himmler hat wohl keine Märtyrer haben wollen und hat – einige Stunden zu spät – Aufschub der Hinrichtung verlangt.[42] Es ist wichtig, für später, daß solcher Aufruf das Licht der Welt erblickt hat. Wie es scheint, ist ein (inzwischen auch verhafteter) Professor der Verfasser.

[Ebenhausen], 29. 3. 43.

Mussolini sollte in der letzten Woche Hitler besuchen, hat aber abgesagt. In Erinnerung an zahlreiche Gespräche mit ihm interessierte es mich zu hören, daß er auch im Kriege wieder Hitler gedrängt hat, im Osten zum Frieden zu kommen. H[itler] habe abgelehnt, weil er die Ukraine usw. behalten müsse, „sonst fehle das Wasser in der Wasserleitung."[43] Er scheint immer noch an der Illusion festzuhalten, *er* könnte einen Frieden mit England bekommen. Gestern glattes Angebot an E[ngland] zur gemeinsamen Befriedung und Sicherung des „Abendlandes" in der „Frankfurter Zeitung" (Aufsatz von Kircher). Inzwischen hält Herr Wallace, Vizepräsident der Vereinigten Staaten, seine programmatische Rede über die drei Weltanschauungen, von denen die „christlich-demokratische" über die „preußisch-militaristische" (trotz ihrer für ein falsches Ziel eingesetzten unbestreitbaren Qualitäten) siegen müsse, während die dritte, die „marxistische" abzulehnen sei.[44] Abgesehen von der üblichen Identifikation Hitler-Preußentum zeigt die Rede die tiefgehende Differenz zwischen den östlichen und westlichen Alliierten und die Chancen, die ein anderes System bei uns hätte. Sehr interessant in dem Zusammenhang Unterhaltung von Roggenmüller [Gerstenmaier] bei Elsa R[osen?] mit Geistlichen und dem (schwedischen) Außenminister über das heimliche Deutschland, zum Teil in Gegenwart des englischen Geschäftsträgers.[45] Immer dieselbe Frage: Gibt es das heimliche Deutschland und warum duldet es alles, was geschieht? Die „Zürcher" aus Anlaß von Wallace zum ersten Male wieder eindeutig für unsere Gegner Partei nehmend.

Groteskes Zwischenspiel: Der alte Chigi, Italiener und Faschist, besucht in der Vatikanstadt den amerikanischen Erzbischof Spellman, um ihm den Malteserorden zu überreichen (sicher nicht ohne M[ussolini]s Erlaubnis).[46] In der katholischen Kirche auch sonst bedenkliche Zeichen. Der „Osservatore Romano" behandelt den Bolschewismus als Gegenstand katholischer Ablehnung, betont aber, daß er autochthones europäisches Gewächs sei, zufällig in *einem* Lande (R[ußland]) zur Reife

gelangt, folglich kein Anlaß zur Stellungnahme des Papstes gegen dieses Land. Ähnliche Stimmen aus Ungarn: Bolschewismus sei Gift, Nationalsozialismus aber ein Gegengift, nicht als Dauernahrung geeignet. [. . .]
   In Rußland versuchen wir jetzt zu schwenken, das heißt uns prorussisch zu gebärden (zu spät!). Man erzählte mir eifrig, man wolle sich in der Person des Generals Wlassow einen „Wang Ching-wei" heranziehen.[47] Man taumelt eben haltlos hin und her.

Ebenhausen, 20. 4. 43.
Heute ist in ganz Deutschland Flaggen befohlen [zu Hitlers Geburtstag] — „Liebe des freien Mannes".[48] Noch nie geschah es mit so wenig Feuer.
   Je länger der Krieg dauert, desto geringer wird meine Meinung von den Generälen. Sie haben wohl technisches Können und physischen Mut, aber wenig Zivilcourage, gar keinen Überblick oder Weltblick und keinerlei innere, auf wirklicher Kultur beruhende geistige Selbständigkeit und Widerstandskraft, daher sind sie einem Manne wie Hitler völlig unterlegen und ausgeliefert. Der Mehrzahl sind außerdem die Karriere in niedrigem Sinne, die Dotationen und der Marschallstab wichtiger als die großen, auf dem Spiele stehenden sachlichen Gesichtspunkte und sittlichen Werte. Aller klarsehenden Leute bemächtigt sich daher eine immer vollkommenere Verzweiflung. Alle, auf die man gehofft hatte, versagen, und zwar insofern in besonders elender Weise, als sie alles, was ihnen gesagt wird, zugeben und sich auf die tollsten Gespräche einlassen, aber den Mut für die Tat nicht aufbringen. *Mit*machen würden sie alle. Augenblicklich setzt man zur Abwechslung mal Hoffnung auf Bussis einstigen *höheren* Chef [Guderian],[49] aber die Aussicht ist minimal, obwohl das Handeln dringender als je wird, wenn wir nicht die äußere und innere Katastrophe erleben wollen. Im Vordergrund steht für das Äußere zur Zeit angesichts des bevorstehenden Endes in Tunis[50] die italienische Frage. Zwischen H[itler] und dem endlich erschienenen Mussolini [7./10. 4.] ist es keineswegs zur völligen Verständigung gekommen. Ob es wahr ist, daß er erklärt hat, ohne Einnahme von Gibraltar sei die Lage im Mittelmeer nicht zu retten, weiß ich nicht. Ebenso nicht, ob die Behauptung stimmt, daß H[itler] getobt habe und ihn verhaften wollte![51]
   Auf alle Fälle sieht es bedrohlich aus. Da stellt sich nun neulich am Rheinbaben-Tisch General Balck (Eichenlaub zum Ritterkreuz) hin und predigt (offenbar nach einer Art Schablone): Er sei aus dem Osten — nach anderthalbstündigem Gespräch mit Hitler — zurückgekehrt mit der unerschütterlichen Überzeugung von der Größe und dem Feldherrngenie des Führers, der in diesem Winter, und zwar er *allein* (geschrieen), die Lage, das Heer und Deutschland gerettet habe. Er glaube jetzt, daß wir näher am Siege ständen als vor einem Jahre oder zwei Jahren. Die Russen seien militärisch so gut wie erledigt, unsere Truppe turmhoch überlegen. Letzteres kann stimmen, ändert aber nichts an der Gefährlichkeit der

Gesamtlage. Balck sagte nicht ein einziges Wort über die Offiziere, seine Kameraden, und über die Leistungen der militärischen Führung, sondern alles, alles sei der Führer. Das Unternehmen Stalingrad hätte nach vernünftiger Voraussicht zum vollen Erfolge führen müssen. Man dürfe solche Sachen nicht nachträglich beurteilen, sondern aus der Lage bei Beginn. (Ein toller Unsinn. Danach gibt es überhaupt keinen verschuldeten Mißerfolg, denn aus schierem Irrsinn handelt ein militärischer Führer wohl nur selten). Das Unglück sei gewesen, meinte B[alck], daß die Russen dann nördlich und südlich St[alingrad] angegriffen hätten und an beiden Stellen auf je eine rumänische Armee gestoßen wären, die sie (na, überhaupt die Bundesgenossen natürlich!) über den Haufen geworfen hätten. Immerhin wäre das noch auszugleichen gewesen; die sofort aufgestellte Entsatzarmee Manstein hätte wieder den sicheren Erfolg für sich gehabt und sei auf 30 km an St[alingrad] heran gewesen. Da hätten die unerhörter Weise offenbar nicht richtig an dem Kaisermanöver teilnehmenden Russen im Norden von St[alingrad] die Italiener zusammengeschlagen und anschließend die Ungarn, die bei weitem die schlechteste Armee seien und immer nur ein großes Maul und schöne Fassade hätten, nun aber nicht nur ausgerissen, sondern großen Teils (kommunistisch verseucht) übergelaufen seien. (Wo war eigentlich bei alledem die Voraussicht und Vorkehrung der Führung?) So sei nun die Entsatzarmee notwendig abgedreht worden, um das Riesenloch zu stopfen. Allen Zuhörern blieb die Spucke weg.[52] [. . .]

Unser braver Dieter, der immer noch transportunfähig in Gorlowka liegt, weil die Blutung noch nicht aufhört (fünf Punktierungen!), schrieb mir als Antwort auf meine Schilderung von Balck, daß dieser nach eigener Erfahrung sehr *genau* wissen müßte, wie wenig seine Darstellung vom russischen Heere zuträfe. [. . .]

Erstaunliches berichtete Nutis Stiefvater [Hans v. Holtzendorff], wie er behauptet aus eigener Anschauung: H[itler] sei bei Dnjepropetrowsk im Flugzeug angekommen, herausgehoben worden und gestützt auf zwei Leute weitergewankt (ebenso nachher zurück). In der Debatte mit den versammelten höheren Offizieren habe er über Bedenken eines Teilnehmers einen solchen Wutanfall bekommen, daß er ihm die Achselstücke abgerissen habe.[53]

Balck erzählte übrigens mit größter Kühle von der „unvorstellbaren Härte", mit der der Krieg von *beiden* Seiten in diesem Winter geführt worden sei. So gut wie keine Gefangenen, das heißt lebend gelassen. Die Schuld liegt mindestens so sehr auf unserer Seite wie auf der anderen. Ein propagandistischer Gegenschlag wird mit der Nachricht über die Ermordung von 12.000 polnischen Offizieren durch die Russen geführt.[54] Nicht ganz schlecht, aber doch als schwere Übertreibung und Ablenkungsmanöver durchsichtig.

Ich war drei Wochen in Berlin mit Ilse zusammen, eine unerhörte Erleichterung in dieser üblen Zeit. Mein anderes „Labsal" ist das Reiten, das ich dank dem tüchtigen Hohl, E. Dryanders Mann, im Grunewald fortsetzen kann (vorläufig). Er ist mir auch sonst wertvoll.

Charakteristikum dieser Wochen war die immer höher gesteigerte Nervosität. Dabei ist oft schwer zwischen Realität und Befürchtung (natürlich auch zwischen Tatsachen und Gerüchten) zu unterscheiden. Einiges ist auf alle Fälle Wirklichkeit. Am Groteskesten ist vielleicht, daß Schulenburg, Regierungsvizepräsident, alter SS-Führer, aktiver Soldat, des morgens um drei Uhr verhaftet wurde, weil aus Anlaß der Verhaftung eines Offiziers, der rebellische Reden geführt hatte, jemand blöder Weise gesagt hatte, Sch[ulenburg] suche in Potsdam zuverlässige Offiziere. Sch. ist dann nach einigen Stunden infolge geschickter Aussagen freigelassen worden, aber die Sache schwelt noch weiter.[55] Spaßhaft ist, daß Keitel ausgerechnet den schlappen Fromm angeschnauzt hat, weil er solchen Kerl wie Sch. empfangen habe. Ich selbst bin viermal gewarnt worden, daß ich telefonisch überwacht würde und vielleicht noch mehr, nach der schon erzählten Warnung noch durch Albr[echt Haushofer], dann durch Fotis Mann [Hohl], diese beiden mit dem Rat, auf länger nach Ebenhausen zu verschwinden, was ich nicht richtig finden kann; schließlich noch durch den vorübergehend aus A[gram] hier anwesenden Burger [Guttenberg]. Fotis Mann [Hohl] hatte gehört, es stände ein 30. Juni gegen die Opposition bevor.[56] Ich sprach darüber und über meinen Fall mit Walch [Langbehn], der die Sache nicht ganz so sieht. [. . .]

Sehr aufgeregt ist der ganze Verein um Oster, längst schon das Angriffsziel des SD.[57] Dank von Devisenunkorrektheiten (nicht sehr schlimm, wie es scheint) von Dohnanyi, der mit Frau und Schwager [Dietrich Bonhoeffer] verhaftet worden ist (aber kriegsgerichtlich), ist nun ein schwacher Punkt gefunden. Bisher ist die Politik wie es scheint nur gestreift worden. Untersuchungsführer ist ein Kriegsgerichtsrat der Luftwaffe Roeder, der sehr ehrgeizig zu sein scheint und auch schon gegen Harro [Schulze-Boysen] und Genossen amtiert hat.[58] Diese Sache fehlte wirklich noch grade. Oster ist leider abgelöst worden, man muß fürchten, daß dies ganze Unternehmen zusammenkracht. Dohnanyi scheint bei der Verhaftung noch Blödsinn gemacht zu haben, indem er Oster auf ein angeblich kompromittierendes Papier im Panzerschrank leise hinwies, was dann noch praktischer Weise auf den Boden fiel und vom Kriegsgerichtsrat aufgehoben wurde.[59] Ein pasticcio ersten Ranges. Hoffentlich ist moralisch alles in Ordnung, das ist zunächst die Hauptsache.

Ich besuchte neulich den kranken Beck, der reizend wie immer und leider noch recht schwach war. Sein Kopf erinnerte mich an Friedrich den Großen (von vorn und alt), wobei mir einfällt, daß Ilse und ich einen reizenden, unwahrscheinlich unwirklichen Nachmittag im Schloß Monbijou (dank Frau K. Virchow) hatten, wo Prof. Hildebrand uns (das heißt einem kleinen Kreise) einen höchst fesselnden Vortrag mit Lichtbildern über das Bildnis Friedrichs des Großen hielt, der übrigens als König keinem Maler mehr gesessen hat.[60] — Sauerbruch, den ich (wegen Beck) zweimal sah, behauptete zu wissen, ich stände < > auf der Liste der ganz Gefährlichen und folglich Gefährdeten.— Rantzau (AA) erzählte mir, daß im AA auch bekannt sei, ich würde überwacht. Ich werde folglich wegen Reisen jetzt nichts tun, zumal selbst bei Zustimmung des SD die Sache vermutlich doch an Ribbentrop scheitert, der neulich auch einen Aufsatz von mir nicht hat erscheinen lassen. Der Pressechef Schmidt teilte mir das mit dem Bemerken mit, Beamte des AA, auch z.V., bedürften zum Schreiben der Genehmigung des Außenmin[isters]. Dies nach fünf Jahren Schriftstellerei *ohne* Genehmigung und nachdem ich grade aus „z.V." „a.D." geworden bin.[61]

Fortsetzung von: Ebenhausen, 20. 4. 43.
Leider färbt die Aufregung auch auf private Beziehungen ab. Viele Leute haben Angst. [. . .]
Von Geißler [Popitz] und Pfaff [Goerdeler] sah ich in letzter Zeit nur wenig. Es ist ja auch nichts zu machen. Ganz deprimiert war seit längerem der einst so unternehmungslustige Nordmann [Jessen]. Er wollte niemand sehen. Seine Frau, vielleicht auch sein und unser Freund Stackelberg, erreichten aber, daß er aus der Schale kroch und Ilse und mich zu einem sehr gemütlichen, wenn auch nicht grade trostreichen Abend bei sich sah. Famose Leute.[62]
Ribbentrop ist jetzt ganz rabiat geworden. Er haßt das ganze alte AA (an dem ich auch viel auszusetzen hatte, aber anderes als R.). Diels, den ich neulich auf einer Fahrt mit Wagemann nach Magdeburg zur Gründung einer Zweigstelle des Instituts sah, erzählte neben tollen Dingen, die er mit den sogenannten Gesandten in Bukarest und Sofia erlebt hatte, daß R[ibbentrop] gesagt hätte (an Hitler), es komme im auswärtigen Dienst nur auf die Gesinnung an, er wolle 40 SS-Leute, 40 SA-Leute und 40 HJ-Führer haben und das Amt neu besetzen. Dementsprechend sind die letzten Änderungen im AA vor allem als Schlag gegen das alte Beamtentum zu beurteilen.[63] Dieckhoff allerdings geht nach Spanien; er findet ähnlich wie der verstorbene Moltke als einer der wenigen Gnade bei R[ibbentrop], ist auch gesinnungsmäßig höchst subaltern. Woermann und Gaus sind freilich in dieser Hinsicht noch weit unerfreulicher; ersterer geht nach Nanking; letzterer scheint endlich ziemlich ausgeschaltet zu werden. Weizsäcker sollte wohl schon längst weg, weil er immerhin im Kleinen gelegentlich Widerstand versuchte. Sein Nachfolger (Steengracht) ist unbedeutend, gänzlich unerfahren und eine reine Kreatur R[ibbentrop]s, der seine Karriere abgesehen von diesen Eigenschaften seiner sehr hübschen, ehrgeizigen, intelligenten, übrigens auch erstaunlich kultivierten Frau verdankt. [. . .] Die Partei liebt übrigens den Baron und Rittergutsbesitzer, der erst seit 1931 dabei ist, nicht besonders.

W[eizsäcker] hat am Vatikan einen Posten, der sehr wichtig sein könnte, aber es unter diesem Regime nicht ist. Er ist die übliche falsche Etikette für die Nazis.

Ebenhausen, 15. 5. 43.
[. . .]
H[entig] sehr scharf über Weizsäcker. Merkwürdig, wie oft man bei Schwaben beim tieferen Bohren auf Mangel an Festigkeit des Charakters und eine durch Bonhommie verdeckte Bauerngerissenheit stößt; vgl. Kiderlen, Rümelin, Neurath, Weizsäcker.
[. . .]
Die Front der Klarblickenden bröckelt ab, nicht ohne eigne Schuld. Der ganze Stall Canaris hat sich Blößen gegeben und überhaupt nicht gehalten, was man von ihm hoffte. Wenn die „Guten" nicht klug wie die Schlangen *und* ohne Falsch wie die Tauben sind, ist nichts zu erreichen. Das ist um so schlimmer, als die ganze Lage sich mit Sturmesschritten so entwickelt, daß eine Aktion immer dringender wird. Einerseits wäre die politische Lage noch immer (für ein völlig umgestülptes System bei uns) nicht hoffnungslos (innere Brüchigkeit der Feindfront), andererseits rückt eine äußere Niederlage und eine innere Katastrophe immer näher. In ersterer Hinsicht ist Tunis auf Stalingrad gefolgt. Auch der dümmste Feldmarschall müßte jetzt erkennen, wohin diese verbrecherische, leichtfertige Führung militärisch-politisch „führt". Auch die krampfartige Propaganda, die versucht, die schwere Niederlage in Tunis als Erfolg zu frisieren, kann doch niemand mehr Sand in die Augen streuen. Das Echo in der Welt wird vorläufig stärker sein als in Deutschland, vor allem in Italien.

Das von Mussolini zunächst noch ausgenutzte „Gegen-Gefühl" der Italiener, nunmehr mit dem Rücken an der Wand zu fechten, mag bei dem geduldigen Volk eine gewisse Wirkung haben. Mussolini trifft in dem Sinne Konzentrationsmaßnahmen. Ministerialrat Weber (Internationales Landwirtschaftsinstitut) erzählte mir, daß er nach der zeitweisen Bevorzugung ganz junger Leute wie Vidussoni wieder auf bewährte ältere zurückgreife. Der neue Parteisekretär Scorza habe die interessante Parole aufgestellt: „Duce, das tausendjährige Königshaus und die katholische Kirche". Der ganze Unterschied uns gegenüber wird klar.[64] Zwischen M[ussolini] und H[itler] ist es zu keiner vollen Verständigung gekommen; M[ussolini] hat vergeblich entschieden Übergang zur Defensive in Rußland und Bildung starker operativer Reserven für den Westen und Süden verlangt.

Unbefriedigend sind auch die Besuche von Horthy und Antonescu verlaufen. Von ersterem hat man die Ersetzung von Kallay, von letzterem die von Micha A[ntonescu] durch achsentreuere Leute verlangt, bisher mit negativem Ergebnis. K[allay] hat sich im Gegenteil gegen Angriffe von

Imrédy durch Parlamentsvertagung energisch zur Wehr gesetzt. Micha, der liebliche Knabe, war einige Tage „krank", ist aber wieder erstanden. Typisch für unsere Leute die taktlos-brutale Behandlung des alten Horthy, der sich, zu Hitler gerufen, ganz allein einem Kollegium von dreien gegenübersah.[65] Am bedenklichsten sieht es zur Zeit politisch für die Haltung von Finnland aus, dessen Marschall „zur Erholung" in der Schweiz war. Türkei auch oberfaul, obwohl Papen noch Optimismus äußert. In Holland üble Spannung, drakonisch bekämpft.

Erschütternde Berichte des braven Zähringer [Frauendorfer] aus Polen. Während Frank öffentlich erklärt, man wolle Polen ein menschenwürdiges freies Dasein geben und während man — vergeblich — die Welt durch die bolschewistischen Morde in Katyn abzulenken sucht, haust die SS in Polen weiter in unvorstellbarer beschämendster Weise. Unzählige Juden werden in besonders dazu gebauten Hallen vergast, jedenfalls Hunderttausende.[66] Aber auch die polnische „Intelligenz" wird nach wie vor systematisch dezimiert. Zähringer [Frauendorfer] und sein Freund [Berthold] haben sich, außerstande im Generalgouvernement weiter mitzuarbeiten, als einfache Soldaten gemeldet. Während Fr[ank] erklärte, das sehr begreiflich zu finden, und sie nur ermahnte, zum Heer, aber nicht zur SS zu gehen, hat die SS Z[ähringer] amtlich und schriftlich zur Rede gestellt, weil er sich zum Heere gemeldet habe, obwohl er SS-Mann sei, und hat ihm schärfste Maßnahmen angekündigt. Das sind Zustände, die unglaublich klängen, wenn man nicht schon so abgestumpft wäre. Inzwischen setzte sich der unglückliche Judenrest im Warschauer Ghetto zur Wehr, und es kam zu schweren Kämpfen, die wohl mit völliger Ausrottung durch die SS führen [= enden] werden.[67] Hitler hat den Deutschen zum verabscheuten wilden Tier in der ganzen Welt gemacht.

Recht fatal wirkt für das System der Tod von Lutze [Chef des Stabes der SA, 3. 5.] auf einer mit Hamsterei verbundenen Privat-Autofahrt, die man vergeblich zu verschleiern suchte.

Leider ist keine Aussicht auf grundsätzlichen Wandel. Alle Versuche, diese subalternen Feldmarschälle auf ihre höhere Pflicht zu bringen, bleiben vergeblich. Deprimierte Gespräche in Walchensee sowie in Berlin mit Geißler [Popitz], Nordmann [Jessen] und anderen. Zu fürchten sind allmählich unbesonnene Einzelaktionen, obwohl allmählich *jede* Änderung die Lage nur bessern zu können scheint. Es ist zum Heulen, weil grade der Anfangserfolg von Katyn zeigte, daß immerhin noch Möglichkeiten vorhanden sind. Dagegen gibt es für Hitler nur das, was Eden verkündete: Bedingungslose Kapitulation.[68]

Wir sind traurig über Hammersteins Tod [25. 4.]. Er war ein sehr kluger Mann, politisch und militärisch klarsehend, durch und durch anständig. Das Einzige, was ihn behinderte, war eine starke persönliche Bequemlichkeit. Aber im großen Augenblick hätte er große Dienste geleistet. Beck geht es besser, aber noch nicht sehr schön.

[...]

Ebenhausen, 9. 6. 43.
[...]
Dieser Staat entwickelt sich immer mehr zu einem unsittlichen und bankrotten Unternehmen, unter der Führung eines verantwortungslosen Spielers, der selbst kaum noch als geistig normal bezeichnet werden kann und von Gesindel umgeben ist. Aber wir rollen dem Abgrund entgegen, kein „Feldmarschall" handelt so, wie es ihm eine höhere Pflichtauffassung gebieten würde — ja, wenn schon diese ihn nicht erfüllt, das nackte Interesse der Soldaten an ihrer Zukunft und der einfache militärische Gesichtspunkt der Kriegführung. Die Art, wie der afrikanische Feldzug zur Katastrophe geführt und schließlich keineswegs sehr rühmlich, außerdem für das Führerhauptquartier durchaus überraschend beendet wurde, ist dafür ein neuer Beweis. Schamlos, wie Hitler zum Schluß versuchte (ziemlich vergeblich), seinen durchaus mitverantwortlichen Liebling Rommel aus der Drecklinie zu bergen[69] und den schlichten, tüchtigen Arnim in ihr alle Last tragen zu lassen. Der Gehilfe Zeitzlers, Warlimont, kam kurz vorher aus Tunis zurück ins Führerhauptquartier. Man berichtet zuverlässig, daß er verlangt habe, zum Führer gebracht zu werden, um ihm zu melden, daß man sich noch bis zum Herbst halten werde. Antwort: „Ja, das wird den Führer in der Tat sehr interessieren, denn eben ist die Meldung gekommen, daß Tunis und Bizerta gefallen sind." Ich ertappte mich neulich, wie ich unbewußt einen Wagen der U-Bahn vermied, in dem ich einen General sitzen sah. — Großer Verlust: Waldaus[70] Tod. Ein hervorragender Offizier, für mich in Rom das Ideal eines Wehrmachtattachés, in erheblichem Grade klarblickend; zwar nicht der Mann, auf den Knopf zu drücken, aber einer, von dem man in kritischer Lage viel erwarten konnte.

Viele Gespräche, das heißt „viele" eigentlich nicht, weil die Vorsicht zu seltenen Treffen zwingt, außerdem die Unmöglichkeit etwas zu tun lähmend wirkt, aber immerhin — bei jeder Gelegenheit Aussprachen mit Geißler [Popitz], dem langsam gesundenden Geibel [Beck], dem aus seiner Residenz herübergekommenen Burger [Guttenberg] über die furchtbare Entwicklung. Die Angelegenheit Freda [Dohnanyi] usw. schwärt immer noch weiter und wirkt sich als starker Hemmschuh aus. Angeblich ist Fredas hoher Chef [Canaris] jetzt offensiver geworden, nachdem sich gezeigt hat, daß die Devisensache im wesentlichen harmlos und auf alle Fälle Vorwand ist.[71] In der Beurteilung Differenzen zwischen Velsen [Gisevius] und Burger [Guttenberg], ersterer negativer hinsichtlich der Beschuldigten. Vor einigen Tagen recht aufschlußreicher Abend bei Rechtsanwalt [Wirmer], mit Fredas Schwager [Klaus Bonhoeffer] und dem früheren Arbeiter-Zentrumsabgeordneten [J. Kaiser].[72] Die nationale Note ist bei ihnen klar vorhanden und nach ihrer Behauptung auch — ebenso wie die christentumfreundliche — bei weiten Kreisen der ehemaligen Sozialdemokratie, zugleich tiefster Defaitismus, das heißt keine Hoffnung auf guten Ausgang des Krieges und Hoffnung auf Beseitigung des Regimes nur bei äußerer Katastrophe. Immer häufiger kann man hören: „Hoffentlich sind die Engländer eher in Berlin als die Russen."

Meine persönlichen Dinge haben sich nicht verändert, das heißt ich arbeite weiter im Institut für Wirtschaftsforschung, ohne sehr befriedigt, sehr ausgefüllt und für dauerhafte Beschäftigung sehr hoffnungsvoll zu sein. Freilich liegt *alles* im Ungewissen. Meine beiden Bücher kommen in neuen Auflagen heraus, a stento, fünf der Aufsätze aus der „Auswärtigen Politik" nach einem Jahr Bemühungen nun scheinbar wirklich als Buch.[73] [...]

Nachdem die Deutsche Akademie vergeblich versucht hat, mich zum Präsidenten zu bekommen (an den Ängstlichen gescheitert), scheint sich dasselbe bei der Deutsch-Bulgarischen und, nach Tschammers Tod, bei der Deutsch-Italienischen Gesellschaft abzuspielen. Ich könnte mir fast vorstellen, daß man mir die letztere doch in die Hand drückte, weil die deutsch-italienische Freundschaft ein hoffnungsloses Unternehmen darstellt! Nach Tunis ist die allgemeine, von Sorge geladene Aufmerksamkeit sehr stark auf den möglichen Abfall Italiens gerichtet. Es fragt sich aber, ob ein Abfall noch ausreichend honoriert wird und ob nicht die Angst, Kriegsschauplatz zu werden, abschreckend wirkt.

[...]

In Berlin behauptete man bei meiner Abreise, die Alliierten übten einen ultimatum-artigen Druck und böten den Stand Italiens vor dem Kriege mit Tripoli, aber ohne Abessinien und natürlich die Balkanbesetzungen an. Fey erzählte, der Haß gegen Deutschland sei vor allem seit Stalingrad (angeblich gemeine Behandlung der weichenden Italiener, während Dieter von einer unerhört feigen, aufgelösten Flucht der letzteren erzählt) zur Siedehitze gesteigert.[74] Von Abfall spräche man aber nicht, wohl von Revolution (was mir im Effekt auf dasselbe herauszukommen scheint); es gäbe Zeitungen, zum Beispiel „La Ricostruzione" und „Europa Federalista", die von Hand zu Hand gingen. Ein italienischer antifaschistischer Professor erzählte mir, Croce, Gentile und Sforza würden als kommende Männer genannt.[75] [...]

In allem Pessimismus klammern sich die Menschen an die demnächst anzuwendende neue Waffe, ein Raketengeschütz, das auf weiteste Entfernung mit einem Schuß ganze Stadtteile in Schutt verwandeln könne.[76] Furchtbare Aussicht, angesichts der Tatsache, daß auf diese Weise der Krieg sicherlich nicht verkürzt und zu gutem Ende gebracht wird, sondern höchstens verlängert und entsetzlich verschärft. Inzwischen bedenkliche Flaute im U-Bootkrieg und vernichtende Wirkungen der englischen Luftangriffe, vor allem auf die Talsperren, auf Dortmund, Wuppertal (Barmen) usw.[77] Ich fuhr nach Partenkirchen mit Dortmundern, Essenern und Gelsenkirchenern und war erschüttert über deren Berichte. Die Dortmunder waren noch völlig durcheinander, verbittert und hoffnungslos, ihre Erzählungen konnten die Haare zu Berge treiben. Eine Steigerung und Verallgemeinerung dieser Angriffe muß uns der Katastrophe auch wegen der schwer mitgenommenen Kriegsindustrie nahebringen. Es fragt sich, ob die Engländer und Amerikaner überhaupt das Risiko einer Landung laufen wollen, aber sie werden es wohl im Hinblick (in doppeltem Sinne) auf Rußland und um die Hände gegen Japan freizubekommen, ferner aus psychologischen Gründen doch tun; fragt sich nur, wo.

Neulich in Hohenfinow [24./25. 5.] bei der netten Frau von Bethmann, mit dem dänischen Legationsrat Steensen-Leth, dem alten K[ühlmann], aber ohne Ilse. Von Leuten wie Kühlmann trennt mich trotz allem ein Abgrund. Kapitalistische Salondemokraten, sehr materiell, sehr unpreußisch, ohne feste innere Linie. Mit Steensen-Leth lange Gespräche. Er äußerte sich sehr offen über die unbegreiflichen Fehler unserer Politik und die Aussichtslosigkeit des Krieges für uns. Dagegen meinte er, daß Best geschickt sei, Verständnis für die Lage in Dänemark zeige, die gänzlich unbrauchbaren dänischen Nazis entschlossen liquidiere und die Fehler vermeide, die Renthe-Fink aus zitternder Angst vor der Partei begangen habe.[78] Steensen-Leth ist der Ansicht, daß es bei einigem Geschick auch in Norwegen hätte gelingen können, zu einem modus vivendi zu kommen.

Eine Geschichte zur Kennzeichnung des Niveaus unserer „Führer": Ley hat einen Aufsatz auf seinen „Kameraden" Lutze verbrochen, der einen Kreis von treuen Gefolgsleuten als Kennzeichen der germanischen Führer bezeichnet, so: die Artus-Runde, dann merkwürdigerweise Nibelungen und die sächsischen und staufischen Kaiser bis zu Bismarck, Moltke und Roon, diese also unverschämter Weise auf eine Stufe mit den Leuten um H[itler] gestellt. Dazwischen aber als Krone der Geschichtsforschung: „das Tabakskollegium Friedrichs des Einzigen!" in einer zweiten Ausgabe, um den allergrößten Blödsinn auszumerzen, in die Tafelrunde verwandelt.

Li [Tochter Fey] erzählt noch [aus Italien], daß die oppositionellen Kreise, auch die rechts und kirchlich gesinnten, gegen die Dynastie seien (weil sie sich zu sehr mit dem Faschismus identifiziert habe), und zwar einschließlich der zahlreichen revolutionären Offiziere, an deren Spitze der Sohn Cadorna stehe. Wenn das richtig ist, heißt also die Parole: Chaos.

Man stellt sich immer wieder die Frage, wie weit unsere Leute den Ernst der Lage (und den verbrecherischen Leichtsinn der getriebenen Politik) erkennen. Walch [Langbehn] behauptet, daß bei der höchsten SS-Führung die Erkenntnis davon und von der Notwendigkeit, Hitler auszuschalten, voll vorhanden sei.[79] Tatsächlich wird in der Verzweiflung über das Rollen zum Abgrund und das Versagen des Militärs bei den „Gutgesinnten" immer häufiger die Möglichkeit erörtert, wenn alle Stricke reißen, sich der SS zum Sturz des Regimes zu bedienen, schon um das Instrument in der Hand zu haben, innere Unordnung zu verhindern; nachher will man dann natürlich auch die SS ausschalten. Die Frage ist nur: erstens ob Himmler und Genossen ein solches Spiel wagen und nachher in dem so freundlich gewünschten Sinn mitspielen, zweitens welche Wirkung dies Verfahren im Ausland hat, für das grade die SS den Teufel verkörpert.

Aus einem Brief an Ilse v. Hassell vom 3. 6. 1943:
Gestern schwach besuchte, aber sehr nette (glänzend mit Spargeln verpflegte) Mittwochsgesellschaft. Interessanter Vortrag von Popitz über das soziale (Arbeiter-)Problem, am Schluß eine positive Idee zur Besser- und Sicherstellung.[80] Nachher unterhielt ich mich lange mit dem klugen, überlegenen Spranger über Existenzphilosophie (Anlaß der Aufsatz, den ich gestern aufzuheben bat), sonst noch mit Fechter, Heisenberg und Schadewaldt.

Ebenhausen, 4. 7. 43.
Bericht aus Italien,[81] von mir mit lebhaften Zweifeln an der Realität, mit schweren Bedenken gegen die aufgestellten Ziele und mit größter Sorge wegen des voraussichtlich chaotischen Ergebnisses aufgenommen.

Nach dieser Darstellung ist – bis auf gewisse Arbeiterkreise in einigen Industriezentren – die kommunistische Bewegung schwach,[82] dagegen die antifaschistische Bewegung in der Oberschicht stark und bereits organisiert. „Stark" vielleicht nicht zahlenmäßig, aber qualitativ. Es besteht eine kleinere, mehr konservativ und kirchlich gesinnte Richtung („Ricostruzione"), die ursprünglich dynastisch gesinnt war, aber jetzt wegen des Verhaltens der Dynastie anfängt, zur Republik zu neigen; diese Leute beginnen neuerdings mehr und mehr zu der zweiten „linken" Richtung überzugehen. Ihr Chef ist Bonomi, der versucht hat, dem König Vortrag zu halten, wovon dieser aber sofort Mussolini Kenntnis gegeben habe. Die zweite „linke", liberal-sozialreformerische Richtung gewinne dauernd Boden, habe überall Zellen usw. Sie nennt sich Partito d'azione, gibt eine Zeitschrift „Italia Libera" heraus, für die Studenten ein Blatt „Discussione", und hat auch in der Wehrmacht Fuß gefaßt.[83] Das Ziel ist der Sturz des Regimes und die konstitutionelle Republik mit einem geläuterten Parlamentarismus, zweitens die entschlossene Wendung gegen die deutsche „Invasion"; Italien müsse auf alle Großmachtträume verzichten und sich als letztes Land in die Reihe der von Deutschland besetzten oder unterdrückten Völker einreihen, um auf diese Weise mit englischem Wohlwollen einen bescheidenen Platz in einer europäischen Föderation einzunehmen. Sollte es nicht gelingen, rechtzeitig, das heißt ehe Deutschland zu stark in Italien ist, die aktive Wendung zu vollziehen, so müsse zunächst eine großzügige Sabotage gegen die deutsche Kriegführung, vor allem auch gegen Truppenbewegungen (Nägel auf den Straßen) einsetzen. Drei Generale seien schon gewonnen. Badoglio sei abgeschrieben, weil er nach dem Scheitern eigener Versuche jetzt gegen jede Aktion sei. Der Gewährsmann selbst [Detalmo Pirzio Biroli] hat einen Versuch gemacht, seinen Onkel[84] zu gewinnen, der aber abgelehnt habe, „weil er als einfacher pflichttreuer Soldat nur den graden Weg gehen" könne. Beeindruckt habe ihn nur der Hinweis auf die systematische Stärkung der Miliz, die jetzt fünf Panzerdivisionen aufstellen solle und alle neuen Panzer bekomme. Die Frage, ob er einem General folgen würde, der sich gegen den Übergang der Wehrmacht auf die Milizführung (Galbiati) wendete, habe er so halb bejaht. In der Tat sei der Chef des Generalstabs der Wehrmacht Ambrosio bei M[ussolini] scharf gegen das deutsche militärische Übergewicht in Italien aufgetreten, aber ohne Erfolg, und es sei wahrscheinlich, daß er bei solcher Haltung beseitigt werden würde. [. . .] Der bisherige Polizeichef Senise habe innerlich auf dem Boden der Partei gestanden, der neue aber nicht, und der neue Parteisekretär Scorza gehe brutal gegen jede Opposition vor.

Ich habe meine schärfsten Bedenken geäußert, weil diese Politik Italien moralisch zerstören und ins Chaos und auf lange unheilbare Schwäche stürzen müsse. Bei der Gesamtlage der Achse bestehe nur Aussicht auf einigermaßen günstigen Ausgang bei Kooperation zweier neuer, verhandlungsfähiger, aber nationalgesinnter Regime. Er meinte dazu, erstens müsse Italien aber nach allem Geschehen eine solche Ohnmachtsperiode in Kauf nehmen, zweitens sei eine Kooperation mit einem neuen Deutschland nie in Betracht gezogen worden, weil man einen Umsturz in Deutschland für unmöglich halte. Er stellte mir dann folgende fünf Fragen (da er die Antworten offenbar weitergeben wollte, habe ich sie entsprechend formuliert):
1. Ist die kommunistische Gefahr in Deutschland groß und imminent? (Antwort: nein).
2. Gibt es eine im allerweitesten Sinne „liberale" Opposition? (Antwort: Ja, aber nicht organisiert, wohl mit einer Art Führergruppe).
3. Ist eine Fühlung der italienischen Opposition mit der deutschen möglich? (Antwort: Nein, wohl aber Entschluß nötig, bei Erfolg sofort zusammenzuarbeiten).
4. Ist in Deutschland das Gefühl durchgedrungen, daß wir einem disastro entgegengehen? (Antwort: nicht einheitlich, aber weitgehend).
5. Sind aussichtsvolle neue Waffen in Vorbereitung und beziehen sie sich auf Land-, See- oder Luftkrieg? (Antwort: Ja, und zwar auf allen drei Gebieten).

Er berichtete, M[ussolini] habe Ciano und Grandi abgesägt, weil sie (untereinander versöhnt) eine Gruppe gebildet hätten, mit dem Ziele, als „gemäßigter" Faschismus mit England zur Verständigung zu kommen.[85] London habe Osborne angewiesen, die Verhandlungen mit ihnen hinzuziehen, aber nicht zum Abschluß kommen zu lassen. M[ussolini] habe C[iano] in den Vatikan geschickt, um seinerseits diese Sache in die Hand zu bekommen, auch habe er auf anderen Wegen verhandelt. Amerika sei zunächst ihm gegenüber nicht ablehnend gewesen, aber England habe durchgesetzt, daß der Faschismus in allen seinen Gliedern als verhandlungsunfähig erklärt werde. Deshalb sei nun M[ussolini] zum hundertprozentigen Durchhalten mit Deutschland abgeschwenkt. Der Londoner Radio beginne jetzt, sich sympathisch mit dem Partito d'Azione zu beschäftigen. < > Er erklärte übrigens, daß weder die „alten" Politiker wie Croce oder Sforza in Betracht gezogen würden noch irgendjemand, der am Faschismus teilgehabt habe. Ich wies auf Bottai hin, worauf er meinte: dieser allenfalls.

4. 7. 43. Später neue Unterhaltung. Hauptargument: vollendete, vor allem militärische Schwäche Italiens, die keinen anderen Ausweg mehr zulasse. Dasselbe veranlaßt unsere Militärs zur Forderung der nötigen Besetzung Italiens, was dann wieder – die Katze beißt sich in den Schwanz – die heftige italienische Reaktion *dagegen* befördert. Im übrigen haben wir grade einen Brief von Udo Alvensleben bekommen, der von herzlichster Aufnahme durch die Bevölkerung in Italien spricht.

Die ganze Lage in I[talien] macht den Regimewechsel *in* D[eutschland] doppelt dringend, nur ein solcher kann noch hindern, daß ein Regimewechsel in I[talien] mit einem Hinüberwechseln ins Feindlager identisch ist.

Ebenhausen, 4. 7. 43, Fortsetzung.

Vor einigen Tagen von gut geglückter Reise zu Pussysstadt [Brüssel] zurück. Ich bekam erstaunlicher Weise nicht nur das Visum, sondern die Verlängerung auf ein Jahr des mir gar nicht mehr zustehenden Ministerialpasses. Entweder ist die Sache in höheren Regionen gar nicht vorgelegt worden oder man hat dort die Reise für „ungefährlich" gehalten. Denn daß man mich überhaupt wieder ins Ausland reisen lassen will, glaube ich nicht.

Den äußeren Verlauf habe ich in meinem Briefe an Ilse geschildert.

Es war mir sehr wertvoll, mit dem hohen Gebieter [Falkenhausen] und seinem Kollegen [Stülpnagel] aus Marthestadt [Paris] zusammenzusein. Im Ganzen läuft dank des ersteren Geschick die Sache dort noch so einigermaßen, obwohl die Sklavenverschickung[86] einerseits, der Kriegsverlauf andererseits die Lage verschlechtern.

Unerfreulich ist die allmählich entstandene Reibung zwischen dem Gebieter [Falkenhausen] und seinen Borgheses [= Beamten]. K.O. [Kameke] hatte meine Einladung zum Vortrag, die ich selbst aus anderen Gründen angeregt hatte, wohl hauptsächlich deshalb betrieben, weil er von mir eine Einwirkung auf den Gebieter erhoffte. Worum es sich handelte, wurde mir von K.O.s Chef in einer langen Unterredung dargelegt, bei der sich dieser in großer, wie mir schien durchaus echter Erregung befand. Die Hauptbeschwerde geht dahin, daß er den Landeseinwohnern gegenüber zu weich sei, noch dazu in unsystematischer Weise, und zwar auf den Einfluß seiner Freundin E[lisabeth Ruspoli],[87] von der die meisten annehmen, daß sie sein Verhältnis ist, dieses aber nicht aus Liebe, sondern um es sowohl für sich wie für ihre Landsleute auszunutzen. Man behauptet ferner, daß sie daran schuld sei, wenn kein wirkliches Vertrauensverhältnis zwischen ihm und den B.s [Beamten] bestände, indem er dauernd hinter dem Rücken dieser Herren handele und sogar durchblicken lasse, daß er mit deren Maßnahmen nicht immer einverstanden sei, sondern seinerseits gern weiter entgegengekommen wäre. Andererseits fechte er Parteistellen gegenüber (zum Beispiel Sauckel) den vernünftigen Standpunkt nicht wirklich durch, sondern erwecke bei diesen den Anschein, er sei ganz einverstanden. Nach meinem Eindruck liegt die Schuld auf beiden Seiten. Der Gebieter [Falkenhausen] läßt es an geordneter Konsequenz, wie sie eine Verwaltung verlangt, sicherlich oft fehlen. Vor allem affichiert er seine Freundschaft mit E. [Ruspoli] in unvorsichtiger und für einen Mann in seinem Alter und seiner Stellung wenig dekorativen Weise, läßt sich auch sicherlich von ihr in Einzelfällen beeinflussen. Auf der anderen Seite versteht die Bürokratie weder seine Persönlichkeit noch seine *Ziele* vollständig. Der alte Ostasiat ist etwas Bohémien in seiner Art, außer Dienst reichlich unernst dem Alkohol (ohne Schwips aber!) und Kartenspiel zugewandt und hat andere Arbeitsmethoden wie ein preußischer Vortragender Rat alter Schule. Außerdem sieht er unsere Lage seit Jahren sehr ernst an und geht daher darauf aus, in seinem Rayon möglichst viele Aufnahmestellungen zu halten. Ob er mit E. [Ruspoli] ein richtiges „Verhältnis" hat, weiß ich nicht, ich bezweifle es, halte es politisch auch nicht für wesentlich.

Auf alle Fälle ist die Entfremdung zwischen den B.s [Beamten] und ihm bedauerlich und schädlich, vor allem aber die Angriffsfläche, die er den Spionen der Partei bietet, die ihm längst ans Leder will. Ich habe die Sache in großen Zügen mit seinem zu Besuch anwesenden Kollegen [Stülpnagel] erörtert, der einen ausgezeichneten Eindruck macht: nicht überragend bedeutend, aber klug, klarblickend, guter Typ preußischer Offizier.[88] Wir waren in dieser Frage und auch sonst völlig einig. Grade weil die Möglichkeit noch zu einer *Wendung* zu kommen gering ist, ist jeder Mann und jeder Posten wichtig, vor allem solche wie diese hier. Denn wenn auch von dort (von Marthe und Pussi [Paris und Brüssel]) kein entscheidender Anstoß gegeben werden kann, weil die Macht fehlt, so bleiben die Positionen wichtig und vor allem der sehr kluge, weitblickende Mann unentbehrlich. Ich habe mich deshalb der wenig angenehmen Aufgabe unterzogen, dem Gebieter [Falkenhausen] auf einem langen Spaziergang klar zu machen, wie sehr die nervös gewordene Partei und vor allem die Gestapo gegen alle Leute dieser Art Material sammeln und daß man ihnen auf keinen Fall in die Hände spielen dürfe. Als Rahmenerzählung habe ich von der Überwachung der verschiedenen Persönlichkeiten, auch meiner selbst, berichtet und hinzugefügt, daß, wie mir ein Vertrauensmann gesagt habe, er würde [sic!] scharf überwacht und man habe schon viel Material zusammen, besonders auf der Basis seiner „allzu engen Beziehung zu Landeseinwohnern" und zu großer Nachgiebigkeit ihnen gegenüber, besonders in Fragen des Arbeitseinsatzes. Die Sache schien ihm etwas Eindruck zu machen, er nahm sie, glaube ich, gut auf. Dasselbe schien mir bei E. [Ruspoli] der Fall zu sein, auf die ich in einem abendlichen Gespräch einen Warnungsschuß abfeuerte, aus der Berechnung heraus, daß sie das größte Interesse hat, ihren Freund zu halten. Ich sagte ihr, man dürfe Freunde, die man habe, in kritischen Zeiten nicht gefährden, sondern müsse im Gegenteil dazu beitragen, ihre Position zu sichern. Sie bedankte sich sehr und wie mir schien ehrlich für den Wink, schwor auch, dem Gebieter [Falkenhausen] kein Wort von meiner Warnung zu sagen. Ich halte sie nicht für eine Spionin.

Bezeichnend für die etwas beschränkte Art der B.s [Beamten], den Gebieter [Falkenhausen] zu beurteilen, ist die Tatsache ihrer großen Entrüstung über einen hinter ihrem Rücken an Hitler geschriebenen Brief des Königs in der Frage des Arbeitseinsatzes, bei dem sich nachher herausgestellt habe, daß der Gebieter ihn genau gekannt, ja sogar durch einen deutschen Offizier (meinen alten Belgrader)[89] habe entwerfen lassen. Tatsächlich ist das natürlich ein ganz richtiges Verfahren.

Ich kehrte im übrigen mit dem Eindruck zurück, daß die Rettung aus dieser Ecke nicht kommen kann, wenn sie auch dort entscheidend unterstützt werden würde. In Berlin herrschte in letzter Zeit in Bezug auf diese Hoffnungen ebenfalls weiter Pessimismus. Erst in den allerletzten Tagen hörte ich, daß doch noch allerhand im Gange sei. Dabei brennt es uns wirklich auf den Nägeln. Die schweren und immer schwereren Luftangriffe, deren äußerste Steigerung zu erwarten ist, machen das auch dem Blindesten klar; dazu kommt der jäh absteigende U-Bootkrieg.[90] Die Optimisten klammern sich an dessen Wiederaufnahme im Herbst nach vorgenommenen technischen Änderungen, an eine bessere Verteidigung in der Luft durch Jäger, an die „neuen Waffen", an den Hunger in Rußland und an bevorstehende Offensivstöße dort. Ich kann von alledem nichts Entscheidendes erhoffen.

Vor kurzem hatte ich in Institutsfragen in Wien zu tun und bekam dabei Riedls Besuch zum Tee. Der weise vortreffliche Mann grübelt mit Herz und Geist an der Frage herum, wie noch ein guter Ausgang möglich sei, und hofft immer noch auf eine grundsätzliche Wende in der Rußlandpolitik und einen Sonderfrieden Hitler-Stalin. Ganz abgesehen davon, daß darin ganz ungeheure Gefahren liegen würden, kann ich nicht glauben, daß Hitler das Erforderliche dazu tun würde, jedenfalls nicht rechtzeitig. Richtig ist, daß es *für ihn* der einzige Ausweg wäre.
[...]
Bei einem Frühstück lernte ich Srbik kennen. Kluger netter Mann, ty-

pischer Österreicher, wie mir schien nicht eigentlich bedeutend. Er kam für mich im äußeren Eindruck nicht auf gegen den reizenden herrenmäßigen A.O. Meyer, neben dem ich zufällig am Tage vorher in Berlin beim Akademiefrühstück saß. Er will nun wirklich die immer noch fehlende Bismarck-Biographie herausbringen, die sicher gut, wenn auch wohl etwas einseitig-enthusiastisch sein wird.[91]

Andere Eindrücke in Berlin: Der letzte, ein Vortrag von mir mit Ergänzung durch Gerstenmaier über den Einfluß der katholischen Kirche im Mittelmeer in dem Zastrowschen Kreise;[92] Wolfulli, der nun endgültig in Berlin arbeitet, war dabei. Vorher ein netter Abend mit Plettenberg, D[agmar] Dohna und ihrem Bruder, ein anderer mit Marion Dönhoff. Für den MWT gab ich ein Essen zu Ehren Sagoroffs[93] und eines bulgarischen Prof. Radoslawoff, mit Wilmowsky, Ilgner und anderen. Lange ernste Unterhaltung mit dem famosen Sagoroff, der immer noch „hofft"; er meinte, auch seine Militärattachés seien noch optimistisch. Einige Tage vorher traf ich mit ihm zusammen beim Requiem für den ertrunkenen Kronprinzen von Sachsen[94] (ein großer Verlust!). Er war von der Geistlichkeit auf dem Altar unter Führung von [Bischof Graf v.] Preysing und überhaupt der ganzen Feier, besonders aber der hervorragenden Rede des Pater (SJ) Hoffmann ebenso beeindruckt wie ich und sagte im Auto nachdenklich zu mir: „Wenn die Kirchen *solche* Leute haben, wird es ein schwerer Kampf gegen sie sein!" Die Kirche St. Clemens liegt versteckt hinter den Häusern in der Saarl[and]straße. Ich fragte einen dicken Schlächter danach, der antwortete: „Na, da drüben, da tragen sie den König von Sachsen hinaus!" Die Kirche war gesteckt voll, teils Gesellschaft, teils Ordensleute und Klosterfrauen, teils aber Scharen von kleinen Leuten, die dem Priesterprinzen Dank schuldeten, darunter nicht wenige Evangelische. Die ganze Feier wirkte ungeheuer echt, ganz im Gegensatz zum glorreichen Parteitheater.

Beck geht es Gott sei Dank endlich besser. Der arme kranke Mann wurde sogar in der Charité überwacht. Hase [Oster] erschien bei Sauerbruch, nur um ihn darauf hinzuweisen. Leider ist die unerhört geführte Angelegenheit D[ohnanyi], natürlich ohne Erfüllung der primitivsten Rechtsvorschriften, immer noch im Gange.

[. . .]

Ebenhausen, 18. 7. 43.
[. . .] Hier wurde ich mit der Nachricht empfangen, daß die hiesige Gendarmerie (Ebenhausen) von der Gestapo Auftrag habe, mich „wegen Umsturzgefahr" zu überwachen. Dieter wurde in strengster Heimlichkeit durch den braven Schn[eider] verständigt. Ein lächerliches Verfahren. Wie sollen die guten Leute das machen? Außerdem ist nichts zu beobachten, weil ich nichts „tue". Es könnte die erfreuliche Folge haben, daß ein Brief abgeht, der mein harmloses Leben bestätigt. Lästig ist nur, daß in solchem Nest alles durchsickert.

Die Sache ist ein Beleg für die Nachricht Pfaffs [Goerdeler], der mich neulich besuchte, daß die Nervosität und folglich die Überwachung aller „Gefährlichen" steige.[95] Neulich ist in Sachen Freda [Dohnanyi] auch Burger [Guttenberg] aus A[gram] zitiert und eingehend vernommen worden, hauptsächlich wegen Beziehungen zu einem gewissen Phantasten, den kein vernünftiger Mensch kennt, auch Burger [Guttenberg] nur oberflächlich. Die Vernehmung scheint gut verlaufen zu sein. Der Untersuchungsführer tastet so herum. Das Ganze ist ein offenbarer Skandal: monatelange Untersuchung gegen einen hohen und militärisch verwendeten Beamten, ohne formelle Rechtsgrundlage und ohne Ende.[96] Bezeichnend auch, daß Sauerbruch, als er den kranken Beck aufs Land zur Erholung im Hause der Frau S[auerbruch] bei Dresden gefahren hatte, sofort polizeilich darüber interpelliert wurde.

Pfaff [Goerdeler] war verzweifelt über das Hinunterrollen des Wagens in den Abgrund, ohne daß die, welche die Macht hätten, eine Hand rühren. Einzig auf rein militärischem Gebiete scheint etwas mehr Rückgrat gezeigt zu werden, und zwar ausgerechnet von Zeitzler zusammen mit Kluge. Es geht aber leider im Osten wieder keineswegs gut. Der russische Widerstand ist äußerst stark und auf neues hervorragendes Material gestützt.[97] Unsere Meldungen wieder höchst dunkel und beschönigend. Inzwischen ist die Bombe in Sizilien geplatzt [Landung am 10. 7.]. Die Operation der Angloamerikaner ist infolge der Luft- und Seeherrschaft, im ersten Teil jedenfalls, geglückt. Am sonderbarsten scheint mir der Fall des Kriegshafens Augusta ohne ernsten Widerstand. Nach verschiedenen Nachrichten halten die Italiener vielfach nicht mehr.[98] Was macht nun die herrliche Aktionspartei? Nimmt man die zunehmende Zerstörung durch die Luftangriffe hinzu, so muß man schon sagen, daß unsere Lage anfängt höchst bedrohlich zu werden. Auch der ununterbrochen zunehmende Partisanenkrieg auf der Balkanhalbinsel ist ein gefährliches Moment. Gräfin Lerchenfeld (Sofia), mit der ich zu Abend aß, erzählte auch aus Bulgarien bedenkliche Dinge, die die Lage dort als sehr labil erscheinen lassen. Alle Nachrichten stimmen darüber überein, daß „oben" in der Verzweiflung immer mehr mit dem russischen Sonderfrieden kokettiert wird, in der Tat für Hitler der einzige Ausweg. Mussolini und Japan drängen schon lange darauf, Ribbentrop greift nach diesem Seil und Hitler, der anfangs an der Ukraine usw. festhielt und damit eine solche Lösung von vornherein unmöglich machte, soll heute schon mürbe geworden und mit den Grenzen von [19]14 zufrieden sein. Aber eine solche Schwäche muß Stalin eher veranlassen, auf nichts einzugehen, zumal er ebenso wenig wie sonst jemand Vertrauen in H[itler]s Vertragstreue haben *kann*. Es ist wohl alles zu spät, so stark auch die Motive sein mögen, die Stalin eine Verständigung mit uns nahelegen können.[99]

Nordmann [Jessen] hält, eigentlich als einziger, immer noch die Hoffnung fest, daß etwas geschehen würde, was uns den Weg zu einer erträglichen Lösung öffnet.

Gestern früh erstes Frühstück mit Herzvetter [Schacht] im Hotel (mit beiden Frauen), der sich leider telefonisch gemeldet hatte. Er hat so gut wie gar keine Hoffnung mehr. Interessant sein Bericht über sein Ausscheiden, bei dem sich Sepp [Göring] durch einen höchst abwegigen, schlecht stilisierten Brief ausgezeichnet hat.[100]

In Berlin sah ich einige Male Geißler [Popitz] und Roggenmüller [Gerstenmaier], das eine Mal mit Ohnesalz [Trott] und Cortegambe [Langbehn]. Von Bedeutung kann die höchst mutige Aktion werden, die Wurm „als ältester Bischof" der evangelischen Kirche unternimmt, um bei Hitler (und allen Ministern) gegen die Methoden des Regimes, die Rechtlosigkeit, die Kirchenverfolgung und die Greuel in den besetzten Gebieten zu protestieren. Natürlich „nützt" es nichts, kann W[urm] persönlich sogar schaden, aber es kann von großer Wichtigkeit in der Zukunft und vor der Geschichte werden, daß wenigstens *eine* Stelle, nämlich die evangelische Kirche, offen und klar von der ganzen Schweinerei abgerückt ist,[101] wozu den Herren Generalfeldmarschällen leider die Zivilcourage fehlt. Marahrens hatte Angst mitzumachen, Meiser wollte es schließlich, was man abgelehnt hat, weil es natürlich eine Abschwächung bedeutet hätte (Qualifizierung als Minderheitsaktion und als süddeutscher Partikularismus).

Aus dem persönlichen Leben zu erwähnen eine schöne Aufführung von Calderons „Das Leben ein Traum" (Kommerells sehr gute Übersetzung) im Schauspielhaus, mit Wuffi und Brauchitsch's! Überhaupt gute Kameradschaft mit Wuffi. [. . .][102]

Das AA verlangt plötzlich aus Anlaß meines Vortrags, um den mich Faupel für die Deutsch-Spanische Gesellschaft gebeten hat, Vorzensur meiner Vorträge. Darauf kann ich mich nicht einlassen; ich will sie zwar melden und auf meine Schriften verweisen, auf denen sie jeweils beruhen, *aber* Manuskripte vorher vorlegen, nein, dann lieber verzichten. Warum jetzt plötzlich, nach einem Dutzend öffentlichster Vorträge? — Eine kleine Freude hatte ich dadurch, daß zwei große holländische Zeitungen, „Niewe Rott[erdamsche] Courant" und „Vaderland" aus dem Europahandbuch nur meinen Aufsatz besprochen haben[103] und zwar unter eingehender Wiedergabe aller der Stellen, auf die es mir grade „historisch" ankam, nämlich über die großen politischen Grundsätze vor allem gegenüber den kleinen Nationen. Das muß doch durch die Zensur gegangen sein. Warum hat man es zugelassen? Aus Blindheit oder will man „zu spät" die Taktik ändern und sich Feigenblätter borgen?

Hitler hat befohlen, und zwar gegen das Votum von Goebbels usw., daß die „Frankfurter Zeitung" zum 30. 9. eingestellt wird,[104] nachdem er sich zehn Jahre über sie geärgert habe. Durchaus logisch. Sie war auch ein Feigenblatt, eine falsche Etikette; *sachlich* natürlich sehr bedauerlich.

In Berlin fieberhafte Vorbereitungen aller Behörden für Ausweichstellen im Falle großer Luftzerstörungen. Eine wirkliche Zerstörung der we-

sentlichsten Teile Berlins einschließlich der Verkehrsanlagen ist aber durch Ausweichstellen und dergleichen nicht zu parieren.
Zwei charakteristische Geschichten:
1) Churchill kommt auf seiner großen Rundreise auch nach St. Helena. „Nun, es ist ja alles in Ordnung. Anstreichen kann er es alleine!"
2) Kindergesellschaft bei Goebbels. Edda zu Hause. Es war herrlich: Chokolade mit Schlagsahne, Nußtorte, Baisétorte, Obstkuchen, nachher noch Pralinés. Erwiderung bei Görings. Goebbels Kinder berichten zu Hause: „Es war wunderbar, die allerschönsten Sachen gab es; nachher durften wir mit der Eisenbahn spielen und zum Schluß kam aus Berlin das Staatsballett und tanzte uns vor." Onkel Adolf hört davon und gibt auch ein Fest. Edda zu Hause: „Ach, es war garnicht schön. Nur Kriegskaffee, schlechter Kuchen und sonst garnichts. Sag mal, Papa, ist denn Onkel Adolf garnicht in der Partei?"

Ebenhausen, 20. 7. 43.
Gespräch mit Dieter über die Außenpolitik Hitlers vor und nach Kriegsausbruch. Ich entwickelte folgende Gedanken: Die „innere" Grundlage des ganzen Unheils bildet eine mit völliger Unkenntnis der Welt verbundene hybris-artige Maßlosigkeit. Ihr verderbliches Mittel hat die Politik gebildet, die durch Bilden eines militärischen Blocks mit Italien und Japan die Teilung der Welt in zwei Lager herbeiführte – bei für unsere Seite ungünstigsten Kräfteverhältnissen. – Die Peripetie, das heißt der entscheidende Wendepunkt zur kriegerischen Entladung, liegt in der Besetzung von Prag. Alle vorherigen Aktionen, vor allem der „Anschluß" und die Einverleibung von Sudetendeutschland hatte die Welt hingenommen. „München" bedeutete, daß man diese Ergebnisse „schluckte", aber mit dem festen Willen, weiteres deutsches Ausgreifen nicht mehr kampflos zu dulden. Es fehlt jede Unterlage für Hitlers Behauptung, England sei nach München entschlossen gewesen, Deutschland anzugreifen, sobald man stark genug dazu wäre. Der englische Entschluß ging vielmehr dahin, belehrt durch die bisherigen Ereignisse und mißtrauisch gegenüber Hitlerschen Versicherungen sich militärisch in den Stand zu setzen, einer abermaligen Aktion Hitlers Widerstand zu leisten. Dabei ist höchstwahrscheinlich, daß bei geschickter deutscher Politik England eine Beseitigung des Korridors im geeigneten Augenblick nicht verhindert hätte. Wenn es wa[h]r ist, daß Hitler später einmal Ribbentrop vorgeworfen hat, ihm einen schlechten Rat gegeben [zu haben], als er vorschlug, *zuerst* Prag und später den Korridor zu machen, so hatte er nicht unrecht. Henderson hat mir im Frühsommer 1939 selbst gesagt, Prag sei das große Unheil gewesen, weil es jeden Glauben an eine maßvolle Politik und an das Wort Hitlers erschüttert hätte;[105] hätten wir stattdessen nach einiger Zeit die Korridorfrage angepackt, so würde das wahrscheinlich geglückt sein. Das Unternehmen gegen Prag war aber um so unsinniger, als die weitere

Entwicklung ohnehin die Tschechei in eine vollkommene Abhängigkeit von uns bringen mußte.

Die Fehler der englischen Politik sehe ich erstens in der Politik der Garantieverträge, die Deutschland nervös machen mußte, aber die Staaten im Osten *doch* nicht schützen konnte. Zweitens darin, daß England — schlechter Tradition entsprechend — versäumt hat, in München mit äußerstem Ernst die kriegerische Aktion für den Fall eines Bruchs der Abreden anzukündigen. Eine Entschuldigung für die deutsche Politik bedeutet das nicht. Auch hatte Henderson recht, wenn er mir einmal sagte, wir könnten unmöglich immer zweierlei gleichzeitig behaupten: 1) England will seit langem Deutschland niederschlagen und rüstet dazu, 2) England ist dekadent und schwach, es wird nicht fechten; man kann also ruhig über seinen Widerspruch hinweggehen. Die zweite Behauptung ist die, welche Ribbentrops wirklicher Ansicht entsprach. Diese völlige Verkennung der Lage veranlaßte ihn, dauernd ins Feuer zu blasen und in den entscheidenden Tagen 1939 den Krieg leichtfertig herbeiführen zu helfen (wofür aber die historische Verantwortung Hitler selbst zufällt). Die ungarischen Minister, die einige Zeit vor Kriegsausbruch in Deutschland waren, zeigten sich nachher vor allem beunruhigt, weil der Minister, der „ressortmäßig" hätte die Gesichtspunkte der internationalen Politik geltend machen und die Bedenken gegen eine herausfordernde Politik hätte vertreten müssen, statt dessen am stärksten auf eine Politik hinarbeite, die zum Kriege führen müsse.

So eröffneten diese Männer den Krieg gegen Polen, mit verbrecherischem Leichtsinn das Risiko des Eingreifens der Westmächte in den Kauf nehmend, die Kräfteverhältnisse völlig verkennend und vor allem ohne jede Vorstellung von der Bedeutung des Faktors „See". Die erforderliche Sicherheit glaubten sie durch den Vertrag mit Rußland geschaffen zu haben, obwohl sie selbst diesen Schritt mit den Hintergedanken taten, die 1941 klar ersichtlich wurden. Für die Behauptung, daß Rußland uns angreifen wollte oder später angegriffen hätte, fehlt jede Grundlage. Hier handelt es sich um das unheilvollste Beispiel des von Bismarck verworfenen Präventivkriegs. Sind wir 1914 in den Zweifrontenkrieg hineingestolpert, so haben wir ihn 1941 mutwillig herbeigeführt. Rußland hatte einem intakten Deutschland gegenüber nur ein Gefühl, nämlich Furcht. Es ist ausgeschlossen, daß es uns angegriffen, jedenfalls mit Erfolg angegriffen hätte, solange wir eine ungebrochene Wehrmacht besaßen. Es genügt, sich den weiteren Verlauf des Krieges für den Fall vorzustellen, daß wir nach dem französischen Zusammenbruch im Besitze einer völlig unversehrten gewaltigen Kriegsmaschine geblieben wären, statt sie im Kampf gegen das unterschätzte Rußland zu verschleißen.

Der Kampf gegen Rußland, den wir begannen, war genau ein so leichtfertiges Unternehmen wie der Krieg überhaupt. Nachdem man ihn begonnen hatte, eröffnete er wenigstens eine Chance — die einzige „moralisch"-propagandistische Chance, die sich überhaupt bot – ihn eindeutig nur gegen den Bolschewismus zu führen und die Befreiung Rußlands, von dem uns keine Gegensätze trennten, auf unsere Fahne zu schreiben. Das Gegenteil geschah, wir einigten Rußland hinter Stalin gegen uns. Nebenbei ist noch auf den Unverstand hinzuweisen, uns sowohl gegen Polen wie gegen Rußland zu orientieren, ein Verstoß gegen das Einmaleins jeder deutschen Ostpolitik.

Ein weiterer verderblicher Entschluß war der, den Vereinigten Staaten den Krieg zu erklären. So lästig der Zustand war, diesen Faktor unterstützend auf der Gegenseite zu sehen, so unsinnig war es, von uns aus die Initiative zu ergreifen, um die Vereinigten Staaten aus einem Gehilfen der Gegner zu einem seine volle Kraft gegen uns einsetzenden Hauptfeind zu machen. Es ist anzunehmen, daß Hitler glaubte, Japan ein solches Verhalten schuldig zu sein – ein wahrhaft merkwürdiger und unheilvoller Einzelfall der Vertragstreue in Hitlers Laufbahn.

In das Gebiet der Kriegs-Außenpolitik gehört schließlich noch der falsche Grundsatz, den Kriegsschauplatz durch Übergreifen auf bisher neutrale Gebiet[e] so weit als möglich zu erweitern. Dieses Verfahren wurde dadurch noch weit unheilvoller, daß die in der Mehrzahl dieser Länder betriebene Politik aus ihnen ein einziges Reservoir des Hasses und der Rachegefühle gegen uns machte. Wie überhaupt die Außenpolitik des Dritten Reiches durch ein gefährliches Vermischen außen- und innerpolitischer Gesichtspunkte gekennzeichnet wird, so ist auch auf diesem Gebiet die durch die Namen Quisling und Mussert charakterisierte Methode besonders verderblich gewesen.

Ebenhausen, 24. 7. 43.
Wir werden langsam erdrosselt. Nachrichten aus Sizilien sehr schlecht, aus dem Osten nicht gut. Dazu verlogene, mit den Italienern nicht koordinierte Heeresberichte. Zusammenkunft Hitler-Mussolini in Italien (wiederholtes Zitieren von M[ussolini] durch H[itler] blieb vergeblich) offenbar ohne Harmonie verlaufen.[106] Almuth kam ganz erschlagen von einem Zusammensein mit dem italienischen Generalkonsul Graf Marchetti und dem Konsul Grillo zurück: äußerster Pessimismus, schwer beeindruckt durch das Luftbombardement von Rom, das (daher San Lorenzo) vor allem die Haupt-Bahnanlagen Roms dort in der Nähe zerstört und den Verkehr schwer beeinträchtigt hat.[107] Ich glaube nicht, daß Italien ein Lahmlegen der Zentrale Rom übersteht; das liegt schon an der Geographie. Der Papst ist vom Volk auf seiner Fahrt nach San Lorenzo so stürmisch mit dem Rufe Pace umdrängt worden, das sein Wagen fahrunfähig wurde und er einen anderen besteigen mußte.

Die Sache entwickelt sich genau so, wie ich solchen Konflikt in meinen Berichten 1936/37 beurteilt habe.[108]

Für Italien ist das große Unglück der abessinische Erfolg über England

1935/36. Die daraus entspringende falsche Einschätzung Englands führte zum Abweichen von der historischen Linie der italienischen Politik: „Nie gegen Großbritannien."

Der vorige italienische Generalkonsul in München Petrucci scheint in Rom im Außenministerium unter Namensnennung < > antinazistische Äußerungen von mir erzählt zu haben. Erfreulicherweise hat man ihm, wie ich höre, wegen dieser Indiskretion eine Nase erteilt, so daß ich hoffe, die Sache werde ohne Folgen bleiben.

Aus einem Brief an Ilse v. Hassell vom 30. 7. 1943:
Gestern Vortrag über Spanien am Atlantik und Mittelmeer in der einfach fürstlichen Residenz des Ibero-amerikanischen Instituts in Lankwitz.

Über Italien liegt noch alles im Dunkel,[109] der Krieg geht weiter und ob das Experiment Badoglio glückt, ist sehr zweifelhaft. Die eigene Partei hat sich von M[ussolini] abgewendet, unter Führung von Grandi, Ciano und anderen. Auch Alfieri scheint gegen ihn gestimmt zu haben. Badoglio hat jetzt Fühlung mit Berlin aufgenommen.

Aus einem Brief an Ilse v. Hassell vom 4. 8. 1943:
Heute im Institut unter Vorsitz des weltfremden und umständlichen Vaters von E. H. [Gottfried v. Dryander] zwei lange Beratungen über Ausweichmaßnahmen, ziemlich rat- und ergebnislos. Die Fluchtpanik ist noch im Gange, wenn auch etwas abgeflaut. Gestern abend hier gegessen, dann bei Geißler [Popitz] mit Mutters Reisebegleiter [Trott]; im Garten ganz nützliche Gespräche, das heißt „nützlich" im Rahmen des Möglichen.

Ebenhausen, 15. 8. 43.
Ich habe nun 2 1/2 Wochen nichts aufgeschrieben, aber die Ereignisse überstürzen sich so, daß das Mitzeichnen der Kurve ein Kunststück wird. Vier Fanale beleuchten die im Sturmtempo zurückgelegte Strecke: Der Sturz Mussolinis [25. 7.], das Luftbombardement von Hamburg [23./24. 7.], die Eroberung von fast ganz Sizilien und die schlechte Entwicklung der Lage im Osten, besonders südwestlich Bjelgorod.[110] Man hat bei uns oben offenbar die Sinne nicht mehr richtig zusammen, das zeigt sowohl die Reaktion auf das italienische Ereignis wie die Kopflosigkeit als Folge des Angriffs auf Hamburg besonders bei Goebbels wie endlich die immer unheilvoller sich auswirkende Hitlersche Führung im Osten. Wer einigermaßen über die Entwicklung klar sieht, fängt allmählich an, gradezu in eine Weißglut von Wut über unsere hohen militärischen Führer zu geraten, die in ihrer Subalternität und ihrem Mangel an höherem Verantwortungsgefühl alle Erwartungen übertreffen. Letzte Gespräche darüber mit Geißler [Popitz], zum Teil in Anwesenheit von Kurzfuß [Langbehn], Fison [Leuschner?] und Eva [Trott] ergaben, daß es dem

einen dieser Männer endlich brennend geworden zu sein scheint, wenigstens noch den tiefsten Abgrund zu vermeiden. Dieser [Stülpnagel] hat einen Mann [Grumme?] zu ihm [Popitz] geschickt, weil er Pfaffs [Goerdeler] Rodomontaden allein nicht traut. Nun soll auf Grund von Feststellungen, die Kurzfuß [Langbehn] bei Rosy [in der Schweiz] getroffen hat, noch ein verstärkter Angriff gemacht werden. Die Feststellungen ergaben die absolute Siegeszuversicht der Anglo-Amerikaner, ihre Entschlossenheit bis ans Ende zu gehen und insbesondere auch Berlin zu zerstören. Die Quelle K.s [Langbehn] (ein Amerikaner bei Rosy) ist gut, trotzdem ist wohl mehr Skepsis am Platze, als K. sie anwendet.[111] Aber bestehen bleibt die absolute Notwendigkeit, in letzter Minute dem einzig noch zugkräftigen Argument Kraft zu verleihen, nämlich dem, daß ein völliges Chaos in Deutschland nicht im Interesse Englands und Amerikas liegt, vor allem im Hinblick auf Rußland, daß aber zum Beispiel ein Luftbombardement Berlins nach Hamburger Stil diese Wirkung stark befördern müßte und daß der einzige Ausweg eine neue anständige Regierung in Deutschland ist. Es liegt im höchsten Interesse, der Gegenseite zu verstehen zu geben, wie diese Dinge aussehen, aber das kann man nur, wenn wenigstens eine große Wahrscheinlichkeit besteht, daß etwas geschieht. (Beratung über den Weg Hausmann [Hassell] durch Karolus [Burckhardt] oder Kurzfuß [Langbehn] bei Rosy [Schweiz] oder Suzann [Frankreich].) Lebhafte Erörterung über eine im Falle der Wendung einzuschlagende Politik gegenüber Rußland. Stalin differenziert sich immer stärker von den Angloamerikanern, deren überwältigenden Erfolg er fürchtet. Sein deutsches Befreiungscomité[112] bedeutet als solches nichts, ist aber als Symptom wichtig. Wenn Hitler sich mit Stalin verständigt, so ist das daraus entstehende Unheil unvorstellbar. Anders ein anständiges staatsbewußtes Deutschland. Dieses *muß* in seiner Lage *alle* Chancen ausnutzen. Es gibt eigentlich nur noch diesen einen Kunstgriff: *entweder* Rußland *oder* den Angloamerikanern begreiflich zu machen, daß ein erhalten bleibendes Deutschland in ihrem Interesse liegt. Ich ziehe bei diesem Mühlespiel das westliche Ziel vor, nehme aber zur Not auch die Verständigung mit Rußland in Kauf. Eva [Trott] ganz mit mir einig, die anderen aus theoretisch-moralischen Gesichtspunkten, die ich an sich verstehe, bedenklich, aber langsam sich überzeugend. –

Leider berichtet Geißler [Popitz], daß Geibel [Beck] doch alt und initiativlos sei. Geißler [Popitz], der stets sehr antiitalienisch ist, wünscht, ohne es klar zu sagen, dem König und Badoglio Mißerfolg, damit wir uns dann ganz lösen können. Ich halte das für falsch. Ein Erfolg des Königs und Badoglios liegt im höchsten Interesse, ist freilich nach der ganzen Entwicklung sehr unwahrscheinlich, weil sie zwischen den Stühlen sitzen und dem Volk das nicht bringen können, was es von dem Wechsel erwartet, den sofortigen Frieden.

Es ist für die Wirkung auf unsere Generale ungünstig, daß Badoglio vom Feinde nicht anders behandelt zu werden scheint wie Mussolini.[113] Das ist im übrigen eine von höherer Warte gesehen kurzsichtige anglo-amerikanische Politik. Aber die Parallele zu uns stimmt nicht ganz. Erstens betrachtet der Feind Italien als einen auf alle Fälle am Zusammenbruch stehenden Gegner, mit dem man sich auf nichts mehr einzulassen braucht. Zweitens sollten sich unsere Generale überlegen, wie völlig anders die Lage wäre, wenn bei uns gleichzeitig oder kurz danach das Entsprechende geschehen wäre. Sie werden aber — wenn sie überhaupt jemals was tun — *so lange* warten, bis auch diese Chance wieder vorüber ist.

Alle diese Leute machen sich nicht klar, daß Hitlers Parole ist, Deutschland mit sich in den Abgrund zu reißen, wenn ihm der Erfolg versagt bleibt.

Viele Leute gratulieren mir, weil M[ussolini] gestürzt ist und damit meine Auffassung der Lage sich wieder bestätigt habe. Eine trostlose Simplifizierung. Um so mehr freute mich, durch Almuth zu hören, daß E. Heymann dem italienischen Generalkonsul in München Marchetti nach dessen eigenem Bericht eine völlig zutreffende Darstellung der von mir vertretenen Politik gegeben hat. [. . .]

Das römische Ereignis hat mich insofern nicht überrascht, als ich immer damit rechnete, daß M[ussolini] eines Tages — im Unterschied zu H[itler] — abtreten könnte. Daß er allerdings durch seine eigensten Leute torpediert werden würde, habe ich nicht erwartet. Auch habe ich zwar den Faschismus für hohl gehalten, aber mir sein Verschwinden doch nicht so unerhört schnell und ruhmlos vorgestellt. Ganz bezeichnender kleiner Zug: Wir aßen am Tage nach dem Ereignis bei Marchetti, mit Grillo. Dieser erzählte, daß Farinacci auf der Flucht mit einem Begleitbrief Mackensens! im Flugzeug in München angekommen sei. Auf das Ersuchen des Flugplatzkommandos, sich um ihn zu kümmern, habe er [Marchetti] erwidert: Er kenne keinen Herrn F[arinacci]! und auf den Hinweis auf den Brief Mackensens: „Ich habe nur Befehle meines Souveräns anzunehmen!" Sic transit gloria mundi. [. . .]

Der König hat wieder im entscheidenden Moment eine erhebliche Handlungsfähigkeit bewiesen. Leider ändert das nichts an der verzweifelten Lage. — Mir ist noch unklar, was sich Grandi und Genossen gedacht haben. Glaubten sie selbst ans Ruder zu kommen? Oder wollten sie wirklich nur das Land retten? — Mussolinis passives Verhalten ist derart, daß ich an ein physisches Nachlassen glauben muß.

Detalmo [Pirzio Biroli] hat sich getäuscht: Er gab dem König und Badoglio keine Chance mehr, und doch haben sie gehandelt und nicht seine Rasselbande. [. . .]

Die Wirkung bei uns oben ist offenbar grotesk erschlagend gewesen.[114] Erste Reaktion: Die deutschen Stellen in Rom sollten die „Rädelsführer" verhaften! Im übrigen keinerlei Weisung an die Öffentlichkeit!

Zweite Reaktion, es sei „ein grundlegender Irrtum", den Faschismus für tot zu halten (was Jodl ihm (Hitler) gesagt haben soll), er werde ihn wiedererwecken; zu dem Zwecke der wahnsinnige Plan, M[ussolini] durch Fallschirmtruppen zu befreien und wieder einzusetzen. Als dritte Reaktion erzählt Planck ernsthaft, H[itler] spiele mit dem Gedanken, den piccolo re zum „Kaiser von Mitteleuropa" zu machen und selbst sein Kanzler zu werden.

Guariglia [neuer italienischer Außenminister] hat mir immer einen ernsthaften klugen Eindruck gemacht, aber wie soll man in solcher Lage Außenpolitik machen? Eine furchtbare Erbschaft. Vielleicht wäre sie bei uns noch schlimmer.

Bei der Zusammenkunft in Tarvis [6. 8.] (Guariglia, Ambrosio, Ribbentrop, Keitel) scheint keine innere Einigkeit erzielt worden zu sein. Wie soll sie auch! Kein Kommuniqué![115]

Burger [Guttenberg] besuchte mich [2. 8.]. Man hat ihm mächtig auf den Zahn gefühlt (in Sachen Freda [Dohnanyi]) und ist bei seinem Chef [Canaris] gegen ihn, Velsen [Gisevius] und einen andern vorstellig geworden, hoffentlich erfolglos.

Ich reite jetzt manchmal mit Hase [Oster] und Ulrich Sell. Leider bin ich vor drei Tagen – allein – durch Ausgleiten der ungeschickten Sandra an einer Biegung gestürzt. Gottlob nur schmerzhafte Ergüsse und Kontusionen im rechten Bein. Die Luftgefahr in Berlin bringt alles durcheinander. [. . .]

Sehr peinlich für mich, daß Fräulein Fänner, mein Juwel von Sekretärin – ganz abgesehen davon, daß sie geheiratet hat – nicht mehr in Berlin bleiben will. Ich weiß noch nicht, wie ich meinen ganzen Betrieb einrichten soll. Auch die Frage, ob ich Ilse nach Berlin holen soll, die ich dort entsetzlich entbehre, wird zweifelhaft. [. . .]

Mit Popitz und Trott ganz nützliche Aussprachen über das Verhältnis der Generationen und die Notwendigkeit, in den politischen Grundfragen die Brücken zwischen ihnen zu schlagen. Letzteres eines meiner Hauptziele; ich glaube, daß die Jungen das verstehen und anerkennen und mich insofern als ihnen unter den „Alten" am nächsten stehend betrachten. Eine im Grunde unnötige Schwierigkeit bringt in diesem Meinungsaustausch der Begriff „Sozialismus" – auch ein Kuckucksei, das der Nazismus ins deutsche Nest gelegt hat. „Sozial" ist anrüchig geworden. Aber schließlich soll es auf Worte nicht ankommen.

Aus einem Brief an Ilse v. Hassell vom 30. 7. 43:
Wagemann ist vollkommen erschüttert von seiner Fahrt nach Hannover zurückgekehrt. Der Gute saß in Hemdsärmeln (bei der großen Hitze) mit einer Wermutflasche am Schreibtisch und war an, eigentlich in Tränen. Er hat schreckliche Bilder gesehen und meinte, es könne doch unmöglich so weitergehen. In Hamburg sollen 70.000 bis 80.000 Obdachlose sein.

Wann hat es je, selbst in Zeiten prähistorischer Barbarei, solche höllischen Schrecknisse gegeben!

Ebenhausen, 19. 8. 43.
Es ist sehr unterhaltend, wie das Interesse für meine Person wieder einmal bei allen wächst, die denken, daß vielleicht eine Wendung bevorsteht – so wie einst der wackere Rümelin immer Zigaretten aus Sofia schickte, wenn in der Zeitung stand, daß ich bei einer Regierungsumbildung StS werden sollte oder so etwas. Nur schade, daß man auf die Wendung kaum hoffen kann und vor allem, daß die schöne Aufgabe eines deutschen Badoglio nur noch eine trostlose Liquidation sein wird. Trotzdem muß alles getan werden, damit noch eine Wendung kommt, um wenigstens die Rudimente des Bismarckreiches zu retten. Der alte Nitti hat sich in Amerika hinter Badoglio gestellt[116] – als Symptom interessant. Gestern Besuch von F[rauendorfer] (Freund des Volkstänzers). Sehr klar und verständig; entsprechend verzweifelt. Üble Eindrücke von der Verteidigungsfähigkeit des sogenannten Atlantikwalls. – Es ist erstaunlich, daß es gelungen zu sein scheint, aus Sizilien fast alles herüberzuretten,[117] ein neuer Beweis für die immer wieder ersichtliche Unfähigkeit der Angloamerikaner. Unsere Leistungen sind und bleiben hervorragend, bei so schlechter oberster Führung und so ungeheurer materieller Überlegenheit der Gegenseite.
[...]
F[rauendorfer] erzählte eine Äußerung Hitlers (vor Jahren): Es dürfte nicht heißen „Viel Feind viel Ehr!", sondern „Viel Feind viel Dummheit". Ein strenges, aber gerechtes Urteil über ihn selbst. Nicht nur 80 Prozent der Welt hat er zu seinen unmittelbaren Feinden gemacht, sondern dazu alle großen Faktoren der Geisteswelt: Kapitalismus, Bolschewismus, Liberalismus, Kirchen, Judentum, alle auf einmal gegen ihn mobilisiert.

Inmitten der verzweiflungsvollen Lage versuche ich meinen Geist auf die Weide zu schicken. Am meisten hat mich in letzter Zeit Jaegers „Paideia" gefesselt,[118] mit überraschenden Ein- und Ausblicken in Altertum und Zukunft. Dazu Weizsäcker (Carl Friedrich) und Heisenberg über das „Weltbild der neuen Physik".[119] Hier liegen ganz große Wendungen vor. Vor allem die Entdeckungen des Verhältnisses von Diskontinuum und Kontinuum, Welle und Teilchen, überhaupt der unanschaulichen Welt und der Tatsache der Unmöglichkeit, *gleichzeitig* gewisse komplementäre Erscheinungen zu sehen oder festzustellen, werden nicht wieder zu eliminieren sein. Trotzdem bleibt mir als Laien das nicht näher zu begründende Gefühl, daß in der Sache noch Fehler stecken; wie mir scheint, ist besonders die Bedeutung, die man dem Einfluß des Messens (Meßinstrument und Meßmethode) beilegt, noch sehr problematisch.

Gott sei Dank scheint der russische Hauptstoß bei Charkow aufgefangen zu sein.

Ebenhausen, 4. 9. 43.[120]
Die Lage entwickelt sich folgerichtig weiter: zunehmende Gefahren auf allen Seiten, keine oder sehr geringe Aussicht auf eine Wendung im Innern, die vielleicht im Mühlespiel zwischen Ost und West noch das Bismarck-Reich retten könnte.
　Ilse hat mich am 23. [August] in ihrer selbstverständlichen Tapferkeit nach Berlin begleitet. Es war die Nacht des schwersten Luftangriffs auf Berlin seit dem 1. März, der in Lankwitz und anderen Stellen des Westens ähnliche Folgen wie in Hamburg hatte, das Zentrum aber nicht erreichte. In Bitterfeld Halt und dann Umleitung über Dessau, in Wannsee ausgeladen. [. . .]
　Wir erlebten in Potsdam dann noch einen großen Angriff auf Berlin, am 31., schauriger Eindruck. Eine Bombe fiel auch in Potsdam nicht weit von uns, dicht am Neuen Palais. Abwehr im Ganzen sehr wirksam, aber die Vororte grade deshalb zum Teil wieder schlimm betroffen, zum Beispiel Klein Machnow, in dessen Nähe allerdings viel Industrie ist. Dryanders, die dorthin nachts ausweichen, hatten eine entsetzliche Nacht und kehrten reumütig in ihre Fasanenstraße zurück! Mein Freund Brandenburg hat ungefähr alles verloren, so auch Leute auf dem Lande in der Umgebung Berlins, die sich dorthin in „Sicherheit" gebracht hatten.
　Von politischen Ereignissen besonders bedenklich der unvorsichtig provozierte Konflikt mit Schweden wegen Beschießung der Fischer und die gradezu blödsinnige Politik in Dänemark, bei der Hitler, Ribbentrop und Hanneken den vernünftigen Best überspielt haben. Nun ist auch diese verhältnismäßige Oase im Kreise der besetzten Gebiete verschwunden.[121] Wir frühstückten gestern mit Erdmannsdorffs und Barandon[122] und tranken nachher bei uns Kaffee. Barandon war empört und verzweifelt über die gänzlich überflüssig betriebene, plump durchgeführte Gewaltpolitik. *Eine* der Folgen: Ausfall der für uns höchst nützlichen dänischen Flotte für den Küstendienst. Schlimm die politische Wirkung, vor allem auch Rückwirkung auf Schweden, Finnland, Italien und auch sonst. Bezeichnend, daß mein römischer Kollege Kruse, jetzt dänischer Gesandter in Stockholm, zur anderen Seite übergegangen ist. Jetzt hat nun Ribbentrop kalte Füße bekommen und will, daß alles wieder eingerenkt, ein neues dänisches Kabinett gebildet wird usw. Nach Barandons Ansicht zu spät.
　In Finnland starke Bewegung für Frieden, freilich erschwert durch russische Intransigenz.[123] Anderer Art sind die Schwierigkeiten in Belgien, von dem uns Kameke, aus Pistyan kommend, am 30. [August] erzählte. Meine Gespräche mit F[alkenhausen] scheinen erfolglos geblieben zu sein. Kameke behauptet, er mache weiter die gleichen Fehler und stelle sich auch in finanzieller Hinsicht bloß. Es ist ein Jammer, daß keiner von unseren Generalen *ganz* den Ansprüchen gerecht wird, die diese Stunde an sie stellt. Weitere peripherische Gefahr droht nach Boris' Tod in Bul-

garien. Er scheint vergiftet worden zu sein.[124] Boris war *die* Autorität im Lande und zugleich ein sehr geschickter Außenpolitiker. Es ist zu fürchten, daß die Dinge sich dort verwickeln.

In Italien treten angesichts des falschen politischen Verhaltens der Angelsachsen alle anständigen Elemente hinter Badoglio. Aber wie soll er aus der Lage herauskommen? Die Straße und die Industriearbeiterschaft sind Elemente, die nur den Frieden im Kopfe haben, und [dies] bei zunehmendem feindlichen Druck, zumal jetzt nach der Landung in Kalabrien [3. 9.], die auch Apulien und damit die Adria und den Balkan bedroht, und bei Fortdauer der Luftangriffe. Ich verstehe nicht, daß man Leute wie Grandi nach Spanien und Ciano nach Deutschland entkommen läßt. Almuth [Hassell] hat Edda [Ciano] am Bahnhof im Auto gesehen. Wir schützen also diese Verbrecher, scheinen überhaupt immer noch mit einem Wiederlebendigmachen des Faschismus zu kokettieren. Das wäre das Chaos.

Ich traf bei einem Tee bei Erdmannsdorffs den Grafen Rogeri, den neuen italienischen Geschäftsträger, einen netten verständigen, Deutschland und Deutsche sehr gut kennenden Mann von bestem Willen. Ich kenne ihn aus Rom, wo er politischer Direktor zur Zeit der abessinischen Kriegskrise war [. . .]. Politisch war er ziemlich verzweifelt, weil unsere Leute Italien mit Mißtrauen und Kälte begegnen. Nur mit dem Unterstaatssekretär Hencke, den er von früher kennt, könne er vernünftig reden. Badoglio war im Hauptquartier und ist nicht vorgelassen worden! [. . .] Der frühere Generalstabschef Pariani ist zum Botschafter ernannt. Ich glaube, keine schlechte Wahl. Zunächst ist im Prinzip ein General vielleicht noch am aussichtsreichsten. Außerdem kenne ich ihn als Persönlichkeit und klugen nüchternen Soldaten. Mir ist seine Offenheit in guter Erinnerung, mit der er nach der Nachricht von Guadalajará[125] mit mir über diese ziemlich jammervolle italienische Katastrophe sprach. [. . .] Nach Rom schickt man einen homo novus, Ribbentrops Günstling Rahn, wie man mir sagt, jung, aktiv und skrupellos. – Mackensen und Bismarck verschwinden.

Am 30. [August] aßen wir bei des letzteren Bruder, [Gottfried Graf v. Bismarck] Regierungspräsident in Potsdam, mit Wuffi und der hübschen, klugen [Fürstin] Missy Wassiltschikoff.[126] Er sieht jetzt klar, aber etwas spät. Diese Bismarckenkel sind weit mehr Hoyos als Bismarck, aber auch ihre Mutter ist mehr Persönlichkeit als sie. Hannah Bredow und auch die Gräfin Keyserling, deren ziemlich unerfreulicher Mann zum Kummer der Schwäger den schönen Weinkeller in Schönhausen austrinkt, haben mehr vom Großvater geerbt. [. . .]

Militärisch ist abgesehen vom Mittelmeer die Lage in Rußland bedrohlich. Ein eigentlicher Durchbruch ist noch nicht erfolgt. Unsere Militärs glauben auch, die Sache zu halten. Aber damit ist es nicht getan. Die Hoffnung, an die man sich klammert, sind die großen Ernährungsschwierigkeiten in Rußland, aber wirklich akut werden sie erst im Frühjahr oder gegen Ende des Winters. Bis dahin kann und wird viel geschehen.

Himmler Minister des Innern.[127] Also gesteigerte Machtkonzentration bei ihm; Pläne, die Partei zu reinigen, gegen Korruption vorzugehen usw. Aber ich glaube, daß er, wenn er es wirklich versucht, an Hitler scheitern wird.

Sichere Nachrichten bestätigen, daß Himmler und Wolff über den Ernst der Lage und das, was eigentlich geschehen müßte, im Klaren sind. < > sind *sie* die Berufenen?!!

Ich hatte Unterhaltungen mit Geißler [Popitz] und mit Pfaff [Goerdeler]; letzterer veranlaßte eine Zusammenkunft zwischen ihm, mir und Riazekil [?], Geozil [?], Kewinem [?]. Thema Außenpolitik und mögliches Mühlespiel. Scharf gegen Fühlungnahme mit den Sowjets *vor* einem Umschwung Stellung genommen. Absolute Klarheit und Fairneß auf nationaler Seite gegenüber den Angelsachsen nötig. Der Einwand: „Ihr habt ja auch jemand da und da hin geschickt, um mit den Bolschewiken zu paktieren!" ist tödlich. *Nach* der Wende ganz andere Lage. *Dann* muß Mühle gespielt werden. Aber leider ist ja alles blasse Theorie.

Geißler [Popitz] erzählte interessant von seinem Gespräch mit C. [Himmler], der zwar die Katze nicht aus dem Sack gelassen hat, aber doch sehr offen gewesen ist.[128] G. [Popitz] hat, wie es scheint, ganz gut operiert. Meinen Namen hat er mit Recht nicht genannt. Ich habe ein Gespräch zwischen mir und C.s [Himmler] erstem Gehilfen [Wolff] angeregt. Die ganze Verbindung ist ein faut de mieux und nur als Zwischenlösung denkbar, aber alles ist heute recht, was die *schlimmste* Katastrophe abwenden kann.

Ebenhausen, 19. 9. 43.
Das Kaleidoskop der Lage verschiebt sich so schnell, daß ein Kommentar kaum folgen kann. Der Vergleich mit dem bunt funkelnden Instrument stimmt aber auch insofern, als alle überraschenden neuen Aspekte „Schwindel" sind. Das Wesen der Sache bleibt dasselbe: die Tragödie mit überstürzenden und retardierenden Momenten. Nachdem Mussolinis Sturz und danach die Kapitulation das Ende schon näher gerückt erscheinen ließen, hat das glänzende Husarenstück der Befreiung Mussolinis und seine Wiedereinsetzung den entgegengesetzten *Eindruck* hervorgerufen.[129] Die Labilität der Menschen ist schon erstaunlich, vor allem die der immer fröhlich weiter [ein Wort nicht zu entziffern] kommiß-militärisch und „gehorsamst" denkenden Generale. Wir verbrachten [. . .] das letzte Wochenende in Neuhardenberg. Beide Hardenbergs gefielen uns gut [. . .], sie durch den Ernst, mit dem sie an die Fragen des evangelischen Christentums, auch praktisch durch Laiengottesdienste, herangeht. Dagegen war das, was Hardenberg von seinem militärischen Herrn,

Bock, erzählte, um so trüber: Politisch völlig urteilslos im eben angedeuteten Sinne. Ebenso denken zahlreiche gebildete und halbgebildete Spießer, die nach einer Tat wie der am Gran Sasso plötzlich wieder alles im rosigen Schein sehen. Das praktisch arbeitende Volk sieht klarer: Krebs erzählte aus Leverkusen, bei der Belegschaft sei der überwiegende nüchterne Eindruck der: also dauert der Krieg einige Monate länger, ohne daß sich am Ergebnis etwas ändert. Richtiger: womit das Ergebnis noch schlimmer wird.

Vorvorgestern in Magdeburg für das Institut wegen Errichtung einer Zweigstelle. Atmosphäre der „amtlich" tätigen Wirtschaftskreise ehrlicher oder unehrlicher bramabarsierender Optimismus; bei Salerno würde man „vielleicht schon heute" die Angloamerikaner ins Meer werfen, und dann komme die neue Waffe gegen England. Einzige Diskussion: ob der Führer vorher noch einmal eine letzte Warnung an England ergehen lassen werde oder nicht. Als mildernder Umstand kann die starke, nach fünf Stunden in Betrunkenheit des rauhen Prof. Sedlaczek, Vorsitzender der Gauwirtschaftskammer, ausartende Alkoholisierung gelten. Unglaublicher Ton, nur gemildert durch seine nette Frau, Schülerin der Madame Curie, die sonderbarer Weise die ganze Zeit an der „Beratung" teilnahm, was den polternden Ehegatten nicht abhielt, von Sch... und A... zu sprechen. [...]

Wagemann brach im letzten Augenblick vor der Fahrt aus, weil er vor Angst zitternd auf die Gestapo bestellt worden war. Diese hatte ihn, wie er nachher erzählte, nicht wegen ihm vorgeworfener defaitistischer Äußerungen in Hannover und Braunschweig, was er seinen Hals juckend befürchtet [hatte], sondern in zweistündigem unwürdigem Verhör deshalb vernommen, weil er einen Juden (den bekannten, tüchtigen und harmlosen, inzwischen verhafteten Prof. Eulenburg) beschäftige. Er beschloß nun, sofort alle Beziehungen zu irgendwie jüdisch verdächtigen Leuten abzubrechen und zu energischer Durchführung dieser neuen Politik dem braven Bürokraten Dryander die höheren Personalien zu entziehen und einem Parteimann zu übertragen.[130]

Ich hatte durch die — grade nach W[agemann]s Ausfall — unvermeidliche Fahrt nach M[agdeburg] das Pech, [daß ich auf] eine in letzter Minute kommende Aufforderung Pfaffs [Goerdeler] [hin] an einer wichtigen Besprechung — wie sich nachher herausstellte mit G. F. Wise [Halder?] — nicht teilnehmen konnte. Auch Geißler [Popitz] war nicht in Berlin, so daß Pfaff [Goerdeler] allein mit ihm war, schade. Immerhin kann man die Sache vielleicht als Zeichen dafür nehmen, daß der W. anfängt, zu kapieren. Ilse und ich frühstückten gestern in D. bei unserem Freund Kurzfuß [Langbehn]. Er berichtete, daß Wolff nach Bozen abmarschiert sei, um dort „deutsch" zu regieren;[131] Wolff habe gesagt, das bedeute natürlich einen zeitlichen Aufschub, ändere aber sachlich nichts. Als wenn wir noch Zeit hätten! Es war mir interessant, daß K. [Langbehn] immerhin selbst so weit ging, es als grotesk zu bezeichnen, daß man mit *diesen* Leuten reinigen und umsteuern wolle. Es scheint aber, daß wenigstens Wises [Halder?] neuer Eifer durch die Aussicht hervorgerufen worden ist, es könnten diese Leute die Sache in die Hand nehmen.

Geißler [Popitz] hat auf der Basis des Zusammenwirkens zwischen Josephs [Generale] und Cielo [Himmler] mit meinem Pariser Freund Scherzo [Witzleben] gesprochen, der zu allem bereit ist. Hase [Oster] erschien beim Reiten, um mit mir darüber zu sprechen, behauptete, Scherzo sei absolut auf der Höhe und tatenlustig. Er gab mir eine interessante Agentennachricht über Quebec, nach der die Differenzen zwischen England und Amerika besonders über die Einstellung zu Rußland (A. ablehnend, E. zur engen Verbrüderung treibend) dort scharf hervorgetreten sind.[132] Ich hatte mit Kurzfuß [Langbehn] eine lange außenpolitische Debatte. Wir waren einig über die ungeheuerlich schlechte Lage, in der ein neues Regime das Kommando übernehmen würde. Die Angloamerikaner haben – in anderer Hinsicht kurzsichtig – von Badoglio die bedingungslose Kapitulation verlangt, weil sie diese als Prinzip aufstellen und auch von uns fordern wollen. Man will nicht wieder die Möglichkeit für uns eröffnen, mit einem gewissen Recht zu behaupten, wir seien militärisch gar nicht besiegt worden. Einstimmig verlangt man den klaren Sieg mit bedingungsloser Kapitulation. Dann fangen – wenigstens zur Zeit noch – die Differenzen an, worüber ich im „Economist" einen interessanten Artikel von H. Nicolson las. Er und andere (auch Churchill angeblich) wollen nach dieser Kapitulation Deutschland im Kern intakt und geschlossen lassen. (So wohl auch Stalin.) Andere wie Vansittart sind für völlige Zerschlagung.[133]

Das Gespräch mit K. [Langbehn] ging über die Frage, ob für ein neues Regime noch ein Mühlespiel zwischen Osten und Westen möglich und richtig sein würde. Früher habe ich diese Frage unbedingt bejaht. Jetzt leuchtet mir manches Argument K.s [Langbehn] ein, der meinte, man solle im Westen sofort alle besetzten Gebiete räumen, den Kampf einseitig aufgeben und alle Macht gegen den Osten werfen (*einschließlich* Südosteuropa) und damit den Angloamerikanern das Dilemma stellen, ob sie uns beim Kampf gegen Sowjetrußland wirklich in den Rücken fallen oder vielmehr – unter Besetzung Deutschlands – diesen Kampf weiter möglich machen wollen. Ich will mir diese Frage noch durchdenken.[134] In der Praxis kann man *entscheiden* erst, wenn die Situation vorliegt, in der man handeln soll.

Verschiedene Gespräche mit Geißler [Popitz], zum Teil mit Kurzfuß [Langbehn] und Salztr. [Trott]. – Am letzten Dienstag mit Geißler und Roggenmüller [Gerstenmaier]. Letzterer berichtete aus der Schweiz, wo niemand mehr an der deutschen Niederlage zweifelt. Erörterung der Strategie Pfaffs [Goerdeler]. Geißler [Popitz] zweifelt immer wieder an seiner vollen Loyalität und meint, daß Pfaff Geibel [Beck] ganz in der Tasche habe.

Roggenmüller [Gerstenmaier] zeigte das Wurmsche Schreiben an Hitler.[135] Sachlich gut, aber bisher verpufft, weil Hitler, falls er es überhaupt gelesen hat, schlauerweise gar nicht regiert hat und weil Wurm kindlicherweise alle für die Minister usw. bestimmten Abschriften auch an die Reichskanzlei geschickt hat, die sie natürlich unterschlagen hat. Das soll nun repariert werden. Erfreulicher Bericht R.s [Gerstenmaier] über fortschreitende Einigung in der Evangelischen Kirche.

Die italienische Tragödie hat uns sehr bewegt[136] [. . .]. In der ganzen Sache hat sich Hitler wieder als der böse Dämon bewährt, der alles in Wirrnis bringt. Italien und jeder einzelne Italiener befindet sich nun in einem äußeren und inneren Chaos. Ich zweifle nicht, und es besteht dafür auch ausreichend positiver Anhalt, daß Hitler, von Wut über Mussolinis Sturz erfüllt, von Anfang an den Sturz des Badoglioregimes und besonders auch des verhaßten Königs gewollt hat, mit Zwischenspielen, aber doch im Großen die Linie einhaltend, mit dem Ziele selbst in Italien zu kommandieren und Mussolini wieder einzusetzen, letzteres um des Prestiges willen, nicht um ihm die wirkliche Macht zurückzugeben. Durch sein Verhalten hat er den König und Badoglio schließlich in eine verzweifelte Politik getrieben, die man nicht anders wie Verrat nennen muß und die auch anständige Italiener so empfinden. Aber wenn nach seemännischer Regel die Schuld am Zusammenstoß nicht der hat, der zuletzt die fatale Bewegung macht, sondern wer die Lage herbeigeführt hat, so hat die volle Schuld Hitler. Nun rächt sich auch Mussolinis fehlerhafte Politik von 1938 an. Ich begreife sein Verhalten, nämlich das Annehmen der Stellung von Hitlers Gnaden nur aus zwei Momenten, erstens seiner physischen und wohl auch psychischen Reduziertheit, zweitens dem glühenden Haß gegen die, welche ihn gestürzt haben. Für Hitlers blindwütigen Haß ist bezeichnend, daß er die Wehrmachtattachés und den italienischen Generalkonsul in München, Graf Marchetti, gegen alles Völkerrecht hat internieren lassen, während die innere Verwirrung der Italiener durch die Tatsache beleuchtet wird, daß Rogeri, den Badoglio als Geschäftsträger nach Berlin geschickt hat!, nun angenommen hat, Mussolini zu vertreten.[137] [. . .]

Wir waren Mittwoch abend bei Frau v. Kameke (jetzt unser Ausweichquartier) mit Rintelens zusammen. Er ist abgelöst, weil zu weich gegen Badoglio. Nach seiner Auffassung haben die Italiener bis zum 15. August ehrlich den Krieg an unserer Seite weiterführen wollen. Dann habe unser brüskes, gradezu feindseliges, jeder Rücksicht auf italienische Wünsche und Interessen bares Verhalten den Ausschlag nach der anderen Seite gegeben, weil Badoglio jede Hoffnung verlor, auf andere Weise noch irgendein halbwegs leidliches Ergebnis für Italien zu erzielen.[138] Rintelen schilderte die verschiedenen Zusammenkünfte, bei denen er anwesend war. Zuerst die Begegnung Mussolini-Hitler bei Verona [19. 7.], bei der Hitler ununterbrochen geredet habe, während Mussolini gänzlich passiv

blieb, ja zeitweise nicht einmal zuzuhören schien. – Rintelen hatte den Eindruck eines ganz abgefallenen, beinah apathischen Mannes. Dann das Treffen in Tarvis.[139] Ribbentrop habe den Zug geschwollen und zorngeladen verlassen, sich entsprechend benommen und zunächst auch das von den Italienern gebotene Frühstück abgelehnt, nachher knurrend auf Zureden angenommen, aber immer die Haltung des Gekränkten und Überlegenen beibehalten. Dann am 15. eine militärische Konferenz, die so verlaufen sei, daß er, Rintelen, sofort den Eindruck gehabt habe, nun würden die Italiener überhaupt keine Neigung mehr haben mitzuziehen. [. . .]
 Ob die von Rahn berichteten Gespräche wirklich genauso verlaufen sind, wird sich noch zeigen. Ungefähr wird es ja wohl so gewesen sein, wobei besonders unbegreiflich ist, daß der König Rahn ganz unnötigerweise überhaupt empfangen hat. Berger, mein alter Adjutant, erzählte Ilse, daß Guariglia schon in der ersten Unterhaltung mit Rahn deutlich gemacht habe, Italien könne nicht durchhalten.[140] [. . .]
 Nun haben die Italiener zwei Regierungen, die eine von Hitlers Gnaden, die andere unter englisch-amerikanischem „Schutz" und zwei Feinde im Land. Trostlos. Freilich ist unsere Lage in Wahrheit auch nicht viel besser.

Ebenhausen, 20. 9. 43.
Erste größere Kundgebung Mussolinis, nicht konzis und schwächlich, offenbar unter Hitlers Fuchtel, vielleicht sogar vom Berghof erlassen. Nicht der große Duce, ein kleiner Quisling spricht und fälscht Geschichte. Die Großratssitzung [25. 7.] durfte er nicht erwähnen (oder wollte es nicht), aber Schuld soll den König treffen. Dabei spricht er nicht als Regierungschef, sondern als Parteiführer, stellte „Forderungen", statt Anordnungen zu geben.[141]
 Besuch von Heymann. Er beurteilt den Hergang so wie ich. „Verrat" schließlich ja, aber durch Hitler hineingehetzt. Es liegen gute Anzeichen dafür vor, daß, wenn Badoglio noch gewartet hätte, Hitler ihm mit einer scharfen Erklärung gegen König und Badoglio und mit Annexion Südtirols zuvorgekommen wäre und ihm damit die Bahn freigemacht hätte. Der mir aus Belgrad als wilder Hitlermann bekannte neue Militärattaché Toussaint hat dem Sohn meines Belgrader Vorgängers Köster erzählt, daß Hitler ihn (vor der Kapitulation) mit den Worten entlassen hätte: „Nun, Sie waren in Prag und in Belgrad, als wir einmarschierten, in Rom werden Sie bald dasselbe erleben!"
 Heymann erklärt sich das Verhalten der Faschisten im Großrat damit, daß sie Mussolini nicht hätten beseitigen, sondern als Dekoration des Faschismus erhalten wollen. Unpolitisch gedacht. – [Den Botschafter] Rahn hält Heymann für einen durchtriebenen, skrupellos-rücksichtslosen Agenten seines Herrn. [. . .] Heymann hält Mussolini und den Faschismus für erledigt.

Ich vergaß noch zu berichten, daß während der Besprechung Duce-Führer in Feltre [bei Verona am 19. 7.] (nach Rintelen) Mussolini die Nachricht über den Luftangriff auf Rom gebracht wurde, der davon beeindruckt war, worauf Hitler kühl sagte: „Ach, die Bevölkerung gewöhnt sich bald daran."

Ebenhausen, 26. 9. 43.
Mussolini hat tatsächlich eine „Regierung" gebildet; dabei ist er in Deutschland (wie ich höre, in Bernried, also von seinem herrlichen Schwiegersohn, der das Wittgensteinsche Ammerland beschmutzt, durch den See getrennt) und seine Mit-Marionetten vermutlich auch. Ein unwürdiges Ende für den in seiner Art einst großen Mann. Hitler selbst bringt nicht nur Italien und die Italiener in eine geistige und materielle Verwirrung schlimmster Art, sondern muß selbst in unlösbare Widersprüche geraten, es sei denn, daß er von vornherein entschlossen ist, auf Mussolini überhaupt keine Rücksicht zu nehmen, sondern ihn lediglich als Popanz für die Beruhigung der eigenen Partei zu benutzen. Der nun wiedererstandene „Verbündete" Italien wird als Schindluder behandelt. Die Presse erörtert fröhlich sein endlich geglücktes Hinausdrängen aus dem Südosten, die Vernichtung seiner Wehrmacht und wird wohl bald auch begeistert die Wiedergewinnung von Südtirol proklamieren.[142] [. . .] Inzwischen ist Sardinien ganz, Korsika größtenteils verloren, letzteres der erste Fußpunkt der „freien" Franzosen in Europa und eine gefährliche Luftbasis gegen Norditalien. Auf dem Balkan, leider bis in die Gegend von Udine, Bandenkrieg großen Stils. Im Osten weiter bedenkliche Entwicklung. Nur die Angloamerikaner zwischen Salerno und Bari kommen nicht recht vorwärts. Ich möchte wissen, was sie vorhaben.[143] Ihre Führung ist langsam und unbedeutend. Freilich haben sie Zeit. Die Deutschen trösten sich mit der „neuen Waffe" und flüstern von Gas — fürchterliche Aussichten, weil sie den Krieg verlängern und verschlimmern würden, ohne am Endausgang etwas zu ändern. [. . .]
Ich las eine süßliche Biographie von Horthy (von dem Allerweltsschreiber Schmidt-Pauli),[144] die mir Sztójay schickte. Dabei erinnerte ich mich an meinen Besuch bei ihm im Quirinal, als er mich — als Gast des Königs, den ihm bisher ganz unbekannten — mit den Worten begrüßte: „Wenn mir das früher jemand gesagt hätte, daß ich diesen Leuten noch einmal die Hand geben würde!" Nachher beim Abschied — nach der Flottenparade — aber meinte er, er müsse jetzt sagen, daß die Italiener ganz andere Leute wie damals seien und ernst genommen werden müßten. Die technische Leistung hatte ihn getäuscht.
Unter den neuen Ministern ist der Rechtsanwalt Buffarini, zu meiner Zeit U[nter]s[taatssekretär] des Innern. Ich habe vielleicht schon an anderer Stelle erzählt, was ich hier wiederhole: Bei einem großen Essen zu Ehren Himmlers, Heydrichs und Daluges saß ich neben ihm. Gegen

Ende der Tafel wurde er, alkoholisch beschwingt, gesprächig und fragte mich, wie ich denn, den sie doch schon lange als Mann von Kultur kennten, mit diesem Menschen (Bewegung in Richtung Himmlers, der gegenüber saß) auskäme. Ich sagte natürlich, das ginge durchaus gut, aber er blieb skeptisch. Dann erzählte er, sie — die Italiener — hätten sich gestern abend über die Gäste unterhalten und die Frage erörtert, ob sie intelligent seien. Dabei seien sie hinsichtlich Himmlers zu einem negativen Ergebnis gelangt. Ich zog die Sache — einziger Ausweg in solchen sehr häufigen Fällen — ins Scherzhafte, protestierte aber lebhaft und schilderte Himmlers organisatorische Taten. B. wollte dem aber nicht folgen und meinte dann, den Daumen in Richtung D[aluege] ausstreckend, der Fall liege einfacher, das sei ein Idiot. Ich brach in Lachen aus und erwiderte B., ich sei heute zu Scherzen aufgelegt. Er aber ließ sich nicht stören, sondern ging auf Heydrich über, mit den klassischen Worten: *„Den* Typ kennen wir, das ist ein Bluthund!" Dann erhob er sich und hielt auf alle drei einen begeisterten Trinkspruch.

Ebenhausen, 9. 10. 43.
Die Gestapo, wie es scheint Müller und Schellenberg, haben Langbehn nebst Frau, Sekretärin und P[uppi] Sarré eingesperrt. Es ist noch nicht klar (aber wahrscheinlich), ob Himmler und Wolff selbst dahinter stecken. Popitz hat von Himmler eine ausweichende Antwort erhalten. Grund noch nicht sicher festgestellt. Angeblich hat man eine englische Agentennachricht aufgefangen, nach der er „als Vertrauensmann Himmlers" in der Schweiz erklärt habe, dieser begreife die Lage und sei zu Verhandlungen bereit. Das wäre eine sehr üble Lage. Himmler würde dann gradezu in der Zwangslage sein, gegen Langbehn vorzugehen, um sich reinzuwaschen. Nun ist der Mann lahmgelegt, der so vielen braven Leuten, die Opfer der Gestapo waren, geholfen hat, ganz abgesehen von den politischen Folgen. Dazu die nette famose Frau und die tapfere kleine Sarré.[145] Es herrscht oben große Nervosität, beinahe schon Verfolgungswahnsinn. Jede halbwegs „defaitistische" Äußerung wird verfolgt, unter Umständen folgt sofortige Todesstrafe. Reiner Terror. Ich höre, daß verschiedene Leute scharf aufs Ziel genommen seien, zum Beispiel der sicher harmlose, aber klarsehende Kiep. Sogar Pfaff [Goerdeler], den ich traf und der mir leider bestätigte, daß neulich aus der von mir versäumten Unterredung außer theoretischer Einigkeit nichts herausgekommen sei, ist sehr verwarnt worden und will für einige Zeit im Krankenhaus verschwinden. Geißler [Popitz] fand ich vor einigen Tagen gleichfalls sehr deprimiert, sowohl durch den Fall L[angbehn] sowie durch das hoffnungslose Weiterschlittern der Katastrophe zu. Ich besuchte Geibel [Beck], den ich mager, aber sonst frisch antraf. Auch er bestätigte den negativen Verlauf der Unterredung, der ich wegen meiner Fahrt nach Magdeburg (für das Institut) nicht beiwohnen konnte, hatte aber noch ein

Gespräch unter vier Augen mit dem Joseph K. [General v. Kluge?], das ihn eine winzige Kleinigkeit hoffnungsvoller stimmte.[146] Ich glaube an keinen Erfolg mehr. Vielleicht ist es auch wirklich zu spät. — Das Schlagwort, das augenblicklich hineingeworfen wird, um die verzweifelnden Menschen zu trösten, ist wieder mal der Sonderfriede mit Rußland. Manche Optimisten erzählen flüsternd, unser ganzer Rückzug sei abgekartet. Es gibt doch noch viele Leichtgläubige.
[. . .]
Mussolini „regiert" nun wirklich in Italien (Cremona angeblich).[147] Dabei gibts einen Reichskommissar (Halem) in Mailand und einen in Rom (Rahn). Wirklich zu sagen hat Mussolini gar nichts. Trotzdem finden sich ordentliche Leute, die wohl aus ehrlicher Scham über den Verrat hinter ihn treten, besonders Soldaten. [. . .]
Ich besuchte Rogeri, der tief unglücklich war. Er hatte Mussolini in München eine Stunde gesehen und [ihn], körperlich ein Wrack, geistig aber frisch gefunden. Er habe maßvolle Grundsätze proklamiert, keinen Zwang, keine Totalität.[148] Zu spät! Rogeri erklärte, es sei ein großer Irrtum zu glauben, die Hälfte der Italiener stünde hinter Badoglio, die andere hinter Mussolini, sie stünden hinter niemand, seien apathisch und wollten „Schluß". Mussolini hat an die erreichbaren Diplomaten persönlich telefoniert, um sie zu bewegen, auf seine Seite zu treten. P... (das heißt in Wahrheit Barone)-Madrid hat (als sein alter Privatsekretär) unter Tränen geantwortet, dem Faschismus würde er sich gern wieder anschließen, der Republik nicht. Besonders grotesk ist der Fall des alten Intriganten Renzetti, einst Agent Mussolinis bei der Nazipartei, dann nach der Machtergreifung der den amtlichen Weg des Botschafters umgehende Mittelsmann, schließlich durch Görings Hilfe Gesandter in Stockholm. Dieser hat erklärt, er diene nur Seiner Majestät dem König, niemand sonst! Anfuso[149] kam in mein Gespräch mit Rogeri. Elegant, schlau undurchsichtig wie früher. Der einstige Intimus und Kabinettschef Cianos, von dem er sich aber schon lange getrennt hat, erklärte mir (richtig), Ciano sei das Unglück Italiens gewesen. Rogeri sagte ihm, meine und meiner Frau Haltung sei ihm ein großer moralischer Halt gewesen. — Neulich Abendessen mit Sauerbruchs und Waldersees. Sauerbruch erzählte, Badoglio „enthülle" nun auch: Mussolini sei vor der Katastrophe bei ihm gewesen und habe ihm gesagt, der Krieg sei verloren und man müsse versuchen, mit der Gegenseite zu verhandeln.

Aufzeichnung über Vortragsreise
Paris — Bordeaux — Dax — Reichenberg. Oktober 1943.
[. . .]
Am Freitag, 15. Oktober, morgens vom Oberbefehlshaber Generaloberst Blaskowitz durch Leutnant Kaufmann abgeholt. K[aufmann], junger Philologe (moderne Sprachen, geht auf Dolmetscheroffizier los), kennt

mich von Perugia her [. . .]. Mittags zum Oberbefehlshaber im Schloß Tonart, mittelalterlich, von den englischen Königen als Wasserburg gebaut, großer Park und etwas Landwirtschaft. Nachricht von Besetzung der Azoren sehr symptomatisch für die Lage. — Beim Frühstück der Stab und andere, ferner der deutsche Generalkonsul Gregor aus Toulouse, Sohn des bekannten Opernintendanten. [. . .] Neben mir der Chef des Stabes Oberst Feyerabend [. . .] und ein Major v. Renteln, Führer des jetzt — neben „freien" Indern — am Atlantik eingesetzten Kosakenregiments, letztere hier, weil im Osten nicht mehr zuverlässig![150] Zeichen der angespannten Ersatzlage. Deutsche Truppen meist ganz blutjunge Leute oder Alte. Renteln, mit buschigen Haaren und Schnurrbart, feldmäßig aufgemacht, ein richtiger Landsknecht, aber doch Gentleman, war 19 Jahre russischer Offizier, mit 27 Jahren Oberst, zuerst „Gardes-à-cheval", später bei den Weißen (Judenitsch), dann einfacher deutscher Schütze, jetzt allmählich wieder Major. Seine Leute seien brave Soldaten, fingen aber in Rußland an, überzulaufen, schrieben ihm [von] dort auf geheimen Wegen mit großer Anhänglichkeit. Es ginge ihnen ihren Angaben nach „drüben" glänzend. Nach Tisch ganz interessante politische Unterhaltung mit Bl[askowitz] und Gregor. Letzterer zeigte eine Weisung aus Berlin, die Differenzen zwischen den Alliierten, die groß seien, in der öffentlichen Sprache nicht ernst zu nehmen. [. . .] Livonius hatte mir gesagt, Bl[askowitz] sei bei Ansprachen an seine Offiziere „erfrischend optimistisch". Ich schlug ihm vor, noch eine Privatunterhaltung folgen zu lassen, worauf er mich auf 1/2 7 [Uhr] bat, mit anschließendem Abendessen vor dem Vortrag. [. . .] Unterhaltung mit Bl[askowitz] nicht sehr ergebnisreich. Sieht die Dinge im wesentlichen rein soldatisch, hofft auf wachsendes Desinteressement von USA für europäischen Krieg und auf irgendein militärisches Ereignis, das uns das Durchstehen bis zum Auftauchen einer politischen Möglichkeit erleichtert, zum Beispiel eine schwere Schlappe der Angloamerikaner in Italien. An Landung in Frankreich glaubt er nicht; *wenn* sie käme, sei es allerdings übel. Alle sind sich darüber einig, daß in Frankreich dann allergrößte Schwierigkeiten für uns durch die Franzosen besonders auch Polizei und Gendarmerie [Satz bricht ab].

Vortrag (Mittelmeer) in einem schönen Palais, Sitz der französischen Regierung bei ihren Fluchten aus Paris. Zahlreiche Zuhörer, viele Generäle, darunter ein mir durch lebhaften Geist auffallender General Ziegler, früher Stellvertreter Arnims in [Nord-]Afrika. Beim folgenden Kameradschaftsabend neben mir der nette Viebahn-Berneuchen, Oberst eines Regiments an der Girondemündung, und der Vertreter des italienischen U-Bootschefs Grossi, Corsi. Die Italiener haben ihre U-Boote an uns abgegeben, mit teils italienischer, teils deutscher Mannschaft.[151] Er war offensichtlich tief erschüttert und ratlos, behauptet Loyalität der italienischen Wehrmachtsführung nach dem Staatsstreich gegenüber Deutschland. Ich hatte gleich nach Frauendorfer und Berthold gefragt, an die man nicht gedacht hatte. Bl[askowitz] ließ sie von ihrem weit entfernten Stützpunkt herkommen, sie erschienen für mich noch grade eine Stunde vor Abfahrt, nach dem Vortrag und machten in ihrer Aufmachung als Feldsoldaten (Gefreite) in dem erlauchten Kreise Furore. Ich freute mich sehr, sie zu sehen. Fr[auendorfer] hatte ein Gespräch mit Bl. gehabt und meinen Vortrag angeregt. Sein Eindruck von Bl. dem meinen entsprechend. – Um 11 Uhr Abfahrt nach Paris. [...]

In Paris [...] Stadtbild ziemlich unverändert gegen 1942, Franzosen selbstbewußter, offene Unfreundlichkeit nicht bemerkt. [...] Tee um vier Uhr [...] bei Mima [Fürstin Gagarin], etwas älter, aber frisch und unverändert. Hält an ihrem Optimismus für Deutschland fest – einzige Hoffnung für Europa. Auch der Pariser Korrespondent der „Gazette de Lausanne", der bei ihr gefrühstückt hatte, als ich sie zuerst besuchte, teile ihre Hoffnung; Deutschland sei noch unerhört stark. Leider sei es nur politisch so dumm und ungeschickt und mache sich überall verhaßt. Ich versuchte ihr die wirklichen Verhältnisse klar zu machen, soweit das ihr gegenüber möglich. Sie bekommt kein Geld aus Amerika und verkauft wieder Wertgegenstände. Nachher kam Wolf [Tirpitz] dazu. [...]

Abends bei Marthe R[uspoli], fabelhafter Abend, sie ist gradezu das Zentrum eines geistig hochstehenden Kreises deutscher Offiziere,[152] ein wirklich „geschichtlich einmaliges" Bild. Um überhaupt weiter in Paris existieren zu können, hat sie sich in die neue fascistische Partei gemeldet. Buti [italienischer Gesandter in Vichy] ist – mit Sachen – einige Tage vor dem Waffenstillstand getürmt, war also offenbar im Bilde. Die anderen [Italiener] sind interniert. [...] Es waren da: Wolf [Tirpitz], Hartog, Prof. Bartning, Grumme, Dieter [Hassell] zu Tisch, dann noch [Gotthard v.] Falkenhausen und sein Schwager Koenigswald, sowie der evangelische Feldgeistliche Damrath (Potsdam). Lange Unterhaltung mit diesem. Ausgezeichneter Eindruck; ist sehr tätig, versteht die ganze Lage. Hat Optimismus in christlicher Hinsicht; großer Drang vor allem der ganz jungen Soldaten zu Gottesdienst und religiöser Anregung. Er erzählte sehr eindrucksvoll von den Sonnabend-Abend Kirchenkonzerten in Notre Dame, die er mit einem Chor von 120 Soldaten, Schwestern usw. [leitet]. 4–5.000 Menschen, Franzosen und Deutsche versammeln sich, eine große Sache in dieser furchtbaren Zeit, beleuchtet den ganzen Wahnsinn der irregeführten Menschheit.[153]

Eben Telefon von Hartog. Stülpnagel kann mich heute nicht sehen, weil Sauckel da ist. Umständlich, bequem oder – will er nicht?

Damrath erzählte, daß neue Einheiten keine Geistlichen mehr bekommen, neuer Nachwuchs wird nicht mehr eingestellt, also langsames Abwürgen. H[itler] will keine Eisernen Kreuze an Geistliche mehr vergeben.

Wunderschöne friedliche Autofahrt zu Dieters Residenz St. Remy, schön gelegen, an Schlössern, Parks und Burgen reich. Mit mir fuhr Hartog, Wolf [Tirpitz] und Koenigswald (als Luftnachrichten-Unteroffizier); Dieter erwartete uns im örtlichen Gasthof, wo wir sehr gut und gemütlich aßen. Zu Rad kamen noch nach: [Gotthard v.] Falkenhausen und ein Oberst von Hofacker,[153a] Bruder meines 1915 gefallenen Corpsbruders, der einen ausgezeichneten Eindruck machte. Nachher Spaziergang im Park von Dieters Schlößchen (Besitz de Wendel); Rückfahrt über die stille Ruine von Port Royal, ein Bild des Friedens und doch auch Zeuge gewaltiger Geistestyrannen: höchst eindrucksvolle Totenmaske Pascals. Vorbei an großen Zerstörungen in und bei den Renaultwerken. Paris sonntäglich, alles auf dem „Corso" in den Champs Elysées. Große Ansammlung um den unbekannten Soldaten. Hartog ziemlich geladen auf St[ülpnagel], der weich und schüchtern sei.

[. . .]

Ebenhausen, 13. 11. 43.
Ich habe lange nichts aufgeschrieben, ich glaube seit Ende September. Gestern mein 62. Geburtstag. Erinnerung an den 70. [Geburtstag] meines Vaters am 11. 11. 1918, den er tief unglücklich beging, nachdem er sich in seiner kindlichen Heiterkeit so auf ihn gefreut hatte. Wir sind heute noch nicht, äußerlich noch nicht so weit wie damals, in Wirklichkeit sieht es schlimmer aus, grade weil es das zweite Mal innerhalb einer Generation ist. Die Lage verschlechtert sich in stürmischem Tempo, sowohl die eigentliche Kriegslage infolge der unerwartet großen russischen Erfolge und des dank unserer wahnsinnigen Politik rings um uns steigenden Meeres von Haß, wie auch die innere Lage; letztere in doppeltem Sinne: wachsende innere Spannung, von oben – Sprachrohr Goebbels – bewußt gelenkte Verhetzung gegen die Oberschicht als geschickte und wirksame Ablenkung des Hasses, der sich bei natürlichem Ablauf gegen die Partei richten würde; wirtschaftliche und ernährungsmäßige Gefahren; moralische Verwilderung, daneben stumpfsinnige Indolenz gegen die großen Fragen.

Auf der anderen Seite Verschlechterung insofern, als die Chance, durch ein geändertes System noch ein halbwegs erträgliches Ende für Deutschland zu erreichen, immer geringer wird. Die Moskauer Konferenz hat zwar die inneren Gegensätze der Alliierten keineswegs vermindert, bezeichnend die Behandlung von Österreich im Kommuniqué, an den Haaren herbeigezogen, offenbar als einzige materielle Frage, über die Einigkeit besteht.[154] Aber diese Gegensätze bleiben für uns fruchtlos, weil ein Hitler sie nicht ausnutzen kann, vielmehr *den* Faktor darstellt, der die Gegner über alle Gegensätze doch zusammenführt. Ich traf Pfaff [Goerdeler] gestern auf dem Bahnhof. Er behauptete, es liege (über Schweden) eine authentische Äußerung Churchills vor, der erklärt habe, vor einer Umwälzung in Deutschland könne er nichts Bindendes sagen, aber wenn sie erfolge und sich als im Besitze genügender Autorität beweise, so glaube er, [daß] sich ein gangbarer Weg finden werde.[155]

Ein besonders ungünstiges Element ist die Entwicklung in Italien: Das überstürzte und aus Angst und Zorn illoyale Verhalten Badoglios; die kurzsichtige englische Politik gegenüber der italienischen Wendung; die höchst mangelhaften militärischen Leistungen der Angloamerikaner; auf der anderen Seite unsere an Brutalität und rachsüchtiger und dummer Gemeinheit alles übertreffende Methode in Italien, wo wir das Land ausrauben und zu tausenden pflichttreue Offiziere und Soldaten auf Befehl des tobenden Hitler erschossen haben,[156] alles das wirkt zusammen, um das Ereignis, das hätte befreiend werden können, zur Quelle weiteren Übels werden zu lassen. Dahin gehört auch die Erschütterung der Monarchie, noch dazu durch Mitwirken so völlig „vergangener" Gestalten wie Sforza und Croce. Immer das gleiche Bild: unsere Gegner stellen durchaus kein Prinzip des Fortschritts dar, aber das Hitler-Deutschland zeigt sich der Welt als ein so absolutes Übel, daß keine Möglichkeit besteht, ein natürliches Gefälle der Wasser auf unsere Mühle herzustellen.

In bezug auf die Entwicklung zu einer Wende in Deutschland erweist sich der Fall Kurzfuß [Langbehn] als besonders unheilvoll. Wiederholte Gespräche mit Geißler [Popitz] (einmal der alte Schützling des Zentrum-Schreibers, Terdenge, dabei, der sich gut entwickelt hat, einmal der brave, recht deprimierte Nordmann [Jessen]) ergaben, daß K. [Langbehn], der immer noch die Gastfreundschaft seines Freundes Cielo [Himmler] in Anspruch nimmt,[157] vor allem über die Frage ausgepreßt wird, warum er Geißler [Popitz] an Cielo [Himmler] herangebracht habe. Es wird also ein Zusammenhang konstruiert zwischen dem, was man glaubt über K.s [Langbehn] Tätigkeit bei Inez [in der Schweiz] herausgefunden zu haben, und diesem Gespräch, so als wenn man Cielo [Himmler] habe auf eine solche Bahn locken wollen. Daher auch dauerndes Fragen nach Hintermännern, die Geißler [Popitz] habe, wobei man sich besonders nach Generalen erkundigt. Eine üble Lage, zunächst für K. [Langbehn], den Cielo [Himmler] bestenfalls schon um seiner eigenen Sicherheit gegen Verdächtigungen der Partei willen nicht herauslassen wird, dann für Geißler [Popitz], der vielleicht doch mindestens zum Verhör kommen wird, schließlich für alle, die an der Sache arbeiten. Andererseits schützt K. [Langbehn] und G. [Popitz] (und andere) in gewissem Grade vielleicht die Sorge C.s [Himmler] vor Bloßstellung. G. [Popitz] war etwas mitgenommen von der ganzen Sache, besonders weil C. [Himmler] auf seine Versuche, ihn über K.s [Langbehn] Schicksal zu interpellieren, sauer reagiert hatte. G. [Popitz] wollte durchaus an ihn schreiben und Aufklärung anbieten, falls etwa sein Gespräch mit ihm in der Sache K. [Langbehn] eine Rolle spiele. Ich sprach mich lebhaft dagegen aus.

Eine weitere Erschwerung der Arbeit besteht in der offenbar gewachsenen Abneigung erheblicher Kreise gegen Geißler [Popitz], erstens weil er zu lange mitgemacht habe, zweitens wegen seiner intellektuellen, belehrenden Art. Wenigstens behauptet Pfaff [Goerdeler], der mich nach längerer Pause mehrfach aufsuchte, daß sowohl die Arbeitervertreter wie der „junge Kreis" absolut gegen G. [Popitz] sei[en]. Dabei hatte ich zeitweise den Eindruck, daß letzterer und auch ein Teil ersterer viel stärker gegen Pfaff [Goerdeler] seien. Letzterer hat aber, scheint es, durch seine unermüdliche Aktivität sich wieder durchgesetzt. Übrigens war er infolge intensiver Warnungen zeitweise so weit, daß er beschloß, sich in ein Krankenhaus zurückzuziehen, um etwas aus der Schußlinie zu kommen. Das hat aber nicht lange gedauert. Neuerdings hat man seine Stenotypistin verhaftet. Ob das mit ihm zusammenhängt, ist noch nicht klar, weil sie auch für andere gearbeitet hat. Immerhin ein neues Menetekel. Gegen Freda [Dohnanyi] hat man jetzt Anklage erhoben.[158] Wie mir Hase [Oster] sagte, bestehen in einigen Punkten (Devisen) „Schönheitsfehler", aber der ihn verteidigende Goltz sei ziemlich optimistisch. Politisch scheint sich nichts kristallisiert zu haben trotz eifriger Mühen des üblen Anklagevertreters. Auch Hase [Oster] ist jetzt angeklagt wegen zwei UK-Stellungen.[159] Alles das ist Teil eines Angriffs gegen den der Partei unbequemen Laden des Admirals Canaris.[160]

Pfaff [Goerdeler] behauptet, daß die Vorbereitungen jetzt wirklich vorgeschritten seien; die Entschlossenheit zum Handeln in Berlin und an der Front sei da. Er nannte die Namen. Wiederholte Fragen, ob das auch für den „Kernpunkt" gelte,[161] wurden nicht klar beantwortet. Pf. [Goerdeler] spielt immer noch mit dem meines Erachtens verfehlten Gedanken, es müsse auch ohne diesen „Kernpunkt" gehen. Ich bekämpfe diese Ansicht. Wie weit seine sonstigen Behauptungen über die Vorbereitungen richtig sind, kann ich nicht übersehen. Bei der letzten Unterredung vor einigen Tagen fand ich ihn eher weniger positiv. Er brachte im übrigen eine Personalfrage vor, die mich wenig sympathisch berührte: Neuerdings seien manche Kreise für Castelscuola [Schulenburg] als Außenminister, weil er vor dem Kriege mit Rußland gewarnt habe. Zu Grunde liege der Gedanke, entweder mit Stalin zum Sonderfrieden zu kommen oder durch die Sorge davor einen Druck auf die Westmächte auszuüben.[162] Die Arbeiter seien allerdings mehr für Hausmann [Hassell], weil die andere Lösung nach Reaktion schmecke. Er selbst kenne Cast. [Schulenburg] nur oberflächlich, fände ihn hölzern und nicht sehr bedeutend. Ich möchte mich doch mit ihm über die Form der Zusammenarbeit verständigen; bereit mitzumachen sei er. Er habe, als ich nicht konnte, neulich an der Besprechung mit dem — inzwischen nochmals (im Auto) verunglückten — Stupide [Jessen] teilnehmen sollen, was aber auch nicht zustande gekommen sei. Jedenfalls aber beweise seine Einstellung die Tatsache, daß er sich bereit erklärt habe, sich durch die Linien schleusen zu lassen, um mit Stalin über eine Verständigung mit einem neuen System in Deutschland zu sprechen. Ich wandte mich gegen die ganze Behandlung der Sache als Kandidaten-Frage, es handle sich unter unserem engsten Kreise um eine einfache Vertrauensfrage. Mit Cast. [Schulenburg] stände ich sehr gut

Erwin von Witzleben

Claus Graf Schenk von Stauffenberg

Henning von Tresckow (oben)

Friedrich Olbricht (oben, rechts)

Caesar von Hofacker (rechts)

Alexander Freiherr von Falkenhausen (oben, links)

Karl-Heinrich von Stülpnagel (oben)

Kurt Freiherr von Hammerstein-Equord (links)

Ulrich von Hassell vor dem Volksgerichtshof am 8. September 1944

und sei gern bereit, mit ihm eingehend zu sprechen, aber nicht im Sinne einer Postenverteilung, sondern über den Grundsatz der Zusammenarbeit. Wer Minister, Staatssekretär oder (als Zentrale der Friedensbemühungen an geeigneter Stelle) Botschafter würde, sei eine spätere Frage.

Diesen Standpunkt habe ich dann in noch schärferer Form bei Geibel [Beck] verfochten, der wenig erfreut zu sein schien, daß Pfaff [Goerdeler] die Sache auf eine Unterredung zwischen Cast. [Schulenburg] und mir im Sinne einer „Kandidatur"- Erörterung abgestellt hatte. Für mich wäre natürlich St[aats]s[ekretär] oder Botschafter unendlich angenehm[er] und ungefährlicher. Aber darum handelt es sich nicht. In dieser Sache kommt es darauf an, wenn ich mitmachen soll, Einfluß auf die Gesamtheit der Politik auszuüben. Ich habe Geibel [Beck] das deutlich gesagt, und er schien auch zu verstehen. Mein Eindruck über den Stand der Vorbereitungen war bei Geibel [Beck] ähnlich wie bei der zweiten vorhin erwähnten Unterhaltung mit Pfaff [Goerdeler]. Ich habe ihn bedrängt, klar zu sagen, wie er zum ganzen Problem stände. Seine Stellung präzisierte er dahin, daß er nur eine Sache unternehmen würde, bei der er vernünftiger Weise einen Erfolg erhoffen könne. Mit ihm (und Pfaff ebenso) war ich über die unerhört schwierige Hauptfrage, ob es nämlich nicht schon zu spät sei, so daß es richtiger wäre, die Katastrophe ablaufen zu lassen, einig: Trotz allem ist es schon aus *sittlichen* Gründen für die deutsche Zukunft *erforderlich*, wenn auch nur irgendwelche Möglichkeit und Aussicht besteht, noch vorher den Versuch zu machen.

Ich fand leider Geibel [Beck] weniger wohl als das letzte Mal; es plagte ihn ein übles Blasenleiden, das ihn ziemlich mitzunehmen schien. Über Cast. [Schulenburg] sagte er noch, er kenne ihn nicht; der Staatssekretär von Bülow habe ihm vor seiner Entsendung nach [Moskau] gesagt, er sei ein guter Beamter, werde nicht aus der Reihe tanzen, Mittelmaß. Letzteres bestritt ich. Er ist mehr, aber „Beamter" stimmt etwas. Das empfand ich auch, als ich dann am 9. [10. 43] mit ihm frühstückte. Er sieht die Dinge immer noch (und die Personen auch) vom Amtsstandpunkt. Aber davon abgesehen verstanden wir uns sehr gut. Klarer nüchterner Kopf mit gutem Instinkt – nicht mehr ganz jung. Natürlich haben wir keine „Posten"- Frage erörtert. Er meinte übrigens, Steengracht sehe die Lage und Dinge richtig und sei ein Herr.

[. . .]

Wir schlafen bei K[ameke]s in Potsdam (in der Regel). K.s sind famose Menschen, besonders auch mein Patenjunge Ernst Ulrich, der als Flakhelfer ab und zu auftritt. [. . .]

Fürchterliche Rede Hitlers [8. 11.],[163] niedrigstes Niveau, im Grunde um Auskunft verlegen.

[. . .]

In Berlin zwei musikalische Freuden: mit Ilse im Furtwänglerkonzert (7. Symphonie) und mit ihr, Wuffi und Frau von Brauchitsch im „Fidelio". Für mich eine der göttlichsten Schöpfungen der Menschheit. Zweiter Akt (Gefangene im Schloßhof) heutzutage erschütternd.

[. . .]

Berber hat mich um Erwiderung auf einen sehr interessanten Aufsatz von „Nineteenth Century" (Voigt) gebeten. Ich bin neugierig, ob er durchgeht,[164] denn ich habe natürlich einen Ton der Diskussion angeschlagen, der bei uns verpönt ist.

Was mag Herr General Balck, der uns vor einigen Monaten so lichtvoll über die geniale Führung im Osten und den dort nahe bevorstehenden Sieg belehrte, zu der Entwicklung sagen? Sind diese Leute Lügner oder Idioten? Wann haben je in der Geschichte tüchtige Offiziere sich derart vor einer unsachverständigen Führung ins Unheil gebeugt und geholfen, ihr Volk in die Katastrophe zu reißen?

Ebenhausen, 5. 12. 43.

Während sich die Lage inzwischen auf den Schlachtfeldern wenig verschoben hat, das heißt, im Osten schwere, zerreibende Kämpfe, aber ohne einen eigentlichen russischen Durchbruch, fortdauern, in Italien die phantasielose Hackerei der Anglo-Amerikaner geringe Erfolge erzielt, im Großen Ozean das „Räuber- und Soldaten"-Spiel weitergeht und endlich der U-Bootkrieg sich ohne erhebliche Ergebnisse fortschleppt, steht im Vordergrund der niederschmetternde Eindruck und die furchtbare Wirkung von vier großen Luftangriffen auf Berlin. So etwas wie meinen Fußmarsch am Tage [22. 11. 43] nach dem ersten [großen Angriff] von Hundekehle, wo ich, noch in Unkenntnis des Ausmaßes der Katastrophe, ganz wie gewöhnlich geritten hatte, nach Halensee, von Charlottenburg nach der Fasanenstraße, von dort durch die Hardenbergstraße, an der ausgebrannten Gedächtniskirche vorbei, durch Tauentzien-, Kleist- und Nettelbeckstraße zum Lützowplatz, durch Admiral-von-Schröder-Straße zur Tiergartenstraße, vergißt man nicht. In der Emserstraße traf ich Waldersees bei Rettungsarbeiten vor ihrem völlig zerstörten Haus, wo sie noch bis drei Minuten vor dem Einschlag einer Sprengbombe in blumengeschmückter Wohnung bei gutem Wein und einer Gans ihren Geburtstag gefeiert hatten. „Unsere Wohnung ist in Schönheit gestorben", sagte sie tapfer. Hätten sie sich einen Augenblick später entschlossen, nachzugeben und hinunterzugehen, so war ihr Leben dahin. Die Keller haben meist gehalten, aber die Verluste sind doch beträchtlich. Im schwer getroffenen Charlottenburger Schloß, dessen weltberühmte goldene Galerie vernichtet ist, hat ein mit Bomben abstürzendes Flugzeug den stärksten Bunker durchschlagen, das junge Paar von Hülsen und etwa dreißig treue Angestellte des königlichen Hauses getötet. Auch der brave Wilhelm Arnim mit seinem hochfliegenden, der Erde fernen Geist und seine tapfere Frau sind nicht mehr.

Der alte Berliner Westen, für Ilse und mich die eigentliche Stätte der

Tradition und unserer Jugend, ist gewesen. Fast alle Wohnungen, in denen wir noch manchmal friedliche Stunden verbrachten, sind erledigt: Uexkülls, Ursula Krosigks (ebenso ihre so tapfer aufgebaute Buchhandlung), Weizsäckers Wohnung als Staatssekretär, Seebohms, des guten alten, der krank im Lazarett liegt, unseres famosen Hausarztes Aschoff, unseres Zahnarztes Derigs, Dagmar Dohnas Atelier, Plettenbergs hübsche Wohnung im Niederländischen Palais, in der wir noch eben den netten Abend verbrachten usw. usw. Dazu das Palais des alten Kaisers, mit Hermines Wohnung, die sich famos benommen zu haben scheint, der alte Habel, Kaiserhof, Bristol, Eden, viele Ministerien, aber *nicht* neue Reichskanzlei, Rosenbergs Ostministerium, Propagandaministerium. Der Teufel, der die Welt zu regieren scheint, hat sie geschont. Aber französische (Schinkel!) und englische Botschaft dahin. Engländer zerstören ihre wie in Belgrad wir die unsre. Unsinn, Du siegst. [. . .]

Mein alter MWT ausgebrannte Mauerreste, das Institut [für Wirtschaftsforschung] beim ersten Angriff als Insel verschont, beim zweiten durch eine gegenüber einschlagende Sprengbombe größtenteils (auch mein Zimmer) unbenutzbar gemacht. Die daraus folgende Desorganisation – alles beschäftigt sich nur mit Wiederherstellungs- und Ausweichfragen, eigentliche Arbeit fällt aus – muß als typisch für alle Behörden und Institute gelten. [. . .] Erstaunlich sind die Leistungen auf dem Gebiete des Verkehrs. Mit unglaublicher Schnelligkeit stellt man ihn wieder her. Nach dem vierten großen Angriff sind Ilse und ich vorgestern früh auf die Minute von Berlin abgefahren und nach sehr normaler Reise mit Speisewagen usw. ebenso pünktlich angekommen.
[. . .]

Die politische Lage ist nicht wesentlich verändert. Hauptereignisse ägyptische Zusammenkunft: Roosevelt, Churchill, Tschiang Kaischek [22. – 26. 11.], persische: Roosevelt, Churchill, Stalin [28. 11. – 1. 12.].[165] Zweck: verschärfter politischer Druck auf Deutschland. Interessant das nervöse Bemühen unserer Leute, die Parallelität mit Wilsons 14 Punkten herzustellen. In der Tat ist der 1918 an uns verübte Betrug der stärkste Bundesgenosse Hitlers gegen ein deutsches Volk, dem die Schuppen von den Augen fallen *könnten*.

In Berlin einige Unterhaltungen mit Geißler [Popitz], der mir erzählte, daß die Luftangriffe in keiner Weise zu irgendeinem organisierten Zusammenwirken des (nicht existenten) „Kabinetts" Anlaß gegeben hätten. Jeder wurstelt für sich! Führerprinzip! Nur in einem Volk wie dem deutschen kann es trotzdem noch so leidlich funktionieren, wie es der Fall ist. Ehe bei uns völliges Chaos eintritt, muß offenbar noch viel mehr geschehen! Mit Pfaff [Goerdeler] und Castel scuola [Schulenburg] kam ich noch einmal zusammen, um die außenpolitischen Möglichkeiten zu erörtern. Letzterer schwört, meines Erachtens mit übertriebenem Optimismus, auf die Verständigungsmöglichkeit mit Stalin. Ich sehe natürlich auch im Mühlespiel die einzige Chance eines neuen Systems, aber nicht in der Form des *Doppel*spiels, sondern der Eindruck der Fairness bei England ist das Entscheidende; die *Drohung* mit dem Hinüberwechseln zum Osten muß sie ergänzen, aber wehe wenn London erkennt, daß wir die Methode des kleinen Handelsmannes einschlagen wollen. Ich sträube mich bei allen diesen Besprechungen mit aller Energie gegen „Kandidaturerörterung", scheinbar mit Erfolg, denn als ich Pfaff [Goerdeler] später zufällig in Potsdam auf der Elektrischen traf (ausgerechnet als ich zu Herz [Schacht] ins Palast-Hotel ging), nahm auch er den einzig möglichen Standpunkt ein, daß es auf ein Zusammenhalten der *band of brothers* ankommt, das heißt *er* drückte das nicht so aus, sondern in der ihm leider nicht ganz fremden Ausdrucksweise des Postenehrgeizes, indem er sagte: „Wir sind alle einig, daß Sie Außenminister werden müssen!" Man könnte daraus folgern, er glaube wirklich, daß es sich um Verteilung ehrenvoller Ämter handle. – Lohnendes Gespräch mit dem klugen Salzb. [Guttenberg], der wirklich außenpolitisch denken kann. Einen Abend verbrachte ich bei Gleichen, im Gästehaus des Klubs, das inzwischen auch erledigt ist. Wir saßen zeitweise im Keller; es war der letzte Alarm vor den ganz großen Angriffen. [. . .]

Ganz interessantes und *noch* gemütliches Abendessen bei Sauerbruchs, wenige Tage vor den großen Schrecknissen. Der Physikersohn [Planck] war da, und ich unterhielt mich eingehend mit ihm. Er ist immer von äußerstem Pessimismus, aber in der großen Linie hat er recht behalten. Nach seiner Behauptung ist es beschlossen, daß im Fall der Einnahme von Rom der Papst „zu seinem Schutze" mitgenommen werden soll. Unsere Leute sind auch dazu imstande. Instinktmäßig glaubt daher jeder, daß die Bomben neulich *von uns* auf die Vatikanstadt geworfen worden sind. C. F. Weizsäcker erzählte, daß nach Bericht seines Vaters die Beziehungen zum Heiligen Stuhl sich nach anfänglich ganz guter Entwicklung wieder verschlechtert hätten; er bemühe sich vergeblich, die Leute zu überzeugen, daß die Engländer die Bomben geworfen hätten![166]

Ich sprach Gericke, der Rintelens Auffassung über den Gang der Dinge in Italien absolut teilt. Er erzählte, daß Hitler dem General Toussaint gesagt habe (unter heftigen Vorwürfen gegen Mackensen, der grotesker Weise trotz aller Liebedienerei gegenüber der Partei auf dem Jagdhaus Neuraths „konfiniert" ist), der einzige, der die Lage in Italien richtig beurteilt habe, sei ich gewesen, und man solle diejenigen, die mich geköpft hätten, nachträglich zur Rechenschaft ziehen. Da müßte er freilich bei sich selbst anfangen. Wie labil diese Leute sind, denen der wirkliche Fonds fehlt. Gericke berichtete von dem trostlosen Zustande Mussolinis, der ausgerechnet im Hause unserer alten Freunde in Gargnano [Conte Serego-Alighieri] zu wohnen scheint. Enttäuscht, inaktiv, verbittert sitzt er da, ohne Macht, ganz in unserer Hand und in der der Schwestern Petacci,[167] die wieder aufgetreten sind. Ein trübes Ende, das ich ihm nicht zugetraut hätte.

Wir frühstückten mit Doertenbach, Erda Roederns Mann, Tübinger Schwabe, bis zum 9. 9. [1943] in Rom an der Botschaft. Er teilt vollkommen Rintelens Auffassung, das heißt, daß Badoglio (und seine Leute) das Bündnis halten wollten und *erst* durch *unser* Verhalten in den Abfall getrieben worden sind, den sie in ihrer Verzweiflung sowohl kopflos wie illoyal durchgeführt haben. Es ist fraglich, ob der König bei Rahns Audienz überhaupt schon im Bilde war.[168] Doertenbach hält doppeltes Spiel bei den Leuten Mussolinis, wie zum Beispiel Buffarini, für möglich, das heißt, daß dieser im Einverständnis mit Grandi handelt und auf den geeigneten Augenblick zum Querschießen wartet.[169] Für die Schwäche Mussolini[s] ist – echt italienisch – bezeichnend, daß er, der von Ciano so schamlos verraten wurde, schon wieder mit dem Gedanken kokettiert, ihn heranzuziehen.

Für das Niveau eines Teils der deutschen Wissenschaft war mir ein Vortrag im Berliner Kreise der Deutschen Akademie bezeichnend, den der Prof. Frhr. von Verschuer über Rassenpolitik hielt, der Mann, den E. Fischer *wagte*, als seinen Nachfolger in der Mittwochs-Gesellschaft vorzuschlagen.[170] Ein oberflächliches, für parteipolitische Zwecke frisiertes Geschwätz, eine wahre Schande.

In Potsdam entwickelt sich noch eine Art bescheidenes Gesellschaftsleben als „Ausweichstelle" für Berlin. [. . .] Ein fabelhaftes Niveau hält noch das Haus von Gottfried Bismarck. Er selbst ist dabei nett und bescheiden, tritt hinter seinen Gästen zurück und versucht die Gesellschaft lebhaft zu gestalten. Sie ist ein gutes Element durch ihre österreichische Art, mit Charme und Witz und Leichtigkeit. Den einen Abend war ihre Schwester Alice, die Kunsthistorikerin, da, die ich außerordentlich reizend und recht klug finde. [. . .] Ein zweiter Abend vor wenigen Tagen war besonders gut zusammengesetzt: Jacob Wallenberg, Schacht, Blessing, Plettenberg. [. . .] Ein Freund Otto B[ismarck]s, mit dem ich in Friedrichsruh war, war auch da, redete aber ziemlich daneben. Ein sehr kluger Mann ist Blessing, mit dem ich mich besonders gern unterhalte.[171] Er kam grade aus Rumänien und meinte, daß die Angst vor dem Bolschewismus die Rumänen in unserem Lager ziemlich unentrinnbar festhalte. Dasselbe gilt wohl von Esten und Letten; in Finnland und Polen machen sich ähnliche Strömungen bemerkbar. Aber wir haben in Polen alles verdorben, und der jetzt gemachte Versuch, sie nachträglich zu gewinnen, kommt zu spät. Unsere Politik hat gradezu Meisterstücke verfehlter Methoden geliefert. Das zeigte mir auch die Unterhaltung mit J. Wallenberg,[172] der einen klugen ruhigen überlegten Eindruck machte. Er war sehr erschüttert durch seine Erlebnisse während der großen Fliegerangriffe. Über mich zeigte er sich recht genau orientiert. Offensichtlich hält er den Krieg für uns für verloren. Als Schwede wünscht er nicht unseren Zusammenbruch, sieht aber keinen Ausweg.

Aus meinem schon erwähnten Gespräch mit Pfaff [Goerdeler] entnahm ich, daß der Schwede, von dem er immer als seinem Vertrauensmann spricht, eben J[acob] W[allenberg] ist. Pfaff [Goerdeler] behauptete, Churchill habe ihm persönlich durch diesen sagen lassen, daß man ein neues System in D[eutschland] (soll heißen: unter der Führung Pfaffs [Goerdeler]) mit wohlwollendem Interesse beobachten werde. Herzer [Schacht] bezweifelt das, das heißt in dem Sinne, daß er nicht glaubt, diese „Bestellung" richte sich an Pfaff [Goerdeler]. Ich neige zu der gleichen Auffassung. Pfaff [Goerdeler] kam übrigens wieder auf die Frage zurück, ob es nicht doch möglich wäre, den Wechsel durchzuführen, ohne daß Inge [Hitler] ausgefallen wäre; Geibel [Beck] wolle da nicht heran. Ich auch nicht.

Am nächsten Morgen erstes Frühstück mit Herz [Schacht] im Palasthotel, anschließend kleiner Spaziergang in Richtung Sanssouci. Er ging sehr aus sich heraus und war sehr klar und bestimmt. Sympathisch war mir, daß er zugab, auf Hitler hereingefallen zu sein. < > Störend ist sein ausgesprochen persönlich gefärbter glühender Ehrgeiz, bei dem er seine eigene Position verkennt. Er gab klar zu erkennen, daß er kein Ministerium oder dergleichen unter einem anderen Kanzler übernehmen wolle. Zuerst erschien mir, er wolle sich für Sonderaufgaben bereithalten; nachher merkte ich, daß er sich für den gegebenen Regierungschef hält, mich dabei als eine Art Gehilfen für die Technik der Außenpolitik ins Auge fassend. In der Sache waren wir ganz einig. Auch er hält es trotz der üblen Lage für unsere Pflicht, sowohl aus politischen wie aus moralischen Gründen, den Wagen nicht erst in den Abgrund rasen zu lassen, sondern sich noch vorher auf den Bock zu schwingen, obwohl keine Ehre dabei zu holen und nur noch wenig zu retten ist. Er erzählte, daß er Wallenberg als Ziel bezeichnet habe die Grenzen von 1914 samt den einwandfrei deutschen Nachbargebieten. W[allenberg] habe das als unerreichbar erklärt! Herzer [Schacht] teilt meine Auffassung, daß ohne Ausschaltung von Inge [Hitler] kein Erfolg zu erwarten ist. Ebenso ist er meiner Ansicht, daß eine loyale Politik der Verständigung mit den Angelsachsen versucht werden muß, dabei jedes Doppelspiel vermeidend, aber mit der Drohung der Verständigung mit Stalin als „Mühle".

Leider ist das Ganze wohl Fata Morgana. Ich vergaß noch zwei Züge aus dem Leben meines kümmerlichen Nachfolgers in Rom festzuhalten: Als Mussolini seine schwere Niederlage im Großen Rat erlitt, verfaßte M[ackensen] grade ein Telegramm, das zum Ausdruck brachte, Mussolini habe die Lage fest in der Hand, und als man ihm abends nahelegte, es nicht abzuschicken, verkannte er die Situation so, daß er die Absendung ausdrücklich anordnete.[173] Noch toller ist, daß er, als der neue Regierungschef Badoglio zum ersten Male nach ihm schickte, sich unauffindbar stellte — und den jungen Gesandtschaftsrat Doertenbach zu dieser wichtigen Unterredung schickte.

Aus einem Brief an Ilse v. Hassell vom 17. 12. 1943 (aus Berlin):
Nun hat es die Fasanenstraße 28 auch gehascht! nebst zwei Nachbarhäusern, ziemlich vereinzelt in der ganzen Gegend. Brand- und Phosphorbomben haben das Haus übel zugerichtet und hätten es ganz zerstört, wenn die Feuerwehr nicht schnell da gewesen wäre. Einige Wohnungen [. . .] sind ganz ausgebrannt. Bei Frieda ist die erste Bombe durchs Dach über meinen Schreibtisch gesaust. Emmy hat nach ihrer Erzählung diesen Brand gelöscht, dann hat das Feuer aber von anderen Wohnungen übergegriffen. Trotzdem sind die Möbel und Bilder im wesentlichen erhalten, zum Teil natürlich beschädigt. Unser Bücherschrank unversehrt, der Schreibtisch aber unter Trümmern begraben. Das Ganze bietet einen wüsten Anblick. [. . .] Heute morgen ging die Stadtbahn von P[otsdam] nur bis Wannsee. Dann hieß es: kein Verkehr über Grunewald-Westkreuz, Umsteigen in die Wannseebahn. Mit dieser fuhr ich in wahnsinniger Fülle bis Anhalter Bahnhof und ging von dort zur Möckernbrücke, von da in U-Bahn (glatt) bis Uhlandstraße. Am Anhalter [Bahnhof] Rauch- und Brandgeruch, aber nichts zu sehen. Am Eingang der Fasanenstraße sah ich schon die Bescherung. Vor dem Hause unendliche Möbel (auf der gegenüberliegenden Seite), Feuerwehrwagen, Schläuche. Alle Wohnungen aufstehend, zum Teil ganz ausgeräumt oder ausgebrannt. Bei uns sah es im ersten Augenblick auch aus, als sei alles vernichtet, nachher sah man, durch Wasser und Trümmer watend, daß die Möbel usw. größtenteils vorhanden waren.

Ebenhausen, 27. 12. 43.
G[eyr] glaubt an eine Landung im Westen und will Dieter in diesem Fall unbedingt in seinem Stabe haben. Er hofft auf ein Panzer-AOK[174] und ist davon ganz erfüllt, folglich sehr selbstkonzentriert und politisch „Vogel Strauß", letzteres auch insofern, als er stark Annäherung an die SS sucht, weil er großenteils SS in seiner Armee haben würde und folglich den schwarzen Einfluß für sich mobilisieren will. Er scheint ein guter Soldat zu sein, aber sonst ist er doch ein recht kleines Kaliber.
  Ähnliche Gedanken hatte ich leider bei dem aus Belgien auf Urlaub gekommenen Kameke, der kindlich stolz auf seine Generalsstreifen und vollkommen beamtenmäßig erfüllt ist von seinen lokalen Aufgaben und Leistungen. Dazu läßt er sich von seiner musikalischen Leidenschaft in einem Grade hinnehmen, daß die alles beherrschenden politischen Probleme dahinter ganz zurücktreten. An sich freue ich mich, daß er körperlich wieder (ziemlich, nicht ganz) in Ordnung ist und das Gefühl hat, endlich wieder mit seiner Kraft lohnend eingesetzt zu sein. Aber es ist merkwürdig, wie stark die deutsche Tugend („eine Sache um ihrer selbst willen zu treiben") für eine wirklich politische Auffassung der Dinge hinderlich sein kann. Ich war vielleicht auf dem politischen Punkte besonders empfindlich, aus einer ganzen Reihe von Gründen. Erstens war der

Eindruck der furchtbaren und steigenden Wirkung der Luftangriffe grade auch in Berlin so überwältigend, daß man mit allen Fibern nach einer Beseitigung unseres Systems zittert, um noch wenigstens das Notdürftigste für eine deutsche Zukunft zu retten, ehe eine Katastrophe die letzten Möglichkeiten zerstört. Damit hängt umgekehrt die Tatsache zusammen, daß auf der Gegenseite politisch ein erschütterndes Chaos herrscht: heftigste, nur äußerlich und zum Teil nicht einmal äußerlich verkleisterte innere Gegensätze der Alliierten, völlige Unklarheit über die Ziele, verbunden mit mangelnder Führung, sich widersprechenden und taktisch unklugen politischen Äußerungen wie zum Beispiel der Smutsrede,[175] unaufhaltsam scheinender Vormarsch des Kommunismus besonders in Nordafrika, Corsika und auch im festländischen Frankreich,[176] blinder persönlicher Ehrgeiz von Leuten wie de Gaulle, der sich für seinen Zweck der roten Hilfe bedient, ohne sich darum zu kümmern, daß in Wahrheit die Roten ihn als Instrument benutzen,[177] schwere Meinungsverschiedenheiten *in* England (vgl. die Aufsätze von Voigt) und *in* den Vereinigten Staaten, tiefe Verärgerung der kleinen Staaten und der Franzosen über die Rücksichtslosigkeit, mit der die Großen über sie hinweggehn.[178]

Alles Momente, die im Falle einer rechtzeitigen Systemänderung noch eine nicht ganz aussichtslose Außenpolitik ermöglichen würden. Die Leute, die auf Badoglio verweisen und meinen, es bleibe nichts übrig, als jetzt durchzuhalten, verkennen die wesentlichsten Momente: erstens, daß Italien sich in einer völlig anderen Lage als Deutschland befand und daß B[adoglio] in dieser Lage, zwischen Bündnistreue und Erkennen der Unmöglichkeit weiterzukämpfen hin- und herschwankend, so dumm wie möglich „operiert hat". Zweitens, daß England womöglich eine noch törichtere Politik getrieben hat und daß man dies in England genau erkennt. Drittens, daß für uns die Lage einfach so ist: mit Hitler geht der Krieg mit Sicherheit verloren, weil er von beiden Seiten bis zur Katastrophe fortgeführt werden wird, denn weder kann H[itler] seiner Natur nach nachgeben noch hat er eine Chance, eine für uns günstige Entscheidung zu erzwingen noch sind die Angloamerikaner bereitzumachen, mit Hitler zu verhandeln; die vielleicht einmal vorhanden gewesene Möglichkeit mit Rußland zum Sonderfrieden zu kommen, sehe ich auch nicht mehr. Die einzig wirklich gegebene Einigkeit auf der Gegenseite besteht eben in *dem* Punkte, daß zunächst Hitler herunter muß. Erst nach Erreichen dieses Ziels können (und werden) die Differenzen aufbrechen. Dabei handelt es sich natürlich nicht um Demokratie oder dergleichen. Daß mit solchen Schlagworten andere Dinge markiert werden, ist klar und wird von „Nineteenth Century" sehr hübsch enthüllt.[179] Selbstverständlich ist bestimmend die reine Machtpolitik. Worauf es für uns ankommt (politisch), ist nicht, den Beweis „demokratischer" Reue und Besserung zu erbringen, sondern den Leuten auf der anderen Seite klar zu machen, daß ein gesunder deutscher Faktor in ihrem eigenen Interesse liegt. Das ist aber nach allem, was geschehen ist, mit einem Führer wie Hitler unmöglich, schon weil man ihm überhaupt nichts glaubt. Der vollkommene Bruch mit der Linie Hitler ist das Entscheidende. Was danach geschieht, ist zweiter Ordnung. Taktische Konzessionen an gewisse populäre angelsächsische Vorstellungen werden dadurch nicht unwichtig gemacht, um so mehr als wir selbst ein Interesse daran haben, einer neuen Autorität eine möglichst breite und tiefe Grundlage zu geben.

Der dritte [?] Gesichtspunkt, der mich Kameke gegenüber besonders empfindlich machte, ist der Fall Falkenhausen. Dieser kluge und weitblickende Mann hat es leider trotz aller Warnungen der Partei und der Gestapo, denen er lange ein Dorn im Auge ist, zu bequem gemacht. Nun haben die Spießer, die immer über ihn die Nase rümpften, wirklich recht behalten. Er hat mit der Elisabeth Ruspoli so viel Dummheiten gemacht[180] und seinen politischen Gegnern so viel Haken gegeben, daß er nun wirklich stürzt, in einem Augenblick, in dem er nötiger als je ist. Bezeichnend ist, daß entgegen anderen Gerüchten die Vorwürfe gegen E. R[uspoli] nicht politisch, sondern moralisch (Schwarzhandel und Sittenlosigkeit) sind; man hat in aller Stille Material gesammelt, bis es reichte. [. . .] Das Ganze ist eine knickende Angelegenheit und für F[alkenhausen] ziemlich beschämend. Was soll man hoffen, wenn die besten Pferde so in den Graben fahren.[181]

Aber wichtiger als alles dies war die Tatsache, daß in der Woche vor Weihnachten nach allen Versicherungen zum erstenmal die reale Aussicht bestand, zum Ziele zu kommen.[182] Wie oft hat man das behauptet, und mein Glaube war gering genug. Aber die Behauptungen ernster Leute klangen so überzeugt und überzeugend, daß ich wirklich anfing, die Sache ernst zu nehmen. Wenige Tage vor meiner Abreise kam dann der Rückschlag: Auf Januar vertagt. Warum weiß ich nicht, vielleicht einfach, weil Inge [Hitler] verduftet war. Man sprach auch von kleinen Pannen und überflüssigem Gerede, wobei ich mir wenig denken kann. Denn in solchem Falle müßte es eingeschlagen haben. Richtig ist, daß Pfaff [Goerdeler] in verkehrter Weise wieder die Personalien-Erörterung betrieb, ein in mehrfacher Hinsicht gefährliches Verfahren. Besondere Vorliebe zeigte er dabei für das auswärtige Ressort. Ich stemmte mich dagegen, so gut ich konnte, ganz abgesehen von meiner Entschlossenheit, mir dabei nicht hineinreden zu lassen. In den entscheidenden, das heißt schließlich eben leider nicht entscheidenden Tagen war Pfaff [Goerdeler] wiederholt bei mir – nach dem Abblasen in begreiflicher Wut: Die Josephs [Generäle] würden sich nie entschließen, sondern es erst zur vollen Katastrophe kommen lassen.

Zufrieden war ich mit mehrfachen Unterhaltungen mit Gundis altem Freund T. [Kessel], der seine Cheffeuse [Frau v. Weizsäcker] nach Berlin begleitet hatte. Diese sah nach ihrer ziemlich übel mitgenommenen Residenz, in der sie allerhand verloren haben, fuhr mich in ihres Nachfolgers Auto nach P[otsdam] und schenkte mir aus ihren Beständen eine Flasche Wein. Sonst kam ich mit ihr nicht zu ernstem Gespräch. Ihr Begleiter behauptete aber, sein Chef dränge mit äußerster Schärfe auf Aktion. Das ist von dort aus bequem! Vorher hat er sich doch [nicht?] allzu tief eingelassen.[183] [. . .]

Ein langes befriedigendes Gespräch hatte ich mit Sofies Neffen [Schwerin], der mir wieder gut gefiel und offenbar sehr aktiv ist (zusammen mit F. Cast. Scuola [Fritz Dietlof Schulenburg], Montecluso [Hardenberg] und anderen). Ähnlich kurz vor der Abreise mit Salzmann [Trott]. Er beurteilt die Lage ungefähr wie ich. Durch seine amtlichen Reisen hat er wie wenige die Gelegenheit, die Dinge von außen zu sehen und auch mit Leuten von Viol[ett] H[arward = Engländern] Fühlung zu nehmen. Seine Gewährsleute letzterer Art seien sehr besorgt wegen Rußland und höchst interessiert an der Entwicklung bei uns, aber mißtrauisch, daß eine Änderung nur auf Tarnung hinauslaufe, also eine Fortsetzung militärisch-nazistischer Methoden unter anderer Etikette (siehe oben). [. . .]

Mehrfach sah ich Ettas Mann [Waldersee], einmal auch mit ihr, nämlich zufällig beim Frühstück im Adlon kurz vor meiner Abreise, zusammen mit meinem alten Untergebenen E[tzdorf]. Letzterer ist noch an alter Stelle, voller Verachtung für die Josephs [Generäle]. Einen Abend (und die Nacht) bei Sauerbruchs, mit Ettas Mann. S[auerbruch] frisch und interessant wie immer, erzählte aus älterer Zeit, besonders vom Münchener Putsch und Inges [Hitler] wenig heldenhaftem Verhalten. [. . .] S[auerbruch] berichtete, daß ein hoher SS-Führer (Turner) ihm von einer Besprechung der höheren SS-Führer erzählt habe, in der einer von ihnen gesagt hätte, wenn es einmal so weit wäre, mit England wieder anzuknüpfen, habe man noch mich, über den sich das Urteil des Führers sehr gewandelt habe. Es ist also schon herum! Anderes Beispiel für die Labilität dieser Urteile: der von höchster Gnadensonne bestrahlte Stümper Ziegler[184] ist wegen defaitistischer Äußerungen in die Wüste gejagt worden, angeblich sogar verhaftet. Da er sich cavallièrement auf Pietzsch als gleicher Ansicht berufen hat, ist auch dieser in Ungnade gefallen.

Mehrmals sah ich Geißler [Popitz]. Er ist sehr deprimiert, erstens natürlich wegen der allgemeinen Entwicklung, dann weil er — richtig — annimmt, daß man ihn, der so lange mit aller Kraft mitarbeitet, bei einer Systemänderung nicht in vorderster Linie, jedenfalls nicht an der von ihm gewünschten Stelle (Unterrichtsminister) einsetzen will. Ich halte ihn grade dafür für sehr geeignet und bin unbedingt dafür, seine erheblichen Gaben zu verwenden. Aber[185] Geibel [Beck] liegt er nicht. Pfaff [Goerdeler] ist auch gegen ihn. Letzterer behauptet, es läge gar nicht an ihm, sondern an den Sozialdemokraten, für die er nicht erträglich sei, weil er zu lange mit Göring sympathisiert und überhaupt zu lange mitgemacht habe. Meiner Ansicht nach kein ausreichender Grund (besonders bei dem Mangel an Kräften). Ich sehe noch nicht klar, wie weit das richtig ist oder ob Pfaff sich hinter den Leuten versteckt. Tatsächlich hat Geißler [Popitz] sich durch seine professorale Art viel Gegnerschaft geschaffen. Pfaff denkt, daß für Geißler geeignet sei die Botschaft am Vatikan. Gar nicht dumm, denn Geibel [Beck] lehnt Weizsäcker dort und überhaupt ab, vor allem wegen Weizsäckers Rede bei Rückkehr der Amerikadiplomaten, Mai 1942 (mit Schlußworten: „Wir sind auf nichts ausgerichtet als auf den Führer; sein Wille ist der unsrige").

Geißler [Popitz] ist besorgt wegen Pfaffs [Goerdelers] „parlamentarischen" Methoden. Er führe Koalitionsverhandlungen. Das stimmt. Auch mir ist Pfaff zu sehr Mann der alten Methoden, aber die Dinge sind hier so fortgeschritten, daß das alles nicht mehr entscheidend wichtig ist. Außerdem würde das erste Kabinett sich ohnehin wahrscheinlich schnell verbrauchen.

Ein eingehendes Gespräch hatte ich auf Pfaffs [Goerdeler] Veranlassung mit dem Chef meiner Nichte Z. [Kiep]. Ich hatte an ihn als Staatssekretär oder dergleichen gedacht, wegen guter Kenntnis der Angelsachsen. Er hält sich aber für den geeigneten Reichspressechef, das heißt porteparole nach England-Amerika. Seine Auffassungen sind im übrigen viel zu umschmiegsam. Er denkt an sofortige bedingungslose Kapitulation. So liegen die Dinge nicht.[186]

1944

Ebenhausen, 2. 1. 44.
Das neue Jahr beginnt unter dunkelsten Prospekten. Der Krieg im Osten läuft übel und der Luftkrieg wirkt sich immer stärker gegen uns aus. [...][1]
In persönlicher Beziehung müssen wir inmitten allen Unglücks dankbar sein. [...] Trotzdem bleibt Sorge und Grauen beherrschend. In diesem Gefühl gehen wir nach Berlin zurück. Soll ich überhaupt dort weitermachen? Hat es irgendwelchen Zweck?
Sehr interessantes Buch des Amerikaners E. Lyons über Stalin.[2] Vor dem deutsch-russischen Krieg geschrieben, ist es weder im alliierten Sinne „orthodox" noch übertrieben antihitlerisch, also verhältnismäßig objektiv. Das Bild St[alin]s ist freilich wesentlich unerfreulicher als das von Schulenburg gezeichnet. Aber sehr geschlossen und überzeugend. Der Verfasser ist offenbar für Trotzki voreingenommen.
Beim Lesen wird die ganze Ungeheuerlichkeit der Hitler-Ribbentropschen Politik deutlich: in der ganzen Periode, in der es darauf ankam, die deutschen Notwendigkeiten gegenüber dem Westen durchzusetzen und sich dazu die wohlwollende Neutralität des Ostens (zum Mühlespiel) zu sichern, wüstes Toben gegen den „verjudeten Bolschewismus". Herumgeworfen wird das Steuer zu spät, im August 1939, zu dem ausgesprochenen, verbrecherischen Zwecke, den Rücken frei zu haben, um den Krieg gegen Polen und den Westen entfesseln zu können. In diesem Kriege erfolgt mutwillig und leichtfertig der Angriff auf Rußland; der Zweifrontenkrieg wird bewußt herbeigeführt. Die einzige Methode aber, die diesen Schritt verzeihlich und seine Folgen reparieren konnte, nämlich Ausrichten des Kampfes lediglich gegen den Bolschewismus und nicht gegen Rußland, wird verfehlt und im Gegenteil das Kunststück fertiggebracht, Stalin fest in den Sattel zu helfen und ein einiges nationales Rußland für die Kriegführung hinter ihn zu bringen, zudem aber die Preisaufgabe zu lösen, Polen *und* Rußland zum Feinde Deutschlands zu machen.

Ebenhausen, 7. 2. 44.
Signatur: Weitere sehr bedenkliche Verschlechterung der Lage im Osten, schwerste Luftangriffe, die nunmehr auch Berlin sicherlich zu rund 50 Prozent zerstören, Landung der Anglo-Amerikaner in Nettuno bei zunächst allerdings sehr bescheidenen Erfolgen, verschärfter Druck auf die Neutralen, dem Argentinien bereits nachgegeben hat. Das von Bolivien mitgemachte Strampeln gegen das von USA über Iberoamerika geworfene Netz ist also vergeblich geblieben.[3] Auf der anderen Seite nach wie

vor, ja gesteigerte innere Spaltungen im Feindblock, aber kein Silberstreifen am Horizont, der auf die Möglichkeit, sie durch eine grundsätzlich umgestellte, verantwortungsbewußte deutsche Regierung auszunutzen, hindeutete. Für die Lage bezeichnend die von der „Prawda" gegen die Angloamerikaner geworfene Stinkbombe mit der Nachricht, Ribbentrop habe in Spanien mit Hoare verhandelt.[4] In Deutschland Erfolg: verschärftes Mißtrauen der Regierenden, die vermuten, daß zwar nicht sie, aber andere Kreise mit den Engländern Fühlung hätten. Sofies Neffe [Schwerin] erzählte, daß man nach einer jungen Gruppe im AA schnüffle. Ungefähr gleichzeitig Verhaftung von Kiep, der einem Lockspitzel des SD aufgesessen zu haben scheint, dem man aber seit langem mißtrauisch gegenübersteht.[5] Ferner ist Helmuth Moltke vernommen, und da er angeblich die Aussage verweigert hat, dabehalten worden. Ob er noch sitzt, weiß ich nicht.[6] Ich habe gegen ihn wegen seiner unrealpolitischen, angelsächsischen Mentalität < > Bedenken. Elis[abeth] Thadden ist wegen kirchlicher Dinge eingesperrt.[7] Bernstorff sitzt nach wie vor.[8] Er wird, offenbar völlig ohne Grund, mit Langbehns Reisen in Verbindung gebracht. Letzterer wird bestimmt weiter festgehalten werden, weil Himmler für sich selbst fürchtet. Ein Akt größter Illoyalität.

Die kleine Sarré sitzt gleichfalls weiter. In diesem Zusammenhang meint man, daß Geißler [Popitz] ziemlich gefährdet sei. Das bestätigte mir Sofies Neffe [Schwerin] und vor allem Zollerntal [Stauffenberg], den ich neulich bei Nordmann [Jessen] kennenlernte[9] und der mir einen ausgezeichneten Eindruck machte. Er meinte, man müsse unerhört vorsichtig sein, in Äußerungen und im Verkehr, letzteres besonders auch mit Geißler [Popitz], der scharf beobachtet werde. (Wie?) Gegen mich, glaubte er, liege im Augenblick nichts Besonderes vor. Unsere Unterhaltung wurde durch Alarm, der uns in den Keller zwang, gestört, noch mehr dadurch, daß Nordmann [Jessen] gegen unsere Verabredung (das erste Mal allein mit Z. [Stauffenberg] zu sein) Geißler [Popitz] dazu bestellt hatte, der dann nach dem Alarm geholt wurde. Dieser ist infolge seiner an sich begreiflichen Bitterkeit gegen Pfaff [Goerdeler], der ihn unglaublich behandelt, nervös und gereizt, nimmt die Dinge viel zu persönlich, was niemand mehr schadet als ihm selbst, und erschwert die sachliche Erörterung. Die berechtigten Bedenken gegen Pfaffs [Goerdelers] Methoden, vor allem seine Personalpolitik, würden wirksamer sein, wenn er weniger von sich spräche. Z. [Stauffenberg] war recht geschickt, konnte aber die sachlichen Bedenken (die er mindestens teilweise innerlich teilt) nicht zerstreuen. Des Pudels Kern ist die Tatsache, daß Geibel [Beck] selbst im Grunde politisch ahnungslos ist und sich ganz in Pfaffs [Goerdeler] Hand begeben hat.

Das Ganze ist freilich Makulatur, es geschieht doch nichts. Man kann, vor allem auch in rein militärischer Hinsicht, in eine Weißglut von Wut geraten, wenn man die sklavische Unterordnung der Generäle unter einen

Mann beobachtet, der sich grade als militärischer Führer gänzlich negativ und mit den offenbarsten unheilvollsten Ergebnissen „bewährt". Ein gut unterrichteter Mann erzählte mir, Manstein sei zu Hitler gekommen, der ihn sofort mit Ausführungen des Inhalts überschüttet habe, er wisse, was M[anstein] sagen wolle, nämlich daß er, H[itler], ein idiotischer Dilettant sei, weil er im Süden nicht rechtzeitig zurückgegangen sei, aber er habe doch stehen bleiben *müssen*, weil sonst Rumänien, Bulgarien usw. ausbrechen würden. Als wenn diese Leute nicht am stärksten durch schwere Niederlagen zum Ausbrechen getrieben würden! H[itler] verkörpert die unglückseligste Vermischung politischer und militärischer Gesichtspunkte.

Im Hause Kameke Trauer: der brave nette Sohn Hasso gefallen [25. 12.]. Erschütternd seine letzten militärischen Berichte. Schöne ernste Feier im Hause, zu der der Vater gekommen war, mitten drin Alarm. Ein rechtes Zeichen der Stunde.

Ich war drei Tage in Hamburg, worüber ich eingehend an Ilse schrieb, besonders über meine dramatische Rückkehr in den großen Luftangriff vom 30. 1. abends hinein. Große Freude das Zusammentreffen mit Dieter. Vorträge gingen gut. Vor 700 politischen Leitern, der eine [Vortrag], ein mir neues Publikum. Die Leute paßten sehr gut auf.— In Hamburg herrscht noch ein erstaunlicher, wenn auch sehr mager begründeter Glaube. Die norddeutsche Provinzstadt, zu welchem Typ ich eigentlich Hamburg nicht gerechnet hatte, ist immer noch die Hauptstütze des Systems. Auch beim Frühstück im Nationalklub war bei dem sehr guten Publikum eine bemerkenswerte Wirksamkeit der Propaganda festzustellen. Neben mir saß der nette gute Generaladmiral Albrecht, der zu mir sagte: „Wann wird diese Pechsträhne mal ein Ende nehmen?" Und als ich die Achseln zuckte, fügte er eindringlich hinzu: „Sie *muß* doch, sie *muß* doch!"

Ich habe vergessen zu berichten, daß wir auf der letzten Reise Ilses von Ebenhausen nach Berlin [Professor Emil] Woermann in Seeben bei Halle besuchten, grade an unserem 33. Hochzeitstag. Ich kam Ilse von Berlin nach Halle entgegen; auf diese Weise vermieden wir für Ilse die immer sehr gefährliche Abend-Ankunft in Berlin. Der Besuch war sehr geglückt. Große Harmonie mit den netten Woermanns [. . .]. Am ersten Abend gaben sie ein fabelhaftes Abendessen; unter den Gästen der größte deutsche Landwirt (in seiner Art), Wentzel-Teutschenthal,[10] und der tüchtige Schröder-Etzdorf, ferner zwei Professoren, von denen einer ziemlich aus dem Rahmen fiel (ängstlicher nach oben schielender Parteimann). Wentzel macht einen ausgezeichneten Eindruck und hat große Dinge geleistet — ein Betrieb, der seinesgleichen sucht. [. . .]

Ebenhausen, 23. 2. 44.
In der letzten Berliner Periode wieder ein schwerer Luftangriff. Furchtbarer Eindruck morgens vor allem in Halensee. Bisher 15 — nach anderer

Schätzung 17 – Großangriffe. Ergebnis 50 Prozent von Berlin zerstört oder schwer mitgenommen. Warum sollen sie nicht [noch die anderen] 50 machen?[11] Ausführungen des Bischofs [Dr. Bell] von Chichester und des früheren Erzbischofs von Canterbury Dr. Lang, die vor Übersteigerung der Angriffe auf die Zivilbevölkerung warnen,[12] seien sie nun Theater, cant oder Angst vor Vergeltung, werden nichts ändern.

Die militärische Lage zeigt einen leichten Stillstand, dank der Unfähigkeit der Angloamerikaner in Italien (obwohl Geibel [Beck] und andere immer glauben, daß sie gar nicht mehr *wollten* als Kräfte binden – nicht meine Ansicht) und dank der ausgezeichneten Leistung der mittleren Führung und der Truppe im Osten, in Gestalt des Ausbruchs aus dem Kessel bei Tscherkassy. Es kann einen Hund jammern (klamme Finger), wenn man sieht, was Offizier und Soldat und Volk schaffen und aushalten, bei jammervollster Führung, politisch und militärisch, im Großen. Allein, das was politisch und militärisch im Osten versiebt und versäumt worden ist, genügt für den Galgen.

Die von Hitler angerichtete geistige Verwirrung und moralische Verwahrlosung wird durch zwei Dinge in letzter Zeit grell beleuchtet: Seydlitz, Daniels, Czimatis (den ich vom OKW kenne, machte einen tadellosen Eindruck) haben über den russischen Rundfunk einen lockenden Appell an die Eingeschlossenen von Tscherkassy, sich zu ergeben, gerichtet.[13] Die deutsche Kriegsgeschichte kennt nichts annähernd Ähnliches. Man zweifelt an der Echtheit, aber Daniels hat einen alten Kompaniechef, jetzt Divisionskommandeur, aus seinem Bataillon in Rastenburg persönlich apostrophiert. Das kann man doch nicht erfinden. Oh cursed spite.[14] Das zweite Zeichen ist der Zustand der Justiz und die nervöse Schnüffelei des SD. E[wald] H[einrich] K[leist][15] war Zuhörer bei einer Volksgerichtsverhandlung in Potsdam, gegen den Verleger Bonness, der zum Tode verurteilt wurde.[16] Ein SD-Mann sagte E. H. [Kleist] vorher kaltzynisch, das Urteil stände natürlich längst fest. So war auch der Eindruck: Brutal durchgeführte Komödie, im Justizmord endend. Vergewaltigte Zeugenaussagen, brutalisierter Angeklagter, schamlos beschränkte Verteidigung. Dazu geben sich deutsche Richter her. Der besonders üble Vorsitzende hieß Kroner [Crohne].[17] Er verplapperte sich, indem er dem armen B[onness] sagte: „Wollen Sie behaupten, mißhandelt worden zu sein? Ich habe mich beim SD erkundigt und habe festgestellt, daß Sie weder mißhandelt noch verschärft verhört worden sind!" – Ein ganzer Kreis von Leuten ist verhaftet worden, wie es scheint auf Grund [von] Aussagen eines Lockspitzels. Man fahndet, wohl im Zusammenhang mit dem Fall Langbehn, nach Beziehungen in der Schweiz.[18] Frau Solf und Tochter [. . .], El[isabeth] Thadden, der frühere Unterstaatssekretär im Finanzministerium Zarden, der inzwischen Selbstmord begangen zu haben scheint, Kiep, Helmuth Moltke, letztere beide politisch auf einer mir unannehmbaren Linie angelsächsischer Psychose.

Bei Hitler hat schwer eingeschlagen der propagandistische Erfolg der Sowjets bei unseren Gefangenen. Abgesehen von Seydlitz und Genossen ist in der Mannschaft das sowjetische Werben teilweise erfolgreich gewesen, so daß zum Beispiel auf der Krim zehn deutsche Unteroffiziere zur Agitation mit Fallschirmen abgesetzt worden sind; sie wurden geklappt und erschossen. Nun soll als Gegenaktion gegen diese erfolgreiche „Umschulung", wie sie origineller Weise Oberst v. Foelkersamb ausdrückte, der bei der Luftwaffe die Gegenaktion leitet und davon neulich am Rheinbaben-Tisch naiv erzählte, eine großzügige weltanschauliche Befestigung der ganzen Wehrmacht erfolgen, von den Kommandierenden Generalen bis zum Grenadier.[19] Rintelen mußte, bevor er ein Korps übernimmt, auch an so etwas teilnehmen. Bei dem geistigen Niveau der meisten Offiziere wird der Erfolg äußerlich nicht ausbleiben, aber das wahre Rüstzeug werden sie auch auf diese Weise nicht bekommen.

Außenpolitische Lage vor allem in Finnland bedenklich verschlechtert.[20] Schwerer Druck auch auf Spanien, der sich eines Tages innerpolitisch entladen kann. In der Türkei hat dagegen das englische Drängen *vorläufig* zu einer Versteifung geführt. In Bulgarien immer labilere Verhältnisse.— Wolf [Tirpitz] schreibt, daß in Frankreich jeder Verkehr mit Ausländern streng verboten worden ist.[21] Eine aus Nervosität geborene kurzsichtige Maßnahme, die den Verzicht auf das Aufrechterhalten wenigstens sporadischer Beziehungen zu anständigen Franzosen enthält. Firle, der in Paris die Handelsschiffahrt regiert, bestätigte, daß auf unserer Seite von Franzosen immer mehr nur der reine Ausschuß bleibe.

Neulich abends bei Gottfried Bismarck, um seinen Bruder Otto zu sehen. Er bestätigte in allem Wesentlichen die Darstellungen von Rintelen und Doertenbach. Der Bericht des OKW über den Hergang ist ein Lügengewebe.[22] B[ismarck] beurteilt Ciano günstiger als ich, aber das hat wohl besondere Gründe. Zwei Beispiele unserer „photographischen" Geschmacklosigkeit: Ciano hat man durch ein Loch in der Wand in der Zelle photographiert. Und den offenbar gänzlich kraftlosen Mussolini hat man dazu vermocht, sich beim Schach — das er gar nicht spielt! — photographieren zu lassen,— beim Zuge: „Schach dem König!"

[...]

Der Kreis um Geißler [Popitz] usw. sehr zersprengt. Ich sah G. [Popitz] und fand ihn degoutiert und nervös, begreiflicherweise. Man hat ihm gesagt, man fürchte ein Vorgehen gegen ihn und Pfaff [Goerdeler]. Pfaff [Goerdeler] scheint, schwer gewarnt, bewegungsunfähig zu sein. Zollerntal [Stauffenberg] hat G. [Popitz] erzählt, daß die Josephs [Generäle] Pfaff [Goerdeler] nicht mehr empfangen wollten.[23] Es geht alles zum Teufel.

Ebenhausen, 13. 3. 44.
Ich liege mit einem geschwollenen, nur ganz kümmerlich zu biegenden Knie im Bett, mit etwas Temperatur. Diesmal das rechte Bein, auf dessen Fuß ich (beim Reiten) vor einem dreiviertel Jahr stürzte, während es im Herbst das linke war. [. . .] Ich bin sehr wütend. Ich war *so* beweglich bisher. Fängt das Altern an? Jedenfalls eine Warnung, aus der man versuchen muß, das Gute zu ziehen. Es wird mir sauer. Draußen feuchter Schneesturm.

In Berlin drei größere Tagesangriffe — die ersten.[24] Wirkung sehr dekonzertierend. Die Innenstadt nicht betroffen, im Umkreis verschiedentlich schwere Schäden. Die Amerikaner warfen ihre Bomben oft in sinnlos-barbarischer Weise ab, zum Beispiel in Schlachtensee und Nikolassee oder auf das harmlose Landstädtchen Templin, wo ein Krankenhaus getroffen, Schwestern und Patienten zahlreich getötet wurden. Die Gegenseite tut alles, um uns in der Barbarei Konkurrenz zu machen. [. . .] Chaos und Weltenbrand sind die Zeichen der Zeit.

[. . .]
Beim zweiten [Alarm] frühstückte ich (Mittwoch um acht) im Club bei Planck; Olbricht und Thomas hatten in letzter Minute wegen Voralarms abgesagt. [. . .] Pl[anck] in jeder Hinsicht pessimistisch, fast resigniert. Leider auch hinsichtlich Brüssels, wohin er gar nicht mehr fahre. Kameke war anderthalb Tage da. Seine Beschreibung der immer stärker sich entwickelnden Gleichgültigkeit und Passivität F[alkenhausen]s, der die Söhne der Ruspoli bei sich „aus Ritterlichkeit" aufgenommen hat, deprimierend. Die Ruspoli-Söhne nimmt er auf in einem Augenblick, in dem Keitel — womöglich mit veranlaßt durch den Fall Ruspoli — stur und engstirnig jeden Verkehr mit Ausländern *ausnahmslos* verbietet.[25] So werden die letzten Brücken für später abgebrochen. Wolf T[irpitz] schrieb auch sehr betrübt und kritisch darüber. Die gute Marthe [Prinzessin Ruspoli, geborene] Chambrun ist nun auch völlig isoliert.— In Brüssel hat Keitel nun völlig nachgegeben und der Einsetzung eines Höheren Polizei- und SS-Führers, der F[alkenhausen] nicht unterstellt ist, zugestimmt. Reeder will (nach K[ameke]) eine Kabinettsfrage daraus machen.[26]

Lage im Südteil der Ostfront sehr übel; politisch Hauptgefahr augenblicklich Finnland. Diese Leute wollen Schluß machen. Freilich erschweren es ihnen die Russen sehr stark. Zwischen Türkei und England ziemlicher Schnupfen, desgleichen zwischen USA und Argentinien, das von Chile, Bolivien, Paraguay gestützt wird.[27] Die Sache ist immerhin interessant [. . .]. Überhaupt kann man immer wieder sagen, daß außenpolitisch noch nicht „Matthäi am letzten" *wäre*, wenn . . . ! In vielen Köpfen allerdings malen sich die Dinge nach dem Korffschen Grundsatz („weil nicht sein kann, was nicht sein darf!") sonderbar genug. Ich frühstückte bei Otto Chr[istian] Fischer[28] im Klub, der eigentlich über unsere

Leute ganz klar sieht, aber sich doch die These zurechtmacht, es bliebe nur übrig, es auf den Erschöpfungskrieg ankommen zu lassen, *irgendwann* werde auch bei den Gefäßen der anderen der Boden sichtbar werden. Das in einem Augenblick, in dem unsere materielle Unterlegenheit immer akzentuierter wird, durch die Luftangriffe vor allem auf die Flugzeugindustrie täglich verschärft. Im Westen kommen wir schon kaum noch „hoch".

Ganz anders natürlich Pfaff [Goerdeler], der mich nach langer Zeit in P[otsdam] besuchte. Er spricht von der „letzten Phase", in die wir eintreten. Von allen Seiten gewarnt hält er sich sehr zurück (hoffentlich!) und hat daher auch kaum noch Fühlung. Von irgendeiner *Führung* durch Geibel [Beck] scheint mir keine Rede mehr. Eigentlich war sie ja niemals da. Mittwochsgesellschaft am Tage des zweiten Tagesangriffs (8. 3.), daher (bei Popitz) nur fünf Personen: P[opitz], Baethgen, Jessen, Spranger und ich. B[aethgen] sprach über Friedrich II., hauptsächlich drei Fragen: Inwieweit hat er selbst gehandelt? War er mehr germanisch oder mehr romanisch? War er ein Feind des Christentums? Zu 1 Antwort: sehr viel! Zu 2: Dem Wesen (nicht der Rasse) nach mehr romanisch. Zu 3: Kritisch, aber nicht hinsichtlich der großen Grundwahrheiten (Existenz Gottes usw.)
[. . .]
Nordmann [Jessen] gibt die Hoffnung auf die (jüngeren) Josephs [Generäle] noch nicht auf.[29]

Auf der Straße traf ich den Südtiroler Franceschini. Er war sehr deprimiert — kein Wunder. Was haben wir da für eine Politik gemacht! Jetzt regiert übrigens der Gauleiter Hofer und nicht etwa Mussolini. H[ofer] hat Tinzl zum Präfekten von Bozen gemacht! Übrigens sei H[ofer] halbwegs anständig gegen die national-deutsch gesinnten Dissidenten wie Sternbach, die damals den Kurs des Aufgebens nicht mitgemacht hatten.[30] F[ranceschini] (und andere) berichten, daß die Neofaschisten (die im Volk aber gar keinen Boden haben) langsam in Südtirol wieder einzudringen suchen.

Bei Kamekes erzählte neulich der junge Leutnant v. Gontard über Norwegen. Unter der eisernen Faust im Gegensatz zu Dänemark kaum Sabotageakte, die im übrigen den Norwegern auch nicht sehr liegen. Aber nur 2 Prozent hinter Quisling, teils Konjunkturisten, teils Gesindel, teils Idealisten. Im übrigen glühender Haß gegen die Besatzungsmacht, besonders seit den Studentendeportationen.[31] Erstaunlich das Versagen der englischen Flotte auch dort, genau wie zum Beispiel gegenüber der Besetzung der Inseln in der Ägäis. Der ganze fast ungeschützte Geleitzugverkehr so gut wie ungestört. Unbegreiflich!

Erschütternder Besuch meines Freundes, des Kanonier-Rechtsanwalts [Berthold]. Diese Leute, die einst idealistische Nationalsozialisten und großdeutsch gesinnt waren, sehen jetzt die Katastrophe vor sich und haben nur den einzigen Gedanken: wie retten wir uns persönlich und unser Bayern vor dem Chaos und vor der Verantwortung für das Geschehen. Die mag Preußen tragen! Naiv sprechen sie die Hoffnung aus, Bayern werde von den Feinden doch etwas besser behandelt werden.[32] Sie wollen sich mit Österreich zusammentun, vielleicht in monarchischer Form. Das werde auf landsmannschaftlichen Abenden im Westen offen erörtert. Er war enttäuscht, daß ich „als Hannoveraner" nicht glatt zustimmte. Natürlich klebte er das Etikett auf: als erste Zelle eines später wieder zusammenwachsenden Deutschland. Ich habe ihm sehr eindringlich die Gefahren und Illusionen dieser Politik dargelegt. Eines habe ich zugestanden: Ist das völlige bolschewistische Chaos im Norden da, dann kann der Zellengedanke praktisch werden und dann ist mir Bayern + Österreich lieber als letzteres für sich alleine.

Zwei bezeichnende Berliner Worte: „ick will lieber an den Sieg jlooben, als ohne Kopp rumloofen!" Der total Bombengeschädigte spricht: „Ich habe mich nach Zerstörung aller wehrwirtschaftlich wichtigen Einrichtungsgegenstände planmäßig von meinem Wohnraum abgesetzt."

Ebenhausen, 8. 4. 44.
Ich habe drei Wochen mit meiner Kniegelenkentzündung fest gelegen. Jetzt geht's besser, weniger durch Maßnahmen der nicht sehr ergiebigen Ärzte [. . .] als durch die gute und kluge Pflege Ilses. Ich habe die Sache durch Verschleppung bei den anstrengenden Berliner Verkehrsverhältnissen so schlimm werden lassen. [. . .] Ich habe nun Muße gehabt, mich von dem ziemlich anstrengenden Bomben-Berlin etwas zu erholen, nachzudenken, zu lesen und ein kleines Buch über Pyrrhus zu schreiben,[33] das mir Spaß gemacht hat. Unsere Söhne, die unsere große Osterfreude sind, haben es klug besprochen und gute Ratschläge gegeben. Hans Dieter ist nicht sehr günstig von seiner Kriegsakademie beeindruckt, vor allem nicht von der Qualität der Hörer. Das Offizierskorps ist stark im Abstieg, besonders durch die negative Auslese, die Gevatter Tod vornimmt.
[. . .]
Die große Lage wird immer schlimmer. Die Entwicklung vollzieht sich in den üblichen Spiralen, das heißt es sieht immer wieder so aus, als fände ein Halt auf der abschüssigen Bahn statt, vor allem infolge der militärischen Fehler der Angloamerikaner und der immer schärfer sich ausprägenden politischen Differenzen der Verbündeten, außerdem bedroht der russische Vormarsch die östlichen Verbündeten so stark, daß sie wohl oder übel mitziehen müssen. Dabei kommt uns – im Falle Finnland – die hochgestochene Intransigenz der Russen zustatten,[34] im Falle Ungarn die gegenüber dem Ersten Weltkriege festzustellende weit höhere Handlungsfähigkeit und Entschlossenheit unserer Leute. Der energische Eingriff in Ungarn[35] hat zunächst den erstrebten Erfolg gehabt, bedeutet aber auf die Dauer natürlich einen bedenklichen Schwächepunkt,

denn bei aller Angst vor dem Bolschewismus sind die Ungarn jetzt nur noch als unsere Galeerensklaven mit von der Partie. Interessant ist in dem ganzen Zusammenhang die russische Erklärung, von Rumänien nichts weiter zu wollen, ein offenbarer Versuch, die dortige ohnehin brüchige innere Front zu erschüttern.[36] Sie haben sich freiwillig durch ihr Verhalten in der finnischen Frage den Erfolg erschwert. Wie unangenehm unseren Leuten die russische Erklärung ist, geht aus dem lendenlahmen Interview Ribbentrops hervor, der natürlich nicht wagt, uns den Wortlaut vorzusetzen.[37] Wie gesagt, alle Stops und vorübergehenden Besserungen der Lage ändern nichts am Weitergleiten auf der abschüssigen Bahn, vor allem wegen der kaum noch zu tragenden Anspannung der russischen und, im Falle einer Invasion, der übrigen Fronten und wegen der zunehmenden materiellen Unterlegenheit besonders (infolge der Luftangriffe) der Luftindustrie. [...]

Vor einigen Tagen besuchte mich Herzvetter [Schacht] auf meinem „Krankenlager". Sehr gemütlich auf der oberen Veranda an einem sonnigen Tage. Er erzählte, daß sein Schw[iegersohn van Scherpenberg] immer noch sitzt, angeblich nur als „Zeuge" und gut behandelt ([in Ravensbrück] bei Fürstenberg). Er ist auch beim berühmten „Tee" gewesen und denunziert worden.[38] H. [Schacht] sieht keine Hoffnung mehr auf rechtzeitige Wende bei uns; dabei hält er wie ich in diesem Falle, aber nur dann, noch allerhand politische Möglichkeiten für gegeben. Unterhaltung wie immer mit ihm recht interessant. Offenbar hält er sich nach wie vor für *den* Mann. Ein Punkt, den er besonders eingehend behandelte, war ein sofortiger Sonderfriede mit Frankreich (etwa mit Daladier). Elsaß-Lothringen als eine Art autonomes Zwischenland unter deutscher Souveränität, aber wirtschaftlich so geregelt, daß zwischen Elsaß-Lothringen und Frankreich für Ausfuhr elsaß-lothringischer Erzeugnisse nach Frankreich und Einfuhr nach Elsaß-Lothringen ebenso wenig eine Zollgrenze bestehe wie zwischen Elsaß-Lothringen und Deutschland. Dadurch höchst verlockende Blüte des Landes und Ausscheiden des Streitapfels. Ich glaube aber, daß heute keine französische Regierung eine deutsche Souzeränität über Elsaß-Lothringen annehmen würde.[39] [...]

In Berlin mehrere, zum Teil unangenehme (in den Vororten) Tagesangriffe, die das Leben stark lahmlegen. Eine wirklich zielbewußte Systematik kann ich aber im angloamerikanischen Luftkrieg nicht erkennen. — Allerhand schriftstellerische Arbeiten, auch auf Wunsch des Reichsrundfunks (Auslandsrundfunk) zwei Kurzvorträge verfaßt (nicht von mir persönlich gehalten). Mir taktisch ganz angenehm. Endlich ist auch mein Aufsatz in der „Auswärtigen Politik" über ein neues europäisches Gleichgewicht erschienen (Erwiderung auf Septemberartikel [in] „Nineteenth Century"), leider sehr spät.[40] Ferner sind — gleichfalls „endlich" — meine gesammelten Aufsätze (Europäische Lebensprobleme) nach anderthalb Jahren erschienen; 10.000 Stück bereits abgesetzt. Vierte Auflage

„Im Wandel der Außenpolitik" heraus, was angesichts der Luftangriffe usw. anzuerkennen ist. Ich habe sie „Meiner Frau" gewidmet. Verdienter kann nichts in der Welt sein.[41] [. . .]

In Berlin allerhand Frühstücke, eins mit Otto Christian Fischer, netter Mann, aber sehr beeinflußbar und politisch unklar, hat noch einen merkwürdigen „Optimismus", der Krieg werde sich schließlich totlaufen. Bald danach besuchte mich Pfaff [Goerdeler] in Potsdam. Der immer ungestüme Dränger war recht resigniert. [. . .]

Ebenhausen, 14. 4. 44.
Die Söhne sind wieder fort, leider. Knie besser. „Pyrrhus" fertig. Wir drei Männer hatten lange Gespräche. Nach Hans Dieters Orientierungen über die Personal- und Materiallage sehe ich nur drei Möglichkeiten: 1) verhältnismäßig bald durch irgendein Ereignis ausgelöstes débâcle, 2) durch „neue Waffe", gescheiterte Invasion usw., das heißt verlängerter Krieg, vielleicht noch auf Jahre, mit schließlich *doch* unvermeidlichem deutschen Erliegen, 3) „blaues Auge" im Falle eines Sonderfriedens mit Rußland. — Anders natürlich bei Systemwechsel. Auch jetzt bedeutet er immerhin verbesserte Möglichkeiten, vor allem durch sofortiges Abhalten eines deutschen ordentlichen Gerichts über die uns regierenden Verbrecher, als moralische Entlastung und für Bereinigung des deutschen Ehrenschildes auch *politisch* wesentlich.[42] Aber vielleicht zeigt sich doch noch eine Lösung, die heute noch ganz im Dunkeln verborgen ist.

Der Rücktritt Viktor Emmanuels „nach Einnahme Roms" und die Bestellung Umbertos als „Statthalter" wird in unserer Presse als große Strafe des „Verräters" und Zeichen des politischen Wirrwars, bei unentrinnbarem Vordringen des Bolschewismus, kommentiert. Meines Erachtens ganz falsch. Mir scheint, daß man — wenn auch nur für die nächste Zeit — die Konfliktstoffe ausgeräumt, insbesondere den Streitpunkt „Monarchie" vorläufig ausgeschaltet und eine Art Einheitsfront geschaffen hat, der sich auch die Kommunisten wohl oder übel anschließen mußten, nachdem Moskau Badoglio anerkannt hatte, um die Angloamerikaner auszumanövrieren.[43]

Ebenhausen, 27. 5. 44.
Die Lage wird gekennzeichnet durch die bei Freund und Feind gesteigerte nervöse Erwartung der „Invasion". Findet sie überhaupt statt? — was immer noch zweifelhaft ist, woran ich aber glaube. Wann? Wo? Mit dem Seitenblick auf Rußland verlangt die öffentliche Meinung bei den Angelsachsen die *Aktion*, sowohl (in England), „um den lästigen Krieg endlich zu beenden", wie (in Amerika), um dann mit Japan abzurechnen. Hitler dagegen und seine Leute erblicken in einer — gescheiterten — Invasion eigentlich die einzige ihnen noch bleibende Chance. Zerstörung und Materialmangel nehmen zu und spätestens im nächsten Frühsommer kann die

Ernährungslage kritisch werden. Die Möglichkeit eines Sonderfriedens mit Rußland scheint auch immer geringer zu werden. Die russischen Kriegsziele verschärfen sich. Gesamtsklaverei der ganzen deutschen Wehrmacht wird offiziell verlangt,[44] unter Protest übrigens der Engländer. Mag sein, daß die Forderung zunächst taktisch-politisch gemeint ist oder dem russischen Volk nach Erreichen der deutschen Grenzen ein lockendes (?) Kriegsziel zeigen soll. Auf alle Fälle gibt das Aufstellen des Verlangens zu denken, auch das immer Stillerwerden über Zusagen an das sogenannte deutsche Freiheitskomité in Moskau.[45] Jenseits des Kanals stellt man es allerdings — wohl auch taktisch — immer noch so dar, als wolle Rußland grundsatzlos auch mit einer deutschen Militärdiktatur paktieren, während nur die Demokratien der Hort der Freiheit seien. Auch wird immer bestimmter behauptet, daß zwischen Japan und Rußland ein unterirdisches, weitgehendes Verständnis erzielt sei. Aber im Ganzen: keine Friedensaussichten. Dabei nehmen im Feindlager die Differenzen weiter zu. Letzte Stinkbombe die Stalinsche Aktion mit dem polnischen Priester Orlemanski. St[alin]s Erklärungen über seine Bereitschaft, mit dem Vatikan zu verhandeln, haben die offizielle katholische Kirche in ein beträchtliches Dilemma gestürzt.[46]

Der Druck auf die Neutralen nimmt zu. Wir sind bescheiden geworden und mit der Haltung der Türkei trotz völliger Sperre der auf die Dauer unentbehrlichen Chromerzlieferungen innerlich zufrieden.[47] In diesem Sinne bezeichnend folgender Vorfall: Die Korrespondenz Interpress hatte gebeten, einen Teil meines (vor zwei Jahren geschriebenen!!) Aufsatzes „Großeuropa", der inzwischen auch in mein Buch aufgenommen worden war,[48] nämlich die Erörterung über die Türkei, in der deutschen Presse verbreiten zu dürfen. Ich erklärte mich einverstanden, und der Aufsatz erschien in zahlreichen großen und kleinen deutschen Zeitungen. Eigentlich hätte sich Ribbentrop darüber aufhalten müssen, denn er kam ohne Fühlung mit dem AA grade nach Ausbruch des Konflikts mit der Türkei heraus. Offenbar paßte es dem AA aber sehr gut in den Kram, daß eine nicht amtliche (aber draußen für amtlich gehaltene) Stimme den Türken etwas Nettes sagte. Erfolg: Der „Pester Lloyd" nennt den Aufsatz „Eine deutsche Stimme zur Einstellung der Chromerzlieferungen" (von denen natürlich garnicht die Rede war). Twardowski, den ich während eines Tagesangriffs im Adlon-Bunker traf, sprach hocherfreut über den opportunen Aufsatz, der in der Türkei als erste Friedenstaube aufgefaßt würde. Und der Korrespondent von „Svenska Dagbladed" in Ankara erzählt, man glaube dort, daß ich an Papens Stelle treten würde. Habent sua fata articuli. Das letztere gilt in anderem Sinn auch von meinem Aufsatz „Ein neues europäisches Gleichgewicht" in der „Auswärtigen Politik".

Die Wehrmachtszeitschrift für Offiziere „Was uns bewegt" ist jetzt im Rahmen der fruchtbaren Tätigkeit des NS-Führungsstabes in „Der Offizier des Führers", ein toller Titel, umgetauft worden, das erste Heft zu einer widerwärtigen, meines Erachtens übrigens unwirksamen byzantinischen Lobhudelei auf Hitler gestaltet worden.[49] Dem zwar befangenen, aber sonst ganz ordentlichen Schriftleiter Hauptmann v. Chamier ist das selbst zu viel geworden. Er erzählte mir am Beuth-Tisch (an dem ich am Tage meiner Rückkehr aus Ebenhausen improvisiert über König Alexander von Jugoslawien sprach), daß er gegen General Reinecke ankämpfe, um etwas Niveau zu erreichen. Zu dem Zwecke will er nun, obschon auch Interpress den Aufsatz schon großenteils übernommen habe, den Artikel totaliter abdrucken. Ein groteskes Bild: ich in *dieser* Zeitschrift.

[. . .]

Eindruck des immer mehr zerstörten Berlin, auch der Linden und des schönen Gendarmenmarktes, [. . .] niederschmetternd. Dabei sitzen die Berliner bei Sonnenschein mitten zwischen Trümmern und Schutt auf den Stühlen der Mittelpromenade, als wenn Frieden wäre. Die Angriffe legen das Leben allmählich immer mehr lahm, schon wegen der Nervosität, die täglich wächst. Ich wandere tags meist in unseren alten Keller in der Fasanenstraße 28. [. . .]

Sehr bezeichnend war mir neulich ein Vorfall am Beuth-Tisch. Jemand meinte, man habe eben doch gegen Rußland marschieren müssen, sonst hätten die Sowjets uns überfallen. Mir platzte heraus: „Ich bin vom Gegenteil fest überzeugt", worauf ein ganz offenbar beklommenes erschrecktes Schweigen eintrat und einer sagte: „Ja aber, das wäre ja furchtbar, wenn Sie recht hätten."

Die Offensive der Angloamerikaner in Italien ist diesmal ernster und kommt vorwärts. Trotzdem würde ich die ganze Strategie nur verstehen, wenn sie in nächster Zeit an anderen Stellen angreifen. Denn *so* können sie wohl Erfolge, aber nichts Entscheidendes erreichen. Ich warte auf den Augenblick, an dem Hitler erklären wird, um die Ewige Stadt, den Papst und die Kunstdenkmäler zu retten, habe er großmütig ohne jeden feindlichen Druck Rom räumen lassen.[50]

Ernste Lage in Bulgarien und Rumänien; viel fehlt in beiden nicht mehr am Zusammenkrachen. Es ist ein Glück, daß es gelang, bei Jassy die Russen noch einmal aufzuhalten, sonst war es nach Xylanders Ansicht, der von dort kam, schon damals zu Ende. Über Ungarn ein Bericht an den MWT von Braun, großen Nazi, Erzberger oder Rathenau Mördergehilfe. Danach würde es gut gehen, wenn man die Ungarn — innerhalb unserer Linie natürlich — *allein* machen läßt, schief, wenn man mit Kommissaren usw. arbeitet. Angeblich ist Veesenmayer für ersteres System, aber auf ihn kommt es nach allen Erfahrungen nicht allein an. Werkmeister hält das ganze Unternehmen für unnötig und auf die Dauer verfehlt, glaubt auch nicht an V[eesenmayer]s Verständigkeit. Eine *gewisse* Konsolidierung scheint aber eingetreten zu sein, wofür der Eintritt Imrédys ins Kabinett vielleicht ein Beleg ist. Man regiert mit den üblichen volkstümlichen Appellen an die Masseninstinkte (Judenfrage, Politik gegen die

Oberschicht, die allerdings viel verfehlt hat). Horthy macht passive Resistenz, scheint sich aber mehr und mehr zu strecken.[51] Am Beuth-Tisch erzählte Westrick, Kallay habe ihm gesagt, der größte Diplomat Europas sei Antonescu: er gelte als der beste geliebte Freund des Führers *und* habe überall seine Agenten auf der anderen Seite. Nach verschiedenen Berichten hat die SS in den letzten Tagen vor dem Umschwung in Budapest schon brutal vorgearbeitet und zum Beispiel die Badoglio-Gesandtschaft gemein geschuriegelt (Dauerlauf auf dem Hofe). Ich traf neulich im Adlon Burger [Guttenberg] und Košak, den geriebenen neuen kroatischen Gesandten. Letzteren werde ich demnächst einmal besuchen. Ersterer machte eine ziemlich schaurige Beschreibung vom Zustand in Kroatien. Mein alter Bekannter aus Agram, Freund des Prinzen Paul, der Banus Šubašić[51a] scheint die Exilregierung bei Peter übernommen zu haben. Das wäre sehr interessant; ein Kroate! [. . .]

Westrick behauptet, Roosevelt würde sicher wiedergewählt außer im Falle einer gescheiterten Invasion. Immer die Invasion!

Wir waren einen Abend bei Nordmanns [Jessen]. Famose Leute. Wir fühlen uns so richtig wohl bei ihnen. Leider hat er einen sehr schweren Autounfall erlitten und sich ungefähr alles gebrochen, was denkbar ist. Jetzt flickt ihn Sauerbruch zusammen. N. [Jessen] scheint — einer der wenigen — im tiefsten Innern noch auf den Umschwung zu hoffen; ich sehe keinen Anhalt dafür. Von Geibel [Beck] meinte er, er sei alt geworden. Bei der Mittwochsgesellschaft (bei Diels) fand ich ihn körperlich erstaunlich wohl. [. . .]

Zwei „Invasions"-Geschichten: Stalin sieht einen Mann auf dem Roten Platz knieend beten und läßt ihn rufen: „Warum betest Du?" „Für die Invasion." „Doch nicht umsonst!? Was bekommst Du?" „Zehn Rubel täglich!" „Das ist sehr wenig." „Gewiß, Väterchen Stalin, aber es ist eine Dauerstellung." Dazu die Vergeltung: „Worin besteht sie? Goebbels setzt sich an den Kanal und streckt den Engländern die Zunge heraus!" — Andere Witze: Hannibal, Caesar, Napoleon im Himmel. H[annibal]: „Ja wenn ich in Italien Stukas gehabt hätte!" Caesar: „Und ich in Germanien Panzer!" N[apoleon]: „Und ich Goebbels — dann wüßte man heute noch nicht, daß ich die Schlacht bei Waterloo verloren habe!"

Chr[istian] Weber unterhält sich über allgemeine Bildung. Er will Doktor werden. Ehrendoktor! Der Rektor: „Ja, aber dazu muß man in allgemeiner Bildung auf der Höhe sein." „Wieso?" „Nun, man muß Fragen aus allen Gebieten beantworten können." „Zum Beispiel?" „Zum Beispiel: Wer hat Wallenstein ermordet?" Weber: „Eins sag ich Ihnen: nicht die SS." Der Rektor erzählt es Oberbürgermeister Fiehler: „Na", sagt der, „wenn Weber sagt, die SS sei es nicht gewesen, dann war sie es bestimmt!" Der Rektor geht zu Ley und der meint: „Ja, *Ihr* habt Sorgen. Es ist doch ganz gleich, wer ihn umgebracht hat, die Hauptsache ist, daß der Jud hin ist."

Besuch von Nievevento [Schniewind]. Nachrichten über Cambecorte [Langbehn] verschieden, Frau optimistischer, Sozius neuerdings pessimistischer, N. [Schniewind] sprach sich sehr kritisch über Pfaff [Goerdeler] aus. Ursprünglich habe er, N. [Schniewind], ihm zugesagt, als W[irtschaftsminister] mitzumachen, vor etwa acht Tagen ihm aber eröffnet, daß er diese Bereitschaft zurückziehe.[52] Er hält ihn nicht für den geeigneten Mann (hat ihm auf Befragen als Grund angegeben, er vermisse bei ihm die Entschlußkraft – mir nicht verständlich, denn grade *die* hat er). N. [Schniewind] sieht wie mir scheint eine künftige Regierung als nachher verdammte Liquidatoren, die unerträgliche Bedingungen unterschreiben müssen. Ich habe gesagt, auch dem dürfe man sich nicht entziehen.

Ebenhausen, 12. 6. 44.
Die Welt steht im Zeichen der „Invasion" [6. 6.]. Es ist beinah grotesk, wie sie auf *beiden* Seiten nach der langen nervösen Spannung mit einem erleichterten „Endlich" begrüßt wurde. Irgendetwas über den Ausgang ist noch nicht zu sagen. Ein Anfangserfolg ist erzielt, aber wenn der Gegner nicht noch an anderer Stelle kräftig anpackt, hat er keine Aussicht auf entscheidende Ergebnisse. Sonderbar ist, daß 1) der Tag von Dünkirchen gewählt wurde (sollten die Leute wirklich durch solche Spielerei beeinflußt worden sein?), 2) ein unter Mond-, Flut- und Wetterverhältnissen ungünstiger Zeitpunkt herauskam, 3) der unzweifelhaft vorhandene und propagandistisch verwertbare Eindruck der Einnahme von Rom nicht ausgenutzt, sondern durch das unmittelbar folgende größere Ereignis der Invasion sofort verwischt wurde.

Gleichzeitig ist hinsichtlich der Luftangriffe auf Deutschland eine fühlbare Erleichterung eingetreten, was beweisen würde, daß die Kräfte der Gegner in der Luft auch nicht unbegrenzt sind. In Berlin während meines zehntägigen Aufenthalts kein Alarm; nur eine Luftwarnung während der Mittwochsgesellschaft am 31. 5., dem Tage meiner Ankunft, im Hause Sauerbruch, bei der Beck recht gut und formvollendet, wohl reichlich günstig, über Foch sprach.[53] Er war eigentlich wieder ganz der Alte, aber der „Alte" hat sich eben leider im Laufe der Zeit immer mehr als reiner Clausewitz ohne einen Schuß „Blücher" oder besser „York" erwiesen. Jessen war nach seinem schweren Autounfall wieder dabei, auf der Bahre, wurde aber abends nach Hause befördert. Nordmann [Jessen] berichtete, daß sowohl Hitler wie Himmler versucht haben (unabhängig von einander), mit Stettinius Fühlung zu nehmen. Antwort an beide: „mit *Ihnen* nicht!" Das entspricht meiner Beurteilung der Lage.

Einen späteren Abend war ich bei Geißler [Popitz]. Der ganze Kreis ist praktisch auseinandergesprengt, insbesondere mit Pfaff [Goerdeler] keine Fühlung mehr vorhanden.[54] Er fand, wie ich, Churchills letzte Rede recht schwach.[55] Ganz interessant ist die letzte Kundmachung des deutschen Offizierskomités in Moskau (aus Anlaß der Invasion). Sinn ungefähr: Wir Deutschen haben kein Interesse an angloamerikanischem Vordringen ins Herz Europas. Also verteidigt Euch wirksam und verständigt Euch mit dem Osten! (letzteres nicht ausgesprochen).[56] Nach englischen Nachrichten haben zwei Korrespondenten angesehener deutscher Blätter (angeblich DAZ (?), wohl jetzt MNN, und Börsenztg) in Stockholm unter unwahrscheinlich klingenden romantischen Umständen (Rückgabe der Pässe an die Gesandtschaft durchs Fenster) auf ihre deutsche Staatsangehörigkeit verzichtet; der englische Rundfunk verbreitet eine angebliche Unterredung des einen – Graf Knyphausen,[57] Bruders von Frau Benckiser, Schwagers des verhafteten Kuenzer – mit dem englischen Gesandten. Er hätte gesagt, das deutsche Volk bestehe zu 17 Prozent aus Nazis und Interessenten, 80 Prozent Mitläufern bei *jeder* Richtung und 3 Prozent Vernünftigen. Die Engländer sollten nicht glauben, daß der Luftterror ihnen den Sieg bringen könnte (das wäre eine zweckmäßige Äußerung); der Krieg sei nur zu beenden entweder durch siegreiche Invasion (vor der I[nvasion] gesagt) oder durch Ansruderbringen der 3 Prozent, mit denen man einen verständigen Frieden machen könnte. Das Ganze ein weiteres Zeichen der Geistesverwirrung, die Hitler in diesem armen deutschen Volk gestiftet hat. Schlimmstes Beispiel der Fall dieses Vermehren in der Türkei, der als Mann der Deutschen Abwehr für den secret service gearbeitet zu haben scheint und mit Frau von einem englischen Flugzeug abgeholt worden ist.[58] Nun ist die ganze sonstige Familie als Geiseln eingesperrt. Flügge soll auch mit einbezogen worden sein.[59]

Geißler [Popitz] erzählte, daß sein Nachbar [Haverbeck], ein bekannter Architekt (?) und Wirtschaftler, durch den er seinerzeit Cortegambe [Langbehn] kennengelernt hat, als Zeuge gegen letzteren sechs Wochen eingesperrt worden ist. Das heute übliche Verfahren! Er ist während dieser Zeit im Ganzen dreimal durch einen Kriminalrat [Lange][60] vernommen worden; Gegenstand hauptsächlich der Fall Geissler-Cielo [Popitz-Himmler]. Der Kriminalrat hat geäußert, eigentlich müßte ja auch Geissler vernommen werden, aber das sei so schwierig. [Haverbeck] ist dann in Ehren entlassen worden; der Kriminalrat, der in der Nähe wohnt, besucht ihn seitdem öfters zum Tee und tauscht Eier und dergleichen mit ihm.

Einer der Fälle schamlosester Parteijustiz und frecher Rechtsbeugung durch normale Richter ist das Verfahren gegen Rohr wegen Teilnahme am Begräbnis eines russischen Gefangenen. Acht Monate Gefängnis! Der Staatsanwalt verdiente nach der Art seines Auftretens Stockprügel auf den Hintern vor dem Brandenburger Tor. Das Reichsgericht hat wenigstens den Mut gehabt, das Urteil aufzuheben und die Sache an ein Landgericht außerhalb Pommerns zu verweisen.[61]

[. . .]

Mittags [8. 6.] hatte Goebbels einen auserwählten Kreis von hohen Beamten, Wirtschaftsführern usw. in seinen „Thronsaal" zu einem Vortrag über Propaganda eingeladen, im ganzen etwa 250 Personen. Ich war entweder per MWT oder Institut für Wirtschaftsforschung eingeladen – mir als Etikette ganz angenehm. G[oebbels] paßte sich dem hohen „bürgerlichen" Niveau glänzend an: eleganter grauer Anzug ohne Abzeichen, unpathetische Sprache, vertraulich an knowing men gerichtet. Anschein großer Offenheit beim Darlegen seiner Methoden.[62] [. . .] Auf die meisten machte er als „große Intelligenz" entschieden Eindruck. Nur wenige merkten, daß es im Grunde die Rede eines Mannes war, der am Ende seines Lateins ist; dazu zahlreiche Widersprüche und Ausrutscher und vor allem die völlige Verkennung der Tatsache, daß Propaganda im Ausland grundsätzlich von der im Inland verschieden ist. Er dagegen stellte eine unbegrenzte Parallele zwischen der Propaganda für den Nationalsozialismus, die schließlich trotz aller Hindernisse und Rückschläge zum Siege geführt habe, und der für den Krieg und Sieg auf. Gefährlich sein zu eigener Beweihräucherung aufgestellter Satz, der Sieg des Nationalsozialismus sei ein Propagandaergebnis gewesen!

Für die Auslandpropaganda lehnte er gradezu die Wichtigkeit der psychologischen Faktoren der fremden Völker ab. Gewiß, einen Rat in diesem oder jenem Punkte könne man von Auslandskennern annehmen, aber im Ganzen gelte: Menschen seien Menschen. Selbstverständlich liegt ihm jeder Gedanke völlig fern, daß keine Propaganda im Ausland etwas nützt, wenn die tatsächlich getriebene Politik alles zertrümmert. Für die innere Propaganda zwei Axiome: dauernde Wiederholung, auch wenn man selbst den Eindruck hat, es sei nicht mehr anzuhören. Zweitens so sprechen, daß es den Intellektuellen *noch* interessiert und der „Holzfäller", der überhaupt sein immer wieder vorexerziertes Musterbeispiel des „Volks" war, es *schon* versteht. Gibt es solche Sprache?

Richtpunkte für die Auslandpropaganda: der Kampf gegen den Bolschewismus und der gegen den Juden. In beiden Beziehungen glitschte er heftig aus: In ersterer Hinsicht äußerte er (zu ziemlich verbreitetem Erstaunen), daß ein wirklich erfolgreiches Vordringen der Westmächte ins Herz Europas die Gefahr der Bolschewisierung (und damit, was er nicht sagte, aber meinte: dies Propagandamittel) beseitigen würde! In bezug auf den Juden erklärte er, nachdem er vorher betont hatte, der Krieg werde mit der völligen Niederwerfung der einen oder anderen Partei (was sich in diesem Sommer virtuell entscheiden würde) enden, einmal würden sich ja die Großmächte „doch wieder an einen Tisch" setzen und shake hands machen, und dann würden sich alle fragen: „Ja wie ist es denn nur zu alledem gekommen?" und einstimmig antworten: „Der Jude war schuld." Der Weisheit letzter Schluß!

Ebenhausen, 13. 6. 44.
Gestern abend wollten wir abreisen und vorher bei Schniewinds in Solln essen. Aber keine Möglichkeit. Schwerer amerikanischer Tagesangriff auf

München und Umgebung, wie es scheint, vor allem auf die BMW-Werke und die Bahnanlagen. Kein Zug nach Berlin vom Hauptbahnhof, auch andere Strecken unterbrochen. Ob wir heute fortkommen, ist fraglich, zumal nachts schwerer englischer Angriff mit ähnlichen Zielen. Tags konnten wir die silbernen Raubvögel im strahlenden Sonnenlicht zu Hunderten ungestört ihre Bahn ziehen sehen, die Ebenhausener Gegend nicht betroffen. Um so mehr nachts, in diesem Grade zum ersten Male. Dieses harmlose Dorf war mitten drin. Viele Bomben gefallen, ein schwerer Brand in Schäftlarn nahe dem Kloster. Ein mächtiger Einschlag pfiff dicht an uns vorüber und „wehte" Wolf Henning T[irpitz], der sehr brav war, und mich buchstäblich von der östlichen Terrasse ins Haus. Die Bombe war 100 m vom Haus und 150 m von unserem Stall-Speicher nahe dem Gasthaus Post niedergegangen. [. . .] Also mit der „Pause" infolge der Invasion ist es doch nichts!

Keine Möglichkeit der Verbindung mit Wuffi.

Militärische Lage noch unverändert und nicht zu beurteilen. Aber keine Aussicht auf ein gutes Ende. Wann hat je Unwissenheit, Leichtfertigkeit und noch Schlimmeres eines Mannes solches furchtbare Unglück herbeigeführt!

Ebenhausen, 15. 6. 44.

Die „Invasoren" kommen bisher nicht vorwärts. Die Sache kann unter Umständen noch sehr lange dauern. Um einmal in „Optimismus" zu schwelgen: Bisher haben wir immer die Alternative gesehen: Entweder rechtzeitiger Systemwechsel und erträglicher Friede *oder* Katastrophe und „Liquidation". Nachdem ersteres nicht erfolgt ist, blieb nur das letztere. Gibt es vielleicht doch eine dritte Möglichkeit? Nämlich weiteres Hinschleppen, steigende Not, aber auch steigende Friedenssehnsucht *überall*; schließlich Erkenntnis bei uns, Sturz des Systems ohne gradezu offenbare Katastrophe und allgemeiner oder partieller Friede aus Erschlaffung?

Ebenhausen, 10. 7. 44.[63]

Die weiteren Ereignisse haben jeden Gedanken letzterer Art als Fata morgana erwiesen. Die Katastrophe zeichnet sich immer deutlicher am Horizonte ab. Bisher sprachen alle Anzeichen noch für eine ziemlich lange Dauer, aber jetzt mehren sich doch die Momente, die ein baldiges Ende als möglich erscheinen lassen. Darauf deuten erstens die Zeichen der Auflösung, die sich bei den für unsere Heerführung und augenscheinlich auch für die Russen selbst überraschenden Erfolgen der letzteren zwischen Dünaburg und Kowel in unseren Truppen gezeigt haben, in Ostpreußen flüchtende deutsche Soldaten, drei kommandierende Generale an einem Tage sich aufopfernd gefallen; ein Tempo des Rückzugs, das 1918 nicht erreicht wurde.[64] Zweitens fällt in die Waagschale die sich immer furchtbarer ausdrückende hoffnungslose Unterlegenheit in der Luft, drittens der steigende Materialmangel vor allem an Treibstoff. V 1 hat offenbar erhebliche Wirkungen, aber sicher keine entscheidenden, und wenn V[-Waffen] mit höheren Nummern mehr erzielen, so werden diese Waffen als Verzweiflungsschritte zu bewerten sein, die den schon entsetzlichen Krieg noch furchtbarer gestalten, aber jede vernünftige Friedensaussicht zerstören und unsere Katastrophe höchstens hinausschieben, das heißt verschlimmern. Auch die Invasion erreicht allmählich befestigte Ergebnisse, in Italien geht es dauernd rückwärts, und von U-Bootkrieg ist keine Rede mehr.[65] Ich hörte, daß Ribbentrop Prof. Berber nach Genf geschickt hat, unter der Firma Rotes Kreuz, um eine Milderung des Luftkriegs zu erreichen! Und dann V 1 !![65a] Welche Psychologie. Es ist keine Zeit mehr für Witze, aber zwei Geschichten von „Graf Bobby" bezeichnen die Lage: 1) Er wird eingezogen und sagt zum Stabsarzt: Dann will ich aber im Führerhauptquartier dienen! „Sind Sie denn wahnsinnig geworden?" „Ist das denn dazu erforderlich?" 2) Er betrachtet den Globus und läßt sich das große „grüne" Gebiet – Rußland – , die roten Felder des britischen Empire, das Blaßlila der USA und das gelbe China erklären, alles riesige Flächen. „Und das kleine blaue?" „Das ist Deutschland." „Ja weiß denn der Führer, wie klein das ist? [. . .]

Wir hatten einen netten Abend bei Chvalkovskýs, mit der Frau meines schwer kranken Regimentskam[eraden] Loeper. Chv[alkovský] entwickelte klar seinen Standpunkt zur deutsch-tschechischen und tschechisch-russischen Frage, mit dem er vollkommen recht hätte, *wenn* wir eine vernünftige Führung hätten. Ich will seine Gedankengänge in einem Aufsatz verwerten, den die neue Zeitschrift des Generalgouvernements in Krakau von mir erbeten hat. Im übrigen ein prachtvoller Gedanke, *jetzt* dort ein solches Blatt zu gründen! Es herrscht doch noch vielfach eine groteske Ahnungslosigkeit, das merkten wir auch an Gesprächen in der Bahn. Chv[alkovský] erzählte, daß Beneš' Konkurrent Osuský gesagt habe, Hacha und Chv[alkovský] hätten eine ganz richtige Politik getrieben, denn sie hätten das tschechische Volk gerettet.

An einem anderen Tage frühstückte ich allein beim Bulgaren Sagoroff. Er ist ein besonders netter, kluger, aber illusionistischer Mann und glaubt immer noch an einen guten Ausgang. In seiner Gesandtschaft sind noch zwei Zimmer bewohnbar, eins davon eigentlich ein Eingangsflur, in dem wir aßen und nachher saßen. Seine Beschreibung der Zustände in Sofia konnte allem seinem Optimismus zum Trotz sehr bedenklich stimmen. Überhaupt: es kann jetzt jeden Tag in einem unserer Vasallenländer krachen, sei es in Finnland, Bulgarien, Frankreich, Ungarn oder sonstwo.[66] Die Ungarn freilich kämpfen um ihr Leben, aber es ist bezeichnend genug, daß beim Einzug der Alliierten in Rom der ungarische Gesandte am Vatikan Apor Budapest den Dienst aufgesagt hat.

In Italien herrscht ein tragischer Zustand. Die Neofaschisten sind Gesindel und im Süden „herrscht" eine Kombination von Wackelgreisen, kleinen Unbekannten und aktiven Kommunisten. Wir sahen neulich im Potsdamer Palasthotel, ohne ihn zu kennen, Degrelle.[67] Er macht einen sehr guten Eindruck. Was für Möglichkeiten haben unsere Tolpatsche und Verbrecher in all diesen Ländern verschüttet!

Besonders erschütterten mich die Berichte von Grundherr aus Dänemark, den wir in Friedrichsruh trafen. Best ist ganz vernünftig, kommt aber gegen die halb teuflischen, halb dummen Direktiven „von oben" nicht auf, und der General, Hanneken, ist ein rauher, verständnisloser Prätorianerhäuptling. B[est] selbst sitzt im Dagmarhaus, in dessen mittleren Stockwerken die SS-Polizei ihr Wesen treibt, während unten das deutsche Gefängnis untergebracht ist. Eine geschickte Kombination! Jede Sabotage gegen Munitionsfabriken usw. wird von den Schalburgleuten,[68] die sich hauptsächlich aus Gesindel rekrutieren, mit sinnlosen Attentaten gegen Kinos, Theater, Restaurants beantwortet. Für Morde an Soldaten oder deutschfreundlichen Dänen wird nicht gestraft oder eine Geisel erschossen, sondern „wieder" gemordet, das heißt irgendwelche harmlosen Dänen umgebracht. Hitler wollte 5:1, Best hat das Verhältnis auf 2:1 heruntergedrückt.[69] Der überall erzeugte Haß kennt keine Grenzen mehr.

Bei Popitz war eine Mittwochsgesellschaft, in der er über den „Staat" sprach, etwas schwer.[70] Stimmung gedrückt. Beck ist hoffnungslos.[71]

Wir aßen an einem weiteren Abend nochmals bei Popitz. Ich besuchte vorher Jessen, der immer noch von seinem Autounfall her liegt. Er *scheint* noch eine leise Hoffnung zu haben. Ich besprach mit ihm die Frage eines Besuches bei Li [Tochter Fey in Italien], die in ihrer Einsamkeit offenbar dringend der Hilfe bedarf. Bei P[opitz] waren noch Plancks und Kempner, ferner die nette kluge Tochter und ein Neffe, Oberleutnant, aus den Bamberger Reitern[71a] hervorgegangen, der mir sehr gefiel. Man sprach viel über den entsetzlichen Fall Kiep. Er und Frl. von Thadden sind auf das Zeugnis des schweinischen Lockspitzels Reckze[h] wegen Defaitismus zum Tode verurteilt worden – vielleicht schon tot.[72] Es ist ein Verfahren, fern jeder wahren Justiz und handelt sich schlimmstenfalls um Vergehen, die in Kriegszeiten eine gewisse Sühne erfordern mögen, aber keinesfalls Todesstrafe. Wir sind erschüttert.

Zwischen Jessen und Popitz traf ich Sauerbruch auf der Straße, der bei dem Blut-,,Justiz"-Minister Thierack war, um für eine Begnadigung Kieps zu sprechen. Er ist immer hilfsbereit und mutig. Th[ierack] tat halb- oder unorientiert, machte Andeutungen über „Verbindung mit dem Feinde" und warnte S[auerbruch], sich für zum Tode Verurteilte einzusetzen, was oben sehr übel genommen wurde. Die Begnadigung sei im übrigen seine Sache, der Führer kümmere sich nicht darum.

[. . .]

Ich erwähnte schon unseren Besuch in Friedrichsruh. Wir waren auf Einladung von B[ismarck]s von Sonnabend den 1. bis Montag den 3. [Juli] morgens da, bei herrlichstem Sommerwetter. Es ist fabelhaft, was sie – er im Park, sie im Haus – aus Friedrichsruh gemacht haben [. . .]. Wir haben uns gut vertragen, auch mit ihr, die ich gern mag, so verschieden wir sind; Unterschied charakterisiert durch die völlig anderen Kreise, die sie in Rom frequentierten [. . .], freilich zum Teil bestimmt durch die Notwendigkeit, Ciano zu pflegen, den sie in mancher Weise verteidigen. Sie behaupten, natürlich auf Grund von Informationen *aus* dem Cianokreis, daß Mussolini mir üblere Tricks gespielt habe als C[iano], was doch nicht die Sache trifft. Daß M[ussolini] mir gegenüber nicht loyal war, habe ich nie bezweifelt, aber der tiefere Grund war die Überzeugung, daß ich in Berlin keinen Rückhalt mehr hatte. – Über Italien sonst ganz einig. – Am schönsten vielleicht von allem ein Ritt durch den Sachsenwald. [. . .]

Alles trat aber zurück hinter der Erinnerung an den Großen, im Haus, im Mausoleum, im kleinen Museum. Kaum zu ertragen, ich war dauernd an Tränen beim Gedanken an das zerstörte Werk.[73] Ich habe mich in den letzten Jahren viel mit ihm beschäftigt, und er wächst als Außenpolitiker dauernd bei mir. Es ist bedauerlich, welch falsches Bild wir selbst in der Welt von ihm erzeugt haben, als dem Gewaltpolitiker mit Kürassierstiefeln, in der kindlichen Freude darüber, daß jemand Deutschland endlich wieder zur Geltung brachte. In Wahrheit war die höchste Diplomatie und das Maßhalten seine große Gabe. Er hat verstanden, die Gegner auszumanövrieren und *trotzdem* in einziger Weise in der Welt Vertrauen zu erwecken, genau umgekehrt wie heute.[74] – Ein Bild, wohl von [Anton v.] Werner (?), das B[ismarck] gewaltig und gewaltsam neben dem zusammengesunkenen Thiers und Favre darstellt, ist ein rechtes Beispiel der törichten Auffassung, die wir selbst verbreitet haben. Grade diese Szene ist ganz falsch dargestellt (vgl. den über Thiers gedeckten Mantel). Ich riet B[ismarck], das Bild wegzunehmen. Manches andere verdiente das gleiche Schicksal.[75]

Ebenhausen, 11. 7. 44.
Vom 6. [Juli] abends bis 8. mittags in Karlsbad: Auf Wunsch des [Dante-] Professors Schneider, der als Major in der kriegswissenschaftlichen Abteilung des Generalstabs der Luftwaffe dort arbeitet. Vortrag (Atlantik als neues Mittelmeer) vor diesem Gremium. Reise in überfüllten Zügen [. . .]. Auf der Rückfahrt vier Stunden in Marktredwitz gesessen, weil infolge schweren Angriffs auf den Leipziger Hauptbahnhof die Züge von Leipzig stundenlang ausfielen. [. . .] Eine niedliche eifrige Schaffnerin, die uns durch ihre gradezu erschütternden Berichte über ihre Überarbeitung beeindruckte. Sie hatte den ganzen Zug allein und mußte sich als 23jähriges Mädchen mit groben überreizten Fahrgästen herumschlagen. Fahrt durch das schöne Deutsch-Böhmen; noch eine ganz andere ruhige freundliche Stimmung wie im Altreich, trotz schwerer Angriffe auf Brüx,

wo man die Vernebelungsanlagen beobachten konnte. Viel „Heil Hitler!" In Karlsbad sehr gut aufgenommen [. . .]. Nach dem Vortrag nette Unterhaltung mit einem österreichischen Oberst, der mir besonders für die gar nicht mehr gewöhnte wohltuende Objektivität dankte, und mit Walter Bloem, der als Major Dienst tut (über 70), mit ihm ist dort sein Sohn, gleichfalls Schriftsteller und Major, tätig. Der Chef ist ein Generalmajor Herhudt von Rohden, glühend ehrgeizig, nervös und fieberhaft tätig. Kadett, wenig Grundbildung, aber bildungsbemüht. Er erbat meine Mitarbeit an seinen literarischen Aufgaben, und ich nahm auf seinen Wunsch an einer Sitzung seines Stabes teil. Was wird in diesem Deutschland gestrebt und gearbeitet und geopfert. Ein braves Volk mit tragischem Schicksal.

Gestern Besuch von Gogo [Nostitz]. Schwarzer Bericht über die Stimmung in der Schweiz. [. . .] Carl Burckhardt tief pessimistisch für Europas Schicksal. Gogo [Nostitz] mißbilligt (in der Schweizer Atmosphäre, muß man hinzusetzen) meine Mitarbeit bei Berber (Zeuge: Alice Bodmer), weil sie mich im Ausland „kompromittiere". Vorher hat er mich immer gewarnt, im Inland unvorsichtig zu sein. Also sich ins Bett legen und nichts tun. Ich versuchte ihm den Sinn meiner Arbeit sowohl sachlich wie in persönlicher Taktik klarzumachen. Daß man mich mit dem Regime identifiziert, glaube ich nie im Leben. Halem sei zum Tode verurteilt, ebenso der eine Mumm, der andere zu Zuchthaus.[76] — Kraul weigert sich, nach Deutschland zurückzukehren.[77] Das sind Vorgänge, wie man sie nie für möglich gehalten hätte. Völlige Verwirrung ist das Stigma der Zeit. — Eben war Geyr bei mir. Er ist plötzlich abgelöst worden, soll aber angeblich einen anderen Posten unter Guderian erhalten. Er schildert die hoffnungslose Unterlegenheit unseres Kampfes.[78]

[Ebenhausen], 12. 7. 44.
Gestern mittags durch schweren Luftangriff auf München (dauernder Abflug in zahlreichen Wellen über dem Isartal) unterbrochen. Genau wie gestern vor vier Wochen an Abreise verhindert, weil keine Züge vom Hauptbahnhof gehen. Besonders lästig, weil ich — abgesehen von der Mittwochsgesellschaft bei Heisenberg — heute ein Frühstück für Wagemann und Erdmann (Reichswirtschaftskammer) auf des ersteren Wunsch eingeladen hatte. Wie lange wird dies Amphibienleben zwischen Berlin und München überhaupt noch gehn? Gogo [Nostitz] erzählte noch von dem undurchsichtigen (falschen), labilen Berber den hübschen Zug, daß er Carl Burckhardt, also den Schweizer, gefragt habe, ob man mit den Herren vom Konsulat offen reden könne. G. [Nostitz] war merkwürdig beeindruckt von der „stillen Würde" der deutschen Bevölkerung, wobei er die Rolle der Angst und der Stumpfheit verkennt.— Ich fragte Geyr über die Auffassung der Generale im Westen; Antwort: „Sie tun ihre Pflicht", und er gab zu erkennen, daß die Grundstimmung völlige Resi-

gnation ist. Dem Luftangriff, dem fast sein ganzer Stab zum Opfer fiel, ist er nur durch einen glücklichen Zufall entgangen, ebenso Rommel, der grade dort war. Geyr sagte, daß er sich mit R[ommel] jetzt im Gegensatz zum Anfang gut vertragen habe; R[ommel] hat in Speidel (den ich damals eingehend in Paris sprach) einen ausgezeichneten, klarsehenden Chef des Stabes. Außer Rundstedt ist auch Sodenstern plötzlich abgelöst worden.[79] Interessant Geyrs Schilderungen über die Unmöglichkeit für die Stäbe, in Ortschaften Aufenthalt zu nehmen, weil das sofort verpfiffen wird. Sie drücken sich also in den Wäldern, biwakierend oder in dürftigen Hütten, herum!

[Ebenhausen], 13. 7. 44.
Unmittelbar nach Geyrs Weggang erneuter Luftangriff (mittags). Sehr ungemütlich im Keller infolge zahlreicher zum Teil tieffliegender Wellen; ein Flugzeug wurde nicht sehr weit von uns abgeschossen, der Absturz klang unheimlich. Wir waren in großer Sorge um Almuth, zumal die Bahn von Ebenhausen nur bis Grünwald ging. (Meine Abreise wie vorgestern unmöglich). Gottlob kam sie gesund, aber angegriffen und tief beeindruckt von fürchterlicher Fahrt durch die brennenden Straßen zu Rad zurück. In der Gegend des Bavariarings zum Teil kein Durchkommen durch Brände, Trümmer und Gewirr der Leitungsdrähte. Der schwerste bisherige Tagesangriff auf München. Mehrere Kasernen, ein Waisenhaus, Kinderhorte usw. mit trostlosen Verlusten getroffen. Nostitz war in der Stadt und mußte bis Grünwald zu Fuß gehen. Er hat nun wirklich erlebt, wie es hier zugeht.

Heute morgen halb zehn wieder Angriff. Es sieht aus wie eine Antwort auf die „Roboter". Hitler soll vorgestern in München gewesen sein. Keine Post, keine Zeitungen, kein Telefon.

Nach dem 20. Juli 1944

Ulrich v. Hassell wurde am 8. September 1944 vom Volksgerichtshof zum Tode verurteilt. Kurz vor seiner Hinrichtung am gleichen Tage in Plötzensee hat er Briefe an seine Frau und an seine Kinder geschrieben. Der an seine Frau gerichtete Brief wird nachstehend wiedergegeben.

Name des Briefschreibers:
U. v. Hassell
gelesen

Berlin-Plötzensee, den 8. 9. 1944

Mein geliebtes Ilseken! Heute vor 30 Jahren habe ich meine französische Kugel bekommen, die ich bei mir trage. Heute ist auch das Urteil des Volksgerichtshofes gefällt worden. Wenn es wie ich annehme vollstreckt wird, so endet nun das über alle Maßen reiche Glück, das mir durch Dich geschenkt worden ist. Es war gewiß zu reich, um länger zu dauern! Ich bin auch in diesem Augenblick vor allem von tiefer Dankbarkeit erfüllt, gegen Gott und gegen Dich. Du stehst neben mir und gibst mir Ruhe und Stärke. Dieser Gedanke übertönt den heißen Schmerz, Dich und die Kinder zu verlassen. Gott lasse Deine und meine Seele einst sich wiederfinden. Aber Du bist im Leben; das ist mein ganzer Trost in allen Sorgen um Euch, auch den materiellen, und um die Zukunft der Kinder, daß Du stark und tapfer bist, ein Fels, aber ein lieber süßer Fels!, für die Kinder. Sei immer so gut und gütig wie Du bist, verhärte Dich nicht. Gott segne Dich und segne Deutschland!

Ich hoffe, Du bekommst meine Lebenserinnerungen (bis Kopenhagen einschl.), als meinen Nachlaß und Denkmal unseres Glücks und der Dankbarkeit.

Großmutti, Tante Mani, Wolf, allen Freunden Grüße von Herzen.

In tiefer Liebe und Dankbarkeit küsse ich Dich!

Dein Ulrich

Name des Briefschreibers:

U. v. Hassell

Gelesen:

Berlin-Plötzensee, den 8.9. 1944
Königsdamm 7
Haus

Mein geliebtes Ilselein! Heute vor 30 Jahren habe ich meinen französischen Durchschuß bekommen, die ich bei mir trug. Heute ist auch das Urteil des Volksgerichtshofes gefällt worden. Wenn es, wie ich annehmen vollstreckt wird, so wird auch das Band aller Wünsche reißen, gleich das bis durch dich gespannt worden ist. Es war gewiß zu viel, ein Langes zu meiden! Ich bin auch im diesem Augenblick vor allem von tiefer Dankbarkeit erfüllt, aber Gott der zu mir steht neben mir und giebt mir Ruhe und Stärke. Dieser Gedanke überwindet die harte Schmerz dich und die Kinder zu verlassen. Gott lasse dein und meinen Seele [...] sich wiederfinden. Aber du bist im Leben, das ist mein größter Trost in allen Sorgen um Euch, auch die materiellen, und um die Zukunft der Kinder, daß du stark und tapfer bist, mein Fels, aber ein lieber süßer Fels! [...] die Kinder

Nur die Linien benutzen! Ränder nicht beschreiben!

Dir immer so gut beigestanden wie die Luft, verlasst dich nicht. Gott segne dich und ihn, der schlaeft!

Ich sollte, so bekommt mein Leben den innern Sinn (bis Röspe sehr einfach.), als meinen Nachlass und Dankmal unseres Glücks und der Menschheit.

Gusti, Otti, Franta, Mari, Wolf, allen Freunden Grüsse von Herzen.

In tiefer Liebe und Dankbarkeit küsse ich dich!

Dein Ulrich

Die Ausgabe der Tagebücher von 1964 enthält einen Bericht von Ilse v. Hassell, in den auch Erinnerungen des ältesten Sohnes Wolf Ulrich (abgedruckt in der Erstausgabe 1946) eingegangen waren. Dieser Bericht wird hier leicht gekürzt wiedergegeben.

Am 13. Juli 1944 schrieb mein Mann die letzten Worte in sein Tagebuch. München war durch Luftangriffe vom Zugverkehr abgeschnitten, trotzdem wollte mein Mann unbedingt nach Berlin; denn wieder schwebte eine „Aktion". Es gelang ihm, auf Umwegen nach Norden zu fahren. Am 16. Juli erreichte er endlich unsere Wohnung in Potsdam.

Seinen ersten Brief aus Berlin erhielt ich am 21. Juli, gleichzeitig verbreitete sich die erschlagende Nachricht von dem mißglückten Attentat. Im nächsten Brief schrieb mein Mann: „Geibel [Beck] an der Front gefallen, großer Kummer über das Ende dieses edlen Mannes."

Nach dem Scheitern des Attentats war die letzte Hoffnung auf Umsturz verraucht, das deutsche Verhängnis nicht mehr aufzuhalten. So wollte auch mein Mann seinem Schicksal nicht ausweichen. Äußerlich unbekümmert führte er sein tägliches Leben weiter.

Die Gestapo suchte ihn zunächst in Ebenhausen. Dort wurden meine Tochter Almuth und ich durch ihr heftiges Klingeln in der Nacht auf den 28. Juli um 3 Uhr aus dem Schlaf geschreckt. Zwei Gestapobeamte standen mit unserem Ortspolizisten vor der Haustür. Sie fragten nach meinem Mann. Ich wußte, daß er nie die Absicht hatte, sich zu verstecken, und so gab ich genaue Auskunft. Trotzdem erklärten uns darauf die Gestapoleute für verhaftet. Sie brachten uns zuerst in das von Fliegerbomben zerstörte Gestapogebäude in München und lieferten uns nach erneuter Vernehmung in das Polizeigefängnis in der Ettstraße ein.

Am nächsten Tag wurde mein Mann morgens in seinem Büro verhaftet. Er empfing die Gestapo sitzend an seinem Schreibtisch.

Die meisten seiner Freunde waren schon vorher verhaftet worden; als letzten traf es Professor Peter Jens Jessen, der, durch einen Autounfall schwer verletzt, von der Gestapo aus seinem Haus getragen werden mußte. Am Vorabend des 20. Juli 1944 war Graf Stauffenberg mit den Hauptakteuren bei ihm gewesen, um die Pläne nochmals durchzusprechen.

Einige Tage nach der Verhaftung meines Mannes wurden meine Tochter Almuth und ich aus der Haft wieder nach Ebenhausen entlassen und auch nach dem Spruch des Volksgerichtshofes nicht wieder festgesetzt. Hingegen wurde meine jüngere Tochter Fey auf ihrem italienischen Besitz Brazzà verhaftet und zwei Wochen später mit ihren zwei und drei Jahre alten Bübchen nach Innsbruck gebracht. Dort wurden ihr die Kinder von zwei NSV-Schwestern buchstäblich fortgerissen, sie selbst kam zuerst ins dortige Gefängnis (zu den Kriminellen), dann wurde sie als „Sippenhäftling" zusammen mit Stauffenbergs, Goerdelers, Hofackers und anderen Verwandten der Beteiligten acht Monate unter großen Strapazen von Konzentrationslager zu Konzentrationslager geschleift.

Mein jüngerer Sohn Hans Dieter wurde von der Front geholt, in Ebenhausen am 29. Oktober nachts verhaftet und im „Hausgefängnis der Gestapo bei der Wehrmacht" festgesetzt – auf den Festungen Germersheim und Küstrin, die schließlich an den Bodensee „evakuiert" wurden. Fey und Hans Dieter entgingen kurz vor Kriegsende dem letzten Erschießungsbefehl Himmlers um Haaresbreite. – Die kleinen Bübchen meiner Tochter waren völlig verschollen. Ich fand sie im Juli 1945 nach wochenlangem Suchen in dem früheren NSV-Heim Wiesenhof-Hall bei Innsbruck unter dem Namen „Geschwister Vorhof."

Mein Mann wurde zunächst nach dem Konzentrationslager Ravensbrück in Mecklenburg gebracht. Die Bildhauerin Puppi Sarré, die im Zusammenhang mit dem Fall Langbehn schon seit Herbst 1943 gefangen saß, hat uns später über das Konzentrationslager berichtet. Sie hat dort auch meinen Mann gesehen und schreibt: „Seine überlegene Heiterkeit und Sicherheit in Haltung und Wesen machten selbst den Wachbeamten Eindruck. Ich beobachtete einen Moment, wo die SS-Wachen, wohl ohne es selbst zu wissen, ihn mit Achtung und Respekt behandelten." In Ravensbrück mag es meinem Mann noch verhältnismäßig erträglich ergangen sein. Ein Brief von ihm schildert, wie die Gefangenen auf dem Hof spazierengeführt wurden und bei schönem Wetter dann auf einer Treppe sitzend im Freien ihren Eßnapf auslöffeln durften.

Am 18. August 1944 wurde mein Mann gefesselt nach Berlin überführt. Wenige Tage war er in dem Zellengefängnis Moabit an der Lehrterstraße 3, einem alten, unsauberen, von Fliegerangriffen schwer beschädigten Bau. Dann brachte ihn die Gestapo in das Kellergefängnis des Reichssicherheitshauptamtes, Prinz-Albrecht-Straße 8. Hier begannen sofort die täglichen und vor allem nächtlichen Vernehmungen. In den Gefängnisfluren und Waschräumen begegneten sich die Männer der deutschen Widerstandsbewegung.

Herr v. Schlabrendorff hat mich im September 1945 in Ebenhausen besucht und mir berichtet, wie er damals meinen Mann noch einmal gesehen habe; mit der Gelassenheit des Kavaliers alter Schule sei ihm mein Mann entgegen gekommen und habe im Vorübergehen geflüstert: „Der Tod ist mir sicher. Wenn Sie herauskommen, grüßen Sie bitte meine Frau. Ihr gelten meine letzten Gedanken."

Mein Mann hat die langen Tage des Wartens im Konzentrationslager Ravensbrück und die kurzen Stunden zwischen den Verhören in der Prinz-Albrecht-Straße ausgefüllt mit dem Niederschreiben seiner Lebenserinnerungen*. Diese Tätigkeit hat den unermüdlichen Arbeiter beschäftigt und abgelenkt. In der Abschrift sind es 150 enggeschriebene Schreibmaschinenseiten, in denen mein Mann sein Leben von der Kindheit an schildert. Die Darstellung schließt ab mit den Jahren 1926/30, in denen mein Mann Gesandter in Kopenhagen war. In jedem der wenigen Briefe, die er uns noch aus der Haft schicken konnte, schrieb er von dieser

Arbeit und dem Trost, den er in dem Versenken in eine bessere Vergangenheit empfand. Die Erinnerungen atmen Beschaulichkeit und Ruhe. „Eine Gefängniszelle", so heißt es am Anfang, „ist ein guter Ort, um Lebenserinnerungen zu beginnen. Man hat Zeit, zu viel Zeit, nachzudenken. Das verflossene Leben gestaltet sich vor dem geistigen Auge in stereoskopischer Plastik, man sieht es und sich ohne Hülle." Sonst ist auf die Gegenwart kaum Bezug genommen. Aber ohne Zusammenhang mit dem Inhalt hat mein Mann gegen den Schluß an den Rand die Verszeilen geschrieben:

> Du kannst uns durch des Todes Türen
> Träumend führen
> Und machest uns auf einmal frei.[1]

Am 7. und 8. September 1944 verhandelte der sogenannte Volksgerichtshof unter Vorsitz seines Präsidenten Freisler gegen meinen Mann zusammen mit Goerdeler, Leuschner, Wirmer und Lejeune-Jung.

Nur 36 Stunden vor Beginn der Gerichtsverhandlung wurde meinem Mann in seine Zelle die Anklageschrift zugestellt. Ihr Inhalt war ihm, wie er schreibt, zu dreiviertel völlig neu. Allein die von der nationalsozialistischen Propaganda gewünschte Version sollte vor Gericht zur Sprache kommen können. Bezeichnend war, daß meinem Mann noch vor der Anklageschrift ein Schreiben von Lammers, dem Chef der Reichskanzlei, zuging, das den Schuldspruch vorwegnahm:[2] „Der Führer hat, wie ich Ihnen auftragsgemäß mitteile, wegen Ihrer Beteiligung an den Vorgängen des 20. Juli 1944 Ihre Ausstoßung aus dem Verhältnis der Ruhestandsbeamten angeordnet. Damit sind alle Rechte aus Ihrem früheren Amte verwirkt."

In der Verhandlung wurde den Angeklagten kaum eine Möglichkeit zur Verteidigung belassen. Auch blieben sie selbst in diesem Augenblick noch gehemmt durch die Sorge um die Familie, das Bestreben, keinen noch lebenden Kameraden zu belasten.

Aus dem Kreis der geladenen Parteigäste und durch die zur Abschreckung kommandierten Behördenvertreter sickerten trotz strengem Redeverbot bald Berichte durch. Viele Zuhörer waren von diesem letzten Kampf zu tief beeindruckt, als daß sie schweigen konnten.[3] Ein Augenzeuge berichtete mir davon und von der schlechthin vorbildlichen Haltung meines Mannes. Er schloß seine Erzählung mit den Worten: „Dies war ein wahrhaft vornehmer Mann, aber zu vornehm für diese Welt."

Das Urteil ist an meinem Mann, Lejeune-Jung und Wirmer zwei Stunden nach seiner Verkündung im Strafgefängnis Berlin-Plötzensee am Königsdamm 7 vollstreckt worden. Mit ihnen zusammen wurden dort am Nachmittag des 8. September 1944 in den Tod geführt: Oberst i.G. Hansen, Oberstleutnant i.G. Smend und Graf Ulrich Schwerin-Schwanenfeld, der meinem Mann im Kreise der Kämpfer gegen Hitler besonders nahegestanden hatte. An Leuschner wurde die Vollstreckung des Todesurteils erst am 29. September 1944 vollzogen. Goerdeler hat noch fünf Monate in den Kellern der Prinz-Albrecht-Straße leben müssen. Gemeinsam mit Popitz und dem Jesuitenpater Delp wurde er am 2. Februar 1945 hingerichtet.

Die letzten Worte, die mein Mann wenige Minuten vor seiner Hinrichtung schrieb, sind durch viele Gestapo-Hände gegangen und mir schließlich vier Monate später zugestellt worden. Sie gehören nicht mir allein. Der Gruß an „alle Freunde" gilt all denen, die innerhalb und außerhalb unseres Landes auf gleichem Boden stehend mit uns verbunden waren.

Anmerkungen

* Die Lebenserinnerungen konnte mein Sohn Wolf Ulrich zusammen mit anderen Papieren meines Mannes sowie mit seinem Ring, seiner Uhr und seinem Zigarettenetui, Dingen, die er bis zum Schluß bei sich getragen hatte, kurz vor dem Einmarsch der Russen in Berlin aus den Händen der Gestapo für uns retten.

1 Aus einem Kirchenlied von Konrad Allendorf (1693–1773), gedruckt in: Schlesisches Provinzial-Gesangbuch 1940, Lied Nr. 570, 3. Vers.
2 Das Schreiben ist datiert: 5. 9. 1944. Bereits am 9. August war Hassell der Rang als NSKK-Brigadeführer aberkannt worden; am 12. August, vier Wochen vor seiner Verurteilung, wurde er aus der NSDAP „ausgestoßen".
3 Zu den Strafverfahren vor dem Volksgerichtshof mußten zahlreiche Behörden und Wehrmachtdienststellen aus ihren Bereichen Zuhörer entsenden, offenbar um einem größeren Kreis vor Augen zu führen, wie man mit Verschwörern gegen das Regime abrechnete. Am Tage der Vernehmung Hassells befand sich unter den abkommandierten Augenzeugen auch Helmut Schmidt, der spätere Bundeskanzler, damals ein 25jähriger Reserveoffizier. Schmidt hat am 2. Juni 1946 in einem Brief an Ilse v. Hassell, die er persönlich nicht kannte, seine nachhaltige persönliche Erschütterung über die ganze „Prozedur" geschildert, die „ausschließlich auf menschliche Entwürdigung und seelische Vernichtung abgestellt" war. Die Verhandlung, die „aller Prozeßordnung hohnsprach", bezeichnete Schmidt als „eine einzige Schaustellung Freislers, der dabei Goebbelssche Intelligenz und demagogische Zungenfertigkeit mit dem Jargon des Pöbels vereinigte". Hassell habe kaum einen Satz vollenden können, ohne daß ihn Freisler in der verletzendsten Form unterbrach; daraufhin habe es Hassell vorgezogen, „zu schweigen und alle Beschimpfungen und Anklagen mit unerhörter Beherrschung an sich abgleiten zu lassen". Schmidt spricht in seinem Brief, der kürzlich wieder aufgefunden wurde, von der für ihn „schlechthin vorbildlichen Haltung" Hassells während der Stunden vor Freisler.

Anhang

Dokumente aus dem Umkreis der Tagebücher

Für die vorstehende Edition gilt als Grundsatz, daß die wiedergegebenen Tagebuch-Notizen, Briefe und Aufzeichnungen eindeutig von Ulrich v. Hassell stammen und daß der Herausgeber den Wortlaut anhand der Originale überprüft hat. Die im folgenden wiedergegebenen drei Texte (I bis III), die in der Erstausgabe der Hassell-Tagebücher von 1946 abgedruckt waren, entsprechen diesem Grundsatz nicht.

zu I. Das sogenannte „Programm" für erste Maßnahmen bei einem Umsturz

ist als Original nicht erhalten. Die Druckvorlage von 1946 wurde mit der gleichen Maschine und auf gleichem Papier geschrieben wie die seinerzeit in der Schweiz angefertigte Abschrift der Tagebücher. Auf der ersten Seite oben hat Ilse v. Hassell handschriftlich vermerkt: „Programm von Ulrich v. Hassell verfaßt Januar-Februar 1940". Ob sie gewußt oder nur vermutet hat, daß Hassell der Verfasser sei, ist nicht mehr zu klären; Ilse v. Hassell ist 1982 gestorben. Die Mitwirkung Hassells an wiederholten Beratungen, wie eine neue Regierung nach einem Umsturz zu handeln hätte, ergibt sich aus mehreren Tagebucheintragungen, insbesondere über eine am 24. Januar 1940 mit Beck, Goerdeler und Popitz geführte „Unterhaltung über die bei einem Umschwung zu treffenden ersten Maßnahmen" (vgl. oben S. 161). Zuvor hatte Hassell nach seinen Notizen zwei Gespräche mit Popitz. Am 19. Oktober 1939 habe dieser gemeint, „man müsse sich jetzt schon im kleinsten Kreise unterhalten, wie man eintretendenfalls handeln wolle. Goerdeler und Planck geeignete Teilnehmer." Am 28. Dezember 1939 hatte Hassell eine Stunde mit Popitz „über das praktische Vorgehen einer neuen Regierung eingehend gesprochen"; einzelne Themenkreise werden kurz aufgeführt (vgl. oben S. 133 und S. 155). Hingegen fehlen im Tagebuch Hinweise darauf, daß ein Text — „Programm", Regierungserklärung, Aufruf oder ähnliches — schriftlich ausgearbeitet wurde, an dem Hassell in irgendeiner Form mitgearbeitet hätte.

zu II. Das „Gesetz über die Wiederherstellung geordneter Verhältnisse im Staats- und Rechtsleben (vorläufiges Staatsgrundgesetz)"

und

zu III. die „Richtlinien zur Handhabung des Gesetzes über den Belagerungszustand"

sind in zeitgenössischen Exemplaren (Durchschläge, Maschinenschrift) im Nachlaß Johannes Popitz vorhanden (Bundesarchiv Koblenz). – Aus einer Mitteilung von Frau Cornelia Schulz-Popitz, die dem Erstabdruck 1946 beigefügt war, ergibt sich für das Gesetz, daß es sich um eine letzte, von ihrem Vater, Dr. Johannes Popitz, formulierte Fassung handelt, die von ihm im Herbst 1943 nach Verhaftung Langbehns in der Bibliothek seiner Berliner Wohnung versteckt worden war. Die Konzeption des Gesetzes liege länger zurück und beruhe auf Besprechungen, die Popitz seit 1938 vor allem mit Jessen, Hassell, Planck und Beck geführt habe. Die „Richtlinien" seien von Popitz verfaßt worden – „als Ergänzung zu dem sehr scharf gehaltenen Gesetz über den Ausnahmezustand". Der Text dieses „Gesetzes", der vorwiegend das Werk von Langbehn und Jessen gewesen sei, wurde bisher nicht aufgefunden. – Es bleibt ungewiß, inwieweit der Rat Hassells auf die vorliegende letzte Fassung des Staatsgrundgesetzes Einfluß gehabt hat; die „Richtlinien" sind nach dem heutigen Erkenntnisstand offenbar ohne seine Mitwirkung aufgesetzt worden.

Somit bestehen hinsichtlich der Autorschaft dieser Texte erhebliche Zweifel. Die Herausgeber der Reihe „Deutscher Widerstand 1933–1945" haben jedoch großen Wert darauf gelegt, daß der im Rahmen dieser Reihe erscheinenden Neuausgabe der Tagebücher Hassells die genannten drei Papiere beigegeben werden, damit sie als überkommene Materialien aus dem Umkreis der Tagebücher verfügbar bleiben.

I

Vorbemerkung: Der Text folgt dem Abdruck in der Erstausgabe der Tagebücher (Atlantis-Verlag, Zürich 1946). Für die unmittelbar danach veranstaltete Ausgabe beim Atlantis-Verlag Freiburg wurde der Text (in Punkt 3 und Punkt 7), sehr wahrscheinlich aus besatzungsrechtlichen Gründen, etwas verkürzt. Die vermutliche Entstehungszeit für das „Programm" (Anfang 1940) ergibt sich aus seinem Inhalt. Insbesondere wird dem Sinne nach erklärt (Punkt 2, Satz 2), daß die neue Regierung den Umsturz ausgelöst habe, weil sie sich einem „Verletzen der Neutralität benachbarter Staaten" (durch die von Hitler seit Oktober 1939 geplante Westoffensive) widersetzt habe. Ferner werden (Punkt 4 am Schluß) die „gerade neuerdings" – in Zusammenhang mit dem Polenfeldzug – geschehenen Greuel gegen Juden erwähnt.

„Programm"
für erste Maßnahmen bei einem Umsturz

1. Die Deutsche Regierung ist entschlossen, den Krieg, in den Europa unglücklicherweise gestürzt worden ist, mit aller Kraft weiterzuführen, bis ein Friede gesichert ist, der den Bestand, die Unabhängigkeit, die Lebensbetätigung und die Sicherheit des deutschen Reichs und Volks gewährleistet und gegenüber Polen im wesentlichen die alte Reichsgrenze wiederherstellt.

2. Die Deutsche Regierung, die überzeugt ist, daß hinter dieser Forderung die ganze deutsche wehrhafte Nation steht, erstrebt auf dieser Grundlage einen baldigen Frieden. Ihre Mitglieder haben sich deshalb einem Vorgehen der früheren deutschen Regierung widersetzt, das durch ein Verletzen der Neutralität benachbarter Staaten diese Friedensaussichten zerstört hätte.

3. Die Deutsche Regierung überläßt der Geschichte das Urteil über die Grundsätze und Leistungen des Nationalsozialismus. Sie erkennt die gesunden und vorwärtsführenden Gedanken an, die in ihm enthalten waren. Leider hat die bisherige deutsche Regierung im klaren Widerspruch zu ihnen seit längerer Zeit begonnen, eine Politik zu treiben, welche die Seele des deutschen Volkes zu töten und seinen wirtschaftlichen Wohlstand zu untergraben geeignet war.

4. Eine unerträgliche Parteiherrschaft in Gestalt eines den eigenen Nutzen suchenden Bonzentums wurde aufgerichtet und legte sich wie ein eisernes Netz über das ganze Volk.

Jede freie Meinungsäußerung auch auf unpolitischen Gebieten wurde zum Verbrechen gestempelt, alles freie Sichregen der Geister unterbunden. Ein unerhörtes Maß der Bespitzelung und Verleumdung wurde zur Regel. Die Rechtsprechung vor allem in Strafsachen wurde immer mehr Parteigesichtspunkten untergeordnet. Das Verfahren der Gestapo verletzte die elementarsten Grundsätze der Sittlichkeit und vernichtete die menschliche Persönlichkeit. Schwere Verletzungen von Recht und Gesetz, Angriffe auf Leib und Leben oder die Freiheit untadeliger Menschen blieben straflos, ja wurden von oben ermuntert. Gerade neuerdings geschahen im Zusammenhang mit dem Kriege, von der höchsten Stelle im Staat geduldet, Dinge, die in der deutschen Geschichte unerhört sind. In das gleiche Kapitel gehören die von Partei wegen gegen die Juden straflos begangenen fürchterlichen Greuel.

5. Der Staatsorganismus war auf dem Wege, durch die Parteiorganisation völlig ausgehöhlt oder zerstört zu werden. Das einst unvergleichliche deutsche Beamtentum wurde seiner wichtigsten Funktionen entkleidet und auf einen immer tieferen Stand herabgedrückt. Der Parteibonze erhielt überall die wirkliche Macht und nutzte sie aus.

6. In wirtschaftlicher Hinsicht trieb die bisherige Regierung in den letzten Jahren einen immer gewissenloseren Raubbau mit den Kräften des Volkes und eine leichtfertige Geldverschwendung vor allem für Prachtbauten aller Art, während für soziale Aufgaben, besonders den Wohnungsbau, nur unzureichend Mittel aufgewendet wurden. Von einer geordneten Finanzwirtschaft des Staates konnte nicht mehr gesprochen werden, während die Steuerlasten ins Ungemessene wuchsen.

7. Zu alledem trat seit Beginn des Jahres 1938 eine Außenpolitik, die einen immer abenteuerlicheren Charakter annahm. Dem Volke wurde weisgemacht, daß ein Nichtachten aller Grundsätze und Bindungen „Realpolitik" sei. Durch Mangel an politischer Weisheit auf Seiten der Beteiligten kam es schließlich zum Kriege, der nach 20 Jahren mühevollen Wiederaufbaus die unmittelbare Gefahr heraufbeschwört, daß die höchsten europäischen Werte zum Vorteile des Bolschewismus zerstört werden. Die deutsche Regierung gibt die Hoffnung nicht auf, daß auch die Gegner Deutschlands die Notwendigkeit erkennen werden, nunmehr auf den oben angeführten Grundlagen zum Frieden zu kommen und der Welt die Möglichkeit zu geben, zu einem Zustand der Gesundheit und der Befriedigung zu kommen, aufgebaut auf dem Willen aller Nationen, in Treu und Glauben bei möglichst herabgeminderter Rüstung durch den Austausch geistiger und wirtschaftlicher Güter eine Gemeinschaft der Völker zu bilden. Es war der Widersinn der Pariser Verträge nach dem Weltkriege, der die tiefste Ursache alles Unglücks bildet, das jetzt über die Welt gekommen ist. Sollten sich Deutschlands Gegner dieser Erkenntnis versagen, so wird die Deutsche Regierung daraus ohne Zögern die Folgen ziehen und den Krieg bis zum Äußersten weiterführen.

8. Die höchste Gewalt im Deutschen Reich liegt, bis es möglich sein wird, ein normales Verfassungsleben wieder aufzubauen, in den Händen einer Regentschaft, die aus dem Reichsverweser und 2 Mitgliedern besteht. Diese Regentschaft ernennt die Minister.

9. Um das Leben des deutschen Volkes aus dem bisherigen System in neue, gesundere Bahnen überzuleiten, ordnet die Regentschaft folgendes an:

a) Die NSDAP. wird in allen ihren Gliederungen aufgelöst. Der Minister des Innern trifft die erforderlichen Maßnahmen; er kann dazu Kommissare ernennen. Er schlägt der Regentschaft vor, welche Einrichtungen der Partei, wie etwa die NSV., das Winterhilfswerk u.a., übernommen werden sollen. Insbesondere wird er prüfen, ob die SA., das NSKK., das NSFK. u.a. in andere Einrichtungen umgewandelt werden können. Die SS. wird aufgelöst. Soweit sie in einen der erwähnten Verbände aufgehen kann, wird das Entsprechende rechtzeitig verfügt werden. Der Kriegsminister ordnet den Übertritt der einzelnen waffentragenden SS.- oder SA.-Leute in die Wehrmacht. Der Minister des Innern bewirkt die Neuordnung der Polizei in vorläufiger Weise und macht der Regentschaft die endgültigen Vorschläge.

b) Der Arbeitsdienst wird erhalten, aber umgestaltet. Die Vorschläge darüber macht der Arbeitsminister an die Regentschaft.

c) Die Arbeitsfront ist neu aufzubauen. Der Wirtschaftsminister trifft im Einvernehmen mit dem Arbeitsminister die erforderlichen vorläufigen Maßnahmen und macht der Regentschaft endgültige Vorschläge.

d) Die Organisation der Wirtschaft bleibt vorläufig bestehen. Sie wird im Zusammenhang mit der Staatsreform umgestaltet werden. Für die notwendigen Personaländerungen sorgt der Wirtschaftsminister.

e) Das Vermögen und die Einnahmen aller Parteigliederungen und der Arbeitsfront gehen auf das Reich über. Der Finanzminister trifft im Einvernehmen mit den jeweils zuständigen Ministern die erforderlichen Anordnungen und macht der Regentschaft Vorschläge über die Verwendung.

f) Um den Staatsaufbau vorzubereiten, setzt die Regentschaft einen Verfassungsrat ein, der unter dem Vorsitz des Ministers des Innern Vorschläge ausarbeitet. Diese Vorschläge müssen von dem Grundsatz ausgehen, den deutschen Einheitsstaat nach politischen und wirtschaftlichen Gesichtspunkten unter besonderer Rücksicht auf die historische Überlieferung zu gliedern und für das politische Leben des Reichs eine Mitarbeit des Volks und eine Kontrolle des Staatslebens auf der Grundlage der örtlichen und körperschaftlichen Selbstverwaltung sicherzustellen.

g) Der Justizminister trifft die erforderlichen vorläufigen Anordnungen, um den erschütterten Rechtsstaat wiederherzustellen; eine Rechtsprechung durch nur dem Gesetz unterworfene Richter zu sichern und die notwendigen Personalveränderungen durchzuführen. Der endgültige Aufbau der Justiz ist von ihm vorzubereiten. Alle Verfahren sind auszumerzen, die außerhalb von Gesetz und Recht gegen den Einzelnen angewendet worden sind.

h) Die Wehrmacht ist sofort auf die Regentschaft zu vereidigen. Der Reichsverweser ist Oberster Befehlshaber der gesamten Wehrmacht und ernennt die Oberbefehlshaber der Wehrmachtsteile.

i) Die vollziehende Gewalt geht in allen Ländern außer Preußen und in den preußischen Provinzen sowie in den besetzten Gebieten auf vom Reichsverweser ernannte Wehrbefehlshaber über.

k) Die Reichsstatthalter fallen fort. In Preußen ist der Reichsverweser Inhaber der obersten vollziehenden Gewalt.

l) Auf allen Gebieten der Staatstätigkeit wird das Beamtentum dergestalt erneuert, daß der ordnungsmäßig ausgebildete Berufsbeamte grundsätzlich an die Stelle von aus Parteigesichtspunkten ernannten Personen zu treten hat. Die Regentschaft bestimmt, welche Beamten sie selbst ernennt und welche die zuständigen Minister.

m) Die Regentschaft setzt einen Gesetzesrat ein, der die Gesetzgebung seit dem 30. Januar 1933 nachzuprüfen und der Regentschaft vorzuschlagen hat, welche Gesetze, Verordnungen, Bestimmungen usw. aufzuheben wären. Alle Bestimmungen, die von der NSDAP. oder einer ihrer Gliederungen als einer Person des öffentlichen Rechts ausgehen, werden hinfällig. Insbesondere auch die Judengesetzgebung.

n) Der Gesetzesrat setzt einen Ausschuß ein, der Vorschläge zu machen hat, wie das Verhältnis des Staates zu den Kirchen zu regeln ist. Das Vorrecht des Staates ist dabei leitender Grundsatz.

o) Die Presse unterliegt während des Krieges der Zensur der vollziehenden Gewalt; für die Zeit nach dem Kriege folgen neue Bestimmungen auf der Grundlage der Pressefreiheit im Rahmen der Staatssicherheit.

p) Die Wissenschaft und ihre Lehre ist frei.

q) Das Schrifttum unterliegt während des Krieges der Aufsicht der vollziehenden Gewalt. Nach dem Kriege wird der Schutz von Staat und Volk gegen Ausschreitungen des Schrifttums durch die Gesetzgebung sichergestellt.

10. Die Regentschaft weiß, daß ihre Aufgabe unendlich schwer und wenig geeignet ist, ihr schnell Volkstümlichkeit zu erwerben. Sie muß ein System liquidieren, das dem deutschen Volk im voraus auf lange hinaus schwere Lasten auferlegt hat. Ihr Bemühen wird sein, diese Liquidation ohne jedes Rachegefühl so durchzuführen und die Lasten ganz allmählich so abzubürden, daß die denkbar geringsten materiellen Opfer gefordert werden. Trotzdem werden diese groß genug sein. Das deutsche Volk, davon ist die Regentschaft überzeugt, wird diese Opfer entschlossen bringen und einen Ausgleich darin finden, daß Gesetz und Recht ebenso wieder zu Ehren kommen wie Anständigkeit, sittliches Empfinden und wirkliche Freiheit.

II

Vorbemerkung: Der Text folgt dem zeitgenössischen Exemplar im Nachlaß Popitz (Bundesarchiv Koblenz), mit dem der Abdruck in der Erstausgabe der Tagebücher im Atlantis-Verlag Zürich übereinstimmt. Für die unmittelbar danach veranstaltete Ausgabe beim Atlantis-Verlag Freiburg wurde im Text, offenbar wiederum aus besatzungsrechtlichen Gründen, ein Abschnitt (Art. 1, Punkt 10) weggelassen.

Gesetz über die Wiederherstellung geordneter Verhältnisse im Staats- und Rechtsleben
(Vorläufiges Staatsgrundgesetz)

Die bisherige Staatsführung hat einen Zustand der Verfassungs- und Rechtlosigkeit herbeigeführt. Die Grundlagen des Zusammenlebens der deutschen Menschen, schon seit dem Ausgang des Weltkrieges erschüttert, sind gegen Eid und Pflicht völlig zerstört worden. Selbst die einfachsten Gesetze der Menschlichkeit wurden mißachtet. Um diese Not zu wenden und dem deutschen Volke eine seinem Wesen und seiner Geschichte gemäße Ordnung wiederzugeben, erlasse ich als Inhaber der vollziehenden Gewalt mit Zustimmung der Männer, die sich zur Bildung einer Regierung bereitgefunden haben, das folgende Grundgesetz. Es soll Regierung und Volk binden, bis unter Mitwirkung aller Schichten des Volkes dem Deutschen Reich eine endgültige Verfassung gegeben werden kann.

Art. 1

Folgende Grundsätze sind im Verhalten aller Deutschen zueinander und in den Maßnahmen der Regierung und ihrer Behörden zu verwirklichen:
1. In allen Lebensbeziehungen sollen die Regeln des Anstandes und der guten Sitten oberstes Gesetz des Handelns sein.
2. Unverbrüchlichkeit des Rechts, Unabhängigkeit der Rechtsprechung, Sicherung der persönlichen Freiheit, der Familie und des Eigentums sind wieder herzustellen.
3. Christentum und christliche Gesittung bilden, wie seit Jahrhunderten, eine unersetzbare Grundlage deutschen Lebens. Ungestörte Religionsausübung wird gewährleistet. Die anerkannten christlichen Religionsgesellschaften sind Körperschaften des öffentlichen Rechts.
4. Die Verteidigung des deutschen Volkes und seines Reiches gegen Einwirkungen von außen und gegen innere Zersetzung ist Pflicht jedes Deutschen. Jeder Deutsche hat sich so zu verhalten, daß das Gemeinwohl nicht beeinträchtigt und die Ehre des deutschen Namens nicht verletzt wird.
5. Alle Schichten des Volkes haben nach Maßgabe der Leistung Anteil an den materiellen und geistigen Gütern des Lebens. Die Gemeinschaft trägt die Verantwortung für einen menschenwürdigen Lebensstand aller, die ihre Pflichten gegen Volk und Staat erfüllen. Hierzu gehören auch Versorgung im Alter, Hilfe bei Krankheit und Arbeitslosigkeit sowie die Bereitstellung von Wohnungen, die ein gesundes Familienleben ermöglichen.
6. In der Wirtschaft ist die Verantwortlichkeit selbständiger Unternehmer wiederherzustellen. Dem Staate liegt es ob, die deutsche Gesamtwirtschaft so zu lenken, daß die Versorgung des Volkes und die Hebung des Wohlstandes aller seiner Schichten gewährleistet sind.
7. In der Landwirtschaft, als der bedeutendsten Kraftquelle des Volkes, ist eine Besitzverteilung anzustreben, die einen möglichst hohen Ertrag an den für die Volkswirtschaft notwendigen Lebensmitteln gewährleistet. Der Landflucht ist durch Hebung der allgemeinen Lebensbedingungen auf dem Lande, insbesondere durch angemessenes Entgelt für die Leistungen des Landvolkes und durch Besserung der Wohnverhältnisse entgegenzuwirken.

8. Schulen und Unterrichtsanstalten aller Stufen sind berufen, dem Nachwuchs für Staatsdienst, Kirchendienst, Wissenschaft, Kunst und Wirtschaft die wissensmäßigen, körperlichen, charakterlichen und sittlichen Grundlagen zu übermitteln. Sie dienen der Entfaltung einer wahrhaft deutschen Kultur. Der Unterricht erfolgt grundsätzlich in öffentlichen Anstalten des Staates oder seiner Gebietskörperschaften. Der Religionsunterricht ist in den allgemein bildenden Schulen ein unentbehrliches Erziehungsmittel.
9. Forschung, Lehre und Kunstausübung sind in ihrer freien Betätigung nur insoweit beschränkt, als es die Sicherheit nach außen und innen und die gebotene Ehrfurcht vor den geistigen und sittlichen Gütern des Volkes erfordern.
10. Die deutsche Wehrmacht gründet sich auf die Wehrpflicht; zu ihren Führern sind Männer mit den charakterlichen, geistigen und sittlichen Eigenschaften der großen Soldaten der deutschen Geschichte berufen. Die Wehrmacht ist nicht nur die bei der geographischen Lage Deutschlands unentbehrliche Friedenssicherung des Reiches, sondern auch eine Erziehungsanstalt zur geistig-sittlichen Wiedergeburt der Nation.
11. Gemäß der geschichtlichen Entwicklung bedarf der Staat in Ausübung seiner obrigkeitlichen Befugnisse eines für seine Aufgaben vorgebildeten Beamtentums. Seine Vertrauensstellung im Volke ist wieder herzustellen. Nur wer bereit ist, seine volle Arbeitskraft in den Dienst von Staat und Volk zu stellen und sich mit echter Vaterlandsliebe, Uneigennützigkeit und Treue seinen Aufgaben zu widmen, kann Beamter sein; der Staat sichert ihm dafür seine Lebensstellung und sorgt für Anerkennung wahrer Verdienste. Für die Erledigung von Aufgaben, die sich ihrer Art nach nicht von solchen des allgemeinen Wirtschaftslebens unterscheiden, sollen Beamte nicht bestellt werden.

Art. 2

1. Im Reichsgebiet gibt es nur eine Staatsgewalt, die des Reiches.
2. Die Ungleichheit der bisherigen Länder nach Umfang, Wirtschafts- und Finanzkraft, sowie die Unvereinbarkeit des verwaltungsmäßigen Aufbaus in den verschiedenen Reichsgebieten macht eine Neugliederung des Reiches unerläßlich. Preußen vollendet seine reichsbildende Mission, indem es auf den staatlichen Zusammenhang seiner Provinzen verzichtet.
3. Das Reich gliedert sich in Länder, die sowohl Verwaltungsbezirke des Reiches wie Gebietskörperschaften mit Selbstverwaltung sind. Die Gliederung erfolgt nach Maßgabe der Anlage.
4. Den Ländern werden zur Erledigung in Selbstverwaltung und Selbstverantwortung unter Aufsicht des Reiches Aufgaben übertragen, die sie zur tätigen Mitwirkung an der Pflege der Wirtschaft und Kultur in

den ihnen anvertrauten Reichsteilen berufen. Sie sollen dabei Wahrer der wertvollen Tradition der deutschen Stämme und der früheren deutschen Territorien sein. Ein Finanz- und Lastenausgleich für das gesamte Reichsgebiet wird sicherstellen, daß sich in allen Teilen des Reiches eine für die Erfüllung der übertragenen Aufgaben befähigte Selbstverwaltung entwickeln kann.
5. An der Spitze des Landes als Verwaltungsbezirk des Reiches steht der Statthalter; er übt zugleich als Kommissar der Reichsregierung die Aufsicht des Staates über das Land als Gebietskörperschaft aus. Oberste Selbstverwaltungsbehörde des Landes ist der Landeshauptmann. Dem Statthalter und dem Landeshauptmann steht zur Beratung je in ihrem Aufgabenkreis ein Landesrat zur Seite. In jedem Lande besteht eine Landeswirtschafts- und Arbeitskammer.

Jedes Land bildet einen Wehrkreis mit dem Wehrkreisbefehlshaber an der Spitze; ein Wehrkreis kann auch mehrere Länder umfassen.
6. Die Länder gliedern sich in Regierungsbezirke, die Verwaltungsbezirke des Reiches sind, diese in Land- und Stadtkreise, die sowohl Verwaltungsbezirke wie Gebietskörperschaften mit Selbstverwaltung sind.
7. Die Reichsregierung bestimmt durch Verordnung den Zeitpunkt, mit dem die Neugliederung für durchgeführt gilt; die Bestimmung kann auch für Teile des Reiches erfolgen. Bis dahin gelten die vorhandenen Einteilungen und Zuständigkeitsbestimmungen einstweilen weiter. Die Haushaltsgebarung der bisherigen Länder, insbesondere auch bezüglich der Leistungen der bisherigen Länder an die ihnen eingegliederten Gebietskörperschaften wird für Preußen unmittelbar vom Reichsfinanzminister und den sonst zuständigen Reichsministern, für die übrigen Länder von den von der Reichsregierung damit betrauten Stellen abgewickelt. Das Reich ist Rechtsnachfolger der bisherigen Länder. Es überträgt geeignete Teile der bisherigen Ländervermögen auf die neugebildeten Länder. Entsprechendes gilt für die preußischen Provinzen und für die bisherigen Reichsgaue.
8. Für die drei Reichsstädte finden die Bestimmungen der Abs. 1 bis 7 sinngemäße Anwendung.

Art. 3

1. Die Verwaltung wird entweder von unmittelbaren Staatsbehörden oder Behörden der Gebietskörperschaften ausgeübt. Sie ist volksnahe zu führen. Die Verwaltungsgeschäfte sind unter der Leitung der Reichszentralbehörden in weitgehendem Maße den Behörden in der Stufe der Länder, Bezirke und Kreise zur selbständigen Erledigung zu übertragen.
2. Um die Einheit der Verwaltung zu sichern, bestehen neben den Kommandostellen der Wehrmacht, den Behörden der allgemeinen Verwal-

tung und den Gerichten, staatliche Sonderbehörden nur für die Verwaltung der Steuern und Zölle, der Eisenbahn und der Post.
3. Verwaltungsakte, die in die persönliche Freiheit eingreifen, oder die Verfügung über den Besitz einschränken, unterliegen, soweit nicht die ordentlichen Gerichte zuständig sind, der Nachprüfung durch unabhängige Verwaltungsgerichte.

1. Die Staatsgewalt wird im Namen des Reiches vom Staatsoberhaupt und der Reichsregierung ausgeübt.
2. Dem Staatsoberhaupt und der Reichsregierung steht ein Staatsrat zur Seite.

Art. 5
1. Das Staatsoberhaupt ist der Hüter der Grundsätze, auf denen die wiedergewonnene Ordnung Deutschlands beruht.
2. Das Staatsoberhaupt ist der Reichsverweser des Deutschen Reiches. Er ist in Verantwortung vor Gott und dem deutschen Namen als Schutzherr aller Werke des Friedens und als erster Diener des Staates mit den Deutschen aller Stämme gleichmäßig verbunden.

Art. 6
1. Die Reichsregierung besteht aus dem Reichskanzler als Vorsitzendem und den Reichsministern.
2. Reichsminister sind:
    1) der Reichsminister und Minister des Auswärtigen,
    2) der Reichsminister und Kriegsminister,
    3) der Reichsminister und Minister des Innern,
    4) der Reichsminister und Finanzminister,
    5) der Reichsminister und Justizminister,
    6) der Reichsminister und Landwirtschaftsminister,
    7) der Reichsminister und Minister für Wirtschaft und Arbeit
    8) der Reichsminister und Erziehungsminister
    9) der Reichsminister und Verkehrsminister.
3. Auf Vorschlag des Reichskanzlers kann das Staatsoberhaupt weitere Reichsminister mit bestimmten Geschäftsbereichen bestellen und Reichsminister ohne Geschäftsbereich ernennen.
4. Der Reichskanzler erläßt mit Zustimmung der Reichsregierung eine Geschäftsordnung der Reichsregierung.

Art. 7
Dem Staatsoberhaupt steht zu:
1. Die völkerrechtliche Vertretung des Reiches.
2. Der Oberbefehl über die Wehrmacht.

3. Die Ernennung und Entlassung des Reichskanzlers und auf dessen Vorschlag der übrigen Minister. Vor der Entlassung des Reichskanzlers berät sich das Staatsoberhaupt mit der Reichsregierung, die zu diesem Zweck unter seinem Vorsitz zusammentritt.
4. Die Ernennung und Entlassung der Reichsbeamten und Offiziere; durch eine vom Staatsoberhaupt mit Zustimmung des Reichskanzlers erlassene Verordnung kann die Ernennung der Offiziere und Reichsbeamten den zuständigen Reichsministern oder anderen Stellen der Wehrmacht oder Behörden der Verwaltung übertragen werden.
5. Das Begnadigungsrecht.
6. Die Verleihung von Titeln, Orden und Ehrenzeichen.

Art. 8

Das Staatsoberhaupt bedarf bei allen Anordnungen und Verfügungen zu ihrer Gültigkeit der Gegenzeichnung des Reichskanzlers oder des für den Geschäftsbereich zuständigen Reichsministers. Der Gegenzeichnung bedarf es nicht zur Ausübung des Oberbefehls über die Wehrmacht, soweit es sich um Kommandosachen handelt; hierzu gehört nicht die Ernennung und Entlassung der Offiziere, die unter Gegenzeichnung des Reichskriegsministers erfolgt.

Art. 9

1. Gesetze erläßt die Reichsregierung mit Zustimmung des Staatsoberhauptes, das sie ausfertigt und verkündet. Vor Erlaß der Gesetze hat die Reichsregierung den Staatsrat zu hören, es sei denn, daß der Erlaß keinen Aufschub verträgt.
2. Der Haushaltsplan wird vor Beginn jedes Rechnungsjahres durch Gesetz festgestellt. Zur Aufnahme von Anleihen und Krediten bedarf es ebenfalls des Gesetzes. Die Entlastung der Jahresrechnung erfolgt auf Vorschlag der Reichsregierung durch das Staatsoberhaupt nach vorheriger Prüfung der Haushaltsgebarung durch den Rechnungshof und nach Anhörung des Staatsrats.

Art. 10

1. Es wird ein Staatsrat gebildet. Der Staatsrat besteht aus Männern, die nach ihrer Leistung, ihrem Können und ihrer Persönlichkeit des Vertrauens des Volkes würdig sind. Die Reichsminister und die Statthalter sind von Amts wegen Mitglieder des Staatsrats. Die übrigen Mitglieder werden vom Staatsoberhaupt auf Vorschlag der Reichsregierung auf die Dauer von 5 Jahren ernannt. Den Vorsitz im Staatsrat führt, sofern ihn nicht das Staatsoberhaupt führt, der Reichskanzler oder ein von ihm beauftragter Minister.
2. Der Staatsrat vertritt das Volk in seiner Gesamtheit, bis die Festigung der allgemeinen Lebensverhältnisse des deutschen Volkes die Bildung einer Volksvertretung auf breiter Grundlage gestattet.

3. Die Befugnisse des Staatsrats ergeben sich aus Art. 9; darüber hinaus soll der Staatsrat vor wichtigen Verwaltungsmaßnahmen gehört werden.

Art. 11

1. Die vor dem Inkrafttreten dieses Gesetzes im Amt befindlichen Reichsminister, Mitglieder der Landesregierungen, Staatssekretäre, Reichsstatthalter und Oberpräsidenten, die Vorsitzenden der obersten Reichsbehörden, der Chef der deutschen Polizei, die Chefs der Ordnungs- und Sicherheitspolizei werden ihrer Ämter enthoben. Das gleiche gilt vom Reichsprotektor für Böhmen und Mähren, dem Generalgouverneur von Polen und den Reichskommissaren in den besetzten Gebieten. Der Reichsverteidigungsrat sowie die Ämter der Reichsverteidigungskommissare der obersten Polizeiführer und der Beauftragten für den Vierjahresplan werden aufgehoben.
2. Die Reinigung der Beamtenschaft von ungeeigneten Personen erfolgt in sinngemäßer Anwendung des Reichsgesetzes vom 7. April 1933 (RGBl. I S. 175). Eine Entfernung aus dem Dienste soll nur erfolgen, wenn die bisherige Amtsführung des Beamten seine mangelnde Eignung dargetan hat, oder er sein Amt mißbraucht hat. Die bisherige Zugehörigkeit zur Partei ist kein Grund zur Entfernung aus dem Amt. Die entlassenen Beamten erhalten Ruhegehalt nach den Bestimmungen des Reichsbeamtengesetzes, sofern die Entlassung nicht im Dienststrafverfahren erfolgt.

Art. 12

Vergeltungsakte gegen Amtsträger der bisherigen Regierungsform haben zu unterbleiben. Die Aburteilung schuldiger Personen erfolgt im Strafverfahren oder im Dienststrafverfahren.

Art. 13

1. Die Partei und ihre Gliederungen werden aufgelöst. Ihre Amtsträger haben sich unverzüglich jeder Betätigung zu enthalten. Uniformen und Abzeichen der Partei und ihrer Gliederungen dürfen nicht mehr getragen werden.
2. Das Vermögen der Partei und ihrer Gliederungen verfällt dem Staat; er kann es in geeigneten Fällen den Gebietskörperschaften überlassen. Gebäude, die im Eigentum der Partei oder ihrer Gliederungen stehen, sind, wenn sie sich dafür eignen, zur Behebung der Wohnungsnot der Bevölkerung zu verwenden.
3. Die Bildung neuer politischer Vereinigungen ist unzulässig.

Art. 14

1. Die Geheime Staatspolizei wird aufgelöst. Soweit die von ihr ausgeübten Befugnisse zur Sicherung der öffentlichen Ordnung nicht entbehrt

werden können, werden sie nach Maßgabe der Gesetze durch die Behörden der allgemeinen Verwaltung wahrgenommen.
2. Die Konzentrationslager werden aufgehoben. Ihre Insassen sind zu entlassen. Über den Zeitpunkt der Entlassung und über die Wiedereingliederung der Insassen in das allgemeine Wirtschaftsleben ergehen besondere Bestimmungen.

Art. 15

1. Die Gesetze und die auf Grund der Gesetze erlassenen Verordnungen bleiben bestehen und sind weiterhin bis zu ihrer Aufhebung oder Änderung zu beachten. Dies gilt mit folgenden Maßgaben:
1) Soweit in den Gesetzen auf die nationalsozialistische Weltanschauung Bezug genommen ist, sind sie nach den Grundsätzen, die in Art. 1 aufgestellt sind, zu handhaben.
2) Ermächtigungen in Gesetzen an die Reichsregierung oder einzelne Reichsminister zu ihrer allgemeinen Ergänzung oder Abänderung können nicht mehr ausgeübt werden.
3) Soweit in Gesetzen und Verordnungen Befugnisse dem Führer oder Reichskanzler übertragen worden sind, stehen diese Befugnisse sinngemäß dem Staatsoberhaupt oder der Reichsregierung zu.
4) Bestimmungen über die Unfruchtbarmachung oder Entmannung von Personen sind bis zur endgültigen Regelung des Gegenstandes nicht zu handhaben.
5) § 1 Abs. 2; § 3 Abs. 1 Satz 4 und Abs. 2; § 4 Abs. 1; § 7 Abs. 4 und § 71 des Reichsbeamtengesetzes treten außer Kraft.
6) Soweit die Gesetze und Verordnungen für Juden besonders bestimmen, werden diese Bestimmungen bis zur endgültigen Regelung ausgesetzt. Dies gilt auch von der Bestimmung des § 25 des Reichsbeamtengesetzes und des § 15 des Wehrgesetzes.
2. Die Reichsregierung wird alsbald dafür Sorge tragen, daß über die Vorschriften des Abs. 1 hinaus das deutsche Recht in allen seinen Teilen in Übereinstimmung mit den Grundsätzen des Art. 1 gebracht wird.

Art. 16

1. Die tiefgehende Zerrüttung des öffentlichen Lebens macht es erforderlich, bis auf weiteres den Ausnahmezustand zu verhängen und die vollziehende Gewalt der bewaffneten Macht zu übertragen. Es wird von jedem Deutschen erwartet, daß er durch sein Verhalten zur Wiederherstellung von Sicherheit und Ordnung beiträgt und damit die baldige Aufhebung des Ausnahmezustandes ermöglicht.
2. Während des Ausnahmezustandes gelten die Bestimmungen des Gesetzes über den Ausnahmezustand, das gleichzeitig mit diesem Gesetz in Kraft tritt.

III

Vorbemerkung: Der Text folgt dem zeitgenössischen Exemplar im Nachlaß Popitz (Bundesarchiv Koblenz), mit dem der Abdruck in der Erstausgabe der Tagebücher im Atlantis-Verlag Zürich übereinstimmt.

Richtlinien zur Handhabung des Gesetzes über den Belagerungszustand

§ 1

1. Während des BZ ist der WKK in seinem Bezirk zu Weisungen an alle Behörden befugt. Soweit es die Umstände zulassen, soll er sich vor einer Weisung mit dem Chef der betreffenden Behörde in Verbindung setzen.
2. Zu seinem Berater bestellt der WKK einen leitenden Beamten der allgemeinen und inneren Verwaltung. Solange ihm hierzu nicht eine Persönlichkeit von der Zentralstelle (Reichskriegsminister, der das Einvernehmen mit dem Reichsminister des Innern herbeiführt) bezeichnet wird, wählt er ihn selbst aus. Der bisherige oberste Chef der allgemeinen und inneren Verwaltung seines Bezirks (Reichsstatthalter, Oberpräsident, in den Ländern außerhalb Preußens und Bayerns der Minister des Innern des Landes) wird hierfür im allgemeinen nicht in Betracht kommen (vgl. § 2), statt dessen je nach Eignung und politischer Zuverlässigkeit der Vertreter des genannten obersten Chefs (Regierungspräsident beim Reichsstatthalter oder Oberpräsidenten) oder der Regierungspräsident oder Regierungsvizepräsident bei einer Regierung. Der bestellte Berater ist, unabhängig von seinem bisherigen Zuständigkeitsbereich, für den ganzen Bezirk des WKK zuständig. Über die Bestellung ist alsbald dem Reichskriegsminister Anzeige zu erstatten.
3. Das Verhältnis des WKK zu den richterlichen Behörden ergibt sich aus dem Gesetz über den BZ.
4. Die Befugnisse der bisherigen Reichsverteidigungskommissare gehen unmittelbar auf den WKK über.
5. Soweit erforderlich, bestellt der WKK bei jeder Behörde seines Bezirks einen Verbindungsoffizier oder beauftragt einen Vertrauensmann (Offizier oder Beamten) mit der Leitung der Behörde; letzteres kommt vor allem für Polizeipräsidenten in Betracht.

§ 2

1. Den Gauleitern des Bezirkes ist die Ausübung ihrer Befugnisse, auch soweit sie zugleich Reichsstatthalter, Oberpräsidenten oder Ländermi-

nister sind, zu verbieten; es ist ihnen das Betreten ihrer Dienststellen zu untersagen. Im allgemeinen wird es nötig sein, sie entweder in ihrer Wohnung festzuhalten oder sie in Schutzhaft zu nehmen. Mit den Reichsstatthaltern, Oberpräsidenten, in außerpreußischen Ländern auch Ministern, die nicht zugleich Gauleiter sind, wird entsprechend verfahren, wenn sie ihrer Persönlichkeit nach nicht Sicherheit für eine loyale Haltung geben. Dies käme auch je nach Lage des Falles für andere leitende Beamte (Regierungspräsidenten, Polizeipräsidenten, Landräte, Oberbürgermeister) in Betracht.
2. Kreisleiter sind wie Gauleiter zu behandeln.

§ 3
1. Die höheren SS.- und Polizeiführer sind sofort in Schutzhaft zu nehmen; ihre Amtsstellen sind zu schließen.
2. Den Inspektoren der Sicherheitspolizei ist die Ausübung ihres Dienstes zu untersagen. Das gleiche gilt für die Leiter der Stelle der Geheimen Staatspolizei.

§ 4
Die Leiter der Propagandaämter sind ihres Amtes zu entsetzen. Es ist erforderlicherweise durch Verhängung der Schutzhaft dafür zu sorgen, daß sie sich jeder Tätigkeit enthalten. Es wird zweckmäßig sein, ihre Dienststellen einstweilen der Obhut der leitenden Behörden der allgemeinen und inneren Verwaltung zu unterstellen.

§ 5
Vergeltungsmaßnahmen der Bevölkerung gegen Amtsträger der Partei oder Beamte der bisherigen Staatsform sind zu unterdrücken. Bedrohte Personen sind in Schutzhaft zu nehmen.

§ 6
Die im Bezirk vorhandenen Sender sind sofort zu besetzen.

§ 7
Die im Bezirk vorhandenen Versorgungswerke (Elektrizitäts-, Gas- und Wasserwerke) sind sicherzustellen.

§ 8
Es empfiehlt sich nicht, den Post-, Telegrafen- und Telefonverkehr allgemein stillzulegen. Ebensowenig wird sich eine allgemeine Bahnsperre empfehlen. Durch geeignete Maßnahmen (Abordnungen von Vertrauensleuten in die Ämter) ist der Post-, Telegrafen- und Telefonverkehr solcher Personen, von denen Störungen zu erwarten sind, zu überwachen, insbesondere kann über solche Personen Post- und Fernsprechsperre verhängt werden.

§ 9

1. Der Partei und ihren Gliederungen ist das Tragen von Abzeichen und Uniformen zu verbieten.
2. Die Kraftwagen sowie die Betriebsstoffe der Stellen der Partei und ihrer Gliederungen sind einzuziehen.
3. Die Amtsträger der Partei und die Angehörigen ihrer Gliederungen sind zu veranlassen, ihre Waffen und ihre Marschstiefel unverzüglich abzuliefern.
4. Unabkömmlichkeitserklärungen von Amtsträgern sind aufzuheben.

§ 10

Dienststellen der SS. sind zu besetzen, ihre Leiter sind erforderlichenfalls in Schutzhaft zu nehmen.

§ 11

Die Stellen der NSV. sind anzuweisen, ihre Aufgaben zunächst fortzuführen. Sie sind der Aufsicht des Oberbürgermeisters oder Landrats zu unterstellen.

§ 12

1. Damit kein Unterbruch in der Verteilung der Lebensmittelkarten eintritt, sind Personen, die bisher diesen Dienst versahen oder ehrenamtlich mitwirkten, anzuhalten, ihre Tätigkeit weiter auszuüben. Erforderlichenfalls sind sie dienstzuverpflichten.
2. Das gleiche gilt von den Organen des Luftschutzes.

§ 13

1. Personen, die sich aus politischen Gründen in Sicherheitshaft befinden, sind, wenn nicht besondere Umstände dagegensprechen, alsbald zu entlassen. Erforderlichenfalls sind sie der Staatsanwaltschaft zuzuweisen.
2. Konzentrationslager sind zu besetzen, ihre Bewachungsmannschaften zu entwaffnen. Entlassungen sind mit Vorsicht vorzunehmen und zunächst auf Fälle zu beschränken, in denen die Unterbringung unzweifelhaft gegen Recht und Billigkeit verstößt. Für menschenwürdige Behandlung der Häftlinge ist unter allen Umständen zu sorgen. Entlassene sind mit Fahrgeld und Zehrgeld zu versehen.

§ 14

1. Versammlungen und Demonstrationen sind zu unterbinden, Streiks zu unterdrücken und Personen, die dazu auffordern, in Schutzhaft zu nehmen und der Bestrafung zuzuführen.
2. Es ist dafür Sorge zu tragen, daß Kriegsgefangene und ausländische Arbeiter zunächst bei ihren Arbeitsstätten verbleiben.

§ 15

1. Soweit der Bezirk des WKK an das Ausland oder an eine Grenze zu besetzten Gebieten stößt, ist sicherzustellen, daß die Grenzen geschlossen bleiben, Flüchtlinge nicht ins Ausland gelangen und niemand vom Ausland die Grenzen nach Deutschland überschreitet. Ausnahmen sind nur mit Zustimmung der Zentralbehörde (Reichskriegsminister) zulässig.
2. Soweit die Beamten der Grenzüberwachung (Grenzpolizei) unzuverlässig erscheinen, sind sie durch andere, eventuell durch Offiziere zu ersetzen. Es kann sich empfehlen, ihre Befugnisse ganz oder zum Teil auf die Zollbehörden der Reichsfinanzverwaltung zu übertragen.

§ 16

Bei allen Maßnahmen ist, unbeschadet des nach Lage des Falles unnachsichtigen Durchgreifens, so zu verfahren, daß sich die Bevölkerung des Abstandes zu den willkürlichen Methoden der bisherigen Machthaber bewußt wird. Personen, die in Schutzhaft genommen werden, sind menschenwürdig zu behandeln; sie sind zu entlassen, wenn der Zweck der Schutzhaft erreicht ist.

Verzeichnis der Abkürzungen

AA	Auswärtiges Amt
ADAP	Akten zur Deutschen Auswärtigen Politik
Adj.	Adjutant
AK	Armeekorps
Amt Ausl/Abw	Amt Ausland/Abwehr des OKW
Botsch.	Botschaft(er)
DAF	Deutsche Arbeitsfront
Dir.	Direktor
Div.	Division
Gen. Bev.	Generalbevollmächtigter
Gen. d. Inf., Pz. Tr.	General der Infanterie, Panzertruppe
Gen. Konsul	Generalkonsul
Gen. Lt.	Generalleutnant
Gen. Maj.	Generalmajor
Gen. Oberst	Generaloberst
GenStb	Generalstab
GFM	Generalfeldmarschall
HGr.	Heeresgruppe
Hptm.	Hauptmann
Komm. Gen.	Kommandierender General
Korv. Kapt.	Korvettenkapitän
Leg. Rat	Legationsrat
Ltr.	Leiter
Lw	Luftwaffe
Maj.	Major
MdR	Mitglied des Reichstags
Mil. Att.	Militärattaché
Mil. Befh.	Militärbefehlshaber
Min. Dir.	Ministerialdirektor
Min. Dirig.	Ministerialdirigent
Min. Präs.	Ministerpräsident
Min. Rat	Ministerialrat
MWT	Mitteleuropäischer Wirtschaftstag
NSFK	Nationalsozialistisches Fliegerkorps
NSKK	Nationalsozialistisches Kraftfahrkorps
NSV	Nationalsozialistische Volkswohlfahrt
OB	Oberbefehlshaber
ObdH	Oberbefehlshaber des Heeres
ObdL	Oberbefehlshaber der Luftwaffe
ObLt.	Oberleutnant
Obstlt.	Oberstleutnant
Ord. Offz.	Ordonnanzoffizier
Prok.	Prokurist
Pz.	Panzer
StSekr.	Staatssekretär
UStSekr.	Unterstaatssekretär

Anmerkungen

Ein großer Teil der in den Anmerkungen — wie auch im Personenverzeichnis — enthaltenen Kommentierung der Tagebücher beruht auf Arbeiten von Klaus Peter Reiß, Darmstadt. Der Herausgeber, dessen Verantwortung sich auch auf diese Teile erstreckt, schuldet seinem, in der Endphase der Arbeit an diesem Buch verstorbenen einstigen Studienkollegen im Tübinger Seminar von Hans Rothfels aufrichtigen Dank.
Die Anmerkungen sind entsprechend der in der Neuausgabe beibehaltenen Gliederung des Tagebuchtextes jahrweise durchgezählt. Für Querverweise wird der Anmerkungsziffer die Jahreszahl hinzugefügt; Beispiel: Anm. 53/38. Fehlt die Jahreszahl, so handelt es sich um einen Verweis innerhalb des gleichen Jahres. Die benutzte Literatur wird bei der ersten Erwähnung mit allen nötigen bibliographischen Angaben aufgeführt; bei späteren Erwähnungen werden Namen des Autors und Kurztitel angeführt sowie auf die Angaben der Ersterwähnung verwiesen. Beispiel: Ritter, Goerdeler (wie Anm. 64/39). Einige sehr häufig vorkommende Werke, wie etwa die in Anm. 1/38 zuerst genannte Sammlung der Reden Hitlers, herausgegeben von Max Domarus, werden ohne Verweis angeführt.

1938

1 Der Nürnberger Parteitag fand vom 5. bis 12. 9. 1938 statt, Hitlers Schlußrede am 12. 9., abgedruckt bei: Max Domarus: Hitler. Reden und Proklamationen 1932–1945, Bd. I, 2. München 1965, S. 897–906 (künftig zitiert: Domarus, Bd. I, S. 2).
2 Kurt P. Schmitt (Vorstandsvorsitzender der Münchener Rückversicherungsgesellschaft) war nach dem Abgang Hugenbergs am 26. 6. 1933 bis 1935 Reichswirtschaftsminister.
3 Herbert L. Göring, ein Halbbruder Hermann Görings, war als Referent im Reichswirtschaftsministerium ein Mitarbeiter Hjalmar Schachts gewesen. Später übernahm er die Leitung der Berliner Vertretung der Vereinigten Stahlwerke; zugleich war er Mitglied des Rußlandausschusses der deutschen Wirtschaft.
4 Wie Henderson in seinen Erinnerungen „Wasser unter den Brücken" (deutsch: Erlenbach–Zürich 1949, S. 260) schreibt, stand er seit der gemeinsamen Gesandtenzeit in Belgrad mit Hassell in einem engen, kordialen und aufrichtigen Freundschaftsverhältnis. Vgl. auch Hassells ungewöhnlich anerkennende Worte bei Hendersons Tod (unten S. 342). Zu ihren politischen Beziehungen vgl. Rudi Strauch: Sir Nevile Henderson. Britischer Botschafter in Berlin von 1937 bis 1939. Ein Beitrag zur diplomatischen Vorgeschichte des Zweiten Weltkrieges. Bonn 1959.
5 Ernst Frhr. v. Weizsäcker, seit 1. 4. 1938 StSekr. des AA, stand seit einer kurzen gemeinsamen Zeit an der Gesandtschaft in Kopenhagen in persönlichen

Anmerkungen zu den Seiten 51 bis 57

Beziehungen zu dem nur wenige Monate älteren Hassell, dessen wichtigster Berliner Ansprechpartner er seit der Abberufung aus Rom war.
6 Ilse Göring, eine Kusine Hermann Görings und Witwe seines gefallenen Bruders Karl, gehörte seit etwa 1913 zu Hassells Bekanntenkreis (s. u. Anm. 43/38). Hassell pflegte die Verbindung zu ihr auch, um sich über den „zweiten Mann des Dritten Reichs" informieren und über sie seine Auffassung an Göring heranbringen zu können.
7 H. Schacht war am 26. 11. 1937 als Reichswirtschaftsminister zurückgetreten, jedoch Reichsbankpräsident und Reichsminister ohne Geschäftsbereich geblieben.
8 Heinrich v. Brauchitsch, Direktor bei der Karstadt AG, war ein Vetter des Oberbefehlshabers des Heeres (seit 4. 2. 1938) und mit Hassell als früherem Regimentskameraden befreundet. Hassell hat auch auf diesem Wege immer wieder versucht, auf den Generalobersten einzuwirken; dessen (zweite) Frau hegte für das NS-System starke Sympathien. Nach Halders Aussagen (Der Prozeß gegen die Hauptkriegsverbrecher vor dem Internationalen Militärgerichtshof Nürnberg, 14. 11. 1945 — 1. 10. 1946, Bd. XX. Nürnberg 1948, S. 622ff., zit.: IMT) soll Brauchitsch immerhin Hitler mehrfach vor dem Eingreifen der Westmächte gewarnt haben; über die im folgenden erwähnte Affäre Fritsch s. u. Anm. 47.
9 Gottfried v. Nostitz war Hassell aus seiner Zeit als Gesandter in Belgrad als jüngerer Mitarbeiter gut bekannt. Er war daher für Hassell im AA und später als Konsul in Genf ein vertrauter Gesprächspartner.
10 Die hier festgehaltene Besuchsreise galt der Aussprache mit alten Freunden und Bekannten; in Warnitz: Oskar v. der Osten, ein engagierter Gegner des NS-Regimes, Schwiegervater von Ewald v. Kleist-Schmenzin, hatte als Mitbegründer des Verbandes der preußischen Landkreise 1916 Hassell als Geschäftsführer dieses Gremiums gewonnen und war seither mit ihm eng befreundet; in Hohenlübbichow: Walther v. Keudell, Landwirt und anerkannter Forstmann, 1927/28 Reichsinnenminister (Deutschnationale Volkspartei), seit 1934 Generalforstmeister; in Menkin: Joachim v. Winterfeldt-Menkin, bis 1918 konservativer Reichstagsabgeordneter, 1919–1934 Präsident des Deutschen Roten Kreuzes (vgl. seine Erinnerungen „Jahreszeiten des Lebens", Berlin 1942); in Wittenmoor: der gleichfalls oppositionell gesinnte Udo v. Alvensleben, Kunsthistoriker und Landwirt.
11 Rede am 26. 9., abgedruckt bei Domarus, Bd. I, 2, S. 924–932.
12 Beck war am 18. 8. als Chef des Generalstabs des Heeres zurückgetreten. Vgl. Helmut Krausnick: Vorgeschichte und Beginn des militärischen Widerstandes gegen Hitler, in: Vollmacht des Gewissens, Bd. 1, S. 333ff.; ferner Klaus-Jürgen Müller: General Ludwig Beck — Studien und Dokumente zur politisch-militärischen Vorstellungswelt und Tätigkeit des Generalstabschefs des deutschen Heeres 1933–1938. Boppard 1980, dort auch sein Denkschriftenkampf vom Mai bis zum 29. 7. 1938 als Dokumente 44–53. Zur kontroversen Beurteilung Becks vgl. Peter Hoffmann: Gen. Oberst Ludwig Becks militärpolitisches Denken, in: HZ, Bd. 234 (1982), S. 101–121 und Klaus Jürgen Müller: Militärpolitik, nicht Militäropposition!, in: HZ, Bd. 235 (1982), S. 355–371. — An Becks Stelle führte Gen.d.Art. Halder, bisher schon Becks Stellvertreter, die Geschäfte.
13 Zur Rekonstruktion der diplomatischen Vorgänge in der Sudetenkrise vgl. Boris Celovsky: Das Münchener Abkommen 1938. Stuttgart 1958; Helmuth

1938

G. Roennefarth: Die Sudetenkrise in der internationalen Politik. Entstehung – Verlauf – Auswirkung. Wiesbaden 1961. 2 Bde. Zum Gesamtkomplex neuerdings Wolfgang J. Mommsen/Lothar Kettenacker (ed.): The Fascist challenge and the policy of appeasement. London 1983. Vgl. auch Hassells Rückschau und Bewertung von 1943 unten S. 377f.

14 Die Abkürzung „Herr von A" stammt aus der Reichstags-Erklärung Hitlers zur Rechtfertigung seines Verhaltens in der Röhm-Affäre vom 13. 7. 1934. Er warf Alvensleben vor, die Verbindung zwischen Schleicher und den Röhm-Leuten hergestellt zu haben. Alvensleben wurde damals verhaftet. Vgl. Domarus, Bd. I, 1, S. 410–424; Martin H. Sommerfeldt: Ich war dabei. Die Verschwörung der Dämonen 1933–1939. Darmstadt 1949, S. 64–76, bes. S. 74f. – 1937 war Alvensleben wegen regimekritischer Äußerungen erneut verhaftet worden und kurz im KZ. Vgl. Hans-Adolf Jacobsen (Hrsg.): „Spiegelbild einer Verschwörung". Die Opposition gegen Hitler und der Staatsstreich vom 20. Juli 1944 in der SD-Berichterstattung. Stuttgart 1984, Bd. 2, S. 774–780.

15 Graf Schwerin v. Krosigk war am 28. 9. nicht bei Hitler, hatte ihn jedoch in einer Denkschrift vom 1. 9. in eindringlicher Form darauf aufmerksam gemacht, daß Deutschland einen großen Krieg weder wirtschaftlich noch psychologisch durchstehen könnte. Außerdem hatte er am 26. 9. Neurath gebeten, bei Hitler persönlich zu intervenieren. Dies war dann auch geschehen. Wie Fritz Wiedemann berichtet, habe Neurath Hitler gegenüber betont, daß Differenzen über den Zeitplan zur Inbesitznahme der Sudetengebiete kein Kriegsgrund seien. Vielleicht hat das die Bereitschaft Hitlers gefördert, auf die modifizierten Zeitpläne der französischen bzw. englischen Regierung einzugehen. Den Ausschlag zugunsten einer friedlichen Lösung gab schließlich Mussolinis Vorschlag einer Viermächtekonferenz, die für den folgenden Tag nach München einberufen wurde. Vgl. Roennefarth, Sudetenkrise (wie Anm. 13), Bd. I, S. 463f. und 639f.; Fritz Wiedemann: Der Mann, der Feldherr werden sollte. Velbert/Kettwig 1964, S. 177–182; Lutz Graf Schwerin v. Krosigk: Memoiren. Stuttgart 1977, S. 189f.; John L. Heineman: Hitler's first foreign minister. Constantin Frhr. v. Neurath – diplomat and statesman. Berkeley/Los Angeles/London 1979, S. 180–184. – Weizsäcker in einer Aufzeichnung vom 9. 10. 1938: „Natürlich finden sich nun 100 Väter dieses Umschwungs. Völlig unberechtigt bezeichnet sich H. v. Neurath als einen solchen, da er in pflichtvergessener Weise in den Monaten Juni bis Sept., einschl. 27. 9., sich nicht zu Gehör gebracht hat." Siehe auch Leonidas E. Hill (Hrsg.): Die Weizsäcker-Papiere 1933–1950. Berlin/Frankfurt a. M./Wien 1974, S. 145.

16 Kleist, 1935–1937 Kommandeur des Kav.Rgt. 18, Stuttgart-Bad Cannstatt, spricht hier von Maßnahmen, wie sie tatsächlich von General Halder, dem Vertreter des zurückgetretenen Generalstabschefs Beck, mit Offizieren und Beamten des A.A. geplant worden waren: Verhaftung Hitlers im Augenblick, wenn er den Angriffsbefehl auf die Tschechoslowakei gab, der einen Krieg mit Frankreich und England höchstwahrscheinlich auslöste. Vgl. Peter Hoffmann: Widerstand, Staatsstreich, Attentat. Der Kampf der Opposition gegen Hitler. München/Zürich ⁴1985, S. 109–129.

17 Vgl. den Telegrammwechsel zwischen Foreign Office und britischer Botschaft in Rom: Documents on British Foreign Policy, 3rd Series, Vol. II, Nr. 1159, 1161, 1165, 1167, S. 587–591.

Anmerkungen zu den Seiten 57 bis 64

18 Italien hatte am 4. 5. 1915 den Dreibund von 1882 mit dem Deutschen Reich und Österreich-Ungarn gekündigt und am 24. 5. 1915 der Donaumonarchie, am 28. 8. 1916 Deutschland den Krieg erklärt. Die Zusagen, die ihm die westlichen Alliierten im Vertrag von London am 26. 4. 1915 gemacht hatten, wurden 1919 nur zum Teil eingelöst.
19 Die über vier Millionen Ruthenen in Ostgalizien erhoben seit Frühjahr 1938 in verstärktem Maße Autonomieforderungen. Eine entsprechende Gesetzesvorlage wurde jedoch am 31. 12. 1938 im polnischen Sejm abgelehnt.
20 Vgl. Curt Riess: Joseph Goebbels. Eine Biographie. Baden-Baden 1950, S. 212–222.
21 Der Münchner Verleger Hugo Bruckmann und seine Frau Elisabeth (Elsa), eine geborene Fürstin Cantacuzène, gehörten zu Hitlers frühesten Münchner Bekannten. Im Verlag Bruckmann waren die Werke von Houston Stuart Chamberlain erschienen. Hitler besuchte sie auch nach 1933 verschiedentlich. Sie machten sich zunehmend Sorge über die weitere Entwicklung. Hassell pflegte die Verbindung zu diesem geistig interessierten Paar (siehe Eintragung vom 23. 10. 1938); zugleich nutzte er die Möglichkeit, um persönliche Informationen über Hitler und Heß zu erhalten.
22 Gerhard Botz: Wien vom „Anschluß" zum Krieg. Nationalsozialistische Machtübernahme am Beispiel der Stadt Wien 1938/39. Wien/München 1980, S. 383–386, stellt die Vorgänge in gleicher Weise dar. Vgl. auch Viktor Reimann: Innitzer – Kardinal zwischen Hitler und Rom. Wien/München 1967, S. 187ff.
23 Josef Bürckel, Reichskommissar für die „Ostmark", hatte am 13. 10. auf einer Massenkundgebung in Wien in scharfer Form gegen den Anspruch der Kirche polemisiert und dabei ausgerufen: „Die öffentlichen Straßen und Plätze gehören dem Staate. Wer sich auf sie begibt, um zu demonstrieren, kann nur für den Staat demonstrieren, nie aber gegen ihn." Vgl. Reimann, Innitzer (wie Anm. 22), S. 194–196; auch Keesings Archiv, Jg. 1938, S. 3762f.
24 In seiner Saarbrücker Rede am 8. 10. hatte Hitler zwar Chamberlain und Daladier den guten Willen zur Aufrechterhaltung des Friedens bescheinigt, aber die Gefahr eines Regierungswechsels in England an die Wand gemalt. Das Ziel von Duff Cooper, Eden oder Churchill sei aber, „sofort einen neuen Weltkrieg zu beginnen. Sie machen gar kein Hehl, sie sprechen das offen aus." Domarus, Bd. I, 2, S. 954–956, Zitat S. 955. Vgl. auch Paul Schmidt: Statist auf diplomatischer Bühne 1923–45. Erlebnisse des Chefdolmetschers im Auswärtigen Amt mit den Staatsmännern Europas. Bonn 1949, S. 419.
25 Im Anschluß an das Münchner Abkommen hatte Ungarn an die Tschechoslowakei Ansprüche auf die vorwiegend mit Ungarn besiedelten Gebiete erhoben. Als die Verhandlungen (9.–13. 10.) scheiterten, hatte Ungarn einen Teil seiner Streitkräfte mobilisiert.
26 Jann von Sprecher: Der Waffenstillstand von München, in: Schweizerische Monatshefte, 18. Jg. (1938/39), H. 7, S. 390–396, besonders S. 393: „Mit dem Versuch, das diplomatische und machtpolitische Gebäude jener Tage nach den Gesetzen der Logik nachzukonstruieren und daraus Rückschlüsse zu ziehen, kommt man hier nicht weiter. Hier setzt das Unwägbare ein."
27 Im ersten Wiener Schiedsspruch vom 29. 10. wurde Ungarn ein Gebiet von 12.000 qkm mit einer Million Einwohnern zugesprochen. Jedoch wurden

1938

damit nicht alle ungarischen Ansprüche erfüllt. Die Kerngebiete der Karpatho-Ukraine blieben Bestandteil der Tschechoslowakei und wurden zu einem Zentrum des ukrainischen Nationalismus, der auch auf das polnische Ostgalizien ausstrahlte. An der jetzt vorgeschriebenen ungarischen Grenze kam es in der Folgezeit wiederholt zu Zwischenfällen. Vgl. Hans Roos: Polen und Europa. Studien zur polnischen Außenpolitik 1931—1939. Tübingen ²1965, S. 366—376.

28 Am 7. 11. hatte der 17jährige Pole jüdischer Abstammung Herschel Grynspan, dessen Eltern Ende Oktober — kurz vor Inkrafttreten eines polnischen Ausbürgerungsgesetzes — von Hannover nach Polen abgeschoben worden waren, in der deutschen Botschaft in Paris nach dem Botschafter verlangt; als er nicht vorgelassen wurde, hatte er den Legationssekretär vom Rath durch Pistolenschüsse schwer verletzt, denen vom Rath am 9. 11. erlag. Vgl. Helmut Heiber: Der Fall Grünspan, in: VZG, 5. Jg. (1957), S. 134—172. Zur folgenden „Reichskristallnacht" vgl. Anm. 30.

29 Die deutsch-französische Erklärung, die am 6. 12. 1938 von den Außenministern Bonnet und Ribbentrop unterzeichnet wurde, setzte sich für friedliche und gutnachbarliche Beziehungen ein und enthielt eine Anerkennung der bestehenden deutschen Westgrenze (also auch: Verbleib von Elsaß-Lothringen bei Frankreich). Am 24. 11. hatte das Deutsche Nachrichtenbüro über den Beginn der Verhandlungen berichtet. Vgl. M. Anthony Paul Adamthwaite: The Franco-German Declaration of 6 December 1938, in: Les Relations Franco-Allemandes 1933—1939. Strasbourg 7—10 Octobre 1975 (Collegues internationaux du Centre National de Recherche Scientifique Nr. 563). Paris 1976, S. 345—409.

30 Die Initialzündung zu den schweren Ausschreitungen wurde auf einem Kameradschaftsabend des Parteiführerkorps am 9. 11. ausgelöst, als der Tod Raths (s. Anm. 28) bekannt wurde. Fritz Wiedemann berichtete über die Szene im Münchener Rathaussaal: „Da wurde vom Gauleiter für Hessen, Sprenger, gemeldet, daß die Bevölkerung aus Rache für den Mord an Herrn vom Rath spontan Synagogen angezündet hätte. Goebbels fragte den Führer, ob man dagegen einschreiten müsse. Antwort: ‚Gegen spontane Aktionen der Bevölkerung sehe ich keinen Grund einzuschreiten, im Gegenteil, vielleicht gibt uns das den Anlaß, die Judenfrage ein für allemal zu erledigen.'" Hitler habe daraufhin den Saal verlassen, wodurch Goebbels freie Hand erhielt. Er habe der Versammlung Schweigen geboten und gesagt, der Führer habe die Anweisung erteilt, „die Judenfrage ein für allemal zu lösen". Das habe die versammelten Parteiführer veranlaßt, telefonisch die entsprechenden Weisungen auszugeben. Vgl. Wiedemann, Feldherr (wie Anm. 15/38), S. 189f.; ferner: Ursachen und Folgen, Vom deutschen Zusammenbruch 1918 und 1945 bis zur staatlichen Neuordnung in der Gegenwart. Hrsg. u. bearb. von Herbert Michaelis u. Ernst Schraepler, Bd. 12. Berlin 1967, S. 580; Heinz Lauber: „Reichskristallnacht" November 1938 in Großdeutschland. Gerlingen 1981; Uwe Dietrich Adam: Judenpolitik im Dritten Reich (Tübinger Schriften zur Sozial- und Zeitgeschichte, Bd. 1). Königstein i. Ts./Düsseldorf 1979, S. 206—208; Helmut Heiber: Joseph Goebbels. Berlin 1962, S. 280f.

31 In einer polnisch-sowjetischen Verlautbarung wurde der Nichtangriffspakt von 1932 als Grundlage der friedlichen Beziehungen zwischen beiden Ländern bekräftigt.

Anmerkungen zu den Seiten 64 bis 69

32 Bereits vor dem Ersten Weltkrieg und dann wieder im Frühjahr und Sommer 1934, als es wegen der „Anschluß"-Frage mit Deutschland zu Spannungen kam, polemisierte Mussolini scharf gegen die germanische Rassenideologie. Hassell spielt hier auf den Artikel „Teutonica" an, der am 26. 5. 1934 in der faschistischen Tageszeitung „Popolo d'Italia" anonym erschien und allgemein Mussolini zugeschrieben wurde. Geradezu hellsichtig hieß es dort: „Rassismus zu 100 Prozent. Gegen alles und gegen alle: gestern gegen die christliche Zivilisation, heute gegen die lateinische Zivilisation, morgen vielleicht gegen die Zivilisation der ganzen Welt." Dieser Artikel wurde in Benito Mussolini: Opera Omnia, Bd. 26, S. 233 aufgenommen, stammt aber von R. Zangrandi. Vgl. Manfred Funke: Hohn für die Teutonen, in: Die Zeit, Nr. 3 vom 11. 1. 1974; vgl. ferner Ernst Nolte: Nationalsozialismus und Faschismus im Urteil Mussolinis und Hitlers, in: Faschismus und Nationalsozialismus. Ergebnisse und Referate der 6. italienisch-deutschen Historikertage in Trier. Braunschweig 1964, S. 64f.

33 Der Publizist Paul Nikolaus Cossmann, 1904–1933 Herausgeber der „Süddeutschen Monatshefte", hatte nachdrücklich den Kriegsschuldparagraphen des Versailler Vertrages bekämpft. Als Gegner der NSDAP (und „Nichtarier") war er 1933 ein Jahr lang inhaftiert worden; seither lebte er zurückgezogen im Isartal. 1942 wurde er in das KZ Theresienstadt verschleppt und ist dort im gleichen Jahr gestorben.

34 Franz Gürtner gehörte zu den vier Ministern, die Hitler vom Kabinett Schleicher übernommen hatte. Der ehemalige Deutschnationale hatte sich seit 1933 – trotz mancher, aber weitgehend vergeblicher Bemühungen um die Unabhängigkeit der Justiz – durch Unterschrift unter zahlreiche Gesetze, so das Staatsnotwehrgesetz nach der Röhm-Affäre, an der Aushöhlung der Rechtsstaatlichkeit mitschuldig gemacht. Doch litt er offenkundig unter der fortschreitenden Deformation des Rechts schwer und blieb, wie Gruchmann aufgrund zahlreicher Zeugnisse feststellt, nur im Amt, „um nach Möglichkeit ein weiteres Abgleiten in den Unrechtsstaat zu verhindern". Von einem ausgesprochenen Nationalsozialisten als Nachfolger war in dieser Hinsicht keine Gegenwehr zu erwarten. Vgl. Lothar Gruchmann: Justiz im Dritten Reich 1933–1940. Anpassung und Unterwerfung in der Ära Gürtner. München 1988, S. 70–83, Zitat S. 79; ferner Ekkehard Reitter: Franz Gürtner, politische Biographie eines deutschen Juristen 1881–1941. Berlin 1976, S. 221; vgl. auch Lutz Graf Schwerin v. Krosigk: Es geschah in Deutschland. Menschenbilder unseres Jahrhunderts. Tübingen/Stuttgart 1951, S. 317–325.

35 Rede Cianos vor der italienischen Kammer am 30. 11., auszugsweise wiedergegeben in: Keesings Archiv, Jg. 1938, S. 3828f. Als Ciano in allgemeinen Wendungen von berechtigten italienischen Forderungen sprach, kamen Zurufe „Korsika" und „Tunis" (was Hassell im Tagebuch am 3. 12. erwähnt). Auch in der italienischen Presse wurden solche Ansprüche vertreten.

36 Codreanu war Führer der „Eisernen Garde", die den faschistischen Bewegungen zuzurechnen ist. Als sie sich im Zuge eines allgemeinen Parteiverbots auflösen mußte, wurde Codreanu verhaftet und wegen Hochverrats zu zehn Jahren Zuchthaus verurteilt. Ende November 1938 wurden er und 13 seiner Gefolgsleute aus dem Gefängnis geholt und ermordet. Auch unter dem späteren Regime Antonescus blieb die Eiserne Garde trotz des Bündnisses mit Deutschland verfolgt. Vgl. Francis L. Carsten: Der Aufstieg des Faschismus in Europa. Frankfurt a. M. 1968, S. 221f.

37 Thyssen, der vor 1933 Hitler mit erheblichen Finanzmitteln unterstützt hatte, war gegenüber dem NS-Regime zunehmend in Opposition getreten. Objekte seiner Kritik: die Entlassung des Düsseldorfer Oberbürgermeisters Robert Lehr, das Vorgehen gegen katholische Organisationen, die Behandlung des Düsseldorfer Regierungspräsidenten, der mit einer Jüdin verheiratet war. Auch hatten sich seine ständestaatlichen Erwartungen nicht erfüllt. Schließlich lehnte er Hitlers aggressive Außenpolitik ab. Unzutreffend war allerdings die Nachricht, er habe im Herbst 1938 sein Reichstagsmandat niedergelegt. Vgl. Wilhelm Treue: Die Einstellung einiger deutscher Großindustrieller zu Hitlers Außenpolitik, in: Geschichte in Wissenschaft und Unterricht, 17. Jg. (1966), S. 500 und 503f.; Henry A. Turner: Die Großunternehmer und der Aufstieg Hitlers. Berlin 1985.

38 Der italienische Botschaftsrat Conte Magistrati war mit einer Schwester des Außenministers Ciano verheiratet; die Charakterisierung als „falsch" dürfte jedoch nicht mit der auch von ihm beeinflußten Haltung Cianos bei Hassells Abberufung aus Rom zusammenhängen.

39 Tilo Frhr. v. Wilmowsky war Hassell spätestens seit seiner Arbeit im Verband preußischer Landkreise 1916–1918 bekannt. Als Verwaltungsjurist war W. von 1913 bis 1919 Landrat von Merseburg gewesen. Für seine berufliche Entwicklung wurde entscheidend seine Verschwägerung mit Gustav Krupp v. Bohlen und Halbach; seit 1912 saß er im Aufsichtsrat (seit 1918 als stellvertretender Vorsitzender) der Firma Friedrich Krupp. Durch Familienbesitz stark in der Landwirtschaft verwurzelt, wurde er nach 1919 führendes Mitglied des Reichslandbundes. Die enge Verbindung industrieller und agrarischer Kenntnisse prädestinierte ihn für die Leitung des MWT (seit 1931), der es sich zur Aufgabe gemacht hatte, die wirtschaftlichen Beziehungen zu den südosteuropäischen Staaten auszubauen (vgl. Anm. 66/40). Zu Hassells Mitarbeit im MWT kam es ab Mai 1940.

40 Die Deutsche Akademie mit Sitz in München war eine Einrichtung zur Förderung deutscher Kultur im Ausland. Als kulturelle Mittlerorganisation war sie zwar formell autonom, wurde aber während der NS-Zeit immer mehr in den staatlichen Machtapparat integriert. Vgl. Hans-Adolf Jacobsen (Hrsg.): Karl Haushofer – Leben und Werk. Boppard am Rhein 1979, Bd. 1, S. 294–319.

41 Erich Koch, seit 1928 Gauleiter von Ostpreußen, galt in den ersten Jahren als „gemäßigt" und „verständig", entwickelte sich aber bald zu einem brutalen Satrapen, zunächst in seiner „eigenen" Provinz, später im Kriege gegenüber den „Ostvölkern"; vgl. Anm. 11/42. Berüchtigt war er auch wegen seiner Cliquenwirtschaft. Vgl. Albert Krebs: Fritz-Dietlof Graf von der Schulenburg. Zwischen Staatsräson und Hochverrat. Hamburg 1964, S. 111f. und 129–135; Manfred Koschorke (Hrsg.): Geschichte der Bekennenden Kirche in Ostpreußen. Allein das Wort hat's getan. Göttingen 1976, S. 505–513.

42 Hermann Rauschning: Die Revolution des Nihilismus. Zürich 1938.

43 Hassell hatte Hermann Göring und dessen Schwester Olga, später verheiratete Frau Rigele, im Haus seines 1914 gefallenen Freundes Frhr. v. Reibnitz und dessen Frau, geb. v. Treskow, kennengelernt. Nachdem Göring die Beziehung nach fast zwei Jahrzehnten, im Januar 1932, für eine Unterredung wiederaufgenommen hatte, belebte sich die Verbindung seit 1933 dadurch, daß Göring häufig nach Rom kam. Dabei konnte sich dieser selbsternannte Außenpolitiker bei dem früheren Gesandten in Belgrad über die deutschen

Anmerkungen zu den Seiten 69 bis 72

Möglichkeiten im südosteuropäischen Raum informieren. Nach Kube ist es nicht „auszuschließen", daß Hassell „indirekt zur Auslösung von Görings Südostinitiative im Mai 1934 beigetragen" habe. Die Beziehungen Hassells zu Göring waren auch geeignet, seine Position in Rom zu festigen, zumal es in führenden NS-Kreisen, so im Amt Rosenberg, starke Bestrebungen gab, dort einen „echten" Nazi einzusetzen. Die Kontakte zu Frau Rigele und zu Ilse Göring (vgl. o. Anm. 6), die Hassell während seiner Aufenthalte in Berlin auch als Informationsmöglichkeit über den „zweiten Mann" des NS-Regimes pflegte, erhielten besondere Bedeutung in den letzten August-Tagen 1939. Vgl. Alfred Kube: Pour le mérite und Hakenkreuz. Hermann Göring im Dritten Reich. München 1986, S. 34f., 37, 77f., 225ff. u. 312f.; Jens Petersen: Hitler-Mussolini. Die Entstehung der Achse Berlin-Rom 1933–1936. Tübingen 1973, S. 117; Das politische Tagebuch Alfred Rosenbergs aus den Jahren 1934/35 und 1939/40. Hrsg. und erläutert von Hans Günther Seraphim. Göttingen/Berlin/Frankfurt a.M. 1956, S. 17, 4. 5. 1934.

44 Seit Oktober 1938 führte Reichskirchenminister Kerrl Verhandlungen über eine „Neugestaltung der kirchlichen Verwaltung". Dieser neue Anlauf zur Regelung der „Kirchenfrage" hatte das Ziel, den weltlich-juristischen Bereich der Kirche von allen geistlichen Angelegenheiten zu trennen. Die Administration sollte weitgehend der staatlichen Aufsicht unterstellt werden. Eine weitere Besonderheit dieser Initiative lag darin, daß Kerrl sich primär um die kirchliche „Mitte" zwischen den Deutschen Christen und den bekenntniskirchlichen Kreisen bemühte. Es kam zur Einrichtung von Arbeitskreisen, deren erste gemeinsame Sitzung am 9. 12. 1938 unter Vorsitz von Tilo von Wilmowsky stattfand. Weitere Sitzungen folgten am 19. 12. 1938 und 24. 1. 1939 (s. u. das Tagebuch vom 30. 1. 1939), um einen Entwurf für die neue Kirchenverfassung und die Einberufung einer Synode vorzubereiten. Kerrls Initiative scheiterte an kirchlichen Widerständen, unter anderem weil der Synode die Mehrheitsverhältnisse von 1933 zugrunde gelegt werden sollten. Es fehlte aber auch an einer wirklichen Unterstützung durch die NS-Hierarchie. Vgl. Friedrich Zipfel: Kirchenkampf in Deutschland 1933–1945. Religionsverfolgung und Selbstbehauptung der Kirche in nationalsozialistischer Zeit. Berlin 1965, S. 213–217; Kurt Meier: Der evangelische Kirchenkampf, Bd. 3: Im Zeichen des zweiten Weltkriegs. Göttingen 1984, S. 62–73.

45 Johannes Popitz war nach einer bedeutenden Laufbahn in der Finanzverwaltung Preußens und des Reiches unter Papen kommissarisch mit der Führung der Geschäfte des preußischen Finanzministers betraut worden. Von April 1933 bis Juli 1944 war er preußischer Finanzminister. Nachdem er in den Jahren 1931–1933, auch unter dem Einfluß Carl Schmitts, für ein starkes, zentralistisch ausgerichtetes Präsidialsystem eingetreten war, hatte er sich vom NS-Regime angesichts der fachlichen Inkompetenz und der moralischen Bedenkenlosigkeit der neuen Machthaber (Judenpogrome) immer mehr abgewandt; dabei hielt er zunächst noch gewisse Verbindungen zu Göring und seinem Kreis aufrecht. Popitz, eine Verkörperung des gebildeten und kultivierten hohen Verwaltungsbeamten, war seit 1924 Honorarprofessor an der Berliner Universität; in den folgenden Jahren spielte er in der Mittwochs-Gesellschaft eine führende Rolle. Vgl. Gerhard Schulz: Johannes Popitz, in: Rudolf Lill/Heinrich Oberreuter (Hrsg.): 20. Juli. Portraits des Widerstands. Düsseldorf/Wien 1984, S. 237–251 (dort auch weitere Litera-

tur), ferner ders.: Über Johannes Popitz (1884–1945), in: Der Staat, Bd. 24 (1985), S. 485–511.

46 Die hier erwähnte Gauleiter-Versammlung fand am 24. 11. statt. Görings kritische Haltung gegenüber den Judenpogromen wird auch durch die Memoiren Schwerin-Krosigks bestätigt: „Als ich Verbindung mit Göring aufnahm, schäumte er vor Wut über die Aktion seines Feindes Goebbels. Er habe den Führer auf den unabsehbaren Schaden für das Ansehen Deutschlands im Ausland hingewiesen." Auf der anderen Seite war es Görings Werk, die Juden jetzt vollends aus dem Wirtschaftsleben zu verdrängen. Um entsprechende „legale" Maßnahmen einzuleiten, berief er für den 12. 11. eine Sitzung ein, an der u. a. die Minister Frick, Schwerin v. Krosigk, Gürtner, Funk und Goebbels teilnahmen. Göring bezeichnete es darin als Ziel, in der Judenfrage „zu einer ganz klaren, für das Reich gewinnbringenden Aktion zu kommen". Das Ergebnis war: Den Juden wurde eine Kontribution von einer Milliarde Mark auferlegt, die ihnen zustehenden Versicherungsgelder wurden vom Reich beschlagnahmt, die jüdischen Firmen wurden schrittweise „arisiert". Vgl. Schwerin v. Krosigk, Memoiren (wie Anm. 15/38), S. 190; zum Gesamtkomplex der wirtschaftlichen Maßnahmen vgl. Adam, Judenpolitik (wie Anm. 30/38), S. 208–212; ferner Charles Bewley: Hermann Göring and the Third Reich. A biography based on family and official records. New York 1962, S. 342–347. Abdruck der stenographischen Niederschrift über die Besprechung am 12. 11. in: Ursachen und Folgen (wie Anm. 30/38), Bd. 12, S. 588–602.

47 Gen.Oberst Frhr. v. Fritsch, seit 1. 2. 1934 Chef der Heeresleitung bzw. ObdH, war Anfang Februar 1938 von Hitler mit dem Vorwurf homosexueller Handlungen zur Einreichung seines Abschiedsgesuches gezwungen worden. Die von Fritsch geforderte, wegen des Einmarsches in Österreich verzögerte kriegsgerichtliche Klärung ergab unter Görings Vorsitz die Haltlosigkeit der Vorwürfe und die Tatsache, daß seit mehreren Jahren Akten bereitgehalten worden waren, die auf einer – schon längst aufgeklärten – Verwechslung Fritschs mit einem verabschiedeten Offizier ähnlich klingenden Namens beruhten. Sie waren hervorgeholt worden, als angesichts der bevorstehenden Entlassung des Kriegsministers v. Blomberg Fritsch für dessen Nachfolge, die auch Göring erstrebte, in Frage kam. Zum Gesamtvorgang vgl. Hermann Foertsch: Schuld und Verhängnis. Die Fritsch-Krise im Frühjahr 1938 als Wendepunkt in der Geschichte der nationalsozialistischen Zeit. Stuttgart 1951; Johann Adolf Graf v. Kielmansegg: Der Fritsch-Prozeß 1938. Hamburg 1949; Harold C. Deutsch: Das Komplott oder die Entmachtung der Generale. Aus dem Englischen. Köln 1972.

47a Hitler hatte bei Fritschs „Rehabilitierung" vor einer größeren Zahl von Generalen im Juni 1938 erklärt, er habe, „da das deutsche Strafrecht für eine falsche Aussage nur eine geringfügige Gefängnisstrafe vorsehe, befohlen, den falschen Zeugen zu erschießen. Tatsächlich wurde er erst am 30. 12. 42 im KZ Sachsenhausen gehenkt.

48 Schachts Initiative, die zunächst auch von Hitler gedeckt wurde, führte zu keinem Erfolg. Vgl. Amos E. Simpson: Hjalmar Schacht in perspective. The Hague/Paris 1969, S. 170f.

49 s. Anm. 42.

50 Es handelt sich hierbei vermutlich um die Denkschrift „Deutschland in einem kommenden Kriege – eine grundsätzliche Betrachtung", abgedruckt

Anmerkungen zu den Seiten 72 bis 86
in: Ludwig Beck – Studien. Stuttgart 1955; sie wurde vom Herausgeber Hans Speidel auf „November 1938" datiert.
51 Die „englische Dekadenz" war eines der Axiome der nationalsozialistischen Außenpolitik und wurde intern insbesondere von Ribbentrop vertreten, der von 1936 bis 1938 Botschafter in London war.
52 Der in Wien lehrende Nationalökonom Othmar Spann war den Nationalsozialisten wegen seiner „klerikalen" Ständeideologie suspekt, zumal er mit seinen Schülern bei den katholischen Auslandsdeutschen, namentlich in den Sudetengebieten, über einen starken geistigen Einfluß verfügte und somit als Rivale betrachtet wurde. Nach dem „Anschluß" wurde er daher in ein Konzentrationslager verbracht, wo er schweren Mißhandlungen ausgesetzt war.
53 Vgl. Peter Hüttenberger: Die Gauleiter. Studie zum Wandel des Machtgefüges in der NSDAP. Stuttgart 1969. Köhler war Min. Präsident.
54 John Buchan (Lord Tweedsmuir): Augustus (Tauchnitz Edition, Vol. 5336). Leipzig 1939, S. 114, 119 und 274.

1939

1 Hans Grimm bemühte sich im Dritten Reich, eine gewisse Unabhängigkeit zu bewahren, obwohl die Nationalsozialisten den Titel seines bekannten Romans „Volk ohne Raum" in ihren Propagandawortschatz aufgenommen hatten. In seinen späteren Erinnerungen („Warum – Woher – Aber wohin?" Lippoldsberg 1954, S. 181–183) beurteilte Grimm die Vorladung vom 4. 12. 1938, die Goebbels zur Einschüchterung benutzen wollte, milder als gegenüber Hassell: „Es erfolgte nichts mehr. Nur meine Post wurde ein halbes Jahr lang überwacht." Allerdings sind Grimms Nachkriegsschriften auf weite Strecken eine Apologie des Nationalsozialismus. Vgl. Hans Sarkowicz: Zwischen Sympathie und Apologie. Der Schriftsteller Hans Grimm und sein Verhältnis zum Nationalsozialismus. In: Karl Corino (Hrsg.): Intellektuelle im Bann des Nationalsozialismus. Hamburg 1980, S. 120–135.
2 In Wirklichkeit ohrfeigte Gustav Fröhlich „nur" Lida Baarová, als er sie und Goebbels bei einem Abschiedskuß überraschte. Vgl. Riess, Goebbels (Anm. 20/38), S. 213; Henriette v. Schirach: Frauen um Hitler. München/Berlin 1983, S. 193. Der Slogan „Wer möchte nicht einmal Fröhlich sein?" soll auf den Kabarettisten Werner Finck zurückgehen.
3 Streichers ständige, vom Rassenhaß geprägte Eigenmächtigkeiten, vor allem sein willkürliches Vorgehen gegen jüdische Firmen („Arisierung") führten 1939 dazu, daß er von den Geschäften eines Gauleiters entbunden wurde. Allerdings blieb er Herausgeber der wegen ihres aggressiven Antisemitismus berüchtigten Zeitschrift „Der Stürmer". Vgl. Hüttenberger, Gauleiter (wie Anm. 53/38), S. 201f. und 219.
4 Schacht wurde am 20. 1. als Reichsbankpräsident abberufen, blieb aber Minister ohne Geschäftsbereich. Nachfolger wurde Walter Funk. Vgl. Keesings Archiv, Jg. 1939, S. 3898f.
5 Schacht wiederholte diese Darstellung in seinen Memoiren: 76 Jahre meines Lebens. Bad Wörishofen 1953, S. 495–497. Zum Hintergrund seines Abgangs siehe auch Simpson, Hjalmar Schacht (wie Anm. 48/38), S. 169–172.

1938/39

6 Fritz Wiedemann, von Januar 1935 bis Januar 1939 Hitlers Adjutant, wurde bei seiner Entlassung der Posten eines Generalkonsuls in San Francisco angeboten, den er im März 1939 antrat.
7 Am 25. 1. hatte Hitler zu Generalen und Admiralen gesprochen; Anlaß war ein Empfang, den er zur Einweihung der Neuen Reichskanzlei gab.
8 Der Erlaß ist abgedruckt in Keesings Archiv, Jg. 1939, S. 3901 (19. 1.). Die vor- und nachmilitärische Ausbildung der SA sollte unter der Aufsicht der Wehrmacht stehen. Nach der Intention der Heeresführung sollte dadurch auch der Expansionsdrang der SS eingedämmt werden. Vgl. Klaus-Jürgen Müller: Das Heer und Hitler. Armee und nationalsozialistisches Regime 1933–1940. Stuttgart 1969, S. 397f.
9 Hitlers Rede beim Stapellauf des Schlachtschiffs am 14. 2. ist abgedruckt: Domarus, Bd. II, 1, S. 1077–1080.
10 Vizeadmiral von Trotha hatte sich u. a. durch seine Mitwirkung bei der Selbstauflösung des Deutschen Flottenvereins den Unwillen von Marinekreisen zugezogen. Vgl. Jost Dülffer: Weimar, Hitler und die Marine. Düsseldorf 1972, S. 358–364.
11 Die Fakultät wurde am 1. 3. 1939 geschlossen, weil sie sich der Berufung des Kirchenhistorikers Barion, der Sympathien mit dem Nationalsozialismus geäußert hatte, widersetzte. Barion wurde dennoch berufen. Vgl. Johannes Neuhäusler: Kreuz und Hakenkreuz. Der Kampf des Nationalsozialismus gegen die katholische Kirche und der kirchliche Widerstand. München 1946, Teil 1, S. 104f.
12 Am 26. 1. besetzten die nationalspanischen Truppen Barcelona, am 28. 3. fiel Madrid, am 1. 4. verkündete der nationalspanische Heeresbericht das Ende des Bürgerkrieges.
13 Deutsch-britische Wirtschaftsgespräche, im März infolge der Prager Ereignisse unterbrochen und im Juni wieder aufgenommen, gab es noch bis Anfang August 1939. Vgl. Helmut Metzmacher: Deutsch-englische Ausgleichsbemühungen im Sommer 1939, in: VZG, 14. Jg. (1966), S. 369–412; Bernd Jürgen Wendt: Economic Appeasement. Handel und Finanz in der britischen Deutschland-Politik 1933–1939. Düsseldorf 1971, S. 525–616.
14 Soweit bekannt, lag Cianos Besuch in Warschau (25. 2. – 1. 3.) kein deutscher „Auftrag" zugrunde. Die Reise, die ihn auch in andere osteuropäische Hauptstädte führte, sollte der Festigung des italienischen Einflusses im Donauraum dienen, blieb aber ohne greifbare Folgen. Vgl. Ferdinand Siebert: Italiens Weg in den Zweiten Weltkrieg. Frankfurt a. M./Bonn 1962, S. 111f.; ferner Jerzy Borejsza: Die Rivalität zwischen Faschismus und Nationalsozialismus in Osteuropa. In: VZG 29. Jg. (1981), S. 579–614, bes. 604–607.
15 Duff Cooper gehörte mit Churchill und Eden zur konservativen Front gegen Chamberlains Appeasement-Politik; er war aus Protest gegen das Münchner Abkommen von seinem Amt als Erster Lord der britischen Admiralität zurückgetreten.
16 Stalin hatte in seiner Rede vom 10. 3. 1939 seiner Enttäuschung Ausdruck gegeben, daß die Westmächte gegenüber den faschistischen Angreifern auf eine Politik der kollektiven Abwehr verzichtet hätten. Andererseits habe Deutschland ungeachtet aller antikommunistischen Propaganda hauptsächlich eine Politik gegen den Westen betrieben (vgl. Keesings Archiv, Jg. 1939, S. 3979). Kritische Beobachter hatten daraus den zutreffenden Schluß gezogen, daß sich damit eine sowjetische Abkehr von jeder engeren Kooperation

Anmerkungen zu den Seiten 86 bis 92

mit den Westmächten abzeichnete. Diese Entwicklung wurde auch nicht, wie Hassell vermutete, durch den deutschen Einmarsch in Prag verhindert, denn bereits Anfang Mai entließ Stalin seinen Außenminister Litwinow, der als Exponent einer Zusammenarbeit mit den Westmächten galt.

17 „The Times" hatte in ihrem Kommentar hervorgehoben, daß es in der britischen Garantie-Erklärung hauptsächlich um die Unabhängigkeit Polens und weniger um seine absolute Integrität gehe. „Integrity might have meant an unconditional guarantee of all frontiers." Und eben dies hätte nach Ansicht der „Times" der Tradition britischer Politik widersprochen. In der britischen Öffentlichkeit kam es darüber zu heftigen Kontroversen. Vgl. The History of the Times, Vol. IV. London 1948, S. 962f.

18 Das deutsch-rumänische Wirtschaftsabkommen vom 23. 3. diente dem Zweck, die rumänischen Zufuhren an Getreide und Erdöl zu sichern, sollte aber zugleich den Ausbau der rumänischen Wirtschaft fördern. Geheime Zusatzabsprachen gab es nicht. Vgl. Andreas Hillgruber: Hitler, König Carol und Marschall Antonescu. Die deutsch-rumänischen Beziehungen 1938–1944 (Veröffentlichungen des Instituts für Europäische Geschichte Mainz, Bd. 5). Wiesbaden ²1965, S. 42–48.

19 Lustspiel von Victorien Sardou (1893), in diesen Jahren häufig gespielt. Mit seiner Kritik an Napoleons Marschällen lieferte es den Gegnern der NS-Führungsschicht in Deutschland reichlich Vergleichsmöglichkeiten.

20 In der Erstausgabe von 1946 (S. 55) war, um Zweifel am Sinn dieser Äußerung auszuschließen, hinzugefügt: „Also ganz irr!" Im Anschluß hieran erscheint in der Erstausgabe die im Original nicht auffindbare Notiz: „Dann bei Weizsäcker. Auf kritische Bemerkungen von mir meinte er trocken, es sei ganz klar, daß mit der Tschechensache der Niedergang begonnen habe." Dieser Zusatz dürfte aus einem nicht erhaltenen Brief Hassells an seine Frau stammen oder von ihr aus der Erinnerung nachgetragen worden sein. Fritz Rieter erwähnt übrigens in den Schweizer Monatsheften 44. Jg. (1964), S. 313, ebenfalls diese ihm ohne Zweifel von Hassell übermittelte Äußerung eines „hohen Beamten des Auswärtigen Amtes".

21 Hassells Reise nach Spanien, die erst im Mai stattfinden konnte, diente den Interessen der Münchner Rückversicherungsgesellschaft.

22 Dieser entfernte Vetter Hassells wollte das in seinem Eigentum befindliche ehemals Hassellsche Gut Klüversborstel an den Botschafter verkaufen, was aber an den damaligen Bestimmungen über „Grund und Boden" scheiterte.

23 Zur Taufe des Schlachtschiffes „Tirpitz" vgl. Domarus, Bd. II, 1, S. 1118–1127; Peter Broucek (Hrsg.): Ein General im Zwielicht. Die Erinnerungen Edmund Glaises von Horstenau. Bd. 2: Minister im Ständestaat und General im OKW (Veröffentlichungen der Kommission für Neuere Geschichte Österreichs, Bd. 70). Wien/Köln/Graz 1983, S. 354; Jochen Brennecke: Schlachtschiff „Tirpitz". Das Drama der „Einsamen Königin des Nordens". Biberach a. d. Riß ²1958, S. 13ff.

24 Admiral Souchon war vor 1914 Befehlshaber der deutschen Marinestreitkräfte im Mittelmeer. Der erwähnte Trinkspruch war deplaziert, weil König Umberto bereits 1900 ermordet worden war.

24a In den bisherigen Ausgaben war an dieser Stelle von der Herausgeberin eingefügt: „Schuhknecht, der sechs Jahre bei uns gewesen war, nahm nach unserer Verabschiedung in Rom einen Posten bei Himmler an. Er hatte einen geringfügigen Zusammenstoß an einer Kreuzung, weder war der betreffende

Motorradfahrer wesentlich beschädigt noch der von ihm, Schuhknecht, gefahrene leere Wagen. Schuhknecht wurde darauf ohne Verhör sechs Wochen in den tiefsten Gestapokeller gesperrt, konnte nicht einmal seine Frau über seinen Verbleib benachrichtigen, wurde ebenfalls ohne Verhör freigelassen und kam total erledigt Hilfe suchend zu uns, obwohl er Stillschweigen hatte geloben müssen. Der brave, zuverlässige Mann zitterte noch an allen Gliedern."

25 „Unter Mussolini ging es uns besser."

26 Die Bemühungen des Kirchenministers Kerrl, die evangelische Kirche mit Hilfe der kirchlichen Mitte zu einigen (vgl. Anm. 44/1938), war durch die „Godesberger Erklärung" vom 26. 3. 1939 in eine Sackgasse geraten. Diese Erklärung, auf die sich die Deutschen Christen (Anhänger einer deutschen Nationalkirche) und einige Vertreter der „Mitte" geeinigt hatten, war ein Verquickungsversuch von Christentum mit dem Weltanschauungskonglomerat des Nationalsozialismus. „Lediglich nationalistisch-völkische Lebensformen seien christlich legitim" (Meier, Kirchenkampf [wie Anm. 44/38], Bd. 3, S. 75; dort auch der Wortlaut der Erklärung S. 75f.). Da diese Erklärung nur von denjenigen Landeskirchen getragen wurde, die unter Leitung von Deutschen Christen standen, bemühte sich Kerrl um die Formulierung von „Grundsätzen", die auch von den anderen Landeskirchen gebilligt werden konnten. Aber auch dieser Versuch verlief bald nach dem Gespräch Hassells mit Wilmowsky im Sande, nicht zuletzt auch deswegen, weil Kerrl auf den Widerstand der antichristlichen und antikirchlichen Kreise seiner eigenen Partei stieß (Bormann, Rosenberg, Heß u. a.). Das Schwinden von Kerrls Einfluß kam auch darin zum Ausdruck, daß ihm gerade in jener Zeit die Zuständigkeit für die neugewonnenen Gebiete (Österreich, Sudetenland) versagt wurde. Neben Kurt Meier vgl. Klaus Scholder: Die evangelische Kirche in der Sicht der nationalsozialistischen Führung bis zum Kriegsausbruch, in: VZG, 16. Jg. (1968), S. 15–35, bes. S. 28–35.

27 Botschafter Henderson hatte wegen eines Krebsleidens vom 18. 10. 1938 bis zum 13. 2. 1939 einen Krankheitsurlaub nehmen müssen. Ende 1942 starb er an dieser Krankheit.

28 Pastor Friedrich v. Bodelschwingh (hier „der Onkel") war seit 1910 Leiter der Betheler Anstalten. Als im Frühjahr 1933 eine evangelische Reichskirche geschaffen werden sollte, wurde er von den in Loccum versammelten Kirchenführern zum Reichsbischof gewählt, um zu vereiteln, daß dieser wichtige Posten den „Deutschen Christen" zufiel. Bodelschwingh sah sich bereits im Juni 1933 zur Aufgabe seines Amtes genötigt; gleichwohl galt er fortan als Symbolfigur für eine Kirche, die sich nicht durch ein politisches System vereinnahmen läßt. Vgl. Klaus Scholder: Die Kirchen und das Dritte Reich, Bd. 1: Vorgeschichte und Zeit der Illusionen, 1918–1934. Frankfurt a. M./Berlin/Wien 1977, S. 412–452.

29 Hassells Artikel „Im neuen Spanien" war in der „Deutschen Zukunft" in zwei Teilen am 4. und 11. 6. 1939 erschienen.

30 Goebbels' Rede am 17. 6. anläßlich der „Gaukulturwoche" in Danzig ist abgedruckt: Keesings Archiv, Jg. 1939, S. 4105f.

31 Fritz Fabritius, damals Sprecher der „Volksgemeinschaft der Deutschen in Rumänien", war auf Einladung der „Volksdeutschen Mittelstelle" nach Berlin gekommen. Diese nichtamtliche Leitstelle (gegründet 1935), an deren Spitze SS-Obergruppenführer Lorenz stand, hatte die Aufgabe, die deutschen Minderheiten im Sinne der NS-Außenpolitik zu steuern.

Anmerkungen zu den Seiten 92 bis 99

32 Diese Eintracht sollte nicht lange dauern. Bischof Glondys sah sich 1941 genötigt, von seinem Amt zurückzutreten. Vgl. Ludwig Binder/Josef Scheerer: Die Bischöfe der Evangelischen Kirche A.B. in Siebenbürgen. Teil 2: Die Bischöfe der Jahre 1867–1969 (Schriften zur Landeskunde Siebenbürgens, Bd. 4). Köln/Wien 1980, S. 147f.

33 Die radikale Gangart von Fabritius dürfte sich auch aus der Konkurrenzsituation erklären, die sich unter den Rumäniendeutschen ergeben hatte. Eine ständig stärker werdende Gruppe suchte sie ganz auf den Berliner Kurs einzuschwören, was Ende des Jahres zur Ablösung von Fabritius führte. Hauptträger dieser Richtung war der noch nicht dreißigjährige Andreas Schmidt, der im Jahr darauf von der Berliner Zentrale ohne Wahlformalitäten eingesetzt wurde. Schmidt war Schwiegersohn des einflußreichen SS-Brigadeführers Gottlob Berger (SS-Hauptamt). Vgl. die Artikel über Fabritius und Schmidt im Biographischen Lexikon zur Geschichte Südosteuropas. Hrsg. von Matthias Bernath und Felix v. Schroeder, Bd. I. München 1974, S. 485f., sowie Bd. IV (1981), S. 95.

34 Der jugoslawische Prinzregent, den Hassell aus seiner Belgrader Gesandtenzeit (1930–1932) kannte, war vom 1. bis 5. 6. zu einem offiziellen Besuch in Deutschland gewesen. Es wurden dabei keine Abmachungen getroffen, jedoch hatte Ribbentrop den Wunsch zu erkennen gegeben, daß Jugoslawien dem Antikominternpakt beitreten solle. Vgl. ADAP, Serie D, Bd. VI, Dok. Nr. 474, S. 528–530.

35 Karl Tinzl und Josef Franceschini waren anerkannte Sprecher der deutschen Volksgruppe in Südtirol. Ihr Besuch in Berlin fällt gerade in jene Wochen, als Hitler sich für die Aussiedlung der deutschen Südtiroler entschied. Am 17. 6. war der deutschen Botschaft in Rom mitgeteilt worden, daß Hitler den Reichsführer-SS mit der Durchführung der Umsiedlung der Reichs- und Volksdeutschen betraut habe. Dies sollte in mehreren Etappen geschehen, erst die Reichsdeutschen und dann die bodenständigen Bauern. In einem Memorandum vom 30. 5. 1939 war Himmler dafür eingetreten, die Südtiroler in Nordmähren anzusiedeln. Vgl. Alfons Gruber: Südtirol unter dem Faschismus. Bozen ³1978, S. 224–231.

36 Solange unter dem bildhaften, aber unklaren Begriff „Achse" ein gutes Verhältnis zwischen Deutschland und Italien verstanden wurde, hat Hassell unzweifelhaft stets für diesen Gedanken gearbeitet. Insofern empfand er den Vorwurf als lächerlich. Als Ribbentrop und Hitler immer stärker dahin tendierten, die „Achse" zu einem offensiven Militärbündnis auszuweiten, erkannte Hassell darin eine wesentliche Gefahr für den Frieden. Er ist dieser gegen die Westmächte gerichteten Blockbildung entschieden und vielfältig entgegengetreten. Daraus ergab sich letztlich seine Abberufung als Botschafter.

37 Görings Bereitschaft, Franceschini anzuhören, hatte einen biographischen Hintergrund. Franceschini hatte nach dem Hitler-Putsch vom 9. 11. 1923 Göring und seine erste Frau in Südtirol beherbergt. Gritzbach war Staatssekretär beim Bevollmächtigten für den Vierjahresplan.

38 Der Vertrag mit der Slowakei wurde am 25. 3. 1939 abgeschlossen.

39 Vgl. auch unten S. 97f. (Schluß der Eintragung vom 4. 7.). Die Nachrichten müssen auch im Zusammenhang mit den unter dem Namen „Lebensborn" 1935/36 eröffneten Heimen gesehen werden, in denen – wie namentlich die SS propagierte – unverheiratete Frauen die Möglichkeit erhielten, ohne

Diskriminierung und unter ärztlicher Aufsicht ein „rassisch wertvolles" Kind zur Welt zu bringen. Nach Dorothee Klinksiek (Die Frau im NS-Staat. Stuttgart 1982, S. 97f.) wurden in den Heimen etwa 80.000 Kinder geboren.

40 Die „Weißen Blätter" waren 1934 mit dem Untertitel „Zeitschrift für Geschichte, Tradition und Staat" begründet worden. Sie traten für eine konservative Erneuerung des Reichs ein. Diese hatte sich in den 20er Jahren gegen Überspitzungen des Parteienstaates gewendet; im Dritten Reich richtete sie sich gegen das NS-Regime. Ein bedeutender Mitarbeiter war der Schriftsteller Reinhold Schneider. Guttenberg, ein engagierter Gegner des NS-Regimes, hatte später gute Verbindungen zum Kreisauer Kreis. Für Hassell knüpfte er in diesen Tagen die Verbindung zu Goerdeler. Eine Frucht der Kontaktaufnahme war Hassells Artikel „Der organische Staatsgedanke des Freiherrn vom Stein", in: Weiße Blätter, Jg. 1939, S. 249–256. – Zum ganzen Komplex vgl. James Donohoe's Hitler's conservative opponents in Bavaria 1930–1945. A study of catholic, monarchist, and separatist anti-Nazi activities. Leiden 1961, S. 113–130; Anton Ritthaler: Karl Ludwig Frhr. von und zu Guttenberg. Ein politisches Lebensbild (Neujahrsblätter der Gesellschaft für fränkische Geschichte, 34. Heft). Würzburg 1970.

41 Graf Revertera-Salandra war während der Schuschnigg-Zeit Sicherheitsdirektor in Oberösterreich gewesen.

42 Tatsächlich war ein unangemeldeter Besuch eines Flottenverbands in Danzig geplant, er wurde aber auf Einspruch des AA und der Oberbefehlshaber von Heer und Luftwaffe aufgegeben. Vgl. Bertil Stjernfeldt/Klaus-Richard Böhme: Westerplatte 1939. Freiburg 1979, S. 20, Anm. 6.

42a Über Geßlers England-Reise im Juni/Juli 1939 ist wenig bekannt. Ernest K. Bramsted erwähnte auf einer zeitgeschichtlichen Tagung einen Bericht, den Geßler darüber an Canaris gesandt habe. In der kurzen Inhaltsangabe heißt es: „He was very much shocked by the growing anti-Nazi resentment in the United Kingdom. He spoke not very politely about the role of German emigrants and Jews, but, on the other hand, he has very close contacts with Lord Lindsay of Balliol College in Oxford. He certainly had some knowledge of the various political groups in England." P. Ludlows Kommentar dazu: „Apart from the British documents, in fact, the only real evidence of Geßler is in the von Hassell diaries." Vgl. Lothar Kettenacker (Hrsg.): Das „Andere Deutschland" im Zweiten Weltkrieg. Emigration und Widerstand in internationaler Perspektive (Veröffentlichungen des Deutschen Historischen Instituts London, Bd. 2). Stuttgart 1977, S. 102f.

43 Der englische Publizist Stephan King-Hall hatte in seinem „Newsletter Service" sein Land vor einem weiteren Nachgeben gegenüber Deutschland gewarnt. Goebbels hatte ihn daraufhin in einem Artikel mit „Sie liebe Plaudertasche, Sie" apostrophiert und hinzugefügt: „Wenn Dummheit weh täte, dann müßte Ihr Geschrei durch das ganze englische Weltreich zu vernehmen sein; aber sie tut Ihnen wohl infolge längerer Gewöhnung nicht weh." Vgl. Heiber, Goebbels (wie Anm. 30/38), S. 285f.

44 Scheibe war langjähriger Mitarbeiter im Vorstand der Deutschnationalen Volkspartei, deren Vorsitzender Hugenberg dem Kabinett Hitler vom 30. 1. bis 26. 6. 1933 angehörte und der NSDAP noch nach der Reichstagswahl vom 5. 3. 1933 zur Mehrheit verholfen hatte. Zu der erzwungenen Selbstauflösung der in „Deutschnationale Front" umbenannten Partei und dem Nichterfüllen der Zusagen, etwa der beruflichen Unterbringung der Partei-

Anmerkungen zu den Seiten 99 bis 113

angestellten, vgl. Friedrich Frhr. Hiller v. Gaertringen: Die Deutschnationale Volkspartei, in: Das Ende der Parteien 1933. Hrsg. von Erich Matthias und Rudolf Morsey. Düsseldorf 1960, S. 543–652, insbes. S. 615.

45 Die im Tagebuch wiederholt registrierten Gerüchte über eine Moskaureise Papens beruhen nicht auf Tatsachen. Es mag sein, daß Papen für eine solche Mission im Gespräch war. Das Gerücht erhielt Nahrung durch ein Bild im „Völkischen Beobachter", das ihn zusammen mit Ribbentrop unmittelbar vor dessen Abreise nach Moskau zeigte. Papen, der aus Anlaß des Todes seiner Mutter von Ankara nach Deutschland gekommen war, bezeichnet es in seinen Memoiren (Der Wahrheit eine Gasse. München 1952, S. 511–515) als eine „Legende", daß er am Zustandekommen des Hitler-Stalin-Paktes beteiligt gewesen sei.

46 Am 24. 7. 1939 richtete der ungarische Ministerpräsident Graf Teleki an Hitler und Mussolini gleichlautende Briefe, in denen er erklärte, Ungarn werde im Falle eines allgemeinen Konflikts zwar seine Politik der Achse angleichen, aber es könne gegenüber Polen keine kriegerische Haltung einnehmen. Die deutsche Regierung war darüber sehr verschnupft. Der ungarische Außenminister Graf Csaky bat Hitler am 8. 8. in Berlin, Telekis Briefe als ungeschrieben zu betrachten. Vgl. ADAP, Serie D, Bd. VI, Dok. Nr. 712 und 784.

47 Eine Aufzeichnung über diese Besprechung, die am 25. 7. in Fuschl stattfand, findet sich in: ADAP, Serie D, Bd. VI, Dok. Nr. 718, S. 829–835.

48 Die für das Auswärtige Amt bestimmte Ausfertigung befindet sich im Politischen Archiv des AA (Bonn).

49 Die Korrespondentin Tomara hatte Botschafter v. Hassell in Rom interviewt. In der Erstausgabe ist die verdeckte Bezeichnung „meine römische Freundin" entsprechend entschlüsselt.

50 Der Stuttgarter Unternehmer Robert Bosch stand von Anfang an in Opposition zur Judenpolitik und zu den Autarkiebestrebungen des NS-Staates. Als Goerdeler aus seinem Amt als Oberbürgermeister von Leipzig verdrängt worden war (1937), finanzierte Bosch dessen zahlreiche Auslandsreisen (u. a. nach England, Schweden, Schweiz), so auch im März 1940 nach Belgien, und sicherte sie durch Aufträge der Firma ab. Über das, was Goerdeler insgeheim mit den Reisen verband, war Bosch wohl besser informiert, als Hassell annahm. Vgl. A. P. Young: The „X" documents. Edited by Sidney Aster. London 1974, S. 10f., 15f., 66f.; ferner Walter Nachtmann: Robert Bosch. Großindustrieller und Weltbürger, in: Der Widerstand im deutschen Südwesten 1933–1945. Hrsg. von Michael Bosch und Wolfgang Nies. Stuttgart/Berlin/Köln/Mainz 1984, S. 217ff. Siehe auch Anm. 144/39.

51 Cianos Besuche bei Ribbentrop (11. 8.) und Hitler (12./13. 8.) verfolgten den Zweck, den sich bedrohlich zuspitzenden deutsch-polnischen Konflikt zu internationalisieren und damit zu entschärfen. Hitler gab dabei jedoch Ciano zu verstehen, daß schon bei der nächsten „polnischen Provokation" mit einem militärischen Vorgehen zu rechnen sei. Ciano wies auf die mangelhafte italienische Rüstung hin, schwenkte aber am Ende der Unterredungen auf Hitlers Linie ein: dieser habe ja auch in anderen kritischen Situationen recht behalten. Zu dem von Mussolini gewünschten Kommuniqué kam es nicht. Eine offiziöse deutsche Verlautbarung versuchte ziemlich vergeblich, den Anschein einer bedingungslosen Unterstützung durch Italien zu erwecken. Vgl. ADAP, Serie D, Bd. VII, Dok. Nr. 43 und 47; Weizsäcker-Papiere

1939

(wie Anm. 15/38), S. 158f. und S. 180f.; Schmidt, Statist (wie Anm. 24/38), S. 438–440; I Documenti Diplomatici Italiani, Serie 8, Bd. 13, Dok. 1, 4, 21; Graf Galeazzo Ciano: Tagebücher 1939–1943. Bern 1946, S. 121–125.

52 Brauchitsch sprach am 10. 8. in Düsseldorf in den Rheinmetall-Borsig-Werken zur Belegschaft (vgl. Chronik deutscher Zeitgeschichte: Politik, Wirtschaft, Kultur, Bd. 2/I. Düsseldorf 1982, S. 556, und Keesings Archiv, Jg. 1939, S. 4169), Raeder auf dem Bundestag des NS-Deutschen Marinebundes in Dresden am 13. 8. (Völkischer Beobachter vom 14. 8.).

53 Siehe Carl Jakob Burckhardts Bericht an den Völkerbund, abgedruckt in Documents on International Affairs 1939–1946, Bd. 1, S. 346.

54 Der italienische Diplomat hat darüber später ausführlich berichtet. Vgl. Massimo Magistrati: Salisburgo 1939, in: Rivista di studi politici internazionali, 16 (1949), S. 479–509.

55 Zu Hassells Besuch bei Henderson vgl. Strauch, Nevile Henderson (wie Anm. 4/38), S. 252f.; Documents on British Foreign Policy, Third Series, Vol. VII, Nr. 46, S. 47f.

56 Hitler sprach am 14. 8. vor einem ausgewählten Kreis von Oberbefehlshabern und Generalstabschefs. Vgl. ADAP, Serie D, Bd. VII, Anhang I, S. 461ff. nach dem Tagebuch Halders.

57 Der für die Zeit vom 2. bis 11. 9. angesetzte „Parteitag des Friedens", für den 1.000 Sonderzüge eingesetzt werden sollten, wurde am 26. 8. abgesagt. Vgl. Hamilton T. Burden: Die programmierte Nation. Die Nürnberger Reichsparteitage. Aus dem Englischen. Gütersloh 1970, S. 238.

58 Wortlaut von Ribbentrops Telegramm an Schulenburg vom 14. 8. in: ADAP, Serie D, Bd. VII, Dok. Nr. 56, S. 51f. Ribbentrop erklärt sich darin bereit, „zu einem kurzen Besuch nach Moskau zu kommen [. . .], es sollte nicht unmöglich sein, hierbei das Fundament für eine endgültige Bereinigung der deutsch-russischen Beziehungen zu legen."

59 Der 25. Jahrestag des Sieges bei Tannenberg hatte besonders festlich begangen werden sollen. Verstärkte Versammlungen von Truppen in Ostpreußen, angeblich für diesen Tag, waren in Wirklichkeit ein Teil des Aufmarschs für den Angriff auf Polen.

60 Die Kontroverse über die Motive zum deutsch-sowjetischen Nichtangriffspakt dauert bis heute an. Vgl. Karl Dietrich Erdmann: Das Zeitalter der Weltkriege (Gebhardt: Handbuch der deutschen Geschichte. 9. Aufl., Bd. IV/2). Stuttgart 1976, S. 486f. und 489f. mit der wichtigsten Literatur.

61 Großbritannien erweiterte darin sein Garantieversprechen vom 31. 3. 1939, in dem die polnischen Grenzen (einschließlich Danzigs) garantiert wurden. Vgl. jetzt Gerd Wehner: Großbritannien und Polen 1938–1939. Die britische Polenpolitik zwischen München und dem Ausbruch des Zweiten Weltkrieges. Frankfurt a. M./Bern 1983. Text des „gegenseitigen Beistandsabkommens" bei Walther Hofer: Die Entfesselung des Zweiten Weltkrieges. Eine Studie über die internationalen Beziehungen im Sommer 1939. Mit Dokumenten. Frankfurt a. M. 1964, S. 196–199.

62 Zur japanischen Reaktion vgl. Hofer, Entfesselung (wie Anm. 61), S. 240–243; Theo Sommer: Deutschland und Japan zwischen den Mächten 1935–1940. Vom Antikominternpakt zum Dreimächtepakt. Tübingen 1962, S. 283–289.

63 Zu Mussolinis Brief vom 25. 8. vgl. W. Hofer (wie Anm. 61), S. 231–240, Wortlaut S. 254–256. – Der am 25. 8. um 15 Uhr gegebene Angriffsbefehl für den folgenden Morgen wurde um 18.15 Uhr widerrufen.

Anmerkungen zu den Seiten 115 bis 125

63a Wie schon nach dem Abschluß des Stahlpaktes (s. o. S. 94) spielt Hassell hier angesichts des drohenden Kriegsausbruchs auf den Konflikt an, der im Winter 1937/38 zu seiner Ablösung führte. Damals ging es um den italienischen Beitritt zum Antikominternpakt, durch den der Weg zur Blockbildung und militärischen Allianz geebnet wurde. Mussolini und Ciano waren seinerzeit seinen Warnungen gegenüber unzugänglich und forderten statt dessen seine Abberufung. Vgl. Galeazzo Ciano: Tagebücher 1937/38. Hamburg 1949, S. 29–31, 77, 81–83, 91, 113.

64 Goerdeler war am 26. 8. nach Schweden geflogen, allem Anschein nach zu dem Zweck, für den Kriegsfall Auslandseigentum der Firma Bosch vor der Beschlagnahme zu sichern. Ein für den 2. 9. geplantes Treffen mit einem Vertreter der Emigration ist nicht zustande gekommen. Vgl. Gerhard Ritter: Carl Goerdeler und die deutsche Widerstandsbewegung. Stuttgart [4]1984, S. 237.

65 Nach der Konsultativklausel des Stahlpaktes wäre Hitler verpflichtet gewesen, sein Vorgehen mit dem italienischen Bündnispartner abzustimmen. Als Mussolini „nicht mitmachte", erklärte sich Hitler notgedrungen mit der italienischen „non belligeranza" einverstanden, verlangte aber von Mussolini, daß er zum Schein die militärische Vorbereitung fortsetze, was dieser auch zusagte. Zu der von Nostitz erwähnten geplanten Sondermission ist es nicht gekommen. Vgl. Hofer (wie Anm. 61), S. 238–240 und 257f.

66 Hofer, Entfesselung (wie Anm. 61), S. 313–316. – Chamberlains Erklärung vor dem Unterhaus (29. 8.) war eher eine Mahnung zu ruhigem Abwarten. Auszug im britischen Blaubuch Nr. 77, S. 164–169 (Basel 1939, autorisierte deutsche Übersetzung).

67 Hitler hatte die Reichstagsabgeordneten in die Reichskanzlei gerufen, um „das Vakuum zwischen dem abgesagten Angriffstag und dem bevorstehenden neuen Termin zu überbrücken" (Domarus, Bd. II, 1, S. 1276f.).

68 Über Görings Tätigkeit in den letzten Tagen vor dem 1. 9. vgl. Birger Dahlerus: Der letzte Versuch. London – Berlin Sommer 1939. München 1948, ferner die Göring-Biographien von Stefan Martens: Hermann Göring. „Erster Paladin des Führers" und „Zweiter Mann des Reiches". Paderborn 1985; Kube, Pour le mérite (wie Anm. 43/38); David Irving: Göring. München/Hamburg 1986.

69 Wortlaut der englischen Antwort-Note s. ADAP, Serie D, Bd. VII, Dok. Nr. 384 Anlage, S. 319–321.

70 Das Protokoll sowie die amtlichen Berichte über das Treffen auf dem Obersalzberg enthalten allerdings keinen Beleg für diese Version.

71 Graf Berchtold, im Juli 1914 österreichisch-ungarischer Außenminister, gilt als Initiator des Ultimatums an Serbien, das auf 48 Stunden befristet war und von der Belgrader Regierung weitgehend angenommen wurde. Da Österreich-Ungarn trotzdem die Feindseligkeiten sofort eröffnete, wird Berchtold vielfach für den Ausbruch des Ersten Weltkrieges verantwortlich gemacht.

72 Henderson hatte irrtümlich geglaubt, in der britischen Botschaft in Petersburg einen Spion aufgespürt zu haben.

73 Die vorstehende Niederschrift über das Ferngespräch ist der aufschlußreichste Beleg für Görings Haltung in der Krise vor dem 1. 9. Zur Beurteilung vgl. die in Anm. 68 angeführte Literatur.
Zu diesen letzten Versuchen Hassells, mit Hilfe von Göring den Frieden zu

retten, vgl. Ernst v. Weizsäcker: Erinnerungen. München 1950, S. 259. Daß es Göring bei seinen Friedensbemühungen ernst war, wurde auch von Weizsäcker so gesehen. Vgl. seine Tagebuchaufzeichnung vom 29. 8.: „Göring sagt zum Führer: ‚Wir wollen doch das Vabanquespiel lassen.' Darauf der Führer: ‚Ich habe in meinem Leben immer Vabanque gespielt.'" Weizsäcker-Papiere (wie Anm. 15/38), S. 162; vgl. auch ebd., S. 164. – Anders Hofer, der hier nur Scheinverhandlungen sieht, um die Westmächte aus dem Krieg herauszuhalten. Vgl. Hofer (wie Anm. 61), S. 393.

74 Zu den italienischen Friedensbemühungen am 31. 8. 1939 vgl. F. Siebert, Italiens Weg (wie Anm. 14), S. 324–329; ferner Jerzy W. Borejsza: Italiens Haltung zum deutsch-polnischen Krieg, in: Sommer 1939. Die Großmächte und der Europäische Krieg. Hrsg. von Wolfgang Benz/Hermann Graml. Stuttgart 1979, S. 172–182.

75 Wortlaut bei Domarus, Bd. II, 1, S. 1312–1317.

76 Über Hassells im Auftrag des Auswärtigen Amts unternommene Reise nach Kopenhagen, Stockholm, Helsinki und Oslo s. seine Ausführungen am Ende der Aufzeichnung vom 10. 9., dazu Anm. 77.

77 Hassells Reise zu den vier skandinavischen Regierungen fand in der Zeit vom 1. bis 7. 9. statt. Für diese Aufgabe war er aus der Stellung des zur Disposition gestellten Beamten „in das A.A. einberufen" (Aufzeichnung des Vortragenden Legationsrats Wiehl vom 28. 9. 1939: Personalakten Hassells im Politischen Archiv des AA in Bonn). Der äußere Verlauf der Reise: 1. 9. Flug nach Kopenhagen, 2. 9. Weiterflug nach Stockholm, 3. 9. Weiterflug nach Oslo, 4. 9. Rückflug nach Stockholm, 5. 9. von dort nach Helsinki, 6. 9. zurück nach Stockholm, von dort am 7. 9. nach Berlin. Hassells dienstliche Aufzeichnung vom 9. 9. für das AA ist abgedruckt in: ADAP, Serie D, Bd. VIII, 1, S. 31f. (Dok. Nr. 42); zwei seiner vier Telegramme von der Reise sind in Bd. VII als Dokumente Nr. 552 und 568 publiziert. Hassells Auftrag war es, den vier Regierungen den Wunsch der deutschen Regierung nach Aufrechterhaltung, möglichst Erweiterung der bisherigen wirtschaftlichen Lieferungen zu übermitteln; dabei konnte er ihnen erklären, daß das Reich die Fortsetzung ihres Handels mit anderen Staaten, auch Kriegsgegnern Deutschlands, nicht als Verletzung ihrer Neutralität ansehen werde. Die vier Regierungen protestierten, als schon im September die deutsche Wehrmacht bei ihrem Kampf gegen die Einfuhr Großbritanniens auch Schiffe aus den skandinavischen Staaten angriff; dies stehe im Widerspruch zu den Zusicherungen des Botschafters v. Hassell. Die deutsche Regierung wies diese Proteste jedoch zurück: die Behinderung der britischen Einfuhr habe mit der Neutralitätsakte nichts zu tun (vgl. ADAP, Serie D, Bd. VIII, Dok. Nr. 165, 28. 9.). Über die Skandinavien-Reise Hassells war in der Erstausgabe nichts enthalten. Dies hat in der Literatur zu Vermutungen über den Inhalt seiner persönlichen Notizen geführt. Die Neuausgabe enthält alle Tagebuch-Notizen über diese Reise mit den gekennzeichneten Ausnahmen. Vgl. u. S. 620.

78 In Bayern hatte sich aus Anhängern des Heimat- und Königbundes eine Widerstandsgruppe gebildet, zu deren Wortführern der Rechtsanwalt Adolf Frhr. v. Harnier und der städtische Gärtner Josef Zott gehörten. Die Gruppe stand nur in lockeren Beziehungen zu Kronprinz Rupprecht, der in ihre Ziele nicht eingeweiht war. Aufgrund einer Denunziation wurden zwischen dem 3. und 5. 8. 1939 etwa 125 Personen verhaftet. Zott wurde 1944 zum To-

Anmerkungen zu den Seiten 125 bis 128

de verurteilt und am 15. 1. 1945 hingerichtet; viele andere erhielten Freiheitsstrafen. Vgl. Kurt Sendtner: Rupprecht von Wittelsbach – Kronprinz von Bayern. München 1954, S. 645; Wilhelm Seutter v. Lötzen: Bayerns Königstreue im Widerstand. Erinnerungen 1933–1964. Feldafing/Obb. 1978, S. 45–52 u. 114–125 (Liste der Verhafteten); Karl Otmar v. Aretin: Der bayerische Adel. Von der Monarchie zum Dritten Reich, in: Martin Broszat u. a. (Hrsg.): Bayern in der NS-Zeit, Bd. III. München/Wien 1981, S. 513–567, hier S. 562.

79 In der Kontroverse zwischen Bismarck und Leopold v. Gerlach ging es um die Frage, ob das konservative Preußen mit dem bonapartistischen Frankreich außenpolitisch zusammengehen dürfe. Bismarck vertrat die Auffassung, daß in der Außenpolitik das nüchterne Staatsinteresse den Vorrang haben müsse. Vgl. vor allem seine Briefe vom 2. und 30. 5. 1857, abgedruckt bei Hans Rothfels (Hrsg.): Bismarck und der Staat. Ausgewählte Dokumente. Darmstadt ^{5}1969, S. 99–111, sowie S. XX (Rothfels' Einleitung).

80 Der Wortlaut der Rede, die Hitler am 27. 8. vor der Parteiprominenz und Reichstagsabgeordneten hielt, ist nicht überliefert. Halder notierte: „Sowjetpakt von Partei vielfach mißverstanden. Pakt mit Satan, um Teufel auszutreiben" (Franz Halder: Kriegstagebuch. Tägliche Aufzeichnungen des Chefs des Generalstabes des Heeres 1939–1942. Bearbeitet von Hans Adolf Jacobsen, Bd. I. Stuttgart 1962, S. 38).

81 Nachdem Hitler am 6. 10. vor dem Reichstag „ethnische Bereinigungen" angekündigt hatte, wurden schon in der zweiten Oktoberhälfte mit Lettland und Estland Umsiedlungsabkommen abgeschlossen, denen zufolge die Deutschbalten nach Deutschland („heim ins Reich") zurückkehren sollten. Ähnliche Abmachungen wurden am 16. 11. mit der Sowjetunion im Hinblick auf die „Wolhyniendeutschen" in den bis dahin polnischen Ostgebieten getroffen. Bis zum Beginn des Angriffs auf die UdSSR (Juni 1941) wurden etwa 78.000 Deutschbalten, 136.000 Wolhyniendeutsche und 93.000 Bessarabiendeutsche umgesiedelt. Vgl. Diktierte Option. Die Umsiedlung der Deutschbalten aus Estland und Lettland 1939–1941. Dokumentation, zusammengestellt und eingeleitet von Dietrich A. Loeber. Neumünster 1972; Jürgen v. Hehn: Die Umsiedlung der baltischen Deutschen – das letzte Kapitel baltisch-deutscher Geschichte (Marburger Ostforschungen, Bd. 40). Marburg-Lahn 1982.

82 Das Entsetzen galt dem unverhältnismäßigen Einsatz von Kriegsmitteln (Bombardierung von Warschau) und den Greueltaten der SS. Vgl. Heinz Höhne: Canaris – Patriot im Zwielicht. München 1976, S. 345–349; Helmuth Groscurth: Tagebücher eines Abwehroffiziers 1938–1940. Mit weiteren Dokumenten zur Militäropposition gegen Hitler. Hrsg. von Helmut Krausnick und Harold C. Deutsch. Stuttgart 1970, S. 216 Anm. 546 (Brief Groscurths an seine Frau vom 10. 10. 1939), ferner S. 49–51 (Einleitung); Klaus-Jürgen Müller, Heer (wie Anm. 8/39), S. 428–453; Helmut Krausnick/Hans-Heinrich Wilhelm: Die Truppe des Weltanschauungskrieges. Die Einsatzgruppen der Sicherheitspolizei und des SD 1938–1942 (Quellen und Darstellungen zur Zeitgeschichte, Bd. 22). Stuttgart 1981, S. 80–106.

83 Am Sonntag, dem 3. 9., war es in Bromberg zu schweren Ausschreitungen gegenüber der deutschen Minderheit gekommen, in deren Verlauf viele Volksdeutsche getötet wurden. Für ganz Polen wird die Zahl auf 3 – 4.000 geschätzt. Hitler dienten diese Vorgänge als Vorwand für die zahlreichen

1939

Greuel gegenüber Polen und Juden, die als „Vergeltungsmaßnahmen" bezeichnet wurden. Zu den Vorgängen in Bromberg vgl. Peter Aurich: Der deutsch-polnische September 1939. Eine Volksgruppe zwischen den Fronten (Politische Studien, Beiheft 10). München/Wien ²1970, S. 13ff., 17, 73–92; Martin Broszat: Nationalsozialistische Polenpolitik 1939–1945. Stuttgart 1961, S. 47f.

84 Als Auflösung dieser verdeckten Bezeichnung – einer der ersten im Tagebuch – ist seit der Erstausgabe 1946 der Name Beck eingefügt, weil die von Hassell im engsten Familienkreis mehrfach erzählte Geschichte stets mit Becks Namen verbunden war. An dieser Stelle und am Ende des Absatzes hat Hassell die nähere Bezeichnung des „Freundes" offensichtlich mit der Absicht herausgeschnitten, diesen nicht mit dem unter schwerer Strafandrohung (bis zur Todesstrafe) stehenden Abhören eines Feindsenders zu belasten.

85 Fritsch hatte sich beim Angriff auf Polen zum Art.Rgt. 12 begeben, zu dessen „Chef" (Ehrenkommandeur ohne Befehlsbefugnis) ihn Hitler ernannt hatte – anstelle einer wirklichen Rehabilitation. Der Bericht seines Ordonnanzoffiziers über seinen Tod am 22. 9. (abgedruckt: Groscurth [wie Anm. 82/39], S. 365f.) widerlegt das Gerücht, daß die SS ihre Hand im Spiel gehabt habe. Die Vermutung aber, er habe durch seine Teilnahme am Feldzug (in vorderster Front) den Tod gesucht, ist nicht zu widerlegen. Vgl. G. Brausch: Der Tod des Generalobersten Werner Frhr. v. Fritsch, in: Militärgeschichtliche Mitteilungen, Bd. 7 (1/1970), S. 95–112.

86 Zu Beginn des Krieges verfügte die deutsche U-Boot-Flotte über 57 Einheiten, von denen nur 46 voll einsatzbereit waren. Für Operationen im Atlantik standen überhaupt nur 22 U-Boote zur Verfügung. Vgl. Denkschrift des Führers der Unterseeboote vom 1. 9. 1939, abgedr. in: Michael Salewski: Die deutsche Seekriegsleitung 1935–1945, Bd. III: Denkschriften und Lagebetrachtungen 1938–1944. Frankfurt a.M. 1973, S. 64–69, hier 66f.; Jürgen Rohwer: Der U-Bootkrieg und sein Zusammenbruch 1943, in: Entscheidungsschlachten des zweiten Weltkriegs. Hrsg. von Hans Adolf Jacobsen und Jürgen Rohwer. Frankfurt a.M. 1960, S. 327–394, hier S. 328f.

87 In der Weisung Nr. 6 hatte Hitler am 9. 10. befohlen: „Am Nordflügel der Westfront ist durch den luxemburgisch-belgisch-holländischen Raum eine Angriffsoperation vorzubereiten." Vgl. Hans-Adolf Jacobsen: Fall Gelb. Der Kampf um den deutschen Operationsplan zur Westoffensive 1940. Wiesbaden 1957, S. 25; siehe ferner unten Anm. 105.

88 Es handelt sich um die damaligen tastenden Versuche Goerdelers, zur Beendigung des Krieges eine nach außen und innen vertretbare Basis zu finden. Zu breiterer Diskussion dieser Zielvorstellungen bestand keine Möglichkeit; es fehlten auch ausreichende Kontakte mit der Außenwelt. Die von Hassell hier notierten Gedanken Goerdelers sind im Hinblick auf die sich ändernde Gesamtlage und das (noch) erreichbar Erscheinende vielfach variiert worden; aus den Notizen wird man deshalb keine feste Konzeption herauslesen dürfen. Vgl. den kritischen Aufsatz von Hermann Graml: Die außenpolitischen Vorstellungen des deutschen Widerstandes, in: ders. (Hrsg.): Widerstand im Dritten Reich. Probleme, Ereignisse, Gestalten. Frankfurt a. M. 1984, S. 92–139, hier S. 108f.

89 Auch auf seiten der Briten bestand im September und Oktober eine gewisse Bereitschaft, Göring als Verhandlungspartner zu akzeptieren, und sei es

Anmerkungen zu den Seiten 128 bis 134

auch nur, um die deutsche Führungsspitze zu spalten. Premierminister Chamberlain hielt es in einem Brief an seine Schwester Ida vom November 1939 sogar für möglich, daß Göring bei einem Regimewechsel in Deutschland zunächst noch in einer repräsentativen Funktion belassen werden könnte. Vgl. Martens, Göring (wie Anm. 68/39), S. 200–223, Zitat S. 212.

90 Ulrich v. Hassell: Der organische Staatsgedanke des Freiherrn vom Stein, in: Weiße Blätter, Jg. 1939, S. 249–256. Das starke Echo des Artikels wird bestätigt durch Elisabeth von Guttenberg: Holding the Stirrup. New York/Boston 1952, S. 136f.

91 Die Initiative zur Einleitung von Kontakten mit der amerikanischen Regierung scheint von Schacht selbst ausgegangen zu sein, der die Angehörigen der amerikanischen Botschaft in Berlin von seiner regimekritischen Haltung zu überzeugen versuchte. Schacht bat in einem Schreiben vom 16. 10. an den amerikanischen Bankier Leon Fraser um Erneuerung einer früheren Einladung, um dem amerikanischen Präsidenten Roosevelt ein Friedensprogramm vorzulegen. Das State Department blieb höchst reserviert wie übrigens auch gegenüber etwa gleichzeitigen Kontakten von Trott zu Solz. Vgl. IMT (wie Anm. 8/38) Bd. XLI, S. 256 (Abdruck des erwähnten Briefes); Bernd Martin: Friedensinitiativen und Machtpolitik im Zweiten Weltkrieg 1939–1942. Düsseldorf 1974, S. 144f.; ferner Hans Rothfels: Adam von Trott und das State Department, in: VZG, 7. Jg. (1959), S. 318–336, und jetzt Henry O. Malone: Adam von Trott zu Solz. Werdegang eines Verschwörers 1909–1938. Berlin 1986, S. 214 und 297.

92 Auf Anregung des Kirchenministers Kerrl war am 29. 8. 1939 der „Geistliche Vertrauensrat der Deutschen Evangelischen Kirche" gebildet worden; zur Vorgeschichte vgl. Anm. 44/38 und 26/39. Der „Vertrauensrat" sollte – wie es offiziös hieß – „diejenigen Entschließungen fassen und diejenigen Maßnahmen treffen, die sich aus der Verpflichtung der evangelischen Kirche gegen Führer, Volk und Staat ergeben und ihren geordneten und umfassenden Einsatz zu seelsorgerlichem Dienst am deutschen Volk zu fördern geeignet sind" (Schulthess, Jg. 1939, S. 179). Selbst diese Initiative Kerrls wurde von den kirchenfeindlichen Kräften um Rosenberg, Goebbels und Bormann stark beargwöhnt. In einem Brief Bormanns an den hessischen Gauleiter vom 8. 3. 1940 hieß es: „Abgesehen davon muß aber beachtet werden, daß Partei und Staat kein Interesse daran haben können, daß neben ihnen starke zentrale Kirchengewalten aufstehen, die, wie die Erfahrung lehrt, sehr leicht dazu kommen, in der Führung und Betreuung des Volkes eigene Wege zu gehen" (zitiert nach John S. Conway: Die nationalsozialistische Kirchenpolitik 1933–1945. Ihre Ziele, Widersprüche und Fehlschläge. Aus dem Englischen. München 1969, S. 266).
Angesichts dieser Einengungen konnte der Vertrauensrat nicht die Erwartungen erfüllen, die Bodelschwingh und Wilmowsky in ihn setzten. Zu seiner Tätigkeit im einzelnen Heinz Brunotte: Der kirchenpolitische Kurs der Deutschen Evangelischen Kirchenkanzlei von 1937–1945, in: ders.: Bekenntnis und Kirchenverfassung. Aufsätze zur kirchlichen Zeitgeschichte. Göttingen 1977, S. 30–54 (passim).

93 Hitler hatte am 4. 10. in einem geheimen Erlaß verfügt, daß Taten, zu denen es seit Beginn des Polenkrieges „aus Erbitterung wegen der von den Polen verübten Greuel" gekommen sei, strafrechtlich nicht verfolgt werden dürften. Brauchitsch hatte diese Aufhebung des Strafverfolgungszwanges drei

Tage später wenigstens insofern eingeschränkt, als Plünderungen, Erpressungen, Diebstähle und Vergewaltigungen nicht darunter fielen. Krausnick/Wilhelm, Einsatzgruppen (wie Anm. 82/39), S. 82.

94 Josef (Sepp) Dietrich war Kommandeur des SS-Regiments „Leibstandarte-SS Adolf Hitler", das während der Kriegshandlungen im Rahmen des XIII. A.K. als reguläre Truppe eingesetzt wurde. Vgl. Groscurth (wie Anm. 82/39), S. 367–370. Zu Blaskowitz vgl. Friedrich Christian Stahl: Johannes Albrecht Blaskowitz, in: Badische Biographien, Neue Folge, Bd. II, Stuttgart 1987, S. 41–45, mit weiterführender Literatur.

95 Das Zitat stammt aus dem Uhland-Gedicht „Am 18. Oktober 1816". Uhland wollte damit erinnern an den Aufbruch der Völkerschlacht von Leipzig und was daraus geworden war.

96 Der 1934 verabschiedete Generaloberst Kurt Frhr. v. Hammerstein-Equord erhielt bei Kriegsbeginn das Kommando über die Armeeabteilung A im Westen. Nach Beendigung des Polenfeldzugs sollte er ein Kommando in Polen (Krakau) erhalten, wurde jedoch überraschend endgültig entlassen. Vgl. hierzu und zu Plänen einer Verhaftung Hitlers bei einem Frontbesuch Fabian v. Schlabrendorff: Offiziere gegen Hitler (Nachdruck der 1. Aufl. 1946). Berlin 1984, S. 37; Hans Meier-Welcker: Aufzeichnungen eines Generalstabsoffiziers 1939–1942. Freiburg 1984, S. 33.

97 In den ersten Oktobertagen war der amerikanische Ölmagnat William Rhodes Davis zu Besprechungen in Berlin gewesen. Dabei hatte Göring versucht, „durch Vortäuschung einer weitgehenden deutschen Konzessionsbereitschaft Amerika zu einer Vermittlungsaktion zu veranlassen, die es vielleicht in Gegensatz zu England brachte" (Groscurth [wie Anm. 82/39], S. 213, Anm. 530). Roosevelt ließ sich darauf nicht ein, vermutlich weil er befürchtete, zur deutschen Machtausdehnung in Ostmitteleuropa beizutragen. Vgl. auch Martin, Friedensinitiativen (wie Anm. 91/39), S. 137–142; Martens, Göring (wie Anm. 68/39), S. 205f., 213 und 337.

98 Chamberlain hatte am 12. 10. vor dem Unterhaus festgestellt, Hitlers Friedensvorschläge enthielten keinerlei Anregung über die Wiedergutmachung des der Tschechoslowakei und Polen zugefügten Unrechts, und entsprechende Taten verlangt. Keesings Archiv, Jg. 1939, S. 4274f.

99 Zu Johannes Popitz vgl. Anm. 45/38.

100 Ulrich v. Hassell: Im Wandel der Außenpolitik von der französischen Revolution bis zum Weltkrieg. Bildnisskizzen. 1. Aufl. München 1939.

101 Nach Bekanntwerden der Zugeständnisse, die der Sowjetunion vom Deutschen Reich im Baltikum gemacht worden waren, war für die Angehörigen der deutschen Volksgruppe in Lettland eine bedrohliche Situation entstanden. Hitler ordnete daraufhin ihren sofortigen Abtransport an. Deutsche Kriegsschiffe lagen vor Danzig bereit, wurden aber dafür nicht eingesetzt. Vgl. ADAP, Serie D, Bd. VIII, Dok. Nr. 153, 199 und 207; ferner Groscurth-Tagebücher (wie Anm. 82/39), S. 214 (7. 10.) sowie Anm. 537.

102 Popitz war „von Haus aus kein Anhänger der Monarchie", erwartete aber in dieser Situation von einer monarchischen Lösung „noch die relativ größte Popularität" (Gerhard Schulz, Johannes Popitz [wie Anm. 45/38], S. 250). Sich auf einen geeigneten Prätendenten zu einigen, war trotz klarer Regelungen des preußischen Staatsrechts und des Hausgesetzes der Hohenzollern nicht einfach (s. Anm. 104), zumal erhebliche Bedenken gegen Kronprinz Wilhelm bestanden (s. Anm. 162/41). Abgesehen von der etwaigen Notwen-

Anmerkungen zu den Seiten 134 bis 137

digkeit einer Übergangslösung spricht der Gedanke einer Regentschaft für eine Unsicherheit hinsichtlich der Prätendentenfrage. Prinz Oskar, zum Kriegsdienst einberufen, war Oberst und Kommandeur des Infanterieregiments 230 im Westen. Seine soldatische Haltung wurde einhellig anerkannt (vgl. z. B. Fabian v. Schlabrendorff: Begegnungen in fünf Jahrzehnten. Tübingen 1979, S. 191–194); in der Öffentlichkeit war er seit 1918, auch als Herrenmeister des Johanniterordens, nicht stärker hervorgetreten.

103 August Winnig (1878–1956) kam von der Sozialdemokratie her und war in den Jahren 1919/20 Oberpräsident von Ostpreußen gewesen. Nachdem es wegen seiner Verwicklung in den Kapp-Putsch zu einem Bruch mit der SPD gekommen war, hatte er sich aus der Tagespolitik weitgehend zurückgezogen. Als Schriftsteller vertrat er ein soziales Christentum. Mit seinen autobiographischen Schriften hatte er auch im Bürgertum eine breite Leserschaft. Vgl. August Winnig: Aus zwanzig Jahren (1925–1945). Hamburg 1949.

104 Prinz Wilhelm von Preußen war nach Abdankung des Kaisers (28. 11. 1918) und Thronverzicht des Kronprinzen (30. 11. 1918) erster Thronanwärter, doch hatte ihn Wilhelm II. 1933 gezwungen, wegen seiner als nicht ebenbürtig anerkannten Ehe mit Dorothea v. Salviati auf die Nachfolge als Chef des Hauses Preußen zu verzichten. Prinz Wilhelm betonte, dies habe nur Bedeutung für das Verfügungsrecht über das Hausvermögen gehabt, die aus dem preußischen Verfassungsrecht ihm zukommenden Rechte seien nicht betroffen, so daß er sich weiter als Prätendent sah, während nach der Auffassung Wilhelms II. der zweite Sohn des Kronprinzen, Louis Ferdinand, nunmehr diese Stelle einnahm. Bei dem Staatsstreichplan vom September 1938 hatte die Gruppe um Oberstleutnant Friedrich Wilhelm Heinz, die Hitlers Verhaftung in der Reichskanzlei ausführen sollte, Prinz Wilhelm als Thronprätendenten vorgesehen, „den sie als eine 'sehr saubere, sehr klare und sehr tapfere Soldatengestalt' verehrten" (G. Ritter, Goerdeler, [wie Anm. 64/39], S. 195f. u. 491 Anm. 64). Vgl. auch Anm. 70/1940. – Zu der Tagebucheintragung wies im übrigen Dr. Schacht 1946 Frau Ilse von Hassell darauf hin, daß er im November 1918 bei der Formulierung des Programms der Deutschen Demokratischen Partei dem Satz „Wir sind Republikaner" mit der Begründung widersprochen habe, er sei Monarchist. Daraufhin sei der Satz geändert worden in: „Wir stellen uns auf den Boden der Republik" (voller Wortlaut des Briefs in einer Anmerkung zu den bisherigen Ausgaben).

105 Die erste Aufmarschanweisung für die Westoffensive, in größter Eile ausgearbeitet, lag am 19. 10. vor. Der Plan wurde von verschiedenen Seiten kritisiert, während Generaloberst v. Reichenau sich überhaupt für eine Verschiebung in das nächste Frühjahr einsetzte (Besprechung vom 25. 10.; bestätigend hierzu: Groscurth-Tagebücher [wie Anm. 82/39], S. 221ff.). Trotzdem beharrte Hitler auch dem 12. 11. als Angriffstermin. Zur Entwicklung der Pläne für die Westoffensive vgl. Hans-Adolf Jacobsen, Fall Gelb (wie Anm. 87/39), S. 25ff.

106 Die Denkschrift der Vortragenden Legationsräte im Auswärtigen Amt Hasso von Etzdorf und Erich Kordt vom „Oktober 1939" ist abgedruckt in: Groscurth-Tagebücher (wie Anm. 82/39), S. 498–503. Sie ging von einem Scheitern der geplanten Westoffensive aus und forderte zum Sturz des NS-Regimes auf. Eine neue Regierung hätte beste Chancen für einen ehrenhaften Frieden, „d. h. einen Frieden, der Deutschland in seinen ethnographi-

schen Grenzen nicht antastet (etwa auf der Grundlage der Münchener Konferenz), unter Herstellung einer Landverbindung des Reiches mit Ostpreußen und Angliederung des ostoberschlesischen Industriegebietes" (ebd. S. 502). Verfassungspolitisch setzte sich die Denkschrift für eine Wiederherstellung des Rechtsstaates, „für eine Beteiligung des Volkes an der öffentlichen Willensbildung" sowie für einen Staatsaufbau, der auf eine Monarchie hinauslief, ein.

107 Der Industrielle Fritz Thyssen, der gegen Hitlers aggressive Politik protestiert hatte, war am 2. 9. in die Schweiz ausgereist. Er wurde daraufhin im Februar 1940 ausgebürgert. Thyssens Protestbriefe an Göring, Hitler und (wegen seiner Enteignung) an Reichsinnenminister Frick wurden in englischer Übersetzung abgedruckt in der Illustrierten „Life" (Chicago) vom 29. 4. 1940. Vgl. im übrigen Anm. 37/38.

108 Reichenau galt als Anhänger des Nationalsozialismus. „Durchdringung der Reichswehr mit nationalsozialistischem Geist schien ihm die beste Garantie für ihre bevorzugte Stellung im neuen Staat, ein enges Verhältnis zu Hitler der sicherste Schutz gegen unsachgemäße Einflüsse und Ansprüche der Parteiorganisationen, die auch er abwehren wollte" (Krausnick, Vorgeschichte [wie Anm. 12/38], S. 212f.). Vor diesem Hintergrund ist Hassells Verwunderung zu sehen, daß Reichenau nun die Maßnahmen der SS in Polen kritisierte. Vgl. auch Karl Heinz Abshagen: Canaris. Patriot und Weltbürger. Stuttgart ²1950, S. 224f.

109 Am 19. 10. 1939 hatte die Türkei mit den beiden Westmächten ein Abkommen abgeschlossen, worin dem kleinasiatischen Staat Beistand für den Fall zugesichert wurde, daß er als Folge der Aggression einer europäischen Macht in einen Krieg verwickelt werden sollte. Die Türkei sollte ihrerseits jedoch nicht gezwungen sein, an einem Konflikt teilzunehmen, der zu einem Krieg mit der Sowjetunion führen könnte. Vgl. Zehra Önder: Die türkische Außenpolitik im Zweiten Weltkrieg (Südosteuropäische Arbeiten, 73), München 1977, S. 17–35.
Beck sah in diesem Abkommen (ebenso wie in der Aufhebung des amerikanischen Waffenembargos) einen „Sieg der Ententediplomatie" (vgl. Denkschrift vom 31. 10. 1939, abgedruckt in Groscurth-Tagebücher [wie Anm. 82/39], S. 484). Allerdings reagierte die Sowjetunion auf das Abkommen entschieden negativ.

109a Erwin Planck, Sohn des bekannten Physikers (daher Deckname N. Bohr jun.), 1930–32 Brünings persönlicher Sekretär in der Reichskanzlei, galt bald als Vertrauensmann des Generals v. Schleicher, dessen politische Tätigkeit oft „der Reichswehr" angelastet wurde, obwohl sie keineswegs immer vom Offizierkorps getragen war. Vgl. John W. Wheeler-Bennett: Die Nemesis der Macht. Die deutsche Armee in der Politik 1918–1945. Aus dem Englischen. Düsseldorf 1954, S. 457.

110 Die Berichterstattung des Botschafters v. Mackensen litt darunter, daß ihr fast ausschließlich offizielle Informationen zugrunde lagen. Es fehlte „fächerartiger Kontakt mit allen für die Urteilsbildung wichtigen Personen und Gruppen" (v. Plehwe), wie ihn Hassell in hohem Maße entwickelt hatte. Als sich später der Sturz Mussolinis und des faschistischen Regimes abzuzeichnen begann, sollte dieser Mangel zu schwerwiegenden Fehlinformationen führen. Vgl. Friedrich-Karl v. Plehwe: Schicksalsstunden in Rom. Ende eines Bündnisses. Frankfurt a. M./Berlin 1967, S. 48–54, sowie Walter Hagen (d. i. Wilhelm Höttl): Die geheime Front. Linz/Wien 1950, S. 389f., 393.

Anmerkungen zu den Seiten 137 bis 141

111 Am 31. 10. 1939 war es in Italien zu einem großen Revirement gekommen, wobei sechs Minister und die Generalstabschefs des Heeres und der Luftwaffe abgelöst wurden (Schulthess, Jg. 1939, S. 482f.). Zufrieden notierte Außenminister Ciano in seinem Tagebuch: „Das neue Ministerium wird vertraulich das ‚Kabinett Ciano' genannt. Es beginnt der Zudrang der Bittsteller. Man fragt mich auch nach der Bedeutung dieses Wechsels für die auswärtige Politik; aber das ist sinnlos" (Ciano-Tagebücher [wie Anm. 51/39], S. 165, 3. 11. 1939). Ciano war damals ein entschiedener Vertreter der „Nonbelligeranza", was mit einer spürbaren Distanzierung vom deutschen Bündnispartner verbunden war.

112 Rudolf Diels (1900–1957), der 1943 Görings Kusine und Schwägerin Ilse Göring heiratete, stand vor allem wegen seiner Rolle bei der Gründung der Gestapo im Ruf, ein abenteuernder Opportunist zu sein. Sehr kritisch über ihn Hans Bernd Gisevius: Bis zum bitteren Ende. Vom 30. Juni 1934 bis 20. Juli 1944. Frankfurt a. M./Berlin 1964 (Ullstein-Buch Nr. 484/485), S. 22–33, 35ff., 40f. und 46ff., S. 451 (nicht enthalten in erster Auflage). Zu vorsichtigerem Urteil mahnt Ritter, Goerdeler (wie Anm. 64/39), S. 468 Anm. 3; positiv über Diels urteilt Hans-Georg v. Studnitz: Seitensprünge. Erlebnisse und Begegnungen 1907–1970. Stuttgart-Degerloch 1975, S. 298f.

113 Nach der Ermordung von Bundeskanzler Dollfuß und dem gescheiterten Putsch im Juli 1934 hatten sich in der österreichischen NS-Bewegung die mehr oder weniger gemäßigten Kräfte um Seyß-Inquart, Hermann Neubacher und Anton Reinthaller durchgesetzt, die eine Verständigung mit der Regierung wollten. Beim „Anschluß" wurde Seyß-Inquart Bundeskanzler, Neubacher Oberbürgermeister von Wien. Sie wollten für Österreich einen gewissen Sonderstatus innerhalb des Reiches erhalten, verloren aber nach der Volksabstimmung über den „Anschluß" am 10. 4. und der Aufteilung Österreichs in Gaue ihren Einfluß und wurden durch die Vertreter einer rücksichtslosen Gleichschaltung verdrängt. Vgl. H. J. Neumann: Arthur Seyß-Inquart. Graz/Wien/Köln 1970, S. 46–135; Harry R. Ritter: Hermann Neubacher and the Anschluss Movement, 1918–1940, in: Central European History, Vol. 8 (1975), S. 348–369.

114 Ribbentrop hatte in den Anfangstagen des Krieges vergeblich versucht, Ungarn in den Konflikt mit Polen hineinzuziehen, einmal durch Weckung ungarischer Gebietsansprüche, sodann durch die Forderung nach einem Durchmarschrecht. Andererseits gelangten über die polnisch-ungarische Grenze etwa 140.000 Polen (Soldaten und Zivilisten) in den Westen oder erhielten in Ungarn Gastrecht. Vgl. Andreas Hillgruber: Deutschland und Ungarn 1933–1944, in: Wehrwissenschaftliche Rundschau, 9. Jg. (1959), S. 658; Nikolaus v. Horthy: Ein Leben für Ungarn. Bonn 1953, S. 218f.

115 Beck hatte in einer Denkschrift vom 10. 10. (abgedruckt in: Groscurth-Tagebücher [wie Anm. 82/39], S. 479–483) dargelegt, daß auch eine deutsche Westoffensive durch die bis dahin neutralen Benelux-Länder höchstwahrscheinlich keinen kriegsentscheidenden Erfolg bringen könnte.

116 Hitler hatte sich in Besprechungen zwischen dem 25. und 28. 10. an der strategischen Planung beteiligt. Vgl. Jacobsen, Fall Gelb (wie Anm. 87/39), S. 39–41.

117 Für die Ausweitung ihres wirtschaftlichen und kulturellen Einflusses in den Balkanländern plante die deutsche Regierung in Wien eine zentrale Koordi-

nierungsstelle, die in Rivalität zu dem seit 1925 existierenden Mitteleuropäischen Wirtschaftstag, einer Einrichtung der privaten Wirtschaft, treten konnte. Die Südosteuropa-Gesellschaft wurde im März 1940 gegründet. Um Reibungen vorzubeugen, wollte Wilmowsky (als Präsident des MWT) einen Verbindungsmann in die neue Wiener Institution entsenden. Er dachte dabei an Hassell, als früherer Gesandter in Belgrad (1930–1932) ein guter Kenner der südosteuropäischen Verhältnisse. Zu dieser Verwendung Hassells ist es jedoch nicht gekommen. Vgl. Norbert Schausberger: Österreich und die deutsche Wirtschaftsexpansion nach dem Donauraum, in: Österreich in Geschichte und Literatur, 16. Jg. (1972), S. 201.

118 Obwohl Schacht auf seinen Brief an den amerikanischen Bankier Fraser (s. oben Anm. 91/39) keine Antwort erhalten hatte, unternahm er Anfang November einen neuen Versuch, eine Einladung zu einer Vortragsreise nach den USA zu erhalten. Die amerikanische Seite, vor allem Außenminister Cordell Hull, verhielt sich jedoch weiterhin reserviert, weil sie nicht einem getarnten Friedensmanöver Hitlers aufsitzen wollte. Vgl. The Memoirs of Cordell Hull. London 1948, Bd. I, S. 710ff.; Ritter, Goerdeler (wie Anm. 64/39), S. 242f. und S. 502 Anm. 13.

119 Die Vermutung von Eleonora Attolico sollte sich zunächst nicht bewahrheiten. Alfieri, bisher Minister für Volkskultur, wurde am 7. 12. 1939 Botschafter beim Vatikan; erst im Mai des folgenden Jahres löste er Attolico in Berlin ab. Allerdings notierte Goebbels schon am 3. 11. 1939 in seinem Tagebuch den bevorstehenden Wechsel von Attolico zu Alfieri. Vgl. Die Tagebücher von Joseph Goebbels. Sämtliche Fragmente. Hrsg. von Elke Fröhlich im Auftrag des Instituts für Zeitgeschichte und in Verbindung mit dem Bundesarchiv, Teil I: Aufzeichnungen 1924–1941, Bd. 3. München/New York/London/Paris 1987, S. 630.

120 Vgl. Endgültiger Bericht (Final Report) von Sir Nevile Henderson über die Umstände, die zur Beendigung seiner Mission in Berlin führten. Dokumente und Urkunden zum Kriegsausbruch Sept. 1939, Fasc. 3. Aus dem Englischen. Basel [1939], S. 7.

121 Das Zitat „Erkläret mir, Graf Oerindur, ..." geht zurück auf das Theaterstück „Die Schuld" von Amadeus G. A. Müllner (1774–1829).

122 Es war reiner Zufall, daß der „Venlo-Zwischenfall" und das Attentat im Bürgerbräu zeitlich zusammenfielen. Die englischen Geheimdienstoffiziere S. Payne Best und R. H. Stevens hatten sich am 9. 11. zu einem Treffen mit vermeintlichen Vertretern der deutschen Opposition in die unmittelbare Nähe der deutsch-niederländischen Grenze locken lassen und waren dabei von Gestapoleuten gekidnappt worden. Hitler und Himmler stellten zwischen beiden Ereignissen einen Zusammenhang her, zumal sich eine solche Behauptung für Propagandazwecke gut zu eignen schien. Vgl. Captain S. Payne Best: The Venlo Incident. London/NY/Melbourne/Sydney/Cape Town 1950, S. 4ff.; Walter Schellenberg: Aufzeichnungen. Die Memoiren des letzten Geheimdienstchefs unter Hitler. Wiesbaden/München 1979, S. 79–95; Hoffmann, Widerstand (wie Anm. 16/38), S. 156f.

123 Eine Beteiligung Otto Strassers an dem Attentat im Bürgerbräu läßt sich nicht nachweisen. Immerhin waren zwei Jahre zuvor Attentatsvorbereitungen des Architekturstudenten Helmut Hirsch, der im Auftrag Strassers handelte, aufgedeckt worden. Hirsch war am 4. 6. 1937 enthauptet worden. Vgl. Hoffmann, Widerstand (wie Anm. 16/38), S. 315f.

Anmerkungen zu den Seiten 141 bis 146
124 Der belgische König Leopold III. und die niederländische Königin Wilhelmine hatten sich am 7. 11. 1939 in einem Friedensaufruf an die kriegführenden Mächte gewandt und ihre Dienste zur „Vermittlung von Beiträgen für eine zu erreichende Übereinstimmung" angeboten. Vor diesem Schritt hatte der König der Belgier auf einen Wink Weizsäckers vom deutschen Botschafter v. Bülow-Schwante einen Hinweis auf den außerordentlichen Ernst der Lage erhalten. Vgl. ADAP, Serie D, Bd. VIII, Dok. Nr. 332, S. 301f. und Anmerkung, 7. 11. 1939; ferner Martin, Friedensinitiativen (wie Anm. 91/39), S. 154–176.
125 Vgl. Keesings Archiv, Jg. 1939, S. 4305, 7. 11.
126 Vgl. Frhr. Geyr von Schweppenburg: Erinnerungen eines Militärattachés. London 1933–1937. Stuttgart 1949, vor allem S. 50–64 (Luftrüstung) und S. 80–91 (Rheinlandbesetzung) sowie S. 168 (zum Gespräch mit Hassell, der den damaligen Bericht des Londoner Militärattachés als „historisches Dokument" bezeichnet habe).
127 Heute dürfte feststehen, daß Georg Elser, ein schwäbischer Tischler, beim Attentat im Münchner Bürgerbräu der Alleintäter war. Vernehmungsprotokolle der damaligen Zeit sind im allgemeinen mit erheblichen Vorbehalten zu betrachten; in diesem Fall wird man sie aber als eindeutig bezeichnen können. Elser, der schon am Tage des Attentats verhaftet wurde, hatte bereits in der Nacht vom 13./14. 11. ein Geständnis abgelegt. Trotz Mißhandlungen blieb er dabei, keine Hintermänner gehabt zu haben. Als Sonderhäftling ins KZ eingeliefert, wurde er schließlich am 9. 4. 1945 auf Geheiß Hitlers ermordet. Vgl. Anton Hoch/Lothar Gruchmann: Georg Elser – Der Attentäter aus dem Volke. Der Anschlag auf Hitler im Münchener Bürgerbräu 1939. Frankfurt a. M. 1980 (Fischer Taschenbuch Nr. 3485).
128 Obwohl eine Anstiftung durch Otto Strasser nicht nachgewiesen werden konnte, verlangte die deutsche Regierung von der Schweiz, wo er sich nach seiner Flucht aus der Tschechoslowakei aufhielt, seine Auslieferung. Strasser hörte davon, tauchte unter und floh nach Frankreich. Diese überstürzte Flucht wurde wiederum als Beweis für seine Beteiligung am Attentat gewertet. Vgl. Otto Strasser: Mein Kampf. Frankfurt a. M. 1969, S. 144f.
129 Da Ciano und mit ihm viele Italiener nicht an einen raschen deutschen Sieg glaubten, suchten sie ihr Land auf eine dauernde Neutralität festzulegen. Man fürchtete, daß durch die Zerschlagung Polens alle Friedensmöglichkeiten zunichte gemacht würden. Diese Sorge sollte sich noch verstärken, als wenige Tage später, am 30. 11., die Sowjetunion über das kleine Finnland herfiel, ohne daß Deutschland etwas zur Stützung der Finnen unternahm; vgl. hierzu Anm. 133. Die innere Entfremdung der Achsenpartner zeigte sich auch darin, daß die Italiener ihre Befestigungsarbeiten an der Alpengrenze fortsetzten. Vgl. Siebert, Italiens Weg (wie Anm. 14/39), S. 358; Enno v. Rintelen: Mussolini als Bundesgenosse. Erinnerungen eines deutschen Militärattachés in Rom 1936–1943. Tübingen/Stuttgart 1951, S. 74–80; Sir Ivone Kirkpatrick: Mussolini. Berlin 1965, S. 385ff. – Die erwähnte „anliegende Information" ist nicht im Nachlaß enthalten.
130 Zu Wolfgang Kapp vgl. den Artikel der Neuen Deutschen Biographie, Bd. 11 (1978), S. 135f., von Friedrich Frhr. Hiller v. Gaertringen. Der mit seinem Namen verknüpfte Putsch (März 1920) gilt als ein überhastetes Vorpreschen in noch nicht „reifer" Situation. Vgl. Anm. 32/43.
131 Schon beim Vortrag von Brauchitsch vor Hitler wurde klar, daß sich die Ge-

1939

neralität bei Hitler nicht durchsetzen konnte. Dennoch war es nicht zu der erhofften Aktion gekommen, im Gegenteil, Brauchitsch war „völlig zusammengebrochen". Wie Groscurth in seinem Diensttagebuch festhielt, erklärte daraufhin Generalstabschef Halder seinem Abteilungschef, „daß Angriffsbefehl erteilt ist und keine Möglichkeit besteht, sich dem Befehl entgegenzustellen". Groscurth-Tagebücher (wie Anm. 82/39), S. 305. Anscheinend kritisierte Hitler bereits bei dieser Besprechung mit Brauchitsch den „Geist von Zossen" (Sitz des Oberkommandos des Heeres), den er ausrotten werde. Da Halder befürchtete, daß Hitler etwas von den Umsturzplänen erfahren habe, ließ er alle eventuell belastenden Papiere vernichten (ebda., S. 225 Anm. 589). Über Hitlers Rede an die Kommandierenden Generale, Armeeführer etc. am 23. 11. 1939 und das „Ausbleiben einer Gegenaktion" vgl. Anm. 134.

132 Das militärhistorische Urteil über Ludendorffs Entschluß zur Frühjahrsoffensive 1918 ist heute durchaus kritisch; Halders Ansicht, Ludendorffs Bild in der Geschichte sei nicht getrübt, dürfte damit zusammenhängen, daß, auch wegen Ludendorffs publizistischer Aggressivität, bis zu seinem Tod (Dezember 1937) kaum jemand wagte, ihn zu kritisieren, auch die Bearbeiter des amtlichen deutschen Werkes über den Weltkrieg nicht (Aufzeichnung des Direktors im Reichsarchiv von Schäfer, Oktober 1944; Bundesarchiv-Militärarchiv, MSg 131/7, Bl. 457f.).

133 In Finnland hatte man stets Deutschland als Schutzmacht gesehen. Vielen Finnen erschien es daher „als völlig naturwidrig, daß von allen Nationen gerade Deutschland dem Kampf Finnlands die geringste Beachtung schenkte". Max Jakobson: Diplomatie im Finnischen Winterkrieg 1939/40. Düsseldorf/Wien 1970, S. 223.

134 In einer wahrscheinlich nicht wörtlichen Aufzeichnung über Hitlers Rede am 23. 11. vor der Generalität findet sich der von Hassell wiedergegebene Gedankengang nur in abgeschwächter Form. Es heißt dort am Schluß: „Ich werde in diesem Kampf stehen oder fallen. Ich werde die Niederlage meines Volkes nicht überleben. Nach außen keine Kapitulation, nach innen keine Revolution." Vgl. Domarus, Bd. II, 1, S. 1420–1427, Zitat S. 1427.

135 Unter anderem hat Reichenau über seinen Widerstand gegen die Westoffensive auch mit Goerdeler und Fritz Elsas (früherer Bürgermeister von Berlin) gesprochen (vermutlich am 6. 11.), ferner mit dem in der Führung von Panzerverbänden besonders anerkannten Guderian. Vgl. Harold C. Deutsch: Verschwörung gegen den Krieg. Der Widerstand in den Jahren 1939–1940. Aus dem Amerikanischen. München 1969, S. 76–79 sowie S. 282.

136 Schon seit Anfang Oktober 1939 hatte Rechtsanwalt Josef Müller im Auftrag von Oster Sondierungsversuche beim Vatikan unternommen. Müller sollte die Westmächte zu einer Erklärung veranlassen, daß sie einen Umsturz in Deutschland nicht militärisch ausnutzen würden. Offenbar um diesen Bemühungen einen größeren Grad von Verbindlichkeit zu geben, dachte jetzt Goerdeler daran, mit Geßler einen ehemaligen Reichsminister nach Rom zu schicken. Geßler war zwar in jener Zeit mehrfach in Rom, die eigentlichen Sondierungen im Vatikan blieben aber weiterhin in der Hand Müllers, der Oberleutnant im OKW/Abt. Abwehr wurde, um reisen zu können. Vgl. Josef Müller: Bis zur letzten Konsequenz. Ein Leben für Frieden und Freiheit. München 1975, S. 80–92 und S. 100–130; Otto Geßler: Reichswehrpolitik in der Weimarer Zeit. Hrsg. von Kurt Sendtner. Stuttgart 1958, S. 87–89 (Einleitung).

Anmerkungen zu den Seiten 146 bis 148

137 Martin Broszat spricht von „einigen zehntausend Polen, die allein den örtlichen Exekutionen der SS, Polizei und des volksdeutschen Selbstschutzes zum Opfer fielen oder in Polizeigefängnissen sowie provisorisch errichteten Lagern der Höheren SS- und Polizeiführer umkamen". Broszat, Polenpolitik (wie Anm. 83/39), S. 38–48, Zitat S. 44; ferner Reinhard Henkys: Die nationalsozialistischen Gewaltverbrechen. Geschichte und Gericht. Hrsg. von Dietrich Goldschmidt. Stuttgart/Berlin 1964, S. 81–85. – Ein Fall wie die hier erwähnte Gewalttat eines „betrunkenen Kreisleiters" hat sich mit anderem Namen tatsächlich so ereignet. Es handelt sich um den Leutnant d. Res. der Luftwaffe v. Hirschfeld, damals kommissarischer Landrat des Kreises Hohensalza. Er hatte in der Nacht vom 22./23. 10. Polen aus ihren Zellen im Gerichtsgefängnis holen und 56 von ihnen erschießen lassen, woran er sich selbst mit seiner Pistole beteiligte. Der Fall gelangte bis zu Göring, der die Todesstrafe forderte, was Hitler jedoch ablehnte. Immerhin wurde Hirschfeld am 23. 7. 1940 durch ein Sondergericht in Posen zu 15 Jahren Zuchthaus verurteilt. Vgl. Karol Marian Pospieszalski: Hitlerwoskie „Prawó" Okupacyjne w Polsce. Wybór Dokumentów (Documenta occupationis, Bd. V). Poznan 1952, S. 40–43, Anm. 9; R. Henkys (wie oben), S. 82 und 249; David Irving: Göring. Eine Biographie. München und Hamburg 1987, S. 421; er berichtet aufgrund der Akten BA, R 43 II/1411 und 4087.

138 Theodor Habicht war als Landesinspekteur der österreichischen NSDAP im Juli 1934 in den Putsch verwickelt, der zur Ermordung von Bundeskanzler Dollfuß führte; er war nun (am 29. 11.) als Unterstaatssekretär und gleichsam als „Revolutionsspezialist" ins Auswärtige Amt geholt worden. Seine erste Aufgabe war die Revolutionierung von Afghanistan, worüber er jedoch in harte Auseinandersetzungen mit Ribbentrop geriet. Habicht meldete sich zur Front; 1944 fiel er als Chef einer MG-Kompanie. Werner Otto v. Hentig urteilt in seinen Memoiren (Mein Leben – Eine Dienstreise. Göttingen ²1963, S. 334) über Habicht: „kein unanständiger Mann und ein selbständiger Kopf".

139 Wie Gisevius überliefert, hatte Beck am 6. 11. dem General Karl Heinrich v. Stülpnagel, Oberquartiermeister I im GenStab des Heeres, „eine Mitteilung zur Weiterleitung an Brauchitsch und Halder übermittelt. Davon ausgehend, daß Brauchitsch nach seiner eigenen Erklärung nur für seine Person den Staatsstreich ablehnt, aber gegen eine Aktion Dritter keinen Einspruch erheben will, lautet Becks Bestellung dahin, um eine einheitliche Aktion von oben auszulösen, sei er jederzeit bereit, den Oberbefehl zu übernehmen, vorausgesetzt, daß sich die drei Heeresgruppenkommandeure nicht widersetzen und Hitler zu Hilfe eilen." Hans Bernd Gisevius: Bis zum bittern Ende. Darmstadt 1947, Bd. II, S. 140, auch 149. – Vermutlich überbrachte Stülpnagel dieses „Angebot" nur in abgeschwächter Form, um keine scharfe Reaktion zu provozieren; jedenfalls ließ Brauchitsch sich nicht darauf ein. Vgl. Harold C. Deutsch: Verschwörung (wie Anm. 135), S. 255f.

140 Die Westmächte, die für das Recht der kleinen Nationen eintraten, waren in der finnischen Frage gefordert, zumal der am 14. 12. erfolgte Ausschluß der Sowjetunion aus dem Völkerbund als Hilfe nicht ausreichte. Während Frankreich eine alliierte Landung im finnischen Hafen Petsamo erwog, um die bedrohte Ostfront Finnlands zu entlasten, wollte England möglichst jede Handlung vermeiden, die Deutschland und die UdSSR enger zusammenführen konnte. Aus diesem Dilemma heraus entwickelte der Oberste Kriegs-

rat am 19. 12. folgende Konzeption: Schweden und Norwegen sollten Finnland in seinem Abwehrkampf unterstützen, die Alliierten Narvik und die schwedischen Erzlager besetzen. Die beiden skandinavischen Staaten gingen jedoch nicht auf diesen Vorschlag ein. Vgl. Jakobson: Diplomatie (wie Anm. 133/39), S. 239f.; Llewellyn Woodward: British Foreign Policy in the Second World War. Vol. I. London 1970. S. 39ff.

141 Die Finanzierung des Krieges war von Anbeginn umstritten. Die gleich am Anfang erhobenen „Kriegszuschläge" zur Tabak-, Bier-, Branntwein- und Einkommensteuer erwiesen sich bald als unzureichend. Der Streit ging jetzt um die Frage, wieweit man den zunächst bequemeren Weg der Staatsverschuldung gehen sollte. Dies war wohl auch das Thema der von Hassell angesprochenen Expertenkonferenz. Das erwähnte Gutachten wurde am 9. 12. 39 erstattet von den Professoren Berkenkopf (Münster), Eucken (Freiburg i.Br.), Hasenack (Leipzig), Jessen (Berlin), Lampe (Freiburg), Frhr. v. Stackelberg (Berlin), Stucken (Erlangen), Teschemacher (Tübingen). Stackelberg und Jessen gehörten später zum näheren Bekanntenkreis Hassells. Die Gutachter waren sich einig, daß der vermutlich länger dauernde Krieg vornehmlich aus Steuern finanziert werden müsse; auch lassen sich bei ihnen verschiedene Ansätze zum Ordo-Liberalismus erkennen. Das Gemeinschaftsgutachten und einige Vorgutachten sind im Nachlaß Popitz (Bundesarchiv Koblenz) erhalten. Vgl. Schulz, Johannes Popitz (wie Anm. 45/38). Wohl etwas verkürzt notierte Groscurth unter dem Datum des 10. 12. (Tagebücher, S. 237): „Finanzminister Popitz will Steuern einführen, und zwar jetzt sofort, damit das jetzige Regime damit belastet ist und nicht eine neue Regierung." Anfang 1940 schlug Schwerin-Krosigk vor, sowohl die Verbrauchssteuern als auch die Einkommensteuer zu erhöhen. Nach seinem späteren Bericht stieß er damit auf erbitterten Widerstand: „Goebbels widersprach allen Erhöhungsvorschlägen; besteuere man das Einkommen zu stark, werde der Leistungswille gelähmt; werde der Konsum zu hoch besteuert, sinke die Stimmung. Nur mit einer Luxussteuer, dem Lieblingskind sachunkundiger Demagogen, wollte er sich abfinden." Die Vorlage scheiterte schließlich an Hitler. Der Weg zur Staatsverschuldung nahm seinen Lauf. Zu 55 Prozent wurde der Krieg auf diese Weise finanziert. Vgl. Lutz Graf Schwerin v. Krosigk: Staatsbankrott. Die Geschichte der Finanzpolitik des Deutschen Reiches von 1920 bis 1945. Göttingen/Frankfurt a. M./Zürich 1974, S. 295–303, Zitat S. 299; neuerdings Willi A. Boelcke: Die Kosten von Hitlers Krieg. Kriegsfinanzierung und finanzielles Kriegserbe in Deutschland 1933–1948. Paderborn 1985, S. 83ff.

142 Zwischen dem deutschen Weißbuch (Dokumente zur Vorgeschichte des Krieges Nr. 2), das im Dezember 1939 erschien, und den erhaltenen Akten bestehen mancherlei Abweichungen; zusammengestellt in: ADAP, Serie D, Bd. VII, Anhang IV, S. 557–563. Inwieweit Abweichungen auf eine Bearbeitung durch Moltke zurückgingen, ließ sich nicht feststellen. Vgl. unten Anm. 53/1940.

143 Paul Reusch, von 1908 bis 1942 Vorstandsvorsitzender bei der Gutehoffnungshütte (Oberhausen), hatte um 1935 einen wirtschaftspolitischen Diskussionskreis gegründet, dem unter anderem Prof. Emil Woermann, der Landwirt Carl Wentzel-Teutschenthal, Krupp-Direktor Ewald Löser, Hjalmar Schacht und auch Carl Goerdeler angehörten. Treffpunkt war oft Reuschs Landsitz Katharinenhof bei Backnang (Württ.). Goerdeler hat die-

Anmerkungen zu den Seiten 148 bis 158

sem Kreis mehrfach seine wirtschaftspolitischen Auffassungen vorgetragen. Vgl. Ritter, Goerdeler (wie Anm. 64/39), S. 420 u. S. 559f. Anm. 18; zu Reuschs Biographie siehe: Lebensbilder aus dem rheinisch-westfälischen Industriegebiet, Jg. 1955–1957, bearbeitet von Fritz Puder. Düsseldorf 1960, S. 81–86.

144 Zu den Widerstandsaktivitäten des „Bosch-Kreises" vgl. Otto Kopp: Die Niederschrift von Hans Walz „Meine Mitwirkung an der Aktion Goerdeler", in: ders.: Widerstand und Erneuerung. Neue Berichte und Dokumente vom inneren Kampf gegen das Hitler-Regime. Stuttgart 1966, S. 98–120, vor allem S. 110f. Zu Bosch selbst s. o. Anm. 50.

145 Hitlers Telegramm lautete: „Zu Ihrem 60. Geburtstag bitte ich Sie, meine aufrichtigen Glückwünsche entgegenzunehmen. Ich verbinde hiermit meine besten Wünsche für Ihr persönliches Wohlergehen sowie für eine glückliche Zukunft der Völker der befreundeten Sowjetunion." Abgedruckt bei Domarus, Bd. II, 1, S. 1434, 21. 12. 1939. – Goebbels hatte an die Presse die Weisung ausgegeben, den Glückwunsch nicht weiter zu kommentieren.

146 Ein Teil der Denkschrift des Generalobersten Johannes Blaskowitz (datiert 27. 11.) ist abgedruckt in den Groscurth-Tagebüchern (wie Anm. 82/39), S. 426f. Allem Anschein nach sind aber schon vorher Beschwerden von Blaskowitz an Brauchitsch gelangt, der sie Hitler über den Heeresadjutanten Engel vorlegte. Engel vermerkte am 18. 11. in seinem Tagebuch, Hitler habe mit schweren Vorwürfen gegen „kindliche Einstellungen" bei den Generalen reagiert: Mit „Heilsarmee-Methoden" könne man keinen Krieg führen. Vgl. Heeresadjutant bei Hitler 1938–1943. Aufzeichnungen des Majors Engel. Hrsg. von Hildegard v. Kotze. Stuttgart 1974, S. 67f. – Vgl. zum ganzen Komplex Harold C. Deutsch: Verschwörung (wie Anm. 135), S. 197–200; ferner Friedrich-Christian Stahl, Blaskowitz (wie Anm. 94/39).

147 Hans Frank, der im Oktober Generalgouverneur im polnischen Restgebiet geworden war, hat in der Tat durch bramarbasierendes und pompöses Auftreten den Eindruck eines „Paschas" gemacht. Hassells weitere Angabe jedoch, daß er sich nicht „dreinreden" ließ, sollte sehr bald durch die Eingriffe der SS relativiert werden. Frank wehrte sich in der Folgezeit erfolglos immer wieder gegen die Entmachtung der Justiz durch die Polizei und soll mehrfach seinen Rücktritt angeboten haben. Vgl. Christoph Kleßmann: Generalgouverneur Hans Frank, in: VZG, 19. Jg. (1971), S. 245–260.

148 Zu Mussolinis Ausführungen gegenüber Mackensen vgl. dessen Bericht vom 2. 12. 1939, in ADAP, Serie D, Bd. VIII, Dok. Nr. 410, S. 374–376. – Mussolini ließ in der Folgezeit seinem Außenminister Ciano in seiner antisowjetischen Propaganda freie Hand. Am 16. 1. 1940 wurde sogar der italienische Botschafter in Moskau „zur Berichterstattung" nach Rom zurückgerufen, auch lieferte Italien an Finnland Kriegsmaterial. Ein über Deutschland geleiteter Transport wurde im Hafen von Saßnitz festgehalten und zurückgeschickt. Vgl. Max Jakobson: Diplomatie (s. Anm. 133), S. 223 und 227f.; Siebert, Italiens Weg (wie Anm. 14/39), S. 373f.

149 Zu Cianos Rede vor dem Faschistischen Großrat vgl. Keesings Archiv, Jg. 1939, S. 4348–4350, 16. 12. – Ciano notierte dazu am folgenden Tag (Ciano-Tagebücher [wie Anm. 51/39], S. 176): „Die Rede ist weiterhin an der Tagesordnung ... Wenn es schon vorher schwierig gewesen wäre, die Italiener zur Teilnahme am Krieg an der Seite Deutschlands zu bewegen, so ist dies jetzt unmöglich, nachdem sie die tiefe Wahrheit und alle Hintergründe

kennengelernt haben. Jetzt hätte nicht einmal mehr die Anrufung des gegebenen Wortes eine Wirkung. Alle haben begriffen und wissen, daß Deutschland es war, das uns zweimal verriet." Zu den Reaktionen auf deutscher Seite vgl. Siebert, Italiens Weg (wie Anm. 14/39), S. 388f.

150 Der Vorschlag, im Raum von Berlin Truppen für einen Putsch zusammenzuziehen, fiel auf keinen günstigen Boden. Im Hinblick auf die Offensivvorbereitungen war es, wie Halder nach dem Kriege aussagte, unmöglich, Truppen aus dem Westen abzuziehen. Angesichts der vermuteten systemkonformen Haltung der meisten jüngeren Offiziere war es zudem fraglich, ob sich die vorgesehenen Truppen für einen Putsch verwenden ließen. Als Witzleben zum Jahreswechsel nach Berlin fuhr, stieß er beim Oberkommando des Heeres auf eine so große Skepsis, daß er diesen Putschplan aufgab. Vgl. Deutsch, Verschwörung (wie Anm. 135), S. 292f.

151 Solche Friedensfühler Görings über den Prinzen Paul von Jugoslawien ließen sich nicht nachweisen. Vgl. Martens, Göring (wie Anm. 68/39), S. 200–223, wo Görings außenpolitische Aktivitäten in jenen Wochen sehr detailliert untersucht werden.

152 Über Goerdelers Gespräch mit dem König der Belgier, das in diesem Sinn stattfand, s. u. Anm. 25/40.

153 Wie Himmler in einem Brief an Gauleiter Forster vom 26. 11. 1941 feststellte, hatte Hitler bezüglich der „Eindeutschung" der neuen Ostgaue „klar und deutlich" gesagt, er „wünsche eine Bevölkerung rassisch einwandfreier Art" und werde zufrieden sein, „wenn ein Gauleiter das in 10 Jahren melden" könne (zitiert bei Broszat, Polenpolitik [wie Anm. 83/39], S. 130). Die Entpolonisierung sollte weitgehend durch Deportation von Polen und Juden erreicht werden. Ein von Himmler gutgeheißener Plan vom Anfang November 1939 sah vor, daß bis Ende Februar 1940 nicht weniger als eine Million Juden und Polen evakuiert werden sollten (ebda., S. 85f.).

154 Zu Hassells Zurückhaltung gegenüber dem Plan einer Reichsreform – mit Aufteilung von historisch gewachsenen Ländern wie Preußen und Bayern – vgl. auch S. 161. Zu den Vorstellungen Hassells und anderer Oppositioneller, mit welchen vordringlichen Maßnahmen nach Beseitigung des NS-Regimes ein Rechtsstaat wiedererrichtet und – die bedauerlichen Entwicklungen der Weimarer Republik verhindernd – aufgebaut werden müßte vgl. o. S. 29–32 (Einführung).

1940

1 Hassells Informationen waren im wesentlichen zutreffend. Im Gefecht des Panzerschiffes „Graf Spee" mit drei britischen Kreuzern war der Schwere Kreuzer „Exeter" so stark beschädigt worden, daß er das Kampffeld verlassen mußte; gegenüber den Leichten Kreuzern „Ajax" und „Achilles" hatte die „Graf Spee" trotz der erhaltenen Treffer eine so große Überlegenheit, daß ihr Rückzug nach Montevideo sowohl bei den Engländern wie bei Teilen der eigenen Besatzung als voreilig erschien. In Montevideo hatte sich der Kommandant Kapitän z. S. Langsdorff durch den englischen Nachrichtendienst täuschen lassen, „daß inzwischen weit überlegene britische Streitkräfte . . . vor der La-Plata-Mündung versammelt" seien (Raeder, s. u., S. 184).

Anmerkungen zu den Seiten 158 bis 163

Tatsächlich befanden sich diese Schiffe damals noch weit entfernt bei Rio de Janeiro. Unter diesen Umständen wurde die kampflose Selbstversenkung des Panzerschiffes als nicht gerechtfertigt angesehen. Vgl. Erich Raeder: Mein Leben, Bd. 2. Tübingen 1957, S. 57; Michael Salewski, Seekriegsleitung (wie Anm. 86/39), Bd. I, S. 163–165; ADAP, Serie D, Bd. VIII, Dok. Nr. 460–464 und 467.

2 Mussolinis Brief, der am 5. 1. abgesandt worden war, ist in deutscher Übersetzung abgedruckt in: ADAP, Serie D, Bd. VIII, Dok. Nr. 504, S. 474–477. – Höchstwahrscheinlich kannte Hassell den Brief nur aus mündlichen Mitteilungen Weizsäckers. In die Inhaltswiedergabe im Tagebuch sind einige – über den Text hinausgehende, vermutlich richtige – Interpretationen eingeflossen, etwa wenn es dort heißt: Mussolini „habe Ciano, aus Rücksicht auf Deutschland, angewiesen, Finnland nicht zu erwähnen, weil sonst eine orkanartige Ovation die Folge gewesen wäre". Auch von Mussolinis Bereitschaft, eventuell zwischen Deutschland und den Westmächten zu vermitteln, ist im Brief expressis verbis nicht die Rede. Weizsäcker sah hierin einen „Schritt zu der Handlungsfreiheit, welche Italien gewinnen will, falls wir dem italienischen Rat nicht folgen und doch im Westen offensiv werden" (Aufzeichnung vom 15. 1. 1940, in: Weizsäcker-Papiere [wie Anm. 15/38], S. 188). Ähnlich hatte Ciano am 31. 12. 1939 in der Vorbereitungsphase des Mussolini-Briefes in seinem Tagebuch festgehalten (Ciano-Tagebücher [wie Anm. 51/39], S. 182): „Der Krieg an Deutschlands Seite darf nicht geführt werden und wird niemals geführt werden; er wäre ein Verbrechen und eine Dummheit." – Zum ganzen Zusammenhang vgl. Siebert, Italiens Weg (wie Anm. 14/39), S. 394–401.

3 Tatsächlich war am 10. 1. ein deutsches Kurierflugzeug mit den Plänen für die Westoffensive bei Mechelen in Belgien gelandet. Da die Akten nur teilweise verbrannt werden konnten, waren die Angriffsabsichten durchaus noch zu erkennen gewesen. Die belgische Armee wurde daraufhin in Alarmbereitschaft versetzt. Aus Sorge, gegen das Prinzip der Neutralität zu verstoßen, wagte es die belgische Regierung aber nicht, sich mit England und Frankreich über eine gemeinsame Defensive zu verständigen. – Wenn Hitler am 16. 1. den Angriff auf das Frühjahr verschob, war dafür mehr das Wetter verantwortlich als das Bekanntwerden des Offensivplans. Vgl. Jean Vanwelkenhuyzen: L'alerte du 10 janvier 1940, in: Revue d'histoire de la deuxième guerre mondiale, Nr. 12 (1953), S. 33–54; ders.: Die Niederlande und der „Alarm" im Januar 1940, in: VZG, 8. Jg. (1960), S. 17–36; Paul-Henri Spaak: Memoiren eines Europäers. Aus dem Französischen. Hamburg 1969, S. 44–55; Hans-Adolf Jacobsen (Hrsg.): Dokumente zur Vorgeschichte des Westfeldzuges 1939–1940. Göttingen 1958, S. 161–185.

4 Ähnlich äußerte sich Hans Bernd Gisevius in seinem Buch „Bis zum bitteren Ende" (wie Anm. 139/39, Bd. II, S. 206): „Ich sehe noch das niedergeschlagene Gesicht Goerdelers, als er von einer Reise zu den Panzergeneralen Reichenau und Hoepner zurückkam und es mit einem Male übereinstimmend gelautet hatte, ,es geht'." Zu Reichenaus Sinneswandel vgl. auch Deutsch, Verschwörung (wie Anm. 135/39), S. 294 und 327.

5 In der Erstausgabe wurde hier auf das „vorläufige Staatsgrundsetz" verwiesen, das im Anhang abgedruckt ist. In Art. 2, Ziff. 2, heißt es: „Die Ungleichheit der bisherigen Länder nach Umfang, Wirtschafts- und Finanzkraft sowie die Unvereinbarkeit des verwaltungsmäßigen Aufbaus in den

verschiedenen Reichsgebieten macht eine Neugliederung des Reiches unerläßlich. Preußen vollendet seine reichsbildende Mission, indem es auf den staatlichen Zusammenhang seiner Provinzen verzichtet." Zum Abdruck der Texte vgl. S. 449f.

6 Großadmiral Raeder hatte Hitler im Dezember 1939 auf die Gefahren hingewiesen, die aus einer Einbeziehung des skandinavischen Raumes in den finnisch-sowjetischen Winterkrieg entstehen könnten. Konkret ging es dabei um die Möglichkeit eines englisch-französischen Eingreifens zugunsten Finnlands sowie um eine Blockierung der Erzzufuhren aus Nordschweden, die zumal im Winter hauptsächlich über den norwegischen Hafen Narvik liefen. Als Präventivmaßnahme wurde dabei auch eine Besetzung Norwegens erörtert. Hitler ließ jedenfalls am 27. 1. 1940 innerhalb des OKW einen Sonderstab einrichten, der einen Operationsplan für den Fall einer „etwa notwendig werdenden Besetzung Norwegens" ausarbeiten sollte. Vgl. Raeder, Mein Leben (wie Anm. 1/40), Bd. 2, S. 206–213, Zitat S. 207; Salewski, Seekriegsleitung (wie Anm. 86/39), Bd. I, S. 50–52 und S. 175ff.

7 Vgl. Anm. 109a/39.

8 Regelrechte Friedensfühler von seiten des britischen Außenministers Halifax hat es, soweit bekannt, nicht gegeben. Gemeint ist hier wohl die Initiative des dänischen Großkaufmanns Pless-Schmidt, der aus Besorgnis vor einer sowjetischen Expansion nach Skandinavien mit Halifax Kontakt aufgenommen und darüber den deutschen Gesandten in Kopenhagen informiert hatte. Wie Bernd Martin vermutet, sollten hier „skandinavische Sicherheitsbestrebungen mit einem Friedensschluß in Westeuropa" kombiniert werden. Die Initiative ist ohne Folgen geblieben. Vgl. den Bericht des Gesandten v. Renthe-Fink an das Auswärtige Amt vom 19. 12. 1939, in: ADAP, Serie D, Bd. VIII, Dok. Nr. 472, S. 437; Martin, Friedensinitiativen (wie Anm. 91/39), S. 189–194, Zitat S. 189.

9 Vgl. Anm. 146/39. Blaskowitz zeigte sich zwar höchst indigniert darüber, daß Oberstleutnant Groscurth seine Denkschrift bei den höheren Stäben im Westen bekannt gemacht hatte. In der Sache selbst ließ er nicht locker, entschloß sich „um den 12. Januar herum" zu einer persönlichen Intervention bei Brauchitsch und ließ hierfür erneut eine ausführliche Denkschrift vorbereiten. In dieser Unterredung des Oberbefehlshabers Ost mit dem ObdH am 17. 1. teilte Brauchitsch Blaskowitz mit, er sehe sich nicht in der Lage, seine Vorlagen Hitler oder Keitel vorzutragen. „Blaskowitz zweifelte wohl nicht an Brauchitschs persönlicher Integrität, da dieser selbst auch die Übergriffe von SS und Polizei in Polen scharf ablehnte, aber er war von der so weichen Haltung des ObdH doch zutiefst enttäuscht. Seinem Ic gegenüber, der ihn ins Hauptquartier begleitet hatte, qualifizierte er Brauchitschs Haltung als ‚Schlappheit'." Müller, Heer und Hitler (wie Anm. 8/39), S. 437–452, Zitat S. 443. Allem Anschein nach hat Blaskowitz dem ObdH am 15. 2. darüber noch einmal Vortrag gehalten. Die entsprechende Vortragsnotiz, datiert vom 6. 2., ist abgedruckt in: Ursachen und Folgen (wie Anm. 30/38), Bd. 14, S. 170–174.

10 Botschafter Attolico hatte den Brief Mussolinis am Nachmittag des 8. 1. Hitler übergeben und davon den Eindruck mitgenommen, daß der Brief im ganzen „keine günstige Aufnahme" gefunden habe. Hitler hatte Attolico mit den Worten entlassen, er werde den Brief überdenken und später beantworten. Vgl. Siebert, Italiens Weg (wie Anm. 14/39), S. 397. – Hitlers Antwort

Anmerkungen zu den Seiten 163 bis 168
an Mussolini erfolgte erst am 8. 3. 1940. Siehe ADAP, Serie D, Bd. VIII, Dok. Nr. 663, S. 685–693.

11 Der Schwere Kreuzer „Lützow", der sich noch in einem halbfertigen Ausrüstungsstadium befand, wurde gemäß deutsch-russischem Wirtschaftsvertrag vom 11. 2. (s. u. Anm. 17/40) im April 1940 den Sowjets übergeben und nach Leningrad geschleppt. Das in „Petropavlovsk" umbenannte Schiff wurde dort weitergebaut, aber nicht mehr fertiggestellt. Die sowjetische Seite ist damals noch weiter gegangen, indem sie die Überlassung der Pläne für die Schiffe der Bismarck-Klasse verlangte. Vgl. Salewski, Seekriegsleitung (wie Anm. 1/40), Bd. I, S. 156, 159 und 375; Groscurth-Tagebücher (wie Anm. 82/39), S. 237, Anm. 647.

12 Wortlaut der Rede Hitlers auf einer Kundgebung im Berliner Sportpalast am 30. 1. bei Domarus, Bd. II, 1, S. 1452–1461.

13 Eine ähnliche Auffassung brachte der Vansittart-Vertraute Philip Conwell Evans Mitte April 1940 dem deutschen Gesandten in Bern, Theo Kordt, zum Ausdruck. Er sprach dabei von der Notwendigkeit einer sofortigen Räumung Polens, um die ehrlichen Absichten der aus einem Umsturz hervorgegangenen deutschen Regierung zu beweisen. Vgl. Erich Kordt: Nicht aus den Akten . . . Stuttgart 1950, S. 379–383; vgl. auch Deutsch, Verschwörung (wie Anm. 135/39), S. 177f.

14 Sumner Welles unternahm im Februar und März 1940 im Auftrag von Präsident Roosevelt eine Informationsreise durch die europäischen Hauptstädte. Sie führte ihn über Rom (25.–27. 2.), Berlin (1.–3. 3.), Paris (7.–9. 3.), London (11.–13. 3.) und nach einem Zwischenaufenthalt in Paris (14. 3.) wieder zurück nach Rom und die Vatikanstadt (16.–19. 3.). Alexander Kirk, der amerikanische Geschäftsträger in Berlin, machte ohne Erfolg einen Vorschlag (ob auf Wunsch der Opposition, steht dahin), die Reiseroute in dem im Tagebuch angedeuteten Sinn zu ändern. Der Gefahr, daß der Berufsdiplomat Sumner Welles in Berlin einseitig beeinflußt werden konnte, war auch insofern vorgebeugt, als vor der Reise zwischen Washington und London eingehende Konsultationen stattgefunden hatten. Vgl. Helmut Rochau: Die europäische Mission des Staatssekretärs Sumner Welles im Frühjahr 1940. Ein Beitrag zu den amerikanischen Friedensbemühungen und zur Außenpolitik F. D. Roosevelts während der Periode des sogenannten Scheinkrieges. Phil.-Diss. Tübingen 1969, S. 115–117; Llewellyn Woodward: British Foreign Policy (wie Anm. 140/39), Vol. I, S. 165f. – Zum Verlauf der ganzen Reise vgl. den Bericht von Sumner Welles in: Foreign Relations of the United States (FRUS), 1940/I, S. 1–117.

15 Nach eingehenden Rücksprachen mit Goerdeler, Beck u. a. reiste Hassell am 20. 2. nach Arosa, wo er über den englischen Geschäftsmann Lonsdale Bryans Kontakt mit dem britischen Foreign Office herzustellen suchte. Die Verbindung war durch seinen (angehenden) italienischen Schwiegersohn hergestellt worden, der in Rom mehr zufällig den Amateurdiplomaten Bryans kennengelernt hatte. Bryans wiederum stand einer Gruppe von britischen Konservativen um Lord Brocket nahe, die weiterhin nach Verständigungsmöglichkeiten mit Deutschland suchten. Ausgestattet mit einem Begleitschreiben von Pirzio Biroli, in dem von der Möglichkeit eines Regierungswechsels in Deutschland gesprochen wurde, gelang es Bryans, am 8. 1. 1940 von Außenminister Halifax empfangen zu werden. Bryans erhielt zwar kein Beglaubigungsschreiben, es wurden ihm jedoch für das Treffen

1940

mit Hassell (Deckname „Charles") die erforderlichen Visa und Devisen genehmigt, so daß er mit einem gewissen Recht sein Unternehmen als „government-sponsored" bezeichnen konnte. (Vgl. den Bericht in: J. Lonsdale Bryans: Blind victory. London/New York/Melbourne 1951, S. 15–51 sowie S. 168 mit der auszugsweisen Wiedergabe des Schreibens von Pirzio Biroli). Vgl. des weiteren Richard Lamb: The Ghosts of Peace, 1935–1945. Wilton 1987, S. 128–134; Lothar Kettenacker (Hrsg.): Das „Andere Deutschland" im Zweiten Weltkrieg. Emigration und Widerstand in internationaler Perspektive. Stuttgart 1977, S. 103–105.

16 Die hier angedeuteten Vermutungen über die Intentionen von Welles hat Weizsäcker in einer Notiz vom 25. 2. weitergesponnen, wo es unter anderem heißt: „Verhinderung des Ausbruchs des totalen Krieges und Einleitung organisierter Waffenruhe; daran könnten sich Grundsätze für den späteren Friedenszustand knüpfen, die, einmal in die öffentliche Diskussion geworfen, den Kriegswillen aushöhlen und dem Rückgriff auf den totalen Krieg im Wege stehen. Dieses alles in Spekulation auf den heute schon mangelnden Kriegswillen in England und Frankreich." Weizsäcker-Papiere (wie Anm. 15/38), S. 191. Die Motive, die Roosevelt zur Welles-Mission bewogen, werden in der Literatur noch unterschiedlich gesehen. Vorwiegend wird bezweifelt, ob es sich um eine echte Friedenssondierung gehandelt habe. Wohl am weitesten ging darin Stanley E. Hilton, der zu dem Schluß kam, daß es Roosevelt hauptsächlich darum ging, „to weaken Germany's relative position by encouraging Mussolini to remain neutral, and perhaps to delay the German attack in the West". Vgl. Stanley E. Hilton: The Welles Mission to Europe, Februar-March 1940. Illusion or realism? In: The Journal of American History, Vol. 58 (1971), S. 93–120, Zitat S. 120.

17 Der deutsch-sowjetische Wirtschaftsvertrag vom 11. 2. 1940 sah vor, daß die Sowjetunion Nahrungsmittel (Getreide) und Rohstoffe (Öl, Chrom, Mangan, Baumwolle) lieferte, während Deutschland Produktionsgüter (Maschinen) und Kriegsgerät (u. a. den Schweren Kreuzer „Lützow", s. o. Anm. 11) exportieren sollte. Ferner wurde der Transitverkehr aus dem Fernen Osten über die Transsibirische Bahn geregelt. Der Vertrag hat im wesentlichen gehalten, was er versprach. Im Jahre 1940 lag die deutsche Abhängigkeit von der Sowjetunion bei Mangan um 40% und bei Chromerz um 70%. W. Birkenfeld kommt zu dem Schluß: „Während des ganzen Krieges war die deutsche Bevorratung nie so gut wie im Augenblick des Überfalls auf die Sowjetunion." Wolfgang Birkenfeld: Stalin als Wirtschaftspartner Hitlers (1939–1941), in: Vierteljahrschrift für Sozial- und Wirtschaftsgeschichte, 53. Jg. (1966), S. 477–510, Zitat S. 509; Philipp W. Fabry: Die Sowjetunion und das Dritte Reich. Eine dokumentierte Geschichte der deutsch-sowjetischen Beziehungen 1933–1941. Stuttgart-Degerloch 1971, S. 189–194 sowie S. 195–219 (Liste der sowjetischen Lieferverpflichtungen).

18 In diesem Brief, der in den Ausgaben von 1946 und 1964 auszugsweise in italienischer Sprache und deutscher Übersetzung abgedruckt ist, berichtete Detalmo Pirzio Biroli, daß er mit Bryans in zahlreichen Unterredungen, die stets von diesem ausgegangen seien, den Kontakt vorbereitet habe: Bryans wolle zwei Botschaften übermitteln, die erste von Hassell an Halifax, die zweite von Halifax an Hassell. Wie Pirzio Biroli seinem Schwiegervater bestätigte, müßte die britische Zusicherung „mit der nötigen Autorität" die eventuelle künftige Haltung der britischen Regierung präzisieren, wobei die schriftliche Form „die nützlichste und wünschenswerteste" sei.

Anmerkungen zu den Seiten 171 bis 174

19 In der Erstausgabe wurde an dieser Stelle der Wortlaut eines eigenhändigen, von Hassell stark korrigierten Entwurfs in deutscher Sprache abgedruckt, der sich erhalten hat; die letzte Fassung dieses Entwurfs, die von dem schließlich übergebenen englischen Text nur unwesentlich abweicht, lautet:
   I. Es ist äußerst wichtig, diesen irrsinnigen Krieg so schnell als möglich zu beenden.
   II. Diese Notwendigkeit besteht, weil die Gefahr immer größer wird, daß Europa vollkommen zerstört und vor allem bolschewisiert wird.
   III. Für uns bedeutet Europa nicht ein Schachbrett oder eine Machtbasis, sondern hat „la valeur d'une patrie", in deren Rahmen ein gesundes, lebenskräftiges Deutschland gerade im Hinblick auf das bolschewistische Rußland ein unentbehrlicher Faktor ist.
   IV. Das Ziel des Friedensschlusses muß eine dauernde Befriedung und Gesundung Europas auf fester Grundlage und eine Sicherheit gegen baldiges Wiederaufflammen kriegerischer Auseinandersetzungen sein.
   V. Hierfür ist Bedingung, daß die Vereinigung Österreichs (und des Sudetenlandes) mit dem Reich außerhalb der Erörterung steht. Ebenso kommt ein Wiederaufrollen von Grenzfragen im Westen Deutschlands nicht in Frage, während die deutsch-polnische Grenze im wesentlichen mit der deutschen Reichsgrenze im Jahre 1914 übereinstimmen muß.
   VI. Der Friedensschluß und der Wiederaufbau Europas muß auf bestimmten, von allen anerkannten Grundsätzen aufgebaut werden.
   VII. Solche Grundsätze sind folgende:
      1. Das Prinzip der Nationalität, mit gewissen, sich aus der Geschichte ergebenden Modifikationen. Daher
      2. Wiederherstellung eines unabhängigen Polen und einer tschechischen Republik.
      3. Allgemeine Rüstungsverminderung.
      4. Wiederaufbau der internationalen Zusammenarbeit in wirtschaftlicher Hinsicht.
      5. Anerkennung gewisser Leitmotive durch alle europäischen Staaten. Hierher gehören:
         a) Die Grundsätze der christlichen Sittlichkeit
         b) Gerechtigkeit und Gesetz als Grundlage des öffentlichen Lebens
         c) Soziale Wohlfahrt
         d) Effektive Kontrolle der Staatsgewalt durch das Volk in einer der betreffenden Nation angemessenen Weise
         e) Freiheit des Gewissens, der Gedanken und der Geistesarbeit.

20 Dies bedeutet vor allem das Abfinden mit dem Verbleib Elsaß-Lothringens bei Frankreich. Unklar ist, ob die unter Punkt VII, Absatz 2, genannte „Wiederherstellung ... einer tschechischen Republik" auch die Einbeziehung der Slowakei umfassen sollte.

21 Die deutschen Versuche, zwischen der Sowjetunion und Finnland zu vermitteln, haben sich in engsten Grenzen gehalten. Mitte Februar 1940 wurde in Erwägung gezogen, ob sich der finnische Unterhändler Paasikivi und ein sowjetischer Abgesandter in Berlin treffen könnten. Als sich die finnische Seite dafür zu interessieren begann, bekam Ribbentrop – wohl unter dem

Einfluß Hitlers – kalte Füße und verhielt sich völlig passiv. Vgl. ADAP, Serie D, Bd. VIII, Dok. Nrn. 612, 617, 620 und 622; Wipert v. Blücher: Gesandter zwischen Diktatur und Demokratie. Erinnerungen aus den Jahren 1935–1944. Wiesbaden 1951, S. 173–176, ferner S. 179f. – Am 2. 3. erhielt Blücher die finnische Anfrage, ob von deutscher Seite etwas getan werden könnte, um die Stadt Wiborg und einen Gebietsstreifen nordwestlich des Ladogasees für Finnland zu erhalten, aber auch in diesem Falle unternahm Ribbentrop nichts. ADAP, Serie D, Bd. VIII, Dok. Nr. 651, S. 667f., 2. 3. 1940; Gerd Ueberschär: Hitler und Finnland 1939–1941. Die deutsch-finnischen Beziehungen während des Hitler-Stalin-Paktes. Wiesbaden 1978.

22 Beim sogenannten Altmark-Zwischenfall war am 15. 2. ein britischer Zerstörer in norwegische Hoheitsgewässer eingedrungen, um von dem deutschen Versorgungsschiff etwa 300 Gefangene (227 Engländer, 67 Inder und 8 Schweizer) zu befreien. Die Altmark wurde dabei beschädigt, und es gab zahlreiche Tote. Vgl. Walther Hubatsch: „Weserübung". Die deutsche Besetzung von Dänemark und Norwegen 1940. Göttingen/Berlin/Frankfurt a. M. ²1960, S. 33–37.

23 Bereits am 27. 11. 1939 waren alle deutschen Exporte zur Konterbande erklärt worden, was zu einer Drosselung der italienischen Einfuhren führte. Ausgenommen waren davon zunächst die deutschen Kohlenlieferungen über Rotterdam. Mitte Februar 1940 wurde jedoch der italienischen Regierung mitgeteilt, daß ab 1. 3. auch die Kohleimporte gestoppt werden sollten. Diese Maßnahme trug sehr dazu bei, daß sich die italienische öffentliche Meinung verstärkt gegen die Westmächte wandte; vgl. Werner Schütt: Der Stahlpakt und Italiens „Nonbelligeranza" 1938–1940, in: Wehrwissenschaftliche Rundschau, 8. Jg. (1958), S. 498–531, vor allem S. 510 und 514f.

24 Bei einer Frontreise im Januar 1940 war Halder zu der Auffassung gekommen, daß sich für die geplante deutsche Westoffensive erhöhte Erfolgsmöglichkeiten böten. Im übrigen war er davon überzeugt, daß die jüngeren Offiziere sich nur bei einem ernsthaften Rückschlag bereit finden würden, an einem Staatsstreich teilzunehmen. Vgl. Deutsch, Verschwörung (wie Anm. 135/39), S. 293–296. Der Gedanke Halders, die Führung des Heeres (Brauchitsch und die OB der HGr. v. Rundstedt, v. Bock und v. Leeb) könne Hitler vor Angriffsbeginn in den Arm fallen, war nach den Groscurth-Tagebüchern (S. 229ff., wie Anm. 82/39) etwa seit 11. 11. 1939 aufgegeben worden.

25 Goerdelers Reise nach Belgien, die durch die Firma Bosch ermöglicht wurde, hat „anscheinend Anfang März" (Ritter) stattgefunden. König Leopold soll dabei seinen Besucher um Rat „beschworen" haben, „wie er dem Krieg entgehen könne"; außerdem soll er darauf verwiesen haben, daß durchaus noch „brauchbare Friedensmöglichkeiten" bestünden, wenn auch „nicht mit der Hitler-Regierung". Im übrigen wurde Goerdeler dabei Gelegenheit gegeben, „nebenbei auch die starken Befestigungen zu sehen, die gegen den deutschen Einmarsch in Belgien errichtet waren". Vgl. Ritter, Goerdeler (wie Anm. 64/39), S. 258 und S. 507 Anm. 45, sowie Kopp, Niederschrift (wie Anm. 144/39), S. 111.

26 ADAP, Serie D, Bd. VIII, Dok. Nr. 640, S. 646–652, 1. 3. 1940; zu Ribbentrops Aufstellung einer deutschen Monroe-Doktrin vgl. ebd., S. 648.

27 Vgl. Hitlers Brief an Mussolini vom 8. 3., wo es (noch ganz vorsichtig) heißt:

Anmerkungen zu den Seiten 174 bis 178

„Ich glaube daher auch, daß man sich [. . .] die Versionen jener wenigstens anhören muß, die behaupten, daß der Zweck dieser Intervention [von Sumner Welles] überhaupt nur der sei, für die Alliierten Zeit zu gewinnen, d. h. also, auf eventuelle deutsche Offensivabsichten lähmend einzuwirken." ADAP, Serie D, Bd. VIII, Dok. Nr. 663, S. 685–693, Zitat S. 692.

28 Vgl. Martens, Göring (wie Anm. 68/39), S. 223.
29 Ribbentrops Besuch in Rom am 10./11. 3. war zeitlich so arrangiert, daß er vor der Rückkehr von Welles stattfand. R. überbrachte dabei das Schreiben Hitlers an Mussolini vom 8. 3. (vgl. Anm. 27) als Antwort auf Mussolinis Brief vom Januar. Mussolini gab im Gespräch mit Ribbentrop die Zusicherung, Italien werde „im geeigneten Augenblick [. . .] an der Seite Deutschlands in den Krieg eintreten und einen Parallelkrieg führen", um sich aus seiner Gefangenschaft im Mittelmeer zu befreien. Der Besuch von Sumner Welles hatte damit sein Ziel verfehlt, Italien als Bremse auf dem Wege in den „großen" Krieg einzusetzen. Vgl. Siebert, Italiens Weg (wie Anm. 14/39), S. 412–417.
30 Wenn Hitler es gestattete, daß Schacht mit Sumner Welles zusammentraf, so hatte er dabei wohl auch den Hintergedanken, er könne ihn eines Tages für die Anknüpfung von Friedensverhandlungen gebrauchen (vgl. Henry Picker: Hitlers Tischgespräche im Führerhauptquartier 1941–1942. Hrsg. von Percy Ernst Schramm. Stuttgart ²1965, S. 287, 22. 4. 1942). Tatsächlich hat Schacht in seinem Gespräch mit Sumner Welles, das am 3. 3. im Hause des Geschäftsträgers Kirk stattfand, ganz im Sinne der Opposition gesprochen. Welles notiert dazu in seinem Bericht an den Präsidenten: „He gave me to understand that a movement was under way, headed by leading generals, to supplant the Hitler régime. He said that the one obstacle which stood in the path of the accomplishment of this objective was the lack of assurance on the part of these generals that, if such a movement took place, the Allies would give positive guarantees to Germany that Germany would be permitted to regain her rightful place in the world, and that Germany would not be treated as she had been in 1918. If such a guarantee as this could be obtained, he said, the movement would be pushed to a successful conclusion." FRUS 1940, Vol. I, S. 56–58, Zitat S. 57. – Gerhard Ritter, Goerdeler (wie Anm. 64/39, S. 258 und S. 507 Anm. 5) gibt aufgrund einer Information durch Frhrn. v. Palombini an, daß auch Goerdeler in Berlin mit Sumner Welles gesprochen habe, doch gibt es dafür keine weiteren Belege. Auf keinen Fall hat ein solcher Kontakt mit der Opposition erkennbare Folgen gezeigt.
31 Der britische Außenminister Lord Halifax hatte in seiner Rede vom 27. 2. 1940 kritisiert, daß die deutsche Jugend mit ihren „ehrlichen Instinkten" und ihrem „Geist der Selbstaufopferung" in den Dienst einer grob materialistischen Philosophie gestellt werde. Vgl. Keesings Archiv, Jg. 1940, S. 4435.
32 Hassells Information war zutreffend. Die Fortführung der Aktion, bei der schon etwa 1300 Juden abtransportiert waren, wurde auf einer Konferenz über Ostfragen durch Einspruch Görings am 24. 3. 1940 gestoppt, und zwar mit der Begründung, daß das Generalgouvernement zur Zeit nicht aufnahmefähig sei. Vgl. Hans-Dieter Schmid/Gerhard Schneider/Wilhelm Sommer (ausgewählt und zusammengestellt): Juden unterm Hakenkreuz. Dokumente und Berichte zur Verfolgung und Vernichtung der Juden durch die

Nationalsozialisten 1933–1945, Bd. 2. Düsseldorf 1983, S. 84–86; Raul Hilberg: Die Vernichtung der europäischen Juden. Die Gesamtgeschichte des Holocaust. Berlin 1982, S. 149–151.

33 Da die schwedische Regierung befürchtete, daß die Gewährung eines Durchmarschrechtes zu einer Besetzung der Eisenerzgruben und damit zu einem Eingreifen Deutschlands führen würde, tat sie alles, um die Finnen von einem Hilfeersuchen an die Westmächte abzuhalten. Der Ministerpräsident schrieb dem finnischen Außenminister am 27. 2.: „If the Western Powers are to attempt passage without permission, Sweden would find herself at war with Finland on the side of the Russians." Im übrigen war die von England und Frankreich für die unmittelbare Zukunft in Aussicht gestellte Hilfe so gering, daß sie Finnlands Lage nicht hätte verbessern können. Unter diesen Umständen sah sich die finnische Regierung genötigt, auf die sowjetischen Friedensbedingungen einzugehen. Vgl. Jukka Nevakivi: The appeal that never was made. The allies, Scandinavia and the Finnish Winter War, 1939–1940. London 1976, S. 121ff., Zitat S. 124.

34 Die Reichsregierung hatte in der Tat nichts unternommen, zumal nachdem die Sowjetunion zu verstehen gegeben hatte, daß sie als Kontaktstelle Stockholm vorziehen würde. Ribbentrop war schließlich auch nicht bereit, auf die Sowjets im Sinne eines Verzichts auf die Stadt Wiborg einzuwirken. Vgl. ADAP, Serie D, Bd. VIII, Dok. Nr. 651, S. 667f. und Dok. Nr. 661, S. 684; ferner v. Blücher, Gesandter (wie Anm. 21/40), S. 155ff., zusammenfassend S. 185–188.

35 Mussolini hatte in seinem Gespräch mit Ribbentrop versichert, „daß es für Italien praktisch unmöglich sei, sich aus dem Konflikt herauszuhalten. Zu gegebener Zeit würde es in den Krieg eintreten und diesen mit Deutschland und parallel mit ihm führen, denn Italien habe auch seinerseits Probleme zu lösen." Nur der Zeitpunkt des italienischen Kriegseintritts wurde offengelassen. Vgl. ADAP, Serie D, Bd. VIII, Dok. Nr. 669, S. 706–714, Zitat S. 708, 11. 3. 1940. Zwei Tage später verpflichtete sich die deutsche Regierung in einem geheimen Protokoll, an Italien auf dem Landwege monatlich eine Million Tonnen Kohle zu liefern.

36 In dem Gespräch Ribbentrops mit Papst Pius XII. am 11. 3. ist die Friedensfrage kaum erörtert worden. Für Ribbentrop stand der demonstrative Effekt eines guten Einvernehmens mit der katholischen Kirche, vor allem im Hinblick auf die italienische Öffentlichkeit, im Vordergrund. Vgl. John S. Conway: The meeting between Pope Pius XII. and Ribbentrop, in: The Canadian Historical Association. Historical Papers, 1968, S. 215–227.

37 Die Telegramme Hachas und v. Neuraths sind auszugsweise abgedruckt in: Schulthess, Jg. 1940, S. 46f., 14. 3.

38 Am 8. 3. erkannte das OKW als „Waffen-SS" an: die Leibstandarte-SS Adolf Hitler, drei bestehende SS-Divisionen, die Totenkopfstandarten, die Einsatzgruppen der Sicherheitspolizei und des SD und die SS-Junkerschulen. Auch Hitler beschränkte sie zu diesem Zeitpunkt noch auf die Funktion einer Staatstruppenpolizei, doch gelang es dem Leiter des Ergänzungsamtes Berger auf Umwegen, die Waffen-SS bis Ende 1940 auf 150.000 Mann zu verstärken. Vgl. Heinz Höhne: Der Orden unter dem Totenkopf. Die Geschichte der SS (Taschenbuchausgabe). München 1978, S. 421ff., bes. S. 424; Gerhard Rempel: Gottlob Berger and Waffen-SS Recruitment 1939–1945, in: Militärgeschichtliche Mitteilungen, Bd. 27 (1980), S. 107–122.

Anmerkungen zu den Seiten 178 bis 181

39 Der Vorstoß von Popitz erfolgte wohl noch ohne Kenntnis der Kontakte, die Rechtsanwalt Josef Müller während der vorangegangenen Monate im Vatikan mit dem britischen Botschafter gehabt hatte; sein Hinweis auf Hassell deutet aber darauf hin, daß er über das Treffen in Arosa informiert war. Es zeigt sich an diesem Beispiel, wie wenig die außenpolitischen Kontakte der konservativen Opposition damals miteinander koordiniert waren. Vgl. Peter Ludlow: Papst Pius XII., die britische Regierung und die deutsche Opposition im Winter 1939/40, in: VZG (1974), S. 299–341.

40 Die politische Überprüfung betraf Hassells Buch „Das Drama des Mittelmeeres" (Berlin: H. Reinshagen Verlag 1940), obwohl es sich hierbei um ein ausgesprochen historisches Buch handelte, in dem Hassell das Verhältnis von Raum und Geschichte, beginnend bei den alten Griechen und Karthagern, untersuchte. Das Kapitel über Pyrrhus arbeitete Hassell im Frühjahr 1944 in eine eigenständige (1947 posthum erschienene) Schrift um. Vgl. unten Anm. 33/44.

41 Mussolini hat beim Brenner-Treffen mit Hitler am 18. 3. nicht mehr gewarnt, sondern erklärt, „daß er, sobald erst einmal Deutschland siegreich vorgestoßen sei, sofort eingreifen werde". Er behielt sich also nur noch den Zeitpunkt seines Eingreifens vor und bestand darauf, daß das Mittelmeer als italienische Interessensphäre zu behandeln sei. Vgl. die Protokollaufzeichnungen bei Andreas Hillgruber (Hrsg.): Staatsmänner und Diplomaten bei Hitler, Bd. I. Frankfurt a.M. 1967, S. 87–106, Zitat S. 104, sowie bei M. Muggeridge (ed.): Ciano's diplomatic papers. London 1948, S. 361ff.; dazu Schmidt, Statist (wie Anm. 24/38), S. 478–481. – Das zweite Gespräch Mussolinis mit Sumner Welles (16. 3.) verlief ähnlich, wie es Hassell vermutet hatte. Mussolini unterstützte darin zwar die Position der Berliner Regierung, insbesondere ihre territorialen Ansprüche im Osten, um den „Frieden dauerhaft zu machen", bemerkte aber am Schluß: „You may wish to remember that, while the German-Italian Pact exists, *I* nevertheless retain complete liberty of action." FRUS 1940, Vol. I, S. 100–104, Zitat S. 104.

42 Sumner Welles hat mit Mussolini nicht mehr gesprochen, wohl aber mit Außenminister Ciano, der ihm allerdings auch nicht reinen Wein einschenkte. Ciano sagte ihm beim Abschied: „Tell him [Präsident Roosevelt], further, that so long as I remain Foreign Minister, Italy will not enter the war on the side of Germany, and that I will do everything within my power to influence Mussolini in that same sense." Ciano gab vor, nichts von der bevorstehenden Westoffensive zu wissen; er gab weiter, was er am Brenner von den Deutschen gehört hatte: es seien nur Bombenangriffe auf britische Häfen und auf London geplant. FRUS 1940, Vol. I, S. 110–113. – Bei Ciano (Tagebücher [wie Anm. 51/39], S. 211, 18. 3. 40) heißt es dagegen zum Treffen am Brenner: Mussolini „spricht wenig und bestätigt sein Versprechen, mit Deutschland zu marschieren. Er behält sich einzig die Wahl des rechten Momentes vor . . . "

43 Diese Eintragung ist eines der wenigen unmittelbaren Zeugnisse zum sog. X-Bericht, der die Generalität davon überzeugen sollte, daß ein Umsturz auch außenpolitisch kein Unheil bedeuten würde. Der Bericht ging zurück auf die „indirekten und halbamtlichen Verhandlungen" zwischen dem Rechtsanwalt Josef Müller als Emissär der Militäropposition und dem britischen Vatikangesandten D'Arcy Osborne im Februar 1940, wobei der Papst selbst und Pater Robert Leiber die Vermittlung übernommen hatten. In diesen „rö-

mischen Gesprächen" war es zu „einer Art gentleman's agreement" mit dem britischen Außenminister Halifax gekommen, das unter anderem die Zusicherung enthielt, daß Großbritannien einen Umsturz militärisch nicht ausnützen würde, außerdem Zusagen für eine künftige Gestaltung einer Friedensordnung. Der Bericht, der aufgrund von Mitteilungen Müllers von Hans v. Dohnanyi verfaßt worden war und der etwa 12 Schreibmaschinenseiten umfaßte, ist leider nicht überliefert. Eine Rekonstruktion wird dadurch erschwert, daß es höchstwahrscheinlich noch eine überarbeitete Fassung gegeben hat, die speziell auf die Mentalität der Generäle zugeschnitten war. Wenn Hassell hier von Großzügigkeit spricht, dann bezieht sich das vermutlich auf die deutschen Ostgrenzen. Josef Müller hat ausgeschlossen, daß es sich um die Grenzen von 1914 gehandelt haben könnte. Zum X-Bericht vgl. Harald C. Deutsch, Verschwörung (wie Anm. 135/39), S. 107–157, S. 309–340; Peter Ludlow, Papst Pius XII. (wie Anm. 39/40), S. 299–341; Josef Müller: Bis zur letzten Konsequenz. Ein Leben für Frieden und Freiheit. München 1975, S. 80–140.

44 Hassells Vorbehalte bezogen sich auf das bevorstehende Treffen Hitler/Mussolini (18. 3.), das Italien dem Kriegseintritt einen Schritt näher brachte, und auf eventuelle Nachrichten von Lonsdale Bryans, der aber inzwischen die Unterstützung des Foreign Office verloren hatte (vgl. Anm. 55/40). Der X-Bericht ist dann schließlich am 4. 4. Halder durch General Thomas überbracht worden. Thomas, der mit der Materie nicht vertraut war, bemerkte dazu in einer Aufzeichnung vom Herbst 1945: „Daß Offiziere des OKW [Abt. Abwehr] Verbindung mit England suchten, ging gegen mein soldatisches Empfinden. [. . .] Auf die Nachricht Osters, daß ich dringend für einen Schritt bei Halder in Sachen unserer Opposition benötigt würde, fuhr ich nach Zossen, wo mir Oster das Ergebnis des Schrittes beim Vatikan übergab. Ich stellte meine Bedenken zurück und habe das Schriftstück Halder übergeben mit der Bitte, Hassell für die näheren Erläuterungen heranzuziehen, da ich nicht in der Lage war, nähere Auskünfte zu geben." Vgl. Institut für Zeitgeschichte, ZS 310/Bd. II. – Zur Reaktion Halders siehe Anm. 64/40.

44a Für die in diesem und im folgenden Absatz genannten Namen waren ursprünglich Lücken gelassen. Vermutlich hat Hassell die Namen später eingesetzt, als das entsprechende Tagebuchheft in Sicherheit war.

45 Tatsächlich traf Goerdeler zwischen dem 17. 3. und dem 2. 4. mit General Halder dreimal zusammen, was freilich eher einen negativen Effekt hatte. Halder selbst hat sich nach 1945 in diesem Sinn, wohl mit apologetischer Tendenz, geäußert. Vgl. Josef Müller, Konsequenz (wie Anm. 136/39), S. 136. Vgl. auch Deutsch, Verschwörung (wie Anm. 135/39), S. 329–331.

46 Für Mussolinis Preisgabe des strikten italienischen Neutralitätskurses, wie er sich in Cianos Rede vom 16. 12. 1939 und in Mussolinis Brief an Hitler vom 5. 1. 1940 zeigt, gab es und gibt es verschiedene Erklärungen. Entscheidend war wohl, daß bei Mussolini die „faschistische Solidarität" gegenüber den westlichen Demokratien schließlich doch durchgeschlagen hat. Auch in der Krise der „Achse" im Winter 1939/40 mußte Ciano in seinen Tagebüchern (wie Anm. 51/39) bei Mussolini „Anwandlungen von Deutschfreundlichkeit" (ebd., S. 182, 31. 12. 39) feststellen. Zudem scheint Mussolini, ähnlich wie die deutschen Generäle, immer mehr zu der Überzeugung gekommen zu sein, daß Deutschland das militärische Übergewicht erlangen

Anmerkungen zu den Seiten 181 bis 187

werde (Ciano-Tagebücher vom 6. und 25. 2. 1940). Da Mussolini aber bei der Friedensregelung unbedingt mitreden wollte, bemächtigte sich seiner das Gefühl, „daß ein zu spätes ‚Ankoppeln' für die italienische Politik verhängnisvoll werden könnte" (G. Schreiber). Zunächst dachte Mussolini noch daran, Hitler die Westoffensive auszureden, um ohne den „großen Krieg" Friedensverhandlungen einleiten zu können; Ende März blieb schließlich nur noch der Vorbehalt übrig, den Zeitpunkt des Kriegseintritts selbst zu bestimmen. – Für den Gesamtzusammenhang vgl. Siebert, Italiens Weg (wie Anm. 14/39), S. 403–418; Gerhard Schreiber: Revisionismus und Weltmachtstreben. Marineführung und deutsch-italienische Beziehungen 1919 bis 1944. Stuttgart 1978, S. 254–261, Zitat S. 254.

47 Wie Gerhard Ritter schreibt, sind Geßler von britischer Seite Eröffnungen gemacht worden, die auf der Linie von Chamberlains Rede am 24. 2. 1940 lagen: Frieden ja, aber nicht mit dem NS-Regime. Geßler hat es später entschieden in Abrede gestellt, während des Krieges mit Vertretern der Alliierten in Kontakt getreten zu sein. Tatsächlich liefen die unmittelbaren Kontakte über den früheren Reichskanzler Wirth und den britischen Militärattaché Malcolm C. Christie, die auch Mitte März wieder in Lausanne zusammentrafen. Wie auch einer Aufzeichnung Christies zu entnehmen ist, wurde dabei eine schriftliche Nachricht der britischen Regierung überreicht, in der die Bereitschaft signalisiert wurde, mit einer neuen deutschen Regierung in Verhandlungen einzutreten. Diese Stellungnahme sollte von Geßler an Halder weitergeleitet werden, der angeblich hinter der Initiative stand. Doch liegt bei diesem Kontakt für die deutsche Seite noch manches im dunkeln. Auf britischer Seite handelte es sich, wie M. Thielenhaus vermutlich zutreffend bemerkt, um nicht mehr als ein „vorsichtiges Entgegenkommen", das London in keiner Weise festlegte: „Denn es hieße [. . .] das ‚Statement' für Geßler wie auch den ‚X-Bericht' überbewerten, wenn man in jene Ausführungen eine militärische Stillhaltegarantie für den Fall eines Umsturzes hineininterpretieren wollte." Vgl. Ritter, Goerdeler (wie Anm. 64/39), S. 260 und S. 507 Anm. 49; Gessler, Reichswehrpolitik (wie Anm. 136/39), S. 89f.; Marion Thielenhaus: Anpassung und Widerstand. Deutsche Diplomaten 1938–1941. Die politischen Aktivitäten der Beamtengruppe um Ernst von Weizsäcker im Auswärtigen Amt. Paderborn 1984, S. 182 und 184; Lothar Kettenacker (Hrsg.), Das „Andere Deutschland" (wie Anm. 42a/39), S. 39, 58; auch S. 181f. (über Kontakte im September 1940).

48 Zitiert in: Eberhard Kessel (Hrsg.): Moltke Gespräche. Hamburg 1940, S. 183.

49 Der Schild des Wappens ist gespalten; die rechte Hälfte ist rot, die andere silbern, in ihr auf grünem Boden ein grün belaubter Baum. Auf dem Helm mit rot-silbernen Decken der gleiche Baum. Nach Adelslexikon, Bd. V (Genealogisches Handbuch des Adels, Bd. 84). Limburg 1984, S. 6.

50 Am 16. 3. hatten deutsche Bombenflugzeuge britische Flotteneinheiten in der Bucht von Scapa Flow angegriffen und dabei den Schweren Kreuzer „Norfolk" getroffen. Drei Tage später hatten britische Luftangriffe auf den deutschen Flugstützpunkt Hörnum auf Sylt einige Leichtverletzte und geringen Sachschaden zur Folge gehabt. Vgl. Willi A. Boelcke (Hrsg.): Kriegspropaganda 1939–1941. Geheime Ministerkonferenzen im Reichspropagandaministerium. Stuttgart 1966, S. 300f.

51 Die Kritik von Gen.Lt. Frhr. Geyr v. Schweppenburg, bisher Kdr. der 3.

Panzer-Div., seit 15. 2. Komm. Gen. des XXIV. AK., betrifft Personalveränderungen unterschiedlicher Art, zum Teil unzweifelhaft aus den von Geyr erwähnten Gründen, zum Teil, um systematisch eine gewisse Verjüngung zu erreichen. Schwieriger zu beurteilen ist die Ablösung des Gen. v. Manstein als Chef des Gen.Stabs der HGr. A, der als bedeutendster „operativer Kopf" galt. Hitler hat seinen „Sichelschnitt-Plan" (Panzerdurchbruch bei Sedan zur Somme-Mündung) dem Operationsplan des OKH vorgezogen (weite Umfassung entlang der Kanalküste im Sinne des Schlieffen-Plans aus dem Ersten Weltkrieg). Im Anschluß daran erhielt Manstein überraschenderweise das XVIII. AK., wodurch er von der oberen Führung ausgeschaltet war.

52 Zur Aufstellung von SS-Fliegerformationen kam es weder jetzt noch später.

53 Am 29. 3. waren vom Auswärtigen Amt herausgegebene „Polnische Dokumente zur Vorgeschichte des Krieges" (Erste Folge, Berlin 1940) erschienen. Die Dokumente, die durch Hans Adolf v. Moltke, den früheren Botschafter in Warschau, ausgewählt wurden, enthielten auch Materialien, die geeignet erschienen, die früheren amerikanischen Botschafter William Bullitt (Paris) und Anthony J. Drexel Biddle (Warschau) als „Kriegshetzer" zu belasten. Vermutlich sollte damit der Schlußstrich unter die Mission Sumner Welles gezogen werden, dem Hitler die Absicht zuschrieb, er habe nur die deutsche Westoffensive verhindern wollen. Vgl. Saul Friedländer: Auftakt zum Untergang. Hitler und die Vereinigten Staaten von Amerika 1939–1941. Aus dem Französischen. Stuttgart/Berlin/Köln/Mainz 1965, S. 52–54.

54 Die Namen in diesem Absatz wurden später eingesetzt; vgl. Anm. 44a. – Oberst Hans Oster war als Leiter der Zentralabteilung des militärischen Nachrichtendienstes und als Chef des Stabes des Amtes Ausland/Abwehr eine Schlüsselfigur für die auf Aktion drängende Opposition. Das gilt sowohl für das von ihm aufgebaute Netz von Kontakten wie für die konkrete Umsturzplanung. Nach dem Rücktritt Becks im August 1938 hatte Oster die Verbindung mit ihm aufrechterhalten. In Becks Auftrag hatte er die Kontakte mit dem britischen Botschafter am Vatikan (Osborne) in die Wege geleitet. Doch waren weder Beck noch Hassell darüber informiert, daß Oster die Termine für die geplante deutsche Westoffensive an den niederländischen Militärattaché G. J. Sas weitergegeben hatte. Zu Oster vgl. Hermann Graml: Hans Oster, in: Hans Jürgen Schultz (Hrsg.): Der Zwanzigste Juli – Alternative zu Hitler? Stuttgart/Berlin 1974, S. 130–138; Romedio Galeazzo Graf von Thun-Hohenstein: Der Verschwörer. General Oster und die Militäropposition. Berlin 1982.

55 Daß der Kontakt mit England unterbrochen war, lag nicht an Hassells Gesprächspartner. Bryans hatte, wie vereinbart, Hassells „statement" über den Staatssekretär Cadogan an Außenminister Halifax weitergeleitet, hatte aber nur die Antwort erhalten, die britische Regierung wolle diesen Kanal zur deutschen Opposition nicht weiter benutzen; man habe Vertretern der Opposition bereits über einen offiziellen Kanal (gemeint war offensichtlich die Vatikangesandtschaft) eine Nachricht zukommen lassen. Bryans erhielt nichts „Schriftliches", sondern mußte es schon als ein Entgegenkommen ansehen, daß Cadogan ihm den Auftrag gab, diese Friedensinitiative zu einem ordentlichen Abschluß zu bringen „and to ‚leave no frayed end', as he expressed it". Vgl. J. Lonsdale Bryans: Blind victory (Secret communications, Halifax-Hassell). London et al. 1951, S. 71ff., Zitat S. 74; The diaries of Sir Alexander Cadogan 1938–1945 (wie Anm. 60/40), S. 256f. (28. 2. 40),

Anmerkungen zu den Seiten 187 bis 190

S. 259 (6. 3.) sowie S. 263 (13. 3.), wo es heißt: „H[alifax] and Van[sittart] about Lonsdale Bryans, who is still trying to be busy. Settled to put kybosh on him. (I shall have to do it tomorrow!)." Der negative Verlauf dieses Friedensfühlers hing offenbar – abgesehen davon, daß der Kontakt über J. Müller schon bestand – zum Teil mit diesem Urteil über Bryans zusammen; Müller (Bis zur letzten Konsequenz [wie Anm. 136/39], S. 102) berichtet, der im Vatikan agierende Prälat Kaas habe bei Gesprächen mit Briten auch bei dem Namen Hassell Zurückhaltung gespürt. Vor allem aber hatte das britische Interesse für Friedensfühler der deutschen Opposition im März schon nachgelassen. Sichtbare Zeichen für einen bevorstehenden Umsturz in Deutschland waren ausgeblieben; in der Öffentlichkeit der Westalliierten war das Gefühl verbreitet, daß der sowjetisch-finnische Friedensschluß vom 12./13. 3. eine schwere Niederlage bedeutete. Mit der harten Kritik an der „entschlußlosen" Kriegführung hing auch Daladiers Sturz unmittelbar zusammen. Am 28. 3. sprach sich Chamberlain in der Sitzung des Supreme War Council für einen „vollständigen Sieg" über Deutschland aus. Die Unterscheidung zwischen dem NS-Regime und dem deutschen Volk begann sich zu verwischen. Vgl. Peter W. Ludlow: The unwinding of appeasement, in: Lothar Kettenacker, Das „Andere Deutschland" (wie Anm. 42a/39), S. 39–43; Dokumente zur Deutschlandpolitik. Hrsg. vom Bundesministerium für innerdeutsche Beziehungen. Reihe I, Bd. 1. Frankfurt a.M. 1984, Einleitung S. XIXff. (Rainer A. Blasius).

56 Es handelt sich um Rauschnings „Gespräche mit Hitler", das um die Jahreswende 1939/40 in englischer, französischer und schließlich auch deutscher Sprache erschienen war. Das Buch verstand den Nationalsozialismus als eine Umwandlung der sozialen Revolution in eine nationalistische Expansion und legte den Schluß nahe, daß Hitlers Rasse-Ideen und Lebensraum-Konzeption nicht überholt seien, sondern als unveränderte Maxime für Hitlers Handeln ernst zu nehmen seien. Rauschning entlarvt darin Hitlers Verständigung mit Polen im Jahre 1934 als taktisches Täuschungsmanöver und sagt den Angriff auf die Sowjetunion sowie die deutschen Praktiken bei der Beherrschung Osteuropas voraus. – Hassells Skepsis richtete sich vermutlich gegen die Authentizität, die schon früh angezweifelt wurde. Theodor Schieder („Rauschnings Gespräche mit Hitler" als Geschichtsquelle. Opladen 1972, S. 62) bemerkte, sie seien „kein Quellendokument, von dem man wörtliche und protokollarische Überlieferung Hitlerscher Sätze und Sentenzen erwarten darf, so vieles auch darin diesen Erfordernissen entspricht. Sie sind aber ein Dokument von unbezweifelbarem Quellenwert insofern, als sie Deutungen enthalten, die aus unmittelbarer Einsicht erwachsen sind." Wolfgang Hänel (Hermann Rauschnings „Gespräche mit Hitler" – Eine Geschichtsfälschung [Veröffentlichung der Zeitgeschichtlichen Forschungsstelle Ingolstadt, Bd. 7]. Ingolstadt 1984) geht in der Kritik weiter, indem er auch diese „innere Wahrheit" in Frage stellt und im einzelnen recht überzeugend nachweist, daß frühere Notizen Rauschnings zu sehr auf die ideologischen Bedürfnisse im Spätherbst 1939 zugeschnitten sind. Insgesamt soll Rauschning nach Hänel nur viermal mit Hitler gesprochen haben.

57 Habicht sollte versuchen, Afghanistan gegen Britisch-Indien zu mobilisieren. Das Unternehmen hatte keinen Erfolg. Zu der Zusammenarbeit zwischen Habicht und dem Nahost-Experten v. Hentig vgl. Hentig, Mein Leben (wie Anm. 138/39), S. 334f.

1940

58 Tatsächlich hatte Hitler den Befehl zur Vorbereitung des Norwegen-Unternehmens („Fall Weserübung") bereits am 1. 3. gegeben, und zwar mit folgender Begründung: „Hierdurch soll englischen Übergriffen nach Skandinavien und der Ostsee vorgebeugt, unsere Erzbasis in Schweden gesichert und für Kriegsmarine und Luftwaffe die Ausgangsstellung gegen England erweitert werden." Am 1. 4. befahl Hitler, den „Fall Weserübung" durchzuführen. Es war weitgehend Zufall, daß die deutschen und die britischen Operationen gegen Norwegen fast gleichzeitig ausgeführt wurden. Vgl. Walther Hubatsch: „Weserübung". Die deutsche Besetzung von Dänemark und Norwegen 1940 (Studien und Dokumente zur Geschichte des Zweiten Weltkrieges, Bd. 7). Göttingen/Berlin/Frankfurt ²1960, S. 39–60, S. 438–441 (Text der Weisung Hitlers).

59 Das zweite Treffen Hassells mit Bryans am 14./15. 4. fand zu einem Zeitpunkt statt, als sich auf beiden Seiten die Aussichten auf einen Kompromißfrieden noch verschlechtert hatten. Die Möglichkeit eines Staatsstreichs in Deutschland war Ende März praktisch auf den Nullpunkt gesunken, die Regierung Chamberlain nach dem finnisch-sowjetischen Friedensschluß und der deutschen Landung in Norwegen stark angeschlagen. Bryans hat in dieser Situation verschwiegen, daß er eigentlich nur zum förmlichen Abbruch seiner Initiative nach Arosa reisen durfte; auch hat er anscheinend den Eindruck zu erwecken versucht, als käme er unmittelbar von Halifax. Tatsächlich war es ihm in der Zwischenzeit nicht gelungen, zum Außenminister vorzudringen. Trotzdem ist es Hassell nicht verborgen geblieben, daß Bryans mit leeren Händen kam. So war dieses Treffen nicht viel mehr als ein persönlicher Gedankenaustausch. Vgl. Bryans, Blind victory (wie Anm. 55/40), S. 78–81.

60 Wie aus Cadogans Tagebüchern und aus den Memoiren des Geheimdienstchefs Schellenberg gleichermaßen hervorgeht, hatte das Foreign Office (Halifax) die Kontakte der britischen Geheimdienstoffiziere Best und Stevens mit den vermeintlichen Mittelsmännern des deutschen Widerstandes im Oktober/November 1939 gesteuert. Halifax hatte in Absprache mit dem Premierminister ein Papier erarbeiten lassen, das als Grundlage für eine Verständigung mit einer neuen deutschen Regierung dienen sollte. Die wichtigsten Punkte daraus wurden den deutschen Gesprächspartnern mitgeteilt. Vgl. David Dilks (ed.): The diaries of Sir Alexander Cadogan 1938–1945. London 1971, S. 224–237 (passim); Walter Schellenberg: Aufzeichnungen. Die Memoiren des letzten Geheimdienstchefs unter Hitler. Wiesbaden/München 1979, S. 79–88.

61 Bei dem „anderen Weg" handelte es sich offensichtlich um die Friedenskontakte, die über den Vatikan und den britischen Vatikangesandten Osborne liefen. Cadogan hatte Bryans bei seiner Rückkehr von Arosa mitgeteilt, daß bereits „vor einer Woche" eine Nachricht für die deutsche Opposition abgegangen sei. Halifax hatte am 17. 2. Osborne eindringlich auf die Notwendigkeit hingewiesen, daß Großbritannien und Frankreich unwirksame Garantien für ihre künftige Sicherheit benötigten: „In this connection the suggestion of a decentralized and federal Germany is of interest, and might be held to go some way towards a solution of this problem. It might be useful if those who have made this suggestion could develop this or any similar idea in concrete terms. Under any Federal plan it would in our view be right that Austria should be allowed to decide whether or not she wished to enter

Anmerkungen zu den Seiten 190 bis 198

the Federation." – Die Umwandlung Deutschlands in einen dezentralisierten Bundesstaat sollte nach britischen Vorstellungen dem „preußischen Militarismus" den Boden entziehen. Wie Halifax unterstellt, ist aber der Vorschlag von deutscher Seite eingebracht worden, wozu sich der aus Bayern stammende Josef Müller in seinen Memoiren auch ausdrücklich bekennt: Dabei habe er darauf hingewiesen, daß er zwar „gegen ein Einheitsreich sei, gleichzeitig aber auch eine Auflösung Deutschlands in Teilstaaten ablehne, weil das wieder zu einem überhitzten Nationalismus führe". Dies sei auch von den Engländern akzeptiert worden, denen es „offensichtlich bewußt geworden" sei, „daß die ‚Gleichschaltung' in Deutschland, mit der Hitler schon 1934 die deutschen Länder aller ihrer Rechte beraubte, ein wichtiger Schritt zu einer unbeschränkten Diktatur und damit auch zu allen seinen Gewalttätigkeiten war". Für Hassell, dem dieser Aspekt der Müllerschen Aktivitäten wohl nicht bekannt war, konnte die britische Antwort „nicht ganz befriedigend" sein, da er Verfassungsfragen als innerdeutsche Angelegenheit betrachtet wissen wollte. Als Bryans fragte, ob ihm die britische Antwort über den anderen Kanal bekannt sei, antwortete Hassell: „Oh yes, we heard of it. But that is not the sort of thing we want!" Vgl. Ludlow, Papst Pius XII. (wie Anm. 39/40), S. 336f., Schreiben von Halifax; J. Müller, Bis zur letzten Konsequenz (wie Anm. 136/39), S. 127f. (Zitat) und S. 122; Lonsdale Bryans, Blind victory (wie Anm. 55/40), S. 80.

62 Es trifft nicht zu, daß der Gesandte Bräuer und der nach Norwegen entsandte Unterstaatssekretär Habicht auf Quisling gesetzt haben. Hinter der staatsstreichartigen Ausrufung des Quisling-Regimes standen vielmehr einige Mitarbeiter Rosenbergs und der Marineattaché. Vgl. hierzu Hans-Dietrich Loock: Quisling, Rosenberg und Terboven. Zur Vorgeschichte und Geschichte der nationalsozialistischen Revolution in Norwegen. Stuttgart 1970, S. 277–330, und Leonidas Hill in seinem Kommentar zu den Notizen Weizsäckers. Weizsäcker-Papiere (wie Anm. 15/38), S. 529 und 530.

63 Josef Wagner war zunächst Gauleiter in Westfalen(-Süd) und dann auch in Schlesien geworden. Außerdem war er 1936 zum Preiskommissar bestellt worden (nach Rücktritt Goerdelers von diesem Amt), sein persönlicher Referent war lange Zeit Oberregierungsrat Peter Graf Yorck, einer der Mitbegründer des Kreisauer Kreises. Wagner galt als kirchentreuer Katholik und gemäßigter Nationalsozialist, der sich durch sein Verhalten mehr und mehr mißliebig machte. Er lehnte es ab, sich nach dem Polenfeldzug an den Evakuierungsmaßnahmen zu beteiligen und opponierte auch gegen Himmlers Befehl an die SS (28. 10. 1939), gegebenenfalls auch Kinder außerhalb der Ehe zu zeugen. Wagner verlor alle Ämter, wurde im Oktober 1942 aus der Partei ausgeschlossen und ist schließlich gegen Kriegsende ermordet worden. Vgl. Schwerin v. Krosigk, Es geschah (wie Anm. 34/38), S. 353f.; Freya v. Moltke/Michael Balfour/Julian Frisby: Helmuth James v. Moltke 1907–1947. Anwalt der Zukunft. Stuttgart 1975, S. 11; Robert Wistrich: Wer war wer im Dritten Reich. Aus dem Englischen. München 1983, S. 286ff.

64 Halder nahm die ihm von Thomas vorgelegte Fassung des X-Berichts mit großer Skepsis auf und wurde in dieser Skepsis noch durch Brauchitsch bestärkt, der bei dem Dokument Datum und Unterschrift vermißte. Ein Schreiben des Paters Leiber, das Müller erst im März aus Rom mitgebracht hatte und das auf „päpstlichem Papier" noch einmal die Absprachen ent-

hielt, hat Halder offensichtlich nicht vorgelegen. Wenn der X-Bericht die erhoffte Wirkung verfehlte, so war der Hauptgrund aber doch wohl darin zu suchen, daß sich zu diesem Zeitpunkt sowohl Halder als auch Brauchitsch schon längst auf die Durchführung der Westoffensive festgelegt hatten. Vgl. Erich Kosthorst: Die deutsche Opposition gegen Hitler zwischen Polen- und Frankreichfeldzug. Bonn ³1957, S. 135–139; Deutsch, Verschwörung (wie Anm. 135/39), S. 320–322, 332–337 sowie 338f.; Josef Müller, Konsequenz (wie Anm. 136/39), S. 135–137.

65 Wegen der am 10. 5. beginnenden Westoffensive konnte Hassells geplante Spanienreise nicht stattfinden.

66 Der Mitteleuropäische Wirtschaftstag (gegr. 1924), in dem zu dieser Zeit etwa 130 Firmen, Banken, Vereine und Institute vertreten waren, hatte es sich zur Aufgabe gemacht, die Interessen der deutschen Wirtschaft in Südosteuropa zu koordinieren. Führend beteiligt waren die IG-Farben (Max Ilgner), Krupp (Tilo v. Wilmowsky) und die Deutsche Bank (H. J. Abs), aber auch die Landwirtschaft (Prof. Woermann, Carl Wentzel-Teutschenthal). Der Ansprechpartner im AA war Gesandter Carl Clodius (Handelspolitische Abteilung). Vgl. Tilo Frhr. v. Wilmowsky: Rückblickend möchte ich sagen . . . An der Schwelle des 150jährigen Krupp-Jubiläums. Oldenburg/Hamburg 1961, S. 187–217; Deutschland im Zweiten Weltkrieg, Bd. I. Köln 1974, S. 422–429; Kurt Schwarzenau: Der Mitteleuropäische Wirtschaftstag. Geschichte und Konzeption einer Monopolorganisation von den Anfängen bis 1945. Masch. Diss. Leipzig 1974; Manfred Asendorf: Ulrich v. Hassells Europakonzeption und der Mitteleuropäische Wirtschaftstag, in: Jahrbuch des Instituts für deutsche Geschichte, Bd. VII, S. 387–419.

67 Der von Etzdorf erwähnte Artikel in einer französischen Zeitung konnte nicht ermittelt werden. Ein ähnliches Urteil über Teile der Generalität findet sich aber in dem – von Thyssen allerdings nur teilweise autorisierten – Buch Fritz Thyssen: I paid Hitler. London 1941, S. 161f.

68 Sein ständig schlechter Gesundheitszustand zwang Himmler immer wieder, seine Teilnahme an öffentlichen Veranstaltungen abzusagen. Dies führte zu mancherlei Gerüchten. Daß er mit Schußverletzungen in einem Krankenhaus gelegen hat, ist anderweitig nicht belegt. Vgl. Heinrich Fraenkel/Roger Manvell: Himmler. Kleinbürger und Massenmörder. Berlin/Frankfurt a. M./Wien 1965, S. 99 und 101.

69 Ausführlich über den Auftritt Ribbentrops berichtet der belgische Gesandte in seinen Memoiren, in denen er auch auf diese Tagebucheintragung Hassells Bezug nimmt. Vgl. Vicomte Jacques Davignon: Berlin 1936–1940. Souvenirs d'une mission. Paris/Bruxelles 1951, S. 236–249. In der Revue Générale Belge, Februar 1949 (S. 519) schreibt Davignon, Ribbentrop sei der „Alpdruck des in Berlin akkreditierten diplomatischen Corps" gewesen; er nennt Ribbentrop einen „süffisanten, unfähigen, arroganten Menschen". Ergänzend Léonardo Simoni (d. i. Lanza): Berlin. Ambassade d'Italie. Journal d'un diplomate italien. Aus dem Italienischen. Paris 1947, S. 128–130; Weizsäcker-Papiere (wie Anm. 15/38), S. 204.

70 Prinz Wilhelm v. Preußen war am 26. 5. in einem Lazarett den Verwundungen erlegen, die er am 23. 5. als Kompaniechef in einem Infanterieregiment erhalten hatte. Die große Anteilnahme an der Trauerfeier in Potsdam – 50.000 Menschen sollen den Zug von der Friedenskirche zum Antiken Tempel gesäumt haben – veranlaßte Hitler, die Prinzen aus ehemals regieren-

Anmerkungen zu den Seiten 198 bis 207

den Häusern aus der kämpfenden Truppe herauszuziehen. Zu der von Hassell angesprochenen „Komplikation" im Haus Hohenzollern vgl. Anm. 104/39. Vgl. auch Ritter, Goerdeler (wie Anm. 64/39), S. 195f. und S. 295–299.

71 Ebenso und ergänzend vgl. Sigurd v. Ilsemann: Der Kaiser in Holland. Aufzeichnungen des letzten Flügeladjutanten Kaiser Wilhelms II. Hrsg. von Harald v. Koenigswald. München 1968, Bd. 2, S. 342–344.

72 Der Eintritt der beiden Republikaner Frank Knox und Henry Lewis Stimson in das amerikanische Kabinett (21. 6. 1940) wirkte sich als eine Verstärkung der interventionistischen Richtung aus. Als sie sich schon sehr bald für einen Widerruf der Neutralitätsakte einsetzten, gingen sie auch Roosevelt zu weit. Auf lange Sicht war die Kabinettserweiterung jedoch eher ein Schritt zu einer Zweiparteienaußenpolitik. Vgl. The memoirs of Cordell Hull (wie Anm. 118/39), Bd. I, S. 208, 838f. und 910, sowie Bd. II, S. 943; John Arthur Garratay (ed.): Encyclopedia of American biography. New York 1974, S. 628 und 1050f.

73 Die Sowjetunion, die aufgrund eines Zusatzprotokolls zum Hitler-Stalin-Pakt das Baltikum als ihre Einflußsphäre betrachtete, richtete in der Zeit zwischen dem 12. und 17. 6. an Litauen, Lettland und Estland Ultimaten; die Rote Armee marschierte trotz deren Annahme ein und leitete mit Hilfe von einheimischen linksgerichteten Kräften einen Umsturz in die Wege. Nach Scheinwahlen, die im Juli 1940 unter größtem sowjetischen Druck abgehalten wurden, erklärten die neuen Volksvertretungen die baltischen Staaten zu Sowjetrepubliken und ersuchten um ihre Aufnahme in die Sowjetunion, die Anfang August durch den Obersten Sowjet auch beschlossen wurde. Vgl. Seppo Myllyniemi: Die baltische Krise 1938–1941. Aus dem Finnischen. Stuttgart 1979, S. 122–138.

74 Ein Ergebnis dieser Arbeit war Hassells Denkschrift: Bemerkungen zum Ausgleich der deutschen und italienischen Wirtschaftsinteressen. Sondergutachten. Januar 1941, Masch. (Exemplar in der Bibliothek des Instituts für Weltwirtschaft, Kiel). – Zu einer vertraglichen Abgrenzung der beiderseitigen Interessensphären in Südosteuropa ist es dennoch nicht gekommen. Vgl. v. Rintelen, Mussolini (wie Anm. 129/39), S. 111.

75 Max Egon Prinz zu Hohenlohe-Langenburg, der die Staatsbürgerschaft des Fürstentums Liechtenstein besaß, hatte es sich zur Aufgabe gemacht, im Vorfeld der offiziellen deutschen „Friedensoffensive" die englische Position zu sondieren. Wenngleich er sich auf ein Schreiben von Botschafter Hewel, der das Auswärtige Amt im Führerhauptquartier vertrat, und auf Ermutigungen Weizsäckers stützen konnte, handelte es sich nicht um einen offiziellen Friedensfühler. Immerhin kam es zu mehreren Gesprächen zwischen Hohenlohe und Sir David Kelly, dem britischen Gesandten in Bern. Doch ließ sich, zumal da Hohenlohe ohne eigentlichen Auftraggeber agierte, die britische Seite auf nichts ein. Nach der Niederlage Frankreichs wäre ein britisches Friedensersuchen einer Kapitulation nahegekommen. Premierminister Churchill wollte in dieser Situation alles vermeiden, was als ein Zeichen der Schwäche gedeutet werden konnte. Vgl. Martin, Friedensinitiativen (wie Anm. 91/39), S. 279–281 sowie S. 294–298.

76 General Huntziger war Leiter der französischen Waffenstillstandskommission. Die deutsche Reaktion auf solche Annäherungsversuche war in der Tat zunächst reserviert. Hitlers Mißtrauen wurde aber entscheidend vermindert,

1940

nachdem die regulären französischen Streitkräfte am 25. 9. den britisch-gaullistischen Angriff auf Dakar abgeschlagen hatten. Vgl. Eberhard Jäckel: Frankreich in Hitlers Europa. Die deutsche Frankreichpolitik im Zweiten Weltkrieg. Stuttgart 1966, S. 103 und 108.

77 General de Gaulle und die „freien Franzosen" hatten zunächst nur auf einigen pazifischen Inselgruppen Anhänger gefunden. Am 21. 7. erklärten sich die Neuen Hebriden für de Gaulle; Tahiti folgte am 2. 9. Wichtiger für die Bewegung „Free France" war jedoch, daß sie seit Ende August in Französisch-Äquatorialafrika Fuß fassen konnte. Vgl. Paul Auphan/Jacques Mordal: Unter der Trikolore. Kampf und Untergang der französischen Marine im Zweiten Weltkrieg. Aus dem Französischen. Oldenburg 1964, S. 274ff. Wie labil die Lage auch in West- und Nordafrika war, beleuchtete wenig später eine Äußerung des französischen Hochkommissars von Senegal, Pierre Boisson, der nach seiner erfolgreichen Abwehr des Angriffs auf Dakar im Kreise seiner Mitstreiter gesagt haben soll, er wisse nicht, ob er nicht tatsächlich „pour le Roi de Prusse" gekämpft habe. Vgl. Klaus Hildebrand: Vom Reich zum Weltreich. Hitler, NSDAP und koloniale Frage 1919–1945. München 1969, S. 692.

78 Der Termin für die geplante Landung in England wurde mehrfach verschoben, am 17. 9. dann „bis auf weiteres". Ein wesentlicher Grund dafür lag darin, daß es zuvor nicht gelungen war, die Luftherrschaft im Landegebiet zu erringen. – Der Text der Führeranweisung für das Unternehmen „Seelöwe" vom 16. 7. ist abgedruckt bei Walther Hubatsch: Hitlers Weisungen für die Kriegführung 1939–1945. Dokumente des Oberkommandos der Wehrmacht. Koblenz ²1983, S. 61–65.

79 Hitlers Absicht, die Sowjetunion niederzuwerfen, erhielt durch den Ausgang des Frankreichfeldzuges starken Auftrieb. Bereits am 31. Juli gab Hitler den Oberbefehlshabern der drei Wehrmachtteile den Befehl, „das russische Problem in Angriff zu nehmen", gegebenenfalls noch bevor sich Großbritannien zu einem Einlenken bereit fand. Da die Militärs, vor allem Keitel und Jodl, erklärten, daß sich die geplanten Operationen nicht mehr im Herbst durchführen ließen, wurde der Angriffstermin auf Frühjahr 1941 verschoben. In der Folgezeit wurden jedoch noch andere Konzeptionen verfolgt, vor allem der Versuch, Großbritannien durch Luftbombardements und durch eine Verdrängung aus dem Mittelmeerraum kriegsmüde zu machen. Namentlich Ribbentrop vertrat hierbei die Konzeption eines Kontinentalblocks, dem auch die Sowjetunion angehören sollte. Erst nach dem Besuch Molotows im November 1940 scheint der Entschluß zum Angriff auf die Sowjetunion – auch auf die Gefahr eines Zweifrontenkrieges hin – endgültig gefallen zu sein. Vgl. Andreas Hillgruber: Hitlers Strategie. Politik und Kriegführung 1940/41. München ²1982, S. 207–255.

80 Nachdem Rumänien gezwungen worden war, Bessarabien und die Nordbukowina an die Sowjetunion abzutreten, verlangte auch Bulgarien den südlichen Teil der Dobrudscha, den es 1913 verloren hatte, wieder zurück. Rumänien erklärte sich dazu unter deutschem Druck prinzipiell einverstanden, die Verhandlungen zogen sich jedoch bis zum 7. 9. hin. Dabei wurde auch ein Bevölkerungsaustausch vereinbart, demzufolge 110.000 Rumänen aus der Süddobrudscha und 65.000 Bulgaren aus der Norddobrudscha umgesiedelt werden sollten. Vgl. Hans-Joachim Hoppe: Bulgarien – Hitlers eigenwilliger Verbündeter. Eine Fallstudie zur nationalsozialistischen Südosteuropapolitik. Stuttgart 1979, S. 82–90.

Anmerkungen zu den Seiten 207 bis 212

81 Hitler, der bisher den Status quo in Südosteuropa aufrecht erhalten wollte, sah sich durch die sowjetische Inbesitznahme Bessarabiens im Juni vor eine neue Situation gestellt; denn neben Bulgarien erhob jetzt auch Ungarn Gebietsansprüche gegenüber Rumänien. Als der rumänische König Carol um eine deutsche Grenzgarantie und um die Entsendung einer Militärmission nachsuchte, wich Hitler aus. In seiner Antwort an den König vom 15. 7. hieß es, daß er auf das rumänische Ersuchen erst eingehen könne, wenn die Grenzprobleme gegenüber Ungarn und Bulgarien geregelt seien; er regte direkte Verhandlungen zwischen Rumänien und seinen beiden Nachbarstaaten an. Vgl. Hillgruber, König Carol (wie Anm. 18/39), S. 77–79.

82 Nachdem die Verhandlungen zwischen Rumänien und Ungarn, die vom 16. bis 23. 8. in Turnu-Severin stattfanden, ergebnislos verlaufen waren, hatte sich in Südosteuropa eine bedrohliche Situation ergeben. Da Hitler befürchtete, daß ein militärischer Konflikt zwischen Rumänien und Ungarn zu einer Intervention der Sowjetunion führen würde, griff er ein. So kam es am 30. 8. zum Zweiten Wiener Schiedsspruch, der von den Außenministern Ribbentrop und Ciano gefällt wurde. Durch die von Hitler selbst gezogene Grenzlinie wurde der nördliche Teil Siebenbürgens (etwa ein Drittel) mit Klausenburg und dem sogenannten Szekler Zipfel Ungarn zugeschlagen. Im Gegenzug übernahm Deutschland eine Garantie für das restliche rumänische Staatsgebiet. Diese Entscheidung konnte nur durch deutschen Druck bei den Rumänen durchgesetzt werden. Während die Führer der Nationalen Bauernpartei und der Liberalen, Iuliu Maniu und Constantin Bratianu, auf ihrem ablehnenden Standpunkt beharrten, entschied sich König Carol zur Annahme. Sein Außenminister Mihai Manoilescu, der nur mit Mühe unterschreiben konnte, erlitt anschließend eine Herzattacke. Vgl. ADAP, Serie D, Bd. X, Dok. Nr. 413, S. 479–484, 30. 8. 1940; Carlile A. Macartney: October fifteenth. A History of modern Hungary, 1929–1945, Part I. Edinburgh 1957, S. 425ff.; Hillgruber, König Carol (wie Anm. 18/39), S. 89–93; Margot Hegemann: Das Diktat von Wien 1940 und seine Bedeutung für die Umwandlung Rumäniens in eine militärische Aggressionsbasis für Hitlerdeutschland. Phil.-Diss. Leipzig 1961 (Masch.).

83 Finnland hatte im Winterkrieg etwa ein Zehntel seines Staatsgebietes verloren, während Rumänien im Juni 1940 gezwungen worden war, Bessarabien abzutreten. Gerade in diesen Wochen begann sich jedoch in den deutsch-finnischen Beziehungen ein Umschwung abzuzeichnen. Während Finnland seine Nickelausfuhr auf eine feste Basis stellte und dem Reich Transitrechte nach Nordnorwegen gewährte, erklärte sich Deutschland zu einer (Wieder-)Aufnahme von Waffenlieferungen bereit. Toivo M. Kivimäki, der finnische Gesandte in Berlin, gehörte zu denen, die diese Annäherung förderten. Vgl. v. Blücher, Gesandter (wie Anm. 21/40), S. 191–209; Gerd R. Ueberschär: Hitler (wie Anm. 21/40), S. 196–227; auch Anthony F. Upton: Finland in crisis, 1940–1941. A study in smallpower politics. London 1964, S. 145.

84 Hitlers Entscheidung gegen das Unternehmen „Seelöwe" fiel endgültig am 12. 10. Die Vorbereitungen für eine Landung sollten bis zum Frühjahr 1941 aufrechterhalten werden, allerdings nur als politisches und militärisches Druckmittel. Vgl. Karl Klee: Das Unternehmen „Seelöwe". Die geplante deutsche Landung in England 1940. Göttingen/Berlin/Frankfurt a. M. 1958, S. 197–215, bes. S. 209.

85 Bei einem englischen Luftangriff am 19. 9. waren die Betheler Anstalten,

u. a. das Mädchenheim, schwer in Mitleidenschaft gezogen worden (vgl. Frankfurter Zeitung, Nr. 482 vom 21. 9. 1940). Gerade zu dieser Zeit war das nationalsozialistische „Euthanasie-Programm" angelaufen. In diesem Zusammenhang war Pfarrer Braune, Stellvertreter Bodelschwinghs und Vizepräsident des Zentralausschusses für Innere Mission, vom 12. 8. bis 31. 10. in Haft, wahrscheinlich weil er eine Denkschrift gegen diese unmenschlichen Maßnahmen ausgearbeitet hatte. Vgl. Wilhelm Brandt: Friedrich v. Bodelschwingh 1877–1946. Nachfolger und Gestalter. Bethel 1967, S. 196–198.

86 Die schon seit 1935/36 bestehende bewaffnete „SS-Verfügungstruppe" wurde nach dem Polenfeldzug in zwei Divisionen zusammengefaßt. Der Ausbau zur „Waffen-SS" stieß indes bei der Wehrmacht auf Widerstand und ging daher zunächst (bis Juni 1942) nur langsam voran. Wenn Hitler der Waffen-SS die Aufgabe zuwies, „widerwillige Völker" zu beherrschen, so war das für ihn auch ein Argument, den Monopolanspruch der Wehrmacht einzuschränken. Vgl. George H. Stein: Geschichte der Waffen-SS. Aus dem Englischen. Düsseldorf 1967; Bernd Wegner: Hitlers politische Soldaten – Die Waffen-SS 1933–1945. Paderborn 1982; siehe auch Anm. 38/40.

87 Rechtsanwalt Friedrich Josef Berthold, der aus der Jugendbewegung kam, war als Sachbearbeiter in der Verwaltung des Generalgouvernements tätig. Durch sein Engagement für Südtirol war er schon im Jahre 1936 mit Hassell bekannt geworden. In seinem Buch „Verratene Jugend" Freiburg i. Br./Basel/Wien 1970, berichtete er über „Szenen und Gespräche aus dem Widerstand", und zwar neben dem Kreis der „Weißen Rose" auch über Hassell.

88 Um das polnische Volk auf die Stufe eines „führerlosen Arbeitsvolkes" herabzudrücken, sollte nach dem Willen Hitlers die Intelligenz entmachtet und, wenn „nötig", vernichtet werden. In diesem Zusammenhang kam es im Winter 1939/40 zu Großaktionen gegen die polnische Intelligenz. Wie in späteren Razzien gegen die polnische Widerstandsbewegung waren katholische Geistliche und Lehrer als Träger des polnischen Nationalbewußtseins besonders betroffen. Vgl. Broszat, Polenpolitik (wie Anm. 83/39), S. 21–25 und S. 45; Christoph Kleßmann: Die Selbstbehauptung einer Nation. NS-Kulturpolitik und polnische Widerstandsbewegung im Generalgouvernement 1939–1945. Düsseldorf 1971, S. 43–47 und S. 200f.

89 Zur Diskussion im Herbst 1940, wie Großbritannien „friedenswillig zu machen" sei, vgl. o. Anm. 79. Offensivpläne im Mittelmeerraum vertrat vor allem Großadmiral Raeder in Lagevorträgen und Gesprächen bei Hitler (am 6. und 26. 9., 3. und 27. 12. 1940 und sogar noch am 3. 6. 1941). Eine Aktion gegen Gibraltar scheiterte jedoch nicht zuletzt an Francos Ablehnung. Gerhard Schreiber zufolge (Der Mittelmeerraum in Hitlers Strategie. „Programm" und militärische Planung, in: Militärgeschichtliche Mitteilungen, Bd. 28 [1980], S. 69–99, Zitat S. 92) war das Mittelmeer für Hitler überhaupt nur ein Nebenschauplatz, wo es vor allem um die „strategische Sicherung der Südflanke des Unternehmens ‚Barbarossa'" (des Angriffs auf Rußland) ging. Vgl. Lothar Gruchmann: Die „verpaßten strategischen Chancen" der Achse im Mittelmeerraum 1940/41, in: VZG, 18. Jg. (1970), S. 457–475; Salewski, Seekriegsleitung (wie Anm. 1/40), Bd. I, S. 470–485; Lagevorträge des Oberbefehlshabers der Kriegsmarine vor Hitler 1939–1945. Im Auftrag des Arbeitskreises für Wehrforschung herausgegeben von Gerhard Wagner. München 1972, S. 134ff., 143f., 165f., 171ff., 258–262.

Anmerkungen zu den Seiten 212 bis 216

90 Vom 23. bis 25. 9. hatte ein britisch-gaullistischer Angriff auf den Flottenstützpunkt Dakar in Westafrika stattgefunden, der von den Anhängern der Vichy-Regierung zurückgeschlagen wurde. Vgl. Auphan/Mordal, Trikolore (wie Anm. 77/40), S. 176–183.

91 Nach dem Zweiten Wiener Schiedsspruch und der Abdankung König Carols wurde gleichsam „zur praktischen Verwirklichung" der deutschen Garantie für Rumänien eine Militärmission mit „Lehrtruppen" nach Bukarest entsandt. Mitte November war eine ganze motorisierte Division in Rumänien versammelt. Hauptsächliche Aufgabe sollte die Sicherung der rumänischen Erdölfelder sein, intern war aber auch schon von einer möglichen kriegerischen Auseinandersetzung mit der Sowjetunion die Rede. Vgl. Hillgruber, König Carol (wie Anm. 18/39), S. 97–100.

92 Ribbentrop hatte es in seinem Brief an Stalin vom 13. 10. als „historische Aufgabe" der vier Mächte Deutschland, Italien, Japan und UdSSR bezeichnet, „ihre Politik auf längste Sicht zu ordnen und durch Abgrenzung ihrer Interessen nach säkularen Maßstäben die zukünftige Entwicklung ihrer Völker in die richtigen Bahnen zu lenken", und hatte zu diesem Zwecke Molotow nach Berlin eingeladen (abgedruckt in ADAP, Serie D, Bd. XI, 1, Dok. Nr. 176, S. 248–253, Zitat S. 253). Über die Hintergründe zu diesem Brief hieß es in einer Notiz Weizsäckers vom 27. 9.: „Rußland haben wir sehr verschnupft mit der Garantie an Rumänien, mit der Nicht-Beteiligung an der Donau (oberhalb des Deltas), mit dem Durchmarschabkommen mit Finnland (nach Kirkenäs), mit lässiger Lieferung versprochener Waren und gestern noch einmal kräftig durch den Dreieckspakt Deutschland–Italien– Japan. Es ist nötig, diese Überraschungen gegenüber Rußland wieder gut zu machen, wenn dort nicht das Wetter umschlagen soll." Weizsäcker-Papiere (wie Anm. 15/38), S. 219. Vgl. Wolfgang Michalka: Ribbentrop und die deutsche Weltpolitik 1933–1940. München 1980.

93 Marschall Pétain hatte am 11. 10. in einer Rundfunkrede erklärt: „No doubt, Germany can, on the morrow of her victory over our arms, choose between a traditional peace of oppression and an entirely new peace of collaboration; to the misery, to the disorders, to the repressions and doubtless to the conflicts which a new peace made in the image of the old would bring about, Germany can prefer a peace fruitful for the victor, a peace regenerative of well-being for all." Zitiert nach Adrienne Doris Hytier: Two years of French foreign policy. Vichy 1940–1942. Genève/Paris 1958, S. 158. – Noch deutlicher im Sinne einer Kollaboration mit Deutschland hatten sich einige andere Vertreter des Vichy-Regimes ausgesprochen, vor allem der stellvertretende Ministerpräsident Pierre Laval und der Leiter der französischen Waffenstillstandsdelegation General Charles Huntziger. Vgl. Hillgruber, Hitlers Strategie (wie Anm. 79/40), S. 317f.; Jäckel, Frankreich (wie Anm. 76/40), S. 96–104, bes. S. 100 und S. 102f. – Was Pétain anging, so entbehrte allerdings die französische Außenpolitik nicht einer gewissen Doppelbödigkeit. Unter dem Eindruck des britisch-gaullistischen Angriffs auf Dakar hatte er bereits Ende September den Nationalökonomen Prof. Rougier nach London geschickt mit dem Auftrag, einen britisch-französischen Modus vivendi in Afrika zu finden. Rougier hatte daraufhin am 25. 10. mit Premierminister Churchill ein provisorisches Abkommen ausgehandelt, in dem sich die britische Regierung verpflichtete, „weder direkt noch indirekt den Abfall weiterer französischer Kolonien zu betreiben",

solange die Regierung in Vichy auf eine Annäherung an Deutschland verzichten würde. Vgl. Louis Rougier: Les accords franco-britanniques de l'automne 1940. Paris 1954, S. 21ff.

94 Der jugoslawische Ministerpräsident Milan Stojadinović war am 4. 2. 1939 gestürzt worden, nachdem fünf Minister seines Kabinetts zurückgetreten waren. Es gilt bis heute als ungeklärt, was bei diesem Sturz den Ausschlag gegeben hat. In der Politik von Stojadinović waren hauptsächlich drei Momente umstritten: seine Annäherung an die Achsenmächte, seine dilatorische Behandlung des kroatischen Autonomiestrebens und sein autoritärer Regierungsstil, der den Einfluß des Königshauses zurückdrängte. Stojadinović hatte daraufhin versucht, eine neue Partei zu gründen, war damit jedoch am Widerstand der Regierung gescheitert und am 19. 4. 1940 verhaftet worden. Auf jugoslawischer Seite wurde jedoch befürchtet, daß die deutsche Regierung zugunsten von Stojadinović intervenieren könnte. Vgl. den Artikel „Stojadinović" in: Biographisches Lexikon zur Geschichte Südosteuropas (wie Anm. 33/39), Bd. 4, S. 208–210; Holm Sundhaussen: Geschichte Jugoslawiens 1918–1980. Stuttgart/Berlin/Köln/Mainz 1982, S. 96–104.

95 Hitlers Rede am 8. 11. im Löwenbräukeller ist abgedruckt bei Domarus, Bd. II, 1, S. 1601–1608.

96 Am 22. und 23. 10. waren in sieben Transportzügen 6.504 Juden aus Baden und der Pfalz über Chalons-sur-Saône ins unbesetzte Frankreich verbracht worden; sie hatten nur 50 kg Gepäck sowie 100 Mark mitnehmen können und kamen größtenteils ins Lager Gurs. Vgl. Paul Sauer (Bearb.): Dokumente über die Verfolgung der jüdischen Bürger in Baden-Württemberg durch das nationalsozialistische Regime 1933–1945, Teil II. Stuttgart 1966, S. 231–246.

97 Mussolini verlangte von Frankreich eine Korrektur der italienisch-französischen Grenze bei Nizza (etwa 1.000 qkm), Korsika und Tunesien. Hitler erklärte hierzu, er wolle „niemals mit Frankreich Frieden schließen [...], ohne daß die italienischen Forderungen erfüllt seien". ADAP, Serie D, Bd. XI, 1, Dok. Nr. 149, S. 210–221, Zitat S. 213, 4. 10. 1940.

98 Bei dem Treffen auf dem französisch-spanischen Grenzbahnhof von Hendaye versuchte Hitler vergeblich, Franco zur Teilnahme am Krieg gegen Großbritannien zu bewegen. Franco machte sie von Getreide- und Rüstungslieferungen abhängig und verlangte neben Gibraltar Französisch-Marokko und das algerische Gebiet um Oran, ohne seinerseits in die deutschen Forderungen nach Stützpunkten einzuwilligen. Hitler war dazu nicht bereit, so daß „ein Wettersturz ... in den beiderseitigen Gefühlen" eintrat (P. Schmidt). Kurz vor der Abfahrt wurde dann doch noch zwischen Ribbentrop und einem spanischen Unterhändler eine Absprache gefunden, die einen Kriegseintritt Spaniens nach vorheriger gemeinsamer Konsultation vorsah. Auch wenn die spanische Seite hierin den Vorbehalt vorheriger Getreide- und Waffenlieferungen fallen gelassen hatte, so war die Absprache doch völlig unverbindlich. Vgl. Schmidt, Statist (wie Anm. 24/38), S. 500–503, Zitat S. 503, auch S. 496f.; Ramón Serrano Suñer: Entre el silencio y la propaganda. La Historia come fue. Memorias. Barcelona 1977, S. 283–304; Donald S. Detwiler: Hitler, Franco und Gibraltar. Die Frage des spanischen Eintritts in den Zweiten Weltkrieg. Wiesbaden 1962, S. 51–66.

99 Mussolini hatte in diesem Brief Hitler mitgeteilt, daß er demnächst gegen

Anmerkungen zu den Seiten 216 bis 218

Griechenland, das er als Bastion der britischen Mittelmeerstrategie bezeichnete, vorgehen wolle, hatte es aber vermieden, den genauen Angriffstermin zu nennen. Um nicht „zurückgepfiffen" zu werden, hatte Mussolini Vorkehrungen getroffen, daß der Termin geheim bleibe. Als Hitler am 25. 10. auf seiner Rückkreise von Montoire Kenntnis vom Inhalt des Briefes erhielt, schlug er Mussolini sofort ein neues Treffen vor, um ihn über die Gespräche mit Franco und Pétain zu unterrichten. Bei der Verabredung des Treffens in Florenz hatte Hitler nicht seine Hauptabsicht erkennen lassen, den italienischen Diktator von seinem griechischen Abenteuer abzuhalten. So wurde Hitler in seinem Sonderzug zwei Stunden vor Florenz mit der Nachricht konfrontiert, daß italienische Truppen die albanisch-griechische Grenze überschritten hätten. Vgl. Schmidt, Statist (wie Anm. 24/38), S. 505f.; v. Rintelen, Mussolini (wie Anm. 129/39), S. 104–111. – Der Brief ist abgedruckt in ADAP, Serie D, Bd. XI, 1, Dok. Nr. 199, S. 282–284.

100 Hitler wollte den Sowjets auf dem Balkan keinen größeren Machtzuwachs zugestehen. Dies hatte er bereits am 28. 10. Mussolini wissen lassen, als der bevorstehende Besuch Molotows in Berlin zur Sprache kam: „Es bestünde die Gefahr, daß sie [die Russen] sich ihrem alten Ziel, dem Bosporus, wieder zuwenden würden, und davon müßten sie ferngehalten werden. Es sei notwendig geworden, sie darauf hinzuweisen, daß sie bestimmte Grenzen nicht überschreiten dürften." Aufzeichnung vom 28. 10. 1940, abgedruckt in ADAP, Serie D, Bd. XI, 1, Dok. Nr. 246, S. 348–357, Zitat S. 353.

101 Die italienische Offensive an der albanisch-griechischen Grenze war bereits am 8. 11. auf der ganzen Linie zum Stehen gekommen; am 14. 11. trat die griechische Armee zu einem erfolgreichen Gegenangriff an (vgl. G. Schreiber: Deutschland, Italien und Südosteuropa, in: Das Deutsche Reich und der Zweite Weltkrieg, Bd. 3. Stuttgart 1984, S. 368–314).

102 Die Schlachtschiffe „Littorio" und „Duilio" waren bei diesem Angriff so stark beschädigt worden, daß ihre Reparatur ein halbes Jahr in Anspruch nahm, während das Schlachtschiff „Cavour" überhaupt nicht mehr wiederhergestellt werden konnte. Vgl. Friedrich Ruge: Der Seekrieg 1939–1945. Stuttgart ²1962, S. 115f.

103 Die deutsch-sowjetischen Besprechungen am 12./13. 11. in Berlin waren in eine Sackgasse geraten, als Molotow die sowjetischen Forderungen präsentierte: freie, durch militärische Stützpunkte abgesicherte Durchfahrt durch die Dardanellen, eine sowjetische Garantie für Bulgarien (ebenfalls mit militärischem Unterbau) sowie eine gewisse Mitsprache in allen Balkanfragen. Ferner hatte Molotow den Abzug der deutschen Truppen aus Finnland und freie Durchfahrt durch die Ostseeausgänge gefordert. Hitler scheint hier noch einmal abgewogen zu haben, ob und wieweit er nachgeben könne. Zwei Tage zuvor hatte er zu Papen, damals Botschafter in Ankara, gesagt: „Mit den Russen als Partner eines ‚Viermächtepaktes' gäbe es keine Kombination in der Welt, die uns widerstehen könne. Die Frage sei nur, welchen Preis er dafür zahlen müsse." Doch schließlich lehnte Hitler die sowjetischen Forderungen ab. Am 18. 12. erging seine Weisung für den Fall Barbarossa. Für die nicht unmittelbar Beteiligten war es zunächst schwer, die Folgen des Molotow-Besuchs richtig abzuschätzen. In einem Gespräch mit General Glaise v. Horstenau, das bald danach stattfand, meinte Hassell, „daß der Botschafterwechsel in Berlin (Schkwartzew war durch Dekanosov abgelöst worden) das einzig positive Ergebnis sei". Vgl. ADAP, Serie D, Bd. XI, 1,

1940

Dok. Nr. 325f. und 328f.; Fabry, Sowjetunion (wie Anm. 17/40), S. 220–259; v. Papen, Wahrheit (wie Anm. 45/39), S. 526. Weizsäcker-Papiere (wie Anm. 15/38), S. 223–225; Broucek (Hrsg.), Glaise (wie Anm. 23/39), Bd. 2, S. 591.

104 Tatsächlich versenkte der Schwere Kreuzer „Admiral Scheer" am 5. 11. bei seinem Angriff auf den erwähnten Geleitzug neben dem Hilfskreuzer noch sechs Handelsschiffe mit einer Gesamttonnage von 54.884 BRT. Zwei weitere als versenkt gemeldete Schiffe waren zwar in Brand geraten, aber nicht untergegangen. Vgl. Gerhard Bidlingmaier: Einsatz der schweren Kriegsmarineeinheiten im ozeanischen Zufuhrkrieg. Strategische Konzeption und Führungsweise der Seekriegsleitung Sept. 1939–Febr. 1942. Neckargemünd 1963, S. 126–131.

105 Nach heutigen Schätzungen fielen in der Zeit zwischen August 1940 und August 1941 etwa 60.000 bis 80.000 Menschen den Maßnahmen zur „Vernichtung lebensunwerten Lebens" zum Opfer. Reichsjustizminister Gürtner, erst durch kirchliche Proteste (Bischof Graf Galen, Landesbischof Wurm, vgl. Anm. 109) auf die Tötungen aufmerksam geworden, fand kein Gehör, als er am 27. 7. 1940 an Lammers schrieb: „Wie Sie mir gestern mitgeteilt haben, hat der Führer es abgelehnt, ein Gesetz zu erlassen. Daraus ergibt sich nach meiner Überzeugung die Notwendigkeit, die heimliche Tötung von Geisteskranken sofort einzustellen." Einzige „Rechtsgrundlage" blieb ein „Ermächtigungsschreiben" Hitlers an Reichsleiter Bouhler und den Begleitarzt Brandt (rückdatiert auf den 1. 9. 1939). Zudem wies Bouhler am 5. 9. 1940 in einem Schreiben an Gürtner jede Einmischung in diese Angelegenheit zurück. Vgl. Helmut Ehrhardt: Euthanasie und Vernichtung „lebensunwerten" Lebens. Stuttgart 1965, S. 38f. — Bezeichnend für die Mißachtung der Grundsätze des Rechtsstaates ist die Mitteilung des Reichsgesundheitsführers Conti vom 9. 10. 1940 an einen Pfarrer: „Eine Veröffentlichung der rechtlichen Grundlagen konnte aus kriegswichtigen und außenpolitischen Gründen bisher nicht erfolgen, wie das auch bei anderen aus Anlaß des Krieges getroffenen Maßnahmen erforderlich ist." Zitiert bei Kurt Nowak: „Euthanasie" und Sterilisierung im „Dritten Reich". Die Konfrontation der evangelischen und katholischen Kirche mit dem „Gesetz zur Verhütung erbkranken Nachwuchses" und der „Euthanasie"-Aktion. Göttingen 1978, S. 137.

105a In Hitlers Weisung Nr. 18 an die Wehrmacht vom 12. 11. 1940 hieß es in Punkt 6: „Da bei Veränderungen in der Gesamtlage die Möglichkeit oder Notwendigkeit gegeben sein kann, im Frühjahr 1941 doch noch auf das Unternehmen ‚Seelöwe' zurückzukommen, müssen die drei Wehrmachtteile ernstlich bestrebt sein, die Grundlage für ein solches Unternehmen in jeder Hinsicht zu verbessern." (Hubatsch (Hrsg.), Hitlers Weisungen [wie Anm. 78/40], S. 71).

106 Ende Mai 1940 hatte Himmler eine Denkschrift über die Behandlung der „Fremdvölkischen" im Osten verfaßt, die nach Rücksprache mit Hitler den vier „Ostgauleitern" übergeben wurde. Himmler legte darin den Plan vor, die östlichen „Völkerschaften [...] in unzählige kleine Splitter und Partikel aufzulösen". Über die Schulbildung hieß es dort: „Für die nichtdeutsche Bevölkerung des Ostens darf es keine höhere Schule geben als die vierklassige Volksschule. Das Ziel dieser Volksschule hat lediglich zu sein: Einfaches Rechnen bis höchstens 500, Schreiben des Namens, eine Lehre, daß

Anmerkungen zu den Seiten 218 bis 225

es ein göttliches Gebot sei, dem Deutschen gehorsam zu sein und ehrlich, fleißig und brav zu sein. Lesen halte ich nicht für erforderlich. Außer dieser Schule darf es im Osten überhaupt keine Schulen geben." Die „Denkschrift Himmlers über die Behandlung der Fremdvölkischen im Osten" (Mai 1940) ist abgedruckt in: VZG, 5. Jg. (1957), S. 194–195 (Hrsg. v. Helmut Krausnick).

107 Nachdem es am 28. 10. und Mitte November in Prag zu mehreren Demonstrationen gekommen war, wurden die tschechischen Hochschulen am 17. 11. für drei Jahre geschlossen. Gleichzeitig wurden 9 angebliche Rädelsführer der Studenten erschossen. Vgl. Detlev Brandes: Die Tschechen unter deutschem Protektorat. München 1969. Bd. I, S. 87–95.

108 Wie Göring im Nürnberger Prozeß erklärte, wollte er sich mit einer wirtschaftlichen Einbindung der „Rest-Tschechei" in das Deutsche Reich zufriedengeben. Tatsächlich hat er aber wenig getan, um die sich anbahnende politisch-militärische Gewaltlösung zu verhindern. Als die Krise ausgelöst wurde, war der kränkelnde „zweite Mann" zu einem Kuraufenthalt in Italien. Göring wurde zurückgerufen und spielte die Rolle, die Hitler ihm zugedacht hatte. Für den Fall, daß von tschechischer Seite Widerstand geleistet werden sollte, kündigte er ein Bombardement von Prag an. Vgl. Bewley, Göring (wie Anm. 45/38), S. 247–250; Martens, Göring (wie Anm. 68/39), S. 167–170.

109 Zu seinen Protestschreiben u. a. an die Reichsminister Frick und Lammers vgl. Landesbischof D. Wurm und der nationalsozialistische Staat 1940–1945. Eine Dokumentation in Verbindung mit Richard Fischer hrsg. von Gerhard Schäfer. Stuttgart 1968, S. 113–146.

110 Hitler hatte am 10. 12. vor Berliner Rüstungsarbeitern gesprochen. Für alle Rüstungsbetriebe war Rundfunk-Gemeinschaftsempfang angeordnet worden. Er hatte sich als Mann aus dem Volk gefeiert und in der Rückschau auf den Ersten Weltkrieg gesagt: „Ich habe damals meinen ganzen Glauben an das deutsche Volk und seine Zukunft aus meiner Kenntnis des deutschen Soldaten, des kleinen Musketiers, gewonnen. Er ist in meinen Augen der große Held gewesen. [. . .] Dieser kleine Prolet, der früher kaum genug zu essen hatte, sich immer um sein Dasein abrackern mußte und der trotzdem wie ein Held da draußen gekämpft hat, auf den habe ich mein Vertrauen gesetzt und an dem habe ich mich wieder aufgerichtet" (abgedruckt bei Domarus, Bd. II, 1, S. 1629–1634).

111 Auszüge aus der Rede Robert Leys vor Arbeitern einer Berliner AEG-Fabrik in: Kessings Archiv, Jg. 1940, S. 4759, 4. 11.

112 Klaus Scholder (Hrsg.): Die Mittwochs-Gesellschaft. Protokolle aus dem geistigen Deutschland 1932 bis 1944. Berlin 1982, S. 260–263 (11. 12. 1940).

113 Jens Peter Jessen, seit 1935 Ordinarius für Staatswissenschaften in Berlin, war durch Popitz in den Kreis um Beck und Hassell eingeführt worden. Seit 1939 gehörte er der Mittwochs-Gesellschaft an, in der er am 6. 11. 1940 über „Währungspolitik und Preispolitik" sprach. Vgl. Günter Schmölders: In memoriam Jens Jessen (1895–1944). In: Schmollers Jahrbuch für Gesetzgebung, Verwaltung und Volkswirtschaft. 69. Jg. (1949/I), S. 3–14; Elisabeth Wagner (Hrsg.): Der Generalquartiermeister. Briefe und Tagebuchaufzeichnungen des Generalquartiermeisters des Heeres General der Artillerie Eduard Wagner. München/Wien 1963, S. 229f.; Scholder, Mittwochs-Gesellschaft (wie Anm. 112/40), S. 253f.; auch Rainer Hildebrandt: Wir

sind die Letzten. Aus dem Leben des Widerstandskämpfers Albrecht Haushofer und seiner Freunde. Neuwied/Berlin 1949, S. 94; s. auch Anm. 29/44.
114 Die italienischen Truppen, die zunächst auf die ägyptische Grenze vorgestoßen waren, wurden durch die am 9. 12. einsetzende britische Gegenoffensive zum Rückzug gezwungen. Bis zum 8. 2. 1941 konnten die Briten fast die ganze Cyrenaika (bis El Agheila) erobern, wobei sie 130.000 Gefangene machten.
115 Der französische Außenminister Pierre Laval, der sich in seiner Politik eng an Deutschland anlehnen wollte, war am 13. 12. von Pétain entlassen und in Haft genommen worden. Laval kam zwar auf deutschen Druck hin frei, doch wurde er erst 16 Monate später wieder in die Vichy-Regierung aufgenommen, jetzt als Ministerpräsident. Vgl. Jaeckel, Frankreich (wie Anm. 76/40), S. 254ff.

1941

1 Zur „Euthanasie" vgl. o. Anm. 105/40. Ähnliche „Pannen" mit „Trostbriefen" erwähnt bei Nowak, „Euthanasie" (wie Anm. 105/40), S. 82f.
2 Max Frauendorfer, der 1928 der NSDAP und der SS beigetreten war, hatte seine Parteikarriere als persönlicher Adjutant Himmlers (damals Polizeipräsident von München) begonnen und war danach Leiter des „Amtes für ständische Aufgaben", aus dem ihn Ley 1935 absetzte. Seit November 1939 leitete er die Abteilung Arbeit in der Regierung des Generalgouvernements. In dieser Position wuchs seine Kritik am NS-Regime ständig; dabei versuchte er, sich der rigorosen Erfassung der polnischen Arbeitskräfte zu widersetzen. Vgl. Das Diensttagebuch des deutschen Generalgouverneurs in Polen 1939–1945. Hrsg. von Werner Präg und Wolfgang Jacobmeyer. Stuttgart 1975, S. 948.
3 Die Rede Hitlers vom 10. 12. ist abgedruckt bei Domarus, Bd. II, 1, S. 1626–1634; vgl. auch Anm. 110/40.
4 Die am 9. 12. 1940 begonnene britische Offensive hatte am 5. 1. zur Eroberung von Bardia geführt (40.000 italienische Gefangene), am 22. 1. fiel Tobruk. Hitler hatte daraufhin in der Weisung Nr. 22 vom 14. 1. die Aufstellung eines deutschen „Panzersperrverbands" für Libyen angeordnet, aus dem bald das Deutsche Afrikakorps, zuletzt die Heeresgruppe Afrika wurde. Vgl. Hubatsch, Hitlers Weisungen (wie Anm. 78/40), S. 93.
5 Nach dem Sturz Lavals am 13. 12. 1940 (vgl. o. Anm. 115/40) hatte der deutsche Botschafter in Paris, Abetz, sich vergeblich um seine Wiedereinsetzung bemüht. Ein Gespräch zwischen Pétain und Laval am 19. 1. blieb ohne greifbare Folgen. Vgl. Jäckel, Frankreich (wie Anm. 76/40), S. 154f.
6 Präsident Roosevelt hatte in seiner Kongreßbotschaft vom 6. 1. „vier Freiheiten" gefordert: territoriale Veränderungen nur aufgrund des Selbstbestimmungsrechtes; für jedes Volk freie Bestimmung seiner Regierungsform; freier Zugang zu allen Rohstoffen; dauernder Friede mit einem Leben frei von Furcht und Not. Abgedruckt: Konferenzen und Verträge (Vertrags-Ploetz), Bd. 2. Bielefeld 1953, S. 382f.
7 Zum Treffen Hitler-Mussolini vgl. ADAP, Serie D, Bd. XI, 2, Dok. Nr. 672,

Anmerkungen zu den Seiten 225 bis 230

S. 938–943; Ciano-Tagebücher (wie Anm. 51/39), S. 309f. Die von Hitler gewünschte Zusammenkunft zwischen Mussolini und Franco fand am 12./13. 2. in Bordighera statt; dabei konnte die spanische Reserve gegenüber einem Kriegseintritt nicht überwunden werden. Vgl. Ciano's diplomatic papers. Ed. by Malcolm Muggeridge. Aus dem Italienischen. London 1948, S. 421–430; Ramon Serrano Suñer: Zwischen Hendaye und Gibraltar. Feststellungen und Betrachtungen angesichts einer Legende über unsere Politik während zweier Weltkriege. Zürich 1948, S. 241f.

8 Vgl. Ciano-Tagebücher (wie Anm. 51/39), S. 306f. und S. 312, 11. und 24. 1. 1941. – Die meisten Minister, darunter auch Grandi, wurden an der albanischen Front eingesetzt; Ciano kommandierte von Bari aus ein Luftgeschwader.

9 Hassell kannte Donna Marthe Ruspoli, geb. Gräfin Chambrun, aus seiner römischen Zeit, als ihr Vater französischer Botschafter am Quirinal war. Sie war, wie Hassell selbst schreibt (s. u. S. 397), „geradezu das Zentrum eines geistig hochstehenden Kreises deutscher Offiziere". Da sie nach drei Monaten wieder aus der Haft entlassen wurde (s. u. S. 295f.), konnten ihr offensichtlich die vorgeworfene Fluchthilfe oder andere Kontakte nach England nicht nachgewiesen werden.

9a Der Jurist Dr. Werner Best, dem als Urheber der Boxheimer Dokumente („Rechtsvorschriften" nach einer nationalsozialistischen Machtübernahme, 1931) der Ruf eines Schreckensmannes anhaftete, gehörte unter den führenden Nationalsozialisten zu den wenigen Intellektuellen, die eine gewisse Lernfähigkeit entwickelten. Seine politische Karriere hatte ihn von der Leitung der hessischen Landespolizei in das (spätere) Reichssicherheitshauptamt getragen, wo er 1939 Amtschef der Abteilung Personalwesen, Recht und Verwaltung wurde. Nachdem er im Mai 1940 freiwillig aus dem Machtapparat Heydrichs ausgeschieden war, wurde er bald darauf mit dem Amt eines Kriegsverwaltungschefs im besetzten Frankreich betraut. In dieser Position entwarf Best die Konzeption einer „Aufsichtsverwaltung", die sich auf möglichst wenig Eingriffe in die Verwaltung der besetzten Gebiete beschränken sollte. In der Praxis konnte die insgesamt eher maßvolle deutsche Militärverwaltung in Paris den ihr zugeteilten SS-Mann immer wieder zum Bundesgenossen gewinnen, wenn es um die Abwehr von Kunstraub oder Geiselerschießungen ging. Wie Walter Bargatzky in seinen Erinnerungen („Hotel Majestic". Freiburg/Basel/Wien 1987, S. 51) schrieb, hatte man dort schließlich weitgehend das Gefühl, Best sei sich integriert zu haben. Vgl. auch Hans Umbreit: Der Militärbefehlshaber in Frankreich 1940–1944. Boppard am Rhein 1968, S. 26f.; Karl-Heinz Janßen: Karriere-Künstler im Dritten Reich. Werner Best – ein kühler Techniker der Macht. In: Die Zeit Nr. 12 vom 21. 3. 1969.

10 Gauleiter Bürckel, seit September 1940 Chef der Zivilverwaltung in Lothringen, hatte im November etwa 60.000 „französisch gesinnte Lothringer" ins Innere Frankreichs abgeschoben; dadurch wurde das deutsch-französische Verhältnis schwer belastet. Abetz, der dieses Vorgehen als eine „Sabotage von Montoire" (Treffen Hitlers mit Pétain und Laval am 24. 10. 1940) verurteilte, konnte schließlich erreichen, daß die Evakuierungen gestoppt wurden. Vgl. Dieter Wolfanger: Die nationalsozialistische Politik in Lothringen (1940–1945). Phil. Diss. Saarbrücken 1977, S. 146–177.

11 Zum 100. Jahrestag der Überführung Napoléons I. von St. Helena nach

Paris ließ Hitler am 15. 12. 1940 den Sarg des Sohnes, des Herzogs von Reichstadt, aus der Wiener Kapuzinergruft ebenfalls in den Invalidendom überführen. In der Krise wegen Lavals plötzlicher Entlassung (vgl. Anm. 115/40) sagte Pétain seine Teilnahme an der Veranstaltung ab, zumal er erst am Vortag eingeladen worden war. Die Aktion wurde auch angesichts der reservierten Haltung der französischen Bevölkerung zu einem Fehlschlag. Vgl. Jäckel, Frankreich (wie Anm. 76/40), S. 140, 142–144, 149f.

12 Offenbar versuchte Lonsdale Bryans erneut, mit Hassell in Kontakt zu kommen; er unternahm von Dezember 1940 bis Februar 1941 eine Reise nach Lissabon, in der Hoffnung, den Gesprächsfaden wieder aufzugreifen, doch kam es schon aus „technischen Gründen" nur zum Austausch von Glückwunschtelegrammen mit Hassells Schwiegersohn. Die Erfolgschancen waren jetzt ohnehin geringer als im Februar und April 1940. Halifax, sein ehemaliger „Auftraggeber", war seit Dezember Botschafter in Washington, neuer Außenminister war Anthony Eden. Diesem gab Churchill am 20. 1. 1941 im Hinblick auf gegnerische Friedensfühler folgende Richtlinie: „Your predecessor was entirely misled in December 1939. Our attitude towards all such inquiries or suggestions should be absolute silence. It may well be that a new peace offensive will open us as an alternative to threats of invasions and poison gas" (abgedruckt in: Dokumente zur Deutschlandpolitik. Hrsg. vom Bundesministerium für Innerdeutsche Beziehungen. Reihe I, Bd. 1. Frankfurt a. M. 1984, S. 269).

13 Da Burckhardt über seine Vermittlertätigkeit auch nach dem Kriege Stillschweigen bewahrte, ist über das hier Mitgeteilte hinaus nichts bekannt geworden. Aus Hassells Eintragungen vom 16. 3. und 18. 5. geht jedoch hervor, daß der hier geknüpfte Faden von Albrecht Haushofer aufgenommen wurde.

14 Die Sitzungen fanden am 12. und 26. 2. statt; über Onckens Vortrag das Protokoll bei Scholder (Hrsg.), Mittwochs-Gesellschaft (wie Anm. 112/40), S. 265–267.

15 Über die Zurückziehung der Angehörigen ehemals regierender Häuser aus der Front nach dem Tod des Prinzen Wilhelm s. o. Anm. 70/40. Das Einreiseverbot betraf vor allem Angehörige des Hauses Bayern, s. o. S. 125. – Die Frage hat Hitler noch wiederholt beschäftigt. Am 16. 10. 1942 entschied er auf Anfrage des neuen Chefs des Heerespersonalamtes (s. u. Anm. 107/42), daß die Prinzen bis zu einer Regelung nach dem Kriege im Heer verbleiben konnten, allerdings außerhalb der Front. Eine Variante dieser Maßnahmen war der Befehl vom 19. 5. 1943, „international gebundene Männer" von maßgebenden Stellen in Staat, Partei und Wehrmacht fernzuhalten. Am 20. 10. 1944 wurde schließlich die endgültige Entlassung zum 1. 4. 1945 befohlen. Vgl. Dermot Bradley/Richard Schulze-Kossens (Hrsg.): Tätigkeitsbericht des Chefs des Heerespersonalamates General der Infanterie Rudolf Schmundt, fortgeführt von Wilhelm Burgdorf, 1. 10. 1942–20. 10. 1944. Osnabrück 1984, S. 10, 68, 289.

16 General v. Falkenhausen, 1934–1939 Militärberater in China, seit Kriegsbeginn Stellvertretender Kommandierender General des IV. AK. (Dresden), war seit Juni 1940 Militärbefehlshaber in Belgien und Nordfrankreich. Er galt im Kreis um Beck als einer der wenigen geistig unabhängigen oppositionellen Generäle in einflußreicher Position. Popitz dachte zeitweise sogar daran, Falkenhausen statt Goerdeler zum Kanzler zu machen. Auch mit

Anmerkungen zu den Seiten 230 bis 236

Helmuth James Graf v. Moltke, dessen Bruder Ordonnanzoffizier in Brüssel war, stand Falkenhausen in enger Beziehung. Vgl. Ger van Roon: Hermann Kaiser und der deutsche Widerstand, in: VZG 24. Jg. (1976), S. 278f. und 334f., auch S. 259; ferner Ritter, Goerdeler (wie Anm. 64/39), S. 542 Anm. 54.

17 Ribbentrop, der sich lange für die Idee eines Kontinentalblocks unter Einschluß der Sowjetunion eingesetzt hatte, äußerte wiederholt sein Widerstreben gegen den geplanten Ostkrieg und sprach sich statt dessen dafür aus, die britische Stellung im Nahen Osten durch eine doppelte Umfassung über Türkei und Libyen zum Einsturz zu bringen. Papen berichtete jedoch, daß die Türkei ein Durchmarschrecht für deutsche Truppen nicht gewähren würde; schließlich entschied Hitler, daß diese Forderung erst nach dem Sieg über die Sowjetunion gestellt werden solle. Im Entwurf zur Weisung Nr. 32 („Vorbereitungen für die Zeit nach Barbarossa") war für den Spätherbst 1941 und den Winter 1941/42 vorgesehen: „Fortsetzung des *Kampfes gegen die britische Position im Mittelmeer und in Vorderasien* durch konzentrischen Angriff, der aus Libyen durch Ägypten, aus Bulgarien durch die Türkei und unter Umständen auch aus Transkaukasien heraus durch den Iran vorgesehen ist." Vgl. Hubatsch (Hrsg.), Hitlers Weisungen (wie Anm. 78/40), S. 129–134; v. Papen, Wahrheit (wie Anm. 45/39), S. 532ff.; für den großen Zusammenhang: Hillgruber, Hitlers Strategie (wie Anm. 79/40), S. 395f. und S. 341–345.

18 Als Bulgarien am 1. 3. dem Dreier-Pakt beitrat, hatte auf Papens Vorschlag Hitler an Staatspräsident Inönü einen beschwichtigenden Brief geschrieben (ADAP, Serie D, Bd. XII, 1, Dok. Nr. 113, S. 166f.). Über die „hocherfreute" Reaktion des Staatspräsidenten berichtete Papen in seinen Erinnerungen (wie Anm. 45/39, S. 535). Hitlers Versicherungen gaben Inönü die „erwünschte Möglichkeit, vor dem Lande und vor der Welt den Entschluß zu motivieren, neutral zu bleiben".

19 Der Text der Rede ist abgedruckt bei: Domarus, Bd. II, 2, S. 1667–1670.

20 Rudolf Heß war im September 1940 an Albrecht Haushofer herangetreten, um mit ihm die Möglichkeiten einer Verständigung mit England zu besprechen. Haushofer hatte ihm als möglichen Ansprechpartner Samuel Hoare (Botschafter in Madrid) und Lord Lothian (Botschafter in Washington) genannt und sich zunächst bereit erklärt, Kontakt mit seinem englischen Freund Lord Hamilton aufzunehmen. Der entsprechende Brief war am 23. 9. 1940 abgegangen, hatte aber kein Echo gefunden. Jetzt ging es darum, auf anderen Wegen mit führenden Engländern ins Gespräch zu kommen, mit Rückendeckung von Heß, aber mit dem eigentlichen Ziel, die Verständigungsmöglichkeiten nach einem Regimewechsel auszuloten. Vgl. Walter Stubbe: In memoriam Albrecht Haushofer, in: VZG, 8. Jg. (1960), S. 336–356; Ursula Laack-Michel: Albrecht Haushofer und der Nationalsozialismus. Stuttgart 1974, S. 209f. und 234ff.

21 Für Oppositionelle, die eine Beseitigung des Regimes anstrebten, war es bei der Beurteilung eines Vorgangs eine häufige Alternative, ob sie ihn als objektive Verschlechterung (z.B. der Rechtslage) bedauerten oder sie ihn begrüßten, weil er eine schlechte Lage noch stärker offenbarte und damit Gegenkräfte oder gar einen Umsturz auslöste. Bei eiliger Niederschrift kann, wie in diesem Fall, eine sehr einseitige Meinung herauskommen, obwohl dem Autor die alternative Meinung keinesfalls fernliegt.

22 Mit dem Namen der nach König Victor Emanuel II. benannten Stadt war die Erinnerung an italienische Erfolge an der Piavefront Anfang November 1918 verbunden. − Die italienische Großoffensive (9.−14. 3. 1941), die den deutschen Entlastungsangriff aus Bulgarien überflüssig machen sollte, mußte nach schweren Verlusten abgebrochen werden. Vgl. Hillgruber, Hitlers Strategie (wie Anm. 79/40), S. 462.

23 Für die nun folgende Balkanreise vom 19. 3. bis 6. 4. benutzte Hassell ein gesondertes Heft, dessen Text hier chronologisch eingeordnet ist; die danach folgende Eintragung in Ebenhausen vom 4. 5. schließt im alten Heft unmittelbar an die vom 16. 3. an.

24 Im August 1939 war es zwar zu einem gewissen Ausgleich zwischen Serbien und Kroatien gekommen, aber diese Neuordnung („Sporazum") wurde durch den Krieg auf eine neue Zerreißprobe gestellt. Da eine Parteinahme für die eine oder die andere Kriegspartei den Zusammenhalt gefährden mußte, war der Prinzregent und seine Regierung Cvetković um die Einhaltung eines strikten Neutralitätskurses bemüht. Prinz Paul hat seine englischen und amerikanischen Gesprächspartner immer wieder darauf hingewiesen, daß bei einem Bündnis mit den Alliierten die Kroaten und die Slowenen nicht „kämpfen" würden. Andererseits lag es für die beiden Kriegsparteien nahe, im Falle einer Verweigerung durch den Gesamtstaat auf die serbische bzw. kroatische Karte zu setzen, was denn auch tatsächlich geschehen ist. Vgl. Rudolf Kiszling: Die Kroaten: Der Schicksalsweg eines Südslawenvolkes. Graz/Köln 1956, S. 160ff.; J. B. Hoptner: Yugoslavia in crisis, 1934−1941. New York/London 1962, S. 213, 235f., 267; Neil Balfour/Sally Mackay: Paul of Yugoslavia. Britain's maligned friend. London 1980, S. 228, 229, 257f. und öfter.

25 Zu den deutsch-jugoslawischen Verhandlungen vgl. Andreas Hillgruber: Staatsmänner und Diplomaten bei Hitler. Vertrauliche Aufzeichnungen über Unterredungen mit Vertretern des Auslandes, Bd. 1: 1939−1941. Frankfurt a. M. 1967, Nr. 52, S. 373−381 (Außenminister Cincar-Marković am 28. 11. 1940 auf dem Berghof); ebd. Nr. 63a und 63b, S. 455−470 (Ministerpräsident Cvetković und Außenminister Cincar-Marković am 14. 2. 1941 auf dem Berghof). Über das Treffen zwischen Hitler und dem Prinzen Paul am 5. 3. auf dem Berghof existiert offensichtlich nur ein zusammenfassender Bericht Ribbentrops für den deutschen Gesandten in Belgrad, abgedruckt in: ADAP, Serie D, Bd. XII, 1, Dok. Nr. 130 vom 7. 3. 1941, S. 190f.; als zusammenfassende Darstellung vgl. Hoptner, Yugoslavia (wie Anm. 24/41), S. 202−243; auch Klaus Olshausen: Zwischenspiel auf dem Balkan. Die deutsche Politik gegenüber Jugoslawien und Griechenland vom März bis Juli 1941 (Beiträge zur Militär- und Kriegsgeschichte, Bd. 14), Stuttgart 1973, S. 9−41.

25a Im Frieden von San Stefano (3. 3. 1878) hatten Rußland und die Türkei dem Fürstentum Bulgarien mit Ostrumelien und Makedonien einen Zugang zum Ägäischen Meer zuerkannt.

26 Durch den jugoslawischen Militärattaché in Berlin war Prinz Paul darüber informiert, daß Hitler einen Angriff auf die Sowjetunion vorbereitete. Wie es scheint, hat sogar Hitler selbst zum Prinzregenten entsprechende Andeutungen gemacht. Der amerikanische Gesandte in Belgrad, Arthur Bliss Lane, konnte am 30. 3. 1941 an das State Department berichten: „With regard to Prince Paul's meeting with Hitler at Berchtesgaden on March 4

Anmerkungen zu den Seiten 236 bis 241

or 5 (not 11) I am informed by reliable source that Hitler said to Prince during 2-hour interview Yugoslavia must sign Tripartite Pact in own interest as in June or July he was going to attack Russia." FRUS, 1941, Vol. II, S. 973.

27 Nachdem der jugoslawische Kronrat dem Beitritt zum Dreimächtepakt am 17. 3. grundsätzlich zugestimmt hatte, waren 3 von insgesamt 17 Ministern zurückgetreten, darunter der parteilose Justizminister Konstantinović. Entgegen den Hoffnungen der Paktgegner brach das Kabinett jedoch nicht auseinander, denn Min.-Präs. Cvetković konnte schon in den nächsten Tagen die vakanten Ministerposten mit konformen Kandidaten besetzen. Außenmin. Cincar-Marković teilte am späten Abend des 23. 3. dem deutschen Gesandten v. Heeren mit, daß die Regierung zur Unterzeichnung bereit sei. Vgl. ADAP, Serie D, Bd. XII, 1, Dok. Nrn. 173, 187, 194; Hoptner, Yugoslavia (wie Anm. 24/41), S. 237–240.

28 Verglichen mit dem Beitritt zum Dreimächtepakt wäre ein Nichtangriffspakt die kleinere Lösung gewesen, die notfalls auch die USA (eventuell auch England) hinzunehmen bereit waren, wie Unterstaatssekretär Sumner Welles dem jugoslawischen Gesandten in Washington, Konstantin Fotić, am 21. 3. zu verstehen gab: „. . . this Government might conceivably understand and palliate an agreement between Yugoslavia and Germany which was purely and solely a non-aggression agreement and nothing more". FRUS, 1941, Vol. II, S. 959–961. – Hitler bestand auf der größeren Lösung, wohl weitgehend aus Prestigegründen, nach anderer Auffassung, weil er mit der „Grenzgarantie des Dreimächtepaktes spätere italienische Ansprüche an den westlichen Nachbarn abblocken" wollte. Olshausen, Zwischenspiel (wie Anm. 25/41), S. 39f.

29 Hassell bezieht sich hier auf Ribbentrops Weisung an Heeren vom 22. 3., die allerdings keine Androhung von Sanktionen enthielt. Die deutsche Regierung teilte der jugoslawischen mit, sie sei nur noch bis zum 25. 3. bereit, den Beitritt Jugoslawiens zum Dreimächtepakt anzunehmen. Vgl. ADAP, Serie D, Bd. XII, 1, Dok. Nr. 192, S. 276f.

30 Hermann Ullmann, früher zu den Volkskonservativen und dem Kreis um Brüning gehörend, war bis 1937 Mitarbeiter des dann gleichgeschalteten „Vereins für das Deutschtum im Ausland". Seit 1940 wirkte er als Auslandskorrespondent in Südosteuropa, vor allem in Belgrad, seit April 1941 in Zagreb. Zu der Atmosphäre jener Tage vgl. H. Ullmann: Publizist in der Zeitenwende. Hrsg. von Hans Schmid-Eger. München 1965, S. 158ff. – Der frühere Unterstaatssekretär Professor Baikić war ein Anhänger der Zusammenarbeit mit dem MWT; in seiner Villa fanden zahlreiche Zusammenkünfte statt. Vgl. v. Wilmowsky, Rückblickend (wie Anm. 69/40), S. 196.

31 Großbritannien und USA übten nach Kontakten zwischen Churchill und Roosevelt durch die Gesandtschaften in Belgrad gleichzeitig Druck auf Jugoslawien aus. Churchill telegrafierte am 22. 3. dem Ministerpräsidenten Cvetković: „Sollte sich Jugoslawien im gegenwärtigen Zeitpunkt ebenso erniedrigen wie Rumänien oder das gleiche Verbrechen wie Bulgarien begehen und zum Mitschuldigen an der beabsichtigten Erwürgung Griechenlands werden, dann wäre sein Ruin sicher und unwiderruflich. Es kann sich den Schrecken des Krieges nicht entziehen, sondern sie nur aufschieben; doch später werden seine tapferen Armeen, umzingelt und von jeder Hoffnung abgeschnitten, allein kämpfen müssen." (Winston S. Churchill: Der Zweite

Weltkrieg, Bd. III, 1, Stuttgart 1951, S. 196). Amerikas Haltung, die die Drohung mit dem Einfrieren der jugoslawischen Guthaben in den USA enthielt, ist dokumentiert in: FRUS, 1941, Vol. II, S. 937–965.

32 Die Unterzeichnung fand am 25. 3. in Anwesenheit Hitlers im Schloß Belvedere in Wien statt. In zwei Zusatznoten erkannten die Vertragspartner (Deutschland, Italien, Japan) Jugoslawiens Souveränität und territoriale Integrität an und verzichteten auf den Durchmarsch von Truppen. In einer weiteren, streng geheimen Note wurde der Verzicht auf jede militärische Beistandspflicht (wie sonst im Dreierpakt üblich) ausgesprochen. Die Abmachungen gingen damit praktisch über einen Neutralitätsvertrag kaum hinaus. Wichtiger war die psychologische Wirkung.

33 GFM List war OB der 12. Armee, die am 6. 4. von Bulgarien aus Jugoslawien angriff.

34 Als die jugoslawischen Regierungsvertreter aus Wien (siehe Anm. 32) zurückkehrten, wurde die Regierung am 27. 3. durch einen Militärputsch gestürzt.

35 Großbritannien fühlte sich durch die krisenhafte Zuspitzung der politischen Lage in Südosteuropa sehr entlastet und hoffte, daß Jugoslawien eine ähnliche Widerstandskraft entwickeln würde wie Serbien im Ersten Weltkrieg. In der hier erwähnten Rede am Tage des Putsches hatte Churchill gesagt, Jugoslawien habe „zu sich selbst zurückgefunden" und der neuen Regierung seine volle Unterstützung in Aussicht gestellt. Vgl. Winston S. Churchill: Reden. Bd. 2. Zürich 1947, S. 134.

36 Hitler hatte im Januar 1941 beim Putsch der „Eisernen Garde" für Antonescu Partei ergriffen und alle deutschen Dienststellen angewiesen, die bisher von Himmler geförderten Legionäre nicht weiter zu unterstützen. AA und Wehrmacht hatten sich gegen Himmler und SD durchgesetzt. Immerhin konnten Horia Sima und 280 seiner Gefolgsleute mit Hilfe des SD nach Deutschland entkommen, wo sie in Lagern bei Berkenbrück und Rostock interniert wurden. Vgl. Armin Heinen: Die Legion. „Erzengel Michael" in Rumänien. Soziale Bewegung und politische Organisation. Ein Beitrag zum Problem des internationalen Faschismus (Südosteuropäische Arbeiten, Bd. 83). München 1986.

37 Bei dem „Thüringer Deutschen Christen" handelte es sich um den Siebenbürger Pfarrer Wilhelm Staedel (1890–1971), der am 16. 2. 1941 zum Bischof gewählt worden war. Unter ihm kam die evangelische Kirche Siebenbürgens in enge Abhängigkeit von der nationalsozialistischen Volksgruppenführung, auch finanziell. Vgl. Binder/Scheerer, Bischöfe (wie Anm. 32/39), S. 151–180.

38 Mihai Manoilescu, der als Vertrauter König Carols galt, war früher Gouverneur der Rumänischen Nationalbank gewesen. – Die Revision des Zweiten Wiener Schiedsspruches war im übrigen ein in ganz Rumänien sehr populäres Ziel. Auch „Staatsführer" Antonescu hatte wenige Tage zuvor, am 27. 3., vor Pressevertretern geäußert, Siebenbürgen habe Rumänien „schon einmal [im Ersten Weltkrieg] 800.000 Mann gekostet, es sei bereit, zu seiner Rückgewinnung wieder 800.000 Mann zu opfern ... Zudem sei [die] neue, schwer zu verteidigende ungarische Grenze gegen Rumänien völlig ungeschützt." Vgl. ADAP, Serie D, Bd. XII, 1, Dok. Nr. 267, S. 379.

39 Das außenpolitische Zögern der aus dem Putsch hervorgegangenen Regierung war durch interne Meinungsverschiedenheiten verursacht. Während

Anmerkungen zu den Seiten 241 bis 247

Ministerpräsident Simović mehr oder weniger offen mit den Westalliierten sympathisierte, versicherte der neue Außenminister Momčilo Ninčić immer wieder, daß sich am außenpolitischen Kurs nichts ändern werde. Der Slowenenführer Fran Kulovec befürwortete offen die Fortführung der „Dreier-Pakt-Politik", und Vladko Maček, der Vorsitzende der Kroatischen Bauernpartei, suchte eine vorsichtige Linie durchzusetzen, indem er nach längeren Verhandlungen in die Regierung Simović eintrat. Auf jeden Fall jedoch enthielt der Putsch eine gegen das Dritte Reich gerichtete Komponente. Vgl. Danilo Gregorić: So endete Jugoslawien. Leipzig ²1944; Hans Knoll: Jugoslawien in Strategie und Politik der Alliierten 1940–1943. München/Wien 1986, S. 198–237; Vladimir Vauhnik: Memoiren eines Militärattachés. Buenos Aires 1967, S. 172–188.

40 Die Angaben Heerens werden bestätigt durch Ullmann, Publizist (wie Anm. 30/41), S. 166–169.

41 Hitler empfing den ungarischen Gesandten Sztójay bereits am Tage des Militärputsches in Belgrad (13.30 Uhr) und teilte ihm mit, daß er auf jeden Fall die Bildung einer gegen Deutschland gerichteten Basis auf dem Balkan verhindern wolle. Ungarn werde im Falle einer Auseinandersetzung eine „einmalige Chance" haben, „Revisionen zu bekommen, auf die es vielleicht sonst viele Jahre hätte warten müssen". Zugleich sprach er von einem selbständigen Kroatien, „eventuell in Anlehnung an den ungarischen Staat". Sztójay flog daraufhin sofort nach Belgrad, wo er gegen 17.10 Uhr eintraf. Vgl. Hillgruber, Staatsmänner (wie Anm. 25/41), Bd. I, S. 498–501.

42 Dies ist eine relativ frühe Erwähnung der Absicht Horthys, in der Frage seiner Nachfolge selbst aktiv zu werden. Daß er dabei an seinen Sohn István dachte, hat er sorgsam verschwiegen, doch wurde es allgemein unterstellt. Im Juni 1941 erfolgten in dieser Sache die ersten Sondierungen, fünf Monate später trat die Nachfolgefrage in ein akutes Stadium. Hierzu und zu dem von Horthy geplanten Verfahren vgl. Hans Georg Lehmann: Der Reichsverweser-Stellvertreter. Horthys gescheiterte Planung einer Dynastie (Studia Hungarica, Bd. 8). Mainz 1975, S. 17. – Hassells Gesprächspartner András v. Mecser war ein Gesinnungsgenosse des früheren Ministerpräsidenten Imrédy, der die dynastischen Bestrebungen Horthys von Anfang an bekämpfte. Angesichts der offenkundigen Bestrebungen Horthys, eine Dynastie zu begründen, sah sich Erzherzog Albrecht dazu veranlaßt, seine Ansprüche auf die ungarische Krone geltend zu machen. Der Erzherzog, der einer Seitenlinie des Hauses Habsburg entstammte und sich für seine Ambitionen vor allem auf die Erneuerungspartei Imrédys stützen konnte, trat in dieser Sache auch an die faschistischen Pfeilkreuzler um Szálasi heran, der indes die Nachfolgefrage für noch nicht spruchreif hielt und in Albrecht einen „Agenten des deutschen Imperialismus" (Macartney) witterte. Auch die NS-Machthaber, die im Jahre 1941 noch ganz auf Horthy setzten, waren nicht bereit, Albrechts Ambitionen zu fördern. In diesem Sinne telegrafierte Staatssekretär v. Weizsäcker am 22. 12. 1941 an die Gesandtschaft in Budapest: „Führer hat entschieden, daß in der Angelegenheit betreffend Nachfolge des Reichsverwesers nichts unternommen werden soll." Vgl. Macartney, October (wie Anm. 82/40), Part I, S. 455f., und Part II, S. 42ff.; Emilio Vasari: Ein Königsdrama im Schatten Hitlers. Die Versuche des Reichsverwesers Horthy zur Gründung einer Dynastie. Wien/München 1968, S. 172; Hans Georg Lehmann, wie oben, S. 18–21 und 24f., Zitat S. 21; ferner ADAP, Serie E, Bd. I, Dok. Nr. 154, S. 280.

43 Teleki beging in der Nacht vom 3. zum 4. 4. Selbstmord. Über den Gewissenskonflikt, in dem er sich befand, hatte er am 2. 4. dem ungarischen Vatikangesandten Baron Gábor Apor geschrieben (englische Übersetzung in: Journal of Central European Affairs, vol. 7 [1947], Nr. 1, S. 71–73): „This Yugo affair drew us into the most terrible situation. H[itler] sent us a message through the Nazi Sztójay to the K. [Reichsverweser] asking whether we wanted to realize our southern claims now, plus the sea [Zugang zum Meer], plus whatever else we wanted! The K. became very enthusiastic at once. [...] The situation is very difficult, because, if we resist, they [die Deutschen] will roll over us first and formost – if we do not enter Bàcska, the German will make themselves home there and, should they not be beaten back, they will set up a German state from the Bàcska, Bánát-Hunyadvár – the Saxon country. Mood is beginning to turn strongly pro-Yugo here. [...] But my situation is extremely difficult – because K., the army, half the government, and the parliamentary majority are against me in that case. I am trying to find a way out and to save face." – Ausführlich zum ganzen Komplex Macartney, October (wie Anm. 82/40), Part I, S. 472–490.

44 Die jugoslawische Regierung Simović hatte sich bemüht, die Sowjetunion zu einem Beistandspakt zu bewegen, doch war diese, nachdem sie sich Anfang März beim deutschen Einmarsch in Bulgarien mit einem Protest begnügt hatte, jetzt nur zum Abschluß eines Freundschafts- und Neutralitätspaktes bereit. Er wurde in den Morgenstunden des 6. 4. unterzeichnet, als die deutschen Truppen bereits „marschierten". Um diesen Zusammenhang zu verschleiern, wurde der Vertrag um einen Tag vordatiert. Vgl. Gregorić, Jugoslawien (wie Anm. 39/41), S. 226–228; Hillgruber, Hitlers Strategie (wie Anm. 79/40), S. 427–429.

45 Franz Neuhausen, Landesgruppenführer der NSDAP in Jugoslawien, nach eigener Angabe von Beruf „Oberingenieur", war durch die Protektion Görings Anfang 1936 „Sonderbeauftragter für Süd-Ost-Europa" geworden und hatte in Belgrad zeitweise die Stellung eines „Nebenbotschafters" (Faber du Faur) inne. Als er von einem bulgarischen Gericht wegen wirtschaftlicher Vergehen in Abwesenheit zu vier Jahren schweren Kerkers verurteilt wurde, trat Göring für ihn ein und sicherte sich damit seine Dienste bei der Rohstoffbeschaffung. Im Juli 1944 wurde er abgelöst und verhaftet, weil er als „Generalbevollmächtigter für die Wirtschaft in Serbien" öffentliches Amt und privatwirtschaftliches Interesse vermischte. Vgl. Alfred Kube: Pour le mérite (wie Anm. 43/38), S. 179–182; Karl-Heinz Schlarp: Wirtschaft und Besatzung in Serbien 1941–1944. Ein Beitrag zur nationalsozialistischen Wirtschaftspolitik in Südosteuropa (Quellen und Studien zur Geschichte des östlichen Europa, Bd. 25). Stuttgart 1986, S. 128–136; ferner Moriz von Faber du Faur: Macht und Ohnmacht. Erinnerungen eines alten Offiziers. Stuttgart 1953, S. 220.

46 In dem am 6. 4. mit einem Luftangriff auf Belgrad begonnenen Feldzug hatten deutsche Truppen am 10. 4. Agram besetzt; am 9. 4. war Saloniki gefallen; zugleich hatte die ostmazedonische Armee Griechenlands (60.000 Mann) kapituliert. Vgl. Detlef Vogel: Das Eingreifen Deutschlands auf dem Balkan, in: Das Deutsche Reich (wie Anm. 101/40), Bd. 3, S. 460–464.

47 Die beiden vorstehenden Sätze betrafen offensichtlich die unter Beteiligung von Haushofer erörterten Kontakte mit Carl Burckhardt und dem Briten Bryans. Hassell hat vorsichtshalber diese Namen wieder getilgt. – Hausho-

Anmerkungen zu den Seiten 247 bis 251

fers Reise in die Schweiz kam trotz der deutschen militärischen Erfolge in Jugoslawien und Griechenland zustande. Sein Gespräch mit Burckhardt fand am 28. 4. statt. Vgl. Anm. 62/41.

48 Der japanische Außenminister Matsuoka war vom 27. bis 29. 3. und 5./6. 4. zu Gesprächen mit Hitler und Ribbentrop in Berlin. Sein Besuch bei der Witwe Wilhelm Solfs, der seit seiner Zeit als Botschafter in Tokio (1920–1928) dort in hohem Ansehen stand, war wohl mehr eine menschliche Geste als eine politische Demonstration. Zu Solf vgl. Eberhard v. Vietsch: Wilhelm Solf. Botschafter zwischen den Zeiten. Tübingen 1961.

49 Von jetzt ab wieder Eintragungen in dem früheren Tagebuchheft; unmittelbarer Anschluß an die Eintragung vom 16. 3.

50 Matsuoka hatte auf dem Rückweg von Berlin in Moskau am 13. 4. den japanisch-sowjetischen Nichtangriffspakt abgeschlossen. Textauszüge in: Konferenzen und Verträge (Vertrags-Ploetz), Bd. 2. Bielefeld 1953, S. 383. Matsuoka vertrat für Japan einen harten Expansionskurs und war später, nach dem 22. 6., bereit, den von ihm im April abgeschlossenen Vertrag mit Moskau zu brechen. Zu Matsuokas Vorschlag im Juni 1941, Rußland anzugreifen, vgl. Michael Libal: Japans Weg in den Krieg. Die Außenpolitik der Kabinette Konoye 1940/41. Düsseldorf 1971, S. 249. – Stalin hatte mit so schnellen deutschen Erfolgen im Balkanfeldzug nicht gerechnet und tat nun alles, um Hitler zu beschwichtigen. Die hier geschilderte Szene, die sich am 13. 4. auf dem Moskauer Bahnhof ereignete, ist mehrfach bezeugt; die am meisten authentische Schilderung ist ein Brief des stellvertretenden Militärattachés Oberst i. G. Krebs vom 15. 4., zitiert in Hermann Teske (Bearbeiter): General Ernst Köstring. Der militärische Mittler zwischen dem Deutschen Reich und der Sowjetunion 1921–1941 (Profile bedeutender Soldaten, Bd. 1). Frankfurt a. M. 1965, S. 301.

51 Im Original steht versehentlich anstelle von „durch": „daß".

52 Oster berichtete über eine frühe Entstehungsphase zweier Verfügungen des OKW, mit denen Normen des Völkerrechts und der deutschen Rechtsordnung schwer verletzt wurden. Der „Erlaß über die Ausübung der Kriegsgerichtsbarkeit im Gebiet ‚Barbarossa' und über besondere Maßnahmen der Truppe" vom 13. 5. 1941 ordnete u. a. an, daß Verbrechen von Wehrmachtangehörigen gegen die russische Bevölkerung nicht durch Kriegsgerichte verfolgt werden mußten; die Entscheidung hierüber wurde dem Gerichtsherren (im allgemeinen der Div.Kdr.) übertragen, der auch disziplinar ahnden oder von Bestrafung überhaupt absehen konnte. Verfolgung von Straftaten der Zivilbevölkerung blieben den Dienststellen der SS überlassen. Nach den „Richtlinien für die Behandlung politischer Kommissare" vom 6. 6. 1941 sollten diese nach der Gefangennahme sofort ausgesondert und ohne Urteil auf Befehl jedes Offiziers mit Disziplinarstrafgewalt (Kompaniechef) erschossen werden. Hitler hatte seine diktatorische Weisung für diese Erlasse am 30. 3. vor der Generalität mit dem Charakter des bevorstehenden Kampfes als „Weltanschauungskrieg" zu rechtfertigen versucht. Die am 3. 4. von Halder angeordnete Ausarbeitung der Verfügungen führte zu Auseinandersetzungen im OKH und OKW über die endgültige Fassung. Vgl. Ernst Klink: Die militärische Konzeption des Krieges gegen die Sowjetunion, in: Das Deutsche Reich und der Zweite Weltkrieg. Bd 4, Stuttgart ²1987, S. 255–258 und Jürgen Förster: Das Unternehmen „Barbarossa" als Eroberungs- und Vernichtungskrieg, in: ebd., S. 426–440; ferner Kraus-

1941

nick/Wilhelm, Einsatzgruppen (wie Anm. 82/39), S. 150ff. Zur weiteren Entwicklung s. u. S. 257, 260.

53 Vgl. hierzu v. Hentig, Mein Leben (wie Anm. 138/39), S. 336–341, und Bernd Philipp Schröder: Deutschland und der Mittlere Osten im Zweiten Weltkrieg. Göttingen/Frankfurt/Zürich 1975, S. 53–55.

54 Der amerikanische Geschäftsmann Federico Stallforth war im Auftrag eines Syndikats nach Deutschland gekommen, um die am 30. 3. 1941 in den USA beschlagnahmten deutschen, italienischen und dänischen Schiffe aufzukaufen, damit sie nicht an Großbritannien weitergegeben werden konnten. Persönlich wollte er die Neutralität der USA sichern helfen; im Hintergrund stand das „America First Comittee", das deren Kriegseintritt mit allen Mitteln verhindern wollte.
Stallforth trat auch mit offiziellen deutschen Stellen in Verbindung und forderte zur Unterstützung seiner Tätigkeit eine Summe von 500.000 bis 1.000.000 Dollar, was ein Mitarbeiter des SD in einem Schreiben an Himmler – mit Abstrichen – befürwortete. Stallforth arbeitete offensichtlich zweigleisig. Der Kontakt mit Hassell wurde fortgesetzt (vgl. Eintragungen vom 13. 7., 20. 9. und 4. 10. 1941). Zum Ganzen vgl. Gerhart Hass: Von München bis Pearl Harbor. Zur Geschichte der deutsch-amerikanischen Beziehungen 1938–1941 (Schriften des Instituts für Geschichte, Reihe I, Bd. 29). (Ost-)Berlin 1965, S. 223–229. Hass zitiert ohne Archivangabe Akten des Chefs der Sicherheitspolizei und des SD; Carolsue Holland: The foreign contacts made by the German opposition to Hitler. Phil. Diss. University of Pennsylvania 1967, S. 137–142.

55 Edmund Glaise v. Horstenau war am 12. 4. zum Bevollmächtigten deutschen General in Agram ernannt worden. Vgl. Broucek (Hrsg.), Glaise (wie Anm. 23/39), Bd. 3: Deutscher Bevollmächtigter General in Kroatien. Wien/Köln/Graz 1988. Rudolf Kiszling (Kroaten – wie Anm. 24/41 – S. 171) schreibt über ihn: „Er, der sich auch bei Hitler ein freies Wort erlauben durfte, kehrte – wenngleich sicherlich ein Freund des Anschlusses – stets sein Österreichtum hervor und machte aus seiner Abneigung gegen die Italiener kein Hehl."

56 Die Anfangserfolge im U-Boot-Krieg konnten 1941 nur mit Mühe erreicht werden. Teilweise lag diese Stagnation daran, daß die Fertigstellung neuer U-Boote hinter den Erwartungen der Seekriegsleitung zurückblieb (im Nov. 1941 gab es nur 84 einsatzfähige Boote). Wichtiger war die Verstärkung der alliierten Abwehrmaßnahmen (insbesondere die systematische Ortung der U-Boot-Positionen). Bereits Mitte 1941 waren für Angriffe auf Geleitzüge etwa dreimal so viele U-Boote nötig, um die Versenkungszahlen des Vorjahres zu erreichen. Vgl. Salewski, Seekriegsleitung (wie Anm. 1/40), Bd. I, S. 425–449; Vice-Admiral B. B. Schofield: The defeat of the U-Boats, in: Journal of Contemporary Review, Vol. 16 (1981), S. 119–129, bes. S. 122f.

57 Nach den Präsidentschaftswahlen (Nov. 1940) gaben die USA ihren Neutralitätskurs auf und stellten sich als „nichtkriegführender" Verbündeter noch eindeutiger als bisher auf die Seite Großbritanniens. Ein wichtiger Schritt auf diesem Wege war das „Lend and Lease"-Programm vom 11. 3. 1941, demzufolge Großbritannien Kriegsmaterial ohne Bezahlung „geliehen" werden konnte. Zu gleicher Zeit liefen amerikanisch-britische Generalstabsbesprechungen, um für den Fall eines Kriegseintritts der USA ein gemeinsames Vorgehen festzulegen. Am 26. 4. dehnten die USA ihre Sicherheitszone

Anmerkungen zu den Seiten 251 bis 256

bis zum 26. Grad westlicher Länge aus, was nach und nach dazu führte, daß ihre Flotte in diesem Gebiet auch den Geleitschutz und die Ortung der deutschen U-Boote übernahm.

58 Heß, nach Hitlers Reichstagsrede vom 1. 9. 1939 hinter Göring zweiter Anwärter auf die Nachfolge in der Staatsführung, war am 10. 5. aller Wahrscheinlichkeit nach ohne Auftrag Hitlers nach Schottland geflogen, angeblich um eine deutsch-britische Verständigung zustande zu bringen. Hitler ließ, als der England-Flug seines Stellvertreters bekannt wurde, am 12. 5. parteiamtlich verlautbaren: „Ein zurückgelassener Brief zeigte in seiner Verworrenheit leider die Spuren einer geistigen Zerrüttung, die befürchten läßt, daß der Parteigenosse Heß das Opfer von Wahnvorstellungen wurde." Der England-Flug von Heß bewirkte keine Folgerungen der britischen Regierung. Die von Hassell aufgeworfene Frage, wie es zum Entschluß von Heß gekommen war, ist bis heute noch nicht zweifelsfrei geklärt. Zum „Fall Heß" vgl. ADAP, Serie D, Bd. XII, 2, S. 499f. (Anm.) und Dok. Nr. 500 (Aufz. Albrecht Haushofers), 513; Albert Speer: Erinnerungen. Frankfurt a. M./Berlin 1969, S. 189–191; Ciano-Tagebücher (wie Anm. 51/39), S. 320f. (13. Mai); Boelcke (Hrsg.), Kriegspropaganda (wie Anm. 50/40), S. 728–742; Laack-Michel, Albrecht Haushofer (wie Anm. 20/41), S. 214–242. Zur britischen Reaktion James Douglas-Hamilton: Geheimflug nach England. Der „Friedensbote" Rudolf Heß und seine Hintermänner. Aus dem Englischen. Düsseldorf 1973, bes. S. 102–149.

59 Eine diesbezügliche Aufzeichnung Hassells liegt nicht vor.

60 In der Literatur findet sich kein Hinweis darauf, daß der Münchner Gauleiter Adolf Wagner in die Affäre Heß verwickelt gewesen sei. Vielleicht liegt eine Verwechslung mit dem Gauleiter von Schlesien Josef Wagner vor, gegen den im Frühjahr 1941 ein Parteiverfahren angestrengt wurde. Vgl. Anm. 63/40.

61 Über Albrecht Haushofers Reise nach Genf und sein Gespräch mit Carl J. Burckhardt am 28. 4. liegt nur der Bericht vor, den er zu seiner Rechtfertigung für Hitler abgefaßt hat. Abgedruckt in: W. Stubbe, In memoriam (wie Anm. 20/41), S. 251–255 mit einer Stellungnahme von Carl J. Burckhardt. Dieser Bericht kann nicht als zuverlässige Quelle angesehen werden.

62 Daraus ergibt sich, daß es sich um Haushofer gehandelt hat.

63 Diese – an sich überraschende – Auffassung hat Hassell vermutlich einem Gespräch mit Burckhardt entnommen.

64 Durch die Einverleibung eines Gebiets von 9.600 qkm, in dem etwa 775.000 Einwohner, hauptsächlich Slowenen, aber nur etwa 20.000 Volksdeutsche lebten, wurde die Reichsgrenze bis auf 20 km an Zagreb vorgeschoben. Die Volksdeutschen in dem Italien zugeschlagenen Teil Sloweniens (Gottschee, Laibach) wurden später im deutschen Annexionsgebiet angesiedelt. Vgl. Ladislaus Hory/Martin Broszat: Der kroatische Ustascha-Staat 1941–1945 (Schriftenreihe der VZG, Nr. 8). Stuttgart 1964, S. 62f. – Für den neugegründeten kroatischen Staat war noch einschneidender, daß Italien große Teile des dalmatinischen Küstenstreifens usurpierte bzw. zu seinem Interessengebiet machte. Kroatien wurde mit Hitlers Duldung weitgehend von Italien abhängig. Vgl. Hory/Broszat, S. 58ff., sowie Gert Fricke: Kroatien 1941–1944. Der „Unabhängige Staat" in der Sicht des deutschen Bevollmächtigten Generals in Agram, Glaise v. Horstenau. Freiburg 1972, S. 16–24.

1941

65 Wie Berber in seinen Memoiren berichtet, hatte ihn Adam v. Trott dazu angeregt, Hassell um Mitarbeit zu bitten. Trotts Begründung sei gewesen, „die jüngere Generation des Widerstandes habe sonst keine Möglichkeit", mit der älteren in Kontakt zu treten. Hassell habe zunächst unter einem Pseudonym (Christian Augustin), später unter seinem wirklichen Namen mitgearbeitet. „Als ich ihm zur Herstellung dieser Verbindung meinen ersten Besuch machte..., fragte er mich, ob ich denn nicht wisse, daß er beim Reichsaußenminister wegen seiner abweichenden außenpolitischen Konzeption in Ungnade stehe" (Friedrich Berber: Zwischen Macht und Gewissen. Lebenserinnerungen. Hrsg. von Ingrid Strauß. München 1986. S. 115). Der hier erwähnte Aufsatz erschien in den Monatsheften für Auswärtige Politik, 8. Jg. (1941), S. 599–613, wiederabgedruckt in: Ulrich v. Hassell: Europäische Lebensfragen im Lichte der Gegenwart. Berlin 1943, S. 7–34.

66 Hassell war im MWT Vorsitzender des Verkehrsausschusses. Ein spezielles Gutachten über Verkehrsfragen konnte nicht aufgefunden werden, doch hat Hassell am 10. 11. 1941 auf der Mitgliederversammlung des MWT in Berlin über verkehrswirtschaftliche Fragen referiert. Vgl. Manfred Asendorf: Ulrich v. Hassells Europa-Konzeption und der MWT. In: Jahrbuch des Instituts für Deutsche Geschichte, Bd. 12 (1983), S. 417.

67 Zu Frauendorfer vgl. Anm. 2/41.

68 Schon bald nach Kriegsbeginn setzten die Bestrebungen der SS ein, für Polen ein Sonderstrafrecht einzuführen. So waren bereits im Juli 1940 in Sachsen polnische Zivilarbeiter wegen Geschlechtsverkehrs mit einer deutschen Frau ohne gerichtliches Verfahren von der Gestapo gehängt worden. Um solche Willkürakte von SS und Polizei einzugrenzen, wurde am 4. 12. 1941 eine sogenannte Polenstrafrechtspflege-Verordnung erlassen, die wenigstens an der grundsätzlichen Zuständigkeit der ordentlichen Gerichte festhielt. Vgl. Hermann Weinkauff: Die deutsche Justiz und der Nationalsozialismus. Albrecht Wagner: Die Umgestaltung der Gerichtsverfassung und des Verfahrens- und Richterrechts im nationalsozialistischen Staat (Quellen und Darstellungen zur Zeitgeschichte, Bd. 16/I). Stuttgart 1968, S. 152, 306, 340f.; Broszat, Polenpolitik (wie Anm. 83/39), S. 137–157. – Wie Broszat bemerkt, war diese Verordnung gegenüber dem reinen Polizeistrafrecht, das Himmler gegen die Polen anwenden wollte, immerhin noch das „kleinere Übel" (ebd., S. 152).

69 Die Eroberung Kretas, die am 20. 5. begonnen wurde, stand unmittelbar vor dem Abschluß; am 1. 6. war die Insel in deutscher Hand. Über die verlustreiche Operation vgl. Vogel, Balkan (wie Anm. 46/41), S. 485–511; Hans-Otto Mühleisen: Kreta 1941. Freiburg ³1977.

70 Das Schlachtschiff „Bismarck" hatte sich am 27. 5. selbst versenkt, nachdem die Ruderanlage von britischen Torpedoflugzeugen zerstört worden war und die Geschütze ihre Munition verschossen hatten. Nach diesem Fehlschlag wurden die übriggebliebenen Schlachtschiffe im Atlantik nicht mehr eingesetzt. Vgl. Gerhard Bidlingmaier: Einsatz der schweren Kriegsmarineeinheiten im ozeanischen Zufuhrkrieg. Strategische Konzeption und Führungsweise der Seekriegsleitung. Neckargemünd 1963, S. 198–238.

71 Weizsäcker wandte sich damit gegen die damals weit verbreiteten Gerüchte, der deutsche Aufmarsch an der deutsch-russischen Demarkationslinie sei die Vorbereitung eines von Sowjetrußland gebilligten Vorstoßes deutscher Truppen in den Vorderen Orient. Vgl. dazu auch Hill (Hrsg), Weizsäcker-Papiere (wie Anm. 15/38), S. 257.

Anmerkungen zu den Seiten 256 bis 261

72 Major v. Salviati war Hassell seit den Erfolgen deutscher Reiter bei einem Turnier in Rom 1933 bekannt. Als persönlicher Adjutant Rundstedts von 1940 bis März 1944 versuchte er vergeblich, diesen im Sinne der Opposition zu beeinflussen (vgl. dazu die Abschrift seines Tagebuchs von 1944 im Document Center in Berlin).

73 Das verstärkte britische Engagement in der Cyrenaika und in Griechenland hatte dazu geführt, daß andere Gebiete des Nahen Ostens weitgehend entblößt waren, wodurch die dortigen arabischen Nationalbewegungen Auftrieb erhielten. Im Irak gewannen die nationalistischen Kräfte unter der Führung Raschid Ali el Ghailanis im April 1941 die Oberhand, was zum Abbruch der diplomatischen Beziehungen zu Großbritannien führte. Es zeigte sich jedoch recht bald, daß die Iraker dem britischen Druck nicht gewachsen waren, zumal von deutscher Seite nur eine schwache Flugzeugstaffel nach Bagdad entsandt wurde. So kam es bereits am 31. 5. 1941 zwischen Briten und Irakern zu einem Waffenstillstand, Ministerpräsident Ghailani mußte ins Ausland fliehen. Wenige Tage später, am 8. 6., fielen britische und gaullistische Truppen in Syrien ein. Die dort stationierten Vichy-freundlichen Streitkräfte unter Gen. Dentz mußten am 14. 7. kapitulieren. Vgl. Schröder, Deutschland (wie Anm. 53/41); ferner Hillgruber, Hitlers Strategie (wie Anm. 79/40), S. 473–481.

74 Um die britische Stellung im Nahen Osten zu schwächen, war die deutsche Regierung Ende April an Darlan herangetreten, der am 5. 5. die französische Bereitschaft signalisierte, die ausgelagerten Waffenbestände und die Flugplätze in Syrien für eine deutsche Intervention im Irak zur Verfügung zu stellen. Auf dem Obersalzberg machte der antibritisch eingestellte Darlan am 11. 5. Hitler noch weitergehende Zugeständnisse, vor allem in Westafrika (Dakar) und bezüglich einer deutschen Nachschubroute durch Tunesien, doch scheiterten diese Absprachen schließlich an den französischen Gegenforderungen. Vgl. Hillgruber, Staatsmänner (wie Anm. 25/41), Bd. I, S. 536–549; Jäckel, Frankreich (wie Anm. 76/40), S. 157–179.

75 Im April 1941 waren vom AA Verhandlungen aufgenommen worden mit dem Ziel, die Türkei aus dem westlichen Lager (Bündnis mit Großbritannien) herauszulösen. Die Türkei konnte zwar nicht in eine aktive Frontstellung gegen Großbritannien gebracht werden, immerhin wurde aber am 18. 6. ein Nichtangriffs- und Konsultativpakt abgeschlossen, um die Neutralität der Türkei zu gewährleisten und damit die Südflanke des unmittelbar bevorstehenden Angriffs auf die Sowjetunion zu sichern. Vgl. Lothar Krecker: Deutschland und die Türkei im Zweiten Weltkrieg. Frankfurt a. M. 1964, S. 153ff.

76 Brauchitsch hatte bei der Umsetzung des „Gerichtsbarkeits-Erlasses" und des „Kommissarbefehls" für das Heer vom 24. 5. tatsächlich einschränkende Zusätze gemacht: Das von Hitler festgelegte rigorose Vorgehen sollte sich auf schwere Fälle der Auflehnung beschränken, Willkürakte einzelner Heeresangehöriger sollten verhindert werden; die Aufhebung der Gerichtsbarkeit wurde als vorübergehender Zustand angesehen. Für die Erschießung eines Kommissars nannte Brauchitsch als Voraussetzung, „daß sich der Betreffende durch eine besondere erkennbare Handlung oder Haltung gegen die deutsche Wehrmacht stellt oder stellen will" (vgl. Klink, Konzeption [wie Anm. 52], S. 256ff.). Die Wirkung dieser „Einschränkungen" – ob sie etwa widerstrebenden Kommandeuren Rückhalt boten – ist ungeklärt. Beide

1941

Verfügungen wurden unzweifelhaft von vielen Truppenteilen angewendet; der Umfang der Ausnahmen ist noch umstritten. Vgl. Anm. 82.

77 Zum weiteren Verlauf vgl. unten die Eintragungen vom 30. 8. und 17. 10. 41, 20. 12. 42.

78 Vom 22. bis 30. 6. waren im Osten 8.886 Soldaten, darunter 524 Offiziere, gefallen; 29.934 Soldaten, darunter 966 Offiziere, wurden verwundet, 2.707 Soldaten, darunter 50 Offiziere, waren vermißt. Die Offizierverluste waren im Juli noch höher: 1.919 Gefallene, 4.398 Verwundete, 169 Vermißte (nach Kriegstagebuch des OKW 1940–1941, Teilband II, S. 1120).

79 Die menschenverachtende Behandlung der Bevölkerung im Osten war durch eine Denkschrift Himmlers vom Mai 1940 eingeleitet worden (vgl. Anm. 106/40). Zu einer insbesondere von russischen Emigranten propagierten Konzeption, im Sinne eines „Befreiungskrieges" aus den besetzten Gebieten unter aktiver Beteiligung der Bevölkerung einen neuen russischen Staat aufzubauen, ist es nicht gekommen. Damit fehlte auch den zahlreichen aus „Ostvölkern" aufgestellten Verbänden in der deutschen Wehrmacht der politische Hintergrund. Die Errichtung eines Komitees zur Befreiung der Völker Rußlands (KONR) im Herbst 1944 und die offizielle Aufstellung der Wlassow-Armee am 28. 1. 1945 als Streitkraft eines Deutschland verbündeten Staates kamen zu spät. Vgl. Joachim Hoffmann: Die Geschichte der Wlassow-Armee. Freiburg ²1986. Vgl. auch Anm. 106/40.

80 Vor allem in den ersten Jahren seit 1933 war das von Bischof Theodor Heckel geleitete „Kirchliche Außenamt" ins Zwielicht geraten, weil es die Verbindung mit der Ökumene vernachlässigte und die Arbeit mit den Auslandsgemeinden mit der „Politik des Reiches" und den Parteidienststellen zu synchronisieren versuchte. Gerstenmaier zufolge wog es besonders „schwer, daß sich Heckel dazu verleiten ließ, dem polnischen evangelischen Superintendenten D. Bursche, in dem er einen heftigen Gegner sah, die christlich gebotene Hilfe zu verweigern". Vgl. Eugen Gerstenmaier: Das Kirchliche Außenamt im Reiche Hitlers, in: Kirche im Spannungsfeld der Politik. Festschrift für Bischof D. Kunst D. D. zum 70. Geburtstag am 21. 1. 1977. Hrsg. von Paul Collmer u. a. Göttingen 1977, S. 307–318, Zitat S. 317.

81 Zu den sogenannten „SA-Gesandten" gehörten: Manfred Frhr. v. Killinger (Juli–Dez. 1940 Gesandter in Preßburg, Jan. 1941–Aug. 1944 Bukarest); Adolf-Heinz Beckerle (Juni 1941–Sept. 1944 in Sofia); Siegfried Kasche (April 1941–Mai 1945 in Agram); Dietrich v. Jagow (Juli 1941–März 1944 in Budapest); Hanns E. Ludin (1941–April 1945 in Preßburg).

82 GFM v. Bock hatte, vermutlich auf Drängen seines 1. GenStabs-Offiziers v. Tresckow, beim ObdH protestiert, sich aber mit dessen erwähnten Abmilderungen (s. Anm. 76) begnügt. Wie Rudolf v. Gersdorff (damals 3. GenStabs-Offz. der HGr Mitte) berichtete, erhielt er im OKH auf seine im Auftrag Bocks vorgebrachte Kritik stets die Antwort, selbstverständlich seien diese Einwände auch vom OKH immer wieder vorgetragen worden. Vgl. Rudolf-Christoph Frhr. v. Gersdorff: Soldat im Untergang. Frankfurt a.M./Berlin/Wien 1977, S. 86–90. Vgl. im übrigen die Literatur in Anm. 52.

83 Zu ihm vgl. oben Anm. 54.

84 Für die Zusage des Kronprinzen Wilhelm ist diese Eintragung über den Bericht von Popitz der einzige Beleg. Fest steht, daß der Kronprinz 1943 sich nicht mehr zur Verfügung stellen wollte. Vgl. Paul Herre: Kronprinz Wil-

helm. Seine Rolle in der deutschen Politik. München 1954, S. 237; er erklärt den Sinneswandel mit Resignation nach jahrelangem Warten, zunehmender Überwachung und dem Schwinden der Erfolgschancen für eine Widerstandsbewegung.

85 Neben dem in Anm. 65 erwähnten Aufsatz erschien damals der Aufsatz „Großeuropa" in den Monatsheften für Auswärtige Politik, 8. Jg. (1941), Heft 11, S. 895–910, wieder abgedruckt in: Hassell, Europäische Lebensfragen (wie Anm. 65/41), S. 35–66.

86 Insgesamt war Albrecht Haushofer etwa 8 Wochen in Haft. In dieser Zeit wurde er nicht nur vom Gestapo-Chef Müller, sondern auch von Heydrich verhört. Ribbentrops Versuch, ihn aus seiner Berliner Professur zu drängen, soll eigenartigerweise am Widerstand Himmlers gescheitert sein. Vgl. Laack-Michel, Albrecht Haushofer (wie Anm. 20/41), S. 238–241; auch Hildebrandt, Die Letzten (wie Anm. 113/40), S. 113.

87 Die Angaben Osters werden durch Berichte bestätigt, die Gert Fricke in dem Buch „Kroatien" (wie Anm. 64/41), S. 27f. und 36–41, ausführlich zitiert. Vgl. auch die Aussage Glaises in Nürnberg: IMT (wie Anm. 8/38), Bd. XVI, S. 128f.

88 Auf ultimativen Druck der Japaner hin kam es am 29. 7. in Vichy zu einem Protokoll über die „gemeinsame Verteidigung von Französisch Indochina", demzufolge Japan die Nutzung der Hafenanlagen von Saigon sowie von mehreren Flugplätzen eingeräumt wurde. Daraufhin wurden japanische Truppen in Stärke von etwa 40.000 Mann im Süden Indochinas stationiert. Vgl. Keesings Archiv, Jg. 1941, S. 5135; Hytier, Two years (wie Anm. 93/40), S. 325–327.

89 Die diesbezügliche Weisung Hitlers vom 14. 7. 1941 ist abgedruckt bei Hubatsch (Hrsg.), Hitlers Weisungen (wie Anm. 78/40), S. 136–139.

90 GFM v. Witzleben, seit 1. 5. 1941 OB West, empfand auch selbst, wie er später zu Hassell sagte (vgl. unten S. 297), die zu ihm gelangenden Informationen als mangelhaft und schickte daher schließlich Offiziere zu den Oberbefehlshabern an die Ostfront. Worauf sich der Eindruck der Uninteressiertheit bezog, ließ sich nicht ermitteln.

91 Die Atlantik-Charta, auf Initiative Roosevelts mit Churchill auf dem Schlachtschiff „Prince of Wales" nahe Neufundland vereinbart, ist abgedruckt in: Konferenzen und Verträge (Vertrags-Ploetz), Bd. 2. Bielefeld 1953, S. 248f. In dem erwähnten Punkt 8 heißt es: „Da kein künftiger Frieden bewahrt werden kann, wenn Nationen, die mit Angriffen jenseits ihrer Grenzen drohen oder drohen könnten, weiterhin im Besitz von Waffen für Land-, See- oder Luftkrieg bleiben, glauben sie (USA und Großbritannien), daß die Entwaffnung solcher Nationen wesentlich ist, bis ein umfassenderes und dauerndes System der allgemeinen Sicherheit aufgebaut ist." Der unmittelbare Zweck der Erklärung war wohl, die amerikanische Öffentlichkeit für ein militärisches Zusammengehen mit Großbritannien vorzubereiten. Vgl. Herbert Feis: Churchill, Roosevelt, Stalin. The war they waged and the peace they sought. Princeton/London 1957, S. 20–23; Woodward, British Foreign Policy (wie Anm. 140/39), Vol. II. London 1971, S. 198–205. – Nach der Direktive des deutschen Propagandaministeriums sollte man die acht Punkte der Deklaration „mit Geist, Sarkasmus und Ironie angreifen", ohne sie zu zitieren. Vgl. Friedländer, Auftakt (wie Anm. 53/40), S. 181f.

92 Das Jagdrevier Klachau (Steiermark), das Ilgner gepachtet hatte, diente auch dem Vorstand des MWT wiederholt als Versammlungsort.

1941

93 Langbehn, ein kompromißloser Gegner des NS-Regimes, der seit Frühjahr 1940 Popitz kannte, hatte eine familiäre Beziehung zu Himmler; dessen Tochter Gudrun war eine Klassenfreundin einer Tochter Langbehns. Diese eigenartige Konstellation suchte Langbehn für den Widerstand zu nutzen. Sein Freund Rainer Hildebrandt (vgl. sein Buch [wie Anm. 113/40], S. 99–102) hat seine hohe Einsatzbereitschaft in diesem gefährlichen Doppelspiel damit erklärt, daß er „das intensive Leben überall suchte und es hier, wo das Schicksal der Welt seinen Hebelpunkt hatte, am komprimiertesten gefunden hatte". Vgl. auch Franz Reuter: Der 20. Juli und seine Vorgeschichte. Berlin 1946, S. 18; Paul Fechter: Menschen und Zeiten. Gütersloh ³1949, S. 387–393.

94 Es handelt sich offensichtlich um die von Raeder beim Lagevortrag am 25. 7. Hitler in der Wolfsschanze vorgelegte Denkschrift der Seekriegsleitung über den Stand der Schlacht im Atlantik. Nach ihr stand die „Schlacht im Atlantik . . . z. Zt. ungünstig". Die Denkschrift ist abgedruckt bei: Salewski, Seekriegsleitung (wie Anm. 86/39), Bd. 3: Denkschriften und Lagebetrachtungen 1938–1944. Frankfurt a.M. 1973, S. 189–214. Vgl. ferner Gerhard Wagner (Hrsg.): Lagevorträge des Oberbefehlshabers der Kriegsmarine vor Hitler 1939–1945. München 1972, S. 273–275 (Anlage 1).

95 Zu einem amerikanischen Flottenbesuch in Casablanca ist es nicht gekommen. Seit Februar 1941 gab es jedoch eine amerikanisch-französische Vereinbarung (Weygand-Murphy-Abkommen), das amerikanische Lieferungen von Rohstoffen und Hilfsgütern nach Nordafrika vorsah, wobei amerikanische „Vizekonsuln" darüber wachen sollten, daß nichts davon den Deutschen zugute komme. Dieser Vertrag und andere Vorkommnisse bzw. Verdachtsmomente führten dazu, daß die deutsche Seite die Ablösung Weygands als Generalresident in Nordafrika verlangte. Nachdem auch Außenminister Darlan die Stellung seines Rivalen schon seit längerer Zeit unterminiert hatte, wurde Weygand am 20. 11. 1941 von seinem Posten abberufen. Vgl. Hytier, Two years (wie Anm. 93/40), S. 273–275 und 299–308; Robert Murphy: Diplomat unter Kriegern. Zwei Jahrzehnte Weltpolitik in besonderer Mission. Aus dem Amerikanischen. Berlin 1965, S. 105–121.

96 Diese Sitzung war von Keitel auf den 16. 8. einberufen worden, um aus den widerstreitenden Rüstungskonzepten ein realisierbares Programm zu machen. Hatte Hitler in seiner „Weisung Nr. 32b" vom 14. 7. noch mit einer schnellen Beendigung des Ostkrieges gerechnet und dementsprechend das Schwergewicht auf den Bau von U-Booten und Flugzeugen gelegt, so erforderte nun der inzwischen aufgetretene Bedarf des Heeres im Osten eine „Umsteuerung". Das „wirtschaftliche Blitzkriegskonzept" war in eine Krise geraten; die gesamte Rüstungswirtschaft wurde überfordert. – Die Weisung ist abgedruckt bei Hubatsch (Hrsg.), Hitlers Weisungen (wie Anm. 17/41), S. 136–139. Zu der Besprechung zwischen dem Chef des OKW und den Vertretern der Wehrmachtteile vgl. die Niederschrift „Die Auswirkungen der Richtlinien des Führers vom 14. 7. 1941 sowie die Durchführbarkeit der sich daraus ergebenden Schwerpunktprogramme", abgedruckt bei Georg Thomas: Geschichte der deutschen Wehr- und Rüstungswirtschaft (1918–1943/45). Hrsg. von Wolfgang Birkenfeld. Boppard/Rh. 1966, S. 458–468; ferner Dietrich Eichholtz: Geschichte der deutschen Kriegswirtschaft, Bd. II. (Ost-)Berlin 1985, S. 25–28.

97 Der Bischof hatte am 13. und 20. 7. sowie am 3. 8. in Predigten die Be-

Anmerkungen zu den Seiten 269 bis 272

schlagnahme von Klöstern und die „Euthanasie"-Maßnahmen scharf angeprangert. Die Nachricht hiervon verbreitete sich in Windeseile durch das ganze Land, so daß die Machthaber schwere Reaktionen befürchteten. Während der Gauleiter von Westfalen die Verhaftung Galens forderte, ließ Hitler die Gauleiter anweisen, daß „ab sofort ... Beschlagnahmen von kirchlichem und klösterlichem Vermögen bis auf weiteres zu unterbleiben" hätten. Vgl. Heinrich Portmann: Die drei weltberühmten Predigten. Münster i. Westf. [15]1978; Conway, Kirchenpolitik (wie Anm. 92/39), S. 290ff.

98 Rudolf Morsey bemerkt hierzu: „Die Taktik des Regimes ging dahin, keinen Bischof in Deutschland zu verhaften, zum Märtyrer zu machen oder ihm gar die Ehre einer öffentlichen Hinrichtung zuteil werden zu lassen. Anstelle der Oberhirten wurden Pfarrer und Kapläne verhaftet, in Konzentrationslager verbracht und zum Tode verurteilt (aus der Diözese Münster waren 22 Weltpriester und 7 Ordensgeistliche in Konzentrationslagern, von denen insgesamt 6 ums Leben gekommen sind)." Rudolf Morsey: Clemens August Kardinal von Galen. Versuch einer historischen Würdigung, in: Jahrbuch des Instituts für christliche Sozialwissenschaften, Bd. 7/8 (1966/67), S. 367–382, Zitat S. 375. Zur „Vertagung der Schlußabrechnung" vgl. Goebbels Tagebücher. Aus den Jahren 1942–43. Mit anderen Dokumenten herausgegeben von Louis P. Lochner. Zürich 1948, Eintragungen vom 11. 3., 26. 3. und 8. 4. 1942, S. 117f., 139ff.; Conway, Kirchenpolitik (wie Anm. 92/39), S. 297–301, sowie Heinz Hürten: „Endlösung" für den Katholizismus? Das nationalsozialistische Regime und seine Zukunftspläne gegenüber der Kirche, in: Stimmen der Zeit, Jg. 1985, S. 534–545.

99 In Neinstedt am Harz, Kreis Quedlinburg, bestanden seit Jahrzehnten Pflegeanstalten für Geisteskranke (Asyl Gottessorge) und Epileptiker (Gnadenthal). Hannah Nathusius war die Tochter des Greifswalder Professors der Theologie Martin v. Nathusius, der mit einer Schwester von Hassells Mutter verheiratet war; er besaß einen Hof in Neinstedt.

100 Eine Anzeige mit fast gleichem Wortlaut erschien im Deutschen Adelsblatt am 11. 9. 1941. Die beiden jüngeren Brüder des Gefallenen, Georg (am 29. 8. 1944 als Oberst und Kommandeur einer Kavalleriebrigade gefallen, Inhaber des Ritterkreuzes des Eisernen Kreuzes mit Eichenlaub und Schwertern) und Philipp (zuletzt Major und Führer eines Reiterregiments, Inhaber des Ritterkreuzes), gehörten seit 1942/43 zu der Widerstandsgruppe um Henning v. Tresckow bei der Heeresgruppe Mitte. Vgl. jetzt Heinz W. Doepgen: Georg v. Boeselager. Kavallerieoffizier in der Militäropposition gegen Hitler. Herford und Bonn 1986.

101 Der Herzog von Windsor, der als ausgesprochen deutschfreundlich galt, war nach seinem Thronverzicht bei seinem Deutschlandbesuch im Oktober 1937 mit Hitler, Göring, Himmler und anderen Vertretern des Staats und der Partei zusammengetroffen und hatte sogar noch nach der Niederlage Frankreichs Kontakte mit deutschfreundlichen Kreisen in Spanien gepflegt. Um den Herzog von etwaigen Extratouren abzuhalten, hatte Churchill erreicht, daß er im Sommer 1940 als Gouverneur auf die Bahama-Inseln abgeschoben wurde, was einer Verbannung gleichkam. Hoffnungen auf irgendwelche Vermittlertätigkeiten des Herzogs entbehrten daher jeder Grundlage. Vgl. Frances Donaldson: Edward VIII. The road to abdication. London 1978, S. 173f.

102 Béla Imrédy, der als fähiger Wirtschaftsexperte galt, war seit seiner Mini-

sterpräsidentschaft in den Jahren 1938/39 ein entschiedener Vertreter der Anlehnung an Deutschland. Nach seiner Trennung von der Regierungspartei war er auch innenpolitisch eigene Wege gegangen und hatte im Oktober 1940 die Partei der ungarischen Erneuerung gegründet, die für eine Überwindung des Feudalismus und des Kapitalismus eintrat und ein enges Bündnis mit Deutschland befürwortete. Im Sept. 1941 war sie eine Allianz mit der Ungarischen Nationalsozialistischen Partei eingegangen, die sich ähnlich wie die Erneuerungspartei vor allem auf kleinbürgerliche und kleinbäuerliche Schichten sowie auf Offiziere und jüngere Akademiker stützte. Imrédy war durch diese Allianz zum Sprecher der größten Oppositionsgruppe im Parlament geworden. Auch nach der Charakterisierung Macartneys hatte er die Vorzüge und die Nachteile eines typischen Intellektuellen: „He could dissect a situation with masterly logic, but when it came to handling one, he was impulsive, undecided, and changeable." Vgl. Macartney, October (wie Anm. 82/40), Bd. I, S. 106f.; István Déak: Hungary, in: Hans Rogger/Eugen Weber (ed.): The European Right. A historical profile. Berkeley/Los Angeles 1965, S. 380ff.; P. Gosztony: Béla Imrédy, in: Biographisches Lexikon zur Geschichte Südosteuropas (wie Anm. 33/39), Bd. II. München 1976, S. 222f.

103 Bereits im Mai 1941 hatte Oberst i. G. Draža Mihajlović, der die Kapitulation der jugoslawischen Armee nicht anerkannte, im südwestlichen Serbien mit der Organisation eines Partisanenkampfes begonnen, nach dem Beginn des Ostkrieges waren kommunistische Partisanen unter Tito hinzugetreten. Beide Gruppierungen konnten sich nicht auf ein gemeinsames Programm einigen und haben daher in der Folgezeit getrennt operiert.

104 Mussolinis Besuch in der Wolfsschanze bei Rastenburg und an der Ostfront (25.–28. 8.) hat in den publizierten Akten des AA keinen Niederschlag gefunden. Das am 29. 8. veröffentlichte Kommuniqué, das als eine Art Antwort auf die Atlantik-Charta (s. Anm. 91) gedacht war, enthielt nur nichtssagende Allgemeinplätze (vgl. Domarus, Bd. II, 2, S. 1749f.). Zur öffentlichen Bekräftigung des Bündnisses wurde eine italienische Division im Raum von Uman (Ukraine) besichtigt. Nicolaus v. Below (Als Hitlers Adjutant 1937–1945. Mainz 1980, S. 288f.) berichtet über Hitlers große Enttäuschung: „Er wußte, daß die Italiener an der Ostfront nichts leisten konnten, und rechnete mit keinerlei Kampfkraft. Er sprach den deutschen Offizieren sozusagen gut zu und versuchte auf diese Weise, sie hinsichtlich des Bundesgenossen ‚bei Stimmung' zu halten ... Er betonte, daß es noch notwendig sei, die Italiener zu ‚poussieren', denn die Kämpfe im Mittelmeer seien noch nicht zu Ende." – Zum Mussolini-Besuch vgl. auch Schmidt, Statist (wie Anm. 24/38), S. 546–549.

105 Nach Vereinigung von Kräften der Panzergruppen 1 (Kleist) und 2 (Guderian) hatte östlich des Dnjepr zwischen Kiew und Krementschug eine große Kesselschlacht stattgefunden, in der mehrere russische Armeen vernichtet und aus der 665.000 russische Gefangene gemeldet wurden.

106 Der hier erwähnte Angehörige des Sicherheitsdienstes, SS-Sturmbannführer Hans Daufeldt (in den bisherigen Ausgaben irrtümlich „Danfeld"), wurde auch sonst – vermutlich wegen seiner Gewandtheit und seiner Sprachkenntnisse – zu „diplomatischen Hilfsdiensten" verwendet. Vgl. Groscurth-Tagebücher (wie Anm. 82/39), S. 341, auch S. 144, 149, 153. Mehr ist über ihn nicht bekannt.

Anmerkungen zu den Seiten 272 bis 276

107 Zu Stallforths Person und Intentionen vgl. Anm. 54/41. Über eine angeblich von Hassell vorgeschlagene, auch schriftlich fixierte Verständigungsbasis vgl. Holland, Foreign Contacts (wie Anm. 54/41), S. 139; über den Zusammenhang ebd., S. 137–141. – Die folgende Sondierung Hassells bezüglich der monarchischen Frage – nach dem Tod Wilhelms II. in einigen Widerstandskreisen diskutiert – hing mit den Verständigungsversuchen offensichtlich nicht zusammen. Zu den Amerika-Verbindungen des Prinzen Louis Ferdinand vgl. sein Buch: Im Strom der Geschichte. München/Wien 1983, S. 187 ff., ferner S. 122ff., 218–221 und 256ff.

108 Ähnliches, allerdings ohne die kritischen Akzente, enthält eine Notiz Weizsäckers über ein Gespräch mit Ribbentrop: „Ich erzählte H. v. R., der selbst auffallenderweise vom Führer über seine Gespräche mit dem Duce noch nichts gehört hatte, das, was mir Alfieri davon berichtet hat: die beiden Chefs seien nie so intim gewesen wie diesmal. Sie hätten sich auch über ihre jeweilige eigene Stellung (in ihrer Heimat) ausgesprochen! Überwiegend seien die Gespräche retrospektive und militärische gewesen. Mussolini habe noch mehr Truppen für den Russenkrieg angeboten. Politisch habe der Duce einen baldigen Abschluß des Ringens gewünscht. Sei die Hoffnung hierauf zurückzustellen, so sollte man an die Neukonstruktion Europas schrittweise herangehen. [...] Der Führer habe sich aber (was Frankreich angeht in Umkehrung der bisherigen Rollen) recht reserviert gezeigt und den Zeitpunkt für verfrüht erklärt. (Die mir zugetragenen Gerüchte, der Duce habe dem Führer einen gewissen Wechsel in seinem Beraterkreis vorgeschlagen, sind so vage, daß davon nicht zu sprechen war. H. v. R. erwähnte mir nur seinerseits ohne anderweitigen Zusammenhang, wie gerne er mit der Waffe in der Hand an dem Feldzug teilnähme ...).“ Weizsäcker-Papiere (wie Anm. 15/38), S. 267f.; vgl. auch S. 266, Notiz vom 2. 9. 1941.

109 Schacht gehörte noch dem Reichskabinett an, das jedoch seit 1938 nicht mehr zusammentrat. Zugleich aber hielt er seit seiner Entlassung als Reichswirtschaftsminister Verbindung zur Opposition. Aus dieser eigentümlichen Zwischenstellung heraus versuchte er, Hitler von Zeit zu Zeit seine politischen Auffassungen darzulegen, was Hassell zu dem Aperçu von „His Majesty's most loyal opposition" provozierte (vgl. S. 257). Trotz starker Vorbehalte bei Hassell und schließlich auch bei Goerdeler blieb Schacht ein Faktor in den Überlegungen der konservativen Opposition. Als Beck im Januar 1943 für die Zeit nach Hitlers Sturz ein fünfköpfiges Direktorium ins Auge faßte, sah er dafür auch Schacht vor. Vgl. unten S. 346, Eintragung vom 22. 1. 1943.

110 Als Hitler im Februar (oder Anfang März) 1941 Schacht darauf angesprochen hatte, ob er eventuell in die USA reisen wolle, um die Amerikaner auf Neutralitätskurs zu halten, hatte sich Schacht angesichts des bevorstehenden Lend-and-lease-Abkommens versagt. Wenn Schacht nun seinerseits ein halbes Jahr später, im Sept. 1941, darauf zurückkam, ließ er sich von der Überlegung leiten, daß angesichts der deutschen Erfolge in Rußland der Anschein eines Gleichgewichts der Kräfte gegeben war. Freilich übersah er dabei, daß die Regierung Roosevelt, zumal vier Wochen nach der Atlantik-Charta, längst nicht mehr bereit war, mit Hitler oder einem seiner Abgesandten zu verhandeln, was sicher auch für die von Schacht ins Auge gefaßte Anknüpfung an wirtschaftliche Fragen galt. Schachts Brief ist auszugsweise abgedruckt in: Schacht, 76 Jahre (wie Anm. 5/39), S. 525f. Vgl. auch unten S. 285, Eintragung vom 30. 11. 1941.

1941

111 Bei den nicht seltenen Rückschlägen italienischer Streitkräfte wurde deutlich, daß Mussolinis Herrschaft auf recht schwachen Füßen stand. Vorerst handelte es sich jedoch nur um vorübergehende „Stimmungstiefs"; erst nach der Landung der Alliierten in Nordafrika (1942) schlug die Stimmung in tiefe Resignation um. Um diese Zeit begann sich auch in Italien eine mehr oder weniger kohärente Opposition zu entwickeln. Vgl. Charles F. Delzell: Mussolini's enemies. The Italian Anti-Fascist Resistance. Princeton/N.J. 1961, S. 185f.

112 Die Frage, welche Pläne Stalin für die Jahre 1941 und 1942 hatte, als ihn der Angriff Hitlers traf, hat im Jahre 1986 erneut zu einer großen wissenschaftlichen Kontroverse geführt. In dem Werk Das Deutsche Reich (s. Anm. 52/41), Bd. 4, werden gegensätzliche Auffassungen nebeneinander vertreten.

113 Das Bild, das Hoffmann v. Waldau hier von der Lage des Luftkrieges gibt, scheint reichlich optimistisch zu sein. Zwar hatte die deutsche Luftwaffe gleich am 22. 6. durch Überraschung mehr als 1.200 sowjetische Flugzeuge vernichtet, aber auch die eigenen Verluste waren hoch. Bis Ende September verlor sie im Osten immerhin 1.603 Flugzeuge, während sie im Westen schon zu dieser Zeit mehr und mehr in die Defensive gedrängt war. Vgl. Andreas Hillgruber/Gerhard Hümmelchen: Chronik des Zweiten Weltkrieges. Kalendarium militärischer und politischer Ereignisse 1939–1945. Königstein-Ts./Düsseldorf 1978, S. 98; Franz Kurowski: Der Luftkrieg über Deutschland. Düsseldorf/Wien 1977, S. 171 ff.

114 Der deutsche Vormarsch in Südrußland hatte tatsächlich eine starke Wirkung auf panturanistische Kreise in der türkischen Armee, die sich eine Befreiung der Turkvölker von der sowjetischen Herrschaft erhofften. Im August kursierten sogar schon Gerüchte über einen bevorstehenden Regierungswechsel in Ankara. In dieser Situation fühlten sich Großbritannien und die Sowjetunion am 10. 8. zu einer gemeinsamen Erklärung veranlaßt, daß die territoriale Integrität der Türkei (einschließlich der Meerengen) respektiert werden solle. Auch die türkische Regierung selbst hielt streng an ihrem Neutralitätskurs fest. Vgl. Önder, Türkische Außenpolitik (wie Anm. 109/39), S. 145ff. Vgl. den Bericht des Gesandten Clodius aus Ankara vom 10. 10. 1941, in ADAP, Serie D, Bd. XIII, 2, Dok. Nr. 393, S. 517f.; vgl. auch Krecker, Türkei (wie Anm. 75/41), S. 224ff.

115 Papen hatte in einem Bericht vom 18. 7. angeregt, nach der Niederlage der Sowjetunion die Türkei als Friedensvermittler vorzuschicken, „denn nach einer schroffen Ablehnung jeder Friedensmöglichkeit seitens den englischen Alliierten hätte sie [die Türkei] dann volle Berechtigung, das Bündnis [mit Großbritannien] endgültig zu begraben und sich eindeutig für Europa [das heißt die Achsenmächte] zu entscheiden". Ribbentrop hatte daraufhin in seinem Telegramm vom 24. 7. Papen „gebeten", in seinen Gesprächen „unter keinen Umständen etwas von einem Friedensangebot Deutschlands oder von einer möglichen Vermittlungstätigkeit der Türkei oder überhaupt von irgendwelchen deutschen Plänen zu sprechen, es sei denn, daß Sie dazu von hier eine entsprechende Ermächtigung erhalten". Vgl. ADAP, Serie D, Bd. XIII, 1, Dok. Nrn. 125 und 145, Zitat S. 149 und 174.

116 Der Kontakt zwischen Hassell und Stallforth wurde von der Gestapo überwacht. Die Sekretärin von Stallforth, Fräulein Boensel, hat den Inhalt des Ferngesprächs vom 3. 10. und andere Nachrichten in diesem Zusammen-

Anmerkungen zu den Seiten 276 bis 280

hang am 11. 10. einer Dienststelle Heydrichs mitgeteilt. Heydrich informierte seinerseits Himmler und Ribbentrop; am 2. 12. wurde eine „diskrete Weiterverfolgung des Fadens" verabredet. Vgl. den Schriftwechsel Heydrich, BA, NS 19/3897.

117 Gemeint ist vermutlich der Befehl OKW/Kgf. Nr. 3085/41 geh. vom 8. 9. 1941, abgedruckt: IMT (wie Anm. 8/38), Bd. XXVII, S. 274–283 (= 1919-PS). Vgl. im übrigen Christian Streit: Keine Kameraden. Die Wehrmacht und die sowjetischen Kriegsgefangenen 1941–1945. Stuttgart 1978, S. 180–183; André Brissaud: Canaris 1887–1945. Frankfurt a.M. 1976. S. 397–401.

118 Die „Verordnung über religiöse Vereinigungen und Religionsgesellschaften im Reichsgau Wartheland" vom 13. 9. 1941 drückte die Kirchen, die im Altreich den Status von Körperschaften des öffentlichen Rechts hatten, auf den Rang privater Vereine herab und verlieh dem Reichsstatthalter ein nahezu unbeschränktes Aufsichtsrecht. Die Mitgliedschaft sollte künftig von einer persönlichen Eintrittserklärung der Erwachsenen abhängen. Im übrigen galt dieser Status nur für die evangelische und die katholische Kirche deutscher Nationalität, was zumindest mit dem Internationalitätsprinzip des Katholizismus kollidierte. Vgl. Broszat, Polenpolitik (wie Anm. 83/39), S. 166–172, bes. S. 171.

119 Die deutsch-italienischen Vereinbarungen vom Juni und Oktober 1939 bestimmten, daß die deutschsprechenden Südtiroler für Deutschland optieren konnten und dann möglichst geschlossen in dem von Deutschland kontrollierten Gebiet angesiedelt werden sollten. Die Frage der Option brachte den Südtirolern, die vor allem von nationalsozialistischer Seite unter schweren Druck gesetzt wurden, qualvolle Auseinandersetzungen zwischen Optanten und denen, die in Südtirol bleiben wollten. Bis zum 31. 12. 1939 optierten etwa 86% für die deutsche Staatsbürgerschaft, womit sie sich nolens volens auch für die Umsiedlung entschieden. Über 70.000 (ein knappes Drittel) wanderten aus; im Jahre 1942 kam die Umsiedlungsaktion fast ganz zum Erliegen. Vgl. Conrad F. Latour: Südtirol und die Achse Berlin-Rom 1938–1945. Stuttgart 1962; Kurt Heinricher: Rom gegen Südtirol 1939. Ein Beitrag zur Geschichte der Umsiedlung, in: Tiroler Heimat, Jg. 1981, S. 119–147.

120 Zu dieser ständigen Sorge vgl. Einführung, S. 32f.

121 Fabian v. Schlabrendorff war Ordonnanzoffizier im Oberkommando der HGr Mitte (GFM v. Bock), wo Henning v. Tresckow als 1. Generalstabsoffizier oppositionelle Offiziere um sich gesammelt hatte. Aus diesem Kontakt Schlabrendorffs entwickelte sich eine „ständige Verbindung" zwischen Tresckow und Beck/Goerdeler. Vgl. Schlabrendorffs Erinnerungen: Offiziere gegen Hitler (wie Anm. 96/39). Für Kontakte zu Weizsäcker vgl. dessen Erinnerungen (wie Anm. 73/39), S. 323.

122 Als Ludendorff Ende September 1918 auf sofortigen Abschluß eines Waffenstillstandes drängte, war dies – gemessen an der Lage im Ersten Weltkrieg – ohne Zweifel sehr spät, doch als Abbruch eines als aussichtslos erkannten Kampfes hob sich dieser Schritt von Hitlers Haltung 1943/44 immerhin deutlich ab.

123 Die japanischen Militärs hatten in einer „Verbindungskonferenz" den 15. 10. 1941 als Termin festgesetzt, bis zu dem die Ausgleichsverhandlungen mit den USA zu einem erfolgreichen Abschluß gebracht werden sollten. Da

1941

dieses Ziel nicht erreicht werden konnte, trat das Kabinett Konoye am 16. 10. zurück und machte einem Kabinett Tojo Platz, das schließlich die Weichen zum Überfall auf Pearl Harbor stellte. Bereits am 20. 10. begann die Bereitstellung der dazu benötigten Seestreitkräfte. Vgl. Peter Herde: Italien, Deutschland und der Weg in den Krieg im Pazifik 1941 (Sitzungsberichte der Wissenschaftlichen Gesellschaft an der Johann Wolfgang Goethe-Universität Frankfurt a.M., Bd. XX, Nr. 1). Wiesbaden 1983, S. 62ff.

124 Den letzten Ausschlag für den japanischen Entschluß, mit den USA und Großbritannien in den Krieg zu treten, hat vermutlich die japanische Sorge gegeben, wegen des Rohstoff- und Energiemangels die außenpolitische Handlungsfreiheit zu verlieren. Die Auswirkungen des britisch-niederländischen Ölembargos hatten sich in den letzten Monaten immer katastrophaler geltend gemacht, so daß die Fortführung des Krieges gegen China in Frage gestellt war. Auf das militärische Engagement in Indochina oder gar in China selbst wollte die japanische Führung auf keinen Fall verzichten. Vgl. Gerhard Krebs: Japans Deutschlandpolitik 1935–1941. Eine Studie zur Vorgeschichte des pazifischen Krieges, Bd. I. Hamburg 1984, S. 576ff.

125 Nach Gründung der ungarischen Gruppe des MWT am 2. 7. wurde nun am 7. 10. die rumänische Sektion konstituiert; ihr Präsident wurde der Industrielle und frühere rumänische Ministerpräsident Ion Gigurtu.

126 Die Anfang Oktober mit propagandistischem Aufwand verkündete These, Rußland sei schon geschlagen, erwies sich als schwerwiegende Fehleinschätzung: Der Vormarsch auf Moskau traf Ende Oktober auf einen sich versteifenden Widerstand der Roten Armee und mußte schließlich abgebrochen werden; die HGr. Süd konnte zwar noch das Donezbecken besetzen, erreichte aber nicht die gesetzten Ziele. Vgl. Ernest K. Bramsted: Goebbels und die nationalsozialistische Propaganda 1925–1945. Frankfurt a.M. 1971, S. 338; ferner Domarus, Bd. II, 2, S. 1767 (9. 10.): „Der Feldzug im Osten ist mit der Zertrümmerung der Heeresgruppe Timoschenko entschieden."

127 Während im Osten bald nach dem 22. 6. die Einsatzgruppen der SS damit begannen, die Juden im rückwärtigen Heeresgebiet „auszukämmen" und zu vernichten, wurden die Juden im Reich immer mehr entrechtet. Seit 1. 9. waren sie verpflichtet, einen gelben „Judenstern" sichtbar an ihrer Kleidung zu tragen. Am 14. 10. unterzeichnete der Chef der Ordnungspolizei Daluege den ersten Deportationsbefehl; dabei handelte es sich noch nicht um Transporte in Vernichtungslager. Die meisten deutschen Juden wurden zunächst in das Ghetto von Lodz verbracht. Vgl. Krausnick/Wilhelm: Einsatzgruppen (wie Anm. 82/39), S. 533ff.; Adam, Judenpolitik (wie Anm. 30/38), S. 273ff., bes. S. 311.

128 Die Tatsache, daß Hassell erst jetzt über die Kontakte Goerdelers und anderer mit führenden englischen Kreisen vor dem Kriege informiert wurde, ist bezeichnend für die Vorsicht, die selbst im engsten Kreis um Beck herrschte, um Freunde nicht durch Wissen zu belasten. – Goerdeler war es vor Kriegsbeginn hauptsächlich darum gegangen, führende politische Kreise in Großbritannien, Frankreich, Schweden, Belgien u. a. vor Hitlers Kriegsabsichten zu warnen und sie zu einer festen Haltung zu veranlassen. Vgl. Ritter, Goerdeler (wie Anm. 64/39), S. 157–237; Young: The „X"-Documents. Ed. by Sidney Astor. London 1974.

129 Nach Sabotageakten in den Departements Nord und Pas de Calais, die zum Befehlsbereich Falkenhausens gehörten, waren am 15. und 26. 9. 1941 insge-

Anmerkungen zu den Seiten 280 bis 284

samt 25 Geiseln erschossen worden. Im übrigen läßt sich jedoch feststellen, daß Falkenhausen bemüht war, Geiselerschießungen, wie sie das OKW forderte, zu vermeiden; wenn es dennoch unumgänglich schien, wurden Personen ausgewählt, die nach damaligem Recht mit einer Verurteilung zum Tode hätten rechnen müssen. In Belgien selbst wurden erstmals am 27. 11. 1942 Geiseln erschossen. Vgl. Wolfram Weber: Die innere Sicherheit im besetzten Belgien und Nordfrankreich 1940–44. Ein Beitrag zur Geschichte der Besatzungsverwaltungen. Düsseldorf 1978, S. 102, 172f. und 186f.

130 Ernst Poensgen, seit 1935 Vorstandsvorsitzender der Vereinigten Stahlwerke und führendes Mitglied zahlreicher Wirtschaftsgremien, war am 19. 9. siebzig Jahre alt geworden.

131 Hans-Bernd von Haeften, dessen Vater als Präsident des Reichsarchivs vorzeitig entlassen wurde, weil er das Hissen einer Hakenkreuzfahne auf dem Dienstgebäude am 30. 1. 1933 rückgängig gemacht hatte, war seit September 1940 stellvertretender Leiter der Informationsabteilung des AA. Haeften, der dem Kreisauer Kreis zugerechnet wird, war vor allem durch zwei geistige Momente geprägt: sein Studium in Oxford und seine feste Bindung an den evangelischen Glauben. Dabei waren ihm die Bestrebungen des Berneuchener Kreises zur Erneuerung des kirchlichen Lebens besonders wichtig. Als ihm Freisler im August 1944 vor dem Volksgerichtshof die Frage stellte, warum er dem Führer untreu geworden sei, bekannte er: „Weil ich den Führer für den Vollstrecker des Bösen in der Geschichte halte." Vgl. Eberhard Zeller: Geist der Freiheit. Der zwanzigste Juli. München [5]1965, S. 145f. Zitat S. 463; Wilhelm Ernst Winterhager (Bearb.): Der Kreisauer Kreis. Porträt einer Widerstandsgruppe. Begleitband zu einer Ausstellung der Stiftung Preußischer Kulturbesitz. Berlin 1985, S. 31–35; Ger van Roon: Neuordnung im Widerstand. Der Kreisauer Kreis innerhalb der deutschen Widerstandsbewegung. München 1967, S. 151–159.

132 Vgl. hierzu die Bemerkung von Hans Apel: „Manche deutschen Juden hätten sich vor den Konzentrationslagern und Gaskammern der Nationalsozialisten retten können, wenn sie nicht darauf vertraut hätten, durch ihr Eisernes Kreuz, durch ihren tapferen Einsatz für das Vaterland geschützt zu sein." (Deutsche Jüdische Soldaten 1914–1945. Im Auftrage des Bundesministeriums der Verteidigung hrsg. vom Militärgeschichtlichen Forschungsamt. Herford/Bonn [3]1987, S. 81).

133 Der Ausschluß der Pfarrer aus dem Roten Kreuz war am 15. 9. 1941 verfügt worden. Vgl. Helmut Baier/Ernst Henn: Chronologie des bayerischen Kirchenkampfes 1933–1945 (Einzelarbeiten aus der Kirchengeschichte Bayerns, Bd. 47). Nürnberg 1969, S. 256.

134 Im Unterschied zum Heer und zur Marine besaß die Luftwaffe keine Planstellen für Militärgeistliche. Nur wenn ein spezielles Bedürfnis angemeldet wurde, konnten an Luftwaffenstützpunkten Gottesdienste abgehalten werden. Jedoch wurden den Militärseelsorgern dort immer wieder Schwierigkeiten gemacht. Diese Situation änderte sich während des Krieges nicht grundsätzlich. Vgl. Albrecht Schübel: 300 Jahre evangelische Soldatenseelsorge. München 1964, S. 85f.; Georg May: Interkonfessionalismus in der deutschen Militärseelsorge 1933 bis 1945 (Kanonistische Studien, Bd. 30). Amsterdam 1978, S. 79f. – Über den im folgenden erwähnten Mölders s. u. Anm. 155.

135 Während Kardinal Bertram auch gegenüber schweren Übergriffen des NS-

1941

Staates am „vertrauten Instrument der schriftlichen Eingabe" festhielt, ging der Berliner Bischof Graf Preysing nach der päpstlichen Enzyklika „Mit brennender Sorge" (1937) dazu über, die Bedenken und Proteste des Episkopats wenigstens nachträglich bekanntzumachen. Die Form öffentlicher Kritik, die der Münsteraner Bischof Graf Galen gewagt hatte, blieb Ausnahme. Der innerkirchliche Dissens über den richtigen Weg erreichte seinen Höhepunkt im Winter 1941/42, als es darum ging, in kompakter Form gegen die ständigen Verletzungen des Konkordats, aber auch gegen die schweren Menschenrechtsverletzungen zu protestieren. Als schließlich nach vielem Hin und Her ein gemeinsames Hirtenwort des deutschen Episkopats beschlossen und Ende März 1942 veröffentlicht wurde, kam es in den einzelnen Diözesen zu unterschiedlichen Formen der Bekanntmachung, in der Erzdiözese des Kardinals Bertram unterblieb sie ganz. Der Riß, der durch den Episkopat ging, war damit allgemein sichtbar geworden. Vgl. Ludwig Volk (Bearb.): Akten Kardinal Michael v. Faulhabers 1917–1945, Bd. II. Mainz 1978, S. 826–919 (passim); Wortlaut des Hirtenbriefes, ebd., S. 883–888; Bericht von Pater Augustin Rösch über die Kontroversen, ebd., S. 914–921; Ludwig Volk: Der deutsche Episkopat im Dritten Reich, in: Klaus Gotto/Konrad Repgen (Hrsg.): Die Katholiken und das Dritte Reich. Mainz ²1983, S. 51–64.

136 Tatsächlich haben nur wenige der in Belgrad „zusammengetriebenen" Juden überlebt, nachdem ihre von Benzler erstrebte Evakuierung nach Rumänien gescheitert war. Die meisten wurden entweder als Geiseln erschossen oder in Gaswagen umgebracht; viele starben auch infolge der schlechten Lagerverhältnisse. Vgl. Gerald Reitlinger: Die Endlösung. Hitlers Versuch der Ausrottung der Juden Europas 1939–1945. Aus dem Amerikanischen. Berlin ⁴1961, S. 406–413; Christopher Browning: The final solution and the German Foreign Office. New York/London 1978, S. 56–67.

137 Alois C. Hudal, Titularbischof von Ela und seit 1924 Rektor der „Anima" (der deutschen Kirche) in Rom, war mit Hassell von seiner Botschafterzeit her bekannt. Allerdings war Hudal, der sich nach Hitlers Machtübernahme für eine Verständigung zwischen der katholischen Kirche und den gemäßigten Kreisen des Nationalsozialismus eingesetzt hatte, am Vatikan ein Außenseiter ohne größeren Einfluß. Zu den hier ins Auge gefaßten Kontakten ist es offensichtlich nicht gekommen. Vgl. Alois C. Hudal: Römische Tagebücher. Lebensbeichte eines alten Bischofs. Graz/Stuttgart 1976, S. 133f. und 194ff.

138 Udo von Alvensleben (Lauter Abschiede. Tagebuch im Kriege. Hrsg. von Harald von Koenigswald. Frankfurt a. M./Berlin 1971, S. 260) notierte über ein Gespräch am 9. 3. 1943, Hassell habe „sarkastisch" über die Situation gesprochen. „Ich vertrete den Standpunkt, daß man der Front geistig nicht in den Rücken fallen darf, und daß es, so wie die Dinge liegen, nur einen Gedanken geben kann: Verteidigung bis zum Äußersten, obwohl wir an den Folgen eines Sieges, der allerdings kaum noch zu erwarten ist, ebenfalls nur mit Schrecken denken können." Daß auch Hassell nicht an eine sofortige Kapitulation dachte, geht aus den Tagebüchern immer wieder hervor.

139 Dem Selbstmord Udets, der sich am 17. 11. in seiner Berliner Wohnung erschoß, war ein schweres Zerwürfnis mit GFM Milch vorangegangen, der dem Generalluftzeugmeister Versagen bei der Entwicklung eines leistungsfähigen Bombertyps vorgeworfen hatte. Offiziell wurde bekanntgegeben,

Anmerkungen zu den Seiten 284 bis 288

Udet sei „bei der Erprobung einer neuen Waffe" ums Leben gekommen. Vgl. David Irving: Die Tragödie der deutschen Luftwaffe. Aus den Akten und Erinnerungen des Feldmarschalls Milch. Aus dem Englischen. Frankfurt a. M./ Berlin/Wien 1970, S. 188–205; Wolfgang Paul: Wer war Hermann Göring? Biographie. Esslingen 1983, S. 287ff., Zitat S. 289.

140 Die erwähnten drei Flugzeugabstürze waren tatsächlich Unglücksfälle. Das Flugzeug, das Mölders und andere zum Staatsbegräbnis für Udet bringen sollte, berührte wegen behinderter Sicht bei Breslau eine Hochspannungsleitung. Vgl. Jürgen Thorwald: Die ungeklärten Fälle. Stuttgart ²1954, S. 109–128.

141 Anläßlich des Festaktes zum fünften Jahrestag des Antikomintern-Paktes (25. 11.) wurden Bulgarien, Kroatien, Dänemark, Finnland, Rumänien, die Slowakei und „National-China" als neue Paktmitglieder aufgenommen. Vgl. Keesings Archiv, Jg. 1941, S. 5283–5289.

142 Bei der Eingliederung der Niederlande in den deutschen Machtbereich während der Besatzungszeit gab es konkurrierende Konzeptionen, wieviel Selbständigkeit ihnen belassen werden sollte. Während NSDAP und SS eine vollständige Einverleibung anstrebten, wollten Wirtschaftskreise Holland „als politische und wirtschaftliche Einheit erhalten [. . .], damit es als Tor der Welt, insbesondere im Hinblick auf Niederländisch-Indien, und als Brücke für sich bietende Möglichkeiten beim Friedensschluß dienen könne". Hitler selbst lehnte es ab, den Status der Niederlande festzulegen. Ähnlich gespalten waren die innerniederländischen Kräfte, die mit Deutschland sympathisierten. Mussert, der Führer der „Nationaal Socialistischen Beweging", die weitgehend autochthon war, wollte für sein Land eine gewisse Autonomie bewahren. Vgl. Konrad Kwiet: Zur Geschichte der Mussert-Bewegung, in: VZG, 18. Jg. (1970), S. 164–195; Werner Warmbrunn: The Dutch under German occupation, 1940–1945. Stanford 1963, S. 83–96; ADAP, Serie D, Bd. IX, 2, Dok. Nr. 419, S. 455–457, 12. 6. 1940 (Wohlthat).

143 S. Anm. 30/40.

144 Vgl. Peter Hoffmann: Die Sicherheit des Diktators. Hitlers Leibwachen, Schutzmaßnahmen, Residenzen, Hauptquartiere. München/Zürich (1975).

145 Zu Hassells Vortrag über Mussolini s. sein eigenhändiges Kurzprotokoll bei Scholder, Mittwochs-Gesellschaft (wie Anm. 112/40), S. 278–280.

146 Über Hitlers zunehmendes Eingreifen in die Operationsführung vgl. Ernst Klink: Die Operationsführung. In: Das Deutsche Reich, Bd. 4 (wie Anm. 52/41), S. 451–652. Offensichtlich war sein Gesprächspartner im OKH nicht der Oberbefehlshaber v. Brauchitsch, sondern der Chef des Generalstabs Halder; Brauchitschs Besuche bei den Heeresgruppen scheinen mehr die „eines tröstenden älteren Kameraden" zu sein, nicht die „eines Abhilfe schaffenden Vorgesetzten" (Klink, S. 586). So war auch die Ablösung Rundstedts am 1. 12. und seine Ersetzung durch Reichenau ohne Beteiligung des ObdH erfolgt; vgl. auch Anm. 150/41.

147 In dem Streit um die Verantwortung für das Scheitern des Angriffs auf Rußland, der spätestens jetzt einsetzte, hat Halder die Auseinandersetzungen um die Führungsentschlüsse allzu sehr vereinfacht, später in den 50er Jahren mit seiner Darstellung auch die Geschichtsschreibung beeinflußt. Halders strategische Priorität lag bei dem Angriff auf Moskau; Hitler erkannte dies nicht an, sondern gab aus kriegswirtschaftlichen Gründen der Eroberung der Ölfelder im Süden den Vorrang. Dieser Gegensatz in den Auffas-

sungen führte schließlich zu einer Aufsplitterung des Angriffs. Dabei überschätzten Hitler und das OKW, aber auch Halder die eigenen Kräfte. Vgl. Klink, Operationsführung (wie Anm. 146/41), S. 451–652, insbesondere: Das Ringen um die Führungsentschlüsse S. 468–507, und der Angriff auf Moskau, S. 568.

148 Seit dem Überfall auf Pearl Harbor (7. 12.) hatten die Japaner die britischen Schlachtschiffe „Prince of Wales" und „Repulse" versenkt (10. 12.), waren auf der Halbinsel Malaya vorgerückt und auf den Philippinen gelandet.

149 Die Reichstagsrede Hitlers ist abgedruckt bei Domarus, Bd. II, 2, S. 1794–1811. Über „innere Feinde" sagte er: „Ganz gleich, unter welchen Tarnungen jemals der Versuch gemacht werden würde, diese deutsche Front zu stören, den Widerstandswillen unseres Volkes zu untergraben, die Autorität des Regimes zu schwächen, die Leistungen der Heimat zu sabotieren: Der Schuldige wird fallen! Nur mit einem Unterschied, daß der Soldat an der Front dieses Opfer in höchster Ehre bringt, während der andere, der dieses Ehrenopfer entwertet, in Schande stirbt" (ebd., S. 1811).

150 Rundstedt, OB der HGr Süd, war im Anschluß an den Rückzug der Panzergruppe Kleist aus Rostow am 1. 12. von Hitler abgelöst worden; sein Nachfolger, GFM v. Reichenau, bisher OB der 6. Armee, hatte sich noch kurz zuvor gegen deren von Hitler befohlenen weiteren Angriff geäußert. Der OB der HGr Mitte, GFM v. Bock, wurde am 18. 12. durch GFM v. Kluge abgelöst. Vgl. dazu Klink, Operationsführung (wie Anm. 146/41), Bd. 4, S. 524–536.

151 Über die Frage, wie weit die deutsche Front zurückgenommen werden sollte, war es zu Hitlers Eingreifen gekommen (s. Anm. 150). Hitler genehmigte schließlich Reichenau den Rückzug auf die Mius-Stellung (östlich von Taganrog). Das hier von Hassell erwähnte Fernschreiben an Gen.Oberst v. Kleist, den OB der Panzergruppe 1, ist nicht bekannt. Vgl. Klink, Operationsführung (wie Anm. 146/41), S. 530–536.

152 Das hieß, daß Bulgarien sich nunmehr von Deutschland lösen werde. Der bulgarische Ministerpräsident Wasill Christov Radoslawoff, der ein treuer Anhänger der Mittelmächte war, hatte sich am 16. 6. 1918 gezwungen gesehen, zurückzutreten. Drei Monate später entschloß sich sein Nachfolger zu einem Waffenstillstandsgesuch, dem der Zusammenbruch der Mittelmächte folgte.

153 Die Japaner hatten am 15. 12. den Angriff auf Hongkong eröffnet, das am 25. 12. kapitulierte. In der Hafenstadt Tsingtau, auf die Hassell hinweist, hatte er 1905/06 am dortigen deutschen Amtsgericht juristischen Vorbereitungsdienst geleistet. Tsingtau gehörte zu einem Gebiet in der Bucht von Kiautschou, das China 1898 auf 99 Jahren an das Deutsche Reich verpachtet hatte, wodurch sich lebhafte wirtschaftliche und kulturelle Beziehungen zwischen beiden Ländern entwickelten. Im Ersten Weltkrieg verlangte Japan das Gebiet ultimativ für sich und eroberte es im November 1914 nach hartnäckiger Verteidigung durch die kleine deutsche Garnison.

154 Die Berufung Hassells auf einen staats- und völkerrechtlichen Lehrstuhl der Universität Göttingen wurde im Januar 1942 vom preußischen Kultusministerium geprüft. Nach einem Bericht des katholischen Kirchenhistorikers Georg Schreiber holte es von dem Heidelberger Staatsrechtler Carl Bilfinger ein Gutachten ein, das „insgesamt positiv" ausfiel. Aufgrund der Kenntnis der Schriften Hassells betonte er „dessen gute Kenntnisse der zwischenstaatlichen Praxis und sein wissenschaftliches Verständnis der Materie". Die Fra-

Anmerkungen zu den Seiten 288 bis 290
ge seiner „Kenntnisse des preußischen Verwaltungsrechts" ließ er offen. Vgl. Georg Schreiber: Ulrich von Hassell, Generalkonsul in Barcelona. Spanischdeutsche Wirtschaftsbeziehungen nach dem Ersten Weltkrieg, in: Gesammelte Aufsätze zur Kulturgeschichte Spaniens, Bd. 11. Hrsg. von Johannes Vincke. Münster i. W. 1955, S. 235–248, hier S. 239. – Hassell gab in der Folge zu erkennen, daß er nicht zur Übernahme der Aufgabe bereit sei. Vgl. jetzt auch Berber, Macht (wie Anm. 65/41), S. 115.

155 Wie inzwischen feststeht, handelte es sich bei diesem „Brief" des am 22. 11. verunglückten höchstdekorierten Jagdfliegers um eine Fälschung des britischen Geheimdienstes, im Anschluß an eine Gefangenenaussage verfaßt und als Flugblatt (zur Täuschung auf gefälschtem Funkerpapier der deutschen Luftwaffe vervielfältigt) abgeworfen. Da weiten Kreisen durch Gerüchte (vgl. o. S. 282) bekannt war, daß Oberst Mölders gläubiger Katholik war, wurde der Brief meist für echt gehalten; dazu trug bei, daß der Text äußerst geschickt die Kritik am Regime nicht direkt, sondern allein durch ein Bekenntnis zum christlichen Glauben und durch Worte des Vertrauens zur katholischen Kirche aussprach. Goebbels (Tagebücher 1942/43 [wie Anm. 98/41], S. 122, Eintragung vom 16. 3. 1942) war empört, daß das Justizministerium keine Möglichkeit sah, gegen eine Verlesung des Briefes von Kanzeln vorzugehen. Zum Gesamtkomplex Helmut Witetschek: Der gefälschte und der echte Mölders-Brief, in: VZG, 16. Jg. (1968), S. 60–65; zur Entstehung: Sefton Delmer: Die Deutschen und ich. Aus dem Englischen. Hamburg 1962.

156 František Chvalkovský, vor dem deutschen Einmarsch in Prag tschechoslowakischer Außenminister, war seit 26. 4. 1939 „Gesandter" der Protektoratsregierung in Berlin. Zusammen mit dem Staatspräsidenten Hacha hatte er im März 1939 den Vertrag unterzeichnet, in dem sich die Republik dem Machtwillen Hitlers unterwarf.

157 Beck hatte im November 1918 zum Stab der HGr. Deutscher Kronprinz gehört; über die dortige Kritik am Kronprinzen vgl. u. S. 290 und Anm. 162.

158 Über die von Hassell hier beschriebenen ersten Kontakte zu Angehörigen des Kreisauer Kreises ist sonst nichts überliefert.

159 Adam von Trott zu Solz war damals Wissenschaftlicher Hilfsarbeiter in der Informationsabteilung des AA, wo Hans-Bernd v. Haeften sein Vorgesetzter war. Trotts Vater war Oberpräsident der Mark Brandenburg, dann preußischer Kultusminister gewesen; mütterlicherseits konnte er seinen Stammbaum bis auf John Jay, den Chief Justice der USA zur Zeit George Washingtons, zurückführen. Zu Trotts engen Bindungen an die angelsächsische Welt hatte ein Stipendium der Cecil Rhodes-Stiftung entscheidend beigetragen. Obwohl er Moltke schon länger kannte, kam er erst im Frühjahr 1941 in engere Beziehung zum Kreisauer Kreis. Seine amtliche Stellung ermöglichte ihm auch während des Krieges zahlreiche Auslandsreisen, so (nach Rainer A. Blasius, in: Lill/Oberreuter [Hrsg.]: 20. Juli [wie Anm. 99/39], S. 207–334) von 1942 bis 1944 nachweislich „sieben in die Schweiz, vier nach Schweden, vier in die Niederlande (um Verbindung mit der dortigen nationalen Widerstandsbewegung aufzunehmen) und eine in die Türkei (Gespräch mit Papen)" (ebd., S. 330). Hassells anfängliche Reserve gegenüber diesem gewiß interessanten Gesprächspartner scheint in dem Maße gewichen zu sein, in dem Trott, wiederholt durch die Westmächte zurückgewiesen, desillusioniert wurde. Später stand er auf Goerdelers Kabinettslisten als

Staatssekretär Hassells. Vgl. Ger van Roon: Neuordnung (wie Anm. 131/41), S. 141–150; Christopher Sykes: Adam von Trott. Eine deutsche Tragödie. Düsseldorf/Köln 1968; Klemens von Klemperer: Adam von Trott zu Solz and the resistance foreign policy, in: Central European History, Vol. 14 (1981), S. 351–361.

160 Gemeint ist hier offensichtlich Carlo Mierendorff, 1930–1933 sozialdemokratischer Reichstagsabgeordneter. Dieser Vertreter der jüngeren Generation und „militante Sozialist" gehörte zum Kreis um die „Neuen Blätter für den Sozialismus", denen sich auch Trott verbunden fühlte. Nach fast fünfjähriger KZ-Haft war er spätestens im Sommer 1941 zum Kreisauer Kreis gestoßen (erste Erwähnung in Moltkes Korrespondenz), in dem er bis zu seinem Tod im Dezember 1943 (Opfer eines Luftangriffs) als eines der engagiertesten Mitglieder mitarbeitete. Zugleich war Mierendorff Verbindungsmann zu Wilhelm Leuschner und seinem Kreis. Vgl. Moltke/Balfour/Frisby, Moltke (wie Anm. 63/40), S. 157f. und öfter; van Roon, Neuordnung (wie Anm. 131/41), S. 123–131.

161 Nach Gerstenmaier (Streit und Friede hat seine Zeit. Ein Lebensbericht. Frankfurt a. M. 1981, S. 172) dachte Trott an Niemöller als Staatsoberhaupt, nicht als Reichskanzler. „Eines Tages fragte mich Adam von Trott in allem Ernst, ob man nicht Niemöller, der damals als ‚Gefangener des Führers' im KZ Dachau saß, zum Reichspräsidenten machen könne oder solle, wenn der Staatsstreich glücke." Trott meinte, daß man bei allem Verdienst des als Reichspräsident vorgesehenen Beck sich doch fragen müsse, ob es richtig sei, der Welt einen ehemaligen Generalobersten als Staatsoberhaupt zu präsentieren. Die Erinnerung an Hindenburg schrecke. Auf Bitten Trotts hörte sich Gerstenmaier um. Landesbischof Wurm und Pressel lehnten den Gedanken ab. Heinrich Grüber (Erinnerungen aus sieben Jahrzehnten. Köln/Berlin 1968, S. 211) berichtet selbst, er habe 1943, nach Rückkehr aus dem KZ, „dringend" abgeraten, „weil Niemöller, den ich hoch schätze, die ausgleichende Art fehlte, die ein Staatsoberhaupt braucht".

162 Der Vater, Generalmajor Friedrich Graf v. d. Schulenburg, war von Nov. 1916 bis Nov. 1918 Chef des Generalstabes der HGr. Deutscher Kronprinz gewesen. In den Auseinandersetzungen um den 9. 11. 1918 hatte er nicht nur die Haltung Hindenburgs und Groeners scharf verurteilt, sondern auch das Verhalten des Kaisers und des Kronprinzen kritisiert. Albert Krebs (Schulenburg [wie Anm. 41/38], S. 176) berichtet, Schulenburg habe „kurz nach dem Tode Hindenburgs, als sich gewisse konservative Kreise von Hitler noch eine Wiederherstellung der Monarchie erhofften, . . . seine Söhne zusammengerufen . . . und in beinahe feierlicher Weise von ihnen gefordert, sich gegen jede Rückkehr des Kaisers oder Kronprinzen auf den Thron zur Wehr zu setzen". Die Ablehnung der beiden Prätendenten änderte nichts an seiner monarchistischen Grundhaltung. Von 1924 bis 1928 Reichstagsabgeordneter (DNVP) war Schulenburg 1931/32 von der NSDAP für das Ausbildungswesen der SA gewonnen worden und erhielt den Rang eines SS-Gruppenführers.

163 Goerdeler hatte mit Leuschner seit Sommer 1939 Kontakt, der im Jahre 1941 vertieft wurde. Vgl. Zeller, Geist der Freiheit (wie Anm. 131/41), S. 95; ferner die Einführung, S. 32f.

164 Dies ist im Tagebuch die letzte Erwähnung der monarchischen Frage. Hassell kann während der Zeit des Widerstandes nicht dem Kreis der überzeug-

Anmerkungen zu den Seiten 290 bis 296

ten Monarchisten zugerechnet werden. Er war in der Opposition verschiedentlich an Erörterungen beteiligt, ob es nach einem Umsturz für einen neuen Staat, für die Befestigung einer freiheitlichen Neuordnung und ihre Akzeptanz im Volke angebracht sei, hinsichtlich der Staatsspitze wieder zur Monarchie zurückzukehren; ihm blieben Zweifel, letztlich auch, weil die Suche nach einem überzeugenden Prätendenten kein voll befriedigendes Ergebnis hatte. Die jüngeren Kreise in der Opposition dachten an Prinz Louis Ferdinand, der jedoch seinen Vater in der Thronfolge nicht übergehen wollte, wie eine Aussprache im Juli 1942 mit Goerdeler ergab. Nach Stalingrad war es auf Drängen Jakob Kaisers zu einer entscheidenden Aussprache zwischen Vater und Sohn gekommen; der Kronprinz riet hierbei auch seinem Sohn, sich „nicht auf solche Dinge einzulassen". Vgl. Ritter, Goerdeler (wie Anm. 64/39), S. 296–299; Elfriede Nebgen: Jakob Kaiser. Der Widerstandskämpfer. Stuttgart/Berlin/Köln/Mainz ²1970, S. 15–155; Otto John: „Falsch und zu spät". Der 20. Juli 1944. Epilog. München/Berlin 1984, S. 145–149; Prinz Louis Ferdinand: Die Geschichte meines Lebens. Göttingen ²1969, S. 297–302, Zitat S. 301.

165 Brauchitsch war von Hitler am 19. 12. im Zusammenhang mit der Krise bei der HGr Mitte abgelöst worden, nachdem er in den letzten Monaten durch häufige Eingriffe Hitlers in seine Kompetenzen ausgeschaltet worden war. Hitler unterstellte sich für operative Fragen jetzt den Chef des Generalstabs des Heeres Halder unmittelbar; die übrigen Aufgaben des ObdH wurden dem Chef des OKW Keitel übertragen. Zu Vorgeschichte und Hintergründen vgl. Klink, Operationsführung (wie Anm. 146/41), Bd. 4, S. 613.

166 Als Folge der britischen Gegenoffensive vom 17. 11. mußte am 6. 12. die Belagerung von Tobruk aufgegeben werden.

167 Zur Verantwortung für die noch im Spätjahr 1941 angesetzte Doppeloperation nach Moskau und zum Kaukasus vgl. Anm. 147.

168 Halder war (s. Anm. 165) Chef des Generalstabs des Heeres geblieben; er sah in der direkten Unterstellung zunächst auch eine Chance, Hitler stärker zu beeinflussen. Sein Schreiben an die Oberbefehlshaber der HGr., Armeen usw. vom 15. 12. enthielt den Satz: „Wir dürfen und müssen mit Recht stolz sein, daß der Führer nunmehr selbst an der Spitze des Heeres steht." Vgl. Klink, Operationsführung (wie Anm. 146/41), S. 614.

1942

1 GenOberst Guderian (2. Panzerarmee) war am 25. 12. 1941 seines Postens als Oberbefehlshaber enthoben worden, GenOberst Hoepner (4. Panzerarmee) am 8. 1. 1942 – beide hatten zu den Erfolgen des Sommers 1941 in erheblichem Maße beigetragen. Guderian hatte sich einem Verbot, zwei Korps zurückzunehmen, widersetzt. Der neue (seit 18. 12.) OB der Heeresgruppe Mitte, GFM v. Kluge, war sachlich Guderians Ansicht und vertrat sie auch gegenüber Hitler und Halder, konnte sie aber nicht durchsetzen. Guderians Feststellung, er führe seine Armee so, wie er es vor seinem Gewissen verantworten könne, führte zum Bruch auch mit Kluge. Vgl. Klink, Operationsführung (wie Anm. 146/41), S. 617f. Zu Hoepner s. u. Anm. 13.

2 Reichenau, seit 1. 12. 1941 Nachfolger Rundstedts als OB der Heeresgruppe

1941/42

Süd, war am 17. 1. an den Folgen eines Schlaganfalls gestorben. Hitlers Tagesbefehl hierzu: abgedr. bei Domarus, Bd. II, 1, S. 1824; sein Aufruf anläßlich der Ablösung Brauchitschs und der Übernahme des Oberbefehls über das Heer ebd., S. 1814f.

3   Die Waffen-SS hatte Mitte 1940 rd. 100.000 Mann, Ende 1941 220.000 Mann, Ende 1942 330.000 Mann, Ende 1944 910.000 Mann; vgl. dazu Höhne, Orden (wie Anm. 38/40), S. 426. Zu einer SS-Luftwaffe oder auch nur kleineren Fliegerverbänden der SS ist es jedoch nicht gekommen.

4   Bei der Verbindung zu Ulrich Graf v. Schwerin v. Schwanenfeld betont Hassell wiederholt die volle Übereinstimmung ihrer Auffassungen. Schwerin wurde am 21. 8. 1944 zum Tode verurteilt und am gleichen Tag wie Hassell (8. 9.) hingerichtet.

5   Zu dieser Gruppe vgl. jetzt Detlef Graf Schwerin: Der Weg der „Jungen Generation" in den Widerstand, in: Der Widerstand gegen den Nationalsozialismus. Die deutsche Gesellschaft und der Widerstand gegen Hitler, hrsg. von Jürgen Schmädeke und Peter Steinbach (Publikationen der Historischen Kommission zu Berlin). München/Zürich 1985, S. 460–471.

6   Gen. Otto v. Stülpnagel war vom 25. 10. 1940 bis 31. 1. 1942 Militärbefehlshaber in Frankreich. Zu seiner Person und seinem hinhaltenden Widerstand gegen die Geiselerschießungen vgl. Walter Bargatzky: Hotel Majestic. Ein Deutscher im besetzten Frankreich. Freiburg i.Br./Basel/Wien 1987, S. 52–54 und 83–92; ferner Hans Umbreit: Der Militärbefehlshaber in Frankreich 1940–1944 (Militärgeschichtliche Studien, Bd. 7). Boppard/Rh. 1968, S. 12f. sowie S. 125–140. Sein Nachfolger wurde sein entfernter Vetter Karl Heinrich v. Stülpnagel, s. u. Anm. 88/43.

7   Zum „Mölders-Brief" s. o. Anm. 155/41. Bemerkenswert ist, daß der Brief schon zehn Wochen nach dem Tode von Mölders auch der Französin Donna Ruspoli im Wortlaut bekannt war. Auch die Predigten des Bischofs von Münster, Graf Galen, in denen dieser scharfe Kritik an Euthanasie und politischer Verfolgung geübt hatte, kamen schnell in Umlauf.

7a Pierre Pucheu, von Juli 1941 bis April 1942 französischer Innenminister, gehörte zu den Kräften in der Vichy-Regierung, die gegenüber der Kollaboration mit der Besatzungsmacht sehr zurückhaltend waren. Anfang 1942 hat er sogar versucht, mit der Résistance gewisse Absprachen zu treffen (Henri Frenay: La nuit finira. Mémoires de la Résistance 1940–1942, T. I., Paris 1973, S. 235–249). Allerdings wirkte er im Oktober 1941 insofern an Geiselerschießungen mit, als er sich bei den deutschen Dienststellen dafür einsetzte, daß auf einer Liste der zur Hinrichtung bestimmten Geiseln die Namen „guter Franzosen" gestrichen und durch Kommunisten ersetzt wurden. Ende 1942 setzte er sich nach Algier ab, wurde jedoch wegen dieser Beteiligung am Geiselmord am 20. 3. 1944 hingerichtet. Vgl. Henri Noguères: Histoire de la Résistance en France, T. II., Paris 1969, S. 150ff.

8   Die USA unterhielten auch nach ihrem Kriegseintritt diplomatische Beziehungen zu Vichy, wo sie durch den Roosevelt-Vertrauten Admiral Leahy vertreten waren, und stützten auch die Souveränität des Pétain-Regimes über die französischen Besitzungen in der westlichen Hemisphäre. Der amerikanische Historiker William L. Langer (Our Vichy gamble. New York 1947, S. 225f.) rechtfertigte diese Haltung mit taktischen Gründen: „No one in the Department liked the Vichyregime or had any desire to appease it. We kept up the connection with Vichy simply because it provided us with valuable

Anmerkungen zu den Seiten 296 bis 305

intelligence sources and because it was felt that American influence might prevail to the extent of deterring Darlan and his associates from selling out completely to the Germans." Vgl. auch Hytier, Two years (wie Anm. 93/40), S. 184ff., 204f. und S. 319–325. Auch das britische Foreign Office unterstützte die amerikanische Frankreichpolitik mehr oder weniger offen. Vgl. Robert E. Sherwood: Roosevelt und Hopkins. Aus dem Amerikanischen. Hamburg 1948, S. 380–390, bes. S. 389.

9 Mit „isoliert" dürfte der Plan gemeint sein, durch einen selbständigen Waffenstillstand im Westen (Oberbefehlshaber West und die Militärbefehlshaber in Frankreich sowie Belgien/Nordfrankreich) den Staatsstreich gegen Hitler und das NS-Regime auszulösen, während im Osten und auf dem Balkan weitergekämpft werden sollte. Vgl. hierzu Hoffmann, Widerstand (wie Anm. 16/38), S. 307. Rudolf Pechel (Deutscher Widerstand. Erlenbach/Zürich 1947, S. 155f.), der nach eigener Darstellung an vorbereitenden Gesprächen Ende Dezember 1941 beteiligt war und einen Entwurf der beabsichtigten Proklamation redigiert hat, beurteilt in seinem Rückblick die Bereitschaft Witzlebens, die „Zuverlässigkeit" der Truppen und die Erfolgschancen des Plans offensichtlich zu positiv. Er berichtet, daß Hassell sich gegen den Plan ausgesprochen habe.

10 Am 30. 1. 1942 hatte Hitler im Berliner Sportpalast vor Rüstungsarbeitern, Verwundeten und Pflegepersonal gesprochen; abgedr. Domarus Bd. II, 2, S. 1826–1834. Darin sagte er, Kriegsgewinne, wie sie im Ersten Weltkrieg vorgekommen seien, würden jetzt mit dem Tode bestraft, und sprach von „kapitalistischen Hyänen". Churchill nannte er einen „Schwätzer und Trunkenbold" (ebd., S. 1827).

11 Gauleiter Erich Koch, seit August 1941 Reichskommissar für die Ukraine, entpuppte sich sehr rasch als ein brutaler Vertreter des „Herrenmenschentums" gegenüber den „Ostvölkern"; anders als Rosenberg, machte er auch zwischen Russen und Ukrainern keinen Unterschied und bekannte sich ganz unverblümt zu den deutschen Eroberungszielen. Vgl. Alexander Dallin: Deutsche Herrschaft in Rußland 1941–1945. Eine Studie über Besatzungspolitik. Aus dem Amerikanischen. Düsseldorf 1958, S. 133–161; Gerald Reitlinger: Ein Haus auf Sand gebaut. Hitlers Gewaltpolitik in Rußland 1941–1944. Hamburg 1962, S. 207–217.

12 Zur Zwiespältigkeit Franks vgl. Kleßmann, Hans Frank (wie Anm. 147/39), S. 245–260. Das Verfahren gegen K. Lasch, den Gouverneur des Distrikts Galizien, Anfang 1942 wegen Korruption, Devisenvergehen, Schiebergeschäften und ähnlichem verhaftet, gehörte zu den vielfältigen Versuchen der SS, die Stellung Franks zu unterminieren. Vgl. Präg/Jacobmeyer (Hrsg.), Diensttagebuch (wie Anm. 2/41), S. 467, 476 u. S. 502; Gerhard Eisenblätter: Grundlinien der Politik des Reichs gegenüber dem Generalgouvernement, 1939–1945. Phil. Diss. Frankfurt a. M. 1969, S. 243–246. Vgl. ferner Anm. 64.

13 Hoepner hatte am 6. 1. als OB der 4. Panzerarmee beantragt, das von Einkesselung bedrohte XX. Armeekorps zurücknehmen zu dürfen, weil nach einem Verlust eine Umfassung der Heeresgruppe Mitte befürchtet werden mußte. Nach zweitägigem vergeblichen Warten auf Genehmigung befahl er selbständig am 8. 1. den Ausbruch des inzwischen von seiner Versorgung abgeschnittenen Korps. Hitler enthob ihn am Abend des gleichen Tages von seinem Kommando und verlangte seine Ausstoßung aus dem Heer, die je-

doch formell erst nach dem 20. 7. 1944 erfolgte. Vgl. Klink, Operationsführung (wie Anm. 146/41), S. 621. Zu Hoepners Leben und zu Details: Heinrich Bücheler: Erich Hoepner. Ein deutsches Soldatenschicksal des 20. Jahrhunderts. Herford 1980; ferner das Buch seines ebenfalls abgelösten Chefs des Generalstabs: Walter Chales de Beaulieu: Generaloberst Hoepner. Militärisches Portrait eines Panzerführers (Die Wehrmacht im Kampf, Bd. 45). Neckargemünd 1969.

14 Sponeck hatte als Führer des XXXXII. Armeekorps, das seit 18. 11. 1941 den Ostteil der Halbinsel Kertsch besetzt hatte, entgegen der Weisung der 11. Armee (Manstein) die 46. Inf.Div. zur Abwehr von in seinem Rücken gelandeten russischen Kräften zurückgenommen, um die Abschnürung der Halbinsel bei Parpatsch zu verhindern. Zur Situation, in der Sponeck gehandelt hatte, und zum Führungsstil vgl. Klink, Operationsführung (wie Anm. 146/41), S. 358f. Der zum Tode verurteilte Sponeck wurde zu Festungshaft begnadigt, jedoch auf Befehl Himmlers am 23. 7. 1944 ohne erneutes Verfahren erschossen. Eberhard Einbeck: Das Exempel Graf Sponeck, Bremen 1970.

15 Hassells Vermutung wird bestätigt durch Stallforth, der im September 1941 ans State Department berichtete, „that Ribbentrop after having at first agreed that Hassell go to Rome, had declared two weeks later that it was now too late". Vgl. Holland, Foreign contacts (wie Anm. 54/41), S. 138f. Der Sinneswandel Ribbentrops dürfte darauf zurückzuführen sein, daß inzwischen die britisch-amerikanische „Atlantik-Charta" vom 14. 8. 1941 bekannt geworden war. In der Tat waren hierdurch die Aussichten, Amerika aus dem Krieg herauszuhalten, vermindert worden.

16 Hitlers Kundgebung zum 24. 2. wurde in einer Veranstaltung in München von Gauleiter Wagner verlesen. Abgedr. Domarus, Bd. II, 2, S. 1843f.

17 Im Original des Tagebuchs irrtümlich „[19]41".

18 Nachdem die japanischen Truppen am 15. 2. Singapur erobert hatten, konnten sie am 8. 3. die niederländischen Streitkräfte auf Java zur Kapitulation zwingen. Ein Tag zuvor war Rangun gefallen.

19 Hitler erklärte z. B. am 18. 12. 1941: „Ich habe das nicht gewollt in Ostasien! Jahrelang habe ich jedem Engländer gesagt: Sie werden Ostasien verlieren, wenn Sie in Europa einen Konflikt beginnen! Da waren die Herren ganz hochnäsig . . . Die Japaner werden Insel um Insel besetzen, sie werden auch Australien nehmen. Die weiße Rasse wird aus diesem Raum verschwinden." Adolf Hitler. Monologe im Führerhauptquartier 1941–1944. Die Aufzeichnungen Heinrich Heims. Hrsg. von Werner Jochmann. Hamburg 1980, S. 156; ähnlich S. 179. Vgl. auch Halder-Kriegstagebuch (wie Anm. 80/39), Bd. II, Stuttgart 1963, S. 21.

20 Otto Kiep war in den Jahren 1927–1930 an der deutschen Botschaft in Washington tätig, danach Generalkonsul in New York. Dort hatte im Jahre 1933 seine Teilnahme an einem Bankett zu Ehren von Albert Einstein zu seiner Abberufung geführt. 1937 bis 1939 war Kiep Delegierter in jenem internationalen Ausschuß, der die Nichteinmischung der Großmächte im spanischen Bürgerkrieg sicherstellen sollte (Sitz London). Seit Kriegsbeginn gehörte Kiep zum Amt Ausland/Abwehr. Vgl. Das Gewissen steht auf. Lebensbilder aus dem deutschen Widerstand 1933–1945. Neu hrsg. von Karl Dietrich Bracher. Mainz 1984, S. 119–121. Im übrigen vgl. Anm. 186/43 und 5/44.

Anmerkungen zu den Seiten 305 bis 310

21 Mit der „Panne" dürfte gemeint sein, daß die bisherigen Vorbereitungen zum Staatsstreich – obwohl noch keineswegs ausgereift – Witzleben mitgeteilt worden waren; er hatte sie als unzureichend bezeichnet (s. o. S. 297).

22 Mit der nicht aufzuklärenden Deckbezeichnung kann nur Rundstedt gemeint sein, der am 8. 3., am Tage der Krankmeldung Witzlebens, mit der Führung der Geschäfte des Oberbefehlshabers West beauftragt und am 15. 3. zum OB West und der Heeresgruppe D ernannt wurde. Er galt in Widerstandskreisen als nicht zugänglich (vgl. dazu auch Anm. 72/41).

23 Original an dieser Stelle durch Wasserschaden unleserlich.

24 Diese Ausarbeitung hat sich im Nachlaß nicht auffinden lassen.

25 Im Winter 1941/42 war der Nachschub zur Ostfront, vor allem im Raum Minsk/Smolensk, zeitweise weitgehend zusammengebrochen; im Februar wurde der 37jährige Reichsbahnrat Dr.-Ing. Albert Ganzenmüller zum Reichsbahn-Generalkommissar (Sitz Poltawa) ernannt. Hassells Eintragung bezieht sich wahrscheinlich auf das Krisengespräch, das Hitler am 5. 3. mit den Reichsministern Dorpmüller (Verkehr) und Speer (Bewaffnung und Munition) führte. Der für das Eisenbahnwesen zuständige Staatssekretär Kleinmann wurde im Mai abgelöst; über eine Inhaftierung von Reichsbahnpräsidenten ließ sich nichts ermitteln. Vgl. Speer, Erinnerungen (wie Anm. 58/41), S. 236–239; Alfred B. Gottwaldt: Deutsche Kriegslokomotiven 1939–1945. Lokomotiven, Wagen, Panzerzüge und Eisenbahngeschütze. Stuttgart [4]1985, S. 45f.

26 Als das japanische Vordringen in Südostasien zu einer Schwächung der militärischen Präsenz Großbritanniens im Mittelmeerraum führte, sah die deutsche Seekriegsleitung eine Chance, die britische Nahost-Stellung zu erschüttern. Ihre Hinweise auf die Chancen einer Offensive gegen den Suezkanal, die in einer Denkschrift und durch Lagevorträge Raeders Hitler am 13. 2., 12. 3. und 14. 4. vorgetragen wurden, fanden bei Hitler, der auf die Wiederaufnahme der Offensive im Osten fixiert war, keine Zustimmung. Vgl. Salewski, Seekriegsleitung (wie Anm. 86/39), Bd. II. München 1975, S. 52–72; Ralf Georg Reuth: Entscheidung im Mittelmeer. Die südliche Peripherie Europas in der deutschen Strategie des Zweiten Weltkrieges 1940–1942. Koblenz 1985, S. 135–185.

27 Am 19. 2. war Horthys Sohn István von den beiden Häusern des Ungarischen Parlaments durch Akklamation zum Stellvertreter des Reichsverwesers gewählt worden. Nicht anwesend bei der Wahl und der Vereidigung waren die Pfeilkreuzler und die Anhänger Imrédys. Auch die Erzherzöge Joseph und Albrecht aus dem Hause Habsburg fehlten. Erzherzog Albrecht, der seine eigenen Nachfolgepläne gefährdet sah, legte gegen diese Wahl beim Reichsverweser schriftlichen Protest ein. Bis 1942 soll der Erzherzog etwa 5 Mio. Pengö ausgegeben haben, um Nachfolger Horthys oder König von Ungarn zu werden. Um eine deutsche Intervention zu seinen Gunsten zu erreichen, behauptete er im Gespräch mit Erdmannsdorff (dem früheren deutschen Gesandten in Budapest), daß bei der Bestellung des Reichsverweser-Stellvertreters „deutschfeindliche" Einflüsse im Spiele gewesen seien. Vgl. Lehmann, Reichsverweser-Stellvertreter (wie Anm. 42/41), S. 25–30, dort auch Hinweis auf Erdmannsdorffs Aufzeichnung vom 31. 3. 1942.

27a Das Tagebuch ist an dieser Stelle durch Feuchtigkeit zerstört, der Text kann hier und an den folgenden drei Stellen jedoch ergänzt werden.

28 Ein entsprechender Befehl Keitels aus diesen Wochen konnte nicht aufge-

funden werden, doch erhielt Hassell auch in anderen Fällen (vgl. z.B. Anm. 52/41) Nachrichten über wichtige Befehle im Entwurfsstadium.

29 Bormanns „Geheimerlaß" vom 6. 6. 1941, der allmählich über den Weg von Abschriften weiteren Kreisen bekannt geworden war, markierte ein neues Stadium der NS-Kirchenpolitik, die ganz direkt auf eine Auslöschung des Christentums zusteuerte. Anlaß war die Anregung der Deutschen Christen, eine Reichskirche zu gründen. Bormann lehnte es ab, sich darauf einzulassen, weil er jedweden Einfluß der Kirchen auf die „Volksführung" unterbunden wissen wollte. Das Christentum gehe in wesentlichen Punkten auf das Judentum zurück und sei in wirklichkeitsfremden Dogmen erstarrt. In Bormanns Rundschreiben hieß es: „Nationalsozialistische und christliche Auffassungen sind unvereinbar. Die christlichen Kirchen bauen auf der Unwissenheit der Menschen auf und sind bemüht, die Unwissenheit möglichst weiter Teile der Bevölkerung zu erhalten, denn nur so können die christlichen Kirchen ihre Macht bewahren." Vgl. Joseph Wulf: Martin Bormann – Hitlers Schatten. Gütersloh 1962, S. 116–120, Zitat S. 116.

30 Milan Stojadinović war in den Jahren 1935 bis 1939 jugoslawischer Ministerpräsident gewesen. Wenn König Boris ihn so günstig beurteilte, so lag das sicher an zwei Gründen: Stojadinović versuchte durch einen bulgarisch-jugoslawischen Vertrag den ständig schwelenden Konflikt um die mazedonische Frage zu entschärfen, und er trug dazu bei, daß Bulgarien aus seiner Isolierung durch die Kleine Entente (Jugoslawien, Rumänien, Tschechoslowakei) herauskam, was sich unter anderem im Zugeständnis der Rüstungsparität niederschlug. Welches die ausschlaggebenden Gründe waren, weswegen Prinz Paul seinen zunehmend autoritär verfahrenden Ministerpräsidenten im Febr. 1939 entließ, ist umstritten. Neben dessen Selbstherrlichkeit werden seine Schwierigkeiten mit den Kroaten und seine Annäherung an die „Achsenmächte" genannt. Vgl. Hoptner, Yugoslavia (wie Anm. 24/41), S. 33–129 (passim), bes. S. 127–129; ferner Sundhaussen, Geschichte Jugoslawiens (wie Anm. 94/40), S. 90–98.

31 Italien hatte durch seine aggressive Politik gegenüber Jugoslawien und Griechenland die politischen Verhältnisse auf dem Balkan durcheinandergebracht. Was Kroatien anging, so hatte Italien sich zwar für seine „Unabhängigkeit" eingesetzt, dann aber wenig getan, um diese eigene Schöpfung lebensfähig zu machen. Zu diesen Defiziten gehörte sicher die Einsetzung der faschistischen Ustascha unter ihrem Führer Ante Pavelić und die Abtrennung Kroatiens vom adriatischen Meer durch eine breite dalmatinische Küstenzone. Vgl. Sundhaussen, Geschichte Jugoslawiens (wie Anm. 94/40), S. 110–123.

32 So gewiß es hinsichtlich des „Kriegswillens" in der britischen Öffentlichkeit Nuancen gab, so erstaunlich ist doch die große Geschlossenheit, mit der der Bedrohung des Inselstaates und darüber hinaus der demokratischen Freiheit in Europa entgegengetreten wurde. Zumal nach 1940 sollten sich alle Spekulationen auf die Friedensbereitschaft (und den mäßigenden Einfluß) konservativer Kreise als irrig erweisen. Dies gilt auch für Richard A. Butler, der als „realms disciple of Chamberlain and Halifax" und als „a staundy defender" des Münchener Abkommens begann und sich dann zu einem „star in the Churchillian constellation" wandelte. Vgl. John Colville: Winston Churchill and his inner circle. New York 1981, S. 134f.

33 Der Entschluß von König Boris III., im deutsch-sowjetischen Krieg neutral

Anmerkungen zu den Seiten 310 bis 314

zu bleiben, war zunächst von Hitler nur sehr widerwillig aufgenommen worden. Im Laufe der Zeit hatte sich dies jedoch geändert, weil Hitler Bulgarien die Aufgabe zudachte, ein Gegengewicht gegen die Türkei zu bilden. Allem Anschein nach hat sich Hitler in diesem Sinne geäußert, als der König ihn am 24. 3. im Führerhauptquartier besuchte. Ein Protokoll über diese Unterredung existiert nicht, vgl. aber das Telegramm Ribbentrops an die Gesandtschaft in Sofia am 25. 3. (ADAP, Serie E, Bd. II, Dok. Nr. 77, S. 131), worin es heißt: „Von einem jetzt erfolgenden Abbruch der Beziehungen befürchtete er [König Boris] nachteilige Rückwirkungen. Die Sowjetrussen könnten dadurch bestimmt werden, irgendwelche Aktionen gegen die bulgarische Küste durchzuführen." Zum Zusammenhang vgl. Hoppe, Bulgarien (wie Anm. 80/40), S. 131.

34 Am 11./12. 4. hatte eine Kabinettsumbildung stattgefunden, bei der unter anderem der Handelsminister Sagoroff durch Zachariev abgelöst worden war. Ausgerechnet Zagorov, dem vorgeworfen wurde, daß er sich gegenüber deutschen Forderungen allzu nachgiebig gezeigt habe, wurde im August 1942 Gesandter in Berlin. Vgl. Hoppe, Bulgarien (wie Anm. 80/40), S. 137 und 142f.

35 Am 7. 3. 1942 waren etwa 40 Personen wegen konspirativer Kontakte mit der Sowjetgesandtschaft verhaftet worden, darunter der frühere Heeresinspekteur General R. Vladimir Zaimov, der später hingerichtet wurde. Anfang April folgte „wegen kommunistischer Umtriebe" eine Säuberungswelle in der Armee. Wie der deutsche Gesandte Beckerle am 15. 4. nach Berlin berichtete, sollen die Auseinandersetzungen um diese Frage die „akute Veranlassung zur Regierungskrise" gewesen sein. Vgl. ADAP, Serie E, Bd. II, Dok. Nr. 140, S. 236f.; Hoppe, Bulgarien (wie Anm. 80/40), S. 137.

36 Miklós v. Kallay (1887–1967) war am 9. 3. 1942 von Horthy zum Ministerpräsidenten ernannt worden, weil sein Vorgänger Bárdossy sich allzusehr an Deutschland angelehnt und somit zu wenig „ungarische" Politik getrieben hatte. Kallay unterstützte zwar das militärische Engagement gegen die Sowjetunion, begann aber bald nach Stalingrad und vor allem nach dem Sturz Mussolinis Friedensfühler zu den Westmächten auszustrecken. Vgl. Miklós Kallay: Hungarian Premier. A personal account of a nation's struggle in the Second World War. New York 1954.

37 Obwohl Bulgarien im Jahre 1942 längst kein „Parteienstaat" mehr war, sah sich der König doch gezwungen, bei seiner Ministerauswahl ein möglichst breites Spektrum der politischen Kräfte seines Landes zu berücksichtigen. Zachariev gehörte dem einflußreichen Bauernbund an, war aber keineswegs so linksgerichtet, um mit den Kommunisten oder ihnen nahestehenden Gruppierungen zusammenzuarbeiten. Zachariev mußte im Sept. 1943 sein Ministeramt aufgeben, weil er sich bei diversen Wirtschaftsverhandlungen den Unwillen der deutschen Gesprächspartner zugezogen hatte. Vgl. Petar Georgieff/Basil Spiru (Hrsg.): Bulgariens Volk im Widerstand 1941–1944. Eine Dokumentation über den bewaffneten Kampf gegen den Faschismus. Berlin 1962, S. 173ff.; Hoppe, Bulgarien (wie Anm. 80/40), S. 95, 142, 237, 241.

38 Nicht nur die Kriegskosten selbst, sondern auch die ständig erhöhten, aber nur teilweise bezahlten Lieferungen an Deutschland führten dazu, daß der ungarische Wirtschaftskreislauf nur durch vermehrte Papiergeldemissionen in Gang gehalten werden konnte. Der Geldumlauf stieg von 863 Mio. Pengö

im Jahre 1938 auf 12,4 Mrd. Pengö im Jahre 1944. Vgl. Jörg K. Hoensch: Geschichte Ungarns 1867–1983. Stuttgart/Berlin/Köln/Mainz 1984, S. 148.

39 Prof. Suranyi-Unger, der Geschäftsführer der im Juli 1941 gegründeten Ungarischen Gruppe des MWT, unterstützte ein enges Zusammengehen mit Deutschland, wollte aber auf der anderen Seite die Unabhängigkeit der Balkanländer erhalten wissen; daher förderte er die Donau-Europa-Gesellschaft.

39a Zu den späteren Verdächtigungen im Zusammenhang mit diesem Besuch vgl. unten Anm. 40/43.

40 Tatsächlich hat sich die Eiserne Garde vom Scheitern ihres Putsches im Januar 1941 nicht mehr erholt, zumal etwa 300 Putschisten nach Deutschland geflohen und dort interniert waren. Wenn Horia Sima nach dem Sturz Antonescus im August 1944 die Erklärung abgab, er verfüge in Rumänien noch über 60–80.000 Anhänger, so war dies sicher übertrieben. Vgl. Carsten, Aufstieg (wie Anm. 36/38), S. 226f.; Nicholas M. Nagy-Talavera: The Green Shirts and the others. A history of Fascism in Hungary and Rumania. Stanford 1970. S. 338ff.; Hillgruber, König Carol (wie Anm. 18/39), S. 227.

41 Ion P. Gigurtu, von Hause aus Ingenieur und Industrieller, hatte nach seinem Ausscheiden aus der Regierung wichtige Funktionen in der rumänischen Wirtschaft inne. So war er Präsident des Verwaltungsrates der Gesellschaft „Mica" und Vizepräsident der Liga zur Entwicklung der Nationalen Wirtschaft, hinzu kam sein Vorsitz in der Rumänischen Gruppe des MWT. In außenpolitischer Hinsicht war Gigurtu nach Deutschland orientiert, wobei er jedoch der Ideologie des Nationalsozialismus ablehnend gegenüberstand. Vgl. Hillgruber, König Carol (wie Anm. 18/39), S. 67.

42 Zum Zweiten Wiener Schiedsspruch und dem Verhalten Manoilescus vgl. Anm. 82/40.

43 König Carol II. hatte wegen seiner Affäre mit Helene Lupescu im Jahre 1925 auf seinen Thron verzichtet und war von seiner Gemahlin Helene, einer Prinzessin von Griechenland, 1928 geschieden worden. Zwei Jahre später war er wieder auf seinen Thron zurückgekehrt, allerdings unter der Bedingung, daß Frau Lupescu außer Landes bleiben sollte. Während der Ministerpräsidentschaft Manoilescus war sie jedoch wieder nach Rumänien „hineingelassen" worden, was in der rumänischen Öffentlichkeit zu viel Gerede führte. Vgl. A. L. Easterman: King Carol, Hitler und Lupescu. London 1942. – Nach dem Zweiten Weltkrieg ist die Verbindung zwischen Exkönig Carol und Frau Lupescu durch Heirat legalisiert worden.

44 Maria Antonescu und Veturia Goga, die Witwe eines früheren Ministerpräsidenten, benutzten Wohltätigkeitsvereine, um sich in den Vordergrund zu spielen. Sie gerieten dadurch in Konkurrenz zur Königinmutter Helene.

45 Hermann Neubacher, seit Jan. 1941 „Sonderbeauftragter für Wirtschaftsfragen" in Bukarest, hatte bei der Niederschlagung des Legionärsputsches im Jan. 1941 eine harte Auseinandersetzung mit Marschall Antonescu, der die Hinrichtung der Legionäre verhindern wollte. Neubacher selbst notiert in seinen Erinnerungen, nur Mihai Antonescu habe gegen ihn gearbeitet und das Mißtrauen des Marschalls geschürt, mit dem er trotz schwerer Auseinandersetzung in einem Verhältnis gegenseitiger Achtung gestanden habe. Killinger sei nicht für ihn eingetreten. Vgl. Hermann Neubacher: Sonderauftrag Südost 1940–1945. Bericht eines fliegenden Diplomaten. Seeheim (Bergstraße) 1966, S. 56–59, Zitat S. 59. – Aus den Akten weiß man heute,

Anmerkungen zu den Seiten 314 bis 320

daß auch der Marschall selbst sich mehrfach bei Hitler beschwert hat und daß er gegenüber Göring am 12. 2. 1942 erklärt hat, er lehne weitere Verhandlungen mit Neubacher ab. Dies ist dann freilich nicht eingetreten. Vgl. Hillgruber, König Carol (wie Anm. 18/39), S. 309, Anm. 55.

46 Für das folgende Gespräch ist die Verwandtschaft der Königin-Mutter mit den Königshäusern von Griechenland, Rumänien und Jugoslawien von Interesse. Sie selbst war eine Tochter des griechischen Königs Konstantin I. und einer Schwester Kaiser Wilhelms II., König Georg II. und Kronprinz Paul von Griechenland waren ihre Brüder, und die Großfürstin Helene, die mit Prinz Nikolaus von Griechenland verheiratet war, war die Mutter der oben erwähnten (S. 234f.) Prinzessin Olga von Jugoslawien. Hassells Gesprächspartnerin, die Königin-Mutter, war im September 1940 aus ihrem florentinischen Exil nach Bukarest zurückgekehrt, um ihrem inzwischen König gewordenen Sohn Michael beizustehen. Marschall Antonescu hatte sich damals zu der Maxime bekannt, „Dem König alle Ehre, mir aber alle Macht", was er dann immer einseitiger zu seinen Gunsten auslegte. Der im Gespräch mit Hassell erwähnte Riß zwischen Antonescu und dem Königshaus sollte sich Anfang 1943 noch weiter vertiefen. Vgl. Hillgruber, König Carol (wie Anm. 18/39), S. 168.

47 Gheorghiu Bratianu, Führer der Jungliberalen und Professor für rumänische Literatur und Geschichte, war vor dem Kriege von König Carol II. zu verschiedenen Missionen nach Deutschland gesandt worden. Trotz seiner „achsenfreundlichen" Haltung war er aber im September 1940 wegen unüberwindlicher Differenzen mit Mihai Antonescu, dem stellvertretenden Ministerpräsidenten, nicht in die Regierung eingetreten. Vgl. Hillgruber, Staatsmänner (wie Anm. 25/41), Bd. 2: 1942–1944. Frankfurt a. M. 1970, S. 224; Hillgruber, König Carol (wie Anm. 18/39), S. 10, 11, 13, 25, 31, 43, 93, 299.

48 Die ungarische Pfeilkreuzler-Bewegung, die antisemitische und sozialreformerische Ziele verfolgte und für eine Revision der ungarischen Grenzen eintrat, hatte ein ebenso wechselvolles Schicksal wie ihr Führer Ferenc Szálasi, der die Jahre von 1938–1940 im Zuchthaus verbringen mußte. Nach seiner Freilassung konnte Szálasi jedoch wieder seine Anhänger sammeln, so daß die Partei Ende 1940 etwa 116.000 Mitglieder zählte. Danach setzte wieder ein starker Verschleißprozeß ein, bis die Pfeilkreuzler schließlich mit deutscher Hilfe „an die Macht kamen". Der extreme Nationalismus hat die Pfeilkreuzler jedoch davor bewahrt, ohne Vorbehalt hitlerhörig zu sein. Vgl. Carsten, Aufstieg (wie Anm. 36/38), S. 210–212.

49 Horthys Dynastiestreben war insofern ein Riegel vorgeschoben worden, als die Wahl seines Sohnes István sich ausdrücklich nur auf die Position eines Stellvertreters bezog. Ohnehin sollte dann der Fliegertod Istváns im August 1942 diesem Streben ein Ende bereiten. Vgl. auch Anm. 27/42.

50 Imrédys Aussichten für eine Rückkehr in die Regierung waren gering, da er wegen seiner Opposition in der Nachfolgefrage vollends in Ungnade gefallen und bei den NS-Machthabern wegen einer „jüdischen Großmutter" suspekt war. Erst nach dem deutschen Einmarsch in Ungarn wurde Imrédy im Mai 1944 für einige Monate Minister für wirtschaftliche Koordination.

51 Siehe die im Anschluß an die Tagebucheintragung vom 29. 3. abgedruckten Dokumente.

52 In dieser Rede am 26. 4. (abgedruckt bei Domarus, Bd. II, 2,

S. 1895–1897) hatte Hitler vom Reichstag eine Stellung als „Oberster Gerichtsherr" gefordert, wie er sie schon für die Morde am 30. 6. 1934 beansprucht und vom Reichstag am 13. 7. 1934 rückwirkend zuerkannt bekommen hatte. Im Beschluß des Reichstags vom 26. 4. hieß es, Hitler könne handeln, „ohne an bestehende Rechtsvorschriften gebunden zu sein", und könne jeden Deutschen, in welcher Stellung auch immer, bei Verletzung seiner Pflichten „nach gewissenhafter Prüfung ohne Rücksicht auf sogenannte wohlerworbene Rechte mit der ihm gebührenden Sühne" belegen, „ihn im besonderen ohne Einleitung vorgeschriebener Verfahren aus seinem Amte, aus seinem Rang und seiner Stellung" entfernen (voller Wortlaut im Reichsgesetzblatt 1942, Bd. I, S. 247).

53 Weizsäcker hat später in seinen Erinnerungen vermerkt: „Im Frühjahr 1942 wurde ich amtlich informiert, daß die Geheime Staatspolizei den uns seit langem befreundeten Botschafter a. D. v. Hassell überwache und verfolge, auch auf seinen Auslandsreisen." Seine Warnung, die „ebenso nötig wie riskant war, habe Hassell, wie sein Tagebuch zeige, leider nicht als „Freundschaftsdienst" verstanden. „Die Existenz der Tagebuchnotizen zeigt, daß meine Warnung begründet war." Vgl. Weizsäcker: Erinnerungen. München 1950, S. 343. – Weizsäckers Verhalten wird sehr kritisch beurteilt von John W. Wheeler-Bennett: Nemesis (wie Anm. 7/40), S. 588. – Vgl. im übrigen in Hassells Tagebuch selbst die weiteren Bezugnahmen auf Weizsäcker, S. 332f., 340, 342, 358.

54 Siehe die aus Gründen des zeitlichen Zusammenhangs vor dieser Eintragung eingeordnete gesonderte Aufzeichnung (S. 316ff.).

55 Am 27. 5. war auf Heydrich (Stellvertretender Reichsprotektor von Böhmen und Mähren) ein Attentat verübt worden, an dessen Folgen er am 4. 6. starb. Zu den Vergeltungsmaßnahmen s. Anm. 61.

56 Alfieris Brief bezieht sich hier vermutlich auf den Artikel „Vom ‚Fuß der Berge' zum Mittelmeer", den Hassell unter dem Pseudonym „Christian Augustin" im Juniheft der Zeitschrift „Auswärtige Politik" (9. Jg., 1942, S. 480–495) veröffentlicht hatte. Darin wird das Mittelmeer als italienischer Lebensraum gewertet, was allerdings nicht eine Wiederherstellung des Imperium Romanum bedeuten könne. Der Kampf gehe um den freien und sicheren Verkehr Italiens in diesem Raum (ebda. S. 495).

57 Vgl. o. S. 150, Eintragung vom 21. 12. 1939.

58 Was Hassell hier im Hinblick auf die deutsche Sommeroffensive andeutet, wurde am 29. 8. 1942 in einer Denkschrift des OKH Abt. Fremde Heere Ost deutlich herausgearbeitet: „Feindliche Führung hat im wesentlichen erreicht:
a. Geländeverlust nicht größer als in Rechnung gestellt.
b. Eigene personelle und materielle Verluste so, daß kampfkräftige Teile für die Zukunft noch zur Verfügung stehen.
c. Nicht unerhebliche deutsche Verluste. Russisches Heer zwar geschwächt, aber nicht zerschlagen im Winter. Operative Möglichkeiten." Abgedruckt bei Manfred Kehrig: Stalingrad. Analyse und Dokumentation einer Schlacht. Stuttgart 1974, S. 550–552, Dok. 1.

59 Am 3. 7. war der Versuch der deutsch-italienischen Truppen, die britische Abwehrstellung bei El Alamein (100 km westlich von Alexandria) zu durchbrechen, vereitelt worden. GFM Rommel verfügte damals nur noch über 70 einsatzfähige Panzer und Panzerspähwagen.

Anmerkungen zu den Seiten 320 bis 326
60 Als Außenminister Molotow im Juni 1942 in London weilte, war laut Kommuniqué „über die dringende Aufgabe, im Jahre 1942 eine Zweite Front in Europa zu errichten, volle Verständigung erzielt" worden. Dieses Kommuniqué diente indes hauptsächlich propagandistischen Zwecken, denn der britische Premierminister glaubte nicht an den Erfolg einer Landung in Frankreich während des Jahres 1942 und versuchte statt dessen, den amerikanischen Präsidenten Roosevelt für ein Landeunternehmen in Nordafrika zu gewinnen, wo von französischer Seite nur ein symbolischer Widerstand zu erwarten war. Nachdem sich Churchill darüber im Juli mit Roosevelt geeinigt hatte, begab er sich vom 12. bis 16. 8. nach Moskau, um Stalin die neuen militärischen Planungen schmackhaft zu machen. Vgl. Winston S. Churchill: Der Zweite Weltkrieg. Bd. 4/II. Aus dem Englischen. Stuttgart/Hamburg 1952, S. 28–50 u. S. 73–107; ferner Andreas Hillgruber: Das Problem der „Zweiten Front" in Europa 1941–1944, in: Seemacht und Geschichte. Festschrift zum 80. Geburtstag von Friedrich Ruge. Bonn-Bad Godesberg 1975, S. 133–148, bes. S. 143.
61 Nach dem Attentat auf Heydrich (vgl. Anm. 55) war im Juni 1942 die gesamte männliche Bevölkerung der beiden Ortschaften Lidice und Ležáky ermordet worden; darüber hinaus fielen weitere 477 Personen wegen „Gutheißung des Attentats" dem deutschen Terror zum Opfer. Vgl. Brandes, Tschechen (wie Anm. 107/40), Teil I, S. 262–267.
62 Darüber ist nichts bekannt; dagegen ließ Reichskommissar Terboven 1942 etwa 250 in Norwegen arbeitende jugoslawische Gefangene erschießen (nach Akten der 20. Armee, Bundesarchiv-Militärarchiv Freiburg). Ferner wurden nach einem Kommandounternehmen bei Drontheim zehn Persönlichkeiten des Geistes- und Wirtschaftslebens erschossen, weitere 24 Personen wegen Beteiligung an Sabotageakten hingerichtet. Vgl. Hermann Boehm: Norwegen zwischen England und Deutschland. Lippoldsberg 1956, S. 159f.
63 Gemeint ist Hitlers Reichstagsrede vom 26. 4. (vgl. Anm. 52/42).
64 Gegen den Gouverneur Lasch (vgl. Anm. 12/42) war am 9. 5. von der Oberstaatsanwaltschaft beim Sondergericht Breslau Anklage erhoben worden. Ohne das Urteil abzuwarten, hatte Himmler dann befohlen, Lasch zu erschießen, was am 3. 6. ausgeführt wurde. Vgl. Eisenblätter, Grundlinien (wie Anm. 12/42), S. 245f.
65 Frank hatte in einer Rede gesagt: „Ich muß mich [. . .] mit Nachdruck gegen eine wesentlich übersteigerte, manchmal völlig unverständliche Kritik am Wirken und an der Arbeit des Juristen wenden. [. . .] Ohne Recht keine Gemeinschaft! [. . .] Man hört oft die Meinung, daß die Unabhängigkeit des Richters etwas wäre, was der autoritären Staatsführung unseres Reiches widerspricht. Ich bin der Auffassung [. . .], daß die Unabhängigkeit, wie wir sie verstehen, dem Richter als ein Wesenselement beigegeben ist, soll er überhaupt Richter sein." Zitiert nach Hans Frank: Im Angesicht des Galgens. Deutung Hitlers und seiner Zeit aufgrund eigener Erlebnisse und Erkenntnisse. Neuhaus bei Schliersee ²1955, S. 429f. – Hitler hat diese Rede keineswegs inspiriert, sondern im Gegenteil als Hochverrat empfunden. Er ließ Frank auffordern, seine rechtspolitischen Ämter niederzulegen, und erteilte ihm zugleich Redeverbot für das Reichsgebiet. Seine Entlassungsurkunde trug das Datum 17. 8. 1942. Vgl. Hans Hattenhauer: Die Akademie für Deutsches Recht (1933–1944), in: Juristische Schulung, 26. Jg. (1986), S. 684. Vgl. auch Anm. 147/39.

66 Die Ermittlungen gegen einen Betrüger namens Pieper hatten auch Göring und seinen Halbbruder Herbert belastet. Pieper hatte sich damit verteidigt, daß er für Göring Industriespenden in Form von Kunstgegenständen vermittelt habe. Vgl. Heinrich Fraenkel/Roger Manvell: Hermann Göring. Aus dem Englischen. Hannover 1964, S. 249f.

67 GFM v. Bock wurde am 13. 7. als OB der Heeresgruppe A (bis 7. 7. HGr. Süd) abgelöst und bis 1945 nicht mehr verwendet.

68 Die Abberufung Draganoffs stand mit dem großen bulgarischen Revirement im Frühjahr 1942 in Zusammenhang, doch gibt es über die Hintergründe noch immer verschiedene Versionen. Sicher ungestört war bis zuletzt das Verhältnis zu Hitler, der ihm am 14. 8. einen freundlichen Abschiedsempfang gab. Vgl. Hillgruber, Staatsmänner (wie Anm. 47/42), Bd. 2, S. 97–102. Die im Tagebuch erwähnte Aufgabe Draganoffs, in Madrid Kontakte zu den Westmächten zu knüpfen, wird bestätigt bei Hoppe, Bulgarien (wie Anm. 80/40), S. 143.

69 Zusammenfassung des Vortrags vom 1. 7. bei Scholder, Mittwochs-Gesellschaft (wie Anm. 112/40), S. 294–298. Popitz sah in der Persönlichkeit des Kardinals Melchior Klesel, des Direktors des Geheimen Rats des Kaisers, den Staatsmann, der die damaligen Probleme der Reichsverfassung hätte lösen können. Über die Sitzung auch Paul Fechter, Menschen und Zeiten (abgedr. ebd., S. 295).

70 Zur Sitzung bei Fechter am 29. 7. vgl. Scholder, Mittwochs-Gesellschaft (wie Anm. 112/40), S. 298–301. Für Sauerbruchs Vortrag am 14. 7. liegt kein Protokoll vor.

71 Heinrich Frhr. v. Stackelberg, seit 1941 Ordinarius für Volkswirtschaftslehre und Statistik an der Universität Bonn, gehörte zu den Nationalökonomen, die „schon frühzeitig eine ideologische und theoretisch untermauerte Begründung für die Notwendigkeit einer Abkehr von dem System der weitgehenden staatlichen Wirtschaftslenkung vorzubereiten" begannen. Zusammen mit seinem Lehrer v. Beckerath war er an den Diskussionen des liberalen „Freiburger Kreises" beteiligt. Im Jahre 1943 nahm er eine Professur an der Universität Madrid an. Vgl. Handwörterbuch der Sozialwissenschaften, Bd. 9. Tübingen 1956, S. 770f., s. auch S. 143. Zum „Freiburger Kreis" vgl. Anm. 23/43.

72 Nachstehend wird eine Schilderung wiedergegeben, die im Original des Tagebuchs nicht aufzufinden ist, jedoch in der Erstausgabe – offenbar aus der Erinnerung von Ilse v. Hassell – eingefügt wurde: Sven Hedin, „der Ilse höchst interessant von der Erscheinung Karls XII. erzählte, die sein Freund Heidenstam um Mitternacht hatte, während er an der Schlacht von Poltawa schrieb. Heidenstam habe ein Klirren gehört und herein sei Karl XII. gekommen, habe sich auf den Lehnstuhl ihm gegenüber hingesetzt, habe seine Hände, bedeckt mit langen, weißen Stulpenhandschuhen, auf die Lehne gelegt und gesagt: ‚Du irrst dich, ich habe gebetet bei der Schlacht von Poltawa.'"

73 Dr. Otto Georg Thierack, der bisherige Präsident des Volksgerichtshofes, war am 20. 8. 1942 zum Nachfolger des am 29. 1. 1941 gestorbenen Dr. Gürtner ernannt worden. – Neuer Präsident des Volksgerichtshofes wurde Roland Freisler, bisher St.Sekr. im Reichsjustizministerium.

74 Der „Erlaß des Führers über besondere Vollmachten des Reichsministers der Justiz" vom 20. 8. 1942 (veröffentlicht Reichsgesetzblatt, Teil I, 1942, Nr. 91

Anmerkungen zu den Seiten 326 bis 329

vom 29. 8. 1942, S. 535) lautete: „Zur Erfüllung der Aufgaben des Großdeutschen Reiches ist eine starke Rechtspflege erforderlich. Ich beauftrage und ermächtige daher den Reichsminister der Justiz, nach meinen Richtlinien und Weisungen im Einvernehmen mit dem Reichsminister und Chef der Reichskanzlei und dem Leiter der Partei-Kanzlei eine nationalsozialistische Rechtspflege aufzubauen und alle dafür erforderlichen Maßnahmen zu treffen. Er kann hierbei von bestehendem Recht abweichen."

75 Brasilien war – nach Mexiko als zweites südamerikanisches Land – am 22. 8. mit Deutschland in Kriegszustand getreten. Hassells Vermutung, daß es dabei nicht zuletzt um die U-Boot-Bekämpfung ging, wurde bestätigt durch das kurz danach geschlossene Abkommen, nach dem die US-Marine an die brasilianische Flotte 25 Zerstörer auslieh (Keesings Archiv, Jg. 1942, S. 5654, 2. 9.). Diese Flankensicherung war auch wichtig für die damals schon geplante Landung in Nordafrika.

76 Beim britisch-kanadischen Landungsversuch bei Dieppe am 19. 8. hatte es sich in der Tat nur um einen Test gehandelt, der freilich teuer bezahlt werden mußte. Von den etwa 6.000 eingesetzten Soldaten mußten 3.350 tot oder gefangen an Land zurückgelassen werden.

77 Rommel war am 21. 8. „krank" gemeldet worden, hatte jedoch, da in den nächsten Tagen eine leichte Besserung eintrat, noch selbst den deutschitalienischen Angriff auf die britische Stellung bei El Alamein geführt. Rommel benutzte seinen Krankheitsurlaub dazu, Mussolini und Hitler über die kritische Lage, insbesondere des Nachschubs, zu informieren. Er kehrte am 25. 10. nach Nordafrika zurück, als sein (im Tagebuch anschließend erwähnter) Vertreter Stumme kurz nach Beginn der britischen Offensive am 24. 10. einem Herzschlag erlegen war. Vgl. David Irving: Rommel. Eine Biographie. Hamburg 1978, S. 260–272 und 280.

78 Zu Thieracks Äußerung vgl. Weinkauff, Justiz (wie Anm. 68/41), Bd. I, S. 155. Aufzeichnung des St.Sekr. Rothenberger vom 4. 4. 1944, Thierack habe die Gnadenpraxis so gehandhabt, daß er Todesurteile auch dann vollstrecken ließ, wenn sie höchst bedenklich waren, und zwar mit der Begründung, in solchen Zeiten müßten auch einmal Unschuldige ihr Leben verlieren.

78a Die Rede zur Ernährungsfrage war am 5. 8. 1942 vor den Gauleitern gehalten worden und hatte zu dem Ergebnis geführt, daß das Ablieferungssoll der besetzten Gebiete erheblich heraufgesetzt worden war. Der Wortlaut dieser Rede scheint nicht überliefert zu sein. Am folgenden Tage vertrat Göring vor den Reichskommissaren für die besetzten Gebiete die Auffassung: „Mich interessieren in den besetzten Gebieten überhaupt nur die Menschen, die für die Rüstung und die Ernährung arbeiten. Sie müssen so viel kriegen, daß sie gerade noch ihre Arbeit tun können." Vgl. Ursachen und Folgen (wie Anm. 30/38), Bd. 19, S. 56–67, Zitat S. 58.

79 Der Anlaß zum Rücktritt des Außenministers Shigenori Togo war die Absicht des Ministerpräsidenten Mikedi Tojo, zur effektiveren Beherrschung des fernöstlichen Raumes ein Ostasien-Ministerium zu errichten. Togo sah darin nicht nur eine Beschneidung seiner ministeriellen Kompetenzen, sondern vor allem eine Forcierung der imperialistischen Politik, die die anderen ostasiatischen Länder nur kränken konnte. Togos Hoffnung, mit seinem Rücktritt eine Demission des Gesamtkabinetts zu erzwingen, erfüllte sich nicht, so daß trotz schwerer Widerstände im November 1942 das Ostasien-

Ministerium errichtet wurde. Vgl. Shigenori Togo: Japan im Zweiten Weltkrieg. Erinnerungen des japanischen Außenministers. 1941–1942 und 1945. Aus dem Amerikanischen. Bonn 1958, S. 214–220.

80 Aufgrund der Kriegslage im Sommer 1942 sah die japanische Regierung, die sich am 2. 7. 1941 gegenüber dem deutsch-sowjetischen Krieg auf eine Politik der Nichteinmischung festgelegt hatte und seither ohnehin eine Vermittlerrolle erstrebte, eine Möglichkeit, für einen Sonderfrieden zwischen den beiden Mächten zu arbeiten. Doch weder die entsprechenden Gespräche des Botschafters Oshima in Berlin noch die des Botschafters Sato in Kujbyshew führten zu aussichtsreichen Ansatzpunkten. Immerhin war vorübergehend vorgesehen, daß eine Delegation hochrangiger japanischer Persönlichkeiten zu Gesprächen hierüber nach Deutschland komme. Am 26. 9. mußte jedoch Oshima Tokio die Verschiebung dieser Gespräche mitteilen. Über einen Besuch Oshimas in Moskau ist nichts bekannt. Vgl. zum Ganzen: Bernd Martin: Deutschland und Japan im Zweiten Weltkrieg. Vom Angriff auf Pearl Harbor bis zur deutschen Kapitulation. Göttingen/Zürich/Frankfurt a. M. 1969, S. 111ff.; ferner Ingeborg Fleischhauer: Die Chance des Sonderfriedens. Deutsch-sowjetische Geheimgespräche 1941–1945. Berlin 1987, S. 100.

81 Der spanische Außenminister Serrano Suñer war am 3. 9. im Zuge einer Regierungsumbildung durch den farbloseren Grafen Francisco Gomez Jordana ersetzt worden. Wenngleich der Ministerwechsel primär innenpolitische Gründe hatte (unter anderem Francos Anlehnung an die „Karlisten"), so wurde dadurch in der Folgezeit doch die Verbesserung der spanischen Beziehungen zu den Westmächten erleichtert, was den raschen Erfolg der anglo-amerikanischen Landung in Nordafrika im November 1942 begünstigt haben dürfte. Vgl. Samuel Hoare: Gesandter in besonderer Mission. Hamburg 1949, S. 267ff., 285ff.; die innenpolitischen Motive des Ministersturzes betont Klaus-Jörg Ruhl: Spanien im Zweiten Weltkrieg. Franco, die Falange und das „Dritte Reich". Hamburg 1975, S. 108f. u. S. 117–121.

82 Erst mit Wirkung vom 1. 1. 1943 wurde Heydrichs Position als Chef des Reichssicherheitshauptamts mit Kaltenbrunner besetzt. Stellvertretender Reichsprotektor von Böhmen und Mähren war unmittelbar nach Heydrichs Tod der SS-Obergruppenführer Daluege geworden.

83 Die hier folgende Eintragung war trotz Datierung „13. 9. 42" im Original versehentlich in den bisherigen Ausgaben unter dem 13. 11. eingeordnet worden.

84 Die hier folgende Eintragung ist im Original mit „26. 9. 42" datiert, erscheint aber in den bisherigen Ausgaben versehentlich unter dem 26. 11. 1942.

85 Hassell hat die Bedeutung des Kampfes um Stalingrad bemerkenswert früh erkannt; der erste große Kampf hatte am 19. 9. begonnen. Die Schlacht um Verdun (Februar bis Dezember 1916) stand hier für ein sehr verlustreiches, zuletzt vergebliches Ringen um eine strategische Position, deren Name dem Kampf zusätzliche Bedeutung gibt.

86 Der finnische Gesandte hatte auf einem Presseempfang in Washington Ausführungen gemacht, als ob Finnland einen Sonderfrieden mit der Sowjetunion erstrebe. Dies war damals noch nicht offizielle finnische Politik, doch erklärte der frühere Außenminister Tanner in der zweiten Oktoberhälfte 1942 vor dem auswärtigen Ausschuß des Kabinetts, daß er nicht mehr an

Anmerkungen zu den Seiten 329 bis 332

einen richtigen Sieg der Achse glaube. Es werde schließlich wohl doch zu einem Kompromißfrieden zwischen Deutschland und den angelsächsischen Mächten kommen. Vgl. Blücher, Gesandter (wie Anm. 21/40), S. 301.

87 Japan bezeichnete schon bald nach seinem Eintritt in den Pazifik-Krieg seine Stahlversorgung als unzureichend. Zumal nach der verlorenen Schlacht bei den Midway-Inseln im Juni 1942 machte sich ein empfindlicher Tonnagemangel bemerkbar. Als in den darauffolgenden Monaten deutsche und italienische Truppen bis in die Nähe des Suezkanals vorrückten, begann man auf japanischer Seite mit der Möglichkeit eines direkten Transportweges von Deutschland nach Japan zu rechnen. In dieser Situation trat Botschafter Oshima an Ribbentrop mit dem dringenden Wunsch nach Lieferung von 1 Mio. t Stahl und 20.000 t Aluminium heran, den Deutschland jedoch angesichts der blockierten Seeverbindungen nicht erfüllen konnte. Vgl. Martin, Deutschland und Japan (wie Anm. 80/42), S. 156 und S. 164–167; allgemein zur japanischen Versorgungslage Jerome B. Cohen: Japan's economy in war and reconstruction. Minneapolis 1949.

88 Vgl. u. Anm. 109/42. Das hier angesprochene Stimmungstief war eine Folge der schlechten Versorgung mit Lebensmitteln (die allerdings seit September durch eine schwedisch-schweizerische Hilfsaktion etwas verbessert werden konnte) und eine Reaktion auf die von den Deutschen und den Italienern verlangten Besatzungskosten. Vgl. ADAP, Serie E, Bd. III, Dok. Nrn. 134, 161, 235, 248, 287.

89 Zu den ihres Kommandos enthobenen Generälen gehörten GFM Wilhelm List, der bis zum 12. 9. die Heeresgruppe A befehligt hatte, und General d. Inf. Gustav Anton von Wietersheim, der bis zum 15. 9. das XIV. Panzerkorps geführt hatte. Wietersheim hatte vor den Gefahren gewarnt, die durch die lange Nordflanke am Don für die deutschen Truppen bei Stalingrad entstehen könnten.

90 General d. Inf. Kurt Zeitzler war seit April 1942 Chef des Generalstabs des OB West und der Heeresgruppe D. Seine Ernennung zum Chef des Generalstabs des Heeres überraschte angesichts seiner bisher ausschließlichen Verwendung im Truppengeneralstab. Ihm wurden starke Sympathien für den Nationalsozialismus nachgesagt. Seine Antrittsrede vor seinen Mitarbeitern war nicht in der Sprache Moltkes formuliert (z. B.: man dürfe „nicht nur die Löcher im Käse sehen"). Zu seiner weiteren Entwicklung vgl. Anm. 10a/43.

91 Im August 1942 war es zu einem schweren Zusammenstoß zwischen Hitler und Jodl gekommen. Jodl hatte bei einem Besuch an der Kaukasus-Front den Eindruck gewonnen, daß von einem Fallschirmjägereinsatz bei Tuapse dringend abzuraten sei. Hitler hatte daraufhin den Wunsch ausgesprochen, fortan ohne Keitel und Jodl zu essen, was jedoch nur vorübergehend erfolgte, während er sich von Generalstabschef Halder endgültig am 24. 9. trennte. Vgl. Adolf Heusinger: Befehl im Widerstreit. Schicksalsstunden der deutschen Armee 1923–1945. Tübingen/Stuttgart 1950, S. 198f.

92 Die Regierung Laval hatte für den Abtransport von Juden die Mithilfe der französischen Polizei zugesagt (Juli 1942), wenn die Juden französischer Staatsbürgerschaft ausgenommen würden. Vgl. Jäckel, Frankreich (wie Anm. 76/40), S. 225–228.

93 Nikolaus v. Halem hatte sich früh und kompromißlos gegen den Nationalsozialismus entschieden. 1933 trat er aus dem Staatsdienst aus und war seit-

her in der Wirtschaft tätig. Hitler war für ihn der „Postbote des Chaos". Der Verdacht konspirativer Beziehungen trug ihm 1936 eine mehrwöchige Haft ein. Auch danach unterhielt er Kontakte zu vielen Persönlichkeiten oppositioneller Gesinnung. Halem trat für ein Attentat auf Hitler ein, um den Umsturz auszulösen. Seine Hoffnungen setzte er auf Beppo Römer, den einstigen Freikorpskämpfer und späteren Kommunisten, der die Absicht hatte, auf Hitler ein Attentat auszuüben. Nach Aufdeckung dieser Beziehung wurde Halem Anfang 1942 verhaftet. Sein Leidensweg wird in dem ursprünglich von Annedore Leber herausgegebenen Werk beschrieben: „Der Weg bis zu seinem Tode führte vom Polizeigefängnis auf dem Alexanderplatz in Berlin, wo er am 22. Februar 1942 eingeliefert wurde, in die Gestapostelle Burgstraße, in das Hausgefängnis des Reichssicherheitshauptamtes in der Prinz-Albrecht-Straße und zum Straflager Wuhlheide. Dann kam Halem ins Spandauer Gefängnis, in das Konzentrationslager Sachsenhausen, in das Untersuchungsgefängnis Moabit, noch einmal in die Prinz-Albrecht-Straße und zuletzt in das Zuchthaus Brandenburg-Gördern." Vgl. Das Gewissen steht auf (wie Anm. 20/42), S. 375f. Vgl. Anm. 76/44.

94 Hassells Artikel „Die Knochen des pommerschen Musketiers?" war von der Äußerung Bismarcks ausgegangen: „Ich werde zu einer aktiven Beteiligung Deutschlands an diesen Dingen nicht raten, solange ich in dem Ganzen für Deutschland kein Interesse sehe, welches auch nur die gesunden Knochen eines einzigen pommerschen Musketiers wert wäre". Hassells Artikel war zunächst in der Zeitschrift „Auswärtige Politik" 9. Jg. (1942), S. 748–764, veröffentlicht, dann in dem Sammelband „Europäische Lebensfragen im Lichte der Gegenwart", Berlin 1943, S. 136–168, wiederabgedruckt worden.

95 Hitlers Rede am 30. 9. in einer „Volkskundgebung" im Berliner Sportpalast zur Eröffnung des Winterhilfswerks ist abgedruckt: Domarus Bd. II, 2, S. 1913–1920.

96 Auf Hitlers Gratulation zum 30. Regierungsjubiläum hatte König Christian X. nur fünf Worte zurücktelegrafiert: „Spreche meinen besten Dank aus. Christian R[ex]." Dieser „protokollarische" Zwischenfall hatte am 29. 9. zu dem von Hassell erwähnten Protestschritt geführt. Trotz der nachgiebigen dänischen Haltung verschärfte Hitler den Kurs, was durch die bald darauf erfolgende Ernennung des Generals v. Hanneken zum Militärbefehlshaber in Dänemark unterstrichen wurde. Vgl. ADAP, Serie E, Bd. III, Dok. Nrn. 229, 321 sowie 325; Erich Thomsen: Deutsche Besatzungspolitik in Dänemark 1940–1945 (Studien zur modernen Geschichte, Bd. 4). Düsseldorf 1971, S. 110–113.

97 Um den Besuch des amerikanischen Sonderbotschafters Myron Taylor, der am 19. 9. im Vatikan eintraf und dort neun Tage blieb, rankten sich – bei strenger Geheimhaltung (selbst Mussolini wurde nicht zuverlässig informiert) – zahlreiche Gerüchte. Am 7. 10. notierte Ciano in sein Tagebuch: „Alles Geschwätz ohne Bedeutung und ohne Unterlagen, weil wir nicht das Geringste von dem wissen, was er (Taylor) wirklich getan und gesagt hat. Aber immerhin ist dies Gerede unsympathisch, und ich bin sicher, daß dies in Zukunft jeden neuen Besuch angelsächsischer Persönlichkeiten im Vatikan erschweren wird." Die Gerüchte über amerikanische Friedensfühler entbehren in der Tat jeder Grundlage, im Gegenteil: „Roosevelt sought to prevent the pope from sponsoring premature negotiations on the basis of a compromise peace with Hitler. Taylor had the additional task of convin-

Anmerkungen zu den Seiten 332 bis 335

cing the Vatican that postwar plans for peace required an understanding with the Soviet Union and quieting the Vatican fears of communism." Der amerikanische Historiker George Q. Flynn kommentierte dieses Vorgehen mit der Feststellung: „Months before Roosevelt met with Churchill at Casablanca, an American diplomat at the Vatican was saying that the United States would not accept anything less than unconditional surrender." George Q. Flynn: Roosevelt and Romanism. Catholics and American diplomacy, 1937–1945. Westport, Con./London 1976. S. 198–200, Zitate S. 199. – Die deutsche Seite war übrigens über den Verlauf der römischen Gespräche bald ziemlich genau informiert. Vgl. den Bericht des deutschen Vatikanbotschafters v. Bergen vom 4. 10. 1942, abgedruckt in: ADAP, Serie E, Bd. IV, Nr. 7, S. 15–18.

98 In den militärischen Führungsstellen fand damals ein starker Wechsel statt, doch betraf er nicht die Feldmarschälle v. Kluge und v. Küchler. Kluge hatte im Herbst 1943 einen Kraftfahrunfall und war lange Zeit nicht dienstfähig; Anfang Juli 1944 wurde er Nachfolger des OB West v. Rundstedt; Küchler wurde im Februar 1944 abgelöst und nicht mehr verwendet.

99 Vgl. o. Anm. 95.

100 Wer mit „K." gemeint war, ist nicht eindeutig zu klären. „K." wurde seit April 1942 als Deckbezeichnung für Weizsäcker gebraucht, doch scheidet hier diese Erklärung aus. Manches spricht für die Gleichung K. = K. B. = Karl (Carl) Jacob Burckhardt; der ehemalige Völkerbundkommissar für Danzig konnte ein auch für die NS-Führung akzeptabler Partner sein.

101 Am 6. 10. verfügte der UStSekr. im AA Luther: „Ein neuerlicher Reiseantrag des Botschafters v. Hassel (sic!) nach Ungarn und sonstigen Ländern des Balkans ist ohne Angabe von Gründen abgelehnt worden und wird auch für die Zukunft abgelehnt werden" (Politisches Archiv des AA, Inland IIg, Bd. 13, Bl. 89/90).

102 Aufzeichnung nicht auffindbar.

103 Thematisch ähnliche Reden hielt Goebbels am 5. 11. in Kassel und Hannover, abgedruckt und kommentiert bei: Helmut Heiber (Hrsg.): Goebbels-Reden, Bd. 2: 1939–1945. Düsseldorf 1972, S. 259–285 und 286–304, insbesondere S. 266, 281f., 292. Das Diktum vom Schimpfen als „Stuhlgang der Seele" findet sich bereits in einem Artikel, den er am 12. 4. 1942 in der Wochenzeitung „Das Reich" unter dem Titel „Papierkrieg" veröffentlichte. Dieser Artikel ist wieder abgedruckt in J. Goebbels: Das eherne Herz. Reden und Aufsätze aus den Jahren 1941/42. Müchen 1943. S. 272–278, Zitat S. 278.

104 Eine Hitler-Rede dieses Inhalts konnte nicht nachgewiesen werden.

105 In den letzten fünf Monaten des Jahres 1942 verloren die Alliierten durch Einwirkung von U-Booten 479 Schiffe mit 2,7 Mio. BRT, während auf deutscher Seite 55 U-Boote nicht zurückkehrten. Die Geleitzüge für die Operation „Torch" (Landung in Nordafrika) blieben jedoch unbehelligt. Vgl. Léonce Peillard: Geschichte des U-Boot-Krieges 1939–1945. Wien/Berlin 1970, S. 211.

106 Am 23. 10. hatte bei El Alamein eine große britische Offensive begonnen, die zunächst zurückgeschlagen werden konnte. Vgl. o. Anm. 77/42.

107 Schmundt, „Chefadjutant der Wehrmacht" bei Hitler, wurde am 1. 10. zusätzlich das Heerespersonalamt übertragen. Hitler hielt die eigenen Vorstellungen zur Personalpolitik für noch nicht ausreichend verwirklicht (d. h. al-

so: insbesondere noch zu wenig „nationalsozialistischer Geist" im Offizierkorps); in diesem Sinne hatte Schmundt sofort „eine grundlegende Änderung" einzuleiten. Hierzu gehörten vor allem: 1. Wegfall der Voraussetzung des Abiturs für den Offiziers-Nachwuchs; 2. Neue Beförderungsgrundsätze, um mehr als bisher die Leistung an der Front zu berücksichtigen und „junge, unverbrauchte" Offiziere in die „höchsten Führungsstellen" zu bringen; 3. Dem Generalstab wurde die Bearbeitung seiner Personalien entzogen und dem Heerespersonalamt zugewiesen; 4. Volle Gleichstellung der aus dem Unteroffiziersstand hervorgegangenen Offiziere; 5. Wegfall der bisherigen Ehrengerichte; Ahndung aller künftig im Offizierkorps „auf dem Ehrengebiet vorkommenden Verfehlungen" im Disziplinarwege oder gerichtlichen Strafverfahren. Vgl. Schmundt, Tätigkeitsbericht (wie Anm. 15/41), S. 4ff.

108 Kurt Rieth, seit 1942 Generalkonsul in Tanger, gehörte zu den wenigen, die eine anglo-amerikanische Landung in Nordafrika vermuteten. Man rechnete auf deutscher Seite eher mit einer Landung bei Dakar, wohin eine größere Anzahl von U-Booten entsandt wurde. Um die Gegner irrezuführen, haben die anglo-amerikanischen Konvois die Straße von Gibraltar erst am 5. 11. 1942 passiert. — Was Französisch-Marokko angeht, so hat es zwar spanische Aspirationen gegeben, aber zu diesem Zeitpunkt hatten sich die Machtverhältnisse doch schon so weit verschoben, daß Spanien ein solch gefährliches Spiel nicht wagte. So konnte der britische Botschafter in Madrid, Sir Samuel Hoare, unmittelbar nach der Landung am 8. 11. in Gesprächen mit Franco und dem spanischen Außenminister Graf Jordana die befriedigende Feststellung machen, daß von spanischer Seite nichts unternommen werden würde. In einem Telegramm an Churchill vom 10. 11. heißt es: „I have never ceased dinning it into the head of official and unofficial Spaniards that, first, we are now overwhelmingly strong and secondly, we have no sinister intentions against Spain." Vgl. Hoare, Gesandter (wie Anm. 81/42), S. 288—295; David Dilks (ed.): The diaries of Sir Alexander Cadogan 1938—1945. London 1971, S. 489ff., Zitat S. 490.

109 Angesichts der katastrophalen Wirtschaftslage Griechenlands, die sich durch die hohen Besatzungskosten noch verschärft hatte, war der griechische Finanzminister Sotirios Gotzamanis am 19. 9. 1942 nach Berlin und anschließend nach Rom gereist, um einige Erleichterungen zu erreichen. Vor allem auf Wunsch von Mussolini und Ciano kam es dabei schließlich zu einem Nachgeben auf deutscher Seite, weil man Unruhen und den angedrohten Rücktritt der griechischen Regierung vermeiden wollte. Ende Oktober einigte man sich auf die Einsetzung eines deutschen und eines italienischen Sonderbevollmächtigten für die griechische Wirtschaft, wobei die Wahl auf Hermann Neubacher und d'Agostino fiel. Im Anschluß an die Einigung in Rom war dem griechischen Staatssekretär Patitsas offenbar die Aufgabe zugefallen, darüber in Berlin zu berichten. Vgl. ADAP, Serie E, Bd. III, Dok. Nrn. 118, 134, 179, 216, 248, 262, 268, 287, 301; Bd. IV, Dok. Nrn. 1, 14, 31, 52, 57, 64, 84, 92, 97, 106; ferner Ciano-Tagebücher (wie Anm. 51/39), S. 474—479.

110 Gertrud Bäumer hatte 1941 den Roman „Die Macht der Liebe. Der Weg des Dante Alighieri" veröffentlicht.

111 Der Zastrowsche Kreis wird in den „Kaltenbrunner-Berichten" erwähnt, aber eher als politisch harmlos eingestuft, da er sich hauptsächlich mit religiösen Fragen befaßte. Vgl. Jacobsen (Hrsg.), Spiegelbild (wie Anm. 14/38), Bd. I, S. 436 und 508; Bd. II, S. 705.

Anmerkungen zu den Seiten 336 bis 339

112 Der Film „Die Entlassung" firmierte auch unter dem Titel „Schicksalswende", womit dem Zuschauer suggeriert werden sollte, daß Deutschland sich praktisch selbst aufgegeben habe, als es von Bismarck abrückte. Im Brief nicht genannte Darsteller waren: Theodor Loos als Kaiser Wilhelm I., Werner Hinz als Kaiser Wilhelm II. Vgl. Erwin Leiser: „Deutschland, erwache!" Propaganda im Film des Dritten Reiches. Reinbek 1978, S. 109.

113 Die britische Großoffensive bei El Alamein, die am 23. 10. 1942 begonnen hatte, hatte die deutschen und italienischen Truppen am 4. 11. zum Rückzug gezwungen, der erst im Januar 1943 an der Marethlinie in Tunesien zu einem vorläufigen Stillstand kam.

114 Diese Aufzeichnung hat sich nicht auffinden lassen.

115 Als „Salonkommunisten" wird hier ein Kreis um Harro Schulze-Boysen und Arvid Harnack bezeichnet. Dieser Kreis hatte sich sowohl mit Untergrundarbeit als auch mit der Weitergabe militärischer Nachrichten an die Sowjetunion („Rote Kapelle") befaßt. Ende August 1942 waren in diesem Zusammenhang etwa 100 Verhaftungen erfolgt. – Am Rande dieses Kreises stand der Diplomat Rudolf v. Scheliha, der aus einer alten schlesischen Familie stammte und eher konservativen Auffassungen anhing. In den Vorkriegsjahren war Scheliha als zweiter Mann der Deutschen Botschaft in Warschau in Opposition zum offiziellen Kurs der Außenpolitik getreten. Nach Kriegsbeginn, als er in die Informationsabteilung des Auswärtigen Amtes versetzt worden war, hatte er ein „Referat zur Bekämpfung von Greuelpropaganda" geleitet. Hierbei konnte Scheliha dann auch zahlreiche Einzelfälle aufgreifen, wo die „Greuelpropaganda" durchaus berechtigt war, wie zum Beispiel die grundlose Verhaftung von prominenten polnischen und jüdischen Persönlichkeiten. Über diese humanitären, aber auch über außenpolitische Vorgänge hat Scheliha Berichte an die Sowjetunion weitergegeben, wobei er mindestens in der Anfangsphase (als er noch in Warschau war) aufgrund einer Täuschung durch die Mittelspersonen der Meinung war, daß seine Berichte an den britischen Geheimdienst gingen. Das Fatale an seiner Handlungsweise war jedoch, daß er für seine Dienste nachweislich Geld genommen hat. Sein aufwendiger Lebensstil ebenso wie sein Hang zum Spielen hatte ihn schließlich von solchen „Zuschüssen" abhängig gemacht. Zu Scheliha vgl. Gilles Perrault: Auf den Spuren der Roten Kapelle. Aus dem Französischen. Reinbek bei Hamburg 1969, S. 277f., 282f., 284, 288, 293f.; Heinz Höhne: Kennwort: Direktor. Die Geschichte der Roten Kapelle. Frankfurt a. M. 1970, S. 66, 162, 180, 196–198, 221f., 232f.; Michael Graf Soltikow: Ich war mittendrin. Meine Jahre bei Canaris. Wien/Berlin 1980, S. 268–332; Gerhard Kegel: In den Stürmen unseres Jahrhunderts. Berlin ²1984, S. 105, 112f.; ferner Rudolf Rahn: Ruheloses Leben. Aufzeichnungen und Erinnerungen. Düsseldorf 1949, S. 139–141.

116 Die vom Heer betriebenen Planungen für eine Fernrakete, die bis in die späten 20er Jahre zurückgingen, wurden von Hitler wiederholt forciert und wieder zurückgestuft. Am 3. 10. 1942 gelang erstmals ein Flug einer überschallschnellen Flüssigkeitsrakete; im Dezember befahl Hitler deren Serienproduktion. Zur gleichzeitigen Erprobung anderer Systeme von „Wunderwaffen" vgl. Dieter Hölsken: Die V-Waffen. Entwicklung und Einsatzgrundsätze, in: Militärgeschichtliche Mitteilungen, Bd. 38 (1985), S. 95–122. Öffentlich erwähnte Hitler erstmals nach Stalingrad „unbekannte, einzig dastehende Waffen" (Proklamation an die „Soldaten der Heeresgruppe Süd

und der Luftflotte 4" am 19. 2. 1943, Domarus, Bd. II, 2, S. 1989) – ein Propagandamittel, das von nun an zwei Jahre lang immer wieder zur Hebung der Volksstimmung mißbraucht wurde. Technische Schwierigkeiten und feindliche Luftangriffe auf die Produktionsstätten Friedrichshafen (22. 6. 1943), Wiener Neustadt (13. 8. 1943) und Peenemünde (17./18. 8. 1943) verzögerten die Herstellung; die erste V 1 wurde im Juni 1944, wenige Tage nach Beginn der Invasion, eingesetzt.

117 Guttenberg wurde tatsächlich erst Ende Januar 1943 nach Agram (Zagreb) versetzt, wo er im Stab des Bevollmächtigten Generals in Kroatien Glaise von Horstenau tätig war. Zur Ursache der Versetzung vgl. Anm. 123.

118 Es war beabsichtigt, die Jahrgänge 1926 und 1927 der mittleren und höheren Schulen zu Hilfsdiensten bei der Luftwaffe heranzuziehen. Der entsprechende Verordnungsentwurf stieß auf starke Widerstände, namentlich beim Erziehungsminister Rust, der immerhin erreichen konnte, daß die Schüler auch während des Einsatzes einen modifizierten Schulunterricht erhielten. Auch Schacht, damals noch Reichsminister ohne Portefeuille (am 21. 1. 1943 als solcher entlassen), und der preußische Finanzminister Popitz meldeten offiziell Bedenken an. Hitlers endgültige Entscheidung fiel am 7. 1. 1943. Danach sollten die Schüler nur in der Nähe ihrer Wohngemeinde eingesetzt werden. Die ersten Luftwaffenhelfer wurden am 15. 2. 1943 eingezogen. Vgl. Ludwig Schätz: Schüler-Soldaten. Die Geschichte der Luftwaffenhelfer im Zweiten Weltkrieg. Frankfurt a. M. 1972, S. 7–29; Hans Dietrich Nicolaisen: Die Flakhelfer. Luftwaffen- und Marinehelfer im Zweiten Weltkrieg. Frankfurt a. M./Berlin/Wien 1981, S. 11; auch Schacht, 76 Jahre (wie Anm. 5/39), S. 527–529; s. dazu auch Anm. 100/43.

119 Die Greuel der deutschen Besatzungsmacht in Polen waren am 15. 12. im britischen Oberhaus, am 17. 12. im Unterhaus Gegenstand von Verhandlungen. Dabei verlas Außenminister Eden eine gemeinsame Erklärung Großbritanniens, der USA und der Sowjetunion; in ihr hieß es: „The German authorities ... are now carrying into effect Hitler's oft-repeated intention to exterminate the Jewish people in Europe." Vgl. Waclaw Jedrzejewicz: Poland in the British Parliament, 1939–1945, Vol. II, New York 1959, S. 99–116 und S. 118–123.

120 Der Text der Rede, die Göring am 18. 12. vor neuernannten Offizieren hielt, ist nicht überliefert. Goebbels notierte aufgrund des Berichtes eines Verbindungsoffiziers am 18. 12. in seinem Tagebuch: „Die Rede soll nicht sehr glücklich gewesen sein ... Sie war vortragsmäßig nicht richtig ausgelagert [!], und Göring soll auch einige Ausführungen über den Tod auf dem Schlachtfelde gemacht haben, die ziemlich salopp waren." Goebbels, Tagebücher. 1942–1943 (wie Anm. 98/41), S. 231.

121 Die Juden im Generalgouvernement waren in den Ghettos einiger großer Städte konzentriert worden. Allein im Warschauer Ghetto sollen sich im Jahre 1942 etwa 400.000 Juden befunden haben, die den Willkürakten deutscher Dienststellen wehrlos preisgegeben waren. Im Sommer wurde mit der Auflösung des Ghettos begonnen, indem die Insassen in Vernichtungs- bzw. Arbeitslager abgeschoben wurden. Vgl. Broszat, Polenpolitik (wie Anm. 83/39), S. 66f.; Wladyslaw Bartoszewski: Das Warschauer Ghetto, wie es wirklich war. Aus dem Polnischen. Frankfurt a. M. 1983; Adam Czerniaków: Im Warschauer Ghetto. Das Tagebuch 1939–1942. Aus dem Polnischen. München 1986.

Anmerkungen zu den Seiten 340 bis 342
122 Der Vorgang liegt länger zurück. Obstlt. Groscurth, 1. GenStbs.-Offz. der 295. Inf.Div., hörte im August 1941 beim Durchmarsch durch die westukrainische Stadt Bjela Zakow, daß sogenannte Einsatzgruppen (aus Gestapo-, Kriminalpolizei- und SD-Angehörigen) Massenerschießungen von jüdischen Männern, Frauen und Kindern durchführten. Das OKH hatte der Truppe in einem Befehl vom 28. 4. 1941 ein Eingreifen untersagt. Empörte Soldaten meldeten Groscurth, in einem Haus seien unter unbeschreiblichen Umständen 90 Kinder zusammengepfercht, um demnächst erschossen zu werden, Groscurth ließ diese Aktion sofort stoppen. In einem unverzüglich erstatteten Bericht verlangte er die Entscheidung seiner vorgesetzten Dienststelle, ob die Erschießung fortgesetzt werden solle. GFM v. Reichenau, OB der 6. Armee, entschied, daß die einmal begonnene Aktion „in zweckmäßiger Weise" durchzuführen sei. Der 295. Inf.Div. gegenüber beanstandete Reichenau das Vorgehen und rügte in scharfer Form den Bericht Groscurths; in dem Bericht hieß es u. a.: „Die Truppe [...] hat vollstes Verständnis für schärfstes Einschreiten gegen Franktireure. In vorliegendem Falle sind aber Maßnahmen gegen Frauen und Kinder ergriffen, die sich in nichts unterscheiden von Greueln des Gegners, die fortlaufend der Truppe bekanntgegeben werden" – ein Satz, den Reichenau „in höchstem Maße ungehörig" nannte! („Der Bericht wäre überhaupt besser unterblieben!") Vgl. Groscurth: Tagebücher (wie Anm. 82/39), S. 88–91 und S. 534ff., Zitat S. 537 und 541.
123 Durch das Anwachsen des Himmlerschen Machtapparates war der „Abwehr" im Laufe des Krieges eine starke Konkurrenz erwachsen. In einem Abkommen, das im April 1942 zwischen Canaris und Heydrich ausgehandelt worden war, hatte es sich zwar noch erreichen lassen, daß die militärische Berichterstattung der Abwehr vorbehalten sein sollte, aber dies erwies sich schon sehr bald als brüchig. Die Aufdeckung eines Devisenvergehens bei der Münchner Zweigstelle der Abwehr, in das auch Hans von Dohnanyi verwickelt war, wurde seit dem Herbst 1942 von der SS dazu benutzt, um die Arbeitsmöglichkeiten der Abwehr weiter einzuengen. Vgl. Franz Josef Furtwängler: Männer, die ich sah und kannte. Hamburg 1951; Josef Müller, Konsequenz (wie Anm. 136/39), S. 162ff.; von Thun-Hohenstein, Verschwörer (wie Anm. 54/40), S. 236–240.
124 Zu Hassells Kontakten mit Stallforth vgl. oben S. 249 mit Anm. 54/41. Die Anspielung auf die Familie Göring bezieht sich darauf, daß ein Schwager des Reichsmarschalls, Unterstaatssekretär Franz Hueber, Hassell bei einer Theateraufführung mit Stallforth bekannt gemacht hatte.
125 Diese Kontakte führten im Januar 1943 zu einer Aussprache in größerem Kreise, s. u. S. 347 Vgl. Anm. 7/43.
126 Das italienische Kulturinstitut „Studia Humanitatis" in Berlin war am 6. 12. durch Reden von Giuseppe Bottai (damals Unterrichtsminister) und Prof. Ernesto Grassi eröffnet worden. Bottai hatte sich bei dieser Gelegenheit dafür eingesetzt, daß das Institut wirken solle „per un'affermazione autonoma, scientifica e non propagandistica del pensiero umanistico italiano". Vgl. Giuseppe Bottai: Diario 1935–1944. A cura di Giordano Bruno Guerri. Milano 1982, S. 342–345, Zitat S. 342; Studia Humanitatis, Festschrift zur Eröffnung des Institutes. Berlin 1942.
127 Giordano Bruno hatte bei seiner Abschiedsrede am 8. 3. 1588 gesagt: „... Und du, geliebte deutsche Erde, du Auge der Welt, du Fackel des Uni-

1942

versums: so oft du auch im Umschwunge der Planeten dich noch der Nacht zuwenden magst, kehre immer wieder zum Lichte zurück und bringe diesem Vaterlande so vieler Heroen immer glücklichere Tage, Monate, Jahre, Jahrhunderte." Vgl. Studia Humanitatis (s. Anm. 126/42), S. 31f.

128 Bei dieser Aufführung im Deutschen Theater spielte Gustaf Gründgens den Mephisto. Vgl. Alfred Mühr: Mephisto ohne Maske. Gustaf Gründgens – Legende und Wahrheit. München 1981, S. 179ff.

129 Min.-Dir. a. D. Ernst Brandenburg, bis zu seiner Ablösung im März 1940 im Reichsministerium für Verkehr, spielt hier an auf Hassells Artikel „Der evangelische Pfarrer im Auslandsdeutschtum", in: Der Pfarrspiegel, hrsg. von Siegbert Stehmann. Berlin 1940, S. 390–409.

130 Ein Sonett dieses Inhalts findet sich in: Reinhold Schneider: Gesammelte Werke, Bd. 5 (Lyrik). Frankfurt a.M. 1981, S. 54.

131 Der Roman von Eric Mowbray Knight (1897–1943) war 1942 beim Scherz-Verlag in Berlin in einer deutschen Ausgabe erschienen, die Hassell vermutlich vorgelegen hat.

132 Mussolini hatte diese Rede am 2. 12. in der Gesamtsitzung der gesetzgebenden Ausschüsse der faschistischen korporativen Kammer gehalten. Vgl. Keesings Archiv, Jg. 1942, S. 5738–5740. 2. 12.

133 Langbehns Gesprächspartner in Stockholm Professor Bruce Hopper war in den Jahren 1942/43 als Vertreter des Geheimdienstes (OSS) der amerikanischen Gesandtschaft in Stockholm attachiert; der Name seines britischen Gesprächspartners in Zürich ist nicht bekannt. Wheeler-Bennett kommentierte diese Sondierungen im Hinblick auf Himmlers zwielichtige Rolle: „Bestimmtes war bei den Unterredungen nicht herausgekommen, doch die Zürcher Mission hatte Langbehn in der doppelten Überzeugung bestärkt, daß Himmler unter gewissen Umständen den Verschwörern die Bälle zuspielen würde und daß nur so Hitler und das Naziregime zu beseitigen seien." Wheeler-Bennett, Nemesis (wie Anm. 7/40), S. 598f.

134 Hassell hatte als Botschafter in Rom den von Ribbentrop betriebenen Beitritt Italiens zum deutsch-japanischen Antikomintern-Pakt bekämpft, weil er in dieser Kombination eine aggressive Blockbildung und damit eine ernste Bedrohung des Weltfriedens sah. Vgl. hierzu Einführung S. 24f.

135 Siehe oben die Darstellung Hassells, S. 117 und 120–123, im übrigen Strauch, Sir Nevile Henderson (wie Anm. 4/38), S. 301–305.

136 Die Engländer taten sich in der Tat schwer, Darlan als französischen Hochkommissar in Nordafrika zu akzeptieren, da er für sie ein Mann Pétains und der Kollaboration war. Darlan war für sie so etwas wie eine Frage der politischen Moral. Hinzu kam, daß sie sich mehr oder weniger General de Gaulle verpflichtet fühlten, der in britischem Asyl lebte. Die USA, vor allem ihr Sonderbotschafter in Algier, Robert Murphy, setzten auf Darlan, weil sie sich von dieser Lösung den geringsten Widerstand erwarteten, was denn auch tatsächlich zutraf. Auch in den Wochen nach der Landung sträubten sich die USA, ihren „Handel mit Darlan" ganz rückgängig zu machen. Als dann Darlan am 24. 12. 1942 ermordet wurde, gab es englische Stimmen, die ein erleichtertes Aufatmen signalisierten. Mit Vergnügen zitierte die deutsche Presse einen Kommentar der BBC, diese Tat habe „ein Problem gelöst und eine verwirrende Schwierigkeit behoben". Die „Deutsche diplomatisch-politische Korrespondenz" ging noch darüber hinaus und behauptete: „Da gab Churchill nach altem Rezept den Schergen des Secret Service den Befehl

Anmerkungen zu den Seiten 342 bis 347

zum Mord." Wer tatsächlich hinter dem Attentat stand, ist bis heute ungeklärt. Der Mörder, ein junger Franzose aus Algier, wurde gefaßt und sofort hingerichtet, so daß es schwierig war, eventuelle Hintermänner zu ermitteln. Vgl. Robert Murphy, Diplomat (wie Anm. 95/41), S. 168–178; The Eden Memoirs: The Reckoning, 1938–1945. London 1965, S. 353ff.; Anne Laurens: Les rivaux de Charles de Gaulle. La bataille de la légitimité en France de 1940 à 1944. Paris 1977, S. 169–211; R. T. Thomas: Britain and Vichy. The dilemma of Anglo-French relations 1940–1942. London/Basingstoke 1979, S. 139–170; die Pressezitate stammen aus der „Frankfurter Zeitung" und dem „Völkischen Beobachter" vom 29. 12. 1942.

137 Rudolf v. Scheliha war bereits am 14. 12. zum Tode verurteilt und acht Tage später hingerichtet worden. Zu seiner Person und zu seinem Prozeß vgl. Anm. 115/42 und Anm. 14/43.

138 Gemeint ist hier die kommunistische Widerstandsgruppe „Rote Kapelle", gegen die am 16. 12. vor dem Reichskriegsgericht die Hauptverhandlung eröffnet worden war. Nach viertägiger Prozeßdauer waren – bei 76 Angeklagten – 46 Todesurteile sowie 15 Zuchthaus- und 13 Gefängnisstrafen verhängt worden. Zum Tode verurteilt und inzwischen hingerichtet war auch Harro Schulze-Boysen mit seiner Ehefrau; sein Vater Erich Edgar Schulze, Neffe des Großadmirals v. Tirpitz, war im Ersten Weltkrieg ein qualifizierter Seeoffizier; später wurde er Vorstandsmitglied der Demag. Vgl. Höhne, Kennwort (wie Anm. 115/42), S. 222–231 (zum Prozeß) und S. 131 (zur Herkunft).

1943

1 Während Hassell dies niederschrieb, legten sich auf der Konferenz in Casablanca (14.–24. 1. 1943) Präsident Roosevelt und Premierminister Churchill auf die Formel von der „bedingungslosen Kapitulation" fest. Churchill konnte sich mit seinem Vorschlag, Italien von dieser Forderung auszunehmen, nicht durchsetzen. Für den Widerstand bedeutete die Formel eine große Erschwernis, denn sie erleichterte es der Goebbelsschen Propaganda, das deutsche Volk auf Hitler und Durchhalteparolen einzuschwören. – Vgl. hierzu Winston Churchill: Der Zweite Weltkrieg. Aus dem Englischen. Stuttgart 1952, Bd. 4/II, S. 311–318; zu den Auswirkungen Anne Armstrong: Bedingungslose Kapitulation. Die teuerste Fehlentscheidung der Neuzeit. Aus dem Amerikanischen. Wien/München 1961, S. 189–236.

2 Der Plan, nach gelungenem Umsturz zunächst ein Direktorium einzusetzen, ging von der Überlegung aus, daß es nicht sogleich möglich sein würde, die neue Regierung auf andere Weise zu legitimieren. Nach Lage der Dinge konnte es sich zunächst nur um eine „Revolution von oben" handeln. Die Geister sollten sich erst an der Frage scheiden, wie nach einer unvermeidlichen Übergangszeit die Staatsgewalt zu legitimieren sei. Im Frühjahr 1944 sind darüber heftige Diskussionen geführt worden. Vgl. Hans Mommsen: Gesellschaftsbild und Verfassungspläne des deutschen Widerstandes, in: Hermann Graml (Hrsg.): Widerstand im Dritten Reich. Frankfurt a. M. 1984, S. 14–93, hier S. 19 sowie S. 82–86.

3 Eduard Spranger hatte seinen Vortrag über „Die Schicksale des Christen-

tums in der modernen Welt" am 6. 1. in der Mittwochs-Gesellschaft gehalten. Auf Anregung von Friedrich Meinecke wurde dieser Vortrag „populär erweitert" und später in Sprangers Schrift „Die Magie der Seele" (Tübingen 1947, ²1949) aufgenommen. Vgl. Scholder, Mittwochs-Gesellschaft (wie Anm. 112/40), S. 311–313, sowie Friedrich Meinecke: Ausgewählter Briefwechsel (Werke, Bd. 6). Stuttgart 1962, S. 571.

4 Der bisherige Präsident der Deutschen Akademie Ludwig Siebert war am 1. 11. 1942 verstorben. Als die Wahl des Nachfolgers anstand, setzten sich Prof. Karl Haushofer und andere Akademiemitglieder dafür ein, daß der Senat der Akademie Vorschläge machen sollte, und dabei mag auch der Name Hassell gefallen sein, aber Hitler wollte sich bei dieser Entscheidung nicht einengen lassen und zog statt dessen Goebbels zu Rat, der zunächst den Industriellen Albert Vögler vorschlug und dann den Namen Seyß-Inquart ins Spiel brachte. Erst am 2. 11. 1943 konnte Goebbels in seinem Tagebuch notieren, daß Hitler dieser Kandidatur seine Zustimmung gegeben habe. Vgl. Donald H. Norton: Karl Haushofer and the German Academy 1925–1945, in: Central European History, Vol. I (1968), S. 97; Goebbels-Tagebücher 1942/43 (wie Anm. 98/41), S. 335 (10. 5.) und S. 460 (2. 11.).

5 Vermutlich handelte es sich hierbei um Thesen, wie sie von SS-Oberführer Prof. Konrad Meyer im Auftrage Himmlers im sogenannten „Generalplan Ost" entwickelt wurden. Der gesamte Text des Generalplans hat sich nicht erhalten, lediglich eine kurze Zusammenfassung vom Juni 1942. Dieser auf 20 Jahre berechnete Plan sah eine Organisation des „Ostraumes" unter rassenpolitischen Gesichtspunkten vor. – In Frage kommt aber auch ein Dokument, das zwischen Spätherbst 1941 und Frühjahr 1942 im Reichssicherheitshauptamt entstanden war und noch sehr viel weiterging. Auch bei diesem nur wenige Seiten umfassenden Dokument ist der genaue Wortlaut nicht erhalten, sein Inhalt läßt sich aber aus einer „Stellungnahme" rekonstruieren. Danach befaßte sich diese Ausarbeitung hauptsächlich mit der Ausrottung bzw. „Aussiedlung" der ansässigen Bevölkerung. Von den insgesamt 45 Millionen Einwohnern des in Betracht gezogenen Gebietes sollten 37 Millionen nach „West-Sibirien" deportiert werden. Vgl. zuletzt Dietrich Eichholtz: Der „Generalplan Ost". Über eine Ausgeburt imperialistischer Denkart und Politik (mit Dokumenten), in: Jahrbuch für Geschichte, 26. Jg. (1982), S. 217–274; die genannte Kurzfassung des Generalplans ist abgedruckt ebd., S. 260–263.

6 Diese Aufzeichnung konnte nicht aufgefunden werden.

7 Das Gespräch zwischen den „Kreisauern" und der Beck-Goerdeler-Gruppe am 8. 1. gehörte zu den eindrücklichsten Ereignissen des Widerstandes und hat, wenigstens im ideellen Bereich, zu wichtigen Klärungen geführt. Neben den Tagebüchern Hassells gibt es darüber Zeugnisse von Eugen Gerstenmaier und Graf Moltke. Ein Brief Gerstenmaiers an Wolf Ulrich v. Hassell vom 25. 7. 1946 war im Anhang der Erstausgabe wiedergegeben. Es heißt dort: „In der Tat war diese wochenlang vorbereitete große Aussprache eines der interessantesten Ereignisse in der Vorbereitung des Staatsstreichs, weil dabei der immer bestandene Gegensatz nicht eigentlich zwischen Jungen und Alten, sondern zwischen Goerdeler und uns Jüngeren formuliert und besonders in einem Punkt – nämlich wie Ihr Vater richtig schreibt –, in der Frage der Sozial- und Wirtschaftspolitik ins Grundsätzliche vertieft wurde. – Fritzi Schulenburg hat in dieser Aussprache vermittelt, wie sie auch wesent-

Anmerkungen zu den Seiten 347 bis 348

lich auf sein Betreiben zustande kam. Vorbereitet war sie nach der inhaltlichen Seite im besonderen zwischen Ihrem Herrn Vater und Popitz einerseits und mir andererseits. Stattgefunden hat die Aussprache bei Peter Yorck in Lichterfelde-West, Hortensienstraße 50. Die Abkürzung W. heißt Yorck v. Wartenburg.

Tatsächlich hat es sich gehandelt um eine Begegnung des Kernes des ‚Kreisauer Kreises', bei der es mir zugefallen war, insbesondere Carl Mierendorff und Theo Haubach mitzuvertreten, die aus ‚polizeilichen Gründen' an dem Abend nicht teilnehmen konnten, aber doch zum Mittelpunkt des Kreisauer Kreises gehörten. Teilgenommen haben außer Beck und Ihrem Vater Popitz, Jessen, Goerdeler, Fritzi Schulenburg, Trott, Peter Yorck, Moltke und ich. Es ist möglich, daß noch einer, höchstens zwei andere dabei waren.

Die Aussprache galt, wie gesagt, der Vermittlung und dem Ausgleich der politischen Unterschiede, in den Konzeptionen der Kreisauer und der Programmatik Goerdelers. Dabei waren von seiten der älteren Herren vor allem Ihr Herr Vater und Popitz Vermittler. Trott referierte über unsere Sicht der Außenpolitik und die von uns – ebenso wie von anderen – vertretene europäische Föderation. – Yorck sprach zu unseren Gesichtspunkten der Verwaltungs- und Reichsreform; Moltke vertrat unsere Beurteilung der bestehenden Situation, insbesondere die Notwendigkeit der Zusammenarbeit kirchlicher und gewerkschaftlicher Kräfte, und ich hatte kurz unsere kulturpolitischen (Verhältnis Staat-Kirche) sowie unsere sozialpolitischen Anliegen darzulegen.

Goerdelers Verhalten ist von Ihrem Herrn Vater sehr richtig (nach meiner Erinnerung) wiedergegeben – wie überhaupt alle seine Notizen trotz ihrer Kürze höchst prägnant und zutreffend sind. Beck hörte sich im wesentlichen alles an. Moltke wurde durch Zwischenruf gegen Goerdeler sehr polemisch, als Goerdeler sein Staats- und Sozialprogramm darlegte. Goerdelers pädagogisierende Verschleierung des Gegensatzes reizte mich schließlich so, daß ich unsere wirtschafts- und sozialpolitischen Gesichtspunkte scharf antithetisch zu ihm formulierte. – Einig war man aber in der Notwendigkeit, möglichst schnell den Staatsstreich herbeizuführen, worauf Beck abschließend nur kurz darlegte, daß er erst sehen müsse, wie stark die tatsächlich vorhandenen Kräfte seien."

Über den Eindruck Moltkes von der Atmosphäre des Treffens und seine wenig kooperative Einstellung berichtet ein Brief, den er am Tage danach (9. 1. 1943) an seine Frau schrieb. Siehe Moltke/Balfour/Frisby, Moltke (wie Anm. 63/40), S. 204f. Vgl. auch Gerstenmaier, Streit und Frieden (wie Anm. 161/41), S. 168f.

8 Vgl. hierzu Heinz Boberach (Hrsg.): Meldungen aus dem Reich. Die geheimen Lageberichte des Sicherheitsdienstes der SS 1938–1945. Bd. 12. Herrsching 1984, S. 4734f., 4750–4752. S. 4751: „Allgemein ist die Überzeugung vorhanden, daß Stalingrad ein Wendepunkt des Krieges bedeute", was nur heißen konnte: eine Wende zum Schlechten.

9 Über Hitlers Reaktion auf die Nachricht, daß Paulus den Endkampf in Stalingrad überlebt hatte, vgl. Helmut Heiber (Hrsg.): Hitlers Lagebesprechungen. Die Protokollfragmente seiner militärischen Konferenzen 1942–1945. Stuttgart 1962, S. 120–143, insbes. S. 124ff.

10 Gen. d. Inf. Strecker war seit 1. 6. 1942 Komm. Gen. des XI. AK. Sein Chef des Generalstabs, Oberst i. G. Groscurth, der ein engagierter Gegner des

Nationalsozialismus war (vgl. Anm. 122/42 u. 9/40), stand mit Beck, solange es noch möglich war, auch von Stalingrad aus, in brieflichem Kontakt. Strecker verteidigte sich seit den letzten Januartagen mit zunächst 50.000 Mann in einem nördlichen Kessel, wobei er sich die Begründung für das Weiterkämpfen der 6. Armee – den Aufbau einer neuen Front zu ermöglichen – voll zu eigen machte. Vgl. Manfred Kehrig: Stalingrad. Analyse und Dokumentation einer Schlacht. Stuttgart 1974, S. 534, 536, 545.

10a Im Unterschied zur Beurteilung der politischen Einstellung Zeitzlers wurde über seine Tätigkeit als Chef des Generalstabs des Heeres stets anerkennend berichtet; er habe die von ihm für richtig gehaltenen Maßnahmen auch gegenüber stärksten Forderungen Hitlers beharrlich vertreten. Die Häufung derartiger Konflikte führte im Juni 1944 zu seiner Ablösung.

11 Statt der erwarteten Rede verlas Goebbels eine „Proklamation des Führers", während Görings Rede unbeschadet der Unterbrechung durch den Fliegeralarm tatsächlich im vollen Wortlaut gesendet wurde. Vgl. Keesings Archiv, Jg. 1943, S. 5808–5810 (Proklamation) und S. 5812–5815 (Rede Görings).

12 Mit der Kabinettsumbildung vom 5./6. 2. 1943 verfolgte Mussolini den Zweck, seine Machtbasis zu verstärken. Diesem Zweck sollte vor allem die Ausbootung von Außenminister Graf Ciano dienen, der in den Wochen zuvor geradezu zum „Symbol der Kriegsmüdigkeit und des heimlichen Murrens" (Deakin) geworden war. Ciano stand zudem ebenso wie der gleichzeitig verabschiedete Justizminister Graf Grandi im Verdacht, angesichts der verschlechterten Kriegslage Verhandlungen mit den Westalliierten aufnehmen zu wollen. Auch der Erziehungsminister Giuseppe Bottai, der als ein Wortführer der intellektuellen Opposition galt, wurde entlassen. – Trotzdem ist es durchaus fraglich, ob es Mussolini über den Augenblick hinaus gelungen war, seine Position zu festigen. Grandi blieb Präsident in der Kammer der Fasci und Korporationen sowie Vorsitzender des Faschistischen Großrates, der später den Sturz des Duce einleiten sollte, und Ciano blieb als Vatikanbotschafter in der Nähe der Macht. Noch negativer wirkte es sich aus, daß Mussolini wenige Tage zuvor den „achsentreuen" Generalstabschef Cavallero durch Vittorio Ambrosio ersetzt hatte, von dem erwartet wurde, daß er die Präsenz der italienischen Truppen im Mutterland stärken würde. Eben dieser Ambrosio hat später die Absetzung Mussolinis durch den König von der Seite der Armee abgestützt. Vgl. Ciano-Tagebücher (wie Anm. 51/39), S. 517f., 30. und 31. 1. (Ernennung Ambrosios), S. 519f., 5.–8. 2. 1943; Goebbels-Tagebücher 1942/43 (wie Anm. 98/41), S. 261, 9. 3. 1943; F. W. Deakin: Die Brutale Freundschaft. Hitler, Mussolini und der Untergang des italienischen Faschismus. Aus dem Englischen. Köln/Berlin 1964, S. 180–189, Zitat S. 182; Kirkpatrick, Mussolini (wie Anm. 129/39), S. 464f.; Robert Katz: The fall of the House of Savoy. A study in the relevance of the commonplace or the integrity of history. London 1972, S. 318f.

13 Zu Goerdelers verfassungspolitischen Vorstellungen vgl. seine Denkschrift „Das Ziel" von Ende 1941 (abgedruckt bei: Beck und Goerdeler. Gemeinschaftsdokumente für den Frieden 1941–1944. Hrsg. und erläutert von Wilhelm Ritter von Schramm. München 1965, S. 81–146). Die darin enthaltenen Grundsätze sind in der Folgezeit in seinem Kreise kontrovers erörtert worden. Besonders die Charakterisierung von Goerdeler als „Reaktionär" war und ist auch in der Literatur umstritten. Hans Mommsen schreibt: Goerdelers Denkschrift „fand offensichtlich die Zustimmung Becks (dessen

Anmerkungen zu den Seiten 348 bis 350

Gedankengänge darin zum Teil verwertet worden sind), aber die entschiedene Ablehnung Hassells und Jessens, die darin den ‚untauglichen Versuch, eine tatsächliche Entwicklung einfach streichen zu wollen', und eine Art ‚Reaktion' erblickten. Das war insofern konsequent, als Goerdeler nicht bereit war, die Einrichtungen des autoritären Führerstaates unbesehen zu übernehmen, und, so wie Hassell, Jessen und Popitz es auffaßten, zu ‚parlamentarischen' Formen zurück wollte. Bestimmte autoritäre Züge in Goerdelers Verfassungsmodell sind daher auf Anpassung an Vorstellungen dieser Gruppe zurückzuführen, und es ist umgekehrt zu betonen, daß sich Goerdeler in starkem Maße von deren ‚reaktionärem' Denken gelöst hat." Mommsen, Gesellschaftsbild (wie Anm. 2/43), S. 63f.

Anders Hans Rothfels, der die Charakterisierung als „Reaktionär" gerade „im Zusammenhang mit zweifellos liberalen Überzeugungen und aus der Feder eines Aristokraten [. . .] überraschend" findet und dies so kommentiert: „man wird im Licht späterer Erfahrungen zuzugeben haben, daß ohne Freisetzung persönlichster Initiative und auch des persönlichsten Gewinnstrebens ein wirtschaftlicher Wiederaufstieg nach so langer Zwangsfesselung und völligem Zusammenbruch nicht möglich war. Das wäre dann in der Tat notwendige ‚Reaktion' gegen das Dritte Reich im nächsten Wortsinn gewesen. Aber es war doch zu fragen [. . .], ob die Wiederherstellung eines westlichen Systems der kapitalistischen Wettbewerbsgesellschaft im Sinne des klassischen Liberalismus aus der Mitte des 19. Jahrhunderts, und zwar gerade in der Grenzzone des Westens gegenüber einer so anders strukturierten östlichen Welt, der neuen gesellschaftlichen und der neuen internationalen Lage entsprach und ob Goerdelers Glaube an die Front der Anständigkeit zur Bindung von extremen Egoismen genügte. Nur vom Boden solcher Erwägungen, die wir im Kreisauer Kreis antreffen werden und die sich insbesondere auf die Entwicklungstendenzen eines neuen Jahrhunderts bezogen, erhält das Wort ‚Reaktionär' eine ernsthaftere Bedeutung. Hingegen wäre es zweifellos sehr ungerecht, Goerdelers wirtschaftlichen Liberalismus mit sozialer Beschränktheit und reaktionärer Klassenbefangenheit zu verwechseln." Hans Rothfels: Deutsche Opposition gegen Hitler. Eine Würdigung. Frankfurt a. M. 1986, S. 132.

14 Wie der Verteidiger Schelihas nach dem Kriege bekannt hat, war der Fall seines Mandanten in der Hauptverhandlung am 14. 12. 1942 „völlig aussichtslos", da das Belastungsmaterial der Anklage im Sinne der damaligen Machthaber allzu stichhaltig war. In der Darstellung Heinz Höhnes heißt es: Der Ankläger „konnte entschlüsselte sowjetische Funkmeldungen mit Namen der beiden Agenten [v. Scheliha und Ilse Stöbe] und die bei dem Fallschirmspringer Koenen gefundenen Photokopien sowjetischer Zahlungsanweisungen für Scheliha vorlegen, die eindeutig bewiesen, daß die Angeklagten seit Jahren für den sowjetischen Geheimdienst gearbeitet hatten. Rudolf v. Scheliha legte (ebenso wie Ilse Stöbe) ein volles Geständnis ab, wollte allerdings nicht gewußt haben, für welches Land er spioniert hatte. Doch Ilse Stöbes kommunistischer Stolz ließ diese Ausflucht nicht zu. Sie gab zu Protokoll, man habe von Anfang an für Moskau gearbeitet." (Heinz Höhne: Kennwort Direktor. Die Geschichte der Roten Kapelle. Frankfurt a. M. 1970, S. 221f.) Bestätigend der Bericht des Geheimdienstmitarbeiters: Michael Graf Soltikow, Ich war mitten drin (wie Anm. 115/42), S. 331f. Das Auswärtige Amt war im Falle Scheliha nur insofern aktiv, als es einen Auf-

schub der Hinrichtung beantragte, weil dieser noch nicht alles niedergeschrieben habe, was er an die Sowjets verraten hatte. Der Aufschub wurde nicht gewährt. Vgl. dazu auch Gilles Perrault: Auf den Spuren der Roten Kapelle. Aus dem Französischen. Reinbek bei Hamburg 1969, S. 292.

15 Schirach übte damals an Ribbentrop Kritik und machte sich mehr oder weniger laut Gedanken über eine diplomatische Beendigung des Krieges. In einer Rede vor Gaugebietsführern am 13. 1. in Braunschweig distanzierte er sich in vorsichtiger Weise von der Gewaltpolitik in den besetzten Gebieten: Die „neue Ordnung" könne nur dann von Dauer sein, „wenn wir es fertig bringen, auch eine freiwillige Mitarbeit der Nationen zu erzielen". Goebbels notierte am 7. 5. 1943 in seinem Tagebuch, Hitler habe „nichts Großes mit ihm im Sinn", wolle ihn „früher oder später in die diplomatische Laufbahn, die ja auch Schirach mehr gemäß ist, abdrängen". Ende Juni 1943 fiel Schirach bei Hitler durch Äußerungen für eine mildere Besatzungspolitik und für Verhandlungen mit den Alliierten völlig in Ungnade. Vgl. Michael Wortmann: Baldur von Schirach. Hitlers Jugendführer. Köln 1982, S. 198 und 214–216.

16 GFM v. Kluge hatte am 30. 10. 42 seinen 60. Geburtstag gefeiert. Rudolf-Christoph Frhr. v. Gersdorff schildert in seinem Buch: Soldat im Untergang (Frankfurt a. M./Berlin/Wien 1977, S. 124) die Übergabe des Schecks durch den Chefadjutanten Hitlers, Schmundt, die dadurch entstandene Peinlichkeit und, nach Weggang Schmundts, Auseinandersetzungen über die Verwendung und Rückgabe des Geldes (Kluge: „Trinkgeld").

17 Nach Stalingrad war für wohl alle Gruppen des Widerstands die Zeit zum Handeln gekommen. Die sich jetzt häufenden Gespräche sind Teil der Umsturzaktivitäten. Dem Tagebuch von Hauptmann Hermann Kaiser zufolge hatte GFM v. Kluge es abgelehnt, „an einem Fiasko-Unternehmen" teilzunehmen (20. 1. 43); dafür erklärte sich der damals nicht mehr verwendete GFM v. Witzleben bereit, wenn Beck ihm den Auftrag dazu erteile (13. 2. und 2. 3.). Da Beck schwer erkrankte und am 8. 3. von Sauerbruch operiert werden mußte, ergriff Tresckow, 1. Generalstabsoffizier der HGr. Mitte, die Initiative; ein Bombenattentat auf Hitler am 13. 3. scheiterte aus technischen Gründen. Ger van Roon bemerkt zutreffend, „daß schon Anfang 1943 die planmäßige Vorbereitung eines Staatsstreichs stattgefunden hatte und daß sich der Attentatsversuch bei der Heeresgruppe Mitte auf eine breitere Basis stützte", als zunächst angenommen. Vgl. Ger van Roon: Hermann Kaiser und der deutsche Widerstand. In: VZG 24. Jg. (1976), S. 259–286, bes. S. 274ff.; für weitere Einzelheiten siehe Schlabrendorff, Begegnungen (wie Anm. 102/39), S. 295 ff.

18 Eugen Gerstenmaier, der dem lutherischen Flügel der Bekennenden Kirche zuzurechnen ist, war seit 1936 Mitarbeiter von Bischof Heckel im Kirchlichen Außenamt gewesen, das in einem gespannten Verhältnis zum Ökumenischen Rat (der evangelischen Kirche) in Genf stand. Als der Ökumenische Rat gleichsam amtlich gegen die deutschchristlichen Tendenzen Stellung bezog, kam es wegen Einmischung zu einem Eklat, was lange nachwirkte. Gerstenmaier löste sich jedoch sehr bald von der offiziellen Linie des Kirchlichen Außenamtes und pflegte auf informelle Art die Beziehungen zum Ökumenischen Rat und seinem Generalsekretär Visser t'Hooft, was dieser in seinen Memoiren auch anerkannt hat. Im übrigen war Gerstenmaier seit 1942 auch ein engagiertes Mitglied des Kreisauer Kreises. Vgl. Willem A. Visser

Anmerkungen zu den Seiten 350 bis 355

t'Hooft: Die Welt war meine Gemeinde. Autobiographie. München 1972, S. 116–124, 155f., 195; Eugen Gerstenmaier: Das Kirchliche Außenamt im Reiche Hitlers, in: Kirche im Spannungsfeld der Politik. Festschrift für Bischof D. Hermann Kunst D.D. zum 70. Geburtstag. Hrsg. von Paul Collmer, Hermann Kalinna, Lothar Wiedemann. Göttingen 1977, S. 307–318.

19 Text der Proklamation zum 24. 2.: Domarus, Reden, Bd. II, 2, S. 1990–1993.

20 Abgedruckt in: Keesings Archiv, Jg. 1943, S. 5835–5841.

21 Ewald Loeser, der unter Goerdeler Stadtkämmerer von Leipzig und seit 1937 Direktor bei Krupp war, stand auf Goerdelers Ministerliste vom Januar 1943 als Finanzminister. Vgl. Ritter, Goerdeler (wie Anm. 64/39), S. 617.

22 Dieses Thema hatte Hassell schon 1941 publizistisch behandelt in: Bremer Nachrichten vom 28. 6. 41.

23 Hassells Gespräche mit Beckerath und Stackelberg hatten auch insofern einen oppositionellen Hintergrund, als diese beiden Nationalökonomen im Rahmen des „Freiburger Kreises" (Constantin v. Dietze, Walter Eucken, Adolf Lampe u. a.) Konzepte für eine neue Wirtschaftsordnung in der Zeit nach dem Ende der NS-Herrschaft ausarbeiteten. Die „Arbeitsgemeinschaft v. Beckerath" war aus einem Ausschuß bei der Akademie für Deutsches Recht hervorgegangen. Das Zusammentreffen mit Hassell fällt gerade in die Zeit, als sich die Arbeitsgemeinschaft selbständig machte und deutliche Konturen annahm. Auch Goerdeler hatte enge Verbindungen zum „Freiburger Kreis", dessen Denkanstöße er in seiner Denkschrift „Das Ziel" verarbeitete. Vgl. Christine Blumenberg-Lampe: Das wirtschaftspolitische Programm der „Freiburger Kreise". Entwurf einer freiheitlich-sozialen Nachkriegswirtschaft. Nationalökonomen gegen den Nationalsozialismus. Berlin 1973, S. 29–52; ferner Bundeszentrale für Heimatdienst (Hrsg.): 20. Juli 1944. Bonn [4]1961, S. 38–42.

24 Vgl. o. Anm. 118/42. Die von Hassell hier angeführten Gegengründe entsprachen den von Popitz und Schacht als Minister vorgebrachten.

25 Ein Jahr zuvor (siehe Eintragung vom 15. 2. 42) waren zwei Söhne eines Vetters Hassells im Osten gefallen; jetzt war die Witwe des einen durch einen Luftangriff schwer getroffen worden.

26 Unterstaatssekretär Martin Luther, der vor seiner diplomatischen Karriere Spediteur gewesen war, galt als Persönlichkeit von zweifelhaftem Ruf, zumal ruchbar geworden war, daß ihm als Zehlendorfer Stadtverordneten Unterschlagungen vorgeworfen wurden. Im Auswärtigen Amt leitete er seit 1940 die Abteilung „Deutschland", die der Partei und der SS als Anlaufstelle diente und auf diese Weise einen beherrschenden personalpolitischen Einfluß erlangte. Im Laufe des Krieges war dann die „Amtshilfe" bei Judendeportationen aus den besetzten und den verbündeten Ländern hinzugetreten. Luther war Teilnehmer der Wannseekonferenz im Januar 1943.
In all diesen Funktionen war Luther der Vertrauensmann Ribbentrops gewesen. Im Herbst 1942 war es in ihrem Verhältnis zu einer Abkühlung gekommen. Die Gegensätze erhielten dann eine politische Dimension, als Schellenberg, der Chef des SD-Ausland, Luther bat, ihm bei der Beschaffung von Belastungsmaterial gegen Ribbentrop, der einen verhängnisvollen Einfluß auf Hitler ausübe, behilflich zu sein. Luther hat daraufhin tatsächlich ein (nicht erhalten gebliebenes) Aktenstück zusammengestellt und an mehrere Regierungsstellen geleitet, in dem er deutlich zu machen versuchte, „daß

ernsthafte Zweifel an dem geistigen Zustand Ribbentrops bestünden und dieser kaum noch fähig sei, die Pflichten als Außenminister länger zu erfüllen". Angesichts dieser eigenmächtigen Unvorsichtigkeit ließ ihn Himmler fallen. Vgl. Paul Seabury: Die Wilhelmstraße. Die Geschichte der deutschen Diplomatie 1930–1945. Aus dem Amerikanischen. Frankfurt a. M. 1956, S. 184–199; Schellenberg, Aufzeichnungen (wie Anm. 122/39), S. 290–293; Weizsäcker-Papiere (wie Anm. 15/38), S. 323 und S. 613 Anm. 23; Christopher R. Browning: Unterstaatssekretär Martin Luther and the Ribbentrop Foreign Office, in: Journal of Contemporary History, Vol. 12 (1977), S. 313–344; Hans-Jürgen Döscher: Das Auswärtige Amt im Dritten Reich. Diplomatie im Schatten der „Endlösung". Berlin 1987, S. 256–261. Ferner unten Anm. 33/43.

27 Die Besorgnisse wegen finnischer Sonderfriedensbestrebungen hatten durch eine am 15. 2. 1943 gefaßte Resolution des sozialistischen Parteirats Auftrieb erhalten. Diese Resolution hatte den Verteidigungscharakter des Krieges hervorgehoben und daran die Bemerkung angeschlossen, daß Finnland nicht am Krieg der Großmächte teilnehme: Daher stehe es Finnland frei, bei geeigneter Gelegenheit aus dem Krieg auszutreten, wenn seine Selbständigkeit und Freiheit gesichert seien. – Besorgniserregend wirkten auch diplomatische Kontakte zwischen Finnland und den USA, in deren weiterem Verlauf der amerikanische Geschäftsträger in Helsinki die Bereitschaft seiner Regierung bekundete, bei der Vermittlung von Friedenskontakten zwischen der finnischen Regierung und der Sowjetunion behilflich zu sein (20. 3.). Die finnische Öffentlichkeit war jedoch zu diesem Zeitpunkt noch nicht zu einem solchen Friedensschritt bereit, und so erteilte die finnische Regierung – freilich erst nach längeren internen Beratungen und einem Gespräch mit Ribbentrop – auf die amerikanische Demarche eine abschlägige Antwort: Es gäbe keine Anzeichen dafür, daß die Besprechungen mit der Sowjetunion zu bleibenden Garantien für die Zukunft führen würden (10. 4. 1943). Vgl. ADAP, Serie E, Bd. V, Dok. Nrn. 80, 115, 137, 142, 154, 156, 183, 211, 225, 242, 248, 251, 257, 289, 290; FRUS, 1943/III, S. 234–265 (passim); v. Blücher: Gesandter (wie Anm. 21/40), S. 323–334.

28 Mussolini war auf Heymann aufmerksam geworden, nachdem dieser in zahlreichen deutschen Städten einen Vortrag über „Italiens Kampf gegen Englands Mittelmeerstellungen" gehalten hatte (vgl. Italien, 2. Jg. [1943], H. 2, S. 27). Der Wortlaut des Interviews konnte nicht ermittelt werden.

29 Der Verdacht, Mussolini strebe einen Separatfrieden mit den Westmächten an, falls Hitler nicht „mitmache", hat sich als unbegründet erwiesen. Bis in den Sommer 1943 hinein hat es solche Friedensfühler nicht gegeben. Wohl aber ließ die Landung der Westalliierten in Algerien und die britische Offensive in Libyen bei Mussolini den Wunsch entstehen, durch Entlastung im Osten mehr Kräfte für die Kämpfe im Mittelmeerraum freizubekommen. Mussolini brachte sein Anliegen erstmals im Gespräch mit Göring am 6. 12. 1942 vor und beauftragte sodann Ciano, kurz vor Weihnachten im Führerhauptquartier in dieser Sache bei Hitler selbst vorstellig zu werden. Nach Stalingrad nahm der Duce diesen Faden in zwei Briefen an Hitler vom 9. und 26. 3. 1943 wieder auf. Im letzteren hieß es geradezu beschwörend, „daß das Kapitel Rußland abgeschlossen werden kann. Wenn möglich mit einem Frieden – und ich halte ihn für möglich – oder mit einem Ausbau der Verteidigung, einem gewaltigen Ostwall, gegen den die Russen stets ver-

Anmerkungen zu den Seiten 355 bis 359

geblich anrennen würden. Der Gesichtspunkt, von dem ich zu diesem Schlusse gekommen bin, ist der, daß Rußland nicht vernichtet werden kann." Hitler ist auf dieses Drängen nicht eingegangen, sondern hat im Gegenteil mit der Ankündigung einer Offensive im Osten geantwortet. Ein Verzicht auf die eroberten Gebiete kam für ihn zu diesem Zeitpunkt noch nicht in Frage, zumal dies, wie Weizsäcker in einer Notiz formulierte, „gewissermaßen eine Selbstaufgabe der Grunddoktrin des III. Reiches" bedeutet hätte. Vgl. ADAP, Serie E, Bd. IV, Nr. 303; Bd. V, Nrn. 192 und 252, Zitat S. 482; Deakin: Die brutale Freundschaft (wie Anm. 12/43), S. 111–113, 115, 120–122, 131f., 292–295; Josef Schröder: Italiens Kriegsaustritt 1943. Die deutschen Gegenmaßnahmen im italienischen Raum: Fall „Alarich" und „Achse". Göttingen/Zürich/Frankfurt a. M. 1969, S. 42–51; Weizsäcker-Papiere 1933–1950 (wie Anm. 15/38), S. 335.

30 Vgl. Scholder, Mittwochs-Gesellschaft (wie Anm. 14/41), S. 321–324 (10. 3.).

31 Nachdem Generaloberst Beck die Krebsoperation am 8. 3. gut überstanden hatte, ermöglichte ihm Sauerbruch auf dem Gut seiner Frau in Groß-Röhrsdorf bei Dresden einen längeren Genesungsurlaub. Vgl. Ferdinand Sauerbruch: Das war mein Leben. Bad Wörishofen 1951, S. 550.

32 Hammerstein kannte den Verlauf des neuerdings „Kapp-Lüttwitz-Putsch" genannten Ereignisses als Schwiegersohn des Generals v. Lüttwitz sehr genau. Es handelte sich in der Tat um ein „verzweifeltes Einzelvorgehen" des Generals, wie Hassell schreibt. Vgl. Johannes Erger: Der Kapp-Lüttwitz-Putsch. Düsseldorf 1967.

33 Nach der Darstellung Schellenbergs soll Ribbentrop verlangt haben, daß Luther gehängt werde. Dazu kam es zwar nicht, aber Luther mußte den Rest des Krieges im Konzentrationslager Sachsenhausen verbringen, wo ihm eine bevorzugte Behandlung zuteil wurde. Sein Mitarbeiter Walter Büttner wurde zur Frontbewährung einer SS-Einheit zugeteilt. Vgl. Helmut Heiber (Hrsg.): Reichsführer! Briefe an und von Himmler. Stuttgart 1968, S. 267; H.-J. Döscher, Auswärtiges Amt (wie Anm. 26/43), S. 259f.

34 Die Sowjetunion hatte in einer Note vom 17. 7. 1941 der Schutzmacht Schweden mitgeteilt, daß sie das Genfer Abkommen von 1929 anerkenne und unter der Voraussetzung der Gegenseitigkeit anwenden wolle. Vgl. ADAP, Serie D, Bd. XIII, 1, Dok. Nr. 173, S. 228f.; dazu Streit, Keine Kameraden (wie Anm. 117/40), S. 226; und Joachim Hoffmann: Die Kriegführung aus der Sicht der Sowjetunion, in: Das Deutsche Reich (wie Anm. 52/41), Bd. 4, S. 720ff., der die Ernsthaftigkeit des sowjetrussischen Angebots bestreitet.

35 Giraud war im April 1942 aus deutscher Gefangenschaft geflohen, um im Kriege weiter für Frankreich zu kämpfen.

36 Größere Erfolge deutscher Truppen lagen zum Zeitpunkt des Tagebucheintrags bereits fünf Wochen zurück. Der zunächst erfolgreiche Vorstoß in den mitteltunesischen Bergen hatte jedoch nicht gegen die amerikanischen Truppen ausgenutzt werden können. Am 27. 3. wurde mit dem deutsch-italienischen Rückzug aus der Mareth-Stellung die letzte Phase des deutschen Einsatzes in Nordafrika eingeleitet. Vgl. Ronald Lewin: Rommel. Stuttgart/Berlin/Köln/Mainz 1969, S. 245–256.

37 Zu Schmundts Tätigkeit s. o. Anm. 107/42. Er stand als Chef des Heerespersonalamtes infolge der kritischen Frontlage vor großen Schwierigkeiten,

1943

u. a. wegen der erforderlichen Neuaufstellung der in Stalingrad vernichteten 6. Armee mit 7.000 Offizieren (vgl. seinen Tätigkeitsbericht [wie Anm. 15/41], S. 53ff.)

38 Weizsäcker hatte sich in diesem Vortrag am 18. 3., wie er selber sagte, „nur in Beispielen und Andeutungen bewegt" und sich „mehr mit dem Gegner als mit uns selbst befaßt". Immerhin hatte er deutlich gemacht, „daß das Friedenschließen die große Prüfstunde für den Staatsmann sei". Der Vortrag ist abgedruckt in: Weizsäcker-Papiere 1933–1950 (wie Anm. 15/38), S. 329–334. Das Infanterie-Regiment 9 war das Traditionsregiment mehrerer preußischer Garderegimenter, was Einfluß auf Zusammensetzung und Grundanschauungen seines Offizierskorps hatte. Unter den Toten des 20. Juli waren zehn Angehörige oder ehemalige Angehörige des I.R. 9 (so Henning v. Tresckow, Fritz-Dietlof Graf v. der Schulenburg); von zehn weiteren Offizieren (so Axel Frhr. v. dem Bussche, Ewald Heinrich v. Kleist) ist die Beteiligung an Vorbereitungen zum Umsturz bekannt. Vgl. Wolfgang Paul: Das Infanterie-Regiment 9, 1918–1945. Preußische Tradition in Krieg und Frieden. Textband Osnabrück 1983, S. 544–551.

39 Karl Wolff, Chef des Persönlichen Stabes von Himmler und Leiter des für das Paßwesen zuständigen „Hauptamtes", war wegen einer schweren Nierenoperation am 12. 3. längere Zeit nicht dienstfähig. Vgl. Jochen v. Lang: Der Adjutant. Karl Wolff – der Mann zwischen Hitler und Himmler. München/Berlin 1985, S. 195ff.

40 Bei den Ermittlungen des SD über Hassells Balkanreise im April 1942 hatte sich ergeben, daß er am 15. 4. und am 23. 4. in Budapest jeweils abends den französischen Gesandten Dampierre besucht hatte. UStSekr. Luther wies am 20. 7. 42 darauf hin, daß Dampierre „im Verdacht" stehe, „Degaullist zu sein". (Politisches Archiv des AA, Inland II g, Bd. 13, Personalien H–N 1941–1945). Für den Zeitpunkt der Besuche traf Hassells Feststellung, Dampierre sei immerhin Gesandter der französischen Regierung in Vichy, zu; für den Zeitpunkt der Eintragung vom 29. 3. 43 nicht mehr.

41 Am 18. 2. waren die Studenten Sophie Scholl, Hans Scholl und Christoph Probst in München beim Ausstreuen von Flugblättern mit dem erwähnten Aufruf verhaftet und am 22. 2. vom Volksgerichtshof zum Tod verurteilt und hingerichtet worden. Der Aufruf war von dem Münchner Psychologieprofessor Kurt Huber unter dem Eindruck der Niederlage von Stalingrad verfaßt worden. Im Mittelpunkt stand die sittliche Verurteilung des NS-Regimes: „Freiheit und Ehre! Zehn Jahre haben Hitler und Genossen die beiden herrlichen deutschen Worte bis zum Ekel ausgequetscht, abgedroschen, verdreht [...]. Der deutsche Name bleibt für immer geschändet, wenn nicht die deutsche Jugend endlich aufsteht, rächt und sühnt zugleich, ihre Peiniger zerschmettert und ein neues geistiges Europa aufrichtet." Huber wurde am 27. 2. verhaftet, am 19. 4. mit den Studenten Schmorell und Graf zum Tode verurteilt und am 13. 7. hingerichtet. Zur Widerstandsgruppe der „Weißen Rose" vgl. Christian Petry: Studenten aufs Schafott. Die Weiße Rose und ihr Scheitern. München 1968; Richard Hanser: Deutschland zuliebe. Leben und Sterben der Geschwister Scholl. Die Geschichte der Weißen Rose. München 1982 (Aufruf S. 341f.); Kurt Huber. Stationen seines Lebens in Dokumenten und Bildern. Hrsg. vom Kurt-Huber-Gymnasium. Gräfelfing o. J. [1986].

42 Paul Giesler, Gauleiter von München und Oberbayern, wollte am 22. 2. die

Anmerkungen zu den Seiten 359 bis 360

drei zum Tode Verurteilten öffentlich auf dem Münchner Marienplatz oder in der Universität hinrichten lassen. Da Himmler jedoch ein allzu großes Aufsehen vermeiden wollte, wurden die Urteile im Zuchthaus Stadelheim vollstreckt; daß er die Hinrichtung überhaupt verhindern wollte, ist nicht bekannt. Die Presse brachte über Urteil und Vollstreckung kurze Meldungen. Vgl. Hanser, Deutschland zuliebe (wie Anm. 41), S. 293.

43 In der Tat war es seit Dez. 1942 in Stockholm zu verschiedenen Sondierungsversuchen gekommen, erst von sowjetischer, dann auch von deutscher Seite. Einer der wichtigsten Mittelsleute war dabei der V-Mann Edgar Klaus. Freilich sind die Sondierungen nie in ein ernsthaftes Stadium getreten, zumal da Ribbentrop die Initiative ganz der anderen Seite zuschieben wollte und im übrigen wußte, daß Hitler trotz Stalingrad zu keinen Konzessionen hinsichtlich der Ukraine bereit war. Immerhin hielt es der frühere deutsche Botschafter in Moskau, Graf Schulenburg, nach Angaben eines Mitarbeiters von Ribbentrop, Peter Kleist, für möglich, daß Stalin „den Krieg mit Deutschland wirklich beenden" wollte, „um zum Status quo und zu seinem inneren Aufbau zurückzukehren". Auch wenn es wahrscheinlicher sei, daß Stalin nur die Westmächte mit der Drohung eines deutsch-sowjetischen Ausgleichs erpressen wolle, sei es ratsam, „auch die vageste Möglichkeit auszunützen". Zitiert nach Peter Kleist: Zwischen Hitler und Stalin 1939–1945. Aufzeichnungen. Bonn 1950, S. 242; zum ganzen Zusammenhang, vor allem zu den verwirrenden Aktivitäten der Geheimdienste vgl. I. Fleischhauer, Die Chance des Sonderfriedens (wie Anm. 80/42), S. 110–128.

44 Vizepräsident Henry A. Wallace, ein Hauptvertreter des New Deal und eines weltweiten amerikanischen Engagements für Demokratie und Massenwohlstand, befaßte sich im Frühjahr 1943 in mehreren großen Reden mit den Grundprinzipien der Nachkriegsordnung, die wenig später unter dem Titel „Christian Bases of World Order" (New York/Nashville 1943) veröffentlicht wurden. In diesem Konzept ging es um die Notwendigkeit sozialer Reformen („social inventions"), Abschaffung der Armut, Antiimperialismus, wirtschaftliche Zusammenarbeit im Weltmaßstab und den Aufbau einer wirkungsvollen Weltorganisation. Unmittelbares Nahziel war die radikale Überwindung der „preußisch-nazistischen Machtphilosophie", was durch die Forderung „unconditional surrender" bewirkt werden sollte. Sein spezifisches Anliegen war aber die Sicherung der amerikanisch-sowjetischen Zusammenarbeit über den militärischen Zweck der Koalition hinaus. „The future well-being of the world depends upon the extent to which Marxism, as it is progressively modified in Russia, and democracy, as we are adapting it to twentieth-century conditions, can live together in peace." Wallace setzte also auf innersowjetische Reformen und forderte im übrigen amerikanische Vorleistungen, um eine weltweite Evolution von demokratischer Freiheit und sozialer Sicherheit zu fördern. Der Akzent der Wallaceschen Ausführungen lag somit nicht auf der Abgrenzung des westlichen gegenüber dem sowjetischen System, wie man aus Hassells Notiz folgern könnte. Vgl. Keesings Archiv Jg. 1943, S. 5875f., 9. März (Kurzfassung der Rede in Delaware); Edward L. and Frederick H. Schapsmeier: Prophet in politics. Henry A. Wallace and the war years, 1940–1945. Ames 1970, S. 24–37, Zitat S. 34.

45 Im Dezember 1942 waren Gerstenmaier und Schönfeld (beide im Kirchlichen Außenamt) nach Stockholm gereist, um die britische Haltung im Falle

eines Umsturzes in Deutschland zu erkunden; sie waren dabei auch mit Bischof Brilioth zusammengetroffen. Die Reise war eine Fortsetzung der Kontakte, die Bonhoeffer und Schönfeld Ende Mai 1942 mit Bischof George Bell (Chichester) aufgenommen hatten. An diesen schrieb Ingve Brilioth am 12. 1. 1943: „Was ich ihnen sagen mußte, war wohl nicht sehr erfreulich für sie. Ich suchte ihnen klar zu machen, wie schwer es für die Menschen in England sei, die Stärke und Zuverlässigkeit einer Opposition, von der sie bisher wenig wissen und gemerkt haben, richtig einzuschätzen." Mit einer gewissen Identifizierung der Nazis mit den übrigen Deutschen müsse wohl gerechnet werden. Vgl. Eberhard Bethge/Ronald D. Jasper (Hrsg.): An der Schwelle des gespaltenen Europa. Der Briefwechsel zwischen George Bell und Gerhard Leibholz (1939–1951). Stuttgart/Berlin 1974, S. 96. – Vgl. auch Eberhard Bethge: Dietrich Bonhoeffer. Theologe – Christ – Zeitgenosse. Eine Biographie. München [6]1986, S. 864f.

46 An den zehntägigen Besuch Kardinal Spellmans im Vatikan (Abreise am 3. 3.) hatten sich sofort zahllose politische Spekulationen geknüpft, die offenbar unbegründet waren. Vier Wochen nach der Konferenz von Casablanca war an eine päpstliche Friedensvermittlung ohnehin nicht zu denken. Der Kardinal selbst hat über seine römischen Gespräche vollkommenes Stillschweigen bewahrt. Vgl. Robert J. Gannon, SJ: Kardinal Spellman. Neuenbürg (Württ.) 1963, S. 172–176. – Fürst Chigi war Großmeister des Souveränen Malteser-Ritterordens.

47 Andrej Andreevič Vlasov war, bevor er im Frühsommer 1942 in deutsche Gefangenschaft geriet, ein wegen seiner Führungsqualitäten in der Roten Armee hochanerkannter General. Auf deutscher Seite war der Name Vlasov bald ein Symbol für den Kampf ehemaliger Sowjetbürger gegen die Rote Armee. Zu der von Hassell erhofften Schwenkung in der deutschen Rußlandpolitik ist es jedoch nicht gekommen. Schon am 8. 6. lehnte Hitler in einer Besprechung kategorisch die Aufstellung einer Befreiungsarmee unter Vlasov ab. So waren ihm zunächst nur einzelne Verbände unterstellt, bis er im Herbst 1944 an die Aufstellung einer Russischen Befreiungsarmee gehen konnte, die als Streitkraft eines eigenständigen russischen Nationalstaats anerkannt war. Vgl. Hoffmann, Wlassow-Armee (wie Anm. 79/41). Unabhängig von Vlasov bestanden im Mai 1943 90 russische Bataillone, zahlreiche einzelne Kompanien, 90 Feldbataillone der Ostlegionen und einige größere Verbände (1. Kosakendivision, Kalmykisches Kavalleriekorps); ferner kämpften in deutschen Einheiten 400–600.000 ehemalige Rotarmisten als „Hilfswillige" (ebda., S. 14).

48 Ironisches Zitat aus dem bis 1918 als Nationalhymne gesungenen „Heil dir im Siegerkranz": „Liebe des Vaterlands, Liebe des freien Manns, gründen den Herrscherthron wie Fels im Meer."

49 Generaloberst Guderian, seit Ende Dezember 1941 in der Führerreserve, war Ende Februar 1943 die neu geschaffene Stelle eines Generalinspekteurs für die Panzertruppe übertragen worden. Goerdeler hatte im April 1943 mit ihm Fühlung aufgenommen, war jedoch auf Ablehnung einer Zusammenarbeit gestoßen. Vermutlich war Guderians Haltung Hassell noch nicht mitgeteilt worden. Nach Guderians eigener Darstellung galt seine Ablehnung mehr den Persönlichkeiten als ihren Zielen. Bei Manstein trat er für eine Änderung der „Spitzengliederung" ein, d. h. für die Verhinderung Hitlerscher Eingriffe durch Einsetzung eines Oberbefehlshabers Ost.

Anmerkungen zu den Seiten 360 bis 365

50 Seit Mitte April waren 7 deutsche und 5 italienische Divisionen eingeschlossen. Am 12. 5. wurde der Kampf eingestellt; etwa 250.000 Mann, davon die Hälfte Deutsche, gerieten in Gefangenschaft.
51 Während Mussolini für einen Kompromißfrieden im Osten und für ein verstärktes militärisches Engagement im Mittelmeerraum eintrat, setzte Hitler auf eine neue Offensive in Rußland. Ebensowenig konnte sich Mussolini mit seinem nicht gerade realistischen Wunsch durchsetzen, zur Erlangung eines Durchmarschrechtes nach Gibraltar in Verhandlungen mit der spanischen Regierung zu treten. Auch die von italienischer Seite vorgeschlagene gemeinsame Erklärung über die Rechte der kleinen Nationen („Europäische Charta") wurde von Hitler abgelehnt mit dem Argument, daß sie als Zeichen der Schwäche ausgelegt werden könnte. Trotzdem schien es Hitler wieder einmal gelungen zu sein, Mussolini in seiner Kampfentschlossenheit zu stärken. Vgl. Deakin, Die brutale Freundschaft (wie Anm. 12/43), S. 306—324; Friedrich-Karl v. Plehwe: Schicksalsstunden in Rom. Ende eines Bündnisses. Berlin 1967, S. 14—33.
52 Vgl. hierzu Hermann Balck: Ordnung im Chaos. Osnabrück 1980, S. 428 und S. 448f., wo er sich sehr kritisch über Hitlers Führung äußert.
53 Hitler hatte vom 17. bis 19. 2. das Hauptquartier der HGr. Süd (GFM v. Manstein) in Saporoshje am Dnjepr besucht; er soll dabei einen sehr angeschlagenen Eindruck gemacht haben. Über einen Zornesausbruch der hier geschilderten Art wird sonst nicht berichtet. Vgl. den ausführlichen Bericht bei Alexander Stahlberg: Die verdammte Pflicht. Erinnerungen 1932—1945. Berlin/Frankfurt a.M. 1987, S. 283—307.
54 Es handelte sich hier um die erste Nachricht über das Auffinden ermordeter polnischer Offiziere bei Katyn. In der durch die polnische Exilregierung in London erbetenen Untersuchung einer Kommission des Internationalen Roten Kreuzes ergab sich, daß die Ermordung höchstwahrscheinlich im April 1940, während der sowjetrussischen Besetzung des Gebiets, stattgefunden hatte; so brachen in den Tagebüchern, die bei den Leichen gefunden wurden, alle Eintragungen im April 1940 ab. Die Sowjetunion hatte die deutsche Wehrmacht beschuldigt, beim Vormarsch im Juli 1941 die Polen ermordet zu haben. Vgl. hierzu: L. Fitz-Gibbon: Katyn. London 1971 (mit der Liste der 4.143 Opfer); Josef Mackiewicz: Katyn. Ungesühntes Verbrechen. Aus dem Polnischen. Frankfurt a. M. 1983; John P. Fox: Der Fall Katyn und die Propaganda des NS-Regimes, in: VZG, 30. Jg. (1982), S. 462—499; Hendryk von Bergh: Die Wahrheit über Katyn. Der Massenmord an polnischen Offizieren. Berg am See 1986.
55 Vgl. hierzu Krebs, Schulenburg (wie Anm. 41/38), S. 252; Hoffmann, Widerstand (wie Anm. 16/38), S. 363.
56 Auch im Tagebuch von Hauptmann Kaiser sind in der Zeit nach Stalingrad Gerüchte über bevorstehende Terroraktionen des Regimes verzeichnet. Graf Fritz-Dietlof von der Schulenburg hatte danach Ende Februar die Nachricht mitgebracht, „daß aus dem Partisanengebiet SS-Truppen zurückgezogen werden. 50.000 hiervon seien für Berlin bestimmt. Straßenzüge in Berlin würden mit Maschinengewehren besetzt werden. Die Kaufhäuser Grünfeld und Wertheim sollten für Kasernierungszwecke der SS verwendet werden." Zitiert nach der Wiedergabe bei Schlabrendorff, Begegnungen (wie Anm. 102/39), S. 304.
57 Die Aktion vom 5. 4. gegen die Abt. Ausland/Abwehr des OKW, die bis da-

hin die militärische Zentrale der Widerstandsbewegung und die beste Informationsquelle über den Bereich militärischer Planungen für Beck – und damit auch für Hassell – gewesen war, wurde ausgelöst durch Devisendelikte von Angehörigen bei der Abwehrstelle VII München, wodurch der SD die Möglichkeit erhielt, bei seinem „Rivalen" Untersuchungen zu führen. Vgl. Thun-Hohenstein, Verschwörer (wie Anm. 54/40), S. 236–246; Höhne, Canaris (wie Anm. 82/39), S. 475ff., 492ff.

58 Gemeint ist damit die Untersuchung gegen die sog. „Rote Kapelle" Ende 1942.

59 Einzelheiten des Vorgangs bei Thun-Hohenstein, Verschwörer (wie Anm. 54/40), S. 244ff. Mit der Aktion wurde die wichtigste Zentrale des Widerstands ausgeschaltet, die als „Geheimdienst" einen besonderen Schutz genossen hatte. Tresckow, selbst Generalstabsoffizier an der Ostfront, gelang es innerhalb weniger Monate, für den Umsturz eine Ersatzorganisation beim Allgemeinen Heeresamt zu schaffen, dessen Chef des Stabes der am 7. 4. in Nordafrika schwer verwundete Stauffenberg wurde.

60 1942 erschien die 2. Auflage des Buches: Das Bildnis Friedrichs des Großen. Zeitgenössische Darstellungen, ausgewählt und erläutert von Arnold Hildebrand. Berlin/Leipzig 1940. Nach Hildebrand (ebda., S. 103) war ein 1739 von Pesne gemaltes Bruststück das letzte Bild, zu dem Friedrich einem Maler gesessen hat.

61 Ulrich v. Hassell wurde am 31. 3. 1943 endgültig verabschiedet.

62 Ilse v. Hassell hat den bisherigen Ausgaben als Anmerkung den Bericht beigegeben: „An diesem Abend sagte Jessen verzweifelt: ‚Es wäre in der Theorie so einfach, diesen Verbrecher (Hitler) zu beseitigen: der vortragende Offizier bringt eine Mappe mit herein, die Sprengstoffladung enthält, legt die Mappe auf den Schreibtisch von Hitler, läßt sich zu einem verabredeten Telefonanruf herausholen, und Hitler ist beseitigt'."

63 Dieses Urteil über die Personalveränderungen im AA wird von dem amerikanischen Historiker Paul Seabury (Die Wilhelmstraße – wie Anm. 26/43, S. 206–208) stark eingeschränkt: Es habe sich nicht um einen „Schlag gegen das alte Beamtentum" gehandelt. Zwar seien alle neuen Abteilungen – Büros und Sonderreferate „mit unendlich vielseitigen Aufgaben, von denen viele mit der Diplomatie im eigentlichen Sinne nichts mehr gemein hatten" – von den jungen Leuten Ribbentrops geleitet worden, doch seien die drei Kernabteilungen (Politische, Rechts- und Handelspolitische) „die ausschließliche Domäne der Berufsdiplomaten" geblieben. Zur „progressiven Einflußnahme der SS auf Personalstruktur und Politik des Auswärtigen Amtes" vgl. Döscher, Auswärtiges Amt (wie Anm. 26/43), S. 157ff.

64 Der Vorteil des Fortbestands der Monarchie in Italien wurde von Hassell häufig betont. Es bestand die Hoffnung, daß ein Regimewechsel nicht mit Bürgerkrieg oder sozialem Chaos verbunden sein mußte. Das Königtum bewahrte gleichsam eine Legitimitätsreserve. So hatte König Viktor Emanuel III. bei Italiens Kriegseintritt Mussolini nicht den vollständigen militärischen Oberbefehl übertragen, sondern nur den „comando delle truppe su tutti i fronti". Der Unterschied zeigte sich bei Mussolinis Sturz Ende Juli 1943. Vgl. Massimo de Leonardis: La monarchia e l'intervento dell'Italia in guerra, in: Ennio Di Nolfo et al. (Hrsg.): L'Italia e la politica di potenza nell' Europa (1938–1940). Milano 1985, S. 39–67, bes. S. 58f.

65 Über zwei Unterredungen Hitlers und Ribbentrops mit Horthy vgl. ADAP,

Anmerkungen zu den Seiten 365 bis 369

Serie E, Bd. V, S. 621–640 (16. 4. 43) und S. 640–644 (17. 4. 43). Siehe auch Hillgruber, Staatsmänner (wie Anm. 47/42).

66 Hassells Aufzeichnungen sind ein lehrreiches Beispiel dafür, wie auch der sehr gut informierte Zeitgenosse von dem Vorgehen gegen die Juden bis zur „Endlösung" nur schrittweise erfuhr: willkürliche Einzelerschießungen, Massenerschießungen in besetzten Gebieten; im Reich die Einführung des Judensterns, Deportation in ein Ghetto, Deportation mit unbekanntem Ziel, bis zu sicheren Nachrichten über Massenvergasung. Vgl. die Eintragungen ab November 1941. Die Berichte der Augenzeugen Berthold und Frauendorfer erhielten also besonderes Gewicht.

67 Der Aufstand des Warschauer Ghettos begann am 19. 4. und kam am 16. 5. zum Erliegen. Zur Literatur vgl. Anm. 121/42.

68 Die Auffindung der Massengräber von Katyn hatte die polnische Exilregierung in London veranlaßt, beim Internationalen Roten Kreuz in Genf eine unparteiische Untersuchung zu beantragen. Die Sowjetregierung hatte daraufhin am 25. 4. die diplomatischen Beziehungen zur polnischen Exilregierung abgebrochen. Das Festhalten der Exilpolen an der alten polnischen Ostgrenze brachte eine weitere Verschärfung der Gegensätze innerhalb des alliierten Lagers. Vgl. Woodward, British Foreign Policy (wie Anm. 91/41), Vol. II, S. 625ff.; Eva Seeber: Die Mächte der Antihitlerkoalition und die Auseinandersetzung um Polen und die ČSR 1941–1945. Berlin 1984, S. 121–132. – Hinsichtlich der Forderung nach bedingungsloser Kapitulation vgl. Anm. 1/43, zu Katyn vgl. Anm. 54/43.

69 Die Abberufung Rommels war am 22. 2. 1943 auf Drängen des italienischen Comando Supremo erfolgt. Schmundt notierte in seinem Tätigkeitsbericht (s. Anm. 107/42), S. 49: „Der Führer entschloß sich aus politischen Gründen, dem Antrage stattzugeben."

70 Über den durch Flugzeugabsturz tödlich verunglückten General der Flieger Hoffmann v. Waldau sagt Horst Boog (Die deutsche Luftwaffenführung 1935–1945. Stuttgart 1981, S. 117): „Ein überdurchschnittlich begabter, weitblickender und klarer Kopf."

71 Während Karl Heinz Abshagen (Canaris [wie Anm. 108/39], S. 361) und André Brissaud (Canaris. London 1973, S. 30) dem Chef der Abteilung Ausland/Abwehr höchste Aktivität in dieser Lage zuschreiben, bezweifelt dies Heinz Höhne (Canaris – wie Anm. 82/39 –, S. 500f.) ausdrücklich.

72 Jakob Kaiser, Buchbinder, Gewerkschaftsführer, war 1933 zum Reichstagsabgeordneten der Zentrumspartei gewählt worden; die Beschreibung des Gesprächspartners im Tagebuch dürfte am ehesten auf ihn zutreffen. Nebgen, Jakob Kaiser (wie Anm. 84/41), S. 153, erwähnt ein Treffen im Jahre 1942 mit Beteiligung Hassells und Kaisers im Hause Bonhoeffer. Da Wilhelm Leuschner dem gleichen Kreise angehörte, wird verständlich, daß er in der Erstausgabe der Tagebücher – allerdings unter Weglassung der für ihn unrichtigen Bezeichnung „Arbeiter-Zentrumsabgeordneten" – als Teilnehmer eingefügt wurde.

73 1943 erschien Hassells Buch: Europäische Lebensfragen im Lichte der Gegenwart, mit den Aufsätzen: „Untergang des Abendlandes", „Großeuropa", „Dominium maris baltici", „Vom ‚Fuß der Berge' zum Mittelmeer", „Die Knochen des pommerschen Musketiers?".

74 Die verlustreichen und erfolglosen Kämpfe im Raum von Stalingrad führten zu einer schweren Belastung der Beziehungen zwischen der deutschen Wehrmacht und den italienischen und rumänischen Bundesgenossen.

1943

75 Der Philosoph Benedetto Croce und der Diplomat Graf Sforza sind einige Zeit nach dem Umsturz tatsächlich Minister geworden, während der Philosoph Giovanni Gentile sich der Sozialen Republik Mussolinis anschloß. Gentile wurde am 15. 4. 1944 in Florenz von kommunistischen Widerstandskämpfern ermordet.

76 Hermann Kaiser kommt in seinem Tagebuch am 28. 5. 1943 und in den folgenden Wochen zum gleichen Urteil wie Hassell über den geplanten Einsatz von Raketen und anderen „neuen Waffen". In einer quellenkritisch höchst bedenklichen Paraphrase wiedergegeben von Fabian v. Schlabrendorff, Begegnungen (wie Anm. 102/39), S. 311, 314ff., 318.

77 In der Nacht zum 17. 5. hatten britische Bomber die Staudämme der Eder- und Möhne-Talsperre getroffen; im Möhne-Ruhrtal hatte es über 1.200 Tote gegeben. Allerdings konnte die Möhne-Talsperre bis zum 23. 9. 1943 wieder geschlossen werden. Zwischen dem 21. und 30. 5. folgten Luftangriffe u. a. auf Wilhelmshaven, Emden, Dortmund, Düsseldorf, Jena (Zeiß-Werke), Wuppertal.

78 Best, nach seiner Tätigkeit als Militärverwaltungschef in Frankreich Ministerialdirektor im AA, war am 27. 10. 42 zum Reichsbevollmächtigten in Dänemark ernannt worden. Er steuerte undoktrinär einen Versöhnungskurs, der auf eine pragmatische Zusammenarbeit mit der dänischen Regierung setzte und es vermied, sich auf die dänischen Nationalsozialisten zu stützen. Im März 1943 hatte er sogar Reichstagswahlen zugelassen. Vgl. Erich Thomsen: Deutsche Besatzungspolitik in Dänemark 1940–1945. Düsseldorf 1971, S. 119–150; Ruth Bettina Birn: Die Höheren SS- und Polizeiführer. Himmlers Vertreter im Reich und in den besetzten Gebieten. Düsseldorf 1986, S. 288ff.

79 Zu denjenigen, die schon sehr früh den „Ernst der Lage" erkannten und „Alternativlösungen" bedachten, gehörte vor allem der Geheimdienstmann Walter Schellenberg, der darüber sogar mit Himmler gesprochen hatte. Vgl. W. Schellenberg, Aufzeichnungen (wie Anm. 122/39), S. 272–283. Weiteres Material zu diesem Komplex findet sich in dem Kapitel „SS und deutscher Widerstand" bei Heinz Höhne: Der Orden unter dem Totenkopf (wie Anm. 38/40).

80 Vgl. Scholder (Hrsg.), Mittwochs-Gesellschaft (wie Anm. 112/40), S. 327–330 (2. 6.). Popitz mahnte zu einer gründlichen sozialen Reform, weil sonst „die Gefahr, ja die Wahrscheinlichkeit" bestehe, daß „jede politische Ordnung alsbald nur mit diktatorischen, ja mit terroristischen Mitteln aufrecht erhalten werden kann, sei es, daß es sich um eine Diktatur des Proletariats handelt oder um die Diktatur einer militärisch oder sonst gewaltmäßig gestützten bestimmten Gruppe". Praktische Vorschläge enthielt der Vortrag nicht. Vgl. Schulz, Über Johannes Popitz (wie Anm. 45/38), S. 509f., Zitat S. 510.

81 Wie sich aus der folgenden Wiedergabe des Berichts (s. Anm. 84/43; Erwähnung des „Onkels") ergibt, stammt er von Hassells Schwiegersohn Detalmo Pirzio Biroli.

82 Die Kommunistische Partei Italiens (PCI), die in den 1930er Jahren auf etwa 2.500 illegale Mitglieder geschrumpft war, hatte sich seit Ende 1942 in den Industriegebieten um Turin und Mailand wieder erholen können, wobei zahlreiche Streiks, namentlich im März 1943, dies gefördert hatten. Ihre große Stunde schlug jedoch erst nach dem Sturz Mussolinis, als sie in den von

Anmerkungen zu den Seiten 369 bis 374

der deutschen Wehrmacht kontrollierten Gebieten zu Hauptträgern des bewaffneten Widerstands wurden. Vgl. Umberto Massola: Marzo 1943 – ore 10. Roma 1950; Delzell, Mussolini's enemies (wie Anm. 111/41), S. 207–210 und S. 290f.

83 In der Aktionspartei (Partito d'Azione), die sich seit Juli 1942 gebildet hatte, schlossen sich vor allem Angehörige der kritischen Intelligenz zusammen, die eine Verbindung von Sozialismus und politischem Liberalismus erstrebten. Hauptprogrammpunkte waren: Einführung der Republik, regionale Autonomie verbunden mit finanziellem Ausgleich, durchgreifende Landreform, Trennung von Staat und Kirche sowie Bildung einer europäischen Föderation. Obwohl die Partei einen erheblichen Anteil an der ideologischen Vorbereitung des Umsturzes hatte, kam sie nach Ablösung Mussolinis nicht zum Zuge. Statt einer Koalitionsregierung der antifaschistischen Parteien bildete Badoglio eine Regierung parteiloser und königstreuer „Fachleute". Vgl. Delzell, Mussolini's enemies (wie Anm. 111/41), S. 211–215; Elena Aga Rossi: Il movimento republicano. Giustizia e Libertà e il Partito d'Azione. Bologna 1969, S. 168ff.

84 Bei dem „Onkel" handelte es sich um General Alessandro Pirzio Biroli, der seit Oktober 1941 Militärgouverneur von Montenegro war. Er war in Gegensatz zur deutschen militärischen Führung geraten, weil er mit einer Partisanengruppe, den „bürgerlichen" Chetniks des Generals Mihailović, einen Waffenstillstand vereinbart hatte (vgl. Rintelen, Mussolini [wie Anm. 129/39], S. 202). Im Dezember 1943 gelang es General Pirzio Biroli, nach Süditalien überzusetzen, wo er sich der Badoglio-Regierung anschloß.

85 Bei den Ministern Ciano, Grandi und Bottai hat es im Winter 1942/43 in der Tat Überlegungen gegeben, wie man sich gegen die totale Katastrophe rückversichern könnte. Ciano dachte an ein Zusammengehen mit Ungarn und Rumänien, um gemeinsam auf einen Separatfrieden hinzuwirken, und Grandi setzte sich dafür ein, seinen früheren Mitarbeiter Casardi als Kontaktmann nach Madrid zu entsenden. Zu wirklichen Kontakten mit den Alliierten scheint es aber vor der Kabinettsumbildung am 6. 2. nicht gekommen zu sein, wenn man von einem Gespräch absieht, das der italienische Gesandte in Bukarest, Bova Scoppa, auf eigene Faust mit dem britischen Generalkonsul in Zürich geführt hat. Vgl. Deakin, Brutale Freundschaft (wie Anm. 12/43), S. 172–175.

86 Nachdem die Werbung ausländischer Arbeitskräfte auf freiwilliger Basis immer weniger Erfolg hatte, war der „Generalbevollmächtigte für den Arbeitseinsatz" Sauckel auch in den besetzten Westgebieten zu Zwangsrekrutierungen übergegangen, was in der dortigen Bevölkerung große Verbitterung ausgelöst hatte. Ende Juni 1943 befanden sich insgesamt 226.000 belgische Arbeitskräfte in Deutschland. Vgl. Mathias Georg Haupt: Der „Arbeitseinsatz" der belgischen Bevölkerung während des Zweiten Weltkrieges. Phil. Diss. Bonn 1970, S. 84 und S. 107ff.

87 Militärverwaltungschef Eggert Reeder hat im Hinblick auf diese Tagebuch-Eintragung später bestritten, daß er Falkenhausen Weichheit gegenüber der belgischen Zivilbevölkerung vorgeworfen habe. Er habe es allerdings für „gefährlich" gehalten, daß sich Falkenhausen allzusehr auf die Aristokratie sowie auf gewisse Hof- und Militärkreise gestützt habe. Als Hitler im Juli 1944 Falkenhausen ablöste und den Gauleiter Grohé zum Reichskommissar ernannte, bezeichnete er es als die beste Lösung, daß aus Belgien ein vlämi-

scher und ein wallonischer Reichsgau gebildet werde. Es sei Aufgabe des Reichskommissars, dieses Ziel „eiskalt" zu verfolgen. In Anspielung auf die Beziehung Falkenhausen-Ruspoli fügte Hitler hinzu: „Besonders hüten müsse man sich vor der Gefahr, daß die deutsche Besatzungsmacht von der Bevölkerung des besetzten Gebietes geistig und seelisch unterjocht werde. Höchst unerfreuliche Erfahrungen, wie wir mit einigen unserer Vertreter in Belgien in dieser Beziehung gemacht hätten . . ., müßten als warnendes Beispiel dienen. Durch gute Beziehungen zur belgischen Nobilität vermöchten wir gar nichts zu erreichen. Diese stünde Deutschland unversöhnlich gegenüber. Statt dessen müßten wir uns auf das Vlamentum stützen, das im wesentlichen der unteren Bevölkerungsschicht Belgiens angehöre." Vgl. A. De Jonghe: De Vestiging van een burgerlijk Bestuur in Belgie en Noord-Frankrijk (Document), in: Bijdragen tot de geschiedenis van de Tweede Wereldoorlog, Bd. I, Brüssel 1970, S. 69–132, besonders S. 177f. und 130f.; zu Prinzessin Ruspoli, geb. van Assche, Witwe des italienischen Fallschirmjägeroffiziers Principe Ruspoli, vgl. auch der Prozeß Falkenhausen. Protokoll S. 250ff. (Aussage Kamekes vom 23. 10. 1950), in: Institut für Zeitgeschichte, München. Siehe auch unten Anm. 180 u. Anm. 25/44.

88 Zu seiner Biographie und seiner Beurteilung vgl. den aus persönlicher Nähe geschriebenen Bericht Erich Wenigers: Karl Heinrich v. Stülpnagel (Zur Vorgeschichte des 20. Juli 1944), in: Die Sammlung. Zeitschrift für Kultur und Erziehung. 4. Jg. (1949), S. 475–492; ferner Volker Schmittchen: Karl Heinrich v. Stülpnagel, in: Rudolf Lill/Heinrich Oberreuter (Hrsg.): 20. Juli (wie Anm. 99/39), S. 287ff., und jetzt Walter Bargatzky: Hotel Majestic. Ein Deutscher im besetzten Frankreich. Freiburg 1987, S. 54f. und öfter.

89 Das Schreiben König Leopolds III. (vom 3. 11. 1942) ist abgedruckt in ADAP, Serie E, Bd. IV, Dok. Nr. 280, S. 494–496. In dem Begleitschreiben, das der Abschrift für den Staatssekretär v. Weizsäcker beigefügt war, heißt es: „Wie ich ganz vertraulich bemerken darf, hat das Schreiben des Königs, bevor es dem Führer vorgelegt worden ist, in zweifacher Hinsicht eine Veränderung erfahren, von der der König keine Kenntnis hat. Die Anrede des Königs: ‚Herr Reichskanzler!' ist durch die Anrede: ‚Führer!' ersetzt worden. Ferner ist bei der Abschrift auf der vom Führer bevorzugten Maschine mit großen Lettern der vorletzte, von mir eingeklammerte Absatz weggelassen worden." In ihm wurde an die Deportationen der Jahre 1916 und 1917 erinnert, die „bei Flamen wie Wallonen unaustilgbare Haßgefühle gegen Deutschland" geweckt hätten. Daß der gesamte Text des Briefes durch Falkenhausens Untergebenen Kiewitz entworfen worden war, wird durch die Aktenveröffentlichung nicht bestätigt, aber auch nicht völlig ausgeschlossen.

90 Der sprunghafte Rückgang des U-Boot-Krieges war im Mai 1943 eingetreten, als 41 Boote mit 2.000 Mann Besatzung verlorengingen, 60% durch alliierte Flugzeuge. Dönitz hatte daraufhin am 24. 5. den Einsatz der U-Boote im Nordatlantik gestoppt und ihr Operationsgebiet in Bereiche verlegt, wo die Überwachung noch nicht so lückenlos war. Vgl. Günter Böddeker: Die Boote im Netz. Der dramatische Bericht über Karl Dönitz und das Schicksal der deutschen U-Boot-Waffe. Bergisch-Gladbach 1981, S. 269–287, bes. S. 286.

91 Arnold Oskar Meyer schloß das Manuskript zu seiner Bismarck-Biographie am 1. 9. 1943 (Datum des Vorworts) ab, das Werk konnte jedoch während

Anmerkungen zu den Seiten 374 bis 376

des Krieges nicht mehr erscheinen. Die Biographie wurde erst 1949 publiziert, versehen mit einem Vorwort von Hans Rothfels, der ähnliche Vorbehalte wie Hassell vorbrachte: Das Buch sei „unberührt von den Erschütterungen und vertieften Fragestellungen einer deutschen und einer europäischen Krise ersten Ranges. Ganze Problembereiche, die Bismarcks Werk allerdings problematisch machen und auch die biographische Wertung berühren, sind nicht gesehen oder beiseite geschoben." Vgl. Arnold Oskar Meyer: Bismarck. Der Mensch und der Staatsmann. Stuttgart 1949, S. 5.

92   Zum Zastrowschen Kreis vgl. o. Anm. 111/42.
93   Slavco Sagoroff, der in Bern, Innsbruck und Leipzig Rechts- und Staatswissenschaften studiert hatte, war seit Oktober 1942 bulgarischer Gesandter in Berlin.
94   Kronprinz Georg von Sachsen, der nach der Revolution von 1918 dem Jesuitenorden beigetreten war, wirkte während des Zweiten Weltkrieges als Seelsorger in Berlin und gehörte dem Kreis um die verwitwete Frau Kracker von Schwartzenfeldt („Frau v. S.") an, wo er oft die Aussprache leitete. Pater Georg war im Glienicker See ertrunken, ein Gerücht behauptete, er sei ermordet worden. Vgl. Winnig, Zwanzig Jahre (wie Anm. 103/39), S. 156–159; eine Würdigung seiner Person und seines Lebens findet sich in: Reinhold Schneider: Verhüllter Tag, in ders.: Die Zeit in uns. Zwei autobiographische Werke (Gesammelte Werke, Bd. 10). Frankfurt a. M. 1978, S. 138–140.
95   Wie sich aus den Akten des Sicherheitsdienstes ergibt, wurde Hassell schon seit November 1941 wegen seines Kontaktes mit dem Amerikaner Stallforth überwacht (vgl. Anm. 116/41). Während seiner Balkanreise für den MWT im Frühjahr 1942 wurde er ständig beobachtet. Vgl. Anm. 53/42.
96   Vgl. o. Anm. 57.
97   Diese Feststellungen beziehen sich auf den am 5. 7. als „Operation Zitadelle" begonnenen Angriff bei Kursk, den Hitler als entscheidend ansah und für den er alle Ressourcen, insbesondere die ganze Panzerproduktion, ausschöpfte. Die Operation mußte am 17. 7. abgebrochen werden; damit ging die Initiative im Osten endgültig auf die Rote Armee über. Vgl. Ernst Klink: Das Gesetz des Handelns. „Operation Zitadelle" (Beiträge zur Militär- und Kriegsgeschichte, Bd. 7). Stuttgart 1967.
98   Der Kommandant des Kriegshafens von Augusta auf Sizilien hatte die Küstenbatterien sprengen lassen, als sich eine alliierte Abteilung von der Landseite der Festung näherte. Beim später erfolgten Angriff von der Seeseite war dann keine wirksame Verteidigung mehr möglich. Vgl. Heiber (Hrsg.), Hitlers Lagebesprechungen (wie Anm. 9/43), S. 281, 25. Juli, Mittagslage; ferner Rintelen, Mussolini (wie Anm. 129/39), S. 208.
99   Zur Haltung der deutschen Politik vgl. Bernd Martin: Verhandlungen über separate Friedensschlüsse 1942–1954, in Militärgeschichtliche Mitteilungen, Bd. 21 (2/76), S. 95–113, hier insbesondere S. 101–103, mit Hinweisen auf die Bemühungen Japans und Italiens. Zur Einstellung Stalins vgl. Vojtech Mastny: Stalin and the Prospects of a Separate Peace in World War II, in: American Historical Review, vol. 77, no. 4 (Oct. 1972), S. 1365–1388, insbesondere S. 1370 und 1379f.; zu der für Stalin nach dem Erfolg bei Kursk verbesserten Lage seit 16. 7. ebd., S. 1381ff.
100 Schacht hatte in einem Brief an Göring darauf hingewiesen, daß die Mobilisierung von Schülern kriegspsychologisch einen negativen Eindruck machen würde: „Die Einziehung der Fünfzehnjährigen wird sicherlich die Bedenken

bestärken, wie eigentlich dieser Krieg beendet werden soll." In Görings Erwiderung hieß es: „Meine Antwort auf Ihren defaitistischen, die Widerstandskraft des deutschen Volkes untergrabenden Brief gebe ich damit, daß ich Sie hiermit aus dem Preußischen Staatsrat ausweise." Vgl. Schacht, 76 Jahre (wie Anm. 5/39), S. 527–529, Zitate S. 529.

101 Der württembergische Landesbischof hatte am 16. 7. 1943 in einem Protestbrief an Hitler erklärt, die beabsichtigten Maßnahmen gegen die „Mischehen" mit Juden „ebenso wie die gegen die anderen Nichtarier ergriffenen Vernichtungsmaßnahmen" stünden „im schärfsten Widerspruch zu dem Gebot Gottes" und verletzten „das Fundament alles abendländischen Denkens und Lebens: das gottgegebene Urrecht menschlichen Daseins und Lebens und menschlicher Würde überhaupt". Vgl. den Text bei Gerhard Schäfer (Hrsg.): Landesbischof D. Wurm und der nationalsozialistische Staat 1940–1945. Eine Dokumentation. Stuttgart 1968, S. 165; auch Theophil Wurm: Erinnerungen aus meinem Leben. Stuttgart ²1953, S. 170.

102 Seit dem 19. 6. verzeichnet das Tagebuch Ursula v. Kardorffs Kontakte mit dem Sohn Wolf Ulrich, am 9. 7. auch eine Begegnung mit Ulrich v. Hassell selbst. Es heißt dort: „Hassell hängt sich kein Tarnmäntelchen der Vorsicht um wie so viele seiner ehemaligen Kollegen, er redet sehr offen, äußerst kritisch, aber nicht verbittert. Er meinte, daß Italien nicht mehr lange bei der Stange bleiben würde. Wird Mussolini gestürzt, gibt es dort immer noch den König." Vgl. Ursula v. Kardorff: Berliner Aufzeichnungen aus den Jahren 1942–1945. Berlin/Darmstadt/Wien 1965, S. 55 (Zitat), Ferner S. 52f., 54, 64, 70f., 77, 149f., 169, 174, 183f., 185f., 217.

103 Hassell hatte in seinem Beitrag die „Mannigfaltigkeit der auf gemeinsamer ethisch-christlicher Grundlage erwachsenen Kulturen" hervorgehoben und daraus die Notwendigkeit kultureller Autonomie abgeleitet: „Ein ‚Lebensraum' muß allen seinen Teilhabern wirtschaftliches Gedeihen verbürgen, aber er soll ihnen auch die freie Entfaltung ihrer geistigen, völkischen Eigenart gewähren." Vgl. Ulrich v. Hassell: Lebensraum oder Imperialismus? in: Europa. Handbuch der politischen, wirtschaftlichen und kulturellen Entwicklung des neuen Europa. Hrsg. vom Deutschen Institut für außenpolitische Forschung. Leipzig 1943, S. 27–33, Zitat S. 33.

104 Zu dem Zeitpunkt, als Hassell dies niederschrieb, war das Schicksal der Frankfurter Zeitung, deren latente Opposition weniger in offener Kritik als in einer differenzierenden und reflektierenden Betrachtungsweise bestand, noch nicht entschieden. Den unmittelbaren Stein des Anstoßes hatte ein freimütiger Artikel über den völkischen Publizisten Dietrich Eckart vom 23. 3. 1943 gegeben, über den sich Ende April die Witwe des Staatsarchitekten Troost bei Hitler beklagt hatte. Goebbels hatte daraufhin das Ende der Zeitung abzuwenden versucht, indem er die sofortige Entlassung der letzten fünf halbjüdischen bzw. „jüdisch versippten" Redakteure anordnete und Hitler zur Rücknahme seines Befehls zu bewegen versuchte. Der dadurch gewonnene Zeitaufschub währte indes nur so lange, bis der Sturz Mussolinis (25. 7.) und das Scheitern der deutschen Offensive bei Bjelgorod jede Rücksichtnahme erstickte. Anfang August gab Hitler den Befehl zum endgültigen „Aus", was der Redaktion am 10. 8. und den Lesern acht Tage später bekanntgegeben wurde. Offiziell wurde verlautbart: aus Ersparnisgründen. Bei der Redaktion trafen daraufhin etwa 1.500 Leserbriefe ein, die in der

Anmerkungen zu den Seiten 376 bis 383

ganz überwiegenden Mehrzahl das auf den 31. 8. festgesetzte Ende bedauerten. Darunter sollen sich auch zahlreiche Briefe aus konservativen und „ostelbischen" Kreisen befunden haben, die vor 1933 der Frankfurter Zeitung nicht eben gut gesonnen waren. Vgl. Günther Gillessen: Auf verlorenem Posten. Die Frankfurter Zeitung im Dritten Reich. Berlin 1986, S. 468–502.

105 Henderson hat hier gegenüber Hassell nur wiederholt, was er unmittelbar nach dem deutschen Einmarsch in Prag geäußert hatte. In seinem Telegramm vom 16. 3. 1939 an Außenminister Halifax heißt es, daß der Nazismus nun endgültig den Rubikon überschritten habe. Denn die Annexion Prags habe insofern eine neue Qualität, als hierdurch fremdes Volkstum versklavt werde. Vgl. Documents on British Foreign Policy. Third Series. Vol. IV, Nr. 288, S. 278f. Über das Gespräch mit Hassell am 15. 8. 1939: ebd. Vol. VII, Nr. 46, S. 47f.

106 In dem Treffen von Feltre bei Belluno (19. 7.) war es der italienischen Seite vor allem darum gegangen, eine Verstärkung der in Italien stationierten deutschen Luft- und Landtruppen zu erreichen. Hitler hatte es vermieden, feste Zusagen zu machen, so daß die italienische Wehrmachtführung ihren Glauben an eine erfolgreiche Verteidigung Siziliens aufgab. Der Dolmetscher Schmidt nannte dieses Treffen „eine der deprimierendsten Begegnungen", an denen er „je teilgenommen habe". Die Ausgangssituation für Mussolini war denkbar schlecht. Einige Tage zuvor hatte der König mit Badoglio bereits über seine Ablösung gesprochen, der Generalstabschef Ambrosio plante schon seine Verhaftung und redete im übrigen zusammen mit anderen Militärs auf ihn ein, mit Hitler über Italiens Ausscheiden aus dem Krieg zu verhandeln. Mussolini wagte es allerdings nicht, dieses Thema anzuschneiden. In die Konferenz platzte dann auch noch die Nachricht vom ersten alliierten Luftangriff auf Rom. Vgl. Schmidt, Statist (wie Anm. 24/38), S. 567; ADAP, Serie E, Bd. VI, Dok. Nr. 159, S. 264–275; Robert Katz, Fall of the house Savoy (wie Anm. 12/43), S. 323–327.

107 Bei diesem ersten alliierten Großangriff auf Rom waren Anlagen der Stazione di Termini (Hauptbahnhof) und ostwärts davon gelegene Wohngebiete getroffen worden. Besonderes Aufsehen erregte es, daß die Doppelkirche San Lorenzo mit dem Grab Pius IX. und den Triumphbogen-Mosaiken mit Christus als Weltenrichter aus dem 6. Jahrhundert zerstört worden war. Mussolini erfuhr von diesem Ereignis gerade während seines Treffens mit Hitler.

108 Vgl. hierzu die Einführung, S. 24.

109 Zu diesem Zeitpunkt war es noch unklar, welche außenpolitischen Folgen Mussolinis Sturz haben würde. Als Grandi am 24./25. 7. die Ablösung Mussolinis betrieb, wollte er damit die Voraussetzung für einen sofortigen Frontwechsel Italiens schaffen und unmittelbar Verhandlungen mit den Alliierten aufnehmen. Der neue Ministerpräsident Badoglio hingegen erklärte zunächst, den Krieg an deutscher Seite fortsetzen zu wollen, und verfolgte die Absicht, zusammen mit Deutschland einen Ausweg aus der Krise zu suchen, sei es durch einen gemeinsamen Kompromißfrieden mit den Westalliierten, sei es durch Italiens Kriegsaustritt mit Zustimmung Hitlers. Erst Ende Juli fiel in der italienischen Regierung die Entscheidung, auf eigene Faust einen Waffenstillstand mit den Alliierten anzustreben, und zwar unter Vermeidung einer bedingungslosen Kapitulation. Vgl. Schröder, Italiens Kriegsaus-

tritt (wie Anm. 29/43), S. 202–210; Deakin, Die brutale Freundschaft (wie Anm. 12/43), S. 559ff.; Dino Grandi: 25 Luglio. Quadrant' anni dopo. A cura di Renzo De Felice. Bologna 1983.

110 Zu diesen Auswirkungen der Schlacht bei Kursk vgl. E. Klink, Operation Zitadelle (wie Anm. 97). Schon aus den Formulierungen der Wehrmachtberichte war erkennbar, daß die Rote Armee hier Erfolge erzielte und das Halten der deutschen Front gefährdet war.

111 Die „gute Quelle" ist höchstwahrscheinlich Gero v. (Schulze-)Gaevernitz, ein Mitarbeiter des amerikanischen Geheimdienstes.

112 Am 12./13. 7. war in Krasnogorsk bei Moskau von Kriegsgefangenen und kommunistischen Emigranten (darunter W. Pieck, W. Ulbricht, J. R. Becher, E. Weinert) das „Nationalkomitee Freies Deutschland" gegründet worden, das das deutsche Heer im Osten zum Widerstand gegen Hitler und damit zur Beendigung des Krieges aufrief. Am 22. 8. gründete Gen. d. Art. v. Seydlitz den „Bund Deutscher Offiziere", der mit dem NKFD zusammenarbeitete. Vgl. W. Adam: Der schwere Entschluß. Berlin [14]1973; Bodo Scheurig: Verrat hinter Stacheldraht? Das Nationalkomitee „Freies Deutschland" und der B. D. O. in der Sowjetunion 1943–1945. München 1965.

113 In der Tat hatten schon die ersten italienischen Friedensfühler, die Anfang August über diplomatische Kanäle in Lissabon und Tanger gelaufen waren, gezeigt, daß die alliierte Seite nicht bereit war, auf ihre Forderung nach bedingungsloser Kapitulation zu verzichten. Schröder (Italiens Kriegsaustritt [wie Anm. 29/43], S. 202ff.) schreibt über die italienische Verhandlungsposition: „Badoglio handelte zunächst in der Fiktion, mit den Alliierten Verhandlungen über einen Sonderfrieden einleiten zu können." Erst zu spät habe er erkannt, daß er „mit diesen Sondierungen nicht nur das Risiko der endgültigen Verfeindung mit Deutschland in der trügerischen Hoffnung auf alliierte Rückendeckung eingegangen" war; er hatte „gleichzeitig seine bisherige Handlungsfreiheit freiwillig verspielt, ohne die Alliierten auch nur zu unbedeutenden Opfern für italienische Zwecke bewegen zu können". Vgl. ferner Giuseppe Brusasca: Il ministero degli affari esteri al servizio del popolo italiano (1943–1949), Rom [2]1949, S. 41ff. – Nach dem Scheitern der diplomatischen Verhandlungen ging es in der zweiten Augusthälfte nur noch um den Abschluß eines Waffenstillstandes auf der Basis der bedingungslosen Kapitulation. Es ist verständlich, daß dieses Vorgehen der Alliierten den deutschen Widerstand nicht ermutigen konnte, auch wenn die alliierte Praxis gegenüber Italien dann milder war. Der Text der Kapitulationsurkunde ist abgedruckt in: A decade of American foreign policy. Basic documents, 1941–1949. Washington 1950, S. 455–457, Zitat S. 456.

114 Aus den Protokollen der „Lagebesprechungen" und den Goebbels-Tagebüchern weiß man, daß im Führerhauptquartier nach Bekanntwerden von Mussolinis Sturz große Verwirrung und Ratlosigkeit herrschte. Badoglios Versicherungen über weitere Zusammenarbeit und Fortsetzung des Krieges stießen zwar in Berlin auf eine tiefsitzende Skepsis, verhinderten aber letztlich ein schnelles militärisches Eingreifen. Nichtsdestoweniger plante man intensiv, Nord- und Mittelitalien schnell unter Kontrolle der deutschen Wehrmacht zu bringen. Vgl. Heiber (Hrsg.), Lagebesprechungen (wie Anm. 1942/43), S. 304–307, 312–338, 340–368; Goebbels, Tagebücher 1942/43 (wie Anm. 29/43), S. 370ff.; Schröder, Italiens Kriegsaustritt (wie Anm. 29/43), S. 215ff.

Anmerkungen zu den Seiten 384 bis 390
115 Zum Treffen von Tarvisio vgl. unten Eintragung vom 19. 9. 43 und Anm. 139.
116 Der liberale italienische Politiker und ehemalige Ministerpräsident (1919/20) Francesco Saverio Nitti war während der Herrschaft des Faschismus nach Paris emigriert, wo er auch das erwähnte Votum zugunsten Badoglios abgab. Nitti war deswegen von den Deutschen verhaftet worden.
117 Sizilien wurde seit dem 14. 8. geräumt; nach Abschluß der Operation am 17. 8. wurde bekanntgegeben, daß fast 40.000 deutsche und 62.000 italienische Soldaten, 47 Panzer, 135 Geschütze und große Mengen an Munition, Treibstoff und anderem Material überführt worden waren. Vgl. Schröder, Italiens Kriegsaustritt (wie Anm. 29/43), S. 258–269.
118 Der Altphilologe Werner Jaeger, der 1936 in die USA emigriert war und damals in Harvard lehrte, war in seinen Forschungen bestrebt, das gemeinsame antike Erbe der westlichen Kultur herauszuarbeiten. Der erste Band seines Hauptwerkes „Paideia. Die Formung des griechischen Menschen", war 1934 erschienen, der zweite Band, den Hassell vermutlich gelesen hat, war 1943 gefolgt.
119 Vgl. Carl Friedrich v. Weizsäcker: Zum Weltbild der Physik. Leipzig 1943 (1. Aufl.).
120 Die folgenden Aufzeichnungen bis S. 394, die in der Erstausgabe nicht enthalten waren, entstammen einem Heft, das erst bei der für die vorliegende Ausgabe erfolgten Prüfung der Original-Tagebücher aufgefunden wurde.
121 Im August 1943 war es in Dänemark an verschiedenen Orten zu Streiks und Sabotageakten gekommen; der deutsche Militärbefehlshaber rief daraufhin den militärischen Ausnahmezustand aus; das dänische Heer wurde entwaffnet und die Flotte beschlagnahmt, soweit sie sich nicht selbst versenkte. Die dänische Regierung sah sich zur Demission gezwungen. Vgl. Thomsen, Besatzungspolitik (wie Anm. 96/42), S. 151–177.
122 Der Völkerrechtler und Diplomat Paul Barandon war damals Stellvertreter des Reichsbevollmächtigten Dr. Werner Best, der um einen modus vivendi mit den dänischen Regierungsstellen bemüht war. Vgl. Anm. 78/43.
123 Seit Frühjahr 1943 machten sich in Finnland Friedenswünsche geltend, die im Juli durch einen sowjetischen Friedensfühler in Stockholm weiteren Auftrieb erhielten. Am 20. 8. 1943 forderten 33 finnische Persönlichkeiten in einer Adresse an den Staatspräsidenten, aus dem Krieg der Großmächte auszuscheiden und auf dem Verhandlungswege für Finnland Freiheit, Selbständigkeit und Frieden zu sichern. Vgl. G. A. Gripenberg: Finland and the Great Powers. Memoirs of a diplomat. Aus dem Finnischen. Lincoln (Nebraska) 1965, S. 271–278; Blücher, Gesandter (wie Anm. 21/40), S. 138–141.
124 König Boris III. von Bulgarien war am 28. 8. 1943, wenige Tage nach seinem Besuch im Führerhauptquartier, plötzlich verstorben. Über die Todesursache wird bis heute gerätselt. Das Gerücht, er sei auf Veranlassung Hitlers ermordet worden, scheint nicht zuzutreffen, im Gegenteil, die NS-Regierung betrachtete den Tod des Königs als schweren Rückschlag für ihre Politik auf dem Balkan. Vgl. Helmut Heiber: Der Tod des Zaren Boris. In: VZG, 9. Jg. (1961), S. 384–416; Marshall Lee Miller: Bulgaria during the Second World War. Stanford, Cal. 1975, S. 135–148.
125 In der Schlacht von Guadalajará nordöstlich von Madrid wurde während des spanischen Bürgerkriegs in der Zeit vom 8. bis 23. 3. 1937 ein fast nur

von italienischen Freikorps-Einheiten vorgetragener Angriff zurückgeschlagen, was für Mussolini eine schwere moralische Niederlage bedeutete.

126 Vgl. Die Berliner Tagebücher der „Missie" Wassittschikow 1940–1945. Berlin 1987.

127 Mit Himmlers Ernennung zum Reichsinnenminister am 24. 8. kam auch die allgemeine und innere Verwaltung unter seine Kontrolle; zuvor hatten ihm schon Polizei, SS einschließlich Waffen-SS und die Konzentrationslager unterstanden.

128 Das Gespräch zwischen Himmler und Popitz hatte am 26. 8. stattgefunden. Nachdem im September 1943 der die Verbindung herstellende Rechtsanwalt Langbehn verhaftet worden war, ist es zu der verabredeten zweiten Unterredung nicht mehr gekommen. Zum ganzen Komplex vgl. Rothfels, Opposition (wie Anm. 13/43); Allen W. Dulles: Verschwörung in Deutschland. Zürich 1948, S. 185–210, bes. S. 202ff.; Ritter, Goerdeler (wie Anm. 64/39), S. 361f. und S. 539 Anm. 40; Höhne, Orden (wie Anm. 38/40), S. 486f. Vgl. ferner die Einführung, S. 36.

129 Der bereits Ende Juli geplante Handstreich zur Befreiung Mussolinis war mit Rücksicht auf die Regierung Badoglio erst am 12. 9., also vier Tage nach Abschluß des Waffenstillstands, durchgeführt worden.

130 Offensichtlich hatten die „defaitistischen Äußerungen" (z. B. „jetzt solle Frieden mit Rußland geschlossen werden, wobei man halb Polen, den Balkan und Teile Italiens behalten könne") doch eine Rolle gespielt. Himmler ließ es „in diesem Falle ausnahmsweise mit vier Wochen Arrest in einer Einzelhaftzelle, in der Wagemann arbeiten kann, bewenden". Vgl. Helmut Heiber (Hrsg.), Reichsführer (wie Anm. 33/43), S. 241. Der hier von Hassell erwähnte Prof. Franz Eulenburg (geb. 1867), ein renommierter Fachmann für Preisbildungs- und Währungsfragen, ist wenige Monate später, am 28. 12. 1943, an den Folgen der Mißhandlungen durch die Gestapo gestorben. Vgl. Die Einheit der Sozialwissenschaften. Franz Eulenburg zum Gedächtnis. Stuttgart 1955, S. 245–253.

131 SS-Obergruppenführer Karl Wolff war im September 1943 Bevollmächtigter General der deutschen Wehrmacht in Italien und dann auch Generalbevollmächtigter bei Mussolini geworden.

132 Die interalliierte Konferenz von Quebec, an der neben Roosevelt und Churchill auch die Generalstäbe teilnahmen, befaßte sich hauptsächlich mit den Auswirkungen des italienischen Kriegsaustritts für die alliierte Kriegführung; dabei mußte Großbritannien seine Pläne für eine Landung auf dem Balkan endgültig aufgeben, um jegliche Kollision mit sowjetischen Interessen zu vermeiden. Vgl. Feis, Churchill/Roosevelt/Stalin (wie Anm. 91/41), S. 147–153.

133 Zur alliierten Deutschlandpolitik vgl. Wolfgang Marienfeld: Konferenzen über Deutschland. Die alliierte Deutschlandplanung und -politik 1941–1949. Hannover 1962.

134 Ähnliche Pläne wurden in Berlin und im Führungskreis des Westheeres bei der Invasion erwogen. Vgl. Erich Weniger, Stülpnagel (wie Anm. 88/43), S. 489f.; Hoffmann, Widerstand (wie Anm. 122/39), S. 30–314. – Langbehn hatte übrigens mit dem „Mühlespiel" seine speziellen Erfahrungen, nachdem er im Sommer 1943 die Sowjets und in Bern die Amerikaner im Hinblick auf Friedensmöglichkeiten zu sondieren versucht hatte. Vgl. Schellenberg, Aufzeichnungen (wie Anm. 122/39), S. 346, sowie Fleischhauer, Sonderfrieden (wie Anm. 80/42), S. 183f.

Anmerkungen zu den Seiten 391 bis 397
135 Siehe oben Anm. 101/43.
136 Für die Beurteilung der Vorgänge, die mit dem italienischen Kriegsaustritt zusammenhängen, standen dem früheren Botschafter am Quirinal vielfältige Quellen zur Verfügung. Ein Informant dürfte General Enno v. Rintelen, von 1936 bis August 1943 Militärattaché in Rom, gewesen sein. Vgl. Rintelen, Mussolini (wie Anm. 129/39), S. 223–254.
137 Der bisherige italienische Botschafter in Berlin, Dino Alfieri, war nach der Sitzung des Faschistischen Großrats, in der er gegen Mussolini gestimmt hatte, nicht mehr auf seinen Posten zurückgekehrt. Als Geschäftsträger wirkte bis zum 6. 11. 1943 Rogeri dei Conti di Villanova, unterbrochen nur Anfang September durch die kurze Gastrolle des Generals Pariani. Seit 13. 11. war Filippo Anfuso Botschafter in Berlin. Vgl. Filippo Anfuso: Rom – Berlin im diplomatischen Spiel. Aus dem Italienischen. Essen/München/Hamburg 1951, S. 247–268 und 270.
138 Es ist noch heute umstritten, inwieweit die Regierung Badoglio von vornherein aus dem Bündnis mit Deutschland „aussteigen" wollte. Die Italiener haben wohl eine Zeitlang gehofft, zu einem allgemeinen Frieden zu kommen oder doch wenigstens von Deutschland ein Placet für eigene Friedensbemühungen zu erhalten. Spätestens aber nach dem Treffen von Tarvisio am 6. 8. war die italienische Regierung ebenso wie der Generalstabschef Ambrosio zu eigenem Handeln entschlossen. Als General Castellano sich am 11. 8. zu Waffenstillstandsverhandlungen nach Lissabon aufmachte, gab ihm Ambrosio für die Alliierten Ratschläge mit, wo sie am wirksamsten Landeoperationen ansetzen könnten. Zum ganzen Komplex vgl. Deakin: Brutale Freundschaft (wie Anm. 12/43), S. 572ff.
139 Zum Treffen von Tarvisio zwischen den Außenministern Ribbentrop und Guariglia in Anwesenheit von GFM Keitel und Generaloberst Ambrosio vgl. ADAP, Serie E, Bd. VI, Dok. Nr. 217, S. 372–384; Schmidt, Statist (wie Anm. 24/38), S. 568f.; Rintelen, Mussolini (wie Anm. 129/39), S. 236–238.
140 Vgl. die abweichende Darstellung bei Rahn, Ruheloses Leben (wie Anm. 115/42), S. 227f.; Deakin, Brutale Freundschaft (wie Anm. 12/43), S. 602–604. Über Rahns Empfang beim König s. u. Anm. 168.
141 Nach seiner Befreiung wurde Mussolini zunächst ins Führerhauptquartier bei Rastenburg gebracht, wo er sich einige Tage aufhielt. Danach wurde ihm ein Quartier im Münchner Prinz-Carl-Palais zugewiesen, von wo aus er am Abend des 19. 9. die erwähnte Rundfunkansprache an das italienische Volk hielt. Vgl. Domarus, Bd. II, 2, S. 2042.
142 Von einer förmlichen Annexion Südtirols wurde zwar abgesehen, jedoch wurde hier eine „Operationszone" Alpenvorland errichtet, in welcher der Innsbrucker Gauleiter Franz Hofer ziemlich unbeschränkt schalten und walten durfte. Vgl. Latour, Südtirol (wie Anm. 119/41), S. 114–124; Karl Stuhlpfarrer: Die Operationszonen „Alpenvorland" und „Adriatisches Küstenland". Wien 1969.
143 Das langsame Vorrücken der anglo-amerikanischen Truppen in Italien war unter anderem darauf zurückzuführen, daß auf der interalliierten Konferenz von Quebec vom 14. bis 24. 8. 1943 der Landung in Nordfrankreich („Overlord") der Vorrang gegeben wurde. Infolge dieses Beschlusses wurden im Winter zahlreiche Truppeneinheiten von Italien nach Großbritannien verlegt. Vgl. G. A. Shepperd: The Italian campaign, 1943–1945. A political and military re-assessment. London 1968, S. 85–91.

144 Edgar von Schmidt-Pauli: Nikolaus von Horthy. Admiral, Volksheld und Reichsverweser. Berlin 1937.
145 Langbehn war im Zusammenhang mit Kontakten zu amerikanischen Geheimdienstkreisen verhaftet worden, während die Bildhauerin Marie-Louise („Puppi") Sarré als Mitwisserin verdächtigt wurde. Langbehn ist ein Jahr später vom Volksgericht (zusammen mit Popitz) zum Tode verurteilt worden. Marie-Louise Sarré hat nach dem Krieg Allen W. Dulles von den Vorgängen, soweit sie ihr bekannt waren, berichtet. Vgl. Dulles, Verschwörung (wie Anm. 128/43), S. 203–229; auch Walter Wagner: Der Volksgerichtshof im nationalsozialistischen Staat. Stuttgart 1974, S. 763–765 und S. 926–929.
146 Goerdeler hat am 21. 9. 1944 (also nach seiner Verurteilung zum Tode und nach Kluges Selbstmord) vor der Gestapo ausgesagt, er habe damals Kluge gedrängt, daß die Oberbefehlshaber und der Generalstabschef bei Hitler vorstellig werden sollten. Kluge habe demgegenüber die Auffassung vertreten, daß nur durch einen gewaltsamen Umsturz etwas zu bewirken sei: „Er würde mit seinen Kameraden das weitere besprechen. Ich [Goerdeler] solle nur dafür sorgen, daß die Angelsachsen sich später richtig verhielten." Vgl. Jacobsen (Hrsg.), Spiegelbild (wie Anm. 14/38), Bd. I, S. 408f. und S. 410–412, Zitat S. 412.
147 Die von Mussolini neu gebildete Regierung nahm ihren Sitz in verschiedenen Orten am Gardasee (Gargnano, Salò u. a.). Vgl. Erich Kuby: Verrat auf deutsch. Wie das Dritte Reich Italien ruinierte. Hamburg 1982, S. 337ff.
148 Die Beschreibung des nunmehr bescheiden gewordenen Mussolini wird bestätigt durch Anfuso, Rom – Berlin (wie Anm. 137/43), S. 247–268.
149 Anfuso, der zuvor italienischer Gesandter in Budapest gewesen war, hatte sich am 18. 9. auf Wunsch Mussolinis in München eingefunden, um für den neufaschistischen Rumpfstaat einen diplomatischen Dienst einzurichten.
150 Die von Himmler und den Ideologen des „Ostministeriums" ohnehin beargwöhnten, aus Kosaken und anderen Minderheiten der Sowjetunion bestehenden Verbände waren ins Zwielicht geraten, als nach der deutschen Niederlage bei Kursk im Juli 1943 etwa 1.300 Freiwillige übergelaufen waren. Hitler befahl am 10. 10., die „zuverlässigen" Verbände auf den Balkan und nach Frankreich zu verlegen, die anderen aufzulösen. Vgl. Dallin, Herrschaft (wie Anm. 11/42), S. 569f., auch S. 309–312; Jürgen Thorwald: Die Illusion. Rotarmisten in Hitlers Heeren. München/Zürich 1976, S. 185ff.
151 Das Gros der italienischen Kriegsflotte war gemäß den Waffenstillstandsbedingungen den Alliierten übergeben worden, und nur einige kleinere Verbände waren im deutschen Einflußbereich verblieben. Vgl. Salewski, Seekriegsleitung (wie Anm. 26/42), Bd. II, S. 378.
152 Zu Hassells Verbindungen zu den militärischen Stäben in Paris vgl. Johann Dietrich v. Hassell: Verräter? Patrioten! Der 20. Juli 1944. Köln 1946, S. 27f.
153 Damrath, bis 1939 Pfarrer an der Garnisonkirche in Potsdam, war weiteren Kreisen dadurch bekannt geworden, daß er bei der Beerdigung des Prinzen Wilhelm von Preußen am 29. 5. 1940 die Predigt gehalten hatte (Jochen Klepper: Unter dem Schatten Deiner Flügel. Aus den Tagebüchern der Jahre 1932–1942. Berlin/Darmstadt/Wien 1965, S. 888). Über die von Damrath arrangierten „surrealen Andachtsstunden" schrieb Walter Bargatzky am 14. 11. 1943 in einem Brief: „So gern möchte ich Euch diesen Eindruck gönnen, wie im langen Kirchenschiff die schweigende Menge, links die Deut-

Anmerkungen zu den Seiten 397 bis 406

schen, rechts die Franzosen, dichtgedrängt und ergriffen den Fugen und Kantaten lauscht, den Solostimmen der Stabshelferinnen, dem herrlichen Orgelspiel. Kein Wort wird gesprochen, nur der Glockenschlag der Uhr ertönt während der Musik. Man sitzt in stummem Nebeneinander und sucht das Leid zu vergessen, das man sich antut". Bargatzky, Hotel Majestic (wie Anm. 6/42), S. 113. Zur Militärseelsorge und ihrer zunehmenden Reglementierung und Behinderung vgl. Schübel, Soldatenseelsorge (wie Anm. 134/41), S. 100ff., bes. S. 111; ferner Manfred Messerschmidt: Aspekte der Militärseelsorgepolitik in nationalsozialistischer Zeit, in: Militärgeschichtliche Mitteilungen, Bd. 3 (1968), S. 63–104, sowie ders.: Zur Militärseelsorgepolitik im Zweiten Weltkrieg, in: ebd., Bd. 5 (1969), S. 37–85.

153a Oberstlt. Caesar v. Hofacker, ein Vetter Stauffenbergs, nahm beim Militärbefehlshaber Frankreich, Gen. H. v. Stülpnagel, eine besondere Vertrauensstellung ein. Das erwähnte Treffen, zu dem die Offiziere in Zivil und ohne Militärfahrzeuge kamen, fand absichtlich auf dem Lande statt; im Gasthof war man ganz „unter sich". Hassell wurde dabei von Hofacker über die Lage in Frankreich informiert und über Vorstellungen, wie man von Paris aus einen Berliner Umsturz unterstützen könnte. Hofacker hat vermutlich Hassell auch mitgeteilt, daß Stauffenberg vor kurzem Chef d.St. im Allgemeinen Heeresamt (Gen. Olbricht) geworden sei, also nun eine für den Aufstand wichtige Schlüsselstellung innehabe. Mitteilung von J. D. v. Hassell. Vgl. auch S. 418 (erstes Treffen Hassells mit Stauffenberg im November 1943).

154 Immerhin gaben die Alliierten auf der Moskauer Konferenz (19. 10. bis 1. 11.) die Zusage für die Eröffnung einer „Zweiten Front" in Frankreich im Frühjahr 1944 und für weitere Lieferungen von Kriegsmaterial über die Nordmeerroute, die Sowjetunion verpflichtete sich für die Zeit nach dem Siege über Deutschland zum Eingreifen auf dem ostasiatischen Kriegsschauplatz. Vgl. Eden, Reckoning (wie Anm. 136/42), S. 410–418; Feis, Churchill/Roosevelt/Stalin (wie Anm. 91/41), S. 217–234.

155 Dazu Ritter, Goerdeler (wie Anm. 64/39), S. 375: „Wallenberg hatte im November [1943] gemeint, nur wenn er sehr bald erfolge, hätte der Umsturz überhaupt noch einen Zweck. Die günstige Deutung der Haltung Churchills, die Goerdeler seinen Worten entnahm, stieß bei seinen Mitverschworenen auf starke Zweifel; man kannte ja schon seine sanguinische Art."

156 Hitler hatte am 12. 9. angeordnet, daß bei allen italienischen Truppenteilen, „die ihre Waffen in die Hände von Aufständischen haben fallen lassen oder überhaupt mit Aufständischen gemeinsame Sache gemacht haben", nach der Gefangennahme die Offiziere standrechtlich zu erschießen, die Mannschaften als Arbeitskräfte zu verwenden seien. ADAP, Serie E, Bd. VI, Dok. Nr. 314, S. 537. Tatsächlich ist es an mehreren Orten zu Massenerschießungen gekommen, vor allem auf der griechischen Insel Kephalonia, wo neben dem Divisionsgeneral Antonio Gandin, seinem Stellvertreter und mehreren Regimentskommandeuren etwa 4.000 Soldaten die Opfer waren. Vgl. Walter Görlitz (Hrsg.): Generalfeldmarschall Keitel. Verbrecher oder Offizier? Erinnerungen, Briefe, Dokumente des Chefs OKW. Göttingen/Berlin/Frankfurt a.M. 1961, S. 143f., sowie Kuby, Verrat (wie Anm. 147/43), S. 295–312, bes. S. 296.

157 Langbehn war im September verhaftet worden, nachdem der Sicherheitsdienst einen alliierten Funkspruch über seine Kontakte in der Schweiz aufge-

fangen hatte. Himmler mußte, da er Langbehns Reise gebilligt hatte, unliebsame Recherchen befürchten. Um dem vorzubeugen, informierte Himmler offensichtlich Goebbels und auch Hitler über sein Gespräch mit Popitz so, als hätte es sich lediglich darum gehandelt, Popitz auszuhorchen. Vgl. auch Speers „Erinnerungen". Berlin 1969, S. 390; ferner Goebbels-Tagebücher (wie Anm. 98/41), S. 441 (23. 9. 1943) und S. 469f. (8. 11. 1943).

158 Vgl. dazu v. Thun-Hohenstein, Verschwörer (wie Anm. 54/40), S. 250. Da die Anklagevertretung an der Beweisbarkeit von Hoch- und Landesverrat zweifelte, ordnete Keitel schließlich die Einstellung des politischen Verfahrens an, so daß in der Anklageschrift gegen Oster und Dohnanyi Beschuldigungen wegen Hoch- und Landesverrats gänzlich fehlten. So blieb es bei geringeren strafrechtlichen Vorwürfen.

159 Die UK-Stellungen bezogen sich auf Dietrich Bonhoeffer und Paul Struzzl, einen Bekannten Dohnanyis.

160 Zu den Intentionen und Aktionen des Sicherheitsdienstes und speziell Schellenbergs vgl. Heinz Höhne: Der Orden unter dem Totenkopf. Die Geschichte der SS. (Gütersloh) 1967, S. 448–453.

161 Mit „Kernpunkt" war das Attentat auf Hitler gemeint. Nach der Ernennung Stauffenbergs zum Chef des Stabes des Allgemeinen Heeresamtes vermittelte Fritz-Dietlof Graf von der Schulenburg eine Zusammenkunft zwischen Stauffenberg und dem Hauptmann Axel Frhr. von dem Bussche, der zu einem Selbstopfer bereit war. Zugleich liefen Bemühungen um die Beschaffung des Sprengstoffs. Vgl. Hoffmann (wie Anm. 16/38), S. 381–387.

162 Da die Forderung nach bedingungsloser Kapitulation alle Friedensmöglichkeiten mit den Westalliierten zu blockieren schien, richteten sich im Sommer und Herbst Hoffnungen auf einen Sonderfrieden mit Stalin. Der Anschein einer Patt-Situation an der Ostfront gab diesen Gedanken Auftrieb. Die russische wie die deutsche Seite hofften durch Ausstreuungen über Sonderfriedensmöglichkeiten die Westmächte für ihre – vermutlich – eigentlichen Ziele zu gewinnen. Vgl. Ritter, Goerdeler (wie Anm. 64/39), S. 378–389; Alexander Fischer: Sowjetische Deutschlandpolitik im Zweiten Weltkrieg, 1941–1945. Stuttgart 1975, S. 33–45; Klaus Hildebrand: Die ostpolitischen Vorstellungen im deutschen Widerstand, in: Geschichte in Wissenschaft und Unterricht, 29. Jg. (1978), S. 213–241, hier S. 220ff. Mit ganz anderer Zielsetzung beschäftigte sich die offizielle deutsche Außenpolitik mit der Möglichkeit eines Sonderfriedens mit Rußland und streckte Fühler über Stockholm aus.

163 Hitlers Rede erschöpfte sich weitgehend in Appellen an den fanatischen Durchhaltewillen. Im übrigen erging er sich in Drohungen gegenüber Menschen, „die sich wirklich von einem Sieg der Alliierten irgendetwas erhoffen". Es gäbe „höchstens einzelne Verbrecher, die vielleicht glauben, damit ihr eigenes Schicksal besser gestalten zu können": „Wenn an der Front Zehntausende bester Menschen . . . fallen, dann werden wir wirklich nicht davor zurückschrecken, einige hundert Verbrecher zu Hause ohne weiteres dem Tode zu übergeben." Zitiert nach Domarus, Bd. II, 2, S. 2050–2057.

164 Frederick Voigt: Integration or Disintegration?, in: The Nineteenth Century and After, Vol. 134 (1943, Sept.), S. 97–106. Der Verfasser, Herausgeber der Monatszeitschrift „The Nineteenth Century and After", war in den 30er Jahren Berliner Korrespondent des „Manchester Guardian". Zeitlich fällt der Artikel in jene Phase, als die Sowjets nach der Schlacht von Kursk end-

Anmerkungen zu den Seiten 406 bis 412

gültig das Gesetz des Handelns errungen hatten. Es war also mit einem starken Übergewicht der Sowjetunion im ganzen ost- und südosteuropäischen Raum zu rechnen. Hiervon ausgehend, erinnert Voigt an die traditionelle britische Gleichgewichtspolitik. England sei immer bedroht, wenn eine Macht die Vorherrschaft auf dem Kontinent erlange. Deshalb habe England Hitler Einhalt gebieten müssen, aber auch nach einem Sieg über Hitler und eigentlich schon jetzt müßte man auf die Erhaltung des Gleichgewichts achten, wenn es nicht eines Tages ein böses Erwachen geben sollte. Deutlich wird in dem Aufsatz gesagt, daß die künftige Bedrohung des Gleichgewichts von der erstarkten Sowjetunion ausgehen werde.

Voigt wendet sich entschieden gegen die Spaltung Europas in einen Ost- und einen Westblock, was sogar noch das besiegte Deutschland in die Rolle des Schiedsrichters bringen könnte. Das Heilmittel dagegen sieht er in der Stärkung der Zwischenzone zwischen dem Finnischen Meerbusen und dem Ägäischen Meer. „If they [die Länder der Zwischenzone] do not find political, economic, and strategic cohesion in a confederacy, they will come under the domination of Germany or of Russia or of both." Wenn England nicht ganz abdanken wolle, müsse es für die Stärkung der Zwischenzone eintreten. Sonst könne man zwar den Krieg gewinnen, aber den Frieden verlieren.

165 Die Vorgänge und Ergebnisse der Konferenz von Teheran (28. 11.–1. 12.) wurden in Deutschland zunächst nur bruchstückhaft bekannt, was eine Auseinandersetzung mit ihnen für Hassell erschwerte. Im Mittelpunkt hatten nähere Absprachen über die Errichtung einer zweiten Front in Nordfrankreich gestanden. Sodann waren die Würfel zugunsten einer polnischen „Westverschiebung" gefallen. Zur Regelung der deutschen Nachkriegsverhältnisse wurden noch keine verbindlichen Entschlüsse gefaßt. Vgl. Feis, Churchill/Roosevelt/Stalin (wie Anm. 91/41), S. 237–278; Fischer, Sowjetische Deutschlandpolitik (wie Anm. 162/43), S. 68–75.

166 Tatsächlich waren weder die Deutschen noch – wie der Vatikan vermutete – die Faschisten die Schuldigen, vielmehr wurden die Bomben von einem amerikanischen Flugzeug abgeworfen, wofür sich die Amerikaner bei einem Vertreter des Vatikans entschuldigten. Um der Propaganda keine neue Nahrung zuzuführen, hat der Vatikan dies verschwiegen. So jedenfalls Edmund Theil: Kampf um Italien. Von Sizilien bis Tirol, 1943–1945. München/Wien 1983, S. 207–212. Zu Weizsäckers Tätigkeit in Rom vgl. Leonidas E. Hill: The Vatican Embassy of Ernst von Weizsäcker, 1943–1945, in: Journal of Modern History, Vol. 39 (1967), S. 138–159.

167 Claretta Petacci (1912–1945) war seit 1936 die Geliebte Mussolinis. Nach dessen Sturz wurde sie verhaftet, jedoch von den Deutschen befreit und wieder Mussolini zugeführt. Vgl. Kuby, Verrat (wie Anm. 147/43), S. 349–354.

168 Rahn war am 8. 9. um 11 Uhr von König Viktor Emanuel empfangen worden, während um 17.30 Uhr durch den gegnerischen Rundfunk der Abschluß des Waffenstillstandes bekanntgegeben wurde. Der Vollzug war dem König am Morgen noch nicht bekannt. Vgl. Rahn, Ruheloses Leben (wie Anm. 115/42), S. 229.

169 Die Situation war in der Tat zweideutig. Buffarini jedoch hielt zu Mussolini und wurde bald darauf wieder dessen Minister. Anders Ciano, der sich nach seiner Flucht nach Deutschland in den Westen abzusetzen versuchte. Es ist bezeugt, daß Mussolini während seines Aufenthaltes in Oberbayern für einen Augenblick mit dem Gedanken gespielt hat, Ciano wieder ein Amt zu geben. Vgl. Kirkpatrick, Mussolini (wie Anm. 129/39), S. 511f.

170 Zur Biographie von Otmar Frhr. v. Verschuer (1896–1969) vgl. Klaus-Dieter Thomann: Rassenhygiene und Anthropologie. Die zwei Karrieren des Prof. Verschuer. In: Frankfurter Rundschau Nr. 116 vom 21. 5. 1985.
171 Gemeint ist der spätere Präsident der Deutschen Bundesbank, Karl Blessing (1900–1971), der damals Vorstandsmitglied der Continentale Öl AG war.
172 Jacob Wallenberg war Leiter der Skandinaviska Enskilda Banken und stand seit 1934 im Kontakt mit Goerdeler, der Wallenbergs Verbindungen nach England auszunutzen suchte. Goerdeler war bemüht, ihn von der Notwendigkeit eines Friedensarrangements zwischen Deutschland und England zu überzeugen, weil sonst „ein überstark werdendes Rußland eine tödliche Bedrohung auch der Selbständigkeit der skandinavischen Staaten" bedeute. Aus den Informationen, die Wallenbergs Bruder Markus aus England nach Stockholm brachte, hat Goerdeler offensichtlich den Schluß gezogen, daß es zwischen einer von ihm geführten Regierung und Churchill zu einem Friedensarrangement kommen könnte, bei dem ein starkes Deutschland als Schutzwall gegenüber der Sowjetunion bestehen bleiben sollte. Vgl. Jacobsen (Hrsg.), Spiegelbild (wie Anm. 14/38), Bd. I, S. 410–412, S. 426f. (Zitat) sowie 504f.; dazu auch Ritter, Goerdeler (wie Anm. 64/39), S. 529f. Anm. 26.
173 Gemeint ist vermutlich Mackensens Telegramm, das am 24. 7., 1 Uhr 45 abgesandt wurde. Darin hieß es: „Die ruhige und sichere Art, mit der Mussolini sprach, ließ in keiner Weise erkennen, daß er innenpolitisch inmitten der schwersten Krise steht, die das Regime seit Matteotti durchzumachen hat" (ADAP, Ser. E, Bd. VI, Nr. 170). Mackensen hatte den stürmischen Verlauf der Sitzung des Faschistischen Großrats am 24. 7., in der überraschend die Wiedereinsetzung der staatlichen Institutionen in ihre alten Rechte und die Übergabe des militärischen Oberbefehls an den König verlangt wurden, nicht vorhergesehen. Eine einschneidende Veränderung hatte jedoch in der Luft gelegen. Mackensen wurde am 2. 8. zur Berichterstattung zitiert und kurz darauf zur Disposition gestellt. Vgl. Heiber (Hrsg.), Lagebesprechungen (wie Anm. 9/43), S. 276, 304ff.; zur Großratssitzung vgl. Dino Grandi: 25 Luglio. Quadrant'anni dopo. A cura di Renzo De Felice. Bologna 1983.
174 Gen.d.Pz.Tr. Frhr. Geyr v. Schweppenburg wurde OB der Pz.Gruppe West. Ein Panzer-AOK erhielt er nicht. Zur weiteren Entwicklung s. u. Anm. 78/44.
175 Der südafrikanische Premierminister Jan Christiaan Smuts war in einer Rede in der Londoner Guildhall am 19. 10. 1943 für ein großzügiges Nachkriegsprogramm eingetreten, zu dessen Kernpunkten die möglichst rasche Rückkehr zu einem freien Welthandel und ein internationales Aufbauwerk gehörten. Zugleich hatte er eine enge Verbindung Großbritanniens mit den kleinen westlichen Demokratien befürwortet. Vgl. Keesings Archiv, Jg. 1943, S. 6157f.
176 Das Verbot der kommunistischen Partei und aller kommunistischen Organisationen, das im Jahre 1939 von der Regierung Daladier verhängt worden war, wurde im Juni 1943 für das französische Kolonialreich wieder aufgehoben (Keesings Archiv, Jg. 1943, S. 5991). Im selben Monat sandte die Sowjetunion Alexander Bogomolow (früher Botschafter in Paris und Vichy) nach Algier ins alliierte Hauptquartier, wo er auch die Beziehungen zum Französischen Befreiungskomitee zu pflegen hatte. Vgl. Murphy, Diplomat (wie Anm. 95/41), S. 253–255.

Anmerkungen zu den Seiten 412 bis 418

177 Die französischen Kommunisten hatten im August 1943 um Aufnahme in das Französische Befreiungskomitee nachgesucht; im März 1944 erreichten sie zwei Sitze. Vgl. Charles de Gaulle: Memoiren 1942–1946. Aus dem Französischen. Düsseldorf 1961, S. 143f.

178 Über die Klagen Frankreichs und der kleineren Staaten finden sich zahlreiche Belege bei de Gaulle, Memoiren (wie Anm. 177/43), S. 177–181, 188–196 und öfter.

179 Frederick Voigt hatte in dem in Anm. 164/43 erwähnten Artikel sein Eintreten für das Prinzip des „balance of power" höchst „realpolitisch" begründet: „The balance of power must always be maintained. The political complexion of those that threaten the balance is quite irrelevant. Had Germany been the home of enlightenment, progress, and political freedom, had she been a model democracy, and England been cursed with a political system as abominable as Hitler's, she would none the less have been under the absolute necessity of maintaining the balance, for survival must always come first, political complexion second." (ebd., S. 98).

180 Prinzessin Elisabeth Ruspoli wurde im Dezember 1943 verhaftet, nachdem sie in den Verdacht geraten war, unerlaubte Devisengeschäfte in Frankreich zu betreiben, wofür ihr Oberst v. Harbou Pässe besorgt habe. Sie kam später ins KZ Ravensbrück, wo ihre Zelle neben der von Graf Moltke lag. Vgl. Moltke/Balfour/Frisby, Moltke (wie Anm. 63/40), S. 358; Wilfried Wagner, Belgien in der deutschen Politik, Boppard 1974, S. 262–264.

181 Falkenhausen, Militärbefehlshaber in Belgien und Nordfrankreich, geriet im Dezember 1943 zwar in schwere Bedrängnis, wurde damals aber noch nicht abgelöst, weil Hitler auf Einspruch Ribbentrops vor der Einführung einer Zivilverwaltung in den nordfranzösischen Departements zurückschreckte. Falkenhausen wurde erst wenige Tage vor dem 20. 7. 1944 abberufen. Vgl. ADAP, Serie E, Bd. VII, Dok. Nr. 153 (30. 12. 1943), Dok. Nr. 299 (27. 3. 1944) und Dok. Nr. 322 (8. 4. 1944).

182 In diesen Tagen sollte Hauptmann Axel Frhr. von dem Bussche (vgl. Anm. 161) bei der Vorführung von neuem Ausrüstungsmaterial unter Selbstaufopferung ein Attentat auf Hitler verüben. Dazu kam es nicht, weil das betreffende Material bei einem Luftangriff Schaden gelitten hatte. Vgl. Hoffmann (wie Anm. 16/38), S. 380–387.

183 In den bisherigen Ausgaben war das „nicht" in diesen Satz ohne Kennzeichnung eingefügt. Mit der Auffassung des Autors genau vertraut, war die Herausgeberin offenbar davon überzeugt, daß diese Kritik Weizsäcker nicht vorwarf, er habe sich zu tief (mit dem NS-Regime) eingelassen, sondern er habe sich zu wenig an Widerstandsplänen, deren Ausführung er jetzt forderte, beteiligt.

184 Adolf Ziegler gehörte zu den Malern, die in ihren Arbeiten den arischen Idealtyp verherrlichten. Als Präsident der Reichskammer der Bildenden Künste organisierte er im Jahre 1937 in München die Ausstellung „Entartete Kunst". 1943 wurde er in seinem Amt abgelöst, weil ihm die Beteiligung an Friedensbestrebungen zur Last gelegt wurde. Vgl. Willi A. Boelcke (Hrsg.): Deutschlands Rüstung im Zweiten Weltkrieg. Hitlers Konferenzen mit Albert Speer 1942–1945. Frankfurt a.M. 1969, S. 287; Joseph Wulf: Die bildenden Künste im Dritten Reich. Eine Dokumentation. Frankfurt a.M./Berlin/Wien 1983, S. 152f.

185 Der anschließende Text im Kleindruck folgt der Erstausgabe; im Tagebuch-

Original, das hier aus losen Blättern besteht, ist ein Blatt nicht mehr aufzufinden.

186 Zur beruflichen Laufbahn Kieps vgl. Anm. 20/42. Goerdeler hatte diese „sympathische, kluge und repräsentative Persönlichkeit" als Presseleiter in der Reichskanzlei vorgesehen, ein Amt, das er bereits in der Regierung Luther 1925/26 bekleidet hatte. Zu Kieps Verhaftung und seiner Hinrichtung s. Anm. 5, 18 und 72/44. Eine biographische Skizze über Kiep findet sich bei Dorothea Thompson: Deutsche, die Hitler bekämpften, in: Karl O. Paetel: Deutsche innere Emigration. New York 1946, S. 18–20.

1944

1 Die sowjetischen Truppen hatten im Spätherbst Kiew erobert und große Teile der nördlichen Ukraine besetzt. Am 3. 1. 1944 erreichten sie die alte polnische Ostgrenze.

2 Eugene Lyons: Stalin, Czar of all Russians. London: The Right Book Club 1941.

3 Argentinien hatte am 26. 1. 1944 die diplomatischen Beziehungen zu Deutschland abgebrochen, nachdem die USA mit schweren Sanktionen gedroht hatten. Vgl. Alberto Conil Paz/Gustavo Ferrari: Argentina's Foreign Policy, 1930–1962. Aus dem Spanischen. Notre Dame/London 1966, S. 102–117.

4 Am 17. 1. 1944 war in der „Prawda" ein Bericht aus Kairo erschienen, demzufolge laut griechischen und jugoslawischen Quellen zwei führende englische Diplomaten in einer Küstenstadt auf der „pyrenäischen Halbinsel" mit Ribbentrop zusammengetroffen seien, um Bedingungen für einen Separatfrieden auszuhandeln. Gegen diesen „Bericht" war von britischer Seite sofort Protest erhoben worden. Vgl. Woodward: British Foreign Policy, Vol. III. London 1971, S. 106–108.

5 Der Gesandte Otto Kiep war am 16. 1. 1944 verhaftet worden. Ihm wurde zur Last gelegt, am 10. 9. 1943 auf einer Teegesellschaft bei Elisabeth von Thadden (vgl. u. Anm. 18) defaitistische Äußerungen getan zu haben. Die Verhaftung stand im Zusammenhang mit einer Aktion gegen den Kreis um die Witwe des 1936 verstorbenen Botschafters Wilhelm Solf, dem neben Kiep auch der frühere Staatssekretär Arthur Zarden und der Legationsrat Hilger van Scherpenberg, ein Schwiegersohn Schachts, angehörten. Vgl. Irmgard von der Lühe: Elisabeth von Thadden. Ein Schicksal unserer Zeit. Düsseldorf/Köln 1966, S. 200–216; Wagner, Volksgerichtshof (wie Anm. 145/43), S. 665–667.

6 Graf Moltke war am 19. 1. 1944 verhaftet worden, weil er Angehörige des Solf-Kreises gewarnt hatte. Seine eigentliche Tätigkeit im Widerstand war der Gestapo damals noch unbekannt. Vgl. Moltke/Balfour/Frisby, Moltke (wie Anm. 63/40), S. 287.

7 Der Anlaß zu Elisabeth von Thaddens Verhaftung waren möglicherweise „kirchliche Dinge", zum Beispiel Kontakt zu Geistlichen in der Schweiz; verurteilt wurde sie wegen „wehrkraftzersetzender" Äußerungen auf der in Anm. 5 und 18 erwähnten Teegesellschaft in ihrem Haus. – In den bisherigen Ausgaben war hier ein Kommentar zu dem „Lockspitzel" und seinen

Anmerkungen zu den Seiten 418 bis 421

Opfern – „Kiep und Frau", Frau Solf, Scherpenberg und Fanny Kurowski – eingefügt.

8   Albrecht Graf von Bernstorff, bis 1933 Botschaftsrat an der Deutschen Botschaft in London, 1937 aus dem diplomatischen Dienst ausgeschieden und seither als Bankier tätig, war schon seit Juli 1943 in Haft. Ihm wurde vorgeworfen, den Sturz des NS-Regimes und einen Friedensschluß mit Großbritannien befürwortet zu haben. Vgl. Wagner, Volksgerichtshof (wie Anm. 145/43), S. 668.

9   In der Erstausgabe war für „neulich" wohl aufgrund der persönlichen Kenntnis von Frau Ilse v. Hassell die genauere Angabe „im November" eingesetzt.

10 Carl Wentzel, der 11.000 ha mit großem Erfolg bewirtschaftete, gehörte mit Goerdeler, Schacht, Sauerbruch, Woermann und anderen zum „Reusch-Kreis", in dem Industrielle, Landwirte und Wissenschaftler politische und wirtschaftliche Fragen erörterten (s. o. Anm. 143/39). Zehn Wochen vor dem Treffen mit Hassell hatte der Kreis bei Wentzel getagt; Goerdeler hatte über „seine Beurteilung der Kriegslage, die Notwendigkeit eines Staatsstreichs und die künftige Neugestaltung des Reichs" gesprochen. Das Angebot Goerdelers, in der künftigen Regierung mitzuarbeiten, hatte Wentzel abgelehnt und auf Woermann als geeigneten Landwirtschaftsminister verwiesen. Wentzel wurde nach dem 20. Juli verhaftet, am 13. 11. zum Tode verurteilt und am 20. 12. hingerichtet. Vgl. Wagner, Volksgerichtshof (wie Anm. 145/43), S. 768, und (Urteil) S. 930ff.; ferner Jacobsen (Hrsg.), Spiegelbild (wie Anm. 14/38), Bd. I, S. 549f.; Hubert Olbrich: Carl Wentzel Teutschenthal (1876–1944). Zum Schicksal eines großen Lebenswerkes im Wandel der spezifisch deutschen Geschichte. Berlin 1981. Wentzels im folgenden erwähnter Gutsnachbar Max Schroeder war ebenfalls angeklagt, wurde aber freigesprochen, da ihm nicht nachgewiesen werden konnte, daß er Goerdelers Ausführungen gehört hatte.

11 Bis zum 20. 6. 1944 waren bei einer ursprünglichen Einwohnerschaft von 4 Millionen etwa 1,5 Millionen Berliner obdachlos geworden. Vgl. David J. Irving: Und Deutschlands Städte starben nicht. Zürich 1963, S. 288.

12 In seiner Oberhausrede vom 9. 2. hatte sich Bischof George K. A. Bell von Chichester entschieden dafür ausgesprochen, daß die Luftangriffe auf militärisch wichtige Ziele beschränkt werden sollten. Auch aus rein kulturellen Gesichtspunkten sei die Zerstörung von historisch geprägten Altstädten – Bell nannte Dresden, Augsburg, München, Hildesheim u. a. – nicht zu verantworten. Der Wortlaut der Rede ist abgedruckt bei G. K. A. Bell: The Church and Humanity (1936–1946). London/New York/Toronto 1946, S. 129–141.

13 Wie übereinstimmend berichtet wird, haben die Appelle bei den Eingeschlossenen keine Resonanz gefunden. Vielmehr gelang es dem Gros der deutschen Truppen, sich in der Nacht vom 17./18. 2. zur Hauptkampflinie durchzuschlagen. Heinrich Graf von Einsiedel, der sich dem Nationalkomitee angeschlossen hatte, notierte in seinem „Tagebuch der Versuchung" (Berlin/Stuttgart 1950, S. 114): „Für die Russen ist die Schlacht ein großer Erfolg, für das Komitee aber eine entscheidende Niederlage." Ähnlich Walther von Seydlitz: Stalingrad – Konflikt und Konsequenz. Oldenburg/Hamburg 1977, S. 344. Vgl. auch Scheurig, Freies Deutschland (wie Anm. 112/43), S. 124–132.

14 Das Zitat stammt aus Shakespeares „Hamlet", I. Akt, 5. Szene: „The time is out of joint; / O cursed spite, / That ever I was born / To set it right."
15 Ewald Heinrich von Kleist, 21jähriger Leutnant im IR 9, war der älteste Sohn von Ewald von Kleist-Schmenzin, einem unerbittlichen Gegner des NS-Regimes. Stauffenberg hatte ihn durch Fritz-Dietlof Graf von der Schulenburg fragen lassen, ob er bereit sei, bei einer Uniform-Vorführung unter Selbstaufopferung ein Attentat auf Hitler zu machen. Kleist hatte nach Beratung mit seinem Vater zugestimmt, doch fand die Vorführung und damit der geplante Anschlag aus bisher nicht geklärten Gründen nicht statt (Januar 1944). Vgl. Bodo Scheurig: Ewald von Kleist-Schmenzin. Ein Konservativer gegen Hitler. Oldenburg/Hamburg 1968, S. 187.
16 August Bonness war am 15. 2. vom Volksgerichtshof zum Tode verurteilt, aber erst am 4. 12. hingerichtet worden. Vgl. Wagner, Volksgerichtshof (wie Anm. 145/43), S. 364–366 sowie 887–889 (Urteil).
17 Dr. Wilhelm Crohne war seit November 1942 Vizepräsident des Volksgerichtshofes.
18 Die Verhafteten, deren Namen im Tagebuch folgen, gehörten zum „Solf-Kreis" (vgl. o. Anm. 5). In diesen Kreis war bei einer am 10. 9. 1943 von Elisabeth von Thadden auf der Durchreise in Berlin veranstalteten Teegesellschaft der Lockspitzel der Gestapo, Dr. Reckzeh, eingedrungen, um u. a. Beziehungen dieses Kreises zur Schweiz aufzudecken. Da er von einer bevorstehenden Reise in die Schweiz sprach, gaben ihm Frau Solf und Elisabeth von Thadden Briefe mit; ihr Inhalt war zwar unverfänglich, nicht jedoch die Empfänger: der Sozialpädagoge Siegmund-Schultze und Reichskanzler a. D. Josef Wirth galten als Gegner des NS-Regimes. Ein Zusammenhang zwischen dem Solf-Kreis und Langbehns Reise in die Schweiz, nach dem, wie Hassell vermutet, die Gestapo fahndete, hat wohl nicht bestanden. Vgl. von der Lühe, Elisabeth von Thadden (wie Anm. 5/44), S. 202–216, sowie Moltke/Balfour/Frisby, Moltke (wie Anm. 63/40), S. 287.
19 Die nationalsozialistische Indoktrinierung der Wehrmacht erreichte (auf Befehl Hitlers vom 22. 12. 1943) mit der Bestellung von NS-Führungsoffizieren bei allen Truppenteilen eine neue Phase, nachdem die bisher eingesetzten „Offiziere für wehrgeistige Führung" wenig Erfolg gebracht hatten. Von der Division an aufwärts waren die NS-Führungsoffiziere hauptamtlich tätig, sie wurden in enger Zusammenarbeit mit der Parteikanzlei ausgewählt. – Vgl. Erich von Manstein: Verlorene Siege. Frankfurt a. M./Bonn 1964, S. 579f.; Manfred Messerschmidt: Die Wehrmacht im NS-Staat. Zeit der Indoktrination. Hamburg 1969, S. 441–480. Wichtige Dokumente veröffentlichte Waldemar Besson, in: VZG, 9. Jg. (1961), S. 76–116.
20 Finnland war in eine kritische Situation geraten, nachdem die deutschen Streitkräfte im Januar 1944 von Leningrad abgedrängt worden waren. Die finnische Regierung hatte daher im März Paasikivi und Enckell nach Moskau entsandt, um die Friedensmöglichkeiten zu erkunden. Da die sowjetischen Bedingungen (hohe Reparationskosten, Internierung bzw. Vertreibung der deutschen Truppen) unerfüllbar schienen, lehnte sie das finnische Parlament einstimmig ab. Vgl. Eino Jutikkala: Die deutsch-finnischen Beziehungen 1933 bis 1945, in: Deutschland und der Norden 1933–1945. Braunschweig o. J. [1962], S. 16–30.
21 Vgl. auch Alexander von Falkenhausen: Mémoires d'outre-guerre (Extraits). Textes présentés par Jo Gerard. Bruxelles [1974], S. 184; Keitels Befehl konn-

te in den Akten noch nicht aufgefunden werden, er ist jedoch ebenfalls erwähnt im Tagebuch Hans Viktor v. Salviati, Februar 1944 (Document Center, Berlin).

22 Der Bericht des OKW über den italienischen Kriegsaustritt ist abgedruckt in: Keesings Archiv, Jg. 1943, S. 6142–6147 (datiert auf den 21. 10. 1943).

23 Nachdem sich Goerdeler in den vorangegangenen Jahren teils direkt, teils über Mittelsmänner bemüht hatte, führende Persönlichkeiten des Heeres (Brauchitsch, Halder, Falkenhausen, Manstein, Guderian und Kluge) für die Mitwirkung am Umsturz zu gewinnen, ging es jetzt um Gen.Lt. v. Choltitz, Generaloberst a. D. Adam und vor allem um den Chef des Generalstabes des Heeres Zeitzler, mit dem jedoch kein Kontakt mehr zustande kam. Ebenso scheiterte Goerdelers späterer Versuch, eine gemeinsame Aktion der Frontbefehlshaber und des Generalstabs bei Hitler zustande zu bringen. Vgl. Ritter, Goerdeler (wie Anm. 64/39), S. 390; Kunrat Frhr. v. Hammerstein: Spähtrupp. Stuttgart 1965, S. 230–248.

24 Auf die Nachtangriffe der Royal Air Force – mit ihren Flächenbombardements zur Demoralisierung der Bevölkerung – folgten seit dem 6. 3. amerikanische Tagesangriffe, deren Hauptziel die Zerstörung des deutschen Industriepotentials war. Vgl. Werner Girbig: „... im Anflug auf die Reichshauptstadt." Stuttgart ³1972, S. 167–173.

25 Vgl. Anm. 21. Ob das Fraternisierungsverbot durch den Fall der Prinzessin Ruspoli veranlaßt war, ließ sich nicht feststellen. Als Falkenhausen bei Keitel gegen ihre Verhaftung protestierte, erhielt er die Antwort, daß hier auf Verlangen Mussolinis gehandelt wurde. Offiziell wurde die Verhaftung mit Devisenvergehen begründet. Vgl. von Falkenhausen, Mémoires (wie Anm. 21/44), S. 185–187, und Anm. 180/43.

26 Belgien war das einzige besetzte Land, in dem Himmler die Einsetzung eines Höheren Polizei- und SS-Führers nicht durchgesetzt hatte. Tatsächlich wurde erst nach der Ablösung Falkenhausens am 18. 7. 1944 ein Chef der Zivilverwaltung in Belgien ernannt. Vgl. den Tätigkeitsbericht Schmundt (wie Anm. 15/41), S. 155, ferner Weber, Innere Sicherheit (wie Anm. 129/41), S. 169, 175.

27 Auch nachdem Argentinien im Januar 1944 die diplomatischen Beziehungen zu Deutschland und Japan abgebrochen hatte, machte sich in Buenos Aires eine starke Stimmung gegen die USA geltend. Trotzdem fanden sich Chile, Paraguay und Bolivien Anfang März dazu bereit, das auf seine Unabhängigkeit von den USA bedachte Regime Farrell diplomatisch anzuerkennen. Vgl. Paz/Ferrari, Argentina (wie Anm. 3/44), S. 117–120.

28 Otto Christian Fischer, der Leiter der Reichsgruppe Banken, war Hassell von der gemeinsamen Arbeit im Mitteleuropäischen Wirtschaftstag bekannt.

29 Über Jens Peter Jessen schreibt Eberhard Zeller (Geist der Freiheit, [wie Anm. 131/41], S. 89): „Jessen war, wie es scheint, der schärfste Dränger unter ihnen [gemeint sind Beck, Popitz, Hassell], der am frühesten das Attentat als unumgänglich bezeichnet und entsprechend der gespannt tapferen und verschwiegenen Art, die ihm eigen war, Wege dazu ersonnen hat." Vgl. Anm. 113/40.

30 Die rücksichtsvolle Behandlung der Deutschen, die sich gegen eine Umsiedlung gewandt hatten, gilt allerdings nur mit Einschränkungen. Der Journalist Friedl Volgger wurde in ein Konzentrationslager gebracht, Kanonikus

Gamper mußte sich verstecken. Vgl. jetzt Friedl Volgger: Mit Südtirol am Scheideweg. Innsbruck 1984, S. 86–95.

31 Die Universität Oslo war im Oktober 1943 nach einer Massenverhaftung von Studenten geschlossen worden. Etwa 700 norwegische Studenten wurden nach Deutschland verbracht.

32 Zu den bayerischen Unabhängigkeitsbestrebungen gegen Ende des Krieges vgl. Donohoe, Conservative Opponents (wie Anm. 40/39), S. 206–223.

33 Hassell hatte sich mit dem Thema „Pyrrhus" bereits in zwei Artikeln in der „Deutschen Zukunft" (14. und 21. 1. 1940) befaßt. Das hier erwähnte „kleine Buch" ist 1947 posthum erschienen. Seine Würdigung von Pyrrhus läßt durchaus zeitkritische Züge erkennen: „Pyrrhus war nicht der Mann von Eisen, der mitleidlos und bedenkenlos, ohne nach rechts und links zu schauen, in den Mitteln nicht wählerisch, auf sein Ziel losging. Eben darauf beruht auch der wunderbare Zauber seiner ritterlichen, wahrhaft königlichen Persönlichkeit. Von niederen Gedanken unbefleckt leuchtete er in einer Zeit, in der die griechische Welt im Chaos zu versinken drohte, als eine helle Gestalt, die auch für uns noch nicht ihren Schimmer verloren hat." Ulrich von Hassell: Pyrrhus. München 1947, S. 76.

34 Die sowjetischen Friedensbedingungen vom März 1944, die Finnland schwer belastet hätten, führten dazu, daß es noch bis zum August den Krieg auf deutscher Seite fortsetzte. Vgl. Karl Lennart Oesch: Finnlands Entscheidungskampf 1944. Frauenfeld 1964.

35 Am 19. 3. war Ungarn von acht deutschen Divisonen besetzt worden. Die Regierung von Ministerpräsident Kallay, der seit Herbst 1943 in Friedenskontakten mit Großbritannien stand, wurde daraufhin durch die hitlerhörige Regierung Sztójay abgelöst. Vgl. Hillgruber, Ungarn (wie Anm. 114/39), S. 674f.; György Ranki: Unternehmen Margarethe. Aus dem Ungarischen. Köln 1984.

36 Molotows Erklärung vom 2. 4. ist auszugsweise wiedergegeben in Keesings Archiv, Jg. 1944, S. 6329. Es war eine unmittelbare Folge der Erklärung, daß sich Ende April/Anfang Mai 1944 ein Zentrales Aktionskomitee bildete, das aus Mitgliedern der Nationalen Bauernpartei (Maniu), der Nationalliberalen Partei (Dimi Bratianu), Sozialdemokraten und Kommunisten zusammengesetzt war. Vgl. Klaus Beer: Vorbereitung und Durchführung des Umsturzes vom 23. August 1944 in Rumänien, in: Südostforschungen, Bd. 38 (1979), S. 110.

37 Keesings Archiv, Jg. 1944, S. 6329f. (5. 4.).

38 Vgl. Anm. 18. Hilger van Scherpenberg wurde im Juli 1944 wegen Nichtanzeige zu zwei Jahren Gefängnis verurteilt. Vgl. Wagner, Volksgerichtshof (wie Anm. 145/43), S. 666.

39 Das Dritte Reich hatte Elsaß-Lothringen de facto annektiert, ohne daß mit Frankreich darüber irgendein Abkommen geschlossen worden war. Annähernd 100.000 Franzosen waren aus Lothringen ausgewiesen worden.

40 Vgl. Ulrich von Hassell: Ein neues europäisches Gleichgewicht?, in: Auswärtige Politik, 10. Jg. (1943), Nov./Dez., S. 697–702. Der laut Vermerk des Herausgebers schon Anfang November 1943 abgeschlossene Artikel ist erst Ende März 1944 erschienen. Hassell kritisiert darin Voigts Konzept der Wiederherstellung eines „Cordon sanitaire", einer Mittelzone, die das europäische Gleichgewicht sichern helfen sollte (vgl. Anm. 164/43). Angesichts des Vordringens der Roten Armee scheint ihm diese Staatengruppe zwischen

Anmerkungen zu den Seiten 425 bis 430

dem Finnischen Meerbusen und der Ägäis nicht tragfähig genug; er empfiehlt als Gegengewicht gegen die Sowjetmacht die Beibehaltung eines kräftigen Mitteleuropas: „Es gibt keine heilsame Gruppierung der Länder zwischen Deutschland und Rußland, die nicht den deutschen Wirtschaftskörper zum Ausgangspunkt nicht nur nimmt und auf diese Weise einen effektiven Ergänzungsraum schafft. Auf weite Sicht liegt solche Politik nicht nur im Interesse der Beteiligten, nicht nur des europäischen Kontinents, sondern auch der Angelsachsen und der ganzen Welt. Denn nur so kann ein großes Wirtschaftsgebiet entstehen, das ein gesunder Partner der Weltwirtschaft ist und zugleich durch sein wirtschaftliches und soziales Gedeihen den besten Schutz gegen den Bolschewismus bildet" (S. 701; vgl. im übrigen Anm. 74). Der Artikel enthält ein Diskussionsangebot an Großbritannien im Sinne seiner Gleichgewichtspolitik, freilich in einem Augenblick, wo die Westmächte sich schon auf die „polnische Westverschiebung" eingestellt hatten. Zu Hassells Artikel vgl. auch Graml, Außenpolitische Vorstellungen (wie Anm.88/39), S. 132–134.

41 Die fünf Aufsätze, die in dem Buch „Europäische Lebensfragen im Lichte der Gegenwart" erschienen, waren 1941/42 in der Zeitschrift „Auswärtige Politik" veröffentlicht worden, vier davon unter dem Pseudonym Christian Augustin. Vgl. Anm. 73/43. – Das Buch „Im Wandel der Außenpolitik" hatte zwischen Oktober 1939 und April 1940 drei Auflagen erlebt.

42 Die Wiederherstellung des Rechtsstaates und die damit verbundene Aburteilung der Naziverbrechen machte „gerade den Konsensus des Widerstands gegen Hitler" aus (Steinbach); bei der Gruppe um Goerdeler, Beck und Hassell spielte der Aspekt der Selbstreinigung eine besondere Rolle. In dem Entwurf zu einer Regierungserklärung hieß es: „Erste Aufgabe ist die Wiederherstellung der Majestät des Rechts ... Wir empfinden es als tiefe Entehrung des deutschen Namens, daß in den besetzten Gebieten, hinter dem Rücken der kämpfenden Truppe und ihren Schutz mißbrauchend, Verbrechen aller Art begangen sind. Die Ehre unserer Gefallenen ist damit besudelt." Siehe Wilhelm Ritter v. Schramm: Wiederherstellung des Rechtsstaats als zentrale Zielsetzung des Widerstands. In: Schmädeke/Steinbach (Hrsg.), Widerstand (wie Anm. 5/42), S. 617–651, bes. S. 627 f. Vgl. Rothfels, Opposition (wie Anm. 13/43), S. 130f.; zu den geplanten Aufrufen: Ritter, Goerdeler (wie Anm. 64/39), S. 543ff. Anm. 64ff.

43 Die Sowjetunion hatte am 13. 3. 1944 ohne vorherige Konsultation der Westmächte die Regierung Badoglio völkerrechtlich anerkannt; 15 Tage später war Togliatti aus seinem Moskauer Exil nach Italien zurückgekehrt. Vgl. Hansjakob Stehle: Togliatti, Stalin und der italienische Kommunismus 1943–1948, in: Quellen und Forschungen aus italienischen Archiven und Bibliotheken, Bd. 62 (1982), S. 319f.; Murphy, Diplomat (wie Anm. 95/41), S. 253ff.

44 Vgl. Keesings Archiv, Jg. 1944, S. 6367 (8. 5.).

45 Das Nationalkomitee Freies Deutschland hatte in der zweiten Jahreshälfte 1943 versucht, für den Fall eines Sturzes des NS-Regimes die Zusage einer Begrenzung der sowjetischen Kriegsziele zu erreichen. Seine Parole „Beendigung des Krieges durch eine geordnete Rückführung der Wehrmacht nach Deutschland" hatte im deutschen Ostheer keine Resonanz gefunden; danach sah auch die Sowjetunion keinen Anlaß mehr, Rücksicht zu nehmen. Vgl. Alexander Fischer: Die Bewegung „Freies Deutschland" in der Sowjet-

1944

union: Widerstand hinter Stacheldraht?, in: Aufstand des Gewissens. Der militärische Widerstand gegen Hitler und das NS-Regime 1933–1945. Herford/Bonn 1984, S. 439–463, bes. 444f.; Scheurig, Freies Deutschland (wie Anm. 112/43), S. 132–134; dazu jetzt auch Seeber, Antihitlerkoalition (wie Anm. 68/43), S. 233 und 238.

46 Der polnische Pfarrer Orlemanski (aus Springfield/Massachusetts) war in Molotows Anwesenheit von Stalin empfangen worden. Nach dem Empfang erklärte Orlemanski unter anderem, „daß Stalin ein Freund der Polen sei und daß er nicht die Absicht habe, sich in die inneren polnischen Angelegenheiten einzumischen. Stalin strebe ein freundschaftlich gesinntes Polen an, das harmonisch mit den Sowjetrepubliken zusammenarbeite". Keesings Archiv, Jg. 1944, S. 6366 (7. 5.).

47 Am 21. 4. entschloß sich die Türkei angesichts des alliierten Drucks, die Chromlieferungen an Deutschland einzustellen. Auch die übrigen Exporte nach Deutschland wurden auf 50% reduziert. Vgl. Önder, türkische Außenpolitik (wie Anm. 109/39), S. 227–229.

48 U. v. Hassell: Europäische Lebensfragen der Gegenwart. Berlin 1943, S. 35–66.

49 Von der Monatsschrift „Offiziere [sic!] des Führers" sind nur sechs Nummern herausgekommen. Messerschmidt, Wehrmacht (wie Anm. 19/44), S. 462f., kommt hinsichtlich der Gesamtwirkung der Indoktrination unter dem vorherrschenden Einfluß der militärischen Rückschläge zu einem skeptischen Urteil.

50 Tatsächlich hat das OKW in diesem Sinne am 5. 6. verlauten lassen: „Da sich die Front im Zuge der Kampfhandlungen immer mehr der Stadt Rom näherte, bestand die Gefahr einer Einbeziehung dieses ältesten Kulturzentrums der Welt in die direkten Kampfhandlungen. Um dies zu vermeiden, hat der Führer die Zurücknahme der deutschen Truppen nordwestlich Roms befohlen." Keesings Archiv, Jg. 1944, S. 6401.

51 Horthy schickte sich als Reichsverweser zunächst in das Unvermeidliche und war bemüht, die Härten der deutschen Besatzung zu mildern. Die von ihm im August 1944 eingesetzte Regierung Lakatos sollte dann aber wieder die Versuche aufnehmen, Ungarn aus dem Krieg herauszulösen, diesmal durch Verständigung mit den Sowjets. Vgl. Kallay, Hungarian Premier (wie Anm. 36/42), S. 439ff.; Lajos Kerekes (Red.): Allianz Hitler-Horthy-Mussolini. Dokumente zur ungarischen Außenpolitik (1933–1944). Aus dem Ungarischen. Budapest 1966; Macartney, October (wie Anm. 82/40).

51a Es trifft zu, daß Ivan Šubašić von der Kroatischen Bauernpartei im Mai 1944 Ministerpräsident in der Londoner Exilregierung wurde. Die Ernennung dieses Kroaten sollte Bedeutung gewinnen, als wenige Wochen danach, am 16. 6., zwischen der Kgl. Regierung und Titos Nationalem Befreiungskomité eine Zusammenarbeit vereinbart wurde. Vgl. The Diaries of Sir Alexander Cadogan, 1938–1945. Ed. by David Dilks. London 1971, S. 631.

52 Die bei Gerhard Ritter (Goerdeler [wie Anm. 64/39], S. 617ff.) abgedruckte Kabinettsliste Goerdelers vom Januar 1944 enthält allerdings den Namen Schniewind nicht mehr; statt dessen war hier für das Wirtschaftsressort Paul Lejeune-Jung vorgesehen, dessen politischer Weg zwischen 1920 und 1933 (Reichstagsabgeordneter der Deutschnationalen Volkspartei, Geschäftsführer der Volkskonservativen Vereinigung, danach Mitglied des Zentrums) ihn künftig für eine vermittelnde Funktion empfahl.

Anmerkungen zu den Seiten 430 bis 435

53 Der Vortrag ist abgedruckt in Ludwig Beck: Studien, hrsg. von Hans Speidel. Stuttgart 1955, S. 263–291. Vgl. auch Scholder, Mittwochs-Gesellschaft (wie Anm. 112/40), S. 342ff.

54 Die Entfremdung bezog sich hauptsächlich auf Popitz, der seit seinen Kontakten mit Himmler im August 1943 von anderen Angehörigen des Widerstandes gemieden wurde. Hassell selbst war im Frühjahr 1944 (siehe Eintragungen vom 13. 3. und 8. 4.) einige Zeit wegen einer Kniegelenkentzündung an Ebenhausen gebunden gewesen.

55 Churchill hatte in seiner Unterhaus-Rede vom 24. 5. das Bündnis mit der Sowjetunion gerechtfertigt und die Forderung nach bedingungsloser Kapitulation erneut bekräftigt. Auch die Atlantik-Charta sei kein „Vertrag mit unseren Feinden". Winston S. Churchill, Reden, Bd. 5: 1944. Das Morgengrauen der Befreiung. Zürich 1949, S. 143–173, Zitat S. 169.

56 Ein solcher Aufruf ließ sich weder in der Zeitschrift „Freies Deutschland" noch in der einschlägigen Literatur nachweisen.

57 Graf Anton Knyphausen, Korrespondent des „Hamburger Fremdenblatts" in Helsinki, war nach Schweden übergewechselt. Dort veröffentlichte er später das Buch „Tysk mot Tysk. Ett bidrag till debatten om det andra Tyskland" (Stockholm 1945). Der Begriff „anderes Deutschland" taucht hier zum ersten Mal in einem Buchtitel auf. Zu Knyphausen vgl. Karl Silex: Mit Kommentar. Frankfurt a. M./Berlin 1968, S. 144; Helmut Müssener: Exil in Schweden. Politische und kulturelle Emigration nach 1933. München 1974, S. 318–320.

58 Erich Vermehren war erst kurz vor seinem Übertritt ins gegnerische Lager (27. 1. 1944) der Istanbuler Dienststelle der „Abwehr" zugeteilt worden und war nach Helmut Allardt (Politik vor und hinter den Kulissen. Erfahrungen eines Diplomaten zwischen Ost und West. Düsseldorf/Wien 1979, S. 113–120) als niederer Dienstgrad kaum in die Geheimnisse des Geheimdienstes eingeweiht. Nach Wheeler-Bennet, Nemesis (wie Anm. 7/40), S. 616f., traf auch der damals behauptete Verrat des deutschen Codes nicht zu. Aufsehen erregte es allerdings, als er sich am 3. 3. 1944 in Radio Kairo zu Wort meldete.

59 Wilhelm von Flügge war für die deutsche Botschaft in Ankara als Experte für türkische Wirtschaftsfragen tätig.

60 Leo Lange, Kriminalrat und SS-Sturmbannführer, war im Reichssicherheitshauptamt Leiter der Sonderkommission, die mit den Untersuchungen gegen den Solf-Kreis beauftragt war. Pechel (Widerstand [wie Anm. 9/42], S. 298f.) redet von ihm als der „schlimmsten Kreatur des Reichssicherheitshauptamtes", dessen Verhöre „nur in nächtlichen Stunden unter Anwendung brutalster Foltermethoden stattfanden". Vgl. von der Lühe, Elisabeth von Thadden (wie Anm. 5/44), S. 176. – Lange war später Leiter der „Sonderkommission 20. Juli" und hat in dieser Eigenschaft Hassell und viele andere vernommen.

61 Zum Fall Hans-Joachim von Rohrs (1924–1932 deutschnationaler Abgeordneter im Preußischen Landtag, Januar bis September 1933 Staatssekretär im Reichswirtschaftsministerium) vgl. Hubert Schorn: Der Richter im Dritten Reich. Frankfurt a. M. 1959, S. 445–449.

62 Der Wortlaut der Goebbels-Rede vom 8. 6. ist anscheinend nicht überliefert, obwohl Vertreter der Ministerien und der obersten Reichsbehörden eingeladen waren. Die Rede erhielt ihre besondere Stoßrichtung dadurch, daß

Goebbels ausführlich auf die Auslandspropaganda einging, die Ribbentrop eifersüchtig für sein Ministerium in Anspruch nahm. Bereits am 4. 3. 1943 hatte er in seinem Tagebuch (wie Anm. 98/41, S. 247) notiert: „Diplomaten sind nicht geeignet, Auslandspropaganda zu betreiben. Ich würde zweifellos ein wunderbares System der Auslandspropaganda zusammen mit der AO. [Auslandsorganisation] aufziehen können; aber unsere Diplomaten stehen mir da dauernd im Wege." Offenbar wollte Goebbels dieses repräsentative Forum nutzen, um seine Stellung gegenüber dem von ihm wenig geschätzten Außenminister zu verbessern. Vgl. Wilfried v. Oven: Mit Goebbels bis zum Ende, Bd. II. Buenos Aires 1950, S. 13–15 (dort auch Zitate aus der Rede).

63 Im handschriftlichen Original ist diese Eintragung versehentlich auf den 10. 6. datiert; der hier berichtete Zusammenbruch der Heeresgruppe Mitte erfolgte erst nach dem 22. 6.

64 Die sowjetische Offensive gegen die Heeresgruppe Mitte konnte binnen weniger Tage in die deutsche Front eine etwa 350 km breite Bresche schlagen und führte zur Vernichtung von 28 Divisionen und zum Verlust von 350.000 Mann. Ganz Weißrußland mußte aufgegeben werden, am 3. 7. war Minsk gefallen. Vgl. Hermann Gackenholz: Der Zusammenbruch der Heeresgruppe Mitte 1944, in: Entscheidungsschlachten des Zweiten Weltkrieges. Hrsg. von Hans-Adolf Jacobsen und Jürgen Rohwer. Frankfurt a. M. 1960, S. 445–474.

65 Die deutschen U-Boot-Erfolge waren in der Tat stark zurückgegangen. Im März 1944 standen einer versenkten Tonnage von 40.000 BRT 24 U-Boot-Verluste gegenüber, im Mai lauteten die entsprechenden Zahlen 17.200 BRT und 25 U-Boote. Großadmiral Dönitz konnte den Einsatz der U-Boote nur noch damit rechtfertigen, daß durch sie starke alliierte See- und Luftstreitkräfte gebunden wurden. Vgl. Leonce Peillard, Die Schlacht im Atlantik. Darmstadt/Wien 1974, S. 487–490.

65a Wie Berber in seinen Memoiren schreibt, hatte er im März 1944 auf eigene Faust dem Internationalen Roten Kreuz in Genf den Vorschlag gemacht, zum Schutz der Zivilbevölkerung gegenüber Luftangriffen Sicherheitszonen einzurichten, die von beiden Kriegsparteien respektiert werden sollten. Ganz wie Hassell erwartete, ist die alliierte Seite darauf nicht eingegangen. Nach Berbers Angaben verband Ribbentrop mit seiner Entsendung nach Genf auch die Hoffnung, gegebenenfalls mit England Friedenskontakte aufnehmen zu können. Vgl. Friedrich Berber: Zwischen Macht und Gewissen. Lebenserinnerungen. München 1986, S. 116ff.

66 Vor allem in Finnland wuchs das Bestreben, aus dem Krieg auszuscheiden, nachdem die am 9. 6. einsetzende sowjetische Offensive zum Verlust Ostkareliens und der Stadt Wiborg geführt hatte. Am 17. 8. kündigte Marschall Mannerheim das Bündnis mit Deutschland auf. Vgl. Waldemar Erfurth: Der finnische Krieg 1941–1944. Wiesbaden 1950, S. 260ff., besonders S. 267–269. – Kritisch wurde die Lage auch hinter der Front der Heeresgruppe Süd, wo die neue bulgarische Regierung Bagrjanoff am 2. 6. in Istanbul mit den Westalliierten geheime Waffenstillstandsverhandlungen aufgenommen hatte.

67 Léon Degrelle, der Begründer der faschistischen Rexistenbewegung in Belgien, war Kommandeur der SS-Freiwilligen-Brigade Wallonien an der Ostfront. Im April 1944 war er zur Entgegennahme des Eichenlaubs zum Ritterkreuz nach Berlin gekommen. Zu Degrelle vgl. Jacques de Launay: Histoires secrètes de Belgique de 1935 à 1945. Paris 1975, S. 188–242.

Anmerkungen zu den Seiten 435 bis 438

68 Der dänische Kapitänleutnant und SS-Obersturmbannführer Christian Frederik Schalburg war als Kommandeur des Freikorps Dänemark in Rußland gefallen. Der nach ihm benannte Verband, der sich zum Teil aus Angehörigen dieses Freikorps rekrutierte, war unter dem Etikett der großgermanischen Politik immer mehr ein Instrument des Terrors geworden. Vgl. Thomsen, Besatzungspolitik (wie Anm. 96/42), S. 139–145.

69 Angesichts der Zunahme von Sabotageakten und partisanenartigen Überfällen war es innerhalb des deutschen Besatzungsregimes zu Meinungsverschiedenheiten darüber gekommen, wie die dänische Widerstandsbewegung am wirkungsvollsten bekämpft werden sollte. Während der Reichsbevollmächtigte Dr. Werner Best für polizeiliche und gerichtliche Verfolgung eintrat, befürworteten andere einen mehr oder weniger gezielten „Gegenterror". Das Jahr 1944 war aufgrund mehrerer Interventionen Hitlers durch diesen „Gegenterror" geprägt: ihm fielen während der deutschen Besatzungszeit insgesamt 102 Dänen zum Opfer. Vgl. Thomsen, Besatzungspolitik (wie Anm. 96/42), S. 198–208. Ähnlich urteilte übrigens auch Moltke, der am 5. 10. 43 an seine Frau schrieb: „Best ist kein schlechter Mann, er ist jedenfalls klug. [. . .] Sie [seine deutschen Gesprächspartner in Kopenhagen] haben mir alle versichert, daß sie sich darüber klar seien, daß das Erschießen Einzelner nichts nutzen und politisch ungeheuer viel schaden würde. Am meisten hat mich beruhigt, daß Best auf diesem Punkt ganz kategorisch war." Zitiert von Ger van Roon: Helmut James Graf v. Moltke. Völkerrecht im Dienste der Menschen. Berlin 1986, S. 296.

70 Eine Inhaltsangabe über den Vortrag von Popitz am 28. 6. zur Möglichkeit und Berechtigung eines allgemein gültigen Staatsbegriffs findet sich bei Scholder, Mittwochs-Gesellschaft (wie Anm. 112/40), S. 347–350; ferner jetzt in der Zeitschrift Der Staat, 23. Jg. (1984), S. 227–231.

71 Becks Pessimismus bezog sich wohl weniger auf die Chancen des Attentats als vielmehr auf Ausgangslage und Handlungsmöglichkeiten einer künftigen Regierung. Zum ganzen Komplex vgl. Ritter, Goerdeler (wie Anm. 64/39), S. 392–410, sowie im übrigen Gisevius, Bis zum bittern Ende (wie Anm. 139/39), Bd. II, S. 257.

71a In Bamberg lag das Kavallerieregiment 17, dem neben Graf Stauffenberg u. a. folgende an den Umsturzplänen beteiligte Offiziere entstammten: Peter Sauerbruch, Max Ulrich Graf v. Drechsel, Ludwig Frhr. v. Leonrod, Roland v. Hößlin.

72 Die Todesurteile gegen Otto Kiep und Elisabeth von Thadden wurden am 26. 8. bzw. am 8. 9. vollstreckt.

73 Hassell hatte Bismarck bereits in seiner Schrift „Im Wandel der Außenpolitik" (1939) als „Meister der Diplomatie" gewürdigt. Unter dem Eindruck von Hitlers Kriegspolitik war jedoch bei ihm die Vorbildlichkeit von Bismarcks Realitätssinn und praktischem Augenmaß noch stärker hervorgetreten. Hassell gehörte damit zu jenen Konservativen, die das Bismarckbild von seinen wilhelminischen Überzeichnungen wieder befreien wollten. Vgl. dazu etwa Hans Rothfels: Bismarck und das 19. Jahrhundert, in: Schicksalswege deutscher Vergangenheit. Festschrift für S. A. Kaehler. Düsseldorf 1950, S. 233–248.

74 An dieser Stelle ist in der Erstausgabe dem Originaltext des Tagebuchs ein Satz über Deutschland als Herz Europas hinzugefügt. Diese Einfügung wurde offenbar von Frau von Hassell in Anlehnung an einen nicht mehr ver-

öffentlichten Aufsatz ihres Mannes von 1944: „Deutschland zwischen Ost und West" vorgenommen. Dort heißt es: „Wir haben schon angedeutet, daß in der deutschen Mittellage neben Gefahren und Schwierigkeiten auch *Aktiva* zu finden sind. Ein solches Aktivum sehr wesentlicher Art ist in ihrer *europäischen* Bedeutung, d. h. der Tatsache gegeben, daß ein gesundes Europa auf die Dauer niemals bestanden hat und nicht bestehen wird ohne Deutschland als gesundes und starkes Herz. Es ist die Tragödie nicht nur Deutschlands, sondern des Erdteils, daß der Gedanke so selten verstanden und verwirklicht worden ist. Niemals vielleicht ist diese europäische Notwendigkeit so klar hervorgetreten wie seit dem Ersten Weltkrieg, und es sollte eigentlich nicht so schwierig sein, zu dieser Erkenntnis durchzudringen und nach ihr zu handeln, – *wenn* die Vernunft in der Welt regierte, was bekanntlich leider nicht der Fall ist."

75 Das hier besprochene Historienbild stammte in Wirklichkeit von dem Maler Karl Wagner. Vgl. hierzu und allgemein Ekkhard Verchau: Otto von Bismarck. München/Zürich 1981, S. 186.

76 Der frühere Legationsrat Herbert Mumm von Schwarzenstein und der Großkaufmann Nikolaus von Halem waren am 16. 6. vom Volksgerichtshof zum Tode verurteilt worden, mit der Begründung, sie hätten zusammen mit dem früheren Freikorpsführer Hauptmann a. D. Beppo Römer ein Attentat auf Hitler vorbereitet. Vgl. Anm. 93/42 und Wagner, Volksgerichtshof (wie Anm. 145/43), S. 668f.; auch Zeller, Geist der Freiheit (wie Anm. 131/41), S. 174–179.

77 Der Konsul Wolfgang Krauel, der seit 1932 deutscher Beobachter am Sitz des Völkerbundes gewesen war, hatte es vorgezogen, in Genf zu bleiben, als er nach Berlin zurückgerufen wurde.

78 General v. Geyr (OB Pz.Gr. West) hatte in einer schriftlichen Eingabe vom 30. 6. aufgrund der schwierigen Lage beantragt, die Invasionsfront durch die Aufgabe von Caen zu begradigen, und das dringende Erfordernis ausgesprochen, anstelle der verlustreichen starren Verteidigung der bisherigen Linie zur elastischen Kampfführung überzugehen. Dieser Lagebeurteilung waren Rommel (OB d. HGr. B) und Rundstedt (OB West) voll beigetreten. Geyr wurde daraufhin am 4. 7. abgelöst (Nachfolger Gen. d. Pz.Tr. Eberbach). Vgl. Dieter Ose: Entscheidung im Westen 1944. Der Oberbefehlshaber West und die Abwehr der alliierten Invasion. Stuttgart 1982, S. 152ff. und Anlage 13 zu S. 237–239.

79 GFM v. Rundstedt wurde im Zusammenhang mit den in Anm. 78 erwähnten Vorgängen am 3. 7. zum Rücktritt veranlaßt (Nachfolger GFM v. Kluge), vgl. Ose, Entscheidung (wie Anm. 78/44), S. 152f., insbes. S. 159.

Verzeichnis der nicht aufgenommenen Textstellen

Die im Text durch [. . .] gekennzeichneten Kürzungen werden im folgenden inhaltlich kurz skizziert. Es wird jeweils die Seite angegeben auf der sich die Kürzung findet (erste Zahl); mehrere Kürzungen auf einer Seite werden von oben nach unten gezählt (zweite Zahl).

1938

49	mögliche andere Aufgaben in der Wirtschaft	69/2	Gespräch mit Wolf Tirpitz (Familienfragen)
50	familiäres Abendessen	69/3	andere Gäste
52	andere Gäste	69/4	Grundstückssache stagniert
53	nachmittags Verwandtenbesuch	69/5	Gesundheitszustand Kameke
54	unverbürgte Mitteilungen über Ansichten zum Durchhaltevermögen der dt. Wirtschaft im Kriegsfall	70	17. 2. Fahrt nach Hannover wegen Grunderwerb
		72	Abschiedsgesuch von Popitz noch unbeantwortet
55	andere Gäste	73	mögliche Hintergründe
56/1	Alvensleben erzählt unklar über den 30. 6. 1934	75/1	private Unterhaltung
		75/2	private Unterhaltung
56/2	über die Predigt; andere Trauergäste	75/3	Schweizer Auseinandersetzungen über die militärische Führung des Landes
57	Schachts Familienverhältnisse	75/4	Gerüchte um Ciano
58/1	berufliche Zukunft; Grunderwerb denkbar		
58/2	H. hält den Vortrag für inhaltlich blaß		

1939

60/1	abends mit alten Bekannten, Sorgen zur Lage	77	Grimms Ausführungen hierzu und über Verlagsprobleme
60/2	Gerüchte um Nazi-Größen	79	Teilnahme an Hochzeit in der Familie
60/3	Kritik an dieser Auffassung	80/1	Gespräche mit Bekannten
61	Adams Festigkeit: leider ein seltener Fall	80/2	bei Raeder wegen Stapellauf „Tirpitz"
63	familiäre Unterhaltung	81/1	abends privat bei Kameke
67	über angeblich bevorstehende Änderungen im AA	81/2	Gespräch mit Pecori
68/1	über mögliche neue Aufgaben	82/1	abends bei noch nicht genesenem Kameke
68/2	Besuch bei alten Bekannten	82/2	um 10 im Café mit Verwandten
68/3	Besuch bei alten Bekannten		
69/1	Besuch bei alten Bekannten	82/3	Mittagessen mit Wolf Tirpitz

82/4	über geringe Chancen, eine neue Tätigkeit zu finden	91/1	Mittagessen mit Wolf Tirpitz; dann Abreise nach Hannover
82/5	verschiedene Besuche; Gespräch über etwaige Verlagstätigkeit	91/2	Grundbesitzerwerb scheitert am Kreisbauernführer
83/1	Familie beteiligt sich an Querelen nicht	91/3	Landschaftsschilderung
83/2	zufälliges Treffen mit Herrn v. d. Osten	91/4	über das Ende der vergeblichen Grundbesitz-Verhandlungen
84/1	weitere Beschimpfungen der „Bonzen"	93	fortgesetzte Hetze gegen Ungarn/Rumänien
84/2	über Disziplinlosigkeit in der Wehrmacht	94/1	Sorgen wegen der deutschen „Volkstumspolitik"
84/3	Brinkmanns angeblicher Barbesuch (s. u. 22. 3. 39)	94/2	Sorgen wegen der deutschen „Volkstumspolitik"
85	Münchner Rückversicherung stellt Spanien-Reise in Aussicht	94/3	Erinnerungen an Südtirol 1920
86	Besuche von und bei Bekannten	95	Bormann ließ sich nicht sprechen
87/1	über Verstimmungen bei Frau Raeder	96	H. plädiert für Anhörung von F. und T.
87/2	Briefe geschrieben; dann	97/1	zufälliges Treffen mit einer Bekannten
87/3	erneute Bedenken gegen die Reise	97/2	zur Geschichte und Lage der Salzburg
87/4	weiterer Tagesverlauf	97/3	Aufenthaltsbeschränkung schwach begründet
87/5	Gespräch über Grundstückserwerb	97/4	Treffen mit Tochter Fey
88/1	über die Fahrt nach Wilhelmshaven	98/1	Abend mit Münchner Studenten (9. 7.)
88/2	alte Seeoffiziere; darunter	98/2	über den Beginn der englischen Propaganda
88/3	weitere Mitreisende	104/1	Skandal um Christian Weber
88/4	sie machten Almuth den Hof	104/2	Personalia (Wohlthat)
88/5	andere Gäste	104/3	Beurteilung von Nostitz und Gaus
88/6	Gesundheit des Redners angegriffen	106	zur Schilderung von Paléologue
88/7	Mittagessen der Angehörigen	108	abwartende Neutralität Italiens noch möglich?
89/1	Beobachtungen zur Tischordnung	109	gesellschaftliche Unterhaltung
89/2	H. hält manches an diesem Stimmungsbild für fragwürdig	110/1	neue Möglichkeit für Grunderwerb
90/1	zwei Privatbesuche	110/2	Gespräch mit Wolf Tirpitz über Spanien
90/2	über Frau v. Weizsäcker	111/1	um 11 Uhr Besprechung mit dem Verlag Mittler & Sohn
90/3	Ribbentrop wünscht keinen Bericht über die Wirtschaftslage in Spanien	111/2	Mittagessen mit einem Wirtschaftler
90/4	kritische Bemerkungen Ilse Görings über NS-Größen	112	H. sieht von Besuch ab

114/1	berufliche Zukunft	140/5	über den 18jährigen Prinzen Konstantin
114/2	Fahrt zum Deutschen Archälogischen Institut	140/6	über den Gesundheitszustand des älteren Sohnes H.
115/1	andere Gäste	141	abwegige Gerüchte in der Bevölkerung über Italiens Beteiligung am Krieg u. ä.
115/2	Unterhaltung nicht ergiebig		
118/1	Abend bei Kameke (27. 8.)		
118/2	weitere Unterhaltung mit Olga Rigele	147/1	andere Gäste; gedrückte Stimmung
118/3	Spekulationen über weiteren Verlauf	147/2	kritisches Urteil über die Lebenserinnerungen Rintelens (s. Anm. 129/39)
122	Mittagessen mit Ilse Göring		
124/1	T. Kessel beendet Tätigkeit im AA aus persönlichen Gründen	147/3	familiärer Abend
		147/4	auf dem Bahnhof Wolf Tirpitz
124/2	Wiedersehen mit zahlreichen alten Bekannten	147/5	Autounfall von Reusch
		147/6	über die Trauung der Tochter Fey
124/3	Wiedersehen mit zahlreichen alten Bekannten	149/1	im Zug nichts zu essen
		149/2	Gang durch die Stadt
124/4	Personalia der Gesandtschaften	150	unklares Ende der „Admiral Graf Spee"
125	Verbindung mit Ebenhausen unterbrochen	152/1	militärische Bedenken gegen Westoffensive
129/1	Grunderwerbsangebot nachgegangen	152/2	weitere Nachrichten über die „Spee"
129/2	Land und Leute	154	Mittagessen mit Wolf Tirpitz
129/3	zur Zusammensetzung des Kirchen-Direktoriums	155/1	unbestätigte militärische Nachrichten aus Finnland
131	H. vermutet, daß ihre Verlobung mit Diels gescheitert ist	155/2	starke Verspätung der Bahn
132/1	unverbürgte Nachricht über Bekannten		
132/2	Mittagessen mit Wolf Tirpitz		

1940

134/1	Treffen mit italienischen Freunden	
		158/1	ähnliche Bedenken bei Wolf Tirpitz
134/2	Besuche; familiäres Essen	
136/1	Frühstück mit Bekannten	158/2	über Zuteilung des Abteils
136/2	Filmbesuch	158/3	unglaubhafte Behauptungen, Kriegseintritt Italiens stünde bevor
138/1	mittags Gespräch mit Tochter Welczeck	
138/2	Zusammensein mit Wolf Tirpitz	160	Heeren zufällig getroffen, nichts Neues
140/1	nachmittags Gespräch über Dante	162/1	abends Opernbesuch
		162/2	Mittagessen mit Wolf Tirpitz
140/2	gesellschaftliche Unterhaltung	163	mittags mit Kameke
		165	Geyr Komm. Gen. geworden
140/3	gegen Abend Gespräch mit altem Seeoffizier	166	Bitte um Nachrichten über kranken Sohn
140/4	Autofahrt nach München; Verkehrskontrolle		

167	abends Familienbesuch	193/3	mittags bei Nostitz; telef. Krankheitsbericht aus Arosa
168/1	abends im Deutschen Klub		
168/2	früh Durchsicht des Mittelmeerbuches; dann	193/4	familiärer Abend (24. 4.)
		193/5	Wilmowsky skeptischer
168/3	Spekulationen über Personalveränderungen im AA	193/6	andere Gäste
		194	nachmittags bei Verwandten; Abfahrt
168/4	andere Gäste		
173	nach Ankunft mit Pietzsch gefrühstückt	195	weiteres zum Schweizer Stimmungsbild
174	Vermutungen Dritter über Verhalten der Alliierten	196	sie sprach deutsch mit Fehlern
175	Gespräch mit Dieckhoff; nichts Neues	198/1	andere Gäste
		198/2	abends Essen bei Bekannten
176/1	Personalia der dt. Botschaft in Rom	198/3	familiärer Abend
		198/4	MWT-Essen
176/2	nachmittags bei Frau v. Weizsäcker	199/1	Schweizer Verwandte
		199/2	in Arosa kranken Sohn besucht
176/3	Gespräch mit Wolf Tirpitz		
176/4	Konzertbesuch	199/3	Arbeitsverhältnisse im MWT
176/5	Krankheit des Sohnes und Sorge um Deutschland	200/1	Theaterbesuch; ital. Bekannte getroffen
176/6	Nachrichten über Befinden des ältesten Sohnes	200/2	Unterhaltung mit skeptischen Ebenhausener Bürgern
177	Überlegungen zum möglichen Friedensschluß zwischen Finnland und der UdSSR	207/1	weiteres zur Stimmung in Rumänien
		207/2	MWT-Besprechung
		208	äußerer Verlauf des Aufenthalts in Essen und Düsseldorf
178	Anlaß: Konfirmation Sohn Kameke		
		209/1	alte Freunde in Wien gesehen
181/1	Wiederholung (Telegramm Neuraths); vgl. oben S. 178		
		209/2	Nachtrag: in Berlin kleiner Vortrag (Dt. Akademie); Luftangriffe
181/2	Krankheitsbericht aus Arosa		
182	mittags Treffen mit Wolf Tirpitz		
		209/3	Gesundheit der jüngeren Tochter
186	er hatte privat Weimar besucht		
		210	Kriegseindrücke des jüngeren Sohnes
187	abends mit Guttenberg; kommt er zu Canaris?		
		212/1	Familientreffen in Brazzà
188/1	dort telefon. Krankheitsbericht aus Arosa	212/2	MWT-Veranstaltung (mit Jagd) in Klachau
188/2	familiäres Mittagessen	213/1	Sorgen über Gesundheit von Sohn und Tochter
188/3	Hentig hat zahlreiche Querelen		
		213/2	Reise-Schwierigkeiten
188/4	Besuch des kranken Sohns	214	Gerede über Stojadinović
191	Krankheitsbericht aus Arosa	215	kleines Essen mit Industriellen
192	vergebliches Warten auf Goerdeler		
		217	über denkbare Gebietsabtretungen auf dem Balkan
193/1	Zahnarzt; familiärer Abend		
193/2	mittags mit Wolf Tirpitz; abends im Klub	218	andere denken ähnlich

621

219/1	Familiennachrichten aus Brazzà	236/2	er lobte die Haltung von Prinzessin Olga
219/2	ältester Sohn wieder nach Arosa	236/3	Gerüchte zum Streit zwischen Serben und Kroaten
219/3	über das Publikum in Hamburg und Berlin	236/4	Gerüchte zum Streit zwischen Serben und Kroaten
219/4	über den Enkel in Brazzà	237/1	Verhalten Heerens wohl richtig
219/5	weiteres zur Einrichtung		
220	Gesundheitsbericht aus Arosa	237/2	vor Abfahrt Essen mit Heeren
221/1	Cosmelli sehr erregt über ital. Niederlagen in Griechenland	238/1	mittags bei Magistrati
		238/2	Folklore
		239/1	andere Gäste
221/2	Gespräch mit anderen Italienern	239/2	andere Gäste
		239/3	abends bei alten Bekannten
		239/4	Erinnerungen an Belgrad

1941

		239/5	zum Personal der Gesandtschaft
225/1	sein Urteil über die Krankheit des Sohnes	240/1	Nachrichten über tollen Zustand in Belgrad
225/2	vor dem Essen Besuch von Bekannten	240/2	Grenze für beide Seiten nicht akzeptabel
225/3	Hotel gut; Wetter schlecht	240/3	über rumänische Beamte
225/4	andere Gäste	240/4	weitere Sorgen Roths
226	mittags mit Freunden von Prinzessin Gagarin	241/1	beim ital. Gesandten mit anderen Gästen
227	abends mit Wolf Tirpitz; dann Abfahrt nach Genf	241/2	angeblich wüste Zwischenfälle in Belgrad
228	nachmittags im Bothmerschen Hause	241/3	in der Nacht Unwohlsein
		242/1	Personalia der Gesandtschaft
229/1	ferner bei Nostitz; in Zürich bei Verwandten; in Arosa beim Sohn	242/2	Ungewißheit über die weitere Entwicklung, insbes. in Belgrad
229/2	über seine 2. Frau		
229/3	über ein MWT-Gespräch einige Tage zuvor	242/3	Ungewißheit über die weitere Entwicklung, in Serbien
230/1	Polizei sammelte für das Winterhilfswerk	242/4	letzter Abend mit Bekannten in Bukarest
230/2	Abend mit MWT-Leuten	243/1	MWT-Gespräch
233/1	Wiederholung (Ablehnung ausländischer Einflußnahme auf deutsche Belange)	243/2	anschließend MWT-Essen
		243/3	mittags weiteres MWT-Essen
		243/4	Meczérs Schicksal im 1. Weltkrieg
233/2	familiärer Besuch		
234/1	Ankunft wohl anderweitig gemeldet	243/5	Ehegeschichten des Erzherzogs
234/2	über die beiden Söhne des Prinzen Paul	244/1	Treffen mit römischen Bekannten
236/1	Prinz Paul hat Informationen, daß Henderson krank sei	244/2	Gespräche mit verschiedenen Ungarn
		245/1	Besuch beim ital. Gesandten

245/2	Besuch bei alten Bekannten (6. 4.)	270/2	weiteres zur Charakterisierung des Erzherzogs Albrecht
246	über Neuhausens Begleiter		
249/1	andere Veranstaltung mit Italienern	271/1	nochmals Klachau; andere Gäste
249/2	Hochzeit der Tochter einer alten Bekannten	271/2	Hentigs geplante Verwendung in Kabul gescheitert
252	Gesundheitszustand des ältesten Sohnes gebessert; bald Dr.-Prüfung	271/3	Hentigs Verletzungen durch Autounfall
		271/4	Wiedersehen mit alten Bekannten; Donaufahrt
254	Gesundheitszustand des ältesten Sohnes	279/1	Familiäres
255	ein undurchsichtiger Mann; Vergleich mit seinem Vorgänger Wagner	279/2	über die Brauchbarkeit der Lösung
		279/3	unterschiedliche Urteile über Lage Rumäniens
256/1	in Breslau Messebesuch	279/4	nochmals negatives Urteil über Killinger
256/2	jüngerer Sohn in vorderster Linie	279/5	weitere MWT-Besprechungen; Wetter beim Rückflug
258/1	Empfang im Adlon		
258/2	in Jugoslawien verzweifelte Stimmung	281	Beispiel insbes. Österreich
		282	Rintelen bestätigt bisherige Nachrichten über Italien
260/1	ältester Sohn Dr.-Prüfung bestanden	283/1	Frau v. Geyr übermittelt trübes Bild der Ostfront
260/2	Essen mit Bekannten		
261/1	weitere persönliche Eindrücke des Kronprinzen	283/2	Schwierigkeiten mit dem Visum für Bodelschwinghs Fahrt zur Beerdigung
261/2	über die Einstellung der ital. Reserve-Offiziere		
		283/3	weitere Nachricht über jüngeren Sohn
261/3	gute Aufnahme in Bremen		
261/4	auf der Rückfahrt bei Fontaines	284	für die auch MWT einiges veranstaltete
261/5	Riedls Privatleben	285	verschiedene Besuche
262/1	Fahrt dorthin mit Vorortbahn	288/1	Cosmelli wird leider versetzt
		288/2	Gestapo hat angeblich nichts dagegen
262/2	verschiedene Treffen mit Wiener Bekannten		
262/3	nach Rückkehr in Berlin MWT-Sitzung	288/3	Wilmowsky steht dazu positiv
		292	Gen. v. Geyr erkrankt
262/4	weiterer Witz		
263	nach einem Gespräch mit Verleger Dr. Lüttke		

1942

264/1	Orden für Gen. v. Geyr		
264/2	über die Fahrt	294/1	für ungar. Politiker
264/3	über die Fahrt	294/2	Quartier-Schwierigkeit
264/4	MWT-Gespräch einige Tage zuvor	294/3	Gepäck-Beförderung
		295/1	andere Offiziere im Stab
265	Näheres hierzu	295/2	Essen im Kreis des Stabes
268	Ungewißheit über die weitere Entwicklung dort	295/3	Gespräch mit Wolf Tirpitz
270/1	andere MWT-Teilnehmer		

295/4	Sonntag mittag bei Wolf Tirpitz mit Gästen	314	hohe Preise
296/1	Abendessen bei Marthe R.	315/1	Erinnerungen an Italien
296/2	nur flüchtiger Eindruck von ihm	315/2	weiterer Klatsch
		315/3	freundliche Verabschiedung
297/1	durch Grippe eingeschränkt	315/4	Imrédy an H.s Bericht aus Sofia interessiert
297/2	Plauderei		
298/1	Gesundheit des Sohnes in Arosa	315/5	Frau Imrédy erhofft Berufung ihres Mannes
298/2	durch Fliegerangriffe erschwerte Rückfahrt nach München	316/1	unsinnige Behauptung, H. habe seine letzte Reise ohne Visum angetreten
		317	Behandlung unbegreiflich
298/3	in Brazzà 2. Enkel geboren	318/1	H. hält sie ohnehin für gegenstandslos
300/1	Bericht des jüngeren Sohnes über Lage an der Ostfront		
		318/2	H. findet das Verhalten Weizsäckers unbegreiflich
300/2	Essen beim türkischen Botschafter		
		319	insbesondere wegen der gewählten Form
305/1	H. beurteilt dies als unglaubwürdig, aber gut erfunden		
		321	Besserung unwahrscheinlich
		322	am meisten ein Familienangehöriger
305/2	Sorgen um den jüngeren Sohn		
		323/1	Nachrichten des jüngeren Sohnes von der Ostfront
306/1	Spekulationen von Bekannten		
		323/2	andere Gäste
306/2	Essen in der Schweizer Gesandtschaft	324/1	einigen Bekannten; schließlich mit
306/3	MWT-Probleme	324/2	verschiedene Veranstaltungen mit Italienern und Bulgaren
307	berufliche Zukunft des ältesten Sohnes		
308/1	Weizsäcker will Erzherz. Albrecht nicht empfangen	326/1	Nachrichten des jüngeren Sohnes
308/2	Unterhaltung mit chilen. Industriellen	326/2	angeblich wird Sonderfriede ventiliert
308/3	MWT-Gespräche	327	in Neuhardenberg; Inhalt der Gespräche nicht notiert
310/1	Erinnerungen aus dem 1. Weltkrieg		
		328/1	Teilnahme an der Hochzeit von Bekannten
310/2	zur damaligen Pfundabwertung		
		328/2	Schwierigkeiten mit Visum
310/3	über MWT-Tätigkeit und Förderung deutsch-bulgar. Zusammenarbeit	331	Essen mit Griechen, unveränderte Klagen
		332	Gespräch mit Bekannten
311/1	Zufälliges Treffen mit altem ital. Bekannten	333	Brief des jüngeren Sohnes über den Ernst der Lage
311/2	telefon. Verabredung mit Suranyi-Unger	334/1	dunkle Andeutungen über Hintergründe
312/1	über das neue Kabinett	334/2	über die Bevölkerung
312/2	zum Schluß über Gömbös (Verlust bedauerlich)	334/3	Quartierfrage schwierig
		334/4	einige Teilnehmer
312/3	über den Verlauf des Fluges	335/1	Hoffnung auf Fortsetzung des Gesprächs
312/4	MWT-Essen		
313	abends allein gearbeitet	335/2	leider ohne Ilse

335/3	andere Teilnehmer
335/4	andere Teilnehmer
337	über den jüngeren Sohn
338	röm. Umzugsgut aus München wegen Brandbombenschaden nach Ebenhausen verlagert
339/1	Familiäre (u. a. gesundheitliche) Kümmernisse
339/2	damit auch Verlust einer guten Sekretärin
340	Visum-Antrag vielleicht erneuern
341	historische Betrachtung Brandenburgs
342/1	verschiedene Veranstaltungen
342/2	über Frau v. Weizsäcker
343	lange keine Nachricht vom jüngeren Sohn

1943

346/1	wachsende Sorge über jüngeren Sohn
346/2	auch über die berufl. Zukunft des ältesten Sohnes
346/3	bei Olga Rigele; diesmal keine Gelegenheit, polit. Fragen zu erörtern
347/1	über den kroatischen Staatssekretär
347/2	abends in Glienicke
348	Wiederholung (Dt. Akademie)
351/1	über einige Teilnehmer
351/2	letzteres durch Hptm. Hohl veranlaßt
352/1	Durcheinander bei dem Luftangriff
352/2	Quartier im Gasthof
352/3	verheiratet mit einer Enkelin von Oskar Osten
352/4	statt dessen privater Abend
352/5	gespenstische Bahnfahrt nach Berlin, Luftangriffe
353/1	Nachricht vom jüngeren Sohn an der Ostfront
353/2	Reiten hört auch auf
355	Versuch, Näheres zu erfahren
357	Abend mit ehem. 2. Garde-Rgt.
358	Gedanken Weizsäckers an seinen gefallenen Sohn
359	Deutsch-Ital. Gesellschaft; Gäste
360	zum Deutschen Volksblatt (Neusatz/Siebenbürgen)
361/1	H.s eigener Vortrag ohne Besonderheiten
361/2	weiteres aus dem Brief des Sohnes
362	wenig Aussichten auf ein neues Visum
363/1	über Schweizer Verwandte
363/2	Urteile anderer über Frau v. Ribbentrop
364/1	jüngerer Sohn nach schwierigem Transport in Garmisch
364/2	ältester Sohn sucht anderen Posten
365	eigene Vorträge und zwei private Abende
366	Familiäres, u. a. berufl. Entwicklung des ältesten Sohnes
367/1	verlegerische Fragen
367/2	Wiederholung (Generalkonsul Marchetti)
367/3	weitere Spekulationen über Italien
370	Finanzen der Partito d'Azione
373	Abend mit Bekannten
374/1	Mittwochsgesellschaft: guter Vortrag Heisenbergs (30. 6. 43)
374/2	Gesundheitszustand der älteren Tochter
376	Familiäres
383/1	Gerede über Alfieri
383/2	Treffen mit Frau v. Rintelen
383/3	über die Chancen der Partito d'Azione
384/1	auch Wohnungsfrage kritisch
384/2	jüngerer Sohn in Frankreich eingesetzt
385	Wiederholung (alliierte Kriegführung)
386	Übernachtung in Potsdam

387/1	Rogeri will mutig nach Berlin umziehen	405/1	Besuch bei alten Bekannten
387/2	weiteres Treffen mit Rogeri	405/2	zur Haushaltsführung
387/3	Gerüchte aus Italien	405/3	Hinweis auf Aufzeichnung über Frankreich-Reise
387/4	ungünstiges Urteil über Steengracht	406	eigener Vortrag
388/1	mit dem älteren Sohn	407/1	Bombenschaden in der Fasanenstraße (Wohnung)
388/2	Erinnerungen an erstes Treffen	407/2	Personalia im IfW
389	weiteres hierzu	407/3	am Vorabend schien eine solche Reise noch unmöglich
391/1	über die Gefährdung der Angehörigen dort	408	Nachtrag: am 20. 11. abends Essen mit Studenten
391/2	Rogeri verzweifelt	409/1	Opernbesuch
392/1	weitere unzuverlässige Nachrichten aus Italien	409/2	ferner Furtwängler unter den Gästen
392/2	Uninformiertheit eines führenden italienischen Generals	409/3	Prinzessin Cecilie ebenfalls anwesend
392/3	Rahn abfällig über Mackensen	411/1	Namen der Inhaber
		411/2	reibungslose Fahrt
393/1	zur Ernährungslage in Italien	413	Elisabeth Ruspolis Telefon überwacht
393/2	Brief des jüngeren Sohnes aus Frankreich	414/1	Gerüchte über Gefolgsleute von Mussolini
395/1	gute Nachrichten von der jüngeren Tochter	414/2	Moltke angeblich zurückhaltend; wird möglicherweise überwacht
395/2	verwirrende Gerüchte aus Italien		
395/3	Anreise über Paris nach Dax; Fahrt über Land; Vortrag	414/3	über Frau Sauerbruch

1944

396/1	Fahrt nach Bordeaux		
396/2	andere Gäste	417/1	Selbstmord Harbous
396/3	Unterhaltung mit weiterem Gast	417/2	über beide Söhne
		419/1	über Frau Woermann
396/4	für nächsten Aufsatz vormerken	419/2	Besichtigung der Landwirtschaft
396/5	nach Tisch Stadtfahrt	420	über beide Damen
397/1	Schwierigkeiten bei der Rückfahrt	421	Bomben in und um Udine; Sorgen um dortige Familie
397/2	Einkaufsversuche in Paris	422/1	körperliche Beschwerden
397/3	Verabredung mit Fürstin Gagarin	422/2	weitere Details über den Luftangriff
397/4	Verabredung mit Fürstin Gagarin	422/3	Brief an Ilse v. Hassell
		422/4	langes Warten auf Entwarnung
397/5	Gespräch mit Wolf Tirpitz		
397/6	Betreuung der Internierten durch Botschaft; über die Kinder von Marthe Ruspoli	422/5	auch für Spanien-Vortrag
		423	Wahls Vorarbeiten zu einem Buch über Friedrich II. bei einem Luftangriff verbrannt
398	umständliche Fahrt nach Reichenberg; Sitzung IfW; am 20. 10. 43 zurück nach Berlin		
		424/1	Gesundheitszustand
		424/2	Gesundheitszustand

424/3	Gesundheit des älteren Sohnes	432	„Theorie" in die Praxis übersetzt
425/1	familiäre Angelegenheiten	433	Sorge um Familie und Haus bei näherrückender Front
425/2	andere berufl. Aufgaben für H.	434	über den jüngeren Sohn
426/1	Wiederholung eines Vortrags	435	Gesundheit des älteren Sohnes
426/2	Treffen der IfW-Außenstelle	436/1	Stil eher englisch
428/1	Belastung durch provisorischen Potsdamer Haushalt	436/2	über diese Kreise
428/2	gerade nach Theaterbesuch	436/3	Tee mit Gästen
428/3	Treffen mit Bekannten	436/4	Schwierigkeiten bei der Bahnfahrt
429/1	weitere Gerüchte hierzu	436/5	Schwierigkeiten bei der Bahnfahrt
429/2	über beide Söhne	437/1	Überlegungen für eigene Kur
431/1	Abend mit Wagemann/IfW und anderen Gästen (8. 6. 44)	437/2	Verhalten gegenüber Deutschen

Zeittafel

1938

Ende Januar/ 4. Februar	Entlassung GFM v. Blomberg (Reichskriegsmin.) und Gen. Ob. Frhr. v. Fritsch (ObdH), Bildung des OKW unter Hitler als Oberbefehlshaber. Gen. v. Brauchitsch wird ObdH
	v. Ribbentrop löst Frhr. v. Neurath als Außenminister ab; Revirement im auswärtigen Dienst einschl. Bekanntgabe der Ablösung Hassells aus Rom
12./13. März	Besetzung und „Anschluß" Österreichs (10. April Volksabstimmung)
30. Mai	Weisung Hitlers an Wehrmacht, Angriff auf die Tschechoslowakei vorzubereiten
27. August	Rücktritt Gen. Becks (Chef Gen. St. des Heeres), Nachfolger: Gen. Halder
September	Internationale Krise um Minderheitenfrage in der Tschechoslowakei
16. September	Besprechung Chamberlains mit Hitler in Berchtesgaden und
22.–24. September	in Bad Godesberg
29. September	Münchener Abkommen zwischen Großbritannien, Frankreich, Italien und Deutschland; Abtretung der sudetendeutschen Gebiete; Garantie für Rumpfstaat Tschechoslowakei; deutsch-britische Nichtangriffserklärung
1. Oktober	Einmarsch deutscher Truppen in die sudetendeutschen Gebiete
2. November	Erster Wiener Schiedsspruch, dem sich die Tschechoslowakei und Ungarn unterwerfen
9. November	Schwere Ausschreitungen gegen Juden in Deutschland („Reichskristallnacht")
6. Dezember	Deutsch-französische Nichtangriffserklärung

1939

14.–16. März	Von Hitler erzwungene Unabhängigkeitserklärung der Slowakei; Wehrmacht besetzt Tschechoslowakei; Errichtung des Protektorats Böhmen und Mähren
23. März	Wiedereingliederung des 1919 abgetrennten Memelgebietes in das Deutsche Reich
28. März	Einzug Francos in Madrid; Ende des spanischen Bürgerkriegs
31. März	Veröffentlichung der britisch-französischen Garantieerklärung für Polen
11. April	Weisung Hitlers an Wehrmacht, Angriff auf Polen vorzubereiten
28. April	Hitler kündigt deutsch-britisches Flottenabkommen (1935) und deutsch-polnischen Verständigungspakt (1934)
22. Mai	Militärbündnis zwischen Deutschem Reich und Italien („Stahlpakt")
19. August	Deutschland und Sowjetunion schließen Wirtschaftsabkommen und
23. August	Nichtangriffspakt mit Geheimabkommen über Aufteilung Polens; Abgrenzung der Interessensphären
25. August	Britisch-polnischer Beistandspakt; Hitler verschiebt den auf den 26. 8. angesetzten Angriff auf Polen
1. September	Angriff auf Polen
3. September	Kriegserklärung Frankreichs und Großbritanniens an Deutschland
17. September	Sowjetrussischer Einmarsch in Ostpolen
27. September	Kapitulation Warschaus
28. September	Deutsch-sowjetrussischer Grenz- und Freundschaftsvertrag
6. Oktober	Reichstagsrede Hitlers mit „Friedensangebot" an Frankreich und Großbritannien (abgelehnt am 10. bzw. 12. 10.)
11. Oktober	Sowjetunion stellt an Finnland ultimative Forderungen

31. Oktober	„Wachablösung" in Italien, „Kabinett Ciano"
7. November	Belgisch-niederländisches Vermittlungsangebot an die Kriegführenden
8. November	Attentat auf Hitler im Münchner Bürgerbräukeller
30. November	Sowjetunion greift Finnland an

1940

Januar	Deutsche Westoffensive wird auf das Frühjahr verschoben
Februar/März	Sumner Welles, Unterstaatssekretär der USA, besucht europäische Regierungen (Rom, London, Berlin)
12. März	Friedensvertrag zwischen Sowjetunion und Finnland
18. März	Treffen Hitlers mit Mussolini auf dem Brenner (italienische Kriegsbereitschaft)
9. April	Deutsche Truppen besetzen Dänemark und landen in Norwegen
10. Mai	Angriff der Wehrmacht auf Holland, Belgien, Luxemburg und Frankreich; Churchill wird Nachfolger Chamberlains als Premierminister
15. Mai	Kapitulation Hollands und (28. Mai) Belgiens
10. Juni	Kriegserklärung Italiens an Frankreich und Großbritannien
14./17. Juni	Ultimaten der Sowjetunion an Litauen, Estland und Lettland mit anschließender Eingliederung als Sowjetrepubliken
23. Juni	Deutsch-französischer Waffenstillstand
17. Juli	Weisung Hitlers für Vorbereitung einer Landung in England
19. Juli	Rede Hitlers mit Friedensappell an England
31. Juli	Weisung Hitlers für Vorbereitung eines Angriffs auf die Sowjetunion
13. August	Beginn deutscher Luftangriffe auf England als Vorbereitung einer Landungsoffensive (Unternehmen „Seelöwe")

30. August	Zweiter Wiener Schiedsspruch; Rumänien tritt Großteil von Siebenbürgen an Ungarn ab
4. September	Antonescu wird rumänischer Staatsführer; Thron-Verzicht König Carlos zugunsten seines Sohnes Michael
13. September	Italienische Offensive gegen Ägypten
27. September	Dreimächtepakt Deutschland/Italien/Japan
12./13. Oktober	Besuch des sowjetrussischen Außenministers Molotow in Berlin
25. Oktober	Treffen von Montoire (Hitler, Pétain, Laval)
28. Oktober	Angriff italienischer Truppen auf Griechenland; im November und Dezember erfolgreicher griechischer Gegenangriff
4. November	Englische Truppen auf Kreta gelandet
9. Dezember	Britischer Gegenangriff auf Libyen

1941

5. Januar	Schwere Niederlage der italienischen Armee in Afrika
6. Februar	Aufstellung eines deutschen Afrikakorps zur Unterstützung Italiens
2. März	Deutscher Einmarsch in Bulgarien
25. März	Beitritt Jugoslawiens zum Dreimächtepakt
27. März	Militärputsch in Jugoslawien gegen „achsenfreundliche" Regierung
6. April	Deutscher Angriff auf Jugoslawien und Griechenland
17. April	Kapitulation Jugoslawiens und (21. April) Griechenlands
10. Mai	Rudolf Heß, fliegt nach Schottland
13. Mai	„Kriegsgerichtbarkeits-Erlaß" Hitlers
6. Juni	„Kommissar-Richtlinien"
22. Juni	Deutscher Angriff auf die Sowjetunion („Unternehmen Barbarossa"); große Anfangserfolge

14. August	Atlantik-Charta
1. September	Juden müssen gelben Stern an der Kleidung tragen (deutsche Polizeiverordnung)
3. September	Erster Massenmord mit Giftgas in Auschwitz
28. September	Heydrich stellvertretender „Reichsprotektor" in Böhmen und Mähren (Neurath beurlaubt)
Oktober	Beginn der Judendeportationen aus dem Reich
16. November	Beginn der englischen Gegenoffensive in Nordafrika
1. Dezember	Deutsche Offensive kommt im Süden Rußlands zum Stehen
7. Dezember	Japanischer Überfall auf die US-Flotte in Pearl Harbor
8. Dezember	Erfolgreiche Gegenoffensive der Roten Armee; Einstellung des deutschen Angriffs auf Moskau
11. Dezember	Deutschland und Italien erklären den USA den Krieg
19. Dezember	Brauchitsch entlassen; Hitler übernimmt selbst Oberbefehl über das Heer

1942

20. Januar	„Wannsee-Konferenz" zur „Endlösung der Judenfrage"
21. Januar	Deutsch-italienischer Vorstoß in der Cyrenaika
Januar/März	Schwere Abwehrkämpfe der Wehrmacht an der Ostfront
Frühjahr	Beginn der Ghetto-Liquidation in Warschau; Bau von Gaskammern in den Vernichtungslagern
26. April	Hitler läßt sich vom Reichstag diktatorische Vollmachten als „Oberster Gerichtsherr" geben
15. Mai	Beginn der neuen Offensive im Osten
27. Mai	Attentat auf Heydrich; daraufhin Massenerschießungen in Lidice
7. Juni/4. Juli	Eroberung der Krim, Einnahme Sewastopols durch deutsche Truppen
19. Juli	Befehl Himmlers, das Generalgouvernement bis 31. 12. 1942 „judenrein" zu machen

23. Juli	Deutsche Offensive Richtung Stalingrad und Kaukasus
7. August	Vorstoß des Afrikakorps (Rommel) bis El Alamein
24. September	Halder als Chef des Generalstabs des Heeres abgelöst; Nachfolger Zeitzler
23. Oktober	Britische Offensive in Nordafrika; Afrikakorps tritt Rückzug an
7./8. November	Landung amerikanisch-britischer Truppen in Marokko und Algerien
11. November	Deutsche Truppen besetzen Südfrankreich
12./13. November	Britische Truppen erobern Tobruk
22. November	Rote Armee schließt deutsche Truppen in Stalingrad ein
23. Dezember	Hitler verbietet Ausbruch aus Stalingrad

1943

24. Januar	Konferenz von Casablanca (Roosevelt und Churchill): Forderung der bedingungslosen Kapitulation Deutschlands
1. Februar	Kapitulation der deutschen Truppen in Stalingrad
18. Februar	Münchner Studentengruppe („Weiße Rose") wegen ihres Aufrufs zum Widerstand gegen einen Unrechtsstaat verhaftet; Geschwister Scholl am 22. Februar 1943 hingerichtet
13./21. März	Mehrere Attentate von Offizieren auf Hitler mißlingen
Anfang April	Widerstandsgruppe im Amt Ausland/Abwehr des OKW durch Verhaftungen gelähmt
12. Mai	Letzte Achsenstreitkräfte kapitulieren in Tunesien
April/Mai	Aufstand im Warschauer Ghetto
5.–13. Juli	Deutsche Offensive bei Kursk („Unternehmen Zitadelle") scheitert; Übergang der Initiative an Rote Armee
10. Juli	Alliierte landen auf Sizilien

12. Juli	Bildung des Nationalkomitees Freies Deutschland
25. Juli	Sturz des faschistischen Regimes in Italien, Verhaftung Mussolinis; Badoglio Regierungschef
Ende Juli	Beginn der schweren Bombardements deutscher Städte
August	Himmler übernimmt zusätzlich Reichsinnenministerium; Frick wird Reichsprotektor von Böhmen und Mähren
9. September	Italien kapituliert gegenüber den Alliierten
September	Mussolini wird befreit und bildet Gegenregierung
28. November/ 1. Dezember	Konferenz der Alliierten in Teheran („Zweite Front" zur Entlastung Rußlands beschlossen)

1944

4. Januar	Die Rote Armee erreicht die ehemalige polnische Ostgrenze
22. Januar	Landung alliierter Truppen bei Anzio-Nettuno
Januar	Verhaftung von Angehörigen des Solf-Kreises und von Helmuth James Graf v. Moltke
19. März	Deutsche Truppen marschieren in Ungarn ein
4. Juni	Rom in alliierter Hand
6. Juni	Alliierte Truppen errichten „Zweite Front" durch Landung in der Normandie (Invasion)
13. Juni	Erster Beschuß von London mit V-1-Raketen („Vergeltungswaffe")
22. Juni	Weitere sowjetische Offensive führt zum Zusammenbruch von Mitte und Südflügel der Ostfront
20. Juli	Hitler überlebt das Attentat von Oberst Graf Staufenberg; der Umsturzversuch bricht am Abend zusammen

Personenverzeichnis

Eine Unsicherheit bei der Identifizierung von Personen wird durch ein „verm(utlich)" nach dem Familiennamen angezeigt. — In Klammern gesetzte Ziffern bezeichnen die Nummer der Anmerkung auf der angegebenen Seite. — Der Name Hitler ist nicht aufgenommen.

Abbas II. Hilmi (1874–1944), bis Dez. 1914 Khedive von Ägypten, während d. 2. Weltkrieges im Exil in Frankreich 265

Abetz, Otto (1903–1958), 1940–1944 Botsch. b. d. Vichy-Regierung 221, 226, 295, 525 (5), 526 (10)

Abs, Hermann Josef (geb. 1901), Vorstandsmitglied d. Deutschen Bank AG, MWT 515 (66)

Adalbert Prinz von Bayern (1886–1970), Dr. phil., Historiker 125

Adam, Wilhelm (1877–1949), Gen. d. Inf., 1938 OB d. Gruppe 2, als Gen.Ob. z. D. gestellt 1. 1. 1939 61, 64, 610 (23)

Alba y Berwick, Jacobo, Herzog v. (1878–1953), 1939–1945 span. Botsch. in London 206

Albers-Schönberg, Ernst (geb. 1897), Dr., Vorstandsmitglied d. Steatit Magnesia AG, Berlin, verh. m. Elisabeth, geb. Wille 112, 115, 129, 134, 155

Albers-Schönberg, Heinz, Sohn d. Vor. 352, 357

Albert, Heinrich Friedrich (1874–1960), 1922–1923 Reichsschatzmin. 272

Albizzi, Marina degli (geb. 1915 in Rußland), verh. m. ital. Diplomaten 106

Albrecht, Erzherzog von Österreich, Prinz von Ungarn (1897–1955) 243, 270, 308, 532 (42), 558 (27)

Albrecht Prinz von Bayern (geb. 1905), ältester Sohn d. Kronprinzen Rupprecht 125

Albrecht, Conrad (1880–1969), Gen.Adm. z. V. 419

Alexander I. (geb. 1888), König von Jugoslawien, 1934 in Marseille ermordet 94, 309, 324, 428

Alexander, Prinz von Jugoslawien (geb. 1924) 213

Alfieri, Dino (1888–1966), 1936–1939 ital. Propagandamin., 1939–1940 Botsch. am Vatikan, 1940–1943 Botsch. in Berlin 140, 196, 205, 273, 320, 334, 337, 341, 381, 493 (119), 544 (108), 563 (56), 600 (137)

Alvensleben-Neugattersleben, Bodo Graf v. (1882–1961), Gutsbesitzer, Präs. d. Deutschen Clubs 55, 58, 67, 147

Alvensleben, Udo v. (1897–1962), Maj. d. Res., Dr. phil., Kunsthistoriker, Landwirt (Wittenmoor) 54, 55, 144, 283, 371, 468 (10), 549 (138)

Alvensleben, Werner v. (1875–1947), Bankier, Politiker 55–57, 469 (14)

Amann, Max (1891–1957), Präs. d. Reichspressekammer, Dir. d. Zentralverlages d. NSDAP (vorm. Eher-Verlag) 75

Ambrosio, Vittorio (1897–1950), seit Febr. 1943 Chef d. ital. GenStb., 1944 verabschiedet 370, 384, 579 (12), 596 (106), 600 (138, 139)

Andres, Iwan, 1939–1941 jugosl. Wirtschaftsmin. 208

Andrić, Ivo (1892–1975), bosn. Erzähler, 1939–1941 jugosl. Gesandter in Berlin, 1961 Nobelpreis f. Lit. 205, 232

Anfuso, Filippo (1901–1963), 1941–1943 ital. Gesandter in

Budapest, ab 13. 11. 1943 Botsch.
(d. Sozialen Italienischen Republik)
in Berlin 395, 600 (137), 601 (148,
149)
Antonescu, Ion (1882–1946), rumän.
Marschall, 1940–1944 Staatsführer
(Conducator) von Rumänien, verh.
m. Maria 241, 279, 313–315, 364,
429, 472 (36), 531 (36, 38), 561 (40,
44, 45), 562 (45, 46)
Antonescu, Mihai (1904–1946),
1942–1944 rumän. stellv. Min.Präs.
308, 313–315, 364f.,561 (45),
562 (47)
Apor d'Altorja, Gabor Baron (geb.
1889), 1939–1944 ung. Gesandter b.
Vatikan 434, 533 (43)
Aretin, Erwein Frhr. v. (1887–1952),
Dr. phil., Schriftsteller u. Publizist,
u. a. „Münchner Neueste Nachrichten" 140
Arnim, Elsa v., s. Schwarze
Arnim, Hans-Jürgen v. (1889–1962),
Gen.Oberst, zuletzt OB d. HGr.
Tunis 366, 396
Arnim, Hans-Karl v. (1885–1945),
Gutsbesitzer (Züsedom) 294
Arnim, Manfred v. (1917–1942, gef.)
ObLt. 323
Arnim, Wilhelm v. (1879–1943),
Gutsbesitzer, u. Margarethe, geb.
v. Arnim (1888–1943) 406
Aschoff, Albert, Dr. med., San.Rat
407
Atatürk, Kemal (1881–1938),
1923–1938 türk. Staatspräs. 69
Attolico, Bernardo (1880–1942),
1935–1940 ital. Botsch. in Berlin,
1940–1942 Botsch. am Vatikan,
verh. m. Eleonora, geb. Pietromarchi 95, 105, 111, 115, 122, 140,
147, 159, 162f., 167f., 174–176, 181,
196, 493 (119), 501 (10)
Auersperg, Karl Adolf Fürst von
(geb. 1915), Gottschee in Krain
250
August Wilhelm Prinz von Preußen
(1887–1949), 4. Sohn Wilhelms II.,
SA-Obergruppenführer 308
Augusta Prinzessin von Bayern, geb.
Gräfin v. Seefried auf Buttenheim
(1899–1978), verh. m. Adalbert
Prinz von Bayern 125
Avakumović, A., 1941 jugosl.
Gesandter in Bukarest 241f.
Axmann, Arthur (geb. 1913), seit
1940 Reichsjugendführer d.
NSDAP 357

Baarová, Lida (geb. 1914), Schauspielerin 57, 79, 476 (2)
Badoglio, Pietro (1871–1956), ital.
Marschall, von 1919 (m. Unterbrechung) bis 8. 12. 1940 Chef d.
GenStb. d. Wehrmacht, Juli
1943–Juni 1944 Min.Präs. 221,
369, 381–383, 385, 387, 390–392,
395, 399, 409f., 412, 426, 429,
592 (83, 84), 596 (106, 109), 597
(113, 114), 598 (116), 599 (129),
600 (138), 612 (43)
Baethgen, Friedrich (1890–1972),
Dr. phil., Prof. d. Geschichte,
Mittwochs-Gesellschaft 323, 423
Bäumer, Gertrud (1873–1954), Dr.
phil., Schriftstellerin 334, 358,
571 (110)
Bagrjanoff, Iwan (1892–1945),
2. 6.–2. 9. 1944 bulg. Min.Präs.
615 (66)
Baikić, Velimir, Prof. d. Nationalökonomie, ehem. jugosl. UStSekr.
237, 530 (30)
Balabanoff, Iwan I., bulg. Großindustrieller 238f.
Balbo, Italo (1896–1940), ital.
Marschall, Gen. Gouv. von
Libyen 89
Balck, Hermann (1893–1983), Gen. d.
Pz.Tr., 1942–1943 Div.Kdr., dann
Komm.Gen. 360f., 406
Ballestrem, Lagi Gräfin v., geb. Solf
(1909–1955) 420
Barandon, Paul (1881–1972), Dr. jur.,
Beauftr. d. AA b. Bev. d. Dt. Reiches in Dänemark 386, 598 (122)
Bardolff, Carl Frhr. v. (1865–1953),
österr.-ung. Feldmarschall-Leutnant
a. D. 88, 208
Bárdossy, Laszlo v. (1890–1946), seit
27. 1. 1941 ung. Außenmin. u. vom

3. 4. 1941–7. 3. 1942 Min.Präs. 244, 308, 560 (36)

Bargatzky, Walter (geb. 1910), Jurist, seit 1940 Kriegsverwaltungsrat im Verwaltungsstab d. Mil.Befh. in Frankreich 526 (9a), 601 (153)

Barion, Hans (1899–1973), Kirchenhistoriker, 1939–1945 Prof. in Bonn 477 (11)

Bartning, Otto (1883–1959), Prof., Architekt 397

Baumann, Hans (geb. 1914), Schriftsteller 262

Bayern, ehem. Königshaus, s. Adalbert, Albrecht, Augusta, Bona, Franz, Klara, Konstantin, Pilar, Rupprecht

Becher, Johannes R. (1891–1958), Schriftsteller 597 (112)

Beck, Ludwig (1880–20. Juli 1944), Gen.Oberst a. D., Chef d. GenStb d. Heeres bis Aug. 1938. Mittwochsgesellschaft. Am 20. Juli 1944 nach Scheitern d. Umsturzversuches Selbstmord 30f., 54f., 61, 64, 72, 98, 110, 115, 127f., 131, 134, 138, 140, 142, 147, 153, 155, 161, 165, 167f., 179, 187, 192f., 195, 197, 199, 210, 225, 229, 248, 260, 280, 289f., 293, 297, 300, 305–307, 326, 330, 332, 338, 342, 345–348, 355, 362f., 365f., 374f., 382, 390, 394, 405, 410, 414f., 418, 420, 423, 429f., 435, 443, 449f., 468 (12), 469 (16), 487 (84), 491 (109a), 492 (115), 496 (139), 502 (15), 511 (54), 524 (113), 527 (16), 544 (109), 546 (121), 547 (128), 552 (157), 553 (161), 577f. (7), 579 (10, 13), 581 (17), 584 (31), 589 (57), 610 (29), 612 (42), 616 (71)

Beck, Gertrud, Tochter d. Vor., s. Neubaur

Beckerath, Erwin v. (1889–1964), Nationalökonom, 1939–1957 Prof. d. Verkehrs- u. Finanzwissenschaften in Bonn, Mitglied d. Freiburger Kreises 352, 565 (71), 582 (23)

Beckerle, Adolf Heinz (1902–1976), SA-Obergruppenführer, seit 1941 Gesandter in Sofia 539 (81), 560 (35)

Bedaux, Charles Eugene (1886–1944), amerik. Industrieller 115

Belgien, Königshaus, s. Leopold

Bell, George Kennedy Allan (1883–1958), Dr., seit 1929 Bischof von Chichester 420, 587 (45), 608 (12)

Below, Nicolaus v. (1906–1983), Oberst (Lw.), 1937–1945 Adj. d. Lw. b. Hitler 543 (104)

Benckiser, Nicolaus (1903–1987), Dr. rer. pol., Journalist, 1929–1944 Auslandskorresp. d. „Frankfurter Zeitung" in London, Rom u. Budapest 245, 431

Beneš, Eduard (1884–1948), 1936–1938 tschech. Staatspräs., 1940 Präs. d. Exilregierung in London 434

Benzler, Felix (1891–1977), 1941–1943 Bev. d. AA. b. Mil.Befh. in Serbien 238, 282, 549 (136)

Berber, Friedrich (1898–1984), Prof., Dr., seit 1937 a. Kaiser-Wilhelm-Institut f. ausl. öffentl. Recht u. Völkerrecht, 1937 Prof. an d. Univ. Berlin, Hauptschriftltr. d. „Monatshefte für auswärtige Politik" 253, 262, 288, 320, 406, 434, 437, 537 (65), 615 (65a)

Berchtold, Leopold Graf (1863–1942), 1912–1915 österr.-ung. Außenmin. 120, 484 (71)

Bergen, Diego v. (1872–1944), Dr. jur., 1920–1943 Botsch. am Vatikan 570 (97)

Berger, Gottlob (1896–1975), zuletzt SS-Obergruppenführer u. Gen. d. Waffen-SS 480 (33), 507 (38)

Berger, Hans (geb. 1909), zu Hassells Zeit Leg.Rat. a. d. dt. Botsch. Rom 392

Bergmann, Helmut, Min.Dir. in d. Pers.Abt. d. AA 166, 319, 358

Berkenkopf, Paul (1891–1962), 1934–1939 Prof. d. wirtschaftl. Staatswissenschaften a. d. Univ. Münster, dann Köln 497 (141)

Bernadotte, Carl Prinz (Herzog von Östergötland) (geb. 1911), verh. m. Elsa, gesch. Gräfin v. Rosen, geb. Gräfin v. Rosen (geb. 1904) 137, 359

Bernstorff, Albrecht Graf v. (geb. 1890), Botsch.Rat a. D., wiederholt verhaftet, 23./24. 4. 1945 von SS erschossen 418, 608 (8)

Berthold, Friedrich Joseph (geb. 1909), Dr., Rechtsanwalt, im Volksbund f. d. Deutschtum im Ausland Referent f. Südtirol, 1939 in d. Verwaltung d. Generalgouvernements (Polen), 1943 Meldung an d. Front 93f., 211, 224, 254, 299, 365, 397, 423, 519 (87), 590 (66)

Bertram, Adolf (1859–1945), Dr. jur., Kardinal, Erzbischof von Breslau 282, 548f. (135)

Berve, Otto (geb. 1890), Dr. jur., Geschäftsführer d. Gräfl. Schaffgotschschen Werke GmbH 255

Best, Sigmund Payne, brit. Hptm. im Secret Intelligence Service, Nov. 1939 gekidnappt, KZ, 1945 befreit 189, 493 (122), 513 (60)

Best, Werner (geb. 1903), Dr. jur., 1940 Chef d. Abt. Verwaltung b. Mil.Befh. in Frankreich, 1942–1945 Reichsbev. im besetzten Dänemark 226, 368, 386, 435, 526 (9a), 591 (78), 598 (122), 616 (69)

Bethmann Hollweg, Marie-Louise v., geb. Gräfin Reventlow (1904–1980) 368

Beumelburg, Walther (geb. 1894), Maj. d. Res., Verb.Offz. d. Mil.Verw. in Frankreich b. Bev. d. franz. Republik f. d. besetzten Gebiete 296

Bevin, Ernest (1881–1951), 1940–1945 brit. Arbeitsmin. 219

Biddle, Anthony J. Drexel Jr., 1937–1939 amerik. Botsch. in Warschau 511 (53)

Bilfinger, Carl (1879–1958), Dr. jur., 1935–1943 Prof. f. Öffentl. Recht a. d. Univ. Heidelberg 551 (154)

Bismarck-Schönhausen, Gottfried Graf v. (1901–1949), Sohn d. Folg., seit 1938 Reg.Präs. in Potsdam, nach dem 20. Juli 1944 verhaftet, KZ Sachsenhausen, verh. m. Melanie, geb. Gräfin Hoyos (1916–1949) 387, 409, 421

Bismarck, Herbert Fürst v. (1849–1904), Sohn d. Folg., 1886–1890 StSekr. d. AA, verh. m. Marguerite, geb. Gräfin Hoyos (1871–1945) 55, 219, 336, 387

Bismarck, Otto Fürst v. (1815–1898), Reichskanzler, verh. m. Johanna, geb. v. Puttkamer (1824–1894) 55, 83, 125, 142, 182f., 230, 236, 331, 336, 341, 368, 379, 385–387, 436, 486 (79), 569 (94), 572 (112), 594 (91), 616 (73)

Bismarck, Otto Fürst v. (1897–1975), Sohn von Herbert Fürst v. B., 1937–1940 Dirigent in d. Pol. Abt. d. AA, 1941–1943 Gesandter an d. dt. Botschaft in Rom, verh. m. Ann-Mari, geb. Tengbom (geb. 1907) 139, 162f., 219, 387, 421, 435f.

Bismarck-Osten, Friedrich v. (1913–1941), Dr. jur., (Plathe) 60

Bissing, Friedrich Wilhelm Frhr. v. (1873–1956), Dr. phil., Prof. d. Ägyptologie 65

Blank, Hans Werner Martin (1897–1972), Dr. sc. pol., Dir. d. Verwaltungsstelle Berlin d. Gutehoffnungshütte AG 146, 185

Blaskowitz, Johannes (1883–1948), Gen.Oberst, 1. 9. 1939 OB 8., später 2. Armee, ab 30. 10. 1939 OB Ost; Okt. 1940–Mai 1944 OB AOK 1 (Frankreich) 130f., 152f., 162, 181, 395–397, 489 (94), 498 (146), 501 (9)

Blattman, Maj. 96

Blessing, Karl (1900–1971), Dipl.-Kfm., 1937–1939 Mitglied d. Reichsbankdirektoriums, 1939–1941 Vorstandsmitglied d. Continentalen Öl AG 409, 605 (171)

Bloem, Walter (1861–1951), Dr. jur., Schriftsteller 437

Bloem, Walter Julius (1898–1945?), Sohn d. Vor., Schriftsteller 437

Blomberg, Werner v. (1878–1946), GFM, 1933–1938 Reichswehr-, dann Reichskriegsmin. u. OB d. Wehrmacht 71, 142, 475 (47)

Blücher, Gebhard Leberecht Fürst von Wahlstatt (1742–1819), preuß. Feldmarschall 430

Blücher, Wipert v. (1883–1963), 1935–1944 Gesandter in Helsinki 505 (21)

Bock, Fedor v. (1880–1945), GFM, OB von Heeresgruppen in Polen, Frankreich u. Rußland (HGr. Mitte bis 19. 12. 1941, HGr. Süd 16. 1.–3. 7. 1942 131, 163, 260, 273, 287, 292f., 322, 330, 389, 505 (24), 539 (82), 546 (121), 551 (150), 565 (67)

Bodelschwingh, Friedrich v. (1877–1946), 1933 Reichsbischof (von Hitler nicht anerkannt), Ltr. d. Betheler Anstalten 91, 129, 209, 479 (28), 488 (92), 519 (85)

Bodelschwingh, Friedrich v. (1902–1977), Pfarrer, verh. m. Jutta, geb. Wille (geb. 1905) 80, 91, 129

Bodmer, Martin (1899–1971), schweizer Industrieller, Mitglied d. Intern. Komitees v. Roten Kreuz, Genf, verh. m. Alice, geb. Naville 297, 437

Boensel, Sekretärin von Stallforth 545 (116)

Boeselager, Albert Frhr. v. (1883–1956), Gutsbesitzer 270

Boeselager, Antonius Frhr. v. (1911–1941, gef.), Lt. d. Res. 270

Boeselager, Georg Frhr. v. (1915–1944, gef.), Oberst u. Kdr. einer Kav.Brig. 542 (100)

Boeselager, Philipp Frhr. v. (geb. 1917), Maj. 542 (100)

Bogolomow, Alexander (1900–1961), seit Juni 1941 sowj. Botsch. in Vichy, 1944–1950 in Paris 605 (176)

Bohle, Ernst Wilhelm (1903–1960), 1933–1945 Gauleiter u. Chef d. Auslandsorganisation d. NSDAP, 1937–1941 auch StSekr. im AA 259

Boisson, Pierre (1894–1948), seit 1939 franz. Hochkommissar von Senegal 517 (77)

Bona Margherita Prinzessin Konrad von Bayern, geb. Prinzessin von Savoyen-Genua (1896–1971) 61

Bonhoeffer (Haus) 590 (72)

Bonhoeffer, Dietrich (geb. 1906), Pfarrer, Privatdozent an d. Univ. Berlin, 1939 venia legendi entzogen, 5. 4. 1943 verhaftet, 9. 4. 1945 nach Standgerichtsverfahren in KZ Flossenbürg erhängt 362, 587 (45), 603 (159)

Bonhoeffer, Klaus (geb. 1901), Dr. jur., Rechtsanwalt, Syndikus d. Lufthansa, 6. 10. 1944 verhaftet, 22./23. 4. 1945 von SS erschossen 366

Bonness, August, Verleger in Potsdam, hingerichtet am 4. 12. 1944 420; 609 (16)

Bonnet, Georges (1889–1973), 1938/39 franz. Außenmin. 73, 471 (29)

Bonomi, Ivanoe (1873–1951), 1921/22 ital. Min.Präs., erneut Jan. 1944–Juni 1945 369

Borcke, Hans-Ulrich v. (1902–1944), Dr. jur., Hptm. d. Res., Landrat 223

Borenius, Tancred (1885–1949), finn. Prof. d. Kunstgeschichte, zeitw. an d. Univ. London 228, 252

Borghese, Donna Giulia (1901–1972), verh. m. Don Rodolfo Borghese Principe di Nettuno (1880–1963) 78, 81

Borghese, Principe Gian Giacomo (1889–1954), Dr.-Ing., Gouverneur von Rom, verh. m. Sophia, geb. Lanza Branciforti a. d. H. der Principi di Trabia (geb. 1896) 249

Boris III. (1894–1943), seit 1918 König der Bulgaren 220, 308–312, 323, 358, 386f., 559 (30, 33), 560 (33, 37), 598 (124)

Bormann, Martin (1900–1945), seit 1933 Stabsltr. beim Stellv. d. Führers, Reichsltr. d. NSDAP, nach d. Englandflug von Heß (10. 5. 1941)

Ltr. d. Parteikanzlei 223, 254, 259, 269, 308, 356, 479 (26), 488 (92), 559 (29)
Bornewasser, Franz Rudolf (1866–1951), seit 1922 Bischof von Trier 277
Bosch, Karl (1874–1940), seit 1935 Vors. d. Aufsichtsrats d. IG Farbenindustrie AG 107
Bosch, Robert August (1861–1942), Dr.-Ing. h. c., Industrieller 107, 134, 149f., 482 (50), 498 (144)
Bossy, Raoul (geb. 1894), 1941–1943 rumän. Gesandter in Berlin 308, 331f.
Bottai, Giuseppe (1895–1959), 1936–1943 ital. Unterrichtsmin. 225, 340, 371, 574 (126), 579 (12), 592 (85)
Bouhler, Philipp (1899–1945), Chef d. Kanzlei Hitlers, Reichsltr., SS-Obergruppenführer 218, 523 (105)
Bova Scoppa, Renato (geb. 1892), 1941–1944 ital. Gesandter in Bukarest 592 (85)
Bräuer, Curt (1889–1969), Dr. jur., 1939/40 dt. Gesandter in Oslo, 9.–16. 4. 1940 Bev. d. Dt. Reiches in Oslo 191, 514 (62)
Brandenburg, Ernst (1883–1952), Dr.-Ing. e. h., Min.Dir. im Reichsverkehrsmin. 195, 341, 386, 575 (129)
Brandenstein, verm. Rudolf Frhr. v. (geb. 1871), Dr. h. c., bulg. Gen.Konsul in Berlin, Präs. d. dt.-bulg. Handelskammer 139
Brandt, Karl (1904–1948), Dr. med., Prof., Hitlers Leibarzt, SS-Gruppenführer 523 (105)
Bratianu, Constantin (Dimu), Vors. d. Nationalliberalen Partei Rumäniens 518 (82), 611 (36)
Bratianu, Gheorghe (1898–1955), Prof. f. Geschichte, Führer e. Oppositionsgruppe in d. nationalliberalen Partei in Rumänien (Jungliberale) 315, 562 (47)
Brauchitsch, Heinrich v. (geb. 1892), Hptm. a. D., Dir. b. d. Karstadt AG, Vetter d. GFM, verh. m. Irmgard, geb. Treichel (1903–1979) 52, 68, 82, 112, 114, 118, 122, 134, 139, 146, 154f., 163, 176, 249, 318, 324, 376, 405, 468 (8)
Brauchitsch, Walther v. (1881–1948), 1940 GFM, 1938–18. 12. 1941 ObdH, in 2. Ehe verh. 1938 m. Charlotte, geb. Rüffer (geb. 1903) 26, 35, 52, 54, 60f., 67f., 82, 88f., 104, 109, 112, 114, 118, 121f., 128, 130f., 133–135, 138f., 143f., 146f., 153f., 163, 165f., 170, 174, 177f., 185, 187, 220, 223f., 230f., 233, 248f., 257, 260, 275, 280f., 285–287, 291–294, 324, 468 (8), 483 (52), 488 (93), 494f. (131), 496 (139), 498 (146), 501 (9), 505 (24), 514f. (64), 538 (76), 550 (146), 554 (165), 555 (2), 610 (23)
Braun, Eva (1912–1945), am 30. 4. 1945 verh. m. Adolf Hitler 100
Braun, Otto, Dir. d. Transdanubia GmbH (Berlin), Mitglied d. MWT (Landw. Beirat) 428
Braune, Paul (1887–1954) ev. Pfarrer, Vizepräs. d. Zentralausschusses f. Innere Mission, 1940 10 Wochen in Haft 209, 519 (85)
Braunschweig, verm. Philipp v. B. (geb. 1907), Lt. d. Res., 1940 Ord. Offz. im IR 322 198
Brazzá, Pierre Savorgnan, de, Graf (1852–1905), franz. Marineoffz., Afrikaforscher 227
Bredow, Hannah v., geb. Gräfin v. Bismarck-Schönhausen (1893–1971), Tochter von Herbert Fürst v. Bismarck 387
Bremer, Pfarrer 270
Briesen, Kurt v. (1886–1941), Gen. d. Inf. 284
Brilioth, Ingve (geb. 1891), seit 1937 Bischof von Växjö, Schweden 587 (45)
Brinkmann, Rudolf (1893–1955), Dr., StSekr., 21. 1.–11. 5. 1939 Mitglied d. Reichsbankdirektoriums, Vizepräs. 81, 84f., 87
Brockett, Baron, Chairman d. Englisch-Deutschen Gesellschaft 169, 502 (15)

Broglie, Louis Victor Duc de (1892–1976), franz. Physiker 167

Bruckmann, Elisabeth (Elsa), geb. Prinzessin Cantacuzène (1865–1946) 58–60, 63, 73–75, 97, 99f., 150f., 254, 324, 326, 349, 358, 470 (21)

Bruckmann, Hugo (1863–1941), Verleger, verh. m. Elisabeth Br. 58–60, 63f., 73–75, 78, 96f., 99f., 150, 254, 470 (21)

Brücklmeier, Eduard (geb. 1903), Dr. jur., Leg.Rat im AA, nach dem 20. Juli 1944 verhaftet, am 20. 10. 1944 in Plötzensee hingerichtet 350

Brückner, Wilhelm (1884–1954), 1930–1941 pers. Adj. Hitlers, dann i. d. Wehrmacht 59, 75, 89

Brüning, Heinrich (1885–1970), Dr. phil., 1924–1933 MdR (Zentrum), 1930–1932 Reichskanzler 271, 491 (109a), 530 (30)

Bruneton, Gaston (geb. 1882), franz. Industrieller, Generalkommissar f. d. franz. Arbeiter in Deutschland 296

Bruno, Giordano (1548–1600), Philosoph 340, 574 (127)

Bryans, J. Lonsdale, brit. Mittelsmann 168–171, 182, 189f., 247, 502f. (15), 503 (18), 509 (44), 511f. (55), 513 (59), 513f. (61), 527 (12), 533 (47)

Buch, Walter (1883–1949), Reichsltr. d. NSDAP, Oberster Parteirichter 79

Buchan, John (1875–1940), Diplomat u. Schriftsteller 75, 476 (54)

Budak, Mile (1889–1946), Dr., seit Nov. 1941 kroat. Gesandter in Berlin, seit 23. 4. 1943 Außenmin. 308, 324

Bühler, Josef (1904–1948), Dr. jur., 1940–1945 StSekr. d. Regierung d. Generalgouvernements (Polen) u. Stellv. Franks 323

Bülow, Bernhard Wilhelm v. (1885–1936), 1930–1936 StSekr. d. AA 405

Bülow, Hilmer Frhr. v. (1883–1976), Gen.Lt. d. Lw 354

Bülow (Schwante), Vicco v. (1891–1970), 1933–1938 Protokollchef d. AA, 1938–1940 Botsch. in Brüssel 329f., 494 (124)

Bürckel, Josef (1895–1944), Apr. 1938–31. 3. 1940 Reichskommissar für d. Wiedereingliederung Österreichs i. d. Reich, 1940 Chef d. Zivilverw. in Lothringen, März 1941–28. 9. 1944 Reichsstatthalter u. Gauleiter d. Westmark 58, 138, 197, 208f., 226, 470 (23), 526 (10)

Bürkner, Felix (gest. 1957), Oberst, Kdr. d. Heeres-Reit- u. Fahrschule Potsdam-Krampnitz 357

Büttner, Walter (1908–1974), Dipl.-Ing., SS-Offz., seit 1938 im AA, pers. Referent d. Gesandten Luther 356, 584 (33)

Buffarini-Guidi, Guido (1895–1945), Mitglied d. Faschistischen Großrats, 1943–1945 Innenmin. Mussolinis 393f., 409, 604 (169)

Bulgarien, Königshaus, s. Boris, Ferdinand

Bullitt, William Christian (1891–1967), 1936–1941 amerik. Botschafter in Paris 186, 511 (53)

Burckhardt, Carl Jakob (1891–1974), Prof. f. Geschichte, 1937–1939 Hoher Kommissar d. Völkerbundes f. Danzig, seit 1944 Präs. d. Internationalen Roten Kreuzes, Genf 34, 69, 109, 178f., 205, 229, 247, 252f., 263, 266–268, 297f., 317f., 382, 437, 483 (53), 527 (13), 533f. (47), 536 (61, 63), 570 (100)

Burmeister, Wilhelm, ObRegRat in d. Hochschulabt. d. Reichs- und Preuß. Min. f. Wissenschaft, Erziehung u. Volksbildung 115

Bursche, Julius (1862–1942), 1905–1939 Bischof d. protest. Kirche in Polen 539 (80)

Bussche-Streithorst, Axel Frhr. v. dem (geb. 1919), Maj. 585 (38), 603 (161), 606 (182)

Buti, Gino (geb. 1888), seit 1942 ital. Botsch. in Paris 397

Butler, Richard Austin (1902–1982), 1938–1941 parlam. StSekr. im

Foreign Office, 1941–1945 brit.
Unterrichtsmin. 297, 310, 559 (32)

Cadogan, Sir Alexander (1884–1968), 1938–1946 StSekr. im Foreign Office 169, 189, 511 (55), 513 (60, 61)
Cadorna, Conte Luigi (1850–1928), Gen., Chef d. ital. GenStb im Ersten Weltkrieg 368
Cadorna, Conte Raffaele (1889–1973), ital. Gen., 1943 Kdr. Pz.Div. Ariete, 1944/45 Führer d. Partisanen in Oberitalien 368
Calderón de la Barca, Pedro (1600–1681), span. Dramatiker 376
Calinescu, Armand (1893–1939, ermordet), März–Sept. 1939 rumän. Min.Präs. 93
Canaris, Wilhelm (geb. 1887), Adm., 1935–1944 Chef d. Amtes Ausl/Abw. im OKW, nach dem 20. Juli 1944 verhaftet, am 9. 4. 1945 nach Standgerichtsverfahren im KZ Flossenbürg erhängt 26, 36, 69, 87, 104, 127, 137, 147, 216, 231, 258, 274, 317, 364, 367, 384, 400, 481 (42a), 574 (123), 590 (71)
Carlyle, Thomas (1795–1881), engl. Schriftsteller 149
Carol II. (1893–1953), 1930–1940 (Thronverzicht) König von Rumänien 73, 93, 207, 314f., 518 (81, 82), 520 (91), 531 (38), 561 (43), 562 (47)
Casardi, Aubrey, ital. Botsch.Sekr. in Berlin 229, 592 (85)
Castellane, Comtesse Marie-Dorothée-Louise, geb. de Talleyrand, (1862–1948) 227
Castellano, Giuseppe (1893–1977), ital. Gen., Aug./Sept. 1943 Unterhändler b. d. Waffenstillstandsverhandlungen in Lissabon 600 (138)
Cavallero, Conte Ugo (1880–1943), ital. Marschall, 1940 Chef d. GenStb. d. Streitkräfte, 1941 OB in Albanien, Jan. 1943 verabschiedet 275, 579 (12)

Cavour, Camillo Benso Conte di (1810–1861), ital. Staatsmann 331, 341
Černák, Matús (1903–1955), 1939–1944 slowak. Gesandter in Berlin 324
Chales de Beaulieu, Walter (1898–1974), Oberst i. G., Chef d. GenStb 4. Pz.Armee, seit 16. 1. 1942 Div.Kdr. 557 (13)
Chamberlain, Arthur Neville (1869–1940), 1937–Mai 1940 brit. Premiermin., danach Lordpräsident d. Staatsrats 50, 51, 52, 54, 57, 61, 111, 132, 153, 169, 189, 216, 310, 470 (24), 477 (15), 484 (66), 488 (89), 489 (98), 510 (47), 512 (55), 513 (59, 60), 559 (32)
Chamberlain, Houston Stuart (1855–1927), Kulturphilosoph 60, 470 (21)
Chambrun, Louis Charles Conte de (1875–1952), 1933–1936 franz. Botsch. in Rom, verh. m. Marie, geb. de Rohan-Chabot, verw. Prinzessin Murat (1876–1951) 225, 227, 526 (9)
Chamier-Glisczinski, v., Schriftltr. von „Offiziere des Führers" 428
Chigi della Rovere Albani, Principe Ludovico (1860–1951), 76. Großmeister d. Souv. Malteserordens 359, 587 (46)
Choltitz, Dietrich v. (1894–1966), Gen. d. Inf. 610 (23)
Christian X. (1870–1947), 1912–1947 König von Dänemark 331, 569 (96)
Christian Prinz zu Schaumburg-Lippe (1898–1974) 53
Christie, Malcolm C., brit. Mil.Att. in d. Schweiz 510 (47)
Churchill, Winston S. (1874–1965), 1939 Erster Lord d. Admiralität, 1940–1945 brit. Premiermin. u. Verteidigungsmin. 157, 169, 185, 209, 239, 251f., 266f., 280, 297, 341, 377, 390, 398, 407, 410, 430, 470 (24), 477 (15), 516 (75), 520 (93), 527 (12), 530 (31), 531 (35),

540 (91), 542 (101), 556 (10), 559 (32), 564 (60), 570 (97), 571 (108), 575 (136), 576 (1), 599 (132), 602 (155), 605 (172), 614 (55)

Chvalkovský, Frantisek (1885–1944), Dr. jur., 1932–1938 tschech. Gesandter in Rom, Okt. 1938–April 1939 Außenmin., dann Gesandter d. Protektoratsregierung in Berlin 180, 205, 286, 288, 434, 552 (156)

Ciano, Conte Galeazzo (1903–1944), 1936–1943 ital. Außenmin., dann Botsch. b. Vatikan bis zum Sturz Mussolinis, Jan. 1944 zum Tode verurteilt, verh. m. Edda, geb. Mussolini (geb. 1908)   61, 65f., 83f., 89, 105, 107f., 118, 140, 143, 152, 159f., 186, 191, 208, 217, 219, 225, 310, 315, 321, 337, 341, 348, 370, 381, 387, 393, 395, 409, 421, 436, 472 (35), 473 (38), 477 (14), 482 (51), 484 (63a), 492 (111), 494 (129), 498 (148, 149), 500 (2), 508 (42), 509 (46), 518 (82), 526 (8), 569 (97), 571 (109), 579 (12), 583 (29), 592 (85), 604 (169)

Cincar-Marković, Aleksandar (1889–1948), 1935–1939 jugosl. Gesandter in Berlin, 1939–1941 Außenmin.   234, 237, 529 (25), 530 (27)

Claß, Heinrich (1865–1953), 1908–1939 Vors. d. Alldeutschen Verbandes   226

Clausewitz, Carl v. (1780–1831), preuß. Gen. u. Militärschriftsteller   430

Clemenceau, Georges (1841–1929), franz. Politiker, zuletzt 1917–1920 Min.Präs.   227

Clodius, Karl (1897–1946), Dr. jur., Gesandter, Wirtschaftssachverständiger f. Südosteuropa   115, 197f., 337, 339, 515 (66), 545 (114)

Codreanu, Corneliu Zelea (1903–1938), Führer d. Legionärbewegung (Eiserne Garde) in Rumänien, 30. 11. 1938 ermordet   66, 73, 472 (36)

Colbertaldo, Conte Vittorio (1865–1931), ital. Bildhauer   340

Conrad, Herbert v. (1880–1946), Landrat a. D. (Fronza, Westpreußen, u. Wohlmirstedt, Kreis Eckartsberga)   146

Conti, Leonardo (1900–1945), Dr. med., Reichsgesundheitsführer, StSekr. im Reichsinnenmin.   523 (105)

Conwell-Evans, T. Philip (geb. 1891), 1932–1934 Sekr. d. Englisch-Deutschen Gesellschaft, 1939/40 Verbindungsmann z. dt. Oppositionsgruppen   502 (13)

Cooper, Alfred Duff (1890–1954), 1940–1941 brit. Informationsmin.   85, 470 (24), 477 (15)

Corsi, ital. Seeoffz.   396

Cosmelli, Giuseppe, 1941 Botsch.Rat an d. ital. Botsch. Berlin   221, 229, 274

Cossmann, Paul Nikolaus (1869–1943), Prof., bis 1933 Hrsg. d. „Süddeutschen Monatshefte", Verlagsdir. d. „Münchner Neuesten Nachrichten", im KZ Theresienstadt gestorben   65, 472 (33)

Coulondre, Robert (1885–1959), Okt. 1938–Sept. 1939 franz. Botsch. in Berlin   163

Courten, Conte de, Raffaele (geb. 1888), ital. Großadm., 1943–1946 Marinemin.   194

Cramon, Viola v. (geb. 1912), Tochter d. Heinrich Ritter v. Kaufmann-Asser   322

Cretzianu, Alexander, 1938–1941 Generalsekr. d. rumän. Außenmin., seit Herbst 1941 Gesandter in Ankara   242

Croce, Benedetto (1866–1952), ital. Philosoph, ab 1943 Führer d. Liberalen Partei, Apr.–Juni 1944 Min.   367, 371, 399, 591 (75)

Crohne, Wilhelm (1880–1945), Min.Dir., Senatsvors. am Volksgerichtshof   420, 609 (17)

Crome, Hans (geb. 1900), Maj., Ic b. Mil.Befh. Frankreich   295

Csáky v. Körösszegh und Adorjan, Istvan Graf (1894–1941), Dez. 1938–1941 ung. Außenmin. 482 (46)
Curie, Marie (1867–1934), poln.-franz. Chemikerin u. Physikerin 389
Curtius, Julius (1877–1948), Dr. jur., 1926–1929 Reichswirtschaftsmin., 1929/31 Reichsaußenmin. 249
Cvetković, Dragiša (1893–1969), 1939–1941 jugosl. Min.Präs. 234, 236f., 529 (24, 25), 530 (27, 31)
Czimatis, Albrecht (geb. 1897), Oberst, Dr.-Ing. 1938/39 abgeordn. zur Vierjahresplanbehörde, 1943 Vorstand d. „Bundes Deutscher Offiziere" 420

Dänemark, Königshaus, s. Christian, Friedrich
D'Agostino, Alberto, 1942 ital. Sonderbeauftragter f. d. griech. Wirtschaft 571 (109)
Daladier, Edouard (1884–1970), seit 1936 franz. Kriegsmin., 1938–März 1940 Min.Präs. 57, 61, 66, 73, 117, 153, 169, 174, 280, 425, 470 (24), 512 (55), 605 (176)
Daluege, Kurt (1897–1946), Dipl.-Ing., 1936–1942 Chef d. Ordnungspolizei, 1942–1945 stellv. Reichsprotektor von Böhmen u. Mähren 393f., 547 (127), 567 (82)
Dampierre, Comte de, Robert (geb. 1888), zu Hassells Zeit an d. franz. Botsch. in Rom, 1940–1942 (Abschied genommen) franz. Gesandter in Budapest 313, 358, 585 (40)
Damrath, Rudolf, Heerespfarrer b. Mil.Befh. i. Frankreich (früher an der Garnisonkirche Potsdam) 397, 601 (153)
Daniels, Alexander Edler v. (1891–1960), Gen.Lt., Kdr. 376. Inf.Div. (Stalingrad), „Bund deutscher Offiziere" 420
Dante, Alighieri (1265–1321), ital. Dichter 22
Darlan, François Xavier (1881–1942), franz. Adm., seit Juni 1939 OB d. Kriegsmarine, Juni/Juli 1940 Kriegs- und Handelsmarine-Min., Mitte Dez. 1940–Apr. 1942 stellv. Min.Präs. zeitw. Außen- u. Innenmin., schloß sich Nov. 1942 in Algier den Alliierten an, am 24. 12. 1942 ermordet 251, 256, 265, 268, 296, 342, 538 (74), 541 (95), 556 (8), 575 (136)
Darré, Walther (1895–1953), 1933–1942 Reichsmin. f. Ernährung und Landwirtschaft 84
Daufeldt, Hans (geb. 1908), Mitarbeiter des SD 272, 543 (106)
Davignon, Vicomte Jacques Henry (1887–1965), 1935–1940 belg. Gesandter in Berlin 197, 515 (69)
Davis, William Rhodes (1889–1941), amerik. Senator, Ölkaufmann in Texas 132, 489 (97)
Déat, Marcel (1894–1955), 1936 franz. Luftfahrtmin., Jan. 1941 Gründer d. Kollaborationspartei Rassemblement National Populaire 268, 295f.
De Bono, Emilio (1866–1944), ital. Marschall, Kolonialmin., Hochkommissar f. d. ital. Besitzungen in Afrika 89
Degrelle, Léon (geb. 1907), belg. Rexistenführer, Kdr. d. SS-Division „Wallonie" 223, 258, 435, 615 (67)
Dekanosov, Vladimir Georgević (1898–1953), sowj. Diplomat, 1940 Sonderbeauftragter in Litauen, dann bis Juni 1941 Botsch. in Berlin 522 (103)
Delius, s. O. Wagner
Delp, Alfred (geb. 1907), S. J., nach dem 20. Juli 1944 verhaftet, am 2. 2. 1945 in Plötzensee hingerichtet 446
Dentz, Fernand (1871–1945), franz. Gen., seit 1940 Hochkommissar in Syrien 538 (73)
Derig, Zahnarzt in Berlin 407
De Vecchi, Cesare Maria, Conte di Val Cismon (1884–1959), 1935/36 ital. Unterrichtsmin. 89
Dibelius, Otto (1880–1967), 1925–1933 Generalsuperintendent

d. Kurmark, seit 1934 i. d. Leitung
d. Bekennenden Kirche 81
Dieckhoff, Hans Heinrich
(1884–1952), 1937–1941 Botsch. in
Washington, 1943–1945 in Madrid
68, 88, 118, 163, 175f., 200, 247,
253, 272, 363
Diehl, Karl Ludwig (1896–1958),
Filmschauspieler 336
Diels, Ludwig (1874–1945), Prof. in
Berlin, Dir. d. Botanischen Gartens. Mittwochs-Gesellschaft 229,
429
Diels, Rudolf (1900–1957), Dr. jur.,
1933 Ltr. d. Abt. Ia d. Polizeipräsidiums in Berlin, seit 1936 Reg.Präs.
in Hannover 137f., 324, 363,
492 (112)
Dietrich, Bernhard (geb. 1896),
Hauptgeschäftsführer d. MWT
197, 208, 279, 324
Dietrich, Josef (Sepp) (1892–1966),
SS-Oberstgruppenführer, seit 1933
Kdr. d. Leibstandarte „Adolf
Hitler" 130, 294, 489 (94)
Dietze, Constantin v. (1891–1973),
Prof. d. Wirtschaftswissenschaften
in Freiburg, Bekennende Kirche,
„Freiburger Kreis", wiederholt verhaftet 335, 582 (23)
Dimanoff, Theodor, bulgar. Konsul,
Präs. der bulg. Kolonie „Edinstero"
in Berlin 323
Dimitriuc, Vasile, Vors. d. Ausschusses f. dt.-rumän. Wirtschaftsbeziehungen 240f.
Dirksen, Herbert v. (1882–1955),
1929–1933 Botsch. in Moskau,
1933–1938 in Tokio, 1938–1939 in
London 110, 242
Doehring, Bruno (1879–1961), Dr.
theol. h. c., Hof- u. Domprediger,
Berlin 1930–Nov. 1933 MdR
(DNVP) 198
Dönhoff, Marion Gräfin (geb. 1909),
Dr. rer. pol., Gutsverwalterin 32,
335, 374
Dönitz, Karl (1891–1981), Großadm.,
1943–1945 OB d. Kriegsmarine
593 (96), 615 (65)

Dörnberg, Alexander Frhr. v.
(1901–1983), Dr. jur., seit 1938
Chef d. Protokolls im AA 241,
311
Doertenbach, Ulrich (1899–1958), bis
1943 Gesandtschaftsrat a. d. Dt.
Botsch. Rom, dann AA Berlin,
verh. m. Erda, geb. Gräfin v.
Roedern (1911–1961) 409f., 421
Dohna-Schlobitten, Hermann Graf zu
(1894–1942), Landwirt (Finckenstein), preuß. Staatsrat 53
Dohna-Schlodien, Christoph Graf zu
(1921–1945, gef.), cand. med. 374
Dohna-Schlodien, Dagmar Gräfin zu
(geb. 1907), Schwester d. Vor., Bildhauerin 324, 340, 346, 357, 374,
407
Dohnanyi, Hans v. (geb. 1902),
Dr. jur., Reichsgerichtsrat, verh.
m. Christine, geb. Bonhoeffer
(1903–1965), seit Aug. 1939 im
Amt Ausl/Abw d. OKW, am
5. 4. 1943 verhaftet, am 6. 4. 1945
nach Standgerichtsverfahren im KZ
Flossenbürg(?) gehängt 36, 179,
181, 186, 197, 224, 230, 248, 268,
274, 277, 283, 293, 300, 307, 317f.,
326, 362, 366, 374, 375, 384, 400,
509 (43), 574 (123), 603 (158, 159)
Dollfuß, Engelbert (1892–1934),
Dr. jur., 1932 österr. Bundeskanzler
und Außenmin., 25. 7. 1934 ermordet 23, 58, 492 (113), 496 (138)
Dommes, Wilhelm v. (1867–1959),
Gen.Maj. a. D., Flügeladj.
Wilhelms II., Generalbev. d.
ehem. preuß. Königshauses 198
Dorpmüller, Julius (1869–1945), Dr.-Ing. h. c.), 1937–1945 Reichsverkehrsmin. 159, 307, 558 (25)
Dorrer, Alice v. (1866–1957),
Generalswitwe 334
Dorsch, Käthe (1890–1957), Schauspielerin 87
Douglas-Hamilton, Lord Douglas
(1903–1973), seit 1940 Duke of
Hamilton and Brandon 528 (20)
Draganoff, Parvan (1890–1945),
1938–1942 bulg. Gesandter in Ber-

lin, dann in Madrid 205, 221,
232, 235, 256, 275, 288, 308, 323,
565 (68)
Drechsel, Max Ulrich Graf v. (geb.
1911), Hptm., nach dem 20. Juli
1944 verhaftet, am 4. 9. 1944 in
Plötzensee hingerichtet 616 (71a)
Dryander, Elisabeth v. (geb. 1919),
Tochter d. Folg., verh. m. Hptm.
Hohl 229, 356, 362
Dryander, Gottfried v. (1876–1952),
Dr. jur., Geh. ObRegRat,
MWT 355f., 381, 386, 389
Duckwitz, Georg Ferdinand
(1904–1973), seit 1939 im AA,
1940–1945 Schiffahrtssachverständiger a. d. Gesandtschaft Kopenhagen 180
Düring, Julius v. (1876–1945), Maj.
a. D., Eigentümer von Clüversborstel 87, 478 (22)
Dulles, Allen W. (1893–1969), amerik. Politiker, 1939–1945 Chef d.
Nachrichtendienstes in Europa
(OSS, Bern) 27, 601 (145)
Dunois und Longueville, Jean
(1402–1468), franz. Feldherr 226

Eberbach, Heinrich (geb. 1895), Gen.
d. Pz.Tr., seit Juli 1944 OB 4.
Pz.Armee 617 (78)
Eberstein, Friedrich Karl Frhr. v.
(1894–1979), seit 1936 Polizeipräs.
von München 64, 325
Eckart, Dietrich (1868–1923), völkischer Schriftsteller 595 (104)
Eden, Anthony (1897–1977),
1935–1938 und 1940–1945 brit.
Außenmin. 228, 247, 252, 310,
365, 470 (24), 477 (15), 527 (12),
573 (119)
Eichhorn, Lothar v. (1880–1950),
Vater von Hermann v. E.
(1913–1941, gef.), Sohn d. GFM
Emil v. E. (1848–1918) 270
Einsiedel, Heinrich Graf v.
(geb. 1921), Oberfähnrich d. Lw.,
Nationalkomitee „Freies Deutschland" 608 (13)
Einstein, Albert (1879–1955),
Physiker 557 (20)

Eisenlohr, Ernst (1882–1959),
1935–1939 in Prag, 1939/40
Sonderkommission f. Wirtschaftsfragen in Prag 52, 242
Eitel Friedrich Prinz von Preußen
(1883–1942), 2. Sohn Kaiser
Wilhelms II. 338
Elena (Helene), Königin von Italien
(1873–1952) 354
Elsas, Fritz (geb. 1890), 1931–1933
Bürgerm. von Berlin, nach dem
20. Juli 1944 verhaftet, ohne Verfahren am 4. 1. 1945 im KZ Sachsenhausen erschossen 495 (135)
Elschenbroich, Frau (?) 249
Elser, Georg (1903–1945), Tischler,
Attentäter des Bürgerbräu-Anschlags, am 9. 4. 1945 im KZ
Dachau hingerichtet 494 (127)
Enckell, Carl Johan Alexis
(1876–1959), 1918 Vertreter Finnlands in Moskau, mehrmals
Außenmin. 609 (20)
Engel, Gerhard (1906–1976), zuletzt
Gen.Lt., 1938–1943 Heeresadj. b.
Hitler 498 (146)
Erbach-Schönberg, Viktor Prinz zu
(1880–1967), 1936–1941 Gesandter
in Athen 68
Erbslöh, Adolf (1881–1947), Maler u.
Graphiker 96
Erdmann, Gerhard (1896–1974),
Dr. jur., Geschäftsführer d.
Arbeitsgemeinschaft d. Industrieu. Handelskammern in d. Reichswirtschaftskammer 437
Erdmannsdorff, Otto v. (1888–1978),
1937–1941 Gesandter in Budapest,
dann stellv. Ltr. d. Pol. Abt. d.
AA, verh. seit Dez. 1939 m. Erika,
verw. Freifrau v. Rheinbaben, geb.
v. Seydewitz (1895–1985) 85, 125,
242f., 244, 386f., 558 (27)
Erkko, Juho Eljas (1895–1965),
1938–1939 finn. Außenmin., später
Gesandter in Stockholm 124, 354
Esser, Hermann (1900–1981),
1933–1935 bayer. Staatsmin.,
1939–1943 StSekr. i. Reichmin. f.
Propaganda u. Volksaufklärung
79, 350

Ettel, Erwin (1895–1971), 1936–1939 NSDAP-Landesgruppenltr. in Italien, 1938 Gesandtschaftsrat an d. dt. Botschaft Rom, 1939–1941 Gesandter in Teheran 95

Etzdorf, Hasso v. (geb. 1900). Leg.Rat an d. dt. Botschaft Rom z. Zt. Hassells, im Krieg Vertreter d. AA beim OKH 115, 135, 162f., 193, 260, 300, 356f., 414, 490 (106), 515 (67)

Eucken, Walter (1891–1950), Prof. f. Volkswirtschaftslehre an d. Univ. Freiburg, Freiburger Kreis 497 (141), 582 (23)

Eulenburg, Franz (1867–1943), Dr. phil., Prof. f. Nationalökonomie u. Statistik in Kiel 389, 599 (130)

Eulenburg, Adelheid Gräfin zu, geb. Freiin v. Weizsäcker (geb. 1916), Tochter Ernst v. W. 167

Fabinyi, Tihamer v. (geb. 1890), 1932–1938 ung. Finanzmin., Generaldir. d. Kreditbank 244, 271

Fabritius, Fritz (1883–1957), dt. Volksgruppenführer in Siebenbürgen, 1942 verhaftet 92f., 95, 479 (31), 480 (33)

Fänner, Fräulein 384

Falk, van der, holländ. Wirtschaftler 158

Falkenhausen, Alexander v. (1878–1966), Gen. d. Inf., 1935–1938 Mil.Berater in China, dann Befh. im Wehrkreis IV (Dresden), 1940 bis 18. 7. 1944 Mil.Befh. in Belgien u. Nordfrankreich, nach dem 20. Juli 1944 verhaftet 166, 187, 193, 220, 223, 230, 264, 266f., 276, 280, 293f., 297, 345, 371–373, 386, 413, 422, 527f. (16), 547f. (129), 592f. (87), 593 (89), 606 (181), 610 (23, 25, 26)

Falkenhausen, Friedrich Frhr. v. (1869–1946), preuß. Staatssekr. a. D., Danteforscher 226, 283, 334

Falkenhausen, Gotthard Frhr. v. (1899–1983), Dr. jur., Bankier, 1944 im Stab d. Mil.Befh. in Frankreich 226, 397f.

Falkenhorst, Nikolaus v. (1885–1968), Gen.Oberst, 1942–1944 Wehrmachtbefh. in Norwegen 352

Farinacci, Roberto (1892–1945), ital. Staatsmin., seit 1935 Mitglied d. Faschistischen Großrats 89, 383

Farrell, Edelmiro (geb. 1887), seit März 1944 argent. Staatspräs. 610 (27)

Fatou, Pierre-Louis-René, franz. Freg.Kapt., Generalsekr. f. d. franz. Kolonien in Vichy 296

Faupel, Wilhelm (1873–1945), Gen.Lt. a. D., 1936/37 Geschäftsträger in Spanien 376

Favre, Jules (1809–1880), franz. Staatsmann 436

Fay, Bernard (geb. 1893), Historiker u. Generaldir. d. Bibliothèque Nationale in Paris 296

Fechter, Paul (1880–1958), Dr. phil., Literaturhistoriker, bis 1933 Red. Mitglied der DAZ, 1934 Mitherausgeber der Wochenschrift „Deutsche Zukunft". Mittwochs-Gesellschaft 260, 323, 369, 565 (70)

Feiler, Max Christian, Theaterdichter 230

Felmy, Helmuth (1885–1965), Gen. d. Fl., 1940 Chef d. Luftflotte 2 160

Ferdinand I. (1861–1948), König der Bulgaren, 1918 angedankt 312

Erri, Carlo Emilio (geb. 1899), ital. Prof. d. Nationalökonomie in Mailand 274

Feyerabend, Gerhard (geb. 1898), Oberst, 1941–Nov. 1943 Chef d. GenStb d. AOK 1 (Blaskowitz) 396

Fiehler, Karl (1895–1969), SS-Obergruppenführer, seit 1933 Oberbürgerm. von München 429

Filoff, Bogdan (1883–1945), Prof. d. Archäologie, 1938–1940 bulg. Unterrichtsmin., 1940–1943 Min.Präs. 114, 239

Finck, Werner (1902–1978), Kabarettist 476 (2)

Finck v. Finckenstein, Gerd Graf (1892–1945), Trossin (Neumark),

verh. m. Hilde, geb. Gräfin zu
Lynar (geb. 1903) 97
Firle, Rudolph (1881–1969), Dr. rer.
pol., 1933–1940 Vorstandsmitglied
d. Norddt. Lloyds, 1941–1945 Mitglied d. dt. Waffenstillstandskommission in Frankreich 421
Fischböck, Hans (1895–1967),
Dr. jur., März 1938–Apr. 1939
österr. Handels- u. ab Mai 1938
Finanzmin., seit Mai 1940 Generalkommissar f. Finanz u. Wirtschaft
b. Reichskommissar, f. d. besetzten
niederländ. Gebiete 232
Fischer, Eugen (1874–1967), Prof.,
Dr. med., Dir. d. Kaiser-Wilhelm-
Instituts f. Anthropologie, menschliche Erblehre u. Eugenik.
Mittwochs-Gesellschaft 255, 409
Fischer, Otto Christian (1882–1953,
sowj. Haft), Dr. jur., Dr. phil.,
Aufsichtsratsmitglied d. Allgem.
Deutschen Credit-Anstalt Leipzig,
Ltr. d. Reichsgruppe Banken,
MWT 67, 139, 422, 426, 610 (28)
Flügge, Wilhelm v. (1887–1953), Ass.,
Berater d. Handelsabt. d. dt.
Botsch. Ankara 431, 614 (59)
Foch, Ferdinand (1851–1929), franz.
Marschall 430
Foelkersamb, Hans-Henning v.
(1889–1984), Oberst d. Lw. i. d.
Gruppe Wehrbetreuung d. Reichsluftfahrmin., zuletzt Gen.Maj.
421
Fontaine, Werner, Landgerichtspräs. 91
Fontaine, Wolfgang, Sohn d. Vor. 73
Ford, Henry (1863–1947), amerik.
Industrieller 212
Forster, Albert (1902–1948), seit 1930
Gauleiter d. NSDAP von Danzig-
Westpreußen, 1933 Reichsstatthalter 69, 155, 268, 499 (153)
Fort, Vertreter der Vereinigten Stahlwerke in Paris 1942 296
Fotić, Konstantin (1891–1959),
1942–1945 jugosl. Gesandter in
Washington 530 (28)

Franceschini, Josef, Großkaufmann
in Bozen 94–96, 277, 423, 480
(35, 37)
Franck, Walter (1896–1961), Schauspieler 353
Franco y Bahamonde, Francisco
(1892–1975), seit 1936 Staatsführer
(Caudillo) von Spanien 23, 83,
87, 151, 215f., 218, 224, 519 (89),
521 (98), 522 (99), 526 (7), 567
(81), 571 (108)
François-Poncet, André (1887–1978),
1931–1938 franz. Botsch. in Berlin,
1938–1940 in Rom 53, 163, 216
Frangeš, Otto, jugosl. Landwirtschaftsmin. 233
Frank, Hans (1900–1946), Dr. jur.,
Reichsmin., Präs. d. Akademie für
Deutsches Recht, seit 1939 Generalgouverneur (in Polen) 152, 155,
254, 299, 321, 323, 326, 340, 365,
498 (147), 556 (12), 564 (65)
Frank, Karl-Hermann (1898–1946),
Sudetendt. Partei, März 1939–
August 1943 StSekr. b. Reichsprotektor von Böhmen u.
Mähren 90, 100, 262
Frank-Fahle, Günther (geb. 1897),
Dr. jur., Dir. bei d. I.G. Farbenindustrie AG, Berlin 168, 176
Franz Prinz von Bayern (1875–1957),
Gen.Maj. a. D. 125
Fraser, Leon, amerik. Bankier 488
(91)
Frauendorfer, Max (geb. 1909),
Dr. jur., 1939–1942 Hauptabt.Ltr.
Arbeit i. d. Regierung d. Generalgouvernements (Polen), 1941
Min.Dirig., seit Februar 1942 Wehrdienst 224, 254, 339, 365, 385,
397, 525 (2), 537 (67), 590 (66)
Freibe (?) 333
Freisler, Roland (1892–1945), Dr. jur.,
seit August 1942 Präs. d. Volksgerichtshofs 445f., 548 (131), 565
(73)
Freitas-Valle, Cyro de (geb. 1892),
1939–28. 1. 1942 brasil. Botsch. in
Berlin 229

Freundt, Alfred, März 1941 dt. Konsul in Agram, dann Gen.Konsul an d. dt. Gesandtschaft Agram 233
Freyberg, Alfred (1892–1945), 1932–1940 Min.Präs. von Anhalt, dann Oberbürgerm. von Leipzig 331
Frick, Wilhelm (1877–1946), 1933–1943 Reichsmin. d. Innern, dann Reichsprotektor von Böhmen u. Mähren 77, 308, 356, 475 (46), 491 (107), 524 (109)
Friedrich Kronprinz von Dänemark (1899–1972) 331
Friedrich Erzherzog von Österreich, Herzog von Teschen (1856–1936), österr.-ungar. und preuß. Feldmarschall 270
Friedrich II. (der Große), (1712–1786), König von Preußen 144, 285, 362f., 589 (60)
Friedrich III. (1831–1888), Deutscher Kaiser und König von Preußen 336, 423
Friedrich Sigismund Prinz von Preußen (1891–1927), verh. m. Marie Luise, geb. Prinzessin zu Schaumburg-Lippe (1897–1938) 53, 56
Fritsch, Werner Frhr. v. (1880–1939, gef.), Gen.Oberst, 1934–1935 Chef d. Heeresleitung, 1935 ObdH, 1938 abgelöst 52, 70–72, 98, 127, 142, 199, 468 (8), 475 (47, 47a), 487 (85)
Fröhlich, Gustav (1902–1987), Schauspieler 79, 476 (2)
Fromm, Friedrich (1888–1945), Gen.Oberst, 1939–1944 Chef d. Heeresrüstung u. Befh. d. Ersatzheeres 193, 195, 338, 348, 350, 362
Funk, Walter (1890–1960), 1938–1945 Reichswirtschaftsmin. seit 1939 Reichsbankpräs. 79, 81, 110, 136, 158, 164, 205, 208, 258, 262, 284, 475 (46), 476 (4)
Furtwängler, Wilhelm (1886–1954), Dirigent 77, 230, 405

Gablenz, Karl-August Frhr. v. (1893–1942), Gen.Maj. d. Lw., Ltr. d. technischen Amtes im Reichsluftfahrtmin. 327
Gaevernitz, s. Schulze-Gaevernitz
Gagarin, Fürstin Alexander, geb. Maria Lasarewski (geb. 1876) 397
Galbiati, Enzo (geb. 1897), ital. Gen. der Miliz, Mai–Juni 1943 (Rücktritt) Stabschef d. Miliz 370
Galen, Clemens August Graf v. (1878–1946), seit 1933 Bischof von Münster 269, 277, 283, 296, 523 (105), 541f. (97), 549 (135), 555 (7)
Galland, Adolf (geb. 1912), Oberst (zuletzt Gen. d. Jagdflieger), 1942 Inspekteur d. Jagdflieger 282
Gamelin, Maurice Gustave (1872–1958), franz. Gen., seit Sept. 1939 OB d. alliierten Streitkräfte in Frankreich, Mai 1940 abgesetzt, bis Mai 1945 in franz. u. dt. Haft 165
Gamper, Michael (1885–1956), südtiroler Kanonikus 611 (30)
Gandin, Antonio (1891–1943), ital. Divisionsgeneral auf Kephalonia 602 (156)
Ganzenmüller, Albert (geb. 1905), Dr.-Ing., Reichsbahnrat, seit 1942 StSekr. im Reichsverkehrsmin., Vizepräs. d. Deutschen Reichsbahn 558 (25)
Gaulle, Charles de (1890–1970), franz. Gen., 1940–1945 Chef d. franz. Nationalkomitees (später franz. Nationalregierung) 210, 227, 256, 265, 296, 412, 517 (77), 575 (136)
Gaus, Friedrich Wilhelm Otto (1881–1955), Dr. jur., seit 1923 Ltr. d. Rechtsabt. d. AA, UStSekr. 363
Gautier, Theophil (1881–1953), Gen.Lt., Inspekteur d. Rüstungsinspektion XVII (Wien) 245f.
Gavrilović, verm. Milan (1882–1976), Dr., Juli 1940–April 1941 u. ab Juli 1941 jugosl. Gesandter in Moskau, später Justizmin. in d. Exilregierung 241
Gebsattel, Franz Frhr. v. (1889–1945), Oberst d. Res. 258

Gebsattel, Hermann Frhr. v. (1920–1941, gef.), Sohn d. Vor., Lt. 258
Genechten, Robert van (1895–1945), führender Vertreter d. niederl. NS-Bewegung (NSB), 1940–1943 Generalstaatsanwalt in Den Haag 306
Gentile, Giovanni (1875–1944), Philosph, 1922–1924 ital. Unterrichtsmin. 367, 591 (75)
Georg, Kronprinz von Sachsen (1893–1943), S. J. 374, 594 (94)
Georg II., König von Griechenland (1890–1947), verh. m. Elisabeth von Rumänien (1935 geschieden) 314, 562 (46)
Georg VI. (1895–1952), 1936–1952 König von Großbritannien, Irland etc., verh. m. Lady Elisabeth Bowes-Lyon a. d. H. der Earls of Strathmore and Kinghorne (geb. 1900) 153, 228
Gerede, R. Hüsrer (geb. 1884), 1939–1942 türk. Botsch. in Berlin 208
Gericke, Herbert (1895–1973), 1929–1939 Dir. d. Dt. Akademie in Rom 408
Gerlach, Leopold v. (1790–1861), preuß. Gen. d. Inf. u. Generaladj. Friedrich Wilhelms IV. von Preußen 125, 486 (79)
Gersdorff, Rudolf-Christoph Frhr. v. (1905–1980), zuletzt Gen.Maj., 1941 Ic/Abwehroffizier HGr. Mitte 539 (92), 581 (16)
Gerstenmaier, Eugen (1906–1986), Dr. theol., seit 1939 Konsistorialrat im Außenamt d. Ev. Kirche, am 20. Juli 1944 verhaftet, Zuchthaus 30, 335, 347f., 350, 356, 359, 374, 376, 390, 391, 539 (80), 553 (161), 578 (7), 581 (18), 586 (45)
Geßler, Otto (1875–1955), 1920–1928 Reichswehrmin., 1931–1933 Vors. d. Vereins f. d. Deutschtum im Ausland 98f., 142, 146–149, 182, 187, 199, 481 (42a), 495 (136), 510 (47)

Geyr v. Schweppenburg, Leo Frhr. (1886–1974), Gen. d. Pz.Tr., 1933–1937 Mil.Att. in London, Brüssel und Den Haag, 1937–1940 Kdr. 3. Pz.Div., 1940–Oktober 1943 Komm.Gen. von Pz.-Korps, bis 5. 7. 1944 OB Pz.Gruppe West, dann Inspekteur d. Pz.Truppe 142, 152, 173, 183f., 265, 292f., 337, 411, 437, 438, 494 (126), 510f. (51), 605 (174), 617 (78)
Ghailani, Raschid Ali el, April 1940–Mai 1941 (m. Unterbrechung März 1941) irak. Min.Präs. 538 (73)
Giesler, Paul (1895–1945), 1942–1945 bayer. Min.Präs., seit 1942 Gauleiter von München-Oberbayern (Vertretung Wagner) 326, 586 (42)
Gigurtu, Ion (1886–1959), 1938–1939 rumän. Handels- und Industriemin., 1940 Außenmin., Juli/Sept. 1940 Min.Präs., MWT 313f., 547 (125), 561 (41)
Giraud, Henri Honoré (1879–1949), franz. Gen., 1940 OB d. 7. Armee, nach Flucht (1942) aus dt. Kriegsgefangenschaft bis 1944 OB d. franz. Streitkräfte in Nordafrika 356, 584 (35)
Gisevius, Hans Bernd (1905–1974), Dr. jur., Reg.Rat, 1939 Sonderführer in d. Abwehr-Abt. d. OKW, 1940–1944 Abwehrbeauftragter b. dt. Generalkonsulat in Zürich 110–113, 137, 139, 207, 257, 274, 277, 318, 345, 348, 350, 366, 384, 496 (139), 500 (4)
Glaise v. Horstenau, Edmund (1882–1946), österr. Min. a. D., 1939 Inspekteur d. Kriegsgräberfürsorge im OKW, seit 1941 Bev. Dt. Gen. in Agram 58f., 88, 100, 146, 247, 250, 263, 274f., 281f., 294, 522 (103), 535 (55), 540 (87), 573 (117)
Gleichen-Rußwurm, Heinrich Frhr. v. (1882–1959), Schriftsteller, Herausgeber der Zeitschrift „Der Ring", 1924 Gründer d. Dt. Klubs (Her-

renklub) in Berlin, verh. in 2. Ehe m. Ilse Maria, geb. Mannhardt (geb. 1907) 97, 408

Glondys, Viktor (1882–1949), 1932–1941 Bischof d. dt. ev. Kirche in Rumänien 92, 240, 480 (32)

Goebbels, Joseph (1897–1945), 1933–1945 Reichsmin. f. Volksaufklärung u. Propaganda, Gauleiter d. NSDAP von Berlin; verh. m. Magda (1901–1945) 39, 51, 52, 57, 62, 74f., 77, 79, 82–84, 91f., 97–99, 104, 111, 159, 162, 210, 249, 255, 294, 306, 324, 333, 349, 351, 356f., 376f., 381, 398, 429, 431, 446, 471 (30), 475 (46), 476 (1, 2), 479 (30), 481 (43), 488 (92), 493 (119), 497 (141), 498 (145), 552 (155), 570 (103), 573 (120), 576 (1), 577 (4), 579 (11), 581 (15), 582 (20), 595 (104), 597 (114), 603 (157), 614f., (62)

Goehle, Herbert (1878–1947), Adm. a. D. 88

Goerdeler, Carl Friedrich (geb. 1884), Dr. jur., 1930–1937 Oberbürgerm. von Leipzig, zugleich 1932 und 1933–1935 Reichskommissar f. d. Preisbildung. Nach dem 20. Juli 1944 verhaftet, am 8. 9. 1944 zum Tode verurteilt, am 2. 2. 1945 in Plötzensee hingerichtet 20, 29–33, 109–112, 115, 125–127, 130–139, 144–146, 148, 152–155, 158f., 161, 163f., 166f., 173–175, 181f., 184f., 187f., 192f., 197, 200, 207, 210, 215, 217f., 220, 223f., 230, 233, 236, 248, 257, 261, 263, 273, 277, 280, 283, 289f., 293f., 297, 300, 306f., 328, 330, 340, 345–350, 356, 363, 375, 382, 388f., 394, 398–400, 405, 407–410, 413–415, 418, 421, 423, 426, 430, 443, 445f., 449, 481 (40), 482 (50), 484 (64), 487 (88), 495 (135, 136), 497 (143), 499 (152), 500 (4), 502 (15), 505 (25), 506 (30), 509 (45), 514 (63), 527 (16), 544 (109), 546 (121), 547 (128), 552 (159), 553 (163), 554 (164), 577f. (7), 579f. (13), 582 (21, 23), 587 (49), 594f. (100), 601 (146), 602 (155), 605 (172), 607 (186), 608 (10), 610 (23), 612 (42), 613 (52)

Goerdeler, Christian (1917–1942, gef.), Sohn d. Carl Friedrich G., ObLt., 1942 wegen Verfassens einer politischen Schrift mit 6 Wochen Arrest bestraft, nach Rußland versetzt 306f.

Göring, Herbert (1889–1949?), Halbbruder von Hermann G., Dir. d. Hermann-Göring-Werke 49, 68, 110, 154, 467 (3), 565 (66)

Göring, Hermann (1893–1946), 1933–1945 preuß. Min.Präs. u. Reichsmin. d. Luftfahrt, 1935–1945 OB d. Lw., 1940 Reichsmarschall; verh. m. Emmy, geb. Sonnemann (1893–1973) 22, 26, 50, 56f., 60, 65, 67, 69–74, 78f., 82, 87, 91, 95, 98, 104, 111, 117–122, 124f., 128f., 131–133, 136–138, 142, 144, 146f., 153f., 157–162, 164–168, 174f., 178, 181, 185, 195, 198f., 210f., 216, 219, 231, 236, 241, 246, 249, 275, 281f., 284, 294, 299, 306, 322, 327f., 332f., 339f., 345f., 348, 351, 357, 376f., 395, 414, 467 (3), 468 (6), 473 (43), 474 (43, 45), 475 (46, 47), 480 (37), 484 (68, 73), 485 (73), 487f. (89), 489 (97), 491 (107), 496 (137), 499 (151), 506 (32), 524 (108), 533 (45), 536 (58), 542 (101), 562 (45), 565 (66), 566 (78a), 573 (120), 574 (124), 579 (11), 583 (29)

Göring, Ilse, geb. Göring, Kusine von Hermann G., Witwe seines gefallenen Bruders Karl, wiederverheiratet m. Rudolf Diels 51, 70, 72, 87, 89, 124, 131, 146, 157, 160, 167, 249, 468 (6), 474 (43), 492 (112)

Görlitzer, Artur (geb. 1893), seit 1933 stellv. Gauleiter von Berlin 74

Görtz Gräfin, s. Schlitz

Goetz, Walther (1867–1958), Dr. phil., Prof. d. Geschichte in Leipzig, 1933 freiwillig emeritiert, 1920–1928 MdR (DDP) 98f., 148

Goga, Veturia, geb. Muresanu, Wwe. d. Octavian G. (1880–1938),

1937/38 bulg. Min.Präs. 314f., 561 (44)

Gollwitzer, Helmut (geb. 1908), Dr. theol., Prof., 1938–1940 Pfarrer in Berlin-Dahlem, 1940–1950 Wehrdienst u. Gefangenschaft 85

Goltz, Rüdiger Graf v. der (1894–1976), Dr. jur., Rechtsanwalt und Notar, Verteidiger Fritschs u. Dohnanyis 400

Gontard, Ludwig v. (geb. 1922), Lt. 423

Gort, Viscount John Standish Surtees (1886–1946), brit. Gen., 1939/40 OB d. brit. Expeditionskorps in Frankreich 165

Gotzamanis, Sotirios, bis 6. 4. 1943 griech. Finanz- u. Wirtschaftsmin. 571 (109)

Graf, Wilhelm (geb. 1918), stud. med., „Weiße Rose", am 10. 10. 1943 hingerichtet 585 (41)

Gramsch, Friedrich (1894–1955), Dr. jur., seit 1940 Min.Dir. im Amt d. Beauftragten f. d. Vierjahresplan, dann Chef d. Devisenabt. im Preuß. Staatsmin. 223

Grandi, Conte Dino (1895–1988), 1932–1939 ital. Botsch. in London, 1939–1943 Justizmin. 89, 370, 381, 383, 387, 409, 526 (8), 579 (12), 592 (85), 596 (109)

Grassi, Ernesto (geb. 1902), Dr. phil., seit 1938 Honorarprof. in Berlin 340, 574 (126)

Graziani, Rodolfo (1882–1955), ital. Marschall, OB d. ital. Truppen in Nordafrika, Okt. 1943 Oberkommandierender d. Republikanisch-Faschistischen Armee 215

Greene, Barbara, s. Strachwitz

Gregor, Hans (1866–1945), Opernintendant 396

Gregor, Werner (geb. 1896), Sohn d. Vor., Dr. rer. pol., Gen.Konsul in Toulouse 396

Greiffenberg, Hans v. (1893–1951), Gen.Maj., Chef d. GenStb d. HGr. Mitte 273

Greiser, Arthur (1897–1946), 1934–1939) Senatspräs. d. Danziger Senats, 1939–1945 Gauleiter u. Reichsstatthalter im Gau Wartheland 155, 218

Griechenland, Königshaus, s. Georg, Helene, Konstantin, Nikolaus, Paul, Sophie

Grillo, Remigio Danilo, seit 1941 Konsul am ital. Generalkonsulat in München 340, 380, 383

Grillparzer, Franz (1791–1872), Dichter 323

Grimm, Hans (1875–1959), Dr. phil., Schriftsteller 77f., 476 (1)

Gritzbach, Erich (geb. 1896), Dr. jur., 1938 Min.Dir. im preuß. Staatsmin., StSekr. beim Bev. f. d. Vierjahresplan 95, 136, 281, 346, 480 (37)

Gröber, Conrad (1872–1948), Dr. theol., seit 1932 Erzbischof von Freiburg 282

Grohé, Josef (geb. 1902), seit 1931 Gauleiter von Köln-Aachen, 1944 Reichskommissar f. d. besetzten Gebiete Belgien u. Nordfrankreich 592 (87)

Groos, Otto (1882–1970), Adm. z. V., 1940–Juni 1944 u. ab Okt. 1944 Chef d. Sonderstabes f. Handelskrieg u. wirtschaftl. Kampfmaßnahmen im OKW 280f.,

Groscurth, Helmuth (1898–1943), Oberst i. G., 1939/40 Chef d. Abt. Heerwesen im OKH, Febr. 1942 Chef d. GenStb. d. XI. A.K., bei Stalingrad in Gefangenschaft geraten, dort im März 1943 gestorben 340, 348, 486 (82), 495 (131), 497 (141), 501 (9), 574 (122), 578 (10)

Grossi, Enzo (1908–1959), ital. Seeoffz. 396

Grüber, Heinrich (1891–1975), Dr. theol. e. h., ev. Pfarrer, ab 1937 Ltr. d. (eigenen) Hilfsstelle f. ev. Rasseverfolgte. 1940–1943 KZ Sachsenhausen u. Dachau 553 (161)

Gründgens, Gustaf (1899–1963), Schauspieler u. Regisseur,

1937–1945 Generalintendant d.
Preuß. Staatstheater 575 (128)
Grumme-Douglas, Wilhelm v.
(1906–1944), Kaufmann, ObLt. d.
Res. d. Lw. 382, 397
Grundherr zu Altenthann und Weiherhaus, Werner v. (1888–1962),
Dr. jur., 1934–15. 8. 1944 Gesandter
in d. PolAbt. AA 435
Grynspan, Herschel (geb. 1921), Mörder d. Botsch.Sekr. E. vom Rath in
Paris 1938 471 (28)
Guardini, Romano (1885–1969), Prof.
d. kath. Theologie 358
Guariglia, Raffaele (1889–1970),
1938–1943 ital. Botsch. in Paris,
am Vatikan und in Ankara, Juli
1943 (nach Sturz Mussolinis)
Außenmin. d. Regierung
Badoglio 384, 392, 600 (139)
Guderian, Heinz (1888–1954),
Gen.Oberst, 1940 Befh. einer
Pz.Gruppe, 1941–25. 12. 1941 OB d.
2. Pz.Armee, März 1943 Generalinspekteur d. Pz. Truppen,
21. 7. 1944–28. 3. 1945 Chef d.
GenStb d. Heeres 184, 292f., 327,
360, 437, 495 (135), 543 (105), 554
(1), 587 (49), 610 (23)
Günther, Christian (1886–1966),
1939–1945 schwed. Außenmin.
359
Gürtner, Franz (1881–1941), Dr. jur.,
seit 1932 Reichsjustizmin. 63, 65,
70, 164, 233, 472 (34), 475 (46),
523 (105), 565 (73)
Guth, Karl (geb. 1889), Hauptgeschäftsführer d. Reichsgruppe
Industrie 264
Guttenberg, Karl Ludwig Frhr. v. und
zu (geb. 1902), Dr. phil., Herausgeber der „Weißen Blätter", seit 1939
i. Amt AuslAbw, nach dem 20. Juli
1944 verhaftet, 23./24. 4. 1945 von
SS erschossen, verh. m. Therese,
geb. Prinzessin v. Schwarzenberg
(1905–1979) 97, 110, 129, 134,
142, 197, 224, 263, 267, 278, 281,
283, 287, 289, 329, 331, 338, 347,
362, 366, 375, 384, 408, 429, 481
(40), 573 (117)

Haakon VII. (1872–1957), 1905–1957
König von Norwegen 191
Habicht, Theodor (1898–1944, gef.),
1931–1934 Landesltr. d. NSDAP in
Österreich, 1939/40 UStSekr. im
AA, Wehrdienst 147, 188, 191,
496 (138), 512 (57), 514 (62)
Hacha, Emil (1872–1945), Dr. jur.,
seit 30. 11. 1938 Präs. d. Tschechoslowakischen Republik, nach dem
15. 3. 1939 Staatspräs. von Böhmen
u. Mähren 138, 177, 180, 262,
434, 507 (37), 552 (156)
Haeften, Hans-Bernd v. (geb. 1905),
Vortr. LegRat im AA, nach dem
20. Juli 1944 verhaftet, am
15. 8. 1944 in Plötzensee hingerichtet, verh. m. Barbara, geb. Curtius
249, 252, 255, 260, 281f., 286, 318,
331, 340, 548 (131), 552 (159)
Haeften, Hans v. (1870–1937),
Gen.Maj. a. D., 1931–1934 Präs. d.
Reichsarchivs 548 (131)
Härlin, Inhaberin des Hotels Isla in
Arosa 195
Haersma de With, Hendrik Maurits,
Yonkheer van (1884–1945), Dr. jur.,
1938–1940 niederl. Gesandter in
Berlin, verh. m. Sophie Louise,
geb. van den Broek d'Obrenan
(1894–1975) 79
Hahn, Theodor Baron v. (1880–1949),
Dr. jur., seit 1931 Berufskonsul in
Klagenfurt, 1938 z. D. gestellt 52
Halder, Franz (1884–1972),
Gen.Oberst, 1938–1942 Chef d.
GenStb d. Heeres 26, 61, 104,
121, 127f., 131, 135–138, 144–149,
165, 173, 180–185, 187, 217, 231,
248, 256f., 273, 275, 280, 286f.,
291f., 300, 330, 389, 390, 468 (8,
12), 469 (16), 486 (80), 495 (131,
132), 496 (139), 499 (150), 505 (24),
509 (44, 45), 510 (47), 514f. (64),
534 (52), 550f. (146, 147), 554 (165,
168; 1), 568 (91), 610 (23)
Halem, Gustav Adolph v. (geb. 1899),
seit 1942 Gen.Konsul in La Spezia,
Livorno u. Mailand, 1943 Gesandter b. Bev. d. Dt. Reiches in Italien,
1945 Gesandter in Lissabon 395

653

Halem, Nikolaus v. (geb. 1905), Dr. jur., Kaufmann, 25. 2. 1942 verhaftet, am 9. 10. 1944 hingerichtet 331, 437, 568f. (93), 617 (76)

Halifax, Lord Edward (1881–1959), 1938 bis 1940 brit. Außenmin., seit Dez. 1940 Botsch. in Washington 28, 153, 157, 162, 168–170, 177, 179, 187, 189f., 228, 252, 273, 297, 501 (8), 502 (15), 503 (18), 506 (31), 509 (43), 511f. (55), 513f. (59, 60, 61), 527 (12), 559 (32), 596 (105)

Hamilton, Lord, s. Douglas-Hamilton

Hamm, Eduard (geb. 1879), Dr. jur., 1923–1925 Reichswirtschaftsmin., nach dem 20. Juli 1944 verhaftet, am 23. 9. 1944 Selbstmord in Gestapohaft 98f., 148

Hammerstein-Equord, Kurt Frhr. v. (1878–1943), Gen.Oberst z. V., 1930–1934 Chef d. Heeresleitung, 1939 kurzfristig OB einer Armee-Abt. 26, 56, 68, 98, 128, 131, 133, 136, 283, 293, 356, 365, 489 (96), 584 (32)

Hanfstaengl, Erna (gest. 1981) 168

Haniel, Karl (1877–1944), Industrieller, Vors. d. Aufsichtsrats d. Gutehoffnungshütte 225

Hanke, Karl (1903–1945), StSekr. im Reichsmin. f. Volksaufklärung u. Propaganda, 1941 Gauleiter u. Reichsstatthalter von Schlesien 77, 255

Hanneken, Hermann v. (1890–1981), Gen. d. Inf., 1942–1945 Mil.Befh. in Dänemark 386, 435, 569 (96)

Hansen, Erik (1889–1967), Gen. d. Kav., 1940–1941 Ltr. d. Dt. Militärmission in Rumänien, dann Komm.Gen. und Mil.Befh. in Rumänien u. Chef d. Dt. Militärmission 240

Hansen, Georg (geb. 1904), Oberst i. G., Abt.Chef der Abt. Abwehr d. OKW, nach dem 20. Juli 1944 verhaftet, am 8. 9. 1944 in Plötzensee hingerichtet 445

Harbou, Bodo v. (1880–1943), Oberst i. G., Chef d. Stabes b. Mil.Befh. in Belgien u. Nordfrankreich 264, 606 (180)

Hardenberg, Carl August Fürst v. (1750–1822), preuß. Staatsmann 320

Hardenberg, Carl-Hans Graf v. (1891–1958), Besitzer von Neuhardenberg, Obstlt. d. Res., 1941 Ord. Offz. bei Bock und Kluge, nach dem 20. Juli 1944 verhaftet; verh. m. Renate, geb. Gräfin v. d. Schulenburg (geb. 1888) 388, 414

Harewood, Earl of, verm. Henry Viscount Lascelles, verh. m. Prinzessin Mary von Großbritannien und Irland, Schwester König Georgs VI. 297

Harnack, Arvid (geb. 1902), Volkswirtschaftler, seit 1933 ObRegRat im Reichswirtschaftsmin. Ltr. d. „Roten Kapelle", am 22. 12. 1942 hingerichtet 572 (115)

Harnier Frhr. v. Regendorf, Adolf v. (1903–1945), Dr. jur., Rechtsanwalt, 1939 verhaftet, nach Befreiung im Gefängnis verstorben 485 (78)

Hartmann, Paul (1889–1977), Schauspieler 230

Hartog, Hans, Forstmeister, Obstlt. d. Res., im Stabe d. Mil.Befh. in Frankreich 397f.

Hasenack, Wilhelm (1901–1984), Dr. rer. pol., Prof. d. Betriebswirtschaftslehre an d. Handelshochschule Leipzig 497 (141)

Hassell, Almuth v. (geb. 1912), Tochter Ulrich v. H. 87, 150, 186, 189, 323, 380, 387, 438, 443

Hassell, Carl Otto v. (1912–1941), stud. jur., Hptm. d. Res., Neffe Ulrich v. H., 1941 gefallen 299, 582 (25)

Hassell, Fey v. (geb. 1918), Tochter Ulrich v. H., 1940 Heirat mit Detalmo Pirzio Biroli, Sept. 1944 verhaftet, in mehreren KZ 53, 86, 89, 96, 150, 161, 367f., 435, 443f.

Hassell, Ilse v. (1885–1982), geb. v. Tirpitz, Frau Ulrich v. H. seit 1911; 28. 7. 1944 verhaftet (mit Tochter

Almuth), im August freigelassen 38, 53, 85, 87f., 97, 106f., 124, 129, 134, 147, 150, 154, 166, 168f., 194, 199, 209, 229–231, 252, 262f., 267, 273–275, 278, 283, 285, 288, 291, 305, 308, 311f., 316–318, 323f., 329, 334–337, 345–347, 349, 351–353, 361–363, 368f., 371, 376, 381, 384, 386, 389, 392, 395, 405f., 411, 419, 424, 443, 446, 449, 478 (20), 490 (104), 565 (72), 589 (62), 606 (183), 608 (9), 616 (74)

Hassell, Johann Dietrich v. (Hans Dieter), (geb. 1916), Sohn Ulrich v. H., Offizier im Kav.-Rgt. 18, als Maj. i. G., Okt. 1944 verhaftet 56, 62, 87, 97, 157, 160, 260, 264, 283, 287, 293, 299, 329, 355, 360f., 367, 374, 377, 397f., 411, 419, 424, 426, 444

Hassell, Lorenz Jürg. v. (1911–1942), Dr. jur., Neffe Ulrich v. H., wegen antinationalsozialistischer Haltung aus d. juristischen Vorbereitungsdienst ausgeschlossen, 1942 gefallen, verh. m. Raimute, geb. v. Caprivi (1914–1984) 299, 353, 582 (25)

Hassell, Ulrich v. (1848–1926), preuß. Obstlt. a. D., Vater Ulrich v. H., verh. m. Margarete, geb. v. Stosch (1854–1923) 398, 542 (99)

Hassell, Wolf Ulrich v. (geb. 1913), Dr. jur., Sohn Ulrich v. H. 28, 67, 199, 209, 228, 262, 283, 293, 374, 376, 387, 405, 424, 426, 433, 443, 446, 577 (7), 595 (102)

Haubach, Theodor (geb. 1896), Dr. phil., Politiker (SPD) u. Journalist, 1930 Pressereferent im preuß. Innenmin., nach dem 20. Juli 1944 verhaftet, am 23. 1. 1945 in Plötzensee hingerichtet 578 (7)

Haushofer, Albrecht (geb. 1903), Dr. phil., Prof. an d. Univ. Berlin, nach dem 20. Juli 1944 verhaftet, am 22./23. 4. 1945 ohne Verfahren erschossen 232f., 247, 252f., 255, 263, 267, 285, 350, 356, 362, 527 (13), 528 (20), 533f. (47), 536 (61, 62), 540 (86)

Haushofer, Karl (1869–1946), Gen.Maj. a. D., Prof. d. Geographie, 1934–1937 Präs. d. Deutschen Akademie 78, 577 (4)

Haverbeck, Edgar (geb. 1891), Dipl.-Ing., Geschäftsführer d. Dominitwerke, Berlin 431

Hebel-Eitel, Dr., Frau, Sekretärin des Kölner Oberbürgerm. 351

Heckel, Theodor (1894–1967), seit 1933 Bischof u. Ltr. d. Außenamtes d. Ev. Kirche 259, 322, 350, 539 (80), 581 (18)

Hedin, Sven (1865–1952), schwed. Asienforscher 324, 565 (72)

Heeren, Viktor v. (1881–1949), zur span. Zeit Hassells an d. dt. Botsch. in Madrid, 1933–1941 Gesandter in Belgrad, verh. m. Elisabeth, geb. Freiin v. Maltzahn (1894–1970) 213f., 234f., 237f., 242f., 529 (25), 530 (27, 29), 532 (40)

Heidenstam, Verner v. (1859–1940), schwed. Schriftsteller 565 (72)

Heinburg, Curt (geb. 1885), Dr. jur., 1939–1943 Gesandter i. d. Pol.Abt. d. AA, 1943–1944 Gen.Konsul in Triest 246, 323

Heinrichsbauer, August (geb. 1890), Manager im Ruhrkohlenbergbau, seit 1940 Hauptgeschäftsführer d. Südosteuropa-Gesellschaft 262

Heinrici, Carl (1876–1944), Dr. jur., StSekr. a. D. 53, 70, 79, 82f., 87, 117, 132, 143f.

Heinrici, Gotthard (1886–1971), Gen.Maj., 1939 Kdr. einer Inf.Div., zuletzt Gen.Oberst 82

Heinz, Friedrich Wilhelm (geb. 1899), Stahlhelmführer, Obstlt. in d. Abw.Abt d. OKW 490 (104)

Heisenberg, Werner (1901–1976), Prof. f. theoretische Physik, Dir. d. Kaiser-Wilhelm-Instituts f. Physik u. Atomphysik in Berlin. Mittwochs-Gesellschaft 335, 337, 369, 385, 437

Helene, Prinzessin Nikolaus von Griechenland (1882–1957), geb. Großfürstin von Rußland 314, 562 (46)

Helene, Königinmutter von Rumänien, geb. Prinzessin von Griechenland (1896–1953), 1928 von König Carol II. geschieden) 314f., 561 (43, 44), 562 (46)

Helldorff, Wolf-Heinrich Graf v. (geb. 1896), seit 1935 Polizeipräs. von Berlin, nach d. 20. Juli 1944 verhaftet, am 15. 8. 1944 in Plötzensee hingerichtet 137, 139, 257

Hencke, Andor (1895–1984), seit März 1943 Min.Dir./UStSekr. u. Ltr. d. Pol.Abt. d. AA 387

Henderson, Sir Nevile (1882–1942), 1929–1935 brit. Gesandter in Belgrad, seit 1937 Botsch. in Berlin 27, 38, 50, 51, 90f., 111, 113, 116–123, 140, 161, 163, 169f., 342, 377, 379, 467 (4), 479 (27), 483 (55), 484 (72), 493 (120), 596 (105)

Hentig, Werner Otto v. (1886–1984), Dr. jur. u. rer. pol., Gesandter, 1937–1939 in d. Pol.Abt. d. AA; 1940 Chef d. Waffenstillstandskommission in Syrien, dann wieder Pol.Abt. d. AA 69, 188, 249, 271, 292, 349, 364, 512 (57)

Hercolani, Principessa Santa, geb. Principessa Borghese (geb. 1897), Dr. phil. 143, 261

Herhudt v. Rohden, Hans Detlev (1899–1951), Gen.Maj. d. Lw., 1940/41 Luftkriegsakademie, letzter Chef d. Kriegswissenschaftl. Abt. d. Lw. 437

Hermine, zweite Gemahlin Kaiser Wilhelms II., verw. Prinzessin v. Schönaich-Carolath, geb. Prinzessin Reuß Ä. L. (1887–1947) 407

Hertzberg (?) 146

Heß, Rudolf (1894–1987), seit 1933 Stellvertreter Hitlers, 10. 5. 1941 Flug nach Schottland 75, 77, 86, 104, 175, 232, 251–253, 255, 263, 298, 308, 325, 470 (21), 479 (26), 528 (20), 536 (58, 60)

Hessen, Haus, s. Philipp

Hewel, Walther (1904–1945), seit 1938 Beauftr. d. AA im Führerhauptquartier 516 (75)

Heydrich, Reinhard (1904–1942), seit 1936 Chef d. Sicherheitspolizei u. d. SD, 1939 Ltr. d. Reichssicherheitshauptamtes, 1941 stellv. Reichsprotektor von Böhmen und Mähren 49, 67, 70f., 74, 87, 177, 226, 233, 282, 318, 320f., 328, 340, 393f., 526 (9a), 540 (86), 546 (116), 563 (55), 564 (61), 567 (82), 574 (123)

Heymann, Egon (geb. 1903), Dipl.-Volkswirt, Journalist u. Publizist, für „Münchner Neueste Nachrichten" u. „Berliner Börsenzeitung" als Auslandskorresp. tätig 66, 354, 383, 392, 583 (28)

Hildebrand, Arnold (1879–1961), Dr. phil., Prof. d. Kunstgeschichte, Dir. d. Hohenzollernmuseums in Berlin 362, 589 (60)

Hildebrandt, Rainer (1914–1985), Dr. phil., Publizist, 1944 inhaftiert wegen enger Verbindung zu A. Haushofer 541 (93)

Hiltebrandt, Philipp, Historiker u. Zeitungskorresp., seit 1905 in Rom, auch z. Zt. Hassells 191

Hilpert, Carl (1888–1946), Gen.Lt., Chef d. GenStb d. HGr. B (OB West) 295

Himer, Kurt (1888–1942), Gen.Maj. 1938/39 Mil.Att. in Warschau 71, 133

Himmler, Heinrich (1900–1945), Reichsführer SS, seit 24. 8. 1943 Reichsinnenmin., nach dem 20. Juli 1944 zugleich Befh. d. Ersatzheeres u. einer Heeresgruppe 63, 67, 70f., 74, 87f., 93, 95, 111, 114, 158, 162, 194, 210, 233, 253f., 266, 268f., 272, 282, 285, 293f., 305, 319, 322, 324, 328, 331, 333, 341, 346, 359, 369, 388, 390, 393f., 399, 418, 430f., 444, 478 (24a), 480 (35), 493 (122), 499 (153), 514 (63), 515 (68), 523f. (106), 525 (2), 531 (36), 535 (54), 537 (68), 539 (79), 540 (86), 541 (93), 542 (101), 546 (116), 557 (14), 564 (64), 574 (123), 575 (133), 577 (5), 583 (26), 585 (39),

586 (42), 591 (79), 599 (127, 128, 130), 601 (150), 603 (157), 610 (26), 614 (54)

Hindenburg, Paul v. Beneckendorff und v. (1847–1934), preuß. GFM, 1925–1934 Reichspräs. 241, 296, 322, 553 (161, 162)

Hinz, Werner (1903–1985), Schauspieler 572 (112)

Hirsch, Helmut (1916–1937), Architekturstudent, wegen Attentatsversuchs verurteilt und hingerichtet 493 (123)

Hirschfeld, Otto Christian v. (1909–1945, gef.), Landrat d. Kreises Bären (Sudetenland), 1939 kommissar. Landrat d. Kreises Hohensalza 496 (137)

Hirth, Georg (Untergrainau), Verleger (?) 157

Hoare, Sir Samuel (1880–1959), brit. Innenmin., 1938–1940 Luftfahrtmin., 1940–1944 Botsch. in Madrid 252, 297, 418, 528 (20), 571 (108)

Höhn, Reinhard (geb. 1904), Dr. jur., 1935 a.o. Prof. in Berlin u. Dir. d. Instituts f. Staatsforschung 131f., 324

Hoepner, Erich (geb. 1886), 1938 Gen. d. Pz.Tr., Komm.Gen. d. III. A.K.; 1940 Gen.Oberst, Befh. d. Pz.Gruppe 4, Jan. 1942 entlassen; am 20. Juli 1944 verhaftet, am 8. 8. 1944 zum Tode verurteilt u. in Plötzensee hingerichtet 67, 293, 299, 500 (4), 554 (1), 556f. (13)

Hößlin, Roland v. (geb. 1915), Maj., nach dem 20. Juli 1944 verhaftet, am 13. 10. 1944 in Plötzensee hingerichtet 616 (71a)

Hofacker, Cäsar v. (geb. 1896), Dr. jur., Prok. d. Vereinigten Stahlwerke AG, Obstlt. d. Res. d. Lw.; zuletzt im Stab d. Mil.Befh. in Frankreich, nach dem 20. Juli 1944 verhaftet, am 20. 12. 1944 in Plötzensee hingerichtet 398, 443, 602 (153a)

Hofer, Franz (1902–1975), seit 1938 Gauleiter d. NSDAP von Tirol, 1940–1945 auch Reichsstatthalter von Tirol-Vorarlberg 423, 600 (142)

Hoffmann, Pater S. J. 374

Hoffmann, Heinrich (1885–1957), Photograph Hitlers 75, 89, 209

Hoffmann v. Waldau, Otto (1898–1943), Gen. d. Flieger, Luftatt. in Rom z. Zt. Hassells, zuletzt Lw. Befh. Südost 273, 275, 338, 366, 545 (113), 590 (70)

Hohenlohe-Langenburg, Max Egon Prinz zu (1897–1969), Dr. rer. pol. 206, 516 (75)

Hohl, Hptm. im Rgt. Brandenburg, verh. m. Elisabeth v. Dryander 333, 356, 362

Holbach, v., Ingenieur u. Res.Offizier 334

Holstein, Friedrich v. (1837–1909), bis 1906 Wirkl. Geheimer Rat im AA 336

Holtzendorff, Hans Henning v. (1892–1982), 1. 3. 1944 Gen.Maj., seit Jan. 1942 Ausbildungsltr. an d. Pz.Tr.Schule Wünsdorf 306

Holtzendorff, Hans v. (1897–1965), Oberst; verh. m. Hella, geb. v. Trebra (1901–1965), Nichte U. v. H. 361

Hopper, Bruce Campbell (geb. 1892), amerik. Historiker u. Osteuropaexperte 341, 575 (133)

Hore-Belisha, Leslie (1894–1957), 1937–1940 brit. Kriegsmin., Mitglied d. Kriegskabinetts 169

Horthy, István (1904–1942), seit 4. 2. 1942 Reichsverweser-Stellvertreter, Sohn d. Folg. 243, 308, 315, 327, 532 (42), 558 (27), 562 (49)

Horthy, Miklos (1868–1957), österr.-ung. Konteradm., 1920–1944 ung. Reichsverweser 105, 138, 243, 315, 364, 393, 429, 532 (42), 533 (43), 558 (27), 560 (36), 562 (49), 589 (65), 613 (51)

Horthy, Miklos (geb. 1907), 1939–1942 ung. Gesandter in Rio de Janeiro, Sohn d. Vor. 243

Hoyos, Alice Gräfin (geb. 1918), Dr. phil., Kunsthistorikerin, Schwägerin von Graf Gottfried v. Bismarck 409

Huber, Karl (geb. 1893), Prof. d. Philosophie in München, Verfasser d. Aufrufs der „Weißen Rose", am 13. 7. 1943 hingerichtet 359, 585 (41)

Huber, Max (1874–1960), Dr. jur., 1928–1945 Präs. d. Intern. Komitees v. Roten Kreuz 229

Hudal, Alois (1885–1963), Dr. theol., 1933 Titularbischof von Ela, päpst. Hausprälat 282f., 549 (137)

Hueber, Franz (1894–1981), März 1938–Mai 1939 österr. Justizmin., seit 1942 UStSekr. im Reichsjustizmin., seit 1942 Präs. d. Reichsverwaltungsgerichts, Schwager H. Görings 138, 154, 249, 574 (124)

Hüglin, Albert, Industrieller 107

Hülsen, Hans-Karl v. (1899–1943), Rechtsanwalt, Justitiar bei d. Generalverwaltung d. preuß. Königshauses, verh. m. Editha, geb. v. Schierstedt (1905–1943) 406

Hugenberg, Alfred (1865–1951), Dr. rer. pol., 1919–1945 MdR (DNVP), Febr.–26. 6. 1933 Reichswirtschafts- u. Reichsernährungsmin. 467 (2), 481 (44)

Hull, Cordell (1871–1955), 1933–1944 amerik. Außenmin. 287, 493 (118)

Huntziger, Charles (1880–1941), franz. Gen., Verteidigungsmin. u. OB d. Heeres unter Marschall Pétain 206, 516 (76), 520 (93)

Hymmen, Friedrich (1878–1951), Geistl. Vizepräsident d. Ev. Oberkirchenrats 129

Ilgner, Max (geb. 1899), Dr., Vorstandsmitgl. d. I.G. Farbenindustrie AG, Frankfurt/Main, MWT 90, 193, 197, 208, 374, 515 (66), 540 (92)

Imrédy, Béla v. (1891–1946), 1938–1939 ung. Min.Präs., 1944 Min. o. Geschäftsbereich (Wirtschaft) 244, 270f., 315, 365, 428, 532 (42), 542f. (102), 558 (27), 562 (50)

Innitzer, Theodor (1875–1955), seit 1932 Erzbischof von Wien, seit 1933 Kardinal 58

Inönü, Ismet (1884–1973), seit 1938 türk. Staatspräs. 528 (18)

Italien, Königshaus, s. Helene, Umberto, Viktor Emmanuel

Jacomoni di San Savino, Francesco (1893–1973), 1936 ital. Gesandter in Tirana, seit 1939 dort Generalstatthalter 217

Jaeger, Werner (1888–1961), Dr. phil., Prof. d. klassischen Philologie an d. Univ. Berlin, seit 1939 in Harvard 385, 598 (118)

Jagow, Dietrich v. (1892–1945), Korv.Kapt. a. D., SA-Obergruppenführer, 1941–1944 Gesandter in Budapest 271, 539 (81)

Jannasch, Robert (1845–1919), 1877–1884 Ltr. d. Preuß. Statistischen Büros Berlin, Vors. d. Zentralvereins f. Handelsgeographie 335

Jannings, Emil (1884–1950), Bühnen- und Filmschauspieler 336

Jay, John (1745–1829), Chief Justice d. USA 552 (159)

Jebb, Gladwyn (geb. 1900), brit. Diplomat, 1937–1940 Privatsekr. Cadogans 189

Jeckeln, Friedrich (1895–1946), SS-Obergruppenführer, 1940/41 Höherer SS- u. Polizeiführer West 215

Jessen, Jens Peter (geb. 1895), Dr. jur., Dr. rer. pol., Prof. d. Staatswissenschaften (handelspolitische Finanzwissenschaft). Mittwochs-Gesellschaft. Dienstverpflichtet (Hptm. d. Res.) beim Generalquartiermeister. Nach dem 20. Juli 1944 verhaftet, am 30. 11. 1944 in Plötzensee hingerichtet; verh. m. Käthe, geb. Scheffer 30f., 220, 225, 229, 260, 280, 285, 289, 294f, 300, 305, 307, 324, 326, 328, 333, 345f., 348, 350, 356, 362f., 365, 375, 399f., 418, 423, 429, 435, 443, 450, 497 (141), 524 (113), 578 (7), 580 (13), 589 (62), 610 (29)

Jodl Alfred (1890–1946), Gen. Oberst, Chef d. Wehrmachtführungsstabes 178, 384, 517 (79), 568 (91)

Jordana, Francisco Gomez Graf (1876–1944), 1938/39 u. 1942–1944 span. Außenmin. 567 (81), 571 (108)

Joseph II. (1741–1790), römisch-dt. Kaiser 208

Joseph, Erzherzog von Österreich (1872–1942) 558 (27)

Judenitsch, Nikolaj Nikolajewitsch (1862–1933), (weiß)russischer Gen. 396

Jugoslawien, Königshaus, s. Alexander, Olga, Paul, Peter

Jury, Hugo (1887–1945), Dr. med., seit 1938 Gauleiter d. NSDAP von Niederdonau, 1940 auch Reichsstatthalter 245, 262

Just, Emil (1885–1946), Oberst, 1940/41 Mil.Att. in Bukarest 239

Kaas, Ludwig (1881–1952), Dr. phil., theol., jur., Päpstl. Hausprälat, 1919–Nov. 1933 MdR (Zentrum) 512 (55)

Kaiser, Hermann (geb. 1885), Studienrat, Hptm. d. Res., seit 1940 KTB-Führer im Stab d. Befh. d. Ersatzheeres; nach dem 20. Juli 1944 verhaftet, am 23. 1. 1945 in Plötzensee hingerichtet 581 (17), 588 (56), 591 (76)

Kaiser, Jakob (1888–1961), Parlamentarier (Zentrum) u. Gewerkschaftsführer 33, 366, 554 (164), 590 (72)

Kállay v. Nagy-Kálló, Miklós (Nikolaus), (1887–1967), 1942 bis 1944 ung. Min.Präs., 1944 von den Deutschen verhaftet, dann im KZ 308, 311f., 315, 364, 429, 560 (36), 611 (35)

Kaltenbrunner, Ernst (1903–1946), seit 1943 Chef d. Reichssicherheitshauptamts 567 (82)

Kameke, Ernst Ulrich v. (geb. 1926), Sohn von Karl Otto v. K. 352, 405

Kameke, Hasso v. (1921–1943, gef.), ObLt., Sohn von Karl Otto v. K. 419

Kameke, Karl Otto v. (1889–1959), seit 1934 Senatspräs. am preuß. Oberverwaltungsgericht, im Krieg stellv. Chef d. Militärverwaltung beim Mil.Befh. in Belgien u. Nordfrankreich; verh. m. Franziska, geb. Freiin v. Thüngen (1889–1982) 54, 69, 82, 85f, 90, 134, 144, 147, 160, 180, 194, 229, 283, 288, 371, 386, 391, 405, 411, 413, 419, 422f., 593 (87)

Kampf, Artur v. (1864–1950), Maler 106

Kamphövener, Kurt v. (1887–1983), Vortr. Leg.Rat i. d. Pol.Abt. d. AA, seit 1942 Wehrdienst, verh. m. Gisela, geb. v. Arnim (1892–1963) 87

Kania v. Kanya, Koloman (1869–1944), 1932–38 ung. Außenmin. 243

Kanitz, Gerhard Graf v. (1885–1949), 1923–1925 Reichsernährungsmin., Landwirt in Podangen (Ostpr.) 53, 162

Kapp, Wolfgang (1858–1922), 1906–1920 Generallandschaftsdir. (Ostpreußen) 144, 356, 494 (130), 584 (32)

Kardorff, Ursula v. (1911–1988), Publizistin 595 (102)

Karo, Georg (1872–1963), Prof. d. Archäologie, Dir. d. Archäologischen Instituts in Athen, 1936 entlassen, 1939 emigriert in die USA 65

Kasche, Siegfried (1903–1947), 1941–1945 Gesandter in Agram (Zagreb) 539 (81)

Kassner, Rudolf (1873–1959), Kulturphilosoph u. Essayist 55
Kaufmann, Karl (1900–1969), Gauleiter d. NSDAP von Hamburg, seit 1933 Reichsstatthalter von Hamburg 74
Kaufmann, Lt., Philologe 395
Kaufmann, NSDAP-Ortsgruppenltr. in Südtirol 95
Kaufmann-Asser, Heinrich Ritter v. (1882–1954), Dr. jur., Gesandter a. D., 1932 Pressechef der Papen-Regierung, verh. m. Erica, geb. v. Breitenbach (geb. 1890) 322, 324f.
Kaupisch, Leonhard (1878–1945), Gen. d. Art., 1939–1942 Komm.Gen. eines Armeekorps, zugleich Mil.Befh. in Dänemark 133, 337
Kay, Juliane, d. i. Erna Baumann (1904–1968), Schriftstellerin 146
Kehr, Paul (1860–1944), Historiker, 1915–1929 Gen.Dir. d. Preuß. Staatsarchive 78
Keitel, Wilhelm (1882–1946), 1938–1945 Chef d. OKW, 1940 GFM 49, 51, 54, 60f., 86, 89, 104, 145, 162, 178, 209f., 269, 277, 285, 294, 308, 330, 362, 384, 422, 501 (9), 517 (79), 541 (96), 554 (165), 558 (28), 568 (91), 600 (139), 603 (158), 609 (21), 610 (25)
Keller, verm. Friedrich v. (1873–1960), 1920 Gesandter in Belgrad, 1924 Brüssel, 1928 Buenos Aires, 1933 beim Völkerbund, 1935–1938 Botsch. in Ankara 140
Kelly, Sir David (1891–1959), 1940–1942 brit. Gesandter in Bern 206, 516 (75)
Kempner, Franz (geb. 1879), Dr. jur., 1925/26 StSekr. d. Reichskanzlei, nach dem 20. Juli 1944 verhaftet, am 5. 3. 1945 hingerichtet 70, 79, 87, 117, 435
Kent, Duke of, George (1902–1942), verh. m. Marina, geb. Prinzessin von Griechenland (geb. 1906) 327
Keppler, Wilhelm (1881–1960), Industrieller, seit 1938 Reichsbeauftragter f. Österreich u. StSekr. f. bes. Verwendung im AA 283, 333
Kerrl, Hanns (1887–1941), seit 1935 Reichsmin. f. Kirchl. Angelegenheiten 69f., 81, 90, 129, 146, 474 (44), 479 (26), 488 (92)
Kessel, Albrecht v. (1902–1976), 1939 Leg.Rat im AA, 1941 am dt. Generalkonsulat in Genf, seit 1943 an der Botsch. am Vatikan 118, 143, 147, 155, 197, 297, 327, 342, 413f.
Kessel, Alfred v. (1907–1943, gef.), Dr. jur., Dr. phil., Lt. d. Res. 114f., 122
Keudell, Walter v. (1884–1973), 1927/28 Reichsmin. d. Innern, seit 1933 Generalforstmeister, Land- und Forstwirt, verh. m. Johanna, geb. v. Kyaw (1890–1946) 85, 194, 468 (10)
Keyserling, Hermann Graf v. (1880–1946), Dr. phil., Dr. h. c., Philosoph, verh. m. Goedela, geb. Gräfin v. Bismarck-Schönhausen (1896–1982) 229, 387
Kiderlen-Wächter, Alfred v. (1852–1912), 1910–1912 StSekr. d. AA 364
Kiep, Otto Karl (geb. 1886), Gesandter a. D., 1939 Res.Offz. im Amt Ausl/Abw d. OKW, 16. 1. 1944 verhaftet, am 26. 8. 1944 in Plötzensee hingerichtet 86, 205, 305, 394, 415, 418, 420, 435, 557 (20), 607 (186; 5), 608 (7), 616 (72)
Kiewitz, Werner (1891–1965), z. Zt. Hassells Handelsatt. an d. Dt. Gesandtschaft Belgrad, seit 1940 als Oberst d. Res. Ehrenadj. des belg. Königs, nach dem 20. Juli 1944 verhaftet 294, 373, 593 (89)
Killinger, Manfred Frhr. v. (1886–1944), SA-Gruppenführer, 1933/34 Min.Präs. von Sachsen, 1937–1939 Gen.Konsul in San Francisco, 1940 Gesandter in Preßburg, seit Jan. 1941 in Bukarest 239f., 279, 314, 322f., 539 (81), 561 (45)

King-Hall, Stephen (1893–1966), brit. Freg.Kapt. a. D., Publizist, Herausgeber von „News Letter" 99, 481 (43)
Kirchbach, Hans Hugo Graf v. (1887–1972), Obstlt. i. G. im OKH 270
Kircher, Rudolf (1885–1954), Dr. jur., seit 1912 Red.Mitglied d. „Frankfurter Zeitung", 1933–1943 Chefredakteur, 1938–1943 in Rom 359
Kirk, Alexander (1880–1979), Botsch.Rat an der amerik. Botsch. Rom (z. Zt. Hassells) bis 1940, anschließend in Berlin (Geschäftsträger), 1941–1944 US-Missionschef in Kairo, dann in Rom 161f., 167, 174–177, 179, 186, 198, 506 (30)
Kivimäki, Toivo Mikael (1886–1968), Dr. phil, 1940–1944 finn. Gesandter in Berlin 208, 518 (83)
Klara, Prinzessin von Bayern (1874–1941) 125
Klaus, Edgar (1879–1946), V-Mann in Stockholm seit 1942 586 (43)
Klee, Eugen (1887–1956), Dr. jur., Dr. phil., 1931–1936 Botsch.Rat. a. d. Dt. Botsch. am Vatikan, 1936–1942 Gesandter in Quito/Ecuador 324
Kleinmann, Wilhelm (1876–1945), preuß. Staatsrat, 1934–Mai 1941 StSekr. im Reichsverkehrsmin. 558 (25)
Kleist, Adolf v. (1886–1957), Gen.Maj., 1937–1942 Kommandant von Hannover 56, 469 (16)
Kleist, Ewald v. (1881–1954), GFM, 1941/42 OB 1. Pz.Armee, 1942/43 OB HGr. A 287, 292, 357, 543 (105) 551 (150, 151)
Kleist, Ewald v. (geb. 1890), Landwirt (Schmenzin), vorgesehen als pol. Beauftragter im Wehrkreis II, nach dem 20. Juli verhaftet, am 9. 4. 1945 in Plötzensee hingerichtet 468 (10), 609 (15)
Kleist, Ewald Heinrich v. (geb. 1922), Sohn d. Vor., Lt. im IR 9 420, 585 (38), 609 (15)
Kleist, Peter (1904–1971), Dr. jur., seit 1936 i. d. Dienststelle Ribbentrop, seit 1941 im Reichsmin. f. d. besetzten Ostgebiete, 1943 pers. Stab Ribbentrops i. AA 586 (43)
Klesl, Melchior (1552–1630), Kardinal, Minister d. Kaisers Matthias 323, 565 (69)
Klimsch, Fritz (1870–1960), Bildhauer 106
Kluge, Günther v. (1882–1944), GFM, Dez. 1941–Okt. 1943 OB HGr. Mitte, Juli 1944 OB West und HGr. B, Selbstmord am 18. 8. 1944 187, 330, 332, 348, 350, 375, 395, 551 (150), 554 (1), 570 (98), 581 (16, 17), 601 (146), 610 (23), 617 (79)
Knieriem, August v. (1887–1978), Dr. jur., Vorstandsmitglied d. I.G. Farbenindustrie AG, Frankfurt/Main 131
Knight, Eric, d. i. Richard Hallas (1897–1943), engl. Erzähler 341, 575 (131)
Knoll, Franz (geb. 1892), Dr., Statistiker, Versicherungsmathematiker, Rektor d. Hochschule f. Welthandel, Wien 262
Knox, William Franklin (1874–1944), Juni 1941–März 1944 amerik. Marinemin. 200, 516 (72)
Knyphausen, Anton Graf zu Innhausen und (geb. 1906), Zeitungskorresp. in Helsinki 431, 614 (57)
Koch, Erich (1896–1986), seit 1928 Gauleiter d. NSDAP in Ostpreußen, 1941 Reichskommissar Ukraine 69, 74, 266, 299, 473 (41), 556 (11)
Köhler, Walter (1897–1946), 1933–1945 Min.Präs. von Baden 74
Koenen, Heinrich, kommunistischer Agent 580 (14)
Koenigs, Gustav (geb. 1882), StSekr. im Reichsverkehrsmin. bis 16. 3. 1940 (Rücktritt) 166
Koenigswald, Harald v. (1906–1971), Schriftsteller 283, 397f.
Köster, Roland (1883–1935), Dr. jur., 1929 Gesandter in Oslo, 1930 Ltr. d. Abt. I d. AA, 1932–1935 Botsch. in Paris 392

Koltucheff (?), Gen.Dir. in Bukarest 239

Kommerell, Max (1902–1944), Literarhistoriker, 1941 Prof. in Marburg 376

Konoye, Fumimaro Fürst (1891–1945), 1937–1939, 1940–1941 jap. Min.Präs. 547 (123)

Konstantin Prinz von Bayern (1920–1969) 98

Konstantinović, Mihailo, Prof., jugosl. Min. o. Geschäftsbereich bis 12. 2. 1941, dann bis 27. 3. 1941 Justizmin. 236, 238, 530 (27)

Kordt, Erich (1903–1970), Dr. jur., 1938–1941 Chef d. Ministerbüros d. Reichsaußenmin., dann Gesandter an d. dt. Botsch. Tokio, 1943–1945 in Nanking 181, 490 (106)

Kordt, Theo (1893–1962), 1938–1939 Botsch.Rat in London, dann an d. Gesandtschaft in Bern 205, 502 (13)

Košak, Vladko, 1941–1943 kroat. Finanzmin., 1943 Gesandter in Budapest, 1944 in Berlin 429

Košutić, August (1893–1964), Vizepräs. d. kroat. Bauernpartei 208

Kracker v. Schwartzenfeldt, Kaethe, geb. Kasischke (1888–1945), Wwe. d. Gesandten Dorotheus K. v. S. (1869–1935) 335, 358, 594 (94)

Krämer, Florian (1897–1982), Lehrer in Waprowatz (Batschka), aktiv im Schwäb.-Dt. Kulturbund u. i. d. Partei d. Deutschen in Jugoslawien 93f.

Krauel, Wolfgang (gest. 1977), seit 1932 dt. Gen.Konsul in Genf 437, 617 (77)

Krauß, Werner (1884–1959), Schauspieler 230, 336

Krebs, Hans (1898–1945), 1939 Oberstlt., 1933 Gehilfe d. dt. Mil.Att. in Moskau, Dez. 1940 bis Mai 1941 Stellv. d. Mil.Att. in Moskau, später Gen.Lt. 247, 291, 534 (50)

Krebs (?) I.G. Farben (?) 134, 389

Kriebel, Hermann (1876–1941), ehem. Gen.Stbsoffz., 1929–1933 dt. Militärberater in China (Nanking), ab 1937 Ltr. d. Pers.Abt. d. AA 104, 115, 119

Krieger, Rudolf (geb. 1903), Dr. jur., Leg.Sekr. im AA 319

Kronholz, Robert v. (1887–1946), 1921/22 österr. Gen.Konsul in Belgrad, 1941 als Angestellter d. Fa. Schencker u. Co. in Belgrad 245

Krosigk, Ursula v. (geb. 1903), Buchhändlerin 407

Krüger, Friedrich Wilhelm (1894–1945), SS-Obergruppenführer Gen. d. Polizei, 1939–1943 Höherer SS- u. Polizeiführer im Generalgouvernement (Polen), danach Waffen-SS 340

Krujević, Juray, Dr., Generalsekretär d. kroat. Bauernpartei, seit 1941 i. d. Emigration 233

Krupp v. Bohlen u. Halbach, Claus (1880–1940), Dipl.-Ing. 162

Krupp v. Bohlen u. Halbach, Gustav (1870–1950), seit 1906 Ltr. d. Krupp-Werke 135, 146, 185, 351, 473 (39)

Kruse, Johan, C. W., seit 1939 dän. Gesandter in Stockholm 386

Küchler, Georg v. (1881–1968), GFM, 1942–1944 OB HGr. Nord 215, 330, 332, 570 (98)

Kühlmann, Richard v. (1873–1948), 1916/17 Botsch. in Konstantinopel, dann bis Juli 1918 StSekr. d. AA 96, 368

Kuenzer, Richard (geb. 1875), Leg.Rat a. D., von der Gestapo verhaftet, 22./23. 4. 1945 von SS erschossen 431

Kulovec, Fran, jugosl. Min. f. öffentl. Arbeiten bis zu seinem Tode am 6. 4 .1941 237, 239, 532 (39)

Kunder, Antal, 1938/39 ung. Handels- u. Verkehrsmin. Gen.Dir. d. Steinkohlegruben, Präsidiumsmitglied d. ung. Gruppe d. MWT 270, 315

Kurland, s. Talleyrand

Kurowsky, Fanny v. (1887–1969), verhaftet im Frühjahr 1944, freigesprochen 608 (7)
Kurusu, Saburo (1888–1954), 1936 jap. Botsch. in Brüssel, 1939–Dez. 1940 in Berlin 287
Kvaternik, Slavko (1879–1947), kroat. Gen., seit 1941 Stellv. d. Staatsführers Pavelić, bis 1942 OB d. kroat. Armee 263

Lahíre (eigentl. Etienne Vignoles), (um 1390–1443), franz. Heerführer 223
Lakatos, Geisa (geb. 1890), 30. 8.–15. 10. 1944 ung. Min.Präs. 613 (51)
Lammers, Hans-Heinrich (1879–1962), Dr. jur., 1933–1945 Reichsmin. u. Chef d. Reichskanzlei 39, 164, 233, 445, 523 (105), 524 (109)
Lamotte, Karl, Dr., 1941 Gen.Dir. d. Pester ung. Kommerzialbank, Mitglied d. ung. Gruppe d. MWT 271
Lampe, Adolf (1897–1948), Prof. d. Volkswirtschaftslehre u. d. Finanzwissenschaft a. d. Univ. Freiburg 497 (141), 582 (23)
Lampe, Hermanna, Leiterin d. Diakonissenheims in Rom (z. Zt. Hassells) 352
Lane, Arthur Bliss, 1941 amerik. Gesandter in Belgrad 529 (26)
Lang, Cosmo Gorden (1864–1945), 1938–1943 Erzbischof von Canterbury 420
Langbehn, Karl (geb. 1901), Rechtsanwalt, Sept. 1943 verhaftet, am 12. 10. 1944 in Plötzensee hingerichtet 266–268, 285, 293, 305, 317, 319, 333, 340, 341, 345f., 350, 362, 365, 368, 376, 381f., 389f., 394, 399, 418, 420, 430f., 444, 450, 541 (93), 575 (133), 599 (128, 134), 601 (145), 602f. (157), 609 (18)
Lange, Leo, Kriminalrat, SS-Hauptsturmführer, Mitglied d. Sonderkommission für d. Untersuchung d. Vorgänge beim Umsturzversuch vom 20. Juli 1944 431, 614 (60)
Langsdorff, Hans (1894–1939), Kpt. z. S., Kommandant d. Panzerschiffes „Admiral Graf Spee" 157f., 499 (1)
Lanza, Michele, 1942 ital. Leg.Sekr. in Berlin 515 (69)
Lasch, Karl (1904–1942), 1940 Gouverneur von Radom, seit 1941 Gouverneur von Galizien (Lemberg) 299, 321, 556 (12), 564 (64)
Laval, Pierre (1883–1945), Juni/Juli 1940 franz. Premier- u. Außenmin. unter Marschall Pétain. Okt.–Dez. 1940 Außenmin., 1942–Aug. 1944 Regierungschef u. Außenmin. 215f., 221, 224, 227f., 268, 330, 520 (93), 525 (115, 5), 526 (10), 527 (11), 568 (92)
Leahy, William (1875–1959), amerik. Adm. 1941–1942 Botsch. in Vichy 555 (8)
Leeb, Wilhelm Ritter v. (1876–1956), GFM, 1939 OB HGr. C, bis 16. 1. 1942 OB HGr. Nord 131, 163, 184, 187, 273, 505 (24)
Leers, Johann v. (1902–1965), Dr. jur., seit 1933 Ltr. d. Abt. Außenpolitik u. Auslandskunde d. Dt. Hochschule f. Politik, Berlin, Reichsschulungsltr. d. NSDAP 210
Lehnich, Oswald (1895–1961), Dr. rer. pol., Prof. d. Volkswirtschaftslehre, Staatsmin. a. D., Präs. d. Reichsfilmkammer 78f.
Lehr, Robert (1883–1956), 1924–1933 Oberbürgerm. von Düsseldorf (amtsenthoben) 473 (37)
Leiber, Robert (1887–1967), S. J., seit 1924 Privatsekr. von Eugenio Pacelli 508 (43), 514 (64)
Lejeune-Jung, Paul (geb. 1882), Dr. phil., Syndikus in d. Zellstoffindustrie, 1924–1930 MdR (DNVP), nach dem 20. Juli 1944 verhaftet, am 8. 9. 1944 in Plötzensee hingerichtet 20, 283, 445, 613 (52)
Leonrod, Ludwig Frhr. v. (geb. 1906), Maj., nach dem 20. Juli 1944 ver-

haftet, am 26. 8. 1944 in Plötzensee hingerichtet 616 (71a)

Leopold III. (1908–1983), 1934–1951 König der Belgier, verh. m. Astrid, geb. Prinzessin von Schweden (1905–1935) 137, 141f., 153–155, 174, 196, 294, 373, 494 (124), 499 (152), 505 (25), 593 (89)

Leopold, Josef (1889–1941), 1927–1932 Gauleiter d. NSDAP von Niederösterreich, 1935 Landesltr. d. illegalen NSDAP von Österreich, Febr. 1938 abgesetzt 58

Lerchenfeld (Köfering), Luise Gräfin v. und zu., geb. Melchers (geb. 1897), verh. m. Johannes Otto Graf L. (geb. 1905) 311, 375

Leuschner, Wilhelm (geb. 1888), 1928–1933 hessischer Innenmin. (Sozialdemokrat), Gewerkschaftssekr., 1933–1934 KZ, dann Fabrikant in Berlin. Nach dem 20. Juli 1944 verhaftet, am 8. 9. 1944 zum Tode verurteilt, am 29. 9. 1944 in Plötzensee hingerichtet 20, 33, 381, 445f., 553 (160, 163), 590 (72)

Ley, Robert (1890–1945), Dr. phil., Reichsorganisationsltr. d. NSDAP, Führer d. Deutschen Arbeitsfront 74, 78f., 86, 178, 184, 208, 211, 220, 223, 294, 324, 368, 429, 524 (111), 525 (2)

Leyen, Erwein Otto Fürst v. der (1894–1970), verh. m. Maria Nives, geb. Principessa Ruffo (1898–1971) 62f., 66

Lietzmann, Hans (1875–1942), ev. Theologe (Bekennende Kirche), Prof.; Mittwochs-Gesellschaft 323

Lietzmann, Joachim (1894–1959), Kapt. z. S., 1940–1942 Chef d. Stabes d. Komm. Adm. Frankreich 226

Lindsay, A. D., Prof., „Master of Balliol", Oxford, Philosoph 481 (42a)

Lipski, Josef (1894–1958), 1934–1939 poln. Botsch. in Berlin 119–122, 163

List, Wilhelm (1880–1971), GFM, OB von Armeen, 1. 7. –15. 10. 1941 OB Südost, 10. 7.– 10. 9. 1042 OB HGr. A 131, 187, 238, 256, 330, 531 (33), 568 (89)

Litwinow, Maxim Maximowitsch (1876–1951), 1930–1939 sowj. Außenmin. 478 (16)

Livingston, Henry Brockholst (1895–1968), seit 1938 brit. Gen.Konsul in Genf 229

Livonius, verm. Eberhard v. (geb. 1880), Gutsbesitzer, Oberst z. V. 396

de Llano, Uneigo (1875–1951), span. Politiker 104

Loeper, Frau v., Frau eines Regimentskameraden von Ulrich v. H. 434

Loeser, Ewald (1888–1970), Dr. jur., 1930–1934 Bürgermeister von Leipzig, Dir. d. Kruppwerke 351, 497 (143), 582 (21)

Löwisch, Werner (geb. 1894), 1939–1943 Marine-Att. in Rom 191

Londonderry, Marquess of, Henry Vane-Tempest Stewart (1878–1949), brit. konserv. Politiker 169

Loos, Theodor (1883–1954), Staatsschauspieler 72, 572 (112)

Lorenz, Werner (1891–1974), SS-Obergruppenführer, 1937–1945 Ltr. d. Volksdt. Mittelstelle i. d. Reichsführung SS 93f., 240, 479 (31)

Lothian, Lord Philip Henry (1882–1940), 1939–1940 brit. Botsch. in Washington 64, 169, 528 (20)

Louis Ferdinand Prinz von Preußen (geb. 1907), 2. Sohn des Kronprinzen Wilhelm 220, 273, 290, 358, 490 (104), 544 (107), 554 (164)

Luchaire, Jean (1901–1946), franz. Publizist u. Schriftsteller, Herausgeber des „Nouveau Temps" 295

Ludendorff, Erich (1865–1937), Gen. d. Inf. a. D. 144, 278, 286, 292, 495 (132), 546 (122)

Ludin, Hanns Elard (1905–1947), 1941–1945 Gesandter in Preßburg 539 (81)

Lüttwitz, Walter Frhr. v. (1859–1942), Gen. d. Inf. 584 (32)

Lukacz, Frau v., verm. Ehefrau von G. v. Lukácz-Kiraldy, zu U. v. Hassells Zeit 1. Sekr. a. d. ung. Botsch. in Rom 245

Lupescu, Elena (eigentl. Magda Wolff) (1902–1977) 313, 315, 561 (43)

Luther, Hans (1879–1962), Dr. jur., ehem. Reichskanzler und Reichsbankpräs., 1933–1937 Botsch. in Washington 162

Luther, Martin (1895–1945), 1940–1943 UStSekr. u. Ltr. d. Abt. Deutschland im AA, 1943 KZ 251, 282, 300, 318f., 322f., 353, 356, 570 (101), 582 (26), 584 (33), 585 (40)

Lutze, Viktor (1890–1943), 1933–1943 Oberpräs. von Hannover, 1934–1943 Stabschef d. SA 65, 365, 368

Lyons, Eugene (geb. 1898), amerik. Schriftsteller 477, 607 (2)

Maček, Vladko (1879–1964), Dr. jur., seit 1928 Vors. d. kroat. Bauernpartei, 1941 stellv. Min.Präs. 208, 237, 239, 244, 246, 532 (39)

Mackensen, August v. (1848–1945), preuß. GFM 154, 166

Mackensen, Hans Georg v. (1883–1947), Sohn d. Vor., Dr. jur., Schwiegersohn Neuraths, 1937/38 StSekr. d. AA, 1938–1943 Botsch. in Rom 63, 137, 152, 154, 191, 298, 383, 387, 408, 410, 491 (110), 498 (148), 605 (173)

Magaz y Pers, Antonio, Marquis de (1864–1953), 1937–1940 span. Botsch. Rat in Berlin 87

Magistrati, Conte Massimo (1899–1970), Dr. jur., bis 1940 ital. Botsch. in Berlin, 1940–1943 Gesandter in Sofia u. in Bern 68, 72, 109, 116, 239, 473 (38), 483 (54)

Maglione, Luigi (1877–1944), seit 1939 Kardinal-StSekr. 190

Mainardi, Enrico (1897–1976), ital. Cellist 163

Mallinckrodt, Arnold v. (1901–1982), Dir. d. Agfa-Photo-Gesellschaft mit Adresse Paris 226

Maniu, Iuliu (1873–ca. 1955), 1926–1946 Vors. d. Nationalen Bauernpartei in Rumänien, 1928–1930, 1932/33 u. 1944 rumän. Min.Präs. 207, 518 (82), 611 (36)

Mann, Wilhelm Rudolf (geb. 1894), Vorstandsmitglied d. I.G. Farbenindustrie AG, Mitglied d. Werberats d. Dt. Wirtschaft 110

Mannerheim, Karl Gustav Emil Frhr. v. (1867–1951), finn. Marschall 365, 615 (66)

Manoilescu, Mihai (1891–1950), Juli bis Sept. 1940 rumän. Außenmin. 241, 279, 313, 518 (82), 531 (38), 561 (42, 43)

Manstein, Fritz Erich v. (1887–1973), GFM, 1941 OB 11. Armee, 1942–1944 OB HGr. Don bzw. Süd 184, 348, 357, 361, 419, 511 (51), 557 (14), 587 (49), 588 (53), 610 (23)

Marahrens, August (1875–1956), 1925–1947 ev.-luth. Landesbischof von Hannover 70, 129, 376

Marchetti di Muraglio, Conte Alberto (geb. 1891), Gesandter am ital. Generalkonsulat in München 380, 383, 391

Maria Theresia (1717–1780), römisch-dt. Kaiserin, Königin von Ungarn u. Böhmen 208

Matschoß, Conrad (1871–1942), Prof., Dr.-Ing., Dir. d. VDI 206

Matsuoka, Yosuke (1880–1946), 1940/41 jap. Außenmin. 232, 247f. 534 (48, 50)

Matteotti, Giacomo (1895–1924), ital. Politiker (Sozialist), 1924 von Faschisten ermordet 605 (173)

McClintock, Robert Mills, 1943 amerik. Geschäftsträger in Helsinki 583 (27)

Mecklenburg, Georg Herzog von (1899–1967), Dr. rer. pol. 230

Meczér, Endre v. (geb. 1883), Präs. d. Dt.-Ung. Handelskammer in Budapest, 1944/45 ung. Gesandter in Berlin 243, 532 (42)

Meinecke, Friedrich (1862–1954), Historiker 577 (3)
Meiser, Hans (1881–1956), seit 1933 ev. Landesbischof von Bayern 70, 376
Meißner, Otto (1880–1953), Dr. jur., Chef d. Präsidialkanzlei und Reichsmin. 294
Mendelssohn, v. (?) 178
Menzel, Adolph v. (1815–1905), Maler 60
Meyer, Alfred (1891–1945), Dr. rer. pol., seit 1930 Gauleiter d. NSDAP von Westfalen-Nord 308f., 542 (97)
Meyer, Arnold Oskar (1877–1944), Prof. f. Geschichte an d. Univ. München u. Berlin 374, 593 (91)
Meyer, Konrad (1901–1973), Dr. phil., Prof., SS-Oberführer, Ltr. d. 1942 geschaffenen Siedlungsausschusses im Rasse- und Siedlungshauptamt 577 (5)
Meyer-Achenbach, Richard (1884–1956), 1931–1935 Min.Dir und Ltr. d. Ostab. d. AA 322
Michael (Mihai), Kronprinz von Rumänien (geb. 1921), als Michael I. 1940–1947 König von Rumänien 73, 562 (46)
Mierendorff, Carlo (1897–1943), Journalist, 1930–1933 MdR (SPD), seit 1930 Pressesprecher d. hess. Innenmin. (Leuschner), 1933–1938 KZ 33, 553 (160), 578 (7)
Miglioli, Guido, ital. Archäologe 114
Mihajlović, Draža (1893–1946), jugosl. Offz., 1941 Organisator d. Partisanenverbandes Četniki 543 (103), 592 (84)
Milch, Erhard (1892–1972), GFM, seit 1939 Generalinspekteur d. Lw. 269, 549 (139)
Mirbach, Dietrich Frhr. v. (1907–1977), Leg.Sekr. a. d. dt. Gesandtschaft in Bukarest 240, 242, 312
Mölders, Werner (1913–1941), Oberst d. Lw., Inspekteur d. Jagdflieger 282, 284, 288, 296, 548 (134), 550 (140), 552 (155), 555 (7)
Mohrmann, Anton (geb. 1897), Dr. jur., seit 1940 Gesandtschaftsrat in Sofia 238
Molotow, Wjatscheslaw M. (1890–1986), 1939–1949 sowjet. Außenmin. 100, 104, 112, 212, 214, 217, 517 (79), 520 (92), 522 (100, 103), 564 (60), 611 (36), 613 (46)
Moltke, Hans-Adolf v. (1884–1943), 1934–1939 Botsch. in Warschau, 1943 in Madrid 122, 148, 363, 497 (142), 511 (53)
Moltke, Helmuth Graf v. (1800–1891), preuß. GFM 60, 183, 368, 568 (90)
Moltke, Helmuth James Graf v. (geb. 1907 in Kreisau), Dr. jur., Kriegsverwaltungsrat i. d. Abt. Ausland d. OKW, Sachverständiger f. Kriegs- u. Völkerrecht, Januar 1944 verhaftet, am 23. 1. 1945 in Plötzensee hingerichtet 30, 289, 347, 418, 420, 528 (16), 552 (159), 553 (160), 577f. (7), 606 (180), 607 (6), 616 (69)
Moltke, Joachim-Wolfgang v. (geb. 1909), Bruder d. Vor., Ord.Offz. bei Falkenhausen 528 (16)
Monet, Claude (1840–1926), franz. Maler 226
Morell, Erich (1888–1970), Oberst d. Lw., 1940–1943 Luftatt. in Ankara 354
Morgenstern, Christian (1871–1914), Dichter 135
Moser, Otto (geb. 1899), Hptm., Dipl.-Ing., Hilfsoffz. b. dt. Mil.Att. in Belgrad 242
Mosley, Sir Oswald Ernald (1896–1980), Gründer (1932) der 1940 verbotenen British Union of Fascists 99
Mottistone, First Baron of, John Seely (1868–1947), 1912–1914 brit. Kriegsmin., 1918 stellv. Munitionsmin. 169
Müffling, Wilhelm Frhr. v.

(1869–1953), verh. m. Elisabeth, geb. Gräfin Grabbe (1892–1962) 106
Müller, Friedrich (1884–1969), Pfarrer in Hermannstadt, Bischofsvikar 322
Müller, Heinrich (1900–1945), seit 1939 SS-Gruppenführer u. Chef d. Amtes IV im RSHA (Polit. Polizei d. Hauptamtes Sicherheitspolizei), 1944 Reichskriminaldir. 319, 394, 540 (86)
Müller, Josef (1898–1979), Dr. jur., Rechtsanwalt, im Amt Ausl/Abw d. OKW, 1943 verhaftet, KZ, bei Kriegsende befreit 187, 495 (136), 508f. (43), 512 (55), 514 (61, 64)
Müller, Karl Alexander v. (1882–1964), Dr. phil., Historiker 64
Müllner, Amadeus G. A. (1774–1829), Theaterdichter 493 (121)
Muff, Wolfgang (1880–1947), Gen. d. Inf. a. D., 1934–1938 Mil.Att. in Wien 49, 146
Mumm v. Schwarzenstein, Bernd (1901–1981), Dr. jur., 1938 Attaché im AA 437
Mumm v. Schwarzenstein, Herbert (geb. 1898), Dr. jur., Leg.Rat a. D., am 25. 2. 1942 verhaftet, am 16. 6. 1944 zum Tode verurteilt, am 20. 4. 1945 im Zuchthaus Brandenburg hingerichtet 437, 617 (76)
Munk, Friedrich Karl (1879–1950), Dr. med. Prof. in Berlin 264
Murphy, Robert Daniel (geb. 1894), 1942 amerik. Sonderbotsch. in Algier 541 (95), 575 (136)
Murr, Wilhelm (1888–1945), Gauleiter d. NSDAP in Württemberg, Reichsstatthalter 74
Mussayassul (?), Nordkaukasier 323
Mussert, Anton Adriaan (1894–1946), Führer d. niederl. Faschisten 223, 258, 296, 306, 350, 380, 550 (142)
Mussolini, Benito (1883–1945), ital. Regierungschef u. Duce des Faschismus 22f., 25, 38f., 54, 55–57, 59, 61, 63–66, 89, 99f., 105, 107f., 113, 115, 121–124, 137, 143, 150, 152, 159f., 162, 165, 167f., 173, 175f., 177, 179, 181, 183, 186, 190f., 196, 200, 211, 215–217, 219, 224, 233, 235, 241, 256, 261, 269, 272–275, 282, 285, 295, 309f., 320f., 334f., 341, 348, 354f., 359f., 364, 369–371, 375, 380f., 383f., 388, 391–393, 395, 408–410, 421, 423, 436, 469 (15), 472 (32), 479 (25), 482 (51), 483 (63), 484 (63a, 65), 491 (110), 498 (148), 500 (2), 501f. (10), 503 (16), 505 (27), 506 (29), 507 (35), 508 (41, 42), 509f. (44, 46), 521f. (99), 522 (100), 525f. (7), 543 (104), 544 (108), 545 (111), 550 (145), 560 (36), 566 (77), 569 (97), 571 (109), 575 (132), 579 (12), 583 (28, 29), 588 (51), 589 (64), 591 (75, 82), 592 (83), 595 (102, 104), 596 (106, 107, 109), 597 (114), 599 (125, 129, 131), 600 (137, 141), 601 (147–149), 604 (167, 169), 605 (173), 610 (25)
Muti, Ettore (1902–1943), 1939–1940 Sekretär d. faschistischen Partei, 25. 7. 1943 (nach Sturz Mussolinis) erschossen 140
Mutschmann, Martin (1879–1948), Gauleiter d. NSDAP und Reichsstatthalter in Sachsen 74

Napoleon I., Kaiser der Franzosen (1769–1821) 85, 97, 229, 478 (19), 526 (11)
Napoleon III., Kaiser der Franzosen (1808–1873) 125
Nardi, L., seit 1940 ital. Gen.Konsul in Köln 352
Nathusius, Hannah v. (1875–1946), Malerin, Cousine Ulrich v. H. 66, 269, 542 (99)
Nathusius, Martin v. (1843–1906), Prof. d. Theologie 542 (99)
Naumann, Friedrich (1860–1919), Politiker 312
Nessenius, Hans (gest. 1945), Reg.Dir. 261
Neubacher, Hermann (1893–1960), Dr.-Ing., 1938–1940 Oberbürgerm.

von Wien, bis 1944 Sonderbeauftragter f. Wirtschaftsfragen im Südosten 146, 239–241, 313f., 492 (113), 561f. (45), 571 (109)
Neubaur, Gertrud, geb. Beck (geb. 1917), verh. mit Günther N. (gef. 1942) 300
Neuhausen, Franz (geb. 1887), Gen.Konsul, Generalbev. f. d. Wirtschaft in Serbien 246, 533 (45)
Neumann, Erich (1892–1952), Dr. jur., bis 1942 StSekr. f. d. Vierjahresplan 198, 218, 248, 284, 339
Neurath, Konstantin Frhr. v. (1873–1956), 1932–1938 Reichsaußenmin., dann Chef d. Geheimen Kabinettrats, 1939–1943 Reichsprotektor von Böhmen u. Mähren, seit 1941 beurlaubt 24f., 38f., 56f., 67, 69f., 90, 92, 111, 152, 178, 217, 223, 262, 364, 408, 469 (15), 507 (37)
Nichols, Sir Philip Bouverie Bowlyer (1894–1962), 1933–1937 I. Sekr. d. brit. Botschaft in Rom, 1939–1941 im Foreign Office 157, 169
Nicolson, Harold George (1886–1968), engl. Diplomat u. polit. Schriftsteller, Ausw. Dienst (zuletzt 1929 Botsch.Rat. in Berlin); 1935–1945 MP (Labour), 1940/41 Parl. StSekr. im Informationsmin. 390
Niemöller, Martin (1892–1984), U-Boot-Kommandant im Ersten Weltkrieg, Pfarrer in Berlin (Bekennende Kirche), 1937 KZ, April 1945 befreit 85, 130, 289, 553 (161)
Ninčić, Momčilo (1876–1949), 1922–1926 (m. Unterbrechung) u. 27. 3.–18. 4. 1941 jugosl. Außenmin. 242, 532 (39)
Nitti, Francesco Saverio (1868–1953), 1919/20 ital. Min.Präs. 385, 598 (116)
Nomura, Kichisaburo (1877–1964), jap. Adm., 1939/40 Außenmin., Nov. 1940–1941 Botsch. in Washington 287
Noppel, Constantin (1883–1945),

Pater, S. J., Rektor d. Collegium Germanicum in Rom 282
Nordeck, Hedwig v., geb. v. Arnim (1891–1971), Frau d. Oberwerftdir. Willy v. Nordeck, Adm. (1888–1956) 88
Norwegen, Königshaus, s. Haakon
Nostiz-Drzewiecki, Gottfried v. (1902–1976), Leg.Rat an d. dt. Gesandtschaft Belgrad z. Zt. Hassells, 1934–1938 an der dt. Gesandtschaft Wien, 1938–1940 AA, seit 1940 Konsul in Genf 52, 59, 104f., 115, 118, 132, 147, 152f., 163, 176f., 179, 185, 188, 191, 193, 197, 199, 256, 265, 292, 297, 317f., 332, 342, 437f., 468 (9), 484 (65)
Oertzen, Luise v. (1897–1965), Generaloberin d. Deutschen Roten Kreuzes 351
Österreich, Haus, s. Albrecht, Friedrich, Josef, Maria Theresia
Olbricht, Friedrich (geb. 1888), Gen. d. Inf., Amtschef d. Allg. Heeresamtes im OKH, am 20. Juli 1944 in der Bendlerstraße ohne Verfahren erschossen 268, 305f., 326, 350, 422, 602 (153a)
Olga, Prinzessin Paul von Jugoslawien, geb. Prinzessin von Griechenland (geb. 1903) 213, 234f., 314, 562 (46)
Oncken, Hermann (1869–1945), Dr. phil., Prof. d. Geschichte, 1928–1935 Berlin, aus politischen Gründen vorzeitig emeritiert, Mittwochs-Gesellschaft 229, 527 (14)
Orlemanski, Stanislaw (1899–1960), poln. Priester, emigriert in die USA 427, 613 (46)
Osborne, Francis d'Arcy Godolphin (1884–1964), seit 1936 brit. a.o. Gesandter am Vatikan 179, 190, 370, 508 (39, 43), 511 (54), 513 (61)
Oshima, Hiroshi (1886–1975), Gen.Lt., seit 1938 jap. Mil.Att. in Berlin, seit 1940 Botsch. in Berlin 72, 310, 312, 328, 567 (80), 568 (87)

Oskar, Prinz von Preußen (1888–1958), Gen.Maj. a. D., 5. Sohn Kaiser Wilhelms II. 134, 136, 490 (102)

Oßwald, Erwin (1882–1947), Gen. d. Inf., 1939–1943 stellv. Komm. Gen. d. V.A.K., 1943 verabschiedet 334

Osten, Oskar, v. der (1862–1942), Landwirt in Warnitz, Landrat a. D. 54, 323, 333, 468 (10)

Osten, Ulrich v. der (1890–1941), Sohn d. Vor., Landwirt, Maj. d. Res. 54, 87

Oster, Hans (geb. 1888), Gen.Maj., Chef. d. Zentralabt. d. Amtes Ausl/Abw d. OKW; am 20. 12. 1943 aus d. Wehrmacht entlassen, am 21. 7. 1944 verhaftet, am 9. 4. 1945 nach Standgericht im KZ Flossenbürg gehängt 36, 137, 139, 153, 163, 179, 181, 186f., 191, 197, 205–207, 210, 215, 224, 230f., 248, 256–258, 263, 268, 283, 293, 300, 305, 307, 346, 356, 362, 374, 384, 390, 400, 495 (136), 509 (44), 511 (54), 534 (52), 540 (87), 599 (57), 603 (158)

Osuský, Stefan (1889–1973), Dr. jur., bis 1939 tschech. Botsch. in Paris 434

Oven, Margarete v. (geb. 1904), Mitarbeiterin im OKH 112

Paasikivi, Juho Kusti (1870–1956), finn. Politiker, 1918 Min.Präs. 504 (21), 609 (20)

Pacelli, Eugenio (1876–1958), Papst Pius XII., 1920–1929 Nuntius in Berlin, 1930–1939 KardinalStSekr. 146, 177, 179, 187, 190, 298, 332, 350, 360, 380, 408, 428, 507 (36), 508 (43)

Paléologue, Maurice (1859–1944), 1914–1917 franz. Botsch. in St. Petersburg 106

Palombini, Kraft Frhr. v. (1899–1976), Gutsbesitzer, wegen Beherbergung Goerdelers bis Kriegsende in Haft 506 (30)

Pantić, Dušan, jugosl. Minister, früher Dipl. (?) 208

Papen, Franz v. (1879–1969), 1932 Reichskanzler, 1933/34 Vizekanzler, bis 1938 Gesandter in Wien, 1939–1944 Botsch. in Ankara 22, 100, 104, 107, 113, 249, 266f., 271, 273, 275f., 307f., 317, 365, 427, 474 (45), 482 (45), 522 (103), 528 (17, 18), 545 (115), 552 (159)

Paracelsus Bombast von Hohenheim (1493–1541), Arzt u. Philosoph 323

Paravicini, Charles (geb. 1873 (?)), 1920–1939 schweiz. Gesandter in London 205

Pariani, Alberto (1876–1955), ital. Gen., 1936–1939 UStSekr. im Kriegsmin. u. Chef d. GenStb, OB d. Feldzugs i. Albanien, 1943 dort ital. Statthalter 60, 145, 387, 600 (137)

Paribeni, Roberto (1876–1956), Prof. d. Archäologie 114

Pascal, Blaise (1623–1662), Philosoph 398

Patitsas, Philemon, 1942 griech. StSekr. 334–336, 571 (109)

Paul, Kronprinz von Griechenland (1901–1967), seit 1947 König Paul I., 1938 verh. m. Friederike, Prinzessin von Hannover 314f., 562 (46)

Paul, Prinz von Jugoslawien (1893–1976), 1934–1941 Prinzregent, verh. m. Olga, Prinzessin von Griechenland 94, 153, 213f., 220, 234f., 237, 239, 309, 314f., 429, 480 (34), 499 (151), 529 (24–26), 559 (30)

Paulucci di Calboli, Giacomo Marchese, bis 1940 ital. Botschafter in Belgien, seit 26. Febr. 1943 in Madrid 395

Paulus, Friedrich (1890–1957), GFM, OB d. 6. Armee (Stalingrad) 347, 578 (9)

Pavelić, Ante (1889–1959), 1941–1945 kroat. Staatsführer 250, 559 (31)

Pavlovič, Ivanka 241

Pavolini, Alessandro (1903–1945), Dr. jur., 1939–1943 ital. Unterrichtsmin. 140

Pechel, Rudolf (1882–1961), Dr. phil., Publizist, bis 1942 (Verbot) Herausgeber u. Chefredakteur der „Deutschen Rundschau", 1942–1945 im KZ Sachsenhausen 556 (9)
Pecori-Giraldi, Conte Guglielmo (1856–1941), Marschall von Italien 88
Pecori-Giraldi, Conte Corso, Sohn d. Vor., Kapt. z. S., ital. Marineatt. in Berlin, zuletzt Adm., verh. m. Maria, geb. Frascara 81, 147, 166, 198, 217, 229
Penck, Albrecht (1858–1945), Geograph, 1906–1926 Ordinarius in Berlin. Mittwochs-Gesellschaft 335
Pesne, Antoine (1683–1757), preuß. Hofmaler 589 (60)
Petacci, Clara (1912–1945), seit 1936 Geliebte Mussolinis, 1945 mit ihm ermordet 89, 408, 604 (167)
Pétain, Henry Philippe (1856–1951), franz. Marschall, 1939–1940 Botsch. in Spanien, 1940 bis 1945 Staatschef 206, 213, 215f., 221, 224, 226f., 241, 256, 265, 295f., 330, 520 (93), 522 (99), 525 (115; 5), 526 (10), 527 (11), 555 (8), 575 (136)
Peter II., König von Jugoslawien (1923–1970), 1934–1941 unter Regentschaft, 1941 Exil 213, 237, 239, 242, 429
Petersdorff, Horst v. (geb. 1892), Oberstlt., bis 1943 b. Mil.Att. in Tokio 119
Petersen, Waldemar (1880–1946), Dr.-Ing., Prof. f. Elektrotechnik an d. TH Darmstadt, im Vorstand d. AEG, Berlin 165
Petroff, seit 1942 bulg. Landwirtschaftsmin. 311
Petrucci, Luigi, 1942/43 ital. Gen.Konsul in München, seit Juli 1943 Gesandter in Agram 321, 381
Philipp, Prinz von Hessen (1896–1980), preuß. Staatsrat, Oberpräs. d. Provinz Hessen-Nassau, SA-Obergruppenführer.
August 1943 verhaftet, KZ-Haft 153f.
Phillips, William (1878–1968), 1936–1941 amerik. Botsch. in Rom 260, 272, 277, 300
Picard, André (1874–1926), französ. Dramatiker 353
Pieck, Wilhelm (1876–1960), 1928–1933 MdR (KPD), i. d. Sowjetunion emigriert 597 (112)
Pietzsch, Albert (geb. 1874), Dr.-Ing., Präs. d. Industrie- u. Handelskammer München, Präs. d. Reichswirtschaftskammer, Dir. d. Elektrochemischen Werke München-Höllriegelskreuth 74, 124, 141, 173, 414
Pilar (Maria del Pilar), Prinzessin von Bayern (1891–1987) 140
Pinder, Wilhelm (1878–1947), Prof. d. Kunstgeschichte. Mittwochs-Gesellschaft 231, 255
Pirzio Biroli, Alessandro (1887–1962), ital. Gen., seit 1941 Gouverneur von Montenegro, Onkel von Detalmo P. B. 370, 592 (84)
Pirzio Biroli, Corrado (geb. 1940), Enkel U. v. Hassells 219, 279
Pirzio Biroli, Detalmo (geb. 1915), Dr. jur., verh. m. Fey, Tochter U. v. Hassells, (geb. 1918) 89, 143, 157, 166, 168, 182, 186, 188, 227f., 279, 370, 383, 502f. (15), 503 (18), 527 (12), 591 (81)
Pius XI., s. Ratti
Pius XII., s. Pacelli
Planck, Erwin (geb. 1893), Dr. phil., StSekr. d. Reichskanzlei a. D., Dir. bei Fa. Otto Wolff (Eisengroßhandel), nach dem 20. Juli 1944 verhaftet, am 23. 1. 1945 in Plötzensee hingerichtet 87, 132f., 136, 162, 164, 167, 176, 193, 210, 263, 268, 273, 289, 294, 317, 326, 330, 350, 356, 384, 408, 422, 435, 449f., 491 (109a).
Pless-Schmidt, dän. Großkaufmann 501 (8)
Plessen, Johann Baron v. (1890–1961), Dr. jur., seit 1935 Botsch.Rat, dann Gesandter a. d.

Dt. Botsch. in Rom, verh. m. Maria Immaculata, geb. Gräfin v. Wuthenau (geb. 1909) 49, 67, 356
Plessen, Magnus Baron v. (1890–1948), dän. Staatsangehöriger, Gutsbesitzer 356
Plessen-Cronstern, Ludwig Carl Graf v. (1889–1985), 1942 Rittm. d. Res. z. V. (Bruder von Johann Baron v. Pl.) 356
Plettenberg, Kurt Frhr. v. (geb. 1891), Generalbev. d. Preuß. Königshauses, nach Verhaftung im Reichssicherheitshauptamt am 10. 3. 1945 Selbstmord 358, 374, 407, 409
Poensgen, Ernst (1871–1949), Dr.-Ing. e. h., Stahlindustrieller, Vorstandsvors. d. Vereinigten Stahlwerke AG Düsseldorf 281, 548 (130)
Poensgen, Helmuth (1881–1945), Dr. phil., Vorstandsmitglied d. Vereinigten Stahlwerke AG Düsseldorf 110
Popitz, Johannes (geb. 1884), Dr. jur., Prof., 1933–1944 preuß. Finanzmin. Mittwochs-Gesellschaft. Am 21. 7. 1944 verhaftet, am 2. 2. 1945 in Plötzensee hingerichtet 29–31, 36, 53, 55, 70, 72, 79, 83, 87, 114, 117f., 128, 132f., 136–139, 143f., 146, 152–155, 161, 165–168, 173f., 177f., 181, 187f., 191–193, 197, 210, 215, 217f., 220, 224f., 229–233, 246, 248ff., 252, 255, 257, 260, 262f., 266–268, 273, 276f., 280, 283, 285, 289f., 290, 293, 300, 305, 307, 319, 323, 326, 328–330, 333, 340, 342, 345–348, 351f., 356, 363, 365f., 369, 376, 381f., 384, 388–390, 394, 399, 400, 407, 414f., 418, 421, 423, 430f., 435, 446, 449f., 454f., 462, 474 (45), 489 (99, 102), 497 (141), 508 (39), 524 (113), 527 (16), 539 (84), 541 (93), 565 (69), 573 (118), 578 (7), 580 (13), 582 (24), 591 (80), 599 (128), 601 (145), 603 (157), 610 (29), 614 (54), 616 (70)
Porta, Conte della, Francesco, seit 1942 ital. Botsch.Rat. in Berlin 321, 332, 334

Posse, Hans (1886–1965), Dr. jur., 1933–1945 StSekr. im Reichswirtschaftsmin. 177
Potjomkin (Potëmkin), Wladimir Petrowitsch (1878–1946), 1937–1940 stellv. Volkskommissar f. Äußeres 157
Praun, v. (BMW) 78
Pressel, Wilhelm (geb. 1895), ev. Pfarrer, 1933 Oberkirchenrat i. d. Kirchenleitung Württembergs 553 (161)
Preußen, Haus, s. August Wilhelm, Eitel Friedrich, Friedrich, Friedrich Sigismund, Hermine, Louis Ferdinand, Marie Luise, Oskar, Wilhelm
Preysing-Lichtenegg-Moos, Konrad Graf v. (1880–1950), seit 1935 Bischof von Berlin 282, 374, 549 (135)
Prezan, Constantine (1861–1943), rumän. Marschall, im Ersten Weltkrieg GenStbschef 241
Prittwitz und Gaffron, Friedrich v. (1884–1955), Dr. jur., seit 1927 Botsch. in Washington, 1933 zurückgetreten 168
Probst, Christoph (geb. 1919), stud. med., „Weiße Rose", am 22. 2. 1943 hingerichtet 585 (41)
Procopé, Hjalmar John (1890–1954), 1927–1931 finn. Außenmin., seit 1939 Gesandter in Washington 329, 567 (86)
Pucheu, Pierre (1899–1944), 1941–April 1942 franz. Innenmin., nach Algerien geflohen 296, 555 (7a)
Pückler, Sylvius, Graf v. (1889–1979), verh. m. Alice, geb. Freiin v. Richthofen (1905–1969) 239, 353

Quade, Erich (1883–1959), Gen. d. Flieger, kommandiert zum OKW/Abt. Wehrmachtpropaganda, Chef d. Propaganda-Truppen bis 1944 337
Quadt zu Wykradt und Isny, Aloysia Gräfin v. (1889–1981) 249
Quisling, Vidkun (1887–1945), Be-

gründer der norw. nationalsozialistischen Partei („Nasjonal Samling"), norw. Regierungschef während d. Besetzung 191, 223, 296, 380, 423, 514 (62)

Rabenau, Friedrich v. (geb. 1884), Dr. phil. h. c., Lic. theol., Gen. d. Art., 1939–1943 Chef d. Heeresarchive, nach dem 20. Juli 1944 verhaftet, am 12. 4. 1945 im KZ Flossenbürg erschossen 220, 223f., 230, 233, 283

Radić (Raditsch), Stefan (1871–1928), kroat. Politiker, Begründer d. kroat. Bauernpartei 208

Radoslawoff, Iwan (geb. 1880), bulg. Literaturhistoriker u. Kritiker 374

Radoslawoff, Wassil (1854–1929, bulg. Politiker u. Staatsmann, Juli 1913–Juni 1918 (Emigration nach Deutschland) Min.Präs. 288, 551 (152)

Raeder, Erich (1876–1960), Dr. h. c., 1935–1943 OB d. Kriegsmarine, 1939 Großadm. 26, 50, 83, 87f., 109, 131–133, 154, 162, 483 (52), 501 (6), 519 (89), 541 (94), 558 (26)

Rafelsberger, Walter (geb. 1899), Dipl.-Ing., SS-Oberführer, 1934 Gauleiter d. NSDAP d. Steiermark, 1938 Präs. d. Wiener Handelskammer 246, 262

Rahn, Rudolf (1900–1975), Dr. phil., 1943–1945 Botsch. in Rom u. Fasano b. d. ital. Sozialen Republik 387, 392, 395, 409, 600 (140), 604 (168)

Raindre, Vertreter d. I.G. Farben in Paris 225, 227

Ramsey, Henryk (1886–1959), 1941–1943 finn. Versorgungsmin., 1943/44 Außenmin. 124, 354

Rantzau, Josias v. (1903–1950), Leg.Rat im AA 249, 363

Rassow, Peter (1889–1961), Prof. d. Geschichte in Breslau u. Köln 87, 352

Rath, Ernst vom (1909–1938), Gesandtschaftsrat an d. dt. Botsch. Paris 62, 471 (28, 30)

Ratti, Achille (1857–1939), seit 1922 Papst Pius XI. 83

Rauschning, Hermann (1887–1982), 1933/34 Präs. d. Danziger Senats, 1935 emigriert 69, 72, 99, 187, 512 (56)

Rech (?), Pfarrer in Warnitz 333

Reckzeh, Paul, Dr. med. an d. Berliner Charité 435, 609 (18)

Redwitz, Franz Frhr. v. (1888–1963), Chef. d. Kabinetts sowie d. Hof- u. Vermögensverwaltung d. Kronprinzen Rupprecht von Bayern 140

Reeder, Eggert (1894–1959), Chef d. Militärverwaltung b. Mil.Befh. in Belgien u. Nordfrankreich 422, 592 (87)

Reibnitz, Rudolf Frhr. v. R. (1882–1914, gef.), Amtsrichter verh. m. Gertrud, geb. v. Treskow 473 (43)

Reichenau, Walter v. (1884–1942), 1940 GFM, OB von Armeen, zuletzt OB HGr. Süd 135f., 142, 145, 155, 161, 165, 225, 287, 293, 340, 490 (105), 491 (108), 495 (135), 500 (4), 550 (146), 551 (150, 151), 554 (2), 574 (122)

Reichstadt, Herzog von (1811–1932), Sohn Napoleons I. 227, 527 (11)

Reinecke, Hermann (1888–1973), Gen. d. Inf., Chef NS-Führungsstab im OKW 428

Reinhardt, Fritz (1895–1969), seit 1933 StSekr. im Reichsfinanzmin., Präs. d. Akademie f. Deutsches Recht 75, 111

Reinthaller, Anton (1895–1958), Dipl.-Ing., 1938/39 österr. Min. f. Land- u. Forstwirtschaft, 1940 UStSekr. im Reichsmin. f. Ernährung u. Landwirtschaft 138, 492 (113)

Renteln, v., Maj. 396

Renthe-Fink, Cecil v. (1885–1964), Dr. jur., 1939/40 dt. Gesandter, 1940–1943 Bev. d. Dt. Reiches in Kopenhagen; 1943/44 Sondergesandter beim franz. Staatschef Pétain 167, 331, 368, 501 (8)

Renzetti, Giuseppe, 1930–1933 Verbindungsmann Mussolini–Hitler in

Berlin, 1937–1941 ebd. Gen.Konsul, seit 1941 ital. Gesandter in Stockholm 395

Reusch, Paul (1868–1956), 1908–1942 Gen.Dir. d. Gutehoffnungshütte 146, 148f., 497f. (143), 608 (10)

Reuter, Franz (1897–1967), Dr. phil., Geschäftsführer d. Verlages „Der Deutsche Volkswirt GmbH", Berlin, nach dem 20. Juli 1944 verhaftet, bei Kriegsende befreit 155, 184, 317

Reuter, Ludwig v. (1869–1943), Adm. a. D., befahl 1919 Versenkung d. Flotte in Scapa Flow 88f.

Revertera Graf v. Salandra, Peter (1893–1966), Schwager von K.-L. Guttenberg, 1929/30 Heimatschutzführer von Oberösterreich, 1934–1938 Sicherheitsdirektor ebd. 87, 100, 142, 481 (41)

Rheinbaben, Erika Freifrau v., s. O. v. Erdmannsdorff

Ribbentrop, Joachim v. (1893–1946), 1936–1938 Botsch. in London, dann Reichsaußenmin. 24f., 27f., 38f., 49, 50, 52, 57, 59, 61, 66, 68f., 73, 81f., 84, 89, 92, 95, 104–107, 110f., 113f., 116–121, 123, 125, 131f., 137, 143, 159f., 162, 166f., 174f., 177, 179, 181, 187f., 192f., 197, 208f., 212, 221, 231, 233–236, 242, 251, 253, 260, 271–274, 276f., 288, 294, 298, 300, 321, 331, 333, 337–339, 342, 349, 353, 355f., 363, 375, 377, 379, 384, 386f., 392, 417f., 425, 427, 434, 471 (29), 476 (51), 480 (34, 36), 482 (51), 483 (58), 492 (114), 496 (138), 504f. (21), 505 (26), 506 (29), 507 (34, 35, 36), 515 (69), 517 (79), 518 (82), 520 (92), 521 (98), 528 (17), 529 (25), 530 (29), 534 (48), 544 (108), 545 (115), 546 (116), 557 (15), 560 (33), 568 (87), 575 (134), 581 (15), 582f. (26), 583 (27), 584 (33), 586 (43), 589 (63, 65), 600 (139), 606 (181), 607 (4), 615 (62, 65a)

Riccardi, Raffaele (geb. 1899), ital. Außenhandelsmin. 225

Ricci, Renato (1896–1956), 1939–1943 ital. Korporationsmin., Ltr. d. faschist. Jugendorganisation 208

Richert, Arvid Gustaf (geb. 1897), 1937–1945 schwed. Gesandter in Berlin 185f., 324

Richthofen, Herbert Frhr. v. (1879–1952), Dr. jur., 1939–1941 dt. Gesandter in Sofia 238

Richthofen, Wolfram Frhr. v. (1895–1945), Dr.-Ing., Gen. d. Flieger, zuletzt GFM, 1939–1942 Komm. Gen. VIII. Fliegerkorps 239

Rickenbach (?), Schweizer Bankier 68

Riedl, Richard (1865–1944), 1921–1925 österr. Gesandter in Berlin, Mitbegründer des MWT 261, 373

Rieter, Fritz (1887–1970), Dr. jur., Oberst im schweiz. Genstb, Herausgeber der „Schweizer Monatshefte" 228, 298, 478 (20)

Rieth, Fritz (geb. 1881), Dr. jur., seit 1921 AA, 1942–1944 Gen.Konsul Tanger 334, 571 (108)

Rigele, Olga, geb. Göring (geb. 1889), ältere Schwester von Hermann Göring 69, 82, 118, 120–122, 131, 136, 154, 162, 164, 167, 249, 409, 473 (43), 474 (43)

Rintelen, Enno v. (1891–1971), zuletzt Gen. d. Inf., 1936–1943 Mil.Att. in Rom, seit 1940 zugleich Dt. Gen. im ital. Hauptquartier 60f., 391–393, 408, 421, 600 (136)

Ritter, Karl (1883–1968), Dr. jur., 1937 Botsch. in Brasilien, seit 1939 Botsch. z. b. V. im AA 68, 114f.

Ritter, Paul (geb. 1898), Dr., 1939–1941 schweiz. Gen.Konsul in München 194

Ritterbusch, Wilhelm (geb. 1892), nat.-soz. Parteifunktionär, Juli 1940–Okt. 1941 Beauftragter d. Reichskommissars d. Niederlande. f. Nord-Brabant 284

Rodde, Wilhelm, dt. Gen.Konsul in Hermannstadt 322

Rodin, Auguste (1840–1917), Bildhauer 226
Roeder, Manfred (geb. 1900), Dr. jur. et rer. pol., Oberkriegsgerichtsrat d. Lw., zuständig f. Komplex „Rote Kapelle" u. Verfahren gegen Dohnanyi 362
Roediger, Conrad (1887–1973), 1938–1945 Vortr. Leg.Rat i. d. Rechtsabt. d. AA 167
Röhm, Ernst (1887–1934), Stabschef d. SA 469 (14), 472 (34)
Römer, Joseph Nikolaus („Beppo"), (geb. 1892), Dr. jur., Freikorpsführer, 1931 Mitglied d. KP, 4. 2. 1942 verhaftet, am 25. 9. 1944 hingerichtet 569 (93), 617 (76)
Roenne, Margarete Baronin v., geb. v. Adelebsen (1902–1965), verh. m. Joachim Baron R. (gest. 1937) 247
Rösch, Augustinus (1893–1961), S. J., Provinzial d. Oberdeutschen Provinz 549 (135)
Rössing, Horst (1891–1942), Oberst, 1935–1942 Mil.Att. in Helsinki, zuletzt Gen.Maj. 186
Rogeri dei Conti di Villanova, Delfino (geb. 1889), 1942 im ital. Außenmin., 1944 Gesandter an d. Botschaft Berlin 387, 391, 395, 600 (137)
Rohr, Hansjoachim v. (1888–1971), Landwirt (Demmin), Agrarpolitiker, StSekr. a. D. (1933 Reichsministerium f. Ernährung u. Landwirtschaft) 431, 614 (61)
Romalo, Alessandro, Mai bis Okt. 1940 rumän. Gesandter in Berlin 205
Rommel, Peter (1907–1944), Rechtsanwalt b. d. Allianz Vers. AG 84
Rommel, Erwin (1891–1944), GFM, 1941–1943 Befh. d. Afrikakorps, 1944 OB HGr. B in Frankreich, am 14. 10. 1944 von Hitler zum Selbstmord gezwungen 248, 251, 268, 320, 327f., 366, 438, 563 (59), 566 (77), 590 (69), 617 (78)
Roon, Albrecht Graf v. (1803–1879), preuß. GFM 183, 368

Roosevelt, Franklin Delano (1882–1945), 1932–1945 Präsident der USA, verh. m. Eleanor (1884–1962) 84, 107, 118, 133, 136, 163, 176, 186, 200, 212, 214, 224, 236, 247, 249, 266f., 272, 407, 429, 488 (91), 489 (97), 503 (16), 508 (42), 516 (72), 525 (6), 530 (31), 540 (91), 544 (110), 555 (8), 564 (60), 569f. (97), 576 (1), 599 (132)
Rosen, Elsa, s. Prinz Karl Bernadotte
Rosenberg, Alfred (1893–(1946), Reichsltr., seit 1933 Ltr. d. Außenpolitischen Amtes d. NSDAP, 1941–1945 Reichsmin. f. d. besetzten Ostgebiete 259, 323, 357, 407, 474 (43), 479 (26), 488 (92), 514 (62), 556 (11)
Rosso, Augusto (1885–1964), 1936–1941 ital. Botsch. in Moskau 498 (148)
Roth, Hans-Otto (1893–1953), Dr., Vertreter d. dt. Volksgruppe im rumän. Senat 240, 242
Rothenberger, Curt (1896–1959), Dr. jur., seit Aug. 1942 StSekr. im Reichsjustizmin. 566 (78)
Rougier, Louis (1889–1972), franz. Nationalökonom, seit 1941 in Großbritannien 520 (93)
Rüggeberg, Fritz, früher I.G. Farben, später als Korv.Kapt. d. Res. Mitarbeiter im Amt Ausl/Abw d. OKW 87
Rümelin, Eugen (1880–1947), Dr. jur., 1923–1939 Gesandter in Sofia 125, 364, 385
Rumänien, Königshaus, s. Carol, Helene, Michael
Rundstedt, Gerd v. (1875–1953), 1940 GFM, im Zweiten Weltkrieg OB von Heeresgruppen, 1940 u. 1942–1944 OB West 61, 64, 131, 163, 255f., 273, 287, 293, 330, 438, 505 (24), 538 (72), 550 (146), 551 (150), 554 (2), 558 (22), 570 (98), 617 (78, 79)
Ruoff, Richard (1883–1967), Gen.Oberst, seit Jan. 1942 OB 4. Pz.Armee, Juni 1942–Juni 1943 17. Armee 330

Rupprecht, Kronprinz von Bayern (1869–1955), GFM 125, 140, 183, 485 (78)
Ruspoli dei Principi di Poggio Suasa, Elisabeth, geb. v. der Assche (geb. 1899), Witwe d. gefallenen Constantino Ruspoli, Dez. 1943 verhaftet, 1945 befreit 372f., 413, 422, 593 (87), 606 (180), 610 (25)
Ruspoli dei Principi di Poggio Suasa, Marthe, geb. Gräfin Chambrun (geb. 1899) 225, 295f., 397, 422, 526 (9), 555 (7)
Rust, Bernhard (1883–1945), 1934–1945 Reichsmin. f. Wissenschaft, Erziehung u. Volksbildung 114, 266, 323, 573 (118)
Ryti, Risto Heikki (1889–1956), 1923–1940 Dir. d. finn. Reichsbank, 1939/40 Min.Präs., 1940–1944 finn. Staatspräsident 124, 354

Saalwächter, Alfred (1883–1952), Adm., 1938/39 Komm. Adm. d. Marinestation Ostsee, dann bis Sept. 1942 OB d. Marine-Gruppenkommandos West 88
Sabath, Hermann Friedrich (1888–1968), Vortr. Leg.Rat in d. Handelspol. Abt. d. AA 87, 193
Sachariev, s. Zachariev
Sachsen, Königshaus, s. Georg
Sagoroff, Slawtscho (1898–1945), Dr. jur., Prof. d. Volkswirtschaft, 1939 bulg. Min. f. Handel, Arbeit u. Gewerbe, seit Okt. 1942 Gesandter in Berlin 208, 312, 374, 434, 560 (34), 594 (93)
Sahm, Heinrich (1877–1939), 1920–1931 Präs. d. Danziger Senats, 1931–1935 Oberbürgerm. von Berlin, 1936–1939 dt. Gesandter in Oslo 69, 294
Salviati, Dorothea v., s. Wilhelm Prinz von Preußen
Salviati, Hans Viktor v. (geb. 1897), Maj., 1940–1944 Adj. von GFM v. Rundstedt, nach dem 20. Juli 1944 verhaftet, am 22./23. 4. 1945 von SS erschossen 256, 538 (72), 610 (21)

Samberger, Leo (1861–1949), Maler u. Zeichner 106
Sardou, Victorien (1831–1908), franz. Dramatiker 478 (19)
Sarre, Marie Louise (Puppi), (geb. 1906), Bildhauerin, Sept. 1943 verhaftet, Apr. 1945 befreit 394, 418, 444, 601 (145)
Sas, Jacobus Gijsbertus, Oberst, 1939/40 niederl. Mil.Att. in Berlin 511 (54)
Sato, Naotake (geb. 1882), seit 1942 jap. Botsch. in Kujbyshew 567 (80)
Sauckel, Fritz (1894–1946), 1927 Gauleiter d. NSDAP und (1933) Reichsstatthalter von Thüringen, seit März 1942 Generalbev. f. d. Arbeitseinsatz 372, 397, 592 (86)
Sauerbruch, Ferdinand (1875–1951), Dr. med., Prof. d. Chirurgie, ärztl. Direktor d. Charité. Mittwochs-Gesellschaft 167, 220, 225, 229, 231, 255, 305, 323, 326, 330, 342, 346, 348, 354f., 363, 374, 375, 395, 408, 414, 429f., 435, 565 (70), 571 (17), 584 (31), 608 (10)
Sauerbruch, Peter (geb. 1913), Sohn d. Vor., zuletzt Obstlt. i. G. 616 (71a)
Scarpa, Agostino, Konsul im ital. Außenmin. 186
Scavenius, Erik v. (1877–1962), 1942/43 dän. Min.Präs., 1940–1943 Außenmin. 331
Schacht, Hjalmar (1877–1970), 1923–1930 und 1933–1939 Reichsbankpräs., 1935–1937 Reichswirtschaftsmin., danach bis 1944 Reichsmin. ohne Geschäftsbereich 49, 51, 57, 72, 78f., 80f., 84f., 110f., 128, 134, 137, 139, 146, 154, 161f., 167, 175f., 200, 205, 257, 272–274, 277, 285, 345f., 358f., 376, 408, 409f., 425, 467 (3), 468 (7), 475 (48), 476 (4, 5), 488 (91), 490 (104), 493 (118), 497 (143), 506 (30), 544 (109, 110), 573 (118), 582 (24), 594 (100), 607 (5), 608 (10)
Schadewaldt, Wolfgang (1900–1974), Dr. phil., Prof. f. klassische Philologie. Mittwochs-Gesellschaft 369

Schaefer, Carl Anton (1890–1970), Dr. rer. pol., Bankier, Beauftragter d. Dt. Reichsbank in Paris u. Athen 296

Schäfer, Theobald v. (geb. 1876), Dir. im Reichsarchiv 495 (132)

Schalburg, Christian Frederik (1906–1942), dän. Kapt.Lt., 1940 beurlaubt, SS-Obersturmbannführer u. Kdr. d. Freikorps Dänemark 435, 616 (68)

Schaub, Julius (1898–1968), SS-Obergruppenführer, seit 1933 pers. Adj. Hitlers 75

Schaumburg-Lippe, Haus, s. Christian

Schede, Martin (1883–1947), Dr. phil., Prof. d. Archäologie, seit 1929 Dir. d. Dt. Archäolog. Instituts in Istanbul, seit 1939 Präs. d. Archäolog. Instituts, Berlin 114

Scheel, Arne (1872–1943), 1921–1940 norw. Gesandter in Berlin 123

Scheibe, Karl Albert Hermann (geb. 1877), Freg.Kapt. a. D., Mitarbeiter Hugenbergs 99, 481 (44)

Scheliha, Rudolf v. (1897–1942, hinger.), 1929–1939 an d. dt. Botsch. Warschau, dann in d. Informationsabt. d. AA 337, 343, 346, 349, 572 (115), 576 (137), 580 (14)

Schellenberg, Walter (1910–1952), 1939–1942 Stellv. Ltr., bis 1944 Ltr. d. Abt. Auslandsnachrichten d. Sicherheitsdienstes 318, 328, 394, 513 (60), 582 (26), 584 (33), 591 (79), 603 (160)

Scherpenberg, Hilger van (1899–1969), Dr. jur., Leg.Rat im AA, Frühjahr 1944 verhaftet, verh. m. Inge, geb. Schacht (Tochter d. Reichsbankpräs.) 358f., 425, 607 (5), 608 (7), 611 (38)

Schickart, Inge, geb. Pietzsch 52

Schiller, Friedrich v. (1759–1805), Dichter 264

Schinkel, Karl Friedrich (1781–1841), Architekt u. Maler 407

Schirach, Baldur v. (1907–1974), 1933–1940 Reichsjugendführer d. NSDAP, 1940–1945 Gauleiter u. Reichsstatthalter in Wien, verh. m. Henriette (geb. 1913), Tochter d. Photographen Hoffmann 208f., 245f., 258, 262, 349, 581 (15)

Schkwartzew, Alexander (geb. 1900), 1939/40 sowj. Botsch. in Berlin 522 (103)

Schlabrendorff, Fabian v. (1907–1980), Dr. jur. Rechtsanwalt, Oblt. d. Res., Ord.Offz. bei H. v. Tresckow (HGr. Mitte), nach dem 20. Juli 1944 verhaftet, nach Kriegsende befreit 278, 444, 546 (121)

Schleicher, Kurt v. (1882–1934), Gen. a. D., Reichskanzler a. D., 30. 6. 1934 ermordet 162, 469 (14), 472 (34), 491 (109a)

Schleier, Rudolf (1899–1959), seit 1940 Gen.Konsul u. Bev. d. AA b. Mil.Befh. in Frankreich, seit Apr. 1944 Ltr. d. Antijüdischen Aktionsstelle im AA 226f., 295

Schlitz gen. v. Görtz und v. Wrisberg, Rudolf-Johann Graf v. (1884–1933), Landwirt, verh. m. Else, geb. Meyer (1882–1968) 63, 322

Schmid, Carl Christian (1886–1955), 1928–1932 MdR (DVP), Reg.Präs. in Düsseldorf 68, 194, 473 (37)

Schmidt, Andreas (1912–1951), Bauernsohn aus Siebenbürgen, Führer d. dortigen Bonfert-Partei (radikale NS-Partei) 240, 322, 480 (33)

Schmidt, Helmut (geb. 1918), SPD-Politiker, 1974–1982 Bundeskanzler 446

Schmidt, Otto (1907–1942), Zeuge im Fritsch-Prozeß 71, 475 (47a)

Schmidt, Paul K. (Paul Carell), (geb. 1911), Dr. phil., Min.Dir., Ltr. d. Informations- und Presseabt. d. AA 363

Schmidt, Paul Otto (1899–1970), Dr. phil., 1939–1945 Gesandter im Büro d. Reichsaußenmin., Chefdolmetscher im AA 168, 334, 596 (106)

Schmidt-Pauli, Edgar v. (1881–1955), Dr. jur., Schriftsteller 393

Schmitt, Carl (1888–1985), Staatsrechtslehrer 474 (45)
Schmitt, Günther, Angehöriger d. SS-Verfügungstruppe, Sohn d. Folg. 63, 73
Schmitt, Kurt (1886–1950), Dr. jur., 1933–1935 Reichswirtschaftsmin., Vorstandsvors. d. Münchner Rückversicherungsgesellschaft 49, 60, 73–75, 158, 164f., 193, 277, 325f., 329, 346, 467 (2)
Schmoller-Haldy, Fritz (geb. 1909), Dr. jur., Rechtsanwalt in München 92
Schmorell, Alexander (geb. 1917), stud. med., „Weiße Rose", am 13. 7. 1943 hingerichtet 585 (41)
Schmundt, Rudolf (1896–1944), Gen. d. Inf., Chefadj. d. Wehrmacht bei Hitler, seit 1. 10. 1942 Chef d. Heerespersonalamts; beim Attentat d. 20. Juli 1944 tödlich verletzt 293, 333, 357, 527 (15), 570f. (107), 581 (16), 584 (37), 590 (69)
Schmutzler, Großindustrieller aus Siebenbürgen 242
Schnee, Heinrich (1871–1949), Dr. jur., 1912–1919 Gouverneur von Dt.-Ostafrika 219
Schneider, Friedrich Richard (1887–1962), Dr. phil., Prof. f. mittlere u. neuere Geschichte, Maj. d. Res. d. Lw. 436
Schneider, Reinhold (1903–1958), Schriftsteller u. Dichter 283, 341, 481 (40), 575 (130)
Schneider, Hans, Kaufmann in Ebenhausen 374
Schniewind, Otto (1887–1970), Dr. jur., Min.Dir. a. D., Bankier, nach dem 20. Juli 1944 verhaftet 430, 432, 613 (52)
Schnitzler, Lilly v., geb. v. Mallinckrodt (1889–1981) 168
Schobert, Eugen Ritter v. (1883–1941), Gen.Oberst, seit 1940 OB 11. Armee 271
Schoen, Hans v. (1876–1969), Dr. jur., 1926–1933 Botsch. in Budapest 73, 140, 148

Schönfeld, Hans (1900–1954), ev. Pfarrer, seit 1939 im Kirchl. Außenamt, Ltr. d. Forschungsabt. d. Ökumenischen Rats in Genf 586f. (45)
Schöningh, Frau 49
Scholl, Hans (geb. 1918), stud. med., und Sophie (geb. 1921), stud. phil., „Weiße Rose", am 22. 2. 1943 hingerichtet 585 (41)
Schreiber, Georg (1882–1963), Prof. Dr. phil. u. theol., 1920–1933 MdR (Zentrum), nach dem 20. Juli 1944 verhaftet 399, 551 (154)
Schreiber, Richard (geb. 1889), zuletzt Korv.Kapt. d. Res., 1939/40 Marineatt. in Norwegen 514 (62)
Schroeder, Max (geb. 1908), Dr. Landwirt, Gutsnachbar von C. Wentzel 608 (10)
Schubart, Heinrich, Dr.-Ing., 1929–1931 Berater f. Verwaltungswesen in China, 1941–1944 Min.Dir. im preuß. Finanzmin. 119
Schubert, Carl v. (1882–1947), Dr. jur., 1930–1932 Botsch. in Rom 87, 198
Schuhknecht, Chauffeur z. Zt. Hassells an d. dt. Botsch. in Rom, dann bei Himmler (von ihm entlassen) 88, 478f. (24a)
Schulenburg, Friedrich Graf v. der (1865–1939), Gen.Maj. a. D., 1924–1928 MdR (DNVP) 289, 552 (162)
Schulenburg, Friedrich Werner Graf v. der (geb. 1875), 1931–1934 Gesandter in Bukarest, 1934–1941 Botsch. in Moskau, nach dem 20. Juli 1944 verhaftet, am 10. 11. 1944 in Plötzensee hingerichtet 104, 112, 157, 247, 323, 400, 405, 407, 417, 483 (58), 586 (43)
Schulenburg, Fritz-Dietlof Graf v. der (geb. 1902), 1937 stellv. Polizeipräs. von Berlin, 1939 stellv. Oberpräs. von Ober- u. Niederschlesien, 1940 Wehrdienst, Oblt. d. Res., nach dem 20. Juli 1944 verhaftet, am 10. 8. 1944 in Plötzensee hingerich-

tet; verh. m. Charlotte, geb. Kotelmann (geb. 1909) 31, 289, 347f., 358, 362, 414, 577f. (7), 585 (36), 588 (56), 603 (161), 609 (15)
Schulenburg, Werner v. der (1881–1958), Dr. jur. et phil., Schriftsteller, Mitglied d. Dt. Akademie f. Sprache u. Dichtung, im Kriege Ltr. eines Übersetzerbüros in Rom 272, 298
Schultz, Walter (1900–1957), 1934–1945 Bischof d. ev. Landeskirche von Mecklenburg 129
Schulze, Erich Edgar (1880–1974), Korv.Kapt. im Ersten Weltkrieg, Tätigkeit in d. Industrie, im Zweiten Weltkrieg zuletzt Chef d. Stabes d. Marinebefh. in d. Niederlanden (Kapt. z. S.) 343, 576 (138)
Schulze-Boysen, Harro (geb. 1909), Sohn d. Vor., ObLt. (E) in d. Abt. Fremde Luftwaffen d. Luftwaffenführungsstabes, verh. m. Libertas, geb. Haas-Heye (geb. 1913), beide am 22. 12. 1942 hingerichtet 343, 362, 572 (115), 576 (138)
Schulze-Gaevernitz, Gero v. (geb. 1901, gest.), Deutschlandreferent von A. W. Dulles in Bern 597 (111)
Schuschnigg, Kurt Edler v. (1897–1977), Dr. jur., 1934–1938 österr. Bundeskanzler, 1938 verhaftet, KZ, nach Kriegsende befreit 58, 138, 481 (41)
Schwaebe, Martin, Kommissar. Dir. d. Instituts f. Zeitungswissenschaft a. d. Univ. Köln 351
Schwarze, Bruno (1876–1960), Geh. Baurat, Präs. d. Oberprüfungsamtes i. d. Reichsbahndirektion, verh. m. Elsa, geb. v. Arnim (1885–1980), Malerin 346
Schwarzenberg, Kathleen Prinzessin v., geb. Vicomtesse de Spoelberch (1905–1978) 297, 317f.
Schwede, Franz (1888–1960), seit 1935 Gauleiter d. NSDAP von Pommern 74
Schwendemann, Karl (1891–1974), Dr. phil., 1937–1939 in d. Pol. Abt. d.

AA, 1939–1941 Madrid 86f., 193
Schwerin v. Krosigk, Lutz Graf (1887–1977), 1932–1945 Reichsfinanzmin. 56f., 63, 67, 70f., 79–81, 87, 164, 178, 221, 284, 469 (15), 475 (46), 497 (141)
Schwerin v. Schwanenfeld, Ulrich-Wilhelm Graf v. (geb. 1902), Landwirt, Hptm. d. Res., Ord.Off. v. GFM v. Witzleben, am 20. Juli 1944 verhaftet, am 8. 9. 1944 in Plötzensee hingerichtet, verh. m. Marianne, geb. Sahm (geb. 1907) 294–297, 305, 356, 358, 414, 418, 445, 555 (4)
Scorza, Carlo (geb. 1897), seit April 1943 Generalsekr. d. Faschistischen Partei 364, 370
Sedlaczek, Herbert (1900–1958), Prof., Dr.-Ing., Betriebsführer d. Eisen- u. Hüttenwerke AG Köln, Werk Thale/Harz, Wehrwirtschaftsführer, verh. m. Erica, geb. Schweitzer 389
Seeberg, Dr. (?) 280
Seebohm, Hans (geb. 1871), Konteradm. a. D., Ende d. Ersten Weltkrieges Chef d. Zentralabtl. d. Reichsmarineamtes, später Vorstandsmitglied d. Volksbundes f. d. Deutschtum im Ausland 83, 88, 407
Seeckt, Hans v. (1866–1936), Gen.Oberst, 1920–1926 Chef d. Heeresleitung 199
Seldte, Franz (1882–1947), seit 1933 Reichsarbeitsmin. 173, 306
Seligo, Irene, seit 1936 Korrespond. d. „Frankfurter Zeitung" in Lissabon 237
Sell, Ulrich Frhr. v. (1884–1945), Obstlt. a. D., Verwalter d. Hohenzollernschen Vermögens, Ltr. d. Auslandsbriefprüfstelle, nach dem 20. Juli 1944 verhaftet, bei Kriegsende befreit, in sowj. Haft verstorben 198, 384
Sellačic (?) Grete, Agram 107
Semenev (Semjonow), Vladimir S. (geb. 1911), 1940/41 sowj. Botsch.Rat in Berlin, 1942–1945 in

Stockholm (1978–1987 Botsch. i. d. Bundesrepublik Deutschland) 255
Senise, Carmine (1883–1958), Dr. jur., ital. Faschist, 1940–1943 Chef d. Polizei 370
Serego-Alighieri, Conte Pierino (geb. 1905), ansässig in Gargnano/Gardasee 408
Sering, Max (1857–1939), Prof. d. Staatswissenschaft 85
Serrano Suñer, Ramon (geb. 1901), 1938–1940 span. Innenmin., 1940–1942 Außenmin. 218, 326–328, 567 (81)
Seydlitz-Kurzbach, Walther v. (1888–1976), Gen. d. Art., 1943 Komm. Gen. LI. A.K., bei Stalingrad in russ. Gefangenschaft geraten, Nationalkomitee „Freies Deutschland" 420f., 597 (112), 608 (13)
Seyß-Inquart, Arthur (1892–1946), 12. 3. 1938 österr. Bundeskanzler, 14. 3. 1938–30. 4. 1939 Reichsstatthalter, nach Verwendungen in Polen 18. 5. 1940 Reichskommissar f. d. besetzten niederl. Gebiete 58, 90, 138, 232, 492 (113), 577 (4)
Sforza, Conte Carlo (1872–1952), 1920/21 ital. Außenmin., 1926–1943 i. d. Emigration, seit April 1944 Min. ohne Geschäftsbereich im Kabinett Badoglio 367, 371, 399, 591 (75)
Shakespeare, William (1564–1616), engl. Dichter u. Dramatiker 609 (14)
Sidorowitschi, verm. Teofile, rumän. Gen., Führer d. Jugendorganisation 208
Siebert, Ludwig (1874–1942), Präs. d. Dt. Akademie, seit 1933 bayer. Min.Präs. u. Finanzmin. 129, 346, 577 (4)
Siegfried, Herbert (geb. 1901), Dr. jur., 1937–1943 Ltr. d. Büros d. Staatssekr. d. AA, dann Gen.Konsul in Genf 147
Siegmund-Schultze, Friedrich Wilhelm (1885–1959), Dr. theol., 1926–1934 Prof. in Berlin, 1914–1945 Schriftführer d. Weltbundes f. Freundschaftsarbeit d. Kirchen 609 (18)
Siemens, Bertha v. (1899–1950), geb. Gräfin Yorck v. Wartenburg, Schwester von Peter Graf Yorck 347
Sima, Horia (geb. 1906), rumän. Politiker, Führer der „Eisernen Garde" im Banat, seit 1938 in ganz Rumänien, 1944 Chef einer rumän. Nationalregierung in Wien 240, 531 (36), 561 (40)
Simović, Dušan (1882–1962), jugosl. Gen.Oberst, März 1941 durch Staatsstreich Min.Präs., 18. 4. 1941 zurückgetreten (Emigration), Chef d. jugosl. Exilregierung 241, 532 (39), 533 (44)
Smend, Günther (geb. 1912), Obstlt. i. G., Adj. d. Chefs d. GenStb d. Heeres, nach dem 20. Juli 1944 verhaftet, am 8. 9. 1944 in Plötzensee hingerichtet 445
Smend, Rudolf (1882–1975), Prof. d. Rechtswissenschaft, seit 1935 in Göttingen 288
Smetona, Anton (1874–1944), 1919–1922 u. 1926–Juni 1940 litauischer Staatspräs. 69
Smuts, Jan Christiaan (1870–1950), Feldm., 1919–1024 u. seit Sept. 1939 Premiermin. d. Südafrikanischen Union 412, 605 (175)
Soddu, Ubaldo (1883–1949), ital. Gen., 1939 StSekr. im Kriegsmin., Nov. 1940 OB in Griechenland, im Dez. abgesetzt 191, 214
Sodenstern, Georg v. (1889–1955), Gen. d. Inf., 1941–1943 Chef d. GenStb. d. HGr. Süd, ab August 1943 OB 19. Armee, 1. 6. 1944 verabschiedet 273, 438
Solf, Sabine, geb. v. Adelebsen (geb. 1916), verh. m. Hans-Heinrich S. 247
Solf, Wilhelm (1862–1936), StSekr. d. Reichskolonialamtes, Okt.–Dez. 1918 d. AA, 1920–1928 Botsch. in

Tokio, verh. m. Hannah, geb. Dotti (1887–1954) 247, 420, 534 (48), 607 (5), 608 (7), 609 (18)
Solitander, Axel (geb. 1878), finn. Wirtschaftler (Holz) 124
Soragna, Antonio, ital. Ges. in Stockholm 124
Souchon, Wilhelm (1864–1946), Adm. a. D. (1914 Dardanellen-Durchbruch) 88, 478 (24)
Spalcke, Karl (geb. 1891), Dr. rer. pol., Obstlt. im Stabe Blaskowitz (OB Ost), seit 1940 Mil.Att. in Bukarest, zuletzt Gen.Major 162
Spann. Othmar (1878–1950), Dr. phil., 1919–1938 Prof. d. pol. Ökonomie u. d. Gesellschaftslehre an d. Univ. Wien 73, 476 (52)
Speer, Albert (1905–1981), seit Febr. 1942 Reichsmin. f. Bewaffnung u. Munition 230, 305, 558 (25)
Speidel, Hans (1897–1984), Gen.Lt., 1940–1942 Chef d. GenStb d. Mil.Befh. Frankreich, dann d. Armee-Abt. Lanz und 8. Armee, April 1944 bis Sept. 1944 d. HGr. B (Rommel, Kluge) verhaftet, bei Kriegsende befreit 295, 438
Spellman, Francis Joseph (1889–1967), seit 1939 Erzbischof von New York 359, 587 (46)
Sperr, Franz (geb. 1878), bayer. Gesandter a. D. (bis 1934 in Berlin), nach dem 20. Juli 1944 verhaftet, am 23. 1. 1945 in Plötzensee hingerichtet 148
Spitzy, Reinhard (geb. 1912), SS-Hauptsturmführer, 1936–1938 Sekr. Ribbentrops, 1939–1942 beim Amt Ausl/Abw d. OKW 181
Sponeck, Hans Graf v. (geb. 1888), Gen.Lt., Komm. Gen. 31. 12. 1941 dienstenthoben, zum Tode verurteilt, zu Festungshaft begnadigt, am 23. 7. 1944 ohne Verfahren erschossen 299, 306, 557 (14)
Spranger, Eduard (1882–1963), Prof. d. Philosophie u. Pädagogik an d. Univ. Berlin. Mittwochs-Gesellschaft 36, 369, 423, 576f. (3)

Sprecher, Jann, Dr. jur., Schriftltr. d. „Schweizer Monatshefte für Politik und Kultur" 61
Sprenger, Jakob (1884–1945), seit 1938 Gauleiter d. NSDAP von Hessen 74, 471 (36), 488 (92)
Srbik, Heinrich Ritter v. (1874–1951), 1922–1945 Prof. f. Geschichte d. Neuzeit in Wien 373
Stackelberg, Heinrich Frhr. v. (1905–1946), seit 1941 Prof. d. Nationalökonomie a. d. Univ. Bonn, 1943–1945 Gastprof. in Madrid, verh. m. Elisabeth, geb. Gräfin v. Kanitz (geb. 1917) 323, 352, 363, 497 (141), 565 (71), 582 (23)
Stackelberg, Herbert Frhr. v. (1911–1975), Dr. jur., 1940/41 b. Landratsamt Siegburg, 1943/44 Verwaltungschef in Narvik 352
Stahlecker, Walter (1900–1942), Dr. jur., SS-Brigadeführer u. Gen.Maj. d. Waffen-SS, Ltr. d. Abt. VIa im Reichssicherheitshauptamt, 1941 Führer einer Einsatzgruppe im Baltikum 251
Staedel, Wilhelm (1890–1971), Pfarrer in Siebenbürgen 531 (37)
Stalin, Josif Vissarionovič (1879–1953), Staatschef d. Sowjetunion 86, 112, 150, 167, 175, 212, 247, 253, 256, 259, 355, 356, 373, 375, 380, 382, 390, 400, 407, 417, 427, 429, 478f (16), 520 (92), 534 (50), 545 (112), 564 (60), 586 (43), 594 (99), 603 (162), 613 (46)
Stallforth, Federico, amerik. Geschäftsmann 249, 260, 272–274, 276f., 340, 535 (54), 544 (107), 545 (116), 557 (15), 574 (124), 594 (95)
Stanley, Oliver (1896–1950), 1937–1940 brit. Handelsmin., dann Kriegsmin. u. Heeresdienst 169
Stanoilović, George, Maj. im jugosl. GenStb. 236
Stapf, Otto (1890–1963), Gen. d. Inf., Jan. bis März 1942 Komm. Gen. XXXXIV. A.K., dann Chef d. Wehrwirtschaftsstabes Ost 305

Starace, Achille (1889–1945), 1931–1939 Generalsekr. d. Faschistischen Partei, dann bis Mai 1941 Generalstabschef d. Miliz 89, 140

Stauffenberg, Claus Schenk Graf v. (geb. 1907), Oberst i. G., Okt. 1943 Chef d. Stabes d. Allgemeinen Heeresamtes, Juni 1944 Chef d. Stabes d. Befh. d. Ersatzheeres, am 20. Juli 1944 in der Bendlerstraße erschossen 418, 421, 443, 589 (59), 602 (153a), 603 (161), 609 (15), 616 (71a)

Stauning, Thorvald (1873–1942), 1929–1942 (m. Unterbrechung) dän. Min.Präs. 223

Stauß, Emil Georg v. (1877–1942), Dr. Dr. h. c., Bankier, seit 1915 Vorstand d. Deutschen Bank 54, 57, 68, 110, 115, 137

Steengracht van Moyland, Gustav Adolf Frhr. v. (1902–1969), seit 1936 in der Dienststelle Ribbentrop, seit 1943 StSekr. d. AA, verh. m. Ilse Marie, geb. Baronin v. Hahn (geb. 1908) 363, 405

Steensen-Leth, Vincens de (geb. 1896), seit 1939 Gesandtschaftsrat b. d. dän. Gesandtschaft in Berlin 368

Steffens, verm. Hans Frhr. v. (geb. 1871), Dr. oec. publ., Hptm d. Res., verh. m. Leonie, geb. Mixich de Alsó Lukavecz (geb. 1876) 100, 107

Stein, Karl Reichsfrhr. vom und zum (1757–1831), preuß. Staatsmann 32, 128, 138

Stelzer, Gerhard (1896–1965), 1938–1944 Gesandtschaftsrat in Bukarest 241

Stephan, Rudolf Ernst (1901–1964), Gen.Dir. d. Fa. Schenker 245

Sternbach, s. Wenzl Frhr. v. Sternbach 245

Stettinius, Edward Reilly (1900–1949), 1943/44 UStSekr im amerik. AA 430

Stevens, Richard Henry, brit. Maj. im Nachrichtendienst, am 8. 11. 1939 (Venlo-Zwischenfall) von dt. Sicherheitsdienst entführt, bis 1945 KZ 189, 493 (122), 513 (60)

Stieve, Friedrich (1881–1966), 1932–1939 Ltr. d. Kulturpol. Abt. d. AA 68

Stimson, Henry Lewis (1867–1950), 1940–1945 amerik. Kriegsmin. 200, 516 (72)

Stöbe, Ilse (geb. 1911), Stenotypistin, „Rote Kapelle", Sept. 1942 verhaftet, 22. 12. 1942 hingerichtet 580 (14)

Stojadinović, Milan (1888–1961), 1935–1939 jugosl. Min.Präs., 1941 Exil 214, 234, 309, 521 (94), 559 (30)

Stolberg-Roßla, Christoph Martin Fürst zu (1888–1949), verh. m. Ida, geb. Prinzessin Reuß Ä.L. (1891–1977) 53

Stolzmann, Paulus v. (geb. 1901), Leg.Rat im AA 358

Strachwitz v. Groß-Zauche und Camminetz, Rudolf Graf v. (1896–1969), Dr. rer. pol., Leg.Rat im AA, verh. m. Barbara, geb. Greene (geb. 1907) 249

Strasser, Otto (1897–1974), Dr. rer. pol., 1930 Austritt aus d. NSDAP (Richtungsstreit mit Hitler), seit 1934 im Ausland 141, 143, 493 (123), 494 (128)

Straub, Agnes (1890–1941), Schauspielerin 146

Strecker, Karl (1894–1973), Gen. d. Inf., 1942/43 Komm. Gen. XI. A.K. (Stalingrad) 348, 578f. (10)

Streicher, Julius (1885–1946), 1925–1940 Gauleiter d. NSDAP in Franken (abgesetzt) 74, 79, 192, 476 (3)

Strölin, Karl (1890–1963), Oberbürgerm. von Stuttgart 334

Stroux, Johannes (1886–1954), Dr. phil., Prof. f. klassische Philologie in Berlin. Mittwochs-Gesellschaft 355

Strünck, Theodor (geb. 1895), Dr. jur., Rechtsanwalt, Hptm. d. Res. in d. Zentralabtl. d. Amtes Ausl/Abw d. OKW, nach dem

20. Juli 1944 verhaftet, am
9. 4. 1945 in Flossenbürg
erhängt 257, 277
Struzzl, Paul 603 (159)
Stuckart, Wilhelm (1902–1953), Dr.
jur., seit 1935 StSekr. im Reichs-
min. d. Innern 131f., 328, 356
Stucken, Rudolf (1891–1984), Prof. f.
Volkswirtschaftslehre an d. Univ.
Erlangen 497 (141)
Studnitz, Anna-Maria v., geb. v.
Schinckel (1885–1966) 130
Stülpnagel, Karl Heinrich v. (geb.
1886), Gen. d. Inf., 1941 OB
17. Armee, 1942–1944 Mil.Befh. in
Frankreich, nach dem 20. Juli 1944
verhaftet, am 30. 8. 1944 in Plöt-
zensee hingerichtet 371f., 382,
397f., 496 (139), 555 (6), 593 (88),
602 (153a)
Stülpnagel, Otto v. (1878–1948),
Gen. d. Inf., 1940–Febr. 1942
Mil.Befh. Frankreich 225f., 295f.,
555 (6)
Stumme, Georg (1886–1942), Gen. d.
Pz.Tr., 1940–1942 Komm. Gen.
XXXX. Pz.Korps, im Sept. 1942
Führer d. Pz.Armee Afrika 327,
566 (77)
Šubašić, Ivan (1892–1955), 1944/45
Min.Präs. d. jugosl. Exilregie-
rung 429, 613 (51a)
Suranyi-Unger, Theo (geb. 1898),
Prof., Dr., Mitglied d. ung. Akade-
mie d. Wissenschaften, Präsidiums-
mitglied der ung. Gruppe d.
MWT 271, 312f., 561 (39)
Sybel, Heinrich Ernst v. (1885–1969),
1926 Vors. d. Reichslandbundes,
1928–1945 MdR (Chr.-nat. Bauern-
u. Landvolkpartei, seit 1931
NSDAP) 53, 70, 83, 87, 117, 132
Szálasi, Ferenc (1897–1946), ung.
Politiker, Gründer d. rechtsradika-
len „Pfeilkreuzler" 1935 532 (42),
562 (48)
Sztójay, Döme (1883–1946), ungar.
Offz. u. Diplomat, seit 1935 ung.
Gesandter in Berlin, März 1944
Min.Präs., 29. 8. 1944 Rücktritt
243, 286, 311, 393, 532 (41), 533
(43), 611 (35)

Talleyrand-Perigord, Duc de, Charles
Maurice (1754–1838), franz. Staatsmann 85, 227
Talleyrand, Duchesse de, Dorotea,
geb. Herzogin v. Kurland
(1793–1862) 227
Tanner, Väinö (Alfred) (1881–1966),
1939/40 finn. Außenmin., 1941
Handels- u. Industriemin. 507
(33), 567 (86)
Taylor, Myron (1874–1958), Dir. d.
US Steel Corporation, 1939–1942
u. seit 1944 pers. Vertreter d. amerik. Präsidenten b. Vatikan 332,
569 (97)
Teleki v. Szék, Graf Paul (1879–1941),
Dr. phil., Prof. d. Geographie,
1939–1941 ung. Min.Präs. 105,
244f., 482 (46), 533 (43)
Teleki v. Szék, Graf Michael (geb.
1896), ung. Landwirtschaftsmin.
271, 313
Terboven, Josef (1898–1945), seit
1928 Gauleiter d. NSDAP von
Essen, seit 1940 Reichskommissar
f. d. besetzten norw. Gebiete 74,
192, 352
Terdenge, verm. Hermann
(1892–1966?), Dr. oec. publ., 1930
Vortr. Leg.Rat i. d. Kulturabt. d.
AA, 1934–1936 Gen.Konsul in
Algier, später i. d. Industrie 399
Teschemacher, Hans (1884–1959),
Prof. f. Volkswirtschaftslehre u.
Finanzwissenschaft an d. Univ.
Tübingen 497 (141)
Thadden, Elisabeth v. (geb. 1890),
Leiterin eines Mädchenpensionats
auf christl. Grundlage (1941 ge-
schlossen), dann Tätigkeit b. Roten
Kreuz (in Frankreich), 12. 1. 1944
verhaftet, am 8. 9. 1944 hingerich-
tet 418, 420, 435, 607 (5, 7), 609
(18), 616 (72)
Thierack, Otto Georg (1889–1946),
Dr. jur., 1936 Präs. d. Volksge-
richtshofes, seit 1942 Reichsjustiz-

min. 326, 328, 435, 565 (73), 566 (78)
Thiers, Adolphe (1797–1877), 1871–1873 Präs. d. franz. Republik 436
Thieß, Frank (1890–1977), Schriftsteller 291
Thomas, Georg (1890–1946), zuletzt Gen. d. Inf., 1939–1942 Amtschef d. Wehrwirtschafts- u. Rüstungsamtes, nach dem 20. Juli 1944 verhaftet, April 1945 befreit 26, 104, 174, 181f., 187, 193, 232, 263, 268f., 273, 276f., 280f., 283, 286, 305, 350, 422, 509 (44), 514 (64)
Thomsen, Hans (1891–1968), Dr. jur., 1938–1941 Geschäftsträger in Washington, seit 1943 Gesandter in Stockholm 350f.
Thyssen, Fritz (1873–1951), Vors. d. Aufsichtsrats d. Vereinigten Stahlwerke, 1939 emigriert, Dez. 1940 der dt. Polizei ausgeliefert, bis 1945 im KZ 68, 135, 193, 215, 473 (37), 491 (107), 515 (67)
Tiedemann, Agathe v. (1901–1962), Pianistin 258, 323, 349
Timoschenko (Timošenko), Semën Konstantinovič (1895–1970), russ. Marschall, 1940/41 Volkskommissar f. Verteidigung 284, 547 (126)
Tinzl, Karl (1898–1964), Dr. jur., dt. Volksgruppenführer in Südtirol, Mitglied d. Europäischen Nationalitätenkongresses, Dez. 1943 Präfekt von Bozen 94–96, 423, 480 (35)
Tirpitz, Alfred v. (1849–1930), Großadm., StSekr. d. Reichsmarineamtes, 1916 verabschiedet, 1924–1928 MdR (DNVP), verh. m. Marie, geb. Lipke (1860–1948) 77, 83, 88, 99, 218, 381, 576 (138)
Tirpitz, Alfred v. (1923–1942), Sohn von W. v. T., Fähnrich z. S. 85
Tirpitz, Wolfgang v. (Wolf) (1887–1968), Dr. rer. pol., Korv.Kapt., 1940–1944 Oberwerftstab Paris, Schwager U. v. Hassells, verh. m. Elisabeth Sering (geb. 1896) 83, 85, 110, 124, 144, 157, 187, 194, 198, 225–227, 293, 296, 327, 397f., 421f.
Tirpitz, Wolf Henning v. (geb. 1934), Sohn d. Vor. 433
Tischbein, Friedrich (geb. 1880), Dr. jur., bis 1932 Bev. Mecklenburg-Schwerins b. Reichsrat, im Kriege Chef d. Wehrmachtshaushaltabt. d. OKW 53, 70, 79, 87, 117, 132
Tito (eigentl. Josef Broz) (1892–1980), 1941–1944 Kommun. Partisanenführer in Jugoslawien, seit 1943 Min.Präs. 543 (103), 613 (51a)
Titoäinnen, finn. Wirtschafter (landw. Erzeugnisse) 124
Tobler, Frau, 1940 Sekretärin d. schweiz. Gen.Konsuls in München 194
Todt, Fritz (1891–1942), Dr.-Ing., seit 1934 Generalinspekteur f. d. Straßenbauwesen, seit März 1940 Reichsmin. f. Bewaffnung u. Munition 178, 185, 221, 292
Togliatti, Palmiro (1893–1964), ital. Politiker (KP), bis 1943 in sowj. Exil, nach 1944 mehrfach Regierungsmitglied 612 (43)
Togo, Shigenori (1882–1950), 1937–1939 jap. Botsch. in Berlin, 1939–1940 in Moskau, 1941–1945 Außenmin. 328, 566 (79)
Tojo, Hideki (1884–1948), jap. Gen., 1941–1944 Min.Präs. 547 (123), 566 (79)
Tomara, Sonia, Korresp. d. „International Herald Tribune" (New York) in Rom 106f., 482 (49)
Topsöe, Flenning, dän. Offz. 284
Toussaint, Rudolf (1891–1968), Gen. d. Inf., 1939–1941 Mil.Att. in Belgrad, 1943/44 Bev. Gen. d. Wehrmacht in Italien 236, 392, 408
Tovar de Lemos, Pedro Conde de, 1941–1943 port. Gesandter in Berlin 354
Trautmann, Oskar (1877–1950), Dr. jur., 1935–1941 Botsch. in Nanking 68

Tresckow, Henning v. (geb. 1901), Gen.Maj., 1941–1943 Ia HGr. Mitte, seit Nov. 1943 Chef d. GenStb d. 2. Armee, am Tage nach dem 20. Juli 1944 Selbstmord 36, 539 (82), 542 (100), 546 (121), 581 (17), 585 (36), 589 (59)

Treskow, Margarete v., geb. v. Treskow (1882–1952), verh. m. Hermann v. Treskow (1872–1939), Landwirt (Radojewo), von Polen am 11. 9. 1939 ermordet 168

Troost, Paul Ludwig (1878–1934), Architekt 595 (104)

Trotha, Adolf v. (1868–1940), Vizeadm. a. D., 1919–1920 Chef d. Admiralität 83, 88, 223, 477 (10)

Trott zu Solz, Adam v. (geb. 1909), Dr. jur., Leg.Rat im AA, nach dem 20. Juli 1944 verhaftet, am 26. 8. 1944 in Plötzensee hingerichtet 31, 253, 255, 289, 290f., 317f., 340, 356f., 376, 381f., 384, 390, 414, 488 (91), 537 (65), 552 (159), 553 (160, 161), 578 (7)

Trott zu Solz, August v. (1855–1928), 1909–1917 preuß. Kultusmin. 552 (159)

Trotzki, Lew Davidowitsch (1879–1940), 1917 Mitgl. d. ersten Sowjet-Regierung 417

Tschammer und Osten, Hans v. (1887–1943), Reichssportführer, Präs. d. Dt.-Ital. Gesellschaft 320, 324, 367

Tschiang Kai-schek (1887–1975), führender Gen. u. Staatsmann der Kuomintang-Regierung 83, 407

Turner, Harald (1891–1947), GenLt. d. Waffen-SS, seit 1941 Chef d. Verwaltungsstabes b. Mil.Befh. Serbien 414

Twardowski, Friedrich v. (1890–1970), Dr. jur. et rer. pol., 1929–1935 Botsch.Rat in Moskau, 1935–1943 im AA, 1939–1943 kommissar. Ltr. d. Presse- und Informationsabt. AA, dann Gen.Konsul in Istanbul 122, 427

Udet, Ernst (1896–1941), Gen.Oberst d. Lw., Generalluftzeugmeister 284, 549 (139), 550 (139, 140)

Uexküll, s. Uxkull

Uhland, Ludwig (1787–1862), Dichter 489 (95)

Ulbricht, Walter (1893–1973), nach Moskau emigrierter kommunistischer Funktionär 597 (112)

Ullmann, Hermann (1884–1958), Dr., Publizist, 1924–1931 Herausgeber d. „Politischen Wochenschrift" 237, 245, 530 (30), 532 (40)

Ullrich, Luise (1910–1985), Schauspielerin 79

Umberto I. (1844–1900), 1878–1900 König von Italien 88, 478 (24)

Umberto, Principe di Savoia, Kronprinz von Italien (1904–1983) 107, 261, 426

Ungern-Sternberg, Leonie Frfr. v., geb. Gräfin v. Keyserling (1887–1945) 229

Ungern-Sternberg, Sophie Freiin v. (1922–1972) 229

Unrug, Jósef (1884–1973), poln. Konteradm., 1939–1945 in dt. Kriegsgefangenschaft 133

Uxkull-Gyllenband (Uexküll), Nikolaus Graf v. (geb. 1877), Obstlt. a. D., nach dem 20. Juli 1944 verhaftet, am 14. 9. 1944 in Plötzensee hingerichtet 325, 329, 407

Valcovici, Victor (1885–1970), rumän. Prof., Mitglied d. rumän. Gruppe d. MWT 312

Vansittart, Sir (seit 1941 Lord) Robert Gilbert (1881–1957), 1930–1941 im Foreign Office, seit 1938 Hauptberater des Außenmin. 164, 169, 280, 310, 390, 502 (13), 512 (55)

Varga, Joszef, Ltr. d. ung. Gruppe d. MWT, 1942 Industriemin. im Kabinett Kallay 208, 243f., 312

Vauhnik, Vladimir (1896–1955?), Nov. 1938–März 1941 jugosl. Mil.Att. in Berlin 529 (26)

Veesenmayer, Edmund (1904–1977), SS-Brigadeführer, seit 1941 b. d.

Gesandtschaft in Zagreb (Agram), seit März 1944 Gesandter in Budapest 428
Vermehren, Erich, Dr., dt. Abwehragent in Istanbul, im Febr. 1944 übergelaufen, Bruder von Isa V. (diese im KZ 1945 befreit) 431, 614 (58)
Verschuer, Otmar Frhr. v. (1896–1969), Prof., seit. 1938 Ltr. d. Instituts f. Erbbiologie u. Rassenhygiene an d. Univ. Frankfurt, 1942 Prof. in Berlin 409, 605 (170)
Vidussoni, Aldo (geb. 1914), Generalsekr. d. faschist. Studentenschaft, 1941–1943 Parteisekr. (abgesetzt) 364
Viebahn (Berneuchen), verm. Leberecht v. V.-v. dem Borne (geb. 1893), Besitzer von Berneuchen, Landschaftsrat, Obstlt. d. Res. 396
Viktor Emmanuel II. (1820–1877), 1861–1877 König von Italien 529 (22)
Viktor Emmanuel III. (1869–1947), 1900–1944 König von Italien 369, 382–384, 391–393, 395, 409, 426, 579 (12), 589 (64), 595 (102), 596 (106) 600 (140), 604 (168), 605 (173)
Virchow, Frau K. (?) 362
Visconti-Prasca, Sebastiano Conte (1883–1961), ital. Gen., u. a. Juni–Nov. 1940 OB d. HGr. Albanien 214
Visser t'Hooft, Willem Adolph (1900–1984), niederl. Theologe, Ltr. d. Gen.Sekretariats d. Ökumenischen Rats d. Kirchen 581 (18)
Vögler, Albert (1877–1945), Stahlindustrieller, Vors. d. Aufsichtsrats d. Vereinigten Stahlwerke, Präs. d. Kaiser-Wilhelm-Gesellschaft 577 (4)
Vogl, Oskar (1881–1954), Gen.Maj., zuletzt Gen. d. Art., 1939 Art.-Kommandeur 7, später Vors. d. dt.-franz. Waffenstillstandskommission 151f.

Voigt, Frederik A., Korresp. d. „Manchester Guardian" 406, 412, 603f. (164), 606 (179), 611 (40)
Volgger, Friedl, Journalist 610 (30)
Volpi di Misurata, Conte Giuseppe (1887–1947), 1925–1928 ital. Finanzmin. 274, 326

Wagemann, Ernst (1884–1956), Dr. phil., Prof. f. Wirtschaftswissenschaft in Berlin, seit 1925 Präs. d. Instituts f. Wirtschaftsforschung, Mitglied d. Präsidiums d. Südosteuropa-Gesellschaft, Wien 306, 319, 331, 339, 350, 355, 363, 384, 389, 437, 599 (130)
Wagner, Adolf (1890–1944), seit 1930 Gauleiter d. NSDAP von München-Oberbayern, seit 1936 auch bayer. Staatsmin. f. Unterricht u. Kultur 64, 74, 252, 536 (60), 557 (16)
Wagner, Josef (1898–1945?), 1928 Gauleiter d. NSDAP von Westfalen (bzw. Westfalen-Süd), seit 1936 auch Gauleiter von Schlesien, 1941 Amt niedergelegt 74, 192, 514 (63), 536 (60)
Wagner, Karl (1839–1923), Historienmaler 617 (75)
Wagner, Otto, Maj., seit 1940 Abwehroffz. b. Mil. Att. in Sofia (Tarnname „Delius") 238
Waldau, s. Hoffmann v. Waldau
Waldersee, Alfred Graf v. (1898–1980), Maj. d. Res., im Stab d. Mil. Befh. in Frankreich, später Abwicklungsstab Stalingrad, verh. m. Etta, geb. v. Le Fort (1902–1978) 324, 332, 339, 353, 395, 406, 414
Wallace, Henry (1888–1965), 1940–1944 Vizepräs. d. Vereinigten Staaten von Amerika 359, 586 (44)
Wallenberg, Jacob (1892–1980), schwed. Bankier, Ltr. d. Skandinaviska Enskilda Banken AB 409f., 602 (155), 605 (172)

Wallenberg, Marcus (1899–1982), Bankier 605 (172)
Walz, Hans (1883–1974), Vorstandsmitglied d. Robert Bosch GmbH, Stuttgart 149f.
Wang Ching-wei (1884–1944), 1940–1944 Staatspräs. i. jap. besetzten China 360
Warburg, Max (1867–1946), Hamburger Bankier, 1924–1933 im Generalrat d. Reichsbank, 1938 emigriert 72
Warlimont, Walter (1894–1977), zuletzt Gen. d. Art., seit 1942 Stellv. Chef d. Wehrmachtführungsstabes 366
Wassiltischkow, Fürstin Maria (Missi), (1917–1978), russ. Emigrantin, in d. Informationsabt. d. AA tätig 387
Watter, Hans Frhr. v. (1903–1945), Dr. jur., Oberlandrat im Protektorat Böhmen u. Mähren 92
Weber, Christian (1883–1945), „Alter Kämpfer" d. NSDAP, SS-Brigadeführer 429
Weber, ev. Pfarrer in Ebenhausen 62
Weber, W. H., Min.Rat., Delegierter b. Internationalen Landwirtschaftsinstitut in Rom 364
Weinberg, Arthur v. (1860–1943), Dr. phil., Dr. med. h. c., seit 1925 Mitglied d. Verwaltungsrats d. I.G. Farben AG, gest. im KZ Theresienstadt 322
Weinert, Erich (1890–1952), Schriftsteller, kommunistischer Funktionär, Präsident d. Nationalkomitees „Freies Deutschland" 597 (112)
Weirich, August (1884–1946), Beamter in der Gemeindeverwaltung Ebenhausen 265
Weitzel, Fritz (1904–1940), SS-Obergruppenführer, 20. 4. 1940– 19. 6. 1940 Höherer SS- u. Polizeiführer Nord (Norwegen) 192, 215
Weizsäcker, Adelheid Freiin v., Tochter Ernst v. W., s. Eulenburg
Weizsäcker, Carl Friedrich Frhr. v. (geb. 1912), Prof., Physiker u. Philosoph, Sohn d. Folg., verh. m. Gundalena, geb. Wille (geb. 1908), Dr. phil. 79, 90, 137, 155, 167, 385, 408, 503 (16)
Weizsäcker Ernst Frhr. v. (1882–1951), 1938–1943 StSekr. d. AA, 1943–1945 Botsch. am Vatikan, verh. m. Marianne, geb. v. Graevenitz (1889–1983) 26–28, 50, 51, 52, 57, 68, 79, 82, 84f., 87, 90, 104f., 110, 115f., 118f., 121–124, 132, 137, 143, 147, 162, 166f., 174f., 178f., 185–187, 191–193, 195, 197f., 205, 213, 217, 228f., 234, 237, 247, 249, 253, 256, 259, 268, 272, 274, 288, 316–320, 323, 332f., 340, 342, 358, 362, 364, 407f., 413, 415, 467 (5), 469 (15), 478 (20), 485 (73), 494 (124), 500 (2), 516 (75), 520 (92), 532 (42), 537 (71), 544 (108), 546 (121), 563 (53), 570 (100), 584 (29), 585 (36, 38), 593 (89), 604 (166), 606 (183)
Weizsäcker, Heinrich Frhr. v. (1917–1939, gefallen am 2. 9. in Polen), Lt., Sohn d. Vor. 122, 132
Welczeck, Johannes Graf v. (1878–1972), 1936–1939 Botsch. in Paris, verh. m. Luisa, geb. de Balmaseday Fonterilla (geb. 1886) 73, 131f., 138, 148, 163, 168, 226, 242
Welles, Sumner (1892–1961), 1937–1943 UStSekr. im amerik. Außenmin. 165–168, 170, 174–177, 179, 280, 502 (14), 503 (16), 506 (27, 29, 30), 508 (41, 42), 511 (53), 530 (28)
Wentzel-Teutschenthal, Carl (geb. 1876), Landwirt, am 20. 12. 1944 in Plötzensee hingerichtet 419, 497 (143), 515 (66), 608 (10)
Wenzl Frhr. v. Sternbach, Paul (1869–1948), Dr. jur. 423
Werkmeister, Karl (1898–1976), Dr. jur., Gesandtschaftsrat in Budapest, Juli 1944 in d. Pol. Abt. d. AA 428
Werner, Anton v. (1843–1915), Maler 436
Werner, Ferdinand Friedrich Karl (1876–1961), Dr. phil., Prof., 1911–1918 MdR ([antisemit.] Wirtschaftl. Vereinigung) 226

Westen, August, Industrieller aus Cili, Slowenien 218, 264

Westminster, Herzog von, Hugh Richard Arthur Grosvenor (1879–1953) 169

Westrick, Gerhard Alois (1889–1957), Rechtsanwalt u. Notar, 1940 Handelsrat an d. dt. Botsch. Washington 212f., 429

Weygand, Maxime (1867–1965), franz. Gen., 1940 OB als Nachfolger von Gamelin, 1941 Generaldelegierter Pétains f. Nordafrika, seit 1942 in Deutschland interniert 196, 221, 224, 227, 268, 541 (95)

Widenmann, Wilhelm (1871–1955), Kapt. z. S. a. D., vor d. Ersten Weltkrieg dt. Marineatt. in London, Ltr. d. Übersee-Nachrichtendienstes 52, 84, 87

Wied, Victor Prinz zu (1877–1946), 1933–1942 Gesandter in Stockholm, verh. m. Gisela, geb. Gräfin Solms-Wildenfels (1891–1976) 154

Wiedemann, Fritz (1891–1970), Hptm. a. D., seit 1934 pers. Adj. Hitlers, 1939 Gen.Konsul in San Francisco, 1941 in Tientsin 81, 469 (15), 471 (30), 477 (6)

Wiehl, Emil (1886–1960), Dr. jur., Min.Dir. im AA, 1937–1944 Ltr. d. Wirtschaftsabtl. 87, 114f., 117f., 193, 337, 485 (77)

Wietersheim, Gustav Anton v. (1884–1974), Gen. d. Inf., 1939–1942 Komm. Gen. d. XIV. Pz.Korps 330, 348, 568 (89)

Wilberg, Helmuth (1880–1941), Gen. d. Flieger, seit 1939 Kdr. d. Heeresflieger-Ausbildung 284

Wilhelm I. (1797–1888), seit 1871 Deutscher Kaiser, seit 1861 König von Preußen 336, 572 (112)

Wilhelm II. (1859–1941), Deutscher Kaiser und König von Preußen, 1918 Abdankung 82, 170, 198, 258, 336, 490 (104), 544 (107), 553 (162), 562 (46), 572 (112)

Wilhelm (1882–1951), Kronprinz d. Deutschen Reiches und Kronprinz von Preußen, 1918 Thronverzicht 56, 134, 289f., 489 (102), 490 (104), 539 (84), 552 (157), 553 (162), 554 (164)

Wilhelm Prinz von Preußen (1906–1940, gef.), ältester Sohn des Kronprinzen Wilhelm, verh. m. Dorothea v. Salviati (1907–1972) 134, 198, 490 (104), 515 (70), 527 (15), 601 (153)

Wilhelmine, Königin der Niederlande (1880–1962) 141f., 494 (124)

Wille, Ulrich (1877–1959), schweiz. Oberstkorpskommandant, verh. m. Inez, geb. Rieter (1879–1941) 63, 199, 283, 298

Willkie, Wendell Lewis (1892–1944), 1940 amerik. republikan. Präsidentschaftskandidat 212f.

Willuhn, Franz (1885–1979), Dr. jur., Reichskabinettsrat in d. Reichskanzlei 196

Wilmowsky, Tilo Frhr. v. (1878–1966), Dr. rer. nat. h. c., Landrat a. D., Mitglied d. Aufsichtsrates d. Friedrich-Krupp-AG, Präs. d. Mitteleuropäischen Wirtschaftstages 68, 70, 81, 90, 139, 143, 145f., 162, 185, 198, 207, 279, 318, 339, 349, 353, 374, 473 (31), 474 (44), 479 (26), 488 (92), 493 (117), 515 (66)

Wilson, Woodrow (1856–1924), 1913–1921 Präs. d. Vereinigten Staaten von Amerika 266f., 407

Windsor, Duke of, Edward (1894–1972), Jan. bis Dez. 1936 (Edward VIII.) König von England, 1940–1945 Gouverneur der Bahama-Inseln 270, 542 (101)

Winkelnkemper, Peter (1905–1944), Dr. rer. pol., Oberbürgerm. von Köln 351

Winnig, August (1878–1956), 1919/20 Oberpräs. von Ostpreußen, 1919/20 Md Nat.Vers. (SPD) 69f., 81, 134, 358f., 490 (103)

Winterfeldt, Joachim v. (1865–1945), Oberpräsidialrat a. D., 1919–1934 Präs. d. Deutschen Roten Kreuzes, Landwirt in Menkin 53, 468 (10)

Wirmer, Joseph (geb. 1901), Rechtsanwalt, nach dem 20. Juli 1944 verhaftet, am 8. 9. 1944 in Plötzensee hingerichtet 20, 366, 445

Wirsing, Giselher (1907–1975), Dr. phil., Herausgeber von „Die Tat", „Münchner Neueste Nachrichten", „Das XX. Jahrhundert" 66

Wirth Josef (1879–1956), 1914–1933 (Emigration) MdR (Zentrum), 1921/22 Reichskanzler 510 (47), 609 (18)

de With, s. Haersma de With

Wirths, Werner (geb. 1891), nat.-kons. Publizist, Chefredakteur d. „Deutschen Zukunft", 1940–1945 b. d. Wochenzeitung „Das Reich", in sowj. Haft verstorben 87, 91

Witzleben, Erwin v. (geb. 1881), GFM, 1938 OB d. Gr. 2, 1939 OB 1. Armee, Apr. 1941–März 1942 OB West, nach dem 20. Juli 1944 verhaftet, am 8. 8. 1944 in Plötzensee hingerichtet 128, 131, 140, 153, 155, 161, 184, 187, 265, 280, 285, 293–297, 300, 305, 307, 390, 499 (150), 540 (90), 556 (9), 558 (21, 22), 581 (17)

Wlassow (Vlasov), Andrej Andrejevič (1900–1946), sowjet. Gen., nach d. Gefangennahme 1942 Führer „ostvölkischer Verbände" auf dt. Seite, 1944/45 Befh. d. „Wlassow-Armee" 360, 539 (79), 587 (47)

Woermann, Emil (1899–1980), Prof. f. landwirtschaftl. Betriebslehre in Halle 419, 497 (143), 608 (10)

Woermann, Ernst (1888–1979), Dr. jur., 1938–1943 UStSekr. d. AA u. Ltr. d. Pol. Abt., 1943 Botsch. in Nanking 50, 52, 71, 178, 363, 515 (66)

Wohlthat, Helmuth (1893–1982), Dr. jur., 1936–1940 Min.Dir. im Reichswirtschaftsmin. u. im Amt f. d. Vierjahresplan 86, 132, 232

Wolff, Karl (1901–1984), SS-Obergruppenführer u. Gen.Oberst d. Waffen-SS, 1936–1943 Chef d. persönl. Stabes Reichsführer SS, 1943–1945 Höherer SS- u. Polizeiführer in Italien 319, 358, 388f., 394, 585 (39), 599 (131)

Wolff, verm. Richard H., Rechtsanwalt u. Notar (gest. Berlin 1947) 110, 326

Wüster, Walther, Hauptref. in d. Dienststelle Ribbentrop, später Attaché f. kulturelle Fragen an d. dt. Botschaft Rom, Mai–Sept. 1943 Gen.Konsul Neapel 260, 276f., 282, 340

Wulffen, Gustav Adolf v. (1878–1945), Gen.Maj. z. V., seit 1939 Kommandant v. Potsdam 341

Wurm, Theophil (1868–1953), seit 1933 ev. Landesbischof von Württemberg 70, 220, 376, 391, 523 (105), 524 (109), 553 (161), 595 (101)

Xylander, Rudolf Ritter v. (1872–1946), Oberst a. D., zuletzt Gen.Maj.; nach dem Ersten Weltkrieg im Reichsarchiv, dann in d. Kriegswissenschaftl. Abt. d. OKH 58, 428

Yor(c)k v. Wartenburg, Johann David Ludwig Graf (1759–1830), preuß. GFM 348, 430

Yorck v. Wartenburg, Peter Graf (geb. 1904), Dr. jur., Oberreg.Rat b. Reichskommissar für d. Preisbildung, Oberlt. d. Res., nach dem 20. Juli 1944 verhaftet, am 8. 8. 1944 in Plötzensee hingerichtet, verh. m. Marion, geb. Winter (geb. 1904) 30, 289, 295, 340, 347, 514 (63), 578 (7)

Zachariev, 1942/43 bulg. Handelsmin. 560 (34, 37)

Zahle, Herluf (1873–1941), seit 1924 dän. Gesandter in Berlin 124

Zaimov, R. Vladimir, bulg. Gen. 560 (35)

Zakomelsky, Mellon 258

Zamboni, Guelfo, 1940 Botsch.Rat an d. ital. Botsch. in Berlin 213

Zangen, Wilhelm (1891–1971), Vorstandsvors. d. Mannesmann AG, Ltr. d. Reichsgruppe Industrie 351

Zarden, Arthur (1875–1943), Dr. jur., StSekr. (im Reichsfinanzmin.) a. D. 420, 607 (5)

Zastrow, Berengar v. (1876–1951), Geh. Reg.Rat, Gutsbesitzer (Hartha, Kreis Lauban), von SS verhaftet, 25. 4. 1945 befreit 318, 333, 335, 374, 571 (111), 594 (92)

Zeitzler, Kurt (1895–1963), Gen.Oberst, Chef d. GenStb von Pz.Armeen, ab 1. 4. 1942 d. HGr. D, Sept. 1942–1. 7. 1944 Chef d. GenStb d. Heeres 330, 348, 356, 366, 375, 568 (90), 579 (10a), 610 (23)

Ziegler, Adolf (1892–1959), Maler, seit 1933 Präs. d. Reichskammer d. Bildenden Künste 106, 414, 606 (184)

Ziegler, Heinz (1894–1972), Gen.Maj., 1943 Chef d. GenStb u. Stellv. d. OB d. 5. Pz.Armee (Afrika), Okt./Nov. 1943 Komm. Gen. III. Pz.Korps 396

Zingarelli, Italo (geb. 1891), Dr. jur., Journalist, 1927–1938 Sonderberichterstatter von „La Stampa" u. „Agenzia Stefani" in Wien, 1938–1943 Korresp. in d. Türkei, China u. Portugal 239

Zitzewitz (Muttrin), Friedrich-Karl v. (1888–1975), preuß. Reg.Ass. a. D. (nach dem 20. Juli 1944 verhaftet) 185

Zott, Josef, Angehöriger einer bayer. Widerstandsgruppe (Heimat- u. Königsbund), 1939 verhaftet, am 16. 1. 1945 hingerichtet 485 (78)

Zschintsch, Werner (1888), seit 1936 StSekr. im Reichs- u. preuß. Min. f. Wissenschaft, Erziehung u. Volksbildung 114, 193

Zsilinsky, Gabor v., Dipl.-Ing., Gen.Dir. d. ung. Bauxitwerke, Mitglied d. ung. Gruppe d. MWT 271

Zu Rhein, Ludwig Frhr. (1878–1952), Obreg.Rat a. D., Vorstand d. Hof- u. Vermögensverwaltung d. Kronprinzen Rupprecht von Bayern 140

Zur Nedden, Otto (geb. 1902), Dr. phil., 1934–1944 Chefdramaturg am Nationaltheater Weimar 210

Abbildungsnachweis

Bundesarchiv, Koblenz: 202 (1), 203 (1), 302 (1), 304 (1), 403 (1);
Johann Dietrich von Hassell, Ebenhausen: 47, 101, 102, 103, 303 (1), 304 (1), 401 (1), 404;
Uwe Jessen, Berlin: 202 (1);
Ullstein Bilderdienst, Berlin: 201, 202 (1), 203 (2), 204, 401 (1), 403 (1).
Alle übrigen Photos stammen aus Privatbesitz.

CIP-Titelaufnahme der Deutschen Bibliothek

[Deutscher Widerstand neunzehnhundertdreiunddreissig bis neunzehnhundertfünfundvierzig]
Deutscher Widerstand 1933–1945 : Zeitzeugnisse u. Analysen / hrsg. von Karl Otmar von Aretin . . . – Berlin : Siedler.
  Teilw. hrsg. von Ger van Roon u. Hans Mommsen. – Teilw. mit d. Verlagsangabe Severin u. Siedler, Berlin
NE: Aretin, Karl Otmar Frhr. von [Hrsg.]; Roon, Ger van [Hrsg.]

Hassell, Ulrich von: Die Hassell-Tagebücher 1938 [neunzehnhundertachtunddreissig] – 1944. – Nach d. Handschr. rev. u. erw. Ausg. / hrsg. von Friedrich Frhr. Hiller von Gaertringen. – 1988

Hassell, Ulrich von:
Die Hassell-Tagebücher 1938 [neunzehnhundertachtunddreissig] – 1944 : Aufzeichnungen vom Andern Deutschland / Ulrich von Hassell. – Nach d. Handschr. rev. u. erw. Ausg. / hrsg. von Friedrich Frhr. Hiller von Gaertringen. – Berlin : Siedler, 1988.
  (Deutscher Widerstand 1933–1945)

ISBN 3-88680-017-2

Der Siedler Verlag ist ein gemeinsames Unternehmen der Verlagsgruppe Bertelsmann und von Wolf Jobst Siedler

© 1988 by Wolf Jobst Siedler Verlag GmbH Berlin
Alle Rechte vorbehalten,
auch das der fotomechanischen Wiedergabe.
Satz und Druck: Bosch-Druck, Landshut/Ergolding
Umschlag: Hans Peter Willberg, Eppstein
Buchbinder: Luderitz & Bauer, Berlin
Printed in Germany 1988
ISBN 3-88680-017-2